X 1406.
5.

14094

DICTIONNAIRE
DES COMMENÇANS.

DICTIONNAIRE

DES COMMENÇANS,

FRANÇAIS-LATIN,

DANS LEQUEL ON A ÉCLAIRCI CE QU'IL Y A DE PLUS DIFFICILE POUR LES ENFANS.

NOUVELLE ÉDITION,

REVUE, CORRIGÉE ET AUGMENTÉE D'UN GRAND NOMBRE DE MOTS ESSENTIELS QUI AVAIENT ÉTÉ OMIS DANS LES ÉDITIONS PRÉCÉDENTES.

A PARIS,

CHEZ LEBIGRE FRÈRES, RUE DE LA HARPE, 26.

A LIMOGES,

CHEZ MARTIAL ARDANT, FRÈRES.

1837.

AVIS DE L'IMPRIMEUR.

Ce petit Dictionnaire a été réimprimé tant de fois, qu'il serait inutile d'en faire l'éloge. Chaque Édition y a apporté une perfection nouvelle. Les Éditeurs, attentifs aux variations de la langue française, soit pour le sens précis des mots, soit dans la manière de les écrire, n'ont pas manqué de faire faire à propos les changemens qu'exigeaient ces différences, et de faciliter de plus en plus le travail des jeunes Élèves, à qui cet ouvrage est destiné.

Les éditions précédentes ne donnaient que la dérivation d'un très-petit nombre de participes, dans celle-ci, nous avons cru rendre service aux jeunes Élèves, en plaçant après chaque participe le verbe d'où il dérive. Malgré leurs soins, cependant nous pourrions faire ici une longue énumération des fautes qui se trouvaient dans les Éditions qu'ils en ont données, et des améliorations et corrections que nous avons faites à celle-ci : mais à quoi servirait cet étalage ? et pourquoi chercherions-nous à rabaisser le mérite des précédens Éditeurs, auxquels le public a été si redevable dans le temps ? car ils avaient donné à ce Vocabulaire le degré de perfection qui l'approchait le plus de celui qu'il a à présent ; et s'il leur est échappé quelques fautes, pouvons-nous nous flatter que le coup-d'œil pénétrant des habiles Maîtres n'en découvrira point après nous ? Nous n'avons pas cette ridicule vanité, et même nous les supplions très-instamment, pour le bien de cette Jeunesse à laquelle ils se sont dévoués, de nous communiquer leurs remarques ; elles nous seront d'autant plus précieuses, qu'elles nous viendront de ceux qui, réunissant la pratique et la théorie, sont plus en état que personne d'apercevoir ce qui doit entrer, ou non, dans un livre élémentaire.

REMARQUES

QU'IL FAUT FAIRE LIRE AUX ENFANS,

POUR LEUR FACILITER L'USAGE

DE CE DICTIONNAIRE.

1. Lorsqu'un mot français s'exprime par plusieurs mots latins, si mots latins changent tous de terminaison au génitif, il faut alors les tous décliner.

2. Pour trouver le présent, le parfait et le supin de quelques verbes dont on n'a mis en certains endroits que l'infinitif latin, il faut chercher ces verbes dans leurs plus ordinaire signification, que l'on trouve expliquée là où est l'infinitif latin.

3. Dans les verbes réfléchis, si on ne trouve pas le pronom *se* exprimé, il ne faut point aussi exprimer le second *nous*, ni le second *vous*, ni *me*, ni *te*; mais lorsque ce pronom *se* est exprimé, ces quatre autres pronoms s'expriment aussi, et se mettent au même cas auquel l'on trouve le pronom *se*.

4. Toutes les fois que le génitif de l'adjectif latin est terminé en *i*, on doit ajouter *æ* pour le féminin, et *i* pour le neutre, comme *doctus, a, um. g. docti*; ajoutez *doctæ, docti*. Lorsque le génitif de l'adjectif latin est terminé en *is*, on doit ajouter *is* pour le féminin, et *is* pour le neutre, comme *facilis, is, e. g. facilis*; ajoutez *facilis, facilis*. Souvent le génitif n'est pas indiqué tout entier, il faut suppléer les syllabes qui manquent. Exemple : *Tabellarius*, g. *rii*, c'est-à-dire, *tabellarii*.

EXPLICATION
DES MOTS ABRÉGÉS
DONT ON S'EST SERVI.

ABL. ABLAT.	*ablatif.*
ACC. ACCUS. ACCUSAT.	*accusatif.*
ACT.	*actif.*
ADJ.	*adjectif.*
ADV.	*adverbe.*
AJ. AJOUTEZ.	*ajoutez.*
C. A. D.	*c'est-à-dire.*
COMP.	*comparatif.*
DÉP. DÉPON.	*déponent.*
F. FÉM. FÉMIN.	*féminin.*
G. GÉN. GÉNIT.	*génitif.*
GÉR. GÉROND.	*gérondif.*
INF. INFIN.	*infinitif.*
M. MASC. MASCUL.	*masculin.*
N. NEUT.	*neutre.*
PART.	*participe.*
PART. PASS.	*participe passif.*
PLUR.	*pluriel.*
PRÉT.	*prétérit.*
RÉG. DIR.	*régime direct.*
REG. IND.	*régime indirect.*
SING.	*singulier.*
SUBST.	*substantif.*
SUBJ.	*subjonctif.*
SUPERL.	*superlatif.*
VOY.	*Voyez.*

DICTIONNAIRE
DES COMMENÇANS,
FRANÇAIS-LATIN.

A est la première lettre de l'alphabet français, et de toutes les langues. Il est verbe ou préposition. Quand il est verbe, il est privé d'accent; c'est alors la troisième personne du singulier du présent de l'indicatif du verbe *Avoir*, et on le traduit en latin par *habet*, du verbe *habeo, habes, habui, habitum, habere. act. Il a un livre*, habet librum, etc. Quand il est préposition, il est marqué de l'accent grave, et le plus souvent il ne s'exprime pas en latin. Exemples : *J'ai dit au Roi*, dixi Regi; *il commence à courir*, incipit currere ; *à bon marché*, parvo pretio ; *à mon avis*, meâ sententiâ, etc. Quelquefois il s'exprime par *ad*. Exemples : *Allez à la porte*, ite ad januam , *je vous exhorte à revenir*, vos hortor ad redeundum , etc. Avec le secours des règles de la Grammaire latine, on sait facilement si l'on doit et comment on doit exprimer en latin la préposition *à*.

Cette expression *il y a* ne présente aucune difficulté. Dans ces façons de parler, *il y a, il y avait, il y aura*, etc., on change *avoir* en *être*. Exemples : *Il y a un Dieu*, tournez : *un Dieu est* Deus est. *Il y a des hommes*, tournez , *des hommes sont*, homines sunt. *Il y avait un général*, tournez : *un général était* , erat imperator, etc.

ABAISSÉ, Demissus, demissa, demissum. *part. passif* de Demitto.

ABAISSE , *humilié*. Depressus, depressa, depressum. *part. pass.* de Deprimo.

ABAISSEMENT. Demissio, *génit.* demissionis. *fém. Abaissement des eaux.* Aquarum decrescentia, *gén.* aquarum decrescentiæ. *fém.* Aquarum *ne se décline pas.*

ABAISSEMENT, *pour signifier diminution d'autorité.* Auctoritatis declivitas, *gén.* auctoritatis declivitatis. *fém.* Auctoritatis *ne se décline pas.*

ABAISSER. Demittere, demitto, demittis, demisi, demissum. *act. accus. Abaisser l'autorité de quelqu'un.* Auctoritatem alicujus deprimere, deprimo, deprimis, depressi, depressum. *act. acc.*

ABANDON. Derelictio , *génit.* derelictionis. *fémin. Laisser ses affaires à l'abandon.* Rem familiarem pro derelicto habere, habeo, habes, habui , habitum. *act.* avec l'acc.

1

ABANDONNÉ. Derelictus, derelicta, derelictum. *part. pass. de* Derelinquo.

ABANDONNEMENT. Desertio, *g.* desertionis. *fém. Ou* Derelictio, *génit.* derelictionis. *fém.*

ABANDONNER. Derelinquere, derelinquo, derelinquis, dereliqui, derelictum. *régime direct. acc. régime ind. dat. Abandonner ses amis.* Ab amicis deficere, deficio, deficis, defeci, defectum.

s'ABANDONNER à. *Voyez* s'*Adonner.*

ABATARDI. Vitiatus, vitiata, vitiatum. *participe passif. Courage abâtardi.* Degener animus, *gén.* degeneris animi. *m. L'un et l'autre se déclinent.*

ABATARDIR, *faire déchoir, corrompre.* Depravare, depravo, depravas, depravavi, depravatum. *act. avec l'acc.*

ABATARDISSEMENT. Depravatio, *gén.* depravationis. *fém.*

ABATIS *d'arbres.* Arborum dejectus, *gén.* arborum dejectûs. *masc.* Arborum ne se décline point.

ABAT JOUR, *petite fenêtre à demi fermée.* Semiaperta supernè fenestra, *gén.* semiapertæ supernè fenestræ. *fém.* Supernè est adv.

ABAT-VENT. Tregillum, *gén.* tregilli. *neut.*

ABATTEMENT. Debilitas, *gén.* debilitatis. *fém.*

ABATTRE, *renverser.* Evertere, everto, evertis, everti, eversum. *actif acc.*

ABATTRE, *affaiblir.* Debilitare, debilito, debilitas, debilitavi, debilitatum. *act. avec l'acc.*

s'ABATTRE, *ou se laisser abattre par.* Debilitari, debilitor, debilitaris, debilitatus sum. *passif avec l'abl.*

s'ABATTRE, *en parlant d'un cheval.* Corruere, corruo, corruis, corrui, corrutum. *neutre. Son cheval s'est abattu sous lui.* Corruit equus, ipso equitante.

ABATTU, *renversé.* Eversus, eversa, eversum. *part. pass. d'*Everto.

ABATTU, *affaibli.* Debilitatus, debilitata, debilitatum. *part. passif, avec un ablatif de la chose* de Debilitare.

ABBATIAL. Abbatialis. *masc. et fém.* abbatiale, *neut. gén.* abbatialis, *pour tous les genres.*

ABBAYE. Abbatia, *gén.* abbatiæ, *fém.*

ABBÉ. Abbas, *gén.* abbatis. *masc.*

ABBESSE. Abbatissa, *gén.* abbatissæ. *fém.*

ABBEVILLE, *ville.* Abbavilla, *gén.* Abbavillæ. *fémin. Qui est d'Abbeville.* Abbavillæus, abbavillæa, abbavillæum. *adj.*

ABCÈS. Abscessus, *gén.* abscessûs. *masc.*

ABDICATION. Abdicatio, *gén.* abdicationis. *fém.*

ABDIQUER, *se défaire, se démettre.* Abdicare, abdico, abdicas, abdicavi, abdicatum. *rég. dir. acc. rég. ind. abl. comme, abdiquer le consulat.* Abdicare se magistratu.

ABEL, *nom d'homme.* Abel, *génit.* Abelis. *masc.*

ABEILLE. Apis, *gén.* apis. *fém.*

ABÊTIR, V. *Abrutir.*

ABHORRER, *avoir horreur de.* Abhorrere, abhorreo, abhorres, abhorrui, *sans supin. neutre. Le nom de ce que l'on a en horreur se met à l'abl. avec* à *ou* ab.

ABIME. Vorago, *gén.* voraginis. *f.*

ABIMER. Absorbere, absorbeo, absorbes, absorpsi, absorptum. *act. acc.*

ABJECT. Abjectus, abjecta, abjectum. *Au comp.* abjectior ; *au superl.* abjectissimus. Vilis, vilis, vile ; *Au comp.* vilior ; *au superl.* vilissimus.

ABJECTION. Abjectio, *gén.* abjectionis. *fém.*

ABJURATION. Detestatio, *gén.* detestationis. *fém.*

ABJURER. Detestari, detestor, detestaris, detestatus sum. *déponent avec l'accus.*

ABJURER, *faire abjuration.* Errorem detestari.

ABLATIF. Ablativus, *gén.* ablativi. *masc.*

ABLE *ou* **ABLETTE**, *poisson.* Alburnus, *gén.* alburni. *masc.*

ABLUTION. Lavatio, *gén.* lavationis. *fém.*

ABNÉGATION, *renoncement.* Renuntiatio, *gén.* renuntiationis. *fém.*

ABOI, *ou* **ABOIEMENT.** Latratus, *gén.* latratûs. *masc.*

ABOIS. Summæ angustiæ, *gén.* summarum angustiarum. *fém. plur. L'un et l'autre se déclinent.*

ABOLI. Abolitus, abolita, abolitum, *part. pass. d'*Aboleo. Deletus, deleta, deletum. *part. pass. de* Deleo.

ABOLIR. Abolere, aboleo, aboles, abolevi, abolitum. *act. acc. Abolir des lois.* Leges refigere, refigo ; refixi, refixum. *act. acc.*

s'ABOLIR. Interire, intereo, interis, interii, interitum. *neut.*

ABOLISSEMENT, *ou* **ABOLITION.** Abolitio. *gén.* abolitionis. *fém.*

ABOMINABLE. Abominandus, abominanda, abominandum, *adj.*

ABOMINABLEMENT. Pessimè. *adv. qui est le superl. de* Male.

ABOMINATION. Detestatio. *génit.* detestationis. *fém. Avoir en abomination.* Abominari, abominor, abominaris, abominatus sum. *dép. avec l'accus.*

ABONDAMMENT. Abundanter. *adv.*

Au comparatif abundantius. *au superl.* abundantissime.

ABONDANCE. Abundantia, *génit.* abundantiæ. *fém.*

ABONDANT. Abundans, *masc. fém. neut. gén.* abundantis. *avec l'ablat. Au comp.* abundantior ; *au superl.* abundantissimus.

ABONDER. Abundare, abundo, abundas, abundavi, abundatum. *neut. avec l'abl.*

ABORD. Aditus, *gén.* aditus. *masc. Faciliter l'abord de quelqu'un.* Mollire necessus ad aliquem, mollio, mollis ; mollivi, mollitum. *Lieu d'un grand abord.* Locus celebratissimus, a, um. Frequentissimus, a, um. *Ce sont deux superl.*

D'ABORD. Statim. *adv. D'abord que.* Statim ut. *avec l'indicatif.*

ABORDAGE, *approche de deux navires.* Navium concursus, *gén.* navium concursûs. *masc. On laisse* navium *au gén. pl.*

ABORDER. Adire, adeo, adis, adivi *ou* adii, aditum. *act. avec l'acc.*

ABOUCHEMENT. Colloquium, *g.* colloquii. *neut.*

S'ABOUCHER *avec quelqu'un.* Cum aliquo colloqui, colloquor, colloqueris, collocutus sum. *dép.*

ABOUTIR, *se terminer.* Terminari, terminor, terminaris, terminatus sum. *pas. abl.*

ABOUTIR, *tendre.* Spectare, specto, spectas, spectavi, spectatum. *acc. avec* ad.

ABOUTISSANT. *adj.* Terminatus, terminata, terminatum. *adj. avec l'abl. de la chose.*

ABOUTISSANS, *subst.* Fines, *gén.* finium. *masc. plur. Les tenans et aboutissans d'un champ.* Agri fines, *génit.* agri finium. Agri *ne se décline point.*

ABOYER. Latrare, latro, latras, latravi, latratum. *neut.*

ABRAHAM, *nom d'homme.* Abrahamus, *gén.* Abrahami. *masc.*

ABRÉGÉ, *subst.* Compendium, *gén.* compendii. *neut.* Epitome, *génit.* epitomes. *fém. En abrégé.* Summatim. *adv.*

ABREGÉ, *part.* Contractus, contracta, contractum. *part. pass. de* Contraho.

ABRÉGER. Contrahere, contraho, contrahis, contraxi, contractum. *act. avec l'acc.*

ABRÉVIATEUR, *qui abrége un livre, une histoire.* Epitomes conditor, *gén.* epitomes *à tous les cas.*

ABRÉVIATION. Scribendi compendium, *génit.* scribendi compendii. *neut.*

ABREUVER, Adaquare, adaquo, adaquas, adaquavi, adaquatum. *act. avec l'acc.*

ABREUVOIR. Aquarium, *g.* aquarii. *neut.*

ABRI. Locus ventis inaccessus, *gén.* loci ventis inaccessi. Ventis *ne se décline pas.*

Qui est à l'abri, à couvert. Tutus, tuta, tutum, à *ou* ab *avec l'ablatif. Qui est à l'abri de la calomnie.* Tutus à calumnia. *Il est à l'abri de tous les revers de la fortune.* Non est fortunæ adversæ obnoxius. *C'est-à-dire, il n'est pas exposé aux revers de la fortune.*

ABRICOT. Armeniacum malum, *g.* Armeniaci mali. *neut. L'un et l'autre se déclinent.*

ABRICOTIER. Armeniaca malus, *g.* Armeniacæ mali, *fém. L'un et l'autre se déclinent.*

ABROGATION. Abrogatio, *génit.* abrogationis. *fém.*

ABROGER. Abrogare, abrogo, abrogas, abrogavi, abrogatum. *act. avec l'acc.*

ABRUTIR *quelqu'un.* Stupidum efficere, efficio, efficis, effeci, effectum. *act. Il faut conjuguer* efficio, *et faire accorder l'adj.* stupidus, stupida, stupidum. *avec le subst.*

S'ABRUTIR. Stupidus fieri, fio, fis, factus sum. *pass.*

ABRUTISSEMENT, *stupidité grossière.* Stupiditas, *génitif* stupiditatis. *f.*

ABSALON, *nom d'homme.* Absalo, *gén.* Absalonis. *masc.*

ABSENCE. Absentia, *gén.* absentiæ. *fém. On met le nom de lieu à l'abl. avec* à *ou* ab.

ABSENT. Absens, *masc. fém. neut. gén.* absentis. *Etre absent.* Abesse, absum, abes, abfui. *De,* à *ou* ab, *avec l'abl.*

S'ABSENTER. Abscedere, abscedo, abscedis, abscessi, abscessum. *De, du, des, par* à *ou* ab, *avec ablatif du lieu.*

ABSINTHE. Absinthium, *gén.* absinthii. *neut.*

ABSOLU, *en parlant des choses.* Summus, summa, summum. *En parlant des personnes.* Imperiosus, imperiosa, imperiosum. *adj.*

ABSOLUMENT. Cum imperio summo. *Je le veux absolument.* Id enixè volo. *Absolument parlant.* Non ita strictè loquendo, *en ne parlant pas à la rigueur.*

ABSOLUTION. Absolutio, *gén.* absolutionis. *fém.*

ABSORBER, *consumer.* Consumere, consumo, consumis, consumpsi, consumptum. *act. avec l'acc.*

ABSOUDRE. Absolvere, absolvo, absolvis, absolvi, absolutum. *rég. dir. acc. rég. ind. abl.*

ABSOUS. Absolutus, absoluta, absolutum. *part. pass. avec l'abl.*

ABSOUTE. Absolutio solemnis, *g.* absolutionis solemnis. *fémin. L'un et l'autre se déclinent.*

s'ABSTENIR *de.* Abstinere, abstineo, abstines, abstinui, abstentum. *n. avec l'ablatif.*—S'il suit un infinitif français, on l'exprime par un substantif qu'on met à l'ablatif : comme *s'abstenir de manger*, c'est à-dire, *s'abstenir du manger*, Abstinere cibo. S'*abstenir de médire*. Abstinere maledictis.

ABSTERSIF. Smecticus, smectica, smecticum, *adj.*

ABSTINENCE. Abstinentia, *génit.* abstinentiæ. *fém.*

ABSTINENT. Abstinens, *mascul. fém. neut. gén.* abstinentis.

ABSTRAIT. *Discours abstrait.* Abstrusus sermo, *gén.* abstrusi sermonis.

ABSTRUS. Abstrusus, abstrusa, abstrusum. *adj.*

ABSURDE. absurdus, absurda, absurdum. *Au compar.* absurdior.

ABSURDEMENT. Absurdé. *adv. Au compar.* absurdius.

ASBURDITÉ. Ineptia, *gén.* ineptiæ. *fém.*

ABUS. Abusus, *gén.* abusûs. *masc.*

Abus, *erreur.* Error, *g.* erroris. *m.*

ABUSÉ. Deceptus, decepta, deceptum, *part. passé de* decipio.

ABUSER. Abuti, abutor, abuteris, abusus sum. *dép. avec l'abl.*

Abuser, *tromper.* Decipere, decipio, decipis, decepi, deceptum. *actif acc.*

s'Abuser. Errare, erro, erras, erravi, erratum. *neut.*

ABUSIF. Abusu admissus, a, um. *part. pass. d'*Amitto. Abusu ne change pas.

ABUSIVEMENT. Per abusum.

ABYSSINIE. Abyssinia, *gén.* Abyssiniæ, *fém.*

ABYSSINS. Abyssini, *gén.* Abyssinorum, *masc. plur.*

ACACIA, *arbre qui porte des fleurs blanches.* Acacia, *gén.* acaciæ. *fém.*

ACADÉMICIEN. Academicus, *gén.* academici. *masc.*

ACADÉMIE. Academia, *gén.* academiæ. *fém.*

Académie *pour les armes.* Nobilis palæstra, *génit.* nobilis palæstræ. *fém. L'un et l'autre se déclinent.*

ACADÉMIQUE. Academicus, academica, academicum. *adj.*

ACADÉMISTE. Nobilis palæstrita, *gén.* nobilis palæstritæ. *masc. L'un et l'autre se déclinent.*

ACAJOU, *arbre d'Amérique.* Anachardium, *gén.* anachardii, *neut.*

ACANTHE, *plante.* Acanthus, *gén.* acanthi. *masc.*

ACARIATRE. Morosus, morosa, morosum. *adj.*

ACCABLANT, *très-incommode.* Permolestus, permolesta, permolestum. *adj.*

ACCABLÉ. Oppressus, oppressa, oppressum. *part. pass. d'*opprimo.

ACCABLEMENT. Oppressio, *gén.* oppressionis. *fém.*

ACCABLER. Opprimere, opprimo, opprimis, oppressi, oppressum. *act. rég. dir. acc. rég. ind. abl.*

ACCÉLÉRATION. Acceleratio, *gén.* accelerationis. *fém.*

ACCÉLÉRER. Accelerare, accelero, acceleras, acceleravi, acceleratum. *act. avec l'accusatif.*

ACCENT. Accentus, *gén.* accentûs. *masculin.*

ACCENTUÉ. Accentu notatus, notata, notatum. *part. pass. de* noto. *On ne décline point* accentu.

ACCENTUER. Accentum ascribere, ascribo, ascribis, ascripsi, ascriptum. *act. dat. On met* accentum *dans tous les temps.*

ACCEPTATION. Acceptio, *gén.* acceptionis. *fém.*

ACCEPTÉ. Acceptus, accepta, acceptum. *part. pass. d'*accipio.

ACCEPTER. Accipere, accipio, accipis, accepi, acceptum. *act. rég. dir. acc. rég. ind. abl. avec de ou ab. Accepter la bataille.* Prælium non detrectare, detrecto, detrectas, detrectavi, detrectatum. *act. avec l'acc.*

ACCEPTION *de personnes.* Ad personas respectus, *gén.* ad personas respectûs. *masc.* Ad personas *se met toujours.*

ACCÈS. Aditus, *gén.* aditûs. *masc.*

Accès *de fièvre*, Febris accessio, *gén.* febris accessionis. *fém.* Febris ne se décline point. *Il n'a eu qu'un accès de fièvre.* Febris tantum semel accessit. *Du verbe* Accedo, accedis, accessi, accessum. *Cela signifie : la fièvre n'est venue qu'une fois;* on sous-entend, ad illum, vers lui.

Accès *de folie.* Insaniæ æstus, *gén.* insaniæ æstûs. *masc. Le gén.* insaniæ *reste toujours au même cas.*

ACCESSIBLE. Aditu facilis, *masc. fém.* facile, *neut. gén.* aditu facilis, *pour tous les g.* Aditu, *ne se décline pas.*

ACCESSOIRE, Accessio, *gén.* accessionis. *fém.*

ACCESSIT, *récompense des écoliers qui ont le mieux composé après celui qui a remporté le prix.* Palmæ proxima consecutio, *génit.* palmæ proximæ consecutionis. *fém.* Palmæ *demeure toujours au génitif.*

ACCIDENT. Casus, *g.* casûs. *m.*

Accident, *malheur.* Infortunium, *gén.* infortunii. *neut. Par accident.* Casu. *abl.*

ACCIDENTEL. Adventitius, adventitia, adventitium, *adj.*

ACCIDENTELLEMENT, *par hasard*, Fortuitò. *adv.* Casu, *ablatif de* casus.

ACCLAMATION. Acclamatio, *gén.* acclamationis. *fém.*

ACCOLADE. Amplexus, *gén.* amplexûs. *masc.*

ACCOLER. V. *Embrasser.*

ACCOMMODAGE, *apprêt de viandes.* Ciborum conditura, *gén.* ciborum conditurae. *fém. Le gén.* ciborum *ne varie point.*

ACCOMMODANT. Commodus, commoda, commodum. *adj.*

ACCOMMODÉ, Compositus, composita, compositum. *part. pass. de* compono.

ACCOMMODEMENT. Compositio. *gén.* compositionis. *fém.*

ACCOMMODER. Componere, compono, componis, composui, compositum. *act. accusatif.*

S'ACCOMMODER à. Servire, servio, servis, servivi *ou* servii, servitum. *neut. dat. S'accommoder au temps.* Tempori servire. *S'accommoder à l'humeur des autres.* Aliorum studiis obsequi, obsequor, obsequeris, obsecutus sum. *dép. avec le datif.*

ACCOMPAGNÉ de. Comitatus, comitata, comitatum. *avec l'ablatif. part. de* Comitor.

ACCOMPAGNEMENT. Comitatio, *gén.* comitationis. *fém.*

ACCOMPAGNER. Comitari, comitor, comitaris, comitatus sum. *dép. avec l'accusatif.*

ACCOMPLI. Absolutus, absoluta, absolutum. *part. pass. d'*Absolvo. *Au comp.* absolutior; *au superl.* absolutissimus.

ACCOMPLIR. Perficere, perficio, perficis, perfeci, perfectum. *act. accusatif.*

ACCOMPLISSEMENT. Perfectio, *gén.* perfectionis. *fém.*

ACCORD, *traité.* Pactum, *gén.* pacti. *n.*

ACCORD, *en parlant des voix, etc.* Concentus, *gén.* concentûs. *masc.*

ACCORD, *bonne intelligence.* Consensio, *gén.* consensionis. *fém. Etre d'accord.* Consentire, consentio, consentis, consensi, consensum. *neut. Mettre d'accord.* V. *Accorder.*

ACCORDAILLES, *articles de mariage accordés et signés.* Sponsalia, *g.* sponsalium, *et* sponsaliorum. *n. plur.* Nuptialis pactio, *gén.* nuptialis pactionis. *fém.*

ACCORDÉ, *cédé.* Concessus, concessa, concessum. *part. pass. de* Concedo. *Un Accordé en mariage.* Desponsus, *gén.* desponsi. *masc. Une Accordée en mariage.* Desponsata, *gén.* desponsatæ. *fém.*

ACCORDER, *en parlant des personnes.* Reconciliare, reconcilio, reconcilias, reconciliavi, reconciliatum. *act. acc.*

ACCORDER, *apaiser.* Voyez *Apaiser.*

ACCORDER, *en parlant des voix, etc.* Ad consentum accommodare, accommodo, accommodas, accommodavi, accommodatum. *act. acc. On ajoute* ad concentum *à tous les temps.*

ACCORDER, *céder.* Concedere, concedo, concedis, concessi, concessum. *act.* régime direct *accusatif,* régime indirect *dat.*

ACCORDER en mariage. Despondere, despondeo, despondes, despondi, desponsum. *act.* régime direct *acc.* régime indirect *dat.*

S'ACCORDER. Consentire, consentio, consentis, consensi, consensum. *n.*

ACCOSTABLE. Comis, *masc. fém.* come, *neutre. génitif* comis *pour tous les genres.*

ACCOSTER. Adire, adeo, adis, adivi *ou* adii, aditum. *act. avec l'acc.*

ACCOTTÉ *sur.* Fultus, fulta, fultum. *part. pass. de* Fulcit. *Avec l'abl.*

ACCOTTER. Fulcire, fulcio, fulcis, fulsi, fultum. *rég. dir. acc. rég. ind. abl.*

ACCOUCHÉE. Puerpera, *g.* puerperæ. *fém.*

ACCOUCHEMENT. Puerperium, *gén.* puerperii. *n.*

ACCOUCHER de. Parere, pario, paris, peperi, partum. *act. acc.*

ACCOUCHEUR, *qui assiste les femmes dans leurs couches.* Mulierum adjutor in partu. *On ne décline qu'*adjutor, *g.* adjutoris. *m.*

ACCOUCHEUSE. Obstetrix, *g.* obstetricis. *fém.*

S'ACCOUDER *sur.* Cubito inniti, innitor, inniteris, innixus sum. *dép. avec le datif.*

ACCOUDOIR. Cubital, *gén.* cubitalis. *neut.*

ACCOUPLE, *lien avec lequel on accouple les chiens de chasse.* Copula, *gén.* copulæ. *fém.*

ACCOUPLÉ. Copulatus, copulata, copulatum. *part. pass. de* Copulor.

ACCOUPLEMENT. Copulatio, *gén.* copulationis. *fém.*

ACCOUPLER. Copulare, copulo, copulas, copulavi, copulatum, *act. acc. Accoupler des bœufs, les mettre ensemble sous le joug.* Aratro boves jungere, jungo, jungis, junxi, junctum. *act. On ajoute* aratro boves *à tous les temps.*

ACCOURCI, *abrégé.* Contractus, contracta, contractum. *part. pass. de* Contraho. *Au compar.* contractior.

ACCOURCIE, *terme de marine, passage de la proue à la poupe.* Fori, *gén.* fororum. *m. plur.*

ACCOURCIR, *abréger, en parlant d'un discours, etc.* Orationem contraho, contrahis, contraxi, contractum. *act. On ajoute* orationem *à tous les temps.*

ACCOURCIR, *rendre plus court en*

retranchant et rognant. Resecare, reseco, resecas, resecavi, resecatum. act. avec l'acc.

S'ACCOURCIR. Decrescere, decresco, decrescis, decrevi. sans sup. neut. Les jours s'accourcissent. Decrescunt dies.

ACCOURCISSEMENT. Contractio, gén. contractionis. fém.

ACCOURCISSEMENT de chemin. Viæ compendium, gén. viæ compendii. neut. Via ne se décline point.

ACCOURIR, Accurrere, accurro, accurris, accurri, accursum. neut. à ou dans, s'exprime par ad, avec l'acc. Accourir au secours. In auxilium advolare, advolo, advolas, advolavi, advolatum. act. accus On ajoute in auxilium à tous les temps.

ACCOUTREMENT. Voyez Ajustement.

ACCOUTRER. Voyez Ajuster.

ACCOUTUMÉ à. Assuetus, assueta, assuetum. avec le dat. Avoir accoutumé de, ou être accoutumé à Solere, soleo, soles, solitus sum. sans sup. avec l'infinitif. A la manière accoutumée. More solito. ablat. De more. Qui n'est pas accoutumé à quelque chose. Insolens, m. f. n. gén. insolentis. avec la gén. Insuetus, insueta, insuetum, adj. avec le gén.

ACCOUTUMER. Assuefacere, assuefacio, assuefacis, assuefeci, assuefactum. act. régime direct acc. régime indirect. dat.

S'ACCOUTUMER à. Assuescere, assuesco, assuescis, assuevi, assuetum. neutre avec le datif ou un infinitif. S'accoutumer à la douleur. Dolori consuescere. Il se conjugue comme assuescere. Accoutumons-nous à mourir. Consuescamus mori.

ACCRÉDITER. Auctoritatem tribuere, tribuo, tribuis, tribui, tributum. actif avec le datif de la personne. On ajoute auctoritatem à tous les temps.

S'ACCRÉDITER auprès de quelqu'un. Apud aliquem auctoritatem sibi parere, pario, paris, peperi, partum. actif. Cela signifie, se créer de l'autorité auprès de quelqu'un.

ACCRU. Auctus, aucta, auctum. part. pass. d'Augeo.

ACCROC. Laceratio, gén. Lacerationis. fém.

Accroc, empêchement. Impedimentum, gén. Impedimenti. n.

ACCROCHÉ. Inuncatus, inuncata, inuncatum. part. pass. d'Inunco. à s'exprime par ad avec l'acc.

ACCROCHER. Inuncare, inunco, inuncas, inuncavi, inuncatum. act. à s'exprime par ad avec l'acc. Accrocher une affaire, la retarder par quelque incident. Negotio moram facere, facio, facis, feci, factum. act.

S'ACCROCHER. Adhærescere, adhæresco, adhærescis, adhæsi, adhæsum. n. à s'exprime par ad avec l'acc.

ACCROIRE, n'est usité qu'à l'infinitif précédé du verbe faire. Persuadere, persuadeo, persuades, persuasi, persuasum. actif, régime direct accusatif, régime indirect datif. En faire accroire. Imponere, impono, imponis, imposui, impositum. neutre datif. S'en faire bien accroire. Sibi arrogare, arrogo, arrogas, arrogavi, arrogatum. neutre. On met mihi pour la première personne du singulier, tibi pour la seconde, et sibi pour la troisième. Au pluriel nobis pour la première, vobis pour la seconde, et sibi pour la troisième.

ACCROISSEMENT. Incrementum, gén. incrementi. neut.

ACCROITRE. Augere, augeo, auges, auxi, auctum. act. acc.

S'ACCROITRE. Augeri, augeor, augeris, auctus sum. pass.

ACCROUPI. Sidens, masc. fém. neut. gén. sidentis.

S'ACCROUPIR. Sidere, sido, sidis, sidi, sans supin. neut. Se tenir accroupi. In clunes residere, resideo, resides, resedi. neut. sans supin.

ACCUEIL. Acceptio, gén. acceptionis. fém. Faire accueil. Accipere, accipio, accipis, accepi, acceptum. act. acc. Si l'accueil est bon, on ajoute amicè. adv. S'il est mauvais, on ajoute frigidè. adv.

ACCUEILLIR. V. Accueil (faire).

ACCULER. In angustias redigere, redigo, redigis, redegi, redactum. act. acc. On ajoute in angustias à tous les temps.

ACCUMULATION. Acervatio, gén. acervationis. fém.

ACCUMULÉ. Accumulatus, accumulata, accumulatum. part. pass. d'Accumulo.

ACCUMULER. Accumulare, accumulo, accumulas, accumulavi, accumulatum, act. act.

ACCUSATEUR. Accusator, gén. accusatoris. masc.

ACCUSATIF. Accusativus, gén. accusativi. masc.

ACCUSATION. Accusatio, gén. accusationis fém.

ACCUSATRICE. Accusatrix, gén. accusatricis. fém.

ACCUSÉ. Accusatus, accusata, accusatum. part. pass. d'Accuso. avec l'abl. précédé de la préposition de.

Un ACCUSÉ. Reus, gén. rei. masc.

ACCUSER. Accusare, accuso, accusas, accusavi, accusatum. act. régime direct acc. régime indirect abl. avec de. Etre accusé du crime d'empoisonnement. Accusari veneni. Dans cet exemple, qui est *de Cicéron*, on met le régime indirect au *génitif*, parce qu'on sous entend *criminis*.

ACÉRÉ, *garni d'acier*. Chalybe duratus, durata, duratum. *part. pass. Trait de médisance bien acéré*. Acuminatum maledictum, *gén.* acuminati maledicti.

ACÉRER, *garnir d'acier*. Chalybe durare, duro, duras, duravi, duratum. *act.* On ajoute chalybe *à tous les temps*.

ACHAIE, *province*, Achaïa, *gén.* Achaïæ, *fém*. Qui est de *l'Achaïe*. Achaïcus, achaïca, achaïcum.

ACHALANDER. Emptorum frequentiam allicere, allicio, allicis, allexi, allectum. *act*. On met emptorum frequentiam *à tous les temps*; et la chose que l'on achalande *à l'accus. avec la préposion* ad.

ACHARNÉ. Sæviens, *gén.* Sævientis. *part. prés*. de sævio.

s'ACHARNER, Sævire, sævio, sævis, sævii, sævitum. *neut. Il veut l'acc. avec la préposition* in.

ACHAT. Emptio, *gén*. Emptionis. *f.*

ACHE, *sorte d'herbe*. Apium palustre, *gén.* apii palustris. *n. L'un et l'autre se déclinent*.

ACHEMINEMENT. Gradus ad aliquid, *gén.* gradûs. Ad aliquid est là à la place de la chose vers laquelle est l'acheminement.

s'ACHEMINER. Gressum dirigere, dirigo, dirigis, direxi, directum. *act*.

ACHÉRON, *fleuve*. Acheron, *gén.* Acherontis. *masc.*

ACHETÉ. Emptus, empta, emptum. *part. pass.* d'Emo.

ACHETER. Emere, emo, emis, emi, emptum. *act*. régime direct *acc*. régime indirect *abl*. avec à ou ab. — Le nom de prix ou de valeur se met à l'ablatif. Ex. : *Acheter des livres argent comptant*. Libros emere præsenti pecuniâ. *Acheter à bon marché*. Emere vili. On sous-entend pretio. *Acheter à crédit*. Emere fide suâ. On laisse ces ablat. dans la phrase sans y rien changer.

ACHETEUR. Emptor, *gén.* emptoris. *masc.*

ACHEVÉ. Perfectus, perfecta, perfectum. *part. pass*. de Perficio. *Au comp*. perfectior ; *au superl*. perfectissimus.

ACHÈVEMENT. Consummatio, *g.* consummationis. *fém.*

ACHEVER. Perficere, perficio, perficis, perfeci, perfectum. *act. avec l'accus*. S'il suit un infinitif français, on change cet infinitif en un substantif qu'on met à l'accusatif : comme *Achever de parler*, c'est-à-dire, *achever son discours*. Perficere, ou absolvere sermonem suum.

ACHILLE, *nom d'homme*. Achilles, *gén.* Achillis. *masc.*

ACHOPPEMENT. Pedis offensio, *gén.* pedis offensionis. *fém*. Pedis ne se décline point.

ACIDE. Acidus, acida, acidum. *adj.*

ACIER. Chalybs, *gén*. Chalybis. *m.*

ACOLYTE. Acolytus, *gén*. acolyti. *masc.*

ACOQUINER. Desidiâ inficere, inficio, inficis, infeci, infectum. *act. acc.* On ajoute desidiâ *à tous les temps*.

ACQS. Voyez *Dax*.

ACQUÉREUR, *qui fait quelque acquisition*. Emptor, *gén*. emptoris. *mascul.*

ACQUÉRIR. Acquirere, acquiro, acquiris, acquisivi, acquisitum. *act. accus.*

ASQUIESCEMENT. Assensus, *gén.* assensûs. *masc.*

ASQUIESCER. Assentire, assentio, assentis, assensi, assensum. *neut. avec le datif.*

ACQUIS. Acquisitus, acquisita, acquisitum. *part. pass.* d'Acquiro.

ACQUISITION. Comparatio, *gén.* Comparationis. *fém.*

ACQUIT. Solutio, *gén.* solutionis. *fém. Par manière d'acquit*. Perfunctoriè. *adv.*

ACQUITTÉ. Persolutus, persoluta, persolutum. *part. pass*. de Persolvo.

ACQUITTER. Persolvere, persolvo, persolvis, persolvi, persolutum. *act. acc.*

s'ACQUITTER. Fungi, fungor, fungeris, functus sum. *dép. ablat.*

ACRE. Acer, *masc*. acris, *fém*. acre, *neut. gén*. acris *pour tous les genres. Au compar*. acrior ; *au superl*. acerrimus.

ACRE, *ville de Phénicie*, Ptolémaïs, *gén*. Ptolemaïdis. *fém.*

ACRIMONIE. Acrimonia, *gén* acrimoniæ. *fém.*

ACROSTICHE. Acrostichis, *gén*. acrostichidis. *fém.*

ACTE. Actus, *gén*. actûs. *masc.*

ACTEUR. Actor, *gén*. actoris. *masc.*

ACTIF, *en parlant des personnes*. Actuosus, actuosa, actuosum. *adj.*

ACTIF (*Verbe*). Verbum activum, *gén*. verbi activi. *neut*. Voyez *Verbe*.

ACTION. Actio, *gén.* actionis. *fém.*

ACTIVEMENT, *d'une manière active*. Activè. *adv.*

ACTIVITÉ. Celeritas, *gén*. celeritatis. *f.*

ACTRICE, Personam agens, *gén*. personam agentis. *fém*. Personam *reste toujours*.

ACTUEL. Realis, *mas. fém*. reale, *neut. gén*. realis pour tous les genres.

ACTUELLEMENT. Reipsâ. Hâc ipsâ rerum positurâ. *ablat*. Hoc ipso temporis articulo. *Cette dernière expression s'emploie quand actuellement signifie dans ce moment*.

ADAGE, *proverbe*. Adagium, *gén*. adagii. *neut.*

ADAM, *nom d'homme.* Adamus, *gén.* Adami. *masc.*

ADAPTER. Accommodare, accommodo, accommodas, accommodavi, accommodatum, *act.* régime direct *acc.* régime indirect. *dat.*

ADDITION, adjectio, *gén.* adjectionis. *fém.* Additamentum, *gén.* additamenti. *neut.*

ADHÉRENCE. Adhæsio, *gén.* adhæsionis. *fém.*

ADHÉRENT. Adhærens, *gén.* adhærentis. *part. présent de* adhæreo.

ADHÉRER, adhærere, adhæreo, adhæres, adhæsi, adhæsum. *neut.* dat. ou *l'acc. avec la préposition* ad. *Adhérer au sentiment, au parti de quelqu'un.* Stare ab aliquo : sto, stas, steti, statum. *neut.*

ADHÉSION. Adhæsio, *gén.* adhæsionis. *fém.*

ADJACENT. Contiguus, contigua, contiguum. *dat.*

ADJECTIF (*Nom*). Nomen adjectivum. *gén.* nominis adjectivi. *neut.* Voyez *Nom.*

ADIEU. Vale. *Si l'on parle à plusieurs personnes,* Valete. *Dire adieu.* Valedicere, valedico, valedicis, valedixi, valedictum. *act. avec le datif. Dire le dernier adieu.* Dicere supremum vale.

ADJOINT, *associé.* Socius, *gén.* socii. *masc* Ou collega, *gén.* collegæ, *masc.*

ADJUDICATION, addictio. *gén.* addictionis. *fém.*

ADJUGER. Adjudicare, adjudico, adjudicas, adjudicavi, adjudicatum. *act.* régime direct *accus.* régime indirect *dat.*

ADMETTRE. Admittere, admitto, admittis, admisi, admissum. *act. acc.*

ADMINISTRATEUR. Administrator, *gén.* administratoris. *masc.*

ADMINISTRATION. Administratio, *gén.* administrationis. *fém.*

ADMINISTRÉ. Administratus, administrata, administratum. *part. pass. d'*Administro.

ADMINISTRER. Administrare, administro, administras, administravi, administratum. *act.* régime direct *acc.* régime indirect *dat.*

ADMIRABLE. Mirandus, miranda, mirandum. *adj. part. de* Miror. Ou admirabilis, *masc. fém.* admirabile, *neut. gén.* Admirabilis, *pour tous les genres.*

ADMIRABLEMENT. Admirabiliter. *adverbe.*

ADMIRATEUR. Admirator, *gén.* admiratoris. *masc.*

ADMIRATIF. Mirabundus, mirabunda, mirabundum. *adj.*

ADMIRATION. Admiratio, *gén.* admirationis. *fém.*

ADMIRATRICE. Miratrix. *gén.* miratricis. *fém.*

ADMIRER. Admirari, admiror, admiraris, admiratus sum. *dép. accus. Se faire admirer de quelqu'un.* Alicujus admirationem sibi movere, moves, movi, motum. *act. On met partout* admirationem.

ADMIS. Admissus, admissa, admissum. *part. pass. d'*Amitto, à *par ad avec l'accusatif.*

ADMISSION. Admissio, *gén.* admissionis. *fém.*

ADMONITEUR. Admonitor, *gén.* admonitoris. *masc.*

ADMONITION. Admonitio, *gén.* admonitionis. *fém.*

ADOLESCENCE. Adolescentia, *gén.* adolescentiæ. *fém.*

ADOLESCENT. Adolescens, *gén.* adolescentis. *masc.*

ADONIS, *nom d'homme.* Adonis, *gén.* Adonidis. *masc.*

ADONNÉ. Deditus, dedita, deditum. *part. pass. de* Dedo *avec le datif.*

s'ADONNER. Se dedere, dedo, dedis, dedidi, deditum. *act. dat. On met* me *pour la première personne singulière,* te *pour la seconde,* se *pour la troisième. Au plur.* nos *pour la première,* vos *pour la seconde, et* se *pour la troisième.*

ADOPTÉ. Adoptatus, adoptata, adoptatum. *part. pass. d'*Adopto.

ADOPTER. Adoptare, adopto, adoptas, adoptavi, adoptatum. *act. acc.*

ADOPTIF. Adoptivus, adoptiva, adoptivum.

ADOPTION. Adoptio, *gén.* adoptionis. *fém.*

ADORABLE. Adorandus, adoranda, adorandum.

ADORATEUR. Cultor, *gén.* cultoris. *masc.*

ADORATION. Adoratio, *gén.* adorationis. *fém.*

ADORÉ. Cultus, culta, cultum. *part. pass. de* Colo.

ADORER. Adorare, adoro, adoras, adoravi, adoratum. *act. accus. Etre adoré.* Coli, color, coleris, cultus sum. *pass. de ou par,* à *ou* ab *avec l'ablat.*

ADOSSÉ. Voyez *Adosser*

ADOSSER. Applicare, applico, applicas, applicavi ou applicui, applicatum ou applicitum. *act.* régime direct *accus.* régime indirect *accus.* avec ad. Exemple : *Il a adossé ce cabinet contre le mur.* Illud conclave ad murum applicuit.

s'ADOSSER, *appuyer le dos.* Tergo niti, nitor, niteris, nisus sum. *dép.* Tergum obvertere, obverto, obvertis, obverti, obversum. *act. On ne décline pas* tergum, *et l'on met au datif le régime indirect.*

ADU

S'*Adosser*, *se mettre dos contre dos, en parlant de deux personnes.* Sibi terga obvertere invicem, *ou bien* stare obversis tergis : sto ; stas, steti, statum. *neut.*

ADOUCI. Lenitus, lenita, lenitum, *part. pass. de* Lenio.

ADOUCIR. Lenire, lenio, lenis, lenivi *ou* lenii, lenitum. *actif accus.*

s'Adoucir. Leniri, lenior, leniris, lenitus sum. *pass.*

ADOUCISSEMENT. Mitigatio, *génitif.* mitigationis. *fém.* Levamen, *gén.* levaminis. *neut.*

ADRESSE. Industria, *gén.* Industriæ. *fém.*

Adresse, *en parlant d'une lettre, etc.* Inscriptio, *gén.* inscriptionis. *fém.*

ADRESSÉ. Missus, missa, missum. *part pass. de* Mitto.

ADRESSER. Mittere, mitto, mittis, misi, missum. *act.* régime direct *accus.* régime indirect *accus.* avec ad. *Je l'ai adressé à vous.* Ipsi indicavi te : indico, indicas, indicavi, indicatum. *act.* Indicare aliquem *vaut mieux que* mittere ad aliquem.

s'Adresser *à quelqu'un.* Aliquem adire, adeo, adis, adii *ou* adivi, aditum. *act.*

ADRIATIQUE, *en parlant de la mer de ce nom.* Adria, *gén.* Adriæ. *masc.* *Ou* mare Adrianum, *gén.* maris Adriani. *neut.*

ADROIT. Industrius, industria, industrium. *Ou* Dexter, dextra, dextrum. *adjectif.*

ADROITEMENT. Industriè. *adv.*

ADVERBE. Adverbium, *gén.* adverbii. *neut.*

ADVERBIAL. Adverbialis, *masc. fém.* adverbiale, *neut. gén.* adverbialis, *pour tous les genres.*

ADVERBIALEMENT. Adverbialiter. *adv.*

ADVERSAIRE. Adversarius, *gén.* adversarii. *masc.*

ADVERSE PARTIE. Adversa pars, *gén.* adversæ partis. *fém.*

ADVERSITÉ. Adversa fortuna, *gén.* adversæ fortunæ. *L'un et l'autre se déclinent. Etre dans l'adversité.* Adversâ fortunâ premi, premor, premeris, pressus sum. *pass. On joint à tous les temps* adversâ fortunâ.

ADULATEUR, *flatteur.* Adulator, *gén.* adulatoris. *masc.*

ADULATION, *flatterie.* Adulatio, *gén.* adulationis. *fém.*

ADULTE. Adultus, adulta, adultum. *adj.*

ADULTÈRE, *crime.* Adulterium, *gén.* adulterii. *neut.*

Adultère, *l'homme qui commet un adultère.* Adulter, *gén.* adulteri. *masc.*

AFF 9

Adultère, *femme qui commet un adultère.* Adultera. *gén.* adulteræ. *fém.*

AÉRÉ. Aeri patens, *masc. fém. neut. gén.* patentis. *On ajoute* aeri *à tous les cas.*

AÉRER. Vento exponere, expono, exponis, exposui, expositum *act. acc. On ne décline pas* vento.

AFFABILITÉ. Affabilitas, *gén.* affabilitatis. *fém.*

AFFABLE. Affabilis. *masc. fém.* affabile, *neut. gén.* affabilis, *pour tous les genres.*

AFFABLEMENT. Comiter. *adv.* Affabilissimè. *adv.*

AFFADI. Fatuus, fatua, fatuum.

AFFADIR. Saporem detrahere, detraho, detrahis, detraxi, detractum. *act. avec le datif. On ajoute* saporem *à tous les temps.*

AFFAIBLI. Debilitatus, debilitata, debilitatum. *part. pass. de* Debilito. *Un corps affaibli.* Corpus effectum, *gén.* corporis effecti. *neut. Ces deux mots se déclinent ensemble.*

AFFAIBLIR. Debilitare, debilito, debilitas, debilitavi, debilitatum. *act. accusatif.*

s'Affaiblir. Debilitari, debilitor, debilitaris, debilitatus sum. *pass.*

AFFAIBLISSEMENT. Debilitatio. *gén.* debilitationis. *fém.*

AFFAIRE. Negotium, *gén.* negotii. *neut. Avoir affaire ou besoin de.* Opus habere, habeo, habes, habui, habitum *act. avec l'ablat. ensuite on met* opus *à tous les temps. J'ai des affaires à la campagne.* Habeo ruri aliquid negotii. *Etre à la tête des affaires.* Clavum tenere, teneo, tenes, tenui, tentum. *act. accus.*

AFFAIRÉ. Negotiosus, negotiosa, negotiosum. *adj.*

AFFAISSÉ, depressus, depressa, depressum. *part. pass. de* Deprimo.

AFFAISSEMENT. Sedimentum, *gén.* sedimenti. *neut.* Naturalis depressio, *gén.* naturalis depressionis. *fém.* Sedimentum *ne se dit que des liqueurs. Ou bien* Voluminis imminutio, *gén.* imminutionis. *fém.* Voluminis *ne change point.*

AFFAISSER. Premere, premo, premis, pressi, pressum. *act. accus.*

s'Affaisser. Desidere, desido, desidis, desidi. *sans supin. neut.*

AFFAMÉ. Famelicus, famelica, famelicum. *adj.*

AFFAMER. Ad famem adigere, adigo, adigis, adegi, adactum. *act. acc. On met partout* ad famem.

AFFECTATION. Affectatio, *gén.* affectationis. *fém.*

AFFECTÉ. Affectatus, affectata, affectatum. *part. pass.* d'Affectare.

AFFECTER. Affectare, affecto, affectas, affectavi, affectatum. *act. accusatif.*
AFFECTIF, qui remue, qui touche les cœurs. Movens, *masc. fém. neut. gén.* moventis.
AFFECTION. Amor. *gén.* amoris. *masc.* ou plutôt Animi dulcis affectus, *gén.* dulcis affectûs. *masc.* Avoir affection. Amare, amo, amas, amavi, amatum. *act. acc.*
AFFECTIONNÉ. Amans, *masc. fém. neut. gén.* amantis. On met le nom de la personne qui suit au *gén. Au compar.* amantior ; *au superlat.* amantissimus.
AFFECTIONNER. Amare, amo, amas, amavi, amatum. *act. acc.*
s'AFFECTIONNER à quelque chose, à quelqu'un. Rem aliquam, ou aliquem suaviter amplecti, amplector, amplecteris, amplexus sum. *dép.* Suaviter se met toujours.
AFFECTUEUSEMENT. Amanter. *adv. Au comparat.* amantiùs ; *au superlat.* amantissimè.
AFFECTUEUX. Benevolus, benevola, benevolum. *adj.*
AFFERMER. Locare, loco, locas, locavi, locatum. *act. rég. dir. acc. rég. ind. dat.*
AFFERMI. Firmatus, firmata, firmatum. *part. pass.* de Firmo.
AFFERMIR. Firmare, firmo, firmas, firmavi, firmatum. *act. acc.*
AFFERMISSEMENT. Firmamentum. *g.* firmamenti. *neut.*
AFFÉTÉ. Affectator nimius, *gén.* affectatoris nimii. *L'un et l'autre se déclinent.*
AFFÉTÉE. Exquisitoris elegantiæ consectatrix, *gén.* consectatricis. *fém. Le reste ne se décline point.*
AFFÉTERIE. Affectatio nimia, *gén.* affectationis nimiæ. *L'un et l'autre se déclinent.*
AFFICHE. Inscriptio parieti affixa, *gén.* inscriptionis parieti affixæ. Parieti *reste toujours le même.*
AFFICHÉ. Proscriptus, proscripta, proscriptum. *participe passif du verbe suivant.*
AFFICHER. Proscribere, proscribo, proscribis, proscripsi, proscriptum. *act. avec l'accusatif.*
AFFIDÉ, Fidus, fida, fidum.
AFFILÉ. Acutus, acuta, acutum. *Au comp.* acutior; *au sup.* acutissimus.
AFFILER. Acuere, acuo, acuis, acui, acutum. *act. avec l'acc.*
AFFILIATION. Adoptio, *gén.* adoptionis. *fém.*
AFFILIER. Adoptare, adopto, adoptas, adoptavi, adoptatum. *act. acc.*
AFFINAGE. V. *Affinement.*
AFFINEMENT. Purgatio, *gén.* purgationis. *fém.*

AFFINER. Purgare, purgo, purgas, purgavi, purgatum. *act. acc.*
AFFINEUR. Purgator, *gén.* purgatoris, *masc.*
AFFINITÉ. Affinitas, *gén.* affinitatis. *fém.*
AFFIQUETS. Mundus muliebris, *gén.* mundi muliebris. *masc. L'un et l'autre se déclinent.*
AFFIRMATIF. Affirmans, *masc. fém. neut. gén.* affirmantis.
AFFIRMATION. Affirmatio, *gén.* affirmationis. *fém.*
AFFIRMATIVE, en parlant d'une opinion. Assertio, *gén.* assertionis. *fém.*
AFFIRMATIVEMENT. Affirmatè. *adv.*
AFFIRMÉ. Affirmatus, affirmata, affirmatum. *part. pass.* d'Affirmo.
AFFIRMER. Affirmare, affirmo, affirmas, affirmavi, affirmatum. *act. acc.*
AFFLICTION. Mœror, *gén.* mœroris. *masc.*
AFFLIGÉ. Mœrens, *masc. fém. neut. gén.* mœrentis.
AFFLIGEANT. Acerbus, acerba, acerbum. *Au compar.* acerbior ; *au superl.* acerbissimus.
AFFLIGER. Contristare, contristo, contristas, contristavi, contristatum. *act. avec l'accus.*
s'AFFLIGER, ou *être affligé.* Afflictari, afflictor, afflictaris, afflictatus sum. *pass. avec l'abl.*
AFFLUENCE. Concursus, *gén.* concursûs. *masc.*
AFFOLÉ, *passionné jusqu'à la folie.* Ad insaniam concupiscens, *gén.* ad insaniam concupiscentis, *part.* On laisse ad insaniam dans tous les cas.
AFFOLER quelqu'un. Alicujus cupiditatem excitare, excito, excitas, excitavi, excitatum. *act.* On met toujours cupiditatem.
AFFRANCHI. Libertus, *gén.* liberti. *masc.*
AFFRANCHIE. Liberta, *gén.* libertæ. *fém.*
AFFRANCHIR. Manumittere, manumitto, manumittis, manumisi, manumissum. *act. acc.*
AFFRANCHISSEMENT. Manumissio, *gén.* manumissionis. *fém.*
AFFREUSEMENT. Horrificè. *adv.*
AFFREUX. Horridus, horrida, horridum. *adj.*
AFFRIANDER. Illicere, illicio, illicis, illexi, illectum. *act. acc.*
AFFRONT. Contumelia, *gén.* contumeliæ. *fém.*
AFFRONTER les *dangers.* Objectare caput periculis, objecto, objectas, objectavi, objectatum, *act.* Caput et periculis sont toujours au même cas. Affronter

AGD   AGI   11

l'ennemi. Hostem à fronte adoriri, adorior, adoriris, adortus sum, *dép. acc.* On met toujours à fronte.

AFFRONTER, *tromper*. Fraudare, fraudo, fraudas, fraudavi, fraudatum, *act. acc.*

AFFRONTEUR. Fraudator, *gén.* fraudatoris. *masc.*

AFFRONTEUSE. Fraudulenta mulier, *gén.* fraudulentæ mulieris. *fém.* Ces deux mots se déclinent ensemble.

AFFUBLÉ. Involutus, involuta, involutum. *part. pass.* d'Involvo. avec l'abl.

AFFUBLER. Involvere, involvo, involvis, involvi, involutum. *act. rég. dir. acc. rég. ind. abl.*

AFFUT. Tormenti bellici fulcrum ligneum, *gén.* fulcri lignei. *Le reste ne change point.*

AFFUTER. Ligneâ compage instruere tormentum bellicum, instruo, instruis, instruxi, instructum. *act. acc.* Il faut mettre ligneâ compage et tormentum bellicum dans tous les temps du verbe instruere.

AFIN que, ou *afin de*. Ut, avec un subjonctif ; ou ad avec le gérondif en dum. *Afin de lire.* Ad legendum. *Il va en classe afin de profiter.* It in scholam ut proficiat, c'est-à-dire, afin qu'il profite. *Afin qu'il n'y ait rien que je ne sache.* Ut ne quid ignoscam. *Afin que j'étudie plus aisément.* Quò facilius studeam.

AFRICAIN. Africanus, africana, africanum. *adj.*

AFRIQUE, *partie du monde*. Africa, *gén.* Africæ. *fém.*

AGAÇANT. Provocans, *m. f. n. g.* provocantis. *part. prés. act.* de Provoco.

AGACÉ. Hebetatus, hebetata, hebetatum. *part. pass.* d'Hebeto.

AGACÉ, *excité*. Provocatus, provocata, provocatum. *part. pass.* de Provoco.

AGACEMENT. Hebetatio, *gén.* hebetationis. *fém.*

AGACER. Hebetare, hebeto, hebetas, hebetavi, hebetatum. *act. acc.*

AGACER, *inciter*. Lacessere, lacesso, lacessis, lacessivi ou lacessii, lacessitum. *act. avec l'acc.*

AGAMEMNON, *nom d'homme*. Agamemnon, *gén.* Agamemnonis, *masc.*

AGAPES, *repas d'amitié et de charité*. Charistia, *gén.* charistiorum. *neutr. plur.*

AGARIC. Agaricum, *gén.* agarici. *neutr.*

AGATE, *pierre précieuse*. Achates , *gén.* achatæ. *masc. et fém.*

AGDE, *ville*. Agatha, *gén.* Agathæ. *fém.* Qui est d'Agde. Agathensis, *masc. et fém.* agathense, *neut. gén.* agathensis pour tous les genres.

AGE. Ætas, *gén.* ætatis. *fém. Bas-âge.* Prima ætas, *gén.* primæ ætatis. *f. L'un et l'autre se déclinent.*

AGÉ. Natus, nata, natum. *adj.* avec l'accus. *Agé de trois ans.* Natus tres annos.

Bien **AGÉ**. Voy. *Vieux*.

A l'égard de deux. *Plus âgé*. Natu major. *masc. et fém.* majus. *neut. gén.* natu majoris. Natu ne se décline point. *Moins âgé*. Natu minor, *gén.* natu minoris. *masc. et fém.* Natu ne se décline point. Après ces comparatifs on n'exprime pas le *que*, mais on met la personne qui suit à l'ablatif, comme : je suis moins âgé que mon frère. Sum natu minor meo fratre.

A l'égard de plusieurs. *Le plus âgé*. Natu maximus, natu maxima, natu maximum. Natu reste indéclinable. *Le moins âgé*. Natu minimus, natu minima, natu minimum. On ne décline point natu. Après ces superlatifs on met un génitif pluriel, comme : il est le plus âgé de tous. Est natu maximus omnium.

AGEN, *ville*. Aginnum, *gén.* Aginni. *neut.*

AGENOIS, d'Agen. Aginnas, *gén.* aginnatis. *adj.*

AGENCÉ. Ordinatus, ordinata, ordinatum. *part. pass.* d'Ordino.

AGENCEMENT. Ordinatio, *gén.* ordinationis. *fém.*

AGENCER. Ordinare, ordino, ordinas, ordinavi, ordinatum. *act. acc.*

AGENDA, *petites tablettes où l'on écrit les choses qu'on doit faire*. Pugillares, *gén.* pugillarium. *masc. plur.*

AGENOUILLÉ. Genibus, nixus, nixa, nixum. On ne décline point genibus.

s'**AGENOUILLER**. Genua flectere, flecto, flectis, flexi, flexum. *act.* On met genua *partout*.

AGENT. Procurator, *gén.* procuratoris. *masc.*

AGGRAVANT, *comme circonstances aggravantes*. Circumstanciæ rem aggravantes, *gén.* circumstantiarum rem aggravantium. *fém. pl.* On laisse rem sans le changer.

AGGRAVER. Aggravare, aggravo, aggravas, aggravavi, aggravatum. *act. avec l'acc.*

AGILE. Agilis, *m. et f.* agile, *neut. gén.* agilis pour tous les genres. *Compar.* agilior ; *superl.* agilissimus.

AGILEMENT. Agiliter. *adv. Comp.* agilius ; *superl.* ag'lissimè.

AGILITÉ. Agilitas, *g.* agilitatis. *fém.*

AGIR. Agere, ago, agis, egi, actum. *n. Il s'agit*. Agitur : au prétérit actum est : à l'infin. agi. *impers. pass. Il s'agit de vos intérêts.* Agitur de re tuâ. *Il s'est agi de peu de chose.* Actum est de nihilo.

AGISSANT. Actuosus, actuosa, actuosum. *adj.*
AGITATION. Agitatio, *gén.* agitationis. *fém.*
AGITÉ. Agitatus, agitata, agitatum. *part. pass.* d'Agito.
AGITER. Agitare, agito, agitas, agitavi, agitatum. *act. acc.*
AGNEAU. Agnus, *gén.* agni. *mascul.* De l'agneau, ou chair d'agneau. Agnina caro, *gén.* agninæ carnis. *Tous les deux se déclinent.*
AGNELER, *quand une brebis met bas son agneau.* Agnum procreare, procreo, procreas, procreavi, procreatum. *act.*
AGNÈS, *femme.* Agnes, *gén.* Agnetis. *fém.*
AGONIE. Extrema lucta cum morte, *gén.* extremæ luctæ cum morte. *On met toujours* cum morte.
AGONISANT. Moriens, *masc. fém. neut. gén.* morientis.
AGONISER, ou *être à l'agonie.* Cum morte luctari, luctor, luctaris, luctatus sum. *dépon. On met partout* cum morte.
AGRAFE. Fibula, *gén.* fibulæ. *fém.*
AGRAFÉ. Fibulatus, fibulata, fibulatum. *part. pass.* de Fibulo.
AGRAFER. Fibulare, fibulo, fibulas, fibulavi, fibulatum, *act. acc.*
AGRANDI. Auctus, aucta, auctum. *part. pass.* d'Augeo.
AGRANDIR. Augere, augeo, auges, auxi, auctum. *act. acc.*
s'AGRANDIR. Augeri, augeor, augeris, auctus sum. *pass. avec un abl.*
AGRANDISSEMENT. Amplificatio, *gén.* amplificationis. *fém.*
AGRÉABLE. Jucundus, jucunda, jucundum. *Au comp.* jucundior; *au superl.* jucundissimus.
AGRÉABLEMENT. Jucundè *adv. Au comp.* jocundiùs; *au superl.* jucundissimè.
AGRÉÉ. Gratus, grata, gratum. *avec le datif.*
AGRÉER, ou *avoir pour agréable.* Probare, probo, probas, probavi, probatum. *act. avec l'acc.*
AGRÉGATION, *l'action d'agréger en quelque corps.* Cooptatio, *gén.* cooptationis. *fém.*
AGREGÉ. Cooptatus, cooptata, cooptatum. *part. pass. de* Coopto.
AGRÉGER, *admettre en quelque corps.* In collegium, ou in numerum cooptare, coopto, cooptas, cooptavi, cooptatum. *act. avec l'acc. de la personne. On ne change rien à ces mots* in collegium, ou in numerum.
AGRÉMENT, ou *approbation.* Approbatio, *gén.* approbationis. *fém.*
AGRÉMENT, ou *beauté.* Jucunditas, *g.* jucunditatis. *fém.*

AGRÈS, *voiles, cordages qui servent à la manœuvre d'un navire.* Navium armenta, *gén.* armentorum. *neut. plur. On ajoute* navium *à tous les cas.*
AGRESSEUR. Aggressor, *gén.* aggressoris. *masc.*
AGRESTE. Agrestis, *masc. et fém.* agreste, *neut. gén.* agrestis *pour tous les genres.*
AGRICULTURE. Agricultura, *gén.* agriculturæ. *fém.*
AGUERRI. In re militari exercitatus, exercitata, exercitatum. *On met toujours* in re militari.
AGUERRIR. In re militari exercere. exerceo, exerces, exercui, exercitum. *act. avec l'acc. On met partout* in re militari.
AGUETS, *comme être aux aguets.* Speculari, speculor, specularis, speculatus sum. *dép. acc.*
AH, *interjection.* Ah. Heu.
AHEURTÉ. Obstinatus, obstinata, obstinatum. *adj.*
AHEURTEMENT. Obstinatio, *gén.* obstinationis. *fém.*
s'AHEURTER. *Voy.* s'Obstiner.
AJAX, *nom d'homme.* Ajax, *gén.* Ajacis. *masc.*
AIDANT. *Dieu aidant.* Deo juvante, *à l'abl.*
AIDE, *subst. fém. secours.* Auxilium, *gén.* auxilii. *neut.*
AIDE, *masc. en parlant d'une personne.* Adjutor, *gén.* adjutoris, *masc. Au fém.* adjutrix, *gén.* adjutricis.
AIDES, *impôts.* Tributa, *gén.* tributorum. *neut. plur.*
AIDÉ. Adjutus, adjuta, adjutum. *part. pass.* d'Adjuvo.
AIDER. Juvare, juvo, juvas, juvi, jutum. *act. acc.*
AIEUL. Avus, *gén.* avi. *masc. Nos aieux.* Majores, *g.* majorum. *masc. plur.*
AIEULE. Avia, *gén.* Aviæ. *fém.*
AIGLE. Aquila, *gén.* aquilæ. *fém.*
AIGLON. Aquilæ pullus, *génitif* aquilæ pulli. *masc. On ne décline point* aquilæ.
AIGRE. Acidus, acida, acidum. *Au comp.* acidior; *au superl.* acidissimus.
AIGRE, *piquant, offensant.* Asper, aspera, asperum. *adj.* Amarus, amara, amarum. *adj.*
AIGRE-DOUX. Acido et dulci mixtus, mixta, mixtum. *On met toujours* acido et dulci.
AIGRELET, *un peu aigre.* Subacidus, subacida, subacidum. *adj.*
AIGREMENT. Acerbè. *adv. Au comp.* acerbius; *au superl.* acerbissimè.
AIGREMOINE, *sorte d'herbe.* Eupatoria, *gén.* eupatoriæ. *fém.*

AIGRET. Acerbus, acerba, acerbum. *Au comp.* acerbior; *au superl.* acerbissimus.

AIGRETTE, *oiseau.* Ardeola, *gén.* ardeolæ. *fém.*

AIGRETTE, *panaches.* Ardeolæ crista, *gén.* ardeolæ cristæ. *fém. On ne décline pas* ardeolæ.

AIGREUR *au goût.* Acor, *gén.* acoris. *masc.*

AIGREUR, *rudesse.* Acerbitas, *gén.* acerbitatis. *fém.*

AIGRI. Exacerbatus, exacerbata, exacerbatum. *part. pass.* d'Exacerbo.

AIGRIR. Exacerbere, exacerbo, exacerbas, exacerbavi, exacerbatum. *act. acc.*

s'AIGRIR, *en parlant des liqueurs.* Acescere, acesco, acescis, acui. *sans supin. neut.*

s'AIGRIR, *s'irriter.* Exasperari, exasperor, exasperaris, exasperatus sum. *pass. avec l'abl.*

AIGU. Acutus, acuta, acutum. *Au comp.* acutior; *au superl.* acutissimus.

AIGUADE, *provision d'eau douce.* Aquatio, *gén.* aquationis. *fém.*

AIGUES-MORTES, *ville.* Aquæ mortuæ, *gén.* Aquarum mortuarum. *fém. plur.*

AIGUIÈRE, *vase à mettre de l'eau.* Aqualis, *gén.* aqualis. *masc.*

AIGUILLE. Acus, *gén.* acûs. *fém.*

AIGUILLE *de clocher.* Templi obeliscus, *gén.* templi obelisci. *masc.* Templi resto au *gén.*

AIGUILLÉE. Acia, *gén.* aciæ. *fém.*

AIGUILLETTE. Ligula, *gén.* ligulæ. *fém.*

AIGUILLETTE, *cordon ferré par le bout.* Ferro munitum ligamen, *gén.* ferro muniti ligaminis. *neut.* ferro *ne se décline pas.*

AIGUILLETIER. Ligularum artifex, *g.* artificis. *masc. Le gén.* ligularum *se met toujours.*

AIGUILLIER. Acuum artifex, *gén.* acuum artificis. *masc.*

AIGUILLON. Aculeus, *gén.* aculei. *masc.*

AIGUILLON *de bouvier.* Stimulus, *gén.* stimuli. *masc.*

AIGUILLONNÉ. Incitatus, incitata, incitatum. *part. pass.* d'Incito.

AIGUILLONNER. Stimulare, stimulo, stimulas, stimulavi, stimulatum. *act. acc.*

AIGUISÉ. Exacutus, exacuta, exacutum. *part. pass.* d'Exacuo.

AIGUISEMENT. Exacutio, *gén.* exacutionis. *fém.*

AIGUISER. Exacuere, exacuo, exacuis, exacui, exacutum. *act. acc.*

AIL. Allium, *gén.* allii. *neut.* Où il y a de l'ail. Alliatus, alliata, alliatum. *adj.*

AILE. Ala. *gén.* alæ. *fém.*

AILE. Alatus, alata, alatum. *adj.*

AILERON. Extrema ala, *gén.* extremæ alæ. *fém.*

AILLEURS, *sans mouvement.* Albi. *adv.* Ailleurs, *avec mouvement.* Aliò. *adv.*

D'AILLEURS, *ou de plus.* Prætereà. *adv. D'ailleurs il avait du savoir.* Etiam cæteroquin doctus.

AIMABLE. Amabilis, *masc. et fém.* amabile, *neut. gén.* amabilis *pour tous les genres. Au comp.* amabilior; *au superl.* amabilissimus.

AIMANT. *pierre.* Magnes, *g.* magnetis. *masc.* Qui est d'aimant. Magneticus, magnetica, magneticum. *adj.*

AIMANTÉ. Magnete perfrictus, perfricta, perfrictum. *adj. On met toujours* magnete.

AIMÉ. Amatus, amata, amatum. *part. pass.* d'Amo.

AIMER. Amare, amo, amas, amavi, amatum. *act. acc.*

AIMER *mieux, suivi d'un verbe.* Male, malo, mavis, malui. *Avec un inf.* Le *que après* aimer mieux, *s'exprime par* quàm, *lorsqu'il peut se tourner par* plutôt que: Ex. *Il aime mieux étudier que jouer.* Mavult studere quàm ludere.

Se faire aimer de quelqu'un. Alicujus sibi amorem conciliare, concilio, concilias, conciliavi, conciliatum. *act. gén. On met partout* amorem *et* alicujus; *et les pronoms* sibi, tibi *et* mihi *se mettent selon la personne dont il s'agit. Mais à l'égard des personnes, on met* mihi *pour la première du sing.,* tibi *pour la seconde,* sibi *pour la troisième. Au plur.* nobis *pour la première,* vobis *pour la seconde,* sibi *pour la troisième.*

AIN, *rivière et département de France.* Ens, *gén.* Entis. *masc.*

AINE. Inguen, *gén.* inguinis. *neut.*

AINÉ, *à l'égard de deux.* Natu major, *gén.* natu majoris. *masc. et fém. On ne décline pas* natu. *A l'égard de plusieurs.* Natu maximus, maxima, maximum. *On ne décline point* natu.

AINESSE. Ætas major, *gén.* ætatis majoris. *fém. L'un et l'autre se déclinent. Droit d'ainesse.* Ætatis prærogativa, *gén.* ætatis prærogativæ. *fém. On joint à tous les cas* ætatis, *qui ne se déclinent point.*

AINSI. Ita. Sic. *adv. Ainsi que.* Ut, *avec l'indicatif. Est ce ainsi que?* Siccine? Itane? *adv. On met l'indicatif ensuite. Est ce ainsi que vous en usez?* Siccine agis? Ago, agis, egi, actum, agere. *act.*

AJOURNEMENT. In jus vocatio, *gén.* in jus vocationis. *fém.* In jus *ne se décline point.*

AJOURNER. Diem dicere; dico, dicis, dixi, dictum. *act. datif de la personne. On met partout diem.*

AJOUTAGE. Adjunctio, *gén.* adjunctionis. *fém.*

AJOUTÉ. Additus, addita, additum. *part. pass.* d'Addo. *avec le dat., ou l'acc. avec* ad.

AJOUTER. Addere, addo, addis, addidi, additum. *act. rég. dir. acc. rég. ind. dat., ou l'acc avec* ad.

AIR. Aër, *gén.* aëris. *masc. Changer d'air.* Cœlum mutare, muto, mutas, mutavi, mutatum. *act. En l'air, en haut, sans mouvement.* In aëre. *S'il y a mouvement.* In aërem. *En l'air, inutilement.* Inutiliter. *adverbe. Parler en l'air.* Verba ventis profundere, profundo, profundis, profudi, profusum. *act.*

AIR, *mine ou façon.* Species, *gén.* speciei. *fém.*

AIR, *chanson.* Cantilena, *gén.* cantilenæ. *fémin. Je me souviens de l'air.* Numeros memini.

AIRAIN. Æs, *gén.* æris. *neut. Qui est d'airain.* Æreus, ærea, æreum. *adj.*

AIRE. Area, *gén.* areæ. *fém.*

AINE, *ville.* Aria, *gén.* Ariæ, *fém.*

AIRER, *faire son nid.* V. *Nicher.*

AIS. Axis, *gén.* axis. *masc.*

AISANCE, *facilité.* Facilitas, *gén.* facilitatis. *fém.*

AISANCES, *latrines.* Latrina, *génit.* latrinæ. *fém.*

AISCEAU, *outil.* Ascia, *gén.* asciæ. *fém.*

AISE, *ou joie.* Gaudium, *gén.* gaudii. *neutre. Etre bien aise.* Gaudere, gaudeo, gaudes, gavisus sum. *neut avec l'abl.*

AISE. Voyez *Commodité.*

AISÉ. Facilis, *masc.* et *fém.* facile. *neut. gén.* facilis pour tous les genres. *Au comp.* facilior; *au superl.* facillimus. *Il est aisé de.* Facile est, *avec un infin.*

AISÉMENT. Facilè, *adv. Au comp.* faciliùs; *au superl.* facillimè.

AISNE, *rivière et département de France.* Axona, *gén.* Axonæ. *fém.*

AISSELLE. Ala, *gén.* alæ. *fém.*

AISSETTE. Axia minor. *gén.* axiæ minoris. *fém.*

AJUSTÉ, *accommodé.* Aptus, apta, aptum. *Au comp.* aptior; *au supel.* aptissimus, aptissima, aptissimum. *Ou* compositus, composita, compositum.

AJUSTÉ, *paré.* Ornatus, ornata, ornatum. *part. pass.* d'Orno. *Au comp.* ornatior; *au superl.* ornatissimus.

AJUSTEMENT, *action d'accommoder.* Compositio, *gén.* compositionis. *fém.*

AJUSTEMENT, *ornement.* Ornamentum, *gén.* ornamenti. *neut.*

AJUSTER, *rendre une chose juste.* Aptare, apto, aptas, aptavi, aptatum. *act. rég. dir. acc. rég. ind. dat.*

AJUSTER, *orner.* Ornare, orno, ornas, ornavi, ornatum. *act. acc.*

AIX, *ville.* Aquæ Sextiæ, *gén.* Aquarum Sextiarum. *fémin. plur. Qui est d'Aix.* Aquisextanus, aquisextana, aquisextanum.

AIX-LA-CHAPELLE, *ville.* Aquisgranum, *génit.* Aquisgrani. *neut. Qui est d'Aix-la-Chapelle.* Aquisgranensis, *masc. et fém.* aquisgranense, *neut. génit.* aquisgranensis *pour tous les genres.*

ALADULIE, *pays.* Aladulia, *gén.* Aladuliæ. *fém.*

ALAINS, *anciens peuples.* Alani, *gén.* Alanorum. *masc. plur.*

ALAIS, *ville.* Alesia, *gén.* Alesiæ. *fém.*

ALAMBIC, *vase qui sert à distiller.* Clibanus, *gén.* clibani. *masc.*

s'ALAMBIQUER *l'esprit, la cervelle.* Animum fatigare, fatigo, fatigas, fatigavi, fatigatum. *act. acc.*

ALARME, *épouvante.* Terror, *gén.* terroris. *masc. Ou mieux encore,* res trepidæ, *génitif* rerum trepidarum. *féminin. plur.*

ALARME, *signal pour faire prendre les armes.* Ad arma conclamatio, *gén.* conclamationis. *fém.* Ad arma *reste toujours* Donner l'alarme, crier aux armes. Ad arma conclamare, conclamo, conclamas, conclamavi, conclamatum. *neut.* Ad arma *reste toujours.*

ALARMÉ, *épouvanté.* Trepidus, trepida, trepidum. *adj.*

ALARMER, *épouvanter.* Terrere, terreo, terres, terrui, territum. *act. acc.*

s'ALARMER. Trepidare, trepido, trepidas, trepidavi, trepidatum. *neut.*

ALBANIE. Albania, *gén.* Albaniæ. *fém.*

ALBATRE. Alabastrites, *gén.* alabastritæ. *masc. Vase d'albâtre.* Alabaster, *gén.* alabastri. *masc.*

ALBE-LA-LONGUE, *ville.* Alba longa, *gén.* Albæ longæ. *fém.*

ALBE-ROYALE, *ville.* Alba Regia, *gén.* Albæ Regiæ. *fém.*

ALBERGE, *sorte de pêche.* Persicum duracinum, *gén.* persici duracini. *neut.*

ALBERGIER. Persici duracini arbor, *gén.* persici duracini arboris. *fém.*

ALBERT, *homme.* Albertus. *gén.* Alberti. *masc.*

ALBI, *ville.* Albia, *gén.* Albiæ, *fém.*

ALBIGEOIS, *qui est d'Albi.* Albigensis, *masc.* et *fém.* albigense, *neut. gén.* albigensis *pour tous les genres.*

ALCHIMIE, *science.* Alchimia, *gén.* alchimiæ. *f. m.*

ALCHIMIQUE. Alchimicus, alchimica, alchimicum. *adj.*

ALCHIMISTE. Alchimiæ peritus, perita, peritum. *adj.*
ALCIBIADE, *nom d'homme.* Alcibiades, *gén.* Alcibiadis. *masc.*
ALCORAN. Alcoranus, *gén.* alcorani. *masc.*
ALCOVE. Destinatus lecto recessus, *gén.* destinati lecto recessûs. *masc.* Lecto *ne se décline pas.*
ALCYON, *oiseau.* Alcyon. *gén.* alcyonis. *fém.*
ALÈGRE. Alacer, *masc.* alacris, *fém.* alacre, *neut. gén.* alacris *pour tous les genres. Au comp.* alacrior; *au superl.* alacerrimus.
ALÉGREMENT. Alacriter. *adv. Au comp.* alacriùs; *au superl.* alacerrimè.
ALÉGRESSE. Lætitia, *génit.* lætitiæ. *fém.*
ALENÇON, *ville.* Alenconium, *gén.* Alenconii. *neut.*
ALÈNE. Subula, *gén.* Subulæ. *fém.*
ALENIER. Subulæ artifex, *gen.* subulæ artificis. *masc.*
ALENTOUR. Circùm *avec l'accus. Les champs d'alentour,* campi circumjacentes.
ALERTE. Vigilans, *masc. fémin. neut. gén.* vigilantis. *adj.*
ALETH, *ville.* Alecta, *gén.* Alectæ. *f.*
ALEXANDRE, *nom d'homme.* Alexander, *gén.* Alexandri, *masc.*
ALEXANDRETTE, *ville.* Alexandria minor, *gén.* Alexandriæ minoris. *fém.*
ALEXANDRIE, *ville.* Alexandria, *gén.* Alexaudriæ. *fém.*
ALEXIS, *nom d'homme.* Alexis, *gén.* Alexis. *fém.*
ALEZAN. Rufus, rufa, rufum. *adj.*
ALGARADE, *insulte.* Insaltatio, *gén.* insultationis. *fém.*
ALGARIC, *sonde de chirurgien.* Fistula, *gén.* fistulæ. *fém.*
ALGÈBRE. Algebra, *génitif* algebræ. *fém.*
ALGER, *ville.* Algerium, *gén.* Algerii. *neut.*
ALGÉRIEN. Algerius, algeria, algerium. *adj.*
ALGUE, *herbe.* Alga, *gén.* algæ. *fém.*
ALIBI, *ou alibi-forain, excuse frivole.* Tergiversatio, *gén.* tergiversationis. *fém.*
ALICANTE, *ville.* Alone, *gén.* Alones. *fém.*
ALIÉNABLE, *qu'on peut aliéner.* Alienandus, alienanda, alienandum. *part.*
ALIÉNATION. Alienatio, *gén.* alienationis. *fém.*
ALIÉNÉ. Alienatus, alienata, alienatum. *part. pass.* d'Alieno.
ALIÉNER. Alienare, alieno, alienas, alienavi, alienatum. *act. acc.*

ALIGNÉ. Ad lineam directus, directa, directum. *On met toujours* ad lineam.
ALIGNEMENT. Lineæ directio, *gén.* directionis. *f.* Lineæ *ne se décline point.*
ALIGNER. Ad lineam dirigere, dirigo, dirigis, direxi, directum. *act. acc.*
ALIMENT. Alimentum, *gén.* alimenti. *neut.*
ALIMENTAIRE. Alimentarius, alimentaria, alimentarium. *adj.*
ALIMENTÉ. Nutritus, nutrita, nutritum. *part. pass. de* Nutrio.
ALIMENTER. Alere, alo, alis, alui, altum *ou* alitum. *act. acc.*
ALITÉ. Lecto retentus, retenta, retentum. *part. pass. de* Retineo. On ne *décline point* lecto.
s'ALITER. Lecto detineri, detineor, detineris, detentus sum. *pass.*
ALIZIER, *arbre.* Lotus, *gén.* loti. *fém.*
ALLAITÉ. Lactatus, lactata, lactatum. *part. pass. de* Lacto.
ALLAITER. Lactare, lacto, lactas, lactavi, lactatum. *act. acc.*
ALLÉCHÉ, *attiré.* Allectus, allecta, allectum. *part. pass.* d'Allicior.
ALLÉCHEMENT, *amorce.* Illecebra, *gén.* illecebræ. *fém.*
ALLÉCHER. Allicere, allicio, allicis, allexi, allectum. *act. acc. Ce mot français est vieux.*
ALLÉE *de jardin.* Via hortensis, *gén.* viæ hortensis. *fém.*
ALLÉE *et venue.* Itus ac reditus, *gén.* itûs ac reditûs. *L'un et l'autre se déclinent.*
ALLÉGATION. Prolatio, *gén.* prolationis. *fém.*
ALLÉGÉ. Levatus, levata, levatum. *part. pass. de* Levo.
ALLÉGEMENT, levatio, *gén.* levationis. *fém.*
ALLÉGER. Levare, levo, levas, levavi, levatum. *act. acc.*
ALLÉGORIE. Allegoria, *gén.* allegoriæ. *fém.*
ALLÉGORIQUE. Allegoricus, allegorica, allegoricum. *adj.*
ALLÉGORIQUEMENT. Per allegoriam.
ALLÉGORISER, *user d'allégorie.* Allegoriam adhibere, adhibeo, adhibes, adhibui, adhibitum. *act. acc.*
ALLÉGUÉ. Allatus, allata, allatum. *part. pass.* d'Affero.
ALLÉGUER. Proferre, profero, profers, protuli, prolatum. *act acc.*
ALLEMAGNE, *grand pays.* Germania, *gén.* Germaniæ. *fém. Qui est d'Allemagne.* Germanicus, Germanica, Germanicum. *adj.*
ALLEMAND. Germanus, *gén.* Germani. *masc.* Allemande. Germana, *gén.* Germanæ. *fém.*

ALLER. Ire, eo, is, ivi, ou ii. itum. *neut.* Après ce verbe latin, on exprime ordinairement *en* ou *dans* par la préposition *in* avec l'acc. et *à* par *ad* avec un acc. aussi.

ALLER *trouver* ou *voir*. Adiere, adeo, adis, adivi *ou* adii, aditum. *act. avec l'acc.*

ALLER, *en parlant d'une affaire*. Se habere, habeo, habes, habui, habitum. *On met* se *partout. Exemple : Mon affaire va bien.* Meum negotium se habet bene.

ALLER, *agir*. Agi, agitur, actum est. *Impersonnel passif. Il y va de ton salut.* Agitur de tuâ salute.

ALLEU, *héritage possédé en propriété*. Patrimonium, *gén.* patrimonii. *neut. Franc-alleu.* Prædium immune, *gén.* prædii immunis. *neut.*

ALLIAGE. Conjunctio, *gén.* conjunctionis. *fém.*

ALLIANCE, *à l'égard des parens*. Affinitas, *gén.* affinitatis. *fém.*

ALLIANCE, *société*. Societas, *gén.* societatis. *fém.*

ALLIANCE, *traité*. Fœdus, *gén.* fœderis. *neut.* Faire alliance. V. S'allier.

ALLIÉ, *parent*. Affinis, *masc. et fém.* affine, *neut. gén.* affinis, *avec le génitif ou le datif.*

ALLIÉ, *confédéré*. Fœderatus, fœderata, fœderatum. *On met ensuite l'abl. avec la préposition* cum.

ALLIER, *joindre ensemble*. Conjungere, conjungo, conjungis, conjunxi, conjunctum. *act. avec l'acc.*

S'ALLIER, *faire alliance*. Affinitate se devincire, devincio, devincis, devinci, devictum. *act. On met partout* affinitate, *et l'on a égard au nominatif de la phrase. Exemples :* il s'allie. Affinitate se devincit. *Nous nous allions.* Affinitate nos devincimus, etc.

ALLIER, *rivière et département de France*. Elaver, *gén.* Elaveris. *masc.*

ALLOBROGE, *savoyard*. Allobrox, *gén.* Allobrogis. *masc.*

ALLOUER, *approuver*. Allaudare, allaudo, allaudas, allaudavi, allaudatum. *act. avec l'acc.*

ALLUMÉ. Accensus, accensa, accensum. *part. pass. d'*Accendo.

ALLUMER. Accendere, accendo, accendis, accendi, accensum. *act. avec l'acc.*

S'ALLUMER. Ardescere, ardesco, ardescis, arsi, arsum. *neut.*

ALLUMETTE. Sulfuratum, *génit.* sulfurati. *neut.*

ALLURE, incessus, *gén.* incessûs. *masc.*

ALLUSION. Allusio, *gén.* allusionis. *fém.*

ALLUVION. Alluvio, *gén.* alluvionis. *fém.*

ALMANACH. Calendarium, *gén.* calendarii. *neut.*

ALOÈS, *arbre.* Aloe, *g.* aloes. *fém.*

ALOI, *bon aloi.* Legitima conflatura, *gén.* legitimæ conflaturæ. *fém. Mauvais aloi.* Adulterina conflatura, *gén.* adulterinæ conflaturæ. *fém. L'un et l'autre se déclinent.*

ALONGE, *pièce ajoutée.* Additamentum, *gén.* additamenti. *neut.*

ALONGÉ. Extensus, extensa, extensum. *part. pass. d'*Extendo.

ALONGEMENT. Productio, *gén.* productionis. *fém.*

ALONGER. Extendere, extendo, extendis, extendi, extensum. *act. acc.*

ALORS. Tum. Tunc. *adv. C'est alors que.* Tum, *avec un ind. jusques alors.* Hactenùs. *adv.*

ALOSE, *poisson.* Alosa, *gén.* alosæ. *f.*

ALOUETTE, *oiseau.* Alauda, *g.* alaudæ. *fém.*

ALOYAU. Costa bubula, *g.* costæ bubulæ. *fém.*

ALPES, *montagnes.* Alpes, *gén.* Alpium. *fém. pl. Qui est des Alpes.* Alpinus, alpina, alpinum. *adj. Hautes-Alpes.* Alpes excelsæ, *gén.* Alpium excelsarum. *Basses-Alpes.* Alpes humiles. *gén.* Alpium humilium.

ALPHABET. Elementa, *gén.* elementorum. *neut. plur. Qui est à l'alphabet.* Elementarius, *gén.* elementarii. *masc.*

ALPHABÉTIQUE. Alphabeticus, alphabetica, alphabeticum. *adj.*

ALSACE, *province.* Alsacia, *g.* Alsaciæ. *fém.*

ALSACIEN, *qui est d'Alsace.* Alsacianus, alsaciana, alsacianum. *adj.*

ALTÉRANT, *qui cause de la soif.* Sitim afferens, *masc. fém. neut. gén.* sitim afferentis.

ALTÉRATIF, *qui cause du changement.* Alterans, *gén.* alterantis. *de tout genre.*

ALTÉRATION, *soif.* Sitis, *gén.* sitis. *fém.*

ALTÉRATION, *changement.* Mutatio, *g.* mutationis. *fém.*

ALTERCATION, *débat, dispute.* Altercatio, *gén.* altercationis. *fém.*

ALTÉRÉ, *qui a soif.* Sitiens, *m. f. n. gén.* sitientis. *Etre altéré.* Sitire, sitio, sitis, sitivi, sititum. *neut. acc.*

ALTÉRÉ, *changé.* Mutatus, mutata, mutatum. *part. pass. de* Muto.

ALTÉRER, *faire venir la soif.* Sitim afferre, affero, affers, attuli, allatum. *act. acc. On met toujours* sitim.

ALTÉRER, *changer.* Mutare, muto, mutas, mutavi, mutatum. *act. acc.*

ALTERNATIF. Alternus, alterna, alternum. *adj.*

ALTERNATION, *changement d'ordre.* Alternatio, *gén.* alternationis. *fém.*

ALTERNATIVE, *pouvoir de choisir de deux choses l'une.* Alterna conditio, *gén.* alternæ conditionis. *fém. les deux mots se déclinent ensemble.*

ALTERNATIVEMENT. Alternâ vice. *à l'abl.*

ALTESSE. Celsitudo, *gén.* celsitudinis. *fém.*

ALTIER, *fier, superbe, hautain.* Ferox, *m. f. n. g.* ferocis. *adj.* Superbus, superba, superbum. *adj.*

ALVÉOLE. Alveolus, *gén.* alveoli. *m.*

ALUIN, *petit poisson qu'on met dans un étang pour multiplier.* Piscis sobolescens, *gén.* piscis sobolescentis; *nom subst.* piscis, *et part.* sobolescens, *qui se déclinent ensemble.*

ALUINER *un étang, l'empoissonner.* Pisces serere, sero, seris, sevi, satum. *act. avec l'acc.*

ALUMELLE. Lamella, *gén.* lamellæ. *fém.*

ALUMINEUX. Aluminosus, aluminosa, aluminosum. *adj.*

ALUN. Alumen, *gén.* aluminis. *neut.*

ALUNER, *frotter d'alun.* Aluminare, alumino, aluminas, aluminavi, aluminatum.

AMABILITÉ. Amabilitas, *gén.* amabilitatis. *fém.*

AMADOUER. Voy. *Flatter.*

AMAIGRI. Macilentus, macilenta, macilentum. *adj.*

AMAIGRIR, *rendre maigre.* Emaciare, emacio, emacias, emaciavi, emaciatum. *act.*

AMAIGRIR, *ou* s'AMAIGRIR. Macescere, mascesco, macescis, mascui. *sans supin. neut.*

AMAIGRISSEMENT. Corporis extenuatio, *gén.* corporis extenuationis. *fém.* Corporis *ne se déline point.*

AMALÉCITES. Amalecitæ, *gén.* Amalecitarum. *subst. masc. plur.*

AMANDE, *fruit.* Amygdala, *génit.* amygdalæ. *fém.*

AMANDIER. Amygdalus, *g.* amygdali. *fém.*

AMANT. Amator, *génit.* amatoris. *mascul.*

AMANTE. Amatrix, *gén.* amatricis. *fém.*

AMARANTHE. Amaranthus, *gén.* amaranthi. *masc.* d'*Amaranthe.* Amaranthinus, amaranthina, amaranthinum. *adj.*

AMARRE, *corde de navire.* Funis nauticus, *gén.* funis nautici. *masc. L'un et l'autre se déclinent.*

AMARRER, *attacher un navire avec des cordages.* Navem fune nautico ligare, ligo, ligas, ligavi, ligatum. *act.*

AMAS. Acervus, *gén.* acervi. *masc.*

AMAS *de gens.* Multitudo, *gén.* multitudinis. *fém.*

AMASSÉ. Collectus, collecta, collectum. *part. pass. de* Colligo.

AMASSER. Colligere, colligo, colligis, collegi, collectum. *act. acc.*

s'AMASSER. Coire, coeo, cois, coivi ou coii, coitum. *neut. On exprime* en ou dans *par* in *avec l'acc.*

AMATEUR. Amator, *gén.* amatoris. *masc.*

AMAZONE. Amazon, *gén.* Amazonis. *fém.*

AMBASSADE. Legatio, *gén.* legationis. *fém.*

AMBASSADEUR. Legatus, *gén.* legati. *masc.*

AMBASSADRICE. Legati uxor, *gén.* legati uxoris. *fém.* Legati *ne se décline point.*

AMBIDEXTRE. Ambidexter, ambidextra, ambidextrum. *adj.*

AMBIGU. Ambiguus, ambigua, ambiguum. *adj.*

AMBIGUITÉ. Ambiguitas, *gén.* ambiguitatis. *fém.*

AMBIGUMENT. Ambiguè. *adv.*

AMBITIEUSEMENT. Ambitiosè. *adv.*

AMBITIEUX. Ambitiosus, ambitiosa, ambitiosum. *adj.*

AMBITION. Ambitio, *gén.* ambitionis. *fém.*

AMBITIONNER. Ambire, ambio, ambis, ambivi ou ambii, ambitum. *act. avec l'acc.*

AMBLE, *pas d'un cheval.* Crurum explicatu mollis glomeratio, *gén.* crurum explicatu mollis glomerationis. *fém.* Crurum explicatu *restent à tous les cas sans se décliner, et* mollis glomeratio *se déclinent.*

AMBOISE, *ville.* Ambacia, *gén.* Ambaciæ. *fém.*

AMBRACIE, *ville.* Ambracia, *gén.* Ambraciæ. *fém.*

AMBRE. Succinum, *gén.* succini. *n.*

AMBRETTE, *fleur et fruit.* Ambreta, *gén.* ambretæ. *fém.*

AMBROISE, *nom d'omme.* Ambrosius, *gén.* Ambrosii. *masc.*

AMBROISIE, *nourriture des dieux.* Ambrosia, *gén.* ambrosiæ. *fém.*

AMBULANT. *Commis ambulant.* Circumcursans, *g.* circumcursantis. *adj.*

AMBULATOIRE. Ambulatorius, ambulatoria, ambulatorium. *adj.*

AME. Anima, *g.* animæ. *fém. Un corps sans âme.* Corpus exanime, *g.* corporis exanimis. *s. et a. qui se déclinent ensemble.*

AME, *pour personne.* Homo, *gén.* hominis. *masc.*

AMÉLIORATION. Melior status, *gén.* melioris status. *masc.*

AMÉLIORER. Meliorare, melioro, melioras, melioravi, melioratum. *act. accus.*

AMENDE, *peine.* Mulcta. *g.* mulctæ. *fém.*

AMENDE *honorable.* Mulcta honoraria, *gén.* mulctæ honorariæ. *fém. L'un et l'autre se déclinent.*

AMENDEMENT. Emendatio, *gén.* emendationis. *fém.*

s'AMENDER. Emendari, emendor, emendaris, emendatus sum. *pass.*

AMENÉ. Deductus, deducta, deductum. *part. pass. de* Deduco.

AMENER. Deducere, deduco, deducis, deduxi, deductum. *act. rég. dir. accus. rég. ind. acc. avec* ad.

AMÉNITÉ. Amœnitas, *gén.* amœnitatis. *fém.*

AMENUISÉ. Tenuatus, tenuata, tenuatum. *part. pass. de* Tenuo.

AMENUISER. Tenuare, tenuo, tenuas, tenuavi, tenuatum. *act. acc.*

AMER. Amarus, amara, amarum. *adj.*

AMÈREMENT. Cum acerbo doloris sensu. *On peut dire aussi* Mœstè, *ou* amarè. *adv.*

AMÉRICAIN. Americanus, americana, americanum. *adj.*

AMÉRIQUE, *partie du monde.* America, *gén.* Americæ. *fém.*

AMERTUME. Amaritudo, *gén.* amaritudinis. *fém.*

AMÉTHYSTE, *pierre précieuse.* Amethystus, *gén.* amethysti. *masc.*

AMEUBLEMENT. Supellex, *gén.* supellectilis. *fém.*

AMEUTER. Catervatim cogere, cogo, cogis, coegi, coactum. *act. acc.*

AMI. Amicus, *gé. amici. m. Grand ami.* Amicissimus. *gén.* amicissimi. *masc. On met un datif ensuite. En ami.* Amicè. *adv.*

AMIABLEMENT, *à l'amiable.* Amicè. *adv.*

AMIANTE, *matière minérale.* Amiantus, *gén.* amianti. *masc.*

AMICAL. Amicabilis, *masc. fém.* amicabile, *neut. gén.* amicabilis.

AMICALEMENT. Amicè. *adv.*

AMIDON. Amilium. *g.* amilii. *neut.*

AMIE. Amica, *gén.* amicæ. *fém.*

AMIENS, *ville.* Ambianum, *gén.* Ambiani. *neut. Qui est d'Amiens.* Ambianensis, *masc. fém.* Ambianense, *neut. gén.* Ambianensis.

AMIRAL. Maris præfectus, *génit.* maris præfecti. *masc. On ne décline pas* maris.

AMIRAUTÉ. Maris præfectura. *gen.* maris præfecturæ. *fém. On ne décline pas* maris.

AMITIÉ. Amicitia, *gén.* amicitiæ. *fém.*

AMNISTIE. Gratia decreto comprobata, *gén.* gratiæ decreto comprobatæ. *fém.* Decreto *ne se décline point.*

AMODIATEUR, *qui prend une ferme à bail.* Redemptor, *gén.* redemptoris. *masc.*

AMODIATION. Redemptio, *gén.* redemptionis. *fém.*

AMODIER. Redimere, redimo, redimis, redemi, redemptum. *act. acc.*

AMOINDRI. Minutus, minuta, minutum. *part. pass. de* Minuo.

AMOINDRIR. Minuere, minuo, minuis, minui, minutum. *act. acc.*

AMOINDRISSEMENT. Minutio, *gén.* minutionis. *fém.*

AMOLLI. Emollitus, emollita, emollitum. *part. pass. de* Mollio.

AMOLLIR. Mollire, mollio, mollis, mollivi *ou* mollii, mollitum. *act. acc.*

s'AMOLLIR. Mollescere, mollesco, mollescis, *neut. sans prétérit.* Remollire, remollio, remollis, remollivi, remollitum. *neut.*

AMOLLISSEMENT. Mollitudo, *gén.* mollitudinis. *fém.*

AMOME, *arbrisseau.* Amomum, *gén.* amomi. *neut.*

AMONCELÉ. Acervatus, acervata, acervatum. *part. pass. d'*Acervo.

AMONCELER. Acervare, acervo, acervas, acervavi, acervatum. *act. acc.*

AMORCE *d'arme à feu.* Illicium, *gén.* illicii. *neut.*

AMORCE. Voy. *Attrait.*

AMORCER, *en parlant d'une arme.* Pulverem ignis illicem alveolo immittere, immitto, immittis, immisi, immissum. *act. un gén. ensuite. On met à tous les temps* pulverem ignis illicem alveolo.

AMORCER. Voy. *Attirer.*

AMORTIR, *éteindre.* Extinguere, extinguo, extinguis, extinxi, extinctum.

AMORTISSEMENT, *en parlant d'une rente.* Abolitio, *gén.* abolitionis. *fém.*

AMOVIBLE, *qui peut être révoqué à volonté.* Ad arbitrium revocabilis, *masc. fém.* ad arbitrium revocabile, *neut. gén.* revocabilis, *et l'on ne change rien dans ces mots* ad arbitrium.

AMOUR. Amor, *g.* amoris. *m. Pour s'exprime par* in *avec un acc. Qui parle d'amour.* Amatorius, amatoria, amatorium. *adj. Pour l'amour de.* Causâ. Gratiâ, *avec un gén. ensuite. Au lieu des gén. des pron.* ego, tu, sui, nos, vos, *on se sert des ablat. fém.* meâ, tuâ, suâ, nostrâ, vestrâ, *comme : Pour l'amour de moi.* Meâ causâ.

s'AMOURACHER, *devenir amoureux.* Aliquo ou aliquâ capi, capior, caperis, captus sum. *passif.* de capio, capis, capere. *Elle s'est amourachée de Clodius.* Clodio capta est.

AMOUREUSEMENT. Amanter. *adv. Au compar.* amantiùs; *au superl.* amantissimè. *Si c'est d'une manière lascive,* amatoriè.

AMOUREUX. Amator, *gén.* amatoris. *masc.*

AMPHIBIE, *qui vit dans l'eau et sur terre.* Amphibium, *gén.* amphibii. *neut.*

AMPHIBOLOGIE. Amphibologia. *gén.* amphibologiæ. *fém.*

AMPHITHEATRE. Amphitheatrum, *g.* amphitheatri. *neut.*

AMPHORE. Amphora, *gén.* amphoræ. *fém.*

AMPLE. Amplus, ampla, amplum. *Au comparat.* amplior; *au superl.* amplissimus.

AMPLEMENT. Amplè. *adv. Au comp.* ampliùs; *au superl.* amplissimè.

AMPLIATION. Ampliatio, *gén.* ampliationis. *fém.*

AMPLIFICATION. Amplificatio, *gén.* amplificationis. *fém.*

AMPLIFIÉ. Amplificatus, amplificata, amplificatum. *part. pass. d'*Amplifico.

AMPLIFIER. Amplificare, amplifico, amplificas, amplificavi, amplificatum. *act. avec l'acc.*

AMPOULE, *tumeur.* Tumor. *gén.* tumoris. *masc.*

AMPOULE, *petite bouteille.* Ampulla, *gén.* ampullæ. *fém.*

AMPOULÉ, *enflé.* Tumidus, tumida, tumidum. *adj.*

AMSTERDAM, *ville.* Amstelodamum, *gén.* Amstelodami. *neut. Qui est d'Amsterdam.* Amstelodamensis, mascul. fém. amstelodamense, *neut. gén.* amstelodamensis. *pour tous les genres.*

AMUSEMENT, *retardement.* Mora, *gén.* moræ. *fém.*

AMUSEMENT, *occupation.* Occupatio, *gén.* occupationis *fém.*

AMUSER, *retarder.* Detinere, detineo, detines, detinui, detentum. *act. acc.*

AMUSER, *tromper.* Ludificari, ludificor, ludificaris, ludificatus sum. *dépon. avec l'acc.*

AMUSER, *divertir.* Recreare, recreo, recreas, recreavi, recreatum. *act. acc.*

s'AMUSER. Morari, moror, moraris, moratus sum. *dep. A s'exprime par* in *avec l'abl., ou un gérondif en* do.

AMUSETTES, Nugæ, *gén.* nugarum. *fém. plur.*

AMYGDALES, *glandes.* Tonsillæ, *gén.* tonsillarum. *fém. plur.*

AN. Annus, *gén.* anni. *masc. Qui dure un an.* Annuus, annua, annuum. *Espace de deux ans.* Biennium, *gén.* biennii. *neut. Durer tout un an.* Perannare, peranno, perannas, perannavi, perannatum. *neut. Tous les ans.* Quotannis. *adv. De deux ans en deux ans.* Alternis annis. *à l'abl. De trois en trois ans, c'est-à-dire, Chaque année troisième.* Anno quoque tertio. *Il n'y a qu'un an que, c'est-à-dire, Depuis un an.* Uno abhinc anno. *On met un indicatif ensuite.*

ANACHORETE. Solitarius, *gén.* solitarii. *masc.*

ANACHRONISME, *faute contre la Chronologie.* Erratum contra rationem temporum. *On ne décline que* erratum, *gén.* errati. *neut. On ne change rien aux autres mots.*

ANAGRAMME. Anagramma, *gén.* anagrammatis. *neut.*

ANAGRAMMATISER. Anagramma scribere, scribo, scribis, scripsi, scriptum. *act. acc. On met toujours* anagramma.

ANALOGIE. Analogia, *gén.* analogiæ. *fém.*

ANALOGIQUE, *qui a du rapport avec une autre chose.* Analogicus, analogica, analogicum. *adj.*

ANALOGIQUEMENT, *par analogie.* Per analogiam.

ANALOGISME. Analogismus, *gén.* analogismi. *masc.*

ANALOGUE, *qui a du rapport.* Analogus, analoga, analogum. *adj.*

ANALYSE. Analysis, *gén.* analysis. *fém.*

ANALYTIQUEMENT. Per analysim.

ANAPESTE, *pied de vers de deux brèves et une longue.* Anapæstus, *gén.* anapæsti. *masc.*

ANARCHIE. Anarchia, *gén.* anarchiæ. *fém.*

ANATHÉMATISER. Execrari, execrer, execraris, execratus sum. *dép. acc.*

ANATHÈME. Anathema, *gén.* anathematis. *neut.*

ANATOMIE, *dissection du corps.* Anatome, *gén.* anatomes. *fém.*

ANATOMIQUE. Anatomicus, anatomica, anatomicum. *adj.*

ANATOMIQUEMENT. Per anatomiam.

ANATOMISTE. Anatomicus, *gén.* anatomici. *masc.*

ANCÊTRES. Majores, *gén.* majorum. *masc. plur.*

ANCHE, *petite languette.* Lingula, *gén.* lingulæ. *fém.*

ANCHISE, *nom d'homme.* Anchises, *gén.* Anchisæ. *masc.*

ANCHOIS. Encrasicholus, *gén.* encrasicholi. *masc.*

ANCIEN. Antiquus, antiqua, antiquum.

Au comp. antiquior, *au superl.* antiquissimus, *et plus régulièrement* maximè antiquus. Vetustus, vetusta, vetustum. *Au comp.* vetustior, *au superl.* vetustissimus.

ANCIENNEMENT. Antiquitùs. *adv.* Comp. antiquiùs; superl. antiquissimè.

ANCIENNETÉ. Antiquitas, *gén.* antiquitatis. *fém. De toute ancienneté.* Ex omni memoriâ.

ANCOLIE, *fleur.* Aquilegia, *gén.* aquilegiæ. *fém.*

ANCONE, *ville.* Ancona, *gén.* Anconæ. *fém.*

ANCRAGE. Anchoræ jactus, *gén.* anchoræ jactûs. *masc.* Anchoræ *ne se décline point.*

ANCRE *de navire.* Anchora, *gén.* anchoræ. *fém.*

ANCRER. Anchoram jacere, jacio, jacis, jeci, jactum. *act.* On met partout anchoram.

ANCYRE, *ville.* Ancyra, *gén.* Ancyræ. *fém.*

ANDALOUSIE, *province d'Espagne.* Vandalicia, *gén.* Vandaliciæ. *fém.* Qui est d'Andalousie. Vandalicius, vandalicia, vandalicium. *adj.*

ANDERNAC, *ville.* Antenacum, *gén.* Antenaci. *neut.*

ANDOUILLE. Hilla, *gén.* hillæ. *fém.*

ANDRÉ, *nom d'homme.* Andræas, *gén.* Andræcæ. *masc.*

ANDRINOPLE, *ville.* Adrianopolis, *g.* Adrianopolis. *fém.* Qui est d'Andrinople. Adrianopolitanus, adrianopolitana, adrianopolitanum.

ANDROGYNE. Androgynus, *gén.* androgyni. *masc.*

ANE. Asinus, *gén.* asini. *masc. D'Ane.* Asinarius, asinaria, asinarium. *Ane sauvage.* Onager, *gén.* onagri. *masc.*

ANÉANTI. Ad nihilum redactus, redacta, redactum. *part. pass. de* Redigo. *On met toujours* ad nihilum.

ANÉANTIR. Ad nihilum redigere, redigo, redigis, redegi, redactum. *act. acc. On met partout* ad nihilum.

ANÉANTISSEMENT. Extinctio, *gén.* extinctionis. *fém.*

ANECDOTE, *histoire secrète et inconnue.* Arcanorum historica narratio, *génit.* arcanorum historicæ narrationis. *fém. On laisse* arcanorum *sans y rien changer.*

ANÉE, *la charge d'un âne.* Asini onus, *gén.* asini oneris. *neut.*

ANÉMONE. Anemone, *gén.* anemones. *fém.*

ANERIE, *ignorance grossière.* Stupiditas asinaria, *gén.* stupiditatis asinariæ. *fém.*

ANESSE. Asina, *gén.* asinæ. *fém.*

ANETH. Anethum, *gén.* anethi. *neut.*

ANGE. Angelus, *gén.* angeli. *masc.*

ANGÉLIQUE. Angelicus, angelica, angelicum, *adj.*

ANGÉLIQUE, *herbe.* Angelica, *gén.* angelicæ. *fém.*

ANGERS, *ville.* Andegavum, *gén.* Andegavi. *neut.*

ANGEVIN. Andegavensis, *masc. fém.* andegavense, *neut. gén.* andegavensis *pour tous les genres.*

ANGLE. Angulus, *gén.* anguli. *masc.*

ANGLETERRE, *royaume.* Anglia, *gén.* Angliæ. *fém.* Qui est d'Angleterre. Anglicus, anglica, anglicum. *adj.*

ANGLOIS. Anglus, angla, anglum *adj.*

ANGOISSE. Angor, *gén.* angoris. *masc.*

ANGOULÊME, *ville.* Inculisna, *gén.* Inculisnæ. *fém.* Qui est d'Angoulême. Inculismensis, *masc. fém.* inculismense. *neut. gén.* inculismensis *pour tous les genres.*

ANGUILLE. Anguilla, *gén.* anguillæ. *fém.*

ANGULAIRE, Angularis, *masc. fém.* angulare, *neut. gén.* angularis *pour tous les genres.*

ANICROCHE, *embarras.* Impedimentum, *gén.* impedimenti. *neut.*

ANIER. Asinarius, *gén.* asinarii. *masc.*

ANIMAL. Animal, *gén.* animalis. *neut.* Qui tient de l'animal. Animalis, *masc. fém.* animale, *neut. gén.* animalis *pour tous les genres.*

ANIMATION. Animatio, *gén.* animationis. *fém.*

ANIMÉ. Animatus, animata, animatum *part. pass.* d'Animo.

ANIMÉ, *excité.* Incitatus, incitata, incitatum. *part. pass.* d'Incito. A *s'exprime par* ad *avec l'acc.*

ANIMER. Animare, animo, animas, animavi, animatum. *act. acc.*

ANIMER, *exciter.* Incitare, incito, incitas, incitavi, incitatum. *act.* A *s'exprime par* ad *avec l'acc.*

ANIMOSITÉ. Odium, *gén.* odii. *neut.*

ANJOU, *province.* Andes, *gén.* Andium *mas. plur.*

ANIS. Anisum, *gén.* anisi. *neut.*

ANNALES. Annales, *gén.* annalium *masc. plur.*

ANNALISTE. Annalium scriptor, *gén.* annalium scriptoris. *masc.* Annalium *ne se décline point.*

ANNATE, *revenue d'une année de bénéfice.* Reditus annuus ex beneficio perceptus, *gén.* reditûs annui ex beneficio percepti. *On ne change rien à ces mots et* beneficio.

ANNE, *nom de femme.* Anna, *gén.* Annæ. *gén.*

ANNEAU, Annulus, *gén.* annuli. *masc.*

ANNECY, *ville de Savoie.* Annecium, *gén.* Annecii. *neut.*

ANNÉE. Annus, *gén.* anni. *masc.* Voyez *An. D'année en année.* Quotannis. *adv.* Le nom de temps se met à l'ablatif, comme : *Au commencement de l'année,* c'est-à-dire, *l'année commençant.* Anno ineunte, *à l'ablatif. On peut dire aussi,* principio anni. *A la fin de l'année,* c'est-à-dire, *l'année finissant.* Anno exeunte, *à l'ablatif. On peut dire aussi,* sub finem anni.

ANNELÉ. In annulos inflexus, inflexa, inflexum. *part. pass.* d'Inflecto. In annulos *reste toujours.*

ANNELER. In annulos inflectere, inflecto, inflectis, inflexi, inflexum. *act. acc.* In annulos *reste toujours.*

ANNELET. Annuellus, *gén.* annuelli. *masc.*

ANNELURE. In cincinnos flexura, *gén.* in cincinnos flexuræ. *fém.* In cincinnos *ne se décline point.*

ANNEXE, *église succursale.* Ecclesia alteri in subsidium annex. *On ne décline qu'*ecclesia annexa, *gén.* ecclesiæ annexæ.

ANNEXÉ. Adjunctus, adjuncta, adjunctum. *part. pass.* d'Adjungo.

ANNEXER. Adjungere, adjungo, adjungis, adjunxi, adjunctum. *act. régime direct acc. régime indirect dat.*

ANNIBAL, *nom d'homme.* Annibal, *gén.* Annibalis. *masc.*

ANNIVERSAIRE. Anniversarius, anniversaria, anniversarium. *adj.*

ANNIVERSAIRE, *pour un défunt.* Annua pro mortuo sacra, *gén.* annuorum pro mortuo sacrorum, *neut. plur. On ne change rien à* pro mortuo.

ANNONCÉ. Nunciatus, nunciata, nunciatum. *part. pass.* de Nuncio. avec le *dat.*

ANNONCER. Nunciare, nuncio, nuncias, nunciavi, nunciatum. *act. régime direct accus. régime indirect dat.*

L'ANNONCIATION. Annuntiatio, *gén.* Annuntiationis. *fém.*

ANNOTATION. Annotatio, *gén.* annotationis. *fém.*

ANNUEL. Annuus, annua, annuum. *adj.*

ANNUELLEMENT, ou *tous les ans.* Quotannis. *adv.*

ANNULAIRE. Annularis, *masc. et fém.* annulare, *neut. gén.* annularis *pour tous les genres.*

ANNULLÉ. Abrogatus, abrogata, abrogatum. *part. pass.* d'Abrogo.

ANNULLER. Abrogare, abrogo, abrogavi, abrogatum. *act. accus.*

ANOBLI. Inter nobiles aggregatus, aggregata, aggregatum. *part. pass.* d'Aggrego. On met toujours inter nobiles.

ANOBLIR. Inter nobiles aggregare, aggrego, aggregas, aggregavi, aggregatum. *act. acc.* On met toujours inter nobiles.

s'ANOBLIR. Ex plebeiis exire, exeo, exis, exivi, exitum. *neut.* On met toujours ex plebeiis.

ANOBLISSEMENT. Hominis plebeii in nobiles cooptatio, *gén.* hominis plebeii in nobiles cooptationis. *fém.*

ANODIN, *adoucissant, en parlant d'un remède.* Mitigatorius, mitigatoria, mitigatorium. *adj.*

ANOMAL. Inæqualis, *masc. fém.* inæquale, *neut. gén.* inæqualis *pour tous les genres.*

ANOMALIE. Inæqualitas, *gén.* inæqualitatis. *fém.*

ANON. Asellus, *gén.* aselli. *masc.*

ANONYME. Anonymus, anonyma, anonymum, *adj.*

ANSE. Ansa, *gén.* ansæ. *fém.*

ANSÉATIQUES, *villes anséatiques.* Urbes fœderatæ inter se commercii causâ, *gén.* urbium fœderatum inter se commercii causâ. Urbes fœderatæ *se déclinent,* inter se commercii causâ *restent invariables.*

ANTAGONISTE. Adversarius, *gén.* adversarii. *masc.*

ANTARCTIQUE. Antarcticus, antarctica, antarcticum. *adj.*

ANTÉCÉDENT. Antecedens, *mascul. fém. neut. gén.* antecedentis *pour tous les genres.*

ANTÉCESSEUR. Antecessor, *gén.* antecessoris. *masc.*

ANTECHRIST. Antichristus. *gén.* Antichristi. *masc.*

ANTENNE. Antenna, *gén.* antennæ. *fém.*

ANTÉPÉNULTIÈME. Antepenultimus, antepenultima, antepenultimum. *adj.*

ANTÉRIEUR. Anterior, *masc. fém.* anterius, *neut. gén.* anterioris *pour tous genres.*

ANTÉRIEUREMENT. Priùs. *adv.*

ANTHROPOPHAGES. Anthropophagi, *gén.* anthropophagorum. *masc. plur.*

ANTHROPOPHAGIE. Anthropophagia, *gén.* anthropophagiæ. *fém.*

ANTIBES, *ville.* Antipolis, *gén.* Antipolis, *fém.* Qui est *d'Antibes.* Antipolitanus, antipolitana, antipolitanum. *adj.*

ANTICHAMBRE. Anterius conclave, *gén.* anterioris conclavis. *neut. L'un et l'autre se déclinent.*

ANTICHRÉTIEN. Antichristianus, antichristiana, antichristianum. *adj.*

ANTICIPATION. Anticipatio, *gén.* anticipationis. *fém.*

ANTICIPÉ. Anticipatus, anticipata, anticipatum. *part. pass.* d'Anticipo.

ANTICIPER. Anticipare, anticipo, anticipas, anticipavi, anticipatum, *act. avec l'acc.*

ANTIDATE. Dies antiquior adscripta, *gén.* diei antiquioris adscriptæ. *Tout se décline.*

ANTIDATER. Antiquiorem diem adscribere, adscribo, adscribis, adscripsi, adscriptum. *act. dat.* On met toujours antiquiorem diem.

ANTIDOTE. Antidotum, *gén* ant'doti. *neut.*

ANTIENNE. Antiphona, *gén.* antiphonæ. *fém.*

ANTILLES, *îles.* Antillæ, *gén.* Antillarum. *fém. plur.*

ANTIMOINE. Stibium, *gén* stibii, *neut.*

ANTIOCHE, *ville.* Antiochia, *génit.* Antiochiæ. *fém* Qui est d'Antioche. Antiochenus, antiochena, antiochenum. *adj.*

ANTIOCHUS, *nom d'homme.* Antiochus, *gén.* Antiochi. *masc.*

ANTIPAPE. Pseudo pontifex, *génit.* pseudo pontificis. *masc.*

ANTIPATHIE, Antipathia, *gén.* antipathiæ. *fém.*

ANT PATHIQUE, *contraire*, *opposé.* Dissociabilis, *masc. fém.* dissociabile, *neut. gén.* dissociabilis pour tous les genres.

ANTIPHONIER. Antiphonarium. *gén.* antiphonarii. *neut.*

ANTIPHRASE, *contre-vérité.* Antiphrasis, *gén.* antiphrasis. *fém.*

ANTIPODES, *peuples.* Antipodes, *gén.* Antipodum. *masc. plur.*

ANTIQUAILLE. Viles antiquitatis quisquiliæ, *gén.* vilium antiquitatis quisquiliarum. *fém. plur.*

ANTIQUAIRE. Antiquarius, *gén.* antiquarii. *masc.*

ANTIQUE. Antiquus, antiqua, antiquum. *Au comp.* antiquior; *au superl.* antiquissimus V. Ancien. A l'antique. Antiquo more, *à l'ablatif.*

ANTIQUE, *monument antique.* Antiquum, *gén.* antiqui. *neut.* On sous-entend. opus.

ANTIQUITÉ. Antiquitas, *gén.* antiquitatis. *fém.*

ANTITHÈSE. Antithesis, *gén.* antithesis. *fém.*

ANTOINE, *nom d'homme.* Antonius, *gén.* Antonii. *masc.*

ANTONIN, *nom d'homme.* Antoninus, *gén.* Antonini. *masc.*

ANTONOMASE. Antonomasia, *gén.* antonomasiæ. *fém.*

ANTRE. Antrum, *gén.* antri. *neut.*

ANVERS, *ville.* Antverpia, *gén.* Antverpiæ. *fém.* Qui est d'Anvers. Antverpianus, antverpiana antverpianum. *adj.*

s'ANUITER, *venir tard.* Sub noctem ambulare, ambulo, ambulas, ambulavi, ambulatum. *neut.*

ANUS. Anus, *gén.* ani. *masc.*

ANXIÉTÉ. Anxietas, *gén.* anxietatis. *f.*

AORISTE. Aoristus, *gén.* aoristi. *masc.*

AORTE, *la grosse artère.* Aorta, *gén.* aortæ. *fém.*

AOSTE, *ville et vallée.* Augusta Prætoria, *gén.* Augustæ Prætoriæ. *fém.* Ces deux noms se déclinent ensemble.

AOUT. Augustus mensis, *gén.* augusti mensis. *masc.*

APAISÉ. Placatus, placata, placatum, *part. pass.* de Placo.

APAISER. Placare, placo, placas, placavi, placatum. *act. acc.*

s'APAISER. Placari, placor, placaris, placatus sum. *passif.*

APANAGE. Usuarii fundi a tributio, *gén.* usuarii fundi attributionis. *fém.*

APATHIE, *insensibilité.* Apathia, *gén.* apathiæ. *fém*

APATHIQUE. Vecors, *masc. fém. neut. gén.* vecordis pour tous les genres.

APENNIN, *montagne.* Apenninus, *gén.* Apennini. *masc.*

APERCEVOIR, ou *s'apercevoir.* Advertere, adverto, advertis, adverti, adversum. *act. acc.*

APERÇU. Visus, visa, visum, *part. pass.* de video, vides, videre.

APÉRITIF. Aperiendi vim habens, *gén.* aperiendi vim habentis. Vim aperiendi restent invariables. Habens vient de habeo, habes, habere.

APETISSÉ. Minutus, minuta, minutum, *part. pass.* de Minuo.

APETISSEMENT, Diminutio, *gén.* diminutionis. *fém.*

APETISSER. Minuere, minuo, minuis, minui, minutum. *act. acc.*

APHORISME. Aphorismus, *gén.* aphorismi. *masc.*

APLANI. Æquatus, æquata, æquatum. *part. pass.* d'Æquo.

APLANIR. Æquare, æquo, æquas, æquavi, æquatum. *act. avec l'acc. Aplanir les difficultés.* Difficultates explanare, explano, explanas, explanavi, explanatum. *act.*

APLANISSEMENT. Æquatio, *génit.* æquationis. *fém.*

APLATI. Complanatus, complanata, complanatum. *part. pass.* de Complano.

APLATIR. Complanare, complano, complanas, complanavi, complanatum. *act. acc.*

s'APLATIR. Planum fieri, fio, fis, factus sum.

APOCALYPSE. Apocalypsis, *gén.* apocalypsis. *fém.*

APOCRYPHE. Apocryphus, apocrypha, apocryphum. *adj.*

APOGÉE, *point où un astre est le plus éloigné de la terre.* Apogeum, *gén.* apogei. *neut.*

APOLLON, *dieu des Muses.* Apollo, *gén.* Apollinis. *masc.*

APOLOGÉTIQUE, *qui contient la défense de quelqu'un.* Apologeticus, apologetica, apologeticum. *adj.*

APOLOGIE. Apologia, *gén.* apologiæ. *fém.*

APOLOGISTE. Apologista, *gén.* apologistæ. *masc.*

APOLOGUE. Apologus, *gén.* apologi. *masc.*

APOPHTHEGME. Apophthegma, *gén.* apophthegmatis. *neut.*

APOPLECTIQUE. Ad apoplexiam vergens, *gén.* vergentis. *adj. On ajoute* ad apoplexiam *à tous les cas de* vergens.

APOPLEXIE. Apoplexia, *gén.* apoplexiæ. *fém.*

APOSTASIE. Apostasia, *gén.* apostasiæ. *fém.*

APOSTASIER. Catholicam religionem deserere, desero, deseris, deserui, desertum. *act. On met toujours* catholicam religionem.

APOSTAT. Catholicæ religionis desertor, *gén.* catholicæ religionis desertoris. *masc. On ne décline pas* catholicæ religionis.

APOSTÉ. Appositus, apposita, appositum. *part. pass. d'*Appono.

APOSTER. Apponere, appono, apponis, apposui, appositum. *act. acc.*

APOSTILLE. Nota ad marginem, *gén.* notæ. *fém. Ad* marginem *reste invariable.*

APOSTILLER. Notas margini adscribere, adscribo, adscribis, adscripsi, adscriptum. *act. rég. direct. acc. s. rég. ind. dat.*

APOSTOLAT. Apostolicum munus, *gén.* apostolici muneris. *neut. L'un et l'autre se déclinent.*

APOSTOLIQUE. Apostolicus, apostolica, apostolicum. *adj.*

APOSTOLIQUEMENT. Apostolorum in morem.

APOSTROPHE. Apostropha, *gén.* apostrophæ. *fém.*

APOSTROPHER. Compellare, compello, compellas, compellavi, compellatum. *act. acc.*

APOSTUME. Vomica, *gén.* vomicæ, *fém.*

APOSTUMER. Suppurare, suppuro, suppuras, suppuravi, suppuratum. *neut.*

APOTHÉOSE. Apotheosis, *gén.* apotheosis. *fém.*

APOTHICAIRE. Pharmacopola, *gén.* pharmacopolæ. *masc.*

APOTHICARERIE. Medicamentorum officina, *gén.* medicamentorum officinæ. *fémin. On ne décline pas* medicamentorum.

APÔTRE. Apostolus, *génit.* apostoli. *masc.*

APOZÈME, *sorte de décoction.* Decoctum, *gén.* decocti. *neut.*

APPARAT, *pompe, éclat.* Apparatus, *gén.* apparatûs. *masc.*

APPARAT, *livre disposé en forme de dictionnaire.* Compendiarium dictionarium, *gén.* compendiarii dictionarii. *neut.*

APPAREIL. Apparatus, *gén.* apparatûs. *masc.*

APPAREILLER, *préparer.* Præparare, præparo, præparas, præp. ravi, præparatum. *act. acc.*

APPAREILLER, *ou rendre pareil.* Æquare, æquo, æquas, æquavi, æquatum. *act. accus.*

APPAREILLEUR. Apparator, *gén.* apparatoris. *masc.*

APPAREMMENT. Verisimiliter.

APPARENCE. Species, *gén.* speciei. *fém. En apparence.* In speciem. *Sous apparence d'honnêteté.* Officii specie. *Sous apparence de rendre service.* Simulatione officii. *Ces noms sont à l'ablat.* Officii *est au gén.*

APPARENCE, *ou vraisemblance.* Verisimilitudo, *gén.* verisimilitudinis. *fém. Il n'y a pas d'apparence que, ou il n'est pas vraisemblable que,* verisimile non est. *On retranche le* que, *et l'on met ensuite l'accusatif avec un infinitif.*

APPARENCE, *marque.* Signum, *gén.* signi. *neut.*

APPARENT, *qui paraît.* Insignis, *masc. fém.* insigne, *neut. gén.* insignis *pour tous les genres.*

APPARENT, *feint.* Simulatus, simulata, simulatum. *adj.*

APPARENTÉ. Cognatione junctus, juncta, junctum. Cognatione *ne se décline point.*

s'APPARENTER. Cognatione conjungi, conjungor, conjungeris, conjunctus sum. *pass.*

APPARIEMENT. Copulatio, *gén.* copulationis. *fém.*

APPARIER, *joindre.* Jungere, jungo, jungis, junxi, junctum. *act. acc.*

APPARITEUR, *bedeau.* Apparitor, *gén.* apparitoris. *masc.*

APPARITION. Visio, *génit.* visionis. *fém.*

APPARAITRE. Apparere, appareo, appares, apparui, apparitum. *neut.*

APPARTEMENT. Pars domûs, *gén.* partis domûs. *fém.* Domûs, *ne se décline point.*

APPARTENANCES. Adjuncta, *génit.* adjunctorum. *neut. plur.*

APPARTENIR. Pertinere, pertineo,

pertines, pertinui, *sans supin. neut. Le régime se met à l'accusatif avec* ad. *Il appartient, ou c'est le propre de*. Est, erat, fuit, fuerat, erit, esse. *Il appartenait à ce peuple d'obéir*, erat hujus populi obedire.

APPAS. Illecebra, *gén*. illecebræ. *fém*.

APPAT. Esca, *gén*. escæ. *fém*.

APPATER, *donner à manger*. Inesco, inesco, inescas, inescavi, inescatum. *act. acc. On met toujours* ad egestatem.

APPAUVRIR. Ad egestatem redigere, redigo, redigis, redegi, redactum. *act. acc. On met toujours* ad egestatem.

APPAUVRISSEMENT. Fortunarum eversio, *gén*. fortunarum eversionis *fém*.

APPEAU, *oiseau qui sert à appeler les autres*. Avis illex, *gén*. avis illicis. *Tous deux se déclinent*.

APPEL. Provocatio, *g*. provocationis. *f*.

APPELANT. Appellator, *gén*. appellatoris. *masc*.

APPELÉ. Vocatus, vocata, vocatum. *part. pass. de* Voco.

APPELER. Vocare, voco, vocas, vocavi, vocatum. *act. acc*.

s'APPELER *Paul*. Pauli nomen ferre, fero, fers, tuli, latum. *act. acc. c'est à dire porter le nom de Paul*.

APPELLATIF. Appellativus, appellativa, appellativum. *adj*.

APPELLATION. Appellatio, *gén*. appellationis. *fém*.

APPENDICE, *suite nécessaire*. Appendix, *gén*. appendicis. *fém*.

APPENDRE. Appendere, appendo, appendis, appendi, appensum. *actif. accus*.

APPENDU. Appensus, appensa, appensum. *part. pass. d'*Appendo.

APPENTIS. Ædificii appendix humilior, *gén*. appendicis humilioris. *fém*. Ædificii est toujours le même.

APPESANTI. Gravatus, gravata, gravatum. *part. pass. de* Gravo.

APPESANTIR. Aggravare, aggravo, aggravas, aggravavi, aggravatum. *act. accus*.

s'APPESANTIR. Ingravescere, ingravesco, ingravescis, *sans prétérit et sup. neut*.

APPÉTISSANT. Appetentiam incitans, *m. f. n. gén*. appetentiam incitantis. *On ne décline point* appetentiam.

APPÉTIT, *envie de manger*. Esuries, *gén*. esuriei. *fém. Avoir de l'appétit*. Esurire, esurio, esuris, esurivi *ou* esurii, esuritum. *neut*.

APPLAUDIR. Plaudere, plaudo, plaudis, plausi, plausum, *neut. dat*.

APPLAUDISSEMENT. Plausus; *gén*. plausûs. *masc*.

APPLICABLE, *qu'on doit appliquer*. Destinandus, destinanda, destinandum. *part. du fut. pass. avec le dat*.

APPLICATION, *attention*. Attensio, *gén*. attentionis. *fém. avec le dat*.

APPLICATION *d'une chose*. Applicatio, *gén*. applicationis. *fém*.

APPLIQUÉ, *attentif*. Intentus, intenta, intentum. *acc. avec ad*.

APPLIQUÉ *sur ou sous, en parlant des choses*. Applicatus, applicata, applicatum. *part. pass. d'*Applico. *avec un dat*.

APPLIQUER, *en parlant des choses*. Applicare, applico, applicas, applicavi, applicatum. *act. rég. dir. accus. rég. ind, dat*.

s'APPLIQUER, *appliquer son esprit*. Animum intendere, intendo, intendis, intendi, intentum. *act. On met toujours* animum, *Et le rég. ind. se met à l'acc. avec* ad.

APPOINTEMENT. Stipendium, *gén*. stipendii.

APPOINTER, *donner une pension*. Pensionem annuam tribuere, tribuo, tribuis, tribui, tributum. *act. acc. avec le datif de la personne*.

APPOINTER, *accommoder*. Componere, compono, componis, composui, compositum. *act. avec l'acc*.

APPOINTER *une requête*. Libello supplici decretum inscribere, inscribo, inscribis, inscripsi, inscriptum. *act*. Libello supplici decretum *restent invariables*.

APPORTÉ. Allatus, allata, allatum, *part. pass. de* Affero.

APPORTER. Afferre, affero, affers, attuli, allatum. *act. rég. dir. acc. rég. ind. dat. ou bien acc. avec ad. Il m'a apporté des lettres de mon père*. Mihi ou ad me attulit litteras à meo patre.

APPOSER. Apponere, appono, apponis, apposui, appositum, *act. acc*.

APPOSITION. Appositio, *gén*. appositionis. *fém*.

APPRÉCIATEUR, *celui qui règle le prix d'une chose*. Æstimator, *gén*. æstimatoris. *masc*.

APPRÉCIATION. Æstimatio, *gén*. æstimationis. *fém*.

APPRÉCIÉ. Æstimatus, æstimata, æstimatum. *part. pass. d'*Æstimo.

APPRÉCIER. Æstimare, æstimo, æstimas, æstimavi, æstimatum. *act. accus. Le nom de prix est mis à l'ablat*. Voy. *Estimer*.

APPRÉHENDER. Timere, timeo, times, timui, *sans supin, act. acc. Qui est à appréhender*. Timendus, timenda, timendum.

APPRÉHENSION. Timor, *gén*. timoris. *masc*. Voy. *Crainte*.

APPRENDRE *sa leçon, une science, etc*. Discere, disco, discis, didici, discitum. *act. accus. Apprendre à lire et à écrire.* Prima elementa discere. *Apprendre à jouer des instrumens.* Discere fidibus.

APPRENDRE, *ouïr dire.* Accipere, accipio, accipis, accepi, acceptum. *act. rég. dir. acc. rég. ind. abl. avec à ou ab. J'ai appris cela de source.* Certis auctoribus id accepi. *On m'a appris toute l'affaire, c'est-à-dire, J'ai su toute l'affaire.* Rescivi omnem rem : *parfait du verbe* Rescio, rescire.

APPRENDRE, *enseigner.* Docere, doceo, doces, docui, doctum. *act. rég. dir. acc. rég. ind. acc.*

APPRENDRE, *connaître.* Cognoscere, cognosco, cognoscis, cognovi, cognitum. *act. rég. dir. acc. rég. ind. abl. avec è ou ex.*

APPRENDRE, *faire savoir.* Certiorem facere, facio, facis, feci, factum. *act. rég. dir. acc. rég. ind. abl. avec de. Si on fait savoir à plusieurs, l'on met* certiores *à l'acc. plur. au lieu de* certiorem.

APPRENTI. Tiro, *gén.* tironis. *masc.*

APPRENTIE. Tiruncula, *gén.* tirunculæ. *fém.*

APPRENTISSAGE. Tirocinium, *gén.* tirocinii. *neut.*

APPRÊT, *préparatif.* Apparatus, *gén.* apparatûs. *masc.*

APPRÊTÉ, *préparé.* Paratus, parata, paratum. *part. pass. de* Para.

APPRÊTÉ, *assaisonné.* Conditus, condita, conditum. *part. pass. de* Condio.

APPRÊTER, *préparer.* Parare, paro, paras, paravi, paratum. *act. acc. On exprime à ou pour, par* ad *avec un acc. ou bien avec un gérond. en* dum.

APPRÊTER, *assaisonner.* Condire, condio, condis, condivi *ou* condii, conditum. *act. avec l'acc.*

APPRIS, *instruit.* Institutus, instituta, institutum *part. pass.* d'Instituo.

APPRIVOISÉ. Cicuratus, cicurata, cicuratum. *part. pass. de* Cicuro.

APPRIVOISER. Cicurare, cicuro, cicuras, cicuravi, cicuratum. *act. acc.*

Apprivoiser une personne. Alicujus, mitigare feroci atem : mitigo, mitigas, mitigavi, mitigatum. *act. acc.* Ferocitatem *est le régime du verbe; au lieu d'*alicujus, *on met, par exemple,* illius, Petri, Pauli, *ou quelqu'autre génitif; mais s'il y avait : Je t'ai apprivoisé, il faudrait :* tuam ferocitatem mitigavi etc.

APPROBATEUR. Probator, *gén.* probatoris. *masc.*

APPROBATION. Approbatio, *gén.* approbationis. *fém.*

APPROCHE. Appropinquatio, *gén.* appropinquationis. *fém.*

APPROCHER, *mettre près.* Admovere, admoveo, admoves, admovi, admotum. *act. rég. dir. acc. rég. ind. dat.*

s'APPROCHER. Accedere, accedo, accedis, accessi, accessum. *neut. de quelqu'un,* ad aliquem.

APPROFONDI, *creusé.* Fossus, fossa, fossum. *part. pass. de* Fodio.

APPROFONDI, *traité.* Indagatus, indagata, indagatum. *part. pass.* d'Indigo

APPROFONDIR, *creuser.* Fodere, fodio, fodis, fodi, fossum. *act. acc.*

APPROFONDIR, *traiter.* Indagare, indago, indagas, indagavi, indagatum. *act. accus.*

APPROFONDISSEMENT. Investigatio, *gén.* investigationis. *fém.*

APPROPRIATION. Vindicatio, *gén.* vindicationis. *fém.*

APPROPRIER, *ajuster.* Expolire, expolio, expolis, expolivi, expolitum. *act. accus.*

s'APPROPRIER. Usurpare, usurpo, usurpas, usurpavi, usurpatum. *act. avec l'acc.*

APPROVISIONNÉ. Cibariis instructus, instructa, instructum. *On met partout* cibariis.

APPROVISIONNEMENT. Cibariorum comparatio, *gén.* cibariorum comparationis. *fém.*

APPROVISIONNER. Cibaria comparare, comparo, comparas, comparavi, comparatum. *act. On met toujours* cibaria ; *et la personne ou la chose que l'on approvisionne se met au datif.*

APPROUVÉ. Probatus, probata, probatum. *part. pass. de* Probo.

APPROUVER. Probare, probo, probas, probavi, probatum. *act. acc.*

APPUI, *protection.* Præsidium, *gén.* præsidii. *neut.*

APPUI, *soutien.* Fultura, *gén.* fulturæ. *fém. Appui de muraille, arc-boutant.* Anteris, *gén.* anteridis. *fém.*

APPUI, *protecteur.* Tutor, *gén.* tutoris. *m.* Præsidium, *g.* præsidii. *neut.*

APPUYÉ *sur.* Fultus, fulta, fultum. *part. pass. avec un ablat. Etre appuyé sur.* Niti, nitor, niteris, nixus sum. *dép. avec un ablat. ensuite.*

APPUYER, *soutenir.* Fulcire, fulcio, fulcis, fulci, fultum. *act. rég. dir. acc. rég. ind. ablat.*

APPUYER, *poser contre.* Apponere, appono, apponis, apposui, appositum. *act. rég. dir. acc. rég. ind. dat.*

s'APPUYER *sur.* Niti, nitor, niteris, nixus sum. *dép. avec un ablat. ensuite. S'appuyer du crédit de quelqu'un.* Niti auctoritate alicujus.

APRE, *rude.* Asper, aspera, asperum. *Au comp.* asperior ; *au superl* asperrimus.

APRE, *ardent, en parlant du feu.* Fervidus, fervida, fervidum. *Au comp.* fervidior ; *au superl.* fervidissimus.

APRE, *passionné.* Cupidissimus, cupidissima, cupidissimum. *avec un gén. ou un gér. en* di.

APREMENT. Ardenter. *adv. Au comp.* ardentiùs; *au sup.* ardentissimè.

APREMENT, *rudement.* Acerbè. *adv.* acerbiùs, acerbissimè.

APRÈS, *suivi d'un nom.* Post. *avec un acc.*

APRÈS. Post. *adv.*

APRÈS *cela.* Posteà. *adv.*

APRÈS *tout, enfin.* Deniquè.

APRÈS, *au-dessous.* Infrà *avec l'acc.*

CI-APRÈS. Deinceps. *adv.*

APRÈS QUE. Postquàm, *avec un indicatif, et quelquefois un subjonctif.*

APRÈS COUP. Tardiùs. *adv.*

APRÈS, *suivi de avoir, comme après avoir joué,* etc. *Il faut consulter pour cela la règle de la Syntaxe latine qui traite de la préposition* APRÈS.

APRÈS-DINÉE. Postmeridianum tempus, *gén.* postmeridiani temporis. *neut.* On décline l'un et l'autre de ces noms.

APRETÉ. Asperitas, *gén.* asperitatis. *fém.*

APTITUDE. Habilitas, *gén.* habilitatis. *fém.*

APURER *un compte.* Rationes conficere, conficio, conficis, confeci, confectum. *act.* On met partout rationes.

AQUATILE. Aquatilis, *masc. fém.* aquatile, *neut. gen.* aquatilis *pour tous les genres.*

AQUATIQUE. Aquaticus, aquatica, aquaticum. *adj.*

AQUEDUC, Aquæductus, *gén.* aquæductûs. *masc.*

AQUEUX. Aquosus, aquosa, aquosum. *adj.*

AQUILÉE, *ville.* Aquileia, *gén.* Aquileiæ. *fém.*

AQUILIN. Aquilinus, aquilina, aquilinum. *adj.*

AQUILON, *vent.* Aquilo, *gén.* aquilonis. *masc.*

AQUITAINE, *province.* Aquitania, *g.* Aquitaniæ. *Qui est d'Aquitaine.* Aquitanus, aquitana, aquitanum. *adj.*

ARABE. Arabs. *masc. fém. neut. gén.* Arabis.

ARABESQUE, *et Arabique.* Arabicus, arabica, arabicum. *adj.*

ARABIE, *pays.* Arabia, *gén.* Arabiæ. *fém.*

ARAGON, *royaume.* Aragonia, *gén.* Aragoniæ. *fém.*

ARAGONNOIS, *que est d'Aragon.* Aragonius, aragonia, aragonium. *adj.*

ARAIGNÉE. Aranea, *g.* araneæ. *fém.*

ARBALÈTE. Arcus, *gén.* arcûs. *masc.*

ARBALÉTRIER. Sagittarius, *gén.* sagittarii. *masc.*

ARBITRAGE. Arbitrium, *gén.* arbitrii. *neut.*

ARBITRAIRE. Arbitrarius, arbitraria, arbitrarium. *adj.*

ARBITRAIREMENT. Arbitrariò. *adv.*

ARBITRAL. Arbitralis, *masc. fém.* arbitrale, *neut. gén.* arbitralis *pour tous les genres.*

ARBITRE. Arbiter, *gén.* arbitri. *masc. Une arbitre.* Arbitria, *gén.* arbitriæ. *fém.*

Le libre ARBITRE. Libera voluntas, *gén.* liberæ voluntatis. *fém. Tous deux se déclinent.*

ARBITRER, *c'est un terme de palais.* Arbitrari, arbitror, arbitraris, arbitratus sum. *dép.*

ARBOIS, *ville.* Arborosa, *gén.* Arborosæ. *fém.*

ARBORER. Figere, figo, figis, fixi, fixum. *act. avec l'acc.*

AREOUSE, *fruit.* Arbutum, *gén.* arbuti. *neut.*

ARBOUSIER, *arbre.* Arbutus, *génit.* arbuti. *fém. D'arbousier.* Arbuteus, arbutea, arbuteum. *adj.*

ARBRE. Arbor, *gén.* arboris. *fém.*

ARBRE, *mât de navire.* Malus, *gén.* mali. *masc.*

ARBRISSEAU. Arbuscula, *gén.* arbusculæ. *fém.*

ARBUSTE, *petit arbre qui ne croit jamais haut.* Frutex, *gén.* fruticis. *masc.*

ARC. Arcus, *gén.* arcûs. *masc. Tirer de l'arc.* Sagittas emittere, emitto, emittis, emisi, emissum. *act.* On met toujours sagittas.

ARC-EN-CIEL. Cœlestis arcus, *gén.* cœlestis arcûs. *masc. L'un et l'autre se déclinent.*

ARCADE. Fornix, *génit.* fornicis. *masc.*

ARCANIE, *pays.* Arcadia, *gén.* Arcadiæ. *fém.*

ARCADIEN. Arcadius, arcadia, arcadium. *adj.*

ARC-BOUTANT. Anteris, *gén.* anteridis. *fém.*

ARC-BOUTANT, *dans le figuré.* Columen, *gén.* columinis. *neut. Il est l'arc-boutant de la tyrannie.* Columen est tyrannidis.

ARC-BOUTER. Fulcire, fulcio, fulcis, fulsi, fultum. *act. acc.*

ARCEAU, *en parlant d'une voûte.* Fornix, *gén.* fornicis. *masc.*

ARCHAL, *fil d'archal.* Æs textile, *g.* æris textilis. *neut. L'un et l'autre se déclinent.*

ARCHANGE. Archangelus, *gén.* archangeli. *masc.*

ARCHE *de Noé.* Arca Noëmi, *gén.* arcæ Noëmi. *fém.* Noëmi est au gén. et ne se décline pas ici.

ARD   ARG   27

L'ARCHE *d'Alliance*. Arca fœderis, *gén.* arcæ fœderis. *fém. On ne décline pas* fœderis.

ARCHE *d'un pont*. Voy. *Arcade*.

ARCHER. Satelles, satellitis. *m.*

ARCHET. Plectrum, *g.* plectri. *neut.*

ARCHEVÊCHÉ. Archiepiscopatus, *gén.* Archiepiscopatûs. *masc.*

ARCHEVÊCHÉ, *la maison de l'Archevêque.* Archiepiscopale palatium, *g.* archiepiscopalis palatii. *neut. L'un et l'autre se déclinent.*

ARCHEVÊQUE. Archiepiscopus, *gén.* Archiepiscopi. *masc.*

ARCHIDIACONAT, *charge d'Archidiacre.* Archidiaconatus, *g.* archidiaconatûs. *masc.*

ARCHIDIACRE. Archidiaconus, *gén.* archidiaconi. *masc.*

ARCHIDUC. Archidux, *gén.* archiducis. *masc.*

ARCHIDUCHESSE. Archiducissa, *gén.* archiducissæ. *fém.*

ARCHIDUCHÉ. Archiducatus, *gén.* archiducatûs. *masc.*

ARCHIÉPISCOPAL. Archiepiscopalis, *m. f.* archiepiscopale, *neut. g.* archiepiscopalis *pour tous les genres.*

ARCHIÉPISCOPAT. Archiepiscopatus, *gén.* archiepiscopatûs. *masc.*

ARCHIMÈDE, *nom d'homme*. Archimedes, *gén.* Archimedis. *masc.*

ARCHIPEL. Ægeum mare, *gén.* Ægei maris *neut. L'un et l'autre se déclinent.*

ARCHITECTE. Architectus, *gén.* architecti. *masc.*

ARCHIPRÊTRE. Archipresbyter, *g.* archipresbyteri. *masc.*

ARCHITECTURE. Architectura, *gén.* architecturæ. *fém. Qui concerne l'architecture.* Architectonicus, architectonica, architectonicum. *adj.*

ARCHITRAVE, *grosse pièce de bois appuyée sur des colonnes.* Epistilium, *g.* epistilii. *neut.*

ARCHIVES. Tabularium, *g.* tabularii. *neut.* Archivum, *g.* archivi. *neut.*

ARCHIVISTE, *celui qui a soin des archives.* Tabularii custos, *gén.* custodis. *ma c. sa s changer* tabularii.

ARCHONTE. Archon, *g.* archontis. *m.*

ARÇON. Equestris sella, *g.* equestris sellæ. *fém. Désarçonner quelqu'un.* Aliquem ex equo detrudere, detrudo, detrudis, detrusi, detrusum. *act.*

ARCTIQUE. Articus, artica, articum. *adj.*

ARCUEIL, *village*. Arculium, *génit.* Arculii. *neut.*

ARDÈCHE, *rivière et département de France.* Ardesca, *gén.* Ardescæ. *fém.*

ARDEMMENT. Ardenter. *adv. Au comp.* ardentiùs; *au sup.* ardentissimè.

ARDENNES, *forêt et département de France.* Arduenna, *g.* Arduennæ. *f.*

ARDENS, *feux follets*. Ignes noctè errantes, *gén.* ignium noctè errantium. Noc e ne se *décline pas;* ignes errantes se *déclinent.*

ARDENS, *maladie.* Lues inguinaria, *g.* luis inguinariæ. *fém. L'un et l'autre se déclinent.*

ARDENT. Ardens, *masc. f. neut. g.* ardentis. *Au comp.* ardentior; *au superl.* ardentissimus.

ARDENT, *prompt*. Fervidus, fervida, fervidum. — *Ardent au jeu.* Avidus ludi.

ARDEUR. Ardor, *g.* ardoris. *masc.*

ARDILLON. Aculeus, *g.* aculei. *masc. Ajoutez* fibulæ.

ARDOISE. Ardosia, *g.* ardosiæ. *f.*

ARE, *unité dans les nouvelles mesures de surface.* Areum, *gén.* arei. *neut.*

ARÈNE. Arena, *g.* arenæ. *fém.*

ARÉOLE, *petite aire.* Arcola, *gén.* areolæ. *f. m.*

ARÉOPAGE. Areopagus, *g.* areopagi. *masc.*

ARÉOPAGITE. Areopagites, *g.* areopagitæ. *masc.*

ARÊTE. Spina, *gén.* spinæ. *fém.*

AREZZO, *ville*. Arctium. *gén.* Arctii. *neut. Qui est d'Arezzo.* Arctinus, arctina, arctinum. *adj.*

ARGEMONE, *herbe*. Argemone, *g.* argemones. *fém.*

ARGENT. Argentum, *gén.* argenti. *n. Qui est d'argent.* Argenteus, argentea, argenteum. *adj.*

ARGENT, *monnaie*. Pecunia, *g.* pecuniæ. *fém.*

VIF-ARGENT. Voyez *Mercure*.

ARGENTAN, *ville*. Argentanum, *g.* Argentani. *neut.*

ARGENTÉ. Argentatus, argentata, argentatum. *part. pass. d'Argento.*

ARGENTER. Argento obducere, obduco, obducis obduxi, obductum. *act. acc.* On met toujours argento.

ARGENTERIE. Vasa argentea, *gén.* vasorum argenteorum. *n. plur. L'un et l'autre se déclinent.*

ARGENTEUIL, *village*. Argentolium, *gén.* Argentolii. *neut.*

ARGENTIER. Argentarius, *g.* argentarii. *masc.*

ARGENTIN, *de couleur d'argent.* Argenteus, argentea, argenteum. *adj.*

ARGENTURE. Argentei coloris inductio, *g.* argentei coloris inductionis. *fém.*

ARGILE. Argilla, *g.* argillæ. *fém. Qui est d'argile.* Argillaceus, argillacea, argillaceum. *adj.*

ARGILEUX, *en parlant d'un champ, d'une terre.* Argillosus, argillosa, argillosum. *adj.*

ARGONAUTE. Argonauta, *g.* argonautæ. *masc.*
ARGOS, *ville.* Argos, *gén.* Argi. *neut. Ceux d'Argos.* Argi, *g.* Argorum. *m. pl.*
ARGUER. Arguere, arguo, arguis, argui, argutum. *act. acc.*
ARGUMENT. Argumentum, *g.* argumenti. *neut.*
ARGUMENTATEUR. Argumentator, *gén.* argumentatoris. *masc.*
ARGUMENTATION. Argumentatio, *g.* argumentationis. *fém.*
ARGUMENTER. Argumentari, argumentor, argumentaris, argumentatus sum. *dépon.*
ARGUS, *nom d'homme.* Argus, *gén.* Argi. *masc.*
ARIANISME. Arianismus, *g.* arianismi *m.*
ARIDE. Aridus, arida, aridum. *adj.*
ARIDITÉ. Ariditas, *g.* ariditatis. *f.*
ARIÉGE, *rivière et département de France.* Aurigera, *g.* Aurigeræ. *fém.*
ARISTARQUE, *censeur sévère, esprit critique.* Aristarchus, *g.* Aristarchi. *m.*
ARISTIDE, *nom d'homme.* Aristides, *gén.* Aristidis. *masc.*
ARISTIPPE, *nom d'homme.* Aristippes, *gén.* Aristippis. *masc.*
ARISTOCRATIE. Aristocratia, *gén.* aristocratiæ. *fém.*
ARISTOCRATIQUEMENT. More aristocratiæ.
ARISTOTE, *nom d'homme.* Aristoteles, *g.* Aristotelis. *masc.*
ARITHMÉTICIEN. Arithmeticus, *g.* arithmetici. *masc.*
ARITHMÉTIQUE. Arithmetica, *gén.* arithmeticæ. *fém.*
ARLEQUIN. Mimus, *g.* mimi. *masc.*
ARLEQUINADE. Mimica jocatio, *gén.* mimicæ jocationis. *fém.*
ARLES, *ville.* Arelate, *gén.* Arelates. *fém. Qui est d'Arles.* Arelatensis. *masc. f.* arelatense, *neut. g.* arelatensis. *pour tous les genres.*
ARMAGNAC, *pays et comté.* Armeniacus ager, *g.* armeniaci agri. *masc. Ces deux mots se déclinent.*
ARMAND, *nom d'homme.* Armandus, *gén.* Armandi. *masc.*
ARMATEUR. Navis prædatoriæ præfectus, *g.* præfecti. Navis prædatoriæ *restent invariables.*
ARME, *au singul.* Telum, *g.* teli. *n.*
ARME *à feu.* Sclopus, *g.* sclopi. *masc.*
ARMES, *au plur.* Arma, *g.* armorum. *n. plur. Etre sous les armes.* Esse in armis. Esse, sum, es, fui. *Faire passer par les armes.* Displosis sclopetis necare, neco, necas, necavi, necatum. *act. acc.* On met toujours displosis sclopetis. *Faire, ou tirer des armes.* Digladiari, digladior, digladiaris, digladiatus sum. *dép.*

MAÎTRE-D'ARMES. Lanista, *gén.* lanistæ. *masc.*
ARMES, *armoiries.* Gentilii scuti insignia, *g.* insignium. *neut. pl.* Gentilii scuti *ne change pas.*
ARMÉ. Armatus, armata, armatum. *part. pass. d'Armo. Le nom d'armes ou d'instrumens est mis à l'ablat.*
ARMÉE. Exercitus, *g.* exercitûs. *masc. Armée navale.* Classis, *g.* classis. *fém.*
ARMEMENT. Apparatus, *g.* apparatûs. *masc.*
ARMÉNIE. *pays.* Armenia, *g.* armeniæ. *fém.*
ARMÉNIEN. Armenius, armenia, armenium. *adj.*
ARMER. Armare, armo, armas, armavi, armatum. *act. rég. dir. acc. rég. ind. ablat.*
ARMET, *casque.* Galea, *g.* galeæ. *f.*
ARMISTICE. Induciæ, *gén.* Induciarum. *fém. pluriel.*
ARMOIRE. Armarium, *gén.* armarii. *neut.*
ARMOIRIES. Insignia, *gén.* insignium. *neut. plur.*
ARMOISE, *herbe.* Artemisia, *gén.* artemisiæ. *fém.*
ARMORIAL, *qui concerne les armoiries.* Gentilitius, gentilitia, gentilitium. *adj.*
ARMORIER. Insignia pingere, pingo, pingis, pinxi, pinctum. *act. acc. On met toujours* Insignia.
ARMURE, Armatura, *gén.* armaturæ. *féminin.*
ARMURIER. Armorum faber, *gén.* armorum fabri. *masc. On ne décline pas* armorum.
ARNAUD, *nom d'homme.* Arnaldus, *gén.* Arnaldi. *masc.*
ARNAY-LE-DUC, *ville.* Arneum Ducium, *gén.* Arnei Ducii. *neut. On décline ces deux noms.*
ARNOULT, *nom d'homme.* Arnolphus, *gén.* Arnolphi. *masc.*
AROMATES. Aromata, *gén.* aromatum. *neut. plur.*
AROMATIQUE. Aromaticus, aromatica, aromaticum. *adj.*
ARONDE, *queue d'aronde, terme de charpentier.* Subscus, *g.* subscudis. *fém.*
ARPENT. Jugerum, *g.* jugeri. *neut.*
ARPENTAGE. Agrorum mensio, *gén.* agrorum mensionis. *fém.* Agrorum *ne se décline point.*
ARPENTER. Agros metiri, metior, metiris, mensus sum. *dépon.*
ARPENTEUR, Mensor, *gén.* mensoris. *masc.*
ARPINO, *ville.* Arpinum, *gén.* Arpini. *neut. Qui est d'Arpino.* Arpinas, *gén.* arpinatis. *adj. de tout genre.*

ARQUEBUSADE, Sclopeti ictus, *gén.* sclopeti istûs. *masc.* Sclopeti ne se décline point.

ARQUEBUSE. Sclopetus, *g.* sclopeti. *m.*

ARQUEBUSIER. Sclopetorum faber, *gén.* sclopetorum fabri. *masc.* On ne décline pas sclopetorum.

ARRACHÉ. Evulsus, evulsa, evulsum. *partic. pass.* de Evello, evellis, evellere.

ARRACHEMENT. Avulsio, *gén.* avulsionis. *fém.*

D'ARRACHE-PIED, *sans discontinuer.* Continenter. *adv.* Sine intermissu.

ARRACHER. Evellere, evello, evellis, evelli, evulsum. *act. rég. dir. accus. rég.* ind. *abl. avec* è *ou* ex.

ARRACHEUR. Avulsor, *gén.* avulsoris. *masc.*

ARRANGÉ. Dispositus, disposita, dispositum. *part. pass.* de Dispono.

ARRANGEMENT. Ordo, *gén.* ordinis. *masc.*

ARRANGER. Disponere, dispono, disponis, disposui, dispositum. *act. acc.*

ARRAS, *ville.* Atrebatum, *gén.* Atrebati. *neut.* Qui est d'Arras. Atrebatensis, *masc. fém.* atrebatense. *neut. gén.* atrebatensis *pour tous les genres.*

ARRENTÉ, *donné à rente.* Locatus, locata, locatum. *part. pass.* de Loco.

ARRENTEMENT, *l'action de donner à rente.* Locatio, *g.* locationis. *fém.*

ARRENTER, *donner à rente.* Locare, loco, locas, locavi, locatum. *act. avec acc. Prendre à rente.* Conducere, conduco, conducis, conduxi, conductum. *act. avec l'acc.*

ARRÉRAGES. Reliqua, *gén.* reliquorum. *neut. plur.*

ARRESTATION, *action d'arrêter.* Comprehensio, *gén.* comprehensionis. *fém. État d'un homme arrêté.* Captivitas, *g.* captivitatis. *fém.*

ARRÊT. Decretum, *gén.* decreti. *neut.*

ARRÊTÉ. *retenu.* Detentus, detenta, detentum. *part. pass.* de Detineo.

ARRÊTÉ, *déterminé.* Constitutus, constituta, constitutum. *part. pass.* de Constituo.

ARRÊTER, *retenir.* Detinere, detineo, detines, detinui, detentum. *act. acc.*

ARRÊTER, *déterminer.* Constituere, constituo, constituis, constitui, constitutum. *act. acc.*

S'ARRÊTER. Sistere, sisto, sistis, steti, statum, *neut.*

S'ARRÊTER, *tarder.* Morari, moror, moraris, moratus sum. *dép.*

S'ARRÊTER, *hésiter.* Hærere, hæreo, hæsi, hæsum. *neut.*

ARRHES. Arrha, *gén.* arrhæ. *fém.* Arrhabo, *gén.* arrhabonis. *masc.*

ARRIÈRE (en). Retrò. *adv.*

ARRIÈRE-BAN, *assemblée de nobles pour servir en temps de guerre.* Nobilitas armata, *gén.* nobilitatis armatæ. *fém. L'un et l'autre se déclinent.*

ARRIÈRE-BOUTIQUE. Interior officina, *gén.* interioris officinæ. *f.m.* Tout se décline.

ARRIÈRE-FAX. Secundæ, *génit.* secundarum. *fém. plur.*

ARRIÈRE-GARDE. Postrema acies, *gén.* postremæ aciei. *fém. L'un et l'autre se déclinent.*

ARRIÈRE-MAIN. Aversa manus, *gén.* aversæ manûs. *fém.*

ARRIÈRE-NEVEU, *fils du neveu ou de la nièce.* Fratris, ou sororis nepos. On ne décline que nepos, *gén.* nepotis. *masc.*

ARRIÈRE-PETIT-FILS. Abnepos, *gén.* abnepotis. *masc.*

ARRIÈRE-PETITE-FILLE. Abneptis, *g.* abneptis. *fém.*

ARRIÈRE-SAISON. Sera tempestas, *gén.* seræ tempestatis. *fém. L'un et l'autre se déclinent.*

ARRIVÉE. Adventus, *g.* adventûs. *m.*

ARRIVER. Advenire, avenio, advenis, adveni, adventum. *neut. Arriver par hasard.* Evenire, evenit *au parfait sans supin. impers.* Le que *suiv. s'exprime par* ut, *avec le subj.*

ARROCHE, *herbe.* Atriplex, *gén.* atriplicis. *fém.*

ARROGAMMENT. Arroganter. *adv. Au comp.* arrogantiùs; *au superl.* arrogantissimè.

ARROGANCE. Arrogantia, *gén.* arrogantiæ. *fém.*

ARROGANT. Arrogans, *masc. fém. neut. gén.* arrogantis. *Au comp.* arrogantior; *au superl.* arrogantissimus.

S'ARROGER, *s'attribuer injustement quelque chose.* Aliquid sibi arrogare, arrogo, arrogas, arrogavi, arrogatum. Si on parle de la première personne, on dit mihi, de la seconde, tibi : *au plur.* nobis vobis, *et l'acc.* de la chose; comme : Vous vous arrogez les fonctions de général. Tibi imperatorias partes arrogas.

ARRONDI. Rotundus, rotunda, rotundum. *adj.*

ARRONDIR. Rotundare, rotundo, rotundas, rotundavi, rotundatum. *act. acc.*

ARRONDISSEMENT. Rotundatio, *gén.* rotundationis. *fém.*

ARROSÉ Aspersus, aspersa, aspersum. *part. pass.* d'Aspergo. *avec un ablat.*

ARROSEMENT. Aspersio, *gén.* aspersionis. *fém.*

ARROSER. Aspergere, aspergo, aspergis, aspersi, aspersum. *act. rég. dir. acc. rég. ind. abl.*

ARROSOIR. Vas aptum ad irrigationem, *gén.* vasis apti ad irrigationem. *neut.* On décline vas et aptum, et on met toujours ad irrigationem.

ARSENAL. Armamentarium, *g.* armamentarii. *neut.*

ARSENIC. Arsenicum, *gén.* arsenici. *neut.*

ART. Ars, *gén.* artis. *fém. Les beaux arts.* Artes liberales, *gén.* artium liberalium. *fém. plur. L'un et l'autre se déclinent. Les arts mécaniques.* Artes vulgares, *gén.* artium vulgarium. *fém. pluriel. L'un et l'autre se déclinent. Maître-ès-arts.* Magister artium, *gén.* magistri artium. *masc. On ne décline point* artium.

ARTAXERXES, *nom d'homme.* Artaxerxes, *gén.* Artaxerxis. *masc.*

ARTÉMISE, *nom de femme.* Artemisa, *gén.* Artemisæ. *fém.*

ARTÈRE. Arteria, *g.* arteriæ. *fém.*

ARTICHAUT. Cinara, *gén.* cinaræ. *f.*

ARTICLE. Articulus, *gén.* articuli. *masc.*

ARTICULATION, *jointure des membres.* Articulatio, *génit.* articulationis. *fém.*

ARTICULATION, *prononciation claire et distincte.* Distincta vocis expressio, *gén.* distinctæ vocis expressionis. *Le gén.* vocis *ne se décline point.*

ARTICULÉ, *prononcé distinctement.* Distincté prolatus, prolata, prolatum. *part. pass. de* Profero.

ARTICULER, *prononcer distinctement.* Distincté efferre, effers, effers, extuli, elatum. *act. avec l'acc. On met toujours* distincté.

ARTIFICE. Artificium, *gén.* artificii. *neut.*

ARTIFICE, *feu d'artifice.* Ignes artificiosi, *gén.* ignium artificiosorum. *Tous deux se déclinent.*

ARTIFICIEL. Artificialis, *masc. fém.* artificiale, *neut. gén.* artificialis *pour tous les genres.*

ARTIFICIELLEMENT, *avec art.* Artificialiter. *adv.*

ARTIFICIER. Ignium artifex, *gén.* ignium artificis. *masc.*

ARTIFICIEUSEMENT. Artificiosé. *adv. comp.* artificiosius ; *au sup.* artificiosissimé.

ARTIFICIEUX. Callidus, callida, callidum *adj.*

ARTILLERIE. Tormenta bellica, *gén.* tormentorum bellicorum. *neut. plur. L'un et l'autre se déclinent.*

ARTISAN. Artifex, *gén.* artificis. *f.*

ARTISON, *ou* ARTUSON, *petit insecte qui ronge le bois.* Cossus, *g.* cossi. *masc.*

ARTISTE. Peritus artifex, *gén.* periti artificis. *masc.*

ARTISTEMENT, *avec art.* Affabré. *adv.*

ARUSPICE, *celui qui présidait l'avenir par l'inspection des entrailles des animaux.* Aruspex, *g.* aruspicis. *masc.*

AS, *dans le jeu de cartes.* Monas, *g.* monadis. *fém.*

ASCENDANT. Auctoritas, *gén.* auctoritatis. *fém. Avoir de l'ascendant.* Auctoritatem habere, habeo, habes, habui, habitum. *act. Le sur qui suit s'exprime par* apud *avec l'acc.* Ex. *Mon frère a de l'ascendant sur moi.* Frater habet auctoritatem apud me.

ASCENSION. Ascensio, *gén.* Ascensionis. *fém.*

ASCÉTIQUE. Asceticus, ascetica, asceticum. *adject.*

ASDRUBAL, *nom d'homme.* Asdrubal, *gén.* Asdrubalis. *masc.*

ASIATIQUE. Asiaticus, asiatica, asiaticum. *adj.*

ASIE, *partie du monde.* Asia, *génit.* Asiæ. *fém.*

ASILE. Asylum, *g.* Asyli. *neut.*

ASPASIE, *nom de femme.* Aspasia, *g.* Aspasiæ. *fém.*

ASPECT. Aspectus, *g.* aspectûs. *masc.*

ASPERGER. Aspergere, aspergo, aspergis, aspersi, aspersum. *act. acc.*

ASPÉRITÉ. *Voyez* Âpreté.

ASPERSION. Aspersio, *g.* aspersionis. *fém.*

ASPERSOIR, *goupillon pour donner de l'eau bénite.* Aspergillum, *g.* aspergilli. *neut.*

ASPIC. Aspis, *gén.* aspidis. *fém.*

ASPIRANT. Rei alicujus candidatus, *gén.* candidati. *masc. On ne décline que ce dernier mot. Pompe aspirante.* Antlia, *gén.* antliæ. *fém.*

ASPIRATION. Aspiratio, *gén.* aspirationis. *fém.*

ASPIRER. Aspirare, aspiro, aspiras, aspiravi, aspiratum. *neut. Le régime se met à l'acc. avec* ad.

ASSABLER, *combler de sable.* Sabulo complere, compleo, comples, complevi, completum. *act. avec l'acc.* Sabulo *reste toujours.*

s'ASSABLER, *demeurer sur le sable.* Vado hærere, hæreo, hæres, hæsi, hæsum. *n.*

ASSAILLANT. Aggressor, *gén.* aggressoris. *masc.*

ASSAILLIR. Aggredi, aggredior, aggrederis, aggressus sum. *dép. acc.*

ASSAISONNÉ. Conditus, condita, conditum. *part. pass. de* Condio.

ASSAISONNEMENT. Condimentum, *g.* condimenti. *neut.*

ASSAISONNER. Condire, condio, condis, condivi ou condii, conditum. *act. avec l'acc.*

ASSASSIN. Sicarius, *g.* sicarii. *masc.*
ASSASSINAT. Cædes insidiosa, *génit.* cædis insidiosæ *fém.*
ASSASSINÉ. Trucidatus, trucidata, trucidatum. *part. pass.* de Trucido.
ASSASSINER. Trucidare, trucido, trucidas, trucidavi, trucidatum. *act. acc.*
ASSAUT. Oppugnatio, *g.* oppugnationis. *fém. Donner assaut.* Oppugnare, oppugno, oppugnas, oppugnavi, oppugnatum. *act. acc. D'assaut* ou *par assaut. Irruptione factâ, à l'abl.*
ASSEMBLAGE. Conjunctio, *g.* conjunctionis. *fém.*
ASSEMBLÉ. Collectus, collecta, collectum. *part. pass.* de Colligo. En, in *avec l'acc.*
ASSEMBLÉE. Cœtus, *g.* cœtus. *masc.*
ASSEMBLER. Colligere, colligo, colligis, collegi, collectum. *act. avec l'acc.* En, in *avec l'acc. S'assembler.* Convenire, convenio, convenis, conveni, conventum. *n.* En, in *avec l'acc.*
ASSENER, *porter un coup juste.* Ictum violentum, dirigere, dirigo, dirigis, direxi, directum. *act. acc.*
ASSEOIR, *poser.* Collocare, colloco, collocas, collocavi, collocatum. *act. avec l'acc.*
s'ASSEOIR. Sedere, sedeo, sedes, sedi, sessum. *S'asseoir auprès de.* Assidere, assideo, assides, assedi, assessum. *avec le datif.*
ASSERTION, *proposition.* Assertio, *gén.* assertionis *fém.*
ASSERVIR, *assujettir.* In servitutem asserere, assero, asseris, asserui, assertum. *act. avec l'acc.*
ASSESSEUR, *charge d'un présidial.* Assessor, *gén.* assessoris. *masc.*
ASSEZ. Satis. *adv. avec un génitif.* (Voyez la règle Assez dans la Grammaire latine).
ASSIDU. Assiduus, assidua, assiduum, *On exprime à par in avec l'abl.* ou bien on met le *gérondif en do.*
ASSIDUITÉ. Assiduitas, *g.* assiduitatis. *fém.*
ASSIDUMENT. Assiduè. *adv.*
ASSIÉGÉ. Obsessus, obsessa, obsessum. *part. pass.* d'Obsideo.
ASSIÉGEANT. Obsessor, *g.* obsessoris. *masc.*
ASSIÉGER. Obsidere, obsideo, obsides, obsedi, obsessum. *act. acc.*
ASSIETTE, *dont on se sert à table.* Orbis, *gén.* orbis. *masc.*
ASSIETTE, *situation.* Situs, *gén.* situs. *masc.*
ASSIETTE, *situation d'esprit.* Status, *gén.* status *masc.*
ASSIETTE, *des impôts.* Tributorum descriptio, *gén.* descriptionis. *fém.* Tributorum ne se décline pas, mais il se met à tous les cas.

ASSIGNATION. In jus vocatio, *gén.* in jus vocationis. *fém. On ne décline point* in jus. *Donner assignation*, ou *attaquer en justice.* Diem dicere.
ASSIGNÉ, *marqué, désigné.* Constitutus, constituta, constitutum. *part. pass.* de Constituto.
ASSIGNER, *marquer, désigner.* Constituere, constituo, constituis, constitui, constitutum. *act. acc.*
ASSIGNER *en justice.* Diem dicere, dico, dicis, dixi, dictum. *act. dat.* de la personne. *On met partout* Diem.
ASSIGNER *à quelqu'un.* Assignare, assigno, assignas, assignavi, assignatum. *act.* régime direct accus. régime indirect *dat.*
ASSIMILATION. Assimilatio, *gén.* assimilationis. *fém.*
ASSIMILER. Similèm facere, facio, facis, feci, factum. *act. acc. L'adjectif* similis qui accompagne ce verbe dans tous les temps, se met toujours à l'accusatif, et s'accorde en genre et en nombre avec la chose que l'on assimile.
ASSIS. Sedens, *gén.* sedentis. *de tout genre part. prés.* de Sedeo.
ETRE ASSIS. Sedere, sedeo, sedes, sedi, sessum. *neut.*
ASSISE, *rangée de pierres.* Lapidum ordo, *gén.* lapidum ordinis. *masc.* Lapidum ne se décline point.
ASSISES, *séances des juges.* Judicum conventus, *gén.* judicum conventûs. *masc.* Judicum reste toujours.
ASSISTANCE. Auxilium, *gén.* auxilii. *neut.*
ASSISTANCE, *présence.* Præsentia, *gén.* præsentiæ. *fém.*
ASSISTANT, *qui est présent.* Præsens, *gen.* præsentis. *de tout genre. part. présent* de Præsum.
ASSISTÉ. Adjutus, adjuta, adjutum. *part. pass.* d'Adjuvo.
ASSISTER, *aider.* Adjuvare, adjuvo, adjuvas, adjuvi, adjutum. *act. acc.*
ASSISTER, *être présent.* Interesse, intersum, interest, interfui, *avec un dat.*
ASSOCIATION. Societas, *gén.* societatis. *fém*
ASSOCIÉ. Socius, *gén.* socii. *masc. avec un gén.*
ASSOCIER. Copulare, copulo, copulas, copulavi, copulatum. *act. acc.*
s'ASSOCIER *quelqu'un, c'est-à-dire, s'adjoindre quelqu'un pour compagnon.* Aliquem socium sibi adjungere, mihi adjungo, tibi adjungis, mihi adjunxi, adjunctum. *act.* Socium reste toujours.
ASSOMMER. Mactare, macto, mactas, mactavi, mactatum, *act. acc.*

ASSOMPTION, *fête de la sainte Vierge*, Deiparæ in cœlum assumptio, *gén.* assumptionis. *fém.*

ASSORTI, *garni de*. Instructus, instructa, instructum. *part. pass. d'*Instruo. *Avec l'ablat.*

ASSORTI. Congruens, *masc. fém. neut. gén.* congruentis.

ASSORTIMENT. Ornamentum congruens, *gén.* ornamenti congruentis. *neut. L'un et l'autre se déclinent.*

ASSORTIR, *garnir*. Instruere, instruo, instruis, instruxi, instructum. *act.* régime direct *acc.* régime indirect *abl.*

ASSORTIR, *convenir*. Congruere, congruo, congruis, congrui. *sans supin. neut.*

ASSORTISSANT. Conveniens, *masc. fém. neut. génit.* convenientis *avec le datif.*

ASSOUPI. Sopitus, sopita, sopitum. *part. pass. de* Sopio.

ASSOUPIR. Consopire, consopio, consopis, consopivi, consopitum. *act. acc.*

ASSOUPISSANT. Soporifer, soporifera, soporiferum. *gén.* soporiferi.

ASSOUPISSEMENT. Sopor, *gén.* soporis. *masc.*

ASSOURDIR, *rendre sourd*. Surdum efficere, efficio, efficis, effeci, effectum. *act.* Surdum reste toujours.

ASSOUVI. Saturatus, saturata, saturatum. *part. pass. de* Saturo.

ASSOUVIR Saturare, saturo, saturas, saturavi, saturatum. *act. acc.*

ASSOUVISSEMENT. Expletio, *génit.* explectionis. *fém.*

ASSUJETTI. Subjectus, subjecta, subjectum. *part. pass. de* Subjicio. *Avec un datif ensuite.*

ASSUJETTIR. Subjicere, subjicio, subjicis, subjeci, subjectum. *act. acc.*

ASSUJETTISSANT. Incommodus, incommoda, incommodum. *adj.*

ASSUJETTISSEMENT, *sujétion*. Obligatio, *gén.* obligationis. *fém.* Obsequium, *gén.* obsequi. *neut.*

ASSURANCE. Securitas, *gén.* securitatis. *fémin. En assurance.* Tutò. *adv. Qui est en assurance.* Securus, secura, securum. *adj.*

ASSURÉ, *certain*. Certus, certa, certum. *Au comp.* certior ; *au superl.* certissimus. *Etre assuré de*, c'est-à-dire, *savoir certainement*. Certò scire, scio, scis, scivi, scitum. *act. acc.* On met toujours certò.

ASSURÉ, *qui est en assurance*. Tutus, tuta, tutum. *adj.*

ASSURÉMENT. Certè. *adv.*

ASSURER, *affermir*. Affirmare, affirmo, affirmas, affirmavi, affirmatum. *act.* rég. dir. *acc.* rég. ind. *dat.*

ASSURER, *établir*. Stabilire, stabilio, stabilis, stabilivi, stabilitum. *act. acc.*

S'ASSURER, *tenir pour assuré*. Pro certo habere, habeo, habes, habui, habitum. *act. accus.* On met toujours pro certo.

ASSYRIE, *grand pays d'Asie*. Assyria, *gén.* Assyriæ. *fém.*

ASTÉRISME. Asterismus, *gén.* asterismi. *masc.*

ASTÉRIQUE. Astericus, *gén.* asterisci. *masc.*

ASTHMATIQUE, *qui a un asthme*. Asthmaticus, asthmatica, asthmaticum. *adj.*

ASTHME. Anhelatio, *gén.* anhelationis. *fém.*

ASTRAGALE. Astragalus, *gén.* astragali. *masc.*

ASTRE, *constellation*. Astrum, *génit.* astri. *neut.*

ASTREINDRE. Adstringere, adstringo, adstringis, adstrinxi, adstrinctum. *act. acc.*

ASTREINT. Adstrictus, adstricta, adstrictum. *part. pass. d'*Astringo.

ASTRINGENT. Adstringens, *masc. fém. neut. gén.* adstringentis.

ASTROLOGIE. Astrologia, *gén.* astrologiæ. *fém.*

ASTROLOGIQUE. Astrologicus, astrologica, astrologicum. *adj.*

ASTROLOGUE. Astrologus, *gén.* astrologi. *masc.*

ASTRONOME. Astronomus, *gén.* astronomi. *masc.*

ASTRONOMIE. Astronomia, *gén.* astronomiæ. *fém.*

ASTRONOMIQUE. Astronomicus, astronomica, astronomicum. *adj.*

ASTUCE. Voy. *Ruse*.

ASTUCIEUX. Voy. *Rusé*.

ASTURIE, *pays en Espagne*. Asturia. *gén.* Asturiæ. *fém. Qui est d'Asturie*. Astur. *masc. fém. neut. gén.* asturis, *adj.*

ATELIER. Officina, *gén.* officinæ. *fém.*

ATHÉE. Athæus, *gén.* athæi. *masc.*

ATHÉISME. Atheismus, *gén.* atheismi. *masc.*

ATHÉNÉE. Athenæum, *gén.* athenæi. *neut.*

ATHÈNES, *ville*. Athenæ, *gén.* Athenarum. *fém. plur.*

ATHÉNIEN. Atheniensis, *masc. fém.* atheniense, *neut. gén.* atheniensis *pour tous les genres.*

ATHLÈTE. Athleta, *gén.* athletæ. *masc.*

ATHOS, *montagne*. Athos, *gén. et dat.* atho, *acc.* athon, *ablat.* atho *ou* athone.

ATLANTIQUE. *adj.* Atlanticus, atlantica, atlanticum.

ATLANTIQUE. *fém. la mer Atlantique.* Atlanticum mare, *gén.* atlantici maris. *neut.*

ATLAS, *nom d'homme.* Atlas, *gén.* Atlantis. *masc.*

ATMOSPHÈRE. Atmosphera, *génit.* atmosphæræ. *fém.*

ATOME. Atomus, *gén.* atomi. *fém.*

ATOUR. Ornatus, *g.* ornatûs. *masc.*

ATRABILAIRE, *celui qu'une bile noire rend chagrin.* Atrâ bile affectus, affecta, affectum. *On met toujours* atrâ bile.

ATRE. Focus, *gén.* foci. *masc.*

ATROCE. Atrox, *masc. fém. neut. gén.* atrocis. *pour tous les genres. Au comp.* atrocior; *au superl.* atrocissimus.

ATROCITÉ. Atrocitas, *gén.* atrocitatis. *fém.*

ATTACHE, *lien.* Vinculum, *gén.* vinculi. *neut.*

ATTACHE, *affectation.* Amor, *g.* amoris. *masc. On exprime à ou pour par in avec l'acc.*

ATTACHÉ, *lié.* Alligatus, alligata, alligatum. *part. pass. d'*Alligo. *A, au, aux,* ad *avec l'acc. Attaché contre.* Affixus, affixa, affixum. *part. pass. d'*Affligo. *Avec un dat.*

ATTACHÉ, *adonné à, au, aux.* Deditus, dedita, deditum. *avec un dat.*

ATTACHEMENT *à, au, aux.* Studium, *gén.* studii. *neut.*

ATTACHER, *lier.* Alligare, alligo, alligas, alligavi, alligatum. *act. rég. dir. acc. rég. ind. dat. Attacher contre.* Affigere, affigo, affigis, affixi, affixum. *act. rég. dir. acc. rég. ind. dat.*

S'ATTACHER, *s'appliquer à.* Studere, studeo, studes, studui. *sans supin. neut. dat.*

S'ATTACHER, *s'attacher d'inclination.* Se addicere, addico, addicis, addixi, additum, *act. avec le datif. S'attacher à un parti.* Parti adhærere, adhæreo, adhæres, adhæsi, adhæsum. *neut.* parti *reste toujours. S'attacher sur.* Inhærere, inhæreo, inhæres, inhæsi, inhæsum. *neut. dat.*

ATTAQUANT. Oppugnator, *gén.* oppugnatoris. *masc.*

ATTAQUE. Aggressio, *génit.* aggressionis. *fém. En parlant d'une ville.* Oppugnatio, *gén.* oppugnationis. *fém.*

ATTAQUE, *en parlant d'un ennemi.* Provocatus, provocata, provocatum. *part. pass. de* Provoco. *En parlant d'une ville.* Oppugnatus, oppugnata, oppugnatum. *part. pass. d'*Oppugno.

ATTAQUÉ, *en parlant de maladie.* Tentatus, tentata, tentatum. *avec l'ablatif.*

ATTAQUER, *en parlant d'un ennemi.* Provocare, provoco, provocas, provocavi, provocatum. *act. accus. En parlant d'une ville.* Oppugnare, oppugno, oppugnas, oppugnavi, oppugnatum. *act. acc.*

ATTEINDRE. Attingere, attingo, attingis, attigi, attactum. *act. avec l'acc.*

ATTEINT, *convaincu.* Convictus, convicta, convictum. *part. pass. de* Convinco. *avec le gén.*

ATTEINT *de maladie.* Tentatus, tentata, tentatum. *avec l'abl.*

ATTEINTE, *attaque, coup porté légèrement.* Petitio, *gén.* petitionis. *fém.*

ATTEINTE, *maladie.* Tentatio morbi, *gén.* tentationis morbi. *fém.* Morbi *reste invariable.*

ATTEINTE, *infraction.* Labefactio, *gén.* labefactionis. *fém. Donner atteinte à son droit.* Jus suum labefactare, labefacto, labefactas, labefactavi, labefactatum. *act.*

ATTELAGE. Equi conjugati, *gén.* equorum conjugatorum. *masc. plur.*

ATTELER. Jungere, jungo, jungis, junxi, junctum. *act. rég. dir. acc. rég. ind. dat.*

ATTELLES, *deux petites planches de bois qu'on met au-devant du collier des chevaux de charrette.* Helcium, *gén.* helcii. *neut.*

ATTENANT, *joignant.* Attingens *masc. fém. neut. gén.* attingentis.

ATTENDANT, *en attendant.* Intereà. *Lisez ce livre en attendant.* Intereà hunc librum lego. *En attendant que.* Dùm, Donec.

ATTENDRE. Expectare, expecto, expectas, expectavi, expectatum. *act. régime direct* accus. *régime indirect. ablat. avec* à *ou* ab. *Faire attendre.* Moram afferre, affero, affers, attuli, allatum. *act. dat. de la personne. On met toujours* moram.

ATTENDRE, *espérer.* Sperare, spero, speras, speravi, speratum. *act. régime direct* acc. *régime indirect* ablat. *avec* à *ou* ab.

ATTENDRI. Mollitus, mollita, mollitum. *part. pass. de* Mollio.

ATTENDRI, *touché de compassion.* Misericordiâ commotus, commota, commotum. *On met toujours* Misericordiâ.

ATTENDRIR. Mollire, mollio, mollis, mollivi *ou* mollii, mollitum. *act. avec l'acc.*

ATTENDRIR, *exciter la compassion de quelqu'un.* Alicujus misericordiam commovere, commoveo, commoves, commovi, commotum. *act.* Misericordiam se met *toujours.*

S'ATTENDRIR. Molliri, mollior, molliris, mollitus sum. *pass.*

ATTENDRISSANT. Misericordiam commovens. *masc. gén. neut. génit.* commoventis.

ATTENDRISSEMENT, *compassion.* Misericordia, *gén.* Misericordiæ. *fém.*

ATTENDU. Expectatus, expectata, expectatum. *part. pass.* d'Expecto.

ATTENDU *que.* Cùm, *avec le subj.*

ATTENTAT. Crimen, *génit.* criminis. *neut.*

ATTENTAT, *entreprise sur le droit d'autrui.* Violatio, *gén.* violationis. *fém.*

ATTENTE. Expectatio, *gén.* expectationis. *fém. Pierre d'attente.* Lapides eminentes, *gén.* lapidum eminentium. *masc. plur. L'un et l'autre se déclinent. Table d'attente.* Tabula vacua, *gén.* tabulæ vacuæ. *fém.*

ATTENTER *à la vie.* Necem machinari, machinor, machinaris, machinatus sum. *dép. avec le datif de la personne. On met toujours* necem.

ATTENTIF. Attentus, attenta, attentum. *à s'exprime par* ad *avec l'acc. Au compar.* attentior; *au superl.* attentissimus. *Etre attentif.* Attendere, attendo, attendis, attendi, attentum. *à quelque chose,* ad aliquam rem.

ATTENTION. Attentio, *génit.* attentionis *fém. Faire attention sur.* Perpendere, perpendo, perpendis, perpendi, perpensum. *act. acc.*

ATTENTIVEMENT. Attenté. *adverbe. Au compar.* attentiùs; *au superl.* attentissimè.

ATTÉNUATION. Debilitatio, *gén.* debilitationis. *fém.*

ATTÉNUÉ. Attenuatus, attenuata, attenuatum. *part. pass..* d'Atthenuo.

ATTÉNUER. Attenuare, attenuo, attenuas, attenuavi, attenuatum. *act. avec l'accus.*

ATTERRÉ, *terrassé.* Prostratus, prostrata, prostratum. *part. pass. de* Prostro.

ATTERRER. Prosternere, prosterno, prosternis, prostravi, prostratum. *act. accus.*

ATTESTATION. Testimonium, *génit.* testimonii. *neut.*

ATTESTÉ. Testatus, testata, testatum. *part. pass. de* Testor.

ATTESTER. Testari, testor, testaris, testatus sum. *dép. acc.*

ATTICISME. Atticismus, *gén.* atticismi. *masc.*

ATTIÉDI. Tepefactus, tepefacta, tepefactum. *part. pass. de* Tepefacio.

ATTIÉDIR, *rendre tiède.* Tepefacere, tepefacio, tepefacis, tepefeci, tepefactum. *act. acc.*

S'ATTIÉDIR, *devenir tiède.* Tepefieri, tepefio, tepefis, tepefactus sum. *pass.*

ATTIÉDISSEMENT. Tepor, *gén.* teporis. *masc.*

ATTIFÉ. Ornatus, ornata, ornatum. *part. pass.* d'Orno.

ATTIFER. Comere, como, comis, comsi, comtum. *act. acc.*

ATTIQUE, *pays.* Attica, *gén.* Atticæ, *fém. Le langage attique.* Atticus sermo, *gén.* attici sermonis. *masc. Ces deux mots se déclinent.*

ATTIRAIL. Instrumenta, *g.* instrumentorum. *neut. plur.*

ATTIRANT. Blandus, blanda, blandum. *Au comp.* blandior; *au sup.* blandissimus.

ATTIRÉ. Adductus, adducta, adductum. *part. pass.* d'Adduco. *à s'exprime par* ad *avec l'acc*; *dans s'exprime par* in *avec l'acc.*

ATTIRER. Attrahere, attraho, attrahis, attraxi, attractum. *act. acc. à s'exprime par* ad *avec l'acc.*; *dans s'exprime par* in *avec l'acc.*

ATTISER. Excitare, excito, excitas, excitavi, excitatum. *act. acc.*

ATTITUDE. Situs, *gén.* sitûs. *masc.*

ATTOUCHEMENT. Tactus, *g.* tactûs. *masc.*

ATTRACTIF. Attrahendi vim habens, *gén.* attrahendi vim habentis. Attrahendi vim reste toujours. Habens *est le partic. prés. du verbe* habeo.

ATTRACTION. Attractio, *g.* attractionis. *fém.*

ATTRAIT. Illecebra, *gén.* illecebræ. *fém.*

ATTRAPE, *ruse.* Dolus, *gén.* doli. *masc.*

ATTRAPÉ, *trompé.* Deceptus, decepta, deceptum. *part. pass. de* Decipio.

ATTRAPER, *atteindre.* Assequi, assequor, assequeris, assecutus sum. *dép. acc.*

ATTRAPER, *tromper.* Decipere, decipio, decipis, decipi, deceptum. *act. acc.*

ATTRAPER. *Voyez* Surprendre.

ATTRAPEUR. Deceptor, *g.* deceptoris. *masc.*

ATTRAPEUSE. Deceptrix, *gén.* deceptricis, *fém.*

ATTRAYANT, *charmant.* Blandus, blanda, blandum. *adj.*

ATTRIBUÉ. Attributus, attributa, attributum. *part. pass.* d'Attribuo.

ATTRIBUER. Attribuere, attribuo, attribuis, attribui, attributum. *act. rég. dir. acc. rég. ind. dat.*

ATTRIBUT. Attributum, *g.* attributi. *n.*

ATTRIBUTION, *concession de droit.* Attributio, *gén.* attributionis. *fém.*

ATTRISTANT. Tristitiâ afficiens, *gén.* afficientis. *part. prés.* d'Afficio.

ATTRISTÉ. Contristatus, contristata, contristatum. *part. pass. de* Contristo.

ATTRISTER. Contristare, contristo, contristas, contristavi, contristatum. *act. acc.*

AVA — AVA

s'ATTISTER *de quelque chose.* De aliquâ re contristari, contristor, contristaris, contristatus sum. *pass.*

ATTRITION. Attritio, *gén.* attritionis. *fém.*

ATTROUPÉ. Congregatus, congregata, congregatum. *part. pass. de* Congrego. *On exprime* dans *ou* en *par* in *avec l'acc.*

ATTROUPER. Congregare, congrego, congregas, congregavi, congregatum. *act. acc. On exprime* dans *ou* en *par* in *avec l'acc.*

s'ATTROUPER. Coïre, coëo, coïs, coïvi *ou* coii, coïtum. *neut. On exprime* dans *ou* en *par* in *avec l'acc.*

AVALANCHE, *monceau de neige qui se détache des montagnes.* Nivium globus è montis fastigio præceps, *génit.* globi præcipitis. *masc. On ne change rien dans les autres mots* nivium è montis fastigio.

AVALÉ. Sorptus, sorpta, sorptum. *part. pass. de* Sorbeo.

AVALER. Sorbere, sorbeo, sorbes, sorbui, sorptum. *act. acc.*

AVALON, *ville.* Avalo, *g.* Avalonis. *fém.*

AVANCE, *espace de chemin qu'on a devant quelqu'un.* Antecessio, *gén.* antecessionis. *fém. Avance en dehors.* Prominentia, *g.* prominentiæ. *fém. Par avance ou d'avance.* Antè. *adv.*

On se sert avec plusieurs verbes de la préposition *præ*, comme :

Dire par avance. Prænuntiare, prænuntio, prænuntias, prænuntiavi, prænuntiatum. *act. régime direct acc. rég.* indirect *dat.*

Avertir par avance. Præmonere, præmoneo, præmones, præmonui, præmonitum. *act. avec deux acc.*

Condamner par avance. Prædamnare, prædamno, prædamnas, prædamnavi, prædamnatum. *act. avec l'acc.*

Connaître par avance. Prænoscere, prænosco, prænoscis, prænovi, prænotum. *act. acc.*

Goûter par avance. Prægustare, prægusto, prægustas, prægustavi, prægustatum. *act. acc.*

AVANCE *d'argent.* Pecuniæ in antecessum numeratio, *gén.* pecuniæ in antecessum numerationis. *fém.* Pecuniæ in antecessum ne se déclinent point.

AVANCÉ *en dehors.* Prominens, *gén.* prominentis de promineo. *Avancé en.* Provectus, provecta, provectum. *part. pass. de* Proveho, *ablat. de la chose.*

AVANCÉ, *savant.* Doctus, docta, doctum. *Au comp.* doctior; *au sup.* doctissimus.

AVANCÉ, *presque achevé.* Penè confectus, confecta, confectum. *part. pass. de* Conficio. Penè *est adverbe.*

AVANCÉ *aux honneurs.* Promotus, promota, promotum. *à s'exprime - par* ad *avec l'acc.*

AVANCEMENT, *progrès.* Progressus, *gén.* progressûs. *masc.*

AVANCEMENT, *accroissement.* Accessio, *gén.* accessionis. *fém.*

AVANCER, *étendre.* Porrigere, porrigo, porrigis, porrexi, porrectum. *act. avec l'acc.*

AVANCER, *proposer.* Proponere, propono, proponis, proposui, propositum. *act. avec l'acc.*

AVANCER, *dépêcher.* Accelerare, accelero, acceleras, acceleravi, acceleratum. *act. acc.*

AVANCER, *en parlant de l'argent.* etc. Repræsentare, repræsento, repræsentas, repræsentavi, repræsentatum. *act. acc.*

s'AVANCER, *avancer en marchant.* Progredi, progredior, progrederis, progressus sum. *dép.*

s'AVANCER, *avancer, profiter.* Proficere, proficio, proficis, profeci, profectum. *neut.* Dans in *avec l'ablat.*

s'AVANCER, *sortir en dehors.* Prominere, promineo, promines, prominui. *sans sup. neut.*

AVANIE. Contumelia, *g.* contumeliæ. *fém.*

AVANT, *devant.* Antè, *avec l'accus. Avant que de.* Antequàm, priusquàm, *avec le subj. Avant que d'entrer en matière.* Priusquàm aggrediar ad causam.

AVANT, *profondément.* Altè *adv. Au comp.* Altiùs ; *au sup.* altissimè.

Plus avant, ou outre. Ultrà. *prépos.*

Si avant, que. Eò. *adv. On exprime le* que *par* ut *avec le subj.*

L'affaire alla si avant, que. Eò res progressa est, ut.

AVANTAGE, *utilité.* Utilitas, *gén.* utilitatis. *fém.*

AVANTAGE, *victoire.* Victoria, *g.* victoriæ. *fém. Avoir avantage sur.* Superare, supero, superas, superavi, superatum. *act. avec l'acc. nous avions l'avantage.* Res nostra erat superior. *On s'est battu avec un avantage égal de part et d'autre.* Æquo marte dimicatum est.

AVANTAGE *d'un lieu.* Opportunitas, *g.* opportunitatis. *fém.*

AVANTAGE, *qualité avantageuse.* Dos, *gén.* dotis. *fém.*

A L'AVANTAGE *de, en faveur de.* Causâ, *ou bien* Gratiâ *avec un gén. ensuite.*

AVANTAGER *quelqu'un.* Donare aliquem potiori parte, dono, donas, donavi, donatum. *act. On met toujours* potiori parte.

AVANTAGEUSEMENT, *utilement.* Utiliter. *adv. Au comp.* utiliùs ; *au sup.* utilissimè.

AVANTAGEUSEMENT, *commodément*. Opportuné. *adv. Au comp.* opportuniùs ; *au sup.* opportunissimè.

AVANTAGEUSEMENT, *honorablement*. Honorificè. *adv. Au comp.* honorificentiùs; *au sup.* honorificentissimè.

AVANTAGEUX, *utile*. Utilis , *masc. fém.* utile, *neut. gén.* ut.lis, *pour tous les genres. Au compar.* utilior; *au superl.* utilissimus.

AVANTAGEUX, *commode*. Opportunus, opportuna, opportunum. *Au comp.* opportunior; *au sup.* opportunissimus.

AVANT-CORPS *de logis*. Anterior domus , *gén.* anterioris domûs. *fém. L'un et l'autre se déclinent.*

AVANT-COUR, *la première cour d'une maison.* Compluvium, *gén.* compluvii. *neut.*

AVANT-COUREUR. Prænuntius , *gén.* prænuntii. *masc.*

AVANT-DERNIER. Voy. *Pénultième.*

AVANT-GARDE. Prima acies , *gén.* primæ aciei. *fém. L'un et l'autre se déclinent.*

AVANT-GOUT. Prægustatio , *g.* præ gustationis. *fém.*

AVANT-HIER. Nudius tertius , *indéclinable.*

AVANTIN, *petit sarment.* Tradux , *gén.* traducis. *masc.*

AVANT-MUR. Mœnibus præstructus murus , *gén.* mœnibus præstructi muri. *m.* Mœnibus *ne se décline point.*

AVANT-PROPOS. Præfatio, *g.* præfationis. *fém.*

AVANT-QUART, *coup de cloche qui précède le quart.* Quadrantis prænuntius , *gén.* prænuntii, *sans rien changer à* quadrantis. *masc.*

AVANT-VEILLE. Vigiliæ prævius dies, *gén.* vigiliæ prævii diei. *masc. On joint à tous les cas* vigiliæ.

AVARE. Avarus, avara, avarum. *adj.*

AVARE, *trop ménager*. Nimis parcus , nimis parca, nimis parcum. *adj.*

AVARE, *sordide*. Tenax , *m. f. n. gén.* tenacis.

AVAREMENT. Avarè. *adv.*

AVARICE. Avaritia , *g.* avaritiæ. *fém.* -Par avarice. Avaritiâ *à l'abl.*

AVARICIEUX. Avarus, avara, avarum. *adj.*

AVARIE, *dommage.* Detrimentum , *g.* detrimenti. *neut.*

AVARIÉ. Depravatus , depravata , depravatum. *adj.*

AUBADE. Antelucanus concentus , *gén.* antelucani concentûs. *masc. L'un et l'autre se déclinent.*

AUBAINE. Caduca bona , *gén.* caducorum bonorum. *neut. pl. L'un et l'autre se déclinent.*

AUBAINE, *bien qu'on n'attendait point.* Obventio, *gén.* obventionis. *fém.*

AUBANS, *gros cordages qui affermissent les mâts des navires.* Funes firmiter detinentes malos. *On ne décline que* funes detinentes, *gén.* funium detinentium , *et on laisse firmiter et* malos.

AUBE. Alba , *gén.* albæ. *fém. L'aube du jour, le point du jour.* Diluculum , *gén.* diluculi. *neut.* Aurora , *gén.* auroiæ. *fém.*

AUBE, *rivière et département de France.* Alba , *gén.* Albæ. *fém.*

AUBÉPINE, *petit arbre plein d'épines.* Alba spina , *g.* albæ spinæ. *fém. Ces deux noms se déclinent.*

AUBERGE. Diversorium , *gén.* diversorii. *neut.*

AUBERGISTE, *qui tient auberge.* Caupo, *gén.* cauponis. *masc.*

AUBERT, *nom d'homme.* Albertus , *g.* Alberti. *masc.*

AUBIER, *bois.* Alburnum . *gén.* alburni. *neut.*

AUBIFOIN, *bluet.* Cyanus, *gén.* cyani. *fém.*

AUCH, *ville.* Ausci , *gén.* Auscorum. *masc. plur.*

AUCUN, *quelqu'un , lorsqu'il n'y a pas de négation.* Ullus, ulla, ullum. *g.* ullius, *dat.* uili, *pour tous les genres.*

AUCUN, *nul, lorsqu'il y a négation.* Nullus, nulla, nullum. *gén.* nullius, *dat.* nulli, *pour tous les genres.*

AUCUNEMENT, *nullement.* Nullo modo. *à l'ablat.*

AUDACE. Audacia , *gén.* audaciæ. *fém. Avoir l'audace de.* Audere , audeo , audes, ausus sum. *neut. avec un acc. ou un infin.*

AUDACIEUSEMENT. Audacter. *adv. Au compar.* audaciùs ; *au superlat.* audacissimè.

AUDACIEUX. Audax , *m. f. n. gén.* audacis. *Au comp.* audacior ; *au superl.* audacissimus.

AUDE, *rivière et département de France.* Atax , *gén.* Atacis. *fém.*

AUDIENCE. Hora auditioni designata , *génitif,* horæ auditioni designatæ. *féminin.* Auditioni *est toujours le même. Donner audience à.* Audire , audio , audis, audivi *ou* audii , auditum. *act. acc.*

Avoir **AUDIENCE.** audiri , audior, audiris , auditus sum. *pass. On exprime* de par *à ou* ab *avec l'abl.*

AUDIENCE, *lieu où l'on plaide.* Forum , *gén.* fori. *neut.*

AUDIENCE *de congé d'un ambassadeur.* Abeundi licentia , *g.* abeundi licentiæ. *fém.* Abeundi *reste toujours à tous les cas.*

AUDITEUR. Auditor, *gén.* auditoris. *masc. Auditeur des comptes.* Rationum cognitor, *gén.* rationum cognitoris. *masc.*

AUDITION. Auditio, *gén.* auditionis. *fém.*

AUDITOIRE. Auditorium, *g.* auditorii. *neut.*

AVEC. Cum. *Le régime se met à l'ablat. D'avec.* A ou ab, *avec l'abl.* Voy. *Avec* dans la Grammaire latine.

On met toujours *cum* devant le nom latin, excepté ces mots après lesquels il est ; *mecum*, avec moi : *tecum*, avec toi ; *secum*, avec soi ; *nobiscum*, avec nous ; *vobiscum*, avec vous ; *quocum*, avec qui *ou* avec lequel.

AVEINDRE. Depromere, depromo, depromis, deprompsi, depromptum. *act. acc. On exprime de par* à *ou* ex *avec l'ablat.*

AVELINE. Avellana nux, *gén.* avellanæ nucis. *fém. L'un et l'autre se déclinent.*

AVÉNEMENT, *arrivés.* Adventus, *gén.* adventûs. *masc.*

AVÉNEMENT *à la couronne.* Prima initia regni, *g.* primorum initiorum regni. *n. pl. Regni ne se décline point.*

AVENES, *ville.* Avenæ, *g.* Avenarum. *fém. pl.*

AVENIR, *arriver.* Evenire, evenio, evenis, eveni, eventum. *neut.*

AVENIR *subst.* Futurum, *gén.* futuri. *n. A l'avenir.* In posterum.

AVENT. Adventus, *gén.* adventûs. *masc.*

AVENTURE. Casus, *gén.* casûs. *masc. D'aventure ou par aventure.* Forté. *adv. La bonne aventure.* Futura, *gén.* futurorum. *neut. plur.*

AVENTURER. Fortunæ committere, committo, committis, commisi, commissum. *act. acc.*

AVENTURIER. Fortunæ assectator, *g.* fortunæ assectatoris. *masc.*

AVENTURIÈRE. Fortunæ assectatrix, *gén.* fortunæ assectatricis. *fém.*

AVENUE. Aditus, *gén.* aditûs. *masc.*

AVÉRÉ. Exploratus, explorata, exploratum. *part. pass.* d'Exploro. *adj.*

AVÉRER. Probare, probo, probas, probavi, probatum. *act. acc.*

AVERNE, *lac de la Campanie proche de Baies.* Avernus, *gén.* Averni. *masc.*

AVERSION. Odium, *gén.* odii. *n. On exprime pour par* in *avec l'acc. Avoir de l'aversion pour, ou avoir en aversion.* Abhorreo, abhorres, abhorres, abhorrui, *sans sup. n. On met à l'ablat. avec la prépos.* à *ou* ab, *le nom de la personne ou de la chose qu'on hait.*

AVERTI. Monitus, monita, monitum. *part. pass. de* Moneo. *On exprime de par* de *avec l'abl. de la chose.*

AVERTIR. Monere, moneo, mones, monui, monitum. *act. rég. dir. acc. rég. ind. ablat. avec* de.

AVERTISSEMENT. Monitum, *g.* moniti. *n.*

AVEU, *confession.* Confessio, *g.* confessionis. *fém.*

AVEU, *approbation.* Approbatio, *gén.* approbationis.

AVEUGLE. Cæcus, cæca, cæcum. *adj.*

AVEUGLE. Cæcatus, cæcata, cæcatum. *part. pass. de* Cæco.

AVEUGLÉMENT. *adverbe.* Temeré. *adv.*

AVEUGLEMENT, *subst.* Cæcitas, *gén.* cæcitatis. *fém.*

AVEUGLER. Cæcare, cœco, cæcas, cæcavi, cæcatum. *act. acc.*

AVEYRON, *rivière et département de France.* Averonius, *g.* Averonii. *masc.*

AUGE. Alveus, *gén.* alvei. *masc.*

AUGET. Alveolus, *g.* alveoli. *masc.*

AUGMENT *de dot qu'un mari donne à sa femme.* Dotalis accessio, *génitif*, dotalis accessionis. *fém. Ces deux mots se déclinent.*

AUGMENTATEUR. Amplificator, *gén.* amplificatoris. *masc.*

AUGMENTATION. Amplificatio, *gén.* amplificationis. *fém.*

AUGMENTÉ. Auctus, aucta, auctum. *part. pass.* d'Augeo.

AUGMENTER. Augere, augeo, auges, auxi, auctum. *act. acc.*

S'AUGMENTER. Augeri, augeor, augeris, auctus sum. *pass.*

AUGURAL. Auguralis, *masc. fém.* augurale, *n. gén.* Auguralis *pour tous les genres.*

AUGURE, *devin.* Augur, *gén.* auguris. *masc.*

AUGURE, *présage.* Augurium, *g.* augurii. *neut.*

AUGURER. Augurari, auguror, auguraris, auguratus sum. *dép. acc. On exprime de par* è *ou* ex, *avec l'abl.*

AUGUSTE. Augustus, augusta, augustum. *adj.*

AUGUSTE, *nom d'homme.* Augustus, *g.* Augusti. *masc.*

AUGUSTIN, *nom d'homme.* Augustinus, *gén.* Augustini. *masc.*

AUGUSTINE, *nom de femme.* Augustina, *gén.* Augustinæ. *fém.*

AVIDE. Avidus, avida, avidum, *avec un génitif ensuite, ou un gérondif en* di. *Au comp.* avidior ; *au superl.* avidissimus.

AVIDEMENT. Avidé. *adv. Au comp.* avidiùs ; *au superl.* avidissimé.

AVIDITÉ. Avid:tas, *gén.* aviditatis. *fém.* On met un *gén.* ensuite, ou *un gér.* en di.

AVIGNON, *ville.* Avenio, *g.* Avenionis. *fém.* Qui est d'Avignon, Avenionensis, m. f. avenionense, n. *gén.* avenionensis pour tous les genres.

AVILI, *rendu* ou *devenu vil.* In contemptionem adductus, adducta, adductum. In contemptionem se *met partout.*

AVILIR, *rendre vil et méprisable.* In contemptionem adducere, adduco, adducis, adduxi, adductum *act. acc.* In contemptionem se *met partout.*

s'**AVILIR**, *se rendre vil.* Evilescere evilesco, evilescis, evilui, *sans supin. neut.*

AVILISSEMENT, *des personnes.* Contemptio, *gén.* contemptionis. *fém.*

AVILISSEMENT, *des choses.* Vilitas, *g.* vilitatis, *fém.*

AVINÉ, se dit des vaisseaux où il y a du vin. Vino imbutus, imbuta, imbutum. *part. pass.* d'Imbuo. Le *subst.* vino s'emploie *partout.*

AUJOURD'HUI. Hodiè. *adv.* Jusqu'à *aujourd'hui.* Usquè ad hanc diem. Qui est d'aujourd'hui. Hodiernus, hodierna, hodiernum. *adj.* Ce n'est pas d'aujourd'hui que. Non hodiè primùm avec l'indicatif.

AVIRON. Remus, *g.* remi. *masc.*

AVIS, *opinion.* Sententia, *gén.* sententiæ. *fém.* A ou selon mon avis. Meâ sententiâ. à l'abl. Etre d'avis. Sentire, sentio, sentis, sensi, sensum. *act. Etre du même avis.* Idem sentire. Le que s'exprime par cum avec l'ablat. de la personne. Etre d'un autre ou de différent avis. Dissentire, dissentio, dissentis, dissensi, dissensum. n. Le que s'exprime par à ou ab avec l'ablat. de la personne.

AVIS, *conseil.* Consilium, *gén.* consilii. *neut.* De l'avis ou du conseil. Consilio. à l'ablat.

AVIS, *nouvelle.* Nuncius, *gén.* nuncii. *masc.*

AVIS, *avertissement.* Monitum, *gén.* moniti. *neut.*

AVISÉ. Cautus, cauta, cautum. *Au comp.* cautior; *au superl.* cautissimus.

AVISER à. Voyez *Pourvoir.*

s'**AVISER.** Excogitare, excogito, excogitas, excogitavi, excogitatum. *act.* avec l'acc.

AVITAILLER. Instruere navem commeatu, instruo, instruis, instruxi, instructum. *act. acc.* Ajoutez *partout* commeatu.

AVIVES. Strumæ, *gén.* strumarum, *f.* pluriel.

AUMONE. Eleemosina, *gén.* eleemosinæ. *fém.*

AUMONIER. Eleemosinarius, *g.* eleemosinarii. *masc.*

AUMUSSE. Villosum amiculum, *gén.* villosi amiculi. *neut.* L'un et l'autre se déclinent.

AUNAGE, *mesurage à l'aune.* Ad ulnæ rationem mensio, *gén.* mensionis. *f.* On ne change rien dans les autres mots.

AUNAIE, *champ planté d'aunes.* Ager alnis consitus, *gén.* agri alnis consiti. *m.* On laisse alnis à l'abl. plur. d'alnus.

AUNE, *mesure.* Ulna, *gén.* ulnæ. *f.*

AUNE, *arbre.* Alnus, *g.* alni. *fém.*

AUNER. Ulnâ metiri, melior, metiris, mensus sum. *dép. acc.* On met toujours ulnâ.

AUNIS, *pays.* Alnensis tractus, *gén.* Alnensis tractûs. *masc.* On décline ces deux mots.

AVOCASSER. Causas agere, ago, agis, egi, actum. *act.* On met partout causas.

AVOCAT. Patronus, *gén.* patroni. *m.*

AVOCATE. Patrona, *g.* patronæ. *fém.*

AVOINE. Avena, *gén.* avenæ, *f. Fait d'avoine.* Avenaceus, avenacea, avenaceum. *adj.*

AVOIR. Habere, habeo, habes, habui, habitum. *act. acc.* N'avoir pas. carere, careo, cares, carui ou cassus sum, caritum et cassum. avec l'ablat. N'avoir que faire de, etc. Opus non habere, habeo, habes, habui, habitum. avec l'ablat. On met toujours opus non. Il n'y a que, se tourne par seulement, et se traduit par solùm. *adv.*, ou bien par solus, sola, solum, qu'on fait accorder en genre, en nombre et en cas avec son subst.; exemp.: Il n'y a que la vertu qui soit récompensée, c'est-à-dire, la vertu est seulement récompensée. Virtus solùm, ou sola compensatur. Il n'y a que mon frère qui joue, c'est-à-dire, Mon frère seul joue. Meus frater solus ludit.

AVOISINER. Attingere, attingo, attingis, attigi, attactum. *act. acc.*

AVORTEMENT. Abortus, *gén.* abortûs. *masc.*

AVORTER. Abortum facere, facio, facis, feci, factum. *act.* Abortum reste *toujours.* Faire avorter quelqu'un. Alicui abortum creare, creo, creas, creavi, creatum. *actif.* Faire avorter les desseins des ennemis. Hostium consilia frangere, frango, frangis, fregi, fractum. *act.*

AVORTON. Fœtus abortivus, *génit.* fœtûs abortivi. *masc.* L'un et l'autre se déclinent.

AVOUÉ. Voyez *Avocat.*

AVOUER, *confesser.* Confiteri, confiteor, confiteris, confessus sum. *dép.* avec l'acc. Faire avouer. Confessionem extorquere, extorqueo, extorques, extorsi, extortum. *actif avec le datif de la personne, ou l'abl. avec à ou ab.*

AVOUER, *approuver.* Comprobare, comprobo, comprobas, comprobavi, comprobatum. *act. avec l'acc.*

AUPARAVANT. Antè. *adv.*

AUPRÈS. Propè. *préposition qui gouverne l'acc. Auprès de la maison.* Propè domum.

AVRANCHES, *ville.* Abrincæ, *génit.* Abrincarum. *fém. plur.*

AURÉOLE, *couronne.* Aureola, *gén.* aureolæ. *fém.*

AURICULAIRE. Auricularis, *masc. f.* auriculare, *n. gén.* auricularis *pour tous les genres.*

AVRIL, *mois,* Aprilis, *gén.* aprilis. *masc.*

AURILLAC, *ville d'Auvergne.* Aureliacum, *gén* Aureliaci. *n.*

AURONE, *plante.* Abrotonum, *gén.* abrotoni. *neut.*

AURORE. Aurora, *g.* auroræ. *fém.*

AUSBOURG, *ville.* Augusta, *g.* Augustæ. *fém. Qui est d'Ausbourg.* Augustanus, augustana, augustanum. *adj.*

AUSONE, *nom d'homme.* Ausonius, *g.* Ausonii. *masc.*

AUSONIE, *ancien pays.* Ausonia, *gén.* Ausoniæ. *fém. Qui est d'Ausonie.* Ausonius, ausonia, ausonium. *adj.*

AUSPICE. Auspicium, *génit.* auspicii. *neut. Sous les Auspices.* Auspiciis à *l'ablat.*

AUSSI, *encore.* Etiam, *qu'on met toujours après un mot. Mais aussi.* Sed etiam. *Quand* aussi *est suivi d'un adject., d'un verbe ou d'un adverbe; il faut consulter la Grammaire latine.*

AUSSI, AUSSI-BIEN, *car.* Nam. *Allez-vous-en, aussi-bien que feriez-vous ici?* Abi, nam quid hic tu agas ou ageres?

AUSSITÔT, *incontinent.* Statim. *adverbe. Aussitôt dit, aussitôt fait.* Dictum, factum. *Aussitôt que, suivi d'un verbe.* Ut primùm, *ou bien* simul atque *avec l'indic.*

AUSTÈRE. Austerus, austera, austerum. *adj.*

AUSTÈREMENT. Austerè. *adv.*

AUSTÉRITÉ Austeritas, *g.* austeritatis. *fém.*

AUSTRAL. Australis, *masc. f.* australe. *n. gén.* australis *pour tous les genres.*

AUSTRASIE, *ancien royaume.* Austrasia, *gén.* Austrasiæ. *fém.*

AUTAN, *vent du midi.* Altanus, *gén.* altani. *masc.*

AUTANT *s'exprime par* tantùm, tanti, tot, *etc., selon le mot devant lequel il se trouve. Voyez la Grammaire latine.*

AUTANT QUE, *au commencement d'une phrase, s'exprime par* quantùm. *Autant que je puis.* Quantùm possum. *On sous-entend* tantùm. *Autant que je le pourrai.* Quantùm in me erit.

AUTANT QUE, *pour le nombre.* Quotquot. *indéclinable. Autant qu'il y en aura.* Quotquot erunt. *Autant s'en serait : tournez, il n'en serait pas moins.* Nihilò secius res se haberet : habere, habeo, habes, habui, habitum. *act.*

D'AUTANT PLUS. Eò magis. *Voyez dans la Grammaire latine la règle de* D'autant *suivi de* plus.

D'AUTANT QUE, *parce que.* Eò quòd. Quia.

AUTEL. Ara, *gén.* aræ. *fém.*

AUTEUR. Auctor, *gén.* auctoris. *masc. Auteur gracieux et poli.* Venustissimus ac politissimus auctor, *g.* venustissimi ac politissimi auctoris. *masc. Il est l'auteur de cette action.* Hujus facti molitor est.

AUTHENTICITÉ. Certa fides, *génit.* certæ fidei. *fém. L'un et l'autre se déclinent.*

AUTHENTIQUE. Authenticus, authentica, authenticum. *adj.*

AUTHENTIQUEMENT. Certâ fide à *l'ablat.*

AUTOGRAPHE, *écrit de la main de la personne.* Autographus, autographa, autographum. *adj.*

AUTOMATE. Automatum opus, *gén.* automati operis. *neut. L'un et l'autre se déclinent.*

AUTOMNAL, *qui est d'automne.* Autumnalis, *m. f.* autumnale, *n. g.* autumnalis *pour tous genres.*

AUTOMNE. Autumnus, *génit.* autumni. *masc. En automne.* Autumnali tempore.

AUTORISATION. Auctoritas, *g.* auctoritatis. *fém.*

AUTORISER. Auctoritatem tribuere, tribuo, tribuis, tribui, tribulum. *actif. datif de la personne que l'on autorise.*

AUTORITÉ. Auctoritas, *gén.* auctoritatis. *féminin. Interposer son autorité.* Interponere auctoritatem suam, interpono, interponis, interposui, interpositum.

AUTOUR. Circùm *ou* circà. *acc.*

AUTOUR, *oiseau de proie.* Asterias, *g.* asteriæ. *masc.*

AUTRE, *à l'égard de deux.* Alter, altera, alterum, *génit.* alterius, *dat.* ali cri, *pour tous les genres. Autre, à l'égard de plusieurs.* Alius, alia, aliud, *gén.* alius, *datif* alii *pour tous les genres. Voy. dans la Grammaire latine la règle de* Autre. *L'un et l'autre.* Uterque, utraque, utrumque, *génitif*, utriusque. *datif* utrique *pour tous les genres*. *Ni l'un ni l'autre*. Neuter, neutra, neutrum, *gén.* neutrius. *datif* neutri *pour tous les genres.*

Lorsqu'il y a en français il ne fait autre chose que, etc., on l'exprime en latin par nihil aliud quàm, *et l'on met le verbe qui suit aux mêmes temps, mode et personne, qu'est en français le verbe* faire, *exemp.*: *Vous ne faites autre chose que jouer.* Nihil aliud quàm ludis. *Je ne ferai autre chose qu'étudier.* Nihil aliud quàm studebo.

AUTREFOIS. Olim. *adv. Une autre fois*. Aliàs. *adv.*

AUTREMENT, *ou d'une autre manière*. Aliter. *adv. Le que suivant se traduit par* quàm, *ou* ac, *et l'on n'exprime pas la négation qui suit.*

Autrement, *sinon*. Alioquin *ou* alioqui. *adv.*

AUTRE PART, *sans mouvement.* Alibi. *adv. Autre part avec mouvement.* Aliò. *adv.*

AUTRICHE, *pays*. Austria, *g.* Austriæ. *fém. Qui est d'Autriche.* Austriacus, austriaca, austriacum. *adj.*

AUTRUCHE. Struthiocamelus, *génit.* struthiocameli. *masc.*

AUTRUI (D'). Alienus, aliena, alienum. *adj.*

AUTUN, *ville*. Augustodinum, *gén.* Augustodini. *n. Qui est d'Autun.* Augustodunensis, *masc. fém.* augustodunense, *neut. gén.* augustodunensis *pour tous les genres.*

AUVENT. Tecticulum ex assamentis limini impositum, *génit.* tecticuli ex assamentis limini impositi. Ex assamentis *et* limini *ne changent point.*

AUVERGNAT, *qui est d'Auvergne.* Arvernus, arverna, arvernum. *adj.*

AUVERGNE, *province*. Arvernia, *gén.* Arverniæ. *fém.*

AUXERRE, *ville*. Antissiodorum, *gén.* Antissiodori. *neut.*

AUXERROIS. Antissiodorensis, *masc. fém.* antissiodorense. *neut. gén.* antissiodorensis.

AUXILIAIRE. Auxiliaris, *masc. fém.* auxiliare. *neut. gén.* auxiliaris *pour tous les genres.*

AUXOIS, *petit pays du duché de Bourgogne*. Alexiensis Ager, *g.* Alexiensis Agri. *masc. Tout se décline.*

AUXONNE, *on prononce* AUSSONNE, *ville*. Aussona, *gén.* Aussonæ. *fém.*

AXE. Axis, *gén.* axis. *masc.*

AXIOME, *maxime*. Effatum, *g.* effati. *neut.*

AYANT, *qui a*. Habens, *m. f. n. gén.* habentis. *part. prés. du verbe* habere, habeo, habes. *act.*

AZYME, *pain sans levain*. Azymus, *g.* azymi. *masc.*

AZUR, Cæruleum, *génitif*, cærulei. *neut.*

AZURÉ, *de couleur d'azur ou bleu*. Cæruleus, cærulea, cæruleum. *adj.*

BABEL. *Tour de Babel*. Babel, *gén.* Babelis. *fém.*

BABIL. Loquacitas, *gén.* loquacitatis. *fém.*

BABILLARD. Loquax, *masc. f. n. g.* loquacis. *Au compar.* loquacior; *au super.* loquacissimus.

BABILLER. Garrire, garrio, garris, garrivi *ou* garrii, garritum. *neut.*

BABIOLES. Crepundia, *g.* crepundiorum. *neut. pluriel.*

BABOUIN, *gros singe*, Cercopithecus, *g.* cercopitheci. *masc.*

BABYLONE, *ville*. Babylon, *g.* Babylonis. *fém.*

BABYLONIEN. Babylonius, babylonia, babylonium. *adjec.*

BAC. Ponto, *gén.* pontonis. *masc.*

BACCALAURÉAT. Baccalaureatus, *g.* baccalaureati. *masc.*

BACCHANALES. Bacchanalia, *g.* bacchanalium. *neut. pluriel.*

BACCHANNE. Baccha, *g.* bacchæ. *fém.*

BACCHANTE, *prêtresse de Bacchus.* Baccha, *gén.* bacchæ. *fém.*

BACCHUS, *Dieu du vin*. Bacchus, *g.* Bacchi. *masc.*

BAI   BAI   41

BACHA, ou *Bassa*. Provinciæ præfectus apud Turcas, *gén.* Provinciæ præfecti Apud Turcas. *Il n'y a que præfectus qui se décline.*

BACHELIER. Baccalaureus, *gén.* baccalaurei. *masc.*

BACHIQUE. Bacchicus, bacchica, bacchicum. *adj.*

BACHOT. Cymba, *g.* cymbæ. *fém.*

BACTRIANE, *province de l'ancienne Perse.* Bactriana, *g.* Bactrianæ. *fém.*

BACTRIENS, *peuples.* Bactri, *génit.* Bactrorum. *masc. plur.*

BADAUD, *sot, niais.* Bardus, barda, bardum. *adj.*

BADAUDERIE. Ineptia, *gén.* ineptiæ. *fém.*

BADE, *ville.* Bada, *g.* Badæ. *fém.*

BADIN. Jocosus, jocosa, jocosum. *adj.*

BADINAGE, *plaisanterie.* Nugæ, *g.* nugarum. *fém. pluriel.*

BADINER. Jocari, jocor, jocaris, jacatus sum. *dép.*

BADINERIE. Nugæ, *gén.* nugarum. *fém. pluriel.*

BAFOUÉ. Probris laceratus, lacerata, laceratum. *part. pass.* de Lacero. probris reste invariable.

BAFOUER. Probris lacerare, lacero, laceras, laceravi, laceratum. *act. acc.* On met partout probris qui reste invariable.

BAGAGE. Impedimenta, *g.* impedimentorum. *neut. pluriel,* ou *mieux:* Sarcinæ, *gén.* sarcinarum. *fém. plur.* Impedimenta ne convient guére, que lorsqu'il s'agit du bagage d'une armée.

BAGARRE, *émeute populaire.* Turba, *gén.* turbæ. *fém.*

BAGATELLE. Nugæ, *gén.* nugarum. *fém. pluriel.*

BAGNE, *lieu où l'on renferme les forçats.* Ergastulum, *gén.* ergastuli. *neut.*

BAGUE. Annulus, *g.* annuli. *masc.*

BAGUENAUDE, *fruit.* Solanum vesicarium, *g.* solani vesicarii. *neut. L'un et l'autre se déclinent.*

BAGUENODER, *faire le badaud.* Nugari, nugor, nugaris, nugatus sum. *dép.*

BAGUENODIER, *arbre.* Colutea, *g.* coluteæ. *fém.*

BAGUETTE. Virga, *g.* virgæ. *fém. Commander à la baguette, d'une manière impérieuse.* Superbiùs imperare, impero, imperas, imperavi, imperatum. *On met superbiùs à tous les temps.*

BAHUT. Arca camerata, *gén.* arcæ cameratæ. *fém. L'un et l'autre se déclinent.*

BAHUTIER. Victor, *g.* victoris. *masc.*

BAI, *couleur.* Badius, badia, badium. *adj. Cheval bai.* Equus badius, *gén.* equi badii. *masc.*

BAIE, *bras de mer entre deux terres.* Sinus, *gén.* sinûs. *masc.*

BAIGNER ou *mettre au bain.* In balneum demittere, demitto, demittis, demisi, demissum. *act. acc. On met toujours* in balneum.

SE BAIGNER. Corpus lavare, lavo, lavas, lavavi, lotum ou lavatum. *n. On ajoute partout* corpus.

BAIGNEUR ou *celui qui baigne.* Balneator, *gén.* balneatoris. *masc.*

BAIGNOIRE, *cuve où l'on se baigne.* Labrum, *gén.* labri. *n.*

BAIL. Locatio, *g.* locationis. *fém.*

BAILLEMENT. Oscitatio, *gén.* oscitationis. *fém.*

BAILLER, *donner.* Dare, do, das, dedi, datum. *act. rég. dir. acc. rég. ind. dat.*

BAILLER, *faire des bâillemens.* Oscitari, oscitor, oscitaris, oscitatus sum. *dép.*

BAILLEUR, *qui donne à bail.* Locator, *gén.* locatoris. *masc.*

BAILLEUR, *sujet à bâiller.* Oscedine laborans, *gén.* oscedine laborantis. *de tout genre. On met toujours* oscedine.

BAILLI. Prætor *gén.* prætoris. *masc.*

BAILLIAGE. Prætoris jurisdictio, *g.* prætoris jurisdictionis. *fém. On ne décline pas* prætoris.

BAILLON. Transversè inditum ori lignum, *g.* transversè inditi ori ligni. *n. On ne décline que* lignum inditum.

BAILLONNER. Os transverso ligno impedire, impedio, impedis, impedivi, impeditum. *act. dat.*

BAIN. Balneum, *gén.* balnei. *n: Petit bain.* Balneolum, *g.* balneoli. *n. Bains chauds.* Thermæ, *g.* thermarum. *f. plur. Aller au bain.* Ire lavatum, eo, is, ivi, itum. Lavatum. *reste toujours. Bains salutaires.* Salubres aquæ, *gén.* salubrium aquarum. *fém. pl. L'un et l'autre se déclinent.*

BAISE-MAINS, *terme de civilité.* Salus dicta, *gén.* salutis dictæ. *fém. L'un et l'autre se décl. Faire des baise-mains, ou saluer.* Salutare, saluto, salutas, salutavi, salutatum. *act. acc. De la part de;* à *ou* ab *avec l'abl. Faites-lui mes baises-mains, ou saluez-le de ma part.* A me salutem illi dicito. Meo nomine, *ou* meis verbis illum saluta. Illum à me jube salvere.

BAISÉ. Basiatus, basiata, basiatum. *part. pass.* de Basio.

BAISER. Osculari, osculor, oscularis, osculatus sum. *dép. acc.* Basiare, basio, basias, basiavi, basiatum. *act. acc.* Oscula ab aliquo carpere, carpo, carpis, carpsi, carptum. *act.*

BAISER, *substant.* Osculum, *gén.* osculi. *n. Donner un baiser à quelqu'un.* Dare alicui suavium *ou* osculum; do, das, dedi, datum. *act.* Oscula alicui libare, libo, libas, libavi, libatum. *act. Elle me donnait des baisers à la dérobée.* Me furtivis osculis verberabat : verberare, verbero, verberas, verberavi, verberatum. *act. acc. Se donner mille baisers.* Mille osculis ludere, ludo, ludis, lusi, lusum. *act.* Mille dare oscula. *Un petit baiser.* Suaviolum, *g.* suavioli. *n.*

BAISEUR, *qui aime à baiser.* Basiator, *gén.* basiatoris. *masc.*

BAISOTTER. Crebrò basiare, basio, basias, basiavi, basiatum. *act. acc.*

BAISSÉ. Demissus, demissa, demissum. *part. pass. de Demi to.*

BAISSER, *abaisser.* Demittere, demitto, demittis, demisi, demissum. *act. acc.*

BAISSER, *décroître.* Decrescere, decresco, decrescis, decrevi, decretum. *n. Les eaux baissent.* Decrescunt aquæ.

BAISSIÈRE, *vin qui est au bas.* Vinum feculentum, *g.* vini feculenti. *n.*

BAISURE, *endroit du pain où il n'y a pas de croûte.* Pars panis sine crustâ, *gén.* partis panis sine crustâ. *fém. Panis sine crustâ restent invariables.*

BAL. Chorea publica, *g.* choreæ publicæ. *fém.*

BALADIN. Saltator, *gén.* saltatoris. *masc.*

BALADINE. Saltatrix, *g.* saltatricis. *fém.*

BALAFRE. Stigma, *gén.* stigmatis. *neut.*

BALAFRÉ. Stigmosus, stigmosa, stigmosum. *adj.*

BALAFRER. Stigmatibus faciem deformare, deformo, deformas, deformavi, deformatum. *act. avec le génitif de la personne.*

BALAGUIER, *ville.* Valaqueria, *g.* Valaqueriæ. *fém.*

BALAI. Scopæ, *gén.* scoparum. *fém. plur.*

BALANCE. Trutina, *gén.* trutinæ. *f. Tout est en balance.* Res omnis in incerto sita est.

BALANCE, *signe céleste.* Libra, *génit.* libræ. *fém.*

BALANCEMENT. Libramentum, *g.* libramenti. *neut.*

BALANCER, *faire aller sur une balançoire.* Aliquem oscillo jactare, jacto, jactas, jactavi, jactatum. *act. rég. dir. acc. rég. ind. ablat.*

BALANCER, *être en suspens.* Hærere, hæreo, hæres, hæsi, hæsum. *n.*

BALANCER, *examiner.* Expendere, expendo, expendis, expendi, expensum. *act. avec l'acc.*

SE BALANCER. Librare se, libro, libras, libravi, libratum. *act.*

BALANCIER *d'horloge.* Libramentum, *gén.* libramenti. *neut.*

BALANDRAN, ou BALANDRAS, *casaque de campagne.* Gausapa, *génit.* gausapæ. *fém.*

BALAYÉ. Versus, versa, versum. *part. pass. de* Verro.

BALAYER. Verrere, verro, verris, verri, versum. *act. acc.*

BALAYEUR. Scoparius, *g.* scoparii. *masc.*

BALAYURES. Purgamenta, *g.* purgamentorum. *neut. plur.*

BALBUTIER. Voyez *Bégayer.*

BALCON. Podium, *g.* podii. *n.*

BALDAQUIN, *dais qu'on porte dans les processions, et dans les entrées des papes, des cardinaux, etc.* Sacra umbella, *gén.* sacræ umbellæ. *fém. Ces deux mots se déclinent.*

BALEINE. Balæna, *génit.* balænæ. *fém.*

BALISE, *marque qui avertit d'un banc de sable sur mer.* Index latentis scopuli, *génit.* indicis latentis scopuli. *masc. On ne change rien aux deux derniers mots.*

BALISTE, *machine pour lancer des pierres.* Balista, *gén.* balistæ. *fém.*

BALIVEAU. Relicta ad propagationem quercus, *gén.* relictæ ad propagationem quercûs. *fém. ad propagationem sont invariables.*

BALIVERNES, *contes.* Nugæ, *g.* nugarum. *fém. plur.*

BALLADE, *vers.* Rhythmus, *g.* rhythmi. *masc.*

BALLE *à jouer.* Pila, *g.* pilæ. *fém.*

BALLE *de plomb.* Glans plumbea, *gén.* glandis plumbeæ. *fém. L'un et l'autre se déclinent.*

BALLE, *fardeau.* Fascis, *g.* fascis. *masc.*

BALLE *d'imprimerie.* Folliculi typographici, *g.* folliculorum typographicorum. *masc. pl. L'un et l'autre se déclinent.*

BALLET, *danse.* Chorea, *g* choreæ. *fém.*

BALLON. Follis, *g.* follis. *masc.*

BALLOT. Fasciculus, *génit.* fasciculi. *masc.*

BALLOTTAGE, *action de ballotter.* Suffragiorum exspectatio, *gén.* suffragiorum exspectationis. *On ne décline pas* suffragiorum.

BALLOTTE, *balle pour les scrutins.* Calculus, *gén.* calculi. *masc.*

BALLOTTER. Consultare, consulto, consultas, consultavi, consultatum. *act. Le régime de ce verbe se met à l'abl. avec la préposition de.*

BALLOTTER, *se moquer de quelqu'un.* Ludificari, ludificor, ludificaris, ludificatus sum. *dép. avec l'acc.*

BALOURD. Stupidus, stupida, stupidum. *adj.*

BALOURDISE. Stupiditas, *gén.* stupiditatis. *fém.*

BALSAMIQUE, *qui a la vertu du baume.* Balsaminus, balsamina, balsaminum. *adj.*

BALTHASAR, *nom d'homme.* Balthasar, *gén.* Balthasaris. *masc.*

BALTIQUE, *mer baltique.* Mare balticum, *g.* maris baltici. *n. Ces deux noms se déclinent.*

BALUSTRADE, *balustre.* Clathri, *g.* clathrorum. *masc. pl.*

BAMBERG, *ville.* Bamberga, *g.* Bambergæ. *fém. de Bamberg.* Bambergensis, *masc. fém.* bambergense. *n. g.* bambergensis *pour tous les genres.*

BAN, *cri public.* Publica denuntiatio, *gén.* publicæ denuntiationis. *fém. Ban de mariage.* Præconia sponsalitia, *g.* præconiorum sponsalitiorum. *neut. pl.*

BAN *et arrière-ban.* Nobilitatis evocatio, *gén.* nobilitatis evocationis. *fém. On ne décline pas.* nobilitatis.

BAN, *bannissement.* Exilium, *g.* exilii. *neut.*

BANAL, *four banal.* Furnus indictivus, *gén.* furni indictivi. *L'un et l'autre se déclinent.*

BANALITÉ. Jus in clientes, *génit.* juris in clientes. *neut.* In clientes *restent invariables.*

BANC *pour s'asseoir.* Scamnum, *gén.* scamni. *neut.*

BANC *de sable.* Arenarum cumulus, *g.* arenarum cumuli. *masc. On ne décline pas* arenarum.

BANDAGE, *bande de linge.* Fascia, *g.* fasciæ. *fém.*

BANDE, *troupe.* Caterva, *gén.* catervæ, *fém. Par bandes.* Catervatim. *adv.*

BANDE, *bordure.* Limbus, *gén.* limbi. *masc.*

BANDÉ, *tendu.* Intentus, intenta, intentum. *part. pass. d'*Intendo.

BANDÉ, *lié.* Obligatus, obligata, obligatum. *part. pass. d'*Obligo.

BANDEAU. Fascia, *g.* fasciæ. *f.*

BANDELETTE, *petite bande.* Tæniola, *gén.* tæniolæ. *fém.*

BANDER, *tendre.* Intendere, intendo, intendis, intendi, intentum. *act. avec l'accusatif.*

BANDER, *lier.* Obligare, obligo, obligas, obligavi, obligatum. *act. acc.*

BANDEROLE. Parvulum vexillum, *gén.* parvuli vexilli. *neut. L'un et l'autre se déclinent.*

BANDIT. Latro, *g.* latronis. *masc.*

BANDOULIÈRE. Balteus minor, *gén.* baltei minoris. *masc.*

BANLIEUE. Urbana suburbanaque jurisdictio, *gén.* urbanæ suburbanæque jurisdictionis. *fém. Tout se décline.*

BANNIÈRE. Vexillum, *gén.* vexilli. *n. Enseigne.* Signum, *gén.* signi. *neut.*

BANNI. In exilium pulsus, pulsa, pulsum. *part. pass. de* Pello. *On met toujours* in exilium.

BANNIR. In exilium pellere, pello, pellis, pepuli, pulsum. *act. acc. On met toujours* in exilium.

BANNIR, *chasser.* Pellere, pello, pellis, pepuli, pulsum *act. acc.*

ÊTRE BANNI. Exulare, exulo, exulas, exulavi, exulatum. *neut. Le nom du lieu d'où l'on est banni se met à l'ablat. avec la préposition à ou ab ; mais les noms de ville sont mis à l'abl. sans prépos.*

BANNISSEMENT. Exilium, *g.* exilii. *neut.*

BANQUE. Argentaria, *g.* argentariæ. *fém.*

BANQUEROUTE. Argentariæ dissolutio, *gén.* argentariæ dissolutionis. *fém.* Argentariæ *ne se décline point. Faire banqueroute.* Fraudare creditores, fraudo, fraudas, fraudavi, fraudatum. *act. acc. Il a fait banqueroute à Pierre.* Petrum creditorem fraudavit. *C'est-à-dire, il a fraudé Pierre son créancier.*

BANQUEROUTIER. Fraudator, *gén.* fraudatoris. *masc.*

BANQUET. Convivium, *gén.* convivii. *neut.*

BANQUETTE, *chemin relevé pour les gens de pied.* Agger loricatus, *g.* aggeris loricati. *masc.*

BANQUIER. Mensarius, *g.* mensarii. *masc.*

BAPAUME, *ville.* Balpama, *g.* Balpamæ. *fém.*

BAPTÊME. Baptismus, *gén.* baptismi. *masc.*

BAPTISÉ. Baptizatus, baptizata, baptizatum, *part. pass. de* Baptizo.

BAPTISER. Baptizare, baptizo, baptizas, baptizavi, baptizatum. *act. acc.*

BAPTISMAL. Baptismalis, *masc. fém.* baptismale, *n. gén.* baptismalis *pour tous les genres.*

BAPTISTE, *nom d'homme.* Baptista, *gén.* Baptistæ. *masc.*

BAPTISTAIRE (*extrait*). Baptismi testificatio, *gén.* baptismi testificationis. *fém. On ne décline pas* baptismi.

BAPTISTÈRE, *lieu où l'on baptise.* Baptisterium, *gén.* baptisterii. *n.*

BAQUET. Cadus, *g.* cadi *masc.*

BAR-SUR-AUBE, *ville.* Barrum ad Albam, *gén.* Barri ad Albam. *n. Dans tous les cas on laisse* ad Albam.

BAR-SUR-SEINE, *ville.* Barrum ad Sequanam, *gén.* Barri ad Sequanam. *n.*

BARAGOUIN, *langage corrompu.* Inexplicitus sermo, *gén.* inexpliciti sermonis. *masc. L'un et l'autre se déclinent.*

BARAGOUINER. Inexplicité loqui, loquor, loqueris, locutus sum. *dép. On met inexplicité à tous les temps.*
BARAQUE. Casa, *gén.* casæ. *fém.*
BARATTE, *vaisseau à faire du beurre.* Situla, *gén.* Situlæ. *fém.*
BARBARE. Barbarus, barbara, barbarum. *adj.*
BARBAREMENT. Barbaré. *adv. Au comp.* Barbariùs.
BARBARIE. Barbaries, *g.* barbariei. *fém.*
BARBARIE, *pays.* Barbaria, *g.* Barbariæ. *fém. Qui est de Barbarie.* Afer, afra, afrum. *gén.* afri, afræ, afri.
BARBARISME. Barbarismus, *g.* barbarismi. *masc.*
BARBE. Barba, *g.* barbæ. *fém. Faire la barbe. Voyez Raser.*
BARBE, *nom de femme.* Barbara, *gén.* Barbaræ. *fém.*
BARBE, *cheval barbe.* Equus punicus, *gén.* equi punici. *masc. L'un et l'autre se déclinent.*
BARBEAU. Mullus, *g.* mulli. *masc.*
BARBES, *pustules qui viennent aux chevaux.* Ranæ, *génit.* ranarum. *fém. pluriel.*
BARBET. Canis cirratus, *g.* canis cirrati. *masc. L'un et l'autre se déclin.*
BARBIER. Tonsor, *gén.* tonsoris. *m.*
BARBON. Canus, *g.* cani. *masc.*
BARBOTER, *en parlant des oies.* Rostro aquam agitare, agito, agitas, agitavi, agitatum. *act. acc. On met toujours* rostro et aquam.
BARBOTEUX, *canard barboteux.* Anas lutensis, *g.* anatis lutensis. *fém. L'un et l'autre se déclinent.*
BARBOTINE, *poudre à vers.* Semen sanctum, *g.* seminis sancti. *neut. L'un et l'autre se déclinent.*
BARBOUILLAGE. Rude linimentum, *gén.* rudis linimenti. *n. L'un et l'autre se déclinent.*
BARBOUILLER. Maculare, maculo, maculas, maculavi, maculatum. *act. rég. dir. acc. rég. ind. abl.*
BARBOUILLEUR, *mauvais peintre.* Malus pictor, *gén.* mali pictoris. *m. L'un et l'autre se déclinent.*
BARBU. Barbatus, barbata, barbatum. *adj.*
BARBUE, *poisson.* Rhombus, *génit.* rhombi. *masc.*
BARCELONE, *ville.* Barcino, *gén.* Barcinonis. *fém. Qui est de Barcelone.* Barcinonensis, *masc. fém.* barcinonense, *neut. gén.* barcinonensis *pour tous les genres.*
BARDANE, *herbe.* Personaca, *g.* personacæ. *fém.*
BARDE, *tranche de lard.* Lardi lamella, *gén.* lardi lamellæ. *fém. Lardi ne se décline point.*
BARDE *de lard.* Lardi laminâ coopertus, cooperta, coopertum. *On met partout* lardi laminâ.
BARDEAU, *petit ais.* Scandula, *gén.* scandulæ. *fém.*
BARDOT, *animal; c'est le petit mulet qui porte les hardes.* Pusillus mulus, *g.* pusilli muli. *masc. L'un et l'autre se déclinent.*
BARGUIGNER. Tergiversari, tergiversor, tergiversaris, tergiversatus sum. *dép.*
BARGUIGNEUR. Cunctator, *g.* cunctatoris. *masc.*
BARI, *ville.* Barium, *g.* Barii. *n.*
BARIL. Cadus, *g.* cadi. *masc.*
BARILLET. Modiolus, *gén.* modioli. *masc.*
BARIOLER, *diversifier.* Variare lineis, vario, varias, variavi, variatum. *act. acc. On ajoute partout* lineis.
BAR-LE-DUC, *ville.* Barroducum, *g.* Barroduci. *neut.*
BARLONG, *plus long d'un côté que d'autre.* Oblongus, oblonga, oblongum. *adj.*
BARNABÉ, *nom d'homme.* Barnabas, *gén.* Barnabæ. *masc.*
BAROIS, *pays et duché.* Barrensis tractus, *g.* Barrensis tractûs. *masc. Ces deux mots se déclinent.*
BAROMÈTRE. Barometrum, *g.* barometri. *neut.*
BARON. Baro, *g.* baronis. *masc.*
BARONIE. Baronatus, *gén.* baronatûs. *masc.*
BAROQUE. Inæqualis, *masc. fém.* inæquale, *neut. gén.* inæqualis *pour tous les genres.*
BARQUE. Cymba, *g.* cymbæ. *fém.*
BARRABAS, *nom d'homme.* Barrabas, *gén.* Barrabæ. *masc.*
BARRACAN. *Voyez Bouracan.*
BARRE. Vectis, *g.* vectis. *masc.*
BARRE, *linge.* Linea, *génit.* lineæ. *fém.*
BARRÉ, *effacé.* Transversâ lineâ deletus, deleta, deletum. *partic. pass. de* Deleo. Transversâ lineâ *restent toujours.*
BARREAU, *barre.* Obex, *g.* obicis. *m. Barreaux.* Clathri, *gén.* clathrorum. *m. plur. Barreau d'imprimerie.* Vectis, *g.* vectis. *masc.*
BARREAU, *où l'on plaide.* Forum, *génit.* fori. *neut. Qui est de barreau.* Forensis, *masc. fém.* forense, *neut. gén.* forensis.
BARRER, *serrer avec une barre.* Vecte claudere, claudo, claudis, clausi, clausum. *act. accusat.* Vecte *reste toujours.*

BAS — BAS — 45

BARRER, *effacer*. Transversâ lineâ delere, deleo, deles, delevi, deletum. *act. acc.* On met toujours transversâ lineâ.

BARRES *(le jeu des)*. Pedestris incursio palæstrica, *gén.* pedestris incursionis palæstricæ. *fém.* On décline ces trois mots.

BARRETTE. Biretum, *g.* bireti. *n.*

BARRICADE. Ex doliis viarum munitiones, *g.* munitionum. *fém. pl.* Ex doliis viarum *ne se décline pas*.

BARRICADER. Obsepire, obsepio, obsepsi, obsepsi, obseptum. *act. acc.*

BARRIÈRE. Repagulum, *g.* repaguli. *neut.*

BARRIQUE. Dolium, *g.* dolii. *n.*

BARTHELEMI, *nom d'homme*. Bartholomæus, *g.* Bartholomæi. *m.*

BAS, *adj.* Humilis, *masc. f.* humile, *neut. gén.* humilis. *Au comp.* humilior; *au super.* humillimus. *Le plus bas, en parlant des choses.* Infimus, infima, infimum. *génit.* infimi. *Etre bas ou basse, en parlant de la rivière.* Subsidere, subsideo, subsides, subsedi, subsessum. *neut.*

BAS, *profond.* Altus, alta, altum, *adj. gén.* alti.

BAS, *en parlant de la voix*. Submissus, submissa, submissum. *Au comp.* submissior.

BAS, *masc.* Pars inferior, *génit.* partis inferioris. *fém.* L'un et l'autre se déclinent.

BAS, *vêtement de pied et de jambe.* Tibiale, *gén.* tibialis. *neut.*

BAS. *adv.* Demissè. *Au comp.* demissiùs. *Parler bas.* Loqui submissè. *Plus bas, au-dessous.* Infrà avec l'acc. *A bas, sans mouvement.* Humi, *au g. Mettre bas, quitter.* Deponere, depono, deponis, deposui, depositum. *act. acc. En bas, sans mouvement.* Infrà. *En bas avec mouvement.* Deorsùm, *adv.*

BAS PRIX. Vile pretium, *g.* vilis pretii. *n. L'un et l'autre se déclinent.*

BASANE. Aluta, *gén.* alutæ. *fém.*

BASANE. Fuscus, fusca, fuscum. *adj.*

BAS-BORD, *un des côtés d'un vaisseau*. Sinistrum navigii latus, *gén.* sinistri navigii lateris. *neut.*

BASCULE, *machine à puiser de l'eau*. Tolleno, *gén.* tollenonis. *masc.*

BASE. Basis, *gén.* basis. *fém.*

BASILE, *nom d'homme*. Basilius, *g.* Basilii. *masc.*

BASILIC, *herbe*. Ocimum, *g.* ocimi. *n.*

BASILIC, *serpent*. Basiliscus, *g.* basilisci. *masc.*

BASILIQUE, *église magnifique*. Basilisca, *gén.* basiliscæ. *fém.*

BASIN, *espèce de futaine*. Xilinum, *g.* xilini. *neut.*

BASLE, *ville*. Basilea, *g.* Basileæ. *f. Qui est de Basle.* Basileensis, *masc. fém.* basileense. *n. g.* basileensis *pour tous les genres.*

BASOCHE, *communauté de clercs de procureurs*. Scribarum forum, *gén.* scribarum fori. *neut. On ne change rien à* scribarum.

BASQUE, *pan d'un habit*. Vestis sinus, *g.* vestis sinûs, *masc.* Vestis *ne change pas.*

BASQUES, *peuples*. Vasci, *g.* Vascorum. *masc. pl.*

BASSE, *instrument*. Gravis soni barbitus, *g.* gravis soni barbiti. *masc. On ne décline que* barbitus.

BASSE, *partie de musique*. Gravis cantus, *gén.* gravis cantûs. *masc.*

BASSE, *celui qui chante cette partie*. Gravis partis cantor, *gén.* gravis partis cantoris. *masc.* Gravis partis *ne se décline point.*

BASSE-COUR. Chors, *génit.* chortis. *fém.*

BASSE-FOSSE. Cripta, *gén.* criptæ. *fém.*

BASSEMENT. Humiliter. *adv. Au comp.* humiliùs; *au superl.* Humillimè.

BASSESSE. Humilitas, *g.* humilitatis. *fém.*

BASSESSE, *action basse*. Factum turpe, *génit.* facti turpis. *L'un et l'autre se déclinent.*

BASSET, *petit chien de chasse*. Canis vestigator, *gén.* canis vestigatoris. *masc.*

BASSIGNI, *pays*. Bassiniacus Ager, *g.* Bassiniaci Agri. *masc. L'un et l'autre se déclinent.*

BASSIN *à laver*. Pelvis, *g.* pelvis. *f. Bassin de fontaine.* Crater, *g.* crateris. *masc. Bassin de chaise percée.* Lasanum, *g.* lasani. *n. Bassin de balance.* Lanx, *g.* lancis. *masc.*

BASSINÉ. Tepefactus, tepefacta, tepefactum. *part. pass. de* Tepefacio.

BASSINER. Tepefacere, tepefacio, tepefacis, tepefeci, tepefactum. *act. acc.*

BASSINER, *laver*. Abluere, abluo, abluis, ablui, ablutum. *act. acc. de la chose qu'on bassine, et l'abl. de la liqueur dont on se sert pour bassiner.*

BASSINET. Alveolus, *g.* alveoli. *masc. Bassinet de gland.* Caliculus, *g.* caliculi. *masc.*

BASSINET, *fleur*. Ranunculus, *g.* ranunculi. *masc.*

BASSINOIRE. Vas excalfactorium, *g.* vasis excalfactorii. *neut.*

BASSON, *instrument de musique*. Major tibia sonis gravioris, *g.* majoris tibiæ soni gravioris. *fém.* Soni gravioris *ne se déclinent point.*

BASTILLE. Castrum, *g.* castri. *n.*
BASTION. Propugnaculum, *g.* propugnaculi. *neut.*
BASTONNADE, *coups de bâton.* Fustuarium, *gén.* fustuarii. *n.*
BAS-VENTRE. Abdomen, *g.* abdominis. *neut.*
BAT *d'âne.* Clitellæ, *gén.* clitellarum. *fém. pl.*
BATAILLE. Prælium, *gén.* prælii. *n. Donner bataille.* Confligere, confligo, confligis, conflixi, conflictum. *n. A quelqu'un,* cum aliquo. *Gagner la bataille sur, ou vaincre.* Vincere, vinco, vincis, vici, victum. *act. avec l'acc. Perdre la bataille, ou être vaincu.* Vinci, vincor, vinceris, victus sum. *pass. On exprime contre par* à *ou* ab *avec l'abl. Ranger en bataille.* Instruere aciem, instruo, instruis, instruxi, instructum. *act. acc. On ajoute partout* aciem.
BATAILLON. Agmen, *gén.* agminis. *neut.*
BATARD. Nothus, *g.* nothi. *masc.*
BATARDE. Notha, *gén.* nothæ. *fém.*
BATARDEAU. Ad deflectendum aquæ cursum moles injecta, *g.* molis injectæ. *f.* Moles injecta *se déclinent seuls.*
BATARDIÈRE, *terre plantée de sauvageons qu'on doit enter.* Plantarium, *g.* plantarii. *neut.*
BATARDISE, *qualité de bâtard.* Spurii natales, *gén.* spuriorum natalium. *masc. plur.*
BATEAU. Navicula, *génit.* naviculæ. *fém.*
BATELAGE, *action de bateleur.* Ludus mimicus, *g.* ludi mimici. *masc. L'un et l'autre se déclinent.*
BATELÉE, *charge d'un bateau.* Navigii onus, *gén.* navigii oneris. *n.*
BATELEUR. Histrio, *gén.* histrionis. *masc.*
BATELEUSE. Mima, *g.* mimæ. *fém.*
BATELIER. Navicularius, *gén.* navicularii. *masc.*
BATER. Clitellas imponere, impono, imponis, imposui, impositum. *act. dat.*
BATI, *construit.* Ædificatus, ædificata, ædificatum. *part. pass.* d'Edifico. Extructus, extructa, extructum. *part. pass.* d'Exstruo.
BATIMENT, *édifice.* Ædificium, *gén.* ædificii. *gén.*
BATIMENT, *vaisseau.* Navigium, *gén.* navigii. *n.*
BATIR. Ædificare, ædifico, ædificas, ædificavi, ædificatum. *act. acc. Bâtir sur le fonds d'autrui.* Extruere ædificium in alieno.
BATISSE. Ædificatio, *g.* ædificationis. *fém.*
BATISSEUR, *qui aime à bâtir.*
Ædificator, *g.* ædificatoris. *masc.* Conditor, *gén.* conditoris. *masc.*
BATTON. Baculum, *g.* baculi. *n. A bâtons rompus.* Interrupté. *adv.*
BATONNER. Fuste cædere, cædo, cædis, cecidi, cæsum. *act. acc.*
BATONNET. Bacillum, *gén.* bacilli. *n.*
BATTANT *de fer.* Clava ferrea, *gén.* clavæ ferreæ. *f. Tambour battant.* Tympanis resonantibus. *à l'abl.*
BATTE, *machine pour battre leciment ou la terre.* Fistuca, *g.* fistucæ. *f.*
BATTEMENT, *l'action de battre.* Percussio, *g.* percussionis. *f. Battement de mains.* Plausus, *g.* plausûs. *Battement d'artère, d'ailes, de cœur,* etc. Pulsus, *g.* pulsûs. *masc.*
BATTERIE, *combat.* Certamen, *gén.* certaminis. *n.*
BATTERIES, *canons.* Tormenta bellica, *gén.* tormentorum bellicorum. *n. plur. L'un et l'autre se déclinent.*
BATTERIE *de cuisine.* Vasa coquinaria, *gén.* vasorum coquinariorum. *n. pl. L'un et l'autre se déclinent.*
BATTEUR, *qui bat le blé.* Tritor spicarum, *gén.* tritoris spicarum. *On ne décline point* spicarum. *Batteur d'or.* Bracteius, *gén.* bracterii. *masc. Batteur de pavé, vagabond.* Erro, *g.* erronis. *masc. Batteur d'estrade.* Excursor, *g.* excursoris. *masc.*
BATTOIR. Palmula, *gén.* palmulæ. *fém.*
BATTOLOGIE, *répétition inutile,* Battologia, *gén.* battologiæ. *fém.*
BATTRE. Verberare, verbero, verberas, verberavi, verberatum. *act. acc. Le nom de l'instrument et la manière dont on bat, se mettre à l'ablat. sans préposition.*
SE BATTRE. Pugnare, pugno, pugnas, pugnavi, pugnatum. *neut.*
ÊTRE BATTU. Vapulare, vapulo, vapulas, vapulavi, vapulatum. *On exprime de par* à *ou* ab *avec l'ablat.*
ÊTRE BATTU *de la tempête.* Tempestate jactari, jactor, jactaris, jactatus sum. *pass.*
BATTRE *des mains.* Manibus plaudere, plaudo, plaudis, plausi, plausum. *neut.* Manibus *est à l'ablat.*
BATTRE, *en parlant des monnaies.* Cudere, cudo, cudis, cudi, cusum. *act. acc.*
BATTRE, *en parlant des veines,* etc. Pulsare, pulso, pulsas, pulsavi, pulsatum. *neut.*
BATTRE *la mesure, terme de musique.* Concentum musicum moderari, moderor, moderaris, moderatus sum. *dép. avec l'accus. qui est* concentum musicum.

BATTRE *le bois*, *terme de chasse.* Silvam exagitare, exagito, exagitas, exagitavi, exagitatum. *act. avec son acc. qui est* silvam.

BATTRE *l'eau*, *perdre sa peine.* In aquâ scribere, scribo, scribis, scripsi, scriptum. *act. On ne change rien à* in aquâ.

BATTU, *frappé.* Verberatus, verberata, verberatum. *part. pass. de* Verbero.

BATTU, *en parlant des yeux, etc.* Lividus, livida, lividum *adj.*

BAVARD, *qui parle indiscrètement.* Blatero, *gén.* blateronis. *masc.*

BAVARDE. Loquax, *génit.* loquacis. *fém.*

BAVARDER. Ineptias loqui, loquor, loqueris, locutus sum. *dép.* Ineptias *reste toujours.*

BAVARDERIE ou *bavardage.* Insulsa garrulitas, *g.* insulsæ garrulitatis. *f. L'un et l'autre se déclinent.*

BAVAROIS ou *de Bavière.* Bavarus, bavara, bavarum. *adj.*

BAUDET. Asellus, *g.* aselli. *m.*

BAUDRIER. Balteus, *gén.* baltei. *m.*

BAVE, *salive gluante.* Salivosus humor, *g.* salivosi humoris. *masc. L'un et l'autre se déclinent.*

BAVER. Salivam ex ore emittere, emitto, emittis, emisi, emissum. *act. On met toujours* salivam ex ore.

BAVETTE. Pectorale linteum, *génit.* pectoralis lintei. *neut. L'un et l'autre se déclinent.*

BAVEUX. Salivâ fluens, *g.* salivâ fluentis. Saliva *ne se décline point.*

BAUGE, *lieu où se repose le sanglier.* Volutabrum, *g.* volutabri. *n.*

BAVIÈRE, *pays.* Bavaria, *g.* Bavariæ. *fém.*

BAUME. Balsamum, *gén.* Balsami. *n.* Qui est de baume. Balsaminus, balsamina, balsaminum. *adj.*

BAVOLET. Calantica, *gen.* calanticæ. *fém.*

BAYEUX, *ville.* Baiocæ, *g.* Baiocarum. *fém. pl.* Qui est de Bayeux. Baiocensis, *fém. masc.* baiocense, *n. gén.* baiocensis *pour tous les genres.*

BAYONNE, *ville.* Baiona, *g.* Baionæ. *fém.* Qui est de Bayonne. Baionensis, *m. fém.* baionense, *n. gén.* baionensis *pour tous les genres.*

BAYONNETTE. Sica. *g.* sicæ. *f.*

BÉANT. Hians, *m. f. n. g.* hiantis.

BÉARN, *province.* Benearnia, *g.* Benearniæ. *fém.*

BÉARNOIS ou *du Béarn.* Benearnus, benearna, benearnum, *adj.*

BÉATIFICATION. In beatos relatio, *g.* relationis. On met à tous les cas in beatos sans y rien changer.

BÉATIFIER, *mettre au rang des bienheureux.* Beatis adscribere, adscribo, adscribis, adscripsi, adscriptum. *act. avec l'acc. de la personne, sans rien changer à* beatis.

BÉATILLES, *petites viandes délicates qu'on met dans les ragoûts, les pâtés, etc.* Cupediæ, *gén.* cupediarum. *fém. pluriel.*

BÉATITUDE. Beatitudo, *g.* beatitudinis. *fém.*

BEAU, *bel.* Pulcher, pulchra, pulchrum, *gén.* pulchri. *Au comp.* pulchrior; *au superl.* pulcherrimus. *Beau, en parlant des qualités de l'esprit.* Præclarus, præclara, præclarum. *adj.*

BEAU, *agréable.* Amœnus, amœna, amœnum. *adj. Beau, bienséant.* Decorus, decora, decorum. *adj. Beaux mots.* Verba elegantia, *gén.* verborum elegantium, *n. plur. L'un et l'autre se déclinent. L'échapper belle.* Ex eminenti periculo evadere, evado, evadis, evasi, evasum. *n. En conter de belles.* Lepida narrare, narro, narras, narravi, narratum. Lepida *reste toujours. Tout beau, ne vous mettez pas en colère.* Bona verba, quæso. *Tout beau, ne vous hâtez pas.* Ne festines.

BEAUCAIRE, *ville.* Belloquadra, *g.* Belloquadræ. *fém.*

BEAUCE, *province.* Belsia, *g.* Belsiæ. *fém.*

BEAUCOUP. Multùm. *adv.* (Voyez la règle de Beaucoup dans la Grammaire latine.) Beaucoup de fois ou souvent. Sæpè. *adv.*

BEAU-FILS. Privignus, *gén.* privigni. *masc.*

BEAU FRÈRE, *frère du mari ou de la femme.* Mariti ou bien uxoris frater, *g.* mariti ou uxoris fratris. Frater, *se décline*, on y joint mariti, ou bien uxoris *qui ne se décline point.*

BEAUJEU, *ville.* Bellojovium, *g.* Bellojovii. *neut.*

BEAUJOLOIS. Bellojoviensis Ager, *g.* Bellojoviensis Agri. *masc. L'un et l'autre se déclinent.*

BEAUMONT, *ville.* Bellomontium, *gén.* Bellomontii. *neut.* Qui est de Beaumont. Bellomontanus, bellomontana, bellomontanum.

BEAUNE. *ville.* Belna, *gén.* Belnæ. *f.* Qui est de Beaune. Belnensis, *masc. f.* belnense, *n. gén.* belnensis *pour tous les genres.*

BEAU-PERE, *second mari de la mère.* Vitricus, *gén.* vitrici. *masc.*

BEAUTÉ. Pulchritudo, *g.* pulchritudinis. *fém.*

BEAUVAIS, *ville.* Bellovacum, *gén.* Bellovaci *neut.* Qui est de Beauvais. Bellovacensis, *masc. fém.* Bellovacense, neut. gén. bellovacensis *pour tous les genres.*

BEC. Rostrum, *gén.* rostri. *n.*

BECASSE. Rusticula, *gén.* rusticulæ. *fém.*

BECASSINE. Rusticula minor, *génit.* rusticulæ minoris. *fém. L'un et l'autre se déclinent.*

BEC-FIGUE, *oiseau.* Ficedula, *gén.* ficedulæ. *fém.*

BÊCHE. Ligo, *g.* ligonis. *masc.*

BÊCHER. Ligone fodere, fodio, fodis, fodi, fossum. *act. acc. On met toujours* ligone.

BECQUÉE. Esca, *gén.* escæ. *fém.*

BECQUETER *avec le bec.* Rostro appetere, appeto, appetis, appetii, appetitum. *act. acc. On met toujours* rostro.

BEDEAU. Accensus, *g.* accensi, *m.*

BEFFROI. Specula, *g.* speculæ. *f.*

BÉGAIEMENT *de langue*, Linguæ hæsitantia, *g.* linguæ hæsitantiæ. *f.*

BÉGAYER. Balbutire, balbutio, balbutis, balbutivi, *rarement* balbutitum. *neut.*

BÈGUE. Balbus, balba, balbum. *adj.*

BÉGUIN. Linea calantica, *g.* lineæ calanticæ. *fém.*

BÉGUINE, *fille qui vit dans une communauté sans faire des vœux.* Cœlebs et cœnobita, *g.* cœlibis et cœnobitæ. *f. L'un et l'autre se déclinent.*

BEIGNET. Laganum, *g.* lagani. *n.*

BÉJAUNE, *oiseau de proie qui n'est pas encore dressé.* Avis aucupii expers, *g.* avis aucupii expertis. *On ne change rien à* aucupii.

BÉJAUNE, *ignorance, bévue.* Imperitia, *gén.* imperitiæ. *fém.*

BEL. Voyez *Beau.*

BÊLANT. Balans, *masc. fém. n. gén.* balantis.

BÊLEMENT, *cris de brebis.* Balatus, *gén.* balatûs, *masc.*

BÊLER. Balare, balo, balas, balavi, balatum. *neut.*

BELETTE. Mustela, *g.* mustelæ. *f.*

BELGES, *peuples.* Belgæ, *g.* Belgarum. *masc. pl.*

BELGIQUE. Belgicus, belgica, belgicum. *adj.*

BELGRADE, *ville.* Belgradus, *g.* Belgradi. *masc.*

BÉLIER. Aries, *gén.* arietis. *masc. De bélier.* Arietinus, arietina, arietinum. *adj.*

BÉLITRE, *un gueux, un fainéant.* Bliteus, *gén.* blitei. *masc.*

BELLE-FILLE. Privigna, *g.* privignæ. *fém.*

BELLE-ISLE, *île.* Calonesus, *g.* Calonesi. *fém.*

BELLEMENT, *doucement.* Lentè. Placidè. *adv.*

BELLE-MÈRE ou *seconde femme du père.* Noverca, *gén.* novercæ. *fém.*

BELLE-SŒUR, *sœur du mari* ou *de la femme.* Glos, *gén.* gloris. *fém.*

BELLE-SŒUR, *la femme du frère.* Fratris uxor, *gén.* fratris uxoris. *fém.* Fratris ne se décline point.

BELLE-VILLE, *village.* Bella Villa, *g.* Bellæ Villæ. *fém. L'un et l'autre se déclinent.*

BELLEY, *ville.* Bellicum, *g.* Bellici. *neut.*

BELLIQUEUX. Bellicosus, bellicosa, bellicosum. *adj.*

BELVÉDER, *plante.* Osyris, *g.* osyridis. *fém.*

BELVEDER, *lieu élevé.* Locus patentissimus, *g.* loci patentissimi. *masc.*

BÉNÉDICTIN, *religieux.* Benedictinus, *gén.* Benedictini. *masc.*

BÉNÉDICTINE. Benedictina, *gén.* Benedictinæ. *fém.*

BÉNÉDICTION de Dieu à l'égard des hommes. Donum, *gén.* doni. *neut.*

BÉNÉDICTION, *louange.* Laus, *g.* laudis. *fém.*

BÉNÉDICTION, *souhait.* Faus'a precatio, *gén.* faustæ precationis. *fém. Donner la bénédiction.* Voyez *Bénir.*

BÉNÉFICE. Beneficium, *g.* beneficii. *neut.*

BÉNÉFICIAIRE, *comme héritier bénéficiaire.* Hæres beneficiarius, *g.* hæredis beneficiarii. *masc.*

BÉNÉFICIAL, *comme matière bénéficiale.* Materia beneficialis, *gén.* materiæ beneficialis. *fém.*

BÉNÉFICIER. Beneficiarius, *g.* beneficiarii. *masc.*

BENET. Stolidus, stolida, stolidum. *adj.*

BÉNÉVENT, *ville.* Beneventum, *gén.* Beneventi. *neut.*

BÉNÉVOLE. Benevolus, benevola, benevolum. *adj.*

BÉNIGNEMENT. Benignè. *adv. Au comp.* benigniùs; *au superl.* benignissimè.

BÉNIGNITÉ. Benignitas, *g.* benignitatis. *fém.*

BÉNIN. Benignus, benigna, benignum. *adj.*

BENJOIN, *suc odoriférant d'un arbrisseau.* Benzuinum, *g.* benzuini. *n.*

BÉNIR *quelqu'un ou quelque chose.* Benedicere, benedico, benedicis, benedixi, benedictum. *act. acc. de la chose, et datif de la personne.*

BÉNIT. Sacer, sacra, sacrum. *gén.* sacri, sacræ, sacri. *adj.*

BÉNITIER. Vas aquæ sacræ, *génit.* vasis aquæ sacræ. *neut. On ne décline que* vas.

BENOIT, *nom d'homme*. Benedictus, *gén.* Benedicti. *masc.*
BÉOTIE, *pays.* Bœotia, *gén.* Bœotiæ. *fém.*
BÉQUILLE. Baculum supernè rostratum, *gén.* baculi supernè rostrati. *n.* Supernè *est adv.*
BERCAIL. Ovile, *gén.* ovilis. *n.*
BERCEAU. Cunabula, *g.* cunabulorum. *n. pluriel. Berceau de vigne.* Vinea camerata, *g.* vineæ cameratæ. *fém. L'un et l'autre se déclinent. Dès le berceau.* A cunabulis.
BERCER. Agitare, agito, agitas, agitavi, agitatum. *act. avec l'acc.*
BERGAME, *ville.* Bergomum, *gén.* Bergomi. *neut.*
BERGAMOTE, *sorte de poire.* Pirum bergomium, *gén.* piri bergomii. *n. L'un et l'autre se déclinent.*
BERGER. Pastor, *gén.* pastoris. *masc. De berger.* Pastoralis, *masc. fém.* pastorale, *neut. gén.* pastoralis *pour tous les genres.*
BERGERAC, *ville.* Brageracum, *gén.* Brageraci. *n.*
BERGÈRE. Custos ovium. *génit.* custodis ovium. *fém.* On ne décline pas ovium.
BERGERIE. Ovile, *gén* ovilis. *n.*
BERGERONNETTE, *oiseau.* Motacilla, *gén.* motacillæ. *fém.*
BÉRIL, *pierre précieuse.* Berillus, *g.* berilli. *masc.*
BERLE, *herbe.* Laver, *gén.* laveris. *neut.*
BERLIN, *ville.* Berlinum, *g.* Berlini. *neut.*
BERLUE. Caligatio, *gén.* caligationis. *fém.*
BERNARD, *nom d'homme.* Bernadus, *g.* Bernardi. *masc.*
BERNARDIN, *religieux.* Bernardinus, *gén.* Bernardini. *masc.*
BERNARDINE. Bernardina, *génit.* Bernardinæ. *fém.*
BERNE, *ville.* Berna, *gén.* Bernæ. *fém.*
BERNER, *se moquer.* Voyez *moquer.*
BERRI, *province.* Bituriges, *gén.* Biturigum. *mascul. plur. Qui est de Berri.* Biturix, *génit.* biturigis *pour tous les genres.*
BESACE, Mantica, *gén.* manticæ. *fém.*
BESAIGUE, *outil.* Bipennis, *gén.* bipennis. *fém.*
BESAN, *pièce de monnaie.* Bizantius nummus, *gén.* bizantii nummi. *masc. L'un et l'autre se déclinent.*
BESANÇON, *ville.* Vesuntio, *gén.* Vesuntionis. *fém. Qui est de Besançon.* Vesuntinus, vesuntina, vesuntinum. *adj.*
BESICLES, *lunettes.* Conspicillum, *gén.* conspicilli. *neut.*

BESOGNE. Opus, *gén.* operis. *neut.*
BESOIN. Inopia, *gén.* inopiæ. *fém. Avoir besoin de.* Egere, egeo, eges, egui. *sens sup. neut. ablat. Il est besoin ou on a besoin.* Opus est, *avec le dat: de la personne et l'ablat. de la chose, ou un infinit. s'il suit un verbe. J'ai besoin d'argent.* Mihi opus est pecuniâ. *Vous aviez besoin de livres.* Tibi opus erat libris. *Il aura besoin de travailler.* Illi opus erit laborare.
BESTIAL, *brutal.* Belluinus, belluina, belluinum. *adj.*
BESTIALEMENT, *en bête.* Belluarum more. *à l'ablat.*
BESTIAUX, *animaux qu'on mène paitre.* Pecora, *gén.* pecorum. *neut. plur.*
BESTIOLE, *petite bête.* Bestiola, *gén.* bestiolæ. *fém.*
BÉTAIL. Pecus, *gén.* pecoris. *neut.*
BÊTE. Bestia, *gén.* bestiæ. *fém. En bête.* Belluino ritu. *ablat.*
BÊTE, *stupide.* Stolidus, stolida, stolidum. *adj.*
BÊTEMENT Stupidè. *adv.*
BETHLÉEM, *ville.* Bethleem, *fém. indéclinab'e. Qui sont de Bethléem,* Bethleemitæ, *gén.* bethleemitarum, *masc. plur.*
BÉTHUNE, *ville.* Bethunia, *gén.* Bethuniæ. *fém.*
BÊTISE. Stupor, *gén.* stuporis. *masc.*
BÉTOINE, *herbe.* Betonica, *génit.* betonicæ. *fém.*
BETTE, *herbe.* Beta, *gén.* betæ. *f.*
BETTERAVE. Beta Rubra, *gén.* betæ rubræ. *fém. L'un et l'autre se déclinent.*
BEUGLEMENT, *cri de bœuf.* Mugitus, *gén.* mugitûs. *masc.*
BEUGLER. Mugire, mugio, mugis, mugivi, mugitum. *neut.*
BEURRE. Butyrum, *g.* Butyri. *neut.*
BEURRÉE. Panis butyro illitus, *gén.* panis butyro illiti. *masc.* Butyro ne se décline point.
BEURRER. Butyro illinere, illino, illinis, illevi ou illivi, illitum. *act. acc.* On met partout butyro.
BEURRIÈRE. Mulier quæ butyrum vendit, *gén.* mulieris quæ butyrum vendit. Quæ butyrum vendit *reste à tous les cas, et* mulier *seul se décline.*
BÉVUE. Error, *gén.* erroris. *masc. Faire une bévue ou des bévues.* Errare, erro, erras, erravi, erratum. *neut.*
BÉZIERS, *ville.* Bitteræ, *gén.* Bitterarum. *fém. plur.*
BÉZOARD, *pierre.* Lapis bizarius, *gén.* lapidis bezarii. *masc. L'un et l'autre se déclinent.*
BIAIS, *situation oblique.* Obliquitas, *gén.* obliquitatis. *fém De biais.* Obliquè. *adv.*
BIAIS, *manière.* Modus, *gén.* modi. *m.*
BIAISEMENT, *détour pour tromper.*

50   BIE   BIG

Tortuosa agendi ratio, *gén.* tortuosæ agendi rationis. *fém.* Agendi *ne se décline point.*

BIAISE. Voyez *Biaiser.*

BIAISER, *aller en biaisant.* Obliquè ferri, ferror, ferris, latus sum. *pass.*

BIAISER, *chercher des détours.* Non rectè agere, ago, agis, egi, actum. *act. Il faut mettre partout* non rectè. *Biaiser en parlant.* Simulatè loqui, loquor, loqueris, locutus sum. *dép. Il faut mettre partout* simulatè.

BIBERON, *qui boit beaucoup.* Potator, *gén.* potatoris. *masc.*

BIBERON, *vase à long cou.* Vasculum cum colli longitudine, *gén.* vasculi cum colli longitudine. *neut.* Cum colli longitudine *restent invariables.*

BIBLE. Biblia, *g.* bibliorum *n. plur.*

BIBLIOTHÉCAIRE. Bibliothecæ præfertus, *gén.* bibliothecæ præfecti. *masc. On ne décline pas* bibl othecæ.

BIBLIOTHÈQUE. Bibliotheca, *gén.* bibliothecæ. *fém.*

BIBUS, *néant.* Nihilum, *gén.* nihili. *neut.*

BICHE. Cerva, *gén.* cervæ. *fém.*

BICHON. Mælitæus canis, *gén.* mælitæi canis. *masc. L'un et l'autre se décline it.*

BICOQUE. Oppidulum, *gén.* oppiduli. *neut.*

BIDET. Mannus, *gén.* manni. *masc.*

BIEN, *opposé à mal. masc.* Bonum, *génit.* boni. *neut. Vouloir du bien à quelqu'un.* Alicui benè velle, volo, vis, volui, *avec un datif. On met toujours* benè.

BIEN, *probité, vertu.* Probitas, *gén.* probitatis. *fém.* Virtus, *gén.* virtutis. *fém. Homme de bien.* Vir bonus, *gén.* viri boni. *masc. L'un et l'autre se déclinent.*

BIENS, *richesses.* Bona, *gén.* bonorum. *neut. plur.*

BIEN *de campagne.* Prædium, *gén.* prædii. *neut.*

BIEN, *adv.* Benè. *Comp.* melius, mieux; *superl.* optimè, très-bien.

BIEN *ou beaucoup.* Multùm. *adv. Voyez* Beaucoup *dans la Grammaire latine. Bien, joint à un nom adjectif, marque le superlatif; comme : Il est bien savant.* Est doctissimus. *Lorsque cet adjectif n'a pas de superlatif, on se sert de* valdè *ou* admodùm *avec le positif; comme Il est bien commode.* Est valdè commodus.

BIEN QUE. Etsi. Quanquàm. *avec le subjonctif.*

BIEN-AIMÉ. Dilectus, dilecta, dilectum. *adj.*

BIEN-DIRE, *masc.* Facundia, *gén.* facundiæ. *fém. Se mettre sur son bien dire.* Facundiam affectare, affecto, affectas, affectavi, affectatum. *act. On ajoute partout* facundiam.

BIENFAISANT. Beneficus, benefica, beneficum. *Au comp.* beneficentior; *au superl.* beneficentissimus.

BIENFAIT. Beneficium, *gén.* beneficii. *neut.*

BIENFAITEUR. Benè meritus, *gén.* benè meriti. *masc. On ne décline pas* benè. *On exprime le* de *qui suit avec l'ablatif de la personne; comme : Je suis le bienfaiteur de mon frère.* Sum benè meritus de meo fratre. *Vous êtes mon bienfaiteur.* Es benè meritus de me; *c'est à dire de moi.*

BIENFAITRICE. Benè merita, *gén.* benè meritæ. *fém. On ne décline point* benè. *Voyez comme on exprime le* de *dans l'article* Bienfaiteur.

BIENHEUREUX. Beatus, beata, beatum. *adj.*

BIENSÉANCE. Decorum, *gén.* decori. *neut. Avec bienséance.* Decorè. *adv. Etre à la bienséance. Convenire, convenio, convenis, conveni, conventum. *neut. dat* de la personne. *Cela est à ma bienséance.* Id mihi convenit.

BIENSÉANT. Decorus, decora, decorum. *adj. Etre bienséant.* Decere, decet, *plur.* decent; decuit, *plur.* decuerunt. *Impersonn. avec un acc. de la personne et un infinitif ensuite.*

BIENTÔT. Brevi. *adv.*

BIENVEILLANCE. Benevolentia, *gén.* benevolentiæ. *fém.*

BIENVEILLANT. Benevolus, benevola, benevolum. *adj.*

BIENVENU, *regardé de bon œil.* Gratus, grata, gratum. *adv.*

BIENVENUE. Adventitia cœna, *gén.* adventitiæ cœnæ. *fém. L'un et l'autre se déclinent.*

BIÈRE, *cercueil.* Feretrum, *gén.* feretri. *neut.*

BIÈRE, *boisson.* Zythum, *gén.* zithi. *neut.*

BIFFÉ. Deletus, deleta, deletum. *part. pass. de* Deleo.

BIFFER, *effacer.* Delere, deleo, deles, delevi, deletum. *act. avec l'acc.*

BIGAME, *qui a deux femmes.* Bigamus, *gén.* bigami. *masc.*

BIGAMIE. Bigamia, *gén.* bigamiæ. *fém.*

BIGARRÉ, *de couleurs différentes.* Varius, varia, varium. *adj.*

BIGARREAU, Duracinum cerasum, *gén.* duracini cerasi. *neut.L'un et l'autre se déclinent.*

BIGARRER, *diversifier de couleurs.* Variare, vario, varias, variavi, variatum. *act acc.*

BIGARRURE. Diversitas, *gén.* diversitatis. *fém.*

BIL

BIGLE. Strabo, *gén.* strabonis. *masc.*
BIGLER. Distortis oculis aspicere, aspicio, aspicis, aspexi, aspectum.
BIGNE, *bosse au front qui vient de quelque coup.* Tumor, *gén.* tumoris. *masc.* On peut ajouter in fronte.
BIGOT, *superstitieux.* Superstitiosus, superstitiosa, superstitiosum. *adj.*
BIGOT, *hypocrite.* Simulatus Dei cultor, *gén.* simulati Dei cultoris. *masc.* Dei ne se décline point.
BIGOTE. Simulata Dei cultrix, *gén.* simulatæ Dei cultricis. *fém.* Dei ne se décline point.
BIGOTERIE, *superstition.* Superstitio, *gén.* superstitionis. *fém.*
BIGOTERIE, *hypocrisie.* Pietatis larva, *gén.* pietatis larvæ. *fém.* Pietatis ne se décline point.
BIJOU. Ornamenta, *gén.* ornamentorum. *neutr. plur.*
BIJOUTIER. Margaritarum mercator, *gén.* margaritarum mercatoris. *masc.* margaritarum ne se décline point.
BILBOQUET. Machina lignea cum duabus lancibus, *gén.* machinæ ligneæ cum duabus lancibus. *fém.* Cum duabus lancibus *restent invariables.*
BILAN, *livre de marchand.* Codex debitorum, *gén.* codicis debitorum. On ne change rien à debitorum, *qui vient de* debitum, *et signifie dettes actives et passives.*
BILE. Bilis, *gén.* bilis. *fém.*
BILIEUX. Biliosus, biliosa, biliosum. *adj.*
BILLARD, *jeu.* Ludus tudicularius, *gén.* ludi tudicularii. *masc. L'un et l'autre se déclinent.*
BILLARD, *bâton recourbé.* Clava lusoria, *gén.* clavæ lusoriæ. *fém. L'un et l'autre se déclinent.*
BILLARDER, *toucher la bille deux fois.* Geminare globuli ictum, gemino, geminas, geminavi, geminatum. *act.* Globuli ictum *doivent toujours s'ajouter.*
BILLE *ou boule.* Globulus, *gén.* globuli. *masc.*
BILLET, *petite lettre*, Litterulæ, *gén.* litterularum. *fém. plur.* Scheda, *gén.* schedæ. *fém.*
BILLET *d'enterrement.* Libellus funereus, *gén.* libelli funerei *masc. L'un et l'autre* déclinent.
BILLET *de convocation.* Libellus citatorius, *gén.* libelli citatorii. *masc. L'un et autre se déclinent.*
BILLET, *obligation.* Chirographus, *gén.* chirographi. *masc.*
BILLET, *suffrage.* Suffragium, *gén.* suffragii. *neut.*
BILLET *de loterie.* Fortunæ sortes, *gén.* sortium. *f. plur.* Fortunæ reste toujours.

BIT

BILLOM, *ville.* Billomum, *gén.* Billomi. *neutr. De Billom.* Billomensis, *masc. fém.* billomense. *neut. gén.* billomensis *pour tous les genres.*
BILLON, *monnaie défectueuse.* Nummi improbati, *gén.* nummorum improbatorum. *masc. plur. L'un et l'autre se déclinent.*
BILLOT. Sudes, *gén.* sudis *fém.*
BINAGE, *action de biner.* Repastinatio, *gén.* repastinationis. *fém.*
BINAIRE, *nombre de deux.* Bini, binæ, bina. *adj. plur.*
BINER, *donner une seconde façon à la vigne, etc.* Repastinare, repastino, repastinas, repastinavi, repastinatum. *act. accus.*
BIOGRAPHIE. Biographia, *gén.* bigraphiæ. *fém.*
BIQUETER, *mettre bas en parlant de la chèvre.* Hædulum enili, enitor, eniteris, enixa sum. *dép. avec l'accus.* hædulum.
BIS (*Pain*) Panis secundarius, *gén.* panis secundarii. *masc. Tous deux se déclinent.*
BISAIEUL. Proavus, *gén.* proavi. *masc.*
BISAIEULE. Proavia, *génit.* proaviæ. *fém.*
BISCAYE, *province.* Cantabria, *gén.* Cantabriæ. *fém. Qui est de Biscaye.* Cantabricus, cantabrica, cantabricum. *adj.*
BISCOTIN, *pâte cuite avec du sucre.* Farina cum saccharo subacta, *gén.* farinæ cum saccharo subactæ *féminin. On ne change rien dans ces mots* cum saccharo.
BISCUIT. Crustulum dulciarium, *gén.* crustuli dulciarii. *neut. L'un et l'autre se déclinent. Biscuit de mer.* Panis nauticus, *gén.* panis nautici. *masc. L'un et l'autre se déclinent.*
BISE. Aquilo, *gén.* aquilonis. *masc.*
BISET, *pigeon sauvage.* Palumbes, *gén.* palumbis. *masc. fém.*
BISQUE, *potage.* Unctiusculum pulmentum, *gén.* unctiusculi pulmenti. *neut. L'un et l'autre sa déclinent.*
BISSAC. Manica, *gén.* Manicæ. *fém.*
BISSEXTE. Bissextus, *gén.* bissexti. *m.*
BISSEXTIL. Intercalaris, *masc. fém.* intercalare, *neut. gén.* intercalaris *pour tous les genres.*
BISTORTE, *plante médicinale.* Colubrina, *gén.* colubrinæ. *fém.*
BISTOURI, *instrument de chirurgie.* Scalpellus recurvus, *gén.* scalpelli recurvi. *masc.*
BITHYNIE, *province.* Bithynia, *gén.* Bithyniæ. *fém.*
BITHONTE, *ville.* Bituntium, *gén.* Bituntii. *neut.*
BITUME. Bitumen, *génit.* Bituminis.

neut. Qui est de bitume. Bitumineus, bituminea, bitumineum. *adj.*

BITUMINEUX, *qui abonde en bitume.* Bituminosus, bituminosa, bituminosum. *adj.*

BIVOUAC, *garde que fait la nuit une armée.* Vigiliæ castrenses, *gén.* vigiliarum castrensium. *fém. plur.*

BIVOUAQUER, *passer la nuit à l'air.* Nocte excubare, excubo, excubas, excubui, excubitum. *neu.*

BIZARRE, *fantasque.* Morosus, morosa, morosum. *adj.*

BIZARREMENT. Morosè. *adv.*

BIZARRERIE, *caprice, fantaisie.* Morositas, *gén.* morositatis. *fém.*

BLAFARD, *pâle.* Pallidus, pallida, pallidum. *adj.*

BLAIREAU. Melis, *gén.* melis. *fém.*

BLAISE, *nom d'homme.* Blasius, *gén.* Blasii. *masc.*

BLAISOIS, *province de France.* Blesensis Ager, *gén.* Blesensis Agri. *masc. Ces deux mots se déclinent.*

BLAMABLE. Vituperabilis, *masc. et fém.* vituperabile, *neut. gén.* vituperabilis.

BLAME. Vituperatio, *gén.* vituperationis. *fém.*

BLAMÉ. Vituperatus, vituperata, vituperatum. *part. pass.* de Vitupero.

BLAMER. Vituperare, vitupero, vituperas, vituperavi, vituperatum. *act. accus.*

BLANC, *adj.* Albus, alba, album. *Blanc de vieillesse.* Canus, cana, canum. *adj.*

BLANC *ou couleur blanche.* Album, *gén.* albi. *neut.*

BLANC *ou but.* Scopus, *gén.* scopi. *masc.*

BLANCHATRE. Albidus, albida, albidum. *adj.*

BLANCHEMENT. Nitidè. *adv.*

BLANCHERIE, *lieu pour blanchir les toiles.* Linteis candefaciendis destinata officina, *gén.* destinatæ officinæ. *fém.* Linteis candefaciendis *ne se déclinent point.*

BLANCHET, *lange.* Pannus, *génit.* panni. *masc.*

BLANCHEUR. Albitudo, *gén.* albitudinis. *fém.*

BLANCHI. Dealbatus, dealbata, dealbatum. *part. pass.* de Dealbo.

BLANCHIMENT *d'une muraille.* Albarium, *gén.* albarii. *neut.*

BLANCHIR *ou rendre blanc.* Dealbare, dealbo, dealbas, dealbavi, dealbatum. *act. accus. Blanchir du linge,* Lavare, lavo, lavas, lavi, lotum. *act. accus.*

BLANCHIR *ou devenir blanc.* Albescere, albesco, albescis, albui, *sans sup. neut. Blanchir de vieillesse.* Canescere, canesco, canescis, canui, *sans sup. neut.*

BLANCHISSAGE *du linge.* Lotura, loturæ. *fém.*

BLANCHISSERIE. Albaria officina, albariæ officinæ. *fém. L'un et l'a* se déclinent.

BLANCHISSEUR. Lotor, *gén.* loto *masc.*

BLANCHISSEUSE. Lotrix, *gén.* lotri *fém.*

BLANQUE, *jeu de hasard.* Ludi sortitio, *gén.* ludicræ sortitionis. *Tirer a la blanque.* Sortes ducere, du ducis, duxi, ductum. *act. acc.* On ajo *partout* sortes.

BLANQUETTE, *petite poire d'été.* L teum pirum, *gén.* lactei piri. *neut.*

BLASÉ. Effetus, effeta, effetum. *a*

BLASER. Sensum hebetare, hebet hebetas, hebetavi, hebetatum. *act. d* de la personne. On met toujours se sum.

BLASON *d'écusson.* Scuti gentilitii fig ræ, *génit.* figurarum. *fém. plur.* Sc gentilitii *sont au génit. et restent variables.*

BLASONNER. Gentilitia scuta explica explico, explicas, explicavi ou explicit explicatum *ou* explicitum. *act.* On ajo *partout* gentili ia scuta.

BLASPHÉMATEUR. Dei obtrectat *gén.* Dei obtrectatoris. *masc.* Dei reste *variable.*

BLASPHÉMATOIRE. Deo obtrecta *gén.* Deo obtrectantis. *de tout genre.* reste invariable.

BLASPHÈME. Verbum impium, verbi impii. *neut.*

BLASPHÉMER. Deo obtrectare, o trecto, obtrectas, obtrectavi, obtrectatu *neut.* On met toujours Deo.

BLAYE, *ville.* Blavia, *gén.* Blaviæ. *fé*

BLÉ. Frumentum, *gén.* frumenti. n Qui est de blé. Frumentarius, frumenta frumentarium. *adj.*

BLÊME. Pallidus, pallida, pallidu *adj.*

BLÊMIR. Pallescere, pallesco, pall cis, pallui. *sans supin. neut.*

BLESSÉ. Vulneratus, vulnerata, v neratum. *part. pass.* de Vulnero. *nom d'instrument se met à l'ablat.*

BLESSER. Vulnerare, vulnero, v neras, vulneravi, vulneratum. *act. a Le nom d'instrument et de la manièr sont mis à l'ablat. sans prép.*

BLESSURE. Vulnus, *g.* vulneris. n

BLETTE, *herbe potagère.* Blitum, *g* bliti. *neut.*

BLEU. Cæruleus, cærulea, cæruleu *adj. Du bleu ou couleur bleue.* Cæruleu *gén.* cærulei. *neut.*

BLEUATRE. Subcæruleus, subcærul subcæruleum. *adj.*

BLOC, morceau de marbre non taillé. Rudis massa, *gén.* rudis massæ. *fém.* L'un et l'autre se déclinent.

BLOC, amas de marchandises. Summa, *gén.* summæ. *fém.* En bloc. Summatim. *adv.*

BLOC, billot. Brevior truncus ligneus, *gén.* brevioris trunci lignei. *masc.*

BLOCAGE. Cæmentum, *gén.* cæmenti. *neut.*

BLOCUS. Interclusio, *g.* interclusionis. *fém.*

BLOIS, *ville.* Blesæ, *gén.* Blesarum. *fém. plur.* Qui est de Blois. Blesensis, blesense, *neut. gén.* blesensis *pour tous les genres.*

BLOND. Flavus, flava, flavum. *adj.*

BLONDIN. Adolescens flavis crinibus, *gén.* adolescentis flavis crinibus. *On ne change rien à ces deux derniers mots.*

BLONDIR, en parlant des cheveux *qui* deviennent blonds. Flavescere, flavesco, flavescis, *sans prétérit ni supin. neut.*

BLONDISSANT. Flavescens, *gén.* flavescentis *de tout genre.*

BLOQUÉ. Circumclusus, circumclusa, circumclusum. *part. pass. de* Circumcludo.

BLOQUER. Circumcludere, circumcludo, circumcludis, circumclusi, circumclusum. *act. acc.*

SE BLOTTIR. In angustum se abdere, abdo, abdis, abdidi, abditum. *act. accus. On ne change pas* in angustum.

BLOUSE. Fundula, *gén.* fundulæ. *fém.*

BLOUSER. In fundulam. trudere, trudo, trudis, trusi, trusum, *acc. act.*

SE BLOUSER. Errare, erro, arras, erri, erratum. *neut.*

BLUET, *fleur bleue qui croit dans les blés.* Cyanus, *gén.* cyani. *masc.*

BLUETTE. Scintilla, *gén.* scintillæ. *fém.*

BLUTEAU, Succerniculum, *gén.* succerniculi. *neut.*

BLUTER. Succernere, succerno, succernis, succrevi, succretum. *acc. act.*

BOBECHE, *partie du chandelier où on met la chandelle.* Tubulus, *génit.* tubuli. *masc.*

BOBINE. Fusus, *g.* fusi. *masc.*

BOCAGE. Silvula, *gén.* silvulæ. *fém.*

BOCAGER. Silvestris, *masc fém.,* sylvestre. *neut. gén.* sylvestris *pour tous les genres.*

BOCAL, *bouteille ronde, qui a le cou étroit et long.* Lagena longior, *gén.* lagenæ longioris. *fém.* L'un et l'autre se déclinent.

BOEUF. Bos, *gén.* bovis. *masc. au plur.* boves, boum, bobus, *etc.* Jeune bœuf. Juvencus, *gén.* juvenci. *masc.* Buculus, *g.* buculi. *masc.* Bœuf sauvage. Bubalus, *gén.* bubali. *masc.* Bos ferus, *g.* bovis feri. *masc.* L'un et l'autre se déclinent. Troupeau de bœufs. Boum grex, *gén.* boum gregis. *masc.* Ne déclinez que grex ; boum reste toujours au *g. plur.* De bœuf Bubulus, bubula, bubulum. *adj.* Du bœuf ou de la chair de bœuf. Bubula, *gén.* bubulæ. *fém. On sous-entend* caro. Etable à bœuf. Bovile, *gén.* bovilis. *neut.* Marche aux bœufs. Forum boarium, *gén.* fori boarii. *neut.* L'un et l'autre se déclinent. Celui qui a soin des bœufs ou bouvier. Bubulcus, *g.* bubulci. *masc.*

BOHÊME, *royaume.* Bohemia, *gén.* Bohemiæ. *fém.* Qui est de Bohême. Bohemicus, bohemica, bohemicum. *adj.*

BOHÉMIEN. Bohemus, *génit.* Bohemi. *masc.*

BOHÉMIENNE. Bohema, *gén.* Bohemæ. *fém.*

BOHÉMIENS et BOHÉMIENNES. *Coureurs et coureuses qui disent la bonne aventure.* Harioli ac fatidici, *g.* hariolorum ac fatidicorum. *masc. plur.* Si ce sont des femmes. Hariolæ ac factidicæ, *gén.* hariolarum ac fatidicarum. *fém. plur.*

BOIRE. Bibere, bibo, bibis, bibi, bibitum. *act. avec l'acc.* Donner à boire. Dare potum, do, das, dedi, datum. *act. dat.* On met toujours potum. Boire, en parlant du papier, *etc.* Bibulum esse, sum, es, fui. (Bibulus, bibula, bibulum.)

LE BOIRE, *nom.* Potus, *gén.* potûs. *masc.*

BOIS ou forêt. Silva, *gén.* silvæ. *fém,* Qui est dans le bois. Silvestris, *masc. fém.* silvestre, *neut. gén.* silvestris *pour tous les genres.*

DU BOIS. Lignum, *gén.* ligni. *neut.* Qui est de bois. Ligneus, lignea, ligneum. *adj.* Bois de cerf. Cervi cornua, *gén.* cornuum, *neut. plur.*

BOIS-LE-DUC, *ville.* Silva Ducis, *gén.* Silvæ Ducis. *fémin. On ne décline que* Silva.

BOISÉ. Tabulis vestitus, vestita, vestitum. *part. pass. de* Vestio. Tabulis *est un abl. plur. qu'on ajoute partout.*

BOISER. Tabulis vestire, vestio, vestis, vestivi, vestitum. *act. acc.* Tabulis *reste toujours.*

BOISERIE. Parietum vestitus ligneus, *gén.* parietum vestitûs lignei. *m. On ne change rien à* parietum.

BOISSEAU. Modius, *g.* modii. *m.*

BOISSON. Potus, *g.* potûs. *m.*

BOITE. Pyxis, *gén.* pyxidis. *fém.* Boite à tirer. Æneum crepitaculum, *g.* ænei crepitaculi. *neut.* L'un et l'autre se déclinent.

BOITEMENT, *l'action de boiter.* Claudicatio, *g.* claudicationis *fém.*

BOITER. Claudicare, claudico, claudicas, claudicavi, claudicatum. n.

BOITEUX. Claudus, clauda, claudum. adj.

BOITIER, coffre à onguent. Narthecium, gén. narthecii. n.

BOL d'Arménie. Armenia gleba, gén. Armeniæ glebæ. fém. Ces deux mots se déclinent.

BOLOGNE, ville. Bononia, g. Bononiæ. fém.

BOMBANCE. Comessatio, g. comessationis. fém. Faire bombance. Helluari, helluor, helluaris, helluatus sum. dép.

BOMBARDEMENT. Globorum ferreorum sulfure confertorum jactus, g. globorum ferreorum sulfure confertorum jactûs. m. On ne décline que jactus.

BOMBARDER. Globis ferreis sulfure confertis fulminare, fulmino, fulminas, fulminavi, fulminatum. n. Le régime se met à l'acc. avec in.

BOMBE. Globus ferreus sulfure confertus, g. globi ferrei sulfure conferti. masc. Sulfure reste toujours.

BOMBÉ. Gibbus, gibba, gibbum. adj.

BOMBER. In gibbum facere, facio, facis, feci, factum. act. acc. On met toujours in gibbum.

BON, bonus, bona, bonum. Au comp. melior, meilleur; au sup. optimu, très bon. Bon, en parlant des personnes. Probus, proba, probum. Bonus, bona, bonum. Bon, cela est bon. Benè est. A quoi bon. Scriò. adv. Bon air, bonne grâce. Oris lepor, g. oris leporis. masc. Oris reste toujours.

BONACE, calme de la mer. Tranquillitas, g. tranquillitatis. fém.

BONASSE, simple, sans malice et de peu d'esprit. Incallidè pacificus, pacifica, pacificum. On met toujours incallidè.

BOUBON. Cupedia, g. cupediæ. f.

BOND ou saut. Saltus, g. saltûs. m. Faire faux bon à quelqu'un. Alicui deesse, desum, dees, defui.

BONDE. Objectaculum, g. objectaculi. neut.

BONDIR. Subsilire, subsilio, subsilis, subsilui, subsultum. n. Cela me fait bondir le cœur, changez : Cela me cause un bondissement de cœur. Hoc mihi nauseam movet; movere, moveo, moves, movi, motum. act. En bondissant ou par bonds. Subsultim. adv.

BONDISSANT. Saliens, g. salientis. part. prés. de Salio.

BONDISSEMENT. Subsultus, g. subsultûs. masc.

BONDON. Obturamentum, g. obturamenti. n.

BONDONNÉ. Obturatus, obturata, obturatum. part. pass. d'Obturo.

BONDONNER. Obturare, obturo, obturas, obturavi, obturatum. act. acc.

BONHEUR. Felicitas, gén. felicitatis. fém.

BONHOMIE. Ingenua bonitas, g. ingenuæ bonitatis. fém.

BONIFIER, en parlant des terres. Oblimare, oblimo, oblimas, oblimavi, oblimatum. act. acc.

BONJOUR. Salve. Si l'on parle à plusieurs, Salvete. Donner le bonjour. Salutare, saluto, salutas, salutavi, salutatum. act. acc.

BONN, ville. Bonna, g. Bonnæ. f.

BONNE. Voyez Bon.

BONNEMENT. Bonâ fide, à l'abl. Ou simpliciter.

BONNET. Pileus, g. pilei. masc.

BONNETERIE. Pileorum ars ou mercatura, gén. pileorum artis ou mercaturæ. fém.

BONNETIER. Pileorum opifex, g. pileorum opificis. masc. On ne décline pas pileorum.

BONS SENS. Judicium, g. judicii. n.

BONSOIR, comme : Donner le bonsoir. Faustam noctem precari, precor, precaris, precatus sum. dép. dat. On met toujours Faustam noctem.

BONTÉ. Bonitas, g. bonitatis. fém.

BONTÉ, douceur. Humanitas, g. humanitatis. fém.

BONTÉ, inclination de faire du bien. Benignitas, g. benignitatis. fém.

BONTÉ, bêtise. Simplicitas, g. simplicitatis. fém.

BORAX. Borax, g. boracis. masc.

BORD. Ora, gén. oræ. fém.

BORD, en parlant d'une rivière. Ripa, gén. Ripæ. fém.

BORDÉ. Circumdatus, circumdata, circumdatum. part. pass. de Circumdo. avec l'abl. de la chose qui borde.

BORDEAUX, ville. Burdigala, g. Burdigalæ. fém. Qui est de Bordeaux. Burdigalus, burdigala, burdigalum. adj.

BORDER. Circumdare, circumdo, circumdas, circumdedi, circumdatum. act. acc. avec l'abl. de la chose qui borde.

BORDEREAU, papier où l'on écrit les espèce de monnaie que l'on donne. Schedula, g. schedulæ. fém.

BORDURE. Margo, g. marginis. masc.

BORÉAL. Borealis, masc. fém. boreale, n. g. borealis.

BORÉE, vent. Boreas, g. boreæ. masc.

BORGNE. Cocles, g. coclitis. masc. et fém.

BORNAGE, plantation de bornes. Limitatio, g. limitationis. fém.

BORNE. Terminus, g. termini. masc.

BOU   BOU

BORNE. Terminatus, terminata, terminatum. *part. pass. de* Termino.

BORNER. Terminare, termino, terminas, terminavi, terminatum. *act. acc.*

BOSPHORE. Bosphorus, *g.* Bosphori. *masc.*

BOSQUET, *petit bois.* Silvula, *g.* silvulæ. *fém.*

BOSSE ou *tumeur.* Tuber, *gén.* tuberis. *neut.*

Bosse *d'un bossu.* Gibbus, *g.* gibbi. *masc.*

BOSSU. Gibber, gibbera, gibberum, *g.* gibberi.

BOSSUER *un plat, etc.* Concavare, concavo, concavas, concavavi, concavatum. *act. acc.*

BOT, *en parlant du pied. Un pied bot.* Pravus pes, *g.* pravi pedis. *m. Ces deux mots se déclinent.*

BOTANIQUE. Botanica, *g.* botanicæ. *fém.*

BOTANISTE. Herbarius, *gén.* herbarii. *masc.*

BOTTE, *chaussure.* Ocrea, *g.* ocreæ. *fém.*

Botte ou *paquet.* Fascis, *gén.* fascis. *masc.*

Botte ou *coup.* Ictus, *gén.* ictûs. *m.*

BOTTÉ. Ocreatus, ocreata, ocreatum. *adj.*

BOTTELAGE, *l'action de lier le foin en bottes.* Feni alligatio, *g.* feni alligationis. *fém. On ne change pas* feni.

BOTTELER, *mettre en bottes.* Manipulatim componere, compono, componis, composui, compositum. *act. acc.* Manipulatim *reste toujours.*

BOTTER. Ocreas induere, induo, induis, indui, indutum. *act. dat. de la personne. On laisse toujours* ocreas.

BOTTIER, *cordonnier qui fait des bottes.* Ocrearum artifex, *g.* Ocrearum artificis. *m.* Ocrearum *reste toujours.*

BOTTINE. Levior ocrea, *g.* levioris ocreæ. *f. L'un et l'autre se déclinent.*

BOUC. Hircus, *g.* hirci. *masc.*

BOUCANER, *faire sécher de la chair ou du poisson à la fumée.* Infumare, infumo, infumas, infumavi, infumatum. *act. acc.*

BOUCHE. Os, *gén.* oris. *neut.*

Bouches, *embouchure d'une rivière.* Ostium, *gén.* ostii. *n.*

BOUCHÉ. Clausus, clausa, clausum. *part. pass. de* Claudo.

BOUCHÉE. Buccea, *g.* bucceæ. *fém.*

BOUCHER, *verbe.* Claudere, claudo, claudis, clausi, clausum. *act. acc.*

BOUCHER, *celui qui tue les bêtes et vend la chair.* Lanius, *g.* lanii. *m. De* boucher *ou de* boucherie. Lanionius, lanionia, lanionium. *adj.*

BOUCHÈRE. Quæ carnes vendit.

BOUCHERIE. Laniena, *g.* lanienæ. *f. De* boucherie. Lanionius, lanionia, lanionium. *adj.*

BOUCHERIE, *carnage.* Cædes, *g.* cædis. *fém.*

BOUCHON. Obturamentum, *g.* obturamenti. *neut.*

Bouchon *de taverne.* Vini venalis signum, *gén.* vini venalis signi. *n.* Vini venalis *restent toujours.*

Bouchon *de paille.* Stramineus peniculus, *g.* straminei peniculi. *masc. L'un et l'autre se déclinent.*

BOUCHONNER, *frotter avec un bouchon de paille.* Stramineo peniculo perfricare, perfrico, perfricas, perfricui, perfrictum. *act. acc.* On met toujours stramineo peniculo.

BOUCLE ou *anneau.* Annulus, *g.* annuli. *m.* Boucle *de cheveux.* Cincinnus, *g.* cincinni. *masc.* Boucle *d'oreilles.* Inauris, *gén.* inauris. *fém.*

BOUCLER, *friser.* Crispare, crispo, crispas, crispavi, crispatum. *act. acc.*

Boucler, *fermer avec des boucles.* Fibulare, fibulo, fibulas, fibulavi, fibulatum. *act. acc.*

BOUCLIER. Clypeus, *g.* clypei. *m.*

BOUDER. Obmurmurare, obmurmuro, obmurmuras, obmurmuravi, obmurmuratum. *neut.*

BOUDERIE, *action de bouder.* Tacita ira, *g.* tacitæ iræ. *fém. L'un et l'autre se déclinent.*

BOUDEUR, BOUDEUSE. Tacitâ irâ exæstuans, *gén.* tacitâ irâ exæstuantis. *part. On laisse les deux premiers mots comme ils sont.*

BOUDIN. Botulus, *g.* botuli. *m.*

BOUE. Lutum, *g.* luti. *n. Qui est de* boue. Luteus, lutea, luteum. *adj.*

Boue, *pus.* Pus, *gén.* puris. *n.*

BOUEUR, *qui ramasse les boues d'une ville dans un tombereau.* Qui plaustro lutum avehit; aveho, avehis, avexi, avectum, avehere. *act. acc.*

BOUEUX ou *plein de boue.* Lutosus, lutosa, lutosum. *adj.*

BOUFFÉE. Flatus, *g.* flatûs. *masc.*

BOUFFI. Tumidus, tumida, tumidum. *adj.*

BOUFFIR. Voyez *Enfler.*

BOUFFISSURE. Tumor, *g.* tumoris. *masc.*

BOUFFON. Scurra, *g.* scurræ. *masc. En* bouffon. Scurriliter. *adv.*

BOUFFONNER. Scurrari, scurror, scurraris, scurratus sum. *dép.*

BOUFFONNERIE. Scurrilis jocus, *g.* scurrilis joci. *masc. L'un et l'autre se déclinent.*

BOUGE. Cellula, *g.* cellulæ. *fém.*

BOUGEOIR, *petit chandelier.* Candelabrum, *génit* candelabri. *neut.* On ajoute cum manubriolo, *parce qu'il a un manche.*

BOUGER. Voy. *Remuer. Ne bougez.* Ne te moveas.

BOUGETTE, *sac de cuir.* Bulga, *gén.* bulgæ. *fém.*

BOUGIE. Filum inceratum, *génit.* fili incerati. *neut. L'un et l'autre se déclinent.*

BOUILLANT. Fervens, *g.* ferventis *de tout genre. Au comp.* ferventior ; *au sup.* ferventissimus.

BOUILLI. Fervefactus, fervefacta, fervefactum. *part. pass. de* Fervefacio.

Du BOUILLI. Elixum, *génit.* elixi. *n. Viandes bouillies.* Carnes elixæ, *g.* carnium elixarum. *fém. pl.*

BOUILLIE, *lait et farine bouillis ensemble.* Puls, *g.* pultis. *fém.*

BOUILLIR. Fervere, ferveo, ferves, ferbui. *sans sup. neut. Faire bouillir.* Fervefacere, fervefacio, fervefacis, fervefeci, fervefactum. *act. acc. Faire bouillir, faire cuire.* Incoquere, incoquo, incoquis, incoxi, incoctum. *act. acc.* Dans *ne s'exprime pas, et on met la chose dans laquelle on fait bouillir à l'abl.*

BOILLON, *suc. Jus, g.* juris. *n.*

BOUILLON ou *onde.* Unda, *g.* undæ. *f.* A gros bouillons. Undatim. *adv.*

BOUILLON, *plante.* Verbascum, *g.* verbasci. *neut.*

BOUILLON, *ville.* Bullionum, *g.* Bullionii. *neut.*

BOUILLONNEMENT. Æstus, *g.* æstûs. *masc.*

BOUILLONNER. Ebullire, ebullio, ebullis, ebullivi *ou* ebullii, ebullitum. *neut.*

BOULANGER. Pistor, *gén.* pistoris. *masc.*

BOULANGÈRE. Pistrix, *gén.* pistricis. *fém.*

BOULANGERIE. Pistrina, *g.* pistrinæ. *fém.*

BOULE. Globus, *g.* globi. *m.*

BOULEAU, *arbre.* Betula, *g.* betulæ. *fém.*

BOULET *de fer.* Globus ferreus, *gén.* globi ferrei. *masc.*

BOULEVARD. Agger, *gén.* aggeris. *masc.*

BOULEVERSÉ. Eversus, eversa, eversum. *part. pass. d'*Everto.

BOULEVERSEMENT. Eversio, *génit.* eversionis. *fém.*

BOULEVERSER. Evertere, everto, evertis, everti, eversum. *act. acc.*

BOULIN, *où le pigeon fait son nid.* Cellula, *gén.* cellulæ. *fém.*

BOULINGRIN, *jardin orné de* palissades. Hortulus arboribus consitus, *g.* Hortuli arboribus consiti. *m.* Arboribus ne se *décline point.*

BOULOGNE, *ville.* Bononia, *g.* Bononiæ. *f. Qui est de Boulogne.* Bononiensis, masc. fém. bononiense, *n. g.* bononiensis *pour tous les genres.*

BOULIN, *grosse cheville de fer.* Fibula ferrea, *gén.* fibulæ ferreæ. *f. L'un et l'autre se déclinent.*

BOUQUET. Sertum, *g.* serti. *masc.*

BOUQUETIÈRE. Coronaria, *g.* coronariæ. *fém.*

BOUQUETIN, *bouc sauvage.* Ibex, *g.* ibicis. *masc.*

BOUQUIN, *vieux bouc.* Hircus, *gén.* hirci. *masc. Cornet à bouquin.* Buccinum *g.* buccini. *n. Sentir le bouquin.* Hircum olere, oleo, oles, olui, olitum.

BOUQUIN ou *vieux livre.* Antiquus et vilis codex, *g.* antiqui et vilis codicis. *m. Tout se décline.*

BOUQUINER, *feuilleter les vieux livres.* Viles et cariosos libros evolvere, evolvo, evolvis, evolvi, evolutum. *act.* Viles et cariosos libros *restent toujours sans se décliner.*

BOUQUINEUR. Vilium et cariosorum librorum indagator, *g.* vilium et cariosorum librorum indagatoris. *masc.* Indagator *seul se décline.*

BOUQUINISTE. Vilium et cariosorum librorum mercator, *g.* vilium et cariosorum librorum mercatoris. *masc.* mercator *seul se décline.*

BOURACAN. Pannus cilicinus, *gén.* panni cilicini. *masc. L'un et l'autre se déclinent.*

BOURBE. Cœnum, *g.* cœni. *n.*

BOURBEUX. Cœnosus, cœnosa, cœnosum. *adj.*

BOURBIER. Lacuna cœnosa, *génit.* lacunæ cœnosæ. *fém. L'un et l'autre se déclinent.*

BOURBON, *ville.* Borbonium, *g.* Borbonii. *neut.*

LE BOURBONNAIS. Borbonius Ager, *g.* Borbonii Agri. *masc. L'un et l'autre se déclinent.*

BOURDE, *mensonge, défaite.* Commentum, *g.* commenti. *n.*

BOURDON ou *bâton.* Baculum longius, *gén.* baculi longioris. *n. L'un et l'autre se déclinent.*

BOURDON, *mouche.* Fucus, *g.* fuci. *masc. Faux-bourdon.* Rudior concentus, *g.* rudioris concentûs. *masc. L'un et l'autre se déclinent.*

BOURDONNEMENT. Bombus, *g.* bombi. *masc.*

BOURDONNER. Bombum facere, facio, facis, feci, factum. *act.* On met toujours bombum.

BOURG ou BOURGADE. Pagus *g.* Pagi. *masc.* Qui est d'un bourg. Pagaus, paganæ , paganum. *adj.*

BOURG-EN-BRESSE, *ville.* Burgus, *g.* Burgi. *masc.*

BOURGEOIS. Civis, *g.* civis. *masc.*

BOURGEOISE. Civis, *g.* civis. *f.*

BOURGEOISEMENT. More civico. *Ces deux mots sont à l'abl.*

BOURGEOISIE. Civitas, *gén.* civitatis. *fém.*

BOURGEOISIE, *les bourgeois.* Cives, *g.* civium. *masc. pl.*

BOURGEON. Gemma, *gén.* gemmæ. *fém.*

BOURGEONNÉ, *visage bourgeonné.* Papulis coopertus, cooperta, coopertum. *On met toujours* papulis

BOURGEONNER. Gemmare, gemmo, gemmas, gemmavi, gemmatum. *n.*

BOURGES, *ville.* Bituricæ, *g.* Bituricarum. *fém. pl.* Qui est de Bourges. Bituricus, biturica, bituricum. *adj.*

BOURGMESTRE. Consul, *g.* consulis. *masc.*

BOURGOGNE, *province.* Burgundia, *gén.* Burgundiæ. *fém.*

BOURGUIGNON ou *de Bourgogne.* Burgundus, burgunda, burgundum. *adj.*

BOURRACHE, *herbe.* Euphrosinum, *gén.* euphrosini. *n.*

BOURRADE, *coup.* Ictus, *gén.* ictûs. *masc.*

BOURRASQUE, *tempête.* Tempestas, *gén.* tempestatis. *fém.*

BOURRE. Tomentum, *gén.* tomenti. *neut.*

BOURRÉ de bourre. Tomento fartus, farta, fartum. *part. pass. de* Farcio. *Ajoutez partout* tomento.

BOURREAU. Carnifex, *g.* carnificis. *masc.*

BOURRÉE, *fagot.* Virgeus fascis, *g.* virgei fascis. *masc. Déclinez tous les deux.*

BOURRELER, *tourmenter.* Cruciare, crucio, crucias, cruciavi, cruciatum. *act. acc.*

BOURRELIER. Helciarius, *g.* helciarii. *masc.*

BOURRER de bourre. Tomento farcire, farcio farcis, farsi, fartum. *act. acc.* Tomento est a l'ab.

BOURRER, *battre.* Verberare, verbero, verberas, verberavi, verberatum. *act. acc. La chose avec laquelle on bat se met à l'ablat.*

BOURRIQUE, *âne ou ânesse.* Asinus, *g.* asini. *m.* Asina, *g.* asinæ. *fém.*

BOURRIQUET. Asellus, *gén.* aselli. *masc.*

BOURRU ou *fantasque.* Morosus, morosa, morosum. *adj.* Vin bourru. Vinum turbidum, *g.* vini turbidi. *n. L'un et l'autre se déclinent.*

BOURSE. Crumena, *g.* crumenæ. *fém.* Coupeur de bourse. Zonarius sector, *g.* zoranii sectoris. *masc. L'un et l'autre se déclinent.*

BOURSE, *le change.* Forum argentarium, *gén.* fori argentarii. *n. Tous deux se déclinent.*

BOURSIER d'un collège, etc. Adolescens alimentarius, *g.* adolescentis alimentarii. *m. L'un et l'autre se décl.*

BOURSILLER, *fournir sa quote part d'une somme.* De suo suppeditare, suppedito, suppeditas, suppeditavi, suppeditatum. *act. acc.*

BOURSOUFLÉ, *bouffi.* Tumidus, tumida, tumidum. *adj.*

BOUSE, *fiante de vache ou de bœuf.* Stercus, *gén.* stercoris. *n.*

BOUSILLAGE, *bâtiment fait avec de la terre et de la paille.* Lutum paleatum, *gén.* luti paleati. *n. l'un et l'autre se décl.*

BOUSILLER, *bâtir avec de la boue et de la paille.* Luto construere, construo, construis, construxi, constructum. *act. acc. On met partout* luto.

BOUSSOLE. Pyxis nautica, *génit.* pyxidis nauticæ. *fém. L'un et l'autre se déclinent.*

BOUT. Extremum, *g.* extremi. *n. D'un bout à l'autre* ou *tout entier.* Totus, tota, totum, *g.* totius, *dat.* toti. — On fait accorder *totus* avec un substantif en genre, en nombre et en cas. Exemple : *J'ai lu mon livre d'un bout à l'autre.* Legi meum librum totum. *Avoir sur le bout de la langue.* In labris primordibus habere, habeo, habes, habui, habitum. *act. acc. Savoir une histoire sur le bout du doigt.* Historiam percallere, percalleo, percalles, percallui, *sans sup. act. acc. Au bout de* ou *après.* Post avec l'acc. Au bout de deux ans. Post duos annos. *Venir à bout de, achever, réussir.* Perficere, perficio, perficis, perfeci, perfectum. *act. acc. Venir à bout, obtenir.* Assequi, assequor, assequeris, assecutus sum. *dép. avec l'acc. Venir à bout, réduire.* Ad officium reducere, reduco, reducis, reduxi, reductum. *act. acc. On met partout* ad officium.

BOUTADE. *Voyez* Caprice.

BOUTE-FEU. Incendiarius, *g.* incendiarii. *masc.*

BOUTEILLE, *vase.* Lagena, *g.* lagenæ. *fém.*

BOUTEILLE, *sur l'eau, etc.* Bulla, *g.* bullæ. *fém.*

BOUTIQUE de travail. Officina, *gén.* officinæ. *fém.*

BOUTIQUE de barbier. Tonstrina, *gén.* tonstrinæ. *fém.*

BOUTIQUE où l'on vend. Taberna, *gén.* tabernæ. *fém.*

BOUTOIR, *groin du sanglier*. Apri rostrum, *g.* apri rostri. *n.* Apri *ne change point.*

BOUTOIR, *outil du maréchal pour percer le pied du cheval.* Novacula recidendæ equinæ ungulæ, *gén.* novaculæ recidendæ equinæ ungulæ. *fém.* On ne décline que novacula.

BOUTON *d'habit.* Globulus, *g.* globuli. *masc.*

BOUTON ou *bourgeon aux arbres*. Gemma, *gén.* gemmæ. *fém.* Bouton *au visage*. Papula, *gén.* papulæ. *fém.* Bouton *de rose.* Rosæ alabaster, *gén.* rosæ alabastri. *masc.* On ne décline que alabaster. Bouton *qui enveloppe une fleur.* Folliculus, *gén.* folliculi. *masc.* Bouton *de feu dont se servent les chirurgiens.* Cauterium, *g.* cauterii. *neut.*

BOUTONNÉ, *en parlant du visage, etc.* Pustulatus, pustulata, pustulatum. *adj.*

BOUTONNÉ, *en parlant d'un habit.* Globulis astrictus, astricta, astrictum. Ajoutez à tous les cas globulis.

BOUTONNER, *en parlant d'un habit, etc.* Globulis astringere, astringo, astringis, astrinxi, astrictum. *act. acc.* On met toujours globulis.

BOUTONNER ou *bourgeonner, en parlant des arbres* Gemmare, gemmo, gemmas, gemmavi, gemmatum. *n.*

BOUTONNIER, *qui fait des boutons.* Qui globulus tegit.

BOUTONNIERE. Ansula, *g.* ansulæ. *fém.*

BOUTURE, *branche d'arbre pour planter.* Talea, *g.* taleæ. *fém.*

BOUVERIE, *étable à bœufs.* Bubile, *gén.* bubilis. *neut.*

BOUVIER. Bubulcus, *génit.* bubulci. *masc.*

BOUVIER, *signe céleste.* Bootes, *gén.* bootæ. *masc.*

BOUVILLON. Juvencus, *gén.* juvenci. *masc.*

BOYAU. Intestinum, *gén.* intestini. *n. Descente de boyau.* Ilium procidentia, *g.* ilium procidentiæ. *fém.* On ne décline pas ilium.

BRABANÇON, *qui est du Brabant.* Brabantinus, brabantina, brabantinum. *adj.*

BRABANT, *province*, Brabantia, *g.* Brabantiæ. *fém.*

BRACELET. Armilla, *gén.* armillæ. *fém.*

BRAIE. Panniculus, *gen.* panniculi. *masc.*

BRAILLARD, *braillarde.* Clamosus, clamosa, clamosum. *adj.*

BRAILLER, *parler bien haut, beaucoup et mal à propos.* Clamitare, clamito, clamitas, clamitavi, clamitatum. *neut.*

BRAIRE, *verbe.* Rudere, rudo, rudis, rudi. *sans sup. neut.*

BRAIRE *subst.* Ruditus, *gén.* ruditûs. *masc.*

BRAISE. Pruna, *g.* prunæ. *fém.*

BRANCARD. Ferculum, *gén.* ferculi. *neut.*

BRANCHAGE. Ramalia, *g.* ramalium. *neut. pl.*

BRANCHE. Ramus, *g.* rami, *masc.*

BRANCHE-URSINE, *herbe.* Acanthus, *gén.* acanthi. *masc.*

BRANCHER, *se poser sur un arbre, en parlant des oiseaux.* In ramis sedere, sedeo, sedes, sedi, sessum. *n.*

BRANCHU. Ramosus, ramosa, ramosum. *adj.*

BRANDEBOURG ou *casaque.* Penula, *gén.* penulæ. *fém.*

BRANDEBOURG, *ville.* Brandeburgum, *gén.* Brandeburgi. *n.* Qui est de Brandebourg. Brandeburgensis, *masc. fém.* brandeburgense, *n. g.* brandeburgensis.

BRANDILLEMENT. Agitatio, *g.* agitationis. *fém.*

BRANDILLER ou *agiter.* Agitare, agito, agitas, agitavi, agitatum. *act. acc.*

BRANDILLOIRE. Funis quo quis huc et illuc jactatur, *gén.* funis quo quis huc et illuc jactatur. *masc.* Funis *seul se décline.*

BRANDIR, *remuer, branler.* Crispare, crispo, crispas, crispavi, crispatum. *act. acc.*

BRANDON, *flambeau de paille.* Straminea fax, *g.* stramineæ facis. *fém.* L'un et l'autre *se déclinent.*

BRANLANT. Nutans, *g.* nutantis *de tout genre.*

BRANLE, *danse.* Saltatorius orbis, *g.* saltatorii orbis. *masc.* L'un et l'autre *se déclinent.*

BRANLE, *lit de matelot.* Lectus nauticus, *g.* lecti nautici. *masc.* On décline *ces deux mots.*

BRANLEMENT, *l'action de branler.* Agitatio, *g.* agitationis. *f. Branlement de tête.* Nutatio, *g.* nutationis. *fém.*

BRANLER ou *faire remuer.* Movere, moveo, moves, movi, motum. *actif accus.*

BRANLER ou *se mouvoir.* Moveri, moveor, moveris, motus sum. *pass.*

BRANLER, *n'être pas ferme.* Titubare, titubo, titubas, titubavi, titubatum. *neut.*

BRAQUE, *chien de chasse.* Canis sagax, *gén.* canis sagacis. *masc.* L'un et l'autre *se déclinent.*

BRAQUER. Librare, libro, libras, libravi, libratum. *act. acc.*

BRAS. Brachium, *g.* brachii. *n. Bras de mer.* Fretum, *g.* freti. *n. adv. A bras ouverts.* Amantissimé. *Avoir sur les bras, avoir soin.* Curare, curo, curas, curavi, curatum. *act. acc. Avoir quelqu'un sur les bras, être tourmenté par lui.* Vexari, vexor, vexaris, vexatus sum. *pass. abl.*

BRAS, *puissance.* Potestas, *g.* potestatis. *fém.*

BRASIER. Prunæ, *g.* prunarum. *fém. pluriel.*

BRASSARD. Tegmen ferreum brachii, *gén.* tegminis ferrei brachii. *n.* Brachii *reste toujours.*

BRASSE, *mesure.* Duorum brachiorum mensura, *gén.* duorum brachiorum mensuræ. *fém.* Duorum brachiorum *ne change point.*

BRASSÉE. Quantùm brachiorum complexu contineri potest.

BRASSER, *remuer à force de bras.* Subigere, subigo, subigis, subegi, subactum. *act. acc. Brasser de la biere.* Cervisiam coquere, coquo, coquis, coxi, coctum. *act. acc.*

BRASSERIE, *lieu où l'on brasse la bière.* Cervisiæ coquendæ officina, *g.* cervisiæ coquendæ officinæ. *fém.*

BRASSEUR. Qui cervisiam coquit.

BRAVADE. Frivola jactantia, *g.* frivolæ jactantiæ. *fém.*

BRAVE ou *vaillant.* Fortis, *masc. f.* forte, *n. gén.* fortis.

BRAVE ou *bien vêtu.* Eleganter vestitus, vestita, vestitum. *On met toujours* eleganter.

BRAVEMENT. Fortiter. *adv.*

BRAVER. Insultare, insulto, insultas, insultavi, insultatum. *act. acc. avec* in.

BRAVERIE. Elegans vestitus, *g.* elegantis vestitûs. *masc. L'un et l'autre se déclinent.*

BRAVOURE. Magnanimitas, *g.* magnanimitatis. *fém.*

BRAYER. Fascia, *g.* fasciæ. *fém.*

BRÉANT, *oiseau.* Anthus, *gén.* anthi. *masc.*

BREBIS. Ovis, *gén.* ovis. *fém.*

BRÈCHE. Ruina, *g.* ruinæ. *fém.*

BREDA, *ville.* Breda, *génit.* Bredæ. *fém.*

BREDOUILLEMENT. Oris titubantia, *g.* oris titubantiæ. *fém. On ne change rien à* oris.

BREDOUILLER. Verba frangere, frango, frangis, fregi, fractum. *act. On met toujours* verba.

BREDOUILLEUR. Qui verba frangit. *Si c'est une femme, on dit* quæ.

BREF ou *court.* Brevis, *masc. fém.* breve, *n. gén.* brevis *pour tous les genres. En bref* ou *bientôt.* Propè diem.

UN BREF. Diploma, *gén.* diplomatis. *neut.*

BRELAN. Ludus aleatorius, *gén.* ludi aleatorii. *masc. On décline tous les deux.*

BRELAN, *académie de jeu.* Forum aleatorium, *gén.* fori aleatorii. *n.*

BRELANDIER. Aleator, *g.* aleatoris. *masc.*

BRÊME, *poisson.* Brema, *gén.* bremæ. *fém.*

BRÉSIL, *grand et vaste pays.* Brasilia, *gén.* Brasiliæ. *fém. Bois de Brésil.* Brasilicum lignum, *gén.* Brasilici ligni. *n. L'un et l'autre se déclinent.*

BRESILLER, *mettre en petits morceaux.* Minutatim concidere, concido, concidis, concidi, concisum. *act.* Minutatim *reste toujours.*

BRESSE, *province.* Bressia, *g.* Bressiæ. *fém.*

BREST, *ville.* Brestum *gén.* Bresti. *neut.*

BRETAGNE. Britannia, *g.* Britanniæ. *fém. Qui est de Bretagne.* Britannus, britanna, britannum. *adj.*

BRETELLE. Lorum, *g.* lori. *n.*

BRETON. Armoricus, armorica, armoricum, *ou mieux* Brito, *gén.* britonis, *masc. fém.*

BRETTE. Longior gladius, *gén.* longioris gladii. *masc. L'un et l'autre se déclinent.*

BRETTEUR, *celui qui porte une brette.* Machærâ accinctus, *gén.* machærâ accincti. *masc.* Machærâ *ne change point.*

BREVET. Breve diploma, *gén.* brevis diplomatis. *masc. L'un et l'autre se déclinent.*

BREVETER *quelqu'un.* Breve Regis diploma dare, do, das, dedi, datum. *act. dat.* Breve regis diploma *reste toujours. Etre breveté.* Brevi Regis diplomate donari, donor, donaris, donatus sum. *pass.*

BRÉVIAIRE. Breviarium, *g.* breviarii. *n. Dire son bréviaire.* Diurnas preces è breviario recitare, recito, recitas, recitavi, recitatum. *act.* On *met partout* diurnas preces è breviario.

BREUVAGE. Potio, *g.* potionis. *f.*

BRIANÇON, *ville.* Brigantium, *gén.* Brigantii. *neut. Qui est d'Briançon.* Brigantinus, brigantina, brigantinum. *adj.*

BRIARE, *ville.* Briadurum, *g.* Briaduri. *neut.*

BRIBE, *morceau de pain ou de viande.* Frustulum, *gén.* frustuli. *n.*

BRICOLE. Declinatio, *g.* declinationis. *fém.*

BRICOLE, *fausse excuse*. Frustratio, *g.* frustrationis. *fém.*

BRICOLER. Pilam in parietem obliquè impingere, impingo, impingis, impegi, impactum. *act. On ajoute partout* Pilam in parientem obliquè *au verbe* impingere.

BRIDE. Frenum, *g.* freni. *n. pl.* frena, frenorum. *n.* ou *bien* freni, frenorum. *masc.* A bride abattue, ou à toute bride. Laxis habenis. *à l'ablat.*

BRIDÉ. Frenatus, frenata, frenatum. *part. pass. de* Freno.

BRIDER. Frenare, freno, frenas, frenavi, frenatum. *act. acc.*

BRIE, *pays.* Bria, *g.* Briæ. *f.*

BRIÈVEMENT. Breviter. *adv. Comp.* breviùs; *superl.* brevissimè.

BRIÈVETÉ. Brevitas, *gén.* brevitatis. *fém.*

BRIFER. Vorare, voro, voras, voravi, voratum. *act. acc.*

BRIGADE. Caterva, *gén.* catervæ. *f.*

BRIGADIER. Manipularis ductor, *gén.* manipularis ductoris. *masc. L'un et l'autre se déclinent.*

BRIGAND. Latro, *g* latronis. *masc.*

BRIGANDAGE. Latrocinium, *g.* latrocinii. *neut.*

BRIGANDER, *voler.* Latrocinari, latrocinor, latrocinaris, latrocinatus sum. *dép.*

BRIGANTIN. Myoparo, *g.* myoparonis. *masc.*

BRIGNOLES, *ville.* Brignolium, *gén.* Brignolii. *neut.*

BRIGUE. Ambitus, *g.* ambitûs. *masc.*

BRIGUE, *conspiration.* Conspiratio, *g.* conspirationis. *fém.*

BRIGUÉ. Ambitus, ambita, ambitum. *part. pass. d'*Ambio.

BRIGUER. Ambire, ambio, ambis, ambivi ou ambii, ambitum. *act. acc.*

BRIGUEUR. Ambiens, *g.* ambientis de tout genre.

BRILLANT. *adj.* Fulgens, *m. f. n. g.* fulgent's.

UN BRILLANT. Fulgor, *gén.* fulgoris. *masc.*

BRILLER. Fulgere, fulgeo, fulges, fulsi, *sans sup. neut.*

BRIN. Coliculus, *gén.* coliculi. *masc.* Brin de paille. Festuca, *gén.* festucæ. *f.* Brin à brin. Filatim. *adv.*

BRINDES, *ville.* Brundusium, *gén.* Brundusii. *neut.*

BRIOCHE, *espèce de gâteau.* Siliginea placenta, *gén.* siligineæ placentæ. *fém.*

BRIOUDE, *ville.* Brivas, *g.* Brivatis. *masc.* Qui est de Brioude. Brivatensis, *masc. fém.* Brivatense, *n. g.* Brivatensis pour tous les genres.

BRIQUE. Later, *gén.* lateris. *masc.* Qui est de brique. Lateritius, lateritia, lateritium. *adj.*

BRIQUETERIE. Lateraria, *g.* laterariæ. *fém.*

BRIQUETIER. Laterarius figulus, *gén.* laterarii figuli. *masc. L'un et l'autre se déclinent.*

BRISSAC, *ville.* Brisacum, *q.* Brisaci. *neut.*

BRISÉ. Fractus, fracta, fractum. *part. pass. de* Frango. Aller sur les brisées de quelqu'un. Alicujus vestigiis ingredi, ingredior, ingrederis, ingressus sum, *dép. On met partout* vestigiis.

BRISEMENT. Fractura, *gén.* fracturæ. *fém.*

BRISER. Frangere, frango, frangis, fregi, fractum. *act. acc.*

SE BRISER. Frangi, frangor, frangeris, fractus sum. *pass.*

BRISEUR. Ruptor, *g.* ruptoris. *masc.*

BRISURE. Fractura, *g.* fracturæ. *fém.*

BRITANNIQUE. Britannicus, britannica, britannicum. *adj.*

BRIVE-LA-GAILLARDE, *ville.* B.iva, *gén.* Brivæ. *fém.*

BROC. Amphora, *g.* amphoræ. *fém.*

BROCANTER. Permutare, permuto, permutas, permutavi, permutatum. *adj.*

BROCANTEUR, *qui achète et qui revend.* Propola, *gén.* propolæ. *masc.*

BROCARD, *parole piquante.* Cavillum, *gén.* cavilli. *neut.*

BROCARDER. Conviciari, convicior, conviciaris, conviciatus sum. *dép. acc.*

BROCATELLE. Pannus bombycino filo contextus, *gén.* panni bombycino filo contexti. *masc.* Bombycino *et* filo *ne se déclinent point.*

BROCHE. Veru. *neut. indécl. Au pl.* verua, veruum, verubus. *neut.*

BROCHER ou *faire négligemment.* Negligenter facere, facio, facis, feci, factum. *act. acc. On met toujours* negligenter.

BROCHER, *en parlant d'une étoffe.* Contexere, contexo, contexis, contexui, contextum. *act. acc.* D'or, auro, à *l'abl.*

BROCHET. Lucius, *g.* lucii. *masc.*

BROCHETTE. Veruculum, *g.* veruculi. *neut.*

BROCHURE. Libellus, *gén.* libelli. *masc.*

BROCOLI, *chou d'Italie.* Cyma, *gén.* cymæ. *fém.*

BRODÉ à l'aiguille. Acu pictus, picta, pictum. *part. pass. de* Pingo. Acu *est à l'abl.*

BRODEQUIN. Cothurnus, *gén.* Cothurni. *masc. Qui porte des brodequins.* Cothurnatus, cothurnata, cothurnatum. *adjectif.*

BRODER a l'aiguille. Acu pingere, pingo, pingis, pinxi, pictum. act. acc. On met toujours acu.
BRODERIE, ouvrage brodé. Opus filis textilibus pictum, g. operis filis textilibus picti. n. On ne décline pas filis textilibus.
BRODEUR. Phrygio, g. phrygionis. masc.
BRODEUSE. Limbolaria, g. limbolariæ. fém.
BRONCHADE. Offensio, g. offensionis. fém.
BRONCHER, se heurter. Pedem offendere, offendo, offendis, offendi, offensum. Ad avec l'acc. Cheval qui bronche. Equus offensator, gén. equi offensatoris, masc. L'un et l'autre se déclinent. Ce qui fait broncher. Offendiculum, gén. offendiculi. neut.
BRONCHER, faillir. Peccare, pecco, peccas, peccavi, peccatum. neut.
BRONZE, Æs, gén. æris. n. De bronze. Æneus, ænea, æneum. adj.
BRONZÉ. Æris colore infectus, æris colore infecta, æris colore infectum. part. pass. d'Inficio.
BRONZER. Æris colore inficere, inficio, inficis, infeci, infectum. act. acc. On met partout æris colore.
BROQUETTE, petit clou. Clavulus, g. clavuli. masc.
BROSSE. Scopula, g. scopulæ. f.
BROSSER. Scopulà tergere, tergo, tergis, tersi, tersum. act. acc. On met toujours scopulà.
BROU de noix vertes. Viridis nucis cortex, g. viridis nucis corticis, masc. et f. Viridis nucis ne se décline point.
BROUET. Jus, gén. juris. n.
BROUETTE. Vehiculum trusatile, gén. vehiculi trusatilis. n. L'un et l'autre se déclinent.
BROUETTER de la terre. Humum manuali vehiculo exportare, exporto, exportas, exportavi, exportatum. On ne change rien aux trois premiers mots.
BROUILLARD. Nebula, gén. nebulæ. fém. Papier brouillard. Bibula charta, g. bibulæ chartæ. fém.
BROUILLÉ. Turbatus, turbata, turbatum. part. pass. de Turbo.
BROUILLER. Turbare, turbo, turbas, turbavi, turbatum. act. acc.
BROUILLERIE. Perturbatio, g. perturbationis. fém.
BROUILLON, turbulent. Turbator, g. turbatoris. masc.
BROUSSAILLES. Frutetum, g. frutetorum. n. pl. Lieu plein de broussailles. Aspretum, g. aspreti. n.
BROUT, pâturage. Pastio, g. pastionis. fém.

BROUTER. Pasci, pascor, pasceris pastus sum. pass. avec l'abl.
BROYÉ. Tritus, trita, tritum. part. pass. de Tero.
BROYEMENT. Tritura, gén. trituræ. fém.
BROYER. Terere, tero, teris, trivi, tritum. act. acc.
BROYEUR. Tritor, g. tritoris. masc.
BRU. Nurus, g. nurûs. fém.
BRUGES, ville. Brugæ, g. Brugarum, fém. pl. Qui est de Bruges. Brugensis, masc. fém. Brugense, n. g. brugensis pour tous les genres.
BRUGNON, sorte de pêche. Persicum duracinum, gén. persici duracini. neut.
BRUINE. Pruina, gén. pruinæ. f.
BRUINER, faire de la bruine, Il bruine. Pruina ingruit.
BRUIRE. Strepere, strepo, strepis, strepui, strepitum. neut.
BRUISSEMENT, bruit sourd et confus que font les vagues de la mer. Undarum fremitus, gén. undarum fremitûs. m. On ne décline que fremitus.
BRUIT, confus. Murmur, g. murmuris. neut.
BRUIT ou son. Sonus, g. soni. masc.
BRUIT ou renommée. Rumor, g. rumoris. masc.
BRUIT ou querelle. Rixa, g. rixæ. f.
BRULANT. Ardens, masc. f. n. gén. ardentis. Au comp. ardentior; au superl. ardentissimus.
BRULÉ. Ustus, usta, ustum. part. pass. d'Uro.
BRULEMENT, embrasement. Deflagratio, gén. deflagrationis. fém.
BRULER. Urere, uro, uris, ussi, ustum. act. acc.
BRULER ou être en feu. Ardere, ardeo, ardes, arsi, arsum. neut. Du désir. Desiderio, à l'ablat. avec un gérondif en di.
BRULOT. navis incendiaria, génit. navis incendiariæ. fém. L'un et l'autre se déclinent.
BRULURE. Adustio, gén. adustionis. fém.
BRUN. Fuscus, fusca, fuscum. adj.
BRUNE (sur la) Sub vesperum.
BRUNI. Politus, polita, politum. part. pass. de Polio.
BRUNIR. Polire, polio, polis, polivi ou polii, politum. act. acc.
BRUNIR, rendre brun. Infuscare, infusco, infuscas, infuscavi, infuscatum. act. acc.
BRUNISSAGE. Politio, g. politionis. f. ou politura, gén. polituræ. fém.
BRUNISSEUR. Politor, gén. politoris. masc.

BRUNISSOIR, *outil.* Instrumentum politurae inserviens, *g.* instrumenti politurae inservientis. *n.* Politurae *ne se décline point.*

BRUNISSURE. Politura, *gén.* politurae. *fém.*

BRUNSWICK, *ville.* Brunsvicum, *gén.* Brunsvici. *neut.*

BRUSC. Myrtus silvestris, *gén.* myrti silvestris. *fém. L'un et l'autre se déclinent.*

BRUSQUE. Praeceps, *masc. f. n. gén.* praecipitis.

BRUSQUEMENT. Praecipiti impetu, *à l'ablat.*

BRUSQUER, *faire insulte.* Ferociter habere, habeo, habes, habui, habitum. *act. acc.*

BRUSQUERIE. Animi impetus, *g.* animi impetûs. *masc.*

BRUT, *qui n'est pas travaillé.* Impolitus, impolita, impolitum. *adj.*

BRUTAL ou *étourdi.* Stolidus, stolida, stolidum. *adj.*

BRUTALEMENT. Stolidè. *adv. Au comp.* stolidiùs; *au superl.* stolidissimè.

BRUTALISER *quelqu'un en paroles.* Conviciari, convicior, conviciaris, conviciatus sum. *dép. acc.*

BRUTALITÉ. Stoliditas, *g.* stoliditatis. *fém.*

BRUTE. Brutum animal, *g.* bruti animalis. *n. L'un et l'autre se déclinent.*

BRUTUS, *nom d'homme.* Brutus, *gén.* Bruti. *masc.*

BRUXELLES, *ville.* Bruxellae, *g.* Bruxellarum. *fém. pl. Qui est de Bruxelles.* Bruxellensis, *masc. fém.* bruxellense, *n. gén.* bruxellensis *pour tous les genres.*

BRUYANT, *qui fait grand bruit.* Fragosus, fragosa, fragosum. *adj.*

BRUYÈRE. Myrice, *génit.* myrices. *fém.*

BU. Potatus, potata, potatum. *part. pass. de* Poto.

BUBE. Pustula, *gén.* pustulae. *fém.*

BUBON. Tumor, *gén.* tumoris. *m.*

BUCHE. Stipes, *g.* stipitis. *masc.*

Buche ou *stupide.* Stupidus, stupida, stupidum. *adj.*

BUCHER, *l'endroit où l'on serre le bois.* Cella lignaria, *g.* cellae lignariae. *f. L'un et l'autre se déclinent.*

Bucher *pour brûler les morts.* Rogus, *gén.* rogi. *masc.*

BUCHERON. Lignator, *g.* lignatoris. *masc.*

BRUCHETTE. Cremium, *gén.* cremii. *neut.*

BUCOLIQUES. Bucolica, *gén.* bucolicorum. *neut. plur.*

BUDE, *ville.* Buda, *g.* Budae. *fém.*

BUFFET. Abacus, *gén.* abaci. *m.*

BUFFLE. Urus, *gén.* uri. *masc.*

BUGLOSE, *herbe.* Buglossum, *gén.* buglossi. *neut.*

BUIRE. Hydria, *gén.* hydriae. *fém.*

BUIS. Buxum, *g.* buxi. *n. Qui est de buis.* Buxeus, buxea, buxeum. *adj.*

BUISSON. Dumus, *g.* dumi. *masc.*

BULBE, *oignon de plante.* Bulbus, *g.* bulbi. *masc.*

BULBEUX. Bulbosus, bulbosa, bulbosum. *adj.*

BULGARIE, *pays.* Bulgaria, *g.* Bulgariae. *fém.*

BULLE. Diploma, *g.* diplomatis. *n.*

BULLETIN, *suffrage par écrit.* Tabella, *gén.* tabellae. *fém.*

Bulletin, *billet par lequel on rend compte chaque jour.* Diaria scheda, *gén.* diariae schedae. *fém. L'un et l'autre se déclinent.*

BURE, *grosse étoffe de laine.* Pannus lanâ rudiore contextus, *gén.* panni lanâ rudiore contexti. *m. Lanâ rudiore ne se décline point.*

BUREAU, *table.* Mensa, *gén.* mensae. *fém.*

Bureau *où l'on s'assemble.* Exhedra, *g.* exhedrae. *fém. Prendre l'air du bureau.* Ad sensum judicium penetrare, penetro, penetras, penetravi, penetratum. *On joint toujours à ce verbe les trois premiers mots.*

BURETTE. Urceolus, *gén.* urceoli. *masc.*

BURIN. Caelum. *gén.* caeli. *n.*

BURINÉ. Caelatus, caelata, caelatum. *part. pass. de* Caelo.

BURINER. Caelare, caelo, caelas, caelavi, caelatum. *act. acc.*

BURLESQUE. Jocularis, *masc. fém.* joculare, *n. gén.* jocularis.

BUSC ou *busque.* Regula pectoralis, *g.* rugulae pectoralis. *fém. L'un et l'autre se déclinent.*

BUSE, *oiseau.* Buteo, *gén.* buteonis. *masc.*

Buse, *sot ou niais.* Bardus, barda, bardum. *adj.*

BUSQUER, *fortune.* Rem quaerere, quaero, quaeris, quaesivi, quaesitum. *act. avec l'acc.* rem.

BUSTE. Statua infernè trunca, *gén.* statuae infernè truncae. *fém.*

BUT, *point où l'on vise.* Meta, *gén.* metae. *fém. Etre but à but.* Esse pari conditione; sum, es, fui.

But, *fin.* Finis, *gén.* finis. *masc.*

BUTER, *viser.* Spectare, specto, spectas, spectavi, spectatum. *A*, ad *avec l'acc.*

BUTIN. Praeda, *gén.* praedae. *fém.*

BUTINER. Praedari, praedor, praedaris, praedatus sum. *dép. acc.*

CAB CAC

BUTOR, *oiseau.* Stallaris ardeola, g. stellaris ardeolæ. *fém. L'un et l'autre se déclinent.*

BUTOR, ou *stupide.* Stupidus, stupida, stupidum. *adj.*

BUTTE. Tumulus, *gén.* tumuli. *masc.*

BUVANT. Bibens, *masc. f. n. gén.* bibentis.

BUVETIER. Caupo forensis, *génit.* cauponis forensis. *masc. L'un et l'autre se déclinent.*

BUVETTE, *au palais.* Popina forensis, *gén.* popinæ forensis. *fém. L'un et l'autre se déclinent.*

BUVEUR. Potator, *g.* potatoris. *m.*

BUVEUSE. Bibacula, *g.* bibaculæ. *f.*

BUVOTER. Potirare, potito, potitas, potitavi, potitatum. *neut.*

BYZANCE, *ville. Aujourd'hui Constantinople.* Byzantium, *gén.* Byzantii. *De Byzance.* Byzantinus, byzantina, byzantinum. *adj.*

ÇA. *Venez çà ou ici* Accede huc. *Si l'on parle à plusieurs.* Accedite huc. Çà et là. (*avec mouvement*) Hùc illùc. (*sans mouvement*) Hìc illìc.

CABALE. Coïtio, *gén.* coïtionis. *fém.*

CABALE, *science cachée.* Arcana disciplina, *gén.* arcanæ disciplinæ. *fém. L'un et l'autre se déclinent.*

CABALER. Coïtionem facere, facio, facis, feci, factum. *act. On met toujours* coïtionem.

CABANE. Casa, *gén.* casæ. *fém.*

CABARET. Caupona, *gén.* cauponæ. *fém.*

CABARETIER. Caupo, *gén.* cauponis. *masc.*

CABARETIÈRE. Caupona, *g.* cauponæ. *fém.*

CABAS, *sorte de panier.* Fiscina, *g.* fiscinæ. *fém.*

CABESTAN, *machine à lever des fardeaux.* Ergata, *gén.* ergatæ. *fém.*

CABINET. Secretius conclave, *génit.* secretioris conclavis. *n. L'un et l'autre se déclinent.*

CABINET *où l'on étudie.* Museum, *gén.* musei. *neut.*

CABLE. Rudens, *g.* rudentis. *masc.*

CABRER, *faire cabrer un cheval.* Equum in posteriores pedes excitare, excito, excitas, excitavi, excitatum. *act. On joint* equum in posteriores pedes *à tous les temps du verbe* excito.

SE CABRER, *se fâcher.* Petulanter efferri, efferor, efferris, elatus sum. *Contre,* in *avec l'acc.*

CABRIOLE. Saltus, *gén.* saltûs. *m.*

CABRIOLER. Saltare, salto, saltas, saltavi, saltatum. *neut.*

CABRIOLET. Vectura levis, *g.* vecturæ levis. *Tous les deux se déclinent.*

CABUS. *On le joint avec* chou. Capitatus caulis, *g.* capitati caulis. *m. Tout se décline.*

CACAO. amygdala theombroma, *gén.* amygdalæ theombromæ. *f. L'un et l'autre se déclinent.*

CACAOYER, *arbre.* Theombroma, *g.* theombromæ. *fém.*

CACHE. Latebra, *g.* latebræ. *fém.*

CACHÉ. Occultus, occulta, occultum. *Au comp.* occultior; *au sup.* occultissimus.

CACHER. Abdere, abdo, abdis, abdidi, abditum. *act. acc.*

CACHER, *celer.* Celare, celo, celas, celavi, celatum. *act. avec deux acc.*

CACHET. Sigillum, *gén.* sigilli. *n.*

CACHETÉ. Obsignatus, obsignata, obsignatum *part. pass. d'*Obsigno.

CACHETER. Obsignare, obsigno, obsignas, obsignavi, obsignatum. *act. acc. Cacheter une lettre.* Epistolæ signum apponere, appono, apponis, apposui, appositum. *act.*

CACHETTE. Latebra, *génit.* latebræ. *fémin. En cachette de.* Clàm, *avec un ablat. Qui se fait en cachette.* Clandestinus, clandestina, clandestinum. *adj.*

CACHOT. Carcer, *g.* carceris. *masc.*

CACOCHYME, *plein de mauvaises humeurs.* Malè affectus, affecta, affectum. *part. pass. d'*Afficio.

CACOCHYMIE. Vitiosorum humorum abundantia, *g.* vitiosorum humorum abundantiæ. *fém.* Vitiosorum humorum ne se déclinent point.

CACOPHONIE. Sonorum confusio, *g.* sonorum confusionis. *fém.*

CADASTRE. Codex censualis, *g.* codicis censualis. *masc. Tout se déclin.*

CADAVÉREUX. Cadaverosus, cadaverosa, cadaverosum. *adj.*

CADAVRE. Cadaver, *gén.* cadaveris. *n.*

CADEAU, *festin*. Epulum, *génit.* epuli. *n. Ou lorsqu'il ne s'agit pas de festin.* Donum joculare, *gén.* doni jocularis. *neut.*

CADENAS. Catenata sera, *génit.* catenatæ seræ. *fém. L'un et l'autre se déclinent.*

CADENASSER. Catenatâ serâ illigare, illigo, illigas, illigavi, illigatum. *act. acc.*

CADENCE. Numerus, *génit.* numeri. *masc.*

CADET ou *plus jeune à l'égard de deux.* Natu minor, *g.* natu minoris, *masc. et fém. A l'égard de plusieurs.* Natu minimus. *On ne décline pas natu.*

CADETTE, *la plus jeune des deux sœurs.* Soror natu minor, *g.* sororis natu minoris. *fém. On emploie natu dans tous les genres.*

CADIX, *ville.* Gades, *gén.* Gadium. *masc. plur.*

CADRAN, *horloge solaire.* Solarium, *gén.* solarii. *neut. Cadran d'horloge ou de montre.* Tabula index horarum, *gén.* tabulæ indicis horarum. *masc.* Horarum ne se décline point.

CADRE. Quadrum, *gén.* quadri. *n.*

CADUC. Caducus, caduca, caducum. *adj. Mal caduc.* Morbus comitialis, *gén.* morbi comitialis. *masc. On décline ces deux mots.*

CADUCÉE. Caduceus, *gén.* caducei. *masc.*

CADUCITÉ, *faible vieillesse.* Ætas iners, *gén.* ætatis inertis. *fém. L'un et l'autre se déclinent.*

CAEN, *ville.* Cadomum, *gén.* Cadomi. *n. Qui est de Caen.* Cadomensis, *m. f.* cadomense, *n. gén.* cadomensis.

CAFARD, *hypocrite.* Falsus Dei cultor, *gén.* falsi Dei cultoris. *masc.* Dei ne se décline point.

CAFÉ, *sorte de fève d'Arabie.* Faba arabica, *g.* fabæ arabicæ. *fém. On décline ces deux noms.*

CAFÉ, *boisson faite avec du café.* Cafœus liquor, *gén.* cafæi liquoris. *m. L'un et l'autre se déclinent.*

CAFÉ, *lieu public où se prend le café.* Cafæa taberna, *gén.* cafææ tabernæ *fém. L'un et l'autre se déclinent.*

CAFETIÈRE. Cucumella, *gén.* cucumellæ. *fém.*

CAFIER, *arbre qui porte le café.* Coffea, *gén.* coffeæ. *fém.*

CAGE. Cavea, *gén.* caveæ. *fém.*

CAGOT. Voyez *Bigot.*

CAGOTERIE. Voyez *Bigoterie.*

CAHIER. Codex, *gén.* codicis. *m.*

CAHORS, *ville.* Cadurcum, *g.* Cadurci. *n. Qui est de Cahors.* Cadurcensis, *m. f.* cadurcense, *n. gén.* cadurcensis *pour tous les genres.*

CAHOT. Successus, *génit.* successûs *masc.*

CAHOTER, *secouer.* Succutere, succuto, succutis, succussi, succussum. *act. acc.*

CAHUTE. Casula, *gén.* casulæ. *f.*

CAIEU, *rejeton des oignons qui portent fleur.* Bulbus, *g.* bulbi. *masc.*

CAILLE. Coturnix, *génit.* coturnicis. *fém.*

CAILLÉ. Coagulatus, coagulata, coagulatum. *part. pass. de* Coagulo.

SE CAILLER. Coagulari, coagulor, coagularis, coagulatus sum. *pass.*

CAILLETEAU, *jeune caille.* Coturnix junior, *g.* coturnicis junioris. *f. On décline ces deux mots.*

CAILLOT *de sang.* Sanguis conglobatus, *gén.* sanguinis conglobati. *masc. L'un et l'autre se déclinent.*

CAILLOU. Silex, *gén.* silicis. *masc. Qui est de caillou.* Siliceus, silicea, siliceum. *adj.*

CAJOLER. Blandiri, blandior, blandiris, blanditus sum. *dép. dat.*

CAJOLERIE. Blanditiæ, *g.* blanditiarum. *fém. plur.*

CAJOLEUR. Blandidicus, *g.* blandidici. *masc.*

CAIRE, *ville.* Cairus, *gén.* Cairi. *f.*

CAISSE. Capsa, *gén.* capsæ. *fém.*

CAISSE. Voyez *Tambour.*

CAISSIER. Capsarius, *gén.* capsarii. *masc.*

CAISSON, *grand coffre pour porter le pain de munition.* Capsa annonaria, *gén.* capsæ annonariæ. *fém. On décline ces deux mots.*

CAL ou *calus.* Callum, *g.* calli. *n.*

CALABRE, *province.* Calabria, *gén.* Calabriæ. *f. Qui est de Calabre.* Calaber, calabra, calabrum. *adj.*

CALAIS, *ville.* Caletum, *gén.* Caleti. *n. Qui est de Calais.* Caletensis, *m. f.* caletense, *n. g.* caletensis *pour tous les genres.*

CALAMENTE, *herbe.* Calamyntha, *g.* calamynthæ. *fém.*

CALAMINE, *minéral.* Calchitis, *gén.* calchitis. *fém.*

CALAMITÉ. Calamitas, *g.* calamitatis. *fém.*

CAL   CAM 65

CALAMITEUX. Luctuosus, luctuosa, luctuosum. *adj.*
CALANDRE, *insecte*. Curculio, *gén.* curculionis. *masc.*
CALANDRE, *presse*. Prelum, *gén.* preli. *neut.*
CALANDRER. Prelo expolire, expolio, expolis, expolivi, expolitum. *act. acc.*
CALCÉDOINE, *ville*. Calcedonia, *gén.* Calcedoniæ. *fém.*
CALCINER. Igni torrere, torreo, torres, torrui, tostum. *act. acc.*
CALCUL. Computatio, *g.* computationis. *fém.*
CALCULABLE. Computabilis, *m. fém.* computabile, *n. gén.* computabilis *de tout genre.*
CALCULATEUR. calculator, *g.* calculatoris. *masc.*
CALCULÉ. Computatus, computata, computatum. *part. pass. de* Computo.
CALCULER. Computare, computo, computas, computavi, computatum. *act. acc.*
CALE, *petit bonnet*. Pileolus, *génit.* pileoli. *m. Le fond de cale.* Infimum tabulatum, *g.* infimi tabulati. *n. L'un et l'autre se déclinent.*
CALEBASSE. Cucurbita, *g.* cucurbitæ. *fém.*
CALÈCHE. Rheda minor, *g.* rhedæ minoris. *fém. L'un et l'autre se déclinent.*
CALEÇON. Subligaculum interius, *g.* subligaculi interioris. *n. L'un et l'autre se déclinent.*
CALENDES. Calendæ, *g.* calendarum. *fém. plur.*
CALENDRIER. Fasti, *gén.* fastorum. *masc. plur.*
CALER, *baisser les voiles*. Vela contrahere, contraho, contrahis, contraxi, contractum. *act. On met toujours* vela.
CALFATER *des vaisseaux*. Naves reficere, reficio, reficis, refeci, refectum. *act. acc.* Naves *reste toujours.*
CALFEUTRER., *boucher les fentes.* Rimas explere, expleo, exples, explevi, expletum. *act. On met toujours* rimas.
CALIBRE, *largeur de la bouche du canon.* Amplitudo, *gén.* amplitudinis. *fém. On y joint toujours* oris ænei tormenti.
CALICE. Calix, *génit.* calicis. *m.*
CALLEUX, *où il y a des cals*. Callosus, callosa, callosum. *adj.*
CALLOSITÉ. Callus, *génit.* calli. *mascul.*
CALME, *adj.* Tranquillus, tranquilla, tranquillum. *adj.*
CALME, *bonace ou tranquillité.* Tranquillitas, *gen.* tranquillitatis. *fém.*

CALMER. Placare, placo, placas, placavi, placatum. *act. acc.*
SE CALMER. Placari, placor, placaris, placatus sum. *pass.*
CALOMNIATEUR. Calumniator, *gén.* calumniatoris. *masc.*
CALOMNIATRICE, *celle qui accuse faussement.* Calumniatrix, *g.* calumniatricis. *fém.*
CALOMNIE. Calumnia, *g.* calumniæ. *fém.*
CALOMNIER. Calumniari, calumnior, calumniaris, calumniatus sum. *dép. acc.*
CALOMNIEUSEMENT, *faussement.* Calumniosè. *adv.*
CALOMNIEUX, *où il y a de la calomnie.* Calumniosus, calumniosa, calumniosum. *adj.*
CALOTTE. Galericulus, *gén.* galericuli. *masc.*
CALQUER. Picturam ex aliâ exprimere, exprimo, exprimis, expressi, expressum. *act. On met toujours* picturam ex aliâ.
CALVADOS, *rocher et département de France.* Calvados, *génit.* Calvadi. *neut.*
CALVAIRE, *montagne.* Calvaria, *gén.* Calvariæ. *fém.*
CALVIN, *nom d'homme.* Calvinus, *g.* Calvini. *masc.*
CALVINISTE. Calvinista, *gén.* Calvinistæ. *masc.*
CALVITIE, *quand on a la tête chauve.* Calvitium, *gén.* calvitii. *n.*
CALUS. Voyez Cal.
CAMAIEU, *pierre précieuse.* Sardonichus, *gén.* sardonichi. *masc.*
CAMAIEU, *dessin d'une seule couleur.* Monochroma, *g.* monochromatis. *n.*
CAMAIL. Humerale, *gén.* humeralis. *neut.*
CAMARADE. *mascul.* Socius, *génit.* socii. *masc. Au féminin.* Socia, *gén.* sociæ. *fém.*
CAMARD. Simus, sima, simum. *adj.*
CAMBOUIS. Axungia, *gén.* axungiæ. *fém.*
CAMBRAI, *ville.* Cameracum, *génit.* Cameraci. *n. Qui est de Cambrai.* Cameracensis, *masc. fém.* cameracense, *n. g.* cameracensis.
CAMBRER, *former en voûte.* Concamerare, concamero, concameras, concameravi, concameratum. *act. acc.*
CAMBRESIS, *province.* Cameracensis Ager, *g.* Cameracensis Agri. *m. Déclinez tous les deux.*
CAMBRIDGE, *comté.* Cantabrigia, *g.* Cantabrigiæ. *fém.*
CAMBRURE *courbure en voûte.* Concameratio, *g.* concamerationis. *fém.*

CAMÉLÉON. Chamæleon, gén. chamæleonis. masc.

CAMÉLÉOPARD. Chamelæopardus, g. chamelæopardi. masc.

CAMELOT. Contextum caprinum, g. contexti caprini. neut.

CAMION, petite épingle. Acicula tenuicula, g. aciculæ tenuiculæ. fém. L'un et l'autre se déclinent.

CAMISADE. Antelucana oppugnatio, génit. antelucanæ oppugnationis. fémin. Donner une camisade. Ante lucem impressionem facere, facio, facis, feci, factum, Ou la avec l'acc. On laisse toujours ante lucem impressionem.

CAMISOLE. Thorax interior, génit. thoracis interioris. masc.

CAMOMILLE, herbe odoriférante. Anthemis, gén. anthemidis. fém.

CAMOUFLET. Fumi afflatus, génit. fumi afflatus. masc. Fumi ne se décline pas.

CAMP. Castra, g. castrorum. n. plur. Qui est du camp. Castrensis, masc. fém. castrense. n. gén. castrensis.

Camp volant. Expedita manus, gén. expeditæ manûs. fém.

CAMPAGNARD. Rure habitans, m. fém. n. g. rure habitantis. On ne décline pas rure.

CAMPAGNE ou plaine. Campus. gén. campi. masc. Une maison de campagne. Villa. gén. villæ. fém.

CAMPAGNE, expédition de guerre. Bellica expeditio, g. bellicæ expeditionis. f. L'un et l'autre se déclinent.

CAMPANIE, province. Campania, g. Campaniæ. fém. De la Campanie. Campanus, campana, campanum. adj.

CAMPEMENT. Metatio castrorum, g. metationis castrorum. fém. On ne décline pas castrorum.

CAMPER. Castra locare, loco, locas, locavi, locatum. act. On met toujours castra.

CAMPHRE, sorte de gomme. Camphora. gén. camphoræ. fém.

CAMUS. Simus, sima, simum. adj.

CANADA. pays. Canada. g. Canadæ. fém. Qui est du Canada. Canadensis, m. fém. canadense. n. gén. canadensis pour tous les genres.

CANAILLE. Plebecula. gén. plebeculæ. fém.

CANAL. Canalis, gén. canalis. masc. Canal de cheminée. Camini spiraculum, gén. camini spiraculi. neut.

CANAPÉ. chaise à dos assez large. Bisellium. gén. bisellii. neut.

CANARD. Anas, gén. anatis. fém. Qui est du canard. Anatinus, anatica, anatinum. adj.

CANARDER, tirer sur quelqu'un. Fistulam ferream displodere, displodo, displodis, displosi, displosum. act. acc. de la personne avec la préposition in.

CANARIE, île. Canaria, gén. Canariæ. f. Qui est de Canarie. Canaricus, canarica, canaricum.

CANCELLER un écrit. Ductis lineis scriptum delere, deleo, deles, delevi, deletum. act. On ne change rien à ductis lineis scriptis.

CANCER. Cancer, g. cancri. masc.

CANDÉLABRE. Candelabrum multifidum. gén. candelabri multifidi. n.

CANDEUR. Candor, génit. candoris. masc.

CANDI. Voyez Sucre.

CANDIDAT, qui aspire à quelque charge. Candidatus, g. candidati. m.

CANDIDE. Voyez Sincère.

CANDIE, île. Creta, gén. Cretæ. f. Qui est de Candie. Creticus, cretica, creticum. adj.

CANE. femelle du canard. Anas, g. anatis. fém.

CANÉE, ville. Canea, gén. Caneæ. f.

CANETON. CANETTE, le petit d'une cane. Anaticula, g. anaticulæ fém.

CANEVAS, toile. Cannabina tela, gén. cannabinæ telæ. fém. L'un et l'autre se déclinent.

CANEVAS, plan. Alicujus operis ordo, gén. ordinis. Ordo seul se décline.

CANICULAIRE. Canicularis, m. fém. caniculare, n. gén. canicularis pour tous les genres.

CANICULE. Canicula, gén. caniculæ. fém.

CANIF. Cultellus, g. cultelli. m.

CANINE, en parlant de faim. Fames canina, gén. famis caninæ. Tous deux se déclinent.

CANNE ou roseau. Arundo, gén. arundinis. fém.

CANNELÉ. Striatus, striata, striatum. part. pas. de Strio.

CANNELER. Striare, strio, strias; striavi, striatum. act. acc.

CANNELLE d'un tonneau. Fistula, g. fistulæ. fém.

CANNELLE à manger. Casia, g. casiæ. fém.

CANNELURE. Striatura, gén. striaturæ. fém.

CANNES, bourg. Cannæ, g. Cannarum. fém. plur.

CANNETILLE. fil d'or ou d'argent tortillé. Filum aureum ou argenteum in spinas convolutum. gén. fili aurei ou argentei in spinas convoluti. n. On ne change rien aux mots in spinas.

CANON de guerre. Tormentum bellicum. g. tormenti bellici. n. Tout se décline. A coups de canon. Tormentis. a l'ablat.

CAP   CAP   67

Le CANON *de la Messe*. Canon, *g.* canonis. *masc. Le droit canon.* Jus canonicum, *gén.* juris canonici. *neut. L'un et l'autre se déclinent. Les canons des Conciles.* Conciliorum canones, *gén.* conciliorum canonum. *masc.* Conciliorum *ne change point.*

CANONIAL. Canonicus, canonica, canonicum. *adj.*

CONONICAT. Beneficium canonici, *g.* beneficii canonici. *neut. On ne décline pas* canonici.

CANONIQUE, Legitimus, legitima, legitimum. *adj.*

CANONIQUEMENT. Legitimè. *adv.*

CANONISATION. In numerum Sanctorum relatio, *g.* in numerum Sanctorum relationis. *fém.* In numerum Sanctorum *ne se déclinent point.*

CANONISER. In Sanctos referre, refero, refers, retuli, relatum. *act. acc. On met toujours* in Sanctos.

CANONISTE. Canonista, *g.* canonistæ. *masc.*

CONONNADE. Tormenti bellici emissio, *gén.* tormenti bellici emissionis. *fém.* tormenti bellici *ne se décline point.*

CANONNER. Tormentis quatefacere, quatefacio, quatefacis, quatefeci, quatefactum. *act. acc. On met partout* tormentis.

CANONNIER. Librator tormentorum, *gén.* libratoris tormentorum. *m. On ne décline pas* tormentorum.

CANOT, *petite barque.* Linter, *gén.* lintris. *masc.*

CANTAL, *montagne d'Auvergne et département de France.* Cantalus, *gén.* Cantali. *masc.*

CANTHARIDE, *espèce de mouche.* Cantheris, *gén.* cantheridis. *fém.*

CANTINE, *caisse à mettre des bouteilles.* Loculata capsa, *gén.* loculatæ capsæ, *fém.*

CANTIQUE. Canticum, *gén.* cantici. *neut.*

CANTON. Regio, *gén.* regionis. *fém.*

SE CANTONNER. In angulum se recipere, recipio, recipis, recepi, receptum. *act.* In angulum *restent toujours.*

CANTORBERY, *ville d'Angleterre.* Cantuaria, *gén.* Cantuariæ. *fém.*

CANULE. Tubulus, *gén.* tubuli. *m.*

CANUSE, *ville.* Canusium, *g.* Canusii. *neut.*

CAP. Promontorium, *gén.* promontorii. *neut. Armé de pied en* cap. Cataphractus, cataphracta, cataphractum. *adj.*

CAP *de Bonne Espérance.* Caput Bonæ Spei, *gé*. Capitis Bonæ Spei. *n.*

CAP-VERT. Insulæ Capitis Viridis, *gén.* Insularum Capitis Viridis. *fém. plur.*

CAPABLE ou *savant.* Doctus, docta, doctum. *adj.*

CAPABLE *de* ou *propre à.* Aptus, apta, aptum. *Le de s'exprime par* ad *avec l'acc.* ou *avec le gér. en* dum. *Au comp.* aptior. *au superl.* aptissimus.

ETRE CAPABLE *de* ou *pouvoir.* Posse, possum, potes, potui. *On met un infinitif ensuite.*

CAPACITÉ, *étendue d'un lieu ou d'un vase.* Capacitas, *g.* capacitatis. *fém.*

CAPACITÉ ou *habileté.* Doctrina, *gén.* doctrinæ. *fém.*

CAPARAÇON. Stragulum, *g.* straguli. *neut.*

CAPARAÇONNER. Stragulo instruere instruo, instruis, instruxi, instructum. *act. acc. On met partout* stragulo.

CAPE. Bardocucullus, *g.* bardocuculli. *masc.*

CAPILLAIRE, *sirop.* Adiantum, *gén.* adianti. *neut.*

CAPILOTADE. Minutal, *gén.* minutalis. *neut. Mettre en capilotade.* Ad minutal redigere, redigo, redigis, redegi, redactum.

CAPITAINE. Dux, *g.* ducis. *masc.*

CAPITAINERIE. Præfectura, *g.* præfecturæ. *fém.*

CAPITAL. *adj.* Princeps, *g.* principis, *de tout genre. Ennemi capital.* Hostis capitalis, *g.* hostis capitalis. *m. Tout se décline. Lettre capitale.* Majuscula littera, *gén.* majusculæ litteræ. *fém.*

CAPITAN, *fanfaron.* Thraso, *g.* thrasonis. *masc.*

LA CAPITANE, *principal vaisseau d'une escadre.* Navis prætoria, *g.* navis prætoriæ. *fém.*

CAPITATION. Capitum exactio, *gén.* capitum exactionis. *fém.* Capitum *est indéclinable.*

CAPITOLE. Capitolium, *gén.* capitolii. *neut.*

CAPITOUL. *Voyez* Echevin.

CAPITULAIRE. Capitularis, *masc. f.* capitulare, *n. gén.* capitularis *pour tous les genres.*

CAPITULANT, *qui a voix au chapitre.* Jure suffragii gaudens, *gén.* jure suffragii gaudentis *de tout genre.*

CAPITULATION. Conditiones, *g.* conditionum. *fém. pl. Par capitulation.* Certis conditionibus, *à l'ablat.*

CAPITULER. Pacisci, paciscor, pacisceris, pactus sum. *dép.*

CAPORAL. Decurio, *gén.* decurionis. *masc.*

CAPOT, *sorte d'habillement.* Humerale, *gén.* humeralis. *neut.*

CAPOUE, *ville.* Capua, *gén.* Capuæ. *fém. Qui est de Capoue.* Capuanus, capuana, capuanum. *adj.*

CAPPADOCE, *province*. Cappadocia, *gén.* Cappadociæ. *fém. Qui est de Cappadoce.* Cappadox *gén.* cappadocis, *de tout genre.*

CAPRE, *fruit.* Capparis, *g.* capparis. *fém.*

CAPRÉE, *île.* Capræa, *gén.* Capræarum. *fém. pl.*

CAPRICE ou *fantaisie.* Libido, *gén.* libidinis. *fém.*

CAPRICE, *bizarrerie.* Morositas, *gén.* morositatis. *fém.*

CAPRICIEUSEMENT, *d'une manière fantasque* Morosè. *adv.*

CAPRICIEUX. Morosus, morosa, morosum. *adj.*

CAPRICORNE. Capricornus, *g.* capricorni. *masc.*

CAPRIER, *arbre.* Cappatis, *g* capparis. *fém.*

CAPTER. Captare, capto, captas, captavi, captatum. *act. acc.*

CAPTIEUSEMENT. Captiosè. *adv.*

CAPTIEUX, *trompeur.* Captiosus, captiosa, captiosum. *adj.*

CAPTIF. Captivus, captiva, captivum. *adj.*

CAPTIVER, *assujettir.* Adstringere, adstringo, adstringis, adstrinxi, adstrictum. *act. acc.*

CAPTIVITÉ. Captivitas, *g.* captivitatis. *fém.*

CAPTURE. Comprehensio, *g.* comprehensionis. *fém.*

CAPUCHON. Cucullus, *gén.* cuculli. *masc.*

CAPUCINE. Capucina, *g.* capucinæ. *fém.*

CAPUCINE, *fleur.* Cardamindum, *gén.* cardamindi. *neut.*

CAQUE, *baril.* Cadus, *g.* cadi. *masc.*

CAQUET. Loquacitas, *g.* loquacitatis. *fém.*

CAQUETER. Garrire, garrio, garris, garrivi ou garrii, garritum. *neut.*

CAQUETEUSE, *en parlant d'une femme.* Mulier garrula, *g.* mulieris garrulæ. *fém.*

CAR. Nam. Enim. *Ce dernier ne se met jamais au commencement d'une phrase.*

CARABINIER, *armé d'une carabine.* Sclopetarius eques, *g.* sclopetarii equitis. *masc. L'un et l'autre se déclinent.*

CARACOL, *mouvement d'un cavalier en rond.* Equestris in gyrum procursio, *g.* equestris in gyrum procursionis. *fém.* In gyrum reste toujours.

CARACOLER. In orbem equitare, equito, equitas, equitavi, equitatum, *en y ajoutant toujours* in orbem.

CARACTÈRE. Indoles, *gén.* indolis. *fém.*

CARACTÈRES *d'imprimerie.* Litterarum typi, *gén.* litterarum typorum. *masc. pluriel.*

CARACTÉRISÉ. Descriptus, descripta descriptum. *part. pass. de* Describo.

CARACTÉRISER. Describere, describo, describis, descripsi, descriptum. *act. acc.*

CARACTÉRISTIQUE. Designans, *gén.* designantis. *masc. fém. neut.*

CARAFE. Lagena, *g.* lagenæ. *fém.*

CARAFON, *où l'on met de la glace pour boire frais.* Situla, *gén.* situlæ. *f.*

CARAMEL, *sucre fondu.* Saccharum coctum, *gén.* sacchari cocti. *neut.*

CARAQUE, *grand navire.* Navis amplissima, *gén.* navis amplissimæ. *f. Ces deux mots se déclinent.*

CARAT, *degré d'affinage qu'on donne à l'or et à l'argent.* Certa auri et argenti coctio, *gén.* certæ auri et argenti coctionis. *fém.* Auri et argenti *ne se déclinent point.*

CARAVANE, *voyageurs qui marchent de compagnie.* Coacta manus, *g.* coactæ manûs. *fém. L'un et l'autre se déclinent.*

CARBONNADE, *chair grillée sur les charbons.* Caro in prunâ tosta, *g.* carnis in prunâ tostæ. *fém. sans rien changer dans ces mots* in prunâ.

CARCAN. Ferreum collare, *g.* ferrei collaris. *n. L'un et l'autre se déclinent.*

CARCASSE ou *squelette.* Ossea compages, *g.* osseæ compagis. *fém. L'un et l'autre se déclinent.*

CARCASSONNE, *ville.* Carcasso, *gén.* Carcassonis. *f. Qui est de Carcassonne.* Carcassonensis, *masc. fém.* carcassonense, *neut. gén.* carcassonensis *pour tous les genres.*

CARDE à manger. Caulis, *gén.* caulis. *masc.*

CARDE de fer. Ferreus pecten, *gén.* ferrei pectinis. *masc. L'un et l'autre se déclinent.*

CARDER. Carminare, carmino, carminas, carminavi, carminatum, *act. acc.*

CARDEUR de laine. Qui lanam carminat.

CARDEUSE de laine. Carminatrix, *g.* carminatricis. *fém.*

CARDINAL. Cardinalis, *g.* cardinalis. *masc.*

Les vertus CARDINALES. Quatuor præcipuæ virtutes morales, *gén.* quatuor præcipuarum virtutum moralium. *fém. pluriel.*

CARDINALAT. Cardinalitia dignitas, *g.* cardinalitiæ dignitatis. *f. L'un et l'autre se déclinent.*

CARDON, *sorte d'artichaut.* Sativus carduus, *g.* sativi cardui. *masc.*

CARÊME. Sacra quadragesima, *gén.* sacræ quadragesimæ. *fém. L'un et l'autre se déclinent.*

CARÊME-PRENANT. Voyez *Mardi-gras.*

CARÈNE *d'un navire.* Carina, *g.* carinæ. *fém.*

CARÉNER. Carinare, carino, carinas, carinavi, carinatum. *act. acc.*

CARESSANT. Blandus, blanda, blandum. *adj. - D'une manière caressante.* Blandè. *adv.*

CARESSER. Blandiri, blandior, blandiris, blanditus sum. *dép. act.*

CARESSES. Blanditiæ, *gén.* blanditiarum. *fém. plur. Faire des caresses.* Voy. *Caresser.*

CARGAISON, *la charge d'un vaisseau.* Vectorii navigii onus, *g.* vectorii navigii oneris. *neut. On ne change rien dans ces deux premiers mots.*

CARIE, *province.* Caria, *gén.* Cariæ. *fém.*

CARIE, *pourriture qui gâte les os et les dents.* Caries, *gén.* cariei. *fém.*

CARIÉ, *gâté.* Cariosus, cariosa, cariosum. *adj.*

CARIER. Cariem inducere, induco, inducis, induxi, inductum. *act. avec la préposition in suivie d'un acc.* On met toujours cariem.

SE CARIER. Carie infestari, infestor, infestaris, infestatus sum. *pass.* On met toujours carie.

CARIGNAN, *ville.* Cariniacum, *gén.* Cariniaci. *neut.*

CARILLON, *son des cloches.* Æris campani sonitus, *gén.* æris campani sonitùs. *masc. Les deux premiers mots ne changent point.*

CARILLON, *tumulte.* Tumultus, *gén.* tumultùs. *masc.*

CARILLONNER, *sonner les cloches.* Æs campanum agitare, agito, agitas, agitavi, agitatum. *act.* Æs campanum ne changent point.

CARILLONNEUR. Qui æs campanum agitat, *c'est-à-dire celui qui sonne les cloches.*

CARME, *religieux.* Carmelitanus, *g.* carmelitani. *fém.*

LE MONT-CARMEL. Carmelus, *gén.* Carmeli. *masc.*

CARMÉLITE, *religieuse.* Carmelitana, *gén.* carmelitanæ. *fém.*

CARMIN. Minium, *gén.* minii. *neut.*

CARNAGE. Cædes, *g.* cædis. *fém.*

CARNASSIER. Carnivorus, carnivora, carnivorum. *adj.*

CARNASSIÈRE, *petit sac dans lequel le chasseur met le gibier qu'il a tué.* Sacculus venatorius, *gén.* sacculi venatorii. *masc.*

CARNATION, *terme de peinture.* Carnosus candor, *gén.* carnosi candoris. *masc.*

CARNAVAL. Bacchanalia, *g.* bacchanalium. *neut. plur.*

CARNE. Angulus, *g.* anguli. *masc.*

CARNET. Adversaria, *g.* adversariorum. *neut. plur.*

CAROLINE, *province.* Carolina, *gén.* Carolinæ. *fém.*

CAROLUS, *monnaie.* Caroleus, *gén.* carolei. *masc.*

CARON, *nom d'homme.* Charon, *gén.* Charontis. *masc.*

CARONCULE., *petite excroissance de chair.* Caruncula, *g.* carunculæ. *f.*

CAROTTE. Daucus, *g.* dauci. *masc.*

CAROUGE ou CAROUBE, *arbre et fruit de cet arbre.* Siliqua, *gén.* siliquæ. *fém.*

CARPE. Cyprinus, *g.* cyprini. *masc.*

CARPENTRAS, *ville capitale du comté venaissin.* Carpentoracte, *g.* Carpentoracles. *fém. Qui est de Carpentras.* Carpentoractensis, *m. f.* carpentoractense, *n. g.* carpentoractensis.

CARQUOIS. Pharetra, *gén.* pharetræ. *fém.*

CARRÉ. Quadratus, quadrata, quadratum. *adj. En carré.* In quadrum.

UN CARRÉ. Quadratum, *gén.* quadrati. *neut.*

CARREAU, *foudre.* Fulmen, *g.* fulminis. *neut.*

CARREAU *de terre cuite.* Laterculus, *g.* laterculi. *masc. Sur le carreau ou à terre.* Humi, *au gén.*

CARREFOUR. Compitum, *g.* compiti. *neut.*

CARRELAGE. Stratura, *gén.* straturæ. *fém.*

CARRELÉ. Laterculis opertus, operta, opertum. *part. pass. d'Operio.* On ne décline pas laterculis.

CARRELER. Laterculis sternere, sterno, sternis, stravi, stractum. *act. acc.* On met toujours laterculis.

CARRELEUR. Pavimentorum structor, *gén.* pavimentorum structoris. *masc.* On met toujours pavimentorum.

CARRER. Voyez *Equarrir.*

SE CARRER. Magnificè se inferre, infero, infers, intuli, illatum. *act.* On met toujours magnificè.

CARRIER, *qui tire la pierre des carrières.* Lapicida, *génit.* lapicidæ. *masc.*

CARRIÈRE *à pierre.* Lapidicina, *gén.* lapidicinæ. *fém.*

CARRIÈRE, *espace.* Stadium, *g.* stadii. *neut.*

CARRIÈRE, *cours de la vie.* Curriculum, *gén.* curriculi. *neut.*

CARRIOLE. Rheda minor, *gén.* rhedæ minoris. *fém.* L'un et l'autre se déclinent.
CARROSSE. Rheda, *g.* rhedæ. *fém.*
CARROSSIER. Rhedarius, *g.* rhedarii. *masc.*
CARROUSEL. Ludus equestris, *gén.* ludi equestris. *masc.* L'un et l'autre se déclinent.
CARTE. Charta, *gén.* chartæ. *fém.*
CARTE à jouer. Folium lusorium, *gén.* folii lusorii. *neut.* L'un et l'autre se déclinent.
CARTEL, écrit par lequel on appelle quelqu'un en duel. Libellus citatorius, *g.* libelli citatorii. *masc.* L'un et l'autre se déclinent.
CARTHAGE, ville. Carthago, *g.* Carthaginis. *fém.*
CARTHAGÈNE, ville. Nova Carthago, *gén.* Novæ Carthaginis. *fém.*
CARTHAGINOIS. Carthaginensis, *m. f.* carthaginense, *n. g.* carthaginensis.
CARTIER, qui fait des cartes. Chartarius, *g.* chartarii. *masc.*
CARTILAGE. Cartilago, *g.* cartilaginis. *fém.*
CARTILAGINEUX. Cartilaginosus, cartilaginosa, cartilaginosum. *adj.*
CARTON. Charta densior, *g.* chartæ densioris. *f.* L'un et l'autre se déclinent.
CARTONNIER. Densiorum chartarum compactor, *g.* densiorum chartarum compactoris. *masc.* Densiorum chartarum ne se déclinent point.
CARTOUCHE. Voluta, *gén.* volutæ. *fém.*
CARTULAIRE. Chartula, *g.* chartulæ. *fém.*
CARYBDE, détroit. Carybdis, *gén.* Carybdis. *fém.*
CAS. Casus, *g.* casûs. *masc.* par cas fortuit. Casu, à l'abl. En cas que. Si, avec le subj. En ce cas-là. Tunc. *adv.*
CAS ou estime. Faire grand cas de, ou estimer beaucoup. Magni facere, facio, fecis, feci, factum. *act. acc.* On met toujours magni. Ne faire point cas de Nihili facere. *act. acc.* On met toujours nihili.
CASAL, ville. Casale, *gén.* Casalis. *n.*
CASANIER, qui ne quitte pas le coin de son feu. Casarius, *g.* casarii. *masc.*
CASAQUE. Chalmys, *gén.* chalmydis. *fém.*
CASAQUIN. Sagulum, *g.* saguli. *n.*
CASCADE. Præceps lapsus, *g.* præcipitis lapsûs. *masc.* L'un et l'autre se déclinent. D'eaux. Aquarum, au *gén.*
CASE, petite maison. Casa, *g.* casæ. *fém.*
CASEMATE. Ima crypta, *g.* imæ cryptæ. *f.* L'un et l'autre se déclinent.
CASERNE, logement des soldats. Conturbernium, *g.* conturbernii. *neut.*

CASPIENNE, en parlant de la mer. Mare Caspium, *g.* Maris Caspii. *n.* L'un et l'autre se déclinent.
CASQUE. Galea, *g.* galeæ. *f.*
CASSADE, bourde. Ludificatio, *gén.* ludificationis. *fém.*
CASSANT, fragile. Fragilis, *masc. fém.* fragile, *n. gén.* fragilis, pour tous les genres.
CASSATION. Abrogatio, *g.* abrogationis. *fém.*
CASSE. Casia, *gén.* casiæ. *fém.*
CASSE d'imprimeur. Capsa, *g.* capsæ. *fém.*
CASSÉ. Fractus, fracta, fractum. *part. pass.* de Frango.
CASSÉ, en parlant d'un soldat ou d'un officier. Exauctoratus, exauctorata, exauctoratum. *part. pass.* d'Exauctoro.
CASSEL, ville. Cassella, *g.* Gassellæ. *fém.*
CASSE-NOIX, CASSE-NOISETTES. Nucifrangibula, *g.* nucif. angibulæ. *fém.*
CASSER, rompre. Frangere, frango, frangis, fregi, fractum. *act. acc.*
CASSER, en parlant d'un soldat. Exauctorare, exauctoro, exauctoras, exauctoravi, exauctoratum. *act. acc.*
CASSEROLE. Ænea paropsis, *g.* æneæ paropsidis. *fém.*
CASSETIN d'imprimerie. Loculamentum, *gén.* loculamenti. *neut.*
CASSETTE. Capsula, *g.* capsulæ. *fém.*
CASSOLETTE. Authepsa odoraria, *g.* authepsæ odorariæ. *fém.* L'un et l'autre se déclinent.
CASSONNADE, sucre non rafiné. Saccharum non expurgatum, *g.* sacchari non expurgati. *neut.*
CASSURE. Fractura, *g.* fracturæ. *f.*
CASTELLANE, ville. Castellana, *gén.* Castellanæ. *fém.*
CASTELNAUDARY, ville. Castellum Arii, *gén.* Castelli Arii. *neut.*
CASTAGNETTES. Crumata, *g.* crumatum. *neut. plur.*
CASTILLE, province. Castillia, *gén.* Castilliæ. *fém.* Qui est de Castille. Castillianus, castilliana, castillianum. *adj.*
CASTILLE, querelle. Rixa, *gén.* rixæ. *f.* Chercher castille à quelqu'un. Alicui rixæ causam inferre, infero, infers, intuli, illatum *act. acc.*
CASTILLE D'OR, pays. Castella Aurea, *gén.* Castellæ Aureæ. *fém.*
CASTOR, animal amphibie. Castor, *gén.* castoris. *masc.*
UN CASTOR, chapeau. Fibrinus pileus, *gén.* fibrini pilei. *masc.*
CASTRES, ville. Castrum Albiensium, *gén.* Castri Albiensium. *neut.* On ne décline que le premier mot, et l'on ne change rien à l'autre. Qui est de Castres,

Castrensis, *masc. fém.* castrense, *n. g.* castrensis.

CASUEL. Fortuitus, fortuita, fortuitum. *adj.*

CASUELLEMENT. Fortuitè. *adv.*

CASUISTE. Moralis theologus, *g.* moralis theologi. *masc. L'un et l'autre se déclinent.*

CATACOMBES. Catacumbæ, *g.* catacumbarum. *fém. plur.*

CATADOUPES *du Nil.* Cataractæ, *g.* cataractarum. *fém. plur.*

CATAFALQUE, *représentation d'un cercueil dans une pompe funèbre.* Cenotaphium, *gén.* cenotaphii. *neut.*

CATALAN ou *de Catalogne.* Catalanus, catalana, catalanum. *adj.*

CATALOGNE, *province.* Catalania, *gén.* Cataloniæ. *fém.*

CATALOGUE. Index, *gén.* indicis. *masc.*

CATAPLASME. Cataplasma, *g.* cataplasmatis. *neut.*

CATAPULTE. Catapulta, *g.* catapultæ. *fém.*

CATARACTE. Cataracta, *g.* cataractæ. *fém.*

CATARRHE. Epiphora, *g.* epiphoræ. *fém.*

CATARRHEUX. Epiphoris obnoxius, *g.* epiphoris obnoxii. *fém.* Epiphoris *ne se décline point.*

CATASTROPHE. Catastrophe, *g.* catastrophes. *fém.*

CATÉCHISER. Religionis christianæ mysteria docere, doceo, doces, docui, doctum. *act. acc.* On met toujours Religionis christianæ mysteria.

CATÉCHISME. Catechismus, *g.* catechismi. *masc.*

CATÉCHISTE, *qui fait le catéchisme.* Doctrinæ christianæ explicatoris. *masc.* On ne change rien aux deux premiers mots.

CATÉCHUMÈNE, *qui se fait instruire des mystères de la foi.* Religionis christianæ candidatus, *gén.* religionis christianæ candidati. *masc.* On ne décline que candidatus, *sans rien changer aux autres mots.*

CATÉGORIE. Ordo, *g.* ordinis. *f.*

CATÉGORIQUE. Congruens, *m. f. n. gén.* congruentis.

CATÉGORIQUEMENT. Præcisè. *adv.*

CATHÉDRALE. Cathedralis, *g.* cathedralis. *fém.*

CATHERINE, *nom de femme.* Catharina, *g.* Catharinæ. *fém.*

CATHOLICISME. Catholica religio, *g.* catholicæ religionis. *f. L'un et l'autre se déclinent.*

CATHOLICITÉ. Ecclesia catholica, *g.* Ecclesiæ catholicæ. *fém.*

CATHOLIQUE. Catholicus, catholica, catholicum. *adj.*

CATHOLIQUEMENT. Catholicè. *adv.*

CATON, *nom d'homme.* Cato, *g.* Catonis. *masc.*

CAVAILLON, *ville.* Caballio, *g.* Caballionis. *fém.*

CAVALCADE. Solemnis equitatio, *g.* solemnis equitationis. *fém.*

CAVALE. Equa, *g.* equæ. *fém.*

CAVALERIE. Equitatus, *g.* equitatûs. *masc.*

CAVALIER. Eques, *g.* equitis. *masc.* Cavalier, *en terme de fortification.* Agger editor, *g.* aggeris editoris. *masc. L'un et l'autre se déclinent.*

CAVALIÈREMENT. Eleganter. *adv.*

CAUCASE, *montagne.* Caucasus, *gén.* Caucasi. *masc.*

CAUCHEMAR, *étouffement qui prend dans la nuit.* Nocturna suppressio, *gén.* nocturnæ suppressionis. *fém.* On décline ces deux mots.

CAUCHOIS, *qui est de Caux.* Caletus, caleta, caletum. *adj.*

CAUDEBEC, *ville.* Calidobecum, *gén.* Calidobeci. *neut.*

CAVE. Cella, *g.* cellæ. *fém.*

VEINE CAVE. Vena cava, *g.* venæ cavæ. *fém. L'un et l'autre se déclinent.*

CAVÉ. Cavatus, cavata, cavatum. *part. pass.* de Cavo.

CAVEAU. Crypta, *g.* cryptæ. *fém.*

CAVER. Cavare, cavo, cavas, cavavi, cavatum. *act. acc.*

CAVERNE. Spelunca, *gén.* speluncæ. *fém.*

CAVITE. Cavus, *g.* cavi. *masc.*

CAUSE. Causa, *gén.* causæ. *fém. A cause de.* Propter, *ou* ob, *avec l'accus.* Causâ, *avec un gén. A cause de mon père.* Propter, *ou* ob patrem meum. Causâ patris, *A cause de lui.* Illius causâ. Avec causâ, *au lieu du génitif des pronoms* ego, tu, sui, *etc. on se sert des ablatifs féminins* meâ, tuâ, suâ, nostrâ, vestrâ, *comme : A cause de moi.* Meâ causâ. *A cause de toi.* Tuâ causâ. *A cause que.* Eò quòd, *avec le subj. Etre cause que.* Voyez la Grammaire latine.

CAUSER, *être cause.* Creare, creo, creas, creavi, creatum. *act. rég. direct acc. rég. ind. dat.*

CAUSER ou *apporter.* Afferre, affero, affers, attuli, allatum. *act. rég. dir. acc. rég. ind. dat.*

CAUSER ou *babiller.* Garrire, garrio, garris, garrivi *ou* garrii, garritum. *neut.*

CAUSEUR. Garrulus, garrula, garrulum. *adj.*

CAUSEUSE. Garrula, *gén.* garrulæ. *fém.*

CAUSTICITÉ. Mordacitas, *g.* mordacitatis. *fém.*
CAUSTIQUE. Causticus, caustica, causticum. *adj.*
CAUTÉLEUX. Cautulentus, cautulenta, cautulentum. *adj.*
CAUTÈRE, *mal.* Inusta plaga cauterio, *gén.* inustæ plagæ cauterio. *f.* On ne décline pas cauterio.
CAUTÉRISER, *appliquer un cautère.* Cauterio plagam imprimere, imprimo, imprimis, impressi, impressum. *En y ajoutant toujours* cauterio plagam.
CAUTION ou *répondant.* Sponsor, *g.* sponsoris. *masc.*
CAUTIONNEMENT. Fidejussio, *gén.* fidejussionis. *fém.*
CAUTIONNER. Spondere, spondeo, spondes, spopondi, sponsum. *n.* On met le nom de la personne que l'on cautionne à l'abl avec pro.
CAUX, *pays.* Caletensis Ager, *gén.* Caletensis Agri. *masc. Tout se décline.*
CE. Hic, *m.* hæc, *f.* hoc, *n. Ce qui ou ce que sigifiant quelle chose.* Quid. *A ce que l'on dit.* Ut dicitur. *Et ce d'autant plus que.* Et eò magis quòd, *avec le subj. C'est moi qui parle.* Ego sum qui ou quæ loquor, *ou bien : je parle.* Loquor. *Ce sont eux qui parlent*, ou *eux parlent.* Illi loquuntur. *C'est pourquoi.* Quare, quocircà. *Est-ce ainsi que ?* Siccine? *avec l'indic. Voyez la Grammaire latine.*
CÉANS. Hic, *sans mouvement.* Hùc, *avec mouvement. De céans. (A la question* undè *)* Hinc.
CECI. Hoc, *g.* hujus, *dat.* huic. *n.* Id, *gén.* ejus, *dat.* ei. *n. Tout ceci.* Hæc omnia. *neut. plur.*
CÉCILE, *nom de femme.* Cæcilia, *g.* Cæciliæ. *fém.*
CÉCITÉ. Cæcitas, *g.* cæcitatis. *f.*
CÉDÉ. Concessus, concessa, concessum. *part. pass. de* Concedo.
CÉDER. Cedere, cedo, cedis, cessi, cessum. *act.* régime direct *acc. rég. ind. dat.*
CÉDILLE, *petite virgule qu'on met sous un* ç, *qu'on prononce comme* S. Subscripta virgula, *g.* subscriptæ virgulæ. *f. L'un et l'autre se déclinent.*
CÉDRAT, *fruit.* Malum citreum, *g.* mali citrei. *neut.*
CÈDRE. Cedrus, *g.* cedri. *fém. Qui est de Cèdre.* Cedrinus, cedrina, cedrinum. *adj.*
CÉDULE. Schedula, *gén.* schedulæ. *fém.*
CÉE, *île.* Cea, *gén.* Ceæ. *fém.*
CEINDRE. Cingere, cingo, cingis, cinxi, cinctum. *act. reg. dir. acc. r. ind. abl.*
CEINT. Cinctus, cincta, cinctum. *part. pass. de* Cingo. *avec l'abl. de la chose.*

CEINTURE. Zona, *g.* zonæ. *fém.*
CEINTURIER. Zonarius, *gén.* zonarii. *masc.*
CEINTURON. Balteus, *gén.* baltei. *masc.*
CELA. Id, *g.* ejus, *dat.* ei. *neut.*
CÉLADON, *couleur.* Color thalassinus, *g.* coloris thalassini. *masc. L'un et l'autre se déclinent.*
CÉLÉBRANT, *celui qui dit la Messe.* Rei sacræ minister, *g.* rei sacræ ministri. *m.* Rei sacræ *restent invariables.*
CÉLÉBRATION. Celebratio, *g.* celebrationis. *fém.*
CÉLÈBRE. Celeber, *m.* celebris. *fém.* celebre, *n. g.* celebris. *Au comp.* celebrior ; *au superl.* celeberrimus.
CÉLÉBRÉ. Celebratus, celebrata, celebratum. *part. pass. de* Celebro.
CÉLÉBRER. Celebrare, celebro, celebras, celebravi, celebratum. *act. acc.*
CÉLÉBRER *la Messe.* Sacra facere, facio, facis, feci, factum. *act.* Sacra *reste toujours.*
CÉLÉBRITÉ. Celebritas, *g.* celebritatis. *fém.*
CELER. Celare, celo, celas, celavi, celatum. *act. rég. dir. acc. rég. ind. acc.* Exemple : *J'ai celé ce dessein à ta mère.* Celavi hoc consilium tuam matrem. Mais s'il y avait : *Ce dessein a été celé à ta mère*, il faudrait tourner : *Ta mère a été celé sur ce dessein*, tua mater celata est hoc consilium. *Voyez la Grammaire latine.*
CÉLERI, *herbe qu'on mange en salade.* Apium, *g.* apii. *neut.*
CÉLÉRITÉ. Celeritas, *gén.* celeritatis. *fém.*
CÉLESTE. Cœlestis, *m. f.* cœleste, *n. gén.* cœlestis *pour tous les genres.*
CÉLESTIN, *religieux.* Celestinus, *g.* Celestini. *masc.*
CÉLIBAT. Cælibatus, *gén.* Cælibatûs. *masc.*
CELLE, *fém. de celui.* Illa, *g.* illius, *dat.* illi. *fém.*
CELLERIER. Cellarius, *gén.* cellarii. *masc.*
CELLERIÈRE. Cellaria, *gén.* cellariæ. *fém.*
CELLIER. Cella, *g.* cellæ. *f.*
CELLULE. Cellula, *g.* cellulæ. *fém.*
CELTES, *peuples.* Celtæ, *g.* Celtarum. *masc. plur.*
CELTIBÉRIE, *pays.* Celtiberia, *gén.* Celtiberiæ. *fém.*
CELTIQUE. Celticus, celtica, celticum. *adj.*
CELUI. Ille, *masc.* illa, *fém.* illud, *n. g.* illius. *dat.* illi *pour tous les genres. Celui-ci.* Hic, *masc.* hæc, *fém.* hoc, *n. g.* hujus, *dat.* huic *pour tous les genres.*

Celui-là. Ille, *masc.* illa, *f.* illud, *n. g.* illius, *dat.* illi *pour tous les genres.* On n'exprime point en latin ces mots *celui, celle, ceux, celles,* quand on peut les remplacer en français par le substant. qui précède. Exemples : *le temple de la vertu et celui de l'honneur,* c'est-à-dire , *le temple de la vertu et le temple de l'honneur.* Templum virtutis et honoris. *Les biens du père et ceux de la mère,* c'est-à-dire, *les biens du père et les biens de la mère.* Bona patris et matris.

CÉNACLE , *salle à manger.* Cœnaculum, *gén.* cœnaculi. *neut.*

CENDRE. Cinis, *g.* cineris. *m. Réduire en cendres.* In cineres vertere , verto , vertis, verti, versum. *act. acc.* On laisse in cineres joint au verbe, sans y rien changer. *Le jour des cendres.* Dies sacrorum cinerum, *g.* diei sacrorum cinerum. *m.* On ne décline que dies.

CENDRÉ. Cinereus, cinerea , cinereum. *adj.*

CENDRÉE , *couleur.* Lomentum , *gén.* lomenti. *neut.*

CENDREUX. Cinere conspersus , conspersa, conspersum. *On met toujours* cinere.

CENDRIER. Cinerarium, *g.* cinerarii. *neut.*

CÈNE. Cœna, *g.* cœnæ. *fém.*

CÉNOBITE. Cœnobita , *g.* cœnobitæ. *masc.*

CÉNOTAPHE. Cenotaphium , *g.* cenotaphii. *neut.*

CENS. Census, *g.* censûs. *masc.*

CENSÉ. Habitus , habita , habitum. *part. pass.* d'Habeor. *Etre censé.* Haberi , habeor, haberis , habitus sum. *pass. Je suis censé habile homme.* Habeor vir doctus.

CENSEUR. Censor, *génit.* censoris. *masc.*

CENSURABLE , *digne de censure.* Reprehendendus , reprehendenda , reprehendendum. *part. futur pass.* de Reprehendo.

CENSURE. Censura , *génit.* censuræ. *fém.*

CENSURÉ. Damnatus , damnata , damnatum. *part. pass.* de Damno.

CENSURER. Reprehendere , reprehendo , reprehendis , reprehendi , reprehensum. *act. acc.*

CENT. Centum. *plur. indéclinable de tout genre.* Centeni, *masc.* centenæ. *f.* centena , *neut. pl. Le nombre de cent.* Centenarius numerus, *gén.* centenarii numeri. *masc.* Ces deux mots se déclinent. *Deux cents.* Ducenti , ducentæ , ducenta. *Trois cents.* Trecenti , trecentæ , trecenta. *Quatre cents.* Quadringenti, quadringentæ, quadringenta. *Cinq cents.* Quingenti , quingentæ, quingenta. *Six cents.* Sexcenti, sexcentæ, sexcenta. *Sept cents.* Septingenti, septingentæ, septingenta. *Huit cents.* Octingenti, octingentæ, octingenta. *Neufs cents.* Nongenti , nongentæ, nongenta. *Cent fois.* Centies. *adv. Deux cents fois.* Ducenties. *adv. Trois cents fois.* Trecenties. *adv. Quatre cents fois.* Quadringenties. *adv. Cinq cents fois.* Quingenties. *adv. Six cents fois.* Sexcenties. *adv. Sept cents fois.* Septingenties. *adv. Huit cents fois.* Octingenties. *adv. Neuf cents fois.* Nongenties. *adv. Cent mille.* Centena millia , *g.* centenorum millium. *neut. plur.* On met un *gén.* ensuite. *Cent mille fois.* Centies millies, *adv.* de Cent. Voyez Centenaire.

CENT, *pour beaucoup.* Centum. *plur. indéclinable de tout genre.* Sexcenti , sexcentæ, sexcenta. *déclin.*

CENT *fois, ou beaucoup de fois.* Centies ou sexcenties. *adv.*

DEMI-CENT. Voyez Cinquante.

CENTAINE. Voyez Cent.

A CENTAINES. Centeni , centenæ, centena. *déclin.*

CENTAURE. Centaurus , *g.* Centauri. *masc.*

CENTAURÉE , *herbe.* Centaureum , *g.* centaurei. *neut.*

CENTENAIRE. Centenarius , centenaria , centenarium. *adj.*

CENTENIER. Centurio , *g.* centurionis. *masc.*

CENTIÈME. Cetensimus , centesima , centesimum. *adj. Deux centième.* Ducentesimus , ducentesima , ducentesimum. *adj.* On forme le même. Trecentesimus, *trois centième ;* Quadringentesimus, *quatre centième ;* Quingentesimus, *cinq centième ;* Sexcentesimus, *six centième ;* Septingentesimus , *sept centième ;* Octingentesimus , *huit centième ;* Nongentesimus, *neuf centième.*

CENTIME , *centième partie d'un franc.* Centimus, *g.* centimi. *masc.*

CENTON , *sorte de poésie.* Cento , *g.* centonis. *masc.*

CENTRAL. Centralis , *masc. fémin.* centrale, *n. gén.* centralis *pour tous les genres.*

CENTRE. Centrum , *g.* centri. *n.*

CENTUMVIR , *magistrat de l'ancienne Rome.* Centumvir , *g.* centumviri. *m.*

CENTUPLE. Centies tantùm. *adv. Au centuple.* Centuplicatò. *adv.*

CENTURIE. Centuria , *gén.* centuriæ. *fém.*

CENTURION. Centurio , *g.* centurionis. *masc.*

CEP *de vigne.* Vitis, *g.* vitis. *fém.*

CEPENDANT ou *néanmoins.* Tamen. *adv.*

CEPENDANT ou *pendant ce temps-là.* Intereà. *adv.*

CÉPHALIQUE. Cephalicus, cephalica, cephalicum. *adj.*

CEPS, *entraves mises aux pieds des prisonniers.* Compedes, *gén.* compedum. *fém. plur.*

CÉRAT, *onguent.* Ceratum, *g.* cerati. *neut.*

CERBÈRE, Cerberus, *génit.* cerberi. *masc.*

CERCEAU. Circulus, *génit.* circuli. *masc.*

CERCELLE. Voyez *Sarcelle.*

CERCLE. Circulus, *g.* circuli. *m. En cercle.* Circulatim. *adv.*

CERCLE, *assemblée.* Concessus, *g.* concessûs. *masc.*

CERCLER. Circulis cingere, cingo, cingis, cinxi, cinctum. *act. acc.*

CERCLES *de l'empire.* Provinciæ Imperii, *g.* Provinciarum Imperii. *fém. plur.* Imperii *ne se décline point.*

CERCUEIL. Feretrum, *gén.* feretri. *neut.*

CÉRÉALES, *fêtes de Cérès.* Cerealia, *gén.* cerealium. *neut. plur.*

CÉRÉMONIAL, *livre.* Ritualis liber, *gén.* ritualis libri. *masc.*

CÉRÉMONIAL. Ritualis, *masc. fém.* rituale, *neut. gén.* ritualis *pour tous les genres.*

CÉRÉMONIE *dans l'Eglise.* Cæremonia, *gén.* cæremoniæ. *fém.*

CÉRÉMONIES ou *compliment.* Officiosa urbanitas, *g.* officiosæ urbanitatis. *f. L'un et l'autre se déclinent. Faire des cérémonies.* Comitatis officia adhibere, adhibeo, adhibes, adhibui, adhibitum. *act. On met toujours* comitatis officia.

CÉRÉMONIEUX. Nimius affectator comitatis, *g.* nimii affectatoris comitatis. *masc. On ne décline pas* comitatis.

CÉRÈS, *déesse.* Ceres, *gén.* Cereris. *fém.*

CERF. Cervus, *g.* cervi. *masc. Qui est de cerf.* Cervinus, cervina, cervinum. *adj.*

CERFEUIL. Cærefolium, *g.* cærefolii. *neut.*

CERF-VOLANT, *insecte.* Scarabæus lucanus, *g.* scarabæi lucani. *m.*

CERF VOLANT, *fait de papier et de baguettes.* Volatile confectum ex papyro et virgis decussatis, *g.* volatilis confecti, etc. *n. On met toujours* ex papyro et virgis decussatis.

CERIGO, *île.* Cythera, *g.* Cytherorum. *neut. plur.*

CERISAIE. Cerasetum, *gén.* ceraseti. *neut.*

CERISE. Cerasum, *g.* cerasi. *neut.*

CERISIER. Cerasus, *g.* cerasi. *fém.*

CERNEAU. Nucleus, *g.* nuclei. *m.*

CERNER. Enucleare, enucleo, enucleas, enucleavi, enucleatum. *act. acc.*

CERTAIN. Certus, certa, certum. *Au comp.* certior; *au superl.* certissimus. *Etre certain de quelque chose,* Aliquid certò scire, scio, scis, scivi, scitum. *act. acc.* Certò *reste toujours.*

UN CERTAIN. Quidam, *masc.* quædam, *fém.* quoddam. *n. gén.* cujusdam. *dat.* cuidam, etc.

CERTAINEMENT. Certè ou certò. *adv. Au comp.* certiùs; *au superlat.* certissimè.

CERTES. Certè. Sanè. *adv.*

CERTIFICAT. Testimonium, *génit.* testimonii. *neut. Certificat de mort.* Apodixis defunctoria, *g.* apodixis defunctoriæ. *fém.*

CERTIFICATEUR, *qui certifie une caution.* Consponsor, *gén.* consponsoris. *masc.*

CERTIFIER. Asseverare, assevero, asseveras, asseveravi, asseveratum. *act.* *rég. dir. acc. rég. ind. dat.*

CERTITUDE. Certa cognitio, *g.* certæ cognitionis. *f. L'un et l'autre se déclinent. Avec certitude.* Certò. *adv.*

CERVEAU. Cerebrum, *gén.* cerebri. *neut.*

CERVELAS, *saucisson.* Botellus, *g.* botelli. *masc.*

CERVELET, *le derrière du cerveau.* Postica cerebri pars, *gén.* posticæ cerebri partis. *fém. On laisse* cerebri *dans tous les cas.*

CERVELLE. Cerebrum, *gén.* cerebri. *neut. Renverser la cervelle à quelqu'un, le faire devenir fou.* Aliquem ad insaniam redigere, redigo, redigis, redegi, redactum. *act.*

CERVOISE. Cervisia, *gén.* cervisiæ. *fém.*

CÉRUSE, *blanc d'Espagne.* Cerussa, *gén.* cerussæ. *fém. Fardé de céruse, ou de blanc d'Espagne.* Cerussatus, cerussata, cerussatum.

CÉSAR, *nom d'homme.* Cæsar, *gén.* Cæsaris. *masc.*

LES CÉSARS. Cæsares, *gén.* Cæsarum. *masc. plur.*

CÉSARÉE, *ville.* Cæsarea, *g.* Cæsareæ. *fém.*

CÉSARIENNE, *opération de chirurgie.* Incisio cæsarea, *g.* incisionis cæsareæ. *fém. Tous deux se déclinent.*

CESSANT, CESSANTE. Comme: *Toutes affaires cessantes.* Omnibus omissis. *C'est un ablat. absolu.*

CESSATION. Intermissio, *g.* intermissionis. *fém.*

SANS CESSE. Sine ullâ intermissione.

CESSER. Cessare, cesso, cessas, cessavi, cessatum. *Le régime se met à l'abl. avec* in. *S'il suit un verbe, on le met à l'infini.*

CESSER ou *discontinuer.* Intermittere, intermitto, intermittis, intermici, intermissum. *act. acc. cesser de faire la guerre.* Desistere bello. Absistere bello. Ab armis conquiescere.

FAIRE CESSER ou *apaiser.* Sedare, sedo, sedas, sedavi, sedatum. *act. acc.*

CESSION. Cessio, *gén.* cessionis. *fém. Faire cession, abandonner tous ses biens à ses créanciers.* De suis bonis creditoribus suis cedere, cedo, cedis, cessi, cessum.

CESSIONNAIRE. Qui cedit. *Datif de la personne, ablat. de la chose, avec la préposition de.*

C'EST A DIRE. Id est.

C'EST POURQUOI. Quare. *adv.*

CÉSURE, *syllabe qui reste du mot dans un vers, après un pied.* Cæsura, *g.* cæsuræ. *fém.*

CET. *Voyez Ce.*

CÉVENNES, *montagnes du Languedoc.* Gebenni montes, *gén.* Gebennorum montium. *masc. plur. L'un et l'autre se déclinent.*

CEYLAN, *île.* Ceilanum, *gén.* Ceilani. *neut.*

CHABLI, *ville.* Cabliacum, *g.* Cabliaci. *neut.*

CHABOT, *poisson.* Capito, *gén.* capitonis. *masc.*

CHACUN. Quisque, *masc.* quæque, *f.* quodque, *neut. génit.* cujusque, *dat.* cuique.

CHAGRIN. ou *tristesse.* Molestia, *g.* molestiæ. *fém.* Sollicitudo, *g.* sollicitudinis. *fém.*

CHAGRIN ou *triste.* Sollicitus, sollicita, sollicitum. *adj. on met le régime à l'abl. avec de.*

CHAGRIN, *peau.* Corium squali, *gén.* corii squali. *neut. On ne décline pas* squali.

CHAGRINANT. Molestus, molesta, molestum. *adj.*

CHAGRINER, ou *causer du chagrin.* Sollicitudinem afferre, sollicitudinem affero, affers, attuli, allatum. *act. acc. On met toujours* sollicitudinem, *et le nom de la personne au dat.*

SE CHAGRINER. Ægritudine affici, afficior, afficeris, affectus sum. *pass. On met toujours* ægritudine, *et la chose dont on se chagrine se met à l'abl. avec de.*

CHAÎNE. Catena, *g.* catenæ. *fém.*

CHAÎNETTE. Catenula, *g.* catenulæ. *f.*

CHAÎNON. Annulus catenæ, *génit.* annuli catenæ. *masc.* Catenæ *ne se décline point.*

CHAIR. Caro, *g.* carnis. *fém. Chair de bœuf.* Bubula caro, *g.* bubulæ carnis. *fém. Chair de mouton.* Vervecina caro, *gén.* vervecinæ carnis. *fém. Chair de pourceau.* Suilla caro, *gén.* suillæ carnis. *fém. chair de veau.* Vitulina caro, *g.* vitulinæ carnis. *fém. Chair de volaille.* Aviaria caro, *g.* aviariæ carnis. *fém. Chair de venaison.* Ferina caro, *g.* ferinæ carnis. *f. Chair bouillie.* Caro elixa, *g.* carnis elixæ. *fém. Chair rôtie.* Caro assa, *gén.* carnis assæ. *fém.*

CHAIRE. Cathedra, *génit.* cathedræ. *fém.*

CHAISE *à porter.* Sella, *gén.* sellæ. *fém. Aller en chaise.* Vehi sellâ ; vehor, veheris, vectus sum sellâ. *pass.* Sellâ *à l'ablat.*

CHALAND ou *acheteur.* Emptor, *gén.* emptoris. *masc.*

CHALDÉE, *province.* Chaldæa, *gén.* Chaldææ. *fém.*

CHALDÉEN, *de Chaldée.* Chaldæus, chaldæa, chaldæum. *adj.*

CHALE. *Voyez Schall.*

CHALEUR. Calor, *gén.* caloris. *masc. Au fort de la chaleur ou dans les plus grandes chaleurs* Maximis caloribus, *à l'ablat.*

CHALEUREUX. Fervidus, fervida, fervidum. *adj.*

CHALIT, *bois de lit.* Lecti compages, *g.* lecti compagis. *fém.* Lecti *ne se décline point.*

CHALONS-SUR-MARNE. Cabillonum, *g* Cabilloni. *neut.*

CHALONS-SUR SAONE. Catalaunum, *g.* Catalauni. *n. Qui est de Châlons.* Catalaunensis, *m. f.* catalaunense, *neut. gén.* catalaunensis.

CHALOUPE. Scapha, *génit.* scaphæ. *fém.*

CHALUMEAU. Calamus, *gén.* calami. *masc.*

CHAMADE (*battre la*). Ad colloquium vocare, voco, vocas, vocavi, vocatum. *act. acc. On met toujours ad* colloquium.

CHAMAILLER. Confligere, confligo, confligis, conflixi, conflictum. *n.*

CHAMAILLIS, *l'action de chamailler.* Conflictatio, *g.* conflictationis. *fém.*

CHAMARRÉ. Variatus, variata, variatum. *part. pass. de* Vario. *avec l'abl.*

CHAMARRER. Variare, vario, varias, variavi, variatum. *act. acc. avec l'abl. de la chose dont on chamarre.*

CHAMARRURE. Segmenta, *g.* segmentorum. *neut. plur.*

CHAMBELLAN. Sacri cubiculi præpositus, *g.* sacri cubiculi præpositi. *m.* Sacri cubiculi *ne se décline point.*

CHAMBÉRI, *ville.* Camberium, *gén.* Camberii. *n. Qui est de Chambéri.* Camberiensis, *masc. f.* camberiense, *n. gén.* camberiensis.

CHAMBRANLE. Antepagmenta, *gén.* antepagmentorum. *neut. plur.*

CHAMBRE. Cubiculum, *g.* cubiculi. *n. Chambre de justice.* Curia, *gén.* curiæ. *f. Chambre des vacations.* Curia justitii, *g.* curiæ. *f. On ne décline que* curia. *Chambre des Comptes.* Rationum ragiarum curia, *g.* curiæ. *fém. On ne décline que* curia, *Chambre apostolique.* Reverenda camera, *génit.* reverendæ cameræ. *fém. L'un et l'autre se déclinent. Fille de chambre.* Cubicularia, *gén.* cubiculariæ. *f. Homme ou valet de chambre.* Cubicularius, *g.* cubicularii. *masc.*

CHAMBRÉE. Contubernium, *g.* contubernii. *neut. Qui est de chambrée.* Contubernalis, *m. fém.* contubernale, *n. gén.* conturbernalis.

CHAMBRETTE. Cellula, *gén.* cellulæ. *fém.*

CHAMBRIER, *officier chez les moines.* Camerarius, *g.* camerarii. *masc.*

CHAMBRIÈRE, *servante.* Ancilla, *g.* ancillæ. *fém.*

CHAMEAU. Camelus, *génit.* cameli. *masc.*

CHAMELIER. Camelarius, *g.* camelarii. *masc.*

CHAMOIS. Rupicapra, *gén.* rupicapræ. *fém.*

CHAMP ou *plaine.* Campus, *g.* campi. *masc.*

CHAMP, *terre labourable.* Ager, *gén.* agri. *masc. Champ labouré.* Arvum, *gén.* arvi. *neut. Champ ensemensé.* Seges, *gén.* segetis. *f. Champ en friche.* Incultus ager, *g.* inculti agri. *masc. Ces deux mots se déclinent.*

CHAMP, *matière, sujet pour discourir.* Dicendi argumentum, *gén.* dicendi argumenti. *n. On laisse* dicendi, *sans y rien changer.*

CHAMP *de bataille.* Campus prælii, *g.* campi prælii. *masc.* Prælii *ne se décline point.*

LES CHAMPS ou *la campagne.* Rus, *gén.* ruris. *n. Qui est des champs.* Rusticus, rustica, rusticum. *adj. Maison des champs.* Villa, *g.* villæ. *fém. Sur-le champ ou sur l'heure.* Extemplò. *adv.*

CHAMPAGNE, *province.* Campania, *g.* Campaniæ. *fém.*

CHAMPENOIS. Campanus, campana, campanum. *adj.*

CHAMPÊTRE. Rusticus, rustica, rusticum. *adj.*

CHAMPIGNON. Fungus, *g.* fungi. *m.*

CHAMP.ON, *combattant.* Pugnator, *gén.* pugnatoris. *masc.*

CHANAAN, *pays.* Chanaanitis, *gén.* chanaanitidis. *fém.*

CHANCE, *fortune.* Sors, *g.* sortis. *f. Déjà la chance avait tourné.* Jam fortuna verterat; verto, vertis, verti, versum, vertere. *act. acc.*

CHANCELANT. Titubans, *m. f. n. g.* titubantis. *part. pass. de* Titubo.

CHANCELER. Titubare, titubo, titubas, titubavi, titubatum. *n. Sa mémoire chancelle.* Sublabitur memoria; sublabor, sublaberis, sublapsus sum. *dép.*

CHANCELIER. Cancellarius, *g.* cancellarii. *masc.*

CHANCELLEMENT. Titubatio, *gén.* titubationis. *fém.*

CHANCELLERIE. Prætorium cancellarii, *g.* prætorii cancellarii. *n. On ne décline pas* cancellarii.

CHANCEUX, *heureux.* Fortunatus, fortunata, fortunatum. *adj.*

CHANCI, *moisi.* Mucidus, mucida, mucidum. *adj.*

SE CHANCIR, *se moisir.* Mucere, muceo, muces, mucui. *sans sup. n.*

CHANCISSURE. Mucor, *g.* mucoris. *masc.*

CHANCRE. Cancer, *génit.* cancri. *masc.*

CHANCREUX, *qui a un chancre.* Cancro cruciatus, cruciata, cruciatum. *part. pass. de* Crucio. *Ulcère chancreux.* Ulcus corrodens, *génit.* ulceris corrodentis. *neut. L'un et l'autre se déclinent.*

CHANDELEUR, *fête de la Purification de la sainte Vierge.* Sacra dies Beatæ Virginis purificationi, *g.* sacræ dici, etc. *fém. On met toujours* Beatæ Virginis purificationi.

CHANDELIER. Candelabrum, *génit.* candelabri. *neut.*

CHANDELIER ou *faiseur de chandelles.* Opifex candelarum, *g.* opificis candelarum. *m. On ne décline pas* candelarum.

CHANDELLE. Candela, *gén.* candelæ. *fém. La chandelle brûle, ou il fait tard.* Nox appetit.

CHANGE, *échange.* Permutatio, *gén.* permutationis. *fém.*

CHANGE ou *la pareille.* Par, *g.* paris. *neut.*

CHANGE, *lieu où l'on change l'argent.* Mensa, *g.* mensæ. *f. Lettre de change.* Chirographum ad pecuniæ permutationem, *g.* chirographi, etc. *n. On met toujours* ad pecuniæ permutationem. *Si la somme est spécifiée au lieu de* pecuniæ, *on met cette somme au gén.*

CHANGÉ. Mutatus, mutata, mutatum. *part. pass. de* Muto.

CHANGEANT. Mobilis, *m. f.* mobile, *neut. gén.* mobilis.

CHA   CHA   77

CHANGEANT, *en parlant des couleurs.* Varians, *m. f. n. g.* variantis. *part. prés.* de Vario.

CHANGEMENT, *mutation.* Mutatio, *gén.* mutationis. *fém.*

CHANGEMENT, *inconstance.* Inconstantia, *g.* inconstantiæ. *fém.*

CHANGEMENT, *diversité.* Varietas, *gén.* varietatis. *fém.*

CHANGER. Mutare, muto, mutas, mutavi, mutatum. *act. rég. dit. acc. rég. ind. abl. Changer de sentiment* ou *d'opinion.* Mutare sententiam. *act. Changer de discours.* Aliò sermonem transferre, transfero, transfers, transtuli, translatum. *act. avec l'acc.* sermonem *qu'on ne change point.* Aliò *est un adv. Changer de conduite.* Agendi modum vertere, verto, vertis, verti, versum. *act. Changer en.* Mutare in, *avec un acc.*

CHANGER, *diversifier.* Variare, vario, varias, variavi, variatum. *act. acc.*

SE CHANGER. Mutari mutor, mutaris mutatus sum. *pass.*

CHANGEUR, *banquier.* Mensarius, *g.* mensarii. *masc.*

CHANOINE. Canonicus, *g.* canonici. *masc.*

CHANOINESSE. Canonica, *g.* cononicæ. *fém.*

CHANSON. Cantilena, *g.* cantilenæ. *fém.*

CHANSONS, *raisons frivoles.* Nugæ, *g.* nugarum. *fém. plur.*

CHANSONNER. Versus modulari, modulor, modularis, modulatus sum. *dép. in avec l'acc.*

CHANSONNETTE. Cantiuncula, *gén.* cantiunculæ. *fém.*

CHANT. Cantus, *gén.* cantús. *masc. Plain-chant.* Planus modus canendi, *g.* plani modi canendi. *On ne décline pas* canendi.

CHANTANT; *propre à être mis en chant.* Ad modulationem aptus, apta, aptum. *adj.* Ad modulationem ne *changent point.*

CHANTEAU. Panis angulus, *génit.* panis anguli. *masc.* Panis *ne se décline point.*

CHANTER. Canere, cano, canis, cecini, cantum. *act. acc. Chanter la musique.* Ad harmoniam canere. *Chanter souvent.* Cantitare, cantito, cantitas, cantitavi, cantitatum.

CHANTERELLE, *corde la plus déliée d'un instrument.* Vocalis chorda, *gén.* vocalis chordæ. *fém. L'un et l'autre se déclinent.*

CHANTEUR. Cantor, *gén.* cantoris. *masc.*

CHANTEUSE. Cantatrix, *g.* cantatricis. *fém.*

CHANTIER *à bois.* Area lignaria, *gén.* areæ lignariæ. *fém.*

CHANTIER, *bois qu'on met sous des tonneaux.* Canterius, *g.* canterii. *m.*

CHANTILLI, *château.* Cantilliacum, *g.* cantilliaci. *neut.*

CHANTRE. Cantor, *gén.* cantoris. *masc.*

CHANTRERIE, *dignité de chantre.* Cantorum præfectura, *génit.* cantorum præfecturæ. *fém.* Cantorum *ne se décline point.*

CHANVRE. Cannabis, *g.* cannabis. *f. Qui est de Chanvre.* Cannabinus, cannabina, cannabinum. *adj.*

CHAOS. Confusio, *gén.* confusionis. *f.* ou *mieux.* Chaos, *indéclinable.*

CHAPE. Trabea, *gén.* trabeæ. *f.*

CHAPEAU. Petasus, *g.* petasi. *masc.*

CHAPELAIN, *qui dessert une chapelle.* Capellanus, *g.* capellani. *m.*

CHAPELER, *ôter légèrement la grosse croûte du pain.* Summas panis crustas leviter excutere, excutio, excutis excussi, excussum. *act. On joint* summas panis crustas leviter *à tous les temps du verbe* excutio.

CHAPELET. Sacrorum globulorum series, *g.* seriei. *fém.* Sacrorum globulorum *se mettent toujours.*

CHAPELIER. Opifex petasorum, *gen.* opificis petasorum. *masc. on ne décline pas* petasorum.

CHAPELLE. Sacellum, *gén.* sacelli. *neut.*

LA CHAPELLE, *village.* Capella, *gén.* Capellæ. *fém.*

CHAPERON. Capitium, *gén.* capitii. *neut.*

CHAPERONNÉ. Cucullo instructus, instructa, instructum. *part. pass.* d'Instruo. *On met partout* cucullo.

CHAPIER ou *qui a une chape.* Indutus sacrâ trabeâ, *gén.* induti sacrâ trabeâ. *m. On ne décline que* indutus.

CHAPITEAU. Capitulum, *gén.* capituli. *neut.*

CHAPITRE *d'un livre.* Caput, *génit.* capitis. *neut.*

CHAPITRE ou *assemblée.* Collegium, *g.* collegii. *neut.*

CHAPITRE, *lieu où les chanoines s'assemblent.* Capitulum, *g.* capituli. *n.*

CHAPITRER, *réprimander.* Reprehendere, reprehendo, reprehendis, reprehendi, reprehensum. *act. acc.*

CHAPON. Capus, *génit.* capi. *masc.*

CHAPONNER. Castrare, castro, castras, castravi, castratum. *act. acc.*

CHAQUE. Voy. Chacun. *Chaque jour.* Singulis diebus, *à l'ablat.*

CHAR. Currus, *g.* currûs. *masc.*

CHABANÇON, insecte. Curculio, gén. curculionis. masc.

CHARBON. Carbo, g. carbonis. masc. Charbon pestilentiel. Carbunculus, gén. carbunculi. masc.

CHARBONNER. Denigrare, denigro, denigras, denigravi, denigratum. act. accus. Avec du Charbon, carbone à l'ablat.

CHARBONNIER. Carbonarius, g. carbonarii. masc.

CHARBONNIÈRE. Carbonaria, g. carbonariæ. fém.

CHARCUTIER. Porcinarius, g. porcinarii. masc.

CHARCUTER, couper malproprement la viande. Obsonium pravè concidere, concido, concidis, concidi, concisum. act. acc. Obsonium ne change pas. Pravè est adverbe.

CHARDON. Carduus, génit. cardui. masc.

CHARDONNERET. Carduelis, g. carduelis. fém.

CHARDONNETTE, herbe. Scolimus, gén. scolimi. masc.

CHARENTE, rivière et département de France. Carantonus, génit. Carantoni. masc.

CHARENTON, village. Carentonium, gén. Carentonii. neut.

CHARGE ou fardeau. Onus, g. oneris. n. Navire de charge. Navis oneraria, g. navis onerariæ. f. L'un et l'autre se déclinent. Etre à charge. Esse oneri, sum, es, fui, avec un dat. ensuite.

CHARGE, office ou commission. Munus, gén. muneris. neut. A la charge de, ou à condition que. Eâ conditione ut avec le subjonct.

CHARGE, en parlant d'une arme à feu. Modus, gén. modi. masc. De poudre et de plomb. Pulveris ac plumbi, au génit.

CHARGE, attaque, combat. Impetus, gén. impetûs. masc.

CHARGE, information. Inquisitio, gén. inquisitionis. fém.

CHARGE, redevance. Obligatio, g. obligationis. fém.

CHARGÉ. Oneratus, onerata, oneratum. partic. pass. d'Onero. avec l'ablat.

CHARGEMENT, cargaison. Impositæ navi merces, g. impositæ navi mercium. f. pl. On ne décline que merces impositæ.

CHARGER d'un fardeau. Onerare, onero, oneras, oneravi, oneratum. act. rég. dir. acc. rég. ind. abl.

CHARGER ou donner commission. Mandare, mando, mandas, mandavi, mandatum. act. rég. dir. dat. rég. ind. acc. S'il suit un de avec un infinitif français, on exprime ce de par ut avec le subjonct., comme : Il m'a chargé de vous saluer, ou que je vous saluasse. Mihi mandavit ut te salutarem.

SE CHARGER de. Curam suscipere, suscipio, suscipis, suscepi, susceptum. avec le gén. ou le gér. en di.

CHARGER. Voy. Accuser.

CHARGER, en parlant d'une arme. Instruere, instruo, instruis, instruxi, instructum. act. acc. De poudre et de plomb, pulvere ac plumbo. à l'abl.

CHARGER l'ennemi. Impetum in hostes facere, facio, facis, feci, factum. On laisse les premiers mots comme ils sont, et l'on ne conjugue que facio.

CHARGER une histoire. Veris addere. addo, addis, addidi, additum. act. acc. On laisse veris au dat.

CHARGEUR. Onerum impositor, gén. onerum impositoris. m. On ne change rien au premier mot.

CHARIOT. Currus, g. currûs. m.

CHARITABLE. Benignus, benigna, benignum. adj.

CHARITABLEMENT. Benignè. adv. Au compar. benignius ; au superlat. benignissimè.

CHARITÉ. Charitas, gén. charitatis. fém.

CHARITÉ. Voy. Aumône.

LA CHARITÉ, ville. Caritas, g. Caritatis. fém.

CHARIVARI. Tumultuosæ vociferationes, génit. tumultuosarum vociferationum. fém. pluriel. L'un et l'autre se déclinent.

CHARLATAN. Circulator, g. circulatoris. masc.

CHARLATAN, flatteur. Palpator, gén. palpatoris. masc.

CHARLATANER. Suas res elatè jactitare, jactito, jactitas, jactitavi, jactitatum. act. acc. Suas res elatè restent tels qu'ils sont.

CHARLATANER, tâcher d'attraper quelqu'un. Phaleratis dictis inescare, inesco, inescas, inescavi, inescatum. act. acc. Joignez à tous les temps Phaleratis dictis.

CHARLATANERIE, discours de charlatan. Verbosæ strophæ, gén. verbosarum stropharum. fém. plur. Déclinez les deux.

CHARLATANISME, manége du charlatan. Circulatoria venditatio, g. circulatoriæ venditationis. fém. L'un et l'autre se déclinent.

CHARLES, nom d'hommes. Carolus, gén. Caroli. masc.

CHARLEMAGNE, nom d'homme. Carolus magnus. gén. Caroli magni. masc. Déclinez les deux.

CHA CHA 79

CHARLEMONT, *ville*. Carolomontium, *gén*. Carolomontii. *neut*.

CHARLEQUINT, *nom d'homme*. Carolus quintus, *gén*. Caroli quinti. *m*. *Déclinez les deux*.

CHARLEROI, *ville et forteresse*. Caroloregium. *g*. Caroloregii. *neut*.

CHARLEVILLE, *ville sur la Meuse*. Carolopolis, *gén*. Carolopolis. *fém*. *acc*. Carolopolim. *abl*. Carolopoli.

CHARLOTTE, *nom de femme*. Carola, *gén*. Carolæ. *fém*.

CHARMANT. Jucundus, jucunda, jucundum. *adj*.

CHARMANT, *doux*. Suavis, *masc. f.* suave, *n. gén*. suavis.

CHARMANT, *en parlant d'un lieu*. Amœnus, amœna, amœnum. *adj*. *Beauté charmante*. Eximia pulchritudo, *g*. eximiæ pulchritudinis. *fém*. *L'un et l'autre se déclinent*.

CHARME, *agrément*. Illecebra, *gén*. illecebræ. *fém*. *Attirer ou gagner par ses charmes*. Voy. *Charmer*. *Plein de charmes*. Jucundissimus, jucundissima, jucundissimum *ou* suavissimus, suavissima, suavissimum.

CHARME, *enchantement*. Incantamentum, incantamenti. *neut*. *User de charmes*. Voy. *Charmer*.

CHARME, *arbre*. Carpinus. *g*. carpini. *fém*. *De charme ou de bois de charme, ou fait de charme*. Carpineus, carpinea, carpineum. *adj*. *Allée de charmes*. Ambulatio carpinea, *gén*. ambulationis carpineæ. *fém*.

CHARMÉ, *attiré par les charmes de quelqu'un*. Delinitus, delinita, delinitum. *adj*. *Joignez-y l'ablat*. illecebris, *et le gén. après*.

CHARMÉ *ou épris de*. Captus, capta, captum. *adj. avec l'ablat*.

CHARMÉ, *enchanté*. Incantatus, incantata, incantatum. *adj*.

CHARMER, *plaire*. Delinire, delinio, delinis, delinivi, delinitum. *act. acc*. *Joignez-y* illecebris. *Charmer les oreilles*. Permulcere, permulceo, permulces, permulsi, permulsum. *act. et l'acc*. aures. *Se laisser charmer ou être charmé de*. Capi, capior, caperis, captus sum. *pass. avec l'ablat*.

CHARMER, *user de charmes ou d'enchantement*. Fascinare, fascino, fascinas, fascinavi, fascinatum. *act. acc*.

CHARMILLE, *plant de charme*. Virgulta carpinea, *g*. virgultorum carpineorum. *neut. plur*.

CHARNEL *ou sensuel*. Voluptuarius, voluptuaria, voluptuarium. *adj*. *Plaisir charnel*. Libidinosa voluptas, *g*. libidinosæ voluptatis. *fém*. *L'un et l'autre se déclinent*.

CHARNELLEMENT. Libidinosè. *Au compar*. libidinosiùs; *au superl*. libidinosissimè.

CHARNIER, *lieu où l'on met les os des morts*. Ossuarium, *gén*. ossuarii. *neut*.

CHARNIER, *lieu où l'on garde les viandes salées*. Carnarium, *génit*. carnarii. *neut*.

CHARNIÈRE, *deux pièces qui s'enclavent l'une dans l'autre*. Commissura, *gén*. commissuræ. *fém*.

CHARNU, *qui a bien de la chair, en parlant d'un homme ou d'un animal tout entier*. Corpulentus, corpulenta, corpulentum. *adj*. *Charnu, en parlant d'un membre ou d'une partie du corps*. Carnosus, carnosa, carnosum. *adj*. *Un bras charnu*. Brachium lacertosum, *g*. brachii lacertosi. *Un cou charnu*. Cervix torosa, *génit*. cervicis torosæ. *fémin*. *L'un et l'autre se déclinent*. *Les parties les plus charnues des animaux, et les plus tendres à manger*. Pulpa, *génit*. pulpæ. *fém*.

CHARNURE, *la chair de l'homme et des animaux*. Caro, *g*. carnis. *f*.

CHARNURE, *ce qu'il y a de plus charnu dans l'homme*. Tori, *gén*. tororum. *masc. plur*.

CHARNURE, *ce qu'il y a de plus charnu dans les bêtes*. Pulpa, *génit*. pulpæ. *fém*.

CHAROGNE. Tetrum cadaver, *génit*. tetri cadaveris. *neut*. *Déclinez les deux noms*.

CHAROLES, *ville du Charolois*. Caroliæ, *g*. Caroliarum. *fém. pl*.

CHAROLOIS, *pays dans le duché de Bourgogne*. Carolesium, *gén*. Carolesii. *neut*.

CHARPENTE. Lignea ædificii compages, *g*. ligneæ ædificii compagis. *f*. *Ædificii ne se décline point*.

CHARPENTERIE. Materiatura, *gén*. materiaturæ. *fém*.

CHARPENTIER. Materiarius, *génit*. materiarii. *masc*.

CHARPIE. Linamentum, *g*. linamenti. *neut*.

CHARRÉE. Lixivius cinis, *génit*. lixivii cineris. *masc*. *L'un et l'autre se déclinent*.

CHARRETÉE. Vehes, *g*. vehis. *f*.

CHARRETIER. Ductor plaustri, *gén*. ductoris plaustri. *masc*. *On ne décline pas* plaustri.

CHARRETTE. Carrus, *génit*. carri. *masc*.

CHARRIAGE. Vectura, *g*. vecturæ. *fém*.

CHARRIER. Exportare, exporto, exportas, exportavi, exportatum. *act. acc*.

La rivière charrie des glaçons. Fluvius vehit glaciem. *Urine qui charrie.* Arenosa urina, *g.* arenosæ urinæ. *f.*

CHARROI. Vectura, *génit.* vecturæ. *fém.*

CHARRON. Faber carrorum, *g.* fabri carrorum. *masc. On ne décline pas* carrorum.

CHARRUE. Aratrum, *génit.* aratri. *neut.*

CHARTRAIN. Carnutæus, carnutæa, carnutæum. *adj.*

CHARTRE ou CHARTE. Charta, *gén.* chartæ. *fém.*

CHARTRE, *maladie.* Tabes, *gén.* tab's. *fém. Etre en Chartre.* Tabere, tabeo, tabes, tabui. *sans sup. neut.*

CHARTRES, *ville.* Carnutum, *génit.* Carnuti. *n. Qui est du pays de Chartres.* Carnutensis, *m. f.* carnutense, *neut. gén.* carnutensis.

CHARTREUSE, *monastère de Chartreux.* Carthusia, *g.* carthusiæ. *f.*

CHARTREUX, *religieux.* Carthusianus, *gén.* carthusiani. *masc.*

CHASSE, *action de chasser.* Venatio, *g.* venationis. *f. Qui est de chasse.* Venatorius, venatoria, venatorium. *adj.*

CHASSE *au jeu de paume.* Meta, *g.* metæ. *fém.*

CHASSE *à reliques.* Lipsanotheca, *gén.* lipsanothecæ. *fém.*

CHASSÉ. Expulsus, expulsa, expulsum. *part. pass.* d'Expello. *Chassé de son pays.* Pulsus è patriâ.

CHASSELAS, *sorte de raisin blanc.* Albi racemi genus, *g.* albi racemi generis. *neut. Genus seul se décline.*

CHASSE-MARÉE, *qui voiture de la marée.* Qui maricos pisces venales vehit.

CHASSER ou *mettre dehors.* Expellere, expello, expellis, expuli, expulsum. *act. acc. Chasser d'un héritage.* Pellere ex fundo.

CHASSER ou *aller à la chasse.* Venari, venor, venaris, venatus sum. *dép. accus.*

CHASSER. Venator, *gén.* venatoris. *masc.*

CHASSEUSE. Venatrix, *g.* venatricis. *fém.*

CHASSIE. Lippitudo, *g.* lippitudinis. *fém.*

CHASSIEUX. Lippus, lippa, lippum. *adj.*

CHASSIS, *bordure.* Margo, *gén.* marginis. *fém.*

DES CHASSIS. Cancelli, *g.* cancellorum. *masc. plur.*

CHASTE. Castus, casta, castum. *adj.*

CHASTEMENT. Casté. *adv. Au comp.* castiùs; *au sup.* castissimé.

CHASTETÉ. Castitas, *gén.* castitatis. *fém.*

CHASUBLE. Casula, *g.* casulæ. *f.*

CHASUBLIER. Casularum artifex, *g.* casularum artificis. *masc.* Casularum *ne se décline pas.*

CHAT. Feles, *g.* felis. *fém. Qui est du chat.* Felinus, felina, felinum. *adj. Réveiller le chat qui dort,* c'est-à-dire, réveiller une querelle assoupie. Iram ressuscitare, ressuscito, ressuscitas, ressuscitavi, ressuscitatum. *act. avec l'acc.* iram *qu'on ne change pas.*

CHATAIGNE. Castanea, *gén.* castaneæ. *fém.*

CHATAIGNERAIE. Castanetum, *gén.* castaneti. *neut.*

CHATAIGNIER. Castanea, *g.* castaneæ. *fém.*

CHATAIN. Castanei coloris. *au gén. neut.*

CHATEAU. Castellum, *gén.* castelli. *neut.*

CHATEAU-BRIANT, *ville.* Castrum Briandi, *g.* Castri Briandi. *neut.*

CHATEAU-CHINON, *ville.* Cainonense Castrum, *gén.* Cainonensis Castri. *neut.*

CHATEAUDUN, *ville.* Castrodunum, *gén.* Castroduni. *neut.*

CHATEAU-GONTIER, *ville.* Castrum Gonterii, *g.* Castrii Gonterii. *n.*

CHATEAU-LANDON, *ville.* Castrum Lantonense, *génit.* Castri Lantonensis. *neut.*

CHATEAUNEUF, *ville.* Castrum novum, *g.* Castri novi. *neut.*

CHATEAU-ROUX, *ville.* Castrum Rodulphi, *g.* Castri Rodulphi. *n.*

CHATEAU-THIERY, *ville.* Castrum Theodorici, *g.* Castri Theodorici. *n.*

CHATELAIN, *juge du château.* Castellanus judex, *g.* castellani judicis. *masc. L'un et l'autre se déclinent.*

CHATELET. Castellum, *gén.* castelli. *neut. Châtelet de Paris.* Castellena Parisiorum curia, *gén.* castellanæ Parisiorum curiæ. *fém.* Parisiorum *ne se décline point.*

CHATELLENIE, *terre de Seigneur.* Castellum, *g.* castelli. *neut.*

CHATELLERAUT, *ville.* Eraldi Castrum, *g.* Eraldi Castri. *neut. Le premier mot ne se décline point.*

CHATEPELEUSE, *insecte.* Centipeda, *gén.* centipedæ. *fém.*

CHAT-HUANT. Bubo, *gén.* bubonis. *masc.*

CHATIÉ. Castigatus, castigata, castigatum. *part. pass. de* Castigo.

CHATIER. Castigare, castigo, castigas, castigavi, castigatum. *act. acc.*

CHATILLON, *ville.* Castellio, *g.* Castellionis. *fém.*

CHA CHE

CHATIMENT. Castigatio, *g.* castigationis. *fém.*

CHATON, *le petit d'une chatte.* Felis catulus, *gén.* felis catuli. *masc.* Felis *ne change point.*

Chaton *d'une bague.* Pala, *gén.* palæ. *fém.*

Chatons, *fleurs de noyer.* Nucamenta, *gén.* nucamentorum. *neut. plur.*

CHATOUILLEMENT. Titillatio, *gén.* titillationis. *fém.*

CHATOUILLER. Titillare, titillo, titillas, titillavi, titillatum. *act. acc.*

CHATOUILLEUX. Impatiens titillationis, *gén.* impatientis titillationis, *de tout genre. On ne décline pas* titillationis. On dit au comp. impatientior titillationis ; *au sup.* impatientissimus titillationis. (Impatiens *est un adj.*).

Chatouilleux, *délicat.* Periculosus, periculosa, periculosum. *adject. Affaire chatouilleuse.* Opus aleæ periculosæ, *gén.* operis aleæ periculosæ. Opus *se décline seul.*

CHATRÉ. Castratus, castrata, castratum. *part. pass. de* Castro.

CHATRER. Castrare, castro, castras, castravi, castratum. *act. acc.*

CHAUD, *adject.* Calidus, calida, calidum. *Un ami chaud.* Amicus diligentissimus.

Le Chaud, ou *la chaleur.* Calor, *gén.* caloris. *masc. Avoir chaud.* Calere, caleo, cales, calui. *sans sup. neut. Il fait grand chaud*, ou *la chaleur est grande.* Calor est vehemens. *Il ne fait pas chaud*, ou *la chaleur n'est pas grande.* Calor non est vehemens. *Il commence à faire chaud*, ou *les jours deviennent chauds.* Dies incalescunt : incalesco, incalescis, incalui, *sans sup.* incalescere. *neut. Le chaud de la fièvre.* Febris æstus, *gén.* febris æstûs. *masc. Le gén.* Febris *ne change point.*

CHAUDEMENT. Calidè ou ferventer. *adv.*

CHAUDIÈRE. Cortina, *gén.* cortinæ. *fém.*

CHAUDRON. Lebes, *génit.* lebetis. *masc.*

CHAUDRONNIER. Faber lebetum, *gén.* fabri lebetum. *On ne décline pas* lebetum.

CHAUFFAGE. Lignatio, *gén.* lignationis. *fém.*

CHAUFFÉ. Calefactus, calefacta, calefactum. *part. pass. de* Calefacio.

CHAUFFER. Calefacere, calefacio, calefacis, calefeci, calefactum. *act. acc.*

CHAUFFERETTE. Foculus, *gén.* foculi. *masc.*

CHAUFFOIR, *lieu où l'on se chauffe en commun.* Focus communis, *génit.* foci communis. *masc. On décline ces deux mots.*

CHAUFOURNIER, *faiseur de chaux*, Calcarius, *g.* calcarii. *masc.*

CHAUME. Culmus, *gén.* culmi. *m.*

CHAUMIÈRE. Tugurium, *g.* tugurii. *neut.*

CHAUMINE, *petite chaumière.* Tuguriolum, *g.* tugurioli. *neut.*

CHAUMONT, *ville.* Calvomontium, *g.* Calvomontii. *n. Qui est de Chaumont.* Calvomontanus, calvomontana, calvomontanum. *adj.*

CHAUSSE. Tibiale, *g.* tibialis. *n.*

CHAUSSÉ. Calceatus, calceata, calceatum. *part. pass. de* Calceo.

CHAUSSÉE. Agger, *génit.* aggeris. *masc. Rez de chaussée.* Summa soli facies, *g.* summæ soli faciei. Soli *reste seul invariable.*

CHAUSSE-PIED. Calcipes, *g.* calcipedis. *masc.*

CHAUSSER. Calceare, calceo, calceas, calceavi, calceatum. *act. acc. Se chausser quelque chose dans la tête.* Aliquid mordicus tenere, teneo, tenes, tenui, tentum. *act. accusat.* Mordicùs *est un adverbe.*

CHAUSSE-TRAPE, *fer à quatre pointes.* Murex ferreus, *g.* muricis ferrei. *m. L'un et l'autre se déclinent.*

CHAUSSETTE. Interius tibiale, *gén.* interioris tibialis. *neut. L'un et l'autre se déclinent.*

CHAUSSON. Udo, *génit.* udonis. *masc.*

CHAUSSURE. Calceamentum, *génit.* calceamenti. *neut.*

CHAUVE. Calvus, calva, calvum. *adj. Tête chauve.* Calvitium, *g.* calvitii. *neut.*

CHAUVE-SOURIS. Vespertilio, *gén.* vespertilionis. *masc.*

CHAUX. Calx, *g.* calcis. *fém. A chaux*, ou *avec de la chaux.* Calce. *à l'abl. Affaire faite à chaux et à ciment.* Res altis nixa radicibus, *g.* rei altis nixæ radicibus. *f. On ne change rien dans les deux mots* altis radicibus.

CHEF. Dux, *g.* ducis. *masc.*

Chef *d'escadre.* Classis præfectus, *g.* classis præfecti. *m. On ne décline rien à* classis, *qui est au gén.*

Chef. Voy. *Tête. De mon chef*, ou *de moi-même.* Meo nomine, *c'est-à-dire*. en mon nom.

Chef, *article.* Caput, *génit.* capitis. *neut.*

CHEF-D'OEUVRE, ou *ouvrage parfait.* Opus perfectum, *génit.* operis perfecti. *neut. L'un et l'autre se déclinent.*

CHEF-LIEU, *lieu principal.* Locus

primarius, *g.* loci primarii. *masc. Ville chef-lieu.* Urbs primaria, *g.* urbis primariæ. *fém. Tout se décline.*

CHELIDOINE, *herbe.* Chelidonium, *gén.* chelidonii. *neut.*

CHEMIN. Via, *gén.* viæ. *fémin. Un grand chemin.* Publica via, *g.* publicæ viæ. *f. Aller le droit chemin.* Rectà viâ ire, eo, is, ivi ou ii, itum. *n.* Rectà viâ *sont à l'abl. Se mettre en chemin.* Ingredi viam ; ingredior, ingredieris, ingressus sum. *dép.* On met toujours viam. *Passez votre chemin,* ou *Allez-vous en.* Abi. *En parlant à plusieurs,* abite *imp. de* abeo, abis, abivi *ou* abii, abitum, abire, *s'en aller.*

CHEMINÉE. Caminus, *gén.* camini. *masc.*

CHEMINER. Voyez *Aller.*

CHEMISE. Indusium, *génit.* indusii. *neut.*

CHEMISETTE. Inducala, *g.* inducalæ. *fém.*

CHENAIE, *lieu planté de chênes.* Quercetum, *gén.* querceti. *neut.*

CHÊNE. Quercus, *gén.* quercûs. *fém. Qui est de chêne.* Querneus, quernea, querneum. *adj.*

CHÊNEAU, *jeune chêne.* Quercus junior, *g.* quercûs junioris. *m. L'un et l'autre se déclinent.*

CHÉNEAU, *conduit qui porte les eaux du toit dans la gouttière.* Colliquæ, *gén.* colliquiarum. *fém. plur.*

CHENET. Fulmentum ferreum, *génit.* fulmenti ferrei. *neut. L'un et l'autre se déclinent.*

CHENEVIÈRE. Cannabaria, *g.* cannabariæ. *fém.*

CHENEVIS. Semen cannabis, *génit.* seminis cannabis. *neut. On ne décline pas* cannabis.

CHENEVOTTE, *tuyau de chanvre.* Calamus cannabinus, *génit.* calami cannabini. *mascul. L'un et l'autre se déclinent.*

CHENIL, *lieu où l'on tient les chiens.* Stabulum canum, stabuli canum. *n.* Canum *ne se déclinent point.*

CHENILLE. Eruca, *génit.* erucæ. *fém.*

CHENU, *blanc de vieillesse.* Canus, cana, canum. *adj.*

CHEOIR. Voyez *Choir.*

CHER, *précieux.* Charus, chara, charum.

CHER, *d'un grand prix.* Carus, cara, carum. *adj. Bien cher,* ou *à haut prix.* Magno pretio, *à l'ablat. Il ne fait plus aussi cher vivre.* Laxat annona. *Il fait cher vivre.* Ingravescit annona.

LE CHER, *rivière et département de France.* Cherius, *g.* Cherii. *m.*

CHERBOURG, *ville.* Cæsaroburgus, *g.* Cæsaroburgi. *fém.*

CHERCHÉ. Quæsitus, quæsita, quæsitum. *part. pass. de* Quæro.

CHERCHER. Quærere, quæro, quæris, quæsivi *ou* quæsii, quæsitum. *act. accus.*

CHERCHEUR. Indagator, *g.* indagatoris. *masc.*

CHÈRE, ou *le vivre.* Victus, *g.* victûs. *m. Faire bonne chère.* Oppiparè vivere, vivo, vivis, vixi, victum. *act. acc. On met toujours* Oppiparè. *adv.*

CHÈREMENT. Carè. *adv. Au comp.* cariùs ; *au superl.* carissimè.

CHÉRI. Amatus, amata, amatum. *part. pass. d'*Amo.

CHÉRIR. Amare, amo, amas, amavi, amatum. *act. acc.*

CHÉRONÉE, *ville.* Chæronea, *gén.* Chæroneæ. *fém.*

CHERSONÈSE, *presqu'île.* Chersonesus, *g.* Chersonesi. *fém.*

CHERTÉ. Caritas, *génit.* caritatis. *fém.*

CHÉRUBIN. Cherub ou Cherubim. *indécl.*

CHERVIS, *racine.* Siser, *gén.* siseris. *neut.*

CHÉTIF. vilis, *masc. f.* vile, *n. gén.* vilis.

CHÉTIVEMENT, *pauvrement.* Miserè. *adv.*

CHEVAL. Equus, *gén.* equi. *masc. A cheval.* Equo, *à l'ablat. Etre à cheval.* Sedere in equo: sedeo, sedes, sedi, sessum. *n. Qui est de cheval.* Equinus, equina, equinum. *adj. Gens de cheval.* Equites, *g.* equitum. *m. plur.*

CHEVAL MARIN. Hippocampus, *g.* hippocampi. *m. Qui est de cheval marin.* Hippocampinus, hippocampina, hippocampinum, *g.* hippocampini.

CHEVALERIE, *ordre des chevaliers.* Equitum ordo, *gén.* equitum ordinis. *m.* Equitum *ne se décline point.*

CHEVALET. Equuleus, *g.* equulei. *m.*

CHEVALIER. Eques, *g.* equitis. *m.*

CHEVAUCHÉE, *visite que des officiers font à cheval.* Equitatio, *g.* equitationis. *fém.*

CHEVELU. Comatus, comata, comatum. *adj.*

CHEVELURE. Coma, *g.* comæ. *f.*

CHEVET. Cervical, *g.* cervicalis. *m.*

CHEVEU. Capillus, *g.* capilli. *masc. Prendre l'occasion aux cheveux.* Occasionem arripere, arripio, arripis, arripui, arreptum. *act et l'accus.* occasionem, *qu'on ne change point. Expression tirée par les cheveux.* Dictum arcessitum, *g.* dicti arcessiti. *neut. Ces deux mots se déclinent.*

CHEVILLE. Clavus, g. clavi. masc. Fibula, gén. fibulæ. fém. Cheville du pied. Malleolus, g. malleoli. m. Cheville d'un instrument. Claviculus, g. claviculi. m. Cheville dans un vers. Inane numerorum complementum, g. inanis numerorum complementi. n. Numerorum ne se décline point.
CHEVILLÉ. Fibulatus, fibulata, fibulatum. part. pass. de Fibulo.
CHEVILLER. Fibulare, fibulo, fibulas, fibulavi, fibulatum. act. acc.
CHÈVRE. Capra, g. capræ. fém.
CHEVREAU. Hædulus, gén. hæduli. masc.
CHÈVRE-FEUILLE. Caprifolium, gén. caprifolii. neut.
CHEVRETTE, petit chenet. Parvum fulcrum ferreum, g. parvi fulcri ferrei. n. Tout se décline.
CHEVREUIL. Capreolus, g. capreoli. masc.
CHEVRIER, qui garde les chèvres. Caprarius, g. caprarii. neut.
CHEVRON. Cantherius, gen. cantherii. masc.
CHEVROTER, quand la chèvre met bas. Hædulum eniti, enitor, eniteris, eni xa sum. dépon. avec l'acc. hædulum. Enixa, parce que ce partic. se rapporte au subs. fém. capra, chèvre.
CHEVROTIN, peau de chevreuil préparée. Pellicula hædina, génit. pelliculæ hædinæ. fém. L'un et l'autre se déclinent.
CHEZ, préposition. Apud. accus. ou ad. acc. Chez moi. Apud me. Domi meæ. Chez lui. Apud eum. Domi illius, ou in domo illius. Il est chez lui. Apud se est, en parlant d'une personne qui est dans une maison. S'il y a mouvement. Ad. accus.
CHICANE ou chicanerie. Cavillatio, g. cavillationis. fém.
CHICANER. Cavillari, cavillor, cavillaris, cavillatus sum. dép.
CHICANERIE. Vaframenta, g. vaframentorum. neut. plur.
CHICANEUR. Litigiosus, litigiosa, litigiosum. adj.
CHICANEUSE, plaideuse. Litigatrix, gén. litigatricis. fém.
CHICHE, avare. Parcus, parca, parcum. adj.
CHICHEMENT. Parcè. adv.
CHICORÉE. Intubus, g. intubi. masc. Qui est de chicorée. Intubaceus, intubacea, intubaceum. adj.
CHICOT. Surculus, g. surculi. m.
CHIEN. Canis, génit. canis. masc. Petit chien. Catulus, génit. catuli. masc. Qui est de chien. Caninus, canina, caninum. adj.

CHIEN d'arme à feu. Rostrum, g. rostri. neut.
CHIENDENT, racine. Gramen, gén. graminis. neut.
CHIENNE. Canis, g. canis. fém.
CHIENNER, faire de petits chiens. Parere catulos; pario, paris, peperi, partum. act. avec l'acc. catulos, qu'on ne change point.
CHIER. Cacare, caco, cacas, cacavi, cacatum. neut.
CHIFFON. Panniculus detritus, gén. panniculi detriti. masc. L'un et l'autre se déclinent.
CHIFFONNER, froisser. Turpo, turpas, turpavi, turpatum, turpare. act. acc.
CHIFFONNIÈRE, femme qui ramasse des chiffons. Quæ detritos panniculos colligit; colligo, colligis, collegi, collectum. act. acc. Panniculos detritos ne se décline pas.
CHIFFRE. Nota arithmetica, génit. notæ arithmeticæ. fém. L'un et l'autre sa déclinent.
CHIFFRES, lettres entrelacées. Litterarum notæ implicitæ, g. litterarum notarum implicitarum, fém. plur. Litterarum ne se déclinent point.
CHIFFRER. Notis arithmeticis inscribere, inscribo, inscribis, inscripsi, inscriptum. act. acc. Il faut mettre partout notis arithmeticis.
CHIGNON. Cervix, g. cervicis. f.
CHIMÈRE. Commenta, g. commentorum. neut. plur.
CHIMÉRIQUE. Fictus, ficta, fictum. adj.
CHIMIE. Chimia, g. chimiæ. fém.
CHIMIQUE. Chimicus, chimica, chimicum. adj.
CHIMISTE. Peritus chimiæ, génit. periti chimiæ. masc. On ne décline pas chimiæ.
CHINE (la), empire. Imperium Sinense, gén. Imperii Sinensis. neut. L'un et l'autre se déclinent.
CHINOIS. Sinensis, masc. f. Sinense, n. gén. Sinensis.
CHINON. ville. Caino, gén. Cainonis. fém.
CHIO, île. Chius, g. Chii. fém.
CHIOURME. Remiges, gén. remigum. masc. plur.
CHIQUENAUDE. Talitrum, g. talitri. n.
CHIROGRAPHAIRE. Chirographarius, gén. chirographarii. masc.
CHIROGRAPHE, seing de la propre main. Chirographum, génit. chirographi. neut.
CHIROMANCIE, art de deviner par l'inscription des lignes de la main. Chiromancia, g. chiromanciæ. fém.

CHIROMANCIEN. Chiromantis, *gén.* chiromantis. *masc.*

CHIRURGICAL. Chirurgicus, chirurgica, chirurgicum. *adj.*

CHIRURGIE. Chirurgia, *g.* Chirurgiæ. *fém.*

CHIRURGIEN. Chirurgus, *g.* chirurgi. *masc.*

CHIURE *de mouches.* Muscarum excrementum, *gén.* muscarum excrementi. *neut.* On laisse le mot muscarum sans y rien changer.

CHOC. Conflictus, *g.* conflictûs. *m.*

CHOCOLAT. Chocolatam, *g.* chocolati. *neut.*

CHOEUR. Chorus, *g.* chori. *m.*

CHOIR, *tomber.* Cadere, cado, cadis, cecidi, casum. *neut.*

CHOISI. Electus, electa, electum. *part. pass.* d'Eligo.

CHOISIR. Eligere, eligo, eligis, elegi, electum. *act. accus. Donner à choisir.* Optionem facere, facio, facis, feci, factum. *act. dat. de la personne, et génit. de la chose.*

CHOIX. Delectus, *g.* delectûs. *m.* CHOIX *de laisser ou de prendre.* Optio, *g.* optionis. *fém.*

CHOMABLE. Festus, festa, festum. *adj.*

CHOMER, *ne pas travailler.* Cessare, cesso, cessas, cessavi, cessatum. *n.*

CHOMER *les Fêtes.* Dies festos agere, ago, agis, egi, actum. *act.* On ajoute partout dies festos.

CHOPINE. Sextarius gallicus, *génit.* sextarii gallici. *masc. L'un et l'autre se déclinent.*

CHOPINER. Perpotare, perpoto, perpotas, perpotavi, perpotatum. *neut.*

CHOPPER. Offendere, offendo, offendis, offendi, offensum. *avec l'acc.* pedem.

CHOQUANT. Contumeliosus, contumeliosa, contumeliosum. *adj.*

CHOQUER *ou offenser.* Offendere, offendo, offendis, offendi, offensum. *act. occ.*

CHOQUER. Voyez *Heurter.*

CHORISTE, *chantre du chœur.* Qui præcinit in choro.

CHOROGRAPHIE, *description d'un pays.* Chorographia, *gén.* chorographiæ. *fém.*

CHOSE. Res, *génit.* rei. *fém. Toutes choses.* Omnia, *g.* omnium. *neut. pl.*

CHOU. Caulis, *g.* caulis. *masc.*

CHOUCAS *ou chouette.* Monedula, *g.* monedulæ. *fém.*

CHOUFLEUR. Brassica florea, *génit.* Brassicæ floreæ. *fém. L'un et l'autre se déclinent.*

CHOYER. Indulgere, indulgeo, indulges, indulsi indultum. *neut. dat.*

CHRÊME, *saintes huiles.* Sacrum chrisma, *g.* sacri chrismatis. *neut.*

CHREMEAU. Sacri chrismatis fascia, *gén.* sacri chrismatis fasciæ. *fém.* Fascia, seul se décline.

CHRÉTIEN. Christianus, christiana, christianum. *Le Roi Très-Chrétien (c'est le Roi de France).* Rex christianissimus, *gén.* Regis christianissimi. *masc. L'un et l'autre se déclinent.*

CHRÉTIENNEMENT. Christiano ritu, à l'ablat.

LA CHRÉTIENTÉ. Orbis christianus, *gén.* orbis christiani. *m. L'un et l'autre se déclinent.*

CHRIST, *nom du Sauveur.* Christus, *gén.* Christi. *masc.*

LE CHRISTIANISME. Religio christiana, *gén.* religionis christianæ. *fém. L'un et l'autre se déclinent.*

CHRISTOPHE, *nom d'homme.* Christophorus, *gén.* Christophori. *masc.*

CHROMATIQUE, *chant.* Chromatice, *gén.* chromatices. *fém.*

CHRONIQUE. Chronica, *g.* chronicorum. *neut. plur.*

CHRONOLOGIE. Chronologia, *g.* chronologiæ. *fém.*

CHRONOLOGIQUE. Chronologicus, chronologica, chronologicum. *adj.*

CHRONOLOGISTE. Chronographus, *gén.* chronographi. *masc.*

CHRYSALIDE, *chenille en fève.* Chrysalis, *gén.* chrysalidis. *fém.*

CHRYSOLITE, *pierre précieuse.* Chrysolythus, *g.* chrysolythi. *masc.*

CHUCHOTER, *parler tout bas à l'oreille.* Secretum in aurem gannire, gannio, gannis, gannivi, gannitum. On laisse secretum in aurem, sans y rien changer.

CHUCHOTEUR. Mussitabundus, mussitabunda, mussitabundum. *adj.*

CHUT. Sile. *Au plur.* Silete.

CHUTE. Casus, *g.* casûs. *masc.*

CHYLE. Chylus, *gén.* chyli. *masc.*

CHYPRE, *île.* Cyprus, *gén.* Cypri. *f.* Qui est de Chypre. Cyprius, cypria, cyprium. *adj.*

CI. *Ce livre-ci.* Hic liber. (*Le mot* ci *ne s'exprime pas en latin.*) *Ci-après.* Posteà. *adverbe. Ci-dessous.* Infrà. *adv. Ci-dessus.* Suprà. *adv. Ci-devant.* Anteà. *adv.*

CIBOIRE. Sacra pyxis, *génit.* sacræ pyxidis. *fémin. L'un et l'autre se déclinent.*

CIBOULE. Cepula, *gén.* cepulæ. *f.*

CICATRICE. Cicatrix, *gén.* cicatricis. *fém.*

CICATRISER, *faire des cicatrices.* Cicatricare, cicatrico, cicatricas, cicatricavi, cicatricatum. *act.*

CICÉRON, *nom d'homme.* Cicero, *gén.* Ciceronis. *masc.*

CIDRE *de pomme.* Succus expressus è pomis, *g.* succi expressi è pomis. *masc.* On met toujours è pomis.

CIEL. Cœlum, *g.* cœli. *n. Du ciel ou céleste.* Cœlestis, *masc. fém.* cœleste. *n. gén.* cœlestis.

CIEL, *air.* Aer, *gén.* aeris. *masc.*

CIEL *de lit.* Lecti cœlum, *g.* lecti cœli. *neut.* Lecti ne se décline point.

CIERGE. Cereus, *g.* cerei. *masc.*

CIEUX. Cœli, *génit.* cœlorum. *masc. plur.*

CIGALE. Cicada, *g.* cicadæ. *fém.*

CIGOGNE. Ciconia, *gén.* ciconiæ. *f.*

CIGUE. Cicuta, *g.* cicutæ. *fém.*

CILICE. Cilicium, *gén.* cilicii. *n.*

CILICIE, *province.* Cilicia, *g.* Ciliciæ. *fém.*

CILLEMENT *de paupières.* Nictatio, *gén.* nictationis. *fém.*

CILLER, *remuer les paupières.* Movere palpebras; moveo, moves, movi, motum. *act. accus.* On met toujours palpebras.

CILS, *les poils des paupières.* Cilia, *g.* ciliorum. *neut. plur.*

CIMARRE, *robe.* Palla, *génit.* pallæ. *fém.*

CIMBRES, *peuples.* Cimbri, *g.* Cimbrorum. *masc. plur.*

CIME *de montagne.* Cacumen, *g.* cacuminis. *neut.*

CIMENT. Arenatum, *génit.* arenati. *neut.*

CIMENTER. Arenato astringere, astringo, astringis, astrinxi, astrictum. *act. acc.* On met toujours arenato.

CIMETERRE, *sorte de coutelas.* Acinaces, *g.* acinacis. *masc.*

CIMETIÈRE, *lieu où l'on enterre les morts.* Sepulcretum, *génit.* sepulcreti. *neut.*

CIMIER, *pièce de chair levée sur le dos de l'animal.* Lumbus, *g.* lumbi. *masc.*

CINABRE. Cinnabaris, *g.* cinnabaris. *fém.*

CINGLER *à pleines voiles.* Tota vela pandere, pando, pandis, pansi, pansum. *act.*

CINNAMOME, *bois odoriférant.* Cinnamomum, *g.* cinnamomi. *neut.*

CINQ. Quinque. *plur. indéclinable, de tout genre.* Quini, *masc.* quinæ, *f.* quina. *neut. plur. Cinq à cinq.* Quini, quinæ, quina.

De cinq en cinq ou chaque cinquième. Quinto quoquè, *pour le mascul. et le neut.* quintâ quâque, *pour le féminin.* On met à l'ablat. le nom de temps qui suit. *De cinq en cinq ans, ou chaque cinquième an.* Quinto quoque anno, *à l'abl.*

Cinq cents ou cinq centième. Voy. *Centième. Cinq fois.* Quinquies. *adv. Qui se fait de cinq en cinq ans.* Quinquennalis, *masc. fém.* quinquennale. *neut. génit.* quinquennalis.

CINQUANTAINE. Quinquagenarius numerus, *gén.* quinquagenarii numeri. *masc. L'un et l'autre se déclinent.*

CINQUANTE. Quinquaginta. *pl. ind.* Quinquageni, *m.* quinquagenæ, *f.* quinquagena, *n. pl. Cinquante à cinquante.* Quinquageni, quinquagenæ, quinquagena. *Cinquante et un.* Quinquaginta unus. Unus, una, unum.

De cinquante en cinquante ou chaque cinquantaine. Quinquagesimo quoque, *pour le masc. et le neut.*, quinquagesimâ quâque, *pour le fém. Le nom de temps est mis à l'ablat.*

CINQUANTIÈME. Quinquagesimus, quinquagesima, quinquagesimum. *adj. Cinquante et unième.* Quinquagesimus primus, quinquagesima prima, quinquagesimum primum. *adj. Cinquante-deuxième.* Quinquagesimus secundus, quinquagesima secunda, quinquagesimum secundum. *adj.*

CINQUIÈME. Quintus, quinta, quintum. *adj.*

CINQUIÈMEMENT. Quintò. *adv.*

CINTRE ou *arcade.* Arcus ligneus, *g.* arcûs lignei. *masc. L'un et l'autre se déclinent.*

CINTRER. Concamerare, concamero, concameras, concameravi, concameratum. *act. acc.*

CIOTAT, *ville.* Taurentum, *gén.* Taurenti. *neut.*

CIRAGE. Ceratura, *g.* ceraturæ. *f.*

CIRCONCIRE. Circumcidere, circumcido, circumcidis, circumcidi, circumcisum. *act. acc.*

CIRCONCIS. Circumcisus, circumcisa, circumcisum. *part. pass. de* Circumcido.

CIRCONCISION. Circumcisio, *g.* circumcisionis. *f. Fête de la Circoncision.* Circumcisionis Domini sacer dies, *gén.* Circumcisionis Domini sacri diei. *masc.* Circumcisionis Domini ne se déclin. *point.*

CIRCONFÉRENCE. Circuitus, *g.* circuitûs. *masc.*

CIRCONFLEXE. Circumflexus, *gén.* circumflexi. *masc.*

CIRCONLUCOTION. Verborum circuitus, *g.* verborum circuitûs. *masc.* Verborum reste toujours.

CIRCONSCRIPTION. Circumscriptio, *g.* circumscriptionis. *fém.*

CIRCONSCRIRE. Circumscribere, circumscribo, circumscribis, circumscripsi, circumscriptum. *act. acc.*

CIRCONSPECT. Consideratus, considerata, consideratum. *adj.*

CIRCONSPECTION. Consideratio, *gen.* considerationis. *fém.*

CIRCONSTANCE. Adjunctum, *génit.* adjuncti. *neut.*

CIRCONSTANCIER. Adjuncta recensere, recenseo, recenses, recensui, recensitum. *act. gén. de la chose qu'on circonstancie.* On met toujours adjuncta.

CIRCONVALLATION. Circummunitio, *gén.* circummunitionis. *fém. Faire une circonvallation.* Circumvallare, circumvallo, circumvallas, circumvallavi, circumvallatum. *act. acc.*

CIRCONVENIR. Circumvenire, circumvenio, circumvenis, circumveni, circumventum. *act. acc.*

CIRCONVENTION. Circumventio, *gén.* circumventionis. *fém.*

CIRCONVOISIN. Vicinus, vicina, vicinum. *adj. Lieux circonvoisins de la ville.* Circumjecta urbis loca.

CIRCUIT. Circuitus, *génit.* circuitus. *masc.*

CIRCULAIRE. Orbicus, orbica, orbicum. *adj.*

CIRCULAIREMENT, *en rond.* In orbem.

CIRCULATION. Circulatio, *gén.* circulationis. *fém.*

CIRCULER. Circulari, circulor, circularis, circulatus sum *pass.*

CIRE. Cera, *gén.* ceræ. *fem. Qui est de cire.* Cereus, cerea, cereum. *adj. Cire d'Espagne.* Cera signatoria, *g.* ceræ signatoriæ. *fém. Ces deux mots se déclinent. De couleur de cire.* Cerinus, cerina, cerinum. *adj.*

CIRÉ. Ceratus, cerata, ceratum. *part. pass. de* Cero.

CIRER. Cerare, cero, ceras, ceravi, ceratum. *act. acc.*

CIRIER. Cerarius, *g.* cerarii. *m.*

CIRON. Vermiculus innascens cuti, *gén.* vermiculi innascentis cuti. *masc.* On ne décline pas cuti.

CIRQUE. Circus, *gén.* circi. *masc. Les jeux du cirque.* Circenses ludi, *g.* circensium ludorum. *masc. plur.* On décline ces deux noms.

CIRURE. Ceratura, *g.* ceraturæ. *f.*

CISAILLES, *fort gros ciseaux.* Forfices, *gén.* forficum. *fém. plur.*

CISALPIN. Cisalpinus, cisalpina, cisalpinum. *adj.*

CISEAU ou *ferrement.* Scalprum, *gén.* scalpri. *neut.*

CISEAUX *pour couper.* Forfices, *gén.* forficum. *fém. plur.*

CISELÉ. Cælatus, cælata, cælatum. *part. pass. de* Cælo.

CISELER, *former des figures avec le ciselet.* Cælare, cælo, cælas, celavi, cælatum. *act. acc. Sur l'argent*, in argento.

CISELET, *petit outil pour ciseler.* Cælum, *gén.* cæli. *neut.*

CISELEUR. Cælator, *gén.* cælatoris. *masc.*

CISELURE. Cælatura, *gén.* cælaturæ. *fém.*

CITADELLE. Arx, *g.* arcis. *fém.*

CITATION. Testimonium, *g.* testimonii. *neut.*

CITÉ ou *ville.* Civitas, *gén.* civitatis. *fém.*

CITÉ. *adj.* Prolatus, prolata, prolatum. *part. pass. de* Profero.

CITEAUX, *abbaye.* Cistertium, *gén.* Cistertii. *neut. Qui est de Citeaux.* Cistertiensis, *masc. fém.* cistertiense. *neut. g.* cistertiensis.

CITER. Laudare, laudo, laudas, laudavi, laudatum. *act. acc.*

CITERNE. Cisterna, *gén.* cisternæ. *fém. Qui est de citerne.* Cisterninus, cisternina, cisterninum. *adj.*

CITOYEN. Civis, *gén.* civis. *masc. De citoyen* ou *civil.* Civilis, m. f. civile, n. *gén.* civilis.

CITOYENNE. Civis, *g.* civis. *fém.*

CITRON. Malum citreum, *gén.* mali citrei. *neut. L'un et l'autre se déclinent. Qui est de citron.* Citrinus, citrina, citrinum. *adj.*

CITRONNIER. Citrus, *génit.* citri. *fém.*

CITROUILLE. Cucurbita major, *gén.* cucurbitæ majoris. *fém. L'un et l'autre se déclinent.*

CIVETTE. Feles odorata, *gén.* felis odoratæ. *f. L'un et l'autre se déclinent.*

CIVETTE, *le parfum qu'on tire de la civette.* Zibettum, *g.* zibetti. *neut.*

CIVIÈRE, *brancard que deux hommes portent.* Brachiata crates, *gén.* brachiatæ cratis. *fém. L'un et l'autre se déclinent.*

CIVIL, *honnête.* Comis. *Au comp.* comior; *au superl.* comissimus.

CIVIL ou *de citoyen.* Civilis, *masc. f.* civile, *neut. gén.* civilis.

CIVILEMENT. Comiter. *adv.*

CIVILEMENT, *comme citoyen.* Civiliter. *adv.*

CIVILISER, *rendre civil, poli.* Ad humanitatem informare, informo, informas, informavi, informatum. *act. acc. Ajoutez à tous les temps* ad humanitatem, *sans y rien changer.*

CIVILITÉ. Comitas, *gén.* comitatis. *f. Faire ses civilités ou saluer honnêtement.* Officiose salutare, saluto, salutas, salutavi, salutatum. *act. acc.* On met toujours officiose.

CIVIQUE. Comme : *couronne civique.* Corona civica, *g.* coronæ civicæ. *fém. Ces deux noms se déclinent.*

CLABAUD, *chien de chasse à grandes oreilles.* Canis venaticus benè auritus, g. canis venatici bené auriti. *masc.* bené est *adverbe.*

CLABAUDER, *aboyer fortement.* Vehementer latrare, latro, latras, latravi, latratum. *neut. et ajouter à tous les temps l'adverbe* vehementer.

CLABAUDER, *crier sans rien dire de solide.* Vociferari, vociferor, vociferaris, vociferatus sum. *dép.*

CLABAUDEUR. Clamator, g. clamatoris. *masc.*

CLAIE. Crates, *gén.* cratis. *fém.*

LE CLAIN, *rivière.* Clanus, g. Clani. *masc.*

CLAIR. *adj.* Clarus, clara, clarum. *adj. Il fait clair ou jour.* Lucet, lucebat, luxit, lucere. *impers.*

CLAIR, *transparent.* Perlucidus, perlucida, perlucidum. *adj.*

CLAIR, *qui n'est pas trouble.* Limpidus, limpida, limpidum. *adj.*

CLAIR, *qui n'est pas serré.* Rarus, rara, rarum. *adj.*

CLAIR, *évident.* Manifestus, manifesta, manifestum. *adj.*

LE CLAIR de la lune. Lux lunæ, *gén.* lucis lunæ. *fém.* Lunæ est au *gén.*

CLAIREMENT. Claré. *adv. Au comp.* clariùs ; au *superl.* clarissimè.

CLAIRET. Rubellus, rubella, rubellum. *adj. Vin clairet.* Vinum rubellum, *gén.* vini rubelli. *neut.*

CLAIRON. Lituus, g. litui. *masc.*

CLAIRVOYANCE, *pénétration d'esprit.* Perspicacitas, *gén.* perspicacitatis. *fém.*

CLAIRVOYANT. Perspicax, m. f. n. g. perspicacis.

CLAMEUR. Clamor, *génit.* clamoris. *masc.*

CLANDESTIN. Clandestinus, clandestina, clandestinum. *adj.*

CLANDESTINEMENT. Clàm. *adv.*

CLANDESTINITÉ. Quòd fit clàm.

CLAPIER, *trou dans les garennes où se retirent les lapins.* Cuniculorum latebra, g. cuniculorum latebræ. *fém.* Cuniculorum ne se décline pas.

CLAQUEMENT, *bruit des dents quand on tremble.* Crepitus, *gén.* crepitûs. m. *Il faut ajouter* dentium.

CLAQUER. Crepare, crepo, crepas, crepui, crepitum. *neut.*

CLARIFIER. Diluere, diluo, diluis, dilui, dilutum. *act. acc.*

CLARINE, *clochette que l'on met au cou des vaches.* Tintinnabulum, g. tintinnabuli. *neut.*

CLARTÉ. Claritas, g. claritatis. *fém.*

CLASSE, *école.* Schola, *gén.* scholæ. *fém.*

CLASSE, *ordre suivant lequel l'on range les personnes et les choses.* Classis, *génit.* classis. *fém.*

CLASSEMENT. Ordinatio, g. ordinationis. *fém.*

CLASSER. In classes distribuere, distribuo, distribuis, distribui, distributum. *act. acc. On met toujours* in classes.

CLASSIFICATION. In classes distributio, g. in classes distributionis. *On ne décline que* distributio.

CLASSIQUE, *de classe.* Classicus, classica, classicum. *adj.*

CLAUDE, *nom d'homme.* Claudius, g. Claudii. *masc.*

CLAVECIN. Organum majus intentum fidibus, *gén.* organi majoris intenti fidibus. *neut. Il n'y a que* fidibus *qu'on ne décline point.*

CLAVETTE. Fibula, g. fibulæ. *f.*

CLAVICULE. Claviculæ, g. claviculârum. *fém. plur.*

CLAVIER, *rangée de touches.* Organi pinnæ, g. organi pinnarum. *f. pl.* Organi *ne se décline point.*

CLAVIER *à mettre des clefs.* Claviarium, *gén.* claviarii. *neut.*

CLAUSE. Clausula, g. clausulæ. *f.*

CLAUSTRAL. Cœnobiticus, cœnobitica, cœnobiticum. *adj.*

CLAYON, *petite claie.* Cratitius, *gén.* cratitii. *masc.*

CLEF. Clavis, *gén.* Clavis. *fém.*

CLÉMENT. Clemens, *masc. f. n. gén.* clementis.

CLEPSYDRE, *horloge d'eau.* Clepsydra, *gén.* clepsydræ. *fém.*

CLÉRAC, *ville.* Cleracum, g. cleraci. *neut.*

CLERC ou *tonsuré.* Clericus, g. clerici. *neut.*

CLERC *d'un procureur, etc.* Scriba, g. scribæ. *masc.*

CLERC, *apprenti.* Tiro, *gén.* tironis. m. *Faire un pas de clerc.* Tironis instar errare, erro, erras, erravi, erratum. *neut.* Tironis instar *restent toujours.*

CLERGÉ. Clerus, g. cleri. *masc.*

CLÉRICAL. Ecclesiasticus, ecclesiastica, ecclesiasticum. *adj.*

CLÉRICATURE. Clerici dignitas, *gén.* clerici dignitatis. *fém.* Clerici *ne se décline point.*

CLERMONT, *ville.* Claromontium, g. Claromontii. *neut. Qui est de Clermont.* Claromontanus, claromontana, claromontanum. *adj.*

CLEVES, *ville.* Clivia, *génit.* Cliviæ. *fém.*

CLICHI, *ville.* Clipiacum, g. Clipiaci. *neut.*

CLIENT. Cliens, *gén.* clientis. m.

CLIENTE. Clienta, g. clientæ. *fém.*

CLIENTELLE. Clientela , *g.* clientelæ. *fém.*

CLIGNER. Connivere , conniveo , connives , connivi , *sans sup. neut.*

CLIGNOTER, *mouvoir souvent les paupières.* Nictare, nucto, nuctas, nuctavi, nuctatum. *neut.*

CLIMAT. Clima , *g.* climatis. *n.*

CLIN *d'œil , l'action de cligner.* Nuctatio , *g.* nuctationis. *fém. En un clin d'œil.* Puncto temporis , *à l'abl.*

CLINCAILLE. Minuscula merx ferraria , *g.* minusculæ mercis ferrariæ. *fém. Tout se décline.*

CLINCAILLIER , *marchand de clincaillerie.* Minutarum mercium propola , *gén.* minutarum mercium propolæ. *masc. On ne change rien aux deux premiers mots.*

CLINCAILLERIE. Minutæ ac variæ merces *génit.* minutarum ac variarum mercium. *fém. plur. Tous ces mots se déclinent.*

CLINQUANT *d'or.* Tænia filis aureis contexta , *gén.* tæniæ filis aureis contextæ. *f.* Filis aureis *ne se déclinent point.*

CLIQUET *de moulin.* Crepitaculum , *g.* crepitaculi. *neut.*

CLIQUETIS. Crepitus , *gén.* crepitús. *masc.*

CLIQUETTES. Crumata , *g.* crumatum. *neut. plur.*

CLOAQUE. Cloaca , *g.* cloacæ. *fém.*

CLOCHE. Tintinnabulum , *g.* tintinnabuli. *n. Cloche de verre.* Testu. *neut. ind. comme cornu.*

A CLOCHEPIED. Altero pede suspenso, *à l'ablat.*

CLOCHER , *tour.* Turris , *gén.* turris. *fém.*

CLOCHER , *boiter.* Claudicare , claudico , claudicas, claudicavi , claudicatum. *neut.*

CLOCHETTE. Parvum tintinnabulum , *g.* parvi tintinnabuli. *neut. L'un et l'autre se déclinent.*

CLOISON. Sepimentum , *g.* sepimenti. *neut.*

CLOITRE. Claustrum , *génit.* claustri. *neut.*

CLOITRER , *mettre dans un cloitre.* Intrà muros cœnobii concludere , concludo , concludis , conclusi , conclusum. *act. accus.*

CLOPORTE. Multipeda , *g.* multipedæ. *fém.*

CLORE. Claudere , claudo , claudis , clausi , clausum. *act. acc.*

CLOS , *adj.* Clausus , clausa , clausum. *part. pass. de* Claudo.

Un Clos. Clausum , *gén.* clausi. *n.*

CLOTURE. Sepimentum , *g.* sepimenti. *neut.*

CLOU. Clavus , *gén.* clavi. *masc.*

Clou ou *apostume.* Furunculus , *gén.* furunculi. *masc.*

Clou de *girofle.* Cariophillum , *g.* cariophilli. *neut.*

CLOUÉ *avec un clou.* Clavo affixus , affixa , affixum. *part. pass. d'*Affigo. *On met toujours* clavo.

CLOUER *avec un clou.* Clavo affigere , affigo , affigis , affixi , affixum. *act. acc. On met toujours* clavo.

CLOVIS, *nom d'homme.* Clodoveus , *g.* Clodovei. *masc.*

CLOUTIER. Clavorum faber , *g.* clavorum fabri. *masc.*

CLUNI, *abbaye.* Cluniacum , *génit.* Cluniaci. *neut. Qui est de Cluni.* Cluniacensis , *masc. fém.* cluniacense , *neut. g.* cluniacensis.

CLYSTERE. *Voyez* Lavement.

COACTIF. Coactivus , coactiva , coactivum. *adj.*

COACTION. Coactus , *génit.* coactús. *masc.*

COADJUTEUR , *celle qui aide.* Adjutor , *gén.* adjutoris. *masc.*

COADJUTRICE , *celui qui aide.* Adjutrix , adjutricis. *fém.*

COAGULATION. Coagulatio, *g.* coagulationis. *fém.*

COAGULER , *cailler.* Coagulare , coagulo , coagulas, coagulavi , coagulatum. *act. acc.*

COASSEMENT. Coaxatio , *g.* coaxationis. *fém.*

COASSER. Coaxare , coaxo , coaxas , coaxavi, coaxatum. *neut.*

COBLENTZ , *ville.* Confluentia , *gén.* Confluentiæ. *fém.*

COCHE. Essedum , *gén.* essedi. *neut. Coche d'eau.* Viatorium navigium , *gén.* viatorii navigii. *neut. L'un et l'autre se déclinent.*

COCHENILLE , *ver des Indes , dont on fait une couleur très-rouge.* Coccinilla , *g.* coccinillæ. *fém.*

COCHER. Auriga , *g.* aurigæ. *masc.*

COCHEVIS. Galerita , *gén.* galeritæ. *fém.*

COCHINCHINE , *royaume.* Cocinchina, *gén.* Cocinchinæ. *fém.*

COCHON. Porcellus, *gén.* porcelli. *m. Cochon de lait.* Porcellus lactens , *génit.* porcelli lactentis. *masc. L'un et l'autre se déclinent.*

COCHONNER, *faire de petits cochons:* Porcellos edere , edo , edis , edidi , editum. *act. On met* porcellos *à tous les temps du verbe.*

COCO. Palma , *gén.* palmæ. *fém.*

COCON *de vers à soie.* Bombycis folliculus , *g.* bombycis folliculi. *m. Sans rien changer au premier mot.*

COCTION. Coctio, *g.* coctionis. *f.*
COCYTE, *fleuve d'enfer.* Cocytus, *g.* Cocyti. *masc.*
CODE. Codex, *gén.* codicis. *masc.*
CODICILLE. Codicillus, *gén.* codicilli. *masc.*
COEUR. Cor, *g.* cordis. *n. Avoir mal au cœur.* Corde dolere, doleo, doles, dolui. *n. Corde reste invariable.*
COEUR, *courage.* Animus, *gén.* animi. *masc. Un homme de cœur,* ou *qui a du cœur.* Vir fortis, *gén.* viri fortis. *masc. L'un et l'autre se déclinent. Avoir du cœur.* Esse forti animo : sum, es, fui. *On met toujours* forti animo.
COEUR, *esprit, âme.* Mens, *gén.* mentis. *fém.*
COEUR, *le milieu d'une chose.* Medium, *gén.* medii. *neut. Au cœur de l'été.* Mediâ æstate.
PAR COEUR ou *par mémoire.* Memoriâ à l'ablat.
COFFIN, *petit panier d'osier.* Cophinus, *gén.* cophini. *masc.*
COFFRE. Arca, *gén.* arcæ. *fém.*
COFFRET. Arcula, *g.* arculæ. *fém.*
COGNAC, *ville.* Connacum, *gén.* Connaci. *masc.*
COGNÉE. Securis, *g.* securis. *fém.*
COGNER ou *frapper.* Percutere, percutio, percutis, percussi, percussum. *act. acc. Cogner un clou pour l'enfoncer.* Clavum adigere, adigo, adigis, adegi, adactum. *act. acc.* qui est clavum.
COHÉRENCE. Cohærentia, *g.* cohærentiæ. *fém.*
COHÉRENT. Cohærens, *m. f. n. gén.* cohærentis.
COHÉRITIER, *héritier avec un autre.* Cohæres, *g.* cohæredis. *m. et fém.*
COHORTE. Cohors, *gén.* cohortis. *f.*
COHUE. Tumultus, *génit.* tumultûs. *masc.*
COIFFE ou COIFFURE *de femme.* Calantica, *g.* calanticæ. *fém.*
COIFFÉ. Comtus, comta, comtum. *part. pass. de* Como.
COIFFER. Comere, como, comis, comsi, comtum. *act. acc.*
COIN ou *encoignure.* Angulus, *génit.* anguli. *masc.*
COIN *à fendre.* Cuneus, *gén.* cunei. *masc.*
COIN ou *coing.* Malum cydonium, *gén.* mali cydonii. *n. L'un et l'autre se déclin.*
COIN *pour les monnaies, etc.* Typus, *gén.* typi. *masc.*
COLCHIDE, *ancien royaume, aujourd'hui la Mingrélie.* Colchis, *g.* Colchidis. *fém. Ceux de la Colchide.* Colchi, *gén.* Colchorum. *masc. plur.*
COLCHOS, *ville.* Colchos. *fém. indéclinable.*

COLERE. Ira, *gén.* iræ. *f. Qui est en colère contre.* Iratus, irata, iratum, *avec un dat. Etre ou se mettre en colère contre.* Irasci, irascor, irasceris, iratus sum. *dép. dat. Mettre quelqu'un en colère.* Iram alicui concitare, concito, concitas, concitavi, concitatum. *act., On met toujours* iram.
COLÈRE ou *qui se met en colère.* Iracundus, iracunda, iracundum. *part.*
COLIFICHET, *chose de peu de valeur.* Quisquiliæ, *g.* quisquiliarum. *fém. pl.*
COLIN-MAILLARD, *jeu.* Andabatæ vestigatoris ludicrum, *g.* andabatæ vestigatoris ludicri. *Les deux premiers mots ne changent point.*
COLIOURE, *ville.* Illiberis, *g.* Illiberis. *fém. Qui est de Colioure.* Illiberitanus, illiberitana, illiberitanum. *adj.*
COLIQUE. Morbus intestini plenioris, morbi intestini plenioris. *masc. On ne décline que* morbus.
COLISÉE, *amphithéâtre de Rome.* Vespasiani amphitheatrum, *g.* Vespasiani amphitheatri. *neut.* Amphitheatrum *seul se décline.*
COLLATERAL, *parent.* Collateralis. *masc. fém.* collaterale. *neut. génit.* collateralis.
COLLATEUR *d'un bénéfice.* Collator, *gén.* collatoris. *masc.*
COLLATION ou *le goûter.* Merenda, *gén.* merendæ. *fém. Collation des jours de jeûne.* Cœnula, *g.* cœnulæ. *fém.*
COLLATION, *l'action de conférer.* Collatio, *g.* collationis. *fém.*
COLLATIONNER ou *goûter.* Merendam sumere, sumo, sumis, sumpsi, sumptum. *act. On met toujours* merendam. *Collationner les jours de jeûne.* Cœnulam sumere, sumo, sumis, sumpsi, sumptum. *act. On met toujours* cœnulam.
COLLATIONNER ou *conférer.* Conferre, confero, confers, contuli, collatum. *act. acc.*
COLLE. Gluten, *gén.* glutinis. *n.*
COLLÉ. Glutinatus, glutinata, glutinatum. *part. pass. de* Glutino.
COLLECTE *des tailles.* Collecta, *gén.* collectæ. *fém.*
COLLECTEUR. Coactor *g.* coactoris. *masc.*
COLLECTIF. Collectivus, collectiva, collectivum. *adj.*
COLLECTION. Collectanea, *g.* collectaneorum. *neut. plur.*
COLLÈGE *où l'on enseigne.* Gymnasium, *gén.* gymnasii. *neut.*
COLLÈGE, ou *corps de personnes.* Collegium, *g.* collegii. *neut.*
COLLÉGIAL, *église collégiale.* Ecclesia collegiata *génit.* ecclesiæ collegiatæ. *fém.*

COLLÈGUE. Collega, *génit.* collegæ. *masc.*

COLLER. Glutinare, glutino, glutinas, glutinavi, glutinatum. *act. acc.*

COLLET. Cæsitium, *g.* cæsitii. *neut.*

COLLETER, *prendre au collet.* Injectis in fauces manibus luctari, luctor, luctaris, luctatus sum. *dép.* On met injectis in fauces manibus à tous les temps du verbe luctor. *ablat.* avec la préposition cum.

SE COLLETER. Inter se luctari, luctor, luctaris, luctatus sum. *dép. Nous nous colletons.* Inter nos luctamur. *Vous vous colletez.* Inter vos luctamini.

COLLETIN, *pourpoint sans manches.* Torax sine manicis, *g.* thoracis sine manicis. *masc.*

COLLIER. Torques ou torquis, *génit.* torquis. *masc.* ou *fém. Collier de chien.* Collare, *g.* collaris. *neut. Collier, carcan.* Collaria, *gén.* collariæ. *fém.*

COLLINE. Collis, *g.* collis. *masc.*

COLLISION *des corps.* Conflictus, *gén.* conflictûs. *masc.*

COLLOQUE. Colloquium, *g.* colloquii. *neut.*

COLLOQUÉ, *placé.* Collocatus, collocata, collocatum. *part. pass.* de Colloco.

COLLOQUER, *placer.* Collocare, colloco, collocas, collocavi, collocatum. *act. accus.*

COLLUDER. Colludere, colludo, colludis, collusi, collusum. *neut.*

COLLUSION. Collusio, *g.* collusionis. *fém.*

COLLYRE, *onguent.* Collyrium, *gén.* Collyrii. *neut.*

COLMAR, *ville.* Colmaria, *g.* Colmariæ. *fém.*

COLOGNE, *ville.* Colonia Agrippina, *gén.* Coloniæ Agrippinæ. *fém. L'un et l'autre se déclinent. Qui est de Cologne.* Coloniensis, *masc. f.* coloniense, *n. g.* coloniensis.

COLOMBE. Columba, *gén.* columbæ. *fém.*

COLOMBIER. Columbarium, *g.* columbarii. *neut.*

COLON. Colonus, *g.* coloni. *masc.*

COLONEL. Chiliarchus, *g.* chiliarchi. *masc.*

COLONIAL. Colonicus, colonica, colonicum. *adj.*

COLONIE. Colonia, *g.* coloniæ. *fém.*

COLONNADE. Perystilium, *g.* perystilii. *neut.*

COLONNE. Columna, *gén.* columnæ. *fém.*

COLOQUINTE, *petite courge sauvage.* Colocynthis, *g.* colocynthidis. *fém.*

COLORÉ. Coloratus, colorate, coloratum *part. pass.* de Coloro.

COLORÉ, *déguisé.* Simulatus, simulata, simulatum, *part. pass.* de Simulo.

COLORER. Colorare, coloro, coloras, coloravi, coloratum. *act. acc.*

COLORER, *déguiser.* Simulare, simulo, simulas, simulavi, simulatum. *act. accus.*

COLORIER, *mêler les couleurs.* Picturæ colores inducere, induco, induxis, induxi, inductum. *act. acc. On laisse toujours* picturæ colores.

COLORIS. Nexus colorum, *gén.* nexûs colorum. *masc.* Colorum ne se décline point.

COLORISTE. Qui nectit colores.

COLOSSAL, *d'une grandeur de colosse.* Colosseus, colossea, colosseum. *adj.*

COLOSSE. Colossus, *g.* colossi. *m.*

COLOSTRE, *lait troublé d'une nourrice.* Colostrum, *g.* colostri. *neut.*

COLPORTEUR. Propola circumforaneus, *gén.* propolæ circumforanei. *masc. L'un et l'autre se déclinent.*

COLURES, *deux grands cercles de la sphère.* Coluri, *gén.* colurorum. *masc. plur.*

COMBAT. Pugna, *gén.* pugnæ. *fém. Combat sur mer.* Prælium navale, *gén.* prælii navalis. *neut. Livrer le combat à quelqu'un.* Pugnam cum aliquo committere, committo, committis, commisi, commissum. *act. Combat à coups de poings.* Pugillatio, *génit.* pugillationis. *fém. Combat de lutteur.* Pancratium, *g.* pancratii. *neut.*

COMBATTANT. Pugnator, *g.* pugnatoris. *masc.*

COMBATTRE. Pugnare, pugno, pugnas, pugnavi, pugnatum. *neut.*

COMBIEN. Quàm, quantùm, quanti, quantò, quot, *suivant les mots auxquels est joint le mot* combien. (*Voyez la règle* combien *dans la Grammaire latine*).

COMBINAISON, *assemblage.* Conjunctio, *gén.* conjunctionis. *fém.*

COMBINER, *assembler.* Conjungere, conjungo, conjungis, conjunxi, conjunctum. *act. acc.*

COMBLE. Fastigium, *gén.* fastigii. *neut.*

COMBLÉ. Cumulatus, cumulata, cumulatum. *part. pass.* de Cumulo.

COMBLEMENT. Cumulatio, *g.* cumulationis. *fém.*

COMBLER. Cumulare, cumulo, cumulas, cumulavi, cumulatum. *act.* rég. dir. *acc.* rég. ind. *abl.*

COMBUSTIBLE. Ustioni aptus, apta, aptum, *g.* apti. *On met partout* ustioni.

COMBUSTION, *trouble.* Tumultus, *g.* tumultûs. *masc.*

COMÉDIE. Comœdia, *gén.* comœdiæ. *masc.*

COMÉDIENNE. Mima, *gén.* mimæ. *fém.*
COMESTIBLE. Edulis, *m. f.* edule, *n. gén.* edulis.
COMÈTE. Cometes, *génit.* cometæ. *masc.*
COMICES. Comitia, *gén.* comitiorum. *neut. plur.*
COMINGES, *ville et comté.* Con enæ, *fén.* Convenarum. *fém. plur.*
COMNGEOIS, *pays.* Ager Convenatum, *g.* Agri convenarum. *masc.*
COMIQUE. Comicus, comica, comicum. *adj.*
COMIQUEMENT, *d'un air comique.* Comicè. *adv.*
COMITE, *officier de galère.* Remigum præfectus, *g.* remigum præfecti. *masc.* On laisse toujours remigum.
COMITÉ. Consessus, *gén.* consessûs. *masc.*
COMMANDANT. Præfectus, *g.* præfecti. *masc.*
COMMANDÉ. Jussus, jussa, jussum. *part. pass.* de Iubeo.
COMMANDEMENT, *ordre.* Mandatum, *gén.* mandati. *neut.*
COMMANDEMENT ou *empire.* Imperium, *gén.* imperii. *neut.* Sur, in avec *l'accus.* Avoir le commandement de ou être commandant de. Præesse, præsum, præes, præfui. *dat.* ensuite.
COMMANDER ou *ordonner.* Imperare, impero, imperas, imperavi, imperatum. *n. dat.* Le *de* ou *que* suivi d'un verbe, s'exprime par *ut* avec le subj.
COMMANDER ou *avoir le commandement de.* Præesse, præsum, præes, præfui, avec le *dat.*
COMMANDERIE *de chevalier.* Beneficium equitis, *gén.* beneficii equitis. *neut.* Equitis *est au gén.*
COMMANDEUR. Commendator, *gén.* commendatoris. *masc.*
COMME ou *de même que.* Ut, avec l'indic. On met ordinairement le même cas et le même mode après que devant. *Comme il fallait.* Ut par erat. *Comme la chose le demande.* Prout res postulat. *Comme si.* Quasi, avec le subj.
COMME pour *lorsque,* ou *que* ou *après que.* Cùm, avec le subj. *Comme j'allais* ou *lorsque j'allais.* Cùm irem.
COMMÉMORATION. Commemoratio, *gén.* commemorationis. *fém.*
COMMENÇANT, *qui est au premiers élémens d'une science.* Elementarius, elementaria, elementarium. *adj.*
COMMENCÉ. Inceptus, incœpta, in cœptum. *part. pass.* d'Incipio.
COMMENCEMENT. Initium, *g.* initii. *neut.* Au commencement de. Initio, à l'ablat. avec un *gén.* ensuite.

COMMENCER. Incipere, incipio, incipis, incœpi, inceptum. *act.* acc. ou un *infin.* Commencez par me dire votre nom. Primùm nomen tuum mihi memora. Ce verbe est à l'impér. Memoro, memoras, memoravi, memoratum. *act. acc.*
COMMENSAL. Convictor, *g.* convictoris. *masc.*
COMMENT. Quomodò. *adv.* Qui. Comment vous appelez-vous ? Qui ou quomodò vocaris ? S'il est entre d ux verbes, on met le second au subj.
CONMENTAIRE. Commentarium, *g.* commentarii. *neut.*
COMMENTATEUR. Interpres, *g.* interpretis. *masc.*
COMMENTÉ. Commentariis illustratus, illustrata, illustratum. *participe pass.* d'Illustro. On met toujours commentariis.
COMMENTER. Commentari, commentor, commentaris, commentatus sum. *dép. acc.*
COMMERÇABLE. Mercabilis, *m. fém.* mercabile, *neut. gén.* mercabilis de tout genre.
COMMERÇANT. Negociator, *g.* negociatoris. *masc.*
COMMERCE. Commercium, *gén.* commercii. *neut.*
COMMERCER, *trafiquer.* Negotiari, negotior, negotiaris, negotiatus sum. *dépon.*
COMMÈRE, *celle qui a tenu quelque enfant sur les fonts du baptême.* Parens initialis, *gén.* parentis initialis. *fém.* L'un et l'autre se déclinent.
COMMETTRE. Committere, committo, committis, commisi, commissum. *act. acc.*
COMMINATOIRE. Comminationem continens, *gén.* comminationem continentis. *part. prés.* du verbe Contineo, avec l'acc. comminationem qu'on conserve.
COMMIS, commissus, commissa, commissum. *part. pass.* de Committo.
UN COMMIS. Præpositus, *g.* præpositi. *masc.* avec un *dat.* ensuite.
COMMISÉRATION. Commiseratio, *g.* commiserationis. *fém.*
COMMISSAIRE *de police.* Quæsitor urbanus, *g.* quæsitoris urbani. *masc.*
COMMISSAIRE, *juge extraordinaire.* Recuperator, *g.* recuperatoris. *masc.*
COMMISSION ou *charge.* Provincia, *g.* provinciæ. *fém.*
COMMISSION ou *ordre.* Mandatum, *gén.* mandati. *n.* Donner commission. Mandare, mando, mandas, mandavi, mandatum. *act. acc.* de la chose, et le *dat.* de la personne. Le *de* ou *que* suivi d'un verbe, s'exprime par *ut* avec le subjonctif.

COMMISSIONNAIRE. Institor, *génit.* institoris. *masc.*

COMMODE. Commodus, commoda, commodum. *adj.*

COMMODÉMENT. Commodé. *adv.* Au compar. commodiùs; au sup. commodissimé.

COMMODITÉ. Commodum, *g.* commodi. *neut. A la première commodité, ou dès que l'occasion sera donnée.* Ut primùm occasio dabitur. *A votre commodité.* Tuo commodo, *à l'ablat.*

COMMOTION. Commotio, *g.* commotionis. *fém.*

COMMUABLE, *qui peut être changé.* Commutabilis, *masc. fém.* commutabile, *neut. génit.* commutabilis *pour tous les genres.*

COMMUER *une peine.* Pœnam commutare, commuto, commutas, commutavi, commutatum. *act. acc.*

COMMUN. Communis, *masc. fém.* commune, *neut. g.* communis. *C'est un bruit commun.* Res est vulgatissima. *Un nom commun à plusieurs.* Vulgare nomen, *g.* vulgaris nominis. *neut. L'un et l'autre se déclinent.*

COMMUN ou *ordinaire.* Consuetus, consueta, consuetum. *adj.*

COMMUN ou *que tout le monde fait.* Vulgatus, vulgata, vulgatum. *adj.*

LE COMMUN. Vulgus, *gén.* vulgi. *neut. En commun.* Communiter. *adv.* Socialiter. *adv.*

COMMUNAUTÉ. Communitas, *génit.* communitatis. *fém.*

COMMUNAUX, *pâturages publics.* Ager compascuus, *gén.* agri compascui. *masc. Ces deux noms se déclinent.*

COMMUNE, *corps des habitants d'une ville.* Civitas, *g.* civitatis. *fém. — Maison où ils s'assemblent.* Ædes publicæ, *gén.* ædium publicarum. *fém. plur. L'un et l'autre se déclinent.*

COMMUNES, *terres appartenantes à un village.* Agri publici, *gén.* agrorum publicorum. *masc. plur. L'un et l'autre se déclinent.*

COMMUNÉMENT. Vulgò. *adv.*

COMMUNICATIF, *qui se communique.* Obvius et expositus, obvia et exposita, obvium et expositum. *adj. gén.* obvii et expositi, etc. *Qui n'est pas communicatif.* Vir sui obtegens, *g.* viri sui obtegentis. *Sui reste toujours le même.*

COMMUNICATION. Communicatio, *g.* communicationis. *fém.*

COMMUNIER ou *recevoir le corps de Notre-Seigneur.* Sanctissimum Corpus Christi suscipere, suscipio, suscipis, suscepi, susceptum. *act. acc. On joint toujours à tous les temps de ce verbe sanctissimum Corpus Christi.*

COMMUNION. Sumptio Corporis Christi, *g.* sumptionis Corporis Christi. *fém. On ne décline que* sumptio.

COMMUNIQUÉ. Communicatus, communicata, communicatum. *part. pass. de* Communico.

COMMUNIQUER. Communicare, communico, communicas, communicavi, communicatum. *act. rég. dir. accus. rég. ind. dat.*

COMMUTATION *de peine.* Pœnæ commutatio, *g.* pœnæ commutationis. *f. On ne décline que le dernier mot.*

COMPACTE. Spissus, spissa, spissum. *adj.*

UNE **COMPAGNE.** Socia, *gén.* sociæ *fém.*

COMPAGNIE ou *société.* Societas, *gén.* societatis. *fém.*

COMPAGNIE ou *assemblée.* Cœtus, *gén.* cœtûs. *masc. En compagnie ou avec du monde.* Cum nonnullis. *Tenir compagnie.* Voyez Accompagner. *De compagnie ou ensemble.* Unà *adv.*

COMPAGNIE *de soldats, etc.* Turma, *g.* turmæ. *fém.*

COMPAGNON *d'école.* Condiscipulus, *génit.* condiscipuli. *masc. Qui accompagne.* Comes, *génit.* comitis. *masc. et fém.*

COMPAGNON, *ouvrier qui travaille sous un maître.* Officinator, *gén.* officinatoris. *masc.*

COMPARABLE. Comparandus, comparanda, comparandum. *A s'exprime par* cum *avec l'ablat.*

COMPARAISON. Comparatio, *g.* comparationis. *fém. Faire comparaison.* Voy. Comparer. *En comparaison de.* Præ, *avec l'abl. Sans comparaison ou beaucoup plus.* Longè. *adv.*

COMPARATIF. Comparativus, *gén.* comparativi. *masc.*

COMPARATIVEMENT. Comparaté. *adv.*

COMPARÉ. Comparatus, comparata, comparatum. *A s'exprime par* cum *avec l'ablat.*

COMPARER. Comparare, comparo, comparas, comparavi, comparatum. *act. rég. dir. accus. rég. ind. ablat. avec* cum. *Comparer les grandes choses avec les petites.* Parvis magna componere, compono, componis, composui, compositum. *act.*

COMPARAITRE. Comparere, compareo, compares, comparui, comparitum. *neut.*

COMPARTIMENT. Descriptio, *gén.* descriptionis. *fém.*

COMPARUTION. Obitum vadimonium, *gén.* Obiti vadimonii. *n. L'un et l'autre se déclinent.*

COMPAS. Circinus, *g.* circini. *m.*
COMPASSER. Voyez *Mesurer.*
COMPASSION. Misericordia, *g.* misericordiæ. *fém.* avoir *Compassion.* Misereri, misereor, misereris, misertus sum. *dép.* avec un *gén.* Ou miserere. *impers.* (Ce verbe se conjugue sur Pœnitere, et demande le gén.)
COMPATIBILITÉ. Convenientia, *gén.* convenientiæ. *fém.*
COMPATIBLE. Congruens, *m. f. n. g.* congruentis.
COMPATIR *à, ou avoir compassion de.* Misereri, misereor, misereris, misertus sum. *dép.* avec un *gén.*
COMPATIR, *être compatible.* Inter se cohærere, cohæreo, cohæres, cohæsi, cohæsum. *neut.*
COMPATIR, *avoir de l'indulgence.* Indulgere, indulgeo, indulges, indulsi, indultum. *neut. dat.*
COMPATISSANT, *porté à la compassion.* Ad misericordiam propensus, propensa, propensum. *adj.* auquel on joint toujours ad misericordiam *sans y rien changer.*
COMPATRIOTE. Popularis, *g.* popularis. *masc. et fém.*
COMPENSATION. Compensatio, *gén.* compensationis. *fém.*
COMPENSER. Compensare, compenso, compensas, compensavi, compensatum. *act.* rég. dir. acc. rég. ind. abl.
COMPÈRE, *celui qui a tenu un enfant sur les fonts de baptême.* Patrinus, *gén.* patrini. *masc.*
COMPÉTENCE *de juge.* Legitima jurisdictio, *gén.* legitimæ jurisdictionis. *f. Tout se décline.*
COMPÉTENT. Legitimus, legitima, legitimum. *adj.*
COMPÉTITEUR. Competitor, *g.* competitoris. *masc.*
COMPIÈGNE, *ville.* Compendium, *g.* Compendii. *neut.*
COMPILATEUR. Scriptorum collector, *gén.* scriptorum collectoris. *m.* Scriptorum *ne se décline point.*
COMPILATION. Collectio, *g.* collectionis. *fém.*
COMPILER. Colligere, colligo, colligis, collegi, collectum. *act. acc.*
COMPLAINTE. Voyez plainte.
COMPLAIRE. Voluntati alicujus obsequi, obsequor, obsequeris, obsecutus sum. *dép. On met toujours* voluntati.
Se COMPLAIRE *en quelque chose.* Aliquâ re delectari, delector, delectaris, delectatus sum. *dépon. Il se complait.* Placet sibi. *Nous nous complaisons.* Nobismetipsis placemus.
COMPLAISAMMENT. Indulgenter. *adv.*

COMPLAISANCE. Obsequium, *g.* obsequii. *n. Avoir de la complaisance pour.* Voyez *Complaire.*
COMPLAISANT. Obsequiosus, obsequiosa, obsequiosum. *adj.* avec un *datif. Se rendre complaisant.* Voy. *Complaire.*
COMPLANT, *lieu planté d'arbres ou de vignes.* Plantaria, *g.* plantariorum. *n. plur.*
COMPLÉMENT. Complementum, *gén.* complementi. *neut.*
COMPLET. Completus, completa, completum. *adj.*
COMPLETEMENT. Perfectè. *adv.*
COMPLÉTER. Complere, compleo, comples, complevi, completum. *act. accus.*
COMPLEXION. Constitutio, *g.* constitutionis. *fém.*
COMPLICATION *de maladies.* Morborum complexio, *g.* morborum complexionis. *fém. Sans rien changer au premier mot.*
COMPLICE. Conscius, conscia, conscium. *adj.*
COMPLICITÉ. Sceleris societas, *gén.* sceleris societatis. *Le gén.* sceleris *reste invariable.*
COMPLIES. Completorium, *g.* completorii. *neut.*
COMPLIMENT *en paroles.* Officiosa verba, *g.* officiosorum verborum. *n. plur. L'un et l'autre se déclinent. Faire un compliment.* Voyez *Complimenter. Complimens en actions.* Officiosa urbanitas, *gén.* officiosæ urbanitatis. *fém. L'un et l'autre se déclinent. Faire des complimens ou des cérémonies.* Officiosam urbanitatem affectare, affecto, affectas, affectavi, affectatum. *act.* Officiosam urbanitatem *ne varient point.*
COMPLIMENTER *ou féliciter.* Gratulari, gratulor, gratularis, gratulatus sum. *dépon. avec un dat. de la personne, et un ablat. de la chose avec* de. *Le* de *suivi d'un verbe, s'exprime par* quod *avec le subjonctif.*
COMPLIMENTER, *ou faire compliment, ou saluer honnêtement.* Officiosis verbis salutare, saluto, salutas, salutavi, salutatum. *act. acc. On met toujours* officiosis verbis.
COMPLIMENTEUR, *qui fait trop de complimens.* Nimius officiosi sermonis affectator, *gén.* nimii officiosi sermonis affectatoris. *On décline seulement* nimius affectator.
COMPLIQUÉ, *en parlant de plusieurs maladies ensemble.* Geminati morbi, *g.* germinatorum morborum. *m. plur. Ces deux mots se déclinent.*
COMPLOT. Conspiratio, *g.* conspirationis. *fém.*

COMPLOTER. Conspirare, conspiro, conspiras, conspiravi, conspiratum. *La perte de quelqu'un*, c'est-à-dire, *pour perdre quelqu'un*, ad perdendum aliquem.

COMPONCTION, *douleur d'avoir offensé Dieu.* Peccatorum dolor, *gén.* peccatorum doloris. *m. Peccatorum ne varie point.*

Se COMPORTER. Agere, ago, agis, egi, actum. *n. En honnête homme, c'est-à-dire, honnêtement, honesté. adv.*

COMPOSÉ *de.* Compositus, composita, compositum. *part. pass.* de Compono. Le s'exprime par è ou ex avec *l'ablat. Composé, en parlant d'un thème, d'un livre,* etc. Scriptus, scripta, scriptum. *part. pas.* de Scribo.

COMPOSÉ, *modeste.* Modestus, modesta, modestum. *adj.*

COMPOSER. Componere, compono, componis, composui, compositum. *act. rég. dir. acc.* rég. ind. *ablat.* avec è ou ex. *Composer, en parlant d'un thème, d'un livre,* etc. Scribere, scribo, scribis, scripsi, scriptum. *act. acc.* Le nom de la manière en quoi l'on compose ou l'on écrit, est mis à l'ablat, exemple : *en prose,* oratione so'u'â.

COMPOSER, *faire un accord.* Pacisci, paciscor, pasciceris, pactus sum. *dép.*

COMPOSER, en terme d'imprimerie. *Arranger les lettres, et en faire une planche ou forme.* Fusiles litteras ordinare, ordino, ordinas, ordinavi, ordinatum. *act. Il faut joindre fusiles litteras à tous les temps du verbe* ordino.

Se COMPOSER, *prendre un air modeste,* Se componere, compono, componis, composui, compositum. *act.*

COMPOSITEUR. Compositor, *g.* compositoris. *masc.*

COMPOSITEUR *d'imprimerie.* Typorum ordinator, *g.* typorum ordinatoris. *masc.* Typorum *ne se décline point.*

COMPOSITION. Compositio, *g.* compositionis. *fém.*

COMPOSITION ou *accord.* Pactum, *gén.* pacti. *neut. A composition.* Certis conditionibus, *à l'abl.*

COMPOSTELLE, *ville.* Compostella, *gén.* Compostellæ. *fém.*

COMPOTE *de fruit avec du sucre.* Fructus saccharo incocti, *g.* fructuum saccharo incoctorum. *masc. plur. On ne change pas* saccharo.

COMPRÉHENSIBLE. Comprehensibilis, *masc. fém.* comprehensibile, *neut. génit.* comprehensibilis.

COMPRÉHENSION. Comprehensio, *g.* comprehensionis. *fém.*

COMPRENDRE ou *concevoir.* Percipere, percipio, percipis, percepi, perceptum. *act. acc.*

COMPRENDRE ou *contenir.* Continere, contineo, contines, continui, contentum. *act. acc.*

COMPRESSE, *linge plié qu'on met sur la plaie quand on saigne.* Penicillum, *gén.* penicilli. *neut.*

COMPRESSION, *l'action de presser.* Pressus, *gén.* pressûs. *masc.*

COMPRIMER. Comprimere, comprimo, comprimis, compressi, compressum. *act. accus.*

COMPRIS ou *conçu.* Perceptus, percepta, perceptum. *part. pass.* de Percipio.

COMPRIS ou *contenu.* Contentus, contenta, contentum. *part. pass.* de Contineo.

COMPROMETTRE, *se rapporter de la décision d'une affaire au sentiment de quelqu'un.* Compromittere, compromitto, compromittis, compromisi, compromissum. *act. acc.*

Se COMPROMETTRE. Auctoritatem in discrimen adducere, adduco, adducis, adduxi, adductum. *act.*

COMPROMIS. Compromissum, *gén.* compromissi. *neut.*

COMPTABILITÉ. Reddenda rationis munus, *gén.* reddendæ rationis muneris. *neut.* Munus *seul se décline.*

COMPTABLE. Rationarius, *g.* rationarii. *masc.*

COMPTANT. Præsens, *masc. fem. gén.* præsentis. *En argent comptant.* Præsenti pecuniâ, *à l'ablat.*

COMPTE ou *nombre.* Numerus, *gén.* numeri. *masc.*

COMPTE ou *calcul.* Computatio, *g.* computationis. *f. Il est bien loin de son compte.* Hunc sua spes fefellit; fallere, fallo, fallis, fefelli, falsum. *act. Il a son compte.* Est voti compos.

COMPTE ou *estime. Faire compte de,* ou *tenir compte de,* ou *estimer.* Æstimare, æstimo, æstimas, æstimavi, æstimatum. *act. acc.* Voyez Estimer.

COMPTÉ. Numeratus, numerata, numeratum. *part. pass.* de Numero.

COMPTER ou *nombrer.* Numerare, numero, numeras, numeravi, numeratum. *act. acc. A compter de ce jour que.* Subductâ ratione temporis ab eo die quo, avec *l'ind.*

COMPTER sur, ou *faire fonds sur.* Confidere, confido, confidis, confisus sum. *neut. dat. Il ne compte que sur vous.* Ejus spes omnis in te sita est, c'est-à-dire, toute son espérance est fondée sur vous. *Compter pour rien.* Nullo loco habere, habeo, habes, habui, habitum. *act. acc. On met toujours* nullo loco. *Compter sans son hôte, inutilement.* Frustra rationes deputare, deputo, deputas, deputavi, deputatum. *act. On met toujours frustrà* rationes.

CON   CON   95

COMPTOIR. Mensa, *g.* mensæ. *f.*

COMPUT, *supputation des temps.* Computum, *gén.* computi. *neut.*

COMTE, *seigneur.* Comes, *g.* comitis. *masc.*

COMTÉ ou *comtat.* Comitatus, *g.* comitatûs. *masc.*

COMTESSE. Cometissa, *g.* cometissæ. *fém.*

COMTOIS, *les habitans de la Franche-Comté.* Sequani, *gén.* sequanorum. *masc. plur.*

CONCASSÉ. Tritus, trita, tritum. *adj.*

CONCASSER. Terere, tero, teris, trivi, tritum. *act. acc.*

CONCAVE. Concavus, concava, concavum. *adj.*

CONCAVITÉ. Cavus, *gén.* cavi. *masc. La concavité d'un os.* Sinus ossis, *gén.* sinûs ossis. *m. On ne change pas* ossis.

CONCÉDER, *accorder.* Concedere, concedo, concedis, concessi, concessum. *act. rég. dir. acc. rég. ind. dat.*

CONCENTRER. In centrum cogere, cogo, cogis, coegi, coactum. *act. acc.*

CONCENTRIQUE. Concentricus, concentrica, concentricum. *adj.*

CONCEPTION. Conceptio, *gén.* conceptionis. *fém.*

CONCEPTION ou *l'esprit.* Mens, *gén.* mentis. *fém.*

CONCERNANT, *touchant.* De, *avec l'ablat.*

CONCERNER. Pertinere, pertineo, pertines, pertinui. *sans sup. n. On met ensuite* ad *avec l'acc.*

CONCERT *de voix, etc.* Concentus, *g.* concentûs. *masc.*

DE CONCERT. Uno concensu, *à l'ablat.* Composito. *adv.*

CONCERTER, *accorder les voix.* Voces ad concentum conciliare, concilio, concilias, conciliavi, conciliatum. *act. On joint* voces *ad* concentum *à tous les temps du verbe* concilio.

CONCERTER *une affaire. De negotio consultare*, consulto, consultas, consultavi, consultatum. *act. On laisse toujours de* negotio.

CONCESSION. Concessio, *g.* concessionis. *fém.*

CONCEVABLE, *qu'on peut concevoir.* Intelligentiæ accomodatus, accommodata, accommodatum. *part. pass. d'*Accommodo. *Auquel il faut toujours joindre le datif* intelligentiæ *en ce sens.*

CONCEVOIR. Concipere, concipio, concipis, concepi, conceptum. *act. acc.*

CONCHES, *ville.* Conchus, *g.* Conchi. *fém.*

CONCHYLE, *poisson.* Conchylium, *gén.* conchylii. *neut.*

CONCIERGE. Custos, gén. custodis. *masc. et fém.*

CONCIERGERIE. Carcer, *g.* carceris. *masc.*

CONCILE. Concilium, *gén.* concilii *neut.*

CONCILIABULE, *concile illégitime.* Conciliabulum, *g.* conciliabuli. *n.*

CONCILIATEUR, *qui concilie.* Conciliator, *g.* conciliatoris. *masc.*

CONCILIATION *des esprits.* Animorum conciliatio, *g.* animorum conciliationis. *f.* Animorum *ne change pas.*

CONCILIATRICE, *celle qui concilie.* Conciliatrix, *g.* conciliatricis. *fém.*

CONCILIER. Conciliare, concilio, concilias, conciliavi, conciliatum. *act. accus.*

CONCIS. Concisus, concisa, concisum. *adj.*

CONCISION. Concisio, *gén.* concisionis. *fém.*

CONCITOYEN. Civis, *génit.* civis. *masc.*

CONCITOYENNE. Civis, *gén.* civis. *fém.*

CONCLAVE. Conclave, *gén.* conclavis. *neut.*

CONCLU ou *achevé.* Conclusus, conclusa, conclusum. *part. pass. de* Concludo.

CONCLU ou *résolu.* Constitutus, constituta, constitutum. *part. pass. de* Constituo.

CONCLUANT, *qui conclut.* Concludens, *m. f. n. g.* concludentis. *part. prés. de* Concludo.

CONCLURE ou *achever.* Concludere, concludo, concludis, conclusi, conclusum. *act. acc.*

CONCLURE ou *résoudre.* Constituere, constituo, constituis, constitui, constitutum. *act. acc.*

CONCLURE ou *inférer.* Inferre, infero, infers, intuli, illatum. *act. acc. Le* de *s'exprime par* è *ou* ex *avec l'ablat. de la chose.*

CONCLUSION. Conclusio, *gén.* conclusionis. *fém.*

CONCOMBRE. Cucumis, *g.* cucumeris. *masc.*

CONCORDANCE, *convenance des noms et des verbes.* Convenientia, *g.* convenientiæ. *fém.*

CONCORDAT. Pactum, *gén.* pacti. *neut.*

CONCORDE. Concordia, *gén.* concordiæ. *fém. En concorde.* Concordissimè. *adverbe.*

CONCOURIR. Concurrere, concurro, concurris, concurri, concursum. *neut.* A *s'exprime par* ad *avec l'acc. ou un gér. en* dum.

CONCOURS. Concursus, *g.* concursús. *masc.*

CONÇU. Conceptus, concepta, conceptum. *part. pass. de* Concipio.

CONCUBINAGE. Concubinatus, *gén.* concubinatûs. *masc.*

CONCUBINAIRE, *qui entretient une concubine.* Concubinus, *gén.* concubini. *masc.*

CONCUBINE. Concubina, *g.* concubinæ. *fém.*

CONCUPISCENCE. Immoderata cupiditas, *gén.* immoderatæ cupiditatis. *f. L'un et l'autre se déclinent.*

CONCURREMMENT, *par concurrence.* Per contentionem. *Conjointement.* Unà, *adv.*

CONCURRENCE. Competitorum contentio, *g.* competitorum contentionis. *fém. On ne décline pas* competitorum.

CONCURRENT. Competitor, *génit.* competitoris. *masc.*

CONCUSSION. Concussio, *gén.* concussionis. *fém.*

CONCUSSIONNAIRE, *qui fait des concussions.* Spoliator, *gén.* spoliatoris. *masc.*

CONDAMNABLE. Damnandus, damnanda, damnandum. *part. futur pass. de* Damno.

CONDAMNATION. Damnatio, *gén.* damnationis. *f. Qui porte condamnation.* Damnatorius, damnatoria, damnatorium. *adj.*

CONDAMNÉ. Damnatus, damnata, damnatum. *part. pass. de* Damno. *avec un gén. ou un ablat. de la chose.*

CONDAMNER. Damnare, damno, damnas, damnavi, damnatum. *act. rég. dir. acc. rég. indirect. abl. avec de. Condamner à mort ou à mourir.* Damnare capite.

SE CONDAMNER, *avouer sa faute.* Erratum agnoscere, agnosco, agnoscis, agnovi, agnitum. *act. avec l'acc.* erratum *à tous les temps.*

CONDÉ, *ville.* Condatum, *g.* Condati. *neut.*

CONDENSATION. Densatio, *g.* densationis. *fém.*

CONDENSÉ. Condensatus, condensata, condensatum. *part. pass. de* Condenso.

CONDENSER. Condensare, condenso, condensas, condensavi, condensatum. *act. acc.*

CONDESCENDANCE. Obsequium, *génit.* obsequii. *neut. Avoir de la condescendance pour.* Obsequi, obsequor, obsequeris, obsecutus sum. *dép. dat.*

CONDESCENDANT, *complaisant.* Obsequiosus, obsequiosa, obsequiosum. *adj. avec un dat. ensuite.*

CONDESCENDRE *à.* Obsequi, obsequor, obsequeris, obsecutus sum. *dép.*

CONDISCIPLE, *compagnon d'étude.* Condiscipulus, *g.* condiscipuli. *m.*

CONDITION. Conditio, *gén.* conditionis. *fém. A condition.* Eâ conditione ou eâ lege. *Le que ou de par ut avec le subjonct.*

CONDITION ou *naissance.* Genus, *gén.* generis. *n. Un homme de condition.* Vir clarus genere, *g.* viri clari genere. *masc. Genere est à l'ablat.*

BIEN CONDITIONNÉ. Probus, proba, probum. *adj. Mal conditionné.* Improbus, improba, improbum. *adj.*

CONDITIONNEL. Conditionalis, *m. f.* conditionale, *n. g.* conditionalis.

CONDITIONNELLEMENT. Adjunctâ conditione. *C'est un abl. abs.*

CONDOLÉANCE. Significatio doloris. *gén.* significationis doloris. *fém. On ne décline pas* doloris.

CONDOM, *ville.* Condomum, *g.* Condomi. *neut. Qui est de Condom.* Condomensis, *masc. fém.* condomense, *n. gén.* condomensis.

CONDRIEU, *ville.* Condrium, *g.* Condrii. *neut.*

CONDUCTEUR. Dux, *génit.* ducis. *masc.*

CONDUCTRICE. Dux, *gén.* ducis. *f.*

CONDUIRE ou *mener.* Ducere, duco, ducis, duxi, ductum. *act. acc.*

SE CONDUIRE. Agere, ago, agis, egi, actum. *n. En honnête homme,* c'est à-dire, *honnêtement.* Honeste. *adv.*

CONDUIRE ou *avoir soin de.* Curare, curo, curas, curavi, curatum. *act. acc.*

CONDUIT. Canalis, *génit.* canalis. *masc.*

CONDUITE ou *manière d'agir.* Ratio agendi, *g.* rationis agendi. *fém.* Agendi *ne se décline point.*

CONDUITE ou *soin.* Cura, *gén.* curæ. *fém. Avoir la conduite de.* Administrare, administro, administras, administravi, administratum. *act. acc. Donner à quelqu'un la conduite d'une armée.* Imperatorem exercitui præponere, præpono, præponis, præposui, præpositum. *act. avec l'acc.* imperatorem, *et le dat.* exercitui, *comme si l'on disait: Donner un commandant à une armée. Etre sous la conduite.* Regi, regor, regeris, rectus sum. *pass. Le de qui suit s'exprime par à ou ab avec l'ablat.*

CONDUITE. *Voyez* Prudence.

CONE. Conus, *gén.* coni. *masc.*

CONFECTION, *action de faire.* Confectio, *gén.* confectionis. *fém.*

CONFECTION, *médicament.* Medica compositio, *g.* medicæ compositionis. *f. L'un et l'autre se déclinent.*

CONFÉDÉRATION. Fœdus, *gen.* fœderis. *neut.*
CONFÉDÉRÉ. Fœderatus, fœderata, fœderatum. *adj.*
Se CONFÉDÉRER. Fœdus inire, ineo, inis, inivi, initum. *act. avec* cum *et l'abl.* On met partout fœdus.
CONFÉRENCE. Colloquium, *g.* colloquii. *neut.*
CONFÉRER ou *parler.* Colloqui, colloquor, colloqueris, collocutus sum. *dépon. D'une affaire avec quelqu'un.* De re aliquâ cum aliquo.
CONFÉRER ou *comparer.* Conferre, confero, confers, contuli, collatum. *act. acc.*
CONFÉRER, *donner.* Conferre, confero, confers, contuli, collatum. *act. acc.*
ALLER A CONFESSE. Voyez *Se Confesser.*
CONFESSER ou *avouer.* Confiteri, confiteor, confiteris, confessus sum, *dép. acc.*
Se CONFESSER, ou *confesser ses péchés.* Confiteri peccata. *dép.*
CONFESSER, ou *ouir la Confession.* Confessionem excipere, excipio, excipis, excepi, exceptum. *act.* On met toujours confessionem *avec le génitif de la personne.*
CONFESSEUR. Administer pœnitentiæ sacramenti, *gén.* administri, etc. *m.* On ne décline que administer.
CONFESSION. Confessio, *g.* confessionis. *fém.*
CONFESSIONNAL tribunal pœnitentiæ, *gén.* tribunalis pœnitentiæ. *n.* On ne décline pas pœnitentiæ.
CONFIANCE. Fiducia, *gén.* fiduciæ. *fém. Avoir confiance en.* Confidere, confido, confidis, confidi *et* confisus sum. *neut. avec le datif.*
CONFIDEMMENT. Cum fiduciâ. Amicè. *adv.*
CONFIDENCE, *amitié.* Familiaritas, *gén.* familiaritatis. *fém. Faire confidence de.* Voy. *Communiquer.*
CONFIDENT *des secrets.* Particeps consiliorum, *gén.* participis consiliorum. Consiliorum *est au gén.* Particeps *est de tout genre.*
CONFIDENTIAIRE, *qui garde un bénéfice pour un autre.* Fiduciarius, *gén.* fiduciarii. *masc.*
CONFIER, Credere, credo, credis, credidi, creditum. *act. rég. dir. acc. rég. ind. dat.*
Se CONFIER en. Confidere, confido, confidis, confisus sum. *neut. dat.*
CONFIGURATION. Forma, *g.* formæ. *fém.*
CONFINER, *reléguer.* Relegare, relego, relegas, relegavi, relegatum. *act. accus.* Dans ou en, in *avec l'acc.*

Se CONFINER *en un pays.* In aliquam regionem secedere, secedo, secedis, secessi, secessum. *avec l'acc. et la préposit.* in.
CONFINER, *être proche.* Confinem esse; confinis sum, es, fui. *dat. Votre maison confine avec la mienne.* Tua domus est confinis ædibus meis.
CONFINS. Confinia, *g.* confinium ou confiniorum. *neut. plur.*
CONFIRE. Condire, condio, condis, condivi ou condii, conditum. *act. accus. Le nom de la chose avec quoi l'on confit se met à l'ablat. comme :* au sucre, saccharo.
CONFIRMATIF, *qui confirme.* Fidem faciens, *gén.* fidem facientis. Fidem ne change pas. Faciens *est le part. prés. du verbe* Facio.
CONFIRMATION. Confirmatio, *gén.* confirmationis. *fém.*
CONFIRMÉ. Confirmatus, confirmata, confirmatum. *part. pass. de* Confirmo. *Cette nouvelle a besoin d'être confirmée.* Fide majori eget hic nuncius.
CONFIRMÉ, ou *qui a reçu le sacrement de confirmation.* Sacro confirmationis oleo inunctus. On ne décline que inunctus, inuncta, inunctum. *partip. pass. d'*Inungo.
CONFIRMER, *rendre plus ferme.* Firmare, firmo, firmas, firmavi, firmatum. *act. acc.*
CONFIRMER, *assurer.* Voy. *Assurer.*
CONFIRMER, *donner le sacrement de confirmation.* Sacro confirmationis oleo inungere, inungo, inungis, inunxi, inunctum. *act. acc.* On met toujours Sacro confirmationis oleo.
CONFISCABLE, *sujet à confiscation*, Confiscationi obnoxius, obnoxia, obnoxium. *adj. et l'on ne change pas* confiscationi *qui est au dat.*
CONFISCATION. Confiscatio, *génit.* confiscationis. *fém.*
CONFISEUR. Qui condit fructus. Ces mots ne changent point.
CONFISQUÉ. Publicatus, publicata, publicatum. *part. pass. de* Publico.
CONFISQUER. Publicare, publico, publicas, publicavi, publicatum. *act. accus.*
CONFIT. Conditus, condita, conditum. *part. pass. de* Condo. *au sucre.* Saccharo. *à l'ablat.*
CONFITURES. Condimenta, *g.* condimentorum. *neut. plur.*
CONFLIT. Conflictus, *gén.* conflictûs. *masc.*
CONFLUENT, *jonction de deux rivières.* Confluens, *g.* confluentis. *masc.*
CONFONDRE. Confundere, confundo, confundis, confudi, confusum. *act. acc.*

Confondre *quelqu'un, le couvrir de honte.* Alicui pudorem incutere, incutio, inculis, incussi, incussum. *act. avec l'acc.* pudorem, *et le dat. de la personne.*

CONFORMATION. Conformatio, *gén.* conformationis. *fém.*

CONFORME *à.* Consentaneus, consentanea, consentaneum, *gén.* consentanei. *avec un datif.*

CONFORMÉMENT *à.* Conveniênter. *adv. avec un datif ensuite.*

CONFORMER. Accommodare, accommodo, accommodas, accommodavi, accommodatum. *act. rég. dir. acc. rég. ind. acc. avec ad.*

CONFORMITÉ. Convenientia, *génit.* convenientiæ. *fém.*

CONFORTATIF. Corroborans, *g.* corroborantis. *part. prés. de* Corroboro.

CONFORTÉ. Corroboratus, corroborata, corroboratum. *part. pass. de* Corroboro.

CONFORTER. Corroborare, corroboro, corroboras, corroboravi, corroboratum. *act. acc.*

CONFRATERNITÉ. Sodalitas, *génit.* sodalitatis. *fém.*

CONFRÈRE. Sodalis, *génit.* sodalis. *masc.*

CONFRÉRIE. Sodalitas, *g.* sodalitatis. *fém.*

CONFRONTATION, *examen du rapport que les choses ont ensemble.* Comparatio, *gén.* comparationis. *fém.*

CONFRONTÉ. Compositus, composita, compositum. *part. pass. de* Compono.

CONFRONTER. Componere, compono, componis, composui, compositum. *act. acc. Confronter des témoins,* testes producere, produco, producis, produxi, productum. *act. acc.*

CONFUS. Confusus, confusa, confusum. *adject. Confus de honte.* Voyez *Honteux.*

CONFUSÉMENT. Confusè. *adv.*

CONFUSION ou *désordre.* Confusio, *gén.* confusionis. *fém. Mettre en confusion ou en désordre.* Confundere, confundo, confundis, confusi, confusum. *act. acc.*

Confusion ou *honte.* Voyez **Honte.**

CONGÉ *aux Colléges, etc.* Vacatio à scholis, *g.* vacationis à scholis. *f. A scholis ne changent jamais. Avoir congé.* Vacare, vaco, vacas, vacavi, vacatum. *n. Il faut ajouter* à scholis.

Congé *d'un soldat.* Missio, *g.* missionis. *fém.*

CONGÉDIÉ. Dimissus, dimissa, dimissum. *part. pass. de* Dimitto.

CONGÉDIER. Dimittere, dimitto, dimittis, dimisi, dimissum. *act. acc.*

CONGÉLATION, *épaississement.* Congelatio, *gén.* congelationis. *fem.*

CONGELÉ. Congelatus, congelata, congelatum. *part. pass. de* Congelo.

SE CONGELER. Congelari, congelor, congelaris, congelatus sum. *pass.*

CONGLUTINATION. Conglutinatio, *gén.* conglutinationis. *fém.*

CONGRATULATION. Gratulatio, *gén.* gratulationis. *fém.*

CONGRATULER. Gratulari, gratulor, gratularis, gratulatus sum. *dép. rég. dir. dat. rég. ind. acc. Le de ou de ce que, suivi d'un verbe, s'exprime par quòd avec le subjonctif.*

CONGRE, *poisson.* Conger, *g.* congri. *masc.*

CONGRÉGATION. Sodalitas, *g.* sodalitatis. *fém.*

CONGRÈS. Congressus, *g.* congressûs. *masc.*

CONGRU, *convenable.* Congruus, congrua, congruum, *gén.* congrui.

CONGRUITÉ, *convenance.* Congruentia, *gén.* congruentiæ. *fém.*

CONGRUMENT. Convenienter. *adv.*

CONJECTURAL, *fondé sur des conjectures.* Conjecturalis, *masc. f.* conjecturale, *neut. g.* conjecturalis.

CONJECTURE. Conjectura, *génit.* conjecturæ. *fémin. Par conjecture.* Ex conjecturâ.

CONJECTURER. Conjicere, conjicio, conjicis, conjeci, conjectum. *act. rég. dir. acc. rég. ind. abl. avec è ou ex.*

CONJOINDRE. Conjungere, conjungo, conjungis, conjunxi, conjunctum. *act. accus.*

CONJOINT. Conjunctus, conjuncta, conjunctum. *part. pass. de* Conjungo.

CONJOINTEMENT. Simul. Unà. *adverbe.*

CONJONCTIF. Terme de Grammaire. *Particule conjonctive.* Particula connexiva, *g.* particulæ connexivæ. *fém. L'un et l'autre se déclinent.*

CONJONCTION. Conjunctio, *gén.* conjunctionis. *fém.*

CONJONCTURE. Occasio, *g.* occasionis. *fém. Profiter des conjonctures.* Rerum opportunitatem amplecti, amplector, amplecteris, amplexus sum. *dép.*

CONIQUE, *qui a la figure d'un cône.* Turbinatus, turbinata, turbinatum. *adj.*

CONJUGAISON. Conjugatio, *génit.* conjugationis. *fém.*

CONJUGAL. Conjugalis, *masc. fém.* conjugale, *neut. gén.* conjugalis.

CONJUGUER. Declinare, declino, declinas, declinavi, declinatum. *act. accus.*

CONJURATION. Conjuratio, *g.* conjurationis. *fém.*

CONJURER ou *conspirer.* Conjurare,

CON   CON

conjuro, conjuras, conjuravi, conjuratum. neut. *Conjurer la mort de quelqu'un.* Capiti alicujus insidiari, insidior, insidiaris, insidiatus sum. *dép. dat.*

Conjurer ou *prier.* Obsecrare, obsecro, obsecras, obsecravi, obsecratum. *act. avec deux accusat.* Le *de* ou *que*, suivi d'un verbe, s'exprime par *ut* avec le subjonctif.

Conjurer ou *exorciser.* Voyez *Exorciser.*

Les CONJURÉS. Conjurati, *g.* conjuratorum. *masc. plur.*

CONNÉTABLE *du roi.* Comes stabuli regii, *gén.* comitis stabuli regii. *m.* On ne décline que comes.

CONNEXE, *qui a du rapport.* Connexus, connexa, connexum. *adj. dat.*

CONNEXION. Connexio, *g.* connexionis. *fém.*

CONNEXITÉ, *liaison, rapport.* Connexio, *gén.* connexionis. *fém.*

CONNIVENCE, *dissimulation pour les fautes d'autrui.* Dissimulatio, *g.* dissimulationis. *fém.*

CONNIVER, *faire semblant de ne pas apercevoir.* Connivere, conniveo, connives, connivi ou connixi. *sans sup. neut.*

CONNAISSABLE. Qui, quæ, quod agnosci potest.

CONNAISSANCE. Cognitio, *g.* cognitionis. *fém. Prendre connaissance de.* Voyez *Connaître.*

CONNAISSEUR. Intelligens, *m. f. n. g.* intelligentis.

CONNAITRE. Cognoscere, cognosco, cognoscis, cognovi, cognitum. *act. acc. De vue, de facie.*

Se connaître *en.* Intelligere, intelligo, intelligis, intellexi, intellectum. *act.* En ou *à* s'exprime par *in* avec l'abl.

Faire connaître ou *se distinguer.* Inclarescere, inclaresco, inclarescis, inindarui. *neut. sans sup.*

CONNU *de.* Notus, nota, notum. *avec un datif.*

Connu, *célèbre.* Clarus, clara, clarum. *adj.*

CONQUE. Concha, *génit.* conchæ. *fém.*

CONQUÉRANT. Gentium domitor, *gén.* gentium domitoris. *m.* On ne change pas gentium.

CONQUÉRIR. Subigere, subigo, subigis, subegi, subactum. *act. acc.*

CONQUÊTE. Victoria, *gén.* victoriæ. *fém.*

CONQUIS. Subactus, subacta, subactum. *part. pass. de* Subigo.

CONSACRE. Consecratus, consecrata, consecratum. *part. pass. de* Consecro.

CONSACRER. Consecrare, consecro, consecras, consecravi, consecratum. *act. acc.*

Se consacrer *au service des autels.* Se sacris adstringere, adstringo, adstringis, adstrinxi, adstrictum. *act. avec le datif de la chose à laquelle on se consacre. Se consacrer à Dieu.* Deo se devovere, devoveo, devoves, devovi, devotum. *act.*

CONSANGUIN. Consanguineus, consanguinea, consanguineum. *adj.*

CONSANGUINITÉ. Consanguinitas, *gén.* consanguinitatis. *fém.*

CONSCIENCE. Conscientia, *gén.* conscienciæ. *fém. En conscience.* Bonâ fide, à l'ablat.

Conscience, *scrupule.* Religio, *génit.* religionis. *fém. Se faire conscience de.* Religioni habere, habeo, habes, habui, habitum. *act. avec l'accusat. Un homme d'une conscience délicate.* Rigidæ innocentiæ vir, *génit.* rigidæ innocentiæ viri. Rigidæ innocentiæ *ne changent point.*

CONSCIENCIEUSEMENT. Verè et religiosè. *adv.*

CONSCIENCIEUX. Religiosus, religiosa, religiosum. *Au comp.* religio ior; *au sup.* religiosissimus.

CONSCRIPT. Conscriptus, conscripta, conscriptum. *part. pass. de* Conscribo.

CONSCRIPTION. Conscriptio, *g.* conscriptionis. *fém.*

CONSÉCRATEUR. Consecrator, *gén.* consecratoris. *fém.*

CONSÉCRATION. Consecratio, *génit.* consecrationis. *fém.*

CONSÉCUTIF. Continuus, continua, continuum. *adj.*

CONSÉCUTIVEMENT. Continenter. *adv.*

CONSEIL. Consilium, *g.* consilii. *neut. Par mon conseil.* Meo consilio, à l'abl. *Donner conseil.* Voyez *Conseiller. Sans demander conseil à personne.* Omnibus inconsultis, à l'abl.

Le grand conseil, *cour souveraine.* Sanctius concilium, *g.* sanctioris consilii. *n. L'un et l'autre se déclinent.*

CONSEILLER, *verbe.* Suadere, suadeo, suades, suasi, suasum. *act. rég. dir. acc. rég. ind. dat.* Le *de* ou *que*, suivi d'un infinitif français, s'exprime par *ut* avec le subjonctif.

Un CONSEILLER. Consiliarius, *génit.* consiliarii. *masc.*

CONSENTANT. Consentiens, *masc. fém. neut. gén.* consentientis. *part. prés. de* Consentio.

CONSENTEMENT. Consensus, *g.* consensûs. *m. Du consentement.* Ex consensu. *avec un gén.*

CONSENTIR. Assentiri, assentior, assentiris, assensus sum. *dép. dat.*
CONSÉQUEMMENT, *par conséquent.* Concluse. *adv.*
CONSÉQUENCE ou *importance.* Momentum, *gén.* momenti. *neut. De conséquence.* Magni momenti. *au gén. De peu de conséquence.* Levis ou parvi momenti. *au gén.*
Conséquence ou *conclusion.* Consequentia, *g.* consequentiæ. *fém.*
CONSÉQUENT, *qui agit ou parle conséquemment.* Agens (vel dicens) concluse, *gén.* agentis, *du verbe* ago, agis, agere. *Par conséquent.* Ergò. *adv.*
CONSERVATEUR. Conservator, *gén.* conservatoris. *masc.*
CONSERVATION. Conservatio, *gén.* conservationis. *fém.*
CONSERVATRICE. Conservatrix, *gén.* conservatricis. *fém.*
CONSERVE *de roses.* Rosæ saccharo conditæ, *gén.* rosarum saccharo conditarum. *fém. plur.* Saccharo *ne se décline point.*
Conserves, *lunettes.* Conspicillum, *g.* conspicilli. *neut.*
CONSERVÉ. Servatus, servata, servatum. *part. pass. de* Servo.
CONSERVER. Conservare, conservo, conservas, conservavi, conservatum. *act. rég. dir. acc. rég. ind. dat.*
Se conserver, *avoir soin de sa santé.* Curare valetudinem ; curo, curas, curavi, curatum. *act. acc. La viande se conserve.* Caro non corrumpitur.
CANSIDÉRABLE, *en parlant des choses.* Insignis, *masc. fém.* insigne, *neut. gén.* insignis. *En parlant des personnes,* Illustris, *masc. fém.* illustre. *neut. gén.* illustris.
CONSIDÉRABLEMENT. Admodùm. Notabiliter. *adv.*
CONSIDÉRATION. Consideratio, *gén.* considerationis. *fém. A la considération, ou en considération de.* Causâ, *qui veut un gén. ensuite.* Au lieu du génitif des pronoms, on met meâ, tuâ, suâ, nostrâ et vestrâ, selon la personne dont il s'agit.
CONSIDÉRÉ. Consideratus, considerata, consideratum. *part. pass. de* Considero.
Considéré, *examiné.* Spectatus, spectata, spectatum. *part. pass. de* Specto.
CONSIDÉREMENT. Considerate. *adv.*
CONSIDÉRER. Considerare, considero, consideras, consideravi, consideratum. *act. acc.*
Considérer ou *estimer.* Æstimare, æstimo, æstimas, æstimavi, æstimatum. *act. avec l'acc.* Voyez Estimer.

CONSIGNATAIRE. Sequester, *gén.* sequestri. *masc.*
CONSIGNATION, *l'action de déposer.* Depositio, *g.* depositionis. *fém.*
Consignation, *dépôt.* Depositum, *g.* depositi. *neut.*
CONSIGNE, *ordre donné à une sentinelle.* Mandata excubitori data, *g.* mandatorum excubitori datorum. *neut. plur. On ne décline pas* excubitori.
CONSIGNÉ. Depositus, deposita, depositum. *part. pass. de* Depono.
CONSIGNER. Deponere, depono, deponis, deposui depositum. *act. rég. dir. acc. rég. ind. acc. avec* apud.
CONSISTANCE. Firmitas, *g.* firmitatis. *fém.*
CONSISTER. Consistere, consisto, consistis, constiti, constitum. *n. En quelque chose,* in aliquâ re.
CONSISTOIRE. Consilium sacrum, *g.* consilii sacri. *neut.*
CONSOLABLE. Consolabilis, *m. fém.* consolabile, *n. g.* consolabilis *pour tous les genres.*
CONSOLANT. Consolatorius, consolatoria, consolatorium. *adj.*
CONSOLATEUR. Consolator, *g.* consolatoris. *masc.*
CONSOLATION. Consolatio, *g.* consolationis. *f. Lettre de consolation.* Litteræ consolatoriæ, *génit.* litterarum consolatoriarum. *fém. plur. Ces deux noms se déclinent.*
CONSOLATRICE. Consolatrix, *g.* consolatricis. *fém.*
CONSOLER. Consolari, consolor, consolaris, consolatus sum. *dép. avec l'acc. de la personne, et l'ablat. de la chose avec de.*
CONSOLIDATION, *état de ce qui est consolidé.* Stabilitas, *gén.* stabilitatis. *fém.*
Consolidation *d'une plaie.* Vulneris glutinatio, *g.* vulneris glutinationis. *fém.* Glutinatio *seul se décline.*
CONSOLIDER, *rendre solide.* Stabilire, stabilio, stabilis, stabilivi, stabilitum. *act. acc.*
Consolider, *fermer une plaie,* Vulnus conglutinare, conglutino, conglutinas, conglutinavi, conglutinatum. *act.* On met vulnus *avec le verbe* conglutino.
CONSOMMATEUR. Consummator, *g.* consummatoris. *masc.*
CONSOMMATION. Consummatio, *g.* consummationis. *fém.*
CONSOMMÉ ou *parfait.* Perfectus, perfecta, perfectum. *Au comp.* perfectior ; *au superl.* perfectissimus. *Une vertu consommée.* Virtus cumulata, *g.* virtutis cumulatæ. *fém.*

CONSOMMÉ, *un bouillon succulent.* Succus expressus ex dococtis carnibus, *gén.* succi expressi ex dococtis carnibus. *masc.* On ne décline que les deux premiers mots.

CONSOMMER, *achever.* Perficere, perficio, perficis, perfeci, perfectum. *act. acc.*

CONSOMMER, *absorber.* Absumere, absumo, absumis, absumpsi, absumptum. *act. acc.*

CONSOMPTION. Consumptio, *gén.* consumptionis. *fém.*

CONSONNANCE, *accord des tons dans la musique.* Consonantia, *g.* consonantiæ. *fém.*

CONSONNE. Consonans, *g.* consonantis. *fém.*

CONSPIRATEUR. Conjuratus, conjurata, conjuratum. *adj.*

CONSPIRATION. Conjuratio, *g.* conjurationis. *fém.*

CONSPIRER. Voyez *Conjurer.*

CONSTAMMENT. Constanter. *adv.* Au comp. constantiùs; au sup. constantissimé.

CONSTANCE. Constantia, *g.* constantiæ. *fém.*

CONSTANCE, *ville.* Constantia, *g.* constantiæ. *fém.* Qui est de Constance. Constantiensis, *masc. fém.* constantiense, *n. gén.* constantiensis.

CONSTANT ou *ferme.* Constans, *masc. fém. neut. gén.* constantis. *Au comp.* constantior; *au sup.* constantissimum.

CONSTANT ou *assuré.* Certus certa, certum. *Au comp.* certior; *au sup.* certissimus. *Il est constant que.* Constat, *avec un infinitif ensuite.* Constat, constabat, constitit, constare. *imp.*

CONSTANTIN, *nom d'homme.* Constantinus, *g.* Constantini. *masc.*

CONSTANTINOPLE, *ville.* Constantinopolis, *gén.* Constantinopolis. *fém.* Qui est de Constantinople. Constantinopolitanus, constantinopolitana, constantinopolitanum. *adj.*

CONSTATÉ. Certus, certa, certum. *adj.*

CONSTATER. Exploratum facere, facio, facis, feci, factum. *act.* exploratum *reste toujours.*

CONSTELLATION. Sidus, *gén.* sideris. *neut.*

CONSTERNATION, Consternatio, *génit.* consternationis. *féminin. Etre dans la consternation.* Consternari, consternor, consternaris, consternatus sum, pass.

CONSTERNÉ. Pavidus et consternatus, pavida et consternata, pavidum et consternatum. Ce sont deux adj. qui se déclinent ensemble.

CONSTERNER, *jeter dans la consternation.* Consternare, consterno, consternas, consternavi, consternatum. *act. accus.*

CONSTIPATION. Alvi adstrictio, *g.* alvi adstrictionis. *fém.* Alvi *ne se décline point.*

CONSTIPÉ. Adstrictus, adstricta, adstrictum. *part. pass.* d'Adstringo.

CONSTIPER, *resserrer le ventre.* Alvum contrahere, contraho, contrahis, contraxi, contractum. *act. avec l'accus.* alvum.

CONSTITUÉ. Constitutus, constituta, constitutum. *part. pass.* de Constituo. *Rente constituée.* Pecuniæ in fundo constitutæ, *gén.* pecuniarum in fundo constitutarum. *fém. pluriel.* In fundo *restent invariables.*

CONSTITUER, *établir.* Constituere, constituo, constituis, constitui, constitutum. *act. acc.*

CONSTITUTION, *ordonnance.* Constitutio, *g.* constitutionis. *fém. Constitution de rentes.* Fenus, *gén.* fenoris. *n. Constitution du corps.* Constitutio, *g.* constitutionis. *fém.*

CONSTITUTION, *statuts d'un corps, d'une société.* Societatis alicujus statuta, *g.* statutorum. *n. pl.* Societatis alicujus *ne varient point. Notre constitution.* Societatis nostræ statuta.

CONSTRUCTEUR. Structor, *g.* structoris. *masc.*

CONSTRUCTION. Constructio, *gén.* constructionis. *fém.*

CONSTRUIRE. Construere, construo, construis, construxi, constructum. *act. avec l'acc.*

CONSTRUIRE *un pont.* Pontem facere, facio, facis, feci, factum. *act. acc.*

CONSTRUIT. Constructus, constructa, constructum. *part. pass.* de Construo.

CONSUBSTANTIEL. Consubstantialis, *m. f.* consubstantiale, *n. g.* consubstantialis *pour tous les genres.*

CONSUL. Consul, *génit.* consulis. *masc.*

CONSULAIRE ou *de consul.* Consularis, *masc. fém.* consulare, *neut. gén.* consularis.

CONSULAT. Consulatus, *g.* consulatûs. *masc.*

CONSULTANT, *avocat consultant.* Juris legumque peritus, *génit.* juris legumque periti. *masc.* Peritus *seul se décline.*

CONSULTATION. Consultatio, *génit.* consultationis. *fém.*

CONSULTÉ, *à qui l'on a demandé conseil.* Consultus, consulta, consultum. *part. pass.* de Consulo.

CONSULTER. Consulere, consulo,

consulis, consului, consultum. *act. acc. de la personne, et l'ablat. de la chose avec de. Il faut consulter* Consulto opus est.

CONSUMÉ. Consumptus, consumpta, consumptum. *participe pass.* de Consumo.

CONSUMER. Consumere, consumo, consumis, consumpsi, consumptum. *act. accus.*

SE CONSUMER *de chagrin.* Mœrore confici, conficior, conficeris, confectus sum. *pass. avec l'ablat.*

CONTACT. Contactus, *gén.* contactûs. *masc.*

CONTAGIEUX. Contagiosus, contagiosa, contagiosum, *adj.*

CONTAGION. Contagio, *g.* contagionis. *fém.*

CONTE ou *récit.* Narratio, *gén.* narrationis. *fém. Un conte fait à plaisir.* Fabula commentitia, *gén.* fabulæ commentitiæ. *fém.*

CONTEMPLATEUR. Contemplator, *g.* contemplatoris. *masc.*

CONTEMPLATIF. Contemplativus, contemplativa, contemplativum *adj.*

CONTEMPLATION. Contemplatio, *g.* contemplationis. *fém.*

CONTEMPLER Contemplari, contemplor, contemplaris, contemplatus sum. *dép. acc.*

CONTEMPORAIN. Æqualis, *m. fém.* æquale, *neut. gén.* æqualis.

CONTEMPTEUR, *qui méprise.* Contemptor, *g.* contemptoris. *masc.*

CONTENANCE, *geste, manière de se tenir.* Corporis habitus, *génit.* corporis habitûs. *masc. On ne change rien à corporis.*

CONTENDANT. Competitor, *gén.* competitoris. *masc.*

CONTENIR. Continere, contineo, contines, continui, contentum. *act. acc.*

SE CONTENIR, *se modérer.* Se cohibere, cohibeo, cohibes, cohibui, cohibitum. *act. acc.*

CONTENT. Contentus, contenta, contentum. *adj. avec un abl. ensuite. Être content de,* ou *approuver.* Probare, probo, probas, probavi, probatum. *act. acc. Rendre content.* V. Contenter.

CONTENTEMENT ou *plaisir,* Delectatio, *gén.* delectationis. *fém. Donner du contentement,* ou *satisfaire.* Voyez Contenter.

CONTENTER. Satisfacere, satisfacio, satisfacis, satisfeci, satisfactum. *n. avec le datif.*

CONTENTER *ses désirs, etc.* Desideria explere, expleo, exples, explevi, expletum. *act. acc.*

SE CONTENTER *de* ou *être content de.* Esse contentum, sum, es, fui. Contentus, contenta, contentum. *veut l'ablat.*

CONTENTIEUSEMENT. Contentiosé. *adv.*

CONTENTIEUX, Contentiosus, contentiosa, contentiosum. *adj.*

CONTENTION, *soit dispute, soit application.* Contentio, *g.* contentionis. *fém. Etudier avec contention.* Acriter studere, studeo, studes, studui. *n. Avec le dat. de la chose, en laissant* acriter.

CONTENU. Contentus, contenta, contentum. *part. pass. de* Contineo.

LE CONTENU *d'une somme.* Summa, *g.* summæ. *fém.*

CONTER ou *raconter.* Narrare, narro, narras, narravi, narratum. *act. accus. Conter fleurettes.* Delicias dicere, dico, dicis, dixi, dictum. *act. avec l'acc.* delicias *en ce sens.*

CONTESTABLE, *qui peut être contesté.* Incompertus, incomperta, incompertum. *part. pass.* d'incomperio.

CONTESTATION. Concertatio, *g.* concertationis. *fém.*

CONTESTÉ. Controversus, controversa, controversum. *partic. pass. de* Controverso.

CONTESTER. Concertare, concerto, concertas, concertavi, concertatum. *neut. abl. de la chose avec de.*

CONTEUR *de sornettes.* Fabulator, *g.* fabulatoris. *masc.*

CONTEXTURE, *arrangement des parties.* Contextus, *génit.* contextûs. *masc.*

CONTI, *bourg.* Contiacum, *gén.* Contiaci. *neut.*

CONTIGU. Contiguus, contigua, contiguum. *adj.*

CONTIGUITÉ. Contiguitas, *g.* contiguitatis. *fém.*

CONTINENCE. Continentia, *g.* continentiæ. *fém. Avec continence.* Continenter. *adv.*

CONTINENT, *terre ferme.* Continens, *g.* continentis. *fém.*

CONTINENT. *adj.* Continens, *m. f. n. g.* continentis.

CONTINENCE, *événement fortuit.* Eventus fortuitus, *g.* eventûs fortuiti. *m. L'un et l'autre se déclinent.*

CONTINGENT. Fortuitus, fortuita, fortuitum. *adj.*

CONTINGENT, *portion qui revient à quelqu'un.* Rata portio, *génit.* ratæ portionis. *fém. On décline ces deux mots.*

CONTINU. Continuus, continua, continuum. *adj.*

CONTINUATION, *suite.* Continuatio, *gén.* continuationis. *fém.*

CONTINUATION *d'office.* Prorogatio, *g.* prorogationis. *fém.*
A LA CONTINUE. Longo tempore. *Ces deux mots sont à l'abl.*
CONTINUEL. Assiduus, assidua, assiduum. *adj.*
CONTINUELLEMENT. Assiduè. *adv.*
CONTINUER ou *poursuivre.* Pergere, pergo, pergis, perrexi, perrectum. *n. avec un infinit.* ou *act. acc.*
CONTINUER ou *durer.* Durare, duro, duras, duravi, duratum. *neut.*
CONTINUER ou *prolonger.* Prorogare, prorogo, prorogas, prorogavi, prorogatum. *act. acc.*
CONTINUITÉ, *enchainement.* Continuitas, *gén.* continuitatis. *fém.*
CONTORSION. Distortio, *g.* distortionis. *fém.*
CONTOUR. Circuitus, *gén.* circuitûs. *masc.*
CONTOURNER, *tourner.* Obvertere, obverto, obvertis, obverti, obversum. *act. acc.*
SE CONTOURNER, *faire des contorsions.* Ora et oculos distorquere, distorqueo, distorques, distorsi, distortum. *On joint* ora et oculos *au verbe* distorqueo.
CONTRACTER. Contrahere, contraho, contrahis, contraxi, contractum. *act. accus.*
CONTRACTION. Contractio, *g.* contractionis. *fém.*
CONTRADICTEUR. Refragator, *gén.* refragatoris. *masc.*
CONTRADICTION. Repugnantia, *g.* repugnantiæ. *fém.*
CONTRADICTOIRE. Non cohærens, *g.* non cohærentis, *de tout genre.*
CONTRADICTOIREMENT. Contrariè. *adv*
CONTRAINDRE. Cogere, cogo, cogis, coegi, coactum. *act. rég. dir. acc. rég. indir. acc. avec ad.* ou *gér. en* dum *avec ad.*
SE CONTRAINDRE. Se coercere, coerceo, coerces, coercui, coercitum. *act. acc.*
CONTRAINT. Coactus, coacta, coactum. *part. pass. de* Cogo. *Sans être contraint.* Ultrò. *adverbe.* Sponte. *adv.*
CONTRAINTE. Vis, *g.* vis. *dat.* vi, *acc.* vim, *abl.* vi. *fém. sans plur. en ce sens. Vivre sans contrainte.* Liberè vivere, vivo, vivis, vixi, victum. *avec* liberè. *adv. Par contrainte.* Vi. *abl. Sans contrainte.* Ultrò. *adv.*
CONTRAIRE. Contrarius, contraria, contrarium. *adj. avec un dat. Au contraire.* Contrà. *adv. Au contraire de ce que.* Contrà ac, *avec l'ind. Aller au contraire de.* Repugnare, repugno, repugnas, repugnavi, repugnatum. *neut. dat.*

CONTRARIANT. Repugnax, *m. f. n. gén.* repugnacis.
CONTRARIER. Repugnare, repugno, repugnas, repugnavi, repugnatum. *neut. dat.*
SE CONTRARIER. Pugnantia loqui, loquor, loqueris, locutus sum. *dép. avec l'acc.* pugnantia. *neut. plur.*
CONTRARIÉTÉ. Repugnantia, *gén.* repugnantiæ. *fém.*
CONTRASTE, *opposition des choses.* Dissimilitudo, *gén.* dissimilitudinis. *fém.*
CONTRASTER, *faire contraster les choses.* Rebus invicem oppositis lucem afferre, affero, affers, attuli, allatum. *act. On met toujours* Rebus invicem oppositis, *ainsi que* lucem.
CONTRAT. Pactum, *génit.* pacti. *neut.*
CONTRAVENTION. Violatio, *génit.* violationis. *fém.*
CONTRE. Contrà, *avec un accus. Contre*, ou *tout contre.* Propè, *avec un accus.*
CONTRE-AMIRAL. Tertius à præfecto classis. *On ne décline que* tertius, tertia, tertium. *adj. et l'on ne change rien aux autres mots.*
CONTRE-BALANCER, *égaler.* Coæquare, coæquo, coæquas, coæquavi, coæquatum. *act.*
DE CONTREBANDE. Interdictus legibus, interdicta, interdictum. *On laisse partout* legibus.
CONTRE-BATTERIE, *batterie opposée à celle des ennemis.* Tormenta bellica hostium tormentis opposita, *gén.* tormentorum bellicorum hostium tormentis oppositorum. *n.* Hostium tormentis *demeurent invariables.*
CONTRECARRER, *contredire.* Adversari, adversor, adversaris, adversatus sum. *dép. dat.*
CONTRE-COEUR *de cheminée.* Tabula ad focum apposita, *gén.* tabulæ ad focum appositæ. *f.* Ad focum *ne changent point.*
A CONTRE-COEUR. Iniquo animo, *à l'ablat.*
CONTRE-COUP. Repercussus, *gén.* repercussûs. *masc.*
CONTREDIRE. Contradicere, contradico, contradicis, contradixi, contradictum. *neut. dat.*
SE CONTREDIRE. Secum pugnare, pugno, pugnas, pugnavi, pugnatum. *neut. Nous nous contredisons,* nobiscum pugnamus, *etc.*
CONTREDISANT. Contradicens, *gén.* contradicentis. *adj.*
CONTREDIT. Controversia, *g.* controversiæ. *fém.*

CONTREE. Regio, *génit.* regionis. *fém.*

CONTRE-ÉCHANGE, *change mutuel*. Mutua permutatio, *gén.* mutuæ permutationis. *fém. L'un et l'autre se déclinent.*

CONTREFACTION *d'un livre*. Adulterina editio, *gén.* adulterinæ editionis. *f. Tous deux se déclinent.*

CONTREFAIRE ou *faire semblant*. Simulare, simulo, simulas, simulavi, simulatum. *act. avec l'acc. Contrefaire le malade*, c'est-à-dire, *la maladie*. Simulare morbum. Morbum *est à l'acc.*

CONTREFAIRE ou *falsifier*. Adulterare, adultero, adulteras, adulteravi, adulteratum. *act. acc.*

CONTREFAIT ou *feint*. Simulatus, simulata, simulatum. *part. pass.* de Simul.

CONTREFAIT ou *falsifié*. Adulteratus, adulterata adulteratum. *part. pass.* d'Adultero.

CONTREFAIT ou *difforme*. Voyez *Difforme*.

CONTRE-JOUR. Adversum lumen, *gén.* adversi luminis. *neut. Tous deux se déclinent.*

CONTRE-LETTRE. Contrascriptum, *gén.* contrascripti. *neut.*

CONTRE-MAITRE, *terme de marine*. Pro eta, *gén.* proretæ. *masc.*

CONTREMANDEMENT. Mandati revocatio, *gén.* mandati revocationis. *f.* Mandati *ne se décline point.*

CONTREMANDER. Mandatum contrarium dare, do, das, dedi, datum. *act. On met toujours* mandatum contrarium *et le dat. de la personne.*

CONTRE-MARCHE Regressus, *gén.* regressûs. *masc.*

CONTRE-MARQUE. Diversa nota à primâ, *gén.* diversæ notæ à primâ. *fém.* à primâ *ne changent point.*

CONTRE-MINE. Cuniculus contrarius, *gén.* cuniculi contrarii. *m. L'un et l'autre se déclinent.*

CONTRE-MINER. Hostium cuniculos adversis cuniculis aperire, aperio, aperis, aperui, apertum. *act. On met* hostium cuniculos adversis cuniculis *à tous les temps du verbe* aperio.

CONTRE-MONT. Sursùm. *adv.*

CONTRE-MUR. Alter paries, *gén.* alterius parietis. *masc. L'un et l'autre se déclinent.*

CONTRE-ORDRE. Voyez *Contre-mandement.*

CONTRE-PESER. Tantumdem pendere, pendo, pendis, pependi, pensum. *act.*

CONTRE-PIED. Res contraria, *g.* rei contrariæ. *f. L'un et l'autre se déclinent.* *Prendre le contre-pied*. Contrarium accipere, accipio, accipis, accepi, acceptum. *act. acc.*

CONTRE-POIDS. Æquipondium, *gén.* æquipondii. *neut. Contre-poids d'une horloge.* Libramentum, *gén.* libramenti. *neut.*

CONTRE-POIL. Pilus adversus, *gén.* pili adversi. *masc. L'un et l'autre se déclinent. A contre-poil.* Adverso capillo, *à l'abl.*

SE CONTREPOINTER, *se choquer*. Se invicem lacessere, lacesso, lacessis, lacessivi, lacessitum. *act. On joint* se invicem *au verbe* lacesso.

CONTRE-POISON. Antidotum, *gén.* antidoti. *n.*

CONTRESCARPE. Declivis crepido, *g.* declivis crepidinis. *f. L'un et l'autre se déclinent.*

CONTRE-SCEL, *second sceau*. Sigillum sigillo ex adverso appositum, *g.* sigilli sigillo ex adverso appositi. *n.* Sigillo ex adverso *ne changent point.*

CONTRE-SCELLER. Sigillum sigillo adversum apponere, appono, apponis, apposui, appositum. *act. On met toujours* sigillum sigillo adversum *avec le verbe* appono.

CONTRE-SEING, *seing ajouté à un autre*. Chirographum chirographo adjunctum, *gén.* chirographi chirographo adjuncti. *neut.* chirographo *ne change point.*

CONTRE-SENS. Sensus contrarius, *gén.* sensûs contrarii. *m. L'un et l'autre se déclinent. A contre-sens.* Præposterè. *adv.*

CONTRE-SIGNER. Chirographum chirographo apponere, appono, apponis, apposui, appositum. *act.*

CONTRE-TEMPS. Tempus alienum, *gén.* temporis alieni. *neut. L'un et l'autre se déclinent. A contre-temps.* Intempestivè. *adv.*

CONTRE-TIRER, *copier un dessin*. Exemplar pingendo imitari, imitor, imitaris, imitatus sum. *dép. On joint toujours* exemplar pingendo *au verbe* imitor.

CONTREVALLATION, *lignes pour se défendre contre les sorties des assiégés*. Arcendis obsessorum eruptionibus fossæ. *On ne décline que* fossæ, *gén.* fossarum. *fém. pl. et l'on ne change rien aux autres mots.*

CONTREVENANT, *contrevenant aux lois*. Violator legum, *g.* violatoris legum. *m. Ce dernier ne change point. Contrevenant à un traité.* Fœdifragus, fœdifraga, fœdifragum. *adj.*

CONTREVENIR à. Violare, violo, violas, violavi, violatum. *actif, accusatif.*

CONTREVENT, *pour écarter le vent.* Tabula ad ventum arcendum, *génit.* tabulæ, etc. *f.* Tabula seul se décline.

CONTRE-VÉRITÉS. Ironicè dicta, *gén.* ironicè dictorum. *neut. plur. avec l'adv.* ironicè.

CONTRIBUABLE, *sujet à contribution.* Tributis obnoxius, obnoxia, obnoxium. *adj.*

CONTRIBUER. Conferre, confero, confers, contuli, collatum. *act. acc. avec ad. Faire contribuer.* Tributum imperare, impero, imperas, imperavi, imperatum. *Faire contribuer quelqu'un.* Alicui contributum imperare.

CONTRIBUTION. Tributum, *génit.* tributi. *neut.*

CONTRISTER. Contristare, contristo, contristas, contristavi, contristatum. *act. accus.*

SE CONTRISTER. Mœrori se dare, do, das, dedi, datum. *act.* Il faut joindre mœrori au verbe do.

CONTRIT. Pœnitens, *masc. fém. neut. gén.* pœnitentis.

CONTRITION. Dolor, *génit.* doloris. *masc.*

CONTROLE, *registre double.* Antigraphum, *gén.* antigraphi. *neut.*

CONTROLÉ. Notatus, notata, notatum. *part.*

CONTROLER, *tenir un contrôle.* Acta in antigrapho describere, describo, describis, descripsi, descriptum. *act.* On met acta in antigrapho à *tous les temps du verbe* describere.

CONTRÔLER ou *reprendre.* Redarguere, redarguo, redarguis, redargui, redargutum. *act. acc.*

CONTROLEUR, *celui qui tient un contrôle.* Inspector, *g.* inspectoris. *mas.*

CONTRÔLEUR. Voyez Censeur.

CONTROVERSE. Controversia, *g.* controversiæ. *fém.*

CONTROVERSÉ. Controversus, controversa, controversum. *adj.*

CONTROVERSISTE, *qui fait la controverse.* Dirimendarum controversiarum de fide peritus, *gén.* dirimendarum controversiarum de fide periti. *masc.* Peritus seul se décline.

CONTROUVÉ. Commentitius, commentitia, commenttium. *adj.*

CONTROUVER. Fingere, fingo, fingis, fixi, fictum. *act. acc.*

CONTUMACE. Contumacia, *gén.* contumaciæ. *fém.*

CONTUS, *meurtri.* Contusus, contusa, contusum. *adj.*

CONTUSION. Contusio, *gén.* contusionis. *fém.*

CONVAINCANT, *puissant pour convaincre.* Ad convincendum potens, *génit.* ad convincendum potentis. *adj.*

CONVAINCRE. Convincere, convinco, convincis, convixi, convictum. *act.* rég. dir. *acc.* rég. indir. *abl.*

CONVAINCU. Convictus, convicta, convictum. *part. pass. avec l'abl.*

CONVALESCENCE. Recreatio ex morbo, *gén.* recreationis ex morbo. *fém.* On met toujours ex morbo. Etre en convalescence. Convalescere, convalesco, convalescis, convalui convalitum. *neut.*

CONVALESCENT. Convalescens, *gén.* convalescentis. *de tout genre. Etre convalescent.* Vires amissas revocare, revoco, revocas, revocavi, revocatum. *act. avec l'acc.* vires amissas.

CONVENABLE. à. Conveniens, *m. fém. neut. gén.* convenientis *avec un dat. Au comp.* convenientior ; *au sup.* convenientissimus.

CONVENABLEMENT. Convenienter. *adv. avec un dat. Au comp.* convenientiùs ; *au sup.* convenientissimè.

CONVENANCE. Convenientia, *gén.* convenientiæ. *fém.*

CONVENIR à, ou *être convenable.* Convenire, convenio, convenis, conveni, conventum. *neut. dat*

CONVENIR, *être d'accord.* Je suis convenu de cela avec mon frère, c'est-à-dire, il a été convenu sur cela entre moi et mon frère. Convenit de eâ re inter me et meum fratrem ; convenit, conveniebat, convenit, convenire. *impers.*

CONVENIR, *conclure un traité.* Pacisci, paciscor, pacisceris, pactus sum. *déponent.*

CONVENIR, *être séant.* Il convient à un roi d'agir ainsi. Decet regem sic agere ; decet, decuit, decere, *impers. acc.*

CONVENIR, *avouer.* Voy. Avouer.

CONVENTICULE, *petite assemblée secrète.* Conventiculum, *gén.* conventiculi. *neut.*

CONVENTION. Pactio, *gén.* pactionis. *fém.*

CONVENTUEL. Cœnobiticus, cœnobitica, cœnobiticum. *adj.*

CONVERS, *frère lai.* Frater famulans, *gén.* fratris famulantis, *m. Sœur converse.* soror famulans. *fém. Tous deux se déclinent.*

CONVERSATION. Colloquium, *génit.* colloquii. *neut.*

CONVERSER. Colloqui, colloquor, colloqueris, collocutus sum. *dépon.*

CONVERSION ou *changement.* Mutatio, *gén.* mutationis. *fém. Conversion à la religion catholique.* Reditus ad religionem catholicam, *g.* reditûs, etc. *masc.*

CONVERTI ou *changé.* Conversus, conversa, conversum. *part. pass.* En, par in avec l'acc. *Converti à la religion catholique.* Reductus ad religionem catholicam ; reductus, reducta, reductum. *part. pass.*

Ad religionem catholicam *restent toujours tels qu'ils sont*.

CONVERTIR ou *changer*. Convertere, converto, convertis, converti, conversum. *act. acc.* En, *par* in *avec l'acc. Convertir à la religion catholique*. Reducere ad religionem catholicam : reducere, reduco, reducis, reduxi, reductum. *act. acc. Se convertir a la religion catholique*. Redire ad religionem catholicam ; redeo, redis, redii, reditum. *neut.*

CONVEXE. Convexus, convexa, convexum. *adj.*

CONVEXITÉ. Pars convexa, *g.* partis convexæ. *fém. L'un et l'autre se déclinent.*

CONVICTION. Probatio, *gén.* probationis. *fém.*

CONVIÉ. Conviva, *g.* convivæ. *m.*

CONVIER. Invitare, invito, invitas, invitavi, invitatum. *act. rég. dir. acc. rég. ind. acc. avec* ad *ou géron. en* dum *avec* ad.

CONVIVE. Conviva, *g.* convivæ. *m.*

CONVOCATION. Convocatio, *g.* convocationis. *fém.*

CONVOI *d'un mort*. Funus, *g.* funeris. *neut.*

Convoi *d'une armée*. Commeatus, *gén.* commeatûs. *masc.*

CONVOITER, *désirer*. Concupiscere, concupisco, concupiscis, concupivi, concupitum. *act. acc.*

CONVOITISE. Cupiditas, *gén.* cupiditatis. *fém.*

CONVOLER *en secondes noces*. Conjugium iterare, itero, iteras, iteravi, iteratum. *act. acc.* Conjugium *se joint toujours au verbe* iterare.

CONVOQUER. Convocare, convoco, convocas, convocavi, convocatum. *act. accus.*

CONVULSIF, *comme mouvement convulsif*. Motus contractior, *gén.* motûs contractioris. *mas. Ces deux mots se déclinent.*

CONVULSION. Convulsio, *g.* convulsionis. *fém.*

CONVULSIONNAIRE. Spasticus, spastica, spasticum. *adj.*

COOBLIGÉ, *obligé avec d'autres*. Cum aliis obligatus, obligata, obligatum. *part. pass. en joignant* à tous les cas cum aliis *ou* cum alio *selon le sens*.

COOPÉRATEUR. Adjutor, *g.* adjutoris. *masc.*

COOPÉRATION. Operæ collatio, *gén.* operæ collationis. *fém.* Operæ *ne se décline point.*

COOPÉRER. Adjuvare, adjuvo, adjuvas, adjuvi, adjutum. *act. acc.*

COPEAU, *éclat de bois*. Assula, *gén.* assulæ. *fém.*

COPENHAGUE, *ville*. Hafnia, *génit.* Hafniæ.

COPIE. Exemplum, *gén.* exempli. *neut.*

COPIÉ. Exscriptus, exscripta, exscriptum. *part. pass.* Sur, *par* e *ou* ex *avec d'abl.*

COPIER. Exscribere, exscribo, exscribis, exscripsi, exscriptum. *act. acc.* Sur, *par* e *ou* ex *avec l'ablat.*

Copier, *imiter.* Voyez *Imiter.*

COPIEUSEMENT. Copiosè. *adv. Au comp.* copiosiùs ; *au superl.* copiosissimè.

COPIEUX. Copiosus, copiosa, copiosum. *adj.*

COPISTE. Librarius, *g.* librarii. *m.*

COPULATIVE, *en parlant d'une conjonction*. Copulativa, *g.* copulativæ. *fém.*

COQ. Gallus, *gén.* galli. *masc. Coq d'Inde.* Gallus Indicus, *gén.* galli Indici *m. L'un et l'autre se déclinent.*

COQ-A-L'ANE, *discours hors de propos*. Aliena oratio, *g.* alienæ orationis. *fém. On décline ces deux mots.*

COQUE. Putamen, *gén.* putaminis. *neut. Coque de ver à soie.* Folliculus, *gén.* folliculi. *masc.*

COQUELICOT. Papaver erraticum, *gén.* papaveris erratici. *neut. L'un et l'autre se déclinent.*

COQUELUCHE, *toux violente.* Crebra tussis, *genit.* crebræ tussis. *fém. L'un et l'autre se déclinent.*

COQUEMAR. Cucuma, *g.* cucumæ. *fém.*

COQUET. Procus, *gén.* proci. *masc.*

COQUETER, *faire le coquet ou la coquette*. Mulsa loqui, loquor, loqueris, locutus sum. *dép. avec l'acc.* mulsa.

COQUETIER, *marchand d'œufs*, Ovorum propola, *gén.* ovorum propolæ. *m.* Ovorum *ne se décline point.*

Coquetier, *petit vase où l'on met un œuf à la coque.* Cochleare, *g.* cochlearis. *neut.*

COQUETTE. Proca, *g.* procæ. *f.*

COQUETTERIE. Lenocinium, *g.* lenocinii. *neut.*

COQUILLAGE. Conchæ, *g.* concharum. *fém. plur.*

COQUILLE *de poisson.* Concha, *gén.* conchæ. *fém.*

Coquille *de noix, etc.* Putamen, *gén.* putaminis. *neut.*

COQUIN. Improbus, improba, improbum. *adj.*

COQUINE. Improba, *fém. de* improbus.

COQUINERIE, *action d'un coquin.* Abjectè factum, *gén.* abjectè facti. *neut.*

COR. Cornu. *neut. indéclinable. Au plur. on dit* Cornua, *gén.* cornuum. *dat.* cornibus.

Cor, *durillon qui vient aux pieds,* Clavus, *gén.* clavi. *masc.*

CORAIL. Coralium, *g.* coralii. *n.*

CORBEAU. Corvus, *g.* corvi. *masc.*

Corbeau, *homme qui en temps de peste enterre les corps*. Vespillio, *gén.* vespillionis. *masc.*

COR-BEAU, *pierre en saillie qui soutient une poutre.* Mutulus, *g.* mutuli. *m.*
CORBEIL, *ville.* Corbolium, *génit.* Corbolii. *neut.*
CORBEILLE. Corbis, *gén.* corbis. *fém.*
CORBIE, *ville.* Corbeïa, *génit.* Corbeïæ. *fém.*
CORBILLARD. Currus funebris, *gén.* currûs funebris. *masc. Tous deux se déclinent.*
CORBILLON. Corbula, *génit.* corbulæ. *f.*
CORDAGE. Funis, *gén.* funis. *masc.*
CORDE *pour lier.* Funis, *gén.* funis. *masc. Corde d'un arc, etc.* Nervus, *gén.* nervi. *masc. Corde de quelque instrument.* Chorda, *gén.* chordæ. *fém.*
CORDE *de bois.* Ligni strues, *gén.* ligni struis. *fém.* Ligni *ne se décline point.*
CORDÉ, *en parlant du bois.* In mensurâ compositus, composita, compositum. *part. pass. de* Compono.
CORDÉ, *dur, en parlant de quelques racines.* Induratus, indurata, induratum. *part. pass. d'*Induro.
CORDEAU. Funiculus, *g.* funiculi, *masc.*
CORDELER. In funis modum torquere, torqueo, torques, torsi, tortum. *act. On ne change pas* in funis modum.
CORDELIER, *religieux.* Franciscanus, *gén.* franciscani *masc.*
CORDELIÈRE. Franciscana, *g.* franciscanæ. *fém.*
CORDELIÈRE, *petit cordon.* Funiculi, *gén.* funiculorum. *masc. plur.*
CORDER, *tendre du fil pour faire une corde.* Torquere, torqueo, torques, torsi, tortum. *act.*
CORDER *du bois.* Componere ligna in mensurâ, compono, componis, composui, compositum. *act. On met* ligna in mensurâ *à tous les temps du verbe* compono.
SE CORDER, *en parlant de certaines plantes.* Indurescere, induresco, indurescis, indurui. *sans supin. neut.*
CORDERIE, *lieu où l'on fait des cordes.* Funium officina, *gén.* funium officinæ. *f. On ne décline qu'*officina.
CORDIAL. Cordi utilis. *masc. fém.* utile. *neut. gén.* cordi utilis. *On met toujours le dat.* cordi.
CORDIAL, *sincère.* Verus, vera, verum. *adj.*
CORDIALEMENT. Ex animo.
CORDIALITÉ. Voyez *Amitié*.
CORDIAUX, *remèdes.* Remedia quæ cordi auxiliantur. *gén.* remediorum quæ cordi auxiliantur. *neut.*
CORDIER. Restiarius, *g.* restiarii. *m.*
CORDON. Funiculus, *gén.* funiculi. *masc. Cordon de chapeau.* Cingulum, *gén.* cinguli. *neut. Cordon bleu des chevaliers.* Vitta cærulea, *gén.* vittæ cæruleæ. *fém. L'un et l'autre se déclinent.*

UN CORDON *bleu* ou *un chevalier.* Eques torquatus, *gén.* equitis torquati. *masc.*
CORDON *de muraille.* Muri corona, *gén.* muri coronæ. *fém.* Muri *ne se décline point*
CORDONNER, *tresser.* Decussatim implicare, implico, implicas, implicui, implicitum. *act. On ne change pas* decussatim *qui est adv.*
CORDONNERIE, *lieu où l'on expose les souliers en vente.* Sutrina, *gén.* sutrinæ. *f.*
CORDONNIER. Sutor, *gén.* sutoris. *m.*
CORDOU, *ville.* Corduba, *génit.* Cordubæ. *fém. De Cordoue.* Cordubensis. *masc. fém.* cordubense. *neut. gén.* cordubensis.
LA CORÉE, *presqu'île.* Corea, *génit.* Coreæ. *fém.*
CORFOU, *ile.* Corcyra, *gén.* Corcyræ. *fém. Qui est de Corfou.* Corcyreus, corcyrea, corcyreum. *adj.*
CORIACÉ. Durus, dura, durum. *adj.*
CORIANDRE, *plante et graine.* Coriandrum, *gén.* coriandri. *neut.*
CORINTHE, *ville.* Corinthus, *génit.* Corinthi. *fém.*
CORINTHIEN. Corinthius, corinthia, corinthium. *adj.*
CORME Sorbum, *gén.* sorbi. *neut.*
CORMIER. Sorbus, *gén.* sorbi. *f.*
CORMORAN. Corvus aquaticus, *gén.* corvi aquatici. *masc. L'un et l'autre se déclinent.*
CORNALINE, *pierre précieuse.* Onyx corneola, *gén.* onychis corneolæ. *fém. L'un et l'autre se déclinent.*
CORNE. Cornu. *neut. indéclinable. Au plur.* on dit cornua, *g.* cornuum. *dat.* cornibus. *neut. Qui est de corne.* Corneus, cornea, corneum. *adj.*
CORNEILLE, *oiseau.* Cornix, *génit.* cornicis. *fém.*
CORNEMUSE. Uter symphoniacus, *gén.* utris symphoniaci. *masc. L'un et l'autre se déclinent.*
CORNER *aux oreilles.* Tinnire, tinnio, tinnis, tinnivi ou tinnii, tinnitum. *neut. datif de la personne.*
CORNET. Cornu. *neut. indéclinable. Au plur.* on dit cornua, *gén.* cornuum. *dat.* cornibus.
CORNET *à bouquin.* Cornu symphoniacum, *g.* cornu symphoniaci. *neut.*
CORNET *d'écritoire.* Cornu scriptorium *gén.* cornu scriptorii. *neut.*
CORNET *à jouer aux dés.* Pyrgus, *gén.* pyrgi. *masc.*
CORNET *de papier, etc.* Cucullus papyraceus, *g.* cuculli papyracei. *masc. L'un et l'autre se déclinent.*
CORNETTE *de femme.* Calyptra, *gen.* calyptræ. *fém.*
CORNETTE, *guidon.* Voyez *Guidon*.

CORNICHE. Corona, g. coronæ. fém.

CORNICHONS, petits concombres. Parvi cucumeres, gén. parvorum cucumerum. masc. plur.

CORNOUAILLE, comté. Cornubia, g. Cornubiæ. fém.

CORNOUILLE. Cornum, génit. corni. neut.

CORNOUILLER. Cornus, génit. corni. fém.

CORNU. Cornutus, cornuta, cornutum. adjec.

CORNUE, vaisseau de chimie. Cornuta, gén. cornutæ. fém.

COROLLAIRE. Corollarium, gén. corollarii. neut.

CORPORAL. Corporale, génit. corporalis. neut.

CORPOREL. Corporeus, corporea, corporeum. adj.

CORPS. Corpus, gén. corporis. neut. A corps perdu Cæco impetu, à l'abl. Corps pour corps. Capitis periculo, à l'abl. A son corps défendant. Vim vi repellendo.

Corps de logis. Ædes, gén. ædium. fém. plur.

Corps, compagnie. Ordo, gén. ordinis. masc.

En Corps. Universus, universa, universum. adj.

Corps d'armée. Exercitus, g. exercitûs, masc. Corps-de-garde, en parlant des soldats. Excubiæ, gén. excubiarum. fém. plur. En parlant du lieu. Statio, génit. stationis. fém. Corps de réserve. Subsidiaria, génit. subsidiariorum. neut. plur.

CORPULENCE, embonpoint. Corpulentia, gén. corpulentiæ. fém.

CORPULENT. Corpulentus, corpulenta, corpulentum. adj.

CORPUSCULE, atome. Corpusculum, gén. corpusculi. neut.

CORRECT. Emendatus, emendata, emendatum. adj.

CORRECTEMENT. Emendatè, adv. Au comp. emendatius; au superl. emendatissimè.

CORRECTEUR. Corrector, gén. correctoris. masc.

CORRECTIF. Temperamentum, génit. temperamenti. n ut.

CORRECTION. Correctio, gén. correctionis. fém. Sauf votre correction. Veniâ tuâ, à l'ablat. Si l'on parle à plusieurs, on dit veniâ vestrâ, aussi à l'ablat.

CORRECTRICE. Emendatrix, génit. emendatricis. fém.

CORRELATIF, qui a du rapport avec un autre. Correlativus, correlativa, correlativum. adj.

CORRESPONDANCE ou accord. Consensio, gén. consensionis. fém.

CORRESPONDANCE de commerce. Mutua negotiorum procuratio, gén. mutuæ negotiorum procurationis. fém. On ne change pas negotiorum.

CORRESPONDANCE, commerce de lettres. Commercium per litteras, gén. commercii per litteras. neut. On décline seulement commercium.

CORRESPONDANT. Procurator, génit. procuratoris. masc.

CORRESPONDRE à. Respondere, respondeo, respondes, respondi, responsum. neut. dat.

CORRÈZE (LA), rivière de France, qui donne son nom à un département. Curresia, gén. curresiæ. fém.

CORRIDOR. Via tecta, gén. viæ tectæ. fém. L'un et l'autre se déclinent.

CORRIGÉ. Emendatus, emendata, emendatum. part. pass. Châtié. Castigatus, castigata, castigatum. part. pass.

CORRIGER. Corrigere, corrigo, corrigis, correxi, correctum. act. acc. Châtier. Castigare, castigo, castigas, castigavi, castigatum. act. acc.

SE CORRIGER. Mutari, mutor, mutaris, mutatus sum. pass. Ajoutez in melius; c'est-à-dire, se changer en mieux.

CORROBORATIF, qui fortifie. Vires suffundens, gén. vires suffundentis. part. prés. On ne change pas vires.

CORROBORER. Corroborare, corroboro, corroboras, corroboravi, corroboratum. act. acc.

CORRODER. Corrodere, corrodo, corrodis, corrosi, corrosum. act. acc.

CORROMPRE. Corrumpere, corrumpo, corrumpis, corrupi, corruptum. act. acc.

SE CORROMPRE. Corrumpi, corrumpor, corrumperis, corruptus sum. pass.

CORROMPU. Corruptus, corrupta, corruptum. part. pass. de Corrumpe.

CORROSIF. Rodens, gén. rodentis. de tout genre.

CORROYER. Concinnare, concinno, concinnas, concinnavi, concinnatum. act. Il faut ajouter coria, les cuirs.

CORROYEUR. Coriarius, gén. coriarii. masc.

CORRUPTEUR. Corruptor, gén. corruptoris. masc.

CORRUPTIBILITÉ. Les physiciens disent Corruptibilitas, gén. corruptibilitatis, fém.

CORRUPTIBLE. Corruptioni obnoxius, obnoxia, obnoxium. On met toujours corruptioni.

CORRUPTION. Corruptio, gén. corruptionis. fém.

CORSAGE. Statura, g. staturæ. fém.

CORSAIRE. Pirata, gén. piratæ. m.

CORSE, île de la Méditerranée, et département de France. Corsica, génit. Corsicæ. fém.

CORSELET. Lorica levis, *gén.* loricæ levis. *f. L'un et l'autre se déclinent.*

CORSET. Thorax, *g.* thoracis. *m.*

CORTÉGE. Comitatus, *gén.* comitatûs. *masc.*

CORTONE, *ville.* Cortona, *gén.* Cortonæ. *fém.*

CORVÉE, *travail dû à un seigneur.* Operarum præbitio, *g.* operarum præbitionis. *f.* Operarum *ne change point.*

CORYPHÉE. Coryphæus, *gén.* coryphæi. *masc.*

COSAQUES, *peuples.* Cosaci, *génit* Cosacorum. *masc. plur.*

COSMOGRAPHIE. Qui mundum describit.

COSMOGRAPHIE. Mundi descriptio, *gén.* mundi descriptionis. *fém.* Mundi *ne se décline point.*

COSMOGRAPHIQUE. Cosmographicus, cosmographica, cosmographicum. *adj.*

COSSE. Siliqua, *gén.* siliquæ. *fém.*

Se COSSER, *en parlant des béliers et des moutons.* Coniscare, conisco, coniscas, coniscavi, coniscatum. *neut.*

COSSON, *ver.* Curculio, *gén.* curculionis. *masc.*

COSSU. Benè siliquatus, benè siliquata, benè siliquatum. *adj. avec l'adv.* benè.

COTE, *marque numérale pour mettre en ordre des pièces.* Nota, *g.* notæ. *fém.*

COTE, *taxe.* Cuivis pars indicta pecuniæ solvendæ, *gén.* partis indictæ. *On ne décline que ces deux mots.*

COTE, *écot.* Symbolum, *génit.* symboli. *neut.*

CÔTE *d'un animal.* Costa, *gén.* costæ. *fém.*

CÔTE ou *rivage.* Ora, *gén.* oræ. *fém.* Côtes du Nord. Oræ boreales, *gén.* Orarum borealium. *fém. plur. L'un et l'autre se déclinent.*

CÔTE ou *côteau.* Collis, *gén.* collis. *m. gén. plur.* collium. *Côte d'or.* Collis aureus, *gén.* Collis aurei. *masc. Ces deux mots se déclinent.*

CÔTÉ. Latus, *gén.* lateris. *neut.* A côté Ad latus. *Par les côtés.* A lateribus A côté de. Secundùm, *avec un accusatif. De côté.* Obliquè. *Côté. Comme, se ranger du côté.* Voyez *Parti. Du côté des romains.* Ab romanis. *La raison est de mon côté.* Ratio mecum stat.

CÔTÉ ou *endroit.* Pars, *g.* partis. *fém.* — *De tout côté.* Ubiquè *adv. à la question* ubi. Undiquè. *adv. à la question* undè. Quoquòversùm. *adv. à la question* quò. Hàc, illàc. *adv. à la question* quà. — *De ce côté ci.* Hic, *à la question* ubi. Hinc, *à la question* undè. Hùc, *à la question* quò. Hàc, *à la question* quà. — *D'un autre côté.* Alibi, *adv. à la question* ubi. Ali undè. *adv. à la question* undè. Aliorsùm.

adv. à la question quò. Aliâ viâ, *à l'ablat. à la question* quà. — *Du côté de*, *à la question* undè. A ou ab, *avec l'abl.* Ad *avec l'acc. à la question* quò, *avec mouvement.* — *De ce côté là*, *à la question* quò, *avec mouvement.* In hanc partem. — *Ni d'un côté ni d'autre.* In neutram partem. — *De l'autre côté.* Ex alterà parte. *A la question* quò, *on dira* alteram partem. — *De côté et d'autre*, *avec mouvement.* Hùc, illùc. *sans mouvement.* Hìc, illìc. — *D'un côté et d'autre.* Hìc, et illìc, *à la question* ubi. Hinc, et illinc, *à la question* undè. Hùc, et illùc, *à la question* quò. Hàc, et illàc, *à la question* quà. *Exemples. L'un côté la crainte, de l'autre l'espérance.* Hinc metus, illinc spes. *Les uns vont d'un côté*, *les autres de l'autre.* Alii eunt hùc, alii illùc. *L'un passe d'un côté, l'autre de l'autre.* Unus transit hàc, alter illàc. — *De quel côté ?* Quò ? — *De quelque côté que.* Quocumquè, *avec le subj.*

COTÉ, *cité.* Prolatus, prolata, prolatum. *part. pass. de* Profero.

COTEAU. Collis, *gén.* collis. *masc. gén. plur.* collium.

COTELETTE, *côtelette de porc.* Suilla costa. *gén.* suillæ costæ. *fém. Côtelette de mouton.* Vervecina costa, *gén.* vervecinæ costæ. *fém.*

COTER, *marquer suivant l'ordre des lettres ou des nombres.* Notare, noto notas, notavi, notatum. *act. acc.*

COTERIE, *société.* Sodalitium, *génit.* sodalitii. *neut.*

COTHURNE, *chaussure.* Cothurnus *gén.* cothurni. *masc.*

COTIGNAC, *confiture.* Cotonea condita saccharo, *gén.* cotoncorum conditorum saccharo. *neut. plur.* saccharo *est à l'abl.*

COTILLON. Togula, *g.* togulæ. *fém.*

COTISER *de l'argent.* Pecuniam indicere, indico, indicis, indixi, indictum *act. acc. On met toujours* pecuniam.

Se COTISER. Pecuniam in commune conferre, confero, confers, contuli, collatum. *act. acc. Ajoutez à tous les temps* pecuniam in commune.

COTON. Gossipii lanugo, *gén.* gossipi lanuginis. *fém.* Gossipii *ne se décline point.*

COTON ou *duvet.* Lanugo, *gén.* lanuginis *fém.*

COTONNE, *en parlant d'étoffes.* Lanuginosis flocculis perspersus, perspersa, perspersum. *part. On laisse les deux premiers mots sans les changer.*

COTONNEUX. Lanuginosus, Lanuginosa, lanuginosum. *adj.*

COTONNIER, *arbre qui porte le coton.* Gossipium, *gén.* gossipii. *neut.*

COTOYER. Oram legere, lego, legis, legi, lectum. *actif.* Oram *reste toujours.*

COTRET, *petit fagot.* Levium lignorum fasciculus , *gén.* levium lignorum fasciculi. *masc. On ne décline que* fasciculus.

COTTE. Tunica, *génit.* tunicæ. *fém. Cotte d'armes.* Paludamentum, *gén.* paludamenti. *neut.*

COU. Collum, *gén.* colli. *neut.*

LE COUCHANT. Occidens, *gén.* occidentis. *masc. Du levant au couchant.* Ab oriente ad occidentem.

COUCHANT, *en parlant d'un chien.* Auceps, *gén.* aucupis. *masc. Faire le chien couchant.* Humiliter obsequiosum se præstare, præsto, præstas, præstiti, præstitum. *act. On met* obsequiosos *pour le plur.*

COUCHE, *lit.* Lectus, *g.* lecti. *m.*

COUCHE, *en parlant des couleurs.* Coloris inductio, *gén.* coloris inductionis. *f. On ajoute toujours* coloris.

COUCHE *de jardin.* Pulvinus, *gén.* pulvini. *masc.*

LES COUCHES *ou accouchement.* Partus, *gén.* partûs. *masc. Femme en couches.* Puerpera, *g.* puerperæ. *fém. Etre en couches.* Decumbere, decumbo, decumbis, decubui, decubitum. *n. Ajoutez à tous les temps* ex puerperio. *Faire ses couches.* Parere, pario, paris, peperi, partum. *Au participe futur* paritura. *Temps des couches.* Puerperium, *génit.* puerperii. *neut. Fausses couches.* Abortus, *gen.* abortûs. *masc.*

COUCHÉ. Jacens. *m. f. n. g.* jacentis. *A terre.* Humi, *au gén. Couché à la renverse.* Resupinus, resupina, resupinum. *adj. Etre couché.* Jacere, jaceo, jaces, jacui, *sans supin. neut.*

Couché par écrit. Voy. *Écrit.*

COUCHÉE. Mansio, *génit.* mansionis. *fém.*

COUCHER, *ou mettre au lit.* In lecto collocare, colloco, collocas, collocavi, collocatum. *act. acc. On met toujours* in lecto.

COUCHER *ou demeurer.* Cubare, cubo, cubas, cubui, cubitum. *neut.*

COUCHER, *en parlant des couleurs.* Inducere, induco, inducis, induxi, inductum. *act. acc. Ajoutez* colores, *et mettez le datif ensuite.*

COUCHER *par écrit.* Voy. *Ecrire.*

COUCHER *en joue.* Dirigere, dirigo, dirigis, direxi, directum. *act. Mettez à l'acc. l'arme avec laquelle on couche en joue, et la personne qu'on couche en joue à l'acc. avec* in.

COUCHER *la vigne.* In terram vineam prosternere, prosterno, prosternis, prostravi, prostratum. *act. avec l'acc.* vineam, *et ajoutez* in terram *à tous les temps de ce verbe.*

SE COUCHER *dans son lit.* Lectum petere, peto, petis, petivi *ou* petii, petitum. *act. On laisse toujours* lectum. *Se coucher de son long.* Procumbere, procumbo, procumbis, procubui, procubitum. *neut. A terre.* Humi, *au gén. Aller se coucher.* Ire cubitum, eo cubitum, is, ivi ou ii, itum. *neut.* Cubitum *reste toujours.*

SE COUCHER, *en parlant des astres.* Occidere, occido, occidis, occidi, occasum. *neut.*

LE COUCHER *d'une personne.* Cubitus, *gén.* cubitûs. *masc. En parlant des astres.* Occasus, *gén.* occasûs. *masc.*

COUCHETTE. Lectulus, *gén.* lectuli *m.*

COUCOU. Cucullus, *g.* cuculli. *m.*

COUDE. Cubitus, *gén.* cubiti. *masc.*

COUDÉE. Cubitus, *gén.* cubiti. *masc. Qui est d'une coudée.* Cubitalis. *masc. f.* cubitale. *neut. gén.* cubitalis. *adj. Avoir ses coudées franches.* Vivere liberè, vivo, vivis, vixi, victum. *On laisse toujours* liberè.

COUDOYER, *heurter.* Aliquem cubito pulsare, pulso, pulsas, pulsavi, pulsatum. *act. acc. et* cubito *à l'abl. sans y rien changer.*

COUDRAIE, *lieu planté de coudriers.* Coryletum, *gén.* coryleti. *neut.*

COUDRE. Suere, suo, suis, sui, sutum. *act. acc.*

COUDRIER. Corylus, *gén.* coryli. *fém. De coudrier.* Colurnus, colurna, colurnum. *adj.*

COUENNE *de lard.* Suilla cutis, *génit.* suillæ cutis. *fém. L'un et l'autre se déclinent.*

COULAMMENT. Fluidè ac dilucidè.

COULANT. Fluens. *masc. fém. neut. gén.* fluentis.

COULÉ *à fond.* Demersus, demersa, demersum. *part. pass. de* Demergo.

COULER. Fluere, fluo, fluis, fluxi, fluxum. *neut. Faire couler à fond.* Demergere, demergo, demergis, demersi, demersum. *act. acc. Couler par un couloir, ou faire couler.* Colare, colo, colas, colavi, colatum. *act. acc.*

SE COULER. Irrepere, irrepo, irrepis, irrepsi, irreptum. *neut.* Dans, par in *avec l'accus.*

COULEUR. Color, *gén.* coloris. *masc. Pâles couleurs.* Voy. *Jaunisse.*

COULEUVRE. Coluber, *gén.* colubri. *masc.*

COULEUVRÉE, *vigne blanche.* Vitis alba, *gén.* vitis albæ. *fém. L'un et l'autre se déclinent.*

COULEVRINE, *pièce d'artillerie.* Tormentum, *gén.* tormenti. *neut.*

COULIS, *vent coulis.* Ventulus inspiratus, *gén.* ventuli inspirati. *masc. Ajoutez* per rimam, *c'est-à-dire, vent qui vient par une fente.*

COULISSE. Canalis, *g.* canalis. *masc.*

COULOIR. Colum, *gén.* coli. *neut.*

COULURE *de la vigne quand elle est en fleur.* Roratio , *g.* rorationis. *fém.*
COUP Ictus, *gén.* ictûs. *m. Coup de poing.* Colaphus , *gén.* colaphi. *masc.*
COUP ou *blessure.* Vulnus , *génit.* vulneris. *neut.*
COUP ou *décharge de canon , etc.* Emissio , *gén.* emissionis. *fém.*
COUP ou *jet.* Jactus , *g.* jactûs. *m. D'un coup d'œil.* Uno intuitu , *à l'abl.*
COUP ou *action.* Facinus , *génit.* facinoris. *neut.*
UN COUP ou *une fois.* Semel. *adv. Deux coups.* Bis, *adv. Trois coups.* Ter. *adv.* etc. Voy. *Fois. Encore un coup*, *ou une seconde fois.* Iterùm. *adv. Coup sur coup.* Sine intermissione. *A chaque coup que.* Quoties, *adv. avec l'indicatif. A ce coup.* Tunc *adv. C'est à ce coup que.* Nunc demùm. *adv. avec l'indicatif. Tout à coup*, ou *tout d'un coup.* Subitò. *adv. A coup sûr.* Certo ictu, *à l'ablatif. Après coup.* Tardiùs. *adv.*
COUP ou *dessein.* Propositum , *gén.* propositi. *neut. Manquer son coup,* ou *son dessein.* Aberrare à proposito ; aberro , aberras , aberravi , aberratum. *n. On y joint toujours* à proposito.
COUPABLE. Nocens. *masc. fém. neut. gén.* nocentis. *Coupable d'une faute.* Affinis culpæ. Affinis , affinis , affine , *génit.* affinis. Culpæ *est au gén. Accusé comme coupable.* Reus, *gén.* rei. *masc. Non coupable.* Innocens. *masc. fém. neut. gén.* innocentis.
COUPE ou *tasse.* Patera ; *gen.* pateræ. *fém.*
LA COUPE *d'un bois.* Cæsio, *gén.* cæsionis. *fém.*
COUPE *d'un calice.* Capeduncula , *gén.* capedunculæ. *fém.*
COUPE *de dôme.* Tholus , *génit.* tholi. *masc.*
COUPÉ ou *tranché.* Sectus , secta , sectum. *part. pass. de* Seco.
COUPÉ ou *tondu.* Tonsus , tonsa , tonsum. *part. pass. de* Tonde.
UN COUPE-GORGE. Locus infamis cædibus, *gén.* loci infamis cædibus. *masc. On ne décline pas* cædibus.
COUPE-JARRET. Sicarius , *gén.* sicarii. *masc.*
COUPER ou *retrancher.* Secare , seco , secas , secui , sectum. *act. acc.*
COUPER ou *tondre.* Tondere , tondeo , tondes , totondi , tonsum. *act. acc.*
SE COUPER *en parlant.* Pugnantia loqui, loquor, loqueris, locutus sum. *dépon.* Pugnantia *est à l'acc. plur.*
SE COUPER *la peau.* Cutem incidere , incido , incidis , incidi , incisum.
COUPERET , *instrument tranchant.* Ascia , *gén.* asciæ. *fém.*

COUPEROSE. Calchantum , *gén.* calchanti. *neut.*
COUPEROSÉ. Pustulis aspersus, aspersa, aspersum. *adjectif. On ajoute partout* pustulis.
COUPEUR. Sector , *g.* sectoris. *m.*
COUPLE. Par , *gén.* paris *neut.*
COUPLE, *lien pour accoupler et attacher.* Copula , *gén.* copulæ. *fém.*
COUPLER , *attacher ensemble.* Copulare , copulo , copulas, copulavi , copulatum. *act.*
COUPLET *de chanson.* Strophe , *gén.* strophes. *fém.*
COUPON *d'étoffe.* Panni recisamentum , *gén.* panni recisamenti. *neut. On ne change pas* panni.
COUPURE. Cæsura , *gén.* cæsuræ. *fém.*
COUR ou *palais.* Aula , *g.* aulæ. *fém. Qui est à la cour.* Aulicus , aulica , aulicum. *A la cour* ou *en cour*, *sans mouvement.* In aulà. *Faire la cour à.* Obsequio gratiam aucupari, aucupor, auculparis, aucupatus sum. *dépon. gén. de la personne. On met toujours* obsequio gratiam.
COUR *de justice.* Curia , *g.* curiæ. *fém.*
COUR *d'une maison.* Arca, *gén.* arcæ. *fém.*
COURAGE. Animus, *g.* animi. *m. Avoir du courage.* Esse animo forti; sum, es, fui. *Courage, en exhortant.* Macte animo. *Si l'on parle à plusieurs*, macte animis. *Manquer de courage.* Animo deficí , deficior , deficeris , defectus sum. *On laisse toujours* animo.
COURAGEUSEMENT. Fortiter. *adv. Au comp.* fortiùs ; *au superl.* fortissime.
COURAGEUX. Fortis. *masc. fém.* forte. *neut. gén.* fortis. *Au comp.* fortior ; *au superl.* fortissimus.
COURAMMENT. Expedité. *adv.*
COURANT , ou *qui est d'usage.* Communis. *masc. fém.* commune. *neut. gén.* communis. *Courant , en parlant de l'année.* Vertens. *masc. fém. neut , gén.* vertentis. *En courant.* Cursìm. *adv.*
LE COURANT ou *le cours.* Cursus, *gén.* cursûs. *masc.*
COURANT , *en parlant d'un chien.* Cursor , *gén.* cursoris. *masc.*
COURBATU. Fractus , fracta , fractum. *part. pass. de* Frango.
COURBATURE. Acerba lassitudo , *gén.* acerbæ lassitudinis. *fém. Tous deux se déclinent.*
COURBE ou *courbé.* Curvus , curva, curvum. *adj.*
COURBEMENT. Curvatio, *gén.* curvationis. *fém.*
COURBER. Curvare , curvo , curvas, curvavi , curvatum. *act. acc.*
COUREUR. Cursor , *g.* cursoris. *masc.*
COUREUR, *vagabond.* Erro, *g.* erronis. *m.*

Les Coureurs d'une armée. Excursores, gén. excursorum. masc. plur.

COURGE, plante. Cucurbita, gén. cucurbitæ. fém.

COURIR. Currere, curro, curris, cucurri, cursum. neut. On court. Curritur. impersonnel. pass. Courir au-devant de. Occurrere, occurro, occurris, occurri, occursum. neut. avec le datif. Courir après. Insectari, insector, insectaris, insectatus sum. dépon. accus.

COURIR, en parlant d'un bruit. Vagari, vagor, vagaris, vagatus sum, dépon. Le bruit courait que. Rumor erat. Le que se retranche et le verbe est mis à l'infinitif.

FAIRE COURIR, ou divulguer. Spargere, spargo, spargis, sparsi, sparsum. act. accus.

COURONNE. Corona, gén. coronæ. fém.

COURONNE ou royaume. Regnum, gén. regni. n. Qui est de la couronne, ou royal. Regius, regia, regium. adj.

COURONNÉ. Coronatus, coronata, coronatum. part. pass. de Corono. Une tête couronnée, ou un roi. Rex, g. regis. m.

COURONNEMENT. Coronæ impositio, gén. coronæ impositionis. fém. Le premier mot ne change point.

COURONNER. Coronare, corono, coronas, coronavi, coronatum. act. acc.

COURRIER. Cursor, g. cursoris. m.

COURROIE. Corriga, g. corrigæ. fém.

COURROUCÉ contre. Iratus, irata, iratum. avec un datif.

SE COURROUCER, ou être courroucé contre: Irasci, irascor, irasceris, iratus sum. dépon. dat.

COURROUX. Ira, gén. iræ. fém.

COURS. Cursus, gén. cursûs. masc.

Cours de ventre. Ventris resolutio, gén. ventris resolutionis. fém.

Cours des études. Curriculum, gén. curriculi. neut. Faire son cours de Philosophie. Philosophicis studiis operam dare, do, das, dedi, datum. act. avec l'acc. operam, et le datif studiis philosophicis.

AVOIR COURS, ou être en usage. Esse in usu: sum, es, fui. On met toujours in usu.

COURSE. Cursus, gén. cursûs. masc.

COURSE, durée de la vie. Vitæ spatium, gén. vitæ spatii. neut. On ne décline que spatium.

COURSE, voyage. Iter, gén. itineris. neut.

COURSES, incursions des ennemis. Hostium incursiones, gén. hostium incursionum. fém. On ne décline pas hostium. A la course, ou en courant. Cursu. à l'abl.

COURSIER. Veredus, g. veredi. masc.

COURSON. Resex, gén. resecis. masc.

COURT, adj. Brevis. masc. fém. breve. neut. gén. brevis. Demeurer ou s'arrêter tout court. Hærere, hæreo, hæres, hæsi, hæsum. neut. Tenir de court. Coercere, coërceo, coërces, coërcui, coërcitum. act. acc. Qui a la vue courte. Myops, génit. myopis, masc. et fém. Être court d'argent. Æris egere, egeo, eges, egui. Æris, gén. d'æs, est le régime d'egere. Se trouver court. Deficere, deficio, deficis, defeci, defectum. neut. Couper court. Uno verbo expedire, expedio, expedis, expedivi, expeditum. On ne change rien aux deux premiers mots.

COURTAGE, métier de celui qui s'entremet pour faire vendre des marchandises. Institorium, g. institorii. n.

COURTAUD, court de courage. Curtus, curta, curtum. adj.

COURT-BOUILLON, manière de faire cuire le poisson. Garum, gén. gari. neut.

COURTE-POINTE. Stragulum acu punctum, gén. straguli acu puncti. neut. On ne décline pas acu.

COURTIER. Proxeneta, gén. proxenetæ. masc.

COURTINE, terme de fortification. Frons aggeris, gén. frontis aggeris. Frons. fém. est le seul qui se décline.

COURTINE, rideau d'un lit. Cortina, gén. cortinæ. fém.

COURTISAN. Aulicus, gén. aulici. m.

COURTISAN, un fin courtisan. Callidus assentator, gén. callidi assentatoris. masc.

COURTISANE. Meretrix, gén. meretricis. fém.

COURTISER. Blandiri, blandior, blandiris, blanditus sum. dép. datif.

COURTOIS. Comis. m. f. come n. gén. comis. Au comp. comior.

COURTOISEMENT. Officiosé. adv.

COURTOISIE. Comitas, gén. comitatis. fém.

COURTRAI, ville. Cortracum, génit. Cortraci. n. Qui est de Courtrai. Cortracensis, masc. fém. cortracense. neut. gén. cortracensis.

COURU, qui a du débit, qui est suivi; comme : Ce livre est couru. Hic liber habet frequentes emptores, c'est-à-dire, ce livre a beaucoup d'acheteurs. Ce prédicateur est couru. Ad hunc concionatorem confluunt multi, c'est-à-dire, beaucoup de personnes courent à ce prédicateur.

COUSIN, du côté des pères. Patruelis, gén. patruelis. masc. Cousine. patruelis, gén. patruelis. fém. Cousin du côté des mères. Consobrinus, gén. consobrini. m. Cousine. Consobrina, génit. consobrinæ. fém.

COUSIN, mouche. Culex, gén. culicis. masc.

COUSINAGE. Cognatio, gén. cognationis. fém.

COUSSIN. Pulvinus, g. pulvini. masc.

COUSSINET. Pulvillus, *gen.* pulvilli. *masc.*

COUSU. Sutus, suta, sutum. *part. pass.* de Suo.

COUT. Sumptus, *gén.* sumptûs. *masc.*

COUTANCES, *ville.* Constantia, *gén.* Constantiæ. *fém. Qui est de Coutances.* Constantiensis. *masc. fém.* constantiense. *n. gén.* constantiensis.

COUTEAU. Culter, *g.* cultri. *masc.*

COUTELAS. Acinaces, *gén.* acinacis. *masc.*

COUTELIER. Faber cultrorum, *g.* fabri cultrorum. *masc. On met toujours* cultrorum.

COUTELIÈRE, *étui à couteaux.* Cultrorum theca, *gén.* cultrorum thecæ. *féminin.*

COUTER. Constare, consto, constas, constiti, constitum. *neut. On met le nom de prix à l'ablatif; comme dix sous,* decem assibus. *Avec ce verbe, on se sert des adv.* tanti, quanti, multi, parvi, pluris, minoris, *comme : Combien coûte ce livre?* Quanti constat hic liber?

COUTIL, *sorte de toile.* Tela spississima, *gén.* telæ spississimæ. *fém. On décline ces deux mots.*

COUTRE. Culter, *gén.* cultri. *masc.*

COUTUME. Consuetudo, *gén.* consuetudinis. *fém. Plus que de coutume.* Solito magis. *Avoir coutume de.* Solere, soleo, soles, solitus sum. *neut. avec l'infinitif. Faire prendre à quelqu'un la coutume. Voy.* Accoutumer. *Perdre la coutume.* Recedere à consuetudine; recedo, recedis, recessi, recessum. *Ajoutez toujours à* consuetudine. *Faire à quelqu'un perdre la coutume.* Abducere aliquem à consuetudine; abduco, is, abduxi, abductum. *act. acc. Ajoutez toujours à* consuetudire. *Selon la coutume.* De more. *Contre la coutume.* Præter consuetudinem. *Mieux que de coutume.* Præter solitum.

COUTUMIER, *accoutumé.* Solitus, solita, solitum. *part. pass. de* Soleo.

COUTUMIER, *livre.* Codex institutorum, *gén.* codicis institutorum. *masc. Institutorum ne se décline point.*

COUTURE. Sutura, *gén.* suturæ. *fém. A plate couture.* Ad internecionem.

COUTURIER, *tailleur.* Sarcinator, *gén.* sacinatoris. *masc.*

COUTURIÈRE. Sarcinatrix, *gén.* sarcinatricis. *fém.*

COUVÉ, *en parlant d'un œuf.* Incubatus, incubata, incubatum. *part. pass.*

COUVÉE. Pullatio, *génit.* pullationis. *fém.*

COUVENT, *maison.* Monasterium, *gén.* monasterii. *neut.*

COUVENT, *communauté.* Conventus, *gén.* conventûs. *masc.*

COUVER *des œufs.* Incubare, incubo, incubas, incubavi *ou* incubui, incubatum, *ou* incubitum. *n. dat. ou act. acc. Couver. Voy.* Fomenter.

COUVER *quelqu'un des yeux.* Gerere aliquem in oculis; gero, geris, gessi, gestum. *act.*

COUVERCLE. Operculum, *gén.* operculi. *neut.*

COUVERT. Tectus, tecta, tectum. *part. pass. de* Tego.

COUVERT, *vêtu.* Vestitus, vestita, vestitum. *part. pass. de* Vestio. *avec l'ablat.*

COUVERT, *en parlant du ciel.* Nubilus, nubila, nubilum. *adj. Du vin couvert.* Vinum fuscum, *gén.* vini fusci. *n. Ces deux mots se déclinent. Allée couverte.* Tecta ambulatio, *g.* tectæ ambulationis. *f. L'un et l'autre se déclinent. Qui est à couvert de.* Tutus, tuta, tutum. *Le* de *s'exprime par* à *ou* ab, *avec l'ablat. Mettre à couvert de.* Defendere, defendo, defendis, defendi, defensum. *act. acc. Le* de *s'exprime par* à *ou* ab, *avec l'ablat.*

COUVERT, *dissimulé.* Sui obtegens. *m. fém. neut. gén.* sui obtegentis. *part. prés. d'*Obtego. *On ne change rien à* sui.

COUVERT, *substantif, lieu où l'on est à l'abri.* Tectum, *gén.* tecti. *neut. A couvert.* Sub tecto.

LE COUVERT, *la table.* Mensa, *génit.* mensæ. *fém.*

COUVERTEMENT, *en cachette.* Occultè. *adv.*

COUVERTURE, *tout ce qui sert à couvrir.* Tegumentum, *gén.* tegumenti. *neut.*

COUVERTURE *ou toit.* Tectum, *gén.* tecti. *neut.*

COUVERTURE, *prétexte.* Simulatio, *gén.* simulationis. *fém.*

COUVERTURIER, *faiseur de couvertures.* Stragulorum textor, *gén.* stragulorum textoris. *masc.*

COUVRE-CHEF, *espèce de coiffure.* Rica, *gén.* ricæ. *fém.*

COUVREUR. Dispositor tegularum, *gén.* dispositoris tegularum. *masc.*

COUVRIR. Tegere, tego, tegis, texi, tectum. *act. rég. dir. acc. rég. ind. ablat.*

SE COUVRIR, *en parlant du ciel.* Nebulas contrahere, contraho, contrahis, contraxi, contractum. *act. On met toujours* nebulas.

SE COUVRIR, *mettre son chapeau.* Caput tegere, tego, tegis, texi, tectum.

CRABE. Carabus, *gén.* carabi. *m.*

CRACHAT. Sputum, *gén.* sputi. *n.*

CRACHEMENT. Exscreatio, *gén.* exscreationis. *fém.*

CRACHER. Spuere, spuo, spuis, spui, sputum. *neut. ou act. acc.*

CRACHEUR. Screator, *gén.* screatoris. *masc.*

CRACOVIE, *ville.* Cracovia, *gén.* Cracoviæ. *fém.*

- CRAIE. Creta, *gén.* cretæ. *fém.*

CRAINDRE. Timere, timeo, times, timui. *sans sup. neut. acc. Pour quelqu'un.* Alicui, *au datif;* ou Vereor, vereris, veritus sum, vereri. *dép. acc. Si le verbe craindre est suivi d'un* de *ou* que, *il faut consulter la règle des verbes* craindre, appréhender, *dans la grammaire latine.* Qui est à craindre. Timendus, t'menda, timendum. *part. fut. pass. de* Timeo. Se faire craindre. Terrorem incutere, incut'o, incutis, incussi, incussum. *act. datif de la personne, en y ajoutant* terrorem.

CRAINTE. Timor, *g.* timoris. *m.* Mettre bas toute crainte. Metum deponere, depono, deponis, deposui, depositum. *act. De crainte de, ou* que, *suivi d'une négation,* ne *avec le subjonc.*

CRAINTIF. Timidus, timida, timidum. *adj.*

CRAINTIVEMENT. Timidè. *adv.*

CRAMOISI, *couleur.* Chremesinus color, *gén.* chremesini coloris. *masc. L'un et l'autre se déclinent.*

CRAMPE. Torpor, *gén.* torporis. *masc.* Crampe, la crampe aux jambes. Crurum torpor. La crampe aux bras. Brachiorum torpor, *gén.* torporis. *masc.*

CRAMPON. Fibula, *gén.* fibulæ. *fém.*

CRAMPONNÉ. Fibulatus, fibulata, fibulatum. *part. pass. de* Fibulo.

CRAMPONNER. Fibulare, fibulo, fibulas, fibulavi, fibulatum. *act. acc.*

CRAN, *entailure.* Crena, *gén.* crenæ. *fém.*

CRANE. Calva, *génit.* calvæ. *fém.*

CRAPAUD. Bufo, *génit.* bufonis. *masc.*

CRAPAUDINE, *pierre précieuse.* Batrachites, *gén.* batrachitæ. *masc.*

CRAPULE. Assidua perpotatio, *gén.* assiduæ perpotationis. *fém. L'un et l'autre se déclinent.*

CRAPULEUX. Ganeo, *gén.* ganeonis. *masc.*

CRAQUELIN. Crustulum, *gén.* crustuli. *neut.*

CRAQUEMENT. Crepitus, *génit.* crepitûs. *masc.*

CRAQUER ou *craqueter.* Crepare, crepo, crepas, crepui, crepitum. *neut. Des dents.* Dentibus, *à l'ablat.*

CRASSE ou *ordure.* Squalor, *gén.* squaloris. *masc.* Crasse de la tête. Furfures, *g.* furfurum. *masc. plur.* Ignorance crasse. Ignorantia supina, *g.* Ignorantiæ supinæ. *Tous deux se déclinent.*

CRASSEUX. Squalidus, squalida, squalidum. *adj.*

CRASSEUX, *vilain.* Sordidulus, sordidula, sordidulum. *adj.*

CRATÈRE. Crater, *g.* crateris. *masc.*

CRAVATE. Cæsitium, *gén.* cæsiti i. *neut.* Un cheval cravate. Equus ex Croatiá, *gén.* equi ex Croatiâ. *masc. On ne change rien aux mots* ex Croatiâ.

CRAYON. Graphium, *g.* graphii. *neut.*

CRAYONNÉ. Delineatus, delineata, delineatum. *part. pass. de* Delineo.

CRAYONNER. Adumbrare, adumbro, adumbras, adumbravi, adumbratum. *act. accus.*

CRÉANCE, *foi,* Fides, *gén.* fidei. *fém.*

CRÉANCE, *dette créée sur autrui.* Creditum, *génit.* crediti. *neut. Lettres de créance.* Litteræ facientes fidem, *gén.* litterarum facientium fidem. *fém. plur.* Fidem reste toujours.

CRÉANCE, *crédit, autorité.* Auctoritas, *gén.* auctoritatis. *fém.*

CRÉANCIER. Creditor, *gén.* creditoris. *masc.*

CRÉANCIÈRE, *celle à qui l'on doit.* Creditrix, *gén.* creditricis. *fém.*

CRÉATEUR. Creator, *gén.* creatoris. *masc.*

CRÉATION, Creatio, *gén.* creationis. *fém.*

CRÉATURE. Res creata, *gén.* rei creatæ. *f. L'un et l'autre se déclinent.*

CRÉATURE ou *personne.* Homo, *gén.* hominis. *masc.* Mulier, *g.* mulieris. *fém.*

CRÉCELLE, *instrument pour faire du bruit.* Crepitaculum, *gén.* crepitaculi *neut.*

CRÉCERELLE, *oiseau.* Tinnunculus, *gén.* tinnunculi. *masc.*

CRÈCHE. Præsepe, *g.* præsepis. *n.*

CRÉDENCE, *table.* Abacus, *g.* abaci. *masc.*

CRÉDIBILITÉ, *raisons qui rendent une chose croyable.* Quæ impellunt ad credendum.

CRÉDIT ou *pouvoir.* Auctoritas, *gén.* auctoritatis. *fém. Auprès de,* apud *avec l'accusatif de la personne. Crédit, en achetant.* Fides, *gén.* fidei. *fém. A crédit.* Solâ fide, *à l'ablat.*

CRÉDIT, *estime, réputation.* Honor. *gén.* honoris. *masc. Etre en crédit.* Vigere, vigeo, viges, vigui. *neut. Se fatiguer à crédit.* Operam perdere; operam perdo, perdis, perdidi, perditum. *act. avec l'acc.* operam.

CRÉDULE. Credulus, credula, credulum. *adj.*

CRÉDULITÉ. Credulitas, *gén.* credulitatis. *fém.*

CRÉE. Creatus, creata, creatum. *part. pass. de* Creo.

CRÉER. Creare, creo, creas, creavi, creatum. *act. acc. De rien,* è nihilo.

CRÉMAILLÈRE. Cremaster, *gén.* cremasteris. *masc.*

CRÈME de *lait.* Spuma lactis, *gén.* spumæ lactis. *fém.* Lactis *est au gén.*

CREMENT. Augmentum, g. augmenti. neut.

CRÉMONE, ville. Cremona, gén. Cremonæ. fém.

CRÉNEAU, entaillure. Pinna, génit. pinnæ. fém.

CRENELER, façonner en forme de créneaux. Pinnis distinguere, distinguo, distinguis, distinxi, distinctum. act. acc. On laisse pinnis à l'ablat. sans le changer.

CREPE, étoffe. Pannus bombycinus crispus, gén. panni bombycini crispi. masc. Ces trois mots se déclinent.

CRÊPE ou beignet. Artolaganus, g. artolagani. masc.

CRÊPE, marque de deuil. Funebris pannus, gén. funebris panni. masc. Tous les deux se déclinent.

CRÊPÉ. Voy. Crépu.

CRÊPER. Crispare, crispo, crispas, crispavi, crispatum. act. acc.

SE CRÊPER. Crispari, crispor, crisparis, crispatus sum. pass.

CRÉPI. Arenatum, gén. arenati. neut.

CRÉPIR. Arenato inducere, induco, inducis, induxi, inductum. act. acc. On met toujours arenato.

CRÉPISSURE d'une muraille. Trullissatio, gén. trullissationis. fém.

CREPON. Pannus camelinus crispus, g. panni camelini crispi. masc. Ces trois mots se déclinent.

CRÉPU. Crispus, crispa, crispum. adj.

CRÉPUSCULE. Crepusculum, gén. crepusculi. neut.

CRESSON, herbe. Nasturtium aquaticum, gén. nasturtii aquatici. neut. Ces deux mots se déclinent.

CRÈTE. Crista. gén. cristæ. fém.

CRÊTE d'une montagne. Vertex, génit. verticis. masc.

CRÈTE, île. Creta, gén. Cretæ. fém. Qui est de Crète. Cretensis, masc. fém. cretense, neut. gén. cretensis.

CREVASSE. Rima, g'n. rimæ. fém.

SE CREVASSER. Rimas agere; rimas ago, agis, egi, actum. act. On met toujours rimas.

CREVÉ ou rompu. Disruptus, disrupta, disruptum. part. pass. de Disrumpo.

CREVÉ, en parlant des yeux. Confixus, confixa, confixum. part. pass. de Configo.

CRÈVE-COEUR, dépit. Cordolium, gén. cordolii. neut.

CREVER, ou se crever, ou s'entrouvrir. Disrumpi, disrumpor, disrumperis, disruptus sum. pass. Crever de dépit. Disrumpi irâ. Irâ est à l'ablat.

CREVER. Disrumpere, disrumpo, disrumpis, disrupi, disruptum. act. acc.

CREVER ou percer, en parlant des yeux. Configere, configo, configis, confixi, confixum. act. acc.

CREVER les yeux, ou être évident. Patere, patet, patuit. impers.

CREVER ou remplir de. Ingurgitare, ingurgitto, ingurgitas, ingurgitavi, ingurgitatum. act. acc. de la personne, et ablat. de la chose. Se crever de manger. Se ingurgitare cibis.

CREUSE, rivière et département de France. Crosa, gén. Crosæ. fém.

CREUSÉ. Cavatus, cavata, cavatum. part. pass. de Cavo.

CREUSER. Cavare, cavo, cavas, cavavi, cavatum. act. acc.

CREUSET. Liquatorium, gén. liquatorii. neut.

CREUX, adj. Cavus, cava, cavum. adj. UN CREUX. Cavus, gén. cavi. masc. Le creux de la main. Vola, g. volæ. fém. Le creux de l'estomac. Cavum imi stomachi, gén. cavi. neut. On ne change rien à imi stomachi.

CRI. Clamor, gén. clamoris. masc. Jeter des cris. Clamare, clamo, clamas, clamavi, clamatum. neut.

CRI public, proclamation. Promulgatio, gén. promulgationis. fém.

CRIAILLER. Clamitare, clamito, clamitas, clamitavi, clamitatum. neut.

CRIAILLERIE. Clamitatio, gén. clamitationis. fém.

CRIARD. Clamosus, clamosa, clamosum. adj. Femme criarde. Oblatratrix, gén. oblatratricis. fém.

CRIBLE. Cribrum, gén. cribri. neut.

CRIBLÉ. Cribratus, cribrata, cribratum. part. pass. de Cribro.

CRIBLER. Cribrare, cribro, cribras, cribravi, cribratum. act. acc.

CRIBLURE. Excretum, génit. excreti. neut.

CRIC. Machina dentata, gén. machinæ dentatæ. fém. L'un et l'autre se déclinent.

CRIÉE. Præconium, gén. præconii. n.

CRIER ou faire des cris. Clamare, clamo, clamas, clamavi, clamatum. Crier aux armes. Ad arma conclamare, conclamo, conclamas, conclamavi, conclamatum. Crier au secours. Auxilium invocare, invoco, invocas, invocavi, invocatum. act.

CRIER ou réprimander. Objurgare, objurgo, objurgas, objurgavi, objurgatum. act. acc.

CRIER ou vendre. Vendere, vendo, vendis, vendidi, venditum. act. acc.

CRIERIE. Vociferatio, gén. vociferationis. fém.

CRIEUR. Clamator, génit. clamatoris. masc.

CRIEUR public. Præco, gén. præconis. masc.

CRIME. Crimen, gén. criminis. neut.

CRIMINEL ou coupable. Nocens masc. fém. neut. gén. nocentis.

CRIMINEL ou *qui concerne les crimes*. Capitalis, *masc. fém.* capitale, *neut. gén.* capitalis.
CRIMINELLEMENT. In causâ capitali.
CRIN. Juba, *gén.* jubæ. *fém.*
CRINIÈRE. Juba, *génit.* jubæ. *fém.*
CRIQUET, *petit cheval*. Equulus, *gén.* equuli. *masc.*
CRISE. Crisis, *gén.* crisis. *fém.*
CRISPATION. Contractio, *gén.* contractionis. *fém.*
CRISTAL. Crystallus, *g.* crystalli. *fém.*
CRISTALLIN ou *de cristal*. Crystallinus, crystallina, crystallinum. *adj.*
UN CRITIQUE. Criticus, *g.* critici. *masc.*
LA CRITIQUE. Censura, *gén.* censuræ. *fém.*
CRITIQUÉ. Notatus, notata, notatum. *part. pass. de* Noto.
CRITIQUER. Notare, noto, notas, notavi, notatum. *act. acc. Critiquer un ouvrage*. Opus virgâ censoriâ notare. On ne change rien à virgâ censoriâ; mais au lieu d'Opus on met à l'acc. la chose qui est critiquée.
CROASSEMENT. Crocitus, *génit.* crocitûs. *masc.*
CROASSER. Crocire, crocio, crocis, crocivi ou crocii, crocitum. *act. acc.*
CROATIE, *province*. Croatia, *génit.* Croatiæ. *fém.* Qui *est de Croatie*. Croata, *gén.* croatæ. *masc. et fém.*
CROC. Uncus, *gén.* unci. *masc.*
CROC-EN-JAMBE. Adversarii eversio, *gén.* adversarii eversionis. *fém. sans rien changer au premier mot. Donner le croc-en-jambe à quelqu'un*. Aliquem supplantare, supplanto, supplantas, supplantavi, supplantatum. *act. acc.*
CROCHET. Uncinus, *génit.* uncini. *m. Des crochets pour porter*. Ærumnulæ, *g.* ærumnularum. *fém. plur.*
CROCHETÉ, *ouvert avec un crochet*. Uncino apertus, aperta, apertum. *part. pass. d'*Aperio.
CROCHETER. Uncino aperire, aperio, aperis, aperui, apertum. *act. acc. On met toujours* uncino.
CROCHETEUR. Bajulus, *gén.* bajuli. *masc.*
CROCHU. Uncus, unca, uncum. *adj.*
CROCODILE. Crocodilus, *gén.* crocodili. *masc.*
CROIRE. Credere, credo, credis, credidi, creditum. *neut. dat. de la personne,* ou *act. acc. de la chose. Faire croire*. Persuadere, persuadeo, persuades, persuasi, persuasum. *rég. dir. accusat. reg. ind. dat.*
CROIRE, *penser*. Existimare, existimo, existimas, existimavi, existimatum. *act. accus.*

CROISADE ou *guerre contre les infidèles*. Bellum sacrum, *gén.* belli sacri. *neut. L'un et l'autre se déclinent.*
CROISÉ. Decussatus, decussata, decussatum. *part. pass. Demeurer les bras croisés*. Desidere, desideo, desides, desedi. *sans sup. neut.*
CROISÉE. Voyez *Fenêtre*.
CROISER, *poser en croix*. Decussare, decusso, decussas, decussavi, decussatum. *act. acc.*
CROISER, *rayer*. Delere, deleo, deles, delevi, deletum. *act. acc.*
CROISER *les mers*. Decurrere maria, decurro, decurris, decurri, decursum. *act.*
SE CROISER, *se liguer*. Societatem copulare, copulo, copulas, copulavi, copulatum. *act. avec* cum *et l'ablat. On ajoute toujours* societatem.
SE CROISER, *en parlant des chemins*. Se in transversum secare, seco, secas, secui, sectum. *act. L'endroit où se croisent deux chemins*. Anfractum, *gén.* anfractum. *neut.*
CROISSANCE. Incrementum, *gén.* incrementi. *neut.*
LE CROISSANT. Cornua, *génit.* cornuum. *n. plur. De la lune*. Lunæ, au *g.*
CROISURE, *tissure d'une étoffe*. Transversa positio, *g.* transversæ positionis. *fém.* Ajoutez filorum, *des fils*.
CROÎTRE. Crescere, cresco, crescis, crevi, cretum. *neut. Laisser croître en parlant des cheveux, de la barbe, etc*. Promittere, promitto, promittis, promisi, promissum. *act. acc.*
CROIX. Crux, *g.* crucis. *fém. Croix sur les monnaies*. Caput, *g.* capitis. *neut.*
CROIX, *peine, affliction*. Cruciamentum, *g.* cruciamenti. *neut.*
CROQUER. Voyez *Ebaucher*.
CROQUER. Voyez *Manger*.
CROQUET, *pain d'épice sec*. Crustulum, *gén.* crustuli. *neut.*
CROQUIGNOLE. Talitrum, *génit.* talitri. *neut.*
CROQUIS, *esquisse*. Adumbratio, *gén.* adumbrationis. *fém.*
CROSSE. Baculum recurvum, *génit.* baculi recurvi. *neut. L'un et l'autre se déclinent. Crosse d'évêque, etc*. Pedum, *gén.* pedi. *neut.*
CROSSER. Baculo pellere, pello, pellis, pepuli, pulsum. *act. acc. On laisse partout* baculo.
CROSSETTE *de vigne*. Malleolus, *gén.* malleoli. *masc.*
CROTTE ou *boue*. Lutum, *g.* luti. *neut.*
CROTTE ou *fiente*. Fimus, *gén.* fimi. *m.*
CROTTÉ. Lutosus, lutosa, lutosum. *adj.*
CROTTER. Luto inficere, inficio, inficis, infeci, infectum. *act. acc. On met toujours* luto.

CROULEMENT. Labefactio, *gén.* labefactionis. *fém.*
CROULER, *tomber.* Corruere, corruo, corruis, corrui, corrutum. *neut.*
CROUPE. Tergum, *gén.* tergi. *neut. En croupe.* In tergo. *Croupe de montagne.* Jugum, *gén.* jugi. *neut.*
CROUPI ou *croupissant.* Piger, pigra, pigrum, *gén.* pigri. *Croupie, eau croupie.* Aqua stativa, *gén.* aquæ stativæ. *fém.*
CROUPIÈRE. Postilena, *g.* postilenæ, *f.*
CROUPION. Uropygium, *gén.* uropygii. *neut.*
CROUPIR. Desidere, desideo, desides, desedi. *sans sup. neut.*
CROUPISSANT. Stagnans, *masc. fém. neut. gén.* stagnantis. *part. prés. de* Stagno.
CROUTE. Crusta, *gén.* crustæ. *fém.*
CROUTON. Crustum, *gén.* crusti. *n.*
CROYABLE. Credibilis, *masc. fém.* credibile, *neut. gén.* credibilis.
CROYANCE, *opinion.* Opinio, *génit.* opinionis. *fém.*
CROYANCE, *foi.* Fides, *gén.* fidei. *fém.*
CRU, *non cuit.* Crudus, cruda, crudum, *adj.*
CRU, *sévère.* Durus, dura, durum. *adj.*
CRÛ, *part. pass. du verbe* Croire. Creditus, credita, creditum.
CRU, *part. pass. du verbe* Croître. Auctus, aucta, auctum.
CRÛ, *fonds de terre.* Fundus, *g.* fundi. *masc. Ce vin est de mon crû.* Hoc vinum in meo fundo natum est.
CRUAUTÉ. Crudelitas, *gén.* crudelitatis. *fém.*
CRUCHE. Urna, *gén.* urnæ. *fém.*
CRUCHE, *stupide.* Stipes, *gén.* stipitis. *m.*
CRUCHON. Urnula, *gén.* urnulæ. *fém.*
CRUCIFIÉ. Crucifixus, crucifixa, crucifixum. *part. pass. de* Crucifigo.
CRUCIFIEMENT. Supplicium crucis, *gén.* supplicii crucis. *neut.* On ne décline pas crucis.
CRUCIFIER. Cruci figere, figo, figis, fixi, fixum. *act. acc.* On met toujours cruci.
Un CRUCIFIX. Imago Christi crucifixi, *gén.* imaginis Christi crucifixi. *fém.* On ne décline que imago. *fém.*
CRUDITÉ. Cruditas, *g.* cruditatis. *fém.*
CRUE. Incrementum, *gén.* incrementi. *n.*
CRUEL. Crudelis, *masc. fém.* crudele, *neut. gén.* crudelis.
CRUELLEMENT. Crudeliter. *adv.*
CRUMENT, *peu civilement.* Inurbanè. *adv.*
CRURAL, *qui concerne les jambes.* Ad crura pertinens, *gén.* ad crura pertinentis. *part. Artère crurale.* Cruris arteria, *gén.* cruris arteriæ. *fém. Sans rien changer à* cruris.

CRYPTE, *lieu souterrain.* Crypta, *gén.* cryptæ. *fém.*
CUBE, *un carré en tout sens.* Cubus, *gén.* cubi. *masc.*
CUBIQUE, *carré en tout sens.* Cubicus, cubica, cubicum. *adj.*
CUCURBITE, *vaisseau pour distiller.* Cucurbita, *gén.* cucurbitæ. *fém.*
CUEILLETTE, *récolte.* Collectio, *gén.* collectionis. *fém.*
CUEILLI. Lectus, lecta, lectum. *part. pass. de* Lego.
CUEILLIR. Legere, lego, legis, legi, lectum. *act. acc.*
CUEILLOIR, *panier à cueillir des fruits.* Sporta, *gén.* sportæ. *fém.*
CUILLER. Cochlear, *génit.* cochlearis. *n.*
CUILLERÉE. Cochlear cumulatum. *gén.* cochlearis cumulati. *neut. L'un et l'autre se déclinent.*
CUIR. Corium, *gén.* corii. *neut. De cuir.* E corio, *ou* Coriaceus, coriacea, coriaceum. *adj.*
CUIRASSE. Lorica, *gén.* loricæ. *fém.*
CUIRASSÉ. Loricatus, loricata, loricatum. *adj.*
CUIRASSER. Loricare, lorico, loricas, loricavi, loricatum. *act. acc.*
CUIRASSIER. Loricatus, *gén.* loricati. *masc.*
CUIRE ou SE CUIRE. Coqui, coquor, coqueris, coctus sum. *pass. Faire cuire.* Coquere, coquo, coquis, coxi, coctum. *act. acc. Au feu.* Igne. *oblat.*
CUIRE ou *causer de la douleur.* Urere, uro, uris, ussi, ustum. *act. acc.*
CUISANT. Acerbus, acerba, acerbum. *adj.*
CUISINE. Culina, *gén.* culinæ. *fém. Qui concerne la cuisine.* Coquinarius, coquinaria, coquinarium. *adj. Faire la cuisine.* Artem coquinariam exercere, exerceo, exerces, exercui, exercitum. *act. acc.* On met toujours artem coquinariam. *Faire la cuisine, apprêter à manger.* Coquinare, coquino, coquinas, coquinavi, coquinatum. *neut.*
CUISINIER. Coquus, *gén.* coqui. *masc.*
CUISINIÈRE. Coqua, *gén.* coquæ. *fém.*
CUISSART, *la partie de l'armure qui couvre les cuisses.* Tegumenta femorum, *gén.* tegumentorum femorum. *n. plur.* On laisse femorum à tous les cas.
CUISSE. Femur, *gén.* femoris. *neut.*
CUISSON. Coctura, *gén.* cocturæ. *fém.*
CUISSON, *douleur qu'on sent d'un mal qui cuit.* Acer doloris morsus, *gén.* acris doloris morsûs. *masc. Sans rien changer à* doloris.
CUISTRE. Mediastinus, *gén.* mediastini. *masc.*
CUIT. Coctus, cocta, coctum. *part. pass. de* Coquo.

CUIVRE. Æs, *gén.* æris. *neut.*
CUL ou *fesses.* Clunes, *gén.* clunium. *fém. plur.*
CUL, *fond.* Fundus, *gén.* fundi. *masc.*
CUL DE-SAC, ou *rue sans issue.* Fundula, *gén.* fundulæ. *fém.*
CULASSE. Funda, *gén.* fundæ. *fém.*
CULBUTE. Prolatio in caput, *gén.* prolationis in caput. *fém.* On ne décline pas in caput. *Faire la culbute*, ou
CULBUTER. Prolabi in caput, prolabor, prolaberis, prolapsus sum. *dép.* On laisse toujours in caput.
CULBUTER ou *faire faire la culbute.* In caput dejicere, dejicio, dejicis, dejeci, dejectum. *act. acc.* On met toujours in caput.
CULOTTE. Femorale, *gén.* femoralis. *n.*
CULTE. Cultus, *gén.* cultûs. *masc.*
CULTIVATEUR. Agricola, *génit.* agricolæ. *masc.*
CULTIVÉ. Cultus, culta, cultum. *part. pass.* de Colo.
CULTIVER. Colere, colo, colis, colui, cultum. *act. acc.* Cultiver son esprit. Ingenium bonis artibus expolire, expolio, expolis, expolivi, expolitum. *act. acc.* Les trois premiers mots sont invariables.
CULTURE. Cultura, *gén.* culturæ. *fém.*
CUMES, *ville.* Cumæ, *gén.* Cumarum. *fém. plur.* Qui est de Cumes. Cumanus, cumana, cumanum. *adj.*
CUMIN, *herbe.* Cuminum, *gén.* cumini. *neut.*
CUMULATIVEMENT. Cumulatim. *adv.*
CUMULER. Cumulare, cumulo, cumulas, cumulavi, cumulatum. *act. acc.*
CUPIDITÉ. Cupiditas, *gén.* cupiditatis. *féminin.*
CUPIDON, *dieu de l'amour.* Cupido, *gén.* cupidinis. *masc.*
CURABLE. Sanabilis, *masc. fém.* sanabile, *neut. gén.* sanabilis.
CURATELLE, *charge d'un curateur.* Curatio, *gén.* curationis. *fém.*
CURATEUR. Curator, *gén.* curatoris. *m.*
CURATRICE. Curatrix, *génit.* curatricis. *fém.*
CURE ou *guérison.* Sanatio, *gén.* sanationis. *fém.*
CURE *d'un curé.* Parœcia, *gén.* parœciæ. *fém.*
UN CURÉ. Parochus, *gén.* parochi. *masc.*
CURE-DENT. Dentiscalpium, *gén.* dentiscalpii. *neut.*
CURÉE. Præda, *gén.* prædæ. *fém.*
CURE-OREILLE. Auriscalpium, *génit.* auriscalpii. *neut.*
CURER. Purgare, purgo, purgas, purgavi, purgatum. *act. acc.*
CUREUR, *qui nettoie.* Purgator, *gén.* purgatoris. *masc.*
CURIAL, *de curé.* Fonctions curiales.

Parochi munia, *gén.* parochi muniorum. *n. plur.* Parochi ne change point.
CURIEUSEMENT. Curiosé. *adv.*
CURIEUX. Curiosus, curiosa, curiosum. *adj.* avec un gén. ou un gérondif en di.
CURIOSITÉ. Curiositas, *gén.* curiositatis. *fém.*
CURIOSITÉ, *recherche.* Indagatio, *gén.* indagationis. *fém.*
CURIOSITÉS, *raretés.* Rara et singularia, *gén.* rarorum et singularium. *n. plur.* L'un et l'autre se déclinent.
CURULE, *chaise curule.* Sella curulis, *gén.* sellæ curulis. *fém.* L'un et l'autre se déclinent.
CUSTODE, *ciboire où l'on garde les hosties consacrées.* Pyxis eucharistica, *gén.* pyxidis eucharisticæ. *fém.* L'un et l'autre se déclinent.
CUVE. Labrum, *gén.* labri. *neut.*
CUVÉE, *cuve pleine de vin et de grappes.* Cupa plena musto et vinaceis, *gén.* cupæ plenæ, en ajoutant toujours musto et vinace's, sans y rien changer.
CUVER ou *faire cuver*, ou *laisser cuver.* Fervefacere, fervefacio, fervefacis, fervefeci, fervefactum. *act. acc.*
CUVER son vin, *lorsqu'on est ivre.* Crapulam edormire, edormio, edormis, edormivi ou edormii, edormitum. *act.* On met toujours crapulam.
CUVER ou *bouillir.* Effervescere, effervesco, effervescis, efferbui, sans supin. *n.*
CUVETTE. Labellum, *gén.* labelli. *neut.*
CUVIER. Labrum, *gén.* labri. *neut.*
CYBÈLE, *déesse.* Cybele, *gén.* Cybeles. *f.*
CYCLADES, *îles de la mer Egée.* Cyclades, *gén.* Cycladum. *fém plur.*
CYCLE. Cyclus, *gén.* cycli. *masc.*
CYCLOPE. Cyclops, *gén.* cyclopis. *masc.*
CYGNE. Cygnus, *gén.* cygni. *masc.*
CYLINDRE. Cylindrus, *gén.* cylindri. *masc.*
CYLINDRIQUE. Cylindraceus, cylindracea, cylindraceum. *adj.*
CYMAISE, *la partie la plus haute des corniches.* Cymatium, *gén.* cymatii. *neut.*
CYMBALE, *instrument de musique.* Cymbalum, *gén.* cymbali. *neut.* Qui joue des cymbales. Cymbalista, *gén.* cymbalistæ. *masc.*, et *fém.* si l'on parle d'une femme.
CYNIQUE. Cynicus, cynica, cynicum. *adj.*
CYNOCÉPHALE, *qui a la tête de chien.* Cynocephalus, *gén.* cynocephali. *masc.*
CYNOSURE, *étoile du pôle.* Cynosura, *gén.* cynosuræ. *fém.*
CYPRÈS. Cupressus, *gén.* cupressi. *fém.* Qui est de cyprès. Cupresseus, cupressea, cupresseum. *adj.*
CYRÈNE, *ville.* Cyrene, *gén.* Cyrenes. *f.*
CYTISE, *arbrisseau.* Cytisus, *g.* cytisi. *masc. et fém.*

DA, *interjection qui sert souvent à augmenter l'affirmation ou la négation.* Oui-da. Sanè quidem. Non-da. Nequaquàm.

D'ABORD, *aussitôt.* Statim. Continuò. Illicò. Exemplò. *adv.* D'abord que. Voyez Aussitôt que.

DACIE, *vaste pays.* Dacia, *gén.* Daciæ. *fém.*

DACES, *peuples.* Dacæ, *gén.* Dacarum. *masc. plur.*

DACTYLE. Dactylus, *g.* dactyli, *masc.*

DAGUE, *poignard.* Sica, *g.* sicæ. *fém.*

DAIGNER. Dignari, dignor, dignaris, dignatus sum. *dép. l'abl. ou l'infin.*

DAIM, *animal sauvage.* Dama, *gén.* damæ. *masc. et fém.*

DAIS. Umbella, *gén.* umbellæ. *fém.*

DALMATES, *peuples de Dalmatie.* Dalmatæ, *gén.* Dalmatarum. *masc. plur.*

DALMATIE, *pays.* Dalmatia, *gén.* Dalmatiæ. *fém.* De Dalmatie. Dalmaticus, dalmatica, dalmaticum. *adj.*

DALMATIQUE, *vêtement de diacre, etc.* Dalmatica, *gén.* dalmaticæ. *fém.*

DAM, *la peine du dam.* Sempiterna privatio, *gén.* sempiternæ privationis. *fém.* Ajoutez summi boni, *c'est à dire, la privation éternelle du souverain bien.*

DAMAS, *ville.* Damascus, *gén.* Damasci. *f.* Qui est de Damas. Damascenus, damascena, damascenum. *adj.*

DAMAS, *étoffe.* Pannus bombycinus, *gén.* panni bombycini. *m.* Ajoutez damasceni operis, *c'est-à-dire, étoffe de soie de l'ouvrage de Damas.*

DAMASQUINÉ. Distinctus, distincta, distinctum. *part. pass. de* Distingo. Ajoutez damasceno opere.

DAMASQUINER. Distinguere, distinguo, distinguis, distinxi, distinctum, *act. acc.* Ajoutez damasceno encausto.

DAMASQUINURE. Opus, *gén.* operis. *neut.* Ajoutez damasceni artificii.

DAMASSER. Varié distinguere, distinguo, distinguis, distinxi, distinctum. *act. acc.*

DAME. Domina, *gén.* dominæ. *f.* Dame d'atour de la reine. Regina ornatrix, *gén.* ornatricis. *fém.*

DAME a jouer. Scrupus. *g.* scrupi. *masc.* Jouer aux dames. Ludere, ludo, ludis, lusi, lusum. Ajoutez scrup's, *à l'ablatif.* Dame damée, *une dame sur une autre.* Scrupus geminatus, *gén.* scrupi geminati. *masc.*

DAMER, *mettre une dame sur une autre.* Geminare, gemino, geminas, geminavi, geminatum. *act.* Ajoutez scrupos, *c'est-à-dire doubler les dames.*

DAMIER. Alveus lusorius, *gén.* alvei lusorii. *masc. Tous deux se déclinent.*

DAMIETTE, *ville.* Damicta, *gén.* Damietæ *fém.*

DAMNABLE. Damnandus, damnanda, damnandum. *part. fut. pass. de* Damno.

DAMNATION. Sempiterna supplicia, *gén.* sempiternorum suppliciorum. *n. plur.*

DAMNÉ. Addictus, addicta, addictum. *adj.* Ajoutez pœnis sempiternis, *c. à d. livré à des peines éternelles.* Etre damné. Affici, afficior, afficeris, affectus sum. *pass.* Ajoutez æternis suppliciis.

DAMNER. Detrudere, detrudo, detrudis, detrusi, detrusum. *act. acc.* Ajoutez ad inferos, *c'est-à-dire, précipiter dans les enfers.*

SE DAMNER, *pécher d'une manière digne de l'enfer.* Peccare dignè inferis.

DAMOISEAU, *qui fait le beau et le galant.* Bellulus, *gén.* belluli. *masc.*

DANDIN. Ineptus, inepta, ineptum. *adjectif.*

SE DANDINER. Corpus ineptè librare libro, libras, libravi, libratum. *act. acc.*

DANEMARCK, *royaume.* Dania, *gén.* Daniæ. *f.* Qui est de Danemarck, Danois. Danus, dana, danum. *adj.*

DANGER. Periculum, *gén.* periculi. *n.* Exposer quelqu'un au danger, le mettre en danger. Creare alicui periculum, *c'est-à-dire, causer à quelqu'un un danger.* Creo, creas, creavi, creatum. *act. acc.* S'y mettre, s'y exposer. Voyez Courir hasard, *etc.*

DANGEREUSEMENT. Periculosè. *adv.*

DANGEREUX. Periculosus, periculosa, periculosum. *adj.*

DANS, *sans mouvement.* In, *avec l'abl. Lorsqu'il y a mouvement, on se sert de* in, *avec l'acc.* (*Voyez les différentes questions de lieu.*) Dans, ou dans l'espace de. Intrà *avec un acc.* Dans deux jours. Intrà biduum. *Dans vingt jours.* Intrà viginti dies.

DANSE. Saltatio, *gén.* saltationis. *fém.*

DANSER. Saltare, salto, saltas, saltavi, saltatum. *neut. Maître à danser*, ou *de danse.* Magister, *gén.* magistri. *masc.* Ajoutez saltandi.

DANSEUR. Saltator, *gén.* saltatoris. *m.*

DANSEUSE. Saltatrix, *gén.* saltatricis. *f.*

DANUBE, *fleuve.* Danubius, *gén.* Danubii. *masc.*

DARD. Jaculum, *gén.* jaculi. *neut.*

DARDÉ. Vibratus, vibrata, vibratum. *part. pass. de* Vibro.

DARDER ou *lancer.* Jaculari, jaculor, jacularis, jaculatus sum. *dép. acc.*

DARTRE. Impetigo, *gén.* impetiginis. *f.*

DATE. Dies adscripta, *gén.* diei adscriptæ. *fém. L'un et l'autre se déclinent.*

DATER. Adscribere, adscribo, adscribis, adscripsi, adscriptum. *act. dat.* Ajoutez diem, *c'est-à-dire, mettre le jour à.*

DATIF. Dativus, *gén.* dativi. *masc.*

DATTE, *fruit du palmier.* Palmula, *gén.* palmulæ. *fém.*

DAVANTAGE ou *plus.* Magis. Ampliùs. Plùs ou pluris. *adv.* selon la circonstance. (Voyez la règle *Plus* dans la Grammaire latine.) *Je n'en dirai pas davantage.* Non dicam ampliùs. *Depuis trois jours et davantage.* A tribus diebus et ampliùs.

DAUBE. Caro condita, *gén.* carnis conditæ, *fém.* Ajoutez lardo, vino et aromatis, *c'est-à-dire, viande cuite avec du lard, du vin et des épices.*

DAUPHIN. Delphinus, *gén.* delphini. *masc.*

DAUPHINÉ, *province.* Delphinatus, *gén.* Delphinatûs. *masc. Du Dauphiné. Dauphinois, Dauphinoise.* Delphinas, *g.* Delphinatis. *masc. et fém.*

D'AUTANT *plus que.* (Voyez la règle *D'autant plus* ou *moins* dans la Grammaire latine.) *D'autant que,* ou *parce que.* Quòd *avec l'ind.* ou *le subj.*

DE. *La proposition* De *s'exprime quelquefois en latin, et quelquefois elle ne s'exprime pas; il faut consulter la Grammaire latine qui enseigne ce qu'on doit faire de la préposition* De. (*Du est pour* de le, *Des est pour* de les.)

Voici quelques préceptes dignes de remarque :

Lorsque de *signifie* à cause de, *on l'exprime par* propter, *avec un accusatif,* comme : *Je te loue de ta modestie*, ou *à cause de ta modestie.* Te laudo propter tuam modestiam.

Lorsque de *signifie* de la part, *il s'exprime par* à ou ab, *avec l'ablatif,* comme: *Je t'apporte des lettres de Lentulus,* ou *de la part de Lentulus.* Tibi affero litteras à Lentulo.

Lorsque de *signifie* depuis, *il s'exprime par* à *devant une consonne, et par* ab *devant une voyelle ; et l'on met après un ablatif,* comme : *Du jour d'hier.* A die hesternâ.

Lorsque de *marque le temps, on se sert de l'ablatif,* comme : *De deux jours l'un.* Alternis diebus. *De trois en trois jours,* c'est-à-dire, *chaque troisième jour.* Tertio quoque die. *Il ne reviendra pas de dix jours,* c'est-à-dire, *sinon après dix jours.* Non redibit nisi post decem dies.

Lorsque de *entre deux verbes signifie* de ce que, *on l'exprime par* quòd, *avec le subj.* Exemple : *Je vous aime d'avoir étudié,* c'est-à-dire, *de ce que vous avez étudié.* Te amo quòd studueris.

Lorsque de, *au commencement d'une phrase, est suivi d'un infinitif français, et qu'il peut se traduire par* si, *on se sert de* si, *et l'on met le verbe au subjonctif, à la personne et au temps qu'est le verbe suivant.* Exemple : *De dire que vous êtes orgueilleux, je serais criminel,* c'est-à-dire, *si je disais que vous êtes orgueilleux, je serais criminel.* Si dicerem te esse superbum, in culpâ essem.

De vous-même. Tuo marte.

Plante qui vient d'elle-même. Injussum gramen, *gén.* injussi graminis. *neut.*

De porte en porte. Ostiatim. *adv.*

De quartier en quartier. Vicatim. *adv.*

De ville en ville. Oppidatim. *adv.*

DÉ *à jouer.* Tessera, *gén.* tesseræ. *f.*

DÉ *à coudre.* Digitale, *g.* digitalis. *n.*

DÉBÂCLE, *l'action de débarrasser les ports.* Remotio, *génit.* remotionis. *fém.* Ajoutez impedimentorum, *c'est-à-dire, éloignement des embarras.*

DÉBÂCLE, *rupture des glaces.* Repentina solutio, *gén.* repentinæ solutionis. *fém.* Ajoutez glaciei, *au gén.*

DÉBÂCLER, *débarrasser les ports.* Removere, removeo, removes, removi, remotum. *act.* Ajoutez impedimenta, *c'est-à-dire, éloigner les embarras : l'endroit à l'ablat. avec* à ou ab.

DÉBÂCLER, *en parlant des rivières,* comme : *La rivière a débâclé.* Amnis glacie concretus solutus est.

DÉBALLÉ. Solutus, soluta, solutum. *part. pass. de* Solvo.

DÉBALLER, Solvere, solvo, solvis, solvi, solutum. *act. acc.*

DÉBANDADE, *libertinage.* Licentia, *gén.* licentiæ. *fém. Aller à la débandade.* V. *Se débander, sortir, etc.*

DÉBANDADE, *confusion.* Confusio, *gén.* confusionis. *fém.*

DÉBANDÉ. Remissus, remissa, remissum. *part. pass. de* Remitto. *Soldats débandés.* Palantes milites, *gén.* palantum militum. *masc. plur.*

DÉBANDER. Remittere, remitto, remisi, remissum. *act. acc.*

DÉBANDER, *ôter les bandes qui lient.* Solvere, *c'est-à-dire, délier.* Solvo, solvis, solvi, solutum. *act. acc.*

Se Débander, *sortir de ses rangs.* Discedere, discedo, discedis, discessi, discessum. *n. Ajoutez à signis, c'est-à-dire, s'écarter de ses étendards.*

DÉBARBOUILLER. Abstergere, abstergo, abstergis, abstersi, abstersum. *act. acc. Se débarbouiller le visage.* Nitidare, nitido, nitidas, nitidavi, nitidatum. *act. avec l'acc.* faciem.

DÉBARQUEMENT. Exscensio, *g.* exscensionis. *fém.*

DÉBARQUÉ. Expositus, exposita, expositum. *part. pass.* d'Expono. *Ajoutez* in terram, *c'est-à-dire, mis à terre.*

DÉBARQUER ou *descendre à terre.* facere, facio, facis, feci, factum. *act. Ajoutez* exscensionem, *c'est-à-dire, faire son débarquement. Le lieu où l'on débarque se met à l'accus.*

Débarquer, *mettre à terre.* Deponere, depono, deponis, deposui, depositum. *act. acc. Ajoutez* in terram.

DÉBARRASSÉ. Expeditus, expedita, expeditum. *part. pass.* d'Expedio. *Le de par* à *ou* ab *et l'ablat.*

DÉBARRASSER. Expedire, expedio, expedis, expedivi *ou* expedii, expeditum. *act. acc. Le de par à ou* ab *et l'ablat.*

DÉBARRER, *ôter les barres.* Convellere, convello, convellis, convelli *ou* convulsi, convulsum. *act. Ajoutez* repagula.

DÉBAT. Controversia, *gén.* controversiæ. *fém.*

DÉBATER, *ôter le bât.* Detrahere, detraho, detrahis, detraxi, detractum. *act. Ajoutez* clitellas. *Un âne.* Asino, *au datif.*

DÉBATTRE ou *disputer.* Contendere, contendo, contendis, contendi, contensum *ou* contentum. *n. Le nom de la chose se met à l'ablat. avec de.*

Se Débattre. Agitari, agitor, agitaris, agitatus sum. *pass.*

DÉBATTU. Agitatus, agitata, agitatum. *part. pass.* d'Agito.

DÉBAUCHE, *vie licencieuse.* Libido, *gén.* libidinis. *fém.*

Débauche *dans le boire.* Perpotatio, *gén.* perpotationis. *fém. Dans le manger.* Comessatio, *g.* comessationis. *fém. Faire débauche de vin.* Græcari, græcor, græcaris, græcatus sum. *dép. Un homme perdu de débauche.* Nepos, *gén.* nepotis. *masc.*

DÉBAUCHÉ ou *corrompu.* Corruptus, corrupta, corruptum. *p. pas. de* Corrumpo.

Débauché, *libertin.* Homo perditus, *génit.* hominis perditi. *Tous deux se déclinent.*

DÉBAUCHÉE. Meretrix, *gén.* meretricis. *fém.*

DÉBAUCHER. Corrumpere, corrumpo, corrumpis, corrupi, corruptum. *act. acc. Débaucher quelqu'un du service d'un autre.* Servum domino eripere, eripio, eripis, cripui, ereptum. *acc.* servum, *datif* domino.

Se Débaucher. Deflectere, deflecto, deflectis, deflexi, deflexum. *neut. Ajoutez à* virtute, *c'est-à-dire, s'éloigner de la vertu.*

DÉBIFFÉ, *avoir l'estomac débiffé.* Laborare, laboro, laboras, laboravi, laboratum. *neut. Ajoutez* dissolutione stomachi.

Débiffé. Debilis. *masc. fém.* debile. *n. gén.* debilis.

DÉBIFFER l'estomac. Creare dissolutionem stomachi, *c'est-à-dire, causer le dérangement dans l'estomac.*

DÉBILE. Debilis. *m. f.* debile. *n. gén.* debilis *pour tous les genres.*

DÉBILEMENT. Debiliter. *adv.*

DÉBILITATION. Defectio, *gén.* defectionis. *fém. Ajoutez* virium, *c'est-à-dire, défaut de forces.*

DÉBILITÉ. Debilitas, *génit.* debilitatis. *fém.*

DÉBILITER. Debilitare, debilito, debilitavi, debilitatum. *act. acc.*

DÉBIT. Venditio, *g.* venditionis. *fém.*

DÉBITER. Vendere, vendo, vendis, vendidi, venditum. *act. acc.*

Débiter, *dire.* Spargere, spargo, spargis, sparsi, sparsum. *act. acc.* nuncios, *des nouvelles.*

DÉBITEUR. Debitor, *gén.* debitoris. *m.*

DÉBITRICE, *celle qui doit.* Debitrix, *gén.* debitricis. *fém.*

DÉBOIRE, *mauvais goût qui reste dans la bouche.* Injucundus sapor, *gén.* injundi saporis. *masc. L'un et l'autre se déclinent.*

Déboire, *chagrin.* Anxietas, *gén.* anxietatis. *fém.*

DÉBOITÉ. Luxatus, luxata, luxatum. *part. pass. de* Luxo.

DÉBOITEMENT. Depulsio, *génit.* depulsionis *fém. D'un os* ossis. *Ajoutez* de suâ sede, *c'est-à-dire, dérangement de sa place.*

DÉBOITER. Movere, moveo, moves, movi, motum. *act. acc. Un os.* Os. *Ajoutez* suâ sede. *c'est-à-dire, ôter de sa place.*

DÉBONDER. Emittere, emitto, emittis, emisi, emissum. *act. Ajoutez* sublato obstaculo, aquam, *c'est-à-dire, faire couler l'eau, ayant levé la bonde.*

DÉBONDONNER. Excutere, excutio, excutis, excussi, excussum. *act. Ajoutez* obturamentum, *c'est-à-dire, ôter le bondon. D'un tonneau.* Dolii.

DÉBONNAIRE. Mitis. *masc. fém.* mite, *neut. gén.* mitis.

DÉBORDÉ. Exundans. *masc. fém. neut. gén.* exundantis. *part. prés.* d'Exundo.

DÉBORDÉ, *débauché à l'excès.* Flagitiosissimus, flagitiosissima, flagitiosissimum. *adj.*

DÉBORDEMENT. Exundatio, *génit.* Exundationis. *fém.*

DÉBORDEMENT, *vie licencieuse.* Immoderata licentia, *gén.* immoderatæ licentiæ. *fém. L'un et l'autre se déclinent.*

DÉBORDER, *se déborder, en parlant des rivières, etc.* Exundare, exundo, exundas, exundavi, exundatum. *neut.*

DÉBORDER, *ou s'avancer en dehors.* Prominere, promineo, promines, prominui. *sans supin. neut.*

DÉBORDER, *ôter le bord.* Detrahere, detrahis, detraxi, detractum. *act. Ajoutez* limbum. Un habit. Vesti, *au datif, c'est-à-dire, ôter la bordure à.*

DÉBOTTER. Detrahere otreas alicui, *c'est-à-dire, ôter les bottes à quelqu'un.*

DÉBOUCHÉ. Apertus, aperta, apertum. *part. pass.* d'Aperio.

DÉBOUCHER. Aperire, aperio, aperis, aperui, apertum. *act. acc.*

DÉBOUCLÉ. Diffibulatus, diffibulata, diffibulatum. *part. pass. de* Diffibulo.

DÉBOUCLER. Diffibulare, diffibulo, diffibulas, diffibulavi, diffibulatum. *act. accus.*

DÉBOURBÉ. Eductus, educta, eductum. *part. pass.* d'Educo. *Ajoutez* cœno, *c'est-à-dire, tiré de la bourbe.*

DÉBOURBER. Educere, educo, educis, eduxi, eductum. *act. acc. Ajoutez* cœno, *c'est-à-dire, tirer de la bourbe.*

DÉBOURBER *un endroit, le nettoyer.* Purgare, purgo, purgas, purgavi, purgatum. *act. acc. Ajoutez* à cœno.

DÉBOURRER. Extrahere, extraho, extrahis, extraxi, extractum. *act.* E *ou* ex *avec l'ablatif de la chose que l'on débourre. Ajoutez* tomentum, *c'est-à-dire, tirer de la bourre.*

DÉBOURSÉ. Impensus, impensa, impensum. *part. pass.* d'Impendo.

DÉBOURSEMENT. Numeratio, *génit.* numerationis. *fém. Ajoutez* pecuniæ. *c'est-à-dire, compte d'argent.*

DÉBOURSER. Impendere, impendo, impendis, impendi, impensum. *actif. accus.*

DEBOUT. Stans. *masc. fém. neut. gén.* stantis. *Etre ou se tenir de bout.* Stare, sto, stas, steti, statum. *neut.* Debout, *ou lève-toi.* Surge. *Si l'on parle à plusieurs,* surgite. *impérat.*

DÉBOUTER. Dejicere, dejicio, dejicis, dejeci, dejectum. *act. acc. De, par de avec l'ablat.*

DÉBOUTONNER. Laxare, laxo, axas, laxavi, laxatum. *act. acc.*

SE DÉBRAILLER. Nudare, nudo, nudas, nudavi, nudatum. *act. Ajoutez* pectus, *c'est-à-dire, découvrir sa poitrine.*

DÉBRIDÉ, *sans bride.* Effrenatus, effrenata, effrenatum. *part. pass.*

DÉBRIDER. Solvere, solvo, solvis, solvi, solutum. *act. acc. Ajoutez* freno, *c'est-à-dire, délivrer de la bride. Sans débrider.* Continenter. *adv.*

DÉBRS. Naufragium, *génit.* naufragii. *neut.*

DÉBRIS, *reste.* Reliquiæ, *gén.* reliquiarum. *fém. plur. De navire brisé.* Fracti navigii, *au gén.*

DÉBROUILLÉ. Explicitus, explicita, explicitum. *part. pass.* d'Explico.

DÉBROUILLEMENT. Explicatio, *gén.* explicationis. *fém.*

DÉBROUILLER. Explicare, explico, explicas, explicavi ou explicui, explicatum ou explicitum.

DÉBUSQUÉ. Detrusus, detrusa, detrusum. *part. pass. de* Detrudo.

DÉBUSQUER. Detrudere, detrudo, detrudis, detrusi, detrusum. *act. acc. Le de par* è *ou* ex *avec un ablat.*

DÉBUT, *commencement.* Initium, *gén.* initii. *neut.*

DÉBUTER, *commencer.* Facere, facio, facis, feci, factum. *act. Ajoutez* initium, *et ensuite le gérondif en* di.

DÉBUTER, *ôter du but.* Dejicere, dejicio, dejicis, dejeci, dejectum. *act. accus.* è metà.

DEÇA *ou ici.* Hic, *sans mouvement.* Huc *avec mouvement.* Deçà et delà. Huc illuc. Deçà, par deçà, au deçà, en deçà. Cis ou citra *avec l'acc.*

DÉCACHETÉ. Resignatus, resignata, resignatum. *part. pass. de* Resigno.

DÉCACHETER. Resignare, resigno, resignas, resignavi, resignatum. *act. acc.*

DÉCADE. Decas, *gén.* decadis. *fém.*

DÉCADENCE. Occasus, *gén.* occasus. *masc. Aller en décadence.* Ruere, ruo, ruis, rui, rutum. *neut.*

DÉCAGONE, *qui a dix angles.* Decagonus, decagona, decagonum. *adj.*

DÉCALOGUE. Decalogus, *gén.* decalogi. *masc.*

DÉCAMPEMENT. Motio, *gén.* motionis. *fém. Ajoutez* castrorum, *c'est-à-dire, levée d'un camp.*

DÉCAMPER. Movere, moveo, moves, movi, motum. *act. Ajoutez* castra, *c'est-à-dire, lever le camp. Le de par* à *ou* ab *avec un ablat.*

DÉCAPITÉ. Truncatus, truncata, truncatum. *part. pass. de* Trunco. *Ajoutez* capite, *c'est-à-dire, à qui on a coupé la tête.*

DÉCAPITER. Amputare, amputo, amputas, amputavi, amputatum. *act. dat.* *Ajoutez* caput, *c'est-à-dire, couper la tête.*

DÉCARRELER, *ôter les carreaux d'une chambre.* Destruere, destruo, destruis destruxi, destructum. *act. Ajoutez* lateritium pavimentum, *c'est-à-dire, ôter détruire le pavé de brique.*

DÉCÉDÉ, *mort.* Mortuus, mortua, mortuum.

DÉCÉDER, *mourir.* Mori, morior, moreris, mortuus sum. *dépon.*

DÉCELÉ, *découvert.* Proditus, prodita, proditum. *part. pass. de* Prodo.

DÉCÈLEMENT. Proditio, *gén.* proditionis. *fém.*

DÉCELER, *découvrir.* Prodere, prodo, prodis, prodidi, proditum. *act. acc.*

DÉCEMBRE, *mois.* December, *génit.* decembris. *masc.*

DÉCEMMENT. Decenter. *adv.*

DÉCEMVIR. Decemvir, *gén.* decemviri. *masc.*

DÉCEMVIRAT. Decemviratus, *génit.* decemviratûs. *masc.*

DÉCENCE, *bienséance.* Decorum, *gén.* decori. *neut.*

DÉCENNAL. Decennalis. *m. f.* decennale. *neut. gén.* decennalis *pour tous les genres.*

DÉCENT. Decorus, decora, decorum. *adject. Être décent.* Decere, decet, *au plur.* decent ; decuit, *au plur.* decuerunt. *neut. impersonnel. On met ensuite un acc. de la personne, et le verbe suivant à l'infinitif.*

DÉCEPTION, *tromperie.* Fallacia, *gén.* fallaciæ. *fém.*

DE CE QUE. Quòd, *avec le subj.*

DÉCERNÉ, *ordonné.* Decretus, decreta, decretum. *adject.*

DÉCERNER, *ordonner.* Decernere, decerno, decernis, decrevi, decretum. *act.*

DÉCÈS, *mort.* Obitus, *g.* obitûs. *m.*

DÉCEVOIR. *Voy.* Tromper.

DÉCHAÎNÉ, *à qui on a ôté les chaînes.* Exsolutus, exsoluta, exsolutum, *part. pass. d'*Exsolvo.

DÉCHAÎNEMENT, *emportement.* Invectio, *gén.* invectionis. *fém. Contre quelqu'un.* In aliquem.

DÉCHAÎNEMENT, *liberté extrême qu'on se donne.* Effrenata licentia, *gén.* effrenatæ licentiæ. *fém.*

DÉCHAÎNER. Solvere, solvo, solvis, solvi, solutum. *act. Ajoutez* ex catenâ, *c'est-à-dire, tirer de la chaîne, et mettez à l'acc. la chose ou la personne qu'on déchaîne.*

SE DÉCHAÎNER, *rompre ses chaînes.* Solvere vincula, *à l'acc.*

SE DÉCHAÎNER *contre.* Invehi, invehor, inveheris, invectus sum. *pass. Contre*, in *avec l'accus. S'il y a en injures, en médisances, etc. Ajoutez au verbe*, acerbiùs. *comp. adv.*

DÉCHALANDER. Abducere, abduco, abducis, abduxi, abductum. *act. Ajoutez* emptores. *La personne ou la boutique à l'ablat. avec* à *ou* ab, *c'est-à-dire, détourner les acheteurs de...*

DÉCHARGE *de canon, etc.* Emissio, *gén.* emissionis. *fém.*

DÉCHARGE, *quittance.* Apocha, *génit,* apochæ. *fém.*

DÉCHARGE, *endroit où l'on serre diverses choses.* Receptaculum, *gén.* receptaculi. *neut.*

DÉCHARGE *des choses que l'on met à terre.* Collocatio, *gén.* collocationis. *fém, Ajoutez* in terrâ.

DÉCHARGE *d'une faute.* Liberatio, *gén,* liberat'onis. *fém.* De, *par* à *ou* ab, *avec l'ablat.*

DÉCHARGE, *soulagement.* Levamentum, *gén.* levamenti. *neut.*

DÉCHARGÉ. Exoneratus, exonerata, exoneratum. *part. pass. ablat. de la chose.*

DÉCHARGÉ, *absous.* Liberatus, liberata, liberatum. *part. pass. de* Libero. *ablat. de la chose.*

DÉCHARGER *d'un fardeau.* Exonerare, exonero, exoneras, exoneravi, exoneratum. *act. rég. dir. acc. rég. ind. ablat.*

DÉCHARGER *le canon, etc.* Displodere ; displodo, displodis, displosi, displosum. *act. avec l'acc.*

DÉCHARGER *de ou délivrer.* Liberare, libero, liberas, liberavi, liberatum. *act. rég. dir. acc. rég. ind. ablat.*

DÉCHARGER *son cœur, faire connaître son chagrin.* Patefacere, patefacio, patefacis, patefeci, patefactum. *act. dat. de la personne. Ajoutez* animum.

DÉCHARGER *sa colère contre.* Effundere, effundo, effundis, effudi, effusum. *act.* Contre, par *in avec l'acc. Ajoutez* iram.

SE DÉCHARGER *d'un fardeau.* Deponere, depono, deponis, deposui, depositum. *act.* Onus, *à l'acc.*

SE DÉCHARGER *d'une chose sur quelqu'un.* Transferre, transfers, transtuli, translatum. *act. rég. dir. acc. rég. ind. acc. avec* in.

SE DÉCHARGER, *en parlant d'une rivière, etc.* Effundi, effundor, effunderis, effusus sum. *pass. On exprime dans par* in *avec l'arcus.*

DÉCHARGEUR. Exportator, *gén.* exportatoris. *masc.*

DÉCHARMER. Amovere, amoveo, amoves, amovi, amotum. *act. Ajoutez* fascinationes, *et ce qu'on décharme, à l'ablat. avec* à *ou* ab ; *c'est à-dire, écarter le charme.*

DÉCHARNÉ, *maigre.* Macilentus, macilenta, macilentum. *adj.*

DÉCHARNER. Nudare, nudo, nudas, nudavi, nudatum. *act. Ajoutez* carne, *et un accusatif, c'est-à-dire, dépouiller de la chair.*

DÉCHAUSSÉ. Excalceatus, excalceata, excalceatum. *part. pass.* d'Excalceo. *En parlant des arbres.* Ablaqueatus, ablaqueata, ablaqueatum. *part. pass.* d'Ablaqueo.

DÉCHAUSSEMENT, *en parlant des arbres.* Ablaqueatio, *gén.* ablaqueationis. *fém.*

DÉCHAUSSER. Excalceare, excalceo, excalceas, excalceavi, excalceatum. *act. acc. En parlant des arbres.* Ablaqueare, ablaqueo, ablaqueas, ablaqueavi, ablaqueatum. *act. acc.*

SE **DÉCHAUSSER.** Demere, demo, demis, dempsi, demptum. *Ajoutez* soleas, *c'est-à-dire, ôter ses souliers.*

DÉCHÉANCE. Decessio, *gén.* decessionis. *fém.*

DÉCHET. Imminutio, *gén.* imminutionis. *fém.*

DÉCHEVELÉ. *Une femme déchevelée.* Mulier, *g.* mulieris. *fém. Ajoutez* passis capillis, *à l'ablatif, c'est-à-dire, ayant les cheveux épars. On ne décline que le nom joint à* déchevelé.

DÉCHEVELER, *décoiffer.* Dejicere, dejicio, dejicis, dejeci, dejectum. *act. Ajoutez* comas, *et le gén. de la personne; c'est-à-dire, déranger les cheveux de quelqu'un.*

DÉCHIFFREMENT, *explication.* Explicatio, *gén.* explicationis. *fém.*

DÉCHIFFRER. Explicare, explico, explicas, explicui, explicatum. *act. acc.*

DÉCHIFFREUR. Explicator, *gén.* explicatoris. *masc.*

DÉCHIQUETÉ. Incisus, incisa, incisum. *part. pass.* d'Incido.

DÉCHIQUETER. Incidere, incido, incidis, incidi, incisum. *act. acc.*

DÉCHIQUETURE. Incisura, *gén.* incisuræ. *fém.*

DÉCHIRANT, *qui déchire le cœur.* Quod animum angit.

DÉCHIRÉ. Laceratus, lacerata, laceratum. *part. pass* de Lacero.

DÉCHIREMENT. Laceratio, *gén.* lacerationis. *fém.*

DÉCHIRER. Lacerare, lacero, laceras, laceravi, laceratum. *act. acc.*

DÉCHIRURE. Laceratio, *gén.* lacerationis. *fém.*

DÉCHOIR. Decidere, decido, decidis, decidi, *sans sup. n.* De, *par* à *ou* ab, *avec l'abl.* Dans, *par* in, *avec l'acc.*

DÉCHOIR *de son espérance.* Decidere à spe.

DÉCHU. Lapsus, lapsa, lapsum. *part. pass.* de Labor. De, *par* è *ou* ex, *avec l'ab.*

DÉCHU *de son espérance.* Dejectus, dejecta, dejectum. Spe, *à l'ablat.*

DÉCIDÉ. Ratus, rata, ratum. *part. pass.* de Reor.

DÉCIDER. Decidere, decido, decidis, decidi, decisum. *ablat. avec de.*

DÉCIMATEUR. Cui addictæ sunt decimæ. *Celui à qui appartiennent les dîmes.*

DÉCIME, *dixième partie d'un franc.* Decimus, *gén.* decimi. *masc.*

DÉCIMES, *dixième du revenu.* Decumæ, *gén.* decumarum. *fém. plur.*

DÉCIMER. Decimare, decimo, decimas, decimavi, decimatum. *act. acc.*

DÉCINTRER. Subducere, subduco, subducis, subduxi, subductum. *act. Ajoutez* ligneos arcus, *c'est-à-dire, ôter les cintres.*

DÉCISIF. Decretorius, decretoria, decretorium. *adj.*

DÉCISION. Decisio, *gén.* decisionis. *f. Donner la décision de.* Voy. Décider.

DÉCISIVEMENT. Decretorie. *adv.*

DÉCLAMATEUR. Declamator, *génit.* declamatoris. *masc.*

DÉCLAMATION. Declamatio, *gén.* declamationis. *fém. Invective.* Objurgatio, *gén.* objurgationis. *fém.*

DÉCLAMATOIRE. Declamatorius, declamatoria, declamatorium. *adj.*

DÉCLAMER. Declamare, declamo, declamas, declamavi, declamatum. *act. acc. Déclamer contre.* Voy. Se déchaîner contre.

DÉCLARATION, *édit.* Edictum, *gén.* edicti. *neut.*

DÉCLARATION *de guerre.* Denuntiatio, *gén.* denuntiationis. *fém.* belli.

DÉCLARATION *des sentimens.* Declaratio, *gén.* declarationis. *fém.* animi, *au gén. D'amitié.* Amoris.

DÉCLARATION, *connaissance qu'on donne.* Patefactio, *gén.* patefactionis. *fém.*

DÉCLARÉ. Significatus, significata, significatum. *part. pass.* de Significo.

DÉCLARÉ, *décidé.* Decretus, decreta, decretum. *adj.*

ENNEMI DÉCLARÉ *de quelqu'un.* Alicui palàm adversarius, adversaria, adversarium, *c'est-à-dire, ouvertement ennemi de quelqu'un.*

DÉCLARER. Significare, significo, significas, significavi, significatum. *act. rég. dir. acc. rég. ind. dat. Déclarer la guerre.* Indicere, indico, indicis, indixi, indictum. Bellum. *act. dat. de la personne. Déclarer ses complices.* Indicare conscios, *c'est-à-dire, les indiquer. Déclarer quelqu'un consul.* Declarare, declaro, declaras, declaravi, declaratum. Aliquem consulem.

SE DÉCLARER ou *découvrir ses desseins*. Aperire, aperio, aperis, aperui, apertum. *act. dat. de la personne. Ajoutez* consilia, *à l'acc.*

SE DÉCLARER *pour*, ou *embrasser le parti de*. Amplecti, amplector, amplecteris, amplexus sum. *dép. gén. Ajoutez* partes, *c'est-à-dire*, *embrasser le parti de quelqu'un.*

SE DÉCLARER *contre quelqu'un*. Adversari, adversor, adversaris, adversatus sum. *dépon. Ajoutez* aperté. *adv. et le dat. c'est-à-dire*, *être ouvertement contraire à quelqu'un.*

DÉCLIN. Occasus, *gén.* occasûs. *masc. Déclin de la lune*. Decrescentia, *gén.* decrescentiæ. *fém.* Lunæ, *au gén. Déclin s'exprime souvent par* Inclinatus, inclinata, inclinatum, *qui s'accorde avec son gén.* Inclinatus dies, *le déclin du jour*. Inclinata fortuna, *le déclin de la fortune. Etre sur son déclin*. Declinare, declino, declinas, declinavi, declinatum, *neut.*

DÉCLINABLE, *en parlant d'un nom*. Quod declinari potest.

DÉCLINAISON. Declinatio, *gén.* declinationis. *fém.*

DÉCLINER. Declinare, declino, declinas, declinavi, declinatum. *neut. ou act. accus.*

DÉCLINER, *diminuer.* Inclinare, inclino, inclinas, inclinavi, inclinatum. *neut.*

DÉCLINER, *éviter*. Effugere, effugio, effugis, effugi, effugitum. *act. acc.*

DÉCLIVITÉ. Declivitas, *gén.* declivitatis. *fém.*

DÉCLORE, *ouvrir*. Recludere, recludo, recludis, reclusi, reclusum. *act. accus.*

DÉCLOUÉ. Refixus, refixa, refixum. *part. pass. de* Refigo.

DÉCLOUER. Refigere, refigo, refigis, refixi, refixum. *act. acc.*

DÉCOCHER, *tirer une flèche*. Emittere, emitto, emittis, emisi, emissum. *act.* Sagittam. *acc.*

DÉCOCTION. Decoctum, *gén.* decocti. *neut.*

DÉCOIFFER. Eximere, eximo, eximis, exemi, exemptum. *act. Ajoutez* tegmen capitis, *et le datif de la personne* ; *c'est-à-dire*, *défaire la coiffure. Décoiffer une bouteille*. Returare, returo, returas, returavi, returatum. *Ajoutez* lagenam.

DÉCOLLER ou *décapiter*. Decollare, decollo, decollas, decollavi, decollatum. *act. acc.*

DÉCOLLER *ce qui est collé*. Reglutinare, reglutino, reglutinas, reglutinavi, reglutinatum. *act. acc.*

DÉCOLORÉ, *qui a perdu sa couleur*. Decolor. *m. f. n. gén.* decoloris.

DÉCOLORER. Decolorare, decoloro, decoloras, decoloravi, decoloratum. *act. accus.*

SE DÉCOLORER. Decolorari, decoloror, decoloraris, decoloratus sum. *pass.*

DÉCOMBRER, *ôter les décombres*. Eruderare, erudero, eruderas, eruderavi, eruderatum. *act.*

DÉCOMBRES, *démolitions*. Rudera, *gén.* ruderum. *neut. plur.*

DÉCOMPOSITION. Dissolutio, *génit.* dissolutionis. *fém.*

DÉCOMPTE, *Somme à déduire*. Subductio, *gén.* subductionis. *fém. Ajoutez* summæ, *c'est-à-dire*, *déduction de la somme.*

DÉCOMPTER. Subducere, subduco, subducis, subduxi, subductum. *act. acc. Ajoutez* ex summâ, *c'est-à-dire*, *déduire d'une somme.*

DÉCONCERTÉ. Perturbatus, perturbata, perturbatum. *part. pass. de* Perturbo.

DÉCONCERTER. Perturbare, perturbo, perturbas, perturbavi, perturbatum. *act. accus.*

SE DÉCONCERTER. Conturbari, conturbor, conturbaris, conturbatus sum. *pass. Ajoutez* animo.

DÉCONFORTER. *Voy. Décourager.*

DÉCONSEILLER, *dissuader*. Deterrere, deterreo, deterres, deterrui, deterritum. *rég. dir. acc. rég. ind. ablat. avec* à *ou* ab.

DÉCONTENANCÉ, *qui n'a pas de contenance*. Incompositus, incomposita, incompositum. *adj.*

DÉCONTENANCER, *faire perdre toute contenance*. *Voy. Déconcerter.*

DÉCORATEUR, *qui a soin des décorations*. Choragus, *g.* choragi. *masc.*

DÉCORATION *de la scène*. Choragium, *gén.* choragii. *neut.*

DÉCORATION, *ornement*. Decoramen, *g.* decoraminis. *neut.*

DÉCORER. Decorare, decoro, decoras, decoravi, decoratum. *act. rég. dir. acc. rég. ind. ablat.*

DÉCORUM, *bienséance*. Decorum, *gén.* decori. *neut. Garder le décorum*. Tenere, teneo, tenes, tenui, tentum. *act. accus.* decorum.

DÉCOUCHER. Abnoctare, abnocto, abnoctas, abnoctavi, abnoctatum. *neut. Découcher quelqu'un*. Cubare in lecto alicujus, *c'est-à-dire*, *coucher dans le lit de quelqu'un.*

DÉCOUDRE. Dissuere, dissuo, dissuis, dissui, dissutum. *act. acc.*

DÉCOULEMENT. Effluvium, *génit.* effluvii. *neut.*

DÉCOULER. Fluere, fluo, fluis, fluxi, fluxum. *neut. Le de s'exprime par* e *ou* ex *avec l'ablat.*

DÉCOUPÉ. Incisus, incisa, incisum. *part. pass.* d'Incido.

DÉCOUPER. Incidere, incido, incidis incidi, incisum. *act. acc.*

DÉCOUPLER, *séparer les chiens qui étaient attachés ensemble.* Abjugare, abjugo, abjugas, abjugavi, abjugatum. *act. acc.*

DÉCOUPURE. Incisura, *gén.* incisuræ. *fém.*

DÉCOURAGÉ. Fractus, fracta, fractum. *part. pass. de* Frango. *Ajoutez* animo. *c'est-à-dire, abattu de courage.*

DÉCOURAGEMENT. Debilitatio, *gén.* debilitationis. *fém. Ajoutez* animi, *c'est-à-dire, affaiblissement de courage.*

DÉCOURAGER. Frangere, frango, frangis, fregi, fractum. *act. gén. de la personne. Ajoutez* animum, *c'est-à-dire, abattre le courage.*

SE DÉCOURAGER. Cadere, cado, cadis, cecidi, casum. *neut. Ajoutez* animo, *c'est-à-dire, perdre courage.*

DÉCOURS de la lune. Lunæ decrescens, *gén.* lunæ decrescentis. *f. L'un et l'autre se déclinent.*

DÉCOURS de la fièvre. Decessio, *génit.* decessionis. *f. Ajoutez* febris, *au gén.*

DÉCOUSU. Dissutus, dissuta, dissutum. *part. pass. de* Dissuo.

DÉCOUVERT, *à qui on a ôté ce qui le couvrait.* Detectus, detecta, detectum. *adject.*

DÉCOUVERT, *exposé à la vue, au vent, etc.* Apertus, aperta, apertum. *adj.*

DÉCOUVERT, *troué.* Inventus, inventa, inventum. *adj.*

ÊTRE DÉCOUVERT, *avoir la tête découverte.* Esse aperto capite, *à l'ablat. absolu, c'est-à-dire, être ayant la tête découverte.* A découvert ou à l'air. Sub dio. A découvert, ouvertement, clairement. Apertè. *adv.*

DÉCOUVERTE. Exploratio, *gén.* explorationis. *fém. Qui va à la découverte.* Explorator, *gén.* exploratoris. *m.*

DÉCOUVRIR. Detegere, detego, detegis, detexi, detectum. *act. rég. dir. acc. rég. ind. dat.*

DÉCOUVRIR, *divulguer.* Proferre, profero, profers, protuli, prolatum. *act. acc. Ajoutez* in lucem, *c'est-à-dire, mettre au jour.*

DÉCOUVRIR, *trouver.* Invenire, invenio, invenis, inveni, inventum. *act. acc.*

DÉCOUVRIR à quelqu'un son sentiment, ou se découvrir à quelqu'un. Aperire, aperio, aperis, aperui, apertum, alicui. *Ajoutez* sententiam suam *avec le dat.*

SE DÉCOUVRIR, *ôter son chapeau.* Aperire caput.

DÉCRASSER. Detergere, detergo, detergis, detersi, detersum. *act. acc. Se décrasser le visage.* Detergere sordes oris.

DÉCRÉDITER. Adimere, adimo, adimis, ademi, ademptum. *act. Ajoutez* auctoritatem *avec le dat.*, *c'est-à-dire ôter le crédit à.*

SE DÉCRÉDITER. Perdere existimationem. *c'est-à-dire, perdre l'idée que l'on a de nous.*

DÉCREPIT. Decrepitus, decrepita, decrepitum *adj.*

DÉCRÉPITUDE, *extrême vieillesse.* Ætas decrepita, *gén.* ætatis decrepitæ. *f. L'un et l'autre se déclinent.*

DÉCRET. Decretum, *gén.* decreti. *n.*

DÉCRÉTALE, *rescrit du Pape.* Litteræ decretales, *gén.* litterarum decretalium. *fém. L'un et l'autre se déclinent.*

DÉCRÉTER. Decernere, decerno, decernis, decrevi, decretum. *act. acc.*

DÉCRI, *défense.* Interdictio, *gén.* interdictionis. *fém.*

DÉCRI, *mauvaise réputation.* Mala fama, *gén.* malæ famæ. *fém. Etre dans le décri.* Habere infamiam, habeo, habes, habui, habitum. *acc.*

DÉCRIÉ. Damnatus, damnata, damnatum. *part. pass. de* Damno. *Décrié pour ou par.* Infamis, *masc. fém.* infame. *neut. gén.* infamis. *ablat.*

DÉCRIER. Damnare, damno, damnas, damnavi, damnatum. *act. acc. Décrier quelqu'un, ou la réputation de quelqu'un.* Spoliare, spolio, spolias, spoliavi, spoliatum. *act.* Aliquem famâ, *c'est-à-dire, dépouiller quelqu'un de sa réputation.*

SE DÉCRIER. Lædere, lædo, lædis, læsi, læsum. *Ajoutez* famam, *c'est-à-dire, perdre sa réputation.*

DÉCRIRE. Describere, describo, describis, descripsi, descriptum. *act. acc.*

DÉCRIT. Descriptus, descripta, descriptum. *part. pass. de* Describo.

DÉCROCHÉ. Expeditus, expedita, expeditum. *adj.*

DÉCROCHER. Expedire, expedio, expedis, expedivi ou expedii, expeditum. *act. acc.*

DÉCROISSEMENT. Decrementum, *gén.* decrementi. *neut.*

DÉCROITRE. Decrescere, decresco, decrescis, decrevi, decretum. *neut.*

DÉCROTTÉ. Detersus, detersa, detersum. *part. pass. de* Detergo.

DÉCROTTER. Detergere, detergo, detergis, detersi, detersum. *act. acc.*

DÉCROTTOIRE. Scopula, *gén.* scopulæ. *fém.*

DÉÇU, *trompé.* Deceptus, decepta, deceptum. *part. pass. de* Decipio.

DÉCUPLE. Decuplus, decupla, decuplum.

DÉCUPLER, *rendre dix fois plus grand.* Decuplum facere, facio, facis, feci, factum. *act.* On met toujours decuplum.

DÉCURIE. Decuria, *gén.* decuriæ. *fém.*

DÉCURION. Decurio, *gén.* decurionis. *masc.*
DÉDAIGNER. Fastidire, fastidio, fastidis, fastidivi *ou* fastidii, fastiditum. *act. acc.*
DÉDAIGNEUSEMENT, *avec dédain et mépris.* Fastidiosé. *adv.*
DÉDAIGNEUX. Fastidiosus, fastidiosa, fastidiosum. *adj. A l'égard de.* In *avec l'acc.*
DÉDAIN. Fastidium, *g.* fastidii. *n.*
DÉDALE. Dædalus, *gén.* dædali. *m.*
DEDANS. Intrà, *s'il n'y a pas de mouvement.* Intrò, *s'il y a mouvement. Par dedans.* Per *avec un acc. Le dedans.* Pars interior, *gén.* partis interioris. *fém. Tous deux se déclinent.*
DÉDICACE *d'église.* Dedicatio, *gén.* dedicationis. *fém.*
DÉDICACE *d'un livre.* Nuncupatio, *gén.* nuncupationis. *fém.* libri. *au gén.*
DÉDICATOIRE, *en parlant d'une épître.* Epistola nuncupatoria, *g.* epistolæ nuncupatoriæ. *L'un et l'autre se déclinent.*
DÉDIÉ. Dedicatus, dedicata, dedicatum *part. pass. de* Dedico.
DÉDIER. Dedicare, dedico, dedicas, dedicavi, dedicatum. *act. rég. dir. acc. rég. ind. dat.*
DÉDIRE. Non stare, non sto, non stas, non ste'i, non statum. *n. g. de la personne. Ajoutez* dicto, *c'est-à-dire, ne pas s'en tenir à la parole de.*
SE DÉDIRE *de.* Recantare, recanto, recantas, recantavi, recantatum. *act. acc.*
DÉDIT. Revocatio, *gén.* revocationis. *fém. Ajoutez* dictorum, *c'est-à-dire, rétractation de sa parole.*
LE DÉDIT *de.* Pœna constituta, *génit.* pœnæ constitutæ. *f. De deux cents écus.* Ducentorum nummorum, *au g. plur.*
DÉDOMMAGÉ. Compensatus, compensata, compensatum. *part. pass. de* Compenso.
DÉDOMMAGEMENT. Compensatio, *gén.* compensationis. *fém.*
DÉDOMMAGER. Compensare, compenso, compensas, compensavi, compensatum. *act. Ajoutez* damna. *acc. plur. neut. et mettez le nom de la personne au génit.*
SE DÉDOMMAGER *de ses pertes.* Reparare acceptum detrimentum, *c'est-à-dire, réparer.* Reparo, reparas, reparavi, reparatum. *acc.*
DÉDORER. Detergere, detergo, detergis, detersi, detersum. *act. gén. de la chose. Ajoutez* auraturam, *c'est-à-dire, effacer la dorure de.*
SE DÉDORER. Amittere, amitto, amittis, amisi, amissum. *Ajoutez* auraturam, *c'est-à-dire, perdre sa dorure.*

DEDOUBLER. Eximere, eximo, eximis, exemi, exemptum. *dat. de la chose. Ajoutez* assutum pannum, *c'est-à-dire, ôter l'étoffe cousue à.*
DÉDUCTION. Deductio, *gén.* deductionis. *fém.*
DÉDUCTION, *récit, narration.* Enarratio. *gén.* enarrationis. *fém.*
DÉDUIRE. Deducere, deduco, deducis, deduxi, deductum. *act. acc. On met à l'abl. la somme de laquelle on déduit, avec* ex.
DÉDUIRE, *exposer.* Exponere, expono, exponis, exposui, expositum. *act. rég. dir. acc. rég. ind. dat.*
DÉDUIT. Deductus, deducta, deductum. *part. pass. de* Deduco.
DÉESSE. Dea, *gén.* Deæ. *fém.*
DÉFAILLANCE. Defectio, *gén.* defectionis. *fém. Tomber en défaillance.* Linqui, linquor, linqueris, *sans prétérit pass. Ajoutez* animo, *c'est-à-dire, être abandonné de son cœur.*
DÉFAILLIR, *manquer.* Deficere, deficio, deficis, defeci, defectum. *act.*
DÉFAIRE *ou détruire.* Destruere, destruo, destruis, destruxi, destructum. *act. accus.*
DÉFAIRE *ou délier.* Dissolvere, dissolvo, dissolvis, dissolvi, dissolutum. *act. acc.*
DÉFAIRE *ou vaincre.* Fundere, fundo, fundis, fudi, fusum. *act. acc.*
DÉFAIRE *quelqu'un de* Liberare aliquem, ensuite un ablat. *avec* à *ou* ab, *c'est-à-dire, délivrer.*
SE DÉFAIRE *de.* Deponere, depono, deponis, deposui, depositum. *act. acc. Se défaire de quelqu'un.* Amovere, amoveo, amoves, amovi, amotum. *act.* aliquem.
DÉFAIT *ou détruit.* Destructus, destructa, destructum. *part. pass. de* Destruo.
DÉFAIT *ou délié.* Dissolutus, dissoluta, dissolutum. *part. pass. de* Dissolvo.
DÉFAIT *ou vaincu.* Fusus, fusa, fusum, *part. pass. de* Fundo.
DÉFAIT. *Voyez* Maigre.
DÉFAITE *d'une armée, etc.* Clades, *gén.* cladis. *fém.*
DÉFAITE, *excuse artificieuse.* Effugium, *gén.* effugii. *neut.*
DÉFAITE, *débit d'une marchandise.* Venditio, *gén.* venditionis. *fém.*
DÉFALQUER. *Voyez* Déduire.
DÉFAVEUR. Gratiæ imminutio, *gén.* gratiæ imminutionis. *fém. On ne décline pas* gratiæ.
DÉFAVORABLE. Adversus, adversa, adversum. *adj.*
DÉFAVORABLEMENT. Inofficiosé. *adv.*
DÉFAUT, *imperfection.* Vitium, *gén.* vitii. *neut.*
DÉFAUT, *faute.* Mendum, *gén.* mendi. *neut.*

DÉFAUT, *manquement des choses nécessaires.* Defectus, *g.* defectûs. *masc.*

DÉFAUT, *en parlant des chiens.* Error, *gén.* erroris. *masc.*

DÉFAUT, *manquement de comparaitre en justice.* Vadimonium desertum, *gén.* vadimonii deserti. *neut.*

DEFECTIF, *verbe défectif.* Verbum defectivum, *gén.* verbi defectivi. *neut.*

DÉFECTION, *révolte, rébellion.* Defectio, *gén.* defectionis. *fém.*

DÉFECTUEUX. Vitiosus, vitiosa, vitiosum. *adj.*

DÉFECTUEUX, *imparfait.* Imperfectus, imperfecta, imperfectum. *adj.*

DÉFECTUOSITÉ. Vitium, *gén.* vitii. *neut.*

DÉFENDANT, comme : *A son corps défendant.* Invitè, *ou bien* repugnanter. *adv.*

DÉFENDERESSE, *en parlant d'une femme qui plaide.* Rea, *gén.* reæ. *fém.*

DÉFENDEUR. Reus, *gén.* rei. *m.*

DÉFENDRE ou *protéger.* Defendere, defendo, defendis, defendi, defensum. *act. acc.*

DÉFENDRE, *interdire.* Interdicere, interdico, interdicis, interdixi, interdictum. *neut. rég. dir. abl. rég. ind. dat.*

DÉFENDRE, *suivi d'un infinitif.* (Voy. la règle Défendre, Empêcher, *dans la Grammaire latine.*)

SE DÉFENDRE. Repellere vim vi, *c'est-à-dire, repousser la force par la force.*

DEFENDU ou *protégé.* Defensus, defensa, defensum. *part. pass. de* Defendo.

DEFENDU ou *dont on fait défense.* Prohibitus, a, um. *part. pass. de* Prohibeo.

DÉFENSE ou *protection.* Defensio, *gén.* defensionis. *fém.*

DÉFENSE ou *prohibition.* Interdictum, *gén.* interdicti. *neut. Faire défense.* Voy. *Défendre.*

LES DÉFENSES *du sanglier.* Dentes pugnatorii, *gén.* dentium pugnatoriorum. *m. plur. Ajoutez* apri, *au gén.*

DÉFENSEUR. Defensor, *gén.* defensoris. *masc.*

DÉFENSIF, *armes défensives.* Arma tegentia, *gén.* armorum tegentium. *neut. plur. Ligne offensive et défensive.* Consortio, *gén.* consortionis. *fém. Ajoutez* armorum, *c'est-à-dire société d'armes. Se tenir sur la défensive.* Parare se ad resistendum. *c. à d, se préparer à résister.*

DÉFÉRENCE. Observantia, *gén.* observantiæ. *fém.*

DÉFÉRER à, *ou avoir de la déférence pour.* Observare, observo, observas, observavi, observatum. *act. acc.*

DÉFÉRER, *accuser.* Deferre, defero, defers, detuli, delatum. *act. rég. dir. acc. rég. ind. acc. avec ad.*

DÉFÉRER, *donner.* Voy. *Décerner.*

DÉFERRER *un cheval, etc.* Eximere, eximo, eximis, exemi, exemptum, *ac dat. Ajoutez* soleas, *c'est-à-dire, ôter fers.*

DÉFI. Provocatio, *gén.* provocationi *f. Faire défi à.* V. *Défier, Provoquer.*

DÉFIANCE. Diffidentia, *génit.* dif dentiæ. *fém. avec le gén.*

DÉFIANT. Suspiciosus, suspiciosa suspiciosum. *adj.*

DÉFIER ou *provoquer.* Provocare, pr voco, provocas, provocavi, provocatum *act. rég. dir. accus. rég. ind. acc. avec a*

SE DÉFIER *de.* Diffidere, diffido, d fidis, diffisus sum. *neut. dat. de la pe sonne.*

DEFIGURÉ. Deformatus, deformata deformatum. *part. pass. de* Deformo.

DÉFIGURER. Deformare, deformo deformas, deformavi, deformatum. *ac accus.*

UN DÉFILÉ. Angustiæ, *gén.* angusti rum. *fém. plur.*

DÉFILER, *ôter les fils.* Detrahere fila detraho, detrahis, detraxi, detractum *act. acc. De la toile, etc.* telam, etc. *Ajou tez* filatim. *adv. c'est-à-dire, séparer fil fil.*

SE DÉFILER. Dissolvi, dissolvor, dis solveris, dissolutus sum. *pass.*

DÉFILER, *aller à la file.* Incedere, in cedo, incedis, incessum. *neut Ajoutez* longo ordine per viarum angus tias *c'est-à-dire, marcher en long ordr par les défilés des chemins.*

DÉFILER *un chapelet.* Dissolvere, dis solvo, dissolvis, dissolvi, dissolutum. *act* Sacros globulos, *à l'acc.*

DÉFINI. Definitus, definita, definitum *part. pass. de* Definio.

DÉFINIR. Definire, definio, definis, definivi ou definii, definitum. *act. acc.*

DÉFINITIF. Voy. *Décisif.*

DÉFINITION. Definitio, *gén.* Defini tionis. *fém.*

DÉFINITIVEMENT, *décisivement.* De cretoriâ ratione, *à l'abl.*

DÉFLEURI. Nudatus, nudata, nudatum. *adj. Ajoutez* floribus, *c'est-à-dire, dépouillé de ses fleurs.*

DÉFLEURIR. Deflorescere, defloreseo, deflorescis, deflorui. *sans sup. n.*

DÉFONCEMENT. Exemptio, *génit.* exemptionis. *fém. Ajoutez* fundi, *c'est-à dire, l'action d'ôter un fond.*

DÉFONCER. Eximere, eximo, eximis, excmi, exemptum. *act. dat. Ajoutez* fundum, *c'est-à-dire, ôter le fond.*

DÉFRAYER. Præbere, præbeo, præbes, præbui, præbitum. *act. acc. de la personne. Ajoutez* sumptum, *c'est-à-dire, payer la dép e se.*

DEFRICHEMENT. Cultura, *gén.* culturæ. *fém.*

DÉFRICHER. Extricare, extrico, extricas, extricavi, extricatum. *act. acc.*

DÉFRICHEUR. Cultor, *gén.* cultoris. *masc.*

DÉFRISER. Evolvere, evolvo, evolvis, evolvi, evolutum. *act.* Ajoutez cincinnos, c'est-à-dire, déplier les boucles de cheveux.

DÉFRONCER. Erugare, erugo, erugas, erugavi, erugatum. *act. acc.*

DÉFROQUÉ. Desertor, *gén.* desertoris. *masc.* Ajoutez cultûs.

DÉFROQUER. Abducere, abduco, abducis, abduxi, abductum. *act. acc.* Ajoutez à religiosæ militiæ castris, c'est-à-dire, faire sortir quelqu'un de l'état religieux.

SE DÉFROQUER, *quitter le froc.* Desciscere, descisco, desciscis, descivi, descitum. Ajoutez ab religioso instituto, c'est-à-dire sortir de l'état religieux.

DÉFUNT. Mortuus, mortua, mortuum. *adj.*

DÉGAGÉ. Expeditus, expedita, expeditum. *part. pass.* d'Expedio. De, par è ou ex, avec l'ablat.

DÉGAGEMENT. Liberatio, *gén.* liberationis. *fém.*

DÉGAGER. Expedire, expedio, expedis, expedivi, expeditum. *act. acc.* Le de s'exprime par è ou ex, avec l'ablat. Dégager sa parole. Liberare fidem suam, c'est-à-dire, la délivrer. Dégager un soldat. Solvere, solvo, solvis, solvi, solutum. *act. acc.* militem. Ajoutez sacramento militiæ, c'est-à-dire, le délivrer du serment de la guerre.

SE DÉGAGER. Expedire se. De quelque chose. Ab aliquâ re.

DÉGAINE. Strictus, stricta, strictum. *part. pass.* de Stringo.

DÉGAINER. Stringere, stringo, stringis, strinxi, strictum. *act. acc.* Ajoutez gladium. *acc.*

DÉGARNI. Nudatus, nudata, nudatum. *part. pass.* de Nudo. On met l'ablat. de la chose.

DÉGARNIR. Nudare, nudo, nudas, nudavi, nudatum. *act. acc.* Le nom de la chose dont on dégarnit se met à l'ablat.

DÉGAT. Populatio, *gén.* populationis. *fém.* Faire le dégât dans. Vastare, vasto, vastas, vastavi, vastatum. *act. acc.* Troupes qui font le dégât. Populatrices catervæ, *gén.* populatricium catervarum. *fém. plur.*

DÉGEL. Solutio, *gén.* solutionis. *fém.* Ajoutez glaciei, c'est-à-dire, fonte de la glace.

DÉGELÉ. Regelatus, regelata, regelatum. *part. pass.* de Regelo.

DÉGELER. Regelare, regelo, regelas, regelavi, regelatum. *act. acc.*

DÉGELER ou *se dégeler.* Regelari, regelor, regelaris, regelatus sum. *pass. Il dégèle,* ou *la glace se fond.* Glacies solvitur, *pass.* du verbe solvere, solvo, solvis, solvi, solutum.

DÉGÉNÉRER. Degenerare, degenero, degeneras, degeneravi, degeneratum. *n.* Le de par à ou ab avec l'abl. Dégénérer en. Evadere, evado, evadis, evasi, evasum. *neut.* En, par in avec l'acc.

DÉGLUER. Exsolvere, exsolvo, exsolvis, exsolvi, exsolutum. *act. acc.* de la chose qu'on deglue. Ajoutez visco, c'est-à-dire, débarrasser de la glu. Dégluer les paupières. Reglutinare palpebras, c'est-à-dire, les décoller.

DÉGOISER. Garrire, garrio, garris, garrivi, garritum. *neut.*

DEGORGEMENT. Effusio, *génit.* effusionis. *f.* Dégorgement d'une rivière. Influvium, *gén.* influvii, *n.* Amnis, au gen. Dans la mer. In mare, à l'acc.

DEGORGER, *ôter les ordures des conduits.* Purgare, purgo, purgas, purgavi, purgatum. *act. acc.*

SE DÉGORGER. Se effundere, effundo, effundis, effusi, effusum. *act.*

DÉGOURDIR. Discutere, discutio, discutis, discussi, discussum. *act. gén.* de la chose. Ajoutez torporem, c'est-à dire, ôter de l'engourdissement.

SE DÉGOURDIR, *commencer à être plus poli.* Proficere, proficio, proficis, profeci, profectum. Ajoutez ad calliditatem, c. à d., approcher de l'adresse.

DEGOURDISSEMENT. Discussio, *gén.* discussionis. *fém.* Ajoutez torporis.

DÉGOUT. Fastidium, *gén.* fastidii. *n.* Pour quelque chose, alicujus rei, *au gén.* Pour soi-même, suî. Dégoût pour des personnes. Animus adversus, *gén.* animi adversi. *m.* ab aliquo. Donner, inspirer, causer du dégoût. Voyez Dégoûter. Avoir, sentir du dégoût. V. se Dégoûter.

DÉGOUTANT, qui cause du dégoût. Movens, *masc. fém. neut. gén.* moventis. Ajoutez nauseam.

DÉGOUTANT, *sale, malpropre.* Sordidus ou fœdus, fœda, fœdum. *adj.*

DÉGOUTE. Abhorrens, *m. f. n: gén.* abhorrentis. De par à ou ab, et l'abl.

DÉGOUTER. Afferre, affero, affers, attuli, allatum. *act. dat.* de la personne, et le gén. de la chose. Ajoutez fastidium, c'est-à-dire, causer du dégoût.

SE DÉGOUTER, ou être dégoûté de. Fastidire, fastidio, fastidis, fastidivi ou fastidii, fastiditum. *act. acc.*

DÉGOUTTANT. Stillans, *masc. fém. neut. gén.* stillantis. Il est tout dégouttant de sueur. Sudore diffluit.

DÉGOUTTER, *distiller.* Stillare, stillo, stillas, stillavi, stillatum. *neut.*

DÉGRADATION. Spoliatio, *gén.* spoliationis. *fém. De quelque honneur.* Aliquo honore. *Dégradation de noblesse.* Depulsio, *gén.* depulsionis. *f. Ajoutez ex ordine nobilium, c'est-à-dire, éloignement du rang des nobles.*

DÉGRADATION, *dommage.* Damnum, *gén.* damni. *neut.*

DÉGRADÉ. Depulsus, depulsa, depulsum. *adj. Ajoutez* de gradu, *c'est-à-dire, chassé de son rang. Un soldat dégradé.* Exauctoratus miles, *gén.* exauctorati militis. *m. Une forêt dégradée.* Silva cæsa, *gén.* silvæ cæsæ. *fém.*

DÉGRADER. Exauctorare, exauctoro, exauctoras, exauctoravi, exauctoratum. *act. Un soldat,* militem. *Dégrader, priver de sa dignité.* Spoliare aliquem dignitate, *c. à d.* l'en dépouiller. *Dégrader un bois.* Excidere, excido, excidis, excidi, excisum. *acc.* silvam.

DÉGRAFFER. Diffibulare, diffibulo, diffibulas, diffibulavi, diffibulatum. *acc.*

DÉGRAISSÉ ou *nettoyé.* Detersus, detersa, detersum. *part. pass. de* Detergo.

DÉGRAISSER ou *nettoyer.* Detergere, detergo, detergis, detersi, detersum. *act. acc.*

DÉGRAISSEUR, qui ôte les tâches des habits. Qui vestium maculas eluit, eluo, eluis, elui, elutum. *act.*

DEGRÉ. Gradus, *g.* gradûs. *masc.*

DEGRÉ, *escalier.* Scalæ, *gén.* scalarum. *fém. plur. Par degrés.* Gradatim. *adv.*

DÉGRINGOLER. Raptim descendere, *c'est-à-dire, descendre avec précipitation.* Descendo, descendis, descendi, descensum. *neut.*

DÉGROSSER. Tenuare, tenuo, tenuas, tenuavi, tenuatum. *act. L'or,* aurum, *à* face.

DÉGROSSIR. Extenuare, extenuo, extenuas, extenuavi, extenuatum. *act. acc. Dégrossir une affaire, une difficulté. Voyez* Débrouiller.

DÉGUERPIR, *sortir.* Abire, abeo, abis, abivi ou abii, abitum.

DÉGUISÉ ou *masqué.* Personatus, personata, personatum. *adj. Déguisé en.* Indutus, induta, indutum. *part. pass.* d'Induo. *Ajoutez* veste. *avec un gén.*

DÉGUISÉ ou *feint.* Fictus, ficta, fictum. *part. pass. de* Fingo.

DÉGUISEMENT *d'un masque.* Persona, *gén.* personæ. *fém.*

DÉGUISEMENT ou *feinte.* Simulatio, *gén.* simulationis. *fém.*

DÉGUISER ou *dissimuler.* Dissimulare, dissimulo, dissimulas, dissimulavi, dissimulatum. *act. rég. dir. acc. rég. ind. dat.*

DÉGUISER ou *travestir.* Inducere, induo, induis, indui, indutum. *act. dat. de la personne, et un gén. du déguisement.* *Ajoutez* personam, *c'est-à-dire, donner à quelqu'un le rôle de.*

SE DÉGUISER. Personam induere. *act. au gén. du déguisement. En roi.* Regis.

DÉGUSTATION. Degustatio, *gén.* degustationis. *fém.*

DEHORS. Foris, *sans mouvement.* Foras, *avec mouvement. Qui est dehors ou extérieur.* Externus, externa, externum. *adj. En dehors, ou par le dehors* Extrinsecùs. *adv. Au dehors de.* Extra, *avec l'accus. Le dehors.* Pars exterior, *g.* partis exterioris. *fém. Tous deux se déclinent.*

DEHORS, *apparence.* Species, *gén.* speciei. *fém. Garder les dehors.* Servare, servo, as, servavi, servatum. *act. Ajoutez* decorum, *c. à d., garder les bienséances.*

DÉICIDE Deicida, *g.* deicidæ. *m.*

DÉIFICATION. Apotheosis, *génitif.* apotheosis. *fém.*

DÉIFIER. In numerum Deorum referre, refero, refers, retuli, relatum. *act. acc.*

DÉISTE. Deista, *gén.* deistæ. *masc.*

DÉITÉ. Numen. *gén.* numinis. *neut.*

DÉJA. Jam. *adv.*

DÉJECTION, *excrément.* Dejectio, *g.* dejectionis. *fém.*

SE DÉJETER, *en parlant du bois.* Arcuari, arcuor, arcuaris, arcuatus sum. *pass.*

LE DÉJEUNÉ. Jentaculum, *génit.* jentaculi. *neut.*

DÉJEUNER. Jentare, jento, jentas, jentavi, jentatum. *neut.*

DÉJOINDRE, *séparer.* Disjungere, disjungo, disjungis, disjunxi, disjunctum. *act. acc.*

DÉJOUER. Disturbare, disturbo, as, disturbavi, disturbatum. *act. acc.*

DELA. Illic, *à la question* ubi. Illuc, *à la question* quò. Illinc, *à la question* undè. *Deçà et delà.* Huc illuc. *Au delà, ou par delà, ou de delà.* Ultra. *préposition qui veut un acc. Qui est au delà, ou par delà.* Ulterior, *m. f.* ulterius. *neut. gén.* ulterioris. *Au delà de ce qu'il faut.* Ultra modum, *à l'acc. Delà il suit que.* Hinc fit ut, *avec le subj.* fit, fiebat, factum est, fieri. *Par delà.* Supra, *préposition qui veut l'acc. Par delà son pouvoir.* Supra vires.

DÉLABRÉ. Laceratus, lacerata, laceratum. *part. pass. de* Lacero. *Affaire délabrée.* Res eversa, *gén.* rei eversæ. *f. L'un et l'autre se déclinent. Troupes délabrées.* Extenuatæ copiæ, *gén.* extenuatarum copiarum. *fém. plur.*

DÉLABRER. Lacerare, lacero, laceras, laceravi, laceratum. *act. acc.*

DÉLACER *un corps, etc.* Laxare, laxo, laxas, laxavi, laxatum. *act. acc.*

DÉLAI. Mora, *gén.* moræ. *fém.*

DEL

DELAISSÉ. Derelictus, derelicta, derelictum. *part. pass.* de Derelinquo.

DELAISSEMENT. Derelictio, *gén.* derelictionis. *fém.*

DELAISSER. Derelinquere, derelinquo, derelinquis, dereliqui, derelictum. *act. avec l'acc.*

DÉLASSÉ ou *récréé.* Recreatus, recreata, recreatum. *part. pass.* de Recreo.

DELASSEMENT. Recreatio, *gén.* recreationis. *fém.*

DELASSER ou *récréer.* Recreare, recreo, recreas, recreavi, recreatum. *act. acc.*

SE DÉLASSER, *en parlant du corps.* Sedare, sedo, sedas, sedavi, sedatum. *act.* Ajoutez lassitudinem. *Se délasser de l'étude.* Respirare, respiro, respiras, respiravi, respiratum. *neut.* à studio, *ablat.*

DELATEUR. Delator, *gén.* delatoris. *masc.*

DELATION. Delatio, *génit.* delationis. *fém.*

DÉLAYÉ. Dilutus, diluta, dilutum. *part. pass.* de Diluo. *Dans l'eau.* Aquâ, à *l'abl. sans préposition.*

DELAYER. Diluere, diluo, diluis, dilui, dilutum. *avec l'ablat. sans préposition.*

DELECTABLE. Jucundus, jucunda, jucundum. *adj.*

DELECTATION. Delectatio, *gén.* delectationis. *fém.*

DELECTER. Delectare, delecto, delectas, delectavi, delectatum. *act. acc.*

SE DÉLECTER. Delectari, delector, aris, delectatus sum. *pass. avec l'ablat.*

DÉLÉGATION, ou *commission donnée pour juger.* Delegatio, *gén.* delegationis. *fém.*

DÉLÉGUÉ, *député.* Legatus, *génitif* legati. *masc.*

DELEGUER. Legare, lego, legas, legavi, legatum. *act. acc.*

DÉLÉTÈRE, *mortel.* Lethalis, *m. fém.* lethale. *neut. gén.* lethalis.

DELIBERATIF. Deliberativus, deliberativa, deliberativum. *adj. Voix délibérative.* Jus, *gén.* juris. *neut.* Ajoutez ferendi suffragii, *c'est-à-dire, droit de donner son suffrage.*

DÉLIBÉRATION. Deliberatio, *génit.* deliberationis. *fém. Mettre en délibération.* Voyez *Délibérer.*

DÉLIBÉRÉ ou *conclu.* Constitutus, constituta, constitutum. *part. pass.* de Constituo. *De propos délibéré.* Datâ operâ, à *l'ablat.*

DÉLIBÉRÉ, *alerte.* Voy. Alerte.

DÉLIBÉRÉMENT, *résolument.* Audacter. *adv.*

DELIBERER. Deliberare, delibero, deliberas, deliberavi, deliberatum. *n. Le sur s'exprime par de, avec l'ablat. Le si*

DEL 131

qui *suit s'exprime par* an, *avec le subjonctif, et le plus souvent on se sert du futur en* rus, ra, rum, *avec le subjonct. de* sum, comme : *Je delibère si j'irai.* Delibero an iturus sim.

DELICAT. Delicatus, delicata, delicatum. *adj.*

DÉLICAT, *efféminé.* Effeminatus, effeminata, effeminatum. *adj.*

DELICATEMENT, *pour le corps.* Delicatè. *adv.*

DÉLICATEMENT, *ingénieusement.* Acutè. *adv.*

DELICATER. Curare, curo, curas, curavi, curatum. *actif. accus.* Ajoutez molliter.

DELICATESSE. Mollities, *génit.* mollitiei. *fém. Délicatesse d'un ouvrage.* Elegantia, *gén.* elegantiæ. *fém. La délicatesse d'esprit.* Acumen, *gén.* acuminis. *neut.* Ajoutez ingenii. *Délicatesse de conscience.* Religio, *gén.* religionis. *fém.*

DELICES. Deliciæ, *gén.* deliciarum. *fém. plur.*

DÉLICIEUSEMENT. Delicatè. *adv.*

DELICIEUX. Suavissimus, suavissima, suavissimum. *superl.*

DÉLIÉ, *détaché.* Solutus, soluta, solutum. *part. pass.* de Solvo.

DÉLIÉ ou *mince.* Subtilis. *masc. fém.* subtile, *neut. gén.* subtilis.

DELIER. Solvere, solvo, solvis, solvi, solutum. *act. acc.*

DELINQUANT, *coupable, en terme de palais.* Nocens, *masc. fém. neut. génit.* nocentis.

DELIRE. Delirium, *gén.* delirii. *neut. Tomber, être en délire* ou *dans le délire.* Delirare, deliro, deliras, deliravi, deliratum. *neut.*

DÉLIT, *crime.* Delictum, *génit.* delicti. *neut. En flagrant délit.* In manifesto scelere.

DÉLIVRANCE. Liberatio, *gén.* liberationis. *f. Le* de *par à* ou ab, *et l'ablatif. Délivrance de marchandises.* Traditio g. tradi ionis, *fém.* mercis, *au gén.*

DÉLIVRE. Liberatus, liberata, liberatum. *part. pass.* de Libero. *abl. avec à* ou ab.

DÉLIVRÉ, *donné.* Traditus, tradita, traditum. *part. pass.* de Trado.

DÉLIVRÉ, *adjugé.* Addictus, addicta, addictum. *part. pass.* d'Addico.

DELIVRER. Liberare, libero, liberas, liberavi, liberatum. *act. acc. Le* de *s'exprime par à* ou ab, *avec l'ablat.*

DÉLIVRER, *donner.* Tradere, trado, tradis, tradidi, traditum. *act. rég. dir. acc. rég. ind. dat.*

DÉLIVRER, *adjuger.* Addicere, addico, addicis, addixi, addictum. *act. rég. dir. acc. rég. ind. dat.*

DÉLOGEMENT. Migratio, *gén.* migrationis. *fém.*

DELOGER. Migrare, migro, migras, migravi, migratum. *neut. Le de par è ou ex, et l'abl. Il délogea sans trompette.* Tacité evasit ; evadere, evado, evadis, evasi, evasum. *Faire déloger, ou sortir.* Depellere, depello, depellis, depuli, depulsum. *act. acc.* aliquem. *D'un endroit.* De loco.

DÉLOYAL, *traître.* Infidus, infida, infidum. *adj.*

DÉLOYAUTÉ, *perfidie.* Perfidia, *gén.* perfidiæ. *fém.*

DELPHES, *ville.* Delphi, *gén.* Delphorum. *masc. plur. Qui est de Delphes.* Delphicus, delphica, delphicum. *adj.*

DÉLUGE. Diluvium, *gén.* diluvii. *n.*

DEMAILLOTTER. Exsolvere, exsolvo, exsolvis, exsolvi, exsolutum. *act. accus. Ajoutez* fascis, *c'est-à-dire, dégager de bandelettes.*

DEMAIN. Cras. *adv. Qui est de demain.* Crastinus, crastina, crastinum. *adjectif. Demain matin.* Cras mane. *Demain au soir.* Cras vesperè. *A*, ou *pour demain.* In crastinum. *Après demain.* Perindiè. *adv. Pour après demain.* In perindinum. *Qui est d'après demain.* Perindinus, perindina, perindinum. *adj.*

DEMANCHER. Detrahere, detraho, detrahis, detraxi, detractum. *act. dat. Ajoutez* manubrium, *c'est-à dire, ôter le manche.*

DEMANDE. Postulatio, *gén.* postulationis. *fém.*

DEMANDÉ. Petitus, petita, petitum. *part. pass. de* Peto.

DEMANDER. Petere, peto, petis, petivi ou petii, petitum. *act. rég. dir. acc. rég. ind. abl. avec* à *ou* ab. *Le* que, *ou le de suivi d'un verbe s'exprime par* ut *avec le subj. Demander sa vie de porte en porte.* Ostiatim panem petere ou emendicare. *Demander une fille en mariage pour son fils.* Orare, oro, oras, oravi, oratum. *act. acc.* uxorem nato, *ou dat. Demander quelqu'un, l'envoyer demander.* Accire, accio, accis, accivi, accitum. Aliquem, à *l'accus.*

DEMANDERESSE. Petitrix, *gén.* petitricis. *fém.*

DEMANDEUR, *terme de palais.* Petitor, *gén.* petitoris. *masc.*

DEMANGEAISON. Prurigo, *gén.* pruriginis. *fém.*

DEMANGER. Prurire, prurio, pruris, prurivi *ou* prurii, pruritum. *neut. Les poings lui démangent, il a envie de se battre.* Gestit pugnare ; gestio, gestis, gestivi, gestitum. *neut.*

DEMANTELER. Diruere, diruo, diruis, dirui, dirutum. *act. accus.*

DEMANTIBULER *la mâchoire.* Labefactare, labefacio, labefactas, labefactavi, labefactatum. *Ajoutez* maxillam.

DÉMARCATION, *ligne servant de limite.* Circumscriptio, *gén.* circumscriptionis. *fém.*

DEMARCHE. Incessus, *gén.* incessûs, *masc.*

DÉMARIER. Solvere, solvo, solvis, solvi, solutum. *act. gén. Ajoutez* matrimonium, *c'est-à-dire, rompre le mariage.*

DEMARQUER. Demere, demo, demis, dempsi, demptum. *act. dat. Ajoutez* notam, *c'est-à-dire, ôter la marque.*

DEMARRER, *lever l'ancre.* Solvere, solvo, solvis, solvi, solutum. *neut.*

DEMASQUER. Detrahere, detraho, detrahis, detraxi, detractum. *act. dat. Ajoutez* personam, *c'est-à-dire, ôter le masque.*

DEMATÉ. Exarmatus, exarmata, exarmatum. *part. pass.* d'Exarmo. *Ajoutez* malo, *c'est-à-dire, désarmé de son mât.*

DEMATER. Exarmare, exarmo, exarmas, exarmavi, exarmatum. *act. acc. Ajoutez* malo, *c'est-à-dire, désarmer de son mât.*

DÉMÊLÉ ou *expliqué.* Explicatus, explicata, explicatum. *part. pass.* d'Explico.

UN DÉMÊLÉ. Contentio, *gén.* contentionis. *fém. Avoir un démêlé avec quelqu'un.* Rixari, rixor, rixaris, rixatus sum. *dép.* cum aliquo.

DÉMÊLER. Explicare, explico, explicas, explicavi *ou* explicui, explicatum *ou* explicitum. *act. acc. Démêler le vrai d'avec le faux.* Separare vera à falsis, *c'est-à-dire, séparer, distinguer. Se démêler d'une affaire, s'en débarrasser.* Expedire, expedio, expedis, expedivi, expeditum. *act. acc.* negotium.

DÉMEMBRÉ. Laceratus, lacerata, laceratum. *adj. Démembré en.* Distractus, distracta, distractum. *En par in avec l'acc.*

DEMEMBREMENT. Laceratio, *génit.* lacerationis. *fém. Démembrement en.* Distractio, *gén.* distractionis. *fém. En par* in *et l'acc.*

DEMEMBRER, *séparer les membres du corps.* Lacerare, lacero, laceras, laceravi, laceratum. *act. acc. Démembrer un royaume.* Discerpere, discerpo, discerpis, discerpsi, discerptum. *acc.* imperium.

DÉMÉNAGEMENT. Migratio, *gén.* migrationis, *fém.*

DEMENAGER. Migrare, migro, migras, migravi, migratum. *neut. Le de par è ou* ex *et l'ablat.*

DEMENCE, *fém.* Dementia, *gén.* dementiæ. *fém.*

SE DEMENER. Agitari, agitor, agitaris, agitatus sum. *pass.*

DÉMENTI. Exprobratio, *gén.* exprobrationis. *fém. Ajoutez* mendacii, *c'est-à-dire, reproche d'un mensonge.*

DÉMENTIR ou *donner un démenti.* Exprobrare, exprobro, exprobras, exprobravi, exprobratum. *act. Ajoutez* mendacium, *et le datif de la personne, c'est-à-dire, reprocher un mensonge. Démentir l'opinion.* Opinioni non respondere, non respondeo, respondes, respondi, responsum. *dat. Les actions démentent les paroles.* Facta discrepant cum dictis, *c'est-à-dire, sont différentes.* Discrepare, discrepo, discrepas, discrepavi ou discrepui, discrepitum. *neut.*

SE DÉMENTIR *soi-même. Voyez Se contrarier, se contredire.*

DÉMÉRITE. Noxa, *g.* noxæ. *fém.*

DÉMÉRITER, *pécher.* Peccare, pecco, peccas, peccavi, peccatum. *neut.*

DÉMESURE. Immodicus, immodica, immodicum. *adj.*

DÉMESURÉMENT, *excessivement.* Immodicè. *adv.*

DÉMETTRE ou *déposer.* Depellere, depello, depellis, depuli, depulsum. *act. acc. de la personne, et l'abl. de la chose. Démettre un os, etc.* Luxare, luxo, luxas, luxavi, luxatum. *act. acc. Se démettre un pied.* Luxare pedem.

SE DÉMETTRE *de.* Abdicare, abdico, abdicas, abdicavi, abdicatum. *act. acc.*

DÉMEUBLEMENT. Exportatio, *gén.* exportationis. *fém. Ajoutez* supellectilium, *c'est-à-dire, transport de meubles.*

DÉMEUBLER. Spoliare, spolio, spolias, spoliavi, spoliatum. *act. acc. Ajoutez* supellectilibus *à l'abl. c'est-à-dire, dégarnir de meubles.*

DEMEURANT, *qui demeure.* Manens. *masc. fém. neut. gén.* manentis.

AU DEMEURANT. Cæterùm. *adv.*

DEMEURE. Domicilium, *g.* domicilii. *n.*

DEMEURER ou *faire sa demeure.* Manere, maneo, manes, mansi, mansum. *neut.* Habitare, habito, habitas, habitavi, habitatum. *neut.*

DEMEURER, ou *tarder.* Morari, moror, moraris, moratus sum. *On met ensuite un ablat. avec* in, *ou bien on se sert du gérondif en* do.

DEMI. Semi. *adv. Lorsque demi est en français devant le mot, on l'exprime par* semi, *adv. qu'on met au commencement du mot, comme : Demi-boisseau.* Semimodius, *génit.* Semimodii. *masc. Demi-Dieu.* Semideus, *gén.* Semidei. *mascul. Demi-heure.* Semihora, *gén.* semihoræ. *f. Demi-pied.* Semipes, *gén.* semipedis. *m. Mais si demi est en français après le mot, on l'exprime par* sesqui, *adv. qu'on met au commencement du mot, comme : Un arpent et demi.* Sesquijugerum, *gén.* sesquijugeri. *neut.* Sesqui *est adv. Trois heures et demie, c'est-à-dire, l'heure troisième et demie.* Hora sesquitertia. *fém. Un mois et demi.* Sesquimensis, *gén.* sesquimensis. *masc. Une livre et demie.* Sesquilibra, *g.* sesquilibræ. *fém. Une journée et demie de travail.* Sesquiopera, *g.* sesquioperæ. *fém. Un verre et demi.* Sesquicyathus, *génit.* sesquicyathi, *masc.*

A DEMI. Semi, *adv. qu'on met au commencement du mot. A demi-brûlé.* Semiustus, a, um. *adj. A demi-renversé.* Semirutus, a, um. *adj. A demi-fait.* Semifactus, semifacta, semifactum. *adj. A demi-mort.* Semimortuus, semimortua, semimortuum. *adj. A demi-plein.* Semiplenus, semiplena, semiplenum. *adj.*

DÉMIS, *en parlant d'un os, etc.* Luxatus, luxata, luxatum. *part. pass.*

DÉMIS, *en parlant d'une charge.* Spoliatus, a, um. *ablat. de la chose.*

DÉMISSION. Abdicatio, *gén.* abdicationis. *fém.*

DÉMOCRATIE, *gouvernement populaire.* Democratia, *gén.* democratiæ. *fém.*

DÉMOCRATIQUE. Democraticus, democratica, democraticum. *adj.*

DEMOISELLE. Domina, *gén.* dominæ. *fém. Demoiselle suivante.* Pedisequa, *g.* pedisequæ. *fém.*

DEMOISELLE *pour le pavé.* Fistuca, *gén.* fistucæ. *fém.*

DÉMOLI. Destructus, destructa, destructum. *part. pass. de* Destruo.

DÉMOLIR. Destruere, destruo, destruis, destruxi, destructum. *act. acc.*

DÉMOLITION, *destruction.* Eversio, *gén.* eversionis. *fém.*

LES DÉMOLITIONS *d'un bâtiment.* Rudera, *gén.* ruderum. *neut. plur.*

DÉMON. Dæmon, *gén.* dæmonis. *m.*

DÉMONIAQUE. Dæmoniacus, dæmoniaca, dæmoniacum. *adj.*

DÉMONSTRATIF. Demonstrativus, demonstrativa, demonstrativum. *adj.*

DÉMONSTRATION. Demonstratio, *gén.* demonstrationis. *fém.*

DÉMONSTRATION, *signe, marque.* Significatio, *gén.* significationis. *fém.*

DÉMONSTRATIVEMENT. Evidenter. *adv.* Perspicuè. *adv.*

DÉMONTÉ, *en parlant d'une horloge, etc.* Dissolutus, a, um. *adj.*

DÉMONTÉ *de cheval.* Deturbatus, deturba, deturbatum. *part. pass. Ajoutez* ex equo.

DÉMONTÉ, *déconcerté.* Perturbatus, perturbata, perturbatum. *part. pass.*

DÉMONTER *une horloge, e. c.* Dissolvere, dissolvo, dissolvis, dissolvi, dissolutum. *act. acc.*

DÉMONTER *de cheval.* Deturbare, deturbo, deturbas, deturbavi, deturbatum. *act. acc. Ajoutez* ex equo.

DÉMONTER, *troubler.* Perturbare, perturbo, perturbas, perturbavi, perturbatum. *act. acc.*

DÉMONTRER, *faire voir clairement.* Demonstrare, demonstro, demonstras, demonstravi, demonstratum. *act. rég. dir. acc. rég. ind. dat.*

DÉMORDRE. Remittere, remitto, remittis, remisi, remissum. *act. acc.* Ajoutez *de jure suo ou meo,* etc. *Ne pas démordre d'un sentiment, c'est y persister.* Persiare, persto, perstas, perstiti, persitum. In sententia.

DÉMUNIR *une place.* Nudare, nudo, nudas, nudavi, nudatum. *act.* urbem. Ajoutez munitionibus, *c'est-à-dire, dépouiller une ville de ses munitions*

DÉMURER. Parietem adimere, adimo, adimis, ademi, ademptum. *act.*

DÉNATER. Nudare, nudo, nudas, nudavi, nudatum. *act. acc.* Ajoutez mattà, *c'est-à-dire, ôter les nattes.*

DÉNATURÉ. Inhumanus, inhumana, inhumanum. *adj.*

DÉNÉGATION. Negatio, *gén.* negationis. *fém.*

DÉNI *de justice, refus de secours,* etc. Repudiatio, *gén.* repudiationis. *fém.*

DÉNIAISÉ, *qui n'est plus niais.* Factus callidior, *gén.* facti collidioris. *m.*

DÉNIAISER, *rendre un homme plus fin.* Deruncinare, deruncino, deruncinas, deruncinavi, deruncinatum. *act. accus.* Ajoutez lepidè.

SE DÉNIAISER. Fieri callidiorem, *c'est-à-dire, devenir plus adroit.*

DÉNICHER. Detrahere, detraho, detrahis, detraxi, detractum. *act. avec l'acc.* Ajoutez nido, *c'est-à-dire, tirer du nid.* Dénicher *les ennemis d'un poste.* Pellere hostes à loco, *c'est-à-dire, les chasser.* Dénicher, *sortir d'un endroit.* Linquere hospitium, *c'est-à-dire, quitter son logis.*

DÉNIER *ou nier.* Denegare, denego, denegas, denegavi, denegatum *act. acc.*

UN DENIER. Denarius, *génit.* denarii. *masc.*

DENIER A DIEU. Arrhabo, *gén.* arrhabonis. *masc.*

DÉNOMBREMENT. Enumeratio, *gén.* enumerationis. *fém.*

DÉNOMINATIF, *nom qui vient d'un autre.* Nomen derivatum, *génit.* nominis derivati. *neut.* Ajoutez ab alio, *c'est-à-dire, dérivé d'un autre.*

DÉNOMINATION. Nuncupatio, *génit.* nuncupationis. *fém.*

DÉNONCÉ. Delatus, delata, delatum. *part. pass. de* Defero.

DÉNONCER. Denuntiare, denuntio, denuntias, denuntiavi, denuntiatum. *act. rég. dir. acc. rég. ind. dat.*

DÉNONCER, *accuser.* Voy. *Déférer.*

DÉNONCIATEUR. Delator, *gen.* deltoris. *musc.*

DÉNONCIATION, *déclaration.* Denuntialio, *gén.* denuntiationis. *fém.*

DÉNONCIATION, *accusation en justice.* Delatio, *gén.* delationis. *fém.*

DÉNOTER. Voy. *Marquer.*

DÉNOUÉ. Solutus, soluta, solutum part. pass. de Solvo.

DÉNOUEMENT. Dissolutio, *gén.* dissolutionis. *fém.*

DÉNOUER. Solvere, solvo, solvis, solvi, solutum. *act. acc.*

DENRÉE. Merx, *génit.* mercis. *fém.* Quant aux vivres. Annona, *g.* annonæ.

DENSE, *compacte.* Densus, densa, densum. *adj.*

DENSITÉ, *épaisseur.* Densitas, *géni* densitatis. *fém.*

DENT. Dens, *gén.* dentis. *m. Donner des coups de dents.* Emittere, emitto, emittis, emisi, emissum. *act.* Ajoutez aculeos. *A quelqu'un,* in aliquem, *c'est-à-dire, lancer des railleries piquantes sur quelqu'un. Montrer les dents à quelqu'un.* Obvertere, obverto, obvertis, obverti, obversum. *act.* Ajoutez cornua, *&* le dat. de la personne.

DENTELÉ. Dentatus, a, um. *adj.*

DENTELLE. Textum denticulatum, *gén.* texti denticulati. *neut. D'argent.* Ex argento.

DENTELURE. Denticuli, *gén.* denticulorum. *masc. plur.*

DENTICULE. Denticulus, *gén.* denticuli *masc.*

DENTITION. Dentitio, *génit.* dentitionis. *fém.*

DÉNUÉ. Spoliatus, spoliata, spoliatum *part. pass. de* Spolio. *et l'abl. de la chose*

DÉNUEMENT, *privation.* Orbitas, *g.* orbitatis. *fém.*

DÉNUER. Spoliare, spolio, spolias, spoliavi, spoliatum. *act. rég. dir. accus. rég. ind. ablat.*

DÉPAQUETÉ. Solutus, soluta, solutum part. pass. de Solvo.

DÉPAQUETER. Solvere, solvo, solvis, solvi, solutum. *act. dat.*

DÉPAREILLER. Disparare, disparo, disparas, disparavi, disparatum. *act. acc.*

DÉPARER, *ôter les ornemens d'un autel.* Spoliare, spolio, spolias, spoliavi, spoliatum. *act.* Aram ornatu suo, *c'est-à-dire, dépouiller un autel de ses ornemens.*

DÉPARIER. Parem à pari disjungere, disjungo, disjungis, disjunxi, disjunctum. *act.* Ajoutez partout parem à pari.

DÉPARLER, *qu'on joint à une négation. Ne point déparler.* Perpetuare, perpetuo, perpetuas, perpetuavi, perpetuatum. *act.* Ajoutez verba, à l'acc. *c'est-à-dire, parler continuellement.*

DEPART. Discessus, *génit.* discessûs, *mascul.*

DEPARTEMENT. Distributio, *génit.* distributionis. *fém. Avoir le département de.* Administrare, administro, administras, administravi, administratum. *act. acc. De la guerre.* Rem bellicam.

DÉPARTEMENT, *division du royaume de France.* Præfectura, *g.* præfecturæ. *f.*

DÉPARTIR, *distribuer.* Dispertiri, dispertior, dispertiris, dispertitus sum. *dépon.*

Se Départir. Discedere, discedo, discedis, discessi, discessum. *De quelque chose.* Ab aliquâ re.

DEPASSER. Antevertere, anteverto, antevertis, anteverti, anteversum. *act. accus.*

DEPAVER. Destruere pavimentum, *c'est-à-dire, démolir le pavé. Dépaver une rue.* Eruere, eruo, eruis, erui, erutum. *act. Ajoutez silices è pavimentâ vïâ, c'est-à-dire, arracher les pierres d'une rue pavée.*

DEPAYSER. Mitere, mitto, mittis, misi, missum. *act. acc. Ajoutez in exteras regiones, c'est-à-dire, envoyer dans les pays étrangers.*

Se Dépayser. Abire, abeo, abis, abivi *ou* abii, abitum. *Ajoutez* peregrè, *c'est-à-dire, s'en aller dans un pays étranger.*

DÉPECE. Discerptus, discerpta, discerptum. *part. pass. de* Discerpo.

DÉPECER. Discerpere, discerpo, discerpis, discerpsi, discerptum. *act. acc.*

DÉPÊCHE. Festinatio, *génit.* festinationis. *fém.*

DÉPÊCHE, *lettre.* Epistola, *gén.* epistolæ. *fém. Faire ses dépêches.* Scribere epistolas.

DÉPÊCHER *ou se dépêcher.* Accelerare, accelero, acceleras, acceleravi, acceleratum. *act. acc. ou neut.*

DÉPÊCHER, *envoyer.* Voy. Envoyer.

DÉPEINDRE. Depingere, depingo, is, depinxi, depictum. *act. acc.*

DÉPEINT. Depictus, depicta, depictum. *part. pass. de* Depingo.

DEPENDAMMENT. Obnoxiè. *adv.*

DEPENDANCE. Subjectio, *gén.* subjectionis. *fém.*

DÉPENDANCES, *accessoires.* Accessio, *gén.* accessionis. *fém.*

DÉPENDRE, *être dépendant, être dans ou sous la dépendance.* Pendere, pendeo, pendes, pependi, pensum. *neut. Le de, par à ou ab, avec l'abl.*

Dépendre, *descendre une chose.* Demittere, demitto, demittis, demisi, demissum. *act. acc.*

DÉPENS. Sumptus, *gén.* sumptûs. *m. A mes dépens.* Meis sumptibus, *à l'abl.*

DÉPENSE. Sumptus, *gen.* sumptûs. *m.*

Dépense, *lieu où l'on garde les provisions.* Cella penaria, *gén.* cellæ penariæ. *fém.*

DÉPENSÉ. Impensus, impensa, impensum. *part. pass. d* Impendo.

DEPENSER *de l'argent, etc.* Impendere, impendo, impendis, impendi, impensum. *act. acc. En ou à s'exprime par* in *avec l'acc., ou bien l'on met le verbe suivant au gér. en* do. *Dépenser ou faire la dépense.* Facere, facio, facis, feci, factum. *act. Ajoutez* sumptum.

DEPENSIER, *celui qui a soin de faire les provisions.* Promus, *génitif* promi. *m.*

Dépensier, *qui dépense trop, prodigue.* Prodigus, a, um. *adj.*

DEPENSIERE. Procuratrix, *gén.* procuratricis. *fém. Ajoutez* penu, *de la provision.*

DEPERIR. Fieri, fio, fis, factus sum. *pass. Ajoutez* deteriorem *ou* deterius, *adj. qui s'accorde avec le nominatif du verbe, c'est-à-dire, devenir pire.*

DÉPÉRISSEMENT. Diminutio, *gén.* diminutionis. *fém.*

Se DEPETRER. Se expedire, expedio, expedis, expedivi, expeditum. *act. De, par à ou ab, avec l'abl.*

DÉPEUPLÉ. Viduatus, viduata, viduatum. *part. pass. de* Viduo.

DEPEUPLEMENT. Vastatio, *gén.* vastationis. *fém.*

DEPEUPLER. Viduare, viduo, viduas, viduavi, viduatum. *rég. dir. acc. rég. ind.* ablat.

DEPILATOIRE, *drogue pour faire tomber le poil.* Psilothrum, *gén.* psilothri. *neut.*

DEPILER. Extirpare, extirpo, extirpas, extirpavi, extirpatum. *act. Ajoutez* pilos corporis, *c'est-à-dire, faire tomber le poil du corps. Qui est dépilé.* Depilatus, a, um. *adj.*

DEPIT. Stomachus, *gén.* stomachi. *m. Par dépit.* Præ stomacho. *En dépit de.* Invito, *pour le masc. et le neut. singulier,* invitâ, *pour le fém. singulier,* invitis, *pour tous les genres, au plur. : ensuite on met l'ablat. de la personne. En dépit de moi.* Invito me.

DEPITÉ. Indignabundus, indignabunda, indignabundum. *adj.*

Se Dépiter. Indignari, indignor, indignaris, indignatus sum. *dép dat.*

DÉPLACÉ. Motus, mota, motum. *adj Ajoutez* è loco, *c'est-à-dire, ôté de sa place.*

DÉPLACER. Movere, moveo, moves, movi, motum. *act. acc. Ajoutez* è loco, *c'est-à-dire, ôter de sa place.*

DEPLAIRE. Displicere, displiceo, displices, displicui, displicitum. *neut. dat.*

SE DEPLAIRE à. Offendi, offendor, offenderis, offensus sum. *pass. ablat. de la chose. N'en déplaise à.* Pace. *ablat.* On met ensuite le génitif de la personne, excepté ces ablatif. *fém.* meâ, tuâ, suâ, nostrâ *et* vestrâ, comme : *Ne vous en déplaise.* Pace vestrâ.

DEPLAISANT. Injucundus, injucunda, injucundum. *adj.*

DEPLAISIR, *chagrin.* Dolor, *gén.* doloris. *masc.*

DÉPLAISIR, *offense.* Offensa, *gén.* offensæ. *fém.*

DEPLANTÉ. Explantatus, explantata, explantatum. *part. pass. d'*Explanto.

DEPLANTER. Explantare, explanto, explantas, explantavi, explantatum. *act. accus.*

DEPLIÉ. Evolutus, a, um. *adj.*

DEPLIER. Explicare, explico, explicas, explicavi *ou* explicui, explicatum *ou* explicitum. *act. acc. Déplier ses escadrons en pleine campagne.* Diffundere, diffundo, diffundis, diffudi, diffusum. *act.* equites campis. *ablat.*

DEPLISSER, *ôter les plis.* Erugare, erugo, erugas, erugavi, erugatum. *act. accus.*

DEPLORABLE. Deplorandus, deploranda, deplorandum. *Magis pour le comparatif, et* maximè *pour le superl.*

DEPLORABLEMENT. Miserabilem in modum.

DÉPLORÉ. Deploratus, deplorata, deploratum. *part. pass. de* Deploro.

DEPLORER. Deplorare, deploro, deploras, deploravi, deploratum. *act. acc.*

DEPLOYÉ. Explicatus, explicata, explicatum. *part. pass. d'*Explico. *A voiles déployées.* Velis passis, *à l'ablat.*

DEPLOYER. Explicare, explico, explicas, explicavi *ou* explicui, explicatum *ou* explicitum. *act. acc.*

DEPOLIR. Delere, deleo, deles, delevi, deletum. *act. Ajoutez* nitorem, *et ensuite un génitif, c'est-à-dire, ôter l'éclat de.*

DEPONENT. Deponens. *masc. fém. n. gén.* deponentis.

DEPORTATION, *rélégation dans un lieu fixe.* Deportatio, *gén.* deportationis. *fém.*

DEPORTEMENT, *manière d'agir.* Ratio, *gén.* rationis. *fém. Ajoutez* vitæ.

DÉPORTÉ. Deportatus, deportata, deportatum. *part. pass. de* Deporto.

DEPORTER. Deportare, deporto, deportas, deportavi, deportatum. *act. acc.*

SE DÉPORTER, *se départir.* Discedere, discedo, discedis, discessi, discessum. *n.* De, *par* à *ou* ab, *avec l'abl.*

DÉPOSER. Depellere, depello, depellis, depuli, depulsum. *act. acc. D'une charge.* Magistratu, *à l'abl.*

DÉPOSER, *mettre en dépôt.* Deponere, depono, deponis, deposui, depositum. *act. acc.*

DÉPOSER *ou témoigner.* Testificari, testificor, aris, testificatus sum. *dép. accus. Contre quelqu'un.* In aliquem.

DEPOSITAIRE. Sequester, *gén.* sequestris. *masc. Etre dépositaire, confident.* Voy. Confident.

DÉPOSITION *ou témoignage.* Testimonium, *gén.* testimonii. *neut.*

DÉPOSITION, *privation d'office.* Spoliatio, *gén.* spoliationis. *fém.*

DÉPOSSÉDÉ. Dimotus, dimota, dimotum. *adj.*

DEPOSSEDER. Dimovere, dimoveo, dimoves, dimovi, dimotum. *act. rég. dir. acc. rég. ind. ablat. avec ex.*

DÉPÔT. Depositum, *gén.* depositi. *n. Mettre en dépôt.* Deponere, depono, deponis, deposui, depositum. *act. acc. de la chose. Entre les mains de.* Apud et *l'acc. Qui est en dépôt.* Depositus, deposita, depositum. *part. pass. de* Depono.

DEPOUILLE. Spolium, *gén.* spolii. *n.*

DÉPOUILLÉ. Spoliatus, spoliata, spoliatum. *part. pass. de* Spolio. *Le nom de la chose à l'abl.*

DEPOUILLEMENT. Spoliatio, *g.* spoliationis. *fém.*

DEPOUILLER. Spoliare, spolio, spolias, spoliavi, spoliatum. *act. rég. dir. acc. rég. ind. abl. Se dépouiller, se déshabiller.* Exuere, exuo, exuis, exui, exutum. *Ajoutez* vestem. *Se dépouiller de ses biens.* Facere se suis bonis exhæredem. Exhæres, *gén.* exhæredis. *masc. et fém. s'accorde avec le cas du verbe. Se dépouiller de tout sentiment d'humanité.* Extirpare, extirpo, extirpas, extirpavi, extirpatum. *Ajoutez* humanitatem ex animo.

DEPOURVOIR. Nudare, nudo, nudas, nudavi, nudatum. *act. rég. dir. acc. rég. ind. ablat.*

DEPOURVU *de.* Destitutus, destituta, destitutum. *part. pass. de* Destituo. *avec un abl. de la chose. Au dépourvu.* Ex improviso. *Prendre quelqu'un au dépourvu.* Offendere, offendo, offendis, offendi, offensum. *act.* Aliquem imparatum, *c'est-à-dire, qui n'est pas prêt.*

DEPRAVATION. Depravatio, *gén.* depravationis. *fém.*

DEPRAVÉ. Depravatus, depravata, depravatum. *part. pass. de* Depravo.

DEPRAVER. Depravare, depravo, depravas, depravavi, depravatum. *act. acc.*

DEPRECATION. Deprecatio, *gén.* deprecationis. *fém.*

DEPREDATEUR. Expilator, *génit.* expilatoris. *masc.*

DEPREDATION. Expilatio, *gén.* expilationis. *fém.*

DÉPRESSION. Abjectio, *gén.* abjectionis. *fém.*

DÉPRIER. Nunciare, nuncio, nuncias, nunciavi, nunciatum. *act. dat. de la personne.* Ajoutez aliud ac nunciatum priùs, *c'est-à-dire*, annoncer à quelqu'un une chose autre que celle qui lui avait été annoncée auparavant.

DÉPRIMER, *abaisser.* Deprimere, deprimo, deprimis, depressi, depressum. *act. acc.*

DÉPRISER, *diminuer du mérite.* Extenuare, extenuo, extenuas, extenuavi, extenuatum. *act. acc.* Ajoutez verbis, *par ses discours.*

DEPUIS. A ou è *devant une consonne*, ab ou ex *devant une voyelle*, *avec l'abl.* Depuis un mois. Ab uno mense. *Depuis le jour que.* Ex eo die quo, *avec l'ind.* Depuis que. Ex quo, *avec l'indic.* Depuis deux ans que. A duobus annis ex quo (*sous-entendu* tempore.) *Depuis quand?* Ex quonam tempore? *Depuis long-temps.* Jampridem. *Depuis peu.* Paucis abhinc diebus.

Depuis ou ensuite. Posteà. *adv.*

DÉPUTATION. Legatio, *gén.* legationis. *f. Faire une députation.* Mittere legationem, *c'est-à-dire*, *envoyer.*

DÉPUTÉ. Legatus, *gén.* legati. *m.*

DÉPUTER. Legare, lego, legas, legavi, legatum. *act. acc. Vers quelqu'un.* Ad aliquem.

DÉRACINÉ. Exstirpatus, exstirpata, exstirpatum. *part. pass.* d'Exstirpo.

DÉRACINEMENT. Exstirpatio, *gén.* exstirpationis. *fém.*

DÉRACINER. Exstirpare, exstirpo, exstirpas, exstirpavi, exstirpatum. *act. rég. dir. acc. rég. ind. abl. avec,* è ou ex.

DÉRAISONNABLE. Iniquus, iniqua, iniquum. *adj.*

DÉRAISONNABLEMENT. Iniquè. *adv.*

DÉRAISONNER. Insipienter dicere, dico, dicis, dixi, dictum. *On met* insipienter *à tous les temps.*

DÉRANGÉ. Perturbatus, perturbata, perturbatum. *part. pass. de* Perturbo.

DÉRANGEMENT. Perturbatio, *génit.* perturbationis. *fém.*

DÉRANGER. Turbare, turbo, turbas, turbavi, turbatum. *act. acc. Vous m'avez dérangé, vous avez rompu toutes mes mesures.* Conturbâsti mihi omnes rationes.

DERECHEF. Iterùm. *adv.*

DÉRÉGLÉ, *qui est en désordre.* Perturbatus, perturbata, perturbatum. *part. pass. de* Perturbo.

DÉRÉGLÉ, *qui n'a pas de retenue.* Effrenatus, effrenata, effrenatum. *Une vie déréglée.* Vita solutior.

DÉRÈGLEMENT, *subst.* Immoderatio, *gén.* immoderationis. *fém.* Déréglement dans les plaisirs des sens. Libido solutior, *g.* libidinis solutioris. *fém. L'un et l'autre se déclinent.*

DÉRÈGLEMENT ou *désordre.* Perturbatio, *gén.* perturbationis. *fém.*

DÉRÈGLEMENT. *adv.* Immoderatè. *adv.* Déréglément, sans ordre. Inordinatè. *adv.*

DÉRÉGLER, *mettre en désordre.* Pervertere, perverto, perveris, perverti, perversum. *act. acc.* Se dérégler, *se débaucher.* Deflectere, deflecto, deflectis, deflexi, deflexum. *neut.* Ajoutez à virtute, *c'est-à-dire*, *s'éloigner de la vertu.*

DÉRIDÉ, *sans ride.* Erugatus, a, um. *part. pass.* d'Erugo. *Un front déridé.* Frons passa.

DÉRIDER *le front.* Frontem, exporrigere, exporrigo, exporrigis, exporrexi, exporrectum. *act. acc. Se dérider.* Explicare, explico, explicas, explicavi ou explicui, explicatum ou explicitum. *actif.* Ajoutez frontem, *c'est à-dire*, *déployer le front.*

DÉRISION. Irrisio, *gén.* irrisionis. *fém. Etre tourné en dérision.* Irrisui esse. *Le nom est au dat., et le verbe est l'infinitif de* sum, es, fui.

DÉRIVATION. Derivatio, *gén.* derivationis. *fém.*

DÉRIVÉ. Deductus, deducta, deductum. *part. pass. de* Deduce. *Le de par à ou ab*, *avec l'ablat.*

DÉRIVER ou *faire venir.* Deducere, deduco, is, deduxi, deductum. *act. acc. Le de par à ou ab*, *avec l'abl.*

DÉRIVER ou *venir.* Deduci, deducor, deduceris, deductus sum. *pass. Le de par à ou ab*, *avec l'ablat.*

DÉRIVER, *défaire ce qui est dérivé*, *dériver un clou.* Reficere, reficio, reficis, refeci, refectum. *act. accus.* clavum retusum.

DÉRIVER, *sortir de sa route.* De viâ deflectere, deflecto, deflectis, deflexi, deflexum. *neut.*

DERNIER. Ultimus, ultima, ultimum. *adj. En dernier lieu, ou pour la dernière fois.* Ultimùm ou ultimò. *adv. Il veut avoir le dernier, c'est-à-dire*, *il ne veut jamais céder.* Cedere nescius est.

DERNIÈREMENT. Nuper. *adv.*

DÉROBÉ. Subreptus, subrepta, subreptum. *part. pass. de* Subripio.

DÉROBÉ, *caché.* Occultus, occul a, occultum. *adj. A la dérobée.* Furtim. *adv. Ce qui se fait à la dérobée.* Furtivus, furtiva, furtivum. *adj.*

DÉROBER, *voler.* Subripere, subripio, subripis, subripui, subreptum. *rég. dir. acc. rég. ind. dat. Dérober du temps aux affaires.* Subripere tempus rebus.

SE DÉROBER, *se sauver sans être aperçu.*

Subterfugere, subterfugio, is, subterfugi, subterfugitum. n. *Se dérober aux châtimens.* Subterfugere pœnam.

DEROGATION. Derogatio, *gén.* derogationis. *fém.*

DEROGER à. Derogare, derogo, as, derogavi, derogatum. *neut. dat.*

DEROUGIR. Ruborem tollere, tollo, tollis, sustuli, sublatum.

DEROUILLER. Detergere, detergo, detergis, detersi, detersum. *act. dat. Ajoutez* rubiginem, *c'est-à-dire, ôter la rouille.*

DEROULÉ. Evolutus, evoluta, evolutum. *part. pass.* d'Evolvo.

DEROULER. Evolvere, evolvo, evolvis, evolvi, evolutum. *act. acc.*

DEROUTE. Dissipatio, *gén.* dissipationis. *fém. Mettre en déroute.* Fundere, fundo, fundis, fudi, fusum. *act. acc.*

DERRIÈRE ou *après.* Post, *avec l'acc. Par derrière.* A tergo.

LE DERRIÈRE. Tergum, *gén.* tergi. *n.*

DÈS ou *depuis.* A ou è *devant une consonne;* ab *ou* ex *devant une voyelle avec l'ablat. Dès le commencement.* Ab initio. *Dès-lors.* Jam tunc. *Dès que.* Ut primum, *à l'indicat.*

DESABUSÉ. Solutus, soluta, solutum. *part. pass. de* Solvo. *Ajoutez* errore, *c'est-à-dire, tiré de l'erreur.*

DESABUSER. Eripere, eripio, eripis, eripui, ereptum. *act. dat. de la personne. Ajoutez* errorem, *c'est-à-dire, tiré de l'erreur.*

SE DÉSABUSER. Deponere errorem, *c'est-à-dire, quitter son erreur.*

DÉSACCORD. Dissensio, *gén.* dissensionis. *fém.*

DÉSACCORDANT. Dissonus, dissona, dissonum. *adj.*

DÉSACCORDER. Dissolvere, dissolvo, dissolvis, dissolvi, dissolutum. *act. Ajoutez* symphoniam.

DÉSACCOUPLER. Disjungere, disjungo, disjungis, disjunxi, disjunctum. *actif. accusatif.*

DÉSACCOUTUMANCE. Desuetudo, *gén.* desuetudinis. *fém.*

DÉSACCOUTUMÉ. Desuefactus, desuefacta, desuefactum. *part. pass. de* Desuefacio. *Le* de *par à ou* ab *et un ablat. ou bien un gérondif en* do.

DÉSACCOUTUMER. Desuefacere, desuefacio, desuefacis, desuefeci, desuefactum. *act. rég. dir. acc. rég. ind. ablat. avec à ou* ab. *Se désaccoutumer.* Desuescere, desuesco, desuescis, desuevi, desuetum. *neut. Le* de *par à ou* ab *avec l'abl. ou un gérondif en* do.

DESAGREABLE. Injucundus, injucunda, injucundum. *adj.*

DESAGREABLEMENT. Injucundè. *adv.*

DESAGREMENT. Injucunditas, *gén.* injucunditatis. *fém.*

DESAGRÉER ou *déplaire.* Displicere, displiceo, displices, displicui, displicitum. *neut. dat. de la personne, ou* improbare, improbo, improbas, improbavi, improbatum. *act. acc.*

DÉSAGRÉER ou *dégréer un vaisseau.* Exarmare navem, *comme désarmer.*

DÉSAJUSTER. Conturbare, conturbo, conturbas, conturbavi, conturbatum. *act. accus.*

DESALTERER. Restinguere, restinguo, restinguis, restinxi, restinctum. *act. dat. Ajoutez* sitim, *c'est à dire, étancher la soif.*

SE DÉSALTÉRER. Levare, levo, levas, levavi, levatum. *act. acc. Ajoutez* sitim, *c'est-à-dire, étancher la soif.*

DESANCRER, *terme de marine, lever l'ancre.* Solvere, solvo, solvis, solvi, solutum. *act. acc. Ajoutez* anchoras, *c'est-à-dire, lever l'ancre.*

DESAPPOINTÉ, *en parlant d'un soldat privé de sa paie.* Privatus stipendio. Privatus, privata, privatum. *part. pass. de* Privo.

DESAPPOINTER. Privare stipendio. Privo, privas, privavi, privatum, privare. *act.*

DESAPPRENDRE. Dediscere, dedisco, dediscis, dedidici. *sans supin. actif. accusatif.*

DESAPPROUVÉ. Improbatus, improbata, improbatum. *part. pass.* d'Improbo.

DESAPPROUVER. Improbare, improbo, improbas, improbavi, improbatum. *act. accus.*

DESARÇONNER, *faire perdre les arçons à un cavalier.* Excutere, excutio, excutis, excussi, excussum. *act. accus.* equitem.

DÉSARGENTÉ. Desquamatus, desquamata, desquamatum. *Ajoutez* argento.

DÉSARMÉ. Inermis, inermis, inerme, *gén.* inermis; *ou* inermus, inerma, inermum. *adj.*

DESARMEMENT. Exarmatio, *génit.* exarmationis. *fém.*

DESARMER. Exarmare, exarmo, exarmas, exarmavi, exarmatum. *act. accus. de la personne.*

DÉSARMER, *poser les armes.* Ponere arma. Voy. *Poser.*

DÉSARROI, *trouble.* Confusio, *gén.* confusionis. *fém.*

DÉSASSEMBLER. Dissolvere, dissolvo, dissolvis, dissolvi, dissolutum. *act. acc.*

DÉSASTRE, *affliction ou malheur.* Calamitas, *gén.* calamitatis. *fém.*

DÉSASTREUX. Calamitosus, calamitosa, calamitosum. *adj.*

DÉSAVANTAGE. Incommodum, *gén.*

incommodi. *neut. Parler au desavantage.* Detrectare, detrecto, detrectas, detrectavi, detrectatum. *De quelqu'un.* Aliquem. *Combattre avec désavantage.* Malè pugnare, *c'est-à-dire, combattre mal.*

DESAVANTAGER. Afferre detrimentum. Affero, affers, attuli, allatum. *act. acc. et dat. de la personne.*

DESAVANTAGEUSEMENT. Incommodè. *adv.* Damnosè. *adv.*

DESAVANTAGEUX. Incommodus, incommoda, incommodum. *adj.*

DESAVEU. Negatio, *génit.* negationis. *fém.*

DESAVOUER. Negare, nego, negas, negavi, negatuir. *act. acc. Désavouer pour.* Abdicare, abdico, abdicas, abdicavi, abdicatum. *act. acc. Pour son fils.* Filium, *à l'acc.*

DESCENDANCE, *extraction.* Genus, *gén.* generis. *neut.*

DESCENDANT. Descendens. *masc. fém. neut. gén.* descendentis. *Le de, par à ou ab, avec l'abl.*

LES DESCENDANS, *en parlant de ceux qui viendront après.* Posteri, *génit.* posterorum. *masc. plur.*

DESCENDRE. Descendere, descendo, descendis, descendi, descensum. *neut. Le de, par è ou ex, et l'ablat du lieu ; le dans ou en par in, et un acc. Il est descendu de cheval.* Ex equo descendit.

DESCENDRE, *tirer son origine.* Originem ducere, duco, ducis, duxi, ductum. *act. Exemple : Il est descendu de Priam.* A Priamo descendit, *ou* originem duxit.

DESCENDRE, *ou porter plus bas.* Demittere, demitto, demittis, demisi, demissum. *act. acc. Le de, par è ou ex, et l'abl. Le dans ou en par in, et un acc.*

DESCENDRE *la rivière, descendre par eau.* Invehi, invehor, inveheris, invectus sum. *passif. Ajoutez* prono amne.

DESCENDU *du ciel.* Delapsus, delapsa, delapsum. *part. pass. de* Delabor. *Ajoutez* è cœlo. *Par eau.* Vectus, vecta, vectum. *part. pass. de* Vehor. *Ajoutez* prono amne.

DESCENDU, *en parlant d'extraction.* Oriundus, oriunda, oriundum. *D'Ulysse.* Ab Ulysse.

DESCENTE. Descensus, *gén.* Descensûs. *masc.*

DESCENTE *ou penchant (d'une colline.)* Declivitas, *gén.* declivitatis. *fém.*

DESCENTE *de boyaux.* Procidentia, *gén.* procidentiæ. *f.* Ilium, *au gén. plur.*

DESCENTE, *irruption des ennemis.* Excensio, *gén.* excensionis. *fém. Faire une descente dans ou en.* Egredi, egredior, egrederis, egressus sum. *dép. Dans ou en par* in *et l'acc.*

DESCRIPTION. Descriptio, *génit.* descriptionis. *fém. Faire la description de.* Describere, describo, describis, descripsi, descriptum. *act. acc.*

DESEMBOURBER. Elicere, elicio, elicis, elicui, elicitum. *act. acc. Ajoutez* lutulento cœno, *c'est-à-dire, tirer hors du bourbier.*

DÉSEMPARÉ, *en parlant d'un navire qui n'a plus ses agrès.* Exarmata navis, *gén.* exarmatæ navis. *fém.*

DÉSEMPLI. Depletus, depleta, depletum. *part. pass. de* Depleo.

DÉSEMPLIR *un vase.* Deplere, depleo, deples, deplevi, depletum. *act. acc.*

DÉSENCHANTER. Liberare. *act. accus. Ajoutez* fascinatione, *c'est-à-dire, délivrer de l'enchantement.*

DÉSENFLÉ. Extenuatus, extenuata, extenuatum. *part. pass d'*Extenuo.

DÉSENFLER *ou faire désenfler.* Extenuare, extenuo, extenuas, extenuavi, extenuatum. *act. acc.*

SE DÉSENFLER. Extenuari, extenuor, extenuaris, extenuatus sum. *pass.*

DÉSENIVRER. Discutere, discutio, discutis, discussi, discussum. *act. dat. de la personne. Ajoutez* ebrietatem, *c'est-à-dire, ôter l'ivresse.*

SE DÉSENIVRER. Exhalare, exhalo, exhalas, exhalavi, exhalatum. *act. Ajoutez* crapulam, *c'est-à-dire, exhaler la fumée du vin.*

DÉSENNUYER. Recreare, recreo, recreas, recreavi, recreatum. *act. acc.*

SE DÉSENNUYER, *se récréer.* Se recreare, recreo, recreas, recreavi, recreatum. *act. ou* Amovere, amoveo, amoves, amovi, amotum. *act. Ajoutez* tædium.

DÉSENRHUMÉ. Levatus, levata, levatum. *part. pass. de* Levo. *Ajoutez* gravedine, *c'est-à-dire, délivré du rhume.*

DÉSENRHUMER. Levare, levo, levas, levavi, levatum. *act. acc. de la personne. Ajoutez* gravedine, *c'est-à dire, délivrer du rhume.*

SE DÉSENRHUMER. Levari gravedine.

DÉSENROLÉ. Solutus, soluta, solutum. *part. pass. de* Solvo. *Ajoutez* militiâ.

DÉSENROLER. Solvere, solvo, solvis, solvi, solutum. *act. acc. Ajoutez* militiâ, *c'est-à dire, dégager du service.*

DÉSENROUER. Tollere, tollo, tollis, sustuli, sublatum. *act. Ajoutez* ravim, *c'est-à-dire, ôter l'enrouement.*

SE DÉSENROUER. Depellere ravim, *c'est-à-dire, chasser l'enrouement.*

DÉSENSEVELIR. Eruere, eruo, eruis, erui, erutum. *Ajoutez* mortui cadaver, *c'est à dire, déterrer le cadavre d'un mort.*

DÉSENSORCELER. Voyez *Désenchanter.*

DÉSENSORCELLEMENT. Liberatio,

gén. liberationis. *fém.* Ajoutez fascinationis, *c'est-à-dire, délivrance de l'ensorcellement.*

DÉSENTÊTER *quelqu'un de quelque chose.* Excutere, excutio, excutis, excussi, excussum, alicui aliquid.

DÉSENTRAVER *un cheval.* Detrahere, detraho, detrahis, detraxi, detractum. *act.* Equo, *au dat.* Ajoutez compedes, *c'est-à-dire, ôter les entraves.*

DESERT, *adj.* Desertus, a, um. *Au comp.* desertior. *m. et f.* desertius. *n. Au sup.* desertissimus, a, um. *adj.*

UN DÉSERT. Solitudo, *g.* solitudinis. *f.*

DÉSERTÉ. Derelictus, derelicta, derelictum. *part. pass. de* Derelinquo.

DESERTER. Deserere, desero, deseris, deserui, desertum. *act. acc.* Ajoutez exercitum, *pour un soldat qui déserte.*

DÉSERTEUR. Desertor, *g.* desertoris. *masc.*

DÉSERTION. Desertio, *gén.* desertionis. *fém.* Ajoutez militiæ, *s'il s'agit d'un soldat.*

DÉSESPÉRÉ. Desperatus, a, um. *part. pass.* Désespéré, *en parlant d'une personne.* Orbatus, a, um. Ajoutez omni spe, *c. à d., privé de toute espérance. En désespéré.* Desperanter. *adv.*

DÉSESPÉRÉMENT, *en désespéré.* Perdité. *adv.* Desperanter. *adv.*

DÉSESPÉRER *quelqu'un.* Adimere, adimo, adimis, ademi, ademptum. Alicui. Ajoutez spem omnem, *c'est-à-dire, ôter à quelqu'un toute espérance.*

DÉSESPÉRER *de.* Desperare, despero, desperas, desperavi, desperatum. *actif avec l'acc.* Ou bien *le* de *s'exprime par* de *avec l'abl.* S'il suit un verbe, on se sert du futur de l'infinitif, comme : *Vous désespérez de voir*, c'est-à-dire, *vous désespérez que vous verrez.* Desperas te visurum. *Se désespérer.* Desperare. *n.*

DÉSESPOIR. Desperatio, *gén.* desperationis. *fém. Etre au désespoir*, ou *tomber dans le désespoir.* Voy. *Se Désespérer. Etre au désespoir, être fâché.* Dolere, doleo, doles, dolui, dolitum. *verbe subst.* Le de *suivi d'un verbe, s'exprime par* quòd, *avec un subjonctif,* comme : *Je suis au désespoir d'être venu*, c'est-à-dire, *de ce que je suis venu.* Doleo quòd venerim. *Mettre ou jeter dans le désespoir.* Adducere, adduco, adducis, adduxi, adductum. *act. acc. de la personne.* Ajoutez in desperationem ; *c. à d., amener au désespoir.*

DÉSHABILLÉ, *habit que les femmes portent dans la chambre* Vestis cubicularis, *gén.* vestis cubicularis. *fém. Déclinez tout.*

DÉSHABILLÉ, *qui n'a pas d'habits.* Exutus, exuta, exutum. *part. pass.* d'Exuo.

Ajoutez vestibus, *c'est-à-dire, dépouillé de ses habits.*

DÉSHABILLER. Detrahere, detraho, detrahis, detraxi, detractum. *dat. de la personne.* Ajoutez vestem, *c'est-à-dire, ôter les habits à. Se déshabiller.* Exuere, exuo, exuis, exui, exutum. *adjec.* vestes, *c. à d., ôter ses habits.*

DÉSHABITÉ, *en parlant d'une maison. Une maison déshabitée.* Domus vacua, *gén.* domûs vacuæ. *fém.*

SE DÉSHABITUER, *quitter l'habitude qu'on avait prise.* Desuescere, desuesco, desuescis, desuevi, desuetum. *De quelque chose.* Alicui rei. *dat.*

DÉSHARNACHER. Detrahere, detraho, detrahis, detraxi, detractum. *act. datif.* Ajoutez stratum, *c'est-à-dire, ôter les harnais.*

DÉSHÉRITÉ. Exhæredatus, exhæredata, exhæredatum. *participe passé* d'Exhæredo.

DÉSHÉRITER. Exhæredare, exhæredo, exhæredas, exhæredavi, exhæredatum. *act. acc.*

DÉSHONNÊTE. Inhonestus, inhonesta, inhonestum. *adj.*

DÉSHONNÊTE, *impudique.* Impurus, impura, impurum. *adj.*

DÉSHONNÊTEMENT. Inhonesté. *adv. Au comp.* inhonestiùs ; *au superl.* inhonestissimé.

DÉSHONNÊTETÉ. Turpitudo, *g.* turpitudinis. *fém.*

DÉSHONNÊTETÉ, *impureté.* Impuritas, *gén.* impuritatis. *fém.*

DÉSHONNEUR. Dedecus, *g.* dedecoris. *neut.*

DÉSHONORABLE. Turpis. *m. et fém.* turpe. *neut. gén.* turpis.

DÉSHONORÉ. Dedecoratus, dedecorata, dedecoratum. *part. pass. de* Dedecoro.

DÉSHONORER. Dedecorare, dedecoro, as, dedecoravi, dedecoratum. *act. acc. Se déshonorer.* Dedecorare se.

DÉSIGNATION *pour faire connaître quelque chose.* Indicium, *gén.* indicii. *n. Désignation, destination à.* Destinatio, *gén.* destinationis. *fém. Au consulat.* Consulatûs, *au gén.*

DÉSIGNÉ. Designatus, designata, designatum. *part. pass. de* Designo.

DÉSIGNER. Designare, designo, designas, designavi, designatum. *act. acc.*

DÉSINENCE, *terminaison des mots.* Verborum finis, *gén.* verborum finis. *fém. On ne décline que* finis.

DÉSINFECTER. Purgare, purgo, purgas, purgavi, purgatum. *act. acc.*

DÉSINTÉRESSÉ. Abstinens. *masc. fém. neut. gén.* abstinentis.

DÉSINTÉRESSEMENT. Abstinentia, *gén.* abstinentiæ. *fém.*

DÉSIR. Desiderium, *gén.* desiderii. *n*
On met ensuite un g. ou un géron. en di.
DESIRABLE. Optandus, optanda, optandum. *part. fut. pass.* d'Opto.
DÉSIRÉ. Optatus, optata, optatum. *part. pass. d'*Opto.
DESIRER. Optare, opto, optas, optavi, optatum. *act. acc. Qui ne désire pas grand-chose.* Voti modicus ; *on dirait d'une femme*, voti modica. *Obtenir ce qu'on désire.* Adipisci, adipiscor, adipisceris, adeptus sum. *dépon.*
DESIREUX. Cupidus, cupida, cupidum. *On met ensuite un génitif ou un gérondif en di.*
DESISTEMENT. Discessio, *gén.* discessionis. *f. De*, *par à ou ab*, *et l'abl.*
DESISTER, *se désister.* Desistere, desisto, desistis, destiti, destitutum. *neut. De*, *par à ou ab*, *et l'abl.*
DES-LORS. Jam tunc.
DÉSOBÉIR. Non obedire, non obedio, non obedis, non obedivi, non obeditum. *neut. dat.*
DESOBEISSANCE. Contumacia, *gén.* contumaciæ. *fém.*
DESOBEISSANT. Non obediens, *gén.* non obedientis. *de tout genre.*
DESOBLIGEAMMENT. Inofficiosè. *adv.*
DESOBLIGEANT. Inofficiosus, inofficiosa, inofficiosum. *adj.*
DESOBLIGER. Mereri, mereor, mereris, meritus sum. *dépon. Ajoutez malè. Le nom de la personne qu'on désoblige se met à l'abl. avec de.*
DESOEUVRÉ. Desidiosus, desidiosa, desidiosum. *adj.*
DESOEUVREMENT. Desidia, *gén.* desidiæ. *fém.*
DÉSOLATION ou *tristesse.* Mœror, *g.* mœroris. *masc.*
DÉSOLATION ou *ravage.* Vastatio, *génit.* vastationis. *fém.*
DÉSOLÉ ou *affligé.* Afflictus, afflicta, afflictum. *part. pass.* d'Affligo.
DÉSOLÉ ou *ravagé.* Vastatus, vastata, vastatum. *part. pass. de* Vasto.
DESOLER ou *affliger.* Affligere, affligo, affligis, afflixi, afflictum. *act. acc.*
DÉSOLER ou *ravager.* Vastare, vasto, vastas, vastavi, vastatum. *act. accus.*
SE DÉSOLER. Angi, angor, angeris. *Ajoutez* animo.
DESOPILER. Discutere, discutio, discutis, discussi, discussum. *act. Ajoutez* obs'ructiones, *c'est-à dire*, *ôter les obstructions.*
DESORDONNÉ. Dissolutus, dissoluta, dissolutum. *part. pass. de* Dissolvo.
DÉSORDONNÉ, *excessif.* Immoderatus, immoderata, immoderatum. *adj.*
DESORDONNÉMENT. Immoderatè. *adv.*

DESORDRE. Perturbatio, *gén.* perturbationis. *fém. Mettre en désordre.* Turbare, turbo, turbas, turbavi, turbatum. *act. acc.*
DÉSORDRE, *libertinage.* Voy. *Libertinage.*
DESORIENTER. Abducere, abduco, abducis, abduxi, abductum. *act. acc. Ajoutez* ab oriente, *c'est-à-dire*, *détourner de l'orient.*
DÉSORIENTER, *troubler.* Disturbare, disturbo, disturbas, disturbavi, disturbatum. *act. acc.*
DESORMAIS. Deinceps. *adv.*
DÉSOSSÉ. Exossatus, exossata, exossatum. *part. pass.* d'Exosso.
DESOSSER. Exossare, exosso, exossas, exossavi, exossatum. *act. acc.*
DESPOTIQUE, *absolu*, *souverain. Pouvoir despotique.* Potestas summa, *gén.* potestatis summæ. *fém.*
DESPOTIQUEMENT, *absolument.* Summo cum imperio, *ou bien* summo jure, *à l'abl.*
SE DESSAISIR. Deponere, depono, deponis, deposui, depositum. *act. acc. Ajoutez* de manibus, *c'est-à-dire*, *laisser aller de ses mains.*
DESSAISISSEMENT. Depositio, *gén.* depositionis. *fém. Ajoutez* de manibus, *c'est-à-dire*, *l'action de laisser aller de ses mains.*
DESSALÉ, *dont on a ôté la salure.* Maceratus, macerata, maceratum. *part. Ajoutez* aquà, *c'est à dire*, *trempé dans l'eau.*
DESSALER. Macerare, macero, maceras, maceravi, maceratum. *act. accus. Ajoutez* aquà, *c'est-à-dire*, *faire tremper dans l'eau.*
DESSANGLER. Solvere, solvo, solvis, solvi, solutum. *act. Ajoutez* cingulam, *c'est-à-dire*, *défaire les sangles*, *et ensuite un gén.*
DESSÉCHÉ, *rendu sec.* Siccatus, siccata, siccatum. *part. pass. de* Sicco.
DESSÉCHÉ, *maigre.* Torridus, torrida, torridum. *Ajoutez* macie.
DESSÉCHEMENT. Siccatio, *gén.* siccationis. *fém.*
DESSECHER. Siccare, sicco, siccas, siccavi, siccatum. *act. acc.*
DESSEIN. Consilium, *gén.* consilii. *n. On met ensuite un gén. ou un gérondif en di. Avoir*, *faire ou former de grands desseins.* Moliri, molior, moliris, molitus sum. *dépon. acc. Ajoutez* magna, *pour* magnas res. *Avoir de grands desseins sur quelqu'un.* Cogitare grandia, *à l'acc. plur. neut. De* aliquo, *c'est-à-dire*, *penser de grandes choses de quelqu'un. A quel dessein ?* Quonam consilio ? *à l'ablatif. A dessein*, *ou de dessein formé.* Dedita

operâ, *à l'ablat. A dessein de*, suivi d'un verbe. Eo consilio, ou cà mento ut, avec le subjonctif.

DESSELLÉ, *à qui on a ôté la selle.* Cui ephippium ademptum est.

DESSELLER, *ôter la selle.* Detrahere, detraho, detrahis, detraxi, detractum. *act. acc.* Ajoutez ephippium, *la selle. Un cheval.* Equo, *au dat.*

DESSERRÉ, *relâché.* Laxatus, laxata, laxatum. *part. pass.* de Laxo.

DESSERRER, *relâcher.* Laxare, laxo, laxas, laxavi, laxatum. *act. acc.*

DESSERT. Bellaria, *génit.* bellariorum. *neut. plur.*

DESSERVIR, *nuire.* Nocere, noceo, noces, nocui. *sans sup. neut. dat.*

DESSERVIR *une table.* Removere, removeo, removes, removi, remotum. *act.* Ajoutez mensam. *On entend par ce mot, ce qui est sur la table.*

DESSERVIR *une cure, etc.* Administrare, administro, administras, administravi, administratum. *act.* Ajoutez parœciam.

DESSICCATIF, *qui dessèche.* Habens, *gén.* habentis. *de tout genre.* Ajoutez siccandi vim, *c'est-à-dire, qui a la force de dessécher.*

DESSILLER, *ouvrir les yeux.* Aperire, aperio, aperis, aperui, apertum. *act. acc.* Ajoutez oculos.

LE DESSIN, ou *l'art de dessiner.* Graphis, *gén.* graphidis. *fém.*

UN DESSIN *au crayon.* Delineatio, *gén.* delineationis. *fém.*

DESSINATEUR. Peritus, *gén.* periti. *masc.* Ajoutez graphidis, *c'est-à-dire, savant dans le dessin.*

DESSINÉ. Delineatus, delineata, delineatum. *part. pass.* de Delineo.

DESSINER. Delineare, delineo, delineas, delineavi, delineatum. *act. acc.*

DESSOLER *un cheval.* Detrahere, detraho, detrahis, detraxi, detractum. *act.* Ajoutez ungulam. *Un cheval* Equo, *au datif, c'est-à-dire, ôter la sole.*

DESSOUDÉ. Dissolutus, dissoluta, dissolutum. *part. pass.* de Dissolvo.

DESSOUDER. Dissolvere, dissolvo, dissolvis, dissolvi, dissolutum. *act. acc.*

DESSOUS, *mis seul.* Subter ou infrà. *adv. acc.* Dessous, *au-dessous, par-dessous, suivis d'un nom.* Sub, *avec l'abl. lorsqu'il n'y a pas de mouvement.* Sub, *avec l'acc. lorsqu'il y a mouvement.*

LE DESSOUS. Pars inferior, *gén.* partis inferioris. *fém.*

DESSUS, *mis seul.* Suprà, *adv.* Ci-dessus. Anteà. *adv.* Là dessus, ou touchant cela. Super hac re. Dessus, *suivi d'un nom.* Super, *avec l'acc. et quelquefois avec l'abl. pour indiquer le repos.* Au-dessus de. Super, *avec l'acc.* Par-dessus ou outre. Præter, *avec l'acc.* De dessus, *avec les verbes tomber, etc.* E ou ex *avec l'ablat.*

LE DESSUS. Pars superior, *gén.* partis superioris. *fém.* Avoir le dessus ou l'avantage. *Voy.* Surpasser.

LE DESSUS, *l'inscription.* Inscriptio, *gén.* inscriptionis. *fém.*

LE DESSUS, *dans la musique.* Vox acutissima, *gén.* vocis acutissimæ. *fém.*

LE PAR-DESSUS. Corollarium, *gén.* corollarii. *neut.*

DESTIN ou *destinée.* Fatum, *gén.* fati. *neut. Qui est du destin ou fatal.* Fatalis. *m. f.* fatale, *n. gén.* fatalis.

DESTINATION. Destinatio, *gén.* destinationis. *fém.*

DESTINÉ. Destinatus, destinata, destinatum. *part. pass.* de Destino. A *par ad, avec l'accusatif* ou *avec un gérondif en* dum.

DESTINÉE. *Voy.* Destin.

DESTINER. Destinare, destino, destinas, destinavi, destinatum. *act. acc.* A *par ad avec l'accus.* ou *avec un gérondif en* dum.

DESTITUÉ, *délaissé.* Derelictus, derelicta, derelictum. *part. pass.* de Derelinquo.

DESTITUÉ de. Egens, *gén.* egentis. *de tout genre, avec l'abl.*

DESTITUÉ, *dépouillé.* Orbatus, orbata, orbatum. *avec l'abl.*

DESTITUER *quelqu'un d'une charge, etc.* Spoliare aliquem munere, *c'est-à-dire, dépouiller.*

DESTITUTION. Spoliatio, *gén.* spoliationis. *fém. gén. de la chose dont on est destitué.*

DESTRUCTEUR. Eversor, *génit.* eversoris. *masc.*

DESTRUCTION. Excidium, *gén.* excidii. *neut.* Eversio, *gén.* eversionis. *fém. Destruction des vices.* Extinctio, *gén.* extinctionis. *fém.* Ajoutez vitiorum, *au gén. plur.*

DESTRUCTRICE. Deletrix, *gén.* deletricis. *fém.*

DÉSUNI. Disjunctus, disjuncta, disjunctum. *part. pass.* de Disjungo. *Le de ou d'avec s'exprime par* à *ou* ab, *avec l'ablat.*

DÉSUNION, *discorde.* Dissidium, *g.* dissidii. *neut.*

DÉSUNION, *séparation.* Sejunctio, *gén.* sejunctionis. *fém. Mettre, causer la désunion. Voy.* Brouiller une personne.

DÉSUNIR. Disjungere, disjungo, disjungis, disjunxi, disjunctum. *act. acc. Le de ou d'avec s'exprime par* à *ou* ab, *et l'abl.*

DÉTACHÉ, *délié.* Solutus, soluta, solutum. *part. pass.* de Solvo.

DÉTACHÉ, *séparé.* Seductus, seducta, seductum. *De l'armée.* Ex acie.

DÉTACHÉ de, *n'ayant plus d'affection.* Abstractus, abstracta, abstractum. *Ajoutez* ab amore, *avec un gén.*

DÉTACHEMENT, *l'action de se détacher de.* Abalienatio, *gén.* abalienationis. *f.* De par à ou ab, *avec l'abl.*

DÉTACHEMENT, *terme de guerre.* Agmen abruptum, *g.* agminis abrupti. *neut. Ajoutez* à cæteris, *c'est-à-dire, troupe séparée des autres.*

DÉTACHER ou *délier.* Solvere, solvo, solvis, solvi, solutum. *act. acc.*

DÉTACHER *quelqu'un de.* Abjungere, abjungo, is, abjunxi, abjunctum. *act. acc.* De *par à ou ab, et l'abl.*

SE DÉTACHER, *se délier.* Solvi. *pass.*

SE DÉTACHER, *quitter l'affection.* Divelli, divellor, divelleris, divulsus sum. *pass.* De *par à ou ab, et l'ablat.*

DÉTAIL. Singula capita, *génit.* singulorum capitum. *neut. plur.* Faire le détail de quelque chose, *en parlant tout au long.* Singulatim enarrare, enarro, enarras, enarravi, enarratum. *act. acc.* En détail. Singulatim. *adv.*

DÉTAILLER, *vendre en détail.* Venditare, vendito, venditas, venditavi, venditatum, *actif accusatif. Ajoutez* singulatim. *adv.*

DÉTALER *sa boutique.* Recondere, recondo, recondis, recondidi, reconditum. *act. Ajoutez* merces, *c'est-à-dire, resserrer ses marchandises.*

DÉTEINDRE. Decolorare, decoloro, as, decoloravi, decoloratum. *act. acc.* Se déteindre: Decolorari, decoloror, aris, de coloratus sum. *pass.*

DÉTEINT. Decoloratus, decolorata, decoloratum. *part. pass. de* Decoloro.

DÉTELER. Equos abjungere, abjungo, is, abjunxi, abjunctum. *act.*

DÉTENDRE. Detendere, detendo, detendis, detendi, detensum. *act. acc.*

DÉTENDRE, *débander.* Remittere, remitto, remittis, remisi, remissum. *actif. acc.*

DÉTENDU. Detensus, detensa, detensum. *part. pass. de* Detendo.

DÉTENIR. Detinere, detineo, detines, detinui, detentum. *act. acc.* Quelqu'un prisonnier. Aliquem captivum.

DÉTENTION, *captivité.* Captivitas, *g.* captivitatis. *fém.*

DÉTENTION, *l'action de retenir le bien d'autrui.* Injusta possessio, *gén.* injustæ possessionis. *fém. Ajoutez* alieni, *au gén. neut.*

DÉTENU. Detentus, detenta, detentum. *part. pass. de* Detineo.

DÉTERIORATION. Depravatio, *génit.* depravationis. *fém.*

DETERIORER. Facere aliquid deterius, *c'est-à-dire, rendre quelque chose pire.* Deterior, *masc. et fém.* deterius. *n. s'accorde avec le cas du verbe.*

DÉTERMINATION. Propositum, *gén.* propositi. *neut.* Détermination d'un mot. Addictio, *gén.* addictionis. *fém.* A par ad avec l'acc. ou le gérond. en dum.

DÉTERMINÉ. Constitutus, constituta, constitutum. *part. pass. de* Constituo.

UN DÉTERMINÉ, *un effronté.* Audacissimus, a, um. *adj.*

DÉTERMINÉMENT. Asseveranter. *adv.*

DÉTERMINER, *décider.* Constituere, constituo, constituis, constitui, constitutum. *act. acc.*

DÉTERMINER à. Impellere, impello, impellis, impuli, impulsum. *act. acc. de la personne.* A s'exprime par ad avec l'acc. ou avec le gérond. en dum. Se déterminer à. Statuere, statuo, is, statui, statutum. *act. acc. ou un infi.*

DÉTERRÉ. Effossus, effossa, effossum. *adj.*

DÉTERRER, *tirer de la terre.* Eruere, eruo, eruis, erui, erutum. *act. acc. Ajoutez* è terrâ.

DÉTERRER, *trouver, découvrir.* Eruere. *act. acc. Ajoutez* è tenebris.

DÉTERSIF. Smeticus, smetica, smeticum. *adj.*

DÉTESTABLE. Detestandus, detestanda, detestandum. Magis, *pour le comp.* maximè, *pour le superl.*

DÉTESTABLEMENT. Abominandum in modum.

DÉTESTATION. Detestatio, *g.* detestationis. *fém.*

DÉTESTÉ. Detestatus, detestata, detestatum. *part. pass. de* Detestor.

DÉTESTER. Detestari, detestor, detestaris, detestatus sum. *dépon. acc.*

DÉTIRER, *en parlant du linge.* Erugare atque extendere; erugo, erugas, erugavi, erugatum. *act.* Extendere, extendo, extendis, extendi, extensum. *act. accus.* On doit mettre ces deux verbes ensemble.

DÉTISER. Removere, removeo, removes, removi, remotum. *act. acc. Ajoutez* ligna ab igne, *c'est-à-dire, ôter les tisons du feu.*

DÉTONNATION, *l'action de détonner.* Absona inflexio, *gén.* absonæ inflexionis. *fém. Ajoutez* vocis, *c'est-à-dire, faux ton de la voix.*

DÉTONNER. Deflectere, deflecto, deflectis, deflexi, deflexum. *neut. Ajoutez* à tono, *c'est-à-dire, sortir du ton.* Celui ou celle qui détonne. Absonus, absona, absonum. *Ajoutez* voce.

DÉTORDRE. Voy. *Détortiller.*

SE DÉTORDRE. Voyez se *Démettre* un pied.

DETORSE. Distorsio. *gén.* distorsionis. *fém.*

DETORTILLÉ. Evolutus, evoluta, evolutum. *part. pass.* d'Evolvo.

DETORTILLER. Evolvere, evolvo, evolvis, evolvi, evolutum. *act. acc.*

DETOUR. Diverticulum, *génit.* diverticuli. *neut.*

Détour, *circuit de paroles.* Circuitus, *gén.* circuitûs. *Ajoutez* loquendi.

DÉTOURNÉ, *écarté.* Devius, devia, devium. *adj.*

Détourné, *interrompu.* Interpellatus, a, um. *part. pass.* d'Interpello.

Détourné de, ou *à qui l'on a fait quitter.* Avocatus, avocata, avocatum. *part. pass.* d'Avoco. *Le* de *s'exprime par* à *ou* ab, *avec l'abl.*

Détourné, *tourné d'un autre côté.* Aversus, aversa, aversum. *part. pass.* d'Averto. *Une somme d'argent détournée.* Aversa pecunia. *Une rivière détournée.* Amnis demotus, *gén.* amnis demoti. *masc. Ajoutez* solito alveo, *c'est-à-dire, écartée de son lit ordinaire.*

DÉTOURNER, *interrompre.* Interpellare, interpello, interpellas, interpellavi, interpellatum. *act. acc.*

Détourner de, ou *faire quitter.* Avocare, avoco, avocas, avocavi, avocatum. *act. acc. de la personne. De par* à *ou* ab, *et l'abl.*

Détourner, *tourner d'un autre côté.* Avertere, averto, avertis, averti, aversum. *actif. acc. Se détourner de son chemin.* Deflectere, deflecto, deflectis, deflexi, deflexum. *neut. seul. Se détourner de*, *interrompre.* Intermittere, intermitto, intermittis, intermisi, intermissum. *act. acc. De son ouvrage.* Opus.

DETRACTER. *Voy.* Médire.

DETRACTEUR. Maledicus, maledica, maledicum. *adj.*

DETRACTION. *Voy.* Médisance.

DETRAQUER, *déranger, dérégler.* Perturbare, perturbo, perturbas, perturbavi, perturbatum. *act. acc. Se détraquer en parlant de l'estomac.* Dissolvi, dissolvor, dissolveris, dissolutus sum. *pass. En parlant de l'horloge, etc.* Perturbari. *pass.*

DETREMPE. Colores diluti, *gén.* colorum dilutorum. *masc. plur. ajoutez* aquâ, *c'est-à-dire, couleurs délayées dans l'eau.*

DETREMPÉ. Dilutus, diluta, dilutum. *part. pass. de* Diluo.

DETREMPER. Diluere, diluo, is, dilui, dilutum. *act. acc. On met à l'abl. la chose dans laquelle on détrempe.*

DETRESSE, *affliction.* Angor, *génit.* angoris. *masc.*

DETRIMENT, *perte.* Detrimentum, *g.* detrimenti. *neut.*

DETROIT. Angustiæ, *gén.* angustiarum. *fém. plur.*

Détroit, *bras de mer.* Fretum, *gén.* freti. *neut.*

DETROMPER. Avertere, averto, avertis, averti, aversum; *act. abl. de la personne, avec la préposition* à *ou* ab. *Ajoutez* errorem, *c'est-à-dire, détourner l'erreur de quelqu'un.*

Se Détromper. Deponere, depono, deponis, deposui, depositum. *act. Ajoutez* errorem, *c'est-à-dire, quitter son erreur.*

DETRONÉ. Pulsus, pulsa, pulsum. *Ajoutez* de solio, *c'est-à-dire, chassé du trône.*

DETRONER. Dejicere, dejicio, is, dejeci, dejectum. *act. acc. Ajoutez* de solio, *c'est-à-dire, renverser du trône.*

DETROUSSÉ. Demissus, demissa, demissum. *part. pass. de* Demitto.

DETROUSSER. Demittere, demitto, demittis, demisi, demissum. *act. acc.*

DETRUIRE. Destruere, destruo, is, destruxi, destructum. *act. acc.*

Se Détruire, *se perdre.* Perire, pereo, peris, perii. *n. sans supin. En parlant d'un bruit, etc.* Extingui, extinguor, extinctus sum. *pass.*

DETRUIT. Destructus, destructa, destructum. *part. pass. de* Destruo.

DETTE. Debitum, *gén.* debiti. *n. Avoir des dettes.* Debere, debeo, debes, debui, debitum, *ou* in ære alieno esse, sum, fui, etc. *Etre chargé de dettes.* Ære alieno premi, premor, premeris, pressus sum. *Faire ou contracter des dettes. Voy.* s'Endetter.

DÉVALISER, *voler.* Spoliare, spolio, spolias, spoliavi, spoliatum. *act. acc.*

DEVANCER, *passer devant ou surpasser.* Antecedere, antecedo, antecedis, antecessi, antecessum. *acc.*

DEVANCIER, *celui qui a précédé.* Decessor, *gén.* decessoris. *masc. Nos devanciers, nos ancêtres.* Majores nostri, *gén.* majores nostrorum. *m. plur.*

DEVANT, *mis seul.* Antè. *adv. Par devant.* A fronte. *Tout devant.* E regione *avec un génit. Devant, suivi d'un nom.* Antè. *prép. avec l'accus. Devant, ou en présence de.* Coram, *avec un ablat. Devant quelqu'un.* E conspectu alicujus. *Au devant de.* Obviàm, *avec un dat.*

Le Devant. Pars prior, *gén.* partis prioris. *fém.*

DEVASTATEUR. Vastator, *génit.* vastatoris. *masc. Devastatrice.* Vastatrix, *gén.* vastatricis. *fém.*

DEVASTATION. Vastatio, *gén.* vastationis. *fém.*

DEVASTER. Devastare, devasto, devastas, devastavi, devastatum. *act. acc.*

DEV   **DEU**   145

EVELOPPÉ. Explicitus, explicita, explicitum. *part. pass.* d'Explico.

DEVELOPPEMENT. Explicatio, *génit.* explicationis. *fém.*

DEVELOPPER. Explicare, explico, explicas, explicavi *ou* explicui, explicatum *ou* explicitum. *act. acc.*

DEVENIR. Fieri, fio, fis, factus sum. *neut. pass.* Que deviendrai-je ? c'est-à-dire, que sera-t-il fait de moi ? Quid de me ?

DEVERS. Versùs, *avec un acc.*

DEVÊTIR. Voyez *Déshabiller.*

DÉVIDÉ. Glomeratus, a, um. *Ajoutez* in orbes, *c. à d.*, mis en pelotons.

DEVIDER. Glomerare, glomero, glomeras, glomeravi, glomeratum. *act. acc. Ajoutez* in orbes, *c'est-à-dire, mettre en pelotons.*

DEVIDOIR. Rhombus, *g.* rhombi. *m.*

DEVIER, *s'écarter.* Aberrare, aberro, aberras, aberravi, aberratum. *n. Ajoutez* de viâ. *Dévier des bons principes.* A rectis institutis deflectere, deflecto, deflectis, deflexi, deflexum. *neut.*

DEUIL, habit de deuil. Vestis lugubris, *gén.* vestis lugubris. *fém. Tout se décline. De son père*, c'est-à-dire, à cause de la mort de son père. Ob mortem patris. *Prendre le deuil.* Induere, induo, induis, indui, indutum. *actif. Ajoutez* lugubria. *Le porter.* Indui. *pass. Ajoutez* lugubribus. *Le quitter.* Exuere, exuo, exuis, exui, exutum. *Ajoutez* lugubria.

DEUIL *ou tristesse.* Luctus, *gén.* luctûs. *masc.*

DEVIN. Vates, *gén.* vatis *masc.*

DEVINER. Conjicere, conjicio, conjicis, conjeci, conjectum. *act. acc.*

DEVINERESSE. Vates, *g.* vatis. *f.*

DEVIS, description de ce qu'on doit faire. Descriptio, *gén.* descriptionis. *f.*

DEVISAGER. Deformare, deformo, as, deformavi, deformatum. *act. la personne au gén. Ajoutez* vultum, *c'est-à-dire, défigurer le visage.*

DEVISE. Inscriptio, *gén.* inscriptionis, *fém.*

DEVOIEMENT. Resolutio, *gén.* resolutionis. *f. D'estomac.* Stomachi, *au g.*

DEVOILÉ Detectus, detecta, detectum. *part. pass. de* Detego.

DEVOILER. Detegere, detego, detegis, detexi, detectum. *act. acc.*

DEVOIR, verbe. Debere, debeo, debes, debui, debitum. *actif accusatif ou un infinitif.*

DEVOIR, *nom.* Officium, *genit.* officii. *neut. Devoir*, qu'on donne aux écoliers. Pensum. *gén.* pensi. *neut. Les derniers devoirs.* Justa, *gén.* justorum. *neut. plur. Les rendre à quelqu'un.* Facere alicui justa, *c'est-à-dire, faire les funérailles.*

DEVOLU, *acquis par droit.* Devolutus, devoluta, devolutum. *part. pass. de* Devolvo. *Jeter un dévolu sur un bénéfice.* Petere beneficium ab eo ad quem devolutum est jus conferendi illud, *c'est-à-dire, demander un bénéfice à celui à qui le droit de le donner est dévolu.*

DEVOLUTAIRE. Nactus, *génit.* nacti. *masc. Ajoutez* Beneficium jure caduci, *c'est-à-dire, qui a obtenu un bénéfice par droit d'aubaine.*

DEVORÉ. Voratus, vorata, voratum. *part. pass. de* Voro.

DEVORER. Vorare, voro, voras, voravi, voratum. *act. acc.*

DEVOT. Pius, pia, pium. *adj.*

DEVOTEMENT. Piè. *adv.*

DEVOTION. Pietas, *gén.* pietatis. *f. Faire ses dévotions.* Voy. *Communier.*

DEVOUÉ à, *ou qui est à la dévotion de.* Devotus, devota, devotum. *A quelqu'un*, alicui, *au dat.*

DEVOUEMENT, *l'action de se dévouer.* Devotio, *gén.* devotionis. *fém.*

DÉVOUEMENT, attachement. Studium, *gén.* studii. *n. Pour, par* in *avec l'accus.*

DEVOUER. Devovere, devoveo, devoves, devovi, devotum. *act. acc. Se dévouer à.* Devovere se alicui. *Pour, par* pro *avec l'abl.*

DEVOYÉ. Resolutus, desoluta, resolutum. *part. pass. de* Resolvo.

DEVOYER. Resolvere, resolvo, resolvis, revolvi, resolutum. *act. L'estomac.* Stomachum, *à l'acc.*

SE DÉVOYER. Voyez *s'Egarer.*

DEUTÉRONOME, *cinquième livre du Pentateuque.* Deuteronomus, *gén.* deuteronomi. *masc.*

DEUX. Duo, *m.* duæ, *fém.* duo. *neut. gén.* duorum, duarum, duorum. — *Deux à deux, ou deux à la fois.* Bini, *masc.* binæ, *f.* bina, *neut. gén.* binorum, binarum, binorum. — *Tous deux.* Uterque, *masc.* utraque, *fém.* utrumque, *neut. g.* utriusque. *dat.* utrique, *pour tous les genres.* — *L'un des deux.* Alteruter, *m.* alterutra, *fém.* alterutrum, *neut. génit.* alterutrius, *dat.* alterutri, *pour tous les genres.* — *Lequel des deux.* Uter, *m.* utra, *fém.* utrum, *neut. gén.* utrius, *dat.* utri, *pour tous les genres.* — *De deux jours l'un*, c'est-à-dire, chaque second jour. Altero quoque die, *à l'abl.* — *Deux fois.* Bis. *adv. Deux fois plus grand.* Duplo major, *gén.* duplo majoris, *au comp. pour le m. et le f.*; duplò majus, *pour le n. Deux fois le jour.* Bis die.

DEUXIÈME. Secundus, secunda, secundùm. *adj. Pour la deuxième fois* Secundò. *adv.*

DEUXIEMEMENT. Secundò. *adv.*

DEXTÉRITÉ. Dexteritas, *gén.* dexteritatis. *fém.* Avoir de la dextérité, c'est-à-dire, être habile. Voy. Habile.

DEXTRE, *la main droite.* Dextera, *gén.* dextcræ. *fém.*

DIABLE. Diabolus, *gén.* diaboli. *m.*

DIABLE, *méchant.* Nequissimus, nequissima, nequissimum. *adject.* Faire le diable à quatre. Voy. Tempêter.

DIABLESSE. Baccha, *génitif* bacchæ. *fém.*

DIABLERIE, *sortilége.* Veneficium, *gén.* veneficii. *neut.*

DIABOLIQUE. Dignus, digna, dignum. *Ajoutez* diabolo.

DIACONAT. Diaconatus, *génit.* diaconatûs. *masc.*

DIACONESSE. Diaconissa, *gén.* diaconissæ. *fém.*

DIACRE. Diaconus, *gén.* diaconi. *m.*

DIADÈME. Diadema, *gén.* diadematis. *neut.*

DIAGONAL. Diagonalis. *m. f.* diagonale, *neut. gén.* diagonalis.

DIALECTE, *différence de langage dans un même pays.* Dialectus, *gén.* dialecti. *masc.*

DIALECTICIEN. Dialecticus, *g.* dialectici. *masc.*

DIALECTIQUE, *l'art de bien raisonner.* Dialectice, *g.* dialectices. *f.*

DIALOGUE. Dialogus, *génit.* dialogi. *masc.*

DIAMANT. Adamas, *g.* adamantis. *m.* Qui est de diamant. Adamantinus, adamantina, adamantinum. *adj.*

DIAMÉTRAL. Diametrus, a, diametrum. *adj.*

DIAMETRALEMENT *opposé.* Oppositus, opposita, oppositum. *part. pass. de* Oppono. *Ajoutez* ex diametro.

DIAMÈTRE. Diametros, *g.* diametri. *fém.*

DIAPHANE, *transparent.* Perlucidus, perlucida, perlucidum. *adj.*

DIAPHORÉTIQUE, *sudorifique.* Diaphoreticus, a, um. *adj.*

DIAPHRAGME, *membrane.* Diaphragma, *g.* diaphragmatis. *neut.*

DIAPRÉ, *bigarré de différentes couleurs.* Versicolor, *gén.* versicoloris, *de tout genre.*

DIARRHÉE, *flux de ventre.* Profluvium, *g.* profluvii. *n. Ajoutez* alvi.

DICTAME, *herbe.* Dictamnum, *génit.* dictamni. *neut.*

DICTATEUR. Dictator, *g.* dictatoris. *masc.*

DICTATURE. Dictatura, *génit.* dictaturæ. *fém.*

DICTÉ. Dictatus, a, um. *part. pass. de* Dicto.

DICTER. Dictare dicto dictas, dictavi, dictatum. *actif. rég. dir. acc.* rég. ind. *dat.*

DICTION. Dictio, *g.* dictionis. *fém.*

DICTIONNAIRE. Dictionarium, *génit.* dictionarii. *neut.*

DICTON, *proverbe, sentence.* Dictum, *gén.* dicti. *neut.*

DIDACTIQUE, *instructif.* Præceptivus, præceptiva, præceptivum. *adj.*

DIÈSE, *terme de musique.* Diésis, *gén.* diesis. *fém.*

DIÈTE, *abstinence que l'on fait pour la santé.* Diæta, *g.* diætæ. *fém.*

DIÈTE, *assemblée générale.* Conventus, *g.* conventûs. *mas.*

DIEU, *l'Etre souverain.* Deus, *gén.* Dei. *m. Au vocat.* Deus. Dieu veuille que. Utinam, *avec le subjonct.* Bon Dieu! Bone Deus! Dieu nous en garde. Deus avertat.

LES DIEUX. Dii, *gén.* Deorum. *masc. plur.*

DIFFAMANT, *qui noircit la réputation.* Probrosus, probrosa, probrosum. *adj. Au comp.* probrosior, *masc. fém.* probrosius, *neut. au superl.* probrosissimus, a, um.

DIFFAMATEUR. Obtrectator, *g.* obtrectatoris. *masc.*

DIFFAMATION. Detractio, *g.* detractionis. *fém.*

DIFFAMATOIRE. Famosus, famosa, famosum. *adj.*

DIFFAMER. Infamare, infamo, infamas, infamavi, infamatum. *act. acc.*

DIFFÉRÉ. Dilatus, dilata, dilatum. *part. pass. de* Differo. A par *in.*, *et l'acc.*

DIFFÉREMMENT. Diversè. *adv.*

DIFFÉRENCE. Discrimen, *g.* discriminis. *neut.* Il y a de la différence entre médire et accuser, c'est-à-dire, c'est autre chose de médire, autre chose d'accuser. Aliud est maledicere, aliud accusare.

DIFFÉRENCIER. Distinguere, distinguo, is, distinxi, distinctum. *act. acc.*

DIFFEREND. Controversia, *gén.* controversiæ. *fém.*

DIFFÉRENT ou *dissemblable.* Dissimilis, *masc. fém.* dissimile, *neut. génit.* dissimilis, *pour tous les genres. On met ensuite un gén.*

DIFFÉRER ou *être différent.* Differre, differo, differs, distuli, dilatum. *n.* Le de par à ou ab, *et l'abl.*

DIFFÉRER ou *remettre.* Differre, differo, differs, distuli, dilatum. *act. acc.* A par *in*, *et l'acc.* Sans différer. Sine ou absque morâ.

DIFFICILE. Difficilis, *masc. f.* difficile, *neut. gén.* difficilis. *Au comp.* difficilior; *au superl.* Difficillimus, difficillima, difficillimum. *adj.*

DIFFICILE, *chagrin, de mauvaise humeur.* Morosus, a, um. *adj.*

DIFFICILEMENT. Difficile. *adv. Comp.* Difficiliùs ; *superl.* difficillimè.

DIFFICULTÉ. Difficultas, *g.* difficultatis. *f.* On met le gérondif en di.

DIFFICULTÉ, *question difficile à entendre, etc.* Nodus, *g.* nodi. *m.* Chercher des *difficultés où il n'y en a point.* Quærere, quæro, quæris, quæsivi, quæsitum. *act. Aj.* nodum in scirpo, c. à d., chercher les *difficultés dans des joncs* (*prov.*) Faire *difficulté*, suivi d'un verbe. Dubitare, dubito, dubitas, dubitavi, dubitatum. *neut. et l'infi.* Ne faire aucune *difficulté de, suivi d'un verbe.* Non dubitare, avec l'infin.

DIFFICULTUEUX, *qui forme toujours de nouvelles difficultés.* Scrupulosus, scrupulosa, scrupulosum. *adj.*

DIFFORME. Deformis, *m. f.* deforme, *n. g.* deformis. *Rendre difforme.* Afferre deformitatem. *Quelqu'un*, alicui, c'est-à-dire, *causer la difformité.*

DIFFORMITÉ. Deformitas, *g.* deformitatis. *f.*

DIFFUS. Diffusus, a, um. *Au comp.* diffusior, *m. f.* diffusius. *n.*

DIFFUSÉMENT, *d'une manière diffuse.* Fusè. *adv.*

DIFFUSION. Diffusio, *gén.* diffusionis. *fém.*

DIGÉRÉ. Concoctus, concocta, concoctum. *part. pass. de* Concoquo.

DIGÉRER. Concoquere, concoquo, is, concoxi, concoctum. *act. acc.*

DIGÉRER, *souffrir.* Ferre. Voyez *Souffrir*.

DIGÉRER, *examiner.* Voyez *Attention, faire attention.*

LE DIGESTE, *livre du droit civil.* Digesta, *g.* digestorum *neut. plur.*

DIGESTION. Digestio, *g.* digestionis. *f. Faire digestion.* Voy. *Digérer.*

DIGNE. Dignus, digna, dignum. *avec l'abl. De louange.* Laude.

DIGNEMENT. Dignè. *adv. Au comp.* digniùs ; *au superl.* dignissime.

DIGNITÉ. Dignitas, *g.* dignitatis. *f.*

DIGRESSION. Digressio, *g.* digressionis. *f. Faire des digressions.* Digredi, digredior, digrederis, digressus sum. *déponent.*

DIGUE. Agger, *g.* aggeris. *m. Faire des digues.* Jacere moles ; jacio, jacis, jeci, jactum.

DIJON, *ville capitale de la Bourgogne,* Divio, *gén.* Divionis. *fém.* Qui est de Dijon. Divionensis, *m. f.* divionense, *n. g.* divionensis.

DILACÉRER, *déchirer.* Dilacerare, dilacero, dilaceras, dilaceravi, dilaceratum. *act. acc.*

DILAPIDATION, *folle dépense.* Insanes sumptus, *gén.* insanium sumptuum. *masc. plur.*

DILAPIDER, *dépenser follement.* Dilapidare, dilapido, dilapidas, dilapidavi, dilapidatum. *act. acc.*

DILATATION. Amplificatio, *gén.* amplificationis. *f.*

DILATÉ. Dilatatus, dilatata, dilatatum, *part. pass. de* Dilato.

DILATER. Dilatare, dilato, dilatas, dilatavi, dilatatum. *act. acc.*

DILECTION. Caritas, *génit.* caritatis. *f.*

DILEMME. Dilemma, *g.* dilemmatis. *neut.*

DILIGEMMENT. Diligenter. *adv. Au comp.* diligentiùs ; *au superl.* diligentissimè.

DILIGENCE. Diligentia, *g.* diligentiæ. *fém.*

DILIGENCE, *coche par eau.* Navicula vectoria, *g.* naviculæ vectoriæ. *fém. Par terre.* Rheda meritoria citatior, *génitif.* rhedæ meritoriæ citatioris. *fém. Tout se décline.*

DILIGENT. Diligens, *masc. fém. neut. g.* diligentis.

DILIGENTER. Accelerare, accelero, acceleras, acceleravi, acceleratum. *act. accus.*

SE **DILIGENTER.** Festinare. *n.*

DILUVIEN, *qui a rapport au déluge.* Diluvialis. *m. f.* diluviale. *neut. g.* diluvialis.

DIMANCHE. Dies dominica, *gén.* diei dominicæ. *fém.*

DIME. Decuma, *gén.* decumæ. *f.*

DIMENSION. Mensura, *g.* mensuræ. *f. Prendre les dimensions.* V. *Mesurer. Les prendre toutes.* Metiri omnia.

DIMER. Decimare, decimo, decimas, decimavi, decimatum. *act.*

DIMEUR. Decumanus, *g.* decumani. *masc.*

DIMINUÉ. Minutus, minuta, minutum. *part. pass. de* Minuo.

DIMINUER. Minuere, minuo, minuis, minui, minutum. *Diminuer le prix.* Submittere, submitto, submittis, submisi, submissum. *act. acc.* pretium.

DIMINUER ou *devenir moindre.* Minui, minuor, eris, minutus sum. *pass.*

DIMINUTIF. Diminutivus, diminutiva, diminutivum. *adj.*

DIMINUTION. Imminutio, *g.* imminutionis. *fém.*

DIMISSOIRE, *lettres de l'évêque diocésain pour recevoir les ordres.* Litteræ dimissoriæ, *g.* litterarum dimissoriarum. *fém. plur.*

DINDON, *dindonneau.* Pullus gallinaceus indicus, *g.* pulli gallinacei indici. *m. Tout se décline.*

Le DINER ou *le diné*. Prandium. *gén.* prandii. *n.*

DINÉE, *lieu où l'on dine en voyage*. Locus, *gén.* loci. *masc.* Ajoutez viatorii prandii, *c'est-à-dire, du diné du voyageur*.

La DINÉE, *ce qu'on dépense pour la dînée*. Pretium, *gén.* pretii. *n.* Ajoutez prandii.

DINER, *verbe*. Prandere, prandeo, prandes, prandi, pransum. *n. Donner à dîner*. Excipere, excipio, excipis, excepi, exceptum. *act. acc. de la personne. Ajoutez* prandio, *à l'abl. Qui a dîné*. Pransus, pransa, pransum. *Qui n'a pas dîné*. Impransus, a, um. *adj.*

DIOCÉSAIN. Diœcesanus, diœcesana, diœcesanum. *adj.*

DIOCÈSE. Diœcesis, *g.* diœcesis. *f.*

DIPHTHONGUE. Diphthongus, *génit.* diphthongi. *f.*

DIRE. Dicere, dico, dicis, dixi, dictum. *act. rég. dir. acc. rég. ind. dat. Au dire de*. Judicio, *à l'abl. On met ensuite un* g., c. à d., Id est. Hoc est. *Ouïr dire*. Audire, audio, audis, audivi, auditum. *act. acc. A quelqu'un*. Ab aliquo. *Aussitôt dit, aussitôt fait*. Dictum factum. *Se dire citoyen*. Gerere se pro cive, c. à d., *se comporter*. Gero, geris, gessi, gestum. *act.*

DIRECT. Directus, a, um. *adj.*

DIRECTEMENT. Recte. *adv.*

DIRECTEUR. Rector, *g.* rectoris. *m.*

DIRECTION. Rectio, *g.* rectionis. *fém. Etre sous la direction*. Regi, regor, regeris, rectus sum. *pass. Le de par à ou* ab, *et l'abl. Mettre sous la direction*. Committere, committo, committis, commisi, commissum. *act. acc. De quelqu'un*. Alicui, *au dat. Avoir la direction de quelque chose*. Administrare, administro, administras, administravi, administratum, *act. acc.* aliquid. *De quelqu'un. Voyez Diriger.*

DIRECTOIRE, *livre pour l'office divin*. Ordo, *g.* ordinis. *m. Ajoutez* divini officii recitandi, *c'est-à-dire, l'ordre de réciter le divin office*.

DIRECTRICE, *celle qui dirige*. Moderatrix, *g.* moderatricis. *f.*

DIRIGÉ. Rectus, recta, rectum. *part. pass. de Rego.*

DIRIGER. Regere, rego, regis, rexi, rectum. *act. acc.*

Se DIRIGER par. Voyez *Etre sous la direction.*

DIRIMANT, *qui emporte nullité*. Dirimens, *génit.* dirimentis. *de tout genre. part. prés. de* Dirimo.

DISCERNEMENT. Judicium, *gén.* judicii. *neut. Discernement du vrai d'avec le faux*. Distinctio, *g.* distinctionis *fém. Ajoutez* veri à falso.

DISCERNER. Discernere, discerno, discernis, discrevi, discretum. *act. acc. De ou d'avec par* à *ou* ab, *et l'abl.*

DISCIPLE. Discipulus, *g.* discipuli. *m* Discipula, *g.* discipulæ. *f.*

DISCIPLINABLE, *docile*. Docilis. *m. f.* docile. *n. g.* docilis.

DISCIPLINE. Disciplina, *g.* disciplinæ. *f. Se mettre sous la discipline de quelqu'un pour se réformer*. Alicui dare se reformandum, *c'est-à-dire, se donner à quelqu'un pour être réformé*.

DISCIPLINE ou *fouet*. Flagellum, *g.* flagelli. *n. Prendre, se donner la discipline*. Voy. *Se discipliner.*

DISCIPLINE, *instruit*. Exercitatus, exercitata, exercitatum. *Ajoutez* disciplinâ, *à l'abl.*

DISCIPLINER, *instruire, régler*. Instituere, instituo, instituis, institui, institutum. *act. acc.*

Se DISCIPLINER, *se donner la discipline*. Castigare corpus. *Ajoutez* flagro, *à l'abl. c'est-à-dire, châtier son corps avec la discipline.*

DISCONTINUATION. Intermissio, *g.* intermissionis. *f.*

DISCONTINUÉ. Intermissus, intermissa, intermissum. *part. pass. d'*Intermitto.

DISCONTINUER. Intermittere, intermitto, intermittis, intermisi, intermissum, *act. acc. ou un infinitif. Sans discontinuer*. Sine intermissione.

DISCONVENANCE. Discrepantia, *gén.* discrepantiæ. *f.*

DISCONVENIR. Discrepare, discrepo, discrepas, discrepavi, *sans sup. n. ablat. avec* à *ou* ab *de la personne, et l'ablat. avec* in *de la chose.*

DISCORDANT. Dissonus, dissona, dissonum. *adj.*

DISCORDE. Discordia, *gén.* discordiæ. *fém.*

DISCORDER, ou *être en discorde*. Dissidere, dissideo, dissides, dissedi, *sans sup. neut.* Avec, *par* à *ou* ab, *et l'abl. de la personne.*

DISCOUREUR, *homme qui parle beaucoup*. Garrulus, *g.* garruli. *m.*

DISCOUREUSE, *femme qui parle beaucoup*. Garrula, *g.* garrulæ. *f.*

DISCOURIR. Disserere, dissero, disseris, disserui, dissertum. *neut. Le de, par de, et l'abl.*

DISCOURS. Sermo, *g.* sermonis. *m.*

DISCRET. Consideratus, considerata, consideratum. *Au comp.* consideratior. *m. fém.* consideratius. *n. au superl.* consideratissimus, a, um. *adj.*

DISCRÈTEMENT. Considerate. *adv. Au compar.* consideratius; *au superl.* consideratissime.

DISCRÉTION. Prudentia, *g.* prudentiæ. *f.*

fém. A discrétion, ou *sans aucune condition*. Sine ullâ conditione. *Laisser quelque chose à la discrétion de quelqu'un*. Permittere, permitto, permittis, permisi, permissum. *act*. Aliquid alicui. *Se rendre à la discrétion du vainqueur*. Permittere se victori.

DISCULPER. Purgare, purgo, purgas, purgavi, purgatum. *act. rég. dir. accus. rég. ind. abl. avec de. Se disculper d'une faute*. Purgare culpam.

DISCUSSION. Accurata inquisitio, *g*. accuratæ inquisitionis. *f*.

DISCUTER. Inquirere, inquiro, inquiris, inquisivi, inquisitum. *act. acc. Ajoutez accuratè*.

DISERT. Disertus, diserta, disertum. *adj*.

DISERTEMENT. Disertè. *adv*.

DISETTE. Inopia, *g*. inopiæ. *f. Etre dans la disette, avoir disette de*. Egere, egeo, eges, egui, *sans supin. neutre. ablat*.

DISEUR. Narrator, *g*. narratoris. *masc. Diseur de bons mots*. Homo, *g*. hominis. *m*. *Ajoutez* festivi sermonis.

DISEUSE *de bonne aventure*. Præstigiatrix, *g*. præstigiatricis. *f*.

DISGRACE, *perte de l'amitié d'un grand, etc*. Offensa, *g*. offensæ. *f*.

Disgrâce ou *malheur*. Calamitas *g*. calamitatis. *f*.

DISGRACIÉ. Invisus, invisa, invisum. *adj. avec un dat*.

DISGRACIER. Alienari, alienor, alienaris, alienatus sum. *pass. Quelqu'un. Ab aliquo*.

DISJONCTIF. Disjunctivus, disjunctiva, disjunctivum. *adj*.

DISJONCTION. Disjunctio, *g*. disjunctionis. *f*.

DISLOCATION. Motio, *g*. motionis. *f. Ajoutez* ossis de suâ sede, *c'est-à-dire, déplacement d'un os hors de sa place*.

DISLOQUÉ. Luxatus, a, um. *part. pass. de* Luxo.

DISLOQUER. Luxare, luxo, luxas, luxavi, luxatum. *act. acc. Se disloquer un pied*. Luxare pedem.

Se Disloquer, *en parlant des os*. Recedere à loco suo, *c'est-à-dire, s'écarter de leur place*. Recedo, recedis, recessi, recessum.

DISPARITÉ, *différence*. Discrimen, *g*. discriminis. *neut*.

DISPARAITRE. Evanescere, evanesco, evanescis, evanui, *sans sup. n. De, par è ou ex*, *à l'abl*.

DISPENDIEUX, *d'une grande dépense*. Sumptuosus, sumptuosa, sumptuosum. *adject*.

DISPENSATEUR. Dispensator, *g*. dispensatoris. *m*.

DISPENSATION, *administration*. Dispensatio, *g*. dispensationis. *f*.

DISPENSATRICE, *celle qui distribue*. Dispensatrix, *g*. dispensatricis. *f*.

DISPENSE. Immunitas, *g*. immunitatis. *fém*.

DISPENSÉ. Immunis. *m. f*. immune. *n. g*. immunis. *On met ensuite un gén. ou bien* à *ou* ab, *avec l'abl*.

DISPENSER. Voyez *Exempter*.

DISPERSÉ. Dispersus, dispersa, dispersum. *part. pass. de* Dispergo. *En* ou dans *par* in, *avec l'acc*.

DISPERSER. Dispergere, dispergo, dispergis, dispersi, dispersum. *act. acc*. En ou dans *par* in, *avec l'acc*.

Se Disperser, *aller les uns d'un côté, et les autres de l'autre*. Diversi ire. Diversus, diversa, diversum. *adj. qui s'accorde avec le nominatif*.

DISPERSION. Disjunctio, *g*. disjunctionis. *fém*.

DISPOS. Voyez *Agile*.

DISPOSÉ. Dispositus, disposita, dispositum. *part. pass. de* Dispono.

Disposé à, *prêt*. Paratus, parata, paratum. A *par* ad *et l'acc. ou le gérondif en* dum.

Bien Disposé, *affectionné*. Animatus, animata, animatum. *Bien*, benè; *mal*, malè. Pour *par* in, *et l'acc*.

DISPOSER ou *ranger*. Disponere, dispono, disponis, disposui, dispositum. *act. acc*.

Disposer de, ou *se servir*. Uti, utor, uteris, usus sum. *dépon. abl*.

Disposer à, *préparer*. V. *Préparer. Se disposer à quelque chose*. Parare se ad, *avec l'acc. ou le gérond*. en dum.

DISPOSITIF *d'un arrêt*. Scitum, *gén*. sciti. *neut*.

DISPOSITION, *arrangement*. Dispositio, *g*. dispositionis. *f*.

Disposition, *pouvoir*. Potestas, *g*. potestatis. *f*.

Disposition, *aptitude, talent*. Habilitas, *g*. habilitatis. *f. Qui a de la disposition*. Aptus, apta, aptum. *Le pour ou* à, *par* ad *avec l'acc*.

DISPROPORTION. Inæqualitas, *gén*. inæqualitatis. *f*.

DISPROPORTIONNÉ. Inæqualis, *m. f*. inæquale. *neut. gén*. inæqualis; *ensuite un dat*.

DISPROPORTIONNER, *mettre de la disproportion*. Jungere, jungo, jungis, junxi, junctum. *act. Ajoutez à l'acc*. inconvenientia inter se, *c'est-à-dire, joindre des choses disproportionnées entr'elles*.

Disproportionner *la peine aux crimes*. Non rependere pœnas pares sceleribus; rependo, rependis, rependi, repensum. *actif*.

DISPUTABLE. Disputabilis, m. f. disputabile. neut. gén. disputabilis.

DISPUTE. Disputatio, g. disputationis. fém.

DISPUTE ou différend. Controversia, g. controversiæ. f.

DISPUTER. Disputare, disputo, disputas, disputavi, disputatum. neut. Le nom de la chose dont on dispute, se met à l'abl. avec de, et le nom de la personne avec qui on dispute, à l'ablat. avec cum. Disputer à quelqu'un le commandement. Dimicare, dimico, dimicas, dimicavi, dimicatum. n. cum aliquo de imperio.

SE DISPUTER. Voy. Se quereller.

DISQUE, palet. Discus, g. disci. m.

DISQUISITION, recherche. Disquisitio, g. disquisitionis. f.

DISSECTION. Sectio, g. sectionis. f.

DISSEMBLABLE. Dissimilis, m. fém. dissimile. neut. g. dissimilis. Ensuite un datif.

DISSÉMINÉ. Disseminatus, disseminata, disseminatum. part. pass. de Dissemino.

DISSÉMINER. Disseminare, dissemino, disseminas, disseminavi, disseminatum. act. acc.

DISSENSION. Dissensio, g. dissensionis. f. Etre en dissension. Voyez Etre en discorde. Mettre en dissension. Voyez Diviser.

DISSEQUÉ. Dissectus, dissecta, dissectum. part. pass. de Disseco.

DISSEQUER. Dissecare, disseco, dissecas, dissecui, dissectum. act. acc.

DISSERTATION. Dissertatio, g. dissertationis. f.

DISSIMULATION. Dissimulatio, g. dissimulationis. f.

DISSIMULE ou feint. Dissimulatus, dissimulata, dissimulatum. part. pass. de Dissimulo.

UN DISSIMULÉ. Dissimulator, g. dissimulatoris. m.

DISSIMULER. Dissimulare, dissimulo, as, avi, dissimulatum. act. acc.

DISSIPATEUR. Decoctor, g. decoctoris. masc.

DISSIPATION. Dissipatio, g. dissipationis. f. Dissipation de l'esprit. Aberratio, g. aberrationis. f.

DISSIPÉ. Dissipatus, dissipata, dissipatum. part. pass. de Dissipo. Un esprit dissipé. Vagus animus, gén. vagi animi. masc.

DISSIPER. Dissipare, dissipo, dissipas, dissipavi, dissipatum. act. acc. Dissiper son bien. Rem suam dissipare ou dilapidare. act. acc.

SE DISSIPER, se perdre. Dilabi, dilabor, dilaberis, dilapsus sum. dépon. L'esprit se dissipe. Animus vagatur, vagari, vagor, vagaris, vagatus sum. dép.

DISSOLU. Dissolutus, a, um. adj.

DISSOLVANT, qui dissout. Habens gén. habentis. Ajoutez vim dissolvendi c. à d., qui a la vertu de dissoudre.

DISSOLUBLE, qui peut se dissoudre. Dissolubilis. m. f. dissolubile. n. g. dissolubilis.

DISSOLUMENT. Dissolutè. adv. A comparat. dissolutius, au superl. dissolutissimè.

DISSOLUTION, séparation. Dissolutio, g. dissolutionis. f.

DISSOLUTION, débauche. Intemperantia, g. intemperantiæ. f.

DISSONNANCE, faux accord. Dissonans sonus, g. dissonantis soni. m.

DISSOUDRE. Dissolvere, dissolvo, di solvis, dissolvi, dissolutum. act. acc.

SE DISSOUDRE. Dissolvi, dissolvor, di solveris, dissolutus sum. pass.

DISSOUS. Dissolutus, dissoluta, dissolutum. part. pass. de Dissolvo.

DISSUADER. Dissuadere, dissuadeo, dissuades, dissuasi, dissuasum. act. ac de la chose, et le dat. de la personne.

DISSUASION. Dissuasio, g. dissuasionis. fém.

DYSSILLABE, qui n'a que deux syllabes. Dissyllabus, dissyllaba, dissyllabum. adj.

DISTANCE. Distantia, gén. distantiæ.

DISTANT. Distans. m. f. n. g. distanti Etre distant. Distare, disto, distas, dititi, distitum. neut. Le de, par à ou ab et l'ablat. Le parfait et le supin sont pu usités ; on se sert mieux de abesse, absum abes, abfui. Le nom de la distance e mis à l'abl. sans préposition, comme De vingt pas. Vigenti passibus.

DISTENTION de nerfs. Distentio, distentionis. f. Ajoutez nervorum.

DISTILLATEUR. Qui succos herbaru per distillationem exprimit.

DISTILLATION. Stillatitia expressio, stillat.tiæ expressionis. fém. Ajoutez succrum, au g. plur.

DISTILLER, tirer le suc. Extrahere extraho, extrahis, extraxi, extractum. ac Aj. succos, avec un g.

DISTILLER, tomber goutte à goutte Stillare, stillo, stillas, stillavi, stillatum act. acc.

DISTINCT, différent. Distinctus, di tincta, distinctum. part. pass. de Distinguo.

DISTINCT, net et clair. Clarus, clara clarum. adj.

DISTINCTEMENT. Distinctè. adv.

DISTINCTIF. Proprius, propria, proprium. adj.

DISTINCTION. Distinctio, g. distinctionis. f. Qui est de distinction. Conspicuus conspicua, um. adj.

DISTINGUÉ. Distinctus, distincta, distinctum. *part. pass. de* Distinguo. De, par à ou ab, avec un abl. Qui est d'un mérite très-distingué. Electissimus, electissima, electissmum. *adj.*

DISTINGUER. Distinguere, distinguo, distinguis, distinxi, distinctum. *act. acc.* De, par à ou ab, et l'abl.

Se Distinguer. Eminere, emineo, eminēs, eminui. *neut.*

DISTIQUE. Distichum, *gén.* distichi. *neut.*

DISTRACTION. Aberratio, *g.* aberrationis. *f.*

DISTRAIRE. Avocare, avoco, avocas, avocavi, avocatum. *act. acc.* De, par à ou ab, et l'abl.

Se Distraire. Avocare mentem ab aliquâ re, c'est-à-dire, détourner son esprit de quelque chose.

DISTRAIT ou *peu attentif.* Attentirus, attentiva, attentivum. *Ajoutez* parùm. *adv. Au comp.* minùs attentus, *moins attentif* ou *plus distrait; au superl.* minimè attentus, *très-peu attentif* ou *fort distrait.*

DISTRIBUÉ. Distributus, distributa, distributum. *part. pass. de* Distribuo.

DISTRIBUER. Distribuere, distribuo, distribuis, distribui, distributum. *actif. accus.*

DISTRIBUTEUR. Distributor, *g.* distributoris. *m.*

DISTRIBUTIF, comme : *La justice distributive.* Justitia tribuens, *g.* justitiæ tribuentis. *f. Ajoutez* suum cuique, *c'est-à-dire, qui rend à chacun le sien.*

DISTRIBUTION. Distributio, *g.* distributionis. *f.*

DISTRICT, *étendue de juridiction.* Fines, *gén.* finium. *masc. plur. Ajoutez* jurisdictionis, *au g.*

DIT. Dictus, a, um. *part. pass. de* Dico. *Louis XIV, dit le grand.* Ludovicus decimus quartus cognomento magnus.

DIVAN, *lieu où l'on rend la justice en Orient.* Judiciale forum. *gén.* judicialis fori. *neut.*

DIVERS. Diversus, diversa, diversum. *Au comp.* diversior. *m. f.* diversius. *neut.; au superl.* diversissimus, diversissima, diversissimum. *adj.*

DIVERSEMENT. Diversè. *adv.*

DIVERSIFIÉ. Variatus, variata, variatum. *part. pass. de* Vario.

DIVERSIFIER. Variare, vario, varias, variavi, variatum. *act. acc.*

DIVERSION, *division des forces de l'ennemi.* Distractio, *g.* distractionis. *fém. Ajoutez* hostilium copiarum.

DIVERSITÉ. Varietas, *gén.* varietatis. *fém.*

DIVERTIR. Oblectare, oblecto, oblectas, oblectavi, oblectatum. *act. acc. de la* personne, *et l'ablat. de la chose,* ou *un gérond. en* do.

Divertir, *détourner.* Avocare, avoco, avocas, avocavi, avocatum. *act. acc. de la personne, et l'ablat. de la chose,* avec à ou ab.

Se Divertir, *se récréer.* Oblectare se.

DIVERTISSANT. Jucundus, jucunda, jucundum. *adj.*

DIVERTISSEMENT. Oblectatio, *génit.* oblectationis. *f.*

DIVIDENDE, *nombre à diviser.* Numerus dividendus, *gén.* numeri dividendi. *masc.*

DIVIN. Divinus, a, um. *adj.*

DIVINATION. Divinatio, *g.* divinationis. *f.*

DIVINEMENT. Divinitùs. *adv.*

DIVINITÉ. Divinitas, *gén.* divinitatis. *fém.*

DIVISÉ. Divisus, a, um. *part. pass. de* Divido.

DIVISER. Dividere, divido, dividis, divisi, divisum. *act. acc.*

Diviser, *mettre le trouble.* Dissociare, dissocio, dissocias, dissociavi, dissociatum. *acc.*

DIVISEUR, *qui divise.* Divisor, *g.* divisoris. *masc.*

DIVISIBLE. Dividuus, dividua, dividuum. *adj.*

DIVISION. Divisio, *g.* divisionis. *f.*

Division. *Voyez* Discorde.

DIVORCE, *séparation du mari et de la femme.* Divortium, *g.* divortii. *n.*

Divorce, *brouillerie.* Alienatio, *génit.* alienationis. *f. Être en divorce.* Voy. *Être en discorde.*

DIURÉTIQUE. Concitans, *m. f. n. g.* concitantis. *Ajoutez* urinam, *c'est-à-dire, qui excite l'urine.*

DIURNAL. Diurnale, *génitif.* diurnalis. *neut.*

DIVULGUÉ. Divulgatus, divulgata, divulgatum. *part. pass. de* Divulgo.

DIVULGUER. Divulgare, divulgo, divulgas, divulgavi, divulgatum. *act. acc. Se divulguer en parlant des choses.* Emanare, emano, emanas, emanavi, emanatum. *n. Ajoutez* in vulgus. Par, per, avec l'acc.

DIX. Decem. *plur. indécl. et de tout genre.* Deni, *m.* denæ, *fém.* dena, *neut. g.* denorum, denarum, denorum. *Qui est de dix,* ou *qui contient dix.* Denarius, denaria, denarium, *adj. L'espace de dix ans.* Decennium, *g.* decennii. *n. Chariot tiré par dix chevaux de front.* Currus decemjugis, *gén.* currûs decemjugis. *masc. Currus se décline seul. De dix en dix.* Decimus quisque, *m.* decima quæque, *f.* decimum quodque, *n. g.* decimi cujusque, decimæ cujusque, decimi cujusque. *L'un*

DOG

et l'autre de déclinent. De dix jours l'un. Decimo quoque die, *à l'ablat.*, *c'est à-dire*, *chaque dixième jour. Dix fois.* Decies. *adv.*

DIXIÈME. Decimus, a, um. *adj. Pour la dixième fois.* Decimùm. *adv.*

DIX-SEPT. Septemdecim. *plur. indécl. et de tout genre. Dix-sept fois.* Decies et septies. *adv.*

DIX-SEPTIÈME. Septimus decimus, septima decima, septimum decimum.

DIX-HUIT. Decem et octo, *pluriel indéclin. et de tout genre. Dix-huit fois.* Decies et octies.

DIX-HUITIÈME. Decimus octavus, decima octava, decimum octavum. *adj.*

DIX-NEUF. Decem et novem. *pluriel indéclin. et de tout genre. Dix-neuf fois.* Decies et novies. *adv.*

DIX-NEUVIÈME. Decimus nonus, decima nona, decimum nonum. *adj.*

DIZAIN, *dix vers.* Decem versus, *g.* decem versuum. *masc. plur.*

DIZAINE. Voyez *Dix.*

DIZENIER. Decurio, *gén.* decurionis. *masc.*

DOCILE. Docilis, *m. f.* docile, *neut. gén.* docilis. A *par ad*, *et l'acc. ou le gérondif en* dum.

DOCILEMENT. Cum docilitate.

DOCILITÉ. Docilitas, *gén.* docilitatis. *fém.*

DOCTE. Doctus, docta, doctum. *adj.*

DOCTEMENT. Doctè. *adv.*

DOCTEUR. Doctor, *g.* doctoris. *masc. En théologie.* Theologiæ, *au g. Recevoir quelqu'un docteur*, *lui donner le bonnet de docteur.* Creare aliquem doctorem, *c'est-à-dire*, *le créer docteur. Passer docteur*, *prendre*, *recevoir le degré*, *le bonnet de docteur*, *ou le doctorat.* Obtinere gradum doctoris, *c'est-à-dire*, *obtenir le degré de docteur.*

DOCTORAL, *de docteur.* Doctoris proprius, propria, proprium. *Bonnet doctoral.* Insigne, *gén.* insignis. *neut. Ajoutez* doctoris, *c'est-à-dire*, *la marque de docteur.*

DOCTORAT. Gradus, *g.* gradûs. *masc. Ajoutez* doctoris, *c'est à dire*, *degré de docteur.*

DOCTRINE. Doctrina, *g.* doctrinæ. *f. Doctrine chrétienne.* Elementa, *g.* elementorum. *neut. plur. Ajoutez* doctrinæ christianæ.

DOCUMENT. Documentum. *gén.* documenti. *neut.*

DODU, *gras.* Adiposus, adiposa, adiposum. *adj.*

DOGE, *magistrat souverain.* Dux, *g.* ducis. *masc.*

DOGMATIQUE. Accommodatus, accommoda'a, accommodatum. *adj.* ad docendum, *c'est-à-dire*, *propre à instruire.*

DOM

DOGMATIQUEMENT. Secundùm præcepta.

DOGMATISER. Spargere, spargo, spargis, sparsi, sparsum. *act. Ajoutez* dogmata, *c'est-à-dire*, *répandre des dogmes. En chaire*, è pulpito.

DOGME. Dogma, *g.* dogmatis. *neut.*

DOGUE, *gros chien.* Molossus, *génit.* molossi. *masc.*

DOIGT. Digitus, *gén.* digiti. *masc. Au doigt*, *ou avec le doigt.* Digito, *à l'ablat. Du bout des doigts.* Extremis digitis, *à l'abl. Savoir sur le bout du doigt.* Percallere, percalleo, percalles, percallui. *sans sup. acc.*

DOL, *finesse*, *tromperie.* Dolus, *gén.* doli. *masc.*

DOLE, *ville de la Franche Comté.* Dola, *gén.* Dolæ. *f. Ajoutez* sequanorum. *De Dole.* Dolanus, a, um. *adj.*

DOLÉANCE, *plainte.* Conquestio, *g.* conquestionis. *f.*

DOLENT. Voyez *Triste.*

DOLER, *unir avec la doloire.* Dolare, dolo, dolas, dolavi, dolatum. *act. acc.*

DOLOIRE, *outil de tonnelier.* Dolabra, *g.* dolabræ. *f. Poli avec la doloire.* Dolabratus, a, um. *adj.*

DOMAINE. Dominium, *gén.* dominii. *neut.*

DOMBES, *souveraineté en Bresse.* Dombæ, *g.* Dombarum. *f. plur.*

DOME. Tholus, *g.* tholi. *masc.*

DOMESTIQUE. Domesticus, domestica, domesticum. *adj.*

UN DOMESTIQUE. Servus, *génit.* servi. *masc.*

DOMICILE. Domicilium, *g.* domicilii. *neut.*

DOMICILIÉ. Habens, *m. f. n. g.* habentis. *Ajoutez* certam sedem, *c'est-à-dire*, *qui a une demeure fixe.*

DOMINANT, *qui domine.* Dominans, *m. fém. neut. gén.* dominantis.

DOMINATEUR. Dominator, *g.* dominatoris. *masc.*

DOMINATION. Dominatus, *gén.* dominatûs. *masc.*

DOMINER, Dominari, dominor, dominaris, dominatus sum. *dép. Sur*, *s'exprime par* in, *et l'ablat. Dominer ses passions.* Imperare cupiditatibus, *c'est-à-dire*, *leur commander. Etre dominé par ses passions.* Parere cupiditatibus, *c'est-à-dire*, *leur obéir.*

DOMINICAIN, *religieux.* Dominicanus, *g.* dominicani. *masc.*

DOMINICAL. Dominicus, dominica, dominicum. *adj.*

DOMMAGE. Damnum, *génitif.* damni. *neut.*

DOMMAGEABLE, Exitiosus, exitiosa, exitiosum. *adj.*

DOR   DOU   153

DOMPTABLE. Domabilis, *m. f.* domabile, *neut. gén.* domabilis.
DOMPTÉ. Domitus, domita, domitum. *part. pass. de* Domo.
DOMPTER. Domare, domo, domas, domui, domitum. *act. acc.*
DOMPTEUR. Domitor, *gén.* domitoris. *masc.*
DON. Donum, *g.* doni. *neut.*
DONATAIRE. Donatorius, *gén.* donatorii. *masc.*
DONATION. Donatio, *gén.* donationis. *fém.*
DONC. Ergò. Igitur. *conj.*
DONJON. Propugnaculum summum; *g.* propugnaculi summi. *neut.*
DONNÉ. Datus, a, um. *part. pass. de* Do.
DONNER. Dare, do, das, dedi, datum. *act. rég. dir. acc. rég. ind. dat.* Se faire donner par force. Extorquere, extorqueo, extorques, extorsi, extortum. *act. acc. De quelqu'un*, ab aliquo. *Le vent donne.* Ventus flat; flo, flas, flavi, flatum. flare. *neut. La pluie donne*, ou *il pleut.* Pluit.
DONNER *sur.* Irruere, irruo, irruis, irrui, irrutum. *neut. Sur l'ennemi*, in hostem. *Donner dans l'erreur.* Duci errore, *c'est-à-dire*, *être conduit par l'erreur.* Duci *pass. de* ducere, duco, ducis, duxi, ductum. *Donner dans une embuscade.* Intrare insidias, *c'est-à-dire*, *y entrer. Donner dix sous, etc. d'une chose.* Voyez *Acheter. Donner une chose pour dix sous.* Voyez *Vendre. Se donner à quelqu'un.* Voy. *s'Attacher*, *s'Engager. Se donner bien du mouvement pour.* Voyez *s'Efforcer.*
DONNEUR. Dator, *g.* datoris. *m.*
DONT. (*Voyez la règle du* Qui *relatif.*)
DORADE, *poisson.* Aurata, *g.* auratæ. *fém.*
DORDOGNE, *rivière de France qui donne son nom à un département.* Duranius, *g.* Duranii. *masc.*
DORÉ. Auratus, a, um. *adj.*
DORÉNAVANT. Deinceps. In posterum. *adv.*
DORER. Inaurare, inauro, inauras, inauravi, inauratum. *act. acc.*
DOREUR. Inaurator, *gén.* inauratoris. *masc.*
DORIDE, *pays de l'ancienne Grèce.* Doris, *g.* doridis. *f.*
DORIENS, *peuples.* Dores, *g.* dorium. *masc. plur.*
DORLOTER ou *traiter mollement.* Curare, curo, curas, curavi, curatum. *act. acc.* Ajoutez Blandè. *adv.*
DORMANT. Dormiens, *génitif* dormientis. *participe présent de* Dormio. *Eau dormante.* Aqua reses, *génit.* aquæ residis. *fém.*
DORMEUR. Somniculosus, somniculosa, somniculosum. *adj.*
DORMIR, *verbe.* Dormire, dormio, dormis, dormivi ou dormii, dormitum. *n. En dormant.* Per somnum.
LE DORMIR. Somnus, *g.* somni. *m.*
DORMITIF, *en parlant d'un remède.* Somnificus, a, um. *adj.*
DORTOIR. Dormitorium, *g.* dormitorii. *neut.*
DORURE. Auratura, *g.* auraturæ. *f.*
DOS. Tergum, *g.* tergi. *neut. A dos*, ou *par derrière.* A tergo. *Avoir quelqu'un à dos.* Habere aliquem adversum, *c'est-à-dire*, *avoir quelqu'un contraire.* Adversus, adversa, adversum. *adj.*
DOSE. Modus, *gén.* modi. *masc.*
DOSER. Temperare, tempero, temperas, temperavi, temperatum. *act.*
DOSSIER. Dorsum, *g.* dorsi. *neut.*
DOT, *le bien d'une femme.* Dos, *gén.* dotis. *fém.*
DOTAL. Dotalis, *masc. fém.* dotale. *n. gén.* dotalis.
DOTATION. Dotis largitio, *gén.* dotis largitionis. *f.*
DOTER. Dotare, doto, dotas, dotavi; dotatum. *act. acc. de la personne*, *et l'abl. de la chose.*
DOUAIRE. Donatio, *g.* donationis, *f.* Ajoutez propter nuptias, *c'est-à-dire*, *donation à cause du mariage.*
DOUAIRIÈRE. Vidua, *gén.* viduæ. *fém.*
DOUANE. Portorium, *g.* portorii. *neut.*
DOUANIER, *celui qui visite les marchandises à la douane.* Portitor, *g.* portitoris. *masc.*
DOUAY, *ville.* Duacum, *gén.* duaci. *neut.*
DOUBLE, *qui est double.* Duplex. *m. fém. neut. g.* duplicis.
LE DOUBLE. Duplum, *g.* dupli. *neut. Au double.* Duplo, *à l'abl.*
DOUBLE, *copie d'un écrit.* Exemplar, *gén.* exemplaris. *neut.*
DOUBLEMENT. Dupliciter. *adv.*
DOUBLER. Duplicare, duplico, duplicas, duplicavi, duplicatum. *act.* Doubler le pas. Voy. *Hâter. Doubler un cap*, *le passer.* Superare promontorium, *c'est-à-dire*, *le surmonter.*
DOUBLURE. Pannus assutus, *g.* panni assuti. *masc.*
DOUBS, *rivière et département de France.* Dubis, *g.* dubis. *masc.*
DOUCEATRE. Subdulcis, *m. f.* subdulce. *neut. g.* subdulcis.
DOUCEMENT, *avec douceur.* Blandè. *adverbe.*
DOUCEMENT, *sans bruit.* Tacitè. *adv.*
DOUCEMENT, *lentement.* Lentè. *adv.*

DOUCEREUX. Dulciculus, dulcicula, dulciculum. *adj.*

DOUCEUR. Suavitas, *g.* suavitatis. *f.* *Douceur de naturel.* Mansuetudo, *g.* mensuetudinis. *f.*

DOUCHE, *quand on prend les bains d'eau chaude.* Suppositio, *g.* suppositionis. *f. Ajoutez* corporis fontibus, *c'est-à-dire, l'action de mettre son corps sous la source. Prendre la douche.* Supponere, suppono, is, supposui, suppositum. *act. Ajoutez* fontibus membra infirma, *c'est-à-dire, mettre sous la source ses membres infirmes.*

DOUÉ. Præditus, prædita, præditum. *avec un abl.*

DOUER. Instruere, instruo, instruis, instruxi, instructum. *act. acc. de la personne, et l'abl. de la chose.*

DOUILLET. Delicatus, delicata, delicatum. *adj.*

DOUILLETTEMENT. Delicate. *adv.*

DOULEUR. Dolor, *g.* doloris. *m.*

DOULOUREUSEMENT. Dolenter. *adv.*

DOULOUREUX. Acerbus, acerba, acerbum. *adj.*

DOUTE. Dubitatio. *g.* dubitationis. *f. Sans doute.* Sine dubio. *Il n'y a pas de doute.* Non est dubium. *Le que qui suit s'exprime par* quin, *avec le subj.*

DOUTER ou *être en doute.* Dubitare, dubito, dubitas, dubitavi, dubitatum. *n. On met le nom de la chose à l'ablatif avec* de.

SE DOUTER *de.* Suspicari, suspicor, suspicaris, suspicatus sum. *dép. acc.*

DOUTEUSEMENT, *avec doute.* Dubie. *adv.*

DOUTEUSEMENT, *ambiguement.* Ambigue. *adv.*

DOUTEUX. Dubius, a, um. *adj.*

DOUVE *de tonneau.* Axis, *gén.* axis. *masc.*

DOUVRES, *ville d'Angleterre.* Dubris, *gén.* Dubris. *f.*

DOUX. Suavis, *masc. fém.* suave, *neut. gén.* suavis.

Doux de caractère. Placidus, placida, placidum. *adj.*

DOUZAINE ou *douze.* Duodecim. *plur. indéclin. et de tout genre.* Duodeni, *m.* duodenæ, *f.* duodena, *neut. gén.* duodenorum, duodenarum, duodenorum. *Douze fois.* Duodecies. *adv. De douze en douze ans, c'est-à-dire, chaque douzième année.* Duodecimo quoque anno, *à l'abl. Demi-douzaine.* Voy. **Six.**

DOUZIÈME. Duodecimus, duodecima, duodecimum. *adj.*

DOUZIÈMEMENT. Duodecimo loco, *à l'ablat.*

DOYEN *d'un chapitre.* Decanus, *gén.* decani. *masc. Des conseillers, des médecins, etc.* Antiquissimus, *g.* antiquissimi. *masc. et un génit.* Senatorum, Medicorum, *etc.*

DOYENNÉ, *dignité de doyen.* Decanatus, *gén.* decanatûs. *masc.*

DRAGÉE. Globulus tectus, *g.* globuli, tecti. *m. Ajoutez* saccharo, *c'est-à-dire, petite boule couverte de sucre.*

DRAGÉES, *petites balles de plomb.* Glandes minutissimæ plumbeæ, *g.* glandium minutissimarum plumbearum. *f.*

DRAGME, *sorte de monnaie.* Drachma, *g.* drachmæ. *fém.*

DRAGON, Draco, *g.* draconis. *m.*

DRAGON, *soldat.* Dimacha, *gén.* dimachæ. *masc.*

DRAMATIQUE ou *poésie dramatique.* Dramaticus, a, um. *adj.*

DRAME. Drama, *gén.* dramatis. *n.*

DRAP, *étoffe.* Pannus, *g.* panni. *m.*

DRAP ou *linceul.* Linteum, *gén.* lintei. *neut.*

DRAPEAU, *enseigne d'infanterie.* Vexillum, *g.* vexilli. *neut. Se rendre, se ranger sous le drapeau.* Aggregare, aggrego, aggregas, aggregavi, aggregatum. *Ajoutez* signis *avec* se, me *ou* te, *etc. selon le nominatif du verbe.*

DRAPEAU, *linge usé.* Panniculus, *gén.* panniculi. *masc.*

DRAPER, *couvrir une voiture de deuil.* Vestire, vestio, is, vestivi, vestitum. *avec l'acc.* rhedam lugubri ornatu.

DRAPER, *se moquer.* Vellicare, vellico, as, vellicavi, vellicatum. *act. acc.*

DRAPERIE. Textura, *g.* texturæ. *fém. Ajoutez* pannorum, *c'est-à-dire, manufacture de draps.*

DRAPERIE, *terme de peinture.* Picturæ, *g.* picturarum. *f. plur. Ajoutez* vestium, *c'est-à-dire, peinture d'habits.*

DRAPIER ou *marchand de draps.* Mercator, *gén.* mercatoris. *masc. Ajoutez* pannorum.

DRESDE, *ville.* Dresda, *gén.* dresdæ. *fém.*

DRESSÉ, *debout.* Erectus, erecta, erectum. *part. pass. d'*Erigo.

DRESSÉ ou *instruit.* Instructus, instructa, instructum. *part. pass. d'*Instruo.

DRESSER, *rendre droit ce qui est torta.* Corrigere, corrigo, corrigis, correxi, correctum. *act. acc.*

DRESSER, *mettre droit ce qui est renversé.* Erigere. *act. acc. c'est-à-dire, élever.* Erigo, erigis, erexi, erectum. *Dresser des autels, une statue, des trophées à quelqu'un.* Ponere aras, statuam, trophæa, alicui; pono, ponis, posui, positum.

SE DRESSER *sur ses pieds.* Erigi. *pass. de* erigo. *Ajoutez* in digitos.

DRESSER ou *instruire.* Instituere, instituo, is, institui, institutum. *act. acc.*

DUC   DUR   155

DRESSER un cheval. Domare, domo, domas, domui, domitum. act. Ajoutez equum.

DRESSER à la tête, de peur ou de honte. Horrescere, horresco, horrescis, horrui, sans sup. neut. Les cheveux lui dressent à la tête. Capilli horrescunt illi. au dat.

DRILLE, soldat mal vêtu, mais vigoureux. Miles pannosus, sed strenuus, g. militis pannosi, sed strenui. masc.

DROGUE. Medicamentum, gén. medicamenti. neut.

DROGUER. Purgare, purgo, purgas, purgavi, purgatum. act. acc.

SE DROGUER. Uti, utor, uteris, usus sum. dép. Ajoutez remediis, c'est-à-dire, user de remèdes.

DROGUET. Pannus contextus, g. panni contexti. m. Ajoutez lanâ et filo, c'est-à-dire, étoffe tissue de laine et de fil.

DROGUISTE. Pharmacopola, g. pharmacopolæ. masc.

DROIT. Rectus, recta, rectum. adj. En droite ligne. Rectâ lineâ, à l'abl. Se tenir droit. Stare, sto, stas, steti, statum. neut.

DROIT, opposé à gauche. Dexter, dextera, dexterum. adj. A droite. Dextrâ. à l'abl. Droit ou tout droit. Rectâ. adv.

LE DROIT. Jus, g. juris. neut. A droit et à tort. Jure et injuriâ. abl.

DROITEMENT, équitablement. Sincerè. adv. ou ut æquum est.

DROITURE. Integritas, g. integritatis. fém. En droiture. Rectâ viâ. à l'abl.

DROLE ou plaisant. Lepidus, lepida, lepidum. adj.

DROLEMENT. Lepidè. adv.

DROLERIE, plaisanterie. Lepidum facinus, g. lepidi facinoris. neut.

DROMADAIRE, espèce de chameau. Camelus dromas, gén. cameli dromadis. masc.

DROME, rivière qui donne son nom à un département de la France. Druma, g. drumæ. fém.

DRU. Densus, a, um. adj.

DRUIDE, prêtre gaulois. Druida, gén. druidæ. masc.

DRYADES, nymphes des bois. Dryades, g. dryadum. f. plur.

DU. (Du est pour de le).

DU, que l'on doit. Debitus, debita, debitum. part. pass. de Debeo.

DUBLIN, ville. Dublinum, g. dublini. neut.

DUC. Dux, gén. ducis. masc.

DUC, oiseau de nuit. Asio, gén. asionis. masc.

DUCAL ou de duc. Ducalis, m. f. ducale, neut. g. ducalis.

DUCAT. Ducatus, g. ducatûs. m.

DUCATON, monnaie de moindre valeur que le ducat. Minor ducatus, gén. minoris ducatûs. masc.

DUCHÉ, Ducatus, g. ducatûs, m.

DUCHESSE. Ducissa, g. ducissæ. f.

DUCTILE, en parlant des métaux qui s'étendent. Ductilis. m. f. ductile, neut. g. ductilis.

DUCTILITÉ. Ductilitas, gén. ductilitatis. f.

DUEL. Certamen singulare, g. certaminis singularis. neut. Appeler en duel. Provocare aliquem ad certamen singulare. Se battre en duel. Dimicare, dimico, as, dimicavi, dimicatum. neut. Ajoutez viritim. et l'abl. avec cum.

EN DUEL. Singulari certamine. abl.

DUEMENT. Ut par est.

DUNES. Aggeres, g. aggerum. masc. pluriel.

DUNKERQUE, ville. Dunkerca, g. Dunkercæ. f.

DUPE ou niais. Stolidus, stolida, stolidum. adj. Prendre quelqu'un pour dupe. Fallere aliquem credentem, c'est-à-dire, tromper quelqu'un crédule. Etre pris pour dupe. Capi. pass. de capio. Ajoutez credulitate, c'est-à-dire, être pris, attrapé à cause de sa crédulité.

DUPÉ, pris pour dupe. Elusus, elusa, elusum. adj.

DUPER. Eludere, eludo, cludis, elusi, elusum. act. acc.

DUPERIE. Elusio, g. elusionis. fém.

DUPLICITÉ. Fraus ac perfidia, g. fraudis ac perfidiæ. f.

DUQUEL ou de laquelle, desquels on desquelles, s'expriment comme dont ; ainsi voyez Dont.

DUR. Durus, a, um. adj.

DURABLE. Durabilis, m. f. durabile, neut. g. durabilis.

DURANCE, rivière. Durentia, g. Durentiæ. f.

DURANT. Per, avec l'acc. Durant que. Dùm, avec l'indic.

DURCI. Duratus, durata, duratum. part. pass. de Duro.

DURCIR, rendre dur. Durare, duro, duras, duravi, duratum. act. acc.

DURCIR, ou devenir dur. Durescere, duresco, is, durui. sans sup. neut.

DURE, la dure. Nuda humus, g. nudæ humi. fém. Coucher sur la dure. Cubare nudâ humo.

DURÉE. Spatium, g. spatii. neut. Qui est de longue durée. Diuturnus, diuturna, diuturnum. adj. De courte durée. Fugax, m. f. n. g. fugacis.

DUREMENT. Durè. adv.

DURE-MÈRE, membrane. Dura mater, gén. duræ matris. f.

DURER. Durare, duro, duras, duravi, duratum. neut. Faire durer. Producere, produco, producis, produxi, productum. act. accus.

DURETÉ. Duritia, g. duritiæ. f. Dureté d'oreille. Gravitas, g. gravitatis. f. Ajoutez auditûs. au g. Dureté d'esprit. Stupor, gén. stuporis. masc. Ajoutez animi.

DURILLON. Callum, g. calli. n.

DUVET. Mollior pluma, gén. mollioris plumæ. fém.

DYNASTIE, lignée des rois qui ont régné les uns après les autres. Dynastia, gén. dynastiæ. f.

DYSCOLE, difficile à vivre. Morosus, morosa, morosum. adj.

DYSSENTERIE. Dysenteria, g. dysenteriæ. f. Qui a la dyssenterie. Dysentericus, dysenterica, dysentericum. adject. Avoir la dyssenterie. Uri, uror, ureris, ustus sum. Ajoutez dysenteriâ à l'ablatif.

EAU. Aqua, g. aquæ. f. Par eau ou en bateau. Naviculâ, à l'abl. Porteur d'eau. Aquarius, g. aquarii. m. Faire de l'eau. Voy. Pisser. Faire eau, en parlant d'un vaisseau dans lequel l'eau entre. Accipere aquam, c'est-à-dire, recevoir l'eau. Etre dans l'eau, ou avoir de l'eau jusqu'au cou. Exstare, exsto, exstas, exstiti, exstitum. neut. Ajoutez ex aquâ ore tenùs. Mettre de l'eau dans son vin. Miscere vinum aquâ, c'est-à-dire, mêler.

EAU ou sueur. Sudor, g. sudoris. m. Etre tout en eau, ou suer. Sudare, sudo, sudas, sudavi, sudatum. neut.

EAUX minérales. Aquæ salubres, gén. aquarum salubrium. f. plur. Prendre les eaux. Potare, poto, potas, potavi, potatum. Ajoutez aquas salubres.

ÉBARBER, couper à l'entour. Tondere, tondeo, tondes, totondi, tonsum. act. avec l'acc.

EBAUCHE. Adumbratio, g. adumbrationis. f.

EBAUCHÉ. Adumbratus, a, um. part. pass. d'Adumbro.

EBAUCHER. Adumbrare, adumbro, adumbras, adumbravi, adumbratum. act. accus.

EBÈNE, bois. Ebenus, g. ebeni. fém. D'ébène. Ex ebeno.

EBÉNIER, arbre. Ebenus, gén. ebeni. fém.

EBENISTE. Qui elaborat in ebeno, c'est-à-dire, celui qui travaille en ébène.

EBLOUIR. Perstringere, perstringo, perstringis, perstrinxi, perstrictum. act. Ajoutez oculos, et le gén. de la personne; et s'il y a l'esprit, mentem, avec le même gén. Se laisser éblouir à, ou par l'éclat de l'or. Capi, capior, caperis, captus sum. pass. fulgore auri.

EBLOUISSEMENT. Caligatio, g. caligationis. f.

EBORGNÉ. Captus, capta, captum. Ajoutez oculo.

EBORGNER, rendre borgne. Eruere, eruo, eruis, erui, erutum. act. Ajoutez oculum. dat. de la personne, c'est-à-dire, tirer un œil à quelqu'un. Si c'est une fluxion, ou un accident semblable qui éborgne. Privare aliquem oculo, c'est-à-dire, priver quelqu'un d'un œil.

EBOULEMENT. Ruina, g. ruinæ. f.

s'EBOULER. Corruere, corruo, corruis, corrui, corrutum. neut.

EBOURGEONNÉ. Pampinatus, pampinata, pampinatum. part. pass. de Pampino.

EBOURGEONNEMENT. Pampinatio, gén. pampinationis. fém.

EBOURGEONNER. Pampinare, pampino, pampinas, pampinavi, pampinatum. act. acc.

EBRANCHER. Detruncare, detrunco, detruncas, detruncavi, detruncatum. act. accus.

EBRANLE. Concussus, concussa, concussum. part. pass. de Concutio.

EBRANLEMENT. Concussio, gén. concussionis. f.

EBRANLER. Concutere, concutio, concutis, concussi, concussum. act. acc.

L'ÈBRE, rivière. Iberus, g. iberi. m.

EBRECHER. Labefacere, labefacio, labefacis, labefeci, labefactum. act. acc.

EBRIETÉ, ivresse. Ebrietas, g. ebrietatis. fém.

EBRUITER. Vulgare, vulgo, vulgas, vulgavi, vulgatum. acc.

s'Ebruiter, *devenir public.* In vulgus emanare, emano, emanas, emanavi. *neut.*

EBULLITION. Formicatio, *g.* formicationis. *f.*

ECACHÉ. Obtritus, obtrita, obtritum. *part. pass.* d'Obtero.

ECACHER. Obterere, obtero, obteris, obtrivi, obtritum. *act. acc.*

ECAILLE *de poisson.* Squama, *génit.* squamæ. *f. Ecaille de tortue.* Cortex, *g.* corticis, *f.* Testudinis *au gén.*

ECAILLÉ, *à qui on ôte les écailles.* Desquamatus, desquamata, desquamatum. *part. pass. de* Desquamo.

ECAILLER. Desquamare, desquamo, desquamas, desquamavi, desquamatum. *act. acc.*

ECAILLEUX. Squamosus, squamosa, squamosum. *adj.*

ECALE, *la première enveloppe des noix.* Viridis cortex, *g.* viridis corticis. *masc. Ajoutez* nucis.

ECALER *des noix.* Exuere, exuo, exuis, exui, exutum. *act. acc.* nuces. *Ajoutez* viridi folliculo, *c'est-à-dire, dépouiller les noix de leur peau verte.*

ECARLATE. Coccinum, *g.* coccini. *n. Qui est d'écarlate.* Coccineus, coccinea, coccineum. *adj.*

ECART, *l'action de s'écarter.* Declinatio, *g.* declinationis. *f. Un lieu à l'écart.* Locus secretus, *g.* loci secreti. *masc. A l'écart.* Secretò. *adv. Lorsqu'il y a mouvement,* secretum in locum.

ECARTÉ, *ou éloigné.* Amotus, amota, amotum. *part. pass.* d'Amoveo. *Ecarté du chemin.* Devius, devia, devium. *adj.*

ECARTELÉ. Dissectos, dissecta, dissectum. *part. pass. de* Disseco. *Ajoutez* quadrifariàm. *adv. c'est-à-dire, mis en quatre parties.*

ECARTELER. Dissecare, disseco, dissecas, dissecui, dissectum. *act. accus. Ajoutez* quadrifariàm.

ECARTER. Amovere, amoveo, amoves, amovi, amotum. *act. acc. Le de par à ou ab, et l'abl.*

s'Ecarter. Recedere, recedo, recedis, recessi, recessum. *neut. Le de par à ou ab, et l'ablat.*

ECCLESIASTE, *livre de l'Ecriture sainte.* Ecclesiastes, *g.* Ecclesiastæ. *m.*

ECCLÉSIASTIQUE. Ecclesiasticus, ecclesiastica, ecclesiasticum. *adj.*

ECERVELÉ. Amens, *masc. f. n. gén.* amentis.

ECHAFAUD. Tabulatum, *g.* tabulati. *neut.*

ECHAFAUDAGE. Constructio, *g.* constructionis. *f. Ajoutez* tabulatorum, *c'est-à-dire, constructions d'échafauds.*

ECHAFAUDER. Exstruere, exstruo, exstruis, exstruxi, exstructum. *act. Ajoutez* tabulatum, *c'est-à-dire, construire un échafaud.*

ECHALAS. Palus, *g.* pali. *masc.*

ECHALASSER. Palare, palo, palas palavi, palatum. *act.* Vitem, *la vigne.*

ECHALOTTE. Cæpa, *g.* cæpæ. *f.*

ECHANCRÉ. Incisus, incisa, incisum. *part. pass.* d'Incido. *Ajoutez* introrsùm, *c'est-à-dire, coupé en dedans.*

ECHANCRER. Incidere, incido, incidis, incidi, incisum. *act. acc. Ajoutez* introrsùm, *c'est-à-dire, couper en dedans.*

ECHANCRURE. Incisio, *g.* incisionis. *f. Ajoutez* introrsùm.

ECHANGE. Permutatio, *g.* permutationis. *fém. Faire l'échange.* Voy. *échanger.*

ECHANGÉ. Permutatus, permutata, permutatum. *part. pass. de* Permuto.

ECHANGER. Permutare, permuto, permutas, permutavi, permutatum. *act. acc. Pour, contre, ou avec, par l'ablat. sans préposition.*

ECHANSON. Pincerna, *g.* pincernæ. *masc.*

ECHANTILLON. Specimen, *g.* speciminis. *neut.*

ECHAPPATOIRE. Effugium, *g.* effugii, *neut.*

ECHAPPÉ. Liberatus, liberata, liberatum. *part. pass. de* Libero.

ECHAPPER, *ou s'Echapper.* Evadere, evado, evadis, evasi, evasum. *n.* Le *de* ou *à* s'exprime par *è* ou *ex, et l'ablat. Echapper aux ennemis.* Evadere è manibus hostium. *A la médisance.* Vitare linguas hominum, *c'est-à-dire éviter la langue des hommes. A la vue.* Fugere aciem oculorum, *c'est-à-dire, fuir la pointe des yeux. Faire échapper.* Aperire, aperio, aperis, aperui, apertum. *act. Ajoutez* viam ad fugam, *et le dat. de la personne, c'est-à-dire, donner à quelqu'un le moyen de s'enfuir. Laisser échapper.* Prætermittere, prætermitto, prætermittis, prætermisi, prætermissum. *act. acc.*

ECHARDE, *piquant de bois, d'épine, de chardon.* Festicula infixa, *g.* festiculæ infixæ. *f. Ajoutez* cuti, *c'est-à-dire, pointe fixée dans la peau.*

ECHARDONNER *les blés, en ôter les chardons.* Purgare, purgo, purgas, purgavi, purgatum. *act. acc. Ajoutez* à carduis, *c'est-à-dire, nettoyer des chardons.*

ECHARPE. Mitella, *g.* mitellæ. *fém. Echarpe d'un homme de guerre.* Balteus, *g.* baltei. *m. Echarpe pour envelopper un bras.* Fascia, *g.* fasciæ. *f. Porter le bras en écharpe.* Habere, habeo, habes, habui, habitum, *act. Ajoutez* brachium suspensum fasciâ, *c'est-à-dire, avoir un bras suspendu avec une écharpe.*

ECHASSES. Grallæ, g. grallarum. fém. plur.
ECHAUBOULÉ. Inustus, inusta, inustum. Ajoutez papulis.
ECHAUBOULURE. Papula, g. papulæ. fém.
ECHAUDÉ, sur qui on a jeté de l'eau bouillante. Perfusus, perfusa, perfusum. part. pass de Perfundo. Ajoutez aquâ calidâ, c'est-à-dire, arrosé d'eau chaude.
Un ECHAUDÉ, sorte de pâtisserie. Crustulum, g. crustuli. neut.
ECHAUDER, jeter de l'eau bouillante. Perfundere, perfundo, perfundis, perfundi, perfusum. act. acc. Ajoutez aquâ calidâ, c'est-à-dire, arrosé d'eau chaude. J'ai été échaudé, je suis sage à mes dépens. Meo periculo sapio.
ECHAUFFANT. Calefactorius, calefactoria, calefactorium. adj.
ECHAUFFAISON. Gravior æstus, gén. gravioris æstûs. masc.
ECHAUFFÉ. Calefactus, calefacta, calefactum. part. pass. de Calefacio.
ECHAUFFEMENT. Calefactus, g. calefactûs. masc.
ECHAUFFER. Calefacere, calefacio, is, calefeci, calefactum. act. acc.
s'Echauffer. Incalescere, incalesco, incalescis, incalui. sans sup. n.
Echauffer, animer. Voyez Inciter à.
s'Echauffer, s'emporter. Voyez s'emporter de colère.
ECHÉANCE d'une rente, d'un payement. Dies, g. diei. f. Ajoutez pecuniæ, c'est-à-dire, jour de payement.
ECHEC, perte, défaite. Clades, g. cladis. f. Tenir quelqu'un en échec, en peine. Habere, habeo, habes, habui, habitum. act. Ajoutez aliquem anxium. Anxius, anxia, anxium. adj. qui s'accorde avec le cas du verbe.
ECHECS, jeu. Latrunculi, g. latrunculorum. m. plur. Jouer aux échecs. Ludere, ludo, ludis, lusi, lusum. Ajoutez latrunculis à l'abl.
ECHELLE. Scalæ, g. scalarum. fém. plur.
ECHELON. Gradus, g. gradûs. m.
ECHENILLER, ôter les chenilles. Purgare, purgo, purgas, purgavi, purgatum. act. acc. Des arbres. Arbores. Ajoutez Ab crucis, c'est-à-dire, délivrer des chenilles.
ECHEVEAU de fil. Filum convolutum, g. fili convoluti. neut. Ajoutez in spiram.
ECHEVELÉ, ou ayant les cheveux épars. Passis crinibus à l'ablat.
ECHEVIN. Scabinus, g. scabini. masc.
ECHEVINAGE. Munus, g. muneris. n. Ajoutez scabini, c'est-à-dire, charge d'échevin.
ECHINE. Spina, g. spinæ. f.

ECHINÉE de porc, de sanglier, etc. Callum aprugnum, g. calli aprugni. neut.
ECHIQUIER. Alveolus, gén. alveoli. m.
ECHO. Echo. f. Il n'y a que ce nominatif d'usité.
ECHOIR. Obtingere, obtingo, inusité, obligit. dat. de la personne.
ECHOPE, petite boutique. Taberna, g. tabernæ. f.
ECHOUER sur mer. Allidi, allidor, allideris, allisus sum. pass. Ajoutez scopulo.
Echouer, ne pas réussir (en parlant des personnes.) Hærere, hæreo, hæres, hæsi, hæsum. neut. Dans ou en par in avec l'abl. En parlant des choses. Cadere in irritum. neut. c'est-à-dire, tomber en choses inutiles.
ECLABOUSSER. Conspurcare, conspurco, conspurcas, conspurcavi, conspurcatum. acc. Ajoutez luto, c'est-à-dire, salir avec de la boue.
ECLABOUSSURE. Aspergo, g. asperginis. f. Ajoutez aquæ lutosæ, c'est-à-dire aspersion d'eau bourbeuse.
ECLAIR. Fulgur, g. fulguris. neut. I fait des éclairs, ou il éclaire. Fulgurat fulgurabat, fulguravit, fulgurare. neut. impersonnel.
ECLAIRCI. Illustratus, illustrata, illustratum. participe. pass. d'Illustro. Voyez Eclaircir.
ECLAIRCIR. Illustrare, illustro, illustras, illustravi, illustratum, act. accus. Eclaircir ce qui est trop épais. Disrarare disraro, disraras, disraravi, disraratum act. acc.
s'Eclaircir, en parlant des choses Clarescere, claresco, clarescis, sans prétérit et sans supins En parlant des personnes. Explorare, exploro, exploras exploravi, exploratum. act. acc.
Eclaircir, polir. Detergere, detergo detergis, detersi, detersum. act.
Eclaircir, rendre clair, en parlan des liqueurs. Diluere, diluo, diluis, dilui dilutum. act. acc.
Eclaircir quelqu'un de quelque chose Dare alicui notitiam alicujus rei, c'est-à dire, donner à quelqu'un la connaissanc de quelque chose.
ECLAIRCISSEMENT, explication. Ex plicatio, g. explicationis. f.
ECLAIRÉ, ou il fait éclair. Lucidus lucida, lucidum. adj.
ECLAIRÉ, intelligent. Intelligens. m f. neut. g. intelligentis. En par in, ave l'ablat.
ECLAIRER. Illustrare, illustro, illus tras, illustravi, illustratum. act. accus Eclairer quelqu'un, porter le flambeau devant lui. Præferre, præfero, præfers prætuli, prælatum. Ajoutez alicui lumen

ECLANCHE, *cuisse de mouton.* Femur, *g. femoris. neut. Ajoutez* vervecis, *au g.*

ECLAT, ou *lueur.* Splendor, *g.* splendoris. *masc.*

ECLAT, ou *bruit.* Fragor, *g.* fragoris. *masc.*

ECLAT, ou *morceau.* Fragmentum, *g.* fragmenti. *neut.*

ECLATANT. Splendidus, splendida, splendidum. *g.* splendidi.

ECLATER, ou *reluire.* Splendere, splendeo, spendes, splendui. *sans supin. neut.*

ECLATER, ou *faire du bruit.* Edere, edo, edis, edidi, editum. *act. Ajoutez* fragorem. *Eclater de rire.* Cachinnari, cachinnor, cachinnaris, cachinnatus sum. *dép.*

ECLATER, ou *devenir public.* Erumpere, erumpo, erumpis, erupui, eruptum. *n.*

ECLIPSE. Eclipsis, *g.* eclipsis. *f.*

ECLIPSÉ. Obscuratus, obscurata, obscuratum. *part. pass.* d'Obscuro.

s'ECLIPSER, *en parlant du soleil, etc.* Deficere, deficio, deficis, defeci, defectum. *neut.*

s'ECLIPSER, *se dérober aux yeux.* Voy. *disparaitre.*

ECLIPTIQUE. Eclipticus, *g.* Ecliptici. *masc.*

ECLORE, *sortir dehors.* Excludi, excludor, excluderis, exclusus sum. *pass. Faire éclore.* Excludere, excludo, excludis, exclusi, exclusum. *act. acc.*

ECLOS. Exclusus, exclusa, exclusum. *part. pass.* d'Excludo.

ECLUSE. Moles, *g.* molis. *f.*

ECOLE. Schola, *g.* scholæ. *f.*

ECOLIER. Discipulus, *génit.* discipuli. *masc.*

ECOLIÈRE. Discipula, *gén.* discipulæ. *fém.*

ECONDUIRE *quelqu'un.* Repellere, repello, repellis, repulsi, repulsum. *actif accus.*

ECONOME. Administrator, *g.* administratoris. *masc.*

ECONOME, *ménager.* Parcus, parca, parcum. *adj.*

ECONOMIE. Administratio, *g.* administrationis. *f.*

ECONOMIQUE. OEconomicus, œconomica, œconomicum. *adj.*

ECONOMIQUEMENT. Parcè. *adv.*

ECONOMISER. Parcè uti, utor, uteris, usus sum. *dép. avec l'abl.*

ECORCE. Cortex, *g.* corticis. *masc. et fém.*

ECORCE, *extérieur.* Voy. *Extérieur.*

ECORCHÉ. Exutus, exuta, exutum. *part. pass.* d'Exuo. *Ajoutez* pelle, *c'est à-dire, dépouiller de sa peau.*

ECORCHER. Detrahere, detraho, detrahis, detraxi, detractum. *act. dat. de la personne. Ajoutez* pellem, *c'est-à-dire, ôter la peau. Ecorcher une langue, la mal parler.* Uti inscitè linguâ, *c'est-à-dire, user en ignorant d'une langue.*

s'ECORCHER. Diripere, diripio, diripis, diripui, direptum. *Ajoutez* aliquid pelliculæ, *avec* sibi, tibi *ou* mihi, *etc. selon le nominatif du verbe, c'est-à-dire s'enlever quelque chose de la peau.*

ECORCHERIE. Laniena, *gén.* lanienæ. *fém.*

ECORCHEUR. Qui pellem trahit.

ECORCHURE. Avulsio, *gén.* avulsionis. *fém. Ajoutez* pellis, *c'est-à-dire, l'action d'arracher la peau.*

ECORNÉ. Mutilatus, mutilata, mutilatum. *adj. Ajoutez* cornibus, *c'est-à-dire, mutilé de ses cornes, ou à qui on les a rompues.*

ECORNER. Mutilare, mutilo, mutilas, mutilavi, mutilatum. *act. acc. Ajoutez* cornibus.

ECORNIFLER. Parasitari, parasitor, parasi aris, parasitatus sum. *dép.*

ECORNIFLEUR. Parasitus, *gén.* parasiti. *masc.*

ECORNIFLEUSE. Parasita, *gén.* parasitæ. *fém.*

ECOSSE, *royaume.* Scotia, *gén.* Scotiæ. *fém.*

ECOSSER *des fèves, etc.* Excutere, excutio, excutis, excussi, excussum. *act. acc.* fabas.

ECOSSAIS, *qui est d'Ecosse.* Scotus, scota, scotum. *adj.*

ECOT, *ce que l'on paie par tête.* Collecta, *gén.* collectæ. *fém. Qui ne paye pas son écot.* Asymbolus, *gén.* asymboli. *masc.*

ECOULEMENT. Fluxus, *g.* fluxûs. *m.*

ECOULER ou s'ECOULER. Effluere, effluo, effluis, effluxi, effluxum. *neut. Faire écouler de l'eau, etc.* Emittere, emitto, emittis, emisi, emissum. *act.* aquam.

ECOURTER *un cheval.* Curtare, curto, curtas, curtavi, curtatum. *act. Ajoutez* caudam, *ou* aures equo. *au dat. c'est-à-dire, couper le bout de la queue ou des oreilles à un cheval.*

ECOUTÉ. Auditus, audita, auditum. *part. pass.* d'Audio.

ECOUTER. Audire, audio, audis, audivi ou audii, auditum. *partip. pass.*

ECOUTES. Auditorium, *gén.* auditorii. *neut. Etre aux écoutes.* Voyez *Ecouter.*

ECRAN. Umbella, *gén.* umbellæ. *f.*

ECRASÉ. Obtritus, obtrita, obtritum, *part. pass.* d'Obtero.

ECRASER. Obterere, obtero, obteris, obtrivi, obtritum. *act. acc.*

ÉCRÉMER, ôter la crème. Tollere, tollo, tollis, sustuli, sublatum. *act.* Ajoutez opimius in lacte, *c'est-à-dire*, ôter ce qu'il y a de plus gras dans le lait.

ÉCREVISSE. Astacus, *génit.* as'aci. *masc.*

s'ÉCRIER. Exclamare, exclamo, exclamas, exclamavi, exclamatum. *act.*

ÉCRIN. Scrinium, *gén.* scrinii. *n.*

ÉCRIRE. Scribere, scribo, scribis, scripsi, scrip'um. *act. rég. dir. acc. rég. ind. dat. ou à l'acc.* avec ad.

s'ÉCRIRE, *avoir commerce de lettres.* Sæpissime colloqui per lit'eras, *c'est-à-dire, s'entretenir souvent par lettres.* Colloquor, colloqueris, collocutus sum. *déponent.*

UN ÉCRIT. Scrip'um, *gén.* scripti. *n. Mettre par écrit.* Scribere, *act. c'est-à-dire, écrire. Qui est écrit.* Scriptus, scripta, scriptum. *part. pass.* de Scribo.

ÉCRITEAU. Proscriptio, *gén.* proscription's. *fém.*

ÉCRITOIRE. Theca calamaria, *gén.* thecæ calamariæ. *fém.*

ÉCRITURE. Scriptura, *gén.* scripturæ. *fém.*

ÉCRIVAIN, *maître à écrire.* Magister, *gén.* magistri. *m.* Ajoutez scribendi, *au gér. en di.*

ÉCRIVAIN, *auteur.* Auctor, *gén.* auctoris. *masc.*

ÉCROU, *trou dans lequel tourne une vis.* Striatum receptaculum, *g.* striati receptaculi. *neut.*

ÉCROU, *registre du geolier des prisons.* Commentarius, *gén.* commentarii. *masc.* Ajoutez custodis carceris.

ÉCROUELLES. Strumæ, *g.* strumarum. *fém. plur.*

ÉCROUER, *charger le geolier de la personne d'un prisonnier.* Inscribere, inscribo, inscribis, inscripsi, inscriptum. *act. acc.* Ajoutez in commen'arium carceris, *c'est-à-dire, inscrire sur le registre de la prison.*

ÉCROULEMENT *d'une maison.* Ru'na, *gén.* ruinæ. *fém.*

s'ÉCROULER. Sublabi, sublabor, sublaberis, sublapsus sum. *dép.* Ajoutez in ruinam, *c'est-à-dire, tomber en ruine.*

ÉCROUTER. Detrahere, detraho, detrahis, detraxi, detractum. *act.* Ajoutez crustam. *Le pain.* Pani, *au dat. c'est-à-dire, ôter la croûte du pain.*

ÉCU. Nummus, *gén.* nummi. *masc. Ecu d'or.* Nummus aureus, *gén.* nummi aurei. *masc.*

ÉCU, *bouclier.* Scutum, *génit.* scuti. *n.*

ÉCU, *en termes d'armoiries.* Scutum gentilitium, *g.* scuti gentilitii. *n.*

ÉCEUIL. Scopulus, *gén.* scopuli. *m.* Heurter contre un écueil, donner contre un écueil. Allidi, allidor, allideris, allisus sum. *pass.* scopulum.

ÉCUELLE. Scutella, *génit.* scutellæ. *fém.*

ÉCUELLÉE. Scu'ella, *génit.* scutellæ. *fém.*

ÉCULER *un soulier.* Deformare, deformo, deformas, deformavi, deformatum. *act.* Ajoutez posteriorem partem calcei, *c'est-à-dire, gâter la pièce du derrière du soulier.*

ÉCUME. Spuma, *g.* spumæ. *f. Plein d'écume.* Spumeus, a, um. *adj.*

ÉCUMER, ou *jeter de l'écume.* Spumare, spumo, spumas, spumavi, spumatum. *neut.*

ÉCUMER, *ôter l'écume.* Despumare, despumo, despumas, despumavi, despumatum. *act. acc.*

ÉCUMER *les mers, etc.* Facere piraticam, *c'est-à-dire, faire le métier de pirate.*

ÉCUMEUR *de mer, pirate.* Pirata, *g.* Piratæ. *masc.*

ÉCUMEUX. Spumosus, spumosa, spumosum. *adj.*

ÉCUMOIRE. Cochleare, *g.* cochlearis. *neut.*

ÉCURÉ. Detersus, a, um. *part. pass.* de Detergo.

ÉCURER. Detergere, detergo, detergis, detersi, detersum. *act. acc.*

ÉCUREUIL, *animal sauvage.* Sciurus, *g.* sciuri. *masc.*

ÉCURIE. Equile, *g.* equilis. *neut.*

ÉCUSSON. Scutum, *g.* scuti. *n.*

ÉCUSSON, *manière d'enter les arbres.* Emplastrum, *g.* emplastri. *n.*

ÉCUSSONNER, *enter en écusson.* Emplastrare, emplastro, emplastras, emplastravi, emplastratum. *act. acc.*

ÉCUYER *d'écurie.* Equiso, *g.* equisonis. *m. Grand écuyer du Roi.* Armiger regius, *g.* armigeri regii. *masc.*

ÉCUYER *tranchant.* Scissor, *g.* scissoris. *masc.*

ÉCUYER, *gentilhomme.* Scutarius, *gén.* scutarii. *masc.*

ÉCUYER, *qui porte les armes de son maître.* Armiger, *g.* armigeri. *masc.*

ÉCUYER, *maître de manége.* Magister, *g.* magistri. *masc.* Ajoutez equitandi, *au gér. en di.*

ÉDENTÉ, *à qui il manque des dents.* Edentulus, edentula, eden'ulum. *adj.*

ÉDENTER, *ôter des dents.* Edentare, edento, edentas, edentavi, edentatum. *act. acc.*

ÉDIFIANT. Boni exempli, *au gén.*

ÉDIFICATION. Exemplum bonum, *g.* exempli boni. *neut.*

ÉDIFICE, *bâtiment.* Ædificium, *gén.*

ædificii. *n. Petit édifice.* Ædificatiuncula *g.* ædificatiunculæ. *fém.*

ÉDIFIER, *bien édifier, ou être de bon exemple.* Esse bono exemplo; sum, es, fui, esse, *avec un dat. de la personne. Etre édifié.* Moveri, moveor, eris, motus sum. *pass. Ajoutez* exemplo, *à l'ablat. ensuite un gén. c'est-à-dire, être touché par l'exemple de.*

EDIFIER *ou bâtir.* Ædificare, ædifico, ædificas, ædificavi, ædificatum. *act. accusat.*

EDILE, *magistrat qui a soin des bâtimens publics.* Ædilis, *g.* ædilis. *m.*

EDILITE, *charge ou fonction d'édile.* Ædilitas, *g.* ædilitatis. *fém.*

ÉDIT, *ordonnance.* Edictum, *g.* edicti. *neut.*

EDITEUR. Editor, *génit.* editoris. *masc.*

EDITION, Editio, *g.* editionis. *f.*

EDUCATION. Educatio, *g.* educationis. *fém. Donner de l'éducation. Voy. Elever, instruire.*

EFFACÉ. Deletus, deleta, deletum. *part. pass. de Deleo.*

EFFACER. Delere, deleo, deles, de levi, deletum. *act. acc. De par è ou ex, et l'abl.*

EFFAÇURE, *rature.* Litura, *g.* lituræ. *fém.*

EFFARÉ. Efferatus, efferata, efferatum. *Au comp.* efferatior, *masc. et fém.* efferatius, *neut.; au superl.* efferatissimus, efferatissima, efferatissimum.

EFFAROUCHER. Efferare, effero, efferas, efferavi, efferatum. *act. acc.*

EFFECTIF. Verus, vera, verum. *adj.*

EFFECTIVEMENT. Reipsâ, *à l'abl.*

EFFECTUER. *Voyez Exécuter.*

EFFÉMINÉ. Effeminatus, effeminata, effeminatum. *part. pass. d'*Effemino. *Au comp.* effeminatior, *masc. et fém.* effeminatius, *neut.; au sup.* effeminatissimus, a, um. *adj.*

EFFÉMINER. Effeminare, effemino, as, effeminavi, effeminatum. *act. acc.*

s'EFFÉMINER. Diffluere, diffluo, diffluis, diffluxi, diffluxum. *neut. Par l'oisiveté.* Otio, *à l'abl.*

EFFERVESCENCE, *bouillonnement.* Humor effervescens, *g.* humoris effervescentis. *m. Tous deux se déclinent.*

EFFET. Effectus, *gén.* effectús. *masc. En effet.* Reipsâ, *à l'abl. Les effets d'un marchand.* Bona non dubia, *g.* bonorum non dubiorum. *n. Ajoutez* mercatoris, *au gén.*

EFFEUILLER. Nudare, nudo, nudas, nudavi, nudatum. *act. acc. Ajoutez* foliis, *à l'abl c'est-à-dire, dépouiller de ses feuilles. Un arbre.* Arborem.

s'EFFEUILLER. Exui, exuor, eris, exutus sum. *pass. Ajoutez* frondibus, c. *à d. être dépouillé de ses feuilles.*

EFFICACE. Efficax, *m. fém. neut g.* efficacis. *Au comp.* efficacior, *masc. et fém.* efficacius, *neut; au sup.* efficacissimus, efficacissima, um. *adj.*

EFFICACE, EFFICACITÉ. Vis, *gén.* vis. *f.* Virtus, *g.* virtutis. *fém.*

EFFICACEMENT. Efficaciter. *adv*

EFFICIENT, *qui produit son effet.* Efficiens, *m. f. n. g.* efficientis.

EFFIGIE. Effigies, *g.* effigici. *f.*

EFFIGIER, *exécuter en effigie.* Affigere, affigo, affigis, affixi, affixum. *actif. Ajoutez* sontibus absentis imaginem patibulo, *c'est-à-dire, afficher à la potence l'effigie d'un criminel absent.*

EFFILER, *défiler fil à fil.* Dissolvere, dissolvo, dissolvis, dissolvi, dissolutum. *act. acc. Ajoutez* filatim.

EFFLANQUÉ, *épuisé.* Defectus, defecta, defectum. *adj. Ajoutez* viribus, *c'est-à-dire, épuisé de forces.*

EFFLEURÉ. Perstrictus, perstricta, perstrictum. *part. pass. de* Perstringo.

EFFLEURER. Perstringere, perstringo, perstringis, perstrinxi, perstrictum. *act. acc.*

EFFONDRÉ, *rompu.* Effractus, effracta, effractum. *part. pass. d'*Effringo.

EFFONDRER, *rompre ou enfoncer.* Effringere, effringo, effringis, effregi, effractum. *act. acc.*

s'EFFORCER. Niti, nitor, niteris, nisus sum *ou* nixus sum. *dép. Le de qui suit s'exprime par* ut, *avec le subj.*

EFFORT. Conatus, *gén.* conatús. *m. Avec effort.* Summâ contentione, *à l'abl. Faire tous ses efforts.* Eniti, enitor, eris, enisus sum *ou* enixus sum. *dép.*

EFFRACTION, *rupture.* Effractura, *g.* effracturæ. *fém.*

EFFRAYANT, *qui effraie.* Horrificus, horrifica, horrificum. *adj.*

EFFRAYÉ. Perterritus, perterrita, perterritum. *part. pass. de* Perterreo.

EFFRAYER. Perterrere, perterreo, es, perterrui, perterritum, *act. acc.*

s'EFFRAYER. Terreri, terreor, terreris, territus sum. *pass. ablat.*

EFFRÉNÉ, *que rien ne peut retenir.* Effrenatus, a, um. *part. pass. d'*Effreno.

EFFROI. Terror, *g.* terroris. *m.*

EFFRONTÉ. Impudens, *m. f. neut. g.* impudentis.

EFFRONTEMENT. Impudenter. *adv. Au compar.* impudentiùs; *au superlat* impudentissimè.

EFFRONTERIE. Impudentia, *g.* impudentiæ. *fém.*

EFFROYABLE. Horrendus, horrenda, horrendum. *adj.*

EFFROYABLEMENT. Horrendum in modum.

EFFUSION. Effusio, *génit.* effusionis. *fém.*

EGAL. Æqualis, *m. f.* æquale. *n. gén.* æqualis, *avec le dat.*

EGAL ou *uni.* Planus, plana, planum. *Au comp.* planior, *m. fém.* planius. *n. au sup.* planissimus, planissima, planissimum. *adj.*

EGALEMENT. Æqualiter. *adv.*

EGALER. Æquare, æquo, æquas, æquavi, æquatum. *act.* Quelqu'un. Al quem. *En quelque chose.* Aliquà re. *S'égaler à quelqu'un en quelque chose.* Æquare se cum aliquo aliquà re.

EGALISER, *aplanir.* Complanare, complano, as, avi, atum. *act. acc.*

EGALITÉ. Æqualitas, *g.* æqualitatis. *fém. Egalité d'âme.* Æquanimitas, *gén.* æquanimitatis. *fém.*

EGARD. Ratio; *g.* rationis. *fém. Avoir égard à.* Habere, habeo, habes, habui, habitum. *act. Ajoutez* rationem, *avec un gén. A l'égard* ou *en comparaison de.* Præ, *avec un ablat.* Eu égard à. Pro, *avec l'abl. A l'égard de,* ou *envers.* Erga, *avec l'acc. A mon égard.* Erga me, *c. à d., envers moi.*

EGARÉ. Devius, devia, devium, *adj. Egaré par négligence.* Amissus, amissa, amissum. *part. pass.* d'Amitto.

EGAREMENT. Error, *génit.* erroris. *masc.*

EGARER *par négligence.* Amittere, amitto, amittis, amisi, amissum. *act. acc. Ajoutez* per oblivionem, *c'est-à-dire, ne pas se souvenir où l'on a mis la chose.*

EGARER ou *faire égarer.* Deducere, deduco, deducis, deduxi, deductum. *act. acc. Du chemin.* A viâ.

S'EGARER. Deerra e, deerro, deerras, deerravi, deerratum. *n. De par à* ou *ab, et l'ablat.*

EGAYÉ. Hilaratus, hilara a, hilaratum. *part. pass.* d'Hilaro.

EGAYER. Hilarare, hilaro, hilaras, hilaravi, hilara um. *act. acc.*

S'EGAYER. Hilarari. *pass. de* hilarare.

EGÉE, *la mer Egée.* Ægeum mare, *g.* Ægei maris. *eut.*

EGIDE, c irasse que les poètes donnent à Minerve. E i , *g.* ægidis. *f.*

EGLANTIER, *sorte de rosier sauvage.* Rubus canin , *g.* rubi canini, *m.*

EGLANTINE, *fleur de l'églantier.* Aquilegia, *gén.* aquilegiæ. *fém.*

EGLISE, *l'assemblée des fidèles.* Ecclesia, *gén.* ecclesiæ. *fém. De l'église.* Ecclesiasticus, ecclesiastica, ecclesiasticum. *adj.*

UNE EGLISE. Templum, *gén.* templi. *neut.*

EGLOGUE, *pièce de poésie.* Ecloga, *g.* eclogæ. *fém.*

EGORGÉ. Jugulatus, jugulata, jugulatum. *part. pass. de* Jugulo.

EGORGER. Jugulare, jugulo, jugulas, jugulavi, jugulatum. *act. acc.*

S'EGOSILLER. Vociferari, vociferor, vociferaris, vociferatus sum. *dép.*

EGOUT. Cloaca, *g.* cloacæ. *fém.*

EGOUTTER, *tirer goutte à goutte.* Exhaurire, exhaurio, exhauris, exhausi, exhaustum. *act. avec l'acc. Ajoutez* guttatim. *adv.*

S'EGOUTTER, *lorsqu'une liqueur tombe goutte à goutte.* Stillere, stillo, stillas, stillavi, still tum. *act.*

EGRATIGNÉ. Laceratus, lacerata, laceratum. *part. pass. de* Lacero. *Avec les ongles.* Unguibus, *à l'abl.*

EGRATIGNER. Lacerare, lacero, laceras, laceravi, laceratum. *act. acc. Avec les ongles.* Unguibus, *à l'ablat.*

EGRATIGNURE. Laceratio, *génit.* lacerationis. *fém. Ajoutez* unguibus, *à l'ablat.*

EGRENER, *ôter la graine.* Excutere, excutio, excutis, excussi, excussum. *act. Ajoutez* grana.

EGRILLARD, *éveillé, subtil.* Astutus et callidus, astuta, et callida, astutum et callidum. *adj. Ces deux adject. se déclinent.* On sous-entend homo.

EGRUGÉ, *broyé, émié.* Friatus, friata, friatum. *part. pass. de* Frio.

EGRUGEOIR, *pour égruger du sel.* Vasculum quo sal infringitur, *g.* vasculi. *neut. Ce dernier se décline seulement.*

EGRUGER, *broyer, émier.* Friare, frio, frias, friavi, friatum. *act. acc.*

EGYPTE, *région.* Ægyptus, *g.* Ægypti. *fém.* D'Egypte. Ægyptiacus, ægyptiaca, ægyptiacum. *adj.*

EGYPTIEN, *natif d'Egypte.* Ægyptius, ægyptia, ægyptium. *adj.*

EH ! *exclamation.* Eheu !

ELAGUÉ, *dont on a coupé les branches.* Collucatus, collucata, collucatum. *part. pass. de* Colluco.

ELAGUER. Collucare, colluco, collucas, collucavi, collucatum. *act. acc.*

ELAN, *animal.* Alces, *g.* alcis. *f.*

ELAN, *mouvement subit avec effort.* Impetus, *g.* impetûs. *m. Elans de dévotion.* Ardentes affectus, *g.* ardentium affectuum. *masc. plur. Ajoutez* mentis ad Deum, *c'est-à-dire, ardens mouvemens de cœur envers Dieu.*

ELANCÉ ou *maigre.* Strigosus, strigosa, strigosum. *adj.*

ELANCÉ, *poussé avec violence.* Emissus, emissa, emissum. *part. pass.* d'Emitto.

ELANCEMENT *d'une chose qu'on avance.* Projectio, *g.* projectionis. *f.*

ELE   ELI   163

ELANCEMENT *d'une douleur.* Stimulus, *g.* stimuli. *masc. Ajoutez* doloris, *au gén.*

ELANCER *ou* s'ELANCER, *se jeter sur.* Involare, involo, involas, involavi, involatum. Sur *par* in, *et l'acc.*

s'ELANCER *dans.* Insilire, insilio, insilis; insilui *ou* insilii, insultum. Dans *par* in, *et l'acc.*

ELARGI *ou étendu.* Dilatatus, dilatata, dilatatum. *part. pass. de* Dilato.

ELARGI *de prison.* Emissus, a, um. *part. pass. De prison.* E carcere.

ELARGIR, *étendre.* Dilatare, dilato, dilatas, dilatavi, dilatatum. *act.*

ELARGIR *ou délivrer de prison.* Emittere, emitto, emittis, emisi, emissum. *act. acc. De prison.* E carcere.

ELARGISSEMENT *ou extension.* Explicatio, *g.* explicationis. *f.*

ELARGISSEMENT *ou délivrance.* Emissio, *g.* emissionis. *De prison.* E carcere.

ELARGISSURE, *augmentation de largeur.* Amplitudo, *g.* amplitudinis. *f.*

ELASTICITÉ. Renixus, *gén.* renixûs. *masc.*

ELASTIQUE. Elasticus, elastica, elasticum. *adj.*

ELBE, *rivière.* Albis, *g.* Albis. *m.*

ELBEUF, *ville renommée par ses draps.* Ellebovium, *g.* Ellebovii. *n.*

ELECTEUR. Elector, *génit.* electoris. *masc.*

ELECTIF. Eligendus, a, um. *adj.*

ELECTION. Electio, *g.* electionis. *f.*

ELECTION, *chambre des élus.* Curia, *g.* curiæ. *f. Ajoutez* eorum qui describunt tributa, *c'est-à-dire, chambre de ceux qui marquent les impôts.*

ELECTORAL. Pertinens, m. f. neut. *g.* pertinentis. *part. prés. de* Pertineo. *Ajoutez* ad electionem, *c'est-à-dire, qui regarde l'élection.*

ELECTORAT, *dignité d'électeur.* Dignitas, *g.* dignitatis. *f. Ajoutez* electoris. *Etats d'un électeur.* Ditio, *g.* ditionis. *f. Ajoutez* electoris.

ELECTRICE, *femme de l'électeur.* Uxor, *g.* uxoris. *f.* Electoris, *au g.*

ELECTRICITÉ. Electrum, *g.* electri. *neut.*

ELECTRIQUE. Electricus, electrica, electricum. *adj.*

ELECTRISER, *communiquer la propriété électrique.* Vim electricam incutere, incutio, incutis, incussi, incussum. *datif.*

ELECTUAIRE, *composition médicinale,* Ecligma, *g.* ecligmatis. *neut.*

ELEGAMMENT. Eleganter. *adv.*

ELEGANCE. Elegantia, *g.* elegantiæ. *fém.*

ELEGANT. Elegans, *m. f. n. g.* elegantis.

ELEGIAQUE, *qui concerne l'élégie.* Elegiacus, elegiaca, elegiacum. *adj.*

ELEGIE, *sorte de poésie.* Elegia, *génit.* elegiæ, *f. Une petite élégie.* Elegidium, *g.* elegidii. *neut.*

ELEMENT. Elementum, *g.* elementi. *neut.*

ELEMENTAIRE. Pertinens, *m. f. n. g.* pertinentis. *Ajoutez* ad elementum, *c'est-à-dire, qui concerne l'élément. Le feu élémentaire.* Ignis elementum, *génit.* ignis, *m.* elementi. *neut. Ces deux noms doivent s'accorder comme* Cicero orator.

ELEPHANT. Elephas, *g.* elephantis. *m.*

ELEVATION *ou hauteur.* Altitudo, *g.* altitudinis. *f.*

ELEVATION, *l'action d'élever.* Elevatio, *g.* elevationis. *f. Elévation aux honneurs.* Promotio, *g.* promotionis. *f.* ad honores. *Elévation de la voix.* Contentio, *g.* contentionis. *f.* vocis. *Elévation de cœur à Dieu.* Ascensus, *g.* ascensûs, *m.* mentis ad Deum.

Un ELEVE. Alumnus, *génit.* alumni. *masc.*

ELEVÉ *ou haut.* Altus, a, um. *adj. Etre élevé au-dessus de.* Eminere, emineo, emines, eminui. *sans sup. n. dat. Elevé à.* Provectus, provecta, provectum. *part. pass. de* Proveho. A *par* ad, *et l'acc. Aux honneurs.* Ad honores.

ELEVÉ *ou instruit.* Educatus, educata, educatum. *part. pass. d'*Educo. *Bien.* Benè. *Mal.* Malè.

ELEVER *en haut.* Erigere, erigo, erigis, erexi, erectum. *act. acc. Elever à.* Provehere, proveho, provehis, provexi, provectum. *act. acc.* A *par* ad *et l'acc. Aux honneurs.* Ad honores.

ELEVER *ou instruire.* Educare, educo, as, educavi, educatum. *act. acc.*

ELEVER *une statue,* etc. Voy. *Dresser des autels,* etc.

ELEVER *quelqu'un jusqu'au ciel, en le louant.* Efferre, effero, effers, extuli, elatum. *act.* Aliquem in cœlum laudibus.

s'ELEVER, *en parlant d'une tempête,* etc. Cooriri, coorior, coriris, coortus sum. *dép.*

s'ELEVER *ou monter.* Assurgere, assurgo, assurgis, assurrexi, assurrectum. *n.*

s'ELEVER *à un poste.* Pervenire in locum, *c'est-à-dire, y parvenir. Par son mérite.* Suâ virtute.

s'ELEVER, *se récrier contre.* Reclamare, reclamo, as, reclamavi, reclamatum. *n. Contre quelqu'un.* Alicui.

ELEVURE, *pustule qui s'élève sur la peau.* Pustula, *g.* pustulæ. *f.*

ELIDER. Elidere, elido, elidis, elisi, elisum. *act. acc.*

ELIRE. Eligere, eligo, eligis, elegi, electum. *act. acc. Pour roi.* Regem. *Pour un emploi.* Ad munus.

ELISION, *retranchement de quelque lettre.* Elisio, *g.* elisionis. *f.*
ELITE. Delectus, *g.* delectûs. *m.*
ELIXIR, *quintessence.* Subtilissimus succus, *g.* subtilissimi succi. *masc.*
ELLE. Illa, *g.* illius, *dat.* illi. *f.*
ELLIPSE, *mot sous-entendu.* Ellipsis, *g.* ellipsis. *f.*
ELLIPTIQUE. Ellipticus, elliptica, ellipticum. *adj.*
ELOCUTION. Elocutio, *g.* elocutionis. *f.*
ELOGE. Elogium, *g.* elogii. *neut.*
ELOIGNÉ. Remotus, a, um. *De par* à *ou* ab, *et l'abl. Au comp.* remotior, *m. f.* remotius, *neut. au superl.* remotissimus, a, um. *adj. Etre éloigné. Voy. Distant, être distant.*
ELOIGNEMENT. Recessus, *g.* recessûs. *m. Eloignement d'un lieu.* Longinquitas, *g.* tatis. *f. Eloignement, en peinture.* Abscedentia, *g.* abscedentium. *neut. plur.*
ELOIGNER. Removere, removeo, removes, removi, remotum. *act. acc. Le de par* à *ou* ab, *avec l'abl.*
s'ELOIGNER. Recedere, recedo, recedis, recessi, recessum. *neut. Le de par* à *ou* ab, *et l'abl.*
ELOQUEMMENT. Eloquenter. *adv.*
ELOQUENCE. Eloquentia, *g.* eloquentiæ. *fém.*
ELOQUENT. Eloquens, *m. f. neut. g.* loquentis.
ELU, *choisi.* Electus, electa, electum. *adj.*
ELU, *du corps de l'élection.* Designator, *g.* designatoris. *m. Ajoutez* tributorum.
ELUDER, *éviter.* Eludere, eludo, eludis, clusi, elusum. *act. acc.*
ELYSÉES *ou* Elysiens. Elysii, *g.* elysiorum. *m. plur.*
EMAIL, *sorte de peinture.* Encaustum, *g.* encausti. *neut.*
EMAILLE. Distinctus, distincta, distinctum. *adj.* variis coloribus, *c. à d., diversifié de plusieurs couleurs. Terre émaillée de fleurs.* Terra vestita, *g.* terræ vestitæ. *f. Ajoutez* floribus. (Vestitus *est le part. pass. du verbe* Vestire, vestio, vestis.)
EMAILLER. Pingere, pingo, pinguis, pinxi, pictum. *act. acc. Ajout.* encausto, *à l'ablat. c'est-à-dire, peindre sur l'émail.*
EMAILLEUR, *qui travaille en émail.* Encaustes, *g.* encauste. *masc.*
EMANATION. Emanatio, *g.* emanationis. *f.*
EMANCIPATION, *l'action d'émanciper.* Emancipatio, *g.* emancipationis. *f.*
EMANCIPÉ. Emancipatus, emancipata, emancipatum. *part. pass. d'*Emancipo.
EMANCIPER. Emancipare, emancipo, emancipas, emancipavi, emancipatum. *act. acc.*

s'EMANCIPER, *se donner trop de liberté.* Audere, audeo, es, ausus sum. *Ajoutez* licentius. *adv. acc. ou un infin.*
EMANÉ. Ortus, orta, ortum. *part. pass. d'*Orior. *avec* è *ou* ex.
EMANER. Emanare, emano, emanas, emanavi, emanatum. *neut. De par* è *ou* ex, *et l'abl.*
EMARGEMENT, *action d'émarger.* Inscripta margini nota, *g.* inscriptæ margini notæ. *f.*
EMARGER, *porter en marge.* Inscribere margini notam, inscribo, inscribis, inscripsi, inscriptum.
EMBABOUINER, *amuser quelqu'un.* Lactare, lacto, lactas, lactavi, lactatum. *act. acc.*
EMBALLAGE. Consarcinatio, *g.* consarcinationis. *f.*
EMBALLÉ. Consarcinatus, consarcinata, consarcinatum. *part. pass. de* Consarcino.
EMBALLER. Consarcinare, consarcino, consarcinas, consarcinavi, consarcinatum. *act. acc.*
EMBARQUÉ *dans un vaisseau.* Impositus, a, um. *part. pass. d'*Impono. *Ajoutez* in navem, *c. à d., mis dans un vaisseau.*
EMBARQUEMENT. Conscensio, *gen.* conscensionis. *f. Ajoutez* in navem.
EMBARQUER *dans un vaisseau.* Imponere, impono, imponis, imposui, impositum. *act. acc. Ajoutez* in navem.
EMBARQUER, *engager. Voyez* Engager, Embarrasser.
s'EMBARQUER *dans une affaire. Voyez* s'Embarrasser.
s'EMBARQUER. Conscendere, conscendo, conscendis, conscendi, conscensum. *neut. Dans un vaisseau.* Navem, *à l'acc.*
EMBARRAS. Inpedimentum, *g.* inpedimenti. *neut.*
EMBARRASSANT. Molestus, molesta, molestum. *adj.*
EMBARRASSÉ. Impeditus, impedita, impeditum, *part. pass. d'*Impedio. *Embarrassé, en parlant des personnes.* Distentus, distenta, distentum. *et l'abl.*
EMBARRASSER. Impedire, impedio, impedis, impedivi *ou* impedii, impeditum. *act. acc.*
s'EMBARRASSER. Se implicare, implico, implicas, implicui, implicitum. *De quelque affaire.* Aliquo negotio. *Etre embarrassé, être incertain.* Incertum esse, certus sum, es, fui.
EMBAUCHER, *donner ou faire donner de l'ouvrage.* Inducere, induco, cis, duxi, inductum. *act. acc. Ajoutez* in operam, *c'est-à-dire, introduire à l'ouvrage.*
EMBAUMÉ. Conditus, condita, conditum. *part. pass. de* Condio.

EMBAUMER. Condire, condio, condis, condivi *ou* condii, conditum.

EMBELLI. Ornatus, ornata, ornatum. *part. pass. d'*Orno.

EMBELLIR *ou orner.* Ornare, orno, ornas, ornavi, ornatum. *act. acc.* De. *à l'ablat.*

EMBELLIR, *devenir plus beau.* Fieri pulchriorem. *Le comparatif* pulchrior *s'accorde avec le nominatif du verbe* fieri.

EMBELLISSEMENT. Ornamentum, *g.* ornamenti. *neut.*

D'**EMBLÉE.** Primo aditu. *à l'abl.*

EMBLÈME. Emblema, *g.* emblematis. *n.*

EMBOITEMENT *des os.* Commissura, *g.* commissuræ. *f. Ajoutez* ossium, *au g. pluriel.*

EMBOITER *des os.* Committere, committo, committis, commisi, commissum. *act. acc.* ossa. *Dans une cavité.* Acetabulis.

EMBOITER, *mettre l'un dans l'autre.* Immittere, immitto, immittis, immisi, immissum. *act. acc.* Dans *ou* en *par* in, *et l'acc.*

EMBONPOINT. Bona habitudo, *g.* bonæ habitudinis. *f.*

EMBOUCHER, *instruire quelqu'un de ce qu'il faut dire.* Subornare, suborno, subornas, subornavi, subornatum. *act. aliquem.*

EMBOUCHER *une flûte, etc.* Inflare, inflo, inflas, inflavi, inflatum. *act. acc.*

s'EMBOUCHER, *en parlant des rivières, etc.* Influere, influo, influis, influxi, influxum. *n.* Dans *par* in *et l'acc.*

EMBOUCHURE *d'une rivière.* Ostium, *g.* ostii. *neut.*

EMBOUCHURE *de canon, d'un instrument de musique.* Os, *g.* oris. *neut.*

EMBOURBÉ. Immersus, immersa, immersum. *part. pass. d'*Immergor. *Ajoutez* luto, *c'est-à-dire, enfoncé dans la boue.*

EMBOURBER. Immergi, immergor, immersus sum. *pass. Ajoutez* in cœnum, *c. à d., s'enfoncer dans la boue.*

EMBOURRÉ, *garni de bourre.* Fartus, farta, fartum. *Ajoutez* tomento, *à l'abl.*

EMBOURRER. Farcire, farcio, forcis, farsi, fartum. *act. acc. Ajoutez* tomento, *à l'ablat. c'est-à-dire, garnir de bourre.*

EMBOURSER. Condere, condo, condis, condidi, conditum. *act. acc. Ajoutez* in crumenam, *c'est-à-dire, mettre en bourse.*

EMBRASÉ. Incensus, incensa, incensum. *part. pass. d'*Incendo. *abl.*

EMBRASEMENT. Incendium, *g.* incendii. *neut.*

EMBRASER. Incendere, incendo, incendis, incendi, incensum. *act. acc.*

s'EMBRASER. Incendi, incendor, incenderis, incensus sum. *pass. abl.*

EMBRASSADE, *embrassement.* Amplexus, *g.* amplexûs. *masc.*

EMBRASSER. Amplecti, amplector, eris, amplexus sum. *dép. acc.*

EMBRASURE, *ouverture dans le mur pour tirer le canon.* Fenestra aperta, *g.* fenestræ apertæ. *f. Ajoutez* displodendo tormento.

EMBRASURE *de fenêtre.* Discedentia introrsum latera, *g.* discedentium introrsum laterum. *n. plur. Ajoutez* fenestræ, *c'est-à-dire, les côtés, à une fenêtre qui s'élargissent en dedans.*

EMBROCHÉ. Inductus, inducta, inductum. *part. pass. d'*Induco. *Ajoutez* in veru, *c'est-à-dire, mis en broche.*

EMBROCHER. Inducere, induco, is, induxi, inductum. *act. acc. Ajoutez* in veru, *c'est-à-dire, mettre en broche.*

EMBROUILLÉ. Intricatus, intricata, intricatum. *part. pass. d'*Intrico.

EMBROUILLER. Permiscere, permisceo, permisces, permiscui, permistum *ou* permixtum. *act. acc.*

s'EMBROUILLER. Implicari, implicor, implicaris, implicatus sum. *pass.*

EMBRYON, *le fœtus dans le sein de la mère.* Fetus. *g.* fetûs. *masc.*

EMBUCHES *ou* **EMBUSCADE.** Insidiæ, *g.* insidiarum. *f. plur. En embuscade.* Ex insidiis. *Dresser une embuscade, dresser ou tendre des embûches.* Insidiari, insidior, insidiaris, insidiatus sum. *dép. dat. Attirer dans l'embuscade.* Elicere, elicio, elicis, elicui, elicitum. *act. acc. Ajoutez* in insidias. *Donner dans l'embuscade.* Incidere in insidias, *c'est-à-dire, y tomber.*

EMERAUDE. Smaragdus, *g.* smaragdi. *masc.*

EMERI, *pierre pour couper le verre.* Smyrris, *g.* smyrridis. *f.*

EMERILLON, *oiseau de proie.* Æsalon, *g.* æsalonis. *m.*

s'**EMERVEILLER.** V. *s'Etonner.*

EMÉTIQUE. Remedium vomitorium, *g.* remedii vomitorii. *neut.*

EMEUTE. Turba, *g.* turbæ. *f*

EMIÉ. Friatus, a, um. *part. pass. de* Frio.

EMIER. Friare, frio, frias, friavi, friatum. *act. acc.*

EMINEMMENT. Eminenter. *adv.*

EMINENCE, *ou lieu élevé.* Locus editus, *g.* loci editi. *masc.*

EMINENCE, *ou Excellence.* Excellentia, *g.* excellentiæ. *f.*

EMINENT, *ou élevé.* Editus, edita, editum. *Au comp.* editior. *m. f.* editius. *n.; au superl.* editissimus, a, um. *adj.*

EMINENT, *excellent.* Excellens, *m. f. neut. g.* excellentis. *abl.*

EMINENTISSIME. Eminentissimus, eminentissima, eminentissimum. *adj.*

EMISSAIRE, *envoyé pour découvrir ce qui se passe.* Emissarius, *g.* emissarii. *m.*

EMISSION. Emissio, g. emissionis. f.

EMMAGASINER. Condere, condo, condis, condidi, conditum. act. Ajoutez merces apothecâ, c'est-à-dire, mettre des marchandises en magasin.

EMMAILLOTÉ. Involutus, involuta, involutum. part. pass. d'Involvo. Ajout. fasciis, c'est-à-dire, enveloppé de langes.

EMMAILLOTER. Involvere, involvo, involvis, involvi, involutum. act. accus. Ajoutez fasciis, c'est-à-dire, envelopper de langes.

EMMANCHÉ. Instructus, instructa, instructum. part. pass. d'Instruo. Ajoutez manubrio, c'est-à-dire, muni d'une manche.

EMMANCHER. Instruere, instruo, instruis, instruxi, instructum. act. acc. Ajoutez manubrio, c'est-à-dire, munir d'un manche.

EMMÉNAGEMENT. Instructio, gén. Instructionis. f. Ajoutez domûs, c. à d., arrangement de sa maison.

s'EMMENAGER, se fournir de meubles. Instruere, instruo, instruis, instruxi, instructum. act. Ajoutez domum, c'est-à-dire, fournir sa maison de ce qui est nécessaire.

EMMENÉ. Abductus, abducta, abductum. part. pass. d'Abduco.

EMMENER. Abducere, abduco, abducis, abduxi, abductum. act. acc.

EMMIELLÉ. Mellitus, mellita, mellitum. adj.

EMMUSELER un bœuf, lui mettre une muselière. Capistrare, capistro, capistras, capistravi, capistratum. act. acc. bovem. Ajoutez fiscellâ.

ÉMOLLIENT, en parlant d'un remède. Anodynus, a, um. adj.

ÉMOLUMENT, profit. Emolumentum, g. emolumenti. neut.

ÉMONDÉ, en parlant d'un arbre à qui on a ôté les branches superflues. Interlucatus, a, um. part. pass. d'Interluco.

ÉMONDER. Interlucare, interluco, interlucas, interlucavi, interlucatum. act. acc.

ÉMOTION. Commotio, g. commotionis. fém.

ÉMOTTER, casser les mottes de terre. Terram occare, occo, occas, occavi, occatum. act.

ÉMOUCHER, chasser les mouches. Abigere, abigo, abigis, abegi, abactum. act. Ajoutez muscas. Un cheval. Ab equo.

ÉMOUCHOIR, pour chasser les mouches. Muscarium, g. muscarii. n.

ÉMOUDRE. Voyez Aiguiser.

ÉMOULEUR, qui aiguise. Qui cote acuit. Les couteaux. Cultros.

ÉMOULU, aiguisé. Exactus, exacta, exactum. adj. Ajoutez cote à l'abl.

ÉMOUSSÉ. Obtusus, a, um. parti. pass. d'Obtundo. Au comp. obtusior. m. obtusius. n.; au sup. Obtussimus, a, um adj.

ÉMOUSSER. Obtundere, obtundo, obtundis, obtudi, obtusum. act. acc.

s'ÉMOUSSER. Hebetari, hebetor, hebetaris, hebetatus sum. pass.

ÉMOUVOIR. Commovere, commoveo, commoves, commovi, commotum. ac. acc.

s'ÉMOUVOIR, ou être ému. Commoveri commoveor, commoveris, commotus sum pass. abl.

EMPAILLER, garnir de paille. Instruere, instruo, instruis, instruxi, instructum. act. acc. Ajoutez tortili paleâ l'ablat.

EMPALER. Transfigere, transfigo, transfigis, transfixi, transfixum. act. ac

EMPAN, mesure d'une main étendu Dodrans, g. dodrantis. masc.

EMPANACHER. Ornare plumatilibus cristis, et un acc. c'est-à-dire, orner panaches.

EMPAQUETÉ. Colligatus, colligata colligatum. part. pass. de Colligo.

EMPAQUETER. Colligare, colligo colligas, colligavi, colligatum, act. ac

s'EMPARER de. Occupare, occupo, occupas, occupavi, occupatum. act. acc.

EMPÂTÉ. Oblitus, oblita, oblitum Ajoutez farinâ subactâ, c. à d., enduit farine pétrie.

EMPAUMER. Inescare, inesco, inescas inescavi, inescatum. act. acc.

EMPÊCHÉ. Impeditus, impedita, impeditum. part. pass. d'Impedio.

EMPÊCHEMENT. Impedimentum, impedimenti. neut.

EMPÊCHER. Impedire, impedio, impedis, impedivi, impeditum. act. acc.

EMPEIGNE de soulier. Obstragulum g. obstraguli. neut.

EMPENNÉ, se dit d'un trait qui a se pennes. Pennatus, a, um.

EMPEREUR. Imperator, g. imperatoris. masc. D'empereur ou impérial. Imperatorius, a, um. adj.

EMPESÉ avec de l'empois. Imbutus imbuta, imbutum. part. pass. d'Imbuo Ajoutez amylo, c'est-à-dire, trempé dan l'empois.

EMPESER avec de l'empois. Imbuere, imbuo, imbuis, imbui, imbutum. act. acc. Ajoutez amylo, c'est-à-dire, trem per dans l'empois.

EMPESEUSE. Quæ lintea amylo imbui

EMPESTÉ, infecté de peste. Affectus affecta, affectum. Ajoutez pestilenti Air empesté. Aër pestilens, génit. aëri pestilentis. *masc. Empesté, qui sent mauvais.* Malè olens, *génit.* malè olentis. *de tout genre.*

EMPESTER, *donner la peste.* Afficere, afficio, afficis, affeci, affectum. *act. acc. Ajoutez* peste. *Empester, donner mauvaise odeur.* Voyez *Infecter.*

EMPETRER, *s'empêtrer.* Voy. *embarrasser, s'embarrasser.*

EMPHASE. Emphasis, *g.* emphasis. *f.*

EMPHATIQUE. Habens, *m. f. n. gén* habentis. *Ajoutez* emphasim, *c'est-à-dire, qui a de l'emphase.*

EMPHATIQUEMENT, *avec emphase, d'une manière emphatique.* Cum emphasi.

EMPHYTEOSE, *bail à longues années.* Emphyteusis, *gén.* emphyteuseos. *f.*

EMPHYTÉOTE. Emphyteuta, *g.* emphyteutæ. *masc.*

EMPHYTHEOTIQUE. Emphyteuticus, a, um. *adj.*

EMPIETER *sur, usurper.* Usurpare, usurpo, usurpas, usurpavi, usurpatum. *act. acc.*

EMPILER, *mettre en pile.* Struere, struo, struis, struxi, structum. *act. acc.*

EMPIRE. Imperium, *g.* imperii. *neut. Avoir de l'empire sur.* Voy. *Dominer.*

EMPIRER. Ingravescere, ingravesco, ingravescis. *n. Il n'a ni prétérit, ni sup.*

EMPIRIQUE, *médecin qui se conduit par l'expérience.* Empiricus, *gén.* empirici. *masc. Médecine empirique.* Empirice, *g.* empirices. *fém.*

EMPLATRE. Emplastrum, *g.* emplastri. *neut.*

EMPLETTE. Coemptio, *gén.* coemptionis. *fém.*

EMPLI. Impletus, a, um. *part. pass.* d'Impleo. *le nom de la chose à l'abl.*

EMPLIR. Implere, impleo, imples, implevi, impletum. *act. rég. dir. acc. rég. ind. ablat.*

EMPLOI. Munus, *g.* muneris. *n.*

Emploi, *usage.* Usus, *g.* usús. *masc. Faire un bon emploi d'une chose.* Benè uti. *abl., c'est-à-dire, en user bien.*

EMPLOYÉ ou *consumé.* Consumptus, a, um. *part. pass. de* Consumo.

EMPLOYER. Consumere, consumo, consumis, consumpsi, consumptum. *act. acc. A s'exprime avec un gér. en* do, *ou par* in, *avec l'acc.*

Employer. Voyez *Occuper.*

s'Employer *pour, ou à.* Dare, do, das, dedi, datum. *act. dat. Ajoutez* operam, *c'est-à-dire, donner sa peine, son travail.*

EMPOCHER, *mettre en poche.* Condere, condo, condis, condidi, conditum. *act. acc. Ajoutez* in crumenam.

EMPOIGNER. Comprehendere, comprehendo, comprehendis, comprehendi, comprehensum. *act. acc. Ajoutez* manu, *c'est-à-dire, saisir avec la main.*

EMPOIS *pour le linge.* Amylum, *g.* amyli. *neut.*

EMPOISONNÉ, *en parlant des choses.* Venenatus, a, um. *En parlant d'une chose animée.* Necatus, a, um. *Ajoutez* veneno, *c'est-à-dire, tué par le poison.*

EMPOISONNEMENT. Veneficium, *g.* veneficii. *neut.*

EMPOISONNER, *en parlant des choses.* Inficere, inficio, inficis, infeci, infectum. *act. acc. Ajoutez* veneno, *c'est-à-dire, infecter de poison. Empoisonner un homme, etc.* Dare venum alicui, *c. à d., donner du poison à quelqu'un.*

Empoisonner, *donner un tour malin à.* Detorquere, detorqueo, detorques, detorsi, detortum. *act. acc. Ajoutez* malignè. *adv. c'est à dire, interpréter malicieusement.*

s'Empoisonner. Haurire, haurio, hauris, hausi, haustum. *act. acc. Ajoutez* venenum, *c'est à-dire, avaler du poison.*

EMPOISONNEUR. Veneficus, *g.* venefici. *masc.*

EMPOISONNEUSE. Venefica, *g.* veneficæ. *fém.*

EMPOISSER, *enduire de poix.* Picare, pico, picas, picavi, picatum. *act. acc.*

EMPOISSONNEMENT, *l'action d'empoissonner.* Immissio, *g.* immissionis. *f. Ajoutez* piscariæ copiæ. *D'un étang.* In stagnum, *c'est-à-dire, l'action de jeter une abondance de poisson dans un étang.*

EMPOISSONNER *un étang.* Immittere piscariam copiam in stagnum; immitto, is, immisi, immissum. *act.*

EMPORTÉ ou *fâché.* Iracundus, a, um. *Au comp.* iracundior, *masc. fém.* iracundius, *neut.; au superl.* iracundissimus, a, um. *adj.*

Emporté ou *volé.* Ablatus, ablata, ablatum. *part. pass.* d'Aufero.

EMPORTEMENT. Impotens motus, *gén.* impotentis motús. *mascul. Ajoutez* animi. *Par emportement.* Impotenti animo. *à l'abl.*

EMPORTER. Auferre, aufero, aufers, abstuli, ablatum. *act. acc. L'emporter sur.* Superare, supero, superas, superavi, superatum. *act. acc. En science.* Scientiâ. *à l'abl.*

Se laisser Emporter. Rapi, rapior, raperis, raptus sum. *pass. A la colère.* Irâ. *à l'abl.*

s'Emporter. Efferri, efferor, efferris, elatus sum. *pass. Ajoutez* iracundiâ, *c. à d., être emporté par la colère.*

EMPOURPRÉ. Tinctus, a, um. *part. pass. de* Tingo. *De sang.* Cruore. *abl.*

EMPREINDRE. Voyez *Imprimer.*

EMPREINT. Voyez *Imprimé.*

EMPREINTE, *marque de ce qui est im-*

primé. Impressum vestigium, *g.* impressi vestigii. *neut.*

EMPRESSÉ. Sollicitus, sollicita, sollicitum. *adj.*

EMPRESSEMENT. Sollicitudo, *gén.* sollicitudinis. *fém.*

s'EMPRESSER. Incumbere, incumbo, incumbis, incubui, incubitum. *n. Le de S'exprime par* ad, *avec l'acc. ou le gér. en* dum.

EMPRISONNÉ. Inclusus, inclusa, inclusum. *part. pass. d'*Includo.

EMPRISONNEMENT. Inclusio, *gén.* inclusionis. *fém.*

EMPRISONNER. Includere, includo, includis, inclusi, inclusum. *act. acc.*

EMPRUNT. Mutatio, *gén.* mutationis. *fém.*

EMPRUNTÉ. Commodatus, commodata, commodatum. *part. pass. de* Commodo.

EMPRUNTER. Mutuari, mutuor, mutuaris, mutuatus sum. *dép. rég. dir. acc. rég. ind. abl. avec* à *ou* ab.

EMPUANTIR. Voyez *Infecter.*

EMPYRÉE, *l'empyrée.* Supernum cœlum, *gén.* superni cœli. *n.*

ÉMU. Commotus, a, um. *part. pass.*

ÉMULATEUR. Æmulator, *g.* æmulatoris. *masc.*

ÉMULATION. Æmulatio, *g.* æmulationis. *fém.*

ÉMULE. Æmulus, *gén.* æmuli. *m.*

EN, *sans mouvement.* In, *avec l'abl. S'il y a mouvement.* In, *avec l'acc. Voy. la règle des questions de lieu.*

EN *ou dans l'espace de.* Intrà, *avec l'acc. En dix jours.* Intrà decem dies.

EN *même temps.* Eodem tempore. *à l'ablat.*

EN, *joint à un adj., comme : En honnête homme.* Honestè. *adv.*

ENCADRER. Includere, includo, includis, inclusi, inclusum. *act. acc. Ajout.* in quadro, *ou* in quadrum, *c'est-à-dire, mettre dans un cadre.*

ENCAGER, *mettre en cage.* Tradere, trado, tradis, tradidi, traditum. *act. acc. Ajoutez* custodiæ.

ENCAISSER. Condere, condo, condis, condidi, conditum. *act. acc. Ajoutez* in capsam, *c'est-à-dire, mettre dans une caisse.*

ENCAN, *vente publique au plus offrant.* Auctio, *gén.* auctionis. *fém. Vendre, ou mettre à l'encan.* Vendere. *act. accus. Ajoutez* hastâ positâ, *c'est-à-dire, vendre, l'encan étant mis. Acheter à l'encan.* Emere. *act. Ajoutez* ab hastâ.

s'ENCANAILLER, *ne hanter que de la canaille.* Consuescere, consuesco, consuescis, consuevi. *sans sup. Ajoutez* infimis hominibus.

ENCAQUER. Condere, condo, condis, condidi, conditum. *act. acc. Ajoutez* in cadum, *c'est-à-dire, mettre dans une caque.*

ENCAVER *du vin.* Demittere, demitto, demittis, demisi, demissum. *act. accus. Ajoutez* dolia vino plena in cellam subterraneam.

ENCEINT, *environné.* Cinctus, cincta, cinctum. *adj. abl.*

ENCEINTE. *adj. Femme enceinte.* Gravida (*fém. de l'adj.* Gravidus, gravida, gravidum.)

ENCEINTE *ou le tour.* Ambitus, *gén.* ambitûs. *m.*

ENCENS. Thus, *gén.* thuris. *n. D'encens.* Thureus, a, um. *adj.*

ENCENS, *louange.* Voyez *Louange.*

ENCENSEMENT. Suffitus, *gén.* suffitûs. *masc.*

ENCENSER. Suffire, suffio, suffis, suffii *ou* suffivi, suffitum. *act. acc.*

ENCENSER, *louer.* Voyez *Louer.*

s'ENCENSER. Voyez *se vanter, se glorifier.*

ENCENSOIR. Thuribulum, *g.* thuribuli. *neut.*

ENCHAÎNÉ. Catenatus, catenata, catenatum *part. pass. de* Cateno.

ENCHAÎNEMENT, *l'action d'enchaîner.* Catenatio, *g.* catenationis. *f.*

ENCHAÎNEMENT, *suite des choses.* Series, *g.* seriei. *fém.*

ENCHAÎNER. Vincire, vincio, vincis, vinxi, vinctum. *act. acc.*

ENCHANTÉ, *ensorcelé.* Incantatus, a, um. *part. pass. d'*Incanto.

ENCHANTÉ, *charmant, délicieux.* Amœnissimus, a, um. *adj.*

ENCHANTEMENT. Incantamentum, *g.* incantamenti. *neut.*

ENCHANTER. Incantare, incanto, as, incantavi, incantatum. *act. acc.*

ENCHANTER, *plaire.* Voyez *Charmer, Plaire.*

SE LAISSER ENCHANTER, *être enchanté.* Voyez *Se laisser charmer.*

ENCHANTERESSE. Saga, *gén.* sagæ. *fém.*

ENCHANTEUR. Magus, *gén.* magi. *mascul.*

ENCHÂSSÉ. Inclusus, a, um. *part. pass. d'*Includo.

ENCHÂSSER. Includere, includo, includis, inclusi, inclusum. *act. Pour des reliques. Ajout.* in thecâ, *dans une châsse. Pour un tableau, ajoutez* in lignéâ formâ, *dans un cadre de bois.*

ENCHÈRE. Licitatio, *g.* licitationis. *f. La folle enchère, ou la peine.* Pœna, *g.* pœnæ. *f. Mettre à l'enchère.* Subjicere, subjicio, subjicis, subjeci, subjectum. *act. acc. Les biens de quelqu'un,* bona alicujus. *Aj.* voci præconis, *c. à d., assujetir à la voix du crieur public.*

ENCHERIR ou *devenir cher.* Ingravescere, ingravesco, ingravescis, *sans prét. et sans sup. neut. Faire enchérir* ou *augmenter.* Incendere, incendo, incendis, incendi, incensum. *act. acc.*

ENCHÉRIR, *mettre l'enchère.* Liceri, liceor, liceris, licitus sum. *dép. acc.*

ENCHERISSEUR. Licitator, *g.* licitatoris. *masc.*

ENCHEVÊTRER, *mettre le licou.* Capistrare, capistro, as, capistravi, capistratum. *act. Un cheval.* Equum.

ENCHIFRENÉ, *qui a le cerveau chargé de pituite.* Gravedinosus, gravedinosa, gravedinosum. *adj.*

ENCHIFRENEMENT, *rhume de cerveau.* Gravedo, *g.* gravedinis. *f.*

ENCHIFRENER, *causer un rhume de cerveau.* Gravedinem afferre, affero, affers, attuli, allatum. *act. acc.*

ENCLAVÉ. Inclusus, a, um. *adj.*

ENCLAVEMENT *d'un champ.* Procursus, procursûs. *masc. Ajoutez* in solum alienum.

ENCLAVER. Includere, includo, includis, inclusi, inclusum. *act. acc.*

ENCLIN, *si c'est au bien.* Propensus, propensa, propensum. *adj. A par ad, avec l'acc. ou le gér.* en dum. *Si c'est au mal.* Proclivis, proclivis proclive, *g.* proclivis. *adj. A par ad, avec l'acc. ou le gérondif en* dum.

ENCLORE. Claudere, claudo, claudis, clausi, clausum. *act. acc. Enclore d'une muraille.* Claudere muro, *à l'abl.*

ENCLOS ou *fermé.* Clausus, clausa, clausum. *part. pass. de* Claudo. *Enclos d'une muraille.* Clausus muro, *à l'abl.*

ENCLOS. Septum, *g.* septi. *neut.*

ENCLOUÉ. Vulneratus, a, um. *adj. Ajoutez* clavo, *c'est-à-dire, blessé par un clou. Canon encloué.* Tormentum obstructum, *g.* tormenti obstructi. *neut. Aj.* clavo, *c'est-à-dire, bouché par un clou.*

ENCLOUER *un cheval.* Vulnerare equum clavo; vulnero, vulneras, vulneravi, vulneratum. *act. acc.*

ENCLOUER *un canon.* Obstruere, obstruo, obstruis, obstruxi, obstructum. *act. Ajoutez* tormentum clavo, *c. à d, boucher un canon avec un clou.*

ENCLOUURE *d'un canon, d'un cheval, etc.* Infixus clavus, *g.* infixi clavi. *m.*

ENCLOUURE, *obstacle, difficulté.* Obex, *gén.* obicis. *m.*

ENCLUME. Incus, *g.* incudis. *fém.*

ENCOFFRER. Condere, condo, condis, condidi, conditum. *act. Ajoutez* areâ, *c. à d., mettre dans un coffre.*

ENCOIGNURE, *coin.* Angulus, *génit.* anguli. *m.*

ENCOLURE. Figura, *gén.* figuræ. *fém. Ajoutez* colli, *c'est-à-dire, figure du cou.*

ENCOMBRER. Obstruere, obstruo, obstruis, obstruxi, obstructum, *Ajout.* ruderibus, *c'est-à dire, embarrasser de décombres.*

A L'ENCONTRE *de.* Contra, *avec un ac.*

ENCORE. Adhuc. *adv. Non pas encore.* Nondum. *adv. Non-seulement, mais encore.* Non solùm, verùm etiam. *Encore que.* Quamvis, *avec le subjonct.*

ENCOURAGEMENT. Incitamentum, *g.* incitamenti. *neut.*

ENCOURAGER. Excitare, excito, excitas, excitavi, excitatum. *act. A par ad, avec l'acc. ou avec le gérond.* en dum.

ENCOURIR. Subire, subeo, is, subivi, subitum. *Une peine,* Pœnam. *acc.*

ENCOURIR *l'inimitié.* Suscipere inimicitias; suscipio, suscipis, suscepi, susceptum. *act. acc.*

ENCRASSER. Sordidare, sordido, sordidas, sordidavi, sordidatum. *act.*

S'ENCRASSER, *se salir.* Sordescere, sordesco, is. *sans prét. et sans supin..*

ENCRE *à écrire.* Atramentum, *génit.* atramenti. *neut.*

ENCRIER, *cornet à mettre de l'encre.* Atramentarium, *g.* atramentarii. *neut.*

ENCROUTER, *couvrir de croûte.* Incrustare, incrusto, incrustas, incrustavi, incrustatum. *act. acc.*

ENCUIRASSÉ. Loricatus, loricata, loricatum. *adj.*

ENCUIRASSER. Loricare, lorico, loricas, loricavi, loricatum. *acc.*

ENCYCLOPEDIE. Orbis universus, *g.* orbis universi. *m. Ajoutez* doctrinæ, *au gén. c'est-à-dire, l'amas de toutes les sciences.*

ENDETTÉ. Obæratus, obærata, obæratum. *adj.*

ENDETTER. Obstringere, obstringo, obstringis, obstrinxi, obstrictum. *act. acc. Ajoutez* ære alieno, *c'est-à-dire, engager dans les dettes.*

S'ENDETTER. Contrahere, contraho, contrahis, contraxi, contractum. *act. Ajoutez* æs alienum, *c'est-à-dire, contracter des dettes.*

ENDIVE, *espèce de chicorée sauvage.* Intubus, *g.* intubi. *m.*

ENDOCTRINER, *instruire.* Erudire, erudio, erudis, erudivi *et* erudii, cruditum. *act. acc.*

ENDOMMAGER. Nocere, noceo, noces, nocui, nocitum. *neut. dat.*

ENDORMI. Sopitus, sopita, sopitum. *adject.*

ENDORMIR, *faire dormir.* Sopire, sopio, sopis, sopivi, sopitum. *actif accus.*

ENDORMIR, *engourdir.* Afficere, afficio

afficis, affeci, affectum. *act. acc. Ajoutez* torpore.

s'ENDORMIR, *se laisser aller au sommeil*. Obdormiscere, obdormisco, obdormiscis, obdormivi, obdormitum. *n.*

s'ENDORMIR *dans une affaire, la négliger* Indormire, indormio, is, indormivi, indormitum. *neut.* Alicui rei.

ENDOSSER. Induere, induo, induis, indui, indutum. *act. acc.*

ENDROIT, *lieu.* Locus, *g.* loci. *m. au plur.* loca, *g.* locorum. *neut.*

ENDROIT, *côté.* Pars, *g.* partis. *f.*

ENDROIT *d'une étoffe.* Facies exterior, *gén.* faciei exterioris. *f. Ajoutez* panni.

ENDUIRE. Linire, linio, linis, linivi ou linii, linitum. *act. rég. dir. acc. rég. ind. abl.*

ENDUIT. Linitus, linita, linitum. *part. pass. de* Linio. *De poix.* Pice, *à l'abl.*

ENDUIT, *subst.* Tectorium, *g.* tectorii. *neut.*

ENDURANT. Patiens, *m. fém. neut. gén.* patientis.

ENDURCI. Duratus, durata, duratum. *Endurci au travail.* Duratus labore. *à l'ablat.*

ENDURCIR. Durare, duro, duras, duravi, duratum. *act. acc. Endurcir au travail.* Durare labore. *abl.*

s'ENDURCIR *à.* Durari, duror, duraris, duratus sum. *pass. S'endurcir au travail.* Durari labore, *à l'abl.*

ENDURCISSEMENT. Durities, *gén.* duritiei. *fém.*

ENDURER. Pati, patior, pateris, passus sum. *dép. acc.*

ÉNÉIDE, *poème de Virgile.* Æneis, *g.* æneidis *ou* æneidos. *fém.*

ÉNERGIE, *force d'un mot.* Vis, *gén.* vis. *fém.*

ÉNERGIQUE. Habens, *m. fém. n. gén.* habentis. *Ajoutez* vim.

ÉNERGUMÈNE, *possédé du démon.* Energumenus, *g.* energumeni. *m.*

ÉNERVÉ, *affaibli.* Enervatus, enervata, enervatum. *part. pass. d'*Enervo.

ÉNERVER, *affaiblir.* Enervare, enervo, enervas, enervavi, enervatum. *act. accus.*

ENFANCE. Infantia, *g.* infantiæ. *fém.*

ENFANT. Puer, *gén.* pueri. *m. Si c'est une fille* Puella, *g.* puellæ. *fém.*

ENFANTÉ. Partus, a, um. *adj.*

ENFANTEMENT. Partus, *gén.* partûs. *masc.*

ENFANTER. Parere, pario, paris, peperi, partum. *acc.*

ENFANTILLAGE. Puerilitas, *gén.* puerilitatis. *fém.*

ENFANTIN. Puerilis, *masc. fém.* puerile, *neut. gén.* puerilis.

ENFARINÉ. Aspersus, aspersa, aspersum. *adj. Ajoutez* farinâ, *c'est-à-dire, couvert de farine.*

ENFARINER. Aspergere, aspergo, aspergis, aspersi, aspersum. *act. acc. Ajoutez* farinâ, *c'est-à dire, couvrir de farine.*

ENFER. Inferi, *g.* inferorum. *m. plur. De l'enfer ou infernal.* Infernus, inferna, infernum. *adj.*

ENFERMÉ. Inclusus, inclusa, inclusum. *part. pass. d'*Includo.

ENFERMER. Includere, includo, includis, inclusi, inclusum. *act. acc. Enfermer de murailles, etc.* Voyez Environner de.

ENFERMER, *contenir.* Complecti, complector, eris, complexus sum. *dép.*

ENFERRER. Transfigere, transfigo, transfigis, transfixi, transfixum. *act. acc. Ajoutez* ferro, *c'est-à-dire, percer de fers.*

s'ENFERRER. Incurrere, incurro, incurris, incurri, incursum. *neut. Ajoutez* in mucronem, *c'est-à-dire, tomber sur la pointe de l'épée.*

ENFICELER. Constringere, constringo, constringis, constrinxi, constrictum. *act. acc. Ajoutez* funiculo, *c'est-à-dire, serrer avec une ficelle.*

ENFILER, *passer un fil par le trou d'une aiguille.* Filum in acu trajicere, trajicio, is, trajeci, trajectum. *act. acc.*

ENFILER *quelqu'un, le percer.* Voyez Enferrer.

s'ENFILER *dans l'épée.* Voyez s'Enferrer.

ENFIN. Denique. *adv.*

ENFLAMMÉ. Inflammatus, inflammata, inflammatum. *part. pass. d'*Inflammo. De, *à l'abl.*

ENFLAMMER. Inflammare, inflammo, inflammas, inflammavi, inflammatum. *act. acc.* De, *à l'abl.*

s'ENFLAMMER, *s'allumer.* Ardere, ardeo, ardes, arsi, arsum. *neut.*

ENFLÉ. Inflatus, inflata, inflatum. *part. pass. d'*Inflo. *Enflé d'orgueil.* Superbiâ. *à l'abl.*

ENFLER. Inflare, inflo, inflas, inflavi, inflatum. *act. acc.*

s'ENFLER Tumescere, tumesco, tumescis, tumui, *sans sup. neut. abl.*

ENFLURE. Tumor, *génit.* tumoris. *masc.*

ENFLURE *de style.* Ventosa loquacitas, *gén.* ventosæ loquacitatis. *fém.*

ENFONCÉ *avant.* Depressus, depressa, depressum. *part. pass. de* Deprimo.

ENFONCÉ, *rompu.* Perruptus, perrupta, perruptum. *part. pass. de* Perrumpo.

ENFONCEMENT, *l'action d'enfoncer* Depressio, *g.* depressionis. *fém.*

ENFONCEMENT, *creux.* Lacuna, *génit* lacunæ. *fém.*

ENFONCER, *faire aller vers le fond.* Demittere, demitto, demittis, demisi, dimissum. *act. acc.*

ENFONCER *dans la terre.* Defigere, defigo, defigis, defixi, defixum. *act. acc. in* terram.

ENFONCER *dans l'eau.* Mergere, mergo, mergis, mersi, mersum. *act. acc.* in aquam.

ENFONCER *son épée dans le corps.* Infigere ferrum in pectus, *c'est-à-dire, ficher*, *etc.*

ENFONCER, *rompre.* Voy. *Rompre.*

s'ENFONCER *dans l'eau.* Mergi. *pass. Ajoutez* aquâ *à l'abl.* Mergi *est le pass. du verbe* mergere, mergo, mergis, mersi, mersum.

s'ENFONCER *dans le bois.* Penetrare silvas, *c'est-à-dire, y pénétrer.*

ENFONÇURE, *concavité.* Cavum, *gén.* cavi. *neut.* Recessus, *gén.* recessús. *masc.*

ENFOUIR. Defodere, defodio, defodis, defodi, defossum. *act. acc. Ajoutez* in terram, *c'est-à-dire, cacher dans la terre.*

ENFOUIR *les talens de la nature.* Celare dotes naturæ, *c'est-à-dire, les cacher.*

ENFOURNER. Immittere, immitto, immittis, immisi, immissum. *act. accus. Ajoutez* in furnum, *c'est-à-dire, mettre au four.*

ENFREINDRE, *violer un traité, une loi, etc.* Infringere, infringo, infringis, infregi, infractum. *act. acc.*

s'ENFUIR. Fugere, fugio, fugis, fugi, fugitum. *neut.*

FAIRE ENFUIR. Fugare, fugo, fugas, fugavi, fugatum. *act. acc.*

s'ENFUIR *par-dessus.* Superefftuere, su peretfluo, superefftuis, superefftuxi, su pereffluxum. *neut.*

ENFUMÉ. Infumatus, infumata, infumatum. *part. pass.* d'Infumo.

ENFUMER. Infumare, infumo, infumas, infumavi, infumatum. *act. acc.*

ENGAGE, *donné en gage.* Datus, data, datum. *adj. Ajoutez* pignori.

ENGAGÉ ou *embarrassé.* Implicitus, implicita, implicitum. *part. pass.* d'Implico. *avec l'abl. de la chose.*

ENGAGEANT. Placens, *masc. f. neut. gén.* placentis.

ENGAGEMENT. Obligatio, *gén.* obligationis. *fém.*

ENGAGEMENS *qui nous retiennent.* Vincula, *gén.* vinculorum. *neut. plur.*

ENGAGER, ou *donner en gage.* Pignerare, pignero, pigneras, pigneravi, pigneratum. *act. acc.*

ENGAGER *quelqu'un à.* Voyez. *Porter, Pousser.*

ENGAGER *sa foi, sa parole.* Dare fidem, *c'est à dire, la donner.*

ENGAGER *dans quelque affaire.* Voyez *Embarrasser.*

s'ENGAGER *à faire quelque chose.* Voy. *Promettre.*

s'ENGAGER *aans une affaire.* Voyez. s'*Embarrasser.*

ENGAINER *des couteaux.* Condere, condo, condis, condidi, conditum. *act. Ajoutez* cultros in thecâ, *c'est à-dire, les mettre dans la gaine.*

ENGEANCE. Genus, *génitif.* generis. *neut.*

ENGELURE, *aux pieds*, *aux mains.* Inustio, *gén.* inustionis. *fém.*

ENGENDRE. Generatus, generata, generatum. *part. pass. de* Genero.

ENGENDRER. Generare, genero, generas, generavi, generatum. *act. acc.*

s'ENGENDRER. Generari, generor, generaris, generatus sum. *pass. Le de par à* ou ab, *et l'abl.*

ENGERBER *le blé.* Colligare, colligo, colligas, colligavi, colligatum. *act. Aj.* frumentum in fasces, *c'est-à-dire, lier le blé en gerbes.*

ENGLOUTI. Absorptus, absorpta, absorptum. *part. pass.* d'Absorbeo. *Dans les eaux.* Aquis, *à l'abl.*

ENGLOUTIR. Absorbere, absorbeo, es, absorbui, absorptum. *act. acc.*

ENGLUÉ. Implicitus, implicita, implicitum. *Ajoutez* visco.

ENGLUER. Illinere, illino, illinis, illevi, illitum. *act. acc. Ajoutez* visco, *c'est-à-dire, enduire de glu.*

s'ENGLUER. Inhærescere, inhæresco, inhærescis, inhæsi, inhæsum. *neut. Ajout.* in visco, *c'est à-dire, se prendre à la glu.*

ENGORGEMENT. Interclusio, *gén.* interclusionis. *fém.*

s'ENGORGER *de viandes. Se* ingurgitare, ingurgito, ingurgitas, ingurgitavi, ingurgitatum. *Ajoutez* cibis.

s'ENGORGER, *en parlant d'un tuyau.* Obstrui, obstruor, obstrueris, obstructus sum.

s'ENGOUER, *boucher les passages du gosier, en mangeant trop goulument.* Præfocari, præfocor, præfocaris, præfocatus sum. *pass.*

ENGOUFFRER. Immittere, immitto, immittis, immisi, immissum. *act. Ajout.* ingurgitem, *c'est-à dire, jeter dans un gouffre.*

s'ENGOUFFRER, *en parlant des vents.* Æstuare, æstuo, æstuas, æstuavi, æstuatum, *et l'abl. avec* in. *En parlant des rivières.* Absorberi, absorbeor, absorberis, absorptus sum. *pass. Dans une ouverture de la terre.* Hiatu terræ.

ENGOURDI. Torpens, *masc. fém. neut. g.* torpentis.

ENGOURDIR. Stupefacere, stupefacio, stupefacis, stupefeci, stupefactum. *actif. accus.*

s'ENGOURDIR. Torpescere, torpesco, torpescis, torpui. *sans supin.*

ENGOURDISSEMENT. Torpor, *génit.* torporis. *masc.*

ENGRAIS, *l'action d'engraisser les animaux.* Saginatio, *g.* saginationis. *f.*

ENGRAIS, *amendement qu'on met dans les terres.* Stercoratio, *gén.* stercorationis. *fém.*

ENGRAISSER, ou *rendre gras.* Pinguefacere, pinguefacio, pinguefacis, pinguefeci, pinguefactum. *act. acc.*

s'ENGRAISSER. Pinguescere, pinguesco, pinguescis, *sans prét. et sans supin.*

ENGRAISSER, *amender une terre.* Stercorare, stercoro, stercoras, stercoravi, stercoratum. *act. acc.*

ENGRAISSER, *salir.* Inquinare, inquino, inquinas, inquinavi, inquinatum. *act. accus.*

ENGRANGER, *mettre dans une grange.* Inferre, infero, infers, intuli, illatum. *act. acc. Ajoutez* in horreum.

ENGRAVER *un bateau.* Impingere, impingo, impingis, impegi, impactum. *act. acc.* naviculam. *Aj.* arenæ.

ENGROSSER. Gravidare, gravido, gravidas, gravidavi, gravidatum. *act. acc.*

s'ENGRUMELER, *se former en grumeaux.* Globari, globor, globaris, globatus sum. *dép.*

ENHARDIR. Addere, addo, addis, addidi, additum. *act. Ajoutez* animos, *et le datif de la personne, c'est-à-dire, donner du courage à quelqu'un. S'Enhardir à.* Audere, audeo, audes, ausus sum. *acc. ou l'infinitif.*

ENHARNACHER. Sternere, sterno, sternis, stravi, stratum. *act. Un cheval.* Equum.

EN HAUT, *en un lieu haut.* Supernè. *adv. D'en haut.* Desuper. *adv. D'en haut, du ciel.* Divinitùs. *adv. Qui est en haut ou d'en haut.* Supernus, superna, supernum. *adj.*

ENJAMBÉE, *l'espace d'une jambe à l'autre quand elle est étendue.* Quantùm spatii distenta crura complectuntur.

ENJAMBER. Transilire, transilio, transilis, transilii *ou* transilui, *sans supin. neut. Aj.* distentis cruribus. *Un ruisseau.* Rivum, *c'est-à dire, sauter en élargissant les jambes.*

ENJAVELER *le blé.* Cogere, cogo, cogis, coegi, coactum. *act. Ajoutez* fruges in manipulos, *c'est-à-dire, mettre le blé en javelles.*

ENJEU, *l'argent qu'on met au jeu.* Pignus cessurum, *gén.* pignoris cessuri. *neut. Ajoutez* victori, *c'est-à-dire, gage qui reviendra au vainqueur.*

ENIGMATIQUE. *subst.* Similis, *m. f.* simile, *neut. gén.* similis. *Ajoutez* ænigmatis, *c'est-à-dire, semblable à une énigme.*

ENIGMATIQUEMENT. Obscuré. *adv.*

ENIGME, *chose obscure.* Ænigma, *g.* ænigmatis. *neut.*

ENJOINDRE, *ordonner.* Imperare, impero, imperas, imperavi, imperatum. *act. avec l'acc. de la chose, et le dat. de la personne.*

ENJOINDRE *une pénitence. Voyez Imposer.*

ENJOINT, *ordonné.* Imperatus, imperata, imperatum. *adj.*

ENJOLÉ. Delinitus, delinita, delinitum. *part. pass. de* Delinio.

ENJOLER. Delinire, delinio, delinis, delinivi *ou* delinii, delinitum. *act. acc.*

ENJOLEUR. Delinitor, *g.* delinitoris. *masc.*

ENJOLIVÉ, *orné.* Ornatus, ornata, ornatum. *part. pass.* d'Orno.

ENJOLIVEMENT. Ornatus, *g.* ornatûs. *masc.*

ENJOLIVER. Ornare, orno, ornas, ornavi, ornatum. *act. rég. dir. acc. rég. ind. abl.*

ENJOUÉ. Jocosus, jocosa, jocosum. *adj.*

ENJOUEMENT. Festivitas, *g.* festivitatis. *fém.*

ENIVRÉ. Ebrius, ebria, ebrium. *adj. abl. de la chose.*

ENIVRER. Inebriare, inebrio, inebrias, inebriavi, inebriatum. *act. acc.*

s'ENIVRER. Inebriari, inebrior, inebriaris, inebriatus sum. *pass. S'enivrer à force de boire.* Inebriari, multo vino, *à l'ablat.*

ENLACER. Illaqueare, illaqueo, as, illaqueavi, illaqueatum. *act. acc.*

ENLAIDIR, *rendre laid.* Deformare, deformo, deformas, deformavi, deformatum. *act. acc.*

ENLAIDIR, *devenir laid.* Fieri deformem; deformis, *masc. fém.* deforme. *neut. adj.* qui s'accorde avec le nominatif de fio.

ENLEVÉ. Raptus, rapta, raptum. *part. pass. de* Rapio.

ENLÈVEMENT. Raptus, *gén.* raptûs. *masc.*

ENLEVER. Rapere, rapio, rapis, rapui, raptum. *act. rég. dir. acc. rég. ind. dat.*

ENLEVER, *charmer.* Movere, moveo, moves, movi, motum. *act. acc.*

ENLEVER *la peau.* Detrahere, detraho, detrahis, detraxi, detractum. *act. accus.* cutem. *datif de la personne.*

ENLUMINÉ. Illuminatus, a, um. *partic. pass.* d'Illumino. *ablat. de la couleur.*

ENLUMINER. Illuminare, illumino, illuminas, illuminavi, illuminatum. *act. acc. abl. de la couleur.*

ENLUMINURE. Pictura illustrata, g. picturæ illustratæ. *fém.*

ENNEMI ou *adversaire.* Inimicus, *g.* inimici. *m.* ou infensus, a, um. *adj. dat. En ennemi* inimicè. *adv.*

ENNEMI, *contraire.* Inimicus, inimica, inimicum. *adj. dat.*

ENNEMI, *en guerre.* Hostis, *g.* hostis. *masc. D'ennemi.* Hostilis, *m. f.* hostile, *n. g.* hostilis.

ENNEMIE. Adversaria, *génit.* adversariæ. *fém.* ou hostis, *génit.* hostis. *fém. dat.*

ENNOBLI. Cooptatus, cooptata, cooptatum. *part. pass.* de Coopto. *Ajoutez* in nobilium ordinem, *c'est-à-dire, admis au rang des nobles.*

ENNOBLIR. Cooptare, coopto, cooptas, cooptavi, cooptatum. *act. acc. Ajoutez* in nobilium ordinem, *c'est-à-dire, admettre quelqu'un au rang des nobles. Ennoblir une chose.* Voyez *Illustrer.*

s'ENNOBLIR. Assequi, assequor, assequeris, assecutus sum. *dépon. Ajoutez* nobilitatis gradum et decus, *c'est-à-dire, acquérir le rang et l'honneur de la noblesse.*

s'ENNOBLIR, *s'illustrer.* Inclarescere, inclaresco, inclarescis, inclarui. *n. sans sup.*

ENNOBLISSEMENT. Transitio, *gén.* transitionis. *fém. Ajoutez* ad nobiles, *c'est-à-dire, l'action de passer parmi les nobles.*

ENNUI. Tædium, *g.* tædii. *neut.*

ENNUYÉ *de.* Pertæsus, pertæsa, pertæsum. *avec un gén.*

ENNUYER. Afferre, affero, affers, attuli, allatum. *act. dat. de la personne. Ajoutez* tædium, *c'est-à-dire, causer de l'ennui.*

s'ENNUYER. Tædere, tædet, tædebat, tæduit. *impers. Présent.* Me tædet, *je m'ennuie.* Te tædet, *tu t'ennuies.* Illum tædet, *il s'ennuie.* Nos tædet, *nous nous ennuyons.* Vos tædet, *vous vous ennuyez.* Illos tædet, *ils s'ennuient. On met à l'acc. le nom de la personne qui s'ennuie, et le nom de la chose ou de la personne dont on s'ennuie est mis au gén., ou l'on met un infin.* (*Voyez la règle des verbes impers.* Pœnitet, pudet, tædet, *etc.*)

ENNUYEUX. Molestus, molesta, molestum. *adj.*

ÉNONCER, *déclarer.* Denuntiare, denuntio, as, denuntiavi, denuntiatum. *act. rég. dir. acc. rég. ind. dat.*

s'ÉNONCER. Eloqui, eloquor, eloqueris, elocutus sum. *dép. Sur quelque chose.* Aliquid. *à l'acc.*

ÉNONCIATIF. Ennunciativus, ennunciativa, ennunciativum. *adj.*

ÉNONCIATION. Enunciatio, *g.* enunciationis. *fém.*

ENORGUEILLIR *quelqu'un.* Facere, facio, facis, feci, factum. *act.* aliquem superbum, *c'est-à-dire, le rendre orgueilleux.* Superbus, superba, superbum, *s'accorde avec le cas.*

s'ENORGUEILLIR. Superbire, superbio, superbis, superbivi, *sans sup. neut. De quelque chose, à l'abl. avec de.*

ÉNORME. Immanis, *m. f.* immane, *n. gén.* immanis.

ÉNORMÉMENT, *démesurément.* Suprà modum.

ÉNORMITÉ. Immanitas, *g.* immanitatis. *fém.*

s'ENQUERIR. Percontari, percontor, percontaris, percontatus sum. *dép. accus. de la chose et l'abl. de la personne à qui l'on s'enquiet, avec* è ou ex.

ENQUETE. Inquisitio, *g.* inquisitionis. *fém.*

s'ENQUETER. Voy. *s'Enquérir.*

ENQUETEUR. Inquisitor, *g.* inquisitoris. *masc.*

ENQUIS, *interrogé.* Interrogatus, a, um. *adj. De par de, avec l'abl.*

ENRACINÉ, *qui a ses racines en terre.* Radicatus, a, um. *adj.*

ENRACINÉ, *invétéré.* Inveteratus, inveterata, inveteratum. *adj.*

s'ENRACINER, *prendre racine.* Radicari, radicor, radicaris, radicatus sum. *dép.*

s'ENRACINER, *s'invétérer.* Inveterascere, inveterasco, inveterascis, inveteravi, inveteratum. *neut.*

ENRAGÉ. Rabidus, a, um. *adj.*

ENRAGER. Uri, uror, ureris, ustus sum. *pass. Faire enrager.* Urere, uro, uris, ussi, ustum. Extorquere. Vexare. *act. acc.*

ENRAYER *les roues d'une charette, d'un carrosse.* Sufflaminare, sufflamino, sufflaminas, sufflaminavi, sufflaminatum. *act. acc.* rotas.

ENREGISTRÉ. Inscriptus, inscripta, inscriptum. *part. pass. d'Inscribo.*

ENREGISTREMENT. Inscriptio, *gén.* inscriptionis. *fém.*

ENREGISTRER. Inscribere, inscribo, is, inscripsi, inscriptum. *act. acc.*

ENRHUMÉ. Affectus, a, um. *adj. Ajoutez* gravedine, *c'est-à-dire, qui a le rhume. Etre enrhumé.* Tentari, tentor, tentaris, tentatus sum. *pass. Ajoutez* gravedine, *c'est-à-dire, être éprouvé par le rhume.*

ENRHUMER. Afferre, affero, affers, attuli, allatum. *act. Ajoutez* gravedinem, *et le dat. de la personne, c'est-à-dire, causer le rhume. S'enrhumer.* Contrahere, contraho, is, contraxi, contratum. *act. Ajoutez* gravedinem, *c'est-à-dire, gagner le rhume.*

ENRICHI. Locupletatus, locupletata, locupletatum. *part. pass. de* Locupleto.

ENRICHIR. Locupletare, locupleto, as, locupletavi, locupletatum. *act. rég. dir. acc. rég. ind. abl. S'enrichir.* Locupletari, locupletor, locupletaris, locupletatus sum. *pass.*

ENRICHISSEMENT, *embellissement.* Ornamentum, *gén.* ornamenti. *n.*

ENROLÉ. Conscriptus, conscripta, conscriptum. *part. pass. de* Conscribo.

ENROLEMENT. Delectus, *g.* delectús. *masc. Ajoutez* militum, *c'est-à-dire, levée de soldats.*

ENROLER. Conscribere, conscribo, conscribis, conscripsi, conscriptum. *act. Ajoutez* milites *Enrôler un homme.* Hominem conscribere militem. *S'enrôler.* Dare, do, das, dedi, datum. *act. dat. Ajoutez* nomen.

ENROUÉ. Raucus, rauca, raucum. *adj.*

ENROUEMENT. Raucitas, *g.* raucitatis. *fém.*

ENROUER. Voyez *Enrhumer.*

ENROUILLÉ. Rubiginosus, rubiginosa, rubiginosum. *adj.*

ENROUILLER. Obducere, obduco, obducis, obduxi, obductum. *act. Ajout.* rubiginem, *et un dat, c'est-à-dire, faire venir la rouille. Le fer. S'enrouiller.* Trahere, traho, trahis, traxi, tractum. *act. Ajoutez* rubiginem, *c. à d., amasser la rouille.*

ENSABLER, *faire échouer sur le sable.* Navim arenis illidere, illido, illidis, illisi, illisum. *act. rég. dir. acc. rég. ind. dat.*

s'ENSABLER, *demeurer échoué sur le sables.* Allidi, allidor, allideris, allisus sum. *pass.* Arenarum cumulis.

ENSACHER *du blé.* Replere saccos, frumento, *c'est-à-dire, remplir des sacs de blé.*

ENSANGLANTÉ. Cruentatus, cruentata, cruentatum. *part. pass. de* Cruento.

ENSANGLANTER. Cruentare, cruento, cruentas, cruentavi, cruentatum. *act. acc.*

ENSEIGNE, ou *marque.* Indicium, *g.* indicii. *n. A telles enseignes que.* Eo argumento quòd, *avec l'ind. Enseigne d'un logis.* Signum, *g.* signi. *n. A l'enseigne du lion d'or.* Sub signo leonis aurei. *A l'enseigne de.* Ad, *avec un acc.*

ENSEIGNE, ou *drapeau.* Vexillum, *g.* vexilli. *neut.*

ENSEIGNE, ou *porte-enseigne.* Vexillarius, vexillarii. *masc.*

ENSEIGNÉ. Doctus, docta, doctum. *part. pass de* Doceo.

ENSEIGNEMENT. Præceptum, *génit.* præcepti. *neut.*

ENSEIGNER. Docere, doceo, doces, docui, doctum. *act. rég. dir. acc. rég. ind. acc. Pour de l'argent.* Mercede. *Pour rien.* Sine mercede ullâ. *Enseigner à lire.* Docere legere, *à l'inf. Quand le verbe* Enseigner *est au passif. en français, il faut consulter la Grammaire latine.*

ENSEIGNER ou *indiquer.* Indicare, indico, indicas, indicavi, indicatum. *acc. rég. dir. acc. rég. ind. dat.*

ENSEMBLE. Simul. Unà. *adv.*

ENSEMENCÉ. Consitus, consita, consitum. *part. pass. de* Consero. *abl. de la chose.*

ENSEMENCER. Conserere, consero, conseris, consevi, consitum. *act. acc. De blé.* Frumento *à l'abl.*

ENSEVELI, *enterré.* Sepultus, sepulta, sepultum. *part. pass. de* Sepelio. *Enseveli sous les ruines, etc.* Oppressus, oppressa, oppressum. *adj. Ajoutez* ruinâ, *à l'ablat.*

ENSEVELI *dans l'oubli.* Obrutus, obruta, obrutum. *Ajoutez* oblivione. *Dans le sommeil.* Somno, *à l'ablat.*

ENSEVELIR. Sepelire, sepelio, sepelis, sepelivi, sepultum. *act. acc.*

s'ENSEVELIR *dans la solitude.* Abdere se in solitudinem, *c'est à-dire, se cacher dans la solitude.*

ENSORCELÉ. Fascinatus, fascinata, fascinatum. *part. pass. de* Fascino.

ENSORCELER. Fascinare, fascino, as, fascinavi, fascinatum. *act. acc.*

ENSORCELLEMENT. Fascinatio, *gén.* fascinationis. *fém.*

ENSOUFRÉ. Sulfuratus, sulfurata, sulfuratum. *part. pass. de* Sulfuro.

ENSOUFRER. Inducere, induco, inducis, induxi, inductum. *act. acc. Ajout.* sulfure, *c'est-à-dire, enduire de soufre.*

s'ENSUIVRE. Consequi, consequor, consequeris, consecutus sum. *dép. La mort s'ensuivit.* Mors consecuta est. *Il s'ensuit que.* Fit ex eo quòd, *avec l'indicatif. S'ensuit-il que ? Continuòne ? avec l'indicatif, ou mieux* an idcircò ? *avec l'indicatif.*

ENTAILLE, *entaillure.* Incisio, *gén.* incisionis. *fém.*

ENTAILLÉ. Incisus, incisa, incisum. *adj.*

ENTAILLER. Incidere, incido, incidis, incidi, incisum. *act. acc.*

ENTAMÉ, *blessé légèrement.* Incisus, incisa, incisum. *part. pass. d'*Incido. *Aj.* leviter.

ENTAMER ou *couper le premier morceau.* Decidere, decido, is, decidi, decisum. *act. Ajoutez* primum frustum. *Entamer un pain.* Decidere ex pane.

ENTAMER, *blesser légèrement.* Incidere, incido, incidis, incidi, incisum. *act. acc. Ajoutez* leviter. *adv.*

ENTAMER *un discours.* Exordiri ,. exordior , exordiris , exorsus sum. *dépon. acc.* orationem.

ENTAMURE. Primum frustrum , *génit.* primi frustri. *neut.*

EN TANT QUE. Ut. Prout. *avec l'indicatif.*

ENTASSÉ. Coacervatus , coacervata , coacervatum. *part. pass. de* Coacervo.

ENTASSER. Coacervare , coacervo , coacervas , coacervavi , coacervatum. *act. accus.*

ENTASSER *crime sur crime.* Cumulare , cumulo , as , cumulavi , cumulatum. *act. Ajoutez* scelus scelere.

ENTÉ *sur.* Insitus , insita , insitum. *adj. et le dat.*

ENTENDEMENT. Mens, *génit.* mentis. *fém.*

ENTENDRE ou *ouïr.* Audire , audio , audis , audii *ou* audivi , auditum. *act. acc. Entendre dire.* Audire. *acc.* A par *à* ou ab , *avec l'abl. Entendre Cicéron parler , ou parlant.* Audire Ciceronem loquentem.

ENTENDRE , *concevoir.* Intelligere , intelligo , intelligis , intellexi , intellectum. *act. acc.*

FAIRE ENTENDRE , ou *expliquer.* Explicare , explico , explicas , explicavi , ou explicui , explicatum *ou* explicitum. *act. rég. dir. acc. rég. ind. dat.*

S'ENTENDRE ou *s'accorder.* Consentire , consentio , consentis , consensi , consensum. *neut.*

ENTENDRE *en quelque chose, entendre bien une chose , y être habile.* Esse peritum alicujus rei. Peritus, a , um. *s'accorde avec le nominatif.*

ENTENDU ou *ouï.* Auditus, audita , auditum. *part. pass.* d'Audio.

ENTENDU ou *conçu.* Intellectus , intellecta , intellectum. *part. pass.* d'Intelligo.

ENTENDU ou *intelligent.* Intelligens. *masc. fém. neut. gén.* intelligentis. *l'abl. avec* in.

ENTENTE , *parole ambiguë.* Ambiguum dictum , *gén.* ambigui dicti. *n. A double entente.* Ambiguus , ambigua , ambiguum. *adj. Parler à double entente.* Loqui , loquor , eris , locutus sum. *dépon. Ajoutez* ambiguè. *adv.*

ENTER , *faire des entes.* Inserere , insero , inseris , insevi , insitum. *act. acc. Sur par* in, *et l'acc.*

ENTERINEMENT , *ratification.* Approbatio , *gén.* approbationis. *fém.*

ENTERINER , *ratifier.* Approbare , approbo , approbas , approbavi , approbatum. *act. acc.*

ENTERRÉ. Humatus , humata , humatum. *part. pass.* d'Humo.

ENTERREMENT. Funus , *gén.* funeris. *neut.*

ENTERRER. Humare , humo , humas , humavi , humatum. *act. acc.*

ENTERRER *de la chicorée, etc.* Obruere , obruo , is , obrui , obrutum. *act. accus.* chicorium. *Ajoutez* in terram.

ENTÊTEMENT. Pertinacia , *gén.* pertinaciæ. *fém.*

ENTÊTER , *en parlant des odeurs.* Tentare , tento , tentas , tentavi , tentatum. *act. gén. de la personne. Ajoutez* caput , *c'est à-dire , attaquer la tête.*

S'ENTÊTER ou *être entêté de vouloir une chose absolument.* Duci , ducor , eris , ductus sum. *pass. Ajoutez* nimio studio , *avec le gén. c'est-à-dire , être conduit par un trop grand attachement.*

ENTHOUSIASME , *aspiration divine.* Divinus afflatus , *génit.* divini afflatûs. *masc.*

ENTHYMÈME , *sorte d'argument.* Enthymema , *gén.* enthymematis. *neut.*

ENTICHÉ *en parlant des fruits.* Vitiosus , a , um. *adj.*

ENTICHÉ *d'une erreur.* Laborans , *masc. fém. neut. gén.* laborantis. *Ajoutez* pravitate erroris.

ENTIER , Integer , integra , integrum , *gén.* integri , integræ , integri.

ENTIER , *opiniâtre.* Pertinax , *masc. f. neut. gén.* pertinacis.

ENTIÈREMENT. Omninò. *adv.*

ENTONNER , *chanter le premier.* Præcinere , præcino, præcinis , præcinui, præcentum.

ENTONNER *du vin.* Infundere , infundo, infundis , infudi , infusum. *act. Ajoutez* vinum in dolium , *c'est-à-dire , mettre le vin dans le tonneau.*

ENTONNOIR. Infundibulum , *gén.* infundibuli. *neut.*

ENTORSE. Distortio , *gén.* distorsionis. *fém.*

ENTORTILLÉ. Circumvolutus , a , um. *adj. abl.*

ENTORTILLÉ *de.* Circumplicatus , a , um. *avec l'abl.*

ENTORTILLEMENT. Circumplexus , *gén.* circumplexûs. *masc.*

ENTORTILLER. Convolvere, convolvo , convolvis , convolvi , convolutum. *act. acc. Entortiller autour du bras.* Convolvere brachio. *dat.*

S'ENTORTILLER *autour de.* Circumvolvi , circumvolvor , circumvolveris , circumvolutus sum. *pass. abl.*

A L'ENTOUR *de.* Circum. *avec l'acc.*

ENTOURÉ. Cinctus , cincta , cinctum. *part. pass. de* Cingo.

ENTOURER. Cingere , cingo , cingis , cinxi , cinctum. *act. rég. dir. acc. rég. ind. ablat.*

S'ENTR'ACCUSER. Se invicem accusare, accuso , accusas , accusavi, accusatum. *act.*

ENTR'ACTE, ce qui se passe entre deux actes d'une pièce. Quod inter actus interjicitur.

s'ENT'RAIDER. Dare, do, das, dedi, datum, act. Ajoutez promiscuam operam.

ENTRAILLES. Viscera, gén. viscerum. neut. plur.

s'ENTR'AIMER. Amare se invicem, c'est-à-dire, s'aimer mutuellement.

ENTRAINER. Abstractus, abstracta, abstractum. part. pass. d'Abstraho.

ENTRAINER. Trahere, traho, trahis, traxi, tractum. act. acc. Dans ou en par in, avec l'acc.

s'ENTR'AVERTIR, comme l'on fait par des feux qu'on allume. Significare, significo, as, significavi, significatum. act. Ajoutez ignibus.

ENTRAVES, liens pour les pieds des chevaux. Compedes, gén. compedum. fém. plur.

ENTRE. Inter, avec un acc. Entre les mains. In ou præ manibus, sans mouvement. D'entre. E ou ex, avec l'ablat.

ENTRE-BAILLÉ, à demi-ouvert. Semiapertus, semiaperta, semiapertum. adject.

s'ENTRE-BAISER. Jungere, jungo, jungis, junxi, junctum. act. Ajoutez mutua oscula, c'est-à-dire, joindre des baisers mutuels.

s'ENTRE-BATTRE. Concertare, concerto, concertas, concertavi, concertatum. neut.

s'ENTRE-BLESSER. Dare alternum sanguinem, c'est-à-dire, donner répandre l'un et l'autre du sang.

s'ENTRE-CHOQUER. Inter se concurrere, concurro, concurris, concurri, cursum. neut.

ENTRECOUPER. Interrumpere, interrumpo, interrumpis, interrupi, interruptum. act. acc. Par ou de, à l'ablat. sans préposition.

UN ENTRE-DEUX. Medium, gén. medii. neut.

s'ENTRE-DONNER. Sibi mutuò dare. act. acc. c'est-à-dire, se donner mutuellement.

ENTRÉE. Aditus, g. aditûs. m. A l'entrée de. In ipso aditu, avec un gén. Faire son entrée dans. Ingredi, ingredior, ingrederis, ingressus sum. dép. acc.

ENTRÉE de table. Promulsis, gén. promulsidis. fém.

ENTRÉE, impôt. Vectigal impositum, g. vectigalis impositi. neut. De ou sur s'exprime par le dat.

ENTRÉE, commencement. Initium, gén. initii. neut. A l'entrée de janvier. Ineunte januario.

ENTREFAITES, avec sur, comme: Sur ces entrefaites. Intereà.

ENTRELACÉ. Implexus, implexa, i plexum. adj.

ENTRELACEMENT. Implexus, gén implexûs. masc.

ENTRELACER. Intexere, intexo, texis, intexui, intextum. act. acc.

ENTRELARDER. Configere, config configis, confixi, confixum. Ajoutez c nem lardo per intervalla, c'est-à-dire, l der la chair avec du lard, d'espace espace.

ENTREMÊLER. Miscere, misceo, m ces, miscui, mistum. act. rég. dir. a rég. ind. dat.

s'ENTREMÊLER de. Immiscere se. dat.

ENTREMETS. Media fercula, gén. n diorum ferculorum. n. plur. Ajoutez co vivits.

ENTREMETTEUR. Conciliator, gén conciliatoris. masc.

ENTREMETTRE. Interponere, int pono, interponis, interposui, interpo tum. act. acc.

s'ENTREMETTRE pour ses amis. Præbe præbeo, præbes, præbui, præbitum. a Ajoutez operam amicis, c'est-à-dire, d ner du secours à ses amis.

ENTREMISE. Opera, g. operæ. fém.

s'ENTRE-PARLER. Inter se colloqu c'est-à-dire, s'entretenir mutuelleme Colloquor, colloqueris, collocutus su dépon.

ENTREPAS, allure d'un cheval. Mo glomeratio, gén. mollis glomerationis. Ajoutez alterno crurum explicatu.

ENTREPOT. Statio, gén. stationis. Ajoutez mercium.

s'ENTRE-POUSSER. Mutuò se imp lere, c'est-à-dire, se pousser mutuel ment. Impello, impellis, impuli, imp sum. act. acc.

ENTREPRENANT. Audax, masc. fé neut. gén. audacis.

ENTREPRENDRE. Suscipere, suscipi suscipis, suscepi, susceptum. act. acc. infinitif.

ENTREPRENDRE sur. Invadere, invad invadis, invasi, invasum. acc. Entrepre dre sur la vie de quelqu'un. Petere, pe petis, petivi, petitum, vitam alicujus.

ENTREPRENEUR. Conductor, gén conductoris. masc.

ENTREPRIS ou qu'on a entrepris. Si ceptus, a, um, part. pass. de Suscipio.

ENTREPRIS de, ou incommodé. Captu capta, captum. part. pass. de Capio. E trepris du bras. Captus brachio. à l'abl.

ENTREPRISE. Consilium, gén. consil neut.

ENTREPRISE, ce qui a été commenc Inceptum, gén. incepti. neut. Poursui son entreprise. Persequi, persequor, pe sequeris, persecutus sum. acc. incepti

ENT   ENV

son *entreprise. Faire une entreprise.* Voy. *Entreprendre.*

ENTRER. Intrare, intro, intras, intravi, intratum. *neut.* Dans *par* in , *avec l'acc.*

ENTRER *au service.* Dare , do , das, dedi , datum. *Ajoutez* nomen militiæ.

ENTRER *en discours.* Instituere, instituo, instituis , institui , institutum. *act. Ajout.* sermonem.

FAIRE ENTRER. Introducere , introduco, is , introduxi, introductum. *act. acc.* Dans *par* in , *avec l'acc.*

S'ENTRE REGARDER. Inter se aspicere, *c'est-à-dire, se regarder entre soi.* Aspicio, aspicis , aspexi , aspectum. *act. acc.*

S'ENTRE-REPROCHER. Sibi invicem exprobrare , *c'est-à-dire se reprocher mutuellement.* Aliquid , *quelque chose.* Exprobro, exprobras , exprobravi , exprobratum. *act. acc.*

S'ENTRE-SALUER. Inter se consalutare, consaluto , consalutas , consalutavi , consalutatum. *act.*

ENTRESOL, *logement pris sur la hauteur d'un étage.* Interstitium , *gén.* interstitii. *neut.*

S'ENTRESUIVRE. Subsequi, subsequor, subsequeris , subsecutus sum. *Ajoutez* inter se.

S'ENTRETAILLER, *s'entrecouper , en parlant d'un cheval.* Allidere ; allido, allidis, allisi, allisum. *act. Ajoutez* calces calcibus.

ENTRETAILLURE, *blessure qu'on se fait en marchant.* Intertrigo , *gén.* intertriginis. *fém.*

ENTRE-TEMPS, *intervalle de temps entre deux actions.* Tempus injectum , *gén.* temporis interjecti. *n.*

ENTRETENEMENT ou *nourriture.* Victus et cultus , *gén.* victûs et cultûs. *m. Tous deux se déclinent.*

ENTRETENIR, *nourrir.* Alere , alo , alis , alui , alitum. *act. acc.*

ENTRETENIR , *conserver.* Tueri, tueor , tueris , tuitus sum. *dép. acc.*

S'ENTRETENIR , *c'est-à-dire , discourir.* Colloqui , colloquor , eris , collocutus sum. *dép. la personne à l'abl. avec* cum , *et la chose à l'abl. avec de.*

S'ENTRETENIR *dans.* Versari , versor , versaris , versatus sum. *dép. Dans une pensée* , in cogitatione.

ENTRETENU ou *nourri.* Alitus , alita , alitum. *part. pass.* d'Alo.

ENTRETENU ou *cultivé.* Cultus , culta , cultum. *part. pass. de* Colo.

ENTRETIEN ou *discours.* Sermo , *gén.* sermonis. *masc.*

ENTRETIEN , *quant au corps.* Voyez *Entretenement.*

S'ENTRETUER. Sibi mutuò mortem conscire , *c'est à-dire , se donner mutuel-* tement la mort. Conscio , conscis, conscivi, conscitum. *acc.*

ENTREVOIR, *voir à demi quelque chose.* Videre aliquid quasi per caliginem , *c'est-à-dire , voir comme à travers un brouillard.*

ENTREVOIR *ce qu'on veut dire.* Non intelligere satis. *acc. c'est-à-dire , ne pas comprendre parfaitement.*

ENTREVOIR , *pressentir.* Persentiscere , persentisco , persentiscis. *acc.*

ENTREVUE. Congressus, *gén.* congressûs. *masc. Avoir une entrevue avec quelqu'un.* Venire in colloquium cum aliquo ; venio , venis , veni , ventum. *neut.*

S'ENTR'OBLIGER. Benè mereri de se invicem , *c'est-à-dire , s'obliger , se faire plaisir mutuellement.* Mereor , eris , meritus sum. *dépon.*

ENTR'OUVERT. Semiapertus , semiaperta , semiapertum. *adj.*

ENTR'OUVRIR. Aperire , aperio , aperis , aperui , apertum. *act. acc. Ajout.* ex parte , *c'est-à-dire , ouvrir en partie.*

S'ENTR'OUVRIR. Dehiscere, dehisco , is. *sans prét. et sans sup. neut.*

ENVAHIR. Invadere , invado , invadis, invasi, invasum. *act. acc.*

ENVELOPPE. Involucrum , *gén.* involucri. *neut*

ENVELOPPÉ. Obvolutus, obvoluta , obvolutum. *part. pass.* d'Obvolvo.

ENVELOPPER. Obvolvere , obvolvo , obvolvis , obvolvi , obvolutum. *act. accus. Envelopper de quelque chose.* Obvolvere aliquâ re. *à l'abl.*

ENVENIMÉ. Venenatus , venenata , venenatum. *part. pass. de* Veneno.

ENVENIMER. Venenare , veneno , as , venenavi , venenatum. *act. acc.*

ENVERS, ou *à l'égard de.* Erga , *avec l'acc.* In , *avec l'acc.*

L'ENVERS *d'une étoffe.* Facies interior , *gén.* faciei interioris. *fém.* panni. *Tourner; mettre à l'envers.* Voyez *Renverser.* Invertere.

A L'ENVI *l'un et l'autre.* Certatim. *adv. Faire à l'envi l'un de l'autre.* Certare , certo , certas , certavi , certatum. *neut.*

ENVIE ou *désir.* Cupiditas , *gén.* cupiditatis. *fém.*

ENVIE ou *jalousie.* Invidia , *gén.* invidiæ *fém. Porter envie.* Voy. *Envier.*

ENVIÉ, *à qui l'on porte envie.* Invidiosus , a , um. *Au comp.* invidiosior , *m. fém.* invidiosius , *neut. ; au superl.* invidiosissimus , a , um. *adj.*

ENVIEILLIR. Præcipitare , præcipito , præcipitas, præcipitavi, præcipitatum. *act. Ajoutez* ætatem, *et un gén. de la personne, c'est à-dire , avancer l'âge.*

ENVIER. Invidere , invideo , invides , invidi, invisum. *rég. dir. acc. rég. ind. dat.*

ENVIEUX. Invidus, a, um. *adj.*
ENVIRON, *devant un nom.* Circa, *avec l'acc. Environ ce temps-là.* Circa illud tempus. *Environ, après un nom.* Circiter. *adv. A midi ou environ.* Meridie aut circiter.

LES ENVIRONS *d'une ville.* Loca circumjecta, *gén.* locorum circumjectorum. *neut. plur. Ajoutez* urbi.

ENVIRONNÉ. Cinctus, cincta, cinctum. *part. pass. de* Cingo.

ENVIRONNER. Cingere, cingo, cingis, cinxi, cinctum. *act. rég. dir. acc. rég. ind. ablat.*

ENVISAGER. Intueri, intucor, intueris, intuitus sum. *dép. acc.*

ENVITAILLER ou *avitailler.* Instruere navem commeatu ; instruo, instruis, instruxi, instructum. *act. acc. Ajoutez partout* commeatu.

ÉNUMÉRATION. Enumeratio, *genit.* enumerationis. *fém.*

ÉNUMÉRER, *dénombrer.* Enumerare, enumero, enumeras, enumeravi, enumeratum. *act. acc.*

ENVOISINÉ, *qui a des voisins.* Qui vicinos habet. *Il est bien envoisiné.* Est illi cum bonis vicinitas. *Il est mal envoisiné.* Ei sunt mali vicini.

s'ENVOLER. Evolare, evolo, as, evolavi, evolatum. *neut. Le de par è ou ex, et l'abl.* Dans par in, *et l'acc.*

ENVOI. Missio, *gén.* missionis. *fém.*

ENVOYÉ. Missus, a, um. *part. pass.* de Mitto. A *par* ad, *et l'acc. de la personne.*

UN ENVOYÉ. Nuncius, *g.* nuncii. *m.*

ENVOYER. Mittere, mitto, is, misi, missum. *act. rég. dir. acc. rég. ind.* accus. *avec* ad, *ou bien le dat. simplement.*

ENVOYER *quérir.* Accersere, accerso, is, accersivi, accersitum. *act. acc.*

EOLE, *dieu des vents.* Æolus, *génit.* Æoli. *masc.*

EOLIE, *province de l'ancienne Grèce.* Æolis, *g.* Æolidis. *fém. Qui est d'Æolie.* Æolus, a, um. *adj.*

LES ÉOLIENS, *peuples.* Æoles, *génit.* Æolum. *masc. plur.*

EPACTE. Epacta, *gén.* epactæ. *f.*

EPAGNEUL, *espèce de chien.* Cirratus canis, *gén.* cirrati canis. *masc.*

ÉPAIS, *qui a de l'épaisseur.* Densus, densa, densum. *adj.*

EPAIS, *grossier.* Crassus, crassa, crassum. *adj. Esprit épais.* Ingenium pingue, *gén.* ingenii pinguis. *neut.*

ÉPAISSEUR. Densitas, *gén.* densitatis. *fém.*

ÉPAISSI. Densatus, densata, densatum. *part. pass. de* Denso.

ÉPAISSIR. Densare, denso, densas, densavi, densatum. *act. acc.*

s'ÉPAISSIR. Densari, densor, densaris, densatus sum. *pass.*

ÉPAISSISSEMENT. Densatio, *génit.* densationis. *fém.*

ÉPAMPREMENT *de vigne.* Pampinatio, *gén.* pampinationis. *fém.*

ÉPAMPRER. Pampinare, pampino, as, pampina i, pampinatum. *act. acc.*

ÉPANCHEMENT. Effusio, *gén.* effusionis. *fém.*

ÉPANCHER et ÉPANDRE. *Voyez* Répandre.

s'ÉPANCHER. Effundi, effundor, effunderis, effusus sum. *pass.*

ÉPANDRE, *si les choses sont liquides comme l'eau.* Effundere, effundo, effundis, effudi, effusum. *act. acc. Si c'est du grain, de la paille, etc.* Spargere, spargo, spargis, sparsi, sparsum. *act. acc.*

ÉPANOUI. Explicatus, explicata, explicatum. *part. pass. d'*Explico.

ÉPANOUI *de joie.* Diffusus, diffusa, diffusum. *part. pass. de* Diffundo.

s'ÉPANOUIR, *en parlant des fleurs.* Aperire se ; aperio, aperis, aperui, apertum. *act. C'est-à-dire, s'ouvrir.*

s'ÉPANOUIR *le cœur, s'épanouir de joie.* Gestire, gestio, gestis, gestivi, gestitum. *neut. Ajoutez* lætitià.

ÉPANOUISSEMENT *de cœur.* Diffusio, *gén.* diffusionis. *f. Ajoutez* animi. *D'une fleur.* Explicatio, *gén.* explicationis. *fém. Ajoutez* floris.

ÉPARGNANT. Parcus, parca, parcum. *adj.*

ÉPARGNE. Parcimonia, *génit.* parcimoniæ. *fém. Avec épargne.* Parcè. *adv. Au comp.* parciùs; *au sup.* parcissimè. *adv.*

L'ÉPARGNE, *trésor royal.* Ærarium, *g.* ærarii. *neut.*

ÉPARGNER. Parcere, parco, is, peperci, parcitum. *neut. dat.*

s'ÉPARGNER, *se refuser.* Sibi denegare, denego, denegas, denegavi, denegatum. *accus.*

s'ÉPARGNER *une peine.* Effugere curam ; effugio, is, effugi, effugitum. *acc.*

ÉPARPILLÉ. Dispersus, dispersa, dispersum. *part. pass. de* Dispergo.

ÉPARPILLER. Dispergere, dispergo, is, dispersi, dispersum. *act. acc.*

ÉPARS. Dispersus, dispersa, dispersum. *adj. Ayant les cheveux épars.* Crinibus passis, *à l'abl.*

ÉPATÉ, *en parlant du nez.* Patulus, patula, patulum. *adj.*

ÉPAULE *de l'homme.* Humerus, *génit.* humeri. *m. Epaule des animaux.* Armus, *gén.* armi. *masc.*

ÉPAULEMENT, *hauteur qui couvre le soldat.* Lorica, *gén.* loricæ. *fém.*

ÉPAULEMENT, *appui.* Fulcrum, *génit.* fulcri. *neut.*

EPI

ÉPAULER, *soutenir*. Fulcire, fulcio, fulcis, fulsi, fultum. *act. acc.*

ÉPAULER, *démettre l'épaule*. Humerum luxare alicui; luxo, luxas, luxavi, luxatum. *acc.*

ÉPAULETTE. Humerale, *gén.* humeralis. *neut.*

ÉPÉE. Ensis, *gén.* ensis. *m. Mettre son épée à son côté.* Gladio se accingere, accingo, is, accinxi, accinctum. *Ajoutez* gladio, *à l'abl. Mettre l'épée à la main.* Stringere, stringo, is, strinxi, strictum. *Ajoutez* gladium.

ÉPELER. Appellare, appello, as, appellavi, appellatum. *act. acc.*

ÉPERDU. Attonitus, a, um. *adj.*

ÉPERDUMENT. Perditè. *adv.*

ÉPERLAN, *poisson*. Eperlanus, *gén.* eperlani. *masc.*

ÉPERON. Calcar, *gén.* calcaris. *neut. Donner de l'éperon.* Incitare; incito, incitas, incitavi, incitatum. *act. acc. Ajout.* calcaribus, *à l'abl.*

ÉPERONNÉ. Instructus, instructa, instructum. *Ajoutez* calcaribus, *c'est-à-dire, muni d'éperons.*

ÉPERONNIER. Faber, *gén.* fabri. *m. Ajoutez* calcarium, *c'est-à-dire, faiseur d'éperons.*

ÉPERVIER, *oiseau de proie*. Accipiter, *gén.* accipitris. *masc.*

ÉPHÉMÈRE, *qui ne dure qu'un jour*. Diarius, a, um. *adj.*

ÉPHÉMÉRIDES. Ephemerides, *génit.* ephemeridum. *fém. plur.*

ÉPHÈSE, *ville*. Ephesus, *g.* Ephesi. *f.*

ÉPHÉSIEN, *d'Éphèse*. Ephesinus, ephesina, ephesinum. *adj.*

ÉPHORE, *magistrat de l'ancienne Lacédémone*. Ephorus, *gén.* ephori. *m.*

ÉPI. Spica, *gén.* spicæ. *fém.*

ÉPICER. Condire, condio, condis, condivi, condi um. *act. acc. Ajoutez* aromatibus, *c'est-à-dire, assaisonner avec des épices.*

ÉPICERIES. Aromata, *gén.* aromatum. *neut. plur.*

ÉPICES. Aromata, *gén.* aromatum. *n. pluriel.*

ÉPICES *d'un procès*. Sportula judiciara, *gén.* sportulæ judiciariæ. *fém.*

ÉPICIER. Propola, *g.* propolæ. *m. Aj.* aromatum, *c'est-à-dire, marchand d'épiceries.*

ÉPICURE, *nom d'homme*. Epicurus, *gén.* Epicuri. *masc*

ÉPICURIEN. Epicureus philosophus, *g.* epicurei philosophi. *masc.*

ÉPIDÉMIE. Voyez *Épidémique.*

ÉPIDÉMIQUE. Morbus grassans, *génit.* morbi grassantis. *masc. Ajoutez* publicè, *c'est-à-dire, maladie qui se répand parmi le peuple.*

ÉPIDERME, *la première peau*. Summa cuticula, *gen.* summæ cuticulæ. *fém.*

ÉPIER. Observare, observo, observas, observavi, observatum. *act. acc. Epier l'occasion, le temps.* Captare, capto, captas, captavi, captatum. *act. acc.* occasionem, tempus.

ÉPIER, *se former en épi*. Spicari, spicor, spicaris, spicatus sum. *pass.*

ÉPIERRER. Elapidare, elapido, elapidas, elapidavi, elapidatum. *acc.*

ÉPIEU, *arme d'un chasseur*. Venabulum, *gén.* venabuli. *neut.*

ÉPIGLOTTE. Epiglossis, *gén.* epiglossis. *fém.*

ÉPIGRAMME. Epigramma, *g.* epigrammatis. *neut.*

ÉPILEPSIE, *mal caduc*. Comitialis morbus, *gén.* comitialis morbi. *masc.*

ÉPILEPTIQUE. Comitialis, *masc. fém.* comitiale. *neut. gén.* comitialis.

ÉPILOGUE. Epilogus, *g.* epilogi. *m.*

ÉPILOGUER, *censurer*. Carpere, carpo, is, carpsi, carptum. *act. acc.*

ÉPILOGUEUR. Molestus carptor, *génit.* molesti carptoris. *masc.*

ÉPINARD. Spinacium, *g.* spinacii. *n.*

ÉPINE. Spina, *g.* spinæ. *fém. Qui est d'épine.* Spineus, a, um. *adj.*

ÉPINETTE. Organum intentum, *génit.* organi intenti. *neut. Ajoutez* fidiculi, *à l'ablat.*

ÉPINEUX. Spinosus, a, um. *adj.*

ÉPINGLE. Acicula, *g.* aciculæ. *fém.*

ÉPINGLIER, *faiseur d'épingles*. Faber, *gén.* fabri. *m. Ajoutez* acicularum. *Marchand épinglier.* Propola, *gén.* propolæ. *m. Ajoutez* acicularum.

ÉPINGLIER, *pelotte pour mettre des épingles*. Pulvinus, *g.* pulvini. *masc.*

ÉPIPHANIE, *la fête des Rois*. Epiphania, *gén.* Epiphaniæ. *fém.*

ÉPIPHONÈME, *exclamation qu'on ajoute à la fin d'une narration*. Epiphonema, *gén.* epiphonematis. *neut.*

ÉPIQUE. Epicus, a, um. *adj.*

ÉPIRE, *royaume*. Epirus, *gén.* Epiri. *masc.*

ÉPIROTE, *d'Épire*. Epirensis, *m. fém.* epirense. *neut. gén.* epirensis.

ÉPISCOPAL. Episcopalis, *m. f.* episcopale, *neut. gén.* episcopalis.

ÉPISCOPAT. Episcopatus, *g.* episcopatûs. *masc.*

ÉPISODE, *chose étrangère à un poème*. Res adventitia, *gén.* rei adventitiæ. *fém.*

ÉPISTOLAIRE. Voyez *Épître.*

ÉPITAPHE. Epitaphium, *génit.* epitaphii. *neut.*

ÉPITHALAME, *vers pour le mariage*. Epithalamium, *gén.* epithalamii. *neut.*

ÉPITHÈTE. Epithetum, *gén.* epitheti. *neut.*

EPITOME. Epitome, g. epitomes. f.
EPITRE. Episto'a, gén. epistolæ. fém. D'Epître ou épistolaire. Epistolaris, m. f. epistolare, n. g. epistolaris.
EPLORE. Lacrymabundus, lacrymabunda, lacrymabundum. adj.
EPLUCHE. Excussus, excussa, excussum. part. pass. d'Excutio.
EPLUCHER les herbes. Seponere, separo, seponis, seposui, sepositum. act. acc. Ajoutez utiles herbas ab aliis, c'est-à-dire, séparer les bonnes herbes des autres.
Eplucher, examiner. Excutere, excutio, is, excussi, excussum act. acc.
EPODE, poésie. Epodus, gén. epodi. masc.
EPOINTE. Hebetatus, hebetata, hebetatum. part. pass. d'Hebeto.
EPOINTER. Hebetare, hebeto, hebetas, hebetavi, hebetatum. act. acc.
EPONGE. Spongia, g. spongiæ. fém.
EPOPÉE, poème épique. Epos. neut. Ce mot n'a que le nominatif, l'accusatif et le vocatif.
EPOQUE, point fixe dans l'histoire. Æra, gén. æræ. fém.
EPOUDRER. Excutere, excutio, excutis, excussi, excussum. act. acc. Ajout. pulverem, et l'abl. avec à ou ab, c'est-à-dire, ôter la poussière de.
EPOUILLER. Purgare, purgo, purgas, purgavi, purgatum. act. acc. Ajoutez à pediculis, c'est-à-dire, délivrer de la vermine.
EPOUSAILLES. Nuptiæ, g. nuptiarum. fém. plur.
EPOUSE. Uxor, gén. uxoris. fém.
EPOUSÉE. Nupta, gén. nuptæ. fém.
EPOUSER, ou prendre pour femme. Ducere, duco, ducis, duxi, ductum. act. acc. Ajoutez in matrimonium.
Epouser, prendre pour mari. Nubere, nubo, nubis, nupsi, nuptum. neut. dat.
s'Epouser. Jungi, jungor, jungeris, junctus sum. pass. Ajout. connubio.
Epouser les intérêts de quelqu'un. Servire commodis alicujus ; servio, servis, servii ou servivi, servitum. neut. dat.
EPOUSSETÉ. Detersus, detersa, detersum. part. pass. de Detergo.
EPOUSSETER. Detergere, detergo, detergis, detersi, detersum. act. acc.
EPOUSSETTE, vergettes. Scopula vestiaria, gén. scopulæ vestiariæ. fém.
EPOUVANTABLE. Horrendus, horrenda, horrendum. adj.
EPOUVANTABLEMENT. Horrendum in modum.
EPOUVANTAIL. Terriculum, génit. terriculi. neut.
EPOUVANTE. Terror, gén. terroris. m. Prendre l'épouvante. Terreri, terreor, terreris, territus sum. pass. abl. Donner l'épouvante. Voyez Epouvanter.
EPOUVANTÉ. Territus, territa, territum. part. pass. de Terreo.
EPOUVANTER. Terrere, terreo, terres, terrui, territum. act. acc.
s'Epouvanter. Terreri, terreor, terreris, territus sum. pass. abl.
EPOUX. Maritus, gén. mariti. m.
EPREINDRE, faire sortir quelque liqueur en pressant. Exprimere, exprimo, is, expressi, expressum. act. acc.
EPREINTES, fausses envies d'aller à la selle. Tenesmus, gén. tenesmi. m.
EPREUVE. Specimen, gén. speciminis. neut.
Epreuve, l'action d'éprouver. Tentatio, génit. tentationis. fém. Faire épreuve ou l'épreuve de. Voy. Eprouver.
Epreuve d'imprimerie. Specimen, gén. speciminis. neut. Ajoutez operis typographici.
EPRIS. Captus, capta, captum. adj. et ablat.
EPROUVÉ. Exploratus, explorata, exploratum. part. pass. d'Exploro.
EPROUVER, Experiri, experior, experiris, expertus sum. dép. acc.
EPROUVETTE, sonde de chirurgien. Specillum, gén. specilli. neut.
EPUISÉ. Exhaustus, exhausta, exhaustum. part. pass. d'Exhaurio.
Epuisé de forces. Defectus, defecta, defectum, viribus, à l'abl.
EPUISEMENT. Exinanitio, g. exinanitionis. fém.
EPUISER. Exhaurire, exhaurio, exhauris, exhausi, exhaustum. act. acc.
s'Epuiser de forces. Fatiscere fatisco, fatiscis, sans prét. et sans supin.
EPURÉ. Expurgatus, expurgata, expurgatum. part. pass. d'Expurgo.
EPURER. Expurgare, expurgo, as, expurgavi, expurgatum. act. acc.
EPURGE, herbe. Lathyris, gén. lathyridis. fém.
EQUARRIR. Quadrare, quadro, as, quadravi, quadratum. act. acc.
ÉQUARRISSEMENT de bois. Quadratio, gén. quadrationis. fém.
EQUATEUR. Circulus æquinoctialis, gén. circuli æquinoctialis. m. Tout se décline.
EQUATION. Æquamentum, gén. æquamenti. neut.
EQUERRE, instrument qui sert à mesurer. Norma, g. normæ. fém.
EQUESTRE. Equestris, masc. fém. equestre, neut. gén. equestris.
EQUILIBRE. Æquilibrium, gén. æquilibrii. neut.
EQUINOXE. Æquinoctium gén. æquinoctii. neut.

ERA   ESC   181

EQUINOXIAL. Æquinoctialis, *m. fém.* æquinoctiale, *n. g.* equinoctialis.

EQUIPAGE. Instrumentum, *gén.* instrumenti. *neut.*

EQUIPAGE, *tous ceux qui composent un vaisseau.* Classiarii, *génit.* classiariorum. *masc. plur.*

ÉQUIPÉ. Instructus, instructa, instructum. *part. pass.* d'Instruo. *ablat. de la chose.*

ÉQUIPÉE, *action étourdie.* Inconsiderata molitio, *gén.* inconsideratæ molitionis. *fém.*

ÉQUIPER. Instruere, instruo, instruis, instruxi, instructum. *act. acc. D'une chose.* Aliquâ re. *à l'abl.*

EQUIPOLLENCE. Æquabilitas, æquabilitatis. *fém.*

EQUIPOLLENT. Æqualis, *m. f.* æquale, *n. g.* æqualis. *A l'équipollent, autant, à peu près.* Pro ratâ ratione.

EQUIPOLLER. Æquare, æquo, æquas, æquavi, æquatum. *act. Ajoutez* pretium, *et le gén. de la chose.*

EQUITABLE. Æquus, æqua, æquum, *gén.* æqui, æquæ, æqui. *Au comp.* magis æquus, æqua, æquum, *et quelquefois* æquior, *masc. fém.* æquius, *neut.; au superl.* maximè æquus, *et quelquefois* æquissimus, a, um. *adj.*

EQUITABLEMENT. Æquè. *adv.*

EQUITATION. Equitatio, *g.* equitationis. *fém.*

ÉQUITÉ. Æquitas, *gén.* æquitatis. *f.*

EQUIVALENT. Valens, *m. fém. neut. gén.* valentis. *part. Ajoutez* tantumdem, *c'est-à-dire, qui vaut autant.*

EQUIVALOIR. Æquivalere, æquivaleo, æquivales, æquivalui, æquivalitum. *neut.*

ÉQUIVOQUE. Ambiguus, ambigua, ambiguum, *génit.* ambigui, ambiguæ, ambigui. *adj.*

UNE ÉQUIVOQUE. Verbum ambiguum, *gén.* verbi ambigui. *neut.*

ÉQUIVOQUE, *méprise.* Error, *gén.* erroris. *masc.*

ÉQUIVOQUER, *faire des équivoques.* Uti, utor, uteris, usus sum. *dép. Ajout.* verbis ambiguis, *c'est-à-dire, user d'équivoques.*

s'ÉQUIVOQUER, *se méprendre, se tromper.* Allucinari, allucinor, allucinaris, allucinatus sum. *dép.*

ERABLE. Acer, *g.* aceris. *neut. Qui est d'érable.* Acernus, a, um. *adj.*

ERAFLER *la peau.* Lacerare, lacero, laceras, laceravi, laceratum. *act. accus.* cuticulam.

ERAFLURE. Laceratio, *gén.* lacerationis. *fém.*

ÉRAILLÉ, *en parlant d'un œil rouge dont la paupière est trop ouverte.* Divaricatus oculus, *g.* divaricati oculi. *masc.*

ÈRE, *époque.* Æra, *gén.* æræ. *fém.*

ÉRECTION. Constitutio, *gén.* constitutionis. *fém.*

EREINTÉ, *qui a les reins rompus.* Delumbatus, a, um. *participe pass.* de Delumbo.

EREINTER. Delumbare, delumbo, delumbas, delumbavi, delumbatum. *actif accus.*

ERGOT *de coq, etc.* Radius, *g.* radii. *masc.*

ERGOTER, *disputer.* Vitiligare, vitiligo, as, vitiligavi, vitiligatum. *n.*

ÉRIGÉ. Constitutus, constituta, constitutum. *part. pass.* de Constituo.

ÉRIGÉ ou *dressé.* Collocatus, collocata, collocatum. *part. pass.* de Colloco.

ÉRIGER ou *dresser.* Collocare, colloco, collocas, collocavi, collocatum. *act. acc.*

ÉRIGER ou *établir.* Constituere, constituo, constituis, constitui, constitutum. *act. acc. En* par in, *et l'acc.*

ERMITAGE. Solitudo, *gén.* solitudinis. *fém.*

ERMITE. Solitarius, *gén.* solitarii. *m. Vivre en ermite.* Agere, ago, is, egi, actum. *act. Ajoutez* segregem vitam, *c. à d., mener une vie retirée.*

EROSION, *en parlant des humeurs âcres.* Rosio, *gén.* rosionis. *fém.*

ERRANT. Errabundus, errabunda, errabundum. *adj.*

ERRATA, *fautes des livres.* Errata, *gén.* erratorum. *neut. plur.*

ERRE ou *allure.* Incessus, *gén.* incessûs. *masc.*

ERRER. Errare, erro, erras, erravi, erratum. *neut.*

ERRER, *courir çà et là.* Vagari, vagor, vagaris, vagatus sum. *dép.*

ERREUR. Error, *gén.* erroris. *masc.*

ERRONÉ. Errans, *masc. fém. neut. gén.* errantis.

ERS, *sorte de légume.* Ervum, *gén.* ervi. *neut.*

ERUDIT. Eruditus, erudita, eruditum. *adj.*

ERUDITION. Eruditio, *gén.* eruditionis. *fém.*

ERUPTION. Eruptio, *gén.* eruptionis. *fém.*

ERYSIPÈLE. Erysipelas, *gén.* erysipelatis. *neut.*

ESCABEAU ou *escabelle.* Scabellum, *gén.* scabelli. *neut.*

ESCADRE. Classis, *g.* classis. *fém.*

ESCADRON. Turma, *g.* turmæ. *fém.*

ESCADRONNER, *se mettre, se ranger en escadron.* Disponi, disponor, cris, dispositus sum. *pass. Ajout.* in turmas.

ESCALADE. Admotio, *gén.* admotionis. *fém. Ajoutez* scalarum ad muros, *c'est-à-dire, approche des échelles vers les*

ESC

murs. Présenter l'escalade. Erigere scalas, ad muros, c'est-à-dire, élever les échelles contre les murs.

ESCALADER, *monter à l'escalade.* Ascendere, ascendo, ascendis, ascendi, ascensum. *neut. Ajoutez* muros scalis, c'est-à-dire, monter sur les murs avec des échelles.

ESCALIER. Scalæ, *gén.* scalarum. *fém. plur.*

ESCAMOTER, *voler subtilement.* Suppilare, suppilo, suppilas, suppilavi, suppilatum. *act. acc. de la chose, et le dat. de la personne.*

ESCAPADE, *échappée.* Inconsiderantius factum, *gén.* inconsiderantioris facti. *neut.*

ESCARBOT, *insecte.* Scarabæus, *gén.* scarabæi. *masc.*

ESCARBOUCLE. Carbunculus, *g.* carbunculi. *masc.*

ESCARGOT, *limaçon.* Cochlea, *gén.* cochleæ. *fém.*

ESCARMOUCHE. Levis pugna, *g.* levis pugnæ. *fém. Tout se décline.*

ESCARMOUCHER, *faire un escarmouche.* Præliari, prælior, præliaris, præliatus sum. *dép. Ajoutez* leviter, *et l'ablat.* avec cum.

ESCARMOUCHEUR. Veles, *gén.* velitis. *masc.*

ESCARPE. Declivitas, *gén.* declivitatis. *fém. Ajoutez* muri, c'est-à-dire, pente d'une muraille.

ESCARPÉ. Præruptus, prærupta, præruptum. *part. pass. de Prærumpo.*

ESCARPER *un rocher.* Reddere cædendo rupem inaccessum, c'est-à-dire, le rendre inaccessible en le coupant. Inaccessus, inaccessa, inaccessum. *adject.* Cædendo *reste invariable.*

ESCARPIN, *sorte de souliers.* Calceolus, *gén.* calceoli. *masc.*

ESCARPOLETTE. Jactatio, *g.* jactationis. *f. Ajout.* per funem suspensum. Y *jouer.* Jactare se in fune suspenso.

ESCARRE, *croûte qui se forme sur une plaie.* Crusta, *gén.* crustæ. *fém. Aj.* ulceris, *au gén.*

ESCAUT, *rivière.* Scaldis, *gén.* Scaldis. *masc.*

ESCIENT, *à son escient, à dessein.* Dedià operâ, *à l'ablat.* A son escient. Sponte, *à l'abl.*

ESCLAVAGE. Servitus, *gén.* servitutis. *fém.*

ESCLAVE. Servus, *gén.* servi. *masc. Une esclave.* Serva, *gén.* servæ. *f. D'esclave* ou *servile.* Servilis, *m. fém.* servile, *neut. gén.* servilis. *Etre esclave de.* Servire, servio, servis, servii ou servivi, servitum. *neut. dat.*

ESCLAVON. Sclavus, a, um. *adj.*

ESP

ESCLAVONIE, *province.* Sclavonia *gén.* Sclavoniæ. *f. Qui est d'Esclavonie* Sclavonius, a, um. *adj.*

ESCOMPTE, *rabais sur une somme* Decessio, *gén.* decessionis. *fém. Ajoutez* de summâ.

ESCOMPTER, *rabattre, diminuer d'une somme.* Detrahere, detraho, detrahis, detraxi, detractum. *act. accus Ajoutez* ex summâ.

ESCOPETTE, *carabine.* Recurva, catapulta, *gén.* recurvæ catapultæ. *fém.*

ESCORTE. Præsidium, *g.* præsidii. *n.*

ESCORTÉ. Stipatus, stipata, stipatum *part. pass. avec un abl.*

ESCORTER. Stipare, stipo, stipas, stipavi, stipatum. *act. rég. dir. acc. rég* ind. *abl.*

ESCOUADE. Manipulus, *gén.* manipuli. *masc.*

ESCOURGÉE, *fouet de lanières de cuir* Scutica, *gén.* scuticæ. *fém.*

ESCOUSSE, *sorte de saut.* Impetus *gén.* impetûs. *masc.*

ESCRIME, *l'art d'escrimer.* Ars ludicra, *gén.* artis ludicræ. *fém. Ajoutez a* morum, *au gén.*

ESCRIME, *l'action d'escrimer, ou d faire des armes.* Exercitatio ludicra, *gén* exercitationis ludicræ. *fém. Maitre d'escrime, escrimeur.* Lanista, *gén.* lanistæ *masc. Salle d'escrime.* Ludus, *gén.* ludi *masc. Ajoutez* lanistæ.

ESCRIMER. Digladiari, digladior, aritus sum. *déponent. Ajoutez* inter se.

ESCROC ou *escroqueur.* Æruscator, *gén* æruscatoris. *masc.*

ESCROQUER, *attraper quelque chose à quelqu'un.* Expalpare, expalpo, expalpas, expalpavi, expalpatum, aliquid a aliquo. *Si c'est de l'argent.* Emungere emungo, emungis, emunxi, emunctum aliquem argento, *à l'abl.*

ESPACE. Spatium, *gén.* spatii. *neut.*

ESPACER. Disponere, dispono, disponis, disposui, dispositum. *act. accu Ajout.* certis intervallis, *à l'ablat.* c'est-à-dire, ranger d'espace en espace.

ESPADON, *large épée.* Rhomphæa, rhomphææ. *fém.*

ESPAGNE, *royaume.* Hispania, *gén* Hispaniæ. *fém.*

ESPAGNOL, *d'Espagne.* Hispanus hispana, hispanum. *adj.*

ESPALE, *banc des rameurs.* Sedi proximum, *gén.* sedilis proximi. *neut. A* puppi, c'est-à-dire, banc le plus proc de la poupe.

ESPALIER. Arbusculæ applicatæ, *gé* arbuscularum applicatarum. *fém. plur. A* parieti, c'est-à-dire, arbrisseaux attach à la muraille.

ESPATELE. Voyez *Spatule.*

ESPÈCE. Genus, *gén.* generis. *neut.*
Espèce, *image.* Species, *gén.* speciei. *fém.*
Espèces, *monnaies.* Voy. Argent.
ESPÉRANCE. Spes, *gén.* spei. *f. Avoir espérance.* Voyez *Espérer. Perdre espérance.* Voyez *Désespérer. Donner espérance, de l'espérance, faire espérer.* Adducere in spem ; adduco, adducis, adduxi, adductum, *et l'acc. de la personne. Le* que *se retranche selon la règle :* Dicis me legere.
ESPÉRÉ. Speratus, sperata, speratum. *part. pass.* de Spero.
ESPÉRER. Sperare, spero, speras, speravi, speratum. *act. acc. Espérer de quelqu'un.* Sperare de aliquo.
ESPIÈGLE, *subtil, fripon.* Alacer nebulo, *gén.* alacris nebulonis. *masc.*
ESPIÉGLERIE, *petites malices.* Lepida procacitas, *gén.* lepidæ procacitatis. *fém. Tous deux se déclinent.*
ESPION. Explorator, *gén.* exploratoris. *masc.*
ESPIONNAGE. Speculatus, *gén.* speculatùs. *masc.*
ESPIONNER, *faire l'espion.* Observare, observo, observas, observavi, observatum. *act. acc.*
ESPLANADE, *le glacis d'une place forte.* Æquata planities, *génit.* æquatæ planitiei. *fém.*
ESPOIR. Voyez *Espérance.*
ESPONTON. Hasta minor, *gén.* hastæ minoris. *fém.*
ESPRIT ou *entendement.* Ingenium, *g.* ingenii. *n. Qui a de l'esprit.* Ingeniosus, ingeniosa, ingeniosum. *adj.*
Esprit ou *âme.* Anima, *g.* animæ. *f.*
Esprit ou *substance spirituelle.* Spiritus, *gén.* spiritùs. *masc.*
Le Saint-Esprit. Sanctus Spiritus, *g.* Sancti Spiritùs. *masc.*
Esprit de vin. Spiritus vini.
ESQUIF. Scapha, *gén.* scaphæ. *fém.*
ESQUILLE, *éclat d'un os rompu.* Fragmentum, *gén.* fragmenti. *neut. Ajoutez* ossis, *au gén.*
ESQUINANCIE, *maladie au gosier.* Angina, *gén.* anginæ. *fém.*
ESQUISSE, *crayon tiré légèrement.* Levis adumbratio, *gén.* levis adumbrationis. *fém.*
ESQUISSER, *ébaucher un tableau.* Delineare, delineo, delineas, delineavi, delineatum. *act. acc.*
ESQUIVER. Eludere, eludo, eludis, elusi, elusum. *act. acc.*
s'Esquiver. Voy. *S'enfuir.*
ESSAI. Periclitatio, *gén.* periclitationis. *fém. Coup d'essai.* Specimen, *génitif* speciminis. *neut. Faire essai de.* Voyez *Essayer.*

ESSAIM, *peloton d'abeilles.* Examen, *gén.* examinis. *neut.*
ESSARTER, *arracher jusqu'aux racines.* Evellere, evello, evellis, evulsi, evulsum. *act. acc. Ajoutez* stirpitùs.
ESSAYER. Experiri, experior, experiris, expertus sum. *dép. acc.*
Essayer, *s'efforcer.* Conari, conor, conaris, conatus sum. *dép. acc.*
s'Essayer *à quelque chose.* Experiri in aliquâ re opes suas, *c'est à-dire, éprouver en quelque chose ses forces..*
ESSAYEUR de monnaie. Inspector, *g.* inspectoris. *masc.*
ESSENCE ou *nature.* Natura, *gén.* naturæ. *fém.*
Essences, *huiles odoriférantes.* Liquidi odores, *gén.* liquidorum odorum. *masc. pluriel.*
ESSENTIEL. Præcipuus, præcipua, præcipuum. *adj.*
ESSENTIELLEMENT. Naturâ, *à l'abl.*
ESSIEU. Axis, *gén.* axis. *masc.*
ESSOR, *vol dans l'air.* Volatus, *gén.* volatùs. *masc. Ajoutez* per liberum cœlum. *Prendre l'essor.* Evolare in aëra, *c'est à-dire, s'envoler dans les airs. Donner l'essor à son esprit.* Dare vela ingenio, *au dat. Donner l'essor à des oiseaux.* Emittere, emitto, emittis, emisi, emissum. *act.* volucres, *à l'acc.*
ESSOBER, *exposer au grand air.* Exponere, expono, exponis, exposui, expositum. *act. acc. Ajoutez* in aëre.
ESSORILLÉ, *à qui l'on a coupé les oreilles.* Mutilatus, mutilata, mutilatum. *part. pass.* de Mutilo. *Ajoutez* auribus, *à l'ablat.*
ESSORILLER, *couper les oreilles.* Mutilare, mutilo, mutilas, mutilavi, mutilatum. *act. acc. de la personne. Ajoutez* auribus, *à l'abl.*
ESSOUFFLÉ. Anhelus, anhela, anhelum. *adj.*
ESSUIE-MAIN. Mantile, *génit.* mantilis. *neut.*
ESSUYÉ. Detersus, detersa, detersum. *part. pass.* de Detergo.
ESSUYER. Detergere, detergo, detergis, detersi, detersum. *act. acc.*
Essuyer, *supporter, souffrir.* Perferre, perfero, perfers, pertuli, perlatum. *act. accus.*
EST, *vent d'Orient.* Eurus, *gén.* euri. *masc.*
ESTAFIER. Stipator, *gén.* stipatoris. *masc.*
ESTAFILADE. Plaga, *gén.* plagæ. *f.*
ESTAMPE ou *image.* Imago, *gén.* imaginis. *fém.*
EST-CE, ou *est-ce que, sans négation.* An. Ne. Ne *se met toujours après un mot, comme :* Est-ce moi ? Egone ? S'il

y a des négations, au lieu de an, on se sert de nonne, comme : Est-ce que tu n'étudies pas? Nonne studes? N'est-il pas honteux? Nonne turpe est?

ESTIMABLE. Æstimabilis, masc. fém. æstimabile, neut. gén. æstimabilis.

ESTIMATEUR. Æstimator, gén. æstimatoris. masc.

ESTIMATIF. Æstimatorius, æstimatoria, æstimatorium. adj.

ESTIMATION. Æstimatio, gén. æstimationis. fém.

ESTIME. Existimatio, gén. existimationis. fém. Faire estime de, avoir de l'estime pour. Voyez Estimer. S'acquérir de l'estime, se faire estimer. Colligere, colligo, colligis, collegi, collectum. actif Ajout. existimationem. De ou par quelqu'un. Alicujus, au gén. Par quelque chose. Ex aliquâ re. Mettre en estime, faire estimer. Adducere, adduco, adducis, adduxi, adductum. act. acc. Ajoutez in honorem.

ESTIMÉ. Æstimatus, æstimata, æstimatum. part. pass. d'Estimo.

ESTIMER. Æstimer, æstimo, æstimas, æstimavi, æstimatum. act. acc. Avec le verbe æstimo, on se sert des gén. suivans, tanti, quanti, autant que, magni ou multi, beaucoup; pluris, plus ou davantage; plurimi, fort ou le plus; parvi, peu; minoris, moins; minimi, très-peu ou le moins; nihili, point du tout. Il est autant estimé qu'aimé. Tanti æstimatur, quantùm amatur. On met quantùm avec amatur, parce que ce n'est pas un verbe d'estime.

ESTIMER ou penser. Existimare, existimo, existimas, existimavi, existimatum. act. acc.

S'ESTIMER. Existimare benè de se, c'est-à-dire, penser, juger bien de soi.

ESTOC, épée longue. Longior gladius, gén. longioris gladii. m. D'estoc et de taille, de la pointe et du tranchant, Punctim ac cæsim. adv.

ESTOCADE, épée longue et étroite. Ensis prælongus, g. ensis prælongi. m.

ESTOMAC. Stomachus, gén. stomachi. masc.

ESTRADE, chemin. Via, gén. viæ. fém. Battre l'estrade, aller et venir. Vagari, vagor, aris, vagatus sum. dép.

ESTRADE, élévation faite avec des ais. Suggestum, gén. suggesti. neut.

ESTRAGON, herbe qu'on mange en salade. Dracunculus, génit. dracunculi. masc.

COUP D'ESTRAMAÇON. Plaga, génit. plagæ. fém.

ESTRAPADE. Præceps dejectus, génit. præcipitis dejectús. masc. Ajout. hominis in altum sublati ductario fune, c'est-à-dire, chute d'un homme élevé en l'air avec une poulie.

ESTRAPADER, donner l'estrapade. Addicere, addico, addicis, addixi, addictum. actif accusat. Ajoutez patibulo, trochleæ pœnariæ, c'est-à-dire, faire souffrir le tourment de la poulie.

ESTROPIÉ. Captus, a, um. avec un ablat. du membre dont on est estropié.

ESTROPIER. Mutilare, mutilo, as, mutilavi, mutilatum. act. acc. De la main, ou à la main. Manu, à l'abl.

ESTURGEON, poisson. Silurus, génit. siluri. masc.

ET. Et. Ac. Atque. Après ces conjonctions on met toujours le même cas que devant.

ETABLE. Stabulum, gén. stabuli. n.

ETABLER les bœufs, les fermer dans l'étable. Stabulare, stabulo, as, stabulavi, stabulatum. act. acc. boves.

ETABLI. Constitutus, a, um. part. pass. de Constituo.

ETABLI de menuisier. Tabula, génit. tabulæ. fém.

ETABLIR. Constituere, constituo, is, constitui, constitutum. act. acc.

ETABLIR, marier. Locare; loco, locas, locavi, locatum. act. acc. Dans une puissante maison. In luculentam familiam, c'est-à-dire, placer.

ETABLIR sa demeure, s'établir en quelque lieu. Collocare domicilium, c'est-à-dire, placer son domicile.

ETABLISSEMENT. Constitutio, génit. constitutionis. fém.

ETABLISSEMENT, fortuné. Res, génit. rei. fém.

ETAGE. Tabulatum, gén. tabulati. neut. A quatre étages. Quatuor tabulatorum, au gén.

ETAIM, partie de la laine la plus fine. Lana subtilior, génit. lanæ subtilioris. fém.

ETAIE. Fultura, g. fulturæ. fém.

ETAIN. Plumbum album, g. plumbi albi. neut.

ETALAGE. Expositio, g. expositionis. f.

ETALÉ. Expositus, exposita, expositum. part. pass. d'Expono.

ETALER. Exponere, expono, exponis, exposui, expositum. act. acc.

ETALON, cheval entier. Admissarius, gén. admissarii. masc.

ETALON, modèle des mesures publiques. Mensura archetypa, gén. mensuræ archetypæ. fém.

ETAMÉ. Illitus, illita, illitum. part. pass. d'Illino. Ajoutez plumbo albo, c'est-à-dire, enduit d'étain.

ETAMER. Illinere, illino, illinis, illevi, illitum. Ajoutez plumbum album. Quelque chose. Alicui rei.

ETAMINE. Textum cilicinum, *génit.* texti cilicini. *neut.*
ETANCHÉ. Supressus, supressa, suppressum. *part. pass. de* Supprimo.
ETANCHEMENT. Suppressio, *génit.* suppressionis. *fém.*
ETANCHER. Supprimere, supprimo, is, suppressi, suppressum. *act. acc.*
ETANÇON, appui. Fultura, *gén.* fulturæ. *fém.*
ETANÇONNER, *appuyer avec des étançons.* Fulcire, fulcio, fulcis, fulsi, fulsum. *act. acc.*
ETANG. Stagnum. *gén.* stagni. *neut.*
ÉTANT, *part. présent du verbe Etre.* (*Voyez la règle du part. présent dans la grammaire latine.*)
ETAPE. Cibaria, *génit.* cibariorum. *n. pluriel.*
ETAPIER, *celui qui a soin de donner l'étape.* Distributor, *gén.* distributoris. *m. Ajoutez* annonæ militaris.
ETAT ou *condition.* Status, *g.* status. *masc.*
ETAT ou *ordre.* Ordo, *gén.* ordinis. *m. Faire état*, ou *estime de.* Voy. Cas, faire cas.
Qui est en état de. Paratus, a, um. De par ad avec un acc. ou le gér. en dum.
Se mettre en état de. Comparare, comparo, comparas, comparavi, comparatum. Se, par se ; me, par me ; vous au singulier, par te, au plur. par vos ; nous, par nos ; de, par ad avec l'accus. ou le gérondif en dum.
ETAT ou *royaume.* Regnum, *g.* regni. *neut. Un coup d'état.* Facinus, *gén.* facinoris. *neut. Ajoutez* ad summa rerum maximi momenti, *c'est-à-dire, pour le point des affaires les plus importantes.*
ETAU *de serrurier.* Forceps, *génit.* forcipis. *fém.*
ETAYÉ. Fultus, a, um. *part. pass. de* Fulcio.
ETAYEMENT. Fultio, *génit.* fultionis. *fém.*
ETAYER. Fulcire, fulcio, fulcis, fulsi, fultum. *act. acc.*
ÉTÉ. Æstas, *gén.* æstatis. *fém. Qui est d'été.* Æstivus, a, um. *adj.*
ETEIGNOIR. Cucullus exstinctor, *gén.* cuculli exstinctoris. *masc. Ajoutez* lucernarum.
ETEINDRE. Extinguere, extinguo, extinguis, extinxi, extinctum. *act. acc.*
ETEINT. Extinctus, extincta, extinctum. *part. pass.* d'Extinguo.
ETENDARD. Vexillum, *gén.* vexilli. *neutre se ranger sous l'étendard.* Convenire ad signa, *c'est-à-dire, s'y rendre.*
ETENDRE. Extendere, extendo, extendis, extendi, extensum. *actif accusatif.*

s'ETENDRE *sur un sujet en parlant.* Loqui abundanter de aliquâ re, *c. à d., parler abondamment de*, ou *sur.*
ETENDU. Extensus, extensa, extensum. *part. pass.* d'Extendo.
ETENDUE ou *espace.* Spatium, *g.* spatii. *neut. Qui est d'une grande étendue.* Amplus, ampla, amplum. *adj.*
L'ÉTERNEL, *Dieu.* Deus, *gén.* Dei. *masc.*
ETERNEL. Æternus, a, um. *adj.*
ETERNELLEMENT. In æternum.
ETERNISER. *Voyez* Immortaliser.
ETERNITÉ. Æternitas, *gén.* æternitatis. *fém.*
ETERNUER. Sternuere, sternuo, sternuis, sternui, *sans sup. neut.*
ETERNUMENT. Sternutamentum, *gén.* sternutamenti. *neut.*
ÉTÊTÉ, *en parlant d'un arbre.* Decacuminatus, decacuminata, decacuminatum. *part. pass. de* Decacumino.
ETETER, *ébrancher un arbre.* Decacuminare, decacumino, decacuminas, decacuminavi, decacuminatum. *act. avec l'accus.*
ETHÉRÉE, *ou la région éthérée.* Æther, *génit.* ætheris. *masc. D'éthérée.* Ethereus, a, um. *adj.*
ÉTHIOPIE, *pays.* Æthiopia, *génitif.* Æthiopiæ. *fém.*
ÉTHIOPIEN. Æthiops, *gén.* Æthiopis. *masc. et fém.*
ÉTHIOPIENNE, *herbe.* Æthiopis, *gén.* Æthiopidis. *fém.*
ETHIOPIQUE, *d'Ethiopie.* Æthiopicus, æthiopica, æthiopicum. *adj.*
ETINCELER. Scintillare, scintillo, scintillas, scintillavi, scintillatum. *n.*
ETINCELLE. Scintilla, *gén.* scintillæ. *fém.*
ETIQUE. Hecticus, a, um. *adj.*
ETIQUETER. Inscribere, inscribo, is, inscripsi, inscriptum. *act. acc.*
ETIQUETTE. Inscriptio, *gén.* inscriptionis. *fém.*
ETNA, *montagne.* Ætna, *gén.* Ætnæ. *fém. Du mont Etna.* Ætnæus, ætnæa, ætnæum. *adj.*
ETOFFE. Pannus, *gén.* panni. *masc.*
ETOFFÉ, *assorti de sa parure, de ses ornemens.* Ornatus, ornata, ornatum. *part. pass.* d'Orno.
ETOFFER. Ornare, orno, ornas, ornavi, ornatum. *act. acc.*
ETOILE. Stella, *gén.* stellæ. *fém.*
ETOILÉ. Stellatus, a, um. *adj.*
ETOLE, *ornement sacerdotal.* Stola, *gén.* stolæ. *fém.*
ÉTOLIE, *pays de l'ancienne Grèce.* Æolia, *g.* Ætoliæ. *fém. Qui est d'Etolie ou Etolien.* Ætolus, *g.* Ætoli. *m.* Ætola, *gén.* Ætolæ. *fém.*

ÉTONNAMMENT. Miré. *adv.*
ETONNANT. Mirabilis, *m. f.* mirabile, *neut. gén.* mirabilis.
ETONNÉ, ou *épouvanté.* Obstupefactus, a, um. *part. pass.* d'Obstupefio.
ETONNEMENT, *admiration.* Admiratio, *gén.* admirationis. *fém.*
Étonnement, *épouvante.* Terror, *gén.* terroris. *masc.*
ÉTONNER, *causer de l'admiration.* Movere, moveo, moves, movi, motum. *act. acc.* Ajoutez admirationem.
Etonner, *épouvanter.* Terrere, terreo, terres, terrui, territum. *act. acc.*
s'Etonner, *se troubler.* Perturbari, perturbor, perturbaris, perturbatus sum. *pass.*
s'Etonner de, *être étonné,* ou *admirer.* Mirari, miror, miraris, miratus sum. *dép. acc. de la chose. Après* miror, *le que ou de ce que s'exprime par* quòd *avec le subj., et si s'exprime par* si, *avec le subj. aussi.*
ETOUFFANT, *pesant.* Gravior, *m. f.* gravius. *neut. gén.* gravioris.
ETOUFFÉ. Suffocatus, suffocata, suffocatum. *part. pass. de* Suffoco.
ETOUFFEMENT, *mal qui semble nous étouffer.* Suffocatio, *gén.* suffocationis. *f.*
ETOUFFER ou *suffoquer.* Suffocare, suffoco, suffocas, suffocavi, suffocatum. *act. avec l'acc.*
Etouffer ou *être étouffé.* Suffocari, suffocor, suffocaris, suffocatus sum. *pass.*
Etouffer, *arrêter, éteindre.* Comprimere, comprimo, comprimis, compressi, compressum. *act. acc.*
s'Etouffer de rire. Effundi effundor, effunderis, effusus sum. *pass.* Ajoutez in risum.
ETOUPE. Stupa, *gén.* stupæ. *fém.* Qui est *d'étoupe.* Stupeus, a, um. *adj.*
ETOUPÉ ou *bouché.* Obturatus, obturata, obturatum. *part. pass.* d'Obturo.
ETOUPER, *boucher.* Obturare, obturo, as, obturavi, obturatum. *act. acc.*
ETOURDERIE, *action d'étourdi.* Inconsiderantia, *g.* inconsiderantiæ. *fém.*
ETOURDI ou *imprudent.* Inconsideratus, a, um. *adj.*
Etourdi ou *troublé.* Attonitus, attonita, attonitum. *adj.*
ETOURDIMENT, *en étourdi.* Inconsideraté. *adv.*
ETOURDIR *quelqu'un, lui rompre la tête.* Obtundere, obtundo, obtundis, obtudi, obtusum. *acc.*
Etourdir, *causer de l'étourdissement.* Stupefacere, stupefacio, is, stupefeci, stupefactum. *act. acc.*
ETOURDISSEMENT. Stupor, *génit.* stuporis. *masc.*
ETOURNEAU. Sturnus, *g.* sturni. *m.*

ETRANGE ou *étonnant.* Mirus, mira, mirum. *adj. Trouver étrange.* Mirari, miror, miraris, miratus sum. *dép. acc. de la chose. Le que ou de ce que s'exprime par* quòd *avec le subjonctif.*
ETRANGEMENT, *excessivement.* Mirum in modum.
ETRANGER. Externus, a, um. *adj.*
ETRANGLÉ. Strangulatus, strangulata, strangulatum. *part. pass. de* Strangulo.
ETRANGLER. Strangulo, strangulas, strangulavi, strangulatum. *act. acc.*
s'Etrangler. Exanimare se, exanimo, exanimas, exanimavi, exanimatum. *S'étrangler en se pendant.* Exanimare se laqueo, *à l'abl.*
ÊTRE. Esse, sum, es, fui. *verbe subst. qui à l'infin. veut le même cas après que devant, et le nomin. quand il n'est pas à l'infinit. Etre pour quelqu'un, être de son sentiment.* Esse ab aliquo. *Etre bien auprès de quelqu'un.* Esse acceptum. alicui. Acceptus, a, um, *s'accorde avec le nominatif.*
ÊTRE *subst.* Res, *gén.* rei. *fém. Donner l'être.* Voy. *Créer.*
ÊTRES *d'une maison.* Anfractus, *génit.* anfractuum. *mas. plur.*
ETRECIR. Voy. *Rétrécir.*
ETREINDRE, *serrer.* Constringere, constringo, constringis, constrinxi, constrictum. *act. acc.*
ÉTREINT. Constrictus, constricta, constrictum. *part. pass. de* Constringo.
ETREINTE. Adstrictio, *gén.* adstrictionis. *fém.*
ETRENNE, *présent que l'on fait, surtout au jour de l'an.* Strena, *génit.* strenæ. *fém.*
ETRÉNNER, *c'est-à-dire, donner des étrennes.* Dare strenas. *act. dat.*
ETRIER, *pour aider à monter à cheval.* Stapes, *gén.* stapedis. *masc.*
ETRILLE *pour les chevaux.* Strigilis, *gén.* strigilis. *fém.*
ETRILLER. Defricare, defrico, as, defricui, defrictum. *act. acc.*
ETRIVIÈRE, *courroie.* Lorum, *génit.* lori. *neut.*
Etrivière, *châtiment.* Stimuleum supplicium, *g.* stimulei supplicii. *neut. Donner les étrivières à.* Cædere, cædo, cædis, cæcidi, cæsum. *act. acc.* Ajoutez loris, *à l'abl.*
ETROIT. Arctus, a, um. *adject. A l'étroit.* Anguste. *adv. Au comp.* angustiùs ; *au superl.* angustissimé.
ETROITEMENT. Anguste. *adv.*
ETUDE. Studium, *gén.* studii. *neut.*
ETUDIANT. Auditor, *gén.* auditoris. *m.*
ETUDIÉ ou *médité.* Meditatus, meditata, meditatum. *participe pass. de* Meditor.

ÉTUDIER. Studere, studeo, studes, studui. *sans sup. neut. dat.*
ÉTUDIER *sous quelqu'un.* Audire, audio, audis, audivi *ou* audii, auditum. *actif accusat.*
s'ÉTUDIER *à.* Studere, *avec un infin.* ou *le dat.*
ÉTUI, *ce qui sert à couvrir quelque chose.* Theca, *gén.* thecæ. *fém.*
ÉTUVE. Thermæ, *gén.* thermarum. *fém. pluriel.*
ÉTUVÉ. Fotus, à, um. *part. pass. de* Faveo.
ÉTUVÉE. Pulmentum, *gén.* pulmenti. *neut.*
ÉTUVER. Fovere, foveo, foves, fovi, fotum. *act. acc.*
ÉTUVISTE, *baigneur.* Balneator, *gén.* balneatoris. *masc.*
ÉTYMOLOGIE, *origine des mots.* Etymologia, *gén.* etymologiæ. *fém.*
ÉTYMOLOGIQUE. Pertinens, *masc. fém. neut. gén.* pertinentis. *part. prés. de* Pertineo. *Ajoutez* ad verborum originem, *c'est-à-dire, qui regarde la source des mots.*
ÉTYMOLOGISTE. Peritus, *gén.* periti. *masc. Ajoutez* etymologiæ, *c'est-a dire, habile en étymologie.*
EU, *ville.* Augum, *gén.* Augi. *neut. De la ville d'Eu.* Augensis, *masc. fém.* augense, *neut. gén.* augensis.
ÉVACUATION. Egestio, *gén.* egestionis. *fém.*
ÉVACUER, *faire sortir du corps les humeurs.* Evacuare, evacuo, evacuas, evacuavi, evacuatum. *act. acc.*
ÉVACUER *une place.* Deserere, desero, deseris, deserui, desertum. *act. accusat.* arcem.
s'ÉVADER. Evadere, evado, evadis, evasi, evasum. *neut. De par è ou ex, et l'abl. Faire évader quelqu'un.* Dare effugium alicui, *c. à d, donner à quelqu'un la fuite, le moyen de s'enfuir.*
ÉVALUATION, *estimation.* Æstimatio, *gén.* æstimationis. *fém.*
ÉVALUER, *apprécier.* Æstimare, æstimo, æstimas, æstimavi, æstimatum. *act. accusat.*
ÉVANGÉLIQUE. Evangelicus, avangelica, evangelicum. *adj.*
ÉVANGÉLISER, *prêcher l'Evangile.* Voy. Prêcher.
ÉVANGÉLISTE. Evangelista, *g.* evangelistæ. *masc.*
ÉVANGILE. Evangelium, *g.* evangelii. *neut.*
ÉVANOUI. Intermortuus, intermortua, intermortuum. *adj.*
s'ÉVANOUIR *de faiblesse.* Linqui, linquor, linqueris, lictus sum. *pass. Ajout.* animo.

s'ÉVANOUIR, *disparaître.* Evanescere, evanesco, is, evanui. *sans sup. neut.*
ÉVANOUISSEMENT. Deliquium, *gén.* deliquii. *neut.*
ÉVAPORATION. Vaporatio, *gén.* vaporationis. *fém.*
ÉVAPORÉ. Vanus, a, um. *adj.*
ÉVAPORER *sa bile.* Effundere, effundo, effundis, effudi, effusum. *act. accusat.* bilem.
s'ÉVAPORER. Abire, abeo, abis, abivi *ou* abii, abitum. *neut. Ajoutez* in vapores, *c'est-à-dire, s'en aller en vapeurs.*
ÉVASÉ. Amplus, a, um. *adj.*
ÉVASION. Fuga, *gén.* fugæ. *fém.*
EUCHARISTIE. Eucharistia, *g.* eucharistiæ. *fém.*
ÉVÊCHÉ. Episcopatus, *génit.* episcopatûs. *masc.*
ÉVÊCHÉ *ou palais épiscopal.* Palatium episcopale, *gén.* palatii episcopalis. *neut.*
ÉVEILLÉ *ou qui ne dort plus.* Experrectus, a, um. *adj.*
ÉVEILLÉ *ou vif.* Acer, *masc.* acris, *fém.* acre, *neut. gén.* acris. *Au comp.* acrior, *masc. fém.* acrius, *neut.* ; *au sup.* acerrimus, a, um. *adj.*
ÉVEILLER. Excitare, excito, as, excitavi, excitatum. *act. acc.*
s'ÉVEILLER. Expergisci, expergiscor, expergisceris, experrectus sum. *dép.*
ÉVÉNEMENT. Eventus, *gén.* eventûs. *masc.*
ÉVENT, *vin qui sent l'évent.* Vinum evanidum, *gén.* vini evanidi. *neut.*
ÉVENT, *trou pour donner passage à l'air.* Spiramentum, *g.* spiramenti. *neut.*
ÉVENTAIL, *pour rafraîchir le visage.* Flabellum, *gén.* flabelli. *neut.*
ÉVENTÉ, *dont la force est perdue.* Evanidus, a, um. *adj.*
ÉVENTÉ *avec un éventail.* Ventilatus, ventilata, ventilatum. *part. pass. de* Ventilo.
ÉVENTÉ, *léger.* Vanus, a, um. *adj.*
ÉVENTÉ, *divulgué.* Divulgatus, divulgata, divulgatum.
ÉVENTÉ, *exposé au vent.* Expositus, a, um. *part. pass. d'*Expono. *Ajoutez* vento.
ÉVENTER, *rafraîchir avec un éventail.* Ventilare, ventilo, ventilas, ventilavi, ventilatum. *act. Ajoutez* flabello *à l'ablat.*
ÉVENTER, *mettre au vent.* Exponere vento, *au dat. c'est-à-dire, exposer au vent quelque chose,* aliquid. Expono, is, exposui, expositum. *act. acc.*
ÉVENTER *les mines.* Aperire cuniculos, *c'est à-dire, les ouvrir.*
ÉVENTER, *divulguer.* Evulgare, evulgo, evulgas, evulgavi, evulgatum. *act. acc.*
s'ÉVENTER. Voy. S'évaporer.
ÉVENTRÉ. Evisceratus, eviscerata, evisceratum. *part. pass. d'*Eviscero.

EVENTRER. Eviscerare, eviscero, as, evisceravi, evisceratum. *act. acc.*

ÉVÊQUE. Episcopus, *gén.* episcopi. *m. D'évêque.* Voy. *Episcopal.*

EVERSION, *destruction, renversement.* Eversio, *g.* eversionis. *fém.*

s'ÉVERTUER, *s'efforcer.* Eniti, enitor, eris, enixus sum. *dép.*

EVICTION. Evictio, *g.* evictionis. *f.*

ÉVIDEMMENT. Evidenter. *adv. Au comp.* evidentiùs, *au superlatif* evidentissimè.

ÉVIDENCE. Evidentia, *gen.* evidentiæ. *fém.*

ÉVIDENT. Manifestus, a, um. *adj.*

ÉVIDER, *tailler à jour.* Perforare, perforo, perforas, perforavi, perforatum. *act. acc.*

ÉVIER, *conduit par où l'eau s'écoule.* Emissarium, *gén.* emissarii. *neut.*

ÉVINCER, *obliger en justice à rendre ce dont on s'est mis en possession.* Evincere, evinco, evincis, evici, evictum. *act. acc. de la chose, et l'abl. de la personne, avec à ou ab.*

ÉVITABLE, *qu'on peut éviter.* Evitabilis, *masc. fém.* evitabile, *neut. génit.* evitabilis.

ÉVITÉ. Vitatus, a, um. *part. pass. de* Vito.

ÉVITER. Vitare, vito, vitas, vitavi, vitatum. *act. acc.*

EUNUQUE. Eunuchus, *génit.* eunuchi. *masc.*

EVOCATION. Translatio, *gén.* translationis. *fém. D'une cause.* Litis *au gén.* à par ad *avec l'acc.*

EVOCATION *pour faire venir les esprits, etc.* Evocatio, *g.* evocationis. *fém.*

ÉVOLUTION, *mouvement de troupes qui changent de dispositions.* Militum decursio, *gén.* decursionis. *fém.* Militum *ne change pas. Faire des évolutions.* Exerceri ad munia belli, *c'est-à-dire, être exercé aux fonctions de la guerre.*

ÉVOQUER. Evocare, evoco, evocas, evocavi, evocatum. *act. acc.*

EUPHRATE, *fleuve.* Euphrates, *génit.* Euphratis. *masc.*

EURE, *rivière de France qui a donné son nom à plusieurs départemens.* Ebura, *gén.* Eburæ. *fém.*

EUROPE, *partie du monde.* Europa, *gén.* Europæ. *fém.*

EUROPÉEN *ou d'Europe.* Europæus, europæa, europæum. *adj.*

EUX. Illi, *gén.* illorum, *masc. plur. de* ilc, illa, illud.

EXACT, *en parlant des personnes.* Diligens, *masc. fém. neut. gén.* diligentis. *A faire.* Ad faciendum.

EXACT, *en parlant des choses.* Accuratus, accurata, accuratum.

EXACTEMENT. Accuratè. *adv. Comp.* accuratiùs ; *sup.* accuratissimè.

EXACTEUR, *qui exige.* Exactor, *gén.* exactoris. *masc.*

EXACTION. Exactio, *gén.* exactionis. *fém.*

EXACTITUDE. Diligentia, *gén.* diligentiæ. *fém. A faire,* ad , *avec le gérond.* en dum.

EXAGÉRATION. Exaggeratio, *génit.* exaggerationis. *fém.*

EXAGÉRÉ. Exaggeratus, exaggerata, exaggeratum. *part. pass. d'*Exaggero.

EXAGÉRER. Exaggerare, exaggeras, exaggeras, exaggeravi, exaggeratum. *act. accus.*

EXALTATION *de la sainte croix, fête.* Exaltatio, *gén.* exaltationis. *fém.* sanctæ crucis.

EXALTATION, *création du pape.* Creatio, *génit.* creationis, *fém.* summi pontificis.

EXALTATION, *élévation.* Promotio, *gén.* promotionis, *fém.* à par ad avec *l'acc.*

EXALTER, *louer hautement.* Extollere, extollo, is, extuli, elatum. *actif acc. Ajoutez* laudibus, *c'est-à-dire, élever par les louanges.*

EXAMEN. Examen, *gén.* examinis. *n.*

EXAMINATEUR. Judex, *g.* judicis. *m.*

EXAMINÉ. Examinatus, examinata, examinatum. *participe pass. d'*Examino.

EXAMINER. Examinare, examino, examinas, examinavi, examinatum. *act. accusat.*

EXARCHAT. Exarchatus; *g.* exarchatûs. *masc.*

EXARQUE. Exarcha, *génit.* exarchæ. *masc.*

EXASPÉRATION. Exasperatio, *génit.* exasperationis. *fém.*

EXASPÉRER, *irriter à l'excès.* Exasperare, exaspero, exasperas, exasperavi, exasperatum. *act. acc.*

EXAUCÉ. Auditus, a, um.

EXAUCER. Exaudire, exaudio, is, exaudivi *ou* exaudii, exauditum. *actif accusatif.*

EXCAVATION. Excavatio, *gén.* excavationis. *fém.*

L'EXCÉDANT, *le surplus.* Summa excurrens, *gén.* summæ excurrentis. *f.*

EXCÉDER. Excedere, excedo, excedis, excessi, excessum. *neut. acc.*

EXCÉDER *son pouvoir.* Nimium sibi sumere, sumo, sumis, sumpsi, sumptum, *c'est-à-dire, s'attribuer trop.*

EXCELLEMMENT, *par excellence.* Excellenter. *adv.*

EXCELLENCE. Excellentia, *gén.* excellentiæ. *fém.*

EXCELLENT. Eximius, a, um. Excellens, *m. f. n. g.* excellentis.

EXCELLER. Præstare, præsto, as, præstiti, præstitum. *n. avec l'acc. de la personne, et l'abl. de la chose en quoi on excelle.*

EXCEPTÉ ou *hormis*. Præter, *avec l'acc. Excepté que.* Excepto quòd.

EXCEPTER. Excipere, excipio, is, excepi, exceptum. *act. acc. De par* de, *Sans excepter personne.* Excepto nemine, *à l'ablat.*

EXCEPTION. Exceptio, *gén.* exceptionis. *fém. A l'exception de.* Præter, *avec l'accus.*

EXCÈS, *superflu*, ou *de trop*. Superfluitas, *gén.* superfluitatis. *fém.*

Excès, *déréglement.* Immoderatio, *gén.* immoderationis. *fém.*

EXCESSIF. Nimius, a, um. *adj.*

EXCESSIVEMENT, *avec excès.* Immoderatè. *adv.*

EXCITATION. Excitatio, *gén.* excitationis. *fém.*

EXCITÉ. Excitatus, excitata, excitatum. *part. pass.* d'Excito.

EXCITER. Excitare, excito, as, excitavi, excitatum. *act. acc. A* par ad, *avec un acc. ou un gérond. en* dum.

EXCLAMATION. Exclamatio, *génit.* exclamationis. *fém.*

EXCLURE. Excludere, excludo, is, exclusi, exclusum. *act. acc. Des charges.* Honoribus, *à l'ablat.*

EXCLUS. Exclusus, exclusa, exclusum. *part. pass.* d'Excludo.

EXCLUSIF. Exclusorius, exclusoria, exclusorium. *adj.*

EXCLUSION. Exceptio, *gén.* exceptionis. *fém.*

EXCLUSIVEMENT. Cum exceptione.

EXCOMMUNICATION. Excommunicatio, *gén.* excommunicationis. *f. Lever l'excommunication.* Absolvere aliquem ab excommunicatione, *c'est-à-dire, absoudre quelqu'un de l'excommunication.* Absolvo, absolvis, absolvi, absolutum. *accusat.*

EXCOMMUNIÉ. Excommunicatus, a, um. *part. pass.* d'Excommunico.

EXCOMMUNIER. Excommunicare, excommunico, as, excommunicavi, excommunicatum. *act. acc.*

EXCORIATION, *écorchure.* Revulsio, *génit.* revulsionis. *fém. Ajoutez* cutis.

EXCRÉMENT. Excrementum, *g.* excrementi. *neut.*

EXCROISSANCE *de chair.* Caro supercrescens, *gén.* carnis supercrescentis. *fém.*

EXCURSION, *irruption.* Excursio, *g.* excursionis. *fém.*

EXCUSABLE. Dignus, digna, dignum, *Ajoutez* excusatione. *adj.*

EXCUSE. Excusatio, *gén.* excusationis. *fém.*

EXCUSÉ. Excusatus, excusata, excusatum. *part. pass.* d'Excuso.

EXCUSER. Excusare, excuso, excusas, excusavi, excusa'um. *act. acc. auprès de quelqu'un*, alicui. *Le de ou de ce que suivi d'un verbe, s'exprime par* quòd, *avec le subjonct.*

s'EXCUSER *de, suivi d'un nom.* Excusare, *act. acc. de la chose; auprès d'un autre,* alteri.

s'EXCUSER *sur quelque chose.* Causari, causor, aris, atus sum. *dép. accus. Sur quelqu'un.* Transferre, transfero, ers, transtuli, translatum. *act. à se culpam in* aliquem, *c'est-à-dire, rejeter de soi la faute sur quelqu'un. Excusez-moi si je vous dis.* Pace tuâ dixerim. *Si l'on parle à plusieurs, au lieu de* tuâ, *il faut mettre* vestrâ.

EXÉAT, *permission qu'un évêque donne à un prêtre.* Potestas, *gén.* potestatis. *fém. Ajoutez* exeundi, *c'est-à-dire, permission de sortir.*

EXECRABLE. Execrandus, execranda, execrandum. *adj.* Magis, *pour le comp.* maximè, *pour le superl. avec le positif.*

EXÉCRABLEMENT. Execrandum in modum.

EXÉCRATION. Execratio, *gén.* execrationis. *fém. Avoir en exécration.* Execrari, execror, execraris, execratus sum. *dép. acc.*

EXECUTÉ ou *achevé*. Perfectus, perfecta, perfectum. *part. pass. de* Perficio.

EXÉCUTER, *achever.* Perficere, perficio, perficis, perfeci, perfectum. *act. accus.*

EXÉCUTER ou *faire mourir*. Afficere, afficio, afficis, affeci, affectum. *act. acc. Ajoutez* ultimo supplicio, *c'est-à-dire, punir du dernier supplice.*

EXÉCUTEUR *d'un testament.* Testamenti curator, *gén.* curatoris. *masc.*

Exécuteur. *Voy.* Bourreau.

EXÉCUTION *d'une affaire, etc.* Executio, *gén.* executionis. *fém.*

Exécution *d'un criminel.* Extremum supplicium, *gén.* extremi supplicii. *neut. Mettre à exécution quelque chose. Voy.* Exécuter.

Un EXEMPLAIRE. Exemplar, *g.* exemplaris. *neut.*

Exemplaire, *adj.* Propositus, proposita, propositum. *Ajoutez* ad exemplum.

EXEMPLAIREMENT. Ad exemplum.

EXEMPLE. Exemplum, *gén.* exempli. *neut. Servir d'exemple.* Esse exemplo, *avec un dat. de la personne.* Sum, es, fui. *A l'exemple de.* Exemplo. *ablat.* ou Instar, *prép. avec le gén. Par exemple.* Exempli causâ ou gratiâ.

EXEMPT *de.* Immunis, *mascul. fém.*

immune, *neut. g.* immunis; *ensuite un abl. ou un gén. de la chose.*
EXEMPT *des gardes*, *officier*. In prætoria cohorte apparitor, *génit.* apparitoris. *masc.*
EXEMPTÉ. Liberatus, liberata, liberatum. *part. pass.* de Libero. De *par à ou ab*, *et un ablat. de la chose.*
EXEMPTER. Liberare, libero, as, liberavi, liberatum. *act. acc.* De *par à ou ab*, *et un ablat. de la chose. Remarquez qu'après* libero, *on n'exprime pas le verbe qui suit; on met seulement la chose à l'abl. avec* à *ou* ab. *Exemple :* Je t'exempte d'avoir le fouet, *c'est-à-dire*, du fouet. Te libero à flagro.
EXEMPTION. Immunitas, *g.* immunitatis. *fém.*
EXERCÉ. Exercitus, a, um. *part. pass.* d'Exerceo. A *ou dans s'exprime par* in, *et un ablat. de la chose.*
EXERCER. Exercere, exerceo, es, exercui, exercitum. *act. acc.* A, *dans ou sur*, *par* in, *et un ablat. de la chose, ou un gérond. en* do.
s'EXERCER. Exercere se; à *s'exprime comme après* exercer.
EXERCICE. Exercitatio, *gén.* exercitationis. *fém. Faire faire l'exercice aux troupes.* Exercere milites ad belli munia, *c'est-à-dire*, *exercer les soldats aux fonctions de la guerre. Faire l'exercice*, *en parlant des troupes.* Exerceri, *passif*, ad belli munia.
EXHALAISON, *vapeur*. Exhalatio, *g.* exhalationis. *fém.*
EXHALER, *pousser dehors des vapeurs*. Exhalare, exhalo, exhalas, exhalavi, exhalatum. *act. acc.*
s'EXHALER. *Voy.* s'Évaporer.
EXHAUSSEMENT *d'un bâtiment*, *etc.* Extructio, *gén.* extructionis. *fém. Ajout.* in majorem altitudinem, *c'est-à dire*, *à une plus grande hauteur.*
EXHAUSSER. Extollere, extollo, extollis, extuli, elatum. *act. acc.*
EXHÉRÉDATION, *l'action de déshériter.* Exhæredatio, *gén.* exhæredationis. *fém.*
EXHÉRÉDER. *Voy. Déshériter.*
EXHIBER, *montrer les preuves et les pièces*. Exhibere, exhibeo, es, exhibui, exhibitum. *act. acc.*
EXHIBITION. Exhibitio, *gén.* exhibitionis. *fém.*
EXHORTATION. Hortatio, *gén.* hortationis. *fém.*
EXHORTER. Hortari, hortor, aris, hortatus sum. *dép. acc.* A *par* ad, *avec un acc. ou un gérond. en* dum.
EXHUMATION. Exemptio, *g.* exemptionis. *f. Ajoutez* cadaveris è terrà, *c. à d.*, *l'action de tirer de la terre un cadavre.*

EXHUMER. Eruere, eruo, eruis, erui crutum. *act. Ajoutez* humatum cadaver *c. à d.*, *déterrer un corps mort.*
EXIGENCE. Conditio, *gén.* conditionis *fém.*
EXIGER. Exigere, exigo, exigis, exegi exactum. *act. acc.* rég. dir. acc. rég. ind *abl. avec* à *ou* ab.
EXIGIBLE, *ce qui peut être exigé* Quod exigi potest.
EXIGU, *modique*. Exiguus, exigua exiguum. *adj.*
EXIGUITÉ. Exiguitas, *gén.* exiguitatis. *fém.*
EXIL. Exilium, *gén.* exilii. *neut.*
EXILÉ. Exul, *gén.* exulis. *m. et f.*
EXILER. Relegare, relego, as, relegavi, relegatum. *neut. act. acc.*
EXILER *quelqu'un*. Amandare, amando amandas, amandavi, amandatum. *act* Aliquem.
s'EXILER. *Voy. Se bannir.*
EXISTENCE. Existentia, *gén.* existentia *fém.*
EXISTER. Existere, existo, existis extiti, extitum. *neut.*
EXODE. Exodus, *gén.* exodi. *fém.*
EXORABLE. Exorabilis, *m. f.* exorabile, *n. g.* exorabilis.
EXORBITAMMENT, *excessivement* Immodicè. *adv.*
EXORBITANT. Nimius, nimia, nimium. *adj.*
EXORCISER. Fugare, fugo, fugas, fugavi, fugatum. *act. Ajoutez* dæmonem exorcismo, *quelqu'un*, ab aliquo, *c'est à-dire*, *chasser par l'exorcisme le démon d'auprès de quelqu'un.*
EXORCISME. Exorcismus, *gén.* exorcismi. *masc.*
EXORCISTE. Exorcista, *gén.* exorcistæ *masc.*
EXORDE. Exordium, *gén.* exordii. *n.*
EXOTIQUE, *étranger*. Exoticus, exotica, exoticum. *adj.*
EXPANSION. Extensio, *gén.* extensionis. *fém.*
s'EXPATRIER. Emigrare, emigro, as emigravi, emigratum. *neut.*
EXPECTATIVE. Expectatio, *gén.* expectationis. *fém.*
EXPÉDIENT *ou utile* Utilis, *m. fém* utile, *neut. gén.* utilis. *Au comp.* utilior *m. fém.* utilius, *neut. au sup.* utilissimus a, um. *adj. Il est expédient.* Expedit expediebat, expediit, expedire. *impers dat. et un inf.*
UN EXPÉDIENT *ou moyen*. Ratio, *génit* rationis. *fém.*
EXPEDIER. Expedire, expedio, expedis, expedivi *ou* expedii, expeditum. *act accus.*
EXPÉDITIF. Strenuus, a, um. *adj.*

EXP   EXT   191

EXPÉDITION. Expeditio, *gén.* expeditionis. *fém. Qui est d'expédition*, ou *diligent.* Strenuus, a, um. *adj.*
EXPÉRIENCE. Experientia, *gén.* experientiæ. *fém.*
EXPÉRIMENTAL. Comparatus, a, um. *Ajoutez* usu.
EXPÉRIMENTÉ, *en parlant d'une personne.* Peritus, perita, peritum. *adj. le gén. de la chose.*
EXPÉRIMENTÉ, *en parlant d'une chose.* Expertus, a, um. *part. pass.* d'Experior.
EXPERIMENTER. Experiri, experior, iris, expertus sum. *dép. acc.*
EXPERT, *qui a de l'expérience.* Peritus, a, um. *adj.* Dans, en, *s'expriment par le gén.*
EXPIATION. Expiatio, *gén.* expiationis. *fém.*
EXPIATOIRE. Piacularis. *m. f.* piaculare. *neut. gén.* piacularis.
EXPIÉ. Expiatus, a, um. *part. pass.* d'Expio.
EXPIER. Expiare, expio, expias, expiavi, expiatum. *act. acc.*
EXPIRATION *de bail à ferme.* Exitus, génit. exitûs. *masc. Ajoutez* redemptionis.
EXPIRER, *rendre l'âme.* Reddere, reddo, reddis, reddidi, redditum. *actif. Ajoutez* animam.
EXPIRER, *en parlant du temps qui est à sa fin.* Exire, exeo, exis, exivi, exitum. *neut.*
EXPLICABLE. Explicabilis, *masc. f.* explicabile, *neut. gén.* explicabilis.
EXPLICATION. Explicatio, *gén.* explicationis. *fém.*
EXPLICITE. Explicitus, explicita, explicitum. *adj.*
EXPLICITEMENT. Expressé. *adv.*
EXPLIQUÉ. Explicatus, explicata, explicatum. *part. pass.* d'Explico.
EXPLIQUER. Explicare, explico, as, explicavi, explicatum. *act. rég. dir. acc. rég. ind. dat.*
s'EXPLIQUER. Voy. s'Énoncer.
EXPLOIT ou *action.* Facinus, *génit.* facinoris. *neut.*
EXPLOIT *de sergent.* Dica, *g.* dicæ. *f.*
EXPLOITATION *des terres.* Adhibita cultura, *gén.* adhibitæ culturæ. *fém. Aj.* agris. *Exploitation des bois.* Cædes, *gén.* cædis. *Ajoutez* silvarum.
EXPLOITER, *donner un exploit.* Scribere, scribo, scribis, scripsi, scriptum. *Ajoutez* dicam ; quelqu'un, alicui.
EXPLOITER, *faire valoir une terre.* Adhibere, adhibeo, es, adhibui, adhibitum. *act. Ajoutez* culturam agro. *Exploiter une forêt.* Cædere, cædo, is, cecidi, cæsum *act. Ajoutez* silvam.
EXPLOSION. Eruptio, *gén.* eruptionis. *fém.*

EXPORTATION. Exportatio, *gén.* exportationis. *fém.*
EXPORTER. Exportare, exporto, as, exportavi, exportatum. *act. acc.*
EXPOSANT, *qui expose un fait dans une requête.* Qui ou quæ libello supplice postulat.
EXPOSÉ. Expositus, a, um. *participe pass.* d'Expono.
EXPOSER. Exponere, expono, exponis, exposui, expositum. *act. acc.*
EXPOSER *à un danger.* Voy. *Danger*, mettre en danger.
s'EXPOSER *au danger.* Voy. *Courir hasard, danger.*
EXPOSITION. Expositio, *gén.* expositionis. *fém.*
EXPRÈS. *adj.* Clarus, a, um. *adj. En termes exprès.* Verbis conceptis, *à l'abl.*
EXPRÈS, *à dessein,* ou *expressément.* De industriâ.
EXPRESSIF. Significans, *masc. fém. neut. gén.* significantis.
EXPRESSION, *l'action d'exprimer le suc d'une plante.* Expressio, *gén.* expressionis. *fém.*
EXPRESSION, *manière de s'exprimer.* Elocutio, *gén.* elocutionis. *fém.*
EXPRESSION *basse, style rampant.* Oratio abjecta, *g.* orationis abjectæ. *f.*
EXPRIMABLE. Enarrabilis, *m. f.* enarrabile, *n. gén.* enarrabilis. *Qui n'est pas exprimable.* Inenarrabilis, *m. f.* enenarrabile, *neut. gén.* inenarrabilis.
EXPRIMÉ. Expressus, expressa, expressum. *part. pass.* d'Exprimo.
EXPRIMER. Exprimere, exprimo, exprimis, expressi, expressum. *act. acc.*
s'EXPRIMER, *s'énoncer.* Eloqui, eloquor, eris, elocutus sum. *dép. avec l'acc.*
EXPROPRIATION. Spoliatio, *g.* spoliationis. *fém. Ajoutez* dominii.
EXPROPRIER, *priver de la propriété.* Spoliare, spolio, as, spoliavi, spoliatum. *act. acc. Ajoutez* dominio.
EXPULSER. Expellere, expello, expellis, expuli, expulsum. *act. acc.* De par é ou ex. *et l'abl.*
EXPULSION. Expulsio, *gén.* expulsionis *fém.*
EXQUIS. Exquisitus, a, um. *adj.*
EXTASE. Excessus, *gén.* excessûs. *m. Ajoutez* mentis, *c'est à-dire, ravissement de l'âme.*
EXTASIÉ. Alienatus, alienata, alienatum. *part. pass.* d'Alieno. *Ajoutez* à sensibus. *Etre extasié.* Rapi, rapior, raperis, raptus sum. *pass. Ajoutez* in mentis excessum, *c'est à-dire, entraîné à un ravissement de l'âme.*
EXTATIQUE. Pertinens, *m. f. n. gén.* pertinentis. *Ajoutez* ad excessum mentis, *c. à d., qui vient de l'extase.*

EXTENSION. Extensio, *gén.* extensionis. *fém.*

EXTÉNUATION. Extenuatio, *g.* extenuationis. *fém.*

EXTÉNUÉ. Attenuatus, attenuata, attenuatum. *part. pass.* d'Attenuo.

EXTÉNUER. Attenuare, attenuo, as, attenuavi, attenuatum. *act. acc.*

EXTÉRIEUR. Externus, externa, externum. *adj.*

L'EXTÉRIEUR, *l'air*, *le maintien*, *substant.* Externa species, *gén.* externæ speciei *ém.*

EXTÉRIEUREMENT, *à l'extérieur.* Extrinsecùs. *adv.*

EXTERMINATEUR. Eversor, *g.* eversoris. *masc.*

EXTERMINATION. Extinctio, *génit.* extinctionis. *fém.*

EXTERMINÉ. Extinctus, extincta, extinctum. *part. pass.* d'Extinguo.

EXTERMINER. Extinguere, extinguo, is, extinxi, extinctum. *act. acc.*

EXTERNE. Externus, a, um. *adj.*

EXTINCTION, *action par laquelle on éteint.* Extinctio, *g.* extinctionis. *f.*

EXTIRPATEUR, *qui détruit.* Eversor, *gén.* eversoris. *fém.*

EXTIRPATION. Extirpatio, *gén.* extirpationis *fém.*

EXTIRPER. *Voy. Exterminer.*

EXTORQUER. Extorquere, extorqueo, es, extorsi, extorsum. *act. règ. dir. acc. règ. ind. abl.* avec à ou ab.

EXTORSION. Violenta ademptio, *gén.* violentæ ademptionis. *fém.* Celui qui fait des extorsions. Extortor, *gén.* extortoris. *masc.*

EXTRACTION, *action par laquelle on tire.* Evulsio, *gén.* evulsionis. *fém.*

EXTRACTION. Genus, *gén.* generis. *n.* Qui est de noble extraction. Natus, a, um. *Ajoutez* nobili genere.

EXTRAIRE. Excerpere, excerpo, excerpsi, excerpsi, excerptum. *act. accus.* De par è ou ex, et l'abl.

EXTRAIRE le sel, le suc d'une chose, ou exprimer. Exprimere, avec le même régime que excerpere. Voy. *Exprimer.*

Qui est EXTRAIT. Excerptus, a, um. *part. pass.* d'Excerpo. De par è ou ex, et l'abl.

UN EXTRAIT, Excerptum, *gen.* excerpt neut.

EXTRAJUDICIAIRE, *qui n'est p dans la forme ordinaire des jugemen.* Quod est extra formulas.

EXTRAORDINAIRE. Extraordinarius a, um. *adj.*

EXTRAORDINAIREMENT. Præter s litum.

EXTRAVAGAMMENT. Ineptè. *ad Au comp.* ineptiùs; *au sup.* ineptissimè.

EXTRAVAGANCE. Amentia, *géni* amentiæ. *fém.* Extravagances. Ineptiæ *gén.* ineptiarum. *fém. plur.*

EXTRAVAGANT. Amens, *masc. fé neut. gén.* amentis.

EXTRAVAGUER. Delirare, deliro, d liras, deliravi, deliratum.

EXTRAVASÉ. Effusus, effusa, eff sum. *part. pass.* d'Effundo. Extra venas s'EXTRAVASER. Transfluere, tran fluo, transfluis, transfluxi, transfluxum.

EXTRÊME. Summus, summa, sum mum; *ou* maximus, maxima, maximum *adject.*

EXTRÊMEMENT. Valdè. Summoper *adverbe.*

EXTRÊME-ONCTION, *sacrement l'église.* Extrema unctio, *gén.* extrem unctionis. *f.* Donner l'extrême-onctio Inungere, inungo, inungis, inunxi, inun tum. *act. acc.* Ajoutez sacro oleo. *La* cevoir. Inungi. *pass.* Ajoutez sacro oleo.

EXTRÉMITÉ ou le bout. Extremur *gén.* extremi. *n.* Etre à l'extrémité à l'article de la mort. Agere, ago, agi egi, actum. *act.* Ajoutez animam. E malade à l'extrémité. Teneri, tene teneris, tentus sum. *pass. Ajoutez* mor periculoso.

EXTRÉMITÉ ou *nécessité extrême.* Su mæ angustiæ. *g.* summarum angustiaru *fém. plur.* Réduit à une telle extrém que. Redactus eò, ut, avec le subjon Redactus, a, um. *part. pass.* de Redig

EXTRINSÈQUE. Extrinsecus, extri seca, extrinsecum. *adj.*

EXUBÉRANCE, *surabondance.* E berantia, *gén.* exuberantiæ. *fém.*

EXUBÉRANT, *surabondant.* E berans. *masc. fém. neut. génit.* exul rantis.

FABLE. Fabula, *gén.* fabulæ. *fém.*
FABRICATEUR *de fausse monnaie.* Adulterator, *gén.* adulteratoris. *mascul.* monetæ. *De faux actes.* Subjector, *génit.* subjectoris. *masc.*
FABRIQUE. Fabrica, *génit.* fabricæ. *fém.*
FABRIQUE. Fabricatus, fabricata, fabricatum. *part. pass. de* Fabrico.
FABRIQUER. Fabricare, fabrico, as ; fabricavi, fabricatum. *act. acc.*
FABULEUSEMENT, *d'une manière fabuleuse.* Fabulosé. *adv.*
FABULEUX. Fabulosus, fabulosa, fabulosum. *adj.*
FABULISTE. Scriptor, *gén.* scriptoris. *Ajoutez* fabularum.
FAÇADE, *frontispice.* Frons, *génit.* frontis. *fém.*
FACE. Facies, *gén.* faciei. *fém. Regarder en face.* Intueri, intueor, eris, intuitus sum. *dép. acc. Face à face ou clairement.* Claré. *adv. ou* adversis frontibus, *à l'abl. Se voir l'un et l'autre face à face.* Inter se aspicere, aspicio, is, aspexi, aspectum. *act. En face, ou à la face de.* Coram, *avec l'abl. Faire volte face, faire face à l'ennemi.* Convertere, converto, is, converti, conversum. *act. Aj.* signa in hostem, *c'est-à-dire, tourner ses étendards contre l'ennemi. Faire faire volte-face aux troupes.* Circumagere, circumago, is, circumegi, circumactum. *act.* legiones. *Faire face de tout côté.* Facere orbes. Facio, facis, feci, factum. *act. Ajoutez toujours* orbes.
FACÉTIEUSEMENT. Facetè, *adv. Au comp.* facetiùs, *au superl.* facetissimè.
FACÉTIEUX. Facetus, a, um. *adj.*
FACETTE, *superficie d'un corps taillé en plusieurs angles.* Facies, *gén.* faciei. *fém. A facettes.* Multiplici facie.
FACHÉ *contre.* Iratus, irata, iratum. *dat. de la personne. Etre fâché de.* Ferre, fero, fers, tuli, latum. *act. acc. de la chose. Ajoutez* ægrè, *c'est-à-dire, supporter avec peine.*
FACHER. Movere, moveo, moves, movi, motum. *act. acc. de la personne.* *Ajoutez* stomachum, *c'est-à-dire, exciter la colère.*
SE FACHER *contre.* Irasci, irascor, eris, iratus sum. *dép. dat.*
SE FACHER *de.* Dolere, doleo, doles, dolui, dolitum. *n. acc. Qui se fâche aisément.* Præceps, *m. f. n. gén.* præcipitis. *adj. Ajoutez* in iram, *c'est-à-dire, porté à la colère.*
FACHERIE. Molestia, *g.* molestiæ. *f.*
FACHEUX. Molestus, molesta, molestum. *adj.*
FACILE. Facilis, *m. f.* facile, *n. gén.* facilis. *Au comp.* facilior, *masc. f.* facilius, *n. ; au superl.* facillimus, facillima, facillimum. *adj. Il est facile de.* Facile est, *avec un infin.*
FACILEMENT. Facilè. *adv. Au comp.* faciliùs ; *au superl.* facillimè.
FACILITÉ. Facilitas, *gén.* facilitatis. *fém. A faire, ou pour faire.* Ad faciendum.
FACILITER. Afferre, affero, affers, attuli, allatum. *act. dat. Ajoutez* facilitatem, *c'est-à-dire, donner de la facilité.*
FAÇON, *manière.* Ratio, *gén.* rationis. *fém. un gérond. en* di. *De quelle façon?* Quonam modo ? *De cette façon ou ainsi.* Sic. Ita. *adv. De quelle façon que ce soit.* Quoquo modo. *à l'abl. De sa façon.* Ita ut, *et le subj. De sa façon.* Ex instituto suo. *En aucune façon.* Nullo modo, *à l'abl. A la façon de.* More, *à l'abl. qui veut après soi un gén. En plusieurs façons.* Multis modis, *à l'abl. Sans façon, ou simplement.* Simpliciter. *adv. Familièrement.* Familiariter. *adv.*
FAÇON, *cérémonie.* Voy. *Cérémonie.*
FAÇON *ou* mine. Facies, *gén.* faciei. *fém. De bonne façon, ou qui a bonne mine.* Eximiâ facie. *abl.*
FAÇON, *travail de l'ouvrier.* Artificium, *génit.* artificii. *neut. Façon que l'on donne à une vigne.* Cultura, *génit.* culturæ. *fém.*
FAÇONNÉ *ou* formé. Informatus, informata, informatum. *part. pass. d'*Informo. *A par ad, et l'acc.*
FAÇONNÉ. Voyez *Orné.*
FAÇONNER *ou* former. Informare,

informo, informas, informavi, informatum. *act. acc.* A *par* ad, *et l'acc.*

FAÇONN R. Voyez *Orner.*

FACTEUR ou *commis.* Institor, institoris. *masc.*

FACTEUR, *porteur de lettres.* Epistolarum la'or, *gén.* latoris. *masc.*

FACTICE. Factitius, factitia, fact'tium. *adj.*

FACTIEUX, *qui forme des factions.* Seditiosus, sed tiosa, seditiosum. *adj.*

FACTION ou *ligue.* Factio, g. factionis. *fém. Etre à la tête d'une faction.* Tenere principatum factionis, *c'est-à-dire, tenir le premier rang.*

FACTION *de soldat.* Functio, *gén.* functionis. *fém. Soldat en faction.* Miles excubans, *gén.* militis excubantis. *m. Etre en faction.* Stationem agere, ago, agis, egi, actum. *act.*

FACTIONNAIRE; *soldat qui est en faction.* Miles, *gén.* militis. *m. Ajoutez* excubans. *part. prés. de* excubare.

FACTOTUM, *homme qui se mêle de tout dans une maison.* Ardelio, g. ardelionis. *masc.*

FACTUM, *écrit en forme de plaidoyer.* Summarium emissum, g. summarii emissi. *n. Ajoutez* l is, *au gén.*

FACTURE, *état et le prix des marchandises.* Species et pretium, g. speciei et pretii. Species est fém. et pretium est neut. *Ajoutez* mercimoniorum.

FACULTÉ. Facultas, *génit.* facultat's. *fém.*

FACULTÉ, *se dit des biens et des richesses que possède un particulier.* Facultates, *gén.* facultatum. *fém. plur.*

FADAISES. Nugæ, *gén.* nugarum. *fém. plur.*

FADE. Fatuus, fatua, fatuum. *adj.*

FADE, *où il n'y a pas d'esprit.* Insulsus, insul a, insulsum. *adj.*

FADEMENT. Fatuè. *adv.*

FADEUR, *stupidité au goût.* Fatuus sapor, *gén.* fatui saporis. *masc.*

FADEUR, *manque d'agrément.* Insulsitas, *gén.* insulsitatis. *fém.*

FAGOT. Fascis, g. fascis. *masc.*

FAGOTAGE, *l'action de faire un fagot.* Compactio, *gén.* compactionis. *f. Ajoutez* è virgultis fasciculorum.

FAGOTÉ, *mal agencé.* Inconcinnus, inconcinna, inconcinnum.

FAGOTER, *faire des fagots.* Compingere, compingo, compingis, compegi, compactum. *act. Ajoutez* fasciculos virgultorum.

FAGOTER, *mal agencer.* Componere, compono, is, composui, compositum. *act. acc. Ajoutez* ineptè. *ad.*

FAIBLE. Imbecillus, imbecilla, imbecillum. *adj.*

FAIBLE, *le faible.* Voy. Faiblesse

FAIBLEMENT. Infirmè. *adv. Au comp.* infirmiùs, *au superl.* infirmissimè.

FAIBLESSE. Imbecillitas, *gén.* imbecillitatis. *fém.*

FAIENCE, *vaisselle de faïence.* Vasa faventina, *gén.* Vasorum faventinorum. *neut. plur.*

FAIENCIER, *marchand de faïence.* Propola, *genit.* propolæ. *masc. Ajoutez* vasorum faventinorum.

FAIENCIER, *celui qui fait la faïence.* Figulus faventinus, *gén.* figuli faventini. *masc.*

FAILLIR, *se tromper.* Errare, erro, erras, erravi, erratum. *Il a failli à être tué,* c'est-à dire, *peu s'en est fallu qu'il ne fût tué.* Non multùm abfuit quin interficeretur.

FAILLITE. Voyez *Banqueroute.*

FAIM. Fames, *gén.* famis. *fém. Avoir faim.* Esurire, esurio, esuris, esurivi ou esurii, esuritum. *neut. Laisser ou faire mourir de faim, nourrir mal.* Necare, neco, necas, necavi, necatum. *acc. Ajout.* fame. *Se laisser mourir de faim, se nourrir mal.* Jugulare se, jugulo, as, avi, jugulatum. *Ajout.* fame.

FAINEANT. Desidiosus, desidiosa, desidiosum. *adj.*

FAINEANTISE. Desidia, *gén.* desidiæ. *fém.*

FAIRE. Facere, facio, facis, feci, factum. *act. acc. Etre fait.* Fieri, fio, fis, factus sum. *pass. Faire en sorte que.* Facere ut, avec le subj. *Faire semblant ou contrefaire.* Simulare, simulo, simulas, simulavi, simulatum. *act. acc. Faire le malade,* c'est-à-dire, *contrefaire le malade.* Simulare morbum. *Faire le triste,* c'est-à-dire, *feindre la tristesse.* Simulare mœstitiam. *Faire, user, disposer. Homme dont on peut faire tout ce qu'on veut.* Homo aptus, g. hominis apti. m. *Ajout.* regi, *à l'infin. pass. du verbe* regere; *comme si l'on disait: un homme propre à être gouverné.*

FAIRE, *acquérir, amasser. Faire argent de tout.* Redigere, redigo, redigis, redegi, redactum. *act. Ajoutez* pecuniam è re quâlibet. *Le verbe* faire, *joint à un infinit. français, signifie commander, inciter, etc. ou bien il signifie commander, avoir soin, etc. Si* faire *signifie pousser, inciter, etc. il s'exprime par* cogere *ou* impellere, *et la préposition à qui suit, se traduit par* ut, *avec le subj. Exemple: Ton honnêteté m'a fait implorer ton secours,* c'est-à-dire, *m'a porté à implorer ton secours, ou a fait en sorte que j'implorasse ton secours.* Tua humanitas, coegit ou impulit ut implorarem tuam opem. *Si* faire *signifie commander,* u

F A I   F A M

s'exprime par jubere ; *s'il signifie* avoir soin, *il s'exprime par* curare, *et après ces deux verbes on met l'infin.* Exemples : *Le roi a fait bâtir une citadelle*, c'est-à-dire, *a commandé qu'une citadelle fût bâtie.* Rex jussit arcem ædificari. *Notre maître nous fait travailler*, c'est-à-dire, *a soin que nous travaillions.* Noster præceptor curat nos laborare ou ut laboremus. (Cogo, is, coegi, coactum. *act. acc.* Impello, is, impuli, impulsum *act. acc.* Curare, curo, curas, curavi, curatum. *acc.*)

Faire, *représenter, contrefaire.* Gerere, gero, geris, gessi, gestum. *actif.* Ajout. personam, *avec le gén.* c'est à dire, *faire le personnage. Faire le personnage d'un médecin.* Gerere personam medici.

Faire, *créer, élire.* Creare, creo, creas, creavi, creatum. *act. acc. Faire des consuls.* Consules creare.

Faire, *mettre au monde.* Parere, pario, paris, peperi, partum. *act.*

Se Faire *riche.* Voy. *s'Enrichir.*

Se Faire *à quelque chose.* Voy. *s'Accoutumer.*

Il y a d'autres manières d'exprimer en latin le verbe faire. On consultera à cet effet la Grammaire latine, et l'article du verbe faire.

Faire *pour être. Il fait beau temps,* c'est-à-dire, *le temps est beau.* Cœlum est serenum ; esse, sum, es, fui. *Il faisait beaucoup de vent,* c'est-à-dire, *le vent était grand.* Ventus erat vehemens.

Faire, *pour estimer et dire le prix des choses.* Comme : *Combien faites-vous votre livre ?* Quanti facis tuum librum ?

C'est à faire à. Est, erat, fuit, esse, *imperson.* avec un *gén.* de la personne, et un *infin.* ensuite. *C'est à faire à Fabius.* Est Fabii, *avec un infinitif en suite.*

Au lieu du gén. des pronoms, on dit : c'est à faire à moi. Meum est ; *à toi,* tuum est ; *à soi,* suum est ; *à nous,* nostrum est ; *à vous,* vestrum est, *et l'on met un infin. ensuite.*

Qu'en fera-t-on ? ou que fera-t-on de lui ? Quid fiet de illo ? c'est à dire, *que sera-t-il fait de lui ?* (Fiet vient du verbe fio, *pass.* de facio.) *C'en est fait de moi.* actum est de me. (Actum est vient du verbe agor, *pass.* de ago, agis, agere.)

Qui est FAISABLE. Qui ou quæ, ou quod fieri potest.

FAISAN, *oiseau.* Phasiana avis, *gén.* phasianæ avis. *f. Tout se décline.*

FAISCEAU. Fascis, *g.* fascis. *fém.*

FAISEUR, *qui fait.* Effector, *g.* effectoris. *masc.*

FAISEUSE, *femme qui fait.* Effectrix, *gén.* effectricis. *fém.*

FAIT, *adj.* Fatus, facta, factum. *part. pass.* de Facio.

Fait *ou accoutumé à.* Assuefactus, a, um. *part. pass.* d'Assuefacio. *un dat.*

Bien Fait, *en parlant d'une personne.* Liberali specie. *à l'abl.* Mal fait. Illiberali specie. *à l'abl.*

C'en est fait. Voy. *le verbe* Faire.

C'est bien fait. Bene factum.

Un Fait, *subst.* Factum, *g.* facti. *n.*

De fait ou en effet. Re verâ, *à l'abl.*

Sur le fait. In manifesto scelere.

FAITE, *sommet.* Fastigium, *gén.* fastigii. *neut.*

FAIX, *fardeau.* Onus, *gén.* oneris. *n.*

Sous le faix. Sub onere.

FALAISE, *rivage de la mer haut et escarpé.* Abruptum littus, *gén.* abrupti littoris. *neut.*

FALLACIEUSEMENT, *avec fraude.* Fraudulenter. *adv.*

FALLACIEUX, *frauduleux.* Fraudulentus, a, um. *adj.*

FALLOIR. Oportere, oportet, oportebat, opo tuit. *impers. Après* oportet, *on met un infin. ou bien on exprime le* que *par* ut, *avec le subjonct. Peu s'en faut, tant s'en faut, il s'en faut de beaucoup, combien s'en faut-il que,* etc. Voyez la Grammaire latine où sont consignées toutes ces façons de parler, appelées *idiotismes.*

FALOT, *lanterne.* Laterna, *gén.* laternæ. *fém.*

FALOURDE, *gros fagot de bois.* Fascis, *gén.* fascis. *masc.*

FALSIFICATEUR. Falsarius, *gén.* falsarii. *masc.*

FALSIFICATION. Corruptio, *gén.* corruptionis. *fém.*

FALSIFIÉ. Corruptus, corrupta, corruptum. *part. pass.* de Corrumpo.

FALSIFIER. Corrumpere, corrumpo, is, corrupi, corruptum. *act. acc.*

FAMÉLIQUE, *qui ressent la faim.* Famelicus, a, um. *adj.*

FAMEUX, *en bonne part.* Clarus, clara, clarum. *adj. En mauvaise part.* Famosus, famosa, famosum. *adj.*

Se FAMILIARISER. Agere, ago, agis, egi, actum. *n.* Ajoutez familiariter, c'est-à-dire, *agir familièrement.*

Se FAMILIARISER *avec quelque chose.* Voyez *s'Accoutumer.*

FAMILIARITÉ. Familiaritas, *génit.* familiaritatis. *fém.*

FAMILIER. Familiaris, *m. f.* familiare, *n. gén.* familiaris. *Etre fort familier avec quelqu'un.* Esse perfamiliarem alicui. Perfamiliaris, *m. f.* perfamiliare, *n.* s'accorde avec le nominatif.

FAMILIÈREMENT. Familiariter. *adv. Au comp.* familiariùs ; *au superl.* familiarissimè.

FAMILLE Familia, *gén.* familiæ. *f*
FAMINE. Fames, *gén.* famis. *fém.*
FAN. Voyez *Faon.*
FANAL. Fax, *gén.* facis. *fém.*
FANATIQUE. Fanaticus, fanatica, fanaticum. *adj.*
FANATISME. Fanaticus furor, *génit.* fanatici furoris. *masc.*
FANÉ. Flaccidus, flaccida, flaccidum. *adj.*
FANER *le foin.* Movere, moveo, es, movi, motum. *act. acc.* fenum.
SE FANER, *se flétrir.* Flaccescere, flaccesco, flaccescis, flaccui. *sans. sup. neut.*
FANFARE. Clangor tubæ, *gén.* clangoris. *masc.* tubæ *ne change point.*
FANFARON. Gloriosus, *gén.* gloriosi. *masc.*
FANFARONNADE, *vanterie.* Ostentatio, *gén.* ostentationis. *fém.*
FANGE. Lutum, *gén.* luti. *neut.*
FANGEUX. Lutosus, lutosa, lutosum. *adj.*
FANON, *la peau qui pend sous la gorge d'un bœuf.* Palearia, *génit.* palearium. *neut. plur.*
FANTAISIE. Arbitrium, *gén.* arbitrii. *neut.* A *ma fantaisie ou selon ma fantaisie.* Arbitrio meo. *à l'abl.*
FANTASQUE. Morosus, morosa, morosum. *adj.*
FANTASSIN. Pedes, *génit.* peditis. *masc.*
FANTASTIQUE, *imaginaire.* Imaginarius, a, um. *adj.*
FANTOME. Spectrum, *génit.* spectri. *neut.*
FAON, Hinnuleus, *gén.* hinnulei. *m.*
FAONNER, *mettre bas son faon.* Edere, edo, edis, edidi, editum. *actif.* Ajoutez hinnuleum.
FAQUIN. Voyez *Fat.*
FARCE *de théâtre.* Joci mimici, *g.* jocorum mimicorum. *masc. plur.*
FARCE, *mélange de viandes ou d'herbes hâchées.* Fartum, *g.* farti. *neut.*
FARCEUR ou *baladin.* Mimus, *gén.* mimi. *masc.*
FARCI. Fartus, farta, fartum. *part. pass. de* Farcio. *abl. de la chose.*
FARCIN. Scabies, *gén.* scabiei. *fém.*
FARCINEUX, *qui a le farcin.* Scabiosus, scabiosa, scabiosum. *adj.*
FARCIR, *remplir de farce.* Indere, indo, indis, indidi, inditum. *act. Ajout.* farcimen, *avec le dat.*
SE FARCIR *de viandes.* Farcire, farcio, farcis, farsi, fartum. *Ajoutez* ventrem.
FARCIR *un discours d'injures.* Infarcire, infarcio, infarcis, infarsi, infartum. *Aj.* convicia in orationem, *c'est-à-dire, mettre des injures dans un discours.*

FARD. Fucus, *gén.* fuci. *masc.*
FARDÉ. Fucatus, a, um. *part. pass. de* Fuco.
FARDEAU. Onus, *gén.* oneris. *neut. Mettre à quelqu'un un fardeau sur le épaules.* Onerare aliquem aliquâ re, *c'est-à-dire, charger quelqu'un de quelque chose. Décharger quelqu'un d'un fardeau.* Levare, levo, levas, levavi, levatum *act.* Aliquem onere.
FARDER. Fucare, fuco, fucas, fucavi, fucatum. *act. acc.*
SE FARDER *le visage.* Fucare os. *à l'acc.*
FARFOUILLER, *fouiller confusément* Permiscere, permisceo, es, permiscui permixtum. *act. acc.*
FARIBOLES, *contes en l'air.* Nugæ *gén.* nugarum. *fém. plur.*
FARINE. Farina, *gén.* farinæ. *f.*
FARINEUX. Conspersus, conspersa, conspersum. *part. pass. de* Conspergo *Ajoutez* farinâ, *c'est-à-dire, couvert de farine.*
FARINIER, *qui vent la farine.* Pollintor, *gén.* pollintoris. *masc.*
FAROUCHE. Ferus, a, um. *adj.*
FASCINATION, *charme.* Fascinatio *gén.* fascinationis. *fém.*
FASCINE. Fascis, *g.* fascis. *masc.*
FASCINER, *enchanter, ensorceler.* Effascinare, effascino, effascinas, effascinavi, effascinatum. *act. acc.*
FASEOLE, *espèce de légumes.* Faselus. *gén.* faseli. *masc.*
FASTE. Fastus, *gén.* fastûs. *masc.*
FASTES, *calendrier des Romains.* Fasti, *gén.* fastorum. *masc. plur.*
FASTIDIEUX, *dédaigneux.* Insuavis *m. f.* insuave, *n. g.* insuavis. *adj.*
FASTUEUSEMENT, *d'une manière fastueuse.* Jactanter. *adv.*
FASTUEUX. Fastuosus, fastuosa, fastuosum. *adj.*
FAT, *sot, impudent.* Fatuus, fatua, fatuum. *adj.*
FATAL. Fatalis, *masc. fém.* fatale, *neut. gén.* fatalis.
FATAL, *malheureux.* Infelix, *m. f. n. gén.* infelicis.
FATALEMENT. Fataliter. *adv.*
FATALITÉ. Fatus, *g.* fati. *neut.*
FATIGANT. Laboriosus, laboriosa, laboriosum. *adj.*
FATIGUE. Labor, *g.* laboris. *m.*
FATIGUÉ. Fatigatus, fatigata, fatigatum. *part. pass. de* Fatigo.
FATIGUER. Fatigare, fatigo, fatigas, fatigavi, fatigatum. *act. acc.*
FATIGUER, *prendre de la peine.* Laborare, *c'est-à-dire, travailler.*
SE FATIGUER, *en parlant du corps.* Fatigare se. *En parlant de l'esprit,* Fatigare animum.

FATRAS. Indigesta congeries, *g.* indigestæ congeriei. *fém.*

FATUITÉ, *sottise, impertinence.* Insulsitas, *gén.* insulsitatis. *fém.*

FAUBOURG. Suburbium, *g.* suburbii. *neut. Qui est du faubourg.* Suburbanus, suburbana, suburbanum. *adj.*

FAUCHAGE, *l'action de faucher.* Fenisecia, *gén.* feniseciæ. *fém.*

FAUCHER *les prés.* Demetere, demeto, demetis, demessui, demessum. *act. acc.* Ajoutez fœnum.

FAUCHET, *râteau à dents.* Rastellum, *gén.* rastelli. *neut.*

FAUCHEUR. Feniseca, *gén.* fenisecæ. *masc.*

FAUCILLE. Falcula, *g.* falculæ. *f.*

FAUCON. Falco, *g.* falconis. *masc.*

FAUCONNERIE. Ars, *gén.* artis. *fém.* Ajoutez instituendorum accipitrum, c'est-à-dire, *l'art d'élever des faucons.*

FAUCONNIER. Curator, *gén.* curatoris. *m.* Ajout. accipitrum, *c'est-à-dire, celui qui a soin des faucons.*

FAUCONNIÈRE, *sorte de sac.* Vidulus, *gén.* viduli. *masc.*

FAVEUR. Gratia, *gén.* gratiæ. *f. En faveur de.* Gratiâ. *abl. qui veut ensuite un gén.* Voyez *A cause. A la faveur d'un grand vent.* Secundo vento. *à l'abl. A la faveur de la nuit.* Noctis interventu. *Ce dernier mot à l'abl. Etre en faveur auprès de quelqu'un.* Valere, valeo, vales, valui, valitum. *neutre.* gratiâ apud aliquem.

FAUFILER, *coudre de loin en loin.* Consuere, consuo, consuis, consui, consutum. *act. acc.* Ajoutez longiusculis intervallis.

FAUNE, *dieu des forêts.* Faunus, *gén.* Fauni. *masc.*

FAVORABLE *à, ou qui favorise.* Æquus, æqua, æquum. *Au comp.* magis æquus, *et quelquefois* æquior; *au superl.* maximè æquus, *et quelquefois* æquissimus. *dat. Etre favorable à.* Favere, faveo, es, favi, fautum. *n. dat.*

FAVORABLE *ou avantageux.* Secundus, a, um. *Vent favorable.* Ventus secundus, *gén.* venti secundi. *masc.*

FAVORABLEMENT, *avec affection.* Amanter. *adv. Au comp.* amantiùs; *au superl.* amantissimé.

FAVORI. Gratiosus, gratiosa, gratiosum. *avec un dat. adj.*

FAVORISER. Favere, faveo, faves, favi, fautum. *neut. dat.*

FAVORITE, *la plus chérie.* Gratiosa, *gén.* gratiosæ. *f. De la reine.* Reginæ, *au datif.*

FAUSSAIRE. Falsarius, *génit.* falsarii. *masc.*

FAUSSEMENT. Falsò. *adverbe. Au comparatif.* falsiùs. *au superlatif.* falsissimé.

FAUSSE-PORTE. Pseudothyrum, *gén.* pseudothyri. *neut.*

FAUSSER. Fallere, fallo, fallis, fefelli, falsum. *act. acc. Sa foi ou sa parole,* fidem. *acc.*

FAUSSER *une clef, etc.* Distorquere, distorqueo, distorques, distorsi, distortum. *act.* clavem.

FAUSSET, *petite broche.* Veruculum, *gén.* veruculi. *neut.*

FAUSSET, *voix qui contrefait le dessus dans un concert.* Vox tinnula, *gén.* vocis tinnulæ. *f.*

FAUSSETÉ. Falsum, *g.* falsi. *neut.*

FAUT. Voyez *Falloir.*

FAUTE ou *erreur.* Error, *gén.* erroris. *m. Faute d'orthographe.* Paragramma, *gén.* paragrammatis. *neut.*

FAUTE ou *péché.* Culpa, *gén.* culpæ. *f. Par ma faute.* Meâ culpâ, *à l'abl.*

FAUTE *d'écriture, d'impression.* Mendum, *gén.* mendi. *neut.*

Sans faute, immanquablement. Certò. *adv.*

On exprime en latin avoir faute de *par* carere, *avec un abl. ensuite.*

Faute de, suivi d'un nom. Inopiâ, *abl. qui veut ensuite un gén.*

Faute de, suivi d'un verbe. Quòd non, *avec le subj.*

FAUTEUIL, *chaise à bras.* Sella honoraria, *gén.* sellæ honorariæ. *f.*

FAUTEUR, *qui favorise.* Fautor, *gén.* fautoris. *masc.*

FAUTIF. Mendosus, a, um. *adj.*

FAUTRICE, *celle qui favorise.* Fautrix, *gén.* fautricis. *fém.*

FAUVE. Fulvus, fulva, fulvum. *adj.*

FAUVETTE. Curruca, *gén.* currucæ. *fém.*

FAUX, *à faucher les prés.* Falx, *gén.* falcis. *fém.*

FAUX ou *pas vrai.* Falsus, falsa, falsum. *adj.*

FAUX-BOURDON. Musicus concentus rudior, *gén.* musici concentûs rudioris. *masc.*

FAUX-FUYANT. Diverticulum, *g.* diverticuli. *neut.*

FAUX-JOUR. Obliqua lux, *gén.* obliquæ lucis. *f.*

FÉAL, *fidèle.* Fidelis, *m. f.* fidele. *n. gén.* fidelis.

FEBRICITANT, *qui a la fièvre.* Febriens, *masc. fém. neut. gén.* febrientis. *adj.*

FEBRIFUGE, *remède contre la fièvre.* Remedium, *gén.* remedii. *neut.* Ajoutez contra febrim.

MATIÈRE FÉCALE, *excrémens.* Dejectio, *gén.* dejectionis. *f.*

FÈCES, lie. Fœces, génit. fecum. fém. plur.

FÉCOND. Fecundus, a, um. adj.

FÉCONDER, rendre fécond. Fecundare, fecundo, fecundas, fecundavi, fecundatum. act. acc.

FÉCONDITÉ. Fecunditas, gén. fecunditatis. fém.

FÉCULE. Fæcula, gén. fæculæ. f.

FÉE, devineresse, enchanteresse. Mulier fatidica, gén. mulieris fatidicæ. fém.

FEINDRE. Fingere, fingo, fingis, finxi, fictum. act. acc. S'il suit un de joint à un infin. français, on retranche ce de, et l'on met la personne à l'acc. et l'infin. français à l'infin. latin. Tu feins d'être savant, c'est-à-dire, que tu es savant. Fingis te esse doctum.

FEINT. Fictus, a, um. part. pass. de Fingo.

FEINTE. Simulatio, gén. simulationis. fém.

FEINTE, le semblant qu'on fait de porter un coup. Simulata petitio, gén. simulatæ petitionis. f.

FÊLÉ. Fissus, a, um. part. pass. de Findo.

FÊLER. Findere, findo, findis, fidi, fissum. act. acc.

FÉLICITATION. Gratulatio, gén. gratulationis. fém.

FÉLICITÉ. Felicitas, génit. felicitatis. fém.

FÉLICITER. Gratulari, gratulor, gratularis, gratulatus sum. dép. rég. dir. dat. rég. ind. acc.

FÉLON, qui viole la foi due au seigneur. Cliens perfidus, gén. clientis perfidi. masc.

FÉLONIE, foi de vassal violée. Perfidia, gén. perfidiæ. f.

FÉLOUQUE, petit bâtiment de mer. Phaselus, gén. phaseli. masc.

FÊLURE. Rimula, g. rimulæ. f.

FEMELLE. Femina, gén. feminæ. f.

FÉMININ. Femininus, a, um. adj.

FEMME. Femina, gén. feminæ. f.

FEMME mariée. Uxor, gén. uxoris. f.

FEMMELETTE, petite femme. Muliercula, gén. mulierculæ. fém.

FENAISON, la saison de faucher le foin. Fenisecium. g. fenisecii. neut.

FENDEUR de bois. Qui findendis lignis vitam tolerat. Celui qui gagne sa vie à fendre du bois.

FENDRE. Findere, findo, findis, fidi, fissum. act. acc.

FENDRE la presse, la foule, l'air. Perrumpere, perrumpo, perrumpis, perrupi, perruptum. act. acc.

FENDRE la tête à quelqu'un. Aperire caput alicui, c'est-à-dire, ouvrir, etc.

SE FENDRE. Agere, ago, agis, egi, actum. act. Ajoutez rimas, c'est-à-dire, faire des fentes.

FENDU. Fissus, a, um. part. pass. de Findo.

FENÊTRAGE. Fenestræ, gén. fenestrarum. f. plur. Ajoutez ædium, c. à d., toutes les fenêtres d'une maison.

FENÊTRE. Fenestra, g. fenestræ. f. Regarder par les fenêtres, jeter par les fenêtres. Par les fenêtres s'exprime par è fenestris.

FENIL, lieu à mettre du foin. Fenile, gén. fenilis. neut.

FENOUIL, herbe, Feniculum, génit. feniculi. neut.

FENTE. Rima, gén. rimæ. fém.

FÉODAL, de fief. Clientaris, masc. f. clientare. neut. adj.

FER. Ferrum, gén. ferri. n. Qui est de fer. Ferreus, a, um. adj.

FER de cheval. Solea, g. soleæ. f.

FER d'une pique, d'une lance. Cuspis, gén. cuspidis. fém.

FERS ou chaînes. Catenæ, gén. catenarum. f. plur. Mettre aux fers. Onerare vinculis aliquem, c'est-à-dire, charger de fers quelqu'un.

FÉRIE. Feria, gén. feriæ. f.

FÉRIR, on ne le dit qu'en ce sens: Sans coup férir. Sine vi, ou nullo labore, à l'ablat.

FERLER les voiles, les plier. Complicare, complico, complicas, complicavi ou complicui, complicatum ou complicitum. act. avec l'acc. vela.

FERME. adj. Firmus, firma, firmum. adj. Tenir ou demeurer ferme. Perstare, persto, perstas, perstiti, perstitum. neut. dat. de la personne.

FERME ou avec fermeté. Firmè. adv.

UNE FERME. Villa, gén. villæ, fém. Donner à ferme. Locare, loco, as, avi, locatum. act. acc. de la chose ; le prix à l'abl. Prendre à ferme. Conducere, conduco, conducis, conduxi, conductum. act. acc. de la chose. De quelqu'un. Ab aliquo.

FERMÉ. Clausus, clausa, clausum. part. pass. de Claudo.

FERMEMENT. Firmè. adv. Au comp. firmiùs ; au superl. firmissimè.

FERMENT, levain. Fermentum, gén. fermenti. neut

FERMENTATION. Fermentatio, gén. fermentationis. fém.

FERMENTER. Fermentare, fermento, fermentas, fermentavi, fermentatum. act. accus.

SE FERMENTER. Fermentescere, fermentesco, is, sans prét. ni sup.

FERMER. Claudere, claudo, claudis, clausi, clausum. act. acc. De murailles, muris ; à la clef, serâ. abl.

FES

Se Fermer, *en parlant d'une plaie.* Coire, coco, is, coivi, coitum. *neut.*
Fermeté, *solidité.* Firmitas, *génit.* firmitatis. *fém.*
Fermeté, *constance.* Constantia, *gén.* constantiæ. *fém.*
Avec *fermeté, avec solidité.* Firmiter. *adv.*
Avec *fermeté, avec constance.* Constanter. *adv.*
FERMETURE, *ce qui sert à fermer.* Claustrum, *gén.* claustri. *neut.*
FERMIER, Villicus, *gén.* villici. *m.*
FERMIÈRE *d'une métairie.* Colona, *gén.* colonæ. *fém.*
FERMOIR. Uncinus, *g.* uncini. *masc.*
FÉROCE. Immanis, *masc. fém.* immane, *neut. gén.* immanis. *adj.*
FÉROCITÉ. Immanitas, *g.* immanitatis. *fém.*
FERRAILLE. Scruta, *gén.* scrutorum. *neut. plur.*
FERRARE, *ville d'Italie.* Ferraria, *gén.* Ferrariæ. *fém.* Qui est de Ferrare. Ferrariensis, *masc. fém.* ferrariense, *neut. gén.* ferrariensis.
FERRÉ, *en parlant d'un bâton, etc.* Ferratus, a, um. *Si l'on parle d'un cheval, etc.* Calceatus, a, um. *part. pass. de Calceo.*
FERREMENT. Ferramentum, *gén.* ferramenti. *neut.*
FERRER *un cheval.* Calceare, calceo, as, calceavi, calceatum. *act. acc.*
Ferrer *ou garnir de fers.* Munire, munio, munis, munivi *ou* muni, munitum. *act. acc. Ajoutez* ferro, *c'est-à-dire, munir de fer.*
FERRURE. Ferrum, *gén.* ferri. *neut.*
FERTILE. Fertilis, *masc. fém.* fertile, *neut. gén.* fertilis. *adj.*
FERTILEMENT. Fertiliter. *adv. Au comp.* fertiliùs; *au sup.* fertilissimè.
FERTILISER. Fecundare, fecundo, fecundas, fecundavi, fecundatum. *actif, accus.*
FERTILITÉ. Fertilitas, *gén.* fertilitatis. *fém.*
FERVEMMENT, *avec ferveur.* Ferventer. Fervidè. *adv.*
FERVENT. Fervens, *masc. fém. neut. gén.* serventis.
FERVEUR. Fervor, *g.* fervoris. *masc.*
FÉRULE. Ferula, *gén.* ferulæ. *fém.*
FESSE. Clunis, *gén.* clunis. *m. ou f.* Les fesses. Clunes, *génit.* clunium. *masc. ou fém. plur.*
FESSIER, *les fesses.* Clunes, *gén.* clunium. *fém. plur.*
FESTIN. Convivium, *gén.* convivii. *n.*
FESTON, *ornement composé de fleurs, de fruits et de feuilles.* Encarpus, *génit.* encarpi. *masc.*

FIA 199

FÊTE. Festum, *génit.* festi. *neutre.* La Fête-Dieu. Festum, *gén.* festi. *neut. Aj.* Corporis Christi.
FETU. Festuca, *gén.* festucæ. *fém.*
FETUS, *l'enfant formé dans le ventre de la mère.* Humana fetura, *gén.* humanæ feturæ. *fém.*
Le FEU. Ignis, *gén.* ignis. *m. Qui est de feu.* Igneus, ignea, igneum. *adject. Mettre le feu* ou *mettre en feu.* Incendere, incendo, is, incendi, incensum. *act. acc. Etre en feu.* Ardere, ardeo, a des, arsi, arsum. *n. Menacer de mettre à feu et à sang.* Minitari ferrum ignemque. *Une ville*, urbi, *c'est-à-dire, menacer du fer et du feu.* Minitor, aris, atus sum. *dép. dat. Mettre à feu et à sang une ville.* Vastare ferro et incendio urbem, *c'est-à-dire, ravager par le fer et le feu une ville.* Vasto, as, vastavi, vastatum, vastare. *act. acc. Feu de joie.* Ignis festivus, *g.* ignis festivi. *m. Feu d'artifice.* Ignis artificiosus, *g.* ignis artificiosi. *m.*
Feu *ou maison, famille.* Domus, *gén.* domûs. *f.* Voy. Maison. *Qui n'a ni feu ni lieu.* Errabundus, a, um. *adj.*
Feu, *c'est-à-dire, défunt.* Defunctus, a, um. *adj.*
FÈVE. Faba, *gén.* fabæ. *fém.*
FEVEROLE, *petite fève.* Fabulum, *g.* fabuli. *neut.*
FEUILLAGE. Frondes, *gén.* frondium. *fém. plur.*
FEUILLAISON. Foliatio, *gén.* foliationis. *fém.*
FEUILLE. Folium, *gén.* folii. *neut.*
Feuille *de papier.* Charta, *gén.* chartæ. *fém.*
Feuille *d'or ou d'autre métal.* Bractea, *gén.* bracteæ. *fém.*
FEUILLÉE, *ombrage que font des feuilles d'arbres.* Umbraculum ramosum, *gén.* umbraculi ramosi. *neut.*
FEUILLET. Folium, *gén.* folii. *n.*
FEUILLETÉ, Evolutus, evoluta, evolutum. *part. pass. d'*Evolvo.
Feuilleté, *gâteau feuilleté.* Foliacea placenta, *gén.* foliaceæ placentæ. *fém.*
FEUILLETER. Evolvere, evolvo, evolvis, evolvi, evolutum. *act. acc.*
FEUILLETTE, *demi-muid de vin.* Semimodius, *gén.* semimodii. *masc.*
FEUILLU. Frondosus, a, um. *adj.*
FÉVRIER. Februarius, *gén.* februarii. *masc.*
FEUTRE. Subcoacta, *gén.* subcoactorum. *neut. plur.*
FI. Apage. *impér.*
FIANÇAILLES. Sponsalia, *génit.* sponsalium. *neut. plur.*
Le FIANCÉ. Sponsus, *gén.* sponsi. *m.*
LA FIANCÉE. Sponsa, *gén.* sponsæ. *f.*
FIANCER, *promettre d'épouser.*

Spondere, spondeo, es, spopondi, sponsum. *Ajout. si c'est un homme qui fiance*, se ducturum in matrimonium, *avec l'acc. Si c'est une fille*, se nupturam, *avec le datif.*

FIBRE, *petit filament.* Fibra, *génit.* fibræ. *fém.*

FIBREUX. Fibratus, a, um. *adj.*

FIC, *ulcère.* Ficus, *gén.* fici. *masc.*

FICELLE, *petite corde déliée.* Funiculus, *gén.* funiculi. *masc.*

FICHE. Fibula, *gén.* fibulæ. *fém.*

FICHÉ. Fixus, fixa, fixum. *part. pass.* de Figo. Dans *par in, et l'abl.*

FICHER. Figere, figo, figis, fixi, fixum. *actif, accus.* Dans *par in, et l'abl.*

FICHU, *sorte de mouchoir de cou pour les femmes.* Mamillare, *gén.* mamillaris. *neut.*

FICTIF, *feint.* Fictus, a, um. *adj.*

FICTION. Commentum, *g.* commenti *neut.*

FIDÉICOMMIS, *legs qu'on fait à quelqu'un, à la charge de le remettre à un autre.* Fideicommissum, *gén.* fideicommissi. *neut.*

FIDÈLE, *adj.* Fidelis, *m. fém.* fidele, *neut. gén.* fidelis. *adj.*

FIDÈLEMENT. Fideliter. *adverbe. Au comparat.* fidelius. ; *au superlat.* fidelissimè.

FIDÉLITÉ. Fides, *gén.* fidei. *fém.*

FIEF. Prædium beneficiarum, *génit.* prædii beneficiarii. *neut.*

FIEFFÉ, Merus, a, um. *adj.*

FIEL. Fel, *gén.* fellis. *neut. Qui est de* fiel. Felleus, a, um. *adj.*

FIENTE. Stercus, *gén.* stercoris. *n.*

FIENTER, *en parlant des animaux.* Reddere, reddo, reddis, reddidi, redditum. *act. Ajoutez* excrementa.

FIER, *verbe. Se fier à.* Confidere, confido, is, confisus sum. *neut. dat.*

FIER. Superbus, a, um. *adj.*

FIÈREMENT. Superbè. *adv. Au comp.* superbiùs ; *au superl.* superbissimè.

FIERTÉ. Superbia, *gén.* superbiæ. *f.*

FIÈVRE. Febris, *gén.* febris. *f. Accès de fièvre.* Accessio, *gén.* accessionis. *fém. Ajoutez* febris, *au gén. Prendre la fièvre.* Corripi, corripior, corriperis, correptus sum. *pass. Ajoutez* febri. *Qui a la fièvre.* Febricitans, *m. f. n. g.* febricitantis. *Il est tombé de fièvre en chaud mal.* Ex malo in pejus incidit ; incido, incidis, incidi, incasum. *neut.*

FIÉVREUX. Febriculosus, febriculosa, febriculosum. *adj.*

FIFRE. Fistula, *gén.* fistulæ. *f. Qui joue du fifre.* Tibicen, *génit.* tibicinis. *masc.*

FIGÉ. Congelatus, a, um. *adj.*

FIGER, *condenser, épaissir par le* froid. Densare, denso, densas, densavi, densatum. *act. acc.*

SE FIGER. Concrescere, concresco, is, concrevi, concretum. *neut.*

FIGUE. Ficus, *gén.* fici *ou* ficûs. *f. Ce nom est de la seconde ou de la quatrième déclinaison.*

FIGUERIE, *lieu planté de figuiers.* Ficetum, *gén.* ficeti. *neut.*

FIGUIER. Ficus, *gén.* fici *ou* ficûs. *fém. de la seconde ou de la quatrième déclin. De figuier.* Ficulnus, a, um. *adj.*

FIGURE. Figura, *g.* figuræ. *fém.*

FIGURE, *représentation en peinture.* Effigies, *gén.* effigiei. *f. Donner diverses figures à quelque chose.* Formare aliquid in varios habitus, *c'est-à-dire, former quelque chose en différentes manières. Prendre la figure de quelqu'un.* Vertere se in imaginem alicujus, *c'est-à-dire, se tourner.*

FIGURE *de rhétorique.* Schema, *génit.* schematis. *neut.*

FIGURÉ. Figuratus, figurata, figuratum. *part. pass.* de Figuro.

FIGURÉMENT, *dans un sens figuré.* Per metaphoram.

FIGURER. Figurare, figuro, figuras, figuravi, figuratum. *act. acc.*

SE FIGURER. Fingere, fingo, fingis, finxi, fictum. *act. acc. Ajoutez* animo, *c'est-à-dire, imaginer dans son esprit.*

FIL *pour coudre.* Filum, *gén.* fili. *n.*

FIL *d'archal.* Stamen æreum, *g.* staminis ærei. *neut. D'or, d'argent.* Aureum, argenteum stamen.

FIL, *tranchan d'une épée.* Acies, *gén.* aciei. *masc. Ajoutez* ensis *au gén. Passer ou faire passer au fil de l'épée.* Concidere, concido, concidis, concidi, concisum. *act. acc.*

FIL *d'un discours.* Contextus, *g.* contextûs. *masc.* orationis, *au gén.*

FIL *ou cours d'une rivière, etc.* Cursus, *gén.* cursûs. *masc.*

FILAMENT. Fibra, *gén.* fibræ. *f.*

FILASSE. Cannabis depexa, *g.* cannabis depexæ. *fém.*

FILE *ou suite.* Ordo, *gén.* ordinis. *m. A la file.* Ordine, *à l'abl.*

FILER. Nere, neo, nes, nevi, netum. *neut. ou act. avec l'acc.*

FILER *ou aller à la file.* Incedere, incedo, incedis, incessi, incessum. *neut. Ajoutez* ordine.

FILET. Filum, *gén.* fili. *neut.*

FILET *de la langue.* Vinculum, *g.* vinculi. *neut.* linguæ, *au gén.*

FILETS. Retia, *gén.* retium. *n. plur.*

FILET *de vinaigre.* Stilla, *gén.* stillæ. *fém.* aceti. *D'eau, etc.* Aquæ, *au gen.*

FILEUR *ou* FILEUSE. Nens, *m. f. n. g.* nentis. *part. prés. du verbe* Nere.

FILIAL, *de fils*. Proprius, propria, proprium. *adj. Ajoutez* filii, *c'est-à-dire, propre d'un fils.*

FILIATION. Genus, *génit.* generis. *neut.*

FILIÈRE. *Morceau de fer percé de trous pour tirer l'or, etc.* Lamina multiforis, *gén.* laminæ multiforis. *fém. Tout se décline.*

FILIGRANE, *pièce d'orfévrerie, en forme de petits filets.* Elaboratum opus, *gén.* elaborati operis. *neut. Ajoutez* filatim. *adv.*

FILLE. Virgo, *gén.* virginis. *fém.*

JEUNE FILLE. Puella, *g.* puellæ. *fém.*

FILLE *à l'égard du père et de la mère.* Filia, *gén.* filiæ. *fém.*

BELLE-FILLE, *femme du fils.* Nurus, *g.* nurûs. *fém.*

FILLEUL. Filius spiritualis, *gén.* filii spiritualis. *masc.*

FILLEULE. Filia spiritualis, *gén.* filiæ spiritualis. *fém.*

FILOSELLE. Crassissima bombyx, *gén.* crassissimæ bombycis. *fém.*

FILOU, *fripon subtil.* Latro, *g.* latronis. *masc.*

FILOUTER, *voler finement.* Suppilare, suppilo, suppilas, suppilavi, suppilatum. *act. acc.*

FILOUTERIE. Latrocinium, *gén.* latrocinii. *neut.*

FILS. Filius, *gén.* filii. *masc.*

BEAU-FILS, *gendre.* Gener, *gén.* generi. *masc.*

BEAU-FILS, *enfant d'un autre lit.* Privignus, *gén.* privigni. *masc.*

FILTRATION. Purificatio, *g.* purificationis. *f. Ajoutez* liquoris, *au gén.*

FILTRE, *breuvage.* Philtrum, *génit.* philtri. *neut.*

FILTRER, *clarifier une liqueur.* Percolare, percolo, percolas, percolavi, percolatum. *act. acc.*

LA FIN. Finis, *gén.* finis. *m. A la fin* ou *sur la fin de.* Sub finem, *avec un gén. A quelle fin?* Ad quem finem? quorsùm? *A la fin* ou *enfin.* Tandem. *adv.*

FIN ou *rusé.* Callidus, callida, callidum. *adj.*

LE FIN ou *la beauté.* Lepores, *g.* leporum. *masc. plur.*

FINAL. Extremus, a, um. *adj.*

FINALEMENT. Denique. *adv.*

FINANCER. Suppeditare, suppedito, as, avi, atum. *act. acc.*

FINANCES. Æs, *gén.* æris. *neut.*

LES FINANCES. Ærarium, *gén.* ærarii. *neut.*

FINANCIER. Publicanus, *gén.* publicani. *masc.*

FINASSER, *faire le fin.* Vulpinari, vulpinor, aris, vulpinatus sum. *dép.*

FINEMENT. Callidè. *adv. Au comp.* callidiùs ; *au superl.* callidissimè.

FINESSE. Calliditas, *gén.* calliditatis. *fém. Finesse d'esprit.* Acumen, *gén.* acuminis. *neut.* ingenii.

FINET, *qui fait le fin, la fine.* Subdolus, subdola ; subdolum. *adj.*

FINETTE, *outil de fer à deux pointes.* Capreolus, *gén.* capreoli. *masc.*

FINI, *qui est borné, limité.* Finitus, finita, finitum. *part. pass.* de Finio.

FINI, *accompli.* Perfectus, perfecta, perfectum. *part. pass.* de Perficio.

FINIR. Finire, finio, finis, finivi ou finii, finitum. *act. acc.*

FINIR ou *cesser d'exister.* Interire ; intereo, is, interii, interitum. *neut.*

FINISTÈRE, *cap le plus occidental de la France qui a donné son nom à un département.* Gobæum promontorium, *gén.* Gobæi promontorii. *neut.*

FINLANDE, *province.* Finlandia, *g.* Finlandiæ. *fém.*

FIOLE. Ampulla, *gén.* ampullæ. *f.*

FIRMAMENT. Cœlum stellatum. *gén.* cœli stellati, *neut.*

FISC. Fiscus, *gén.* fisci. *masc.*

FISCAL. Fiscalis, m. f. fiscale, *neut. gén.* fiscalis.

FISTULE. Fistula, *gén.* fistulæ. *f.*

FIXE, *ferme.* Fixus, a, um. *adj.*

FIXE, *arrêté, déterminé.* Statutus, statuta, statutum. *part. pass.* de Statuo.

FIXEMENT. Defixis oculis, *à l'abl.*

FIXER, *rendre fixe.* Stabilire, stabilio, stabilis, stabilivi, stabilitum. *act. acc.*

FIXER, *déterminer.* Constituere, constituo, constituis, constitui, constitutum. *acc. Fixer ses regards sur quelqu'un.* Fixis oculis intueri aliquem, *c'est-à-dire, regarder fixement. Ajoutez partout* fixis oculis. Intueor, intueris, intuitus sum. *dép. acc.*

FLACON, *sorte de bouteille.* Lagena, *gén.* lagenæ. *fém.*

FLAGELLATION. Supplicium, *g.* supplicii. *neut. Ajoutez* flagellorum, *c'est-à-dire, supplice des verges.*

FLAGELLER. Cædere, cædo, cædis, cæcidi, cæsum. *act. acc. Ajoutez* flagellis, *c'est-à-dire, frapper de verges.*

FLAGEOLET. Fistula, *génit.* fistulæ. *fém.*

EN FLAGRANT *délit.* In manifesto scelere.

FLAIRER. Odorari, odoror, aris, odoratus sum. *dép. acc.*

FLAMAND ou *de Flandre.* Belga, *gén.* Belgæ. *masc.*

FLAMANDE. Mulier, *gén.* mulieris. *Ajoutez* è Belgio. *La langue flamande.* Lingua belgica, *génit.* linguæ belgicæ. *fém.*

FLAMBE, *fleur.* Iris, *gén.* iridis. *fém.*
FLAMBEAU. Fax, *gén.* facis. *fém.*
FLAMBEAU, *chandelier.* Candelabrum, *gén.* candelabri. *neut.*
FLAMBER. Jactare, jacto, jactas, jactavi, jactatum. *Ajoutez* flammas, *c'est-à-dire, jeter des flammes.*
FLAMBER *un cochon à la broche.* Perspergere, perspergo, perspergis, perspersi, perspersum, porculum in veru. *Ajoutez* flammante ac stillante lardo, *c'est-à-dire, avec du lard enflammé et distillant.*
FLAMBERGE. *Voyez* Epée.
FLAMBOYANT, *qui jette des flammes.* Vibrans, *m. f. n. g.* vibrantis. *participe prés. de* Vibro. *Ajoutez* veluti flammas. *Epées flamboyantes.* Arma fulgentia, *gén.* armorum fulgentium. *neut. plur.*
FLAMBOYER, *jeter comme des flammes.* Vibrare, vibro, as, vibravi, vibratum. *act. Ajoutez* veluti flammas.
FLAMME. Flamma, *gén.* flammæ. *fém. Qui est de flamme.* Flammeus, flammea, flammeum. *adj.*
FLANC, *côté.* Latus, *génit.* lateris. *n. Les flancs.* Ilia, *gén.* ilium. *neut. plur. De flanc. ou de côté.* A latere.
FLANDRE, *province.* Flandria, *génit.* Flandriæ. *fém. Qui est de Flandre.* Belgicus, a, um. *En parlant des personnes.* Belga, *gén.* Belgæ. *masc.*
FLANELLE, *étoffe légère de laine.* Laneus pannus tenuis, *gén.* lanei panni tenuis. *masc. Tout se décline.*
FLANQUER. Munire, munio, is, munivi, munitum. *act. acc. Ajoutez* à latere, *c'est-à-dire, fortifier par le flanc. Flanquer une muraille de tours.* Munire à latere murum turribus. *à l'abl.*
FLASQUE, *sans vigueur et sans force.* Flaccidus, a, um. *adj.*
FLATTÉ. Delinitus, delinita, delinitum. *part. pass. de* Delinio.
FLATTER, *caresser.* Blandiri, blandior, iris, blanditus sum. *dép. dat.*
FLATTER, *approuver.* Assentari, assentor, aris, atus sum. *dép. dat.*
FLATTER, *avoir une basse complaisance.* Adulari, adulor, aris, adulatus sum. *dép. dat.*
SE FLATTER. Assentari sibi.
SE FLATTER *dans ses espérances.* Indulgere, indulgeo, es, indulsi, indultum; spei suæ, *au dat.*
FLATTERIE. Blanditiæ, *gén.* blanditiarum. *fém. plur.*
FLATTERIE, *complaisance.* Adulatio, *g.* adulationis *fém. Par flatterie.* Adulatorie. *adv.*
UN FLATTEUR. Adulator, *gén.* adulatoris. *masc.*
FLATTEUR, *en parlant des choses.* Adulatorius, a, um. *adj.*

FLATTEUSE. Adulatrix, *gén.* adulatricis. *fém.*
FLÉAU *à battre.* Flagellum, *génit.* gelli. *neut.*
FLÉAU *de balancier.* Scapus, *gén.* s. *masc.*
FLÉAU, *tout ce qui incommode.* In modum. *gén.* incommodi. *neut.*
FLÈCHE. Sagitta, *gén.* sagittæ. *fém.*
FLÈCHE *d'un carosse.* Temo, *gén.* tonis. *masc.*
FLÉCHI. Flexus, a, um. *part.* de Flecto.
FLÉCHIR. Flectere, flecto, flec flexi, flexum. *act. acc.*
FLÉCHIR, *se laisser fléchir,* ce Cedere, cedo, is, cessi, cessum. *datif.*
FLÉCHISSEMENT. Flexio, *gén.* fl nis. *fém.*
FLEGMATIQUE. Pituosus, pituosum. *adj.*
FLEGME. Pituita, *gén.* pituitæ, *f.*
FLEGMON, *tumeur enflammée.* Pl mone, *gén.* phlegmones. *fém.*
FLÉTRI, *en parlant des fleurs.* cidus, flaccida, flaccidum.
FLÉTRIR, *en parlant des fleurs.* tiare, vitio, as, avi, atum. *act. acc.*
FLÉTRIR, *diminuer la beauté d* chose. Deflorare, defloro, defloras, d ravi, defloratum. *act. acc.*
FLÉTRIR, *déshonorer.* Dedecorare, decoro, as, dedecoravi, dedecoratum. *quelqu'un,* aliquem.
FLÉTRIR *la réputation.* Violare, vi violas, violavi, violatum. *act.* famam.
SE FLÉTRIR. Flaccescere, flaccesco, cescis, flaccui. *sans sup. neut.*
FLÉTRISSURE. Marcor, *gén.* marc *masc.*
FLÉTRISSURE, *marque d'ignomi* Nota, *gén.* notæ. *fém. Ajoutez* turp dinis.
FLEUR. Flos, *gén.* floris. *m. Qui es fleurs.* Floreus, a, um. *Etre en fl* Florere, floreo, es, florui. *sans sup Qui est dans la fleur de l'âge.* Flore *m. f. n. g.* florentis. *part. prés. Ajo* ætate. *A la fleur de.* Summo. *abl. m* Summâ. *abl. fém.* Summo. *abl. n. fleur d'eau.* Summâ aquâ. *abl.*
FLEUR *de lis, en parlant d'armoir* Lilium gentilium, *génit.* lilii gentil *neut.*
FLEURET. Gladius præpilatus. *g.* gl præpilati. *m. Se battre au fleuret.* Batu batuo, batuis. *Ajoutez* præpilatis glad *Ce verbe n'a ni passé ni supin.*
FLEURETTE, *termes doucereux flatteurs.* Blandidica verba, *gén.* bland corum verborum. *neut. plur.*
FLEURI. Floridus, a, um. *adj.*

FLEURIR. Florere, floreo, flores, florui. sans sup. neut.
FLEURON. Flosculus, g. flosculi. m.
FLEUVE. Fluvius, gén. fluvii. masc.
FLEXIBLE. Flexibilis, m. f. flexibile, neut. gén. flexibilis.
FLOCON. Floccus, gén. flocci. m.
JEUX FLORAUX. Floralia, gén. floralium. neut. plur.
FLORENCE, ville de Toscane. Florentia, gén. Florentiæ. fém.
FLORENTIN ou de Florence. Florentinus, a, um. adj.
LA FLORIDE, région de l'Amérique septentrionale. Florida, génit. Floridæ. fém.
FLORISSANT. Florens, masc. fém. neut. gén. florentis. part. prés. de Floreo.
FLOT. Fluctus, gén. fluctûs. masc.
FLOTILLE. Classicula, gén. classiculæ. fém.
FLOTTANT. Fluctuans, masc. fém. neut. génit. fluctuantis. part. prés. de Fluctuo.
FLOTTE. Classis, gén. classis. fém.
FLOTTÉ. Devectus, devecta, devectum. part. pass. de Deveho. Ajoutez fluctibus, c'est-à-dire, porté sur les flots.
FLOTTER. Fluctuare, fluctuo, as, fluctuavi, fluctuatum. neut.
FLUCTUATION. Fluctuatio, gén. fluctuationis. fém.
FLUER, couler. Fluere, fluo, fluis, fluxi, fluxum. neut.
FLUET. Gracilis, masc. fém. gracile. neut. gén. gracilis.
FLUIDE. Fluidus, a, um. adj.
FLUIDITÉ. Fluida natura, gén. fluidæ naturæ. fém.
FLUTE. Tibia, gén. tibiæ. fém. Joueur de flûte. Tibicen, gén. tibicinis. masc.
FLUX. Æstus, gén. æstûs. masc. Le flux et le reflux. Æstus reciprocus, gén. æstûs reciproci. masc.
FLUX de ventre, etc. Profluvium, gén. profluvii. neut.
FLUX de bouche. Loquacitas, gén. loquacitatis. fém.
FLUXION. Epiphora, gén. epiphoræ. fém. Sur les yeux. Oculorum.
FOI. Fides, g. fidei. f. A la bonne foi, de bonne foi. Bonâ fide. Ingénument sans fard. Ingenuè. adv. Garder la foi. Fidem præstare, præsto, as, præstiti, præstitum. La violer. Idem violare. L'engager. Fidem obligare. Ajouter foi. Fidem adhibere, adhibeo. act. acc. et le dat. de la personne. En bonne foi, en vérité. Certè. adv.
LE FOIE. Jecur, gén. jecoris. neut.
FOIN. Fenum, g. feni. n. Qui est de foin. Feneus, fenea, feneum. adj.
FOIRE, ou marché. Nundinæ, gén. nundinarum. fém. plur.

FOIRE ou excrément. Foria, gén. foriorum. neut. plur.
FOIRER, jeter des excrémens liquides. Reddere, reddo, reddis, reddidi, redditum. act. acc. alvum liquidum.
Une FOIS. Semel. adv.
Deux fois. Bis. adv.
Trois fois. Ter. adv.
Quatre fois. Quater. adv.
Cinq fois. Quinquies. adv.
Six fois. Sexies. adv.
Sept fois. Septies. adv.
Huit fois. Octies. adv.
Neuf fois. Novies. adv.
Dix fois. Decies. adv.
Onze fois. Undecies. adv.
Douze fois. Duodecies. adv.
Treize fois. Tredecies. adv.
Quatorze fois. Quatuor decies. adv.
Quinze fois. Quindecies. adv.
Seize fois. Sexdecies. adv.
Dix-sept fois. Decies et septies. adv.
Dix-huit fois. Decies et octies. adv.
Dix-neuf fois. Decies et novies. adv.
Vingt fois. Vicies. adv.
Vingt et une fois. Vicies et semel. adverbes. Et ainsi des autres, en ajoutant le nombre qui suit.
Trente fois. Tricies. adv.
Quarante fois. Quadragies. adv.
Cinquante fois. Quinquagies. adv.
Soixante fois. Sexagies. adv.
Soixante et dix fois. Septuagies. adv.
Quatre-vingts fois. Octogies. adv.
Quatre-vingt-dix fois. Nonagies. adv.
Cent fois. Centies. adv. Voy. Cent.
Mille fois. Millies. adv.
Deux mille fois. Bis millies. adv.
Trois mille fois. Ter millies. adv. Et ainsi des autres, en mettant au commencement le nombre qui précède.
Pour la première fois. Primùm. adv.
Pour la seconde fois. Secundùm. adv.
Les autres se forment aisément en changeant l'us de l'adjectif, en um, comme de tertius, troisième, on forme tertiùm, pour la troisième fois, etc.
Une autre fois, ou en autre temps. Aliàs. adv.
Encore une fois, ou une seconde fois. Iterùm. adv.
A une autre fois. In aliud tempus.
De fois à autre. Identidem. adv.
A la fois. Simul. adv.
Plusieurs fois. Sæpè. adv.
Tant de fois. Toties. adv.
Une bonne fois. Semel tandem. adv.
Pour cette fois. Nunc quidem. adv.
Toutes les fois que. Quoties, avec le subjonctif.
Autant de fois que. Toties quoties. adv.
La première fois que. Cùm primùm, avec l'indicatif.

FON

C'est la première fois que. Nunc primùm, *avec l'indicatif.*
FOISON, *abondance.* Abundantia, *g.* abundantiæ. *f. A foison.* Abundanter. *adv.*
FOISONNER, *abonder.* Abundare, abundo, abundas, abundavi, abundatum. *neut. ablat.*
FOIX, *ville et comté.* Fuxium, Fuxii. *neut. Qui est de Foix.* Fuxiensis, *m. f.* fuxiense, *n. g.* fuxiensis.
FOL. Voyez *Fou.*
FOLATRE. Lascivus, a, um. *adj.*
FOLATRER. Lascivire, lascivio, lascivis, lascivivi, lascivitum. *neut.*
FOLATRERIE. Lascivia, *génit.* lasciviæ. *fém.*
FOLIE. Stultitia, *gén.* stultitiæ. *fém.*
FOLLE, *féminin de* Fou. *Une femme folle.* Insana mulier, *g.* insanæ mulieris. *fém. Faire de folles dépenses.* Impendere pecuniam in res vanas, *c'est-à-dire, dépenser de l'argent en choses inutiles.*
FOLLEMENT. Stultè. *adv. Au comp.* stultiùs; *au superl.* stultissimè.
POIL FOLLET. Lanugo, *gén.* lanuginis. *fém. Esprit follet.* Dæmon joculator, *gén.* dæmonis joculatoris. *masc. Feux follets.* Ignes fatui, *gén.* ignium fatuorum. *masc. pluriel.*
FOMENTATION. Fomentum, *gén.* fomenti. *neut.*
FOMENTÉ. Fotus, fota, fotum. *part. pass. de* Foveo.
FOMENTER. Fovere, foveo, foves, fovi, fotum. *act. acc.*
FONCÉ, *couleur foncée.* Color satur, *gén.* coloris saturi. *masc.*
FONCER *un tonneau.* Aptare, apto, aptas, aptavi, aptatum. *Ajoutez* fondum dolio, *c'est-à-dire, mettre un fond à un tonneau.*
FONCIER, *concernant le fonds*; comme: *Seigneur foncier.* Supremus dominus, *génit.* supremi domini, *masc. Ajoutez* fundi.
RENTE FONCIERE. Solarium, *g.* solarii. *neut.*
FONCTION. Munus, *g.* muneris. *neut. Faire la fonction de roi.* Obire, obeo, obis, obivi, obitum. Munia regis.
LE FOND. Fundus, *gén.* fundi. *masc. Couler un vaisseau à fond, le faire périr.* Demergere, demergo, demergis, demersi, demersum. *act.* navem. *Couler ou aller à fond.* Demergi. *pass. de* Demergo.
Un fond, ou une vallée. Vallis, *g.* vallis. *fém.*
A fond, entièrement. Penitùs. *adv.*
De fond en comble. Funditùs. *adv.*
Du fond du cœur. Ex animo.
Au fond, ou en effet. Reipsà, à. *l'abl.*
Faire fond sur. Fidere, fido, fidis, fisus sum. *neut. dat.*

FON

FONDAMENTAL. Præcipuus, præcipua, præcipuum. *adj.*
FONDATEUR. Conditor, *gén.* conditoris. *masc.*
FONDATION. Fundatio, *gén.* fundationis. *fém. Fondation d'une maison religieuse.* Redditus annui attributi, *génit.* reddituum annuorum attributorum. *masc. plur. Ajoutez* sacræ domui, *c'est-à-dire* revenus annuels assignés à une maison religieuse.
FONDATRICE. Creatrix, *g.* creatricis. *fém.*
FONDÉ, *dont on a jeté les fondemens.* Fundatus, fundata, fundatum. *part. pass. de* Fundo.
FONDÉ, *institué.* Institutus, instituta, institutum. *part. pass.* d'Instituo.
FONDÉ, *appuyé.* Firmatus, firmata, firmatum. *part. pass. de* Firmo.
FONDEMENT. Fundamentum, *g.* fundamenti. *neut.*
LE FONDEMENT, *le derrière.* Sedes, *g.* sedis. *fém.*
FONDER, *jeter les fondemens.* Locare, loco, locas, locavi, locatum. *Ajoutez* fundamenta, *avec un gén.*
FONDER *ou instituer.* Instituere, instituo, is, institui, institutum. *act. acc.*
FONDER, *appuyer.* Firmare, firmo, firmas, firmavi, firmatum. *act. acc.*
FONDER *une maison religieuse.* Attribuere sacræ familiæ redditus annuos, *c'est-à-dire, attribuer à une maison religieuse des revenus annuels.* Attribuo, is, attribui, attributum. *acc.*
SE FONDER, *ou être fondé sur.* Niti, nitor, eris, nixus sum. *dép. abl.*
FONDERIE. Officina, *gén.* officinæ. *f. Des métaux.* Liquandis metallis; *du suif etc.* liquando sebo, *c'est-à-dire, lieu fondre les métaux, etc.*
FONDEUR. Metalli fundendi opifex, *g.* opificis. *masc.*
FONDRE *ou faire fondre.* Liquare, liquo, liquas, liquavi, liquatum. *act. accus.*
FONDRE, *se fondre.* Liquari, liquor, liquaris, liquatus sum. *pass.*
FONDRE *sur.* Irruere, irruo, is, irrui, *sans sup. n. Sur par* in, *et l'acc.*
FONDRE, *ou se fondre en larmes.* Effundi, effundor, effunderis, effusus sum. *pass.* in lacrymas.
FONDRIÈRE, *ouverture faite en terre par des ravines.* Vorago, *gén.* voraginis. *fém.*
FONDS, *ou terre.* Fundus, *gén.* fundi. *masc.*
Fonds de marchandises. Mercimonium, *gén.* mercimonii. *neut.*
FONDU. Liquefactus, liquefacta, liquefactum. *part. pass. de* Liquefio.

FONTAINE. Fons, *g.* fontis. *m.* Qui *est de fontaine.* Fontanus, fontana, fontanum. *adj. Fontaine de vin.* Fons scatens, *gén.* fontis scatentis. *m. Ajoutez* vino.

FONTAINEBLEAU, *ville.* Fons Bellaqueus, *gén.* Fontis Bellaquei. *m.*

FONTAINIER, *qui a soin des fontaines.* Aquilex, *gén.* aquilegis. *masc.*

FONTE, ou *action de fondre.* Fusura, *gén.* fusuræ. *fém.*

La **Fonte** *des neiges.* Resolutio, *génit.* resolutionis. *fém.* nivium.

Fonte ou *métal.* Æs, *gén.* æris. *n. De fonte.* Ex ære. *Jeter en fonte.* Fundere, fundo, is, fudi, fusum. *act. acc.*

FONTS *baptismaux.* Sacrum baptisterium, *gén.* sacri baptisterii. *neut.* Voy. *Baptême.*

FORAIN, *étranger.* Externus, externa, externum. *adj.*

FORÇAT. Remex, *gén.* remigis. *m.*

FORCE ou *générosité.* Fortitudo, *gén.* fortitudinis. *fém.*

Force ou *violence.* Vis, *gén.* vis, *dat.* vi, *acc.* vim, *abl.* vi. *fém. Par force.* Vi. *à l'abl.* Forces. Vires, *gén.* virium. *fém. plur. De toutes ses forces.* Pro viribus.

Force, *beaucoup;* comme : *Force d'argent.* Voy. *Beaucoup.*

FORCÉ ou *contraint.* Coactus, a, um. *part. pass. de* Cogo. *avec l'acc. de la chose précédé de ad.*

Forcé, *pris par force.* Expugnatus, a, um. *part. pass. d'*Expugno.

Force, *rompu*, *en parlant d'une clef, etc.* Effractus, a, um. *part. pass. d'Effringo.*

FORCENÉ. Voy. *Furieux.*

FORCER ou *contraindre.* Cogere, cogo, cogis, coegi, coactum. *act. rég. dir. acc. rég. ind. acc. avec ad, ou le gérond. en dum avec ad.*

Forcer ou *prendre par force.* Expugnare, expugno, expugnas, expugnavi, expugnatum. *act. acc.*

FORCER *une porte, etc.* Effringere, effringo, effringis, effregi, effractum. *act. avec l'acc.*

FORCES, *ciseaux.* Forfices, *g.* forficum. *fém. plur.*

Forces, *troupes.* Copiæ, *gén.* copiarum. *fém. plur.*

FORER, *percer.* Terebrare, terebro, terebras, terebravi, terebratum.

FORESTIER, *de forêt.* Silvestris, *m. f.* silvestre, *n. g.* silvestris.

Forestier, *qui a le soin ou l'intendance des forêts.* Saltuarius, *gén.* salturii. *masc.*

FORÊT, *bois.* Silva, *g.* silvæ. *fém.*

FORET, *outil pour percer.* Terebella, *gén.* terebellæ. *fém.*

FOREZ, *province.* Foresia, *gén.* Foresiæ. *fém.*

FORFAIT, *crime.* Crimen, *gén.* criminis. *neut.*

FORFAITURE. Prævaricatio, *g.* prævaricationis. *fém.*

FORGE. Fabrica ferraria, *gén.* fabricæ ferrariæ. *fém.*

FORGE. Fabricatus, fabricata, fabricatum. *part. pass. de* Fabrico.

FORGER. Fabricari, fabricor, fabricaris, fabricatus sum. *dép. acc.*

Se **Forger** *des chimères.* Fingere sibi somnia, *c'est-à-dire*, *s'imaginer.* Fingo, fingis, finxi, fictum. *acc.*

FORGERON. Faber ferrarius, *génit.* fabri ferrarii. *masc.*

FORGEUR. Fabricator, *gén.* fabricatoris. *masc.*

FORMALISER. Offendere, offendo, is, offendi, offensum. *act. acc.*

Se **Formaliser** *de.* Offendi, offendor, offenderis, offensus sum. *pass. abl.*

FORMALISTE. Formularius, *gén.* formularii. *masc.*

FORMALITÉ. Formula, *g.* formulæ. *f.*

FORMAT. Libri dimensio, *gén.* libri dimensionis. *fém.*

FORMATION. Constructio, *gén.* constructionis. *fém.*

FORMATRICE, comme *vertu formatrice.* Virtus fictrix, *gén.* virtutis fictricis. *fém.*

FORME. Forma, *gén.* formæ. *fém. Qui est dans les formes*, *en bonne et due forme.* Justus, justa, justum. *Sans forme de procès.* Indictâ causâ, *à l'abl.*

Forme, *banc long et étroit.* Scamnum, *gén.* scamni. *neut.*

FORMÉ. Informatus, a, um. *part. pass. d'*Informo. A par ad, *avec l'acc.*

FORMEL. Clarus, clara, clarum. *adj. En termes formels*, ou

FORMELLEMENT. Distinctè. *adv.*

FORMER. Formare, formo, formas, formavi, formatum. *act. rég. dir. accus. rég. ind. acc. avec ad.*

Former *à la vertu.* Informare, informo, informas, informavi, informatum. *act.* ad virtutem, *et ensuite l'acc. de la personne.*

Former *un dessein* ou *le dessein de quelque chose.* Meditari, meditor, aris, meditatus sum. *dép.* aliquid, ou *l'infin.*

Se **Former** *à quelque chose.* Exercere se ad aliquid, *c'est à-dire*, *s'exercer.* Exerceo, exerces, exercui, exercitum. *acc.*

Se **Former**, *inventer.* Fingere, fingo, fingis, finxi, fictum. *act. acc.*

Se **Former** *sur*, *imiter.* Imitari, imitor, aris, imitatus sum. *dép. acc.*

FORMIDABLE. Formidolosus, formidolosa, formidolosum. *adj.*

FORMULAIRE. Codex, génit. codicis. masc. Ajoutez formularum, c'est-à-dire, le code des formules.
FORMULE. Formula, gén. formulæ. f.
FORNICATEUR. Stuprator, gén. stupratoris. masc.
FORNICATION. Stuprum, gén. stupri. neut.
FORT ou *robuste*. Robustus, robusta, robustum. adj.
FORT ou *assuré*. Firmus, firma, firmum. *Raison forte*. Ratio firma, gén. rationis firmæ. fém. *A plus forte raison*. Multò magis.
FORT ou *bien fortifié*. Munitissimus, a, um. superl. de munitus.
FORT, *en parlant d'une odeur, etc.* Gravis, m. f. grave, n. g. gravis.
Se faire FORT *de*. Confidere, confido, confidis, confisus sum. neut. abl. ou le futur de l'infin. comme : *Je me fais fort de vous donner de la satisfaction*. Confido me tibi satisfacturum.
FORT. Multùm. adv. Lorsque Fort est joint à un verbe, il signifie beaucoup, et s'exprime par multùm ; et avec les verbes d'estime, par multi ; exemples : *Je l'aime fort*. Illum amo multùm. *J'estime fort Lentulus*. Æstimo multi Lentulum.
Si Fort *est joint à un adverbe ou à un adject. on l'exprime par le superl. lorsque cet adv. ou cet adj. a un superl. Si cet adj. ou cet adv. n'en a pas, on exprime* Fort *par* valdè *ou* admodùm, *avec le positif* ; exemples : *Fort souvent*. Sæpissimè. adv. *Fort agréable*. Gratissimus, gratissima, gratissimum. *Fort peu*. Parùm valdè. adv. *fort pieux*. Admodum pius. *Si fort ou tellement*. Adeò. conj. *Avec un verbe d'estime*, tanti. *Le que qui suit, s'exprime toujours par* ut, *avec le subjonct*. *Fort et ferme*. Acriter. adv.
AU FORT *de, s'exprime en latin par* in medio, *pour le masc. et le neut.* in media, *pour le fém.* exemples : *Au fort de la douleur*. In medio dolore. *Au fort du combat*. Sæviente Marte. à l'abl.
FORT, subst. Arx, gén. arcis. fém.
FORTEMENT. Validè. adv. *Au comp.* validiùs. *au superl*. validissimè.
FORTERESSE. Arx, g. arcis. fém.
FORTIFICATION. Munimentum, gén. munimenti. neut.
FORTIFIÉ. Munitus, munita, munitum. part. pass. de Munio.
FORTIFIER *une ville, etc*. Munire, munio, is, munivi, ou munii, munitum. act. rég. dir. acc. rég. ind. abl.
FORTIFIER ou *donner de la force*. Corroborare, corroboro, corroboras, corroboravi, corroboratum. act. acc.

FORTUIT. Fortuitus, fortuita, fortuitum. adj. *Par cas fortuit*, ou
FORTUITEMENT. Casu. à l'abl.
FORTUNE. Fortuna, gén. fortunæ. *Faire fortune*. Amplificare, amplificas, amplificavi, amplificatum. act. *Tenter fortune*. Facere periculum fortunæ, c'est-à-dire, faire l'épreuve de fortune. *Bonne fortune*. Secunda fortuna. gén. secundæ fortunæ. fém. *Mauvaise fortune*. Adversa fortuna, gén. adversæ fortunæ. fém. *Homme de fortune*. Filius filii, masc. fortunæ.
FORTUNÉ. Fortunatus, fortunata, fortunatum. adject. *Les îles fortunées*, Canaries. Fortunatæ Insulæ, gén. fortunatarum Insularum. fém. plur.
FOSSE. Fovea, gén. foveæ. fém
FOSSE *pour mettre des arbres*, Scrobs, gén. scrobis. masc. *Qui est sur bord de sa fosse*. Capularis, masc. f capulare, neut. gén. capularis.
FOSSÉ. Fossa, gén. fossæ fém.
FOSSETTE. Fossula, g. fossulæ. fém
FOSSILE, *qu'on trouve en fouillan* terre. Fossilis, masc. fém. fossile, n gén. fossilis.
FOSSOYER, *fouir*. Fodere, fodis, fodi, fossum. act. acc.
FOSSOYEUR. Fossor, génit. fossor masc.
FOU. Insanus, insana, insanum. fou. Insanire, insanio, insanis, insani insanitum. neut. *Devenir fou*. Amittmentem, c'est-à-dire, perdre l'esp Amitto, amittis, amisi, amissum. acc *Faire devenir quelqu'un fou*. Excute excutio, excutis, excussi, excussum alicui cerebrum, c. à d., faire perdr quelqu'un la cervelle.
FOUDRE. Fulmen, gén. fulminis. n
FOUDROYANT. Fulminans, masc. neut. gén. fulminantis.
FOUDROYER. Percutere, percutis, percussi, percussum. act. Ajoutez fulmine, c'est-à-dire, frapper la foudre.
FOUDROYER *avec l'artillerie*. Disjicio, disjicis, disjeci, disjectum. acc. Ajoutez crebrâ tormentorum emissione, c'est-à-dire, renverser par de quens coups de canons.
FOUET. Flagrum, génit. flagri. ne *Donner le fouet*. Voy. Fouetter. *Avoi fouet*. Cædi. passif du verbe Cædo, cæcecidi, cæsum. act. Ajout. flagro, c'es dire, être fouetté.
FOUETTE *avec des nerfs*. Cæsus, um. participe pass. de Cædo. Ajoi flagro.
FOUETTER *avec des verges*. Cæde cædo, cædis, cecidi, cæsum. act. ac Ajoutez flagro. à l'abl.

FOUETTEUR. Virgator, *gén.* virgatoris. *masc.*

FOUGADE, *petite mine pour faire sauter une muraille.* Cuniculus, *gén.* cuniculi. *masc.*

FOUGERÉE, *lieu où il croît beaucoup de fougères.* Filictum, *g.* filicti. *neut.*

FOUGÈRE. Filix, *gén.* filicis. *fém.*

FOUGUE. Impetus, *g.* impetûs. *m.*

FOUGUEUX. Violentus, violenta, violentum. *adj.*

FOUILLE, *la fouille de la terre.* Fossio, *gén.* fossionis. *fém. Ajoutez* terræ.

FOUILLER. Scrutari, scrutor, scrutaris, crutatus sum. *dép. acc.*

FOUILLEUR. Scrutator, *gén.* scrutatoris. *masc.*

FOUINE. Martes, *gén.* martis. *fém.*

FOUIR. Fodere, fodio, fodis, fodi, ossum. *act. acc.*

FOULAGE. Pressus, *gén.* pressûs. *m.*

FOULE. Turba, *gén.* turbæ. *fém. Le mot Foule signifie quelquefois abondance, beaucoup, quelquefois multitude, etc. Il exprime alors selon le sens auquel il est mis.* En foule. Magno concursu. *abl.*

FOULÉ *aux pieds.* Calcatus, calcata, calcatum. *part. pass. de* Calco.

Foulé, en parlant d'un nerf. Oblisus, blisa, oblisum. *part. pass. d'*Oblio.

Foulé, *opprimé.* Oppressus, oppressa, oppressum. *part. pass. d'*Opprimo.

Foulé, *en parlant d'une étoffe.* Stipatus, stipata, stipatum. *part. pass.*

FOULER *aux pieds.* Calcare, calco, lcas, calcavi, calcatum. *act. acc.*

Fouler, *se fouler un nerf.* Oblidere, olido, oblidis, oblidi, oblissum. *actif ccusat.*

Fouler, *opprimer.* Opprimere, opimo, opprimis, oppressi, oppressum. *t. acc.*

Fouler *les draps.* Stipare, stipo, stipas, pavi, stipatum. *act. acc.*

FOULERIE, *lieu où l'on foule la vendange.* Calcatorium, *gén.* calcatorii. *n.*

Foulerie, *lieu où travaillaient les foulons.* Taberna fullonia, *gén.* tabernæ fulloniæ. *fém.*

FOULON, *qui foule les draps.* Fullo, n. fullonis. *masc.*

FOULQUE, *poule d'eau.* Fulica, *gén.* ficæ. *fém.*

FOULURE, *blessure.* Contusio, *génit.* ntusionis. *fém.*

FOUR *pour cuire.* Furnus, *gén.* furni. asc. Cuit au four. Fornaceus, fornacea, rnaceum. *adj.*

Four *à chaux.* Fornax calcaria, *génit.* rnacis calcariæ. *fém.*

FOURBE. Fallax, *m. f. n. gén.* fallacis. *fourbe.* Fallaciter. *adv.*

UNE FOURBE, *Voy.* Fourberie.

FOURBER. *Voyez* Tromper.

FOURBERIE. Fraus, *génit.* fraudis. *masc.*

FOURBIR. Tergere, tergo, tergis, tersi, tersum. *act. acc.*

FOURBISSEUR. Politor, *gén.* politoris. *masc.*

FOURBISSURE, *l'action de fourbir.* Politura, *gén.* politurae: *fém.*

FOURBU, *en parlant d'un cheval qui a les nerfs roides.* Vexatus, vexata, vexatum. *part. pass. de* Vexo.

FOURCHE. Furca, *g.* furcæ. *fém.*

SE FOURCHER, *en parlant des chemins.* Se findere, findo, findis, fidi, fissum. *acc.*

SE Fourcher *en parlant.* Errare, erro, erras, erravi, erratum. *n. Ajoutez* fallente linguâ.

FOURCHETTE. Fuscina, *gén.* fuscinæ. *fém.*

FOURCHON. Dens, *gén.* dentis. *masc. Ajoutez* furcæ.

FOURCHU. Bifidus, a, um. *adj.*

FOURGON, *charrette pour la guerre.* Castrense carrum, *gén.* castrensis carri. *neut. Ces deux mots se déclinent.*

Fougon *de boulanger.* Rutabulum, *gén.* rutabuli. *neut.*

FOURMI. Formica, *gén.* formicæ. *f.*

UNE FOURMILIÈRE, *lieu plein de fourmis.* Cubile, *génit.* cubilis. *neut. Aj.* formicarum. *au gén. plur.*

FOURMILLEMENT, *démangeaison.* Formicatio, *g.* formicationis. *fém.*

FOURMILLER. Scatere, scateo, scates, scatui. *sans sup. abl.*

FOURNAISE. Fornax, *génit.* fornacis. *fém.*

FOURNEAU. Fornacula, *gén.* fornaculæ. *fém.*

FOURNÉE *de pain.* Coctura, *gén.* cocturæ. *fém.*

Qui est FOURNI *de.* Instructus, instructa, instructum. *part. pass. d'*Instruo. *ablat.*

FOURNIER, *celui qui a soin du four.* Furnarius, *gén.* furnarii. *masc.*

FOURNIL, *le lieu où est le four.* Furnile, *gén.* furnilis. *neut.*

FOURNIR. Suppeditare, suppedito, as, suppeditavi, suppeditatum. *act. rég. dir. acc. rég. ind. dat.*

FOURNIR *sa carrière.* Conficere, conficio, conficis, confeci, confectum. *act. Ajoutez* vivendi curriculum.

FOURNITURE. Suppeditatio, *g.* suppeditationis. *fém.*

FOURRAGE. Pabulum, *gén.* pabuli. *neut.*

FOURRAGER *ou aller au fourrage.* Pabulari, pabulor, pabularis, pabulatus sum. *acc.*

FOURRAGEUR. Pabulator, *g.* pabulatoris. *masc.*
FOURRÉ, *inséré.* Insertus, a, um. *part. pass.* d'Insero. Dans *ou* en par in, avec l'acc.
FOURRÉ, *doublé d'une fourrure.* Munitus, munita, munitum. *part. pass.* de Munio. *Ajoutez* villosâ pelle.
FOURRÉ, *feint.* Fictus, a, um. *part. pass.* de Fingo.
Coup FOURRÉ. Mutua vulnera, *g.* mutuorum vulnerum. *neut. plur.*
FOURREAU. Vagina, *génit.* vaginæ. *fém.*
FOURRER *ou insérer.* Inserere, insero, inseris, inserui, insertum. *act. acc.* Dans par in, avec l'acc.
FOURRER *le morceau dans la bouche des enfans.* Inserere cibum in os pueris. *au dat.*
FOURRER, *ou doubler une fourrure.* Assuere, assuo, assuis, assui, assutum. *act. acc. Ajoutez* villosam pellem. *Un habit.* Vesti. *au dat.*
SE FOURRER *dans.* Voy. *se Glisser dans.*
FOURREUR. Pellio, *gén.* pellionis. *m.*
FOURRIER, *sous-officier qui marque les logis.* Designator, *gén.* designatoris. *m. Ajoutez* hospitiorum. *au gén. plur.*
FOURRIÈRE, *lieu chez les princes où l'on tient le bois.* Lignatio, *gén.* lignationis. *fém.*
FOURRURE. Pellis villosa, *gén.* pellis villosæ. *fém.*
SE FOURVOYER, *s'égarer.* Deerrare, deerro, deerras, deerravi, deerratum. *neut.*
FOYER. Focus, *gén.* foci. *masc.*
FRACAS. Fragor, *gén.* fragoris. *masc. Faire du fracas.* Edere, edo, edis, edidi, editum. *act.* fragorem.
FRACASSÉ. Confractus, confracta, confractum. *part. pass.* de Confringo.
FRACASSER. Confringere, confringo, confringis, confregi, confractum. *actif accusat.*
FRACTION, *rupture.* Fractura, *gén.* fracturæ. *fém.*
FRACTURE. Fractura, *gén.* fracturæ. *fém.*
FRAGILE. Fragilis, *m. f.* fragile. *neut. gén.* fragilis.
FRAGILITÉ. Fragilitas, *g.* fragilitatis. *fém.*
FRAGMENT. Fragmentum, *gén.* fragmenti. *neut.*
FRAICHEMENT *ou nouvellement.* Recens. *adv.*
FRAICHEMENT *ou à la fraîcheur.* Frigidâ in aurâ.
FRAICHEUR. Frigus, *g.* frigoris. *neut. A la fraîcheur ou à l'ombre.* Frigidâ in umbrâ.

FRAICHEUR *du teint, des fleurs.* Color, *gén.* coloris. *masc.*
FRAICHIR, *en parlant du vent, lorsqu'il devient plus fort.* Increbescere, increbesco, increbescis, increbui.
FRAIS, *ou qui a de la fraîcheur.* Frigidus, frigida, frigidum. *adj. Boire frais.* Bibere vinum frigidum, *si c'est du vin que l'on boit.*
FRAIS *ou nouveau.* Recens, *m. f. n. gén.* recentis. *Frais débarqué.* Recens devectus, a, um. *part. pass.* de Deveho. *g.* devecti. *Ajoutez toujours* recens, *c'est-à-dire débarqué nouvellement.*
LE FRAIS. Frigus, *gén.* frigoris. *neut.*
FRAIS *ou dépens.* Sumptus, *gén.* sumptûs. *masc. A grands frais.* Magno sumptu à l'abl.
FRAISE *de veau.* Vitulinum omentum, *gén.* vitulini omenti. *neut.*
FRAISE, *espèce de fortification.* Vallum, *gén.* valli. *neut.*
FRAISE, *espèce de collet.* Corrugatus amictus, *gén.* corrugati amictûs. *m.*
FRAISES, *fruits.* Fraga, *gén.* fragorum. *neut. plur.*
FRAISIER, *arbrisseau.* Planta ferax, *génit.* plantæ feracis. *fém. Ajoutez* fragorum.
FRAMBOISE. Morum, *g.* mori. *neut. Ajoutez* idæi rubi.
FRAMBOISIER, *arbrisseau.* Idæus rubus, *gén.* idæi rubi. *masc.*
FRANC *ou libre, exempt.* Liber, libera, liberum. *adj.* De par à *ou* ab, *et l'abl.*
FRANC *ou sincère.* Ingenuus, ingenua, ingenuum.
FRANC, *tout franc.* Liberè. *adv.*
FRANC *ou libre.* Francus, *gén.* franci. *masc.*
FRANÇAIS *ou qui est de la France, en parlant des personnes.* Francus, franca, francum. Gallus, galla, gallum. *adject.*
FRANÇAIS *ou qui est de la France, en parlant des choses.* Gallicus, gallica, gallicum. *adject. A la française.* Gallorum more.
FRANCE, *royaume.* Francia, *g.* Franciæ. *f. De France.* Voy. *Français.*
FRANCFORT, *ville.* Francofurtum, *g.* Francofurti. *neut.*
FRANCHE COMTÉ. Comitatus, *gén.* Comitatûs. *m. Ajoutez* Burgundiæ.
LES FRANCS-COMTOIS. Sequani, *g.* Sequanorum. *masc. plur.*
FRANCHEMENT. Liberè. *adverbe. Au comp.* liberiùs; *au superl.* liberrimè.
FRANCHIR. Superare, supero, as, superavi, superatum. *act. acc. Ajoutez* saltu, *si c'est franchir en sautant.*
FRANCHISE *ou liberté.* Libertas, *gén.* libertatis. *fém.*

FRANCHISE ou *sincérité*. Ingenuitas, *g.* lngenuitatis. *fém.*

FRANGE. Fimbria, *gén.* fimbriæ. *fém.*

FRANGÉ, *garni de franges*. Fimbriatus, a, um. *part. pass.*

FRANGER *un habit*. Ambire, ambio, ambis, ambivi *ou* ambii, ambitum. *act. Ajoutez* oras vestis. *D'une frange d'or.* Auro *à l'abl.*

FRAPPÉ, *battu*. Percussus, percussa, percussum. *part. pass. de* Percutio.

FRAPPÉ, *étonné*. Perculsus, a, um. *part. pass. de* Percello. *D'un accident,* casu.

FRAPPER, *battre*. Percutere, percutio, is, percussi, percussum. *act. acc.*

FRAPPER *à la porte*. Pulsare, pulso, as, pulsavi, pulsatum. *act. acc.* ostium.

FRAPPER *les yeux*, *les oreilles*. Percellere, percello, is, perculi, perculsum. oculos, aures. *L'esprit.* animum.

FRATERNEL. Fraternus, fraterna, fraternum. *adj.*

FRATERNELLEMENT. Fraterné. *adv.*

FRATERNISER. Vivere, vivo, vivis, vixi, victum. *n. Ajoutez* conjunctissimè instar fratrum, *c'est-à-dire*, *vivre étroitement comme des frères.*

FRATERNITÉ. Fraternitas, *gén.* fraternitatis. *fém.*

FRATRICIDE, *meurtre d'un frère*. Fraternum parricidium, *gén.* fraterni parricidii. *neut.*

FRATRICIDE, *meurtrier de son frère*. Fratricida, *gén.* fratricidæ. *masc.*

FRAUDE. Fraus, *g.* fraudis. *fém.*

FRAUDER. Fraudare, fraudo, fraudas, fraudavi, fraudatum. *act. rég. dir. acc. rég. ind. abl.*

FRAUDEUR. Fraudator, *gén.* fraudatoris. *masc.*

FRAUDULEUX. Fraudulentus, fraudulenta, fraudulentum. *adj.*

FRAUDULEUSEMENT. Fraudulenter. *adv. Au comp.* Fraudulentiùs ; *au superl.* fraudulentissimè.

FRAYÉ. Tritus, trita, tritum. *part. pass. de* Tero.

FRAYER. Sternere, sterno, sternis, stravi, stratum. *act. acc.*

FRAYEUR. Terror, *gén.* terroris. *m.*

FREDAINES. Errores, *gén.* errorum. *masc. plur.*

FREDON, *modulation de la voix*. Modulatus, *gén.* modulatûs. *masc.*

FREDONNER, *faire des fredons*. Vibrare, vibro, vibras, vibravi, vibratum. *act. Ajoutez* vocem cantando.

FRÉGATE. Navigium speculatorium, *g.* navigii speculatorii. *neut.*

FREIN. Frenum, *gén.* freni. *neut. au plur.* on dit freni, *gén.* frenorum. *m. ou* frena, *gén.* frenorum. *neut. Donner*

mettre un frein au désordre. Injicere, injicio, injicis, injeci, injectum. Frena licentiæ. *au dat.*

FRELATÉ. Adulteratus, adulterata, adulteratum. *part. pass.* d'Adultero.

FRELATER. Adulterare, adultero, as, adulteravi, adulteratum. *act. acc.*

FRÊLE. Voyez *Fragile.*

FRELON, *grosse mouche*. Crabro, *gén.* crabronis. *masc.*

FRÉMIR. Fremere, fremo, fremis, fremui, fremitum. *n. D'horreur.* Horrescere, horresco, horrescis, horrui. *n. sans sup. De rage.* Frendere, frendeo, frendes, frendui. *neut. sans supin.*

FRÉMISSEMENT. Fremitus, *gén.* fremitûs. *masc.*

FRÊNE. Fraxinus, *gén.* fraxini. *fém. Qui est de frêne.* Fraxineus, fraxinea, fraxineum. *adj.*

FRÉNÉSIE, *délire*. Phrenitis, *g.* phrenitidis. *fém.*

FRÉNÉTIQUE. Phreneticus, phrenetica, phreneticum. *adj.*

FRÉQUEMMENT. Sæpè, sæpiùs, sæpissimè. *adv.*

FRÉQUENT, *ordinaire*. Frequens, *m. fém. neut. gén.* frequentis.

FREQUENTATIF, *verbe qui marque une action souvent réitérée*. Frequentativum verbum, *génit.* frequentativi verbi. *neut.*

FRÉQUENTATION. Consuetudo, *gén.* consuetudinis. *fém.*

FRÉQUENTATION, *usage fréquent*. Assiduus usus, *gén.* assidui usûs. *masc.*

FRÉQUENTÉ. Frequentatus, frequentata frequentatum. *part. pass. de* Frequento.

FRÉQUENTÉ, *en parlant d'un lieu*. Celeber, *masc.* celebris, *fém.* celebre. *n. gén.* celebris.

FRÉQUENTER. Frequentare, frequento, frequentas, frequentavi, frequentatum. *act. acc.*

FRÈRE. Frater, *gén.* fratris. *mascul. Frère de lait.* Collactaneus, *gén.* collactanei. *masc.*

FRESSURE. Exta, *gén.* extorum. *neut. pluriel.*

FRET. Conductio, *gén.* conductionis. *fém. Ajoutez* navis, *c'est-à-dire*, *louage de navire.*

FRETER *un vaisseau*, *le louer*. Conducere, conduco, conducis, conduxi, conductum. *act. Ajoutez* navem.

FRÉTEUR. Locator, *gén.* locatoris. *m. Ajoutez* navis.

FRÉTILLANT. Inquies, *m. f. n. gén.* inquietis. *adj.*

FRÉTILLEMENT, *remuement continuel*. Motus inquies, *gén.* motûs inquietis. *masc.* Inquies *est un adj.*

FRÉTILLER. Agitare se, c'est-à-dire, s'agitter. Agito, agitas, agitavi, agitatum. accusat.

FRETIN, rebut des marchandises. Quisquiliæ, gén. quisquiliarum. f. plur.

FRIABLE, aisé à mettre en poudre. Friabilis, masc. et fém. friabile. neut. g. friabilis.

FRIAND. Cupediarum appetens, masc. fém. neut. gén. appetentis. Ajoutez toujours cupediarum.

FRIAND, en parlant d'un morceau, etc. Delicatus, delicata, delicatum. adj.

FRIANDISES. Cupediæ, gén. cupediarum. fém. plur.

FRICANDEAU, ragoût de veau. Vitula offa condita, g. vitulæ offæ conditæ. fém. Ces trois mots se déclinent.

FRICASSÉ. Frictus, fricta, frictum. part. pass. de Frigo.

UNE FRICASSÉE. Frictum, gén. fricti. neut.

FRICASSER. Frigere, frigo, frigis, frixi, frictum. act. acc.

Qui est en FRICHE. Incultus, inculta, incultum. adj.

FRICTION. Frictio, g. frictionis. f.

FRILEUX. Alsiosus, alsiosa, alsiosum. adj.

FRIMAS. Pruinæ, gén. pruinarum. f. plur.

FRINGANT, qui est toujours en action. Exultabundus, exultabunda, exultabundum, adj.

FRIPÉ. Tritus, trita, tritum. part. pass. de Tero.

FRIPER. Terere, tero, teris, trivi, tritum. act. acc.

LA FRIPERIE. Interpolatoriæ tabernæ, gén. interpolatoriarum tabernarum. fém. pluriel.

FRIPIER. Interpolator, gén. interpolatoris. masc.

FRIPIÈRE. Interpolatrix, gén. interpolatricis. fém.

FRIPON. Nebulo, gén. nebulonis. m.

FRIPONNER. Voyez Dérober.

FRIPONNERIE. Nequitia, gén. nequitiæ. fém. Latrocinium, génit. latrocinii. neut.

FRIRE, faire frire. Frigere, frigo, frigis, frixi, frixum ou frictum. act. acc.

FRISE, pièce d'architecture. Zophorus, gén. zophori. masc. Cheval de frise, terme de fortification. Ericcius, génit. ericcii. masc.

FRISÉ. Crispus, crispa, crispum. adj.

FRISER. Crispare, crispo, crispas, crispavi, crispatum. act. acc.

FRISER, toucher presque. Stringere, stringo, stringis, strinxi, strictum. actif accusat.

FRISSON. Horror, gén. horroris. masc.

FRISSONNEMENT. Levis horror, gén. levis horroris. masc.

FRISSONNER, commencer d'avoir, dé sentir du frisson. Inhorrescere, inhorresco, inhorrescis, inhorrui. sans supin. neut.

FRISURE. Cincinnus, génit. cincinni. masc.

FRIT. Frictus, fricta, frictum. part. pass. de Frigo.

FRITURE, huile à faire frire le poisson, etc. Oleum frigendis piscibus, gén. olei. neut. Les deux derniers mots ne changent point.

FRIVOLE, de peu de valeur. Frivolus, frivola, frivolum. adj.

FRIVOLITÉ. Futilitas, gén. futilitatis. fém.

FROC de moine. Cucullus, gén. cuculli. masc.

FROID. Frigidus, frigida, frigidum. adject.

LE FROID, subst. Frigus, gén. frigoris. neut. Avoir froid. Frigere, frigeo, friges, frigui. sans sup. neut. Aux mains, manibus, à l'abl. Il fait froid, c'est-à-dire, le froid est. Frigus est, sum, es, fui, esse.

FROIDEMENT. Frigidè. adv. Au comp. frigidiùs; au superl. frigidissimè.

FROIDEUR, état de ce qui est froid. Frigedo, gén. frigedinis. fém.

FROIDEUR, indifférence. Minus studium, gén. minoris studii. neut.

FROIDIR, perdre sa chaleur. Frigescere, frigesco, frigescis. sans passé et sans sup. neut.

FROIDIR, causer du froid. Frigefacere, frigefacio, frigefacis, frigefeci, frigefactum. act. acc.

FROIDURE, ou le froid, Frigus, gén. frigoris. neut.

FROISSÉ. Contusus, contusa, contusum. part. pass. de Contundo.

FROISSEMENT. Collisus, gén. collisús. masc.

FROISSER. Contundere, contundo, contundis, contudi, contusum. act. acc.

FROMAGE. Caseus, gén. casei. m.

FROMENT. Triticum, gén. tritici. n. Qui est de froment. Triticeus, triticea, triticeum. adj.

FRONCER. Voyez Rider.

FRONCEMENT. Contractio, gén. contractionis. fém.

FRONCIS. Rugæ, génit. rugarum. fém. pluriel.

FRONCLE. Voyez Furoncle.

FRONDE. Funda, gén. fundæ. fém.

FRONDER. Jacere, jacio, jacis, jeci, jactum. act. Ajoutez fundâ lapides, c'est-à-dire, jeter des pierres avec la fronde.

FRU

FRONDER, *critiquer*. Carpere, carpo, carpis, carpsi, carptum. *act. acc.*

FRONDEUR. Funditor, *gén.* funditoris. *masc.*

FRONT. Frons, *gén.* frontis. *fém. De frontu*, *o à la fois*. Uno ordine, *à l'abl. De front, ou par-devant*. A fronte. *Avoir le front de*, ou *oser*. Audere, audeo, ausus sum. *neut. accusat.* ou *infinitif.*

FRONTAL, ou FRONTEAU. Frontale, *gén.* frontalis. *neut.*

LA FRONTIÈRE. Confinium, *gén.* confinii. *neut. Ville frontière*. Urbs in confinio, *gén.* urbis. *fém.* In confinio *restent invariables*.

FRONTISPICE. Frons, *gén.* frontis. *f.*

FRONTON. Fastigium, *g.* fastigii. *n.*

FROTTÉ. Frictus, fricta, frictum. *part. pass. de* Frico.

FROTTEMENT, *choc de deux corps*. Collisus, *gén.* collisûs. *masc.*

FROTTER. Fricare, frico, fricas, fricui, frictum. *act. acc. et l'ablat. de la chose dont on frotte*.

FROTTER *bien quelqu'un*. Probè percutere aliquem. *Voyez* Frapper.

FROTTER, *nettoyer*. Detergere, detergo, detergis, detersi, detersum. *act. acc. Se frotter les yeux*. Detergere oculos. *Se frotter les dents*. Fricare dentes.

FROTTEUR. Tractator, *gén.* tractatoris. *masc.*

FROTTEUSE. Tractatrix, *gén.* tractatricis. *fém.*

FROTTOIR. Peniculum, *gén.* peniculi. *neut.*

FRUCTIFIER. *Voyez* Porter, *et* Fruit.

FRUCTUEUSEMENT, *d'une manière fructueuse et utile*. Utiliter. *adv.*

FRUCTUEUX, *profitable, utile*. Fructuosus, a, um. *adj.*

FRUGAL, *en parlant des personnes*. Contentus, contenta, contentum. *adj. Aj.* tenui victu, *c'est-à-dire, content de peu pour sa nourriture*. *En parlant d'une table frugale, ou d'un repas*. Tenuis mensa, *gén.* tenuis mensæ. *fém. Tous deux se déclinent*.

FRUGALEMENT. Frugaliter. *adv. Au comp.* frugaliùs; *au superl.* frugalissimè.

FRUGALITÉ. Temperantia, *gén.* temperantiæ. *fém. Ajoutez* in victu.

FRUGIVORE. Frugivorus, frugivora, rugivorum. *adj.*

FRUIT. Fructus, *gén.* fructûs. *masc.*

FRUITERIE, *lieu où l'on serre les fruits*. Pomarium, *gén.* pomarii. *neut.*

FRUITIER, ou *qui produit des fruits*. *fructifer*, a, um. *adj. Jardin fruitier*. Pomarium, *gén.* pomarii. *neut.*

FRUITIER ou *vendeur de fruits*. Pomarius, *gén.* pomarii. *masc.*

FUN

FRUITIÈRE. Pomaria, *gén.* pomariæ. *fém.*

FRUSTRÉ. Dejectus, dejecta, dejectum. *part. pass. de* Dejicio. *De son espérance*, spe. *à l'abl. Être frustré de son espérance*. Destitui, destituor, destitueris, destitutus sum. *pass.* ab spe.

FRUSTRER. Frustrari, frustror, frustraris, frustratus sum. *dép. rég. dir. acc. rég. ind. abl.*

FUGITIF, *qui s'enfuit*. Fugitivus, fugitiva, fugitivum. *adj.* Fugiens, *m. fém. neut. gén.* fugien tis. *part. prés. de* Fugio.

FUIE, *petit colombier*. Columbarium minus, *gén.* columbarii minoris. *neut.*

FUIR. Fugere, fugio, fugis, fugi, fugitum. *neut.* ou *act. acc.*

FAIRE FUIR. Fugare, fugo, fugas, fugavi, fugatum. *act. acc.*

FUITE. Fuga, *g.* fugæ. *fém. Prendre la fuite*. *Voyez* Fuir. *Mettre en fuite*. *Voyez* Faire fuir.

FUITE, *l'action d'éviter*. Vitatio, *gén.* vitationis. *fém.*

FULMINER. Intorquere, intorqueo, intorques, in orsi, intortum. *act. Contre par* in, *et l'acc. Ajoutez* dirum anathema.

FULMINER, *tempêter contre quelqu'un*. Debacchari, debacchor, aris, debacchatus sum. *dépon.* in aliquem.

FUMANT, *qui fume*. Fumidus, fumida, fumidum. *adj.*

FUMÉ *à la fumée*. Infumatus, infumata, infumatum. *part. pass. d'*Infumo.

FUMÉ, *en parlant d'une terre*. Stercoratus, a, um. *adj.*

FUMÉE. Fumus, *gén.* fumi. *masc. Qui jette de la fumée*. Fumidus, fumida, fumidum. *adj. S'en aller en fumée*. Evanescere, evanesco, evanescis, evanui. *sans sup. neut.*

FUMÉE *des viandes*. Nidor, *gén.* nidoris. *masc.*

FUMÉE *de vin*. Fumosus vapor, *génit.* fumosi vaporis. *masc. Ajoutez* vini, *c'est-à-dire, vapeur du vin*.

FUMER ou *jeter de la fumée*. Fumare, fumo, as, fumavi, fumatum. *neut.*

FUMER *un champ, etc.* Stercorare, stercoro, stercoras, stercoravi, stercoratum. *act. acc.*

FUMET, *petite fumée qui chatouille l'odorat*. Vapor jucundè olens, *g.* vaporis jucundè olentis. *masculin*. Jucundè *est adverbe*.

FUMETERRE, *herbe*. Capnos, *génit.* capni. *fém.*

FUMEUX. Fumosus, a, um. *adj.*

FUMIER. Fimus, *gén.* fimi. *masc.*

FUMIGATION. Suffimentum, *génit.* suffimenti. *neut.*

FUNAMBULE, *qui danse sur la corde*. Funambulus, *gén.* funambuli. *masc.*

FUNÈBRE. Funebris, *masc. fém.* funebre. *neut. gén.* funebris.

FUNÉRAILLES. Funus, *gén.* funeris. *n.* Faire les funérailles de quelqu'un. Funerare, funero, as, funeravi, funeratum, aliquem. *Assister aux funérailles de quelqu'un.* Cohonestare, cohonesto, as, cohonestavi, cohonestatum. *act. Ajoutez* exequias alicujus.

FUNÉRAIRE, *en parlant des frais d'un enterrement.* Funerariæ impensæ, *gén.* funerariarum impensarum. *f. plur.*

FUNESTE. Funestus, a, um. *adj.*

FUNESTEMENT. Funesté. *adv. Au comp.* funestiùs ; *au superl.* funestissimè.

FURET, *petit animal.* Viverra, *gén.* viverræ. *fém.*

FURETER. Scrutari, scrutor, scrutaris, scrutatus sum. *dép. acc.*

FURETEUR. Scrutator, g. scrutatoris. *m.*

FUREUR. Furor, *g.* furoris. *m. Entrer ou se mettre en fureur.* Concipere, concipio, concipis, concepi, conceptum. *act.* farias.

FURIBOND, *plein de fureur.* Furibundus, a, um. *adj.*

FURIE, *ou fureur.* Furor, *gén.* furoris. *masc.*

FURIE *d'enfer.* Furia, *g.* furiæ. *fém.*

FURIE, *impétuosité.* Impetus, *g.* impetûs. *masc.*

FURIEUSEMENT, *avec fureur.* Furiosè. *adv.*

FURIEUX. Furiosus, a, um *adject.*

FURONCLE, *tumeur.* Furunculus, *g.* furunculi. *masc.*

FURTIF. Furtivus, a, um. *adj.*

FURTIVEMENT. Furtim. *adv.*

FUSEAU. Fusus, *gén.* fusi. *masc.*

FUSÉE *de poudre.* Tubulus sartus, *gén.* tubuli sarti. *masc. Ajoutez* nitrato pulvere, *c'est-à-dire, petit tuyau rempli de poudre.*

FUSÉE, *fil autour du fuseau.* Filum circumvolutum, *gén.* fili circumvoluti. *n. Ajoutez* fuso.

FUSIBLE, *qui peut être fondu.* Fusilis, *m. fem.* fusile, *n. g.* fusilis.

FUSIL à *faire du feu.* Igniarium, *gén.* ignirarii. *neut. Faire du feu avec le fusil* Elicere, elicio, elicis, elicui, elicitum *act. Ajoutez* ignem conflictu lapidum.

FUSIL, *arme à feu.* Longior fistula, longioris fistulæ. *fém.*

FUSILIER. Armatus, *gén.* armati. *n. Ajoutez* fistulâ longiori, *c'est-à-dire armé d'un fusil.*

FUSION, *fonte.* Fusura, *gén.* fusuræ. *fém.*

FUSTE, *sorte de vaisseau.* Phaselus, *gén.* phaseli. *masc.*

FUSTIGATION. Verbera, *gén.* verberum. *neut. plur.*

FUSTIGÉ, *fouetté.* Cæsus, cæsa, cæsum. *part. pass. de* Cædo.

FUSTIGER. Cædere, cædo, cædis, cecidi, cæsum. *act. acc. Le nom d'instrument et de la manière dont on fustige se met à l'abl.* comme : *A coups de verge* Virgis, *à l'abl.*

FÛT, *bâton de pique.* Hastile, *gén.* hastilis. *neut.*

FÛT *d'une arme à feu.* Compages ligneæ, *gén.* compagis ligneæ. *fém.*

FÛT *d'une colonne.* Truncus, *g.* trunci. *masc.*

FUTAIE, *bois de haute futaie.* Silva alta, *gén.* silvæ altæ. *fém.*

FUTAILLE, *muid.* Dolium, *gén.* dolii. *neut.*

FUTAINE, *sorte d'étoffe.* Xylinum, xylini. *neut. Qui est de futaine.* Xylinus, xylina, xylinum. *adj.*

FUTÉ, *rusé.* Astutus, astuta, astutum. *adj.*

FUTILE, *qui n'est pas estimé.* Frivolus, frivola, frivolum. *adj.*

FUTILITÉ. Futilitas, *gén.* futilitatis. *fém.*

FUTILITÉS, *bagatelles.* Nugæ, *gén.* nugarum. *fém. plur.*

FUTUR, *ce qui doit arriver.* Futurus, a, um. *part. fut. du verbe* Sum.

LE FUTUR. Futurum, *g.* futuri. *n.*

FUYARD, *sujet à fuir.* Fugax, *masc. fém. neut. gén.* fugacis.

GABELLE, *impôt du sel.* Tributum salarium, *gén.* tributi salarii. *neut. Frauder la gabelle.* Fallere, fallo, fallis, fefelli, falsum. *Ajoutez* portoria.

GABELLE *ou grenier à sel.* Cella salaria, *gén.* cellæ salariæ. *fém.*

GABELLEUR. Exactor, *gén.* exactoris. *m. Ajoutez* salarii tributi, *c'est-à-dire, celui qui exige l'impôt sur le sel.*

GABION, *grand panier.* Corbis, *gén.* corbis. *fém.*

GABIONNER. Munire sartis terrâ corhibus, *avec un acc. c'est-à-dire, couvrir de gabions remplis de terre.* Munio, munis, munivi, munitum. *act. acc.*

GACHE *où entre le pêne de la serrure.* Receptaculum, *gén.* receptaculi. *neut. Aj.* pessuli.

GACHE, *outil de maçon.* Rutrum, *gén.* rutri, *neut.*

GACHER *du plâtre.* Subigere, subigo, subigis, subegi, subactum. *act. Ajoutez* gypsum.

GACHEUX, *bourbeux.* Cœnosus, cœnosa, cœnosum. *adj.*

GACHIS, *saleté causée par l'effusion d'un liquide.* Aqua feculenta, *gén.* aquæ feculentæ. *fém.*

GADOUARD. Curator, *gén.* curatoris. *masc. Ajoutez* latrinarum, *c'est-à-dire, qui nettoie les latrines.*

GADOUE, *matière fécale.* Purgamenta, *gén.* purgamentorum. *neut. plur. Ajout.* latrinarum.

GAGE *ou salaire.* Merces, *gén.* mercedis. *fém. A gage.* Mercede. *à l'abl.*

UN GAGE. Pignus, *gén.* pignoris. *neut. En gage.* Pro pignore. *Sur des gages.* Pignore dato. *à l'abl.*

GAGER. Facere sponsionem. *Cent écus.* Centum nummorum, *gén.* Facio, facis, feci, factum. *acc.*

GAGER, *donner des gages à quelqu'un.* Conducere mercede. Conduco, conducis, conduxi, conductum. *act. acc.* mercede reste à *l'abl.*

GAGEUR. Sponsor, *gén.* sponsoris. *m.*

GAGEURE. Sponsio, *gén.* sponsionis. *fém.*

GAGISTE. Mercenarius, *gen.* mercenarii. *masc.*

GAGNANT. Victor, *g.* victoris. *masc.*

GAGNÉ, *vaincu.* Victus, a, um. *part. pass. de* Vinco.

GAGNÉ *ou acquis.* Partus, parta, partum. *part. pass.*

GAGNE-DENIER. Bajulus, *g.* bajuli. *m.*

GAGNE-PAIN, *tout ce qui sert à gagner sa vie.* Ars quâ quis vitam tolerat, *gén.* artis, *f. c'est-à-dire, métier par lequel quelqu'un gagne sa vie.*

GAGNE-PETIT. *Voy.* Emouleur.

GAGNER *ou faire du gain.* Lucrari, lucror, aris, lucratus sum. *dép. acc.*

GAGNER *sa vie.* Sustentare, sustento, as, sustentavi, sustentatum. *act. Ajout.* vitam. *A quelque métier*, arte aliquâ, *à l'abl. ou le gérond. en* do.

GAGNER *l'affection, les bonnes grâces de quelqu'un.* Conciliare sibi, concilio, concilias, conciliavi, conciliatum. *act.* gratiam. alicujus.

GAGNER *ou vaincre.* Vincere, vinco, vincis, vici, victum. *act. acc.*

GAGNER *une maladie, etc.* Contrahere, contraho, contrahis, contraxi, contractum. *act. acc.*

GAGNER *ou fléchir.* Flectere, flecto, flectis, flexi, flexum. *act. acc. Se laisser gagner ou fléchir par.* Cedere, cedo, cedis, cessi, cessum. *neut. dat.*

GAI. Hilaris, *masc. fém.* hilare, *neut. gén.* hilaris.

GAIEMENT. Hilarè. *adv. Au comp.* hilariùs; *au superl.* hilarissimè.

GAIETÉ. Hilaritas, *g.* hilaritatis. *f.*

GAILLARD. Hilaris, *masc. fém.* hilare, *neut. gén.* hilaris.

GAILLARDEMENT. Hilarè. *adv. Au comp.* hilariùs; *au superl.* hilarissimè.

GAILLARDISE. Hilaritas, *gén.* hilaritatis. *fém. Par gaillardise.* Animi causâ.

GAIN. Lucrum, *gén.* lucri. *neut.*

GAIN *de bataille.* Parta victoria, *gén.* partæ victoriæ. *fém.*

GAIN *de cause.* Causa superior, *génit.* causæ superioris. *fém. Avoir gain de cause.* Vincere causam. Vinco, vincis, vici, victum. *acc.*

GAINE. Vagina, *gén.* vaginæ. *fém.*
GAINIER, *qui fait des étuis.* Opifex, *gén.* opificis. *m. Ajoutez* thecarum.
GALAMMENT. Urbanè. *adv. Au comp.* urbaniùs; *au superl.* urbanissimè.
GALANT ou *amant.* Amasius, *génit.* amasii. *masc.*
GALANT. Urbanus, urbana, urbanum; *mais, en parlant des choses.* Festivus, a, um. *adj.* Galant homme. Vir urbanissimus, *gén.* viri urbanissimi. *masc.*
GALANTERIE. Urbanitas, *gén.* urbanitatis. *fém.*
GALANTERIE, *enjouement.* Lepor, *gén.* leporis. *masc.*
GALATES, *peuples de Galatie.* Galatæ, *gén.* Galatarum. *masc. plur.*
GALATIE, *province de l'Asie.* Galatia, *gén.* Galatiæ. *fém.*
GALBANUM, *sorte de gomme.* Galbanum, *gén.* galbani. *neut.*
GALE. Scabies, *gén.* scabiei. *fém.*
GALÈRE. Triremis, *gén.* triremis. *fém. Aux galères.* Ad triremes.
GALERIE. Porticus, *g.* porticûs. *fém.*
GALÉRIEN. Remex, *gén.* remigis. *m.*
GALET, *jeu où l'on pousse un palet sur une table.* Ludus, *gén.* ludi. *masc. Ajoutez* lapillorum.
GALETAS, *chambre qui touche au toit de la maison.* Proxima contignatio, *gén.* proximæ contignationis. *fém. Ajout.* tegulis.
GALETTE, *pâte mince.* Crustulum, *gén.* crustuli. *neut.*
GALEUX. Scabiosus, a, um. *adj.*
GALILÉE, *province.* Galilæa, *g.* Galilææ. *fém. Qui est de Galilée.* Galilæus, galilæa, galilæum. *adj.*
GALIMAFRÉE, *ragoût.* Miscellanea, *gén.* miscellaneorum. *neut. plur. Ajout.* ciborum.
GALIMATIAS. Oratio inops, *g* orationis inopis. *fém. Ajoutez* rerum.
GALION, *sorte de vaisseau de mer.* Gaulus major, *gén.* gauli majoris. *m.*
GALLE, *noix de galle.* Galla, *gén.* gallæ. *fém.*
GALLES, *principauté.* Vallia, *génit.* Valliæ. *fém. Prince de Galles.* Princeps, *gén.* Principis. *m. Ajoutez* Valliæ.
GALLICANE, *en parlant de l'église de France.* Ecclesia gallicana, *gén.* ecclesiæ gallicanæ. *fém.*
GALLICE, *royaume.* Gallæcia, *génit.* Gallæciæ. *Qui est de Gallice.* Gallæcus, a, um. *adj.*
GALOCHES, *sorte de chaussure.* Gallicæ, *gén.* gallicarum. *fém. plur.*
GALON. Limbus, *gén.* limbi. *masc.*
GALOP. Cursus, *gén.* cursûs. *m. Au grand galop.* Cursu incitatissimo. *à l'abl.*
GALOPER, *aller au galop.* Ferri, feror, ferris, latus sum. *pass. Ajoutez* cursu equi. *S'il y a au grand galop.* Ajoutez encore incitatissimo.
GALOPER, *en parlant du cheval.* Currere æquabili tenore, *c'est-à-dire, courir d'un pas égal.*
GALOPINS, *petits marmitons.* Sublingiones, *gén.* sublingionum. *m. plur.*
GAMBADE. Saltus, *g.* saltûs. *m.*
GAMBADER. Saltare, salto, saltas, saltavi, saltatum. *neut.*
GAMME, *table pour les notes de musique.* Musicum diagramma, *gén.* musici diagrammatis. *neut. Chanter la gamme à quelqu'un.* Objurgare, objurgo, objurgas, objurgavi, objurgatum. *act. acc. Ajoutez* acerbissimè. *adv.*
GAND, *ville.* Gandavum, *gén.* Gandavi. *neut. Qui est de Gand.* Gandavensis, *masc. fém.* gandavense, *neut. gén.* gandavensis.
GANGE, *fleuve.* Ganges, *gén.* Gangis. *masc.*
GANGRÈNE. Gangrèna, *g.* gangrènæ. *f.*
GANGRÉNÉ. Vitiatus, vitiata, vitiatum. *Ajoutez* gangrenâ, *c'est à-dire, altéré par la gangrène.*
SE GANGRÉNER. Vitiari, vitior, aris, vitiatus sum. *pass. Ajoutez* gangrenâ, *c'est-à-dire, se gâter par la gangrène.*
GANSE, *cordonnet de soie.* Ansula, *g.* ansulæ. *fém.*
GANT. Digitale, *gén.* digitalis. *n.*
GANTELET *de fer.* Digitale ferreum, *g.* digitalis ferrei. *neut.*
SE GANTER, *mettre ses gants.* Induere, induo, induis, indui, indutum. *act. Ajoutez* digitalia.
GANTIER, *qui fait des gants.* Opifex, *gén.* opificis. *masc. Ajoutez* digitalium.
GARANT. Auctor, *g.* auctoris. *m.*
GARANT, *appui.* Defensor, *gén.* defensoris. *masc.*
GARANT, *répondant, caution.* Vas, *gén.* vadis. *masc.*
GARANTIE. Auctoritas, *gén.* auctoritatis. *fém.*
GARANTIR. Tueri, tueor, tueris, tuitus sum. *dép. acc.* Contre *ou de par à ou ab, avec un abl. comme : contre ses ennemis,* ab inimicis.
GARANTIR *une chose, l'assurer bonne.* Affirmare, affirmo, affirmas, affirmavi, affirmatum. *dat. de la personne. Ajout. de* bonitate, *et ensuite un gén., c'est-à-dire, répondre à quelqu'un de la bonté d'une chose.*
GARANTIR. *Voyez* Soutenir.
GARÇON. Mas, *gén.* maris. *m. Petit garçon.* Puer, *gén.* pueri. *masc. Garçon hors de l'enfance.* Adolescens, *g.* adolescentis. *m. Garçon qui n'est pas marié.* Cœlebs, *gén.* cœlibis. *masc.*

GAR   GAS

Garçon, *serviteur.* Famulus, *g.* famuli. *masc.*

GARD, *rivière de France qui a donné son nom à un département.* Vardo, *gén.* Vardinis, *masc.* ou Guardo, *gén.* Guardinis. *masc.*

GARDE ou *protection.* Tutela, *génit.* tutelæ. *f. Donner en garde.* Committere, committo, is, commisi, commissum. *act. acc. de la chose, et dat. de la personne*, c'est-à-dire, *confier une chose à quelqu'un. En garde.* In tutelam.

La Garde ou *le guet.* Custodia, *génit.* custodiæ. *fém. Etre de garde.* Excubare, excubo, excubas, excubui, itum. *neut. Descendre la garde, sortir de garde.* Decedere, decedo, is, decessi, decessum. *neut. Ajoutez* de statione.

Prendre Garde à, c'est à-dire, *observer.* Observare, observo, observas, observavi, observatum. *act. acc.*

Etre sur ses Gardes, *se tenir sur ses gardes, être en garde.* Excubare. *Ajout.* animo.

Prendre Garde, *ou se donner de garde.* Cavere, caveo, caves, cavi, cautum. *n.* à soi, sibi. *au dat. S'il y a un* que *ou de* après prendre garde, *il faut consulter la Grammaire latine. N'avoir garde de. Voyez la Grammaire latine. Sans y prendre garde.* Imprudenter. *adv.*

Garde, *action de garder.* Custodia, *g.* custodiæ. *fém.*

Un Garde. Custos, *g.* custodis. *m.*

Une Garde. Custos, *gén.* custodis. *f. Garde du corps.* Custos. *Ajoutez* corporis, *au gén. Garde des sceaux.* Custos. *Ajout.* majorum sigillorum.

Garde d'épée. Capulus, *g.* capuli. *m.*

GARDE-BOUTIQUE, *marchandise qui n'a aucun débit.* Merx invendibilis, *gén.* mercis invendibilis. *fém.*

GARDE-COTE. Custos maritimus, *gén.* custodis maritimi. *masc. Tous deux se déclinent.*

GARDE-FOU *de pierre.* Lorica, *génit.* loricæ. *fém. S'il est de bois.* Repagula, *gén.* repagulorum. *neut. plur.*

GARDE-MANGER, *lieu à serrer la viande.* Carnarium, *gén.* carnarii. *n.*

GARDE-ROBE. Vestiarium, *g.* vestiarii. *neut.*

Garde-robe, *lieu d'aisance.* Latrina, *gén.* latrinæ. *fém.*

GARDÉ. Custoditus, custodita, custoditum. *part. pass. de* Custodio.

Gardé, *observé.* Observatus, observata, observatum. *part. pass. d'*Observo.

Gardé, *conservé.* Servatus, servata, servatum. *part. pass. de* Servo.

GARDER. Custodire, custodio, custodis, custodivi ou custodii, custoditum. *act. acc.*

Garder ou *observer.* Observare, observo, observas, observavi, observatum. *act. acc.*

Garder, *conserver.* Servare, servo, servas, servavi, servatum. *act. acc.*

Se Garder de, *suivi d'un verbe.* Cavere, caveo, caves, cavi, cautum. *neut. On met ensuite* ne, *avec le subjonctif.* Voy. Prendre garde.

GARDEUR *de cochons.* Suarius, *génit.* suarii. *masc.*

Gardeur *de bœufs.* Bubulcus, *gén.* bubulci. *masc.*

GARDIEN. Custos, *génitif.* custodis. *masc.*

GARDIENNE. Custos, *génit.* custodis. *fém.*

GARDON, *petit poisson de rivière.* Cardio, *gén.* cardionis. *masc.*

GARE, *prenez garde.* Cave ; *au plur.* cavete. *impér. de* Caveo.

GARENNE. Leporarium, *gén.* leporarii. *neut.*

Se GARGARISER. Gargarizare, gargarizo, as, gargarizavi, gargarizatum. *Aj.* guttur. *acc. et l'abl. de la chose dont on se gargarise le gosier.*

GARGOTE, *mauvaise auberge.* Cauponula, *gén.* cauponulæ. *fém.*

GARGOTIER. Nundinalis coquus, *gén.* nundinalis coqui. *m. Tout se décline.*

GARGOUILLE, *gouttière de pierre.* Impluvium, *gén.* impluvii. *neut.*

GARNEMENT, *fripon.* Nebulo, *gén.* nebulonis. *masc.*

GARNI *de.* Instructus, instructa, instructum. *avec l'abl. part. pass. d'*Instruo.

GARNIR. Instruere, instruo, instruis, instruxi, instructum. *act. acc. D'argent*, argento. *à l'abl.*

GARNISAIRE. Exactor, *gén.* exactoris. *masc.*

GARNISON. Præsidium, *gén.* præsidii. *neut. Etre en garnison.* Agitare, agito, agitas, agitavi, agitatum. *Ajoutez* præsidium. *Mettre une garnison dans une place.* Munire arcem præsidio, c'est-à-dire, *fortifier une place d'une garnison.* Munio, munis, munivi, munitum. *act.*

GARNITURE. Ornatus, *gén.* ornatûs. *masc.*

GARONNE, *rivière de France qui a donné son nom à un département.* Garumna, *gén.* Garumnæ. *fém.*

GARROT *du cheval.* Armus, *génit.* armi. *masc.*

GARROTTÉ. Vinctus, vincta, vinctum. *part. pass. de* Vincio.

GARROTTER. Vincire, vincio, vincis, vinxi, vinctum. *act. acc.*

GASCOGNE, *province.* Vasconia, *g.* Vasconiæ. *fém.*

GASCON, *qui est de Gascogne.* Vasco,

gén. Vasconis. *masc. Pour les choses.* Vasconicus, a, um. *adj.*

GASCONNADE, *fanfaronnade.* Inanis jactatio, *gén.* inanis jactationis. *f. Tout se décline. Dire des gasconnades.* Inania jactare. Inania *pour res inanes. à l'accus. plur. neut.*

GASCONISME, *phrase gasconne.* Vasconismus, *g.* vasconismi. *masc.*

GASCONNER, *mentir, habler.* Fundere, fundo, fundis, fudi, fusum. *act. Ajoutez* inania verba.

GATÉ ou corrompu. Corruptus, corrupta, corruptum. *part. pass. de* Corrumpo.

GATÉ ou sali. Infectus, infecta, infectum. *part. pass.* d'Inficio. de *à l'abl.*

GATEAU. Placenta, *g.* placentæ. *f.*

GATER, *rendre mauvais.* Corrumpere, corrumpo, corrumpis, corrupi, corruptum. *act. acc.*

GATER *une affaire.* Evertere, everto, evertis, everti, eversum. *act. acc.* negotium.

SE GATER. Corrumpi, corrumpor, corrumperis, corruptus sum. *pass.*

GATER, *salir.* Inficere, inficio, inficis, infeci, infectum. *act. acc. de à l'abl.*

GAUCHE. Sinister, sinistra, sinistrum, *gén.* sinistri. *Du côté gauche, ou à main gauche.* A sinistrâ.

GAUCHE, *qui n'est pas droit.* Pravus, prava, pravum. *adj.*

GAUCHEMENT. Parùm dextrè. *adv.*

UN GAUCHER. Scæva, *génit.* scævæ. *masc.*

GAUCHERIE, *maladresse.* Inopia, *g.* inopiæ. *fém. Ajoutez* industriæ.

GAUCHIR, *se détourner.* Declinare, declino, declinas, declinavi, declinatum. *act. acc.*

GAUDE, *herbe qui sert à teindre en jaune.* Lutum, *gén.* luti. *neut.*

GAUFRE. Crustulum, *génit.* crustuli. *neut.*

UNE GAULE ou *perche.* Virga, *gén.* virgæ. *fém.*

LA GAULE, *à présent la France.* Gallia, *gén.* Galliæ. *fém.*

GAULER *les fruits, les abattre avec la gaule.* Decutere, decutio, decutis, decussi, decussum. *act. acc. Ajoutez* perticâ. *à l'abl.*

GAULOIS. Gallus, galla, gallum. *adj.*

GAZE. Textum perlucidum, *g.* texti perlucidi. *neut.*

GAZELLE, *animal.* Dorcas, *gén.* dorcadis. *fém.*

GAZETIER, *qui compose des gazettes.* Scriptor, *gén.* scriptoris. *masc. Ajoutez* publicorum nuntiorum.

GAZETTE. Nuntii publici, *gén.* nuntiorum publicorum. *masc. plur.*

GAZON. Cespes, *gén.* cespitis, *masc. Qui est de gazon.* Cespititius, cespititia, cespititium. *adj.*

GAZONNER, *revêtir de gazon.* Vestire, vestio, vestis, vestivi, vestitum. *act. acc. de la chose qu'on gazonne. Ajoutez* cespite *à l'abl.*

GAZOUILLEMENT *des oiseaux.* Garrulitas, *g.* garrulitatis. *fém.*

GAZOUILLEMENT *des ruisseaux.* Susurrus, *gén.* susurri. *masc.*

GAZOUILLER. Garrire, garrio, is, garrivi *ou* garrii, garritum. *neut.*

GAZOUILLER, *en parlant d'un ruisseau.* Susurrare, susurro, susurras, susurravi, susurratum. *neut.*

GEAI. Graculus, *g.* graculi. *masc.*

GEANT. Gigas, *gén.* gigantis. *masc.*

GÉANTE. Colossa mulier, *gén.* colossæ mulieris. *fém.*

GELÉ. Concretus, a, um. *part. pass.*

GELÉE. Gelu. *neut. indéclinable, sans plur.*

GELÉE *blanche.* Pruina, *génit.* pruinæ. *fém.*

GELÉE *de viandes.* Jus concretum, *gén.* juris concreti. *neut. Ajoutez* è carnibus elixis, *c'est-à-dire, bouillon gelé de viandes bien cuites.*

GELÉE *de fruits.* Congelati succi, *gén.* congelatorum succorum. *masc. plur. Aj.* pomorum.

GELER. Congelare, congelo, as, congelavi, congelatum. *act. acc.*

SE GELER, *geler.* Congelari, congelor, aris, congelatus sum. *pass. Il gèle.* Gelat, gelabat, gelavit, gelare, *impersonnel.*

GELINE, *poule.* Gallina, *gén.* gallinæ. *fém.*

GELINOTTE, *petite poule sauvage.* Pullastra, *gén.* pullastræ. *fém.*

GEMEAUX. Gemini, *gén.* geminorum. *masc. plur.*

GÉMIR. Gemere, gemo, is, gemui, gemitum. *neut. Sur par de, avec l'abl.*

GEMISSEMENT. Gemitus, *gén.* gemitûs. *masc.*

GÊNANT. Molestus, molesta, molestum. *adj.*

GENCIVE. Gingiva, *gén.* gingivæ. *f.*

GENDARME. Eques cataphractus, *gén.* equitis cataphracti. *masc.*

GENDARMERIE. Equites cataphracti, *génit.* equitum cataphractorum. *mascul. pluriel.*

GENDRE. Gener, *gén.* generi. *m.*

GÊNE. Tormentum, *gén.* tormenti. *n. Se donner la gêne, se mettre l'esprit à la gêne.* Torquere, torqueo, torques, torsi, tortum. *act. Ajoutez* ingenium.

GÊNÉ. Coactus, coacta, coactum. *part. pass. Etre gêné.* Cogi, cogor, cogeris, coactus sum. *pass.*

GEN GEO 217

GÉNÉALOGIE. Descriptio, *gén.* descriptionis. *fém.* Ajoutez generis, *c'est-à-dire*, description de sa famille.

GÉNÉALOGIQUE. Pertinens, *m. fém. neut. gén.* pertinentis. Ajoutez ad generis descriptionem, *c'est-à-dire*, qui regarde la généalogie. Arbre généalogique, ou de généalogie. Stemma, *gén.* stemmatis. *neut.*

GENEALOGISTE. Genealogus, *génit.* genealogi. *masc.*

GÊNER. Angere, ango, angis, anxi, *sans sup. act. acc.*

GÊNER, *tenir dans la contrainte.* Continere angustiùs, *quelqu'un*, aliquem ; *c'est-à-dire*, le contenir. Contineo, es, continui, contentum. *acc.*

GÉNÉRAL, *adj.* Generalis, *masc. fém.* generale, *neut. gén.* generalis. *En général.* Generatim. *adv.*

UN GÉNÉRAL *d'armée*. Dux, *gén.* ducis. *m.* Faire quelqu'un général d'armée. Præficere, præficio, is, præfeci, præfectum. *act.* aliquem ducem exercitui. Etre général d'armée. Præesse, præsum, præes, præfui, exercitui.

GÉNÉRAL *d'un ordre religieux*. Generalis, *gén.* generalis. *masc.*

GÉNÉRALAT *d'armée.* Munus imperatorium, *gén.* muneris imperatorii. *neut.* Tous deux se déclinent.

GÉNÉRALAT *d'un ordre religieux.* Summa præfectura, *gén.* summæ præfecturæ. *fém.* Ordinis religiosi.

GÉNÉRALE, *battement de tambour.* Sonus, *gén.* soni. *masc.* Ajoutez tympani.

GÉNÉRALEMENT, *en général.* Generatim. *adv.*

GÉNÉRALISSIME. Dux ducum, *génit.* ducis ducum. *masc.*

GENERALITÉ. Universitas, *gén.* universitatis. *fém.*

GÉNÉRATION. Generatio, *gén.* generationis. *fém.*

GÉNÉREUSEMENT. Generosè. *Au comp.* generosiùs ; *au superl.* generosissimè. *adv.*

GÉNÉREUX. Generosus, generosa, generosum. *adj.*

GÉNÉROSITÉ. Fortitudo, *gén.* fortitudinis. *fém.*

GÉNÉROSITÉ, *bienfaisance.* Liberalitas, *gén.* liberalitatis. *fém.*

GÊNES, *ville.* Genua, *gén.* Genuæ. *f.* De Gênes. Genuensis, *masc. f.* genuense, *neut. gén.* genuensis.

GENÈSE. Genesis, *gén.* genesis. *fém.*

GENÊT, *arbrisseau.* Genista, *gén.* genistæ. *fém.*

GENÈVE, *ville.* Geneva, *gén.* Genevæ. *fém.* De Genève. Genevensis, *m. f.* genevense, *neut. gén.* genevensis.

GENEVOIS, *en parlant des personnes.* Voy. de Genève. En parlant du pays. Genevensis ager, *gén.* Genevensis agri. *masc.* Tout se décline.

GÉNIE. Genius, *gén.* genii. *masc.*

GÉNIE ou *esprit.* Ingenium, *gén.* ingenii. *neut.*

GENIÈVRE, *arbrisseau.* Juniperus. *g.* juniperi. *fém.*

GENISSE, *jeune vache.* Juvenca, *gén.* juvencæ. *fém.*

GÉNITAL. Genitalis, *masc. fém.* genitale, *neut. gén.* genitalis. *adj.*

GÉNITIF. Genitivus, *g.* genitivi. *m.*

GÉNOIS ou *de Gênes.* Genuensis, *m. f.* genuense, *n. g.* genuensis.

GENOU. Genu. *neut. indéclin. Au plur.* genua, *gén.* genuum, *dat.* genibus. *n.* Se mettre à genoux. Flectere, flecto, flectis, flexi, flexum. *act. Aj.* genua. Etre à genoux. Niti, nitor, niteris, nixus sum. *dép. Aj.* genibus, *c'est-à-dire*, s'appuyer sur ses genoux, se tenir à genoux. Se jeter aux genoux de quelqu'un, se mettre à genoux devant quelqu'un. Provolvi, provolvor, provolveris, provolutus sum. *pass.* ad pedes alicujus.

GENOUILLÈRE, *armure des genoux.* Genualia, *gén.* genualium. *n. plur.*

GENRE. Genus, *g.* generis. *n.*

GENS. Homines, *gén.* hominum. *masc. plur.*

GENS *de lettres.* Viri litterati, *gén.* virorum litteratorum. *masc plur.*

GENS *de bien.* Viri probi, *gén.* virorum proborum. *masc. plur.*

GENS, *domestiques.* Servi, *gén.* servorum. *masc. plur.*

GENTIANE, *herbe médicinale.* Gentiana, *gén.* gentianæ. *fém.*

GENTIL ou *beau.* Venustus, venusta, venustum. *adj.*

GENTIL, *païen.* Gentilis, *masc. fém. g.* gentilis.

GENTILHOMME. Nobilis vir, *g.* nobilis viri. *masc.*

GENTILHOMMIÈRE, *petite maison d'un gentilhomme de village.* Villa, *gén.* villæ. *fém.* nobilis alicujus.

GENTILITÉ, *fausse religion des païens.* Gentilitas, *gén.* gentilitatis. *fém.*

GENTILLESSE. Lepor, *gén.* leporis. *masc.*

GENTILLATRE. Vir aliquantulùm nobilis, *gén.* viri aliquantulùm nobilis. *m.* Vir *et* nobilis *se déclin.*

GENTIMENT. Venustè. *adv. Au comp.* venustiùs, *au sup.* venustissimè.

GENUFLEXION. Flexio, *g.* flexionis. *f.* Ajoutez genuum, *c'est-à-dire*, flexion des genoux.

GÉOGRAPHE. Peritus, *gén.* periti. *m.* Ajoutez geographiæ, *c'est-à-dire*, savant dans la géographie.

GEOGRAPHIE. Geographia, *gén.* geographiæ. *fém.*
GEOGRAPHIQUE. Geographicus, geographica, geographicum. *adj.*
GEOLAGE, *droit que les prisonniers paient au geolier.* Tributum carcerarium, *gén.* tributi carcerarii. *neut.*
GEOLE, *prison.* Carcer, *gén.* carceris. *masc.*
GEOLIER. Custos, *gén.* custodis. *masc.* Ajoutez carceris.
GEOMETRAL. Geometricus, geometrica, geometricum. *adj.*
GEOMETRE. Geometres, *g.* geometræ. *masc.*
GEOMETRIE. Geometria, *gén.* geometriæ. *fém.*
GEOMETRIQUE. Geometricus, geometrica, geometricum. *adj.*
GEOMETRIQUEMENT. Ex geometricis rationibus.
GEORGIE, *pays dans l'Asie.* Georgia, *gén.* Georgiæ. *fém.*
LES GÉORGIQUES *de Virgile.* Georgica, *gén.* georgicorum. *n. plur.*
GERBE. Fascis, *gén.* fascis. *m.* Ajoutez frumenti.
GERBIÈRE. Strues, *gén.* struis. *fém.* Ajoutez frumentariorum fascium, *c'est-à-dire, tas de gerbes.*
GERCÉ. Fissus, fissa, fissum. *part. pass. de* Findo. *De froid,* frigore. *à l'ablat.*
GERCER. Findere, findo, findis, fidi, fissum. *act. acc.*
GERCER, *se gercer.* Voy. Se Fendre.
GERÇURE, *crevasse de froid.* Fissus, *gén.* fissus. *masc.*
GERER. Gerere, gero, geris, gessi, gestum. *act. acc.*
GERMAIN, *parent, cousin germain.* Patruelis frater, *gén.* patruelis fratris. *m. Cousine germaine.* Patruelis soror, *génit.* patruelis sororis. *fém. Tout se décline.*
GERMAINS, *les Allemands.* Germani, *gén.* Germanorum. *masc. plur.*
GERMANIE, *pays d'Allemagne.* Germania, *g.* Germaniæ. *fém. De Germanie.* Germanicus, a, um. *adj.*
GERME. Germen, *gén.* germinis. *neut. Monter en germe.*
GERMER. Germinare, germino, as, germinavi, germinatum. *neut.*
GERMINATION. Germinatio, *g.* germinationis. *fém.*
GÉRONDIF. Gerundium, *gén.* gerundii. *neut.*
GERS, *rivière et département de France.* Egirtius, *gén.* Egirtii. *masc.*
GESIER *ou jabot des oiseaux.* Stomachus, *gén.* stomachi. *masc.*
GESSE. Cicercula, *g.* cicerculæ. *f.*
GESTATION. Gestatio, *g.* gestationis. *f.*

GESTE. Gestus, *gén.* gestus. *masc.*
GESTICULATEUR. Gesticulator, *gén.* gesticulatoris. *masc.*
GESTICULATION, *l'action de gesticuler.* Gesticulatio, *g.* gesticulationis. *f.*
GESTICULER, *faire trop de gestes.* Gesticulari, gesticulor, aris, gesticulatus sum. *dép.*
GESTION, *administration des choses.* Gestio, *gén.* gestionis. *fém.*
GIBECIÈRE *pour la chasse.* Marsupium, *gén.* marsupii. *neut.*
GIBERNE. Pera militaris, *gén.* peræ militaris. *fém.*
GIBET. Patibulum, *gén.* patibuli. *n. Attacher à un gibet.* Voy. Pendre.
GIBIER. Venatio, *gén.* venationis. *fém.*
GIBOULÉE, *petite pluie froide.* Nimbus, *gén.* nimbi. *masc.*
GILBRALTAR, *détroit de mer.* Fretum Gaditanum, *g.* Freti Gaditani. *neut.*
GIGANTESQUE, *qui tient du géant.* Giganteus, a, um. *adj.*
GIGANTOMACHIE, *combat de géants.* Prælium, *gén.* prælii. *neut.* Ajoutez gigantum.
GIGOT. Femur, *gén.* femoris. *neut.* Ajoutez vervecinum, *neut. de l'adj.* vervecinus, *de mouton.*
GILET. Brevior subucula, *gén.* brevioris subuculæ. *fém.*
GINGEMBRE. Zingiberi. *neut. indéclinable.*
GIRANDOLE, *chandelier à plusieurs branches.* Candelabrum brachiatum, *gén.* candelabri brachiati. *neut.*
GIROFLE, *sorte d'épice.* Cariophyllum, *gén.* cariophylli. *neut.*
GIROFLÉE, *fleur.* Leucoium, *g.* leucoii. *neut.*
GIRON. Gremium, *g.* gremii. *neut.*
GIRONDE, *nom de la Garonne depuis le confluent de la Dordogne jusqu'à la mer.* Girumna, *gén.* Girumnæ. *fém.*
GIROUETTE. Pinnula versatilis, *gén.* pinnulæ versatilis. *f. Tout se décline.*
GIT, *ci-git.* Hic jacet; jaceo, jaces, *sans supin,* jacere. *Gésir. infin.*
GITE, *pour les personnes.* Diversorium, *gén.* diversorii. *neut. Pour les animaux.* Cubile, *gén.* cubilis. *neut.*
GIVRE, *espèce de verglas qui s'attache aux arbres.* Nivalis glacies, *gén.* nivalis glacici. *fém. Tout se décline.*
GLAÇANT, *froid glaçant.* Glaciale frigus, *gén.* glacialis frigoris. *neut.*
GLACE, *ou eau gelée.* Glacies, *g.* glaciei. *fém. A la glace.* Cum glacie. *Mettre l'eau à la glace.* Hiemare, hiemo, hiemas, hiemavi, hiematum, aquam. *Boire à la glace.* Bibere vinum refrigeratum glacie, *c'est-à-dire, boire du vin rafraichi par la glace.*

GLACE *de miroir.* Lamina crystallina, *gén.* laminæ crystallinæ. *fém.*

GLACÉ. Glaciatus, glaciata, glaciatum. *part. pass. de* Glacio.

GLACER. Glaciare, glacio, glacias, glaciavi, glaciatum. *act. acc.*

SE GLACER. Glaciari, glacior, glaciaris, glaciatus sum. *pass.*

GLACIAL. On dit : mer glaciale. Oceanus septentrionalis, *gén.* accani septentrionalis. *masc.* Ces deux mots se déclinent.

GLACIERE, *où l'on serre la glace.* Officina, *gén.* officinæ. *f.* Ajoutez glaciei.

GLACIS, *pente.* Declivitas, *gén.* declivitatis. *fém.*

GLAÇON. Fragmentum glaciatum, *gén.* fragmenti glaciati. *neut.*

GLADIATEUR. Gladiator, *gén.* gladiatoris. *masc.*

GLAIRE *d'œuf, etc.* Albumen, *g.* albuminis. *neut.*

GLAISE, *terre grasse.* Argilla, *génit.* argillæ. *fém.*

GLAIVE. Gladius, *g.* gladii. *masc.*

GLANAGE, *l'action de glaner.* Spicilegium, *gén.* spicilegii. *neut.*

GLAND, *fruit du chêne.* Glans, *gén.* glandis. *fém.*

GLANDE, *partie spongieuse.* Glandula, *gén.* glandulæ. *fém.*

GLANDÉE. Glans caduca, *g.* glandis caducæ. *fém.*

GLANDULE, *petite glande.* Glandula, *gén.* glandulæ. *fém.*

GLANDULEUX, *plein de glandes.* Glandulosus, a, um. *adj.*

GLANE, *poignée d'épis.* Manipulus spicarum omissarum, *gén.* manipuli. *m.* spicarum-omissarum *ne changent point.*

GLANER. Legere, lego, legis, legi, lectum. *act.* Ajoutez spicas à messoribus derelictas, *c'est-à-dire*, ramasser les épis laissés par les moissonneurs.

GLANEUR, GLANEUSE. Qui *ou* quæ spicas à messoribus derelictas legit, *c'est-à-dire, celui ou celle qui ramasse les épis laissés par les moissonneurs.*

GLAPIR, *comme les renards.* Gannire, gannio, gannis, gannivi *ou* gannii, gannitum. *neut.*

GLAPISSEMENT. Gannitus, *gén.* gannitûs. *masc.*

GLAS, *son funèbre de cloche.* Funebris sonitus, *gén.* funebris sonitûs. *m.* Ajoutez æris campani.

GLISSADE. Vestigium labens, *g.* vestigii labentis.. *neut.* Ces deux mots se déclinent.

GLISSANT. Lubricus, lubrica, lubricum. *adject.* Pas glissant. Locus lubricus, *gén.* loci lubrici. *masc.* lubricus *est un adj.*

GLISSER *ou faire une glissade.* Vacillare, vacillo, vacillas, vacillavi, vacillatum. Ajoutez in lubrico, *sous-entendu* loco.

GLISSER *à dessein sur une glissoire.* Decurrere, decurro, decurris, decurri, decursum. *act.* Ajoutez glaciatum stadium fluente vestigio. *Il ne faut rien changer à ces quatre derniers mots.*

GLISSER *ou être glissant.* Lubricum esse, sum, es, fui. Lubricus, lubrica, lubricum. *adj.*

GLISSER *de.* Elabi, elabor, elaberis, elapsus sum. *dép.* Des mains, e manibus.

GLISSER, *faire entrer.* Voyez Insinuer.

SE GLISSER *dans.* Subrepere, subrepo, subrepis, subrepsi, subreptum. *n.* Dans *ou en par* in, *et l'acc.*

GLISSOIRE. Stadium glaciatum, *génit.* stadii glaciati. *neut.*

GLOBE. Globus, *gén.* globi. *masc.*

GLOBULE, *petit corps sphérique.* Globulus, *gén.* globuli. *masc.*

GLOIRE. Gloria, *gén.* gloriæ. *fém.* Aller à la gloire par les bonnes voies. Grassari, grassor, grassaris, grassatus sum. *dép.* ad gloriam virtutis viâ. *Faire, ou se faire gloire de.* Voy. Se glorifier.

GLOIRE. Voyez *Vanité.*

GLORIEUSEMENT. Gloriosè. *adv.* Au comp. gloriosiùs ; au superl. gloriosissimè.

GLORIEUX. Gloriosus, gloriosa, gloriosum. *adj.*

GLORIEUX, *en parlant des personnes.* Superbus, a, um. *adj.*

GLORIFIER. Collaudare, collaudo, collaudas, collaudavi, collaudatum. *act. acc.* De par de, avec l'abl.

SE GLORIFIER *de.* Gloriari, glorior, gloriaris, gloriatus sum. *dép. abl. de la chose, avec de.*

GLORIOLE. Gloriola, *gén.* gloriolæ. *fém.*

GLOSE. Interpretatio, *gén.* interpretationis. *fém.*

GLOSER. Interpretari, interpretor, aris, interpretatus sum. *dép. acc.*

GLOSER, *trouver à redire.* Reprehendere, reprehendo, reprehendis, reprehendi, reprehensum. *act. acc.*

GLOSEUR. Vituperator, *gén.* vituperatoris. *masc.*

GLOSSAIRE, *dictionnaire des termes obscurs d'une langue.* Glossarium, *génit.* glossarii. *neut.*

GLOSSATEUR, *qui glose le texte d'un auteur.* Interpres, *g.* interpretis. *m.*

GLOTTE, *petite fente au-devant du gosier.* Glottis, *gén.* Glottidis. *fém.*

GLOUGLOU *d'une bouteille.* Singultus, *gén.* singultûs. *masc.* lagenæ.

GLOUSSEMENT. Singultus, *gén.* singultûs. *m.* Aj. gallinæ, *de la poule.*

GLOUSSER. Glocire, glocio, glocis, glocivi, glocitum. *neut.*
GLOUTON, *gourmand.* Helluo, *génit.* helluonis. *masc.*
GLOUTONNEMENT. Avidè. *adv.*
GLOUTONNERIE. Ingluvies, *gén.* ingluviei. *fém.*
GLU. Viscum, *gén.* visci. *neut. Prendre à la glue, aux gluaux.* Fallere, fallo, fallis, fefelli, falsum. *act. acc. Ajoutez* viscatâ virgâ. *Se prendre à la glu.* Inhærescere, inhæresco, inhærescis, inhæsi. *sans sup. Ajoutez* in visco.
GLUANT. Glutinosus, a, um. *adj.*
GLUAU, *petite verge enduite de glu.* Viscata virga, *g.* viscatæ virgæ. *fém.*
GLUÉ. Viscatus, a, um. *adj.*
GLUER, *enduire de glu.* Illinere, illino, illinis, illevi, illitum. *act. acc. Ajoutez* visco à l'abl.
GNOMONIQUE, *la science des cadrans.* Gnomonice, *gén.* gnomonices. *fém.*
GOBELET. Culullus, *gén.* cululli. m. *Chef de* GOBELET, *chez le roi.* Primus, *gén.* primi. *Ajoutez* à cyathis.
GOBELETS *de joueur.* Acetabula, *génit.* acetabulorum. *neut. plur. Joueur de gobelets.* Præstigiator, *gén.* præstigiatoris. *masc.*
GOBER, *avaler tout d'un coup.* Haurire, haurio, hauris, hausi, haustum. *act. acc.*
SE GOBERGER, *se divertir.* Recreare se, *ou* genio indulgere. Genio, *au dat.* Recreo, recreas, recreavi, recreatum. *act. acc.* Indulgeo, indulges, indulsi, indultum. *neut. dat.*
GODET, *petit gobelet.* Fictilis culullus, *gén.* fictilis cululli. *masc. L'un et l'autre se déclinent.*
A GOGO, *avec abondance.* Affatim. *adv. A discrétion.* Luxuriosè.
GOGUENARD. Jocosus, jocosa, jocosum. *adj.*
GOGUENARDER, *babiller.* Jocari, jocor, jocaris, jocatus sum. *dép.*
GOGUENARDERIE. Jocatio, *gén.* jocationis. *fém.*
GOGUETTES, *propos joyeux.* Jocularia, *gén.* jocularium. *neut. plur. Chanter goguettes à quelqu'un, lui dire des injures.* Conviciari, convicior, conviciaris, conviciatus sum. *dép. dat.*
GOINFRE, *gourmand.* Helluo, *gén.* helluonis. *masc.*
GOINFRER. Helluari, helluor, helluaris, hellnatus sum. *dép.*
GOINFRERIE. Helluatio, *gén.* helluationis. *fém.*
GOITRE. Guttur tumidum, *g.* gutturis tumidi. *neut.*
GOITREUX. Gutturosus, gutturosa, gutturosum. *adj.*

GOLFE, *bras de mer qui s'étend dans la terre ferme.* Sinus, *gén.* sinûs. *masc.*
GOMME. Gummi. *neut. indéclin.*
GOMMÉ. Illitus, illita, illitum. *part. pass. d'*Illino. *Ajoutez* gummi.
GOMMER. Illinere, illino, illinis, illevi, illitum. *act. acc. Ajoutez* gummi.
GOMMEUX. Gummosus, gummosa, gummosum.
GOND. Cardo, *gén.* cardinis. *masc.*
GONDOLE. Cymbula, *génit.* cymbulæ. *fém.*
GONFLEMENT. Inflatio, *gén.* inflationis. *fém.*
GONFLER. Voyez *Enfler.*
Nœud GORDIEN. Nodex inexplicabilis, *gén.* nodi inexplicabilis. *masc. Tout se décline.*
GORGE. Fauces, *gén.* faucium. *f. plur. Prendre quelqu'un à la gorge.* Invadere, invado, invadis, invasi, invasum; fauces alicujus. Fauces *est à l'acc. plur. Couper la gorge à quelqu'un.* Jugulare ; jugulo, jugulas, jugulavi, jugulatum. *act.* aliquem. *Rire à gorge déployée.* Cachinnari, cachinnor, cachinnaris, cachinnatus sum. *dépon.*
GORGE *ou* sein. Pectus, *gén.* pectoris. *neut.*
GORGÉE. Haustus, *génit.* haustûs. *masc.*
SE GORGER. Se ingurgitare, ingurgito, ingurgitas, ingurgitavi, ingurgitatum. *act. De viandes,* cibis. à *l'abl.*
GOSIER. Jugulum, *gén.* juguli. *neut.*
GOTHIE, *province de Suède.* Gothia, *gén.* Gothiæ. *fém.*
GOTHIQUE. Gothicus, gothica, gothicum. *adj.*
GOTHS, *peuples septentrionaux.* Gothi, *gén.* Gothorum. *masc. plur.*
GOUDRON. Pix nautica, *gén.* picis. nauticæ. *fém.*
GOUDRONNER. Illinere, illino, illinis, illevi, illitum. *actif. Ajoutez* picɵ nauticâ.
GOUFFRE. Gurges, *g.* gurgitis. *masc.*
GOUJAT. Calo, *gén.* calonis. *masc.*
GOUJON, *poisson.* Gobio, *gén.* gobionis. *masc.*
GOULOT *de bouteille.* Guttur, *g.* gutturis. *neut. Ajoutez* amphoræ.
GOULU. Vorax, *masc. fém. neut. gén.* voracis.
GOULUMENT. Avidè. *adv. Au comp.* avidiùs ; *au superl.* avidissimè.
GOUPILLE, *petite clavette.* Acicula, *gén.* aciculæ. *fém.*
GOUPILLON, *aspersoir.* Aspergillum, *gén.* aspergilli. *neut.*
GOURDE, *courge.* Cucurbita, *gén.* cucurbitæ. *fém.*
GOURDIN, *gros bâton.* Fustis, *génit.* fustis. *masc.*

GOURMADE, *coups de poings.* Ictus, *gén.* ictûs. *masc. Ajoutez* pugni.
GOURMAND. *Voyez* Goulu.
GOURMANDER. Objurgare, objurgo, objurgas, objurgavi, objurgatum. *actif accusat.*
GOURMANDER *ses passions.* Imperare cupiditatibus ; *c'est-à-dire*, *commander.* Impero, imperas, imperavi, imperatum. *datif.*
GOURMANDISE. Gula, *gén.* gulæ. *fém. Se laisser aller à la gourmandise.* Duci ventre, *c'est-à-dire*, *être conduit par son ventre.* Duci est le pass. de duco, ducis, duxi, ductum. *act.*
GOURME. Pituita crassior, *gén.* pituitæ crassioris. *fém.*
GOURMET. Prægustator, *gén.* prægustatoris. *masc.*
GOURMETTE, *chaînette de fer attachée à la bride.* Catenula, *gén.* catenulæ. *fém. Ajoutez* freni.
GOUSSE. Siliqua, *gén.* siliquæ. *fém.*
GOUSSET. Crumena, *g.* crumenæ. *f.*
LE GOUT. Gustus, *gén.* gustûs. *m.*
GOUT ou *saveur, en parlant des choses.* Sapor, *gén.* saporis. *masc.*
Prendre GOÛT ou *plaisir à.* Delectari, delector, delectaris, delectatus sum. *pass. abl. de la chose.*
GOÛT, *jugement.* Intelligens judicium, *gén.* intelligentis judicii. *neut. Tous deux se déclinent.*
GOUTER, *verbe.* Degustare, degusto, degustas, degustavi, degustatum. *actif accusat.*
GOÛTER *de, essayer.* Degustare aliquid. *accusat.*
GOÛTER, *approuver.* Probare, probo, as, probavi, probatum. *act. acc.*
GOÛTER, *prendre plaisir.* Delectari, delector, delectaris, delectatus sum. *pass. abl. de la chose.*
GOÛTER, *prendre le goûter.* Sumere, sumo, sumis, sumpsi, sumptum. *act. Aj.* merendam.
LE GOUTER ou *collation.* Merenda, *g.* merendæ. *fém.*
GOUTTE *d'eau, etc.* Gutta, *g.* guttæ. *fém. Goutte à goutte.* Guttatim. *Ne voir goutte*, *ne pas voir clair.* Videre, video, vides, vidi, visum. *Ajoutez* non *devant le verbe.*
GOUTTE, *maladie.* Articularis morbus, *gén.* articularis morbi. *masc. Tout se décline.*
GOUTTE *aux pieds.* Podagra, *gén.* podagræ. *fém. Si c'est aux mains.* Chiragra, *gén.* chiragræ. *fém. Avoir la goutte.* Laborare, laboro, laboras, laboravi, laboratum. *n. Ajoutez* podagrâ.
GOUTTEUX. Arthricus, arthritica : arthriticum. *adj.*

GOUTTIÈRE. Stillicidium, *gén.* stillicidii. *neut.*
GOUVERNAIL. Gubernaculum, *g.* gubernaculi. *neut.*
GOUVERNANTE. Educatrix, *gén.* educatricis. *fém. D'un prince.* Principis.
GOUVERNANTE, *femme du gouverneur.* Uxor, *gén.* uxoris. *fém. Ajoutez* gubernatoris.
GOUVERNANTE, *qui gouverne.* Gubernatrix, *g.* gubernatricis. *fém.*
GOUVERNÉ. Gubernatus, gubernata, gubernatum. *part. pass.* de Guberno.
GOUVERNEMENT. Administratio, *gén.* administrationis. *fém.*
GOUVERNEMENT *d'une province.* Provincia, *gén.* Provinciæ. *fém. Avoir le gouvernement de.* Præesse, præsum, præes, præfui, *avec le dat.*
GOUVERNER. Gubernare, guberno, gubernas, gubernavi, gubernatum. *act. accus.*
SE GOUVERNER ou *se conduire.* Agere, ago, agis, egi, actum. *neut. Bien, honesté. Mal*, pravè. *adv. Se laisser gouverner par.* Regi, regor, regeris, rectus sum. *pass. Par quelqu'un.* Ab aliquo.
GOUVERNEUR. Gubernator, *gén.* gubernatoris. *masc.*
GRABAT, *lit sans rideaux.* Grabatus, *gén.* grabati. *masc.*
GRABUGE, *querelle.* Rixæ, *gén.* rixarum. *fém. plur.*
GRACE, *faveur.* Gratia, *gén.* gratiæ. *fém.* Benevolentia, *gén.* benevolentiæ. *f. Gagner les bonnes grâces de quelqu'un.* Sibi conciliare benevolentiam alicujus; concilio, as, conciliavi, conciliatum. *actif acc. De grâce.* Amabo, *fut. du verbe* amo, *c'est comme s'il y avait* je vous aimerai. *Par la grâce de Dieu.* Beneficio Dei. Beneficio est à l'abl. *Avec la grâce de Dieu.* Deo favente. *à l'abl. Avec ou de bonne grâce.* Eleganter. *adv. Avec ou de mauvaise grâce.* Ineleganter. *adv.*
GRACE, *bon air, bonne grâce.* Venustas, *gén.* venustatis. *f. Qui a bonne grâce, ou de la grâce.* Venustus, venusta, venustum. *Qui a mauvaise grâce.* Invenustus, a, um. *adj.*
GRACE ou *pardon.* Venia, *gén.* veniæ. *fém.*
GRACES ou *remerciment.* Gratiæ, *génit.* gratiarum. *fém. plur.* ou Grates, *g.* gratum. *fém. plur.*
LES GRACES *de la fable.* Charites, *gén.* Charitum. *fém. plur.*
GRACIABLE, *rémissible*, *pardonnable.* Ignoscendus, a, um. *part. pass.* d'Ignosco.
GRACIEUSEMENT. Comiter. *adv.*
GRACIEUSETÉ, *petit présent.* Munusculum, *gén.* munusculi. *neut.*

GRA

GRACIEUX, *qui est poli et civil.* Comis, *masc.* fém. come. n. g. comis.

GRADATION. Gradatio, *gén.* gradationis. *fém.*

GRADE. Gradus, *gén.* gradûs. *masc.*

GRADIN. Gradus, *gén.* gradûs. *m.*

GRADUÉ. Adeptus, *gén.* adepti. *m.* Ajoutez gradum in, avec *l'abl.*

GRADUEL, *livre de chant pour la messe.* Graduale, *gén.* gradualis. *neut.*

GRADUER, *se faire graduer.* Adipisci, adipiscor, adipisceris, adeptus sum. Aj. gradum.

GRAIN. Granum, *gén.* grani. *neut.*

GRAIN *de raisin.* Acinus, *génit.* acini. *masc.*

GRAINE. Semen, *g.* seminis. *neut.*

GRAISSE. Adeps, *gén.* adipis. *masc. et fém.*

GRAISSÉ. Unctus, uncta, unctum. *part. pass.* d'Ungo. Avec de la graisse. Adipe. *à l'abl.*

GRAISSER. Ungere, ungo, ungis, unxi, unctum. *act. acc.* Avec de la graisse. Adipe. *à l'abl.*

GRAISSER *les mains à*, ou *corrompre.* Corrumpere, corrumpo, corrumpis, corrupi, corruptum. *act. acc. Ajoutez* pecuniâ.

GRAMEN, *herbe.* Gramen, *gén.* graminis. *neut.*

GRAMMAIRE. Grammatica, *g.* grammaticæ. *fém.*

GRAMMAIRIEN. Grammaticus, *génit.* grammatici. *masc.*

GRAMMATICAL. Grammaticus, grammatica, grammaticum. *adj.*

GRAMMATICALEMENT, *en grammairien.* Grammaticè. *adv.*

GRAMME, *unité des mesures de pesanteur.* Gramma, *g.* grammatis. *n.*

GRAND. Magnus, magna, magnum. Au comp. major, *masc. fém.* majus, *neut.*; au superl. maximus, maxima, maximum. *adj.* Si grand que. Tantus, tanta, tantum. Le que par ut, et le subj. Aussi grand que. Tantus, tanta, tantum. Le que par quantus, quanta, quantum. On les fait accorder en genre, en nombre et en cas avec le subst. auquel ils se rapportent; exemple : *Ta vertu est aussi grande que ton esprit.* Tua virtus est tanta, quantum tuum ingenium.

GRAND, *excellent.* Eximius, eximia, eximium. *adj.*

GRAND *de taille.* Procerus, procera, procerum. *adj. Se faire grand.* Voyez Grandir.

LES GRANDS *d'un royaume*, etc. Principes, *gén.* Principum. Primates, *génit.* Primatum. *masc. plur.*

GRANDEMENT. Magnoperè. *adv.* Voy. Beaucoup.

GRA

GRANDEUR. Magnitudo, *gén.* magnitudinis. *masc.*

GRANDEUR *de corps.* Proceritas, *g.* proceritatis. *fém.*

GRANDEUR, *excellence.* Præstantia, *g.* præstantiæ. *fém.*

LES GRANDEURS. Honores, *gén.* honorum. *masc. plur.*

GRANDIR, *devenir grand.* Adolescere, adolesco, adolescis, adolevi. *neut. sans supin.*

GRAND-MAITRE *de France.* Magister, *gén.* magistri. *masc.* palatii regii. *Grand-Maître de Malte.* Summus magister equitum melitensum, *gén.* Summi magistri. *masc.* Equitum melitensum ne changent point ; c'est-à-dire, *des chevaliers de Malte.*

GRAND-MAITRE *de l'artillerie.* Præfectus, *gén.* præfecti. *masc.* tormentis bellicis, *au dat.*

GRAND-MERCI, *action de grâces.* Actio, *gén.* actionis. *fém. Ajoutez* gratiarum.

GRANGE. Horreum, *g.* horrei. *n.*

GRANIQUE, *rivière.* Granicus, *génit.* Granici. *masc.*

GRANIT, *marbre.* Sienites, *gén.* sienitæ. *masc.*

GRAPPE *de raisin.* Racemus, *g.* racemi. *masc.*

GRAPPILLER, *ramasser les grappes de raisin que les vendangeurs ont laissées.* Legere, lego, legis, legi, lectum. *act. Ajoutez* uvas à vindemiatoribus derelictas.

GRAPPIN, *sorte de croc.* Harpago, *g.* harpaginis. *masc.*

GRAS, *qui est gras.* Pinguis, *m. fém.* pingue, *neut. gén.* pinguis. Les jours gras ou le carnaval. Geniales dies, *gén.* genialium dierum. *m. plur.* La grasse matinée. Totum manè. *neut.* Le gras de la jambe. Sura, *gén.* suræ. *fém.* Terre grasse, argile. Argilla, *g.* argillæ. *f.*

GRASSAYER, *parler gras.* Balbutire, balbutio, balbutis, balbutivi, balbutitum. *neut.*

GRASSEMENT. Lautè. *adv.*

GRASSET, *un peu gras.* Subpinguis, *masc. fém.* subpingue, *neut. gén.* subpinguis.

GRATIFICATION. Gratificatio, *g.* gratificationis. *fém.*

GRATIFIER. Gratificari, gratificor, gratificaris, gratificatus sum. *dép. rég. dir. dat. rég. ind. abl. avec* de.

GRATIS, *sans intérêt.* Gratuitò. *adv.*

GRATITUDE. Animus gratus, *g.* animi grati. *masc.*

GRATTE-CU, *fruit de l'églantier.* Bacca, *gén.* baccæ. *féminin. Ajoutez* cynosbati.

GRATTELEUX, *qui a la grattelle.*

Laborans, *m. f. n. g.* laborantis. *part. prés. de* Laboro. *Ajoutez* impetigine.

GRATTELLE, *démangeaison.* Impetigo, *gén.* impetiginis. *fém.*

GRATTER. Scabere, scabo, scabis, scabi. *sans sup. n. Se gratter.* Scabere se. *Se gratter la tête.* Scabere caput.

GRATTER *la terre.* Radere, rado, radis, rasi, rasum. *act.* terram.

GRATTOIR, *outil.* Radula, *gén.* radulæ. *fém.*

GRATUIT. Gratuitus, a, um. *adj.*

GRATUITEMENT. Gratuitò. *adv.*

GRAVE. Gravis, *m. f.* grave, *neut. g.* gravis.

GRAVÉ. Sculptus, sculpta, sculptum. *part. pass. de* Sculpo.

GRAVÉ *dans l'esprit.* Impressus, impressa, impressum. *part. pass. d'*Imprimo. *Ajoutez* in animo.

GRAVELEUX. Glareosus, glareosa, glareosum. *adj.*

GRAVELLE. Calculus, *génit.* calculi, *masc.*

GRAVEMENT. Graviter. *adv. Au comp.* graviùs ; *au superl.* gravissimè.

GRAVER. Sculpere, sculpo, sculpis, sculpsi, sculptum. *act. acc. Sur ou dans par* in, *et l'abl.*

GRAVER *dans l'esprit.* Imprimere, imprimo, imprimis, impressi, impressum. *act. acc. Ajoutez* in animo.

GRAVEUR. Sculptor, *gén.* sculptoris. *masc.*

GRAVIER. Glarea, *gén.* glareæ. *fém.*

GRAVIR, *grimper en se traînant.* Adrepere, adrepo, is, adrepsi, adreptum. *n. En quelque endroit,* aliquò.

GRAVITÉ. Gravitas, *gén.* gravitatis. *fém.*

GRAVOIS, *débris des murs.* Rudera, *gén.* ruderum. *neut. plur.*

GRAVURE. Sculptura, *gén.* sculpturæ. *fém.*

GRÉ. Arbitrium, *gén.* arbitrii. *neut. De son bon gré.* Ultrò. *adv. Contre son gré.* Invitò. *adv. Au gré de,* Ex voluntate, *avec un gén. Etre au gré de.* Placere, placeo, places, placui, placitum. *n. dat. Savoir gré à quelqu'un de quelque chose.* Amare aliquem in re quâdam ; amo, amas, amavi, amatum. *act. Je vous sais gré d'être venu*, c'est-à-dire, *de ce que vous êtes venu.* Multùm te amo quòd veneris. *Se savoir gré,* changez *par, se réjouir, ou être bien aise.*

GREC. Græcus, græca, græcum. *adj. Le grec, ou la langue grecque.* Lingua græca, *gén.* linguæ græcæ. *fém. En grecque.* Græcè. *adv.*

GRÈCE, *grand pays.* Græcia, *génit.* Græciæ. *fém.*

GREDIN, *gueux.* Bliteus, *gén.* blitei. *m.*

UN GREFFE *où l'on écrit.* Tabulatum forense, *g.* tabulati forensis. *neut.*

UNE GREFFE *d'arbre.* Surculus, *g.* surculi. *masc.*

GREFFÉ *sur.* Insitus, insita, insitum. *part. pass. d'*Insero. *avec un dat.*

GREFFER. Inserere, insero, inseris, insevi, insitum. *Ajoutez* surculum. *Un arbre,* arbori. *au dat.*

GREFFIER. Scriba, *gén.* scribæ. *m.*

GRÊLE. Grando, *gén.* grandinis. *fém. Grêle de pierres,* etc. Imber, *g.* imbris. *masc.* lapidum. *au gén. plur.*

GRÊLER. Grandinare. *neut. Il grêle.* Grandinat, grandinabat, grandinavit, grandinare. *impers. Etre grêlé.* Verberari, verberor, verberaris, verberatus sum. *pass. Ajoutez* grandine, c'est-à-dire, *être battu ou frappé de la grêle.*

GRELOT, *jouet d'enfant.* Crepitaculum, *gén.* crepitaculi. *neut.*

GRELOTTER, *trembler de froid.* Quati, quatior, eris, quassus sum. *pass. Ajout.* tremulo frigore, c.-à-d., *être tourmenté d'un froid qui fait trembler.*

GRENADE, *fruit.* Malum punicum, *gén.* mali punici. *neut.*

GRENADE *de guerre.* Granatum bellicum, *gén.* granati bellici. *neut.*

GRENADIER, *arbre.* Malus punica, *gén.* mali punicæ. *fém.*

GRENADIER, *soldat qui lance des grenades.* Jaculator, *gén.* jaculatoris. *masc. Ajoutez* granatorum missilium, c'est-à-dire, *qui jette des grenades.*

GRENER. Exire, exeo, exis, exivi, exitum. *neut. Ajoutez* in semen, c'est-à-dire, *venir en graine.*

GRENETIER, *marchand de graines.* Qui semina vendit, c'est-à-dire, *celui qui vend des graines.*

GRENIER. Horreum, *g.* horrei. *neut.*

GRENOBLE. Gratianopolis, *gén.* Gratianopolis. *fém. De Grenoble.* Gratianopolitanus, gratianopolitana, gratianopolitanum. *adj.*

GRENOUILLE. Rana, *g.* ranæ. *fém.*

GRENOUILLÈRE, *lieu où il y a beaucoup de grenouilles.* Lacuna abundans, *gén.* lacunæ abundantis. *fém. Ajoutez* ranis. *à l'abl. plur.*

GRENU, *plein de grains.* Granosus, granosa, granosum. *adj.*

GRÈS. Silex, *gén.* silicis. *masc. De grès.* Siliceus, a, um. *adj.*

GRÉSIL, *menue grêle.* Grando minutula, *gén.* grandinis minutulæ. *fém.*

GRÉSILLER. Grandinare, grandinat, grandinavit. *impers. Ajoutez* minutim. *adverbe.*

GRÈVE. Glarea, *gén.* glareæ. *fém.*

GREVER. Gravare, gravo, gravas, gravavi, gravatum. *act. acc.*

GRIÈCHE, *rude, piquant.* Asper, aspera, asperum. *adj.*
GRIEF. Gravis, *masc. fém.* grave, *n. gén.* gravis.
GRIEF, *subst.* Querela, *gén.* querelæ. *fém.*
GRIÈVEMENT. Graviter. *adv. Au comp.* graviùs ; *au superl.* gravissimè.
GRIÈVETÉ. Gravitas, *gén.* gravitatis. *fém.*
GRIFFE. Unguis, *g.* unguis. *masc.*
GRIFFON. Gryphus, *gén.* gryphi. *m.*
GRIFFONNAGE, *mauvaise écriture.* Deformis litteratura, *gén.* deformis litteraturæ. *fém. Tout se décline.*
GRIFFONNER, ou *écrire mal.* Formare, formo, formas, formavi, formatum. *act. Ajoutez* ineptè litteras.
GRIGNON *de pain.* Crustulum, *g.* crustuli. *neut. Ajoutez* panis.
GRIGNOTER. Rodere, rodo, rodis, rosi, rosum. *act. Ajoutez* crustulum panis.
UN GRIL. Craticula, *gén.* craticulæ. *f.*
GRILLE, ou *barreaux.* Clathri, *génit.* clathrorum. *masc. plur.*
GRILLÉ *sur un gril.* Tostus, tosta, tostum. *part. pass. de* Torreo. *Ajoutez* in craticulâ.
GRILLÉ *de barreaux.* Clathratus, clathrata, clathratum. *part. pass.*
GRILLER, ou *faire griller sur le gril.* Torrere, torreo, torres, torrui, tostum. *act. Ajoutez* in craticulâ.
GRILLER *de barreaux.* Clathrare ; clathro, clathras, clathravi, clathratum. *act. accus.*
GRILLON, *sorte d'insecte.* Gryllus, *g.* grylli. *masc.*
GRIMACE. Inconcinna compositio, *g.* inconcinnæ compositionis. *fém. Ajoutez* oris, *de la bouche,* ou vultûs, *du visage.*
GRIMACER, *faire des grimaces.* Distorquere, distorqueo, es, distorsi, distortum. *act. acc. Ajoutez* os fœdè.
GRIMACIER, *qui fait des grimaces.* Qui os fœdè distorquet.
GRIMOIRE, *livre de magie.* Liber magicus, *gén.* libri magici. *masc.*
GRIMOIRE, *discours obscur.* Sermo obscurus, *gén.* sermonis obscuri. *masc.*
GRIMPER. Adrepere, adrepo, adrepis, adrepsi, adreptum. *neut.* sur par in *et* l'*accus.*
GRINCEMENT. Crepitus, *gén.* crepitûs. *masc.*
GRINCER. Stridere, strideo, strides, stridui. *sans sup. neut. Des dents.* dentibus. *à l'abl.*
GRIOTTE, *sorte de cerise.* Cerasum acidulum, *gén.* cerasi aciduli. *neut.*
GRIOTTIER. Cerasus ferens, *g.* cerasi ferentis. *fém. Ajoutez* cerasa acidula, *c'est-à-dire, arbre qui porte des griottes.*

GRIS, *qui est gris.* Leucophæus, a, um. *adj. Barbe grise.* Barba canescens, *gén.* barbæ canescentis. *fém.*
GRISATRE. Proximus, a, um. *adj.* cinereo, *c'est-à-dire, tirant sur le gris.*
GRISON, *dont les cheveux blanchissent.* Canescens, *gén.* canescentis *masc.*
GRISONNER. Canescere, canesco, canescis, canui. *sans sup. neut.*
LES GRISONS, *Peuples.* Rhæti, *génit.* Rhætorum. *masc. plur.*
GRIVE, *oiseau.* Turdus, *génit.* turdi. *masc.*
GRIVELÉ, *tacheté de blanc et de noir.* Sparsus, sparsa, sparsum. *part. pass. de* Spargo. *Ajoutez* albo et atro.
GRIVELER, *faire de petits profits illicites.* Compilare, compilo, compilas, compilavi, compilatum. *act. acc.*
GRIVELEUR. Depeculator, *gén.* depeculatoris. *masc.*
GROGNEMENT, *cri du cochon.* Grunnitus, *gén.* grunnitûs. *masc.*
GROGNER, *crier comme les pourceaux.* Grunnire, grunnio, grunnis, grunnivi ou grunnii, grunnitum. *neut.*
GROIN. Rostrum, *gén.* rostri. *neut.*
GROMMELER. Mutire, mutio, mutis, mutivi, mutitum. *neut.*
GRONDER ou *murmurer.* Murmurare, murmuro, murmuras, murmuravi, murmuratum. *neut.*
GRONDER, *en parlant du tonnerre.* Edere, edo, edis, edidi, editum. *actif. Ajoutez* murmur, *à l'acc. c'est-à-dire, faire du bruit.*
GRONDER, ou *réprimander.* Objurgare, objurgo, objurgas, objurgavi, objurgatum. *act. acc.*
GRONDEUR. Querulus, querula, querulum. *adj.*
GROS, ou *épais.* Crassus, crassa, crassum. *adj.*
Une femme GROSSE, *enceinte.* Mulier gravida, *gén.* mulieris gravidæ. *f. Tous deux se déclinent.*
GROSSE *voix.* Plenissima vox, *gén.* plenissimæ vocis. *fém.*
GROSSE *lettre.* Grandis littera, *g.* grandis litteræ. *fém. Tout se décline.*
GROS *yeux.* Eminentes oculi, *gén.* eminentium oculorum. *masc. plur.*
En GROS. Summatim. *adv.*
GROSEILLE, *sorte de fruit.* Acinus, *gén.* acini, *m. Ajoutez* grossulariæ, *c'est-à-dire, fruit du groseillier.*
GROSEILLIER. Grossularia, *gén.* grossulariæ. *fém.*
UNE GROSSE, ou *douze douzaines.* Centum quadraginta quatuor. *plur. indécl. et de tout genre.*
GROSSESSE. Graviditas, *gén.* graviditatis. *fém.*

GROSSEUR. Crassitudo, *gén.* crassitudinis. *fém. De la grosseur de.* Ad crassitudinem, *avec un gén.*
GROSSIER, *en parlant des personnes.* Rusticus, rustica, rusticum. *adj.*
GROSSIER, *en parlant des choses.* Crassus, crassa, crassum. *adj.*
GROSSIEREMENT. Rusticè. *adv. Au comp.*; rusticiùs; *au superl.* rusticissimè.
GROSSIERETÉ. Rusticitas, *gén.* rusticitatis. *fém.*
GROSSIR, ou *rendre gros.* Augere, augeo, auges, auxi, auctum. *act. acc.*
GROSSIR, ou *devenir gros.* Crescere, cresco; crescis, crevi, cretum. *neut.*
GROTESQUE. Ineptus, inepta, ineptum. *adj.*
GROTESQUEMENT. Ridiculè. *adv.*
GROTTE. Spelunca, *génit.* speluncæ. *fém.*
GROUPE, *terme de peintre.* Globus, *gén.* globi. *m. Ajoutez* figurarum, *c'est-à-dire, amas de figures.*
GRUAU, *farine d'avoine.* Polenta, *g.* polentæ. *fém.*
GRUAU, *petit d'une grue.* Vipio, *gén.* vipionis. *masc.*
GRUE, *oiseau.* Grus, *gén.* gruis. *fém.*
GRUE, *machine à lever.* Grus tractoria, *gén.* gruis tractoriæ. *fém.*
GRUERIE, *juridiction qui concerne le bois.* Saltuaria jurisdictio, *gén.* saltuariæ jurisdictionis. *fém.*
GRUGER, *réduire en petites parties.* Friare, frio, frias, friavi, friatum. *act. accus.*
GRUIER, *officier des bois et forêts.* Saltuarius, *gén.* saltuarii. *masc.*
GRUMEAU. Grumus, *génit.* grumi. *masc.*
GUÉ. Vadum, *gén.* vadi. *neut. A gué,* Vado. *à l'abl.*
GUÉABLE. Vadosus, a, um. *adj.*
GUÉDE, *pastel, herbe.* Glastum, *gén.* glasti. *neut.*
GUÉER, *baigner dans la rivière.* In aquà fluente lavare, lavo, lavas, lavavi, lavatum. *act. acc.*
GUELDRE, *pays.* Gueldria, *gén.* Gueldriæ. *fém.*
GUENILLE. Voy. *Haillon.*
GUENON, *femelle du singe.* Cercopithecus, *gén.* cercopitheri. *fém.*
GUENUCHE. Simia, *gén.* simiæ. *f.*
GUÊPE. Vespa, *gén.* vespæ. *fém.*
GUÈRE, *peu.* Parùm. *adv. Avec les verbes* Estimer, Priser, Importer, *etc.* on se sert de parvi, *et l'on n'exprime pas en latin la négation. Il n'est guère sage,* Parùm est sapiens. *Tu n'estimes guère les richesses.* Parvi facis divitias.
GUÉRET, *ville.* Garactum, *gén.* Garacti. *neut.*

GUÉRET, *terre qu'on laisse reposer un an.* Novale, *gén.* novalis. *neut.*
GUÉRI. Sanatus, sanata, sanatum. *part. pass. de* Sano.
GUERIDON *pour mettre un chandelier.* Columella, *gén.* columellæ. *fém.*
GUERIR ou *rendre la santé.* Sanare, sano, sanas, sanavi, sanatum. *act. acc.*
GUERIR ou *se guérir.* Consanescere, consanesco, is, consanui. *sans sup. neut. Aidé à guérir.* Sanabilis, *m. f.* sanabile, *neut. gén.* sanabilis. *adj.*
GUERISON. Sanatio, *gén.* sanationis. *fém.*
GUERISSABLE. Sanabilis, *masc. fém.* sanabile. *neut.*
GUERITE, *petite loge où une sentinelle se met à couvert.* Specula, *gén.* speculæ. *fém.*
GUERRE. Bellum, *génit.* belli. *neut. Qui concerne la guerre.* Bellicus, bellica, bellicum. *adj. Faire la guerre.* Belligerare, belligero, as, belligeravi, belligeratum. *neut.* A ou Contre. *à l'abl. avec cum. Gens de guerre.* Milites, *gén.* militum. *masc. plur.*
Faire la GUERRE *à quelqu'un pour quelque chose.* Objurgare aliquem de aliqua re. Voy. Gronder.
GUERRIER, *vaillant.* Bellicosus, bellicosa, bellicosum.
GUERRIER, *subst.* Bellator, *gén.* bellatoris. *masc.*
GUET. Excubiæ, *gén.* excubiarum. *fém. plur. Faire le guet.* Excubare, excubo, as, excubui, excubitum. *n. Qui fait le guet.* Excubitor, *gén.* excubitoris. *masc. Le mot du guet.* Tessera, *g.* tesseræ. *fém.*
GUET-APENS. Insidiæ meditatæ, *gén.* insidiarum meditatarum. *fém. plur. Ces deux mots se décl. De guet-apens.* Datâ operâ. *à l'abl.* Consultò. *adv.*
GUÊTRE, *sorte de chausse.* Pero, *gén.* peronis. *masc.*
GUETTÉ. Observatus, observata, observatum. *part. pass.* d'Observo.
GUETTER. Observare, observo, as, observavi, observatum. *act. acc.*
GUEULE. Os, *gén.* oris. *neut.*
GUEULES, *terme de blason, couleur rouge.* Color ruber, *gén.* coloris rubri. *m.*
GUEUSE, *mendiante.* Mendica, *gén.* mendicæ. *fém.*
GUEUSE, *grosse pièce de fer.* Trabs triangula, *gén.* trabis triangulæ. *f. Ajoutez* et mettez ferri *entre les deux mots.*
GUEUSER, *mendier.* Mendicare, mendico, mendicas, mendicavi, mendicatum. *neut.*
GUEUSERIE. Mendicitas, *gén.* mendicitatis. *fém.*
GUEUX, *mendiant.* Mendicus, *génit.* mendici. *masc.*

GUI, *plante.* Viscum, *gén.* visci. *neut.*
GUICHET, *petite porte.* Ostiolum, *g.* ostioli. *neut.*
GUICHETIER. Janitor, *gén.* janitoris. *masc. D'une prison*, carceris.
GUIDE. Dux, *gén.* ducis, *pour le m. et le fém.*
GUIDÉ. Ductus, a, um, *part. pass.* de Duco.
GUIDER. Ducere, duco, ducis, duxi, ductum. *act. acc.*
GUIDON, *étendard.* Vexillum, *génit.* vexilli. *neut. Celui qui est guidon, qui porte le guidon.* Vexillarius, *g.* vexillarii. *masc.*
GUIENNE, *province.* Aquitania, *gén.* Aquitaniæ. *f. Qui est de Guienne.* Aquitanus, a, um. *adj.*
GUIGNE, *sorte de cerise.* Dulce cerasum, *gén.* dulcis cerasi. *neut.*
GUIGNER. Collimare, collimo, collimas, collimavi, collimatum. *neut.*
GUIGNIER, *arbre.* Dulcis cerasus, *g* dulcis cerasi. *fém. L'un et l'autre se déclinent.*
GUIMAUVE, *herbe.* Hibiscus, *génit.* hibisci. *masc.*
GUIMPE. Mamillare, *g.* mamillaris. *n.*

GUINDÉ. Sublatus, sublata, sublatum. *part. pass.* de Tollo. *Esprit guindé.* Ingenium inflatum, *génitif* ingenii inflati. *neut.*
GUINDER, *lever en haut.* Tollere, tollo, tollis, sustuli, sublatum. *act. acc. Ajoutez* in altum.
GUINÉE, *pays.* Guinea, *gén.* Guineæ *fém.*
GUINGUETTE. Popina, *gén.* popinæ. *fém.*
GUIRLANDE, *couronne de fleurs.* Corona florea, *gén.* coronæ floreæ. *fém.*
GUISE ou *manière.* Modus, *gén.* modi. *masc. A la guise de.* Modo. *à l'abl. qui veut un gén. A ma guise.* Modo meo. *à l'ablat.*
GUITARE, *instrument de musique.* Cithara, *gén.* citharæ. *fém.*
GUTTURAL, *qui se prononce du gosier.* Gutturalis, *masc. fém.* gutturale, *n. gén.* gutturalis.
GYMNASE. Gymnasium, *gén.* gymnasii. *neut.*
GYPSE. *Voy.* Plâtre.
GYPSEUX, *de la nature du gypse.* Gypsosus, gypsosa, gypsosum. *adj. ou* gypseus, a, um. *adj.*

HA! *interjection.* Ah! — *Ha! que je suis misérable! c'est-à-dire, ha! moi misérable! Ah* me miserum! *ou* proh me miserum! *acc.*
HABILE, *savant.* Peritus, a, um. *adj. Le régime de cet adjectif se met au génit.*
HABILE, *prompt.* Celer, *masc.* celeris, *fém.* celere, *neut. gén.* celeris.
HABILE, *propre à une chose.* Aptus, apta, aptum. *adj. A s'exprime par* ad, *avec l'acc. ou le gérond. en* dum.
HABILE, *adroit.* Solers, *masc. fém. neut. gén.* solertis.
HABILEMENT, *adroitement* Solerter. *Au comp.* solertiùs; *au superl.* solertissimè. *adv.*
HABILEMENT, *promptement.* Celeriter. *Au comp.* celeriùs; *au superl.* celerrimè. *adv.*

HABILETÉ, *industrie.* Solertia, *gen.* solertiæ. *fém.*
HABILETÉ, *science.* Peritia, *gén.* peritiæ. *fém.*
HABILITER, *rendre capable de.* Facere peritum; facio, facis, feci, factum. *accus.*
HABILLÉ. Vestitus, a, um. *part. pass.* de Vestio. *D'un habit noir.* Veste atrâ. *à l'abl. En femme.* Muliebri ornatu. *A la persienne.* Ornatu persico.
HABILLEMENT. Vestimentum, *génit.* vestimenti. *neut.*
HABILLER *quelqu'un, le vêtir.* Vestire, vestio, vestis, vestivi *ou* vestii, vestitum. *act. acc.*
HABILLER, *mettre à quelqu'un ses habits.* Induere, induo, induis, indui, indutum. *Ajoutez* vestem, *et le dat. de la personne S'Habiller, prendre ses habits.* Induere. *Ajoutez* vestem.

HAL   HAM

Habiller, *faire des habits.* Conficere, conficio, confiris, confeci, confectum. *act. Ajoutez* vestes. *acc.*

Habiller *du poisson, etc. le vider.* Purgare, purgo, purgas, purgavi, purgatum. *act. acc.*

HABIT. Vestis, *gén.* vestis. *fém.*

HABITABLE. Habitabilis, *m. f.* habitabile, *neut. gén.* habitabilis.

HABITANT. Incola, *gén.* incolæ. *f.*

HABITATION. Habitatio, *gén.* habitationis. *fém.*

HABITÉ. Habitatus, a, um. *part. pass. d'*Habito.

HABITER. Habitare, habito, as, habitavi, habitatum. *neut.* ou *act. acc.*

HABITUDE, *coutume.* Consuetudo, *g.* consuetudinis. *fém.*

Habitude, *facilité.* Habitus, *gén.* habitús. *masc.*

HABITUÉ. Assuefactus, assuefacta, assuefactum. *part. pass. d'*Assuefacio. *dat.* de la chose.

HABITUEL, *en parlant de la grâce ou du péché.* Inhærens, *m. f. n. g.* inhærentis. *En parlant de toute autre chose.* Inveteratus, a, um. *adj.*

HABITUER. Assuefacere, assuefacio, is, assuefeci, assuefactum. *act. rég. dir. acc. rég. ind. dat.* ou *gérond. en do.*

S'**Habituer** *en quelque endroit, y demeurer.* Ponere, pono, ponis, posui, positum. *act. Ajoutez* sedem, *et mettez le lieu selon la question* ubi, *c'est-à-dire, établir sa demeure.*

S'**Habituer** *à quelque chose. Voyez* s'*Accoutumer.*

HABLER. Fabulari, fabulor, fabularis, fabulatus sum. *dép.*

HABLERIE. Loquacitas, *gén.* loquacitatis. *fém.*

HABLEUR. Loquax, *m. f. n. gén.* loquacis. *adj.*

HABLEUSE, *celle qui hable.* Nugivenda, *gén.* nugivendæ. *fém.*

HACHE. Securis, *gén.* securis. *fém.*

HACHÉ. Concisus, concisa, concisum. *part. pass. de* Concido.

HACHER. Concidere, concido, is, concidi, concisum. *act. acc.*

HACHIS. Minutal, *gén.* minutalis. *n.*

HACHURE, *trait qu'on tire sur une planche de cuivre.* Linea, *génit.* lineæ. *fém.*

HAGARD, *farouche.* Truculentus, truculenta, truculentum.

HAI *de.* Invisus, invisa, invisum. *adj. avec un dat. Etre haï.* Esse, sum, es, fui. *Ajoutez* odio; *de quelqu'un*, alicui.

Une **HAIE.** Sepes, *gén.* sepis. *fém.*

Haie, *rang.* Ordo, *génit.* ordinis. *m. En haie.* Longo ordine. *à l'abl.*

HAILLON. Panniculus lacer, *génitif* panniculi laceri. *masc.* Lacer, lacera, lacerum, *est un adj.*

Le HAINAUT. Hannonia, *génit.* Hannoniæ. *fém.*

HAINE. Odium, *gén.* odii. *neut. Pour quelqu'un*, in aliquem.

HAIR, *avoir de la haine pour.* Odisse; *présent et parfait* odi, *sans supin. acc. Faire haïr.* Concitare, concito, concitas, concitavi, concitatum. *act. Ajoutez* odium; *quelqu'un*, in aliquem: *de tout le monde*, omnium, *c'est-à-dire, exciter la haine de tout le monde contre quelqu'un. Se faire haïr.* Contrahere inimicitias; *de quelqu'un*, alicujus, *c'est-à-dire, contracter l'inimitié.* Contraho, his, contraxi, contractum. *art. acc.*

HAIRE, *cilice.* Cilicium, *gén.* cilicii. *neut.*

HAISSABLE. Odiosus, odiosa, odiosum.

Le HALE. Æstus, *gén.* Æstús. *masc.*

HALÉ. Adustus, adusta, adustum. *Du soleil*, æstu solis.

HALEINE. Anima, *gén.* animæ. *fém. Tout d'une haleine.* Uno spiritu. *à l'abl. Etre hors d'haleine, ou perdre haleine.* Anhelare, anhelo, anhelas, anhelavi, anhelatum. *neut Mettre ou rendre hors d'haleine, ou faire perdre haleine.* Movere, moveo, moves, movi, motum. *act. dat.* de la personne. *Ajoutez* anhelitum. *acc. Prendre haleine.* Ducere, duco, ducis, duxi, ductum. *act. Ajoutez* animam.

HALENÉE. Anhelitus, *gén.* anhelitús. *masc.*

HALENER, *sentir le gibier.* Odorari, odoror, aris, odoratus sum. *dép.*

HALER, *noircir le teint.* Infuscare, infusco, infuscas, infuscavi, infuscatum. *act. acc.*

Se Haler, *devenir basané.* Colorari, coloror, coloraris, coloratus sum. *pass. au soleil*, sole. *à l'abl.*

HALICARNASSE, *ville.* Halicarnassus, *gén.* Halicarnassi. *fém. D'Halicarnasse.* Halicarnassensis, *m. f.* halicarnassense, *n. gén.* halicarnassensis.

HALLE. Forum, *gén.* fori. *neut.*

HALLEBARDE. Hasta, *gén.* hastæ. *f.*

HALLEBARDIER. Spiculator, *g.* spiculatoris. *masc.*

HALLIER, *buisson.* Dumus, *g.* dumi. *masc.*

HALTE. Statio, *g.* stationis. *f. Faire halte.* Subsistere, subsisto, is, substiti. *neut. Faire faire halte à l'armée.* Aciem sistere, sisto, is, stiti, statum.

HAMADRYADE. Hamadryas, *g.* hamadryadis. *fém.*

HAMBOURG, *ville.* Hamburgum, *g.* Hamburgi. *neut.*

HAMEAU. Viculus, *gén.* viculi. *m.*
HAMEÇON. Hamus, *gén.* hami. *masc.*
A l'hameçon. Hamo. *à l'abl.*
HAMPE. Hastile, *gén.* hastilis. *neut.*
HANCHE. Coxa, *gén.* coxæ. *fém.*
HANGAR. Appendix, *gén.*j appendicis. *fém.*
HANNETON. Scarabæus stridulus, *gén.* scarabæi striduli. *masc. Tous deux se déclinent.*
HANNOVRE, *ville.* Hannovera, *gén.* Hannoveræ. *fém.*
HANTÉ. Frequentatus, frequentata, frequentatum. *participe passé de* Frequento.
HANTER. Frequentare, frequento, frequentas, frequentavi, frequentatum. *act. acc.*
HANTISE. Consuetudo, *gén.* consuetudinis. *fém.*
HAPPELOURDE, *faux diamant.* Falsa, gemma, *g.* falsæ gemmæ. *fém.*
HAPPER. Prehendere, prehendo, is, prehendi, prehensum. *act. acc.*
HAQUENÉE. Asturco, *gén.* asturconis. *masc.*
HARANGUE. Oratio, *gén.* orationis. *f. Faire une harangue*, ou
HARANGUER. Concionari, concionor, concionaris, concionatus sum. *dép.* Quelqu'un, ad aliquem. *Sur quelque chose*, de aliquâ re.
HARANGUEUR. Concionator, *g.* concionatoris. *masc.*
HARAS. Armentum, *génit.* armenti. *neut.*
HARASSÉ. Fatigatus, fatigata, fatigatum. *part. pass. de* Fatigo. *Du travail*, labore. *à l'abl.*
HARASSER. Fatigare, fatigo, as, fatigavi, fatigatum. *act. acc. A force de travail*, labore. *abl.*
HARCELER. Lacessere, lacesso, lacessis, lacessivi *ou* lacessii, lacessitum. *act. acc.*
HARDES. Sarcinæ, *gén* sarcinarum. *fém. plur.*
HARDI. Audax, *m. f. n. gén.* audacis. *Etre si hardi que de.* Audere, audeo, audes, ausus sum. *neut. infin.*
HARDIESSE. Audacia, *gén.* audaciæ. *f. Avoir la hardiesse de.* Audere, audeo, es, ausus sum. *n. infin.*
HARDIMENT. Audacter. *Comp.* audaciùs ; *sup.* audacissimè. *adv.*
HARENG, *poisson.* Harengus, *génit.* harengi. *masc.* Sauret. Infumatus, *gén.* infumati. *masc.*
HARENGERE. Mulier, *gén.* mulieri. *f. Ajoutez* quæ vendit harengos, *c'est-à-dire, femme qui vend des harengs.*
HARENGERE, *femme qui dit des injures.* Oblatratrix, *g.* oblatratricis. *f.*

HARGNEUX. Rixosus, rixosa, rixosum. *adj.*
HARICOT, *espèce de fève.* Phaselus, *gén.* phaseli. *masc.*
HARIDELLE. Equus strigosus, *g.* equi strigosi, *m. Tous deux se déclin.*
HARMONIE. Harmonia, *gén.* harmoniæ. *fém.*
HARMONIEUSEMENT. Modulatè. *adverbe.*
HARMONIEUX. Harmonicus, harmonica, harmonicum. *adj.*
HARNACHÉ, *en parlant de chevaux.* Instructus, instructa, instructum. *part. pass. d'*Instruo. *Ajoutez* ornatu.
HARNACHER. Instruere, instruo, instruxi, instructum. *act. Ajoutez* ornatu.
HARNAIS. Strata, *gén.* stratorum. *n. pluriel.*
HARPE. Lyra, *gén.* lyræ. *fém.*
HARPIE. Harpya, *g.* harpyæ. *fém.*
HARPON, *croc.* Harpago, *g.* harpagonis. *masc.*
HART. Vinculum virgeum, *gén.* vinculi virgei. *neut.*
HASARD, *cas fortuit.* Casus, *g.* casùs. *m. Par hasard.* Casu. *à l'abl. A tout hasard.* Utcumqué erit.
Jeu de HASARD. Alea, *gén.* alcæ. *f.*
HASARD, *péril.* Periculum, *g.* periculi. *neut.*
HASARDER *quelque chose, exposer à un danger.* Adducere, adduco, adducis, adduxi, adductum. *act. acc. Ajoutez* in discrimen.
HASARDER, *tenter, oser, ou se hasarder à.* Audere, audeo, audes, ausus sum. *act. le combat*, aciem, *ou l'infin.* (*de passer une rivière*, trajicere fluvium.)
HASARDEUX. Periculosus, periculosa, periculosum. *adj.*
HASE, *femelle d'un lièvre.* Femina, feminæ. *fém. Ajoutez* leporis. *au gén.*
HATE. Properatio, *gén.* properationis. *fém. A la hâte, ou à grande hâte.* Properè. *adv. Avoir hâte, ou être pressé.* Urgeri, urgeor, urgeris. *pass. sans passé.*
HATÉ, *qui est pressé.* Properus, propera, properum. *adj.*
HATÉ, *fait à la hâte.* Properatus, properata, properatum. *part. pass. de* Propero.
HATER, *avancer.* Accelerare, accelero, acceleras, acceleravi, acceleratum. *act. accus.*
Faire HATER. Urgere, urgeo, urges, ursi, ursum. *act. acc.*
SE HATER. Properare, propero, properas, properavi, properatum. *neut.*
HATIF. Præcox, *masc. fém. neut. g.* præcocis.
HAVE, *pâle, maigre et défiguré.*

HAU   **HEP**   229

Deformis, *masc. fém.* deforme, *n. gén.* deformis.

HAVRE. Portus, *gén.* portûs. *masc.*

HAVRE-DE-GRACE, *ville.* Portus, *gén.* Portûs. *m. Ajoutez* Gratiæ. *au gén.*

HAVRE-SAC. Vidulnm, *gén.* viduli. *neut.*

HAUSSÉ, *en haut.* Sublatus, sublata, sublatum. *part. pass.* de Tollo.

HAUSSÉ ou *augmenté.* Auctus, aucta, auctum. *part. pass.* d'Augeo.

HAUSSE-COL, *pièce de fer que les officiers portent à leur cou.* Lamna ærea, *gén.* lamnæ æreæ. *f. L'un et l'autre se déclinent.*

HAUSSEMENT *d'un mur.* Extructio, *g.* extructionis. *f. Ajoutez* muri.

HAUSSER *en haut.* Tollere, tollo, is, sustuli, sublatum. *act. acc.*

HAUSSER, *augmenter.* Voyez *Augmenter.*

HAUT ou *élevé.* Altus, alta, altum, *g.* alti. *Qui a cinq pieds de haut*, tournez : haut *de cinq pieds.* Altus quinque pedibus. *Le haut bout.* Princeps locus, *gén.* principis loci. *La Ville haute, le haut Rhin, la haute Allemagne,* etc. haut *s'exprime par* superior, *m. f.* superius, *neut. gén.* superioris. *Par le haut.* A summo.

HAUT ou *la cime.* Fastigium, *g.* fastigii. *neut.*

HAUT. *adv.* Altè. *Au comp.* altiùs ; *au sup.* altissimè. *En haut.* Sursùm. *adverbe. D'en haut.* Supernè. *adv. Qui est d'en haut* ou *en haut.* Supernus, superna, supernum. *De haut en bas.* A summo ad imum.

HAUTAIN. Superbus, superba, superbum. *adj.*

HAUTBOIS. Tibia major, *g.* tibiæ majoris. *fém.*

HAUT-DE-CHAUSSES. Bracæ, *génit.* bracarum. *f. plur.*

HAUTE-CONTRE, *partie de musique entre le dessus et la taille.* Alter ab acuto sonus, *gén.* alterius ab acuto soni. *m. en laissant au même cas* ab acuto.

HAUTEMENT, *ouvertement.* Apertè. *adv. — Fièrement.* Superbè. *adv.*

HAUTESSE. Celsitudo, *gén.* celsitudinis. *fém.*

HAUTEUR. Altitudo, *g.* altitudinis. *f.* Une HAUTEUR ou *un lieu élevé.* Tumulus, *gén.* tumuli. *m. Tomber de sa hauteur.* Labi, labor, laberis, lapsus sum. *dép.*

HAUTEUR, *fierté.* Ferocitas, *g.* ferocitatis. *f. Avec hauteur.* Ferociter. Severè. *adv.*

HAUT-MAL. Morbus comitialis, *génit.* morbi comitialis. *m. Tous deux se déclinent. Qui tombe du haut-mal.* Epilepticus, a, um.

La HAYE, *bourg de Hollande.* Haga, *gén.* Hagæ. *f.*

HE ! *interjection.* Ah

HEAUME, *espèce de casque.* Galea, *g.* galeæ. *fém.*

HEBDOMADAIRE, *de chaque semaine.* Hebdomadarius, a, um. *adj.*

HEBÊTÉ. Stupidus, stupida, stupidum. *adject.*

HEBÊTER. Facere hebetem, *c'est-à-dire, rendre hébété.* Hebes, m. f. n. g. hebetis, *s'accorde avec le régime du verbe.* Facio, facis, feci, factum. *acc.*

HÉBRAIQUE. Hebraïcus, hebraïca, hebraïcum. *adj.*

HEBRAISME, *locution hébraïque.* Hebraismus, *g.* hebraismi. *masc.*

HEBREU. Hebræus, hebræa, hebræum, *adj. En hébreu.* Hebraicè. *adv.*

HECATOMBE, *sacrifice de cent victimes.* Hecatombes, *gén.* hecatombes. *f.*

HÉGIRE, *époque.* Æra, *gén.* æræ. *f.*

HELAS ! *interjection.* Heu ! *On met après* heu *un acc. sans exprimer le verbe qui suit ; comme : Hélas que je suis misérable !* Heu me miserum !

HELICON, *montagne.* Helicon, *gén.* Heliconis. *masc.*

HELIOTROPE, *tournesol, fleur.* Heliotropium, *gén.* heliotropii. *neut.*

HELLEBORE. Helleborum, *gén.* hellebori. *neut.*

HELLENISME, *phrase grecque.* Hellenismus, *gén.* hellenismi. *masc.*

HELLESPONT. Hellespontus, *g.* Hellesponti. *masc.*

HEM ! *interjection pour appeler.* Heus !

HEMICYCLE, *demi-cercle.* Hemicyclus, *gén.* hemicycli. *masc.*

HEMINE, *mesure des anciens.* Hemina, *gén.* heminæ. *f.*

HEMISPHÈRE, *moitié du globe.* Hemisphærium, *gén.* hemisphærii. *neut.*

HEMISTICHE, *la moitié d'un vers.* Dimidius versus, *gén.* dimidii versûs. *m. Tous deux se déclinent.*

HÉMORRAGIE, *perte de sang.* Profluvium, *gén.* profluvii. *neut. Ajoutez* sanguinis.

HEMORROIDES. Hemorroïdes, *g.* hemorroïdum. *f. plur.*

HENDECASYLLABE, *vers phaleuce de onze syllabes.* Hendecasyllabus, *g.* hendecasyllabi. *masc.*

HENNIR. Hinnire, hinnio, hinnis, hinnivi *ou* hinnii, hinnitum. *neut.*

HENNISSEMENT. Hinnitus, *gén.* hinnitûs. *masc.*

HÉPATIQUE, *qui concerne le foie.* Hepaticus, a, um. *adj.*

HEPTAGONE ou EPTAGONE, *qui a sept angles.* Heptagonus, a, um. *adj.*

HERAUT d'armes. Caduceator, g. caduceatoris. masc.

HERBAGES. Olera, gén. olerum. neut. pluriel.

HERBE. Herba, g. herbæ. f. Venir en herbe. Herbescere, herbesco, herbescis. neut. sans pass. et sans supin. Plein d'herbe Herbitus, a, um. adj.

HERBIÈRE, celle qui vend les herbes. Herbaria, gén. herbariæ. f.

HERBORISER, aller chercher des herbes. Perquirere, perquiro, perquiris, perquisivi, perquisitum. Ajoutez herbas medicas.

HERBORISTE. Herbarius, gén. herbarii. masc.

HERBU, garni d'herbes. Herbosus, herbosa, herbosum. adj.

HÉRÉDITAIRE. Hæreditarius, hæreditaria, hæreditarium. adj.

HÉRÉDITÉ, succession. Hæreditas, g. hæreditatis. f.

HÉRÉSIARQUE Architectus, g. architecti. m. Ajoutez hæresis, c'est-à-dire, auteur d'hérésie.

HÉRÉSIE. Hæresis, gén. hæresis, ou hæreseos. f.

HÉRÉTIQUE. Hæreticus, hæretica, hæreticum. adj.

HÉRISSÉ. Hirsutus, hirsuta, hirsutum. part. pass.

Se HÉRISSER. Horrescere, horresco, is, horrui. sans sup. neut.

HÉRISSON, animal. Herinaceus, g. herinacei. masc.

HÉRITAGE. Hæreditas, gén. hæreditatis. f. Si c'est une terre. Hæredium, gén. hæredii. neut.

HÉRITER. Adipisci, adipiscor, cris, adeptus sum. dép. acc. de la chose, et abl. de la personne de laquelle on hérite, avec à ou ab. Ajoutez hæreditate, c'est à dire, obtenir par héritage quelque chose de quelqu'un. J'hérite de lui, c'est-à-dire, je suis son héritier. Sum hæres illius.

HÉRITIER. Hæres, gén. hæredis. m.

HÉRITIÈRE. Hæres, gén. hæredis. f.

HERMAPHRODITE, des deux sexes. Hermaphroditus, génit. hermaphroditi. masc.

HERMÉTIQUEMENT. Hermeticè. adv.

HERMINE. Mustela, gén. mustelæ. f.

HERNIE. Hernia, gén. herniæ. f.

HÉROÏNE. Heroina, génit. heroinæ fém.

HÉROÏQUE. Heroicus, heroica, heroicum. adj.

HÉROÏQUEMENT, en héros. Heroum more.

HÉROÏSME. Heroica excelsitas, génit. heroicæ excelsitatis. f. Ajoutez animi.

HÉRON, oiseau. Ardea, gén. ardeæ. fém.

HÉROS. Heros, gén. herois. masc. D* héros ou héroïque. Heroicus, heroica, heroicum. adj.

HERSE, instrument de bois à rompre les mottes. Occa, gén. occæ. fém.

HERSE, sarrasine, contre porte suspendue. Cataracta, g. cataractæ. f.

HERSÉ. Occatus, occata, occatum. part. pass. d'Occo.

HERSER. Occare, occo, occas, occavi, occatum. act. acc.

HÉSITER, s'arrêter en parlant. Hæsitare, hæsito, hæsitas, hæsitavi, hæsitatum. neut.

HÉTÉROCLITE, irrégulier. Heteroclitus, a, um. adj.

HÉTÉRODOXE, qui erre contre la foi. Heterodoxus, heterodoxa, heterodoxum. adj.

HÊTRE, arbre. Fagus, gén. fagi. f. Qui est de hêtre. Faginus, fagina, faginum. adj.

HEURE. Hora, g. horæ. f. Une demi-heure. Semi hora, g. semi horæ. f. Une heure et demie. Sesquihora, g. sesquihoræ. f. Quelle heure est-il? Quota hora est? Il est une heure ou l'heure première. Hora prima. On sous-entend est. Il est une heure et demie. Est hora sesqui prima. Il est deux heures ou l'heure deuxième. Est hora secunda. Il est deux heures et demie. Est hora sesqui secunda. Il y a une heure que, c'est-à-dire, depuis une heure. Ab horâ, avec l'indic. ensuite. Il y a plus de trois heures que, c'est-à-dire, depuis trois heures et plus. A tribus horis et ampliùs, avec l'indic. Sur l'heure, ou à l'heure même. Extemplò. adv. A cette heure. Nunc. adv. Jusqu'à cette heure. Hactenùs. adv. Ad hoc usquè tempus. Tout à l'heure. Mox. adv. A toute heure. Omni tempore. De bonne heure. Maturè. adv. De meilleure heure. Maturius. comp. adv. De trop bonne heure. Præmaturè. adv. A heure indue. Intempestivè. adv. D'heure en heure. In horas. A la bonne heure ou à propos. Opportunè. adv. A la bonne heure, heureusement. Feliciter. adv.

HEURES, livre de prières. Libellus, g. libelli. masc. Ajoutez sacrarum precum. au gén.

HEUREUSEMENT. Feliciter. adv. Au comp. feliciùs; au sup. felicissimè.

HEUREUX. Felix, masc. fém. n. gén. felicis.

HEURTER, choquer rudement. Offendere, offendo, offendis, offendi, offensum. act. acc. Du pied contre une pierre. pedem ad lapidem.

HEURTER contre des rochers. Incidere in scopulos, c'est-à-dire, tomber sur des rochers. Incido, incidis, incidi, incasum, neut.

HEURTER, *frapper à la porte.* Fores percutere, percutio, percutis, percussi, percussum. *act. acc.*

HEURTER, *être contraire.* Adversari, adversor, adversaris, adversatus sum. *dép. dat. La raison*, rationi.

HEXAGONE, *qui a six angles.* Hexagonus, a, um. *adj.*

HEXAMÈTRE. Hexameter, hexametra, hexametrum. *gén.* hexametri, hexametræ, hexametri. *adj.*

HIBOU, *oiseau de nuit.* Bubo, *génit.* bubonis. *masc.*

HIDEUSEMENT, *d'une manière hideuse.* Horridè. *adv.*

HIDEUX. Horridus, a, um. *adj.*

HIATUS, *bâillement causé par la rencontre de deux voyelles.* Hiatus, *génitif* hiatûs. *masc.*

HIE, *instrument pour enfoncer les pavés.* Fistuca, *g.* fistucæ. *fém.*

HIÈBLE, *plante.* Ebulus, *gén.* ebuli. *masc.*

HIER, *enfoncer.* Fistucare, fistuco, fistucas, fistucavi, fistucatum. *le pavé*, solum. *à l'acc.*

HIER. Heri. *adv.* Qui est d'hier. Hesternus, a, um. *adj. Avant-hier.* Nudius tertius. *indéclin.*

HIÉRARCHIE. Hierarchia, *g.* Hierarchiæ. *fém.*

HIÉRARCHIQUE. Hierarchicus, hierarchica, hierarchicum. *adj.*

HIÉROGLYPHE, *symbole mystérieux dont se servaient les Égyptiens.* Symbolum hieroglyphicum, *gén.* symboli hieroglyphici. *neut.*

HIÉROGLYPHIQUE. Hieroglyphicus, a, um. *adj.*

HILARITÉ. Hilaritas, *gén.* hilaritatis. *fém.*

HIPPOCENTAURE, *monstre fabuleux, demi-homme et demi-cheval.* Hippocentaurus, *gén.* hippocentauri. *masc.*

HIPPOGRIPHE, *monstre.* Equivultur, *gén.* equivulturis. *masc.*

HIPPOPOTAME, *cheval de rivière.* Hippopotamus, *gén.* hippopotami. *m.*

HIRONDELLE. Hirundo, *gén.* hirundinis. *fém.* D'hirondelle. Hirundininus, a, um. *adj.*

HISTOIRE. Historia, *gén.* historiæ. *f.*

HISTORIEN. Historicus, *gén.* historici. *masc.*

HISTORIER, *orner.* Ornare, orno, as, ornavi, ornatum. *act. acc.*

HISTORIETTE. Vana historia, *g.* vanæ historiæ. *fém.*

HISTORIOGRAPHE. Conditor, *génit.* conditoris. *m. Ajoutez* historiæ, *c'est-à-dire, auteur d'une histoire.*

HISTORIQUE. Historicus, historica, historicum. *adj.*

HISTORIQUEMENT. Historicâ fide. *à l'ablat.*

HISTRION, *bateleur.* Histrio, *g.* histrionis. *masc.*

HIVER. Hiems, *g.* hiemis. *f. D'hiver.* Hibernus, Liberna, hibernum. *adjectif. Quartier d'hiver.* Hiberna, *génit.* hibernorum. *neut. plur.*

HIVERNER, *passer l'hiver, son quartier d'hiver.* Hiemare, hiemo, hiemas, hiemavi, hiematum.

HOBEREAU, *oiseau de proie.* Pygargus, *gén.* pygargi. *masc.*

HOCHE, *entaillure.* Crena, *g.* crenæ. *f.*

HOCHEMENT *de tête.* Motus, *g.* motûs. *m. Ajoutez* capitis, *au gén.*

HOCHEQUEUE, *oiseau.* Motacilla, *g.* motacillæ. *fém.*

HOCHER *la tête, la remuer.* Quatere, quatio, quatis, quassi, quassum. *act.* caput, *à l'acc.*

HOCHET, *jouet d'enfant.* Crepitaculum. *gén.* crepitaculi. *neut.*

HOIRIE, *succession.* Hæreditas, *gén.* hæreditatis. *fém.*

HOLA ! *interjection.* Heus ! Holà ! *c'est assez.* Ohe ! jam satis est. Holà ! *venez ici.* Heus ! adesdum.

HOLLANDE, *province.* Batavia, *gén.* Bataviæ. *f. Toile de Hollande.* Tela batavica, *gén.* telæ bataviæ. *f.*

HOLLANDAIS, *de Hollande.* Batavus, batava, batavum. *adj.*

HOLOCAUSTE, *sacrifice.* Holocaustum, *gén.* holocausti. *neut.*

HOMBRE, *jeu.* Ludus, *gén.* ludi. *m. Ajoutez* hominis.

HOMÉLIE, *discours sur l'évangile.* Homilia, *gén.* homiliæ. *f.*

HOMICIDE, *meurtre.* Homicidium, *g.* homicidii. *neut.*

HOMICIDE, *meurtrier.* Homicida, *génit.* homicidæ. *masc.*

UNE HOMICIDE. Interfectrix, *g.* interfectricis. *fém.*

HOMMAGE. Clientela, *g.* clientelæ. *f. Rendre hommage.* Profiteri, profiteor, profiteris, professus sum. *dép.* clientelam ; *à quelqu'un*, apud aliquem.

HOMME. Homo, *g.* hominis. *m. Pour le distinguer de la femme.* Vir, *gén.* viri. *masc. Homme de cœur.* Vir magnanimus, *g.* viri magnanimi. *m. Homme de bien.* Vir probus, *gén.* viri probi. *masc. Il est homme ou femme à. (Voyez la Grammaire latine.)*

D'HOMME, *ou qui concerne l'homme.* Humanus, a, um. *adj.*

D'HOMME, *pour l'âge, ou le courage.* Virilis, mascul. *fém.* virile, neutre, *gén.* virilis. *Habit d'homme.* Toga virilis, *g.* togæ virilis. *f. En homme de cœur.* Viriliter. *adv.*

HOMOGÈNE. Ejusdem generis. *au gén.*
HOMOLOGATION, *approbation.* Comprobatio , *gén.* comprobationis. *f.*
HOMOLOGUER , *approuver.* Facere , facio, is. feci , factum. *act. quelque chose*, ratum aliquid. Ratus , rata , ratum, *s'accorde avec le cas du verbe.*
HOMONYME , *de même nom.* Homonymus , a , um. *adj.*
HONGRE , *cheval hongre.* Canterius , *gén.* canterii. *masc.*
HONGRIE , *royaume.* Hungaria , *gén.* Hungariæ. *f.*
HONGROIS , ou *de Hongrie, pour les personnes.* Hungarus , a , um. *adj. Pour les choses.* Hungaricus , hungarica , hungaricum. *adj.*
HONNÊTE. Honestus , honesta , honestum. *adj.*
HONNÊTEMENT. Honestè. *adverbe. Au comp.* honestiùs ; *au superl.* honestissimè.
HONNÊTETÉ. Honestas , *gén.* honestatis. *f.*
HONNEUR. Honor , *gén.* honoris. *m. Homme d'honneur.* Vir honestus , *g.* viri honesti. *m. Par honneur.* Honoris causâ. *Tenir à honneur, ou se faire honneur de.* Ducere , duco , ducis , duxi , ductum. *act. acc. de la chose, ou un infin. Ajoutez* , honori. *Faire honneur à ses parens.* Esse honori propinquis. *dat. En l'honneur de.* In honorem , *avec un g. de la personne. Sauf l'honneur que je vous dois.* Pace tuâ. *Si l'on parle à plusieurs* , pace vestrâ. *à l'abl. Faire à quelqu'un l'honneur de, ou* daigner. Dignari , dignor , dignaris , dignatus sum. *dép. avec un infi. Il me fera l'honneur de m'écrire , c'est-à-dire , il daignera écrire à moi.* Dignabitur scribere ad me.
HONORABLE , *en parlant des personnes.* Honoratus, a, um.*En parlant des choses.* Honorificus,a , um. *Au comp.* honorificentior, *m. f.* honorificentius. *n. au superl.* honorificentissimus , honorificentissima , honorificentissimum. *adj.*
HONORABLEMENT. Honorificè. *adv.*
HONORAIRE. Honorarius , honoraria , honorarium. *adj.*
HONORÉ ou *respecté.* Cultus , culta , cultum. *part. pass. de* Colo.
HONORÉ *d'une charge.* Donatus , donata , donatum munere. *à l'abl.*
HONORER, *respecter , révérer.* Colere , colo , is , colui , cultum. *act. acc.*
HONORIFIQUE , *d'honneur.* Honorificus , a , um. *Au comp.* honorificentior, *m. f.* honorificentius , *n. au sup.* honorificentissimus , a , um. *adj.*
HONTE ou *pudeur.* Pudor , *g.* pudoris. *m. Avoir honte.* Pudere , pudet , puduit. *impers.* Singulier , me pudet , *j'ai honte*;

te pudet , *tu as honte* ; illum pudet , *il a honte.* Pluriel , nos pudet , *nous avons honte* ; vos pudet , *vous avez honte* ; illos pudet , *ils ont honte , etc. Faire de la honte.* Incutere , incutio , is , incussi , incussum. *act. dat. de la personne. Ajout.* pudorem.
HONTE ou *déshonneur.* Dedecus , *génit.* dedecoris. *neut. A sa honte.* Cum dedecore. *N'est-ce pas une honte ?* tournez, *n'est-il pas honteux ?* Nonne turpe est , *avec un infin.*
HONTEUSEMENT. Turpiter , *adv. Au comp.* turpiùs , *au superl.* turpissimè.
HONTEUX , *en parlant des personnes.* Verecundus , a , um. *adj.*
HONTEUX , *en parlant des choses.* Turpis , *m. f.* turpe , *n. g.* turpis.
HOPITAL. Publicum valetudinarium, *g.* publici valetudinarii. *neut.*
HOQUET. Singultus , *génit.* singultûs. *masc.*
HOQUETON. Sagum , *gén.* sagi. *neut.*
HORDE , *peuplade errante.* Turba , *g.* turbæ. *f. Ajoutez* hominum erraticorum. *Horde de scélérats.* Colluvies, *g.* colluviei. *f. Ajoutez* sceleratorum.
HORIZON. Horizon , *gén.* horizontis. *masc.*
HORIZONTAL. Respondens , *m. f. n. génit.* respondentis. *Ajoutez* horizonti ad libellam.
HORIZONTALEMENT. Situ horizonti ad libellam respondenti.
HORLOGE. Horologium, *gén.* horologii. *neut.*
HORLOGER. Opifex , *gén.* opificis. *m. Ajoutez* horologiorum. *g. plur.*
HORMIS. Præter , *avec l'acc.*
HOROSCOPE , ou *bonne aventure.* Prædicta natalitia , *gén.* prædictorum natalitiorum. *neut. plur. Dresser , tirer , dire l'horoscope.* Prædicere , prædico , prædicis, prædixi , prædictum. *act. dat. de la personne. Ajoutez* quo fato natus sit , *si la personne est au singulier et du mascul. c'est-à-dire , prédire à quelqu'un sous quelle destinée il est né.*
HORREUR. Horror , *gén.* horroris. *m. Etre saisi d'horreur.* Cohorrescere , cohorresco , is , cohorrui. *sans sup. n. Avoir horreur de* , ou *avoir en horreur.* Abhorrere , abhorreo , es , abhorrui. *sans sup. neut. Le nom de ce que l'on a en horreur, se met à l'abl. avec* à *ou* ab.
HORRIBLE. Horrendus , horrenda , horrendum. *adj.*
HORRIBLEMENT. Horrendum in modum.
HORS. Extrà ; *avec l'acc. Hors de saison.* Intempestivè. *adv. Hors de soi.* Impotenti animo *à l'abl. Hors de propos.* Inopportunus , a , um. *adj.*

HOSPICE. Hospitium, *génit.* hospitii. *neut.*
HOSPITALIER. Hospitalis, *m. f. gén.* hospitalis.
HOSPITALITÉ. Hospitalitas, *g.* hospitalitatis. *f. Exercer l'hospitalité.* Præstare, præsto, præstas, præstiti, præstitum. *dat. de la personne. Ajoutez* hostium.
HOSTIE, *victime.* Hostia, *gén.* hostiæ. *fém.*
HOSTIE, *pain à cacheter.* Orbiculus, *g.* orbiculi. *masc. Ajoutez* panis sine fermento.
HOSTILE. Hostilis, *m. f.* hostile, *neut. gén.* hostilis.
HOSTILEMENT. Hostiliter. *adv.*
HOSTILITÉ. Hostilitas, *gén.* hostilitatis. *f. Faire des hostilités, des actions d'hostilité.* Facere hostilia, *à l'accusat. neut. pluriel.*
HOTE. Hospes, *gén.* hospitis. *masc.*
HOTEL, *palais.* Palatium, *gén.* palatii. *neut.*
HOTEL-DIEU. Voyez *Hôpital.*
HOTELIER. Caupo, *génit.* cauponis. *masc.*
HOTELLERIE. Diversorium, *g.* diversorii. *neut.*
HOTESSE. Copa, *gén.* copæ. *f.*
HOTTE, *instrument à porter derrière le dos.* Sporta, *g.* sportæ. *f.*
HOTTÉE, *plein une hotte.* Plena sporta, *g.* plenæ sportæ. *f.*
HOTTEUR, *qui porte la hotte.* Bajulus dossuarius, *g.* bajuli dossuarii. *masc.*
HOUBLON, *herbe.* Lupus salictarius, *g.* lupi salictarii. *masc.*
HOUBLONNIÈRE, *champ où vient le houblon.* Ager consitus, *génit.* agri consiti. *m. Ajoutez* lupo salictario.
HOUE, *sorte de pioche.* Ligo, *g.* ligonis. *masc.*
HOUÉ. Pastinatus, pastinata, pastinatum. *part. pass. de* Pastino.
HOUER. Pastinare, pastino, pastinas, pastinavi, pastinatum. *act. acc.*
HOULETTE, *bâton de berger.* Pedum, *gén.* pedi. *neut.*
HOUPE. Apex, *gén.* apicis. *masc.*
HOURDAGE. Ruderatio, *gén.* ruderationis. *fém.*
HOURDER, *maçonner grossièrement.* Ruderare, rudero, ruderas, ruderavi, ruderatum. *act. acc.*
HOUSSE *de lit.* Stragulum defluens undiquè, *g.* straguli defluentis undiquè. *n.* Defluens *est un part. présent. Housse de cheval.* Stratum, *g.* strati. *neut.*
HOUSSINE. Virga, *gén.* virgæ. *f.*
HOUX, *plante.* Aquifolium, *g.* aquifolii. *neut.*
HOYAU, *sorte de pioche.* Ligo, *génit.* ligonis. *masc.*

HUCHE *pour pétrir.* Mactra, *génit.* mactræ. *fém.*
HUÉE. Clamores ac sibili, *g.* clamorum ac sibilorum. *masc. plur.*
HUER, *ou poursuivre avec des huées.* Consectari, consector, aris, consectatus sum. *dép. Ajoutez* sibilo, *et l'acc. Etre hué.* Excipi, excipior, eris, exceptus sum. *pass. Ajoutez* clamoribus.
HUGUENOT. Sectator, *gén.* sectatoris. *m. Ajoutez* Calvini. *au gén.*
HUGUENOTE. Mulier infecta, *g.* mulieris infectæ. *f. Ajoutez* Calvinianis erroribus.
HUILE. Oleum, *gén.* olei. *neut.*
HUILÉ. Unctus, uncta, unctum. *part. pass. Ajoutez* oleo, *c'est-à dire, frotté d'huile.*
HUILER. Ungere, ungo, ungis, unxi, unctum. *act. acc. Ajoutez* oleo, *c'est-à-dire, oindre, frotter d'huile.*
HUILEUX. Oleosus, oleosa, oleosum. *adject.*
HUILIER, *qui fait ou vend de l'huile.* Olearius, *gén.* olearii. *masc.*
HUILIER, *vase.* Olearium vasculum, *g.* olearii vasculi. *neut.*
HUIS *ou porte.* Ostium, *génit.* ostii. *neut.*
HUISSIER *ou sergent.* Accensus, *gén.* accensi. *masc.*
HUIT, *nombre.* Octo. *plur. indéclin. de tout genre. Huit fois.* Octies. *adv. Huit centième.* Octingentesimus, a, um. *adject. Huit cent fois.* Octingenties. *adv. Huit, en parlant de l'année; comme, l'an huit.* Voyez *huitième.*
HUITAINE. Octo dies, *gén.* octo dierum. *masc. plur. Dans la huitaine.* Intrà octio dies.
HUITIÈME. Octavus, octava, octavum. *adject.*
HUITIÈMEMENT. Octavò. *adv.*
HUITRE. Ostrea, *gén.* ostreæ. *fém.*
HUMAIN. Humanus, humana, humanum. *adj.*
HUMAINEMENT. Humanè. *adv. Au comp.* humaniùs; *au superlat.* humanissimè.
HUMANISER, *rendre traitable.* Informare, informo, informas, informavi, informatum. *act. acc. Ajoutez* ad humanitatem, *c. à d., former à la douceur.*
HUMANISTE, *écolier d'humanité.* Humanista, *g.* humanistæ. *masc.*
HUMANITÉ. Humanitas, *gén.* humanitatis. *fém.*
Les HUMANITÉS. Humaniores litteræ, *g.* humaniorum litterarum. *f. plur.*
HUMBLE. Humilis, *m. f.* humile, *n. gén.* humilis.
HUMBLEMENT. Humiliter. *adverbe.*

Au comparat. Humiliùs ; *au superl.* humillimè.

HUMECTÉ. Humectatus, humectata, humectatum. *part. pass.* d'Humecto.

HUMECTER. Humectare, humecto, humectas, humectavi, humectatum. *actif, accusat.*

HUMER. Sorbere, sorbeo, sorbes, sorbui, sorptum. *act. acc.*

HUMEUR *du corps*, *etc.* Humor, *gén.* humoris. *masc.*

Humeur ou *le naturel*. Indoles, *génit.* indolis. *fém. Etre d'humeur à*, *suivi d'un verbe*. Esse eâ indole ut, *avec un subj.* (*Voyez la Grammaire latine.*) *Etre de l'humeur de*, ou *être de même humeur que*. Congruere, congruo, congruis, congrui. *sans sup. neut. abl. avec la préposition* cum. *Etre en belle humeur*. Esse hilari animo. *à l'abl. Se mettre en bonne humeur*. Hilaresceie, hilaresco, hilaresçis. *sans prét. et sans supin. neut. Etre ou se mettre en mauvaise humeur contre quelqu'un*. Irasci, irascor, eris, iratus sum. *dép.* alicui. *Mettre en mauvaise humeur*. *Voyez* Fâcher. *Je suis en humeur de*. Lubet mihi, *avec un infin.* Lubet, lubuit, lubere. *impers. dat. de la personne qui est en humeur.*

HUMIDE. Humidus, humida, humidum. *adject.*

HUMIDEMENT. Humidè. *adv.*

HUMIDITÉ. Humor, *génit.* humoris. *masc.*

HUMILIATION, *l'action de s'humilier*. Voluntaria demissio, *gén.* voluntariæ demissionis. *fém.*

Humiliation, *événement par lequel on est humilié*. Inusum dedecus, *g.* inusti dedecoris. *neut.*

HUMILIÉ. Depressus, depressa, depressum. *part. pass. de* Deprimo.

HUMILIER. Deprimere, deprimo, deprimis, depressi, depressum. *act. acc.*

s'Humilier. Se abjicere, abjicio, abjicis, abjeci, abjectum.

HUMILITÉ. Humilitas, *g.* humilitatis. *fém.*

HUNE *d'un vaisseau*. Carchesium, *g.* carchesii. *neut.*

HUPE, *oiseau*. Upupa, *g.* upupæ. *f.*

Hupe, *crête d'oiseau*. Apex, *gén.* apicis. *fém.*

HUPÉ. Cristatus, cristata, cristatum. *part. pass.*

HURE *d'un sanglier*, *d'un brochet*. Caput, *gén.* capitis. *neut.*

HURLEMENT. Ululatus, *gén.* ululatûs, *masc.*

HURLER. Ululare, ululo, ululas, ululavi, ululatum. *neut.*

HUTTE, *chaumière*. Casa, *g.* casæ. *f.*

HUTTER, *se hutter*, *faire une hutte*. Sibi parare, paro, paras, paravi, paratum. *act. Ajoutez* casam.

HYACINTHE, *fleur*. Hyacinthus, *gén.* hyacinthi. *m. Qui est d'hyacinthe*. Hyacinthinus, a, um. *adj.*

HYADES, *étoiles*. Hyades, *gén.* hyadum. *fém. plur.*

HYDRAULIQUE. Hydraulicus, hydraulica, hydraulicum. *adj.*

HYDRE. Hydra, *gén.* hydræ. *f.*

HYDROCELE. Hydrocele, *gén.* hydroceles. *fém.*

HYDROPIQUE. Hydropicus, hydropica, hydropicum. *adj.*

HYDROPISIE. Hydrops, *gén.* hydropis. *masc.*

HYÈNE, *animal sauvage*. Hyæna, *g.* hyænæ. *fém.*

HYMEN, HYMENÉE. Hymenæus, *g.* hymenæi. *masc.*

HYMNE. Hymnus, *génit.* hymni. *m.*

HYPERBOLE. Hyperbole, *gén.* hyperboles. *fém.*

HYPERBOLIQUE. Exageratus, exagerata, exageratum. *part. pass.* d'Exagero.

HYPERBOLIQUEMENT. Ultra fidem.

HYPOCONDRES. Hypocondria, *g.* hypocondriorum. *neut. plur.*

HYPOCONDRIAQUE. Percitus, percita, percitum, *gén.* perciti. *adj. Ajoutez* atrâ bile.

HYPOCRAS. Vinum aromatites, *g.* vini aromatitæ. *neut.*

HYPOCRISIE. Hypocrisis, *gén.* hypocrisis. *fém.*

HYPOCRITE. Hypocrita, *génit.* hypocrytæ. *masc.*

HYPOTHEQUE. Pygnus, *gén.* pignoris. *neut.*

HYPOTHEQUER. Oppignerare, oppignero, oppigneras, oppigneravi, oppigneratum. *act. acc.*

HYPOTHESE, *figure de rhétorique*. Hypothesis, *g.* hypothesis. *fém.*

HYPOTHETIQUE. Hypotheticus, a, um. *adj.*

HYRCANIE, *pays d'Asie*. Hyrcania, *gén.* Hyrcaniæ. *fém. Qui est d'Hyrcanie*. Hyrcanus, a, um. *adj.*

HYSOPE, *herbe*. Hyssopum, *gén.* hyssopi. *neut.*

IAMBE, *pied de vers.* Iambus , *génit.* iambi. *masc.*

IAMBIQUE. Iambicus, iambica, iambicum. *adj.*

ICHNEUMON , *animal d'Egypte.* Ichneumon , *g.* ichneumonis. *masc.*

ICHNOGRAPHIE , *dessein ou plan d'un édifice.* Ichnographia , *gén.* ichnographiæ. *fém.*

ICI. Hìc, *à la question* ubi, *sans mouvement.* Hùc, *à la question* quò, *avec mouvement. D'ici.* Hinc. *Il est natif d'ici.* Hinc natus est. *Par ici.* Hàc. *D'ici là.* Hinc eò. *De là ici.* Illinc huc. *D'ici près.* Ex propinquo. *Jusqu'ici.* Hactenùs. *adv. D'ici à huit jours.* On tourne : *après huit jours.* Post octo dies. *à l'acc.*

ICONOCLASTE , *qui brise les images.* Eversor , *gén.* eversoris. *m. Ajoutez* sacrarum imaginum.

ICONOGRAPHIE , *connaissances des peintures , etc.* Iconographia , *gén.* iconographiæ. *f.*

IDA , *montagne de la Troade.* Ida , *g.* Idæ. *f.*

IDÉAL , *qui n'est qu'en idée.* Informatus , informata, informatum. *adj. Ajoutez* in animo.

IDÉE. Idea , *gén.* ideæ *f.*

IDES. Idus , *gén.* iduum , *dat.* idibus. *fém. plur.*

IDIOME , *langage propre.* Patrius sermo , *gén.* patrii sermonis. *masc.*

IDIOT , *stupide , bête.* Illiteratus , illiterata , illiteratum. *adj.*

IDOLATRE. Cultor , *génit.* cultoris. *m. Ajoutez* Deorum inanium , *c'est-à-dire , adorateur des faux dieux.*

Une IDOLATRE. Cultrix , *g.* cultricis. *f. Ajoutez* Deorum inanium.

Etre IDOLATRE *de.* Voyez *Etre esclave de.*

IDOLATRER, *adorer les idoles.* Colere, colo , colis , colui , cultum. *act. Ajoutez* Deos.

IDOLATRER , *aimer éperdument.* Deperire , depereo, deperis , deperivi ou deperii, deperitum. *act. acc.*

IDOLATRIE. Cultus , *genit.* cultûs. *m. Ajoutez* profanorum simulacrorum.

IDOLE. Simulacrum , *gén.* simulacri. *n. Ajoutez* ficti numinis. *au plur.* fictorum numinum.

IDUMÉE , *pays.* Idumæa , *g.* Idumææ. *fém.*

IDUMÉEN , *d'Idumée.* Idumæus , idumæa , idumæum. *adj.*

IDYLLE , *petit poëme.* Idyllium , *gén.* idyllii. *neut.*

IF , *arbre.* Taxus , *génit.* taxi. *f. Qui est d'if.* Taxeus , taxea , taxeum. *adj.*

IGNARE. Ignarus , a , um. *adj.*

IGNÉE , *qui tient de la nature du feu.* Igneus , ignea , igneum. *adj.*

IGNOMINIE. Ignominia , *gén.* ignominiæ. *fém.*

IGNOMINIEUSEMENT. Cum ignominiâ et dedecore.

IGNOMINIEUX. Ignominiosus , ignominiosa , ignominiosum. *adj.*

IGNORANCE. Ignorantia , *g.* ignorantiæ. *fém.*

IGNORANT. Ignarus, ignara , ignarum. *adj. En ignorant.* Imperitè. *adv.*

IGNORÉ. Ignoratus , a , um. *part. pass.* d'Ignoro. *Ignoré de tout le monde.* Ignotus omnibus. *dat.*

IGNORER. Ignorare , ignoro , ignoras , ignoravi , ignoratum. *act. acc.*

IL , *pronom.* Ille , *m.* illa , *f.* illud , *n. gén.* illius. *Il y a , il y avait , etc.* Voy. *Avoir.*

ILE. Insula , *gén.* insulæ. *fém.*

ILIADE , *livre d'Homère.* Ilias , *génit.* iliadis. *fém.*

ILLÉGITIME. Non legitimus , non legitima , non legitimum. *adj.*

ILLÉGITIMEMENT. Non legitimè. *adv.*

ILLICITE. Illicitus , illicita , illicitum. *adj.*

ILLICITEMENT. Illicitè. *adv.*

ILLUMINATION. Illustratio , *g.* illustrationis. *f. Faire des illuminations aux fenêtres.* Illuminare vias igni, *c'est-à-dire , illuminer les rues avec de la lumière.*

ILLUMINÉ. Illuminatus , illuminata , illuminatum. *part. pass.* d'Illumino.

ILLUMINER. Illuminare, illumino, illuminas, illuminavi, illuminatum. *actif. accusat.*

ILLUSION. Error, *gén.* erroris. *m.*

ILLUSOIRE, *qui sert à tromper.* Fallax, *m. f. n. g.* fallacis. *adj.*

ILLUSTRATION. Exornatio, *gén.* exornationis. *fém.*

ILLUSTRE. Illustris, *m. f.* illustre, *n. gén.* illustris.

ILLUSTRER, *rendre illustre.* Illustrare, illustro, illustras, illustravi, illustratum. *act. acc.*

ILLUSTRISSIME. Illustrissimus, illustrissima, illustrissimum. *adj.*

ILLYRIE, *province, aujourd'hui Esclavonie.* Illyricum, *gén.* Illyrici. *n.*

ILLYRIENS, *peuples d'Illyrie.* Illyrici, *gén.* Illyricorum. *masc. plur.*

IMAGE. Imago, *gén.* imaginis. *f.*

IMAGINABLE. Cogitabilis, *m. f.* cogitabile. *neut. gén.* cogitabilis.

IMAGINAIRE. Imaginarius, imaginaria, imaginarium. *adj.*

IMAGINATIF, *adj. qui imagine beaucoup de choses.* Qui fingit multa. *à l'acc. plur. neut.*

IMAGINATION, *action d'imaginer.* Imaginatio, *gén.* imaginationis. *f.*

IMAGINATION, *vision, chimère.* Visio, *gén.* visionis. *f.*

IMAGINER *quelque chose.* Fingere, fingo, fingis, finxi, fictum. *act. aliquid. à l'acc. S'imaginer que.* Putare, puto, as, putavi, putatum. *neut.*

IMBECILE. Imbecillus, imbecilla, imbecillum. *adj.*

IMBECILLITÉ. Imbecillitas, *gén.* imbecillitatis. *fém.*

IMBIBER, *mouiller, pénétrer.* Imbuere, imbuo, imbuis, imbui, imbutum. *act. rég. dir. acc. rég. ind. abl. S'imbiber de.* Ebibere, ebibo, ebibis, ebibi, ebibitum. *acc. Mais s'imbiber dans.* Imbibi, imbibor, imbiberis, imbibitus sum. *pass.* Dans *par* in. *et l'abl.*

IMBU. Imbutus, imbuta, imbutum. *part. pass. d'*Imbuo. *et l'abl.*

IMITABLE. Imitabilis, *m. f.* imitabile. *n. gén.* imitabilis.

IMITATEUR. Imitator, *gén.* imitatoris. *masc.*

IMITATION. Imitatio, *gén.* imitationis. *fém. A l'imitation de.* Ad exemplum, *avec un gén. A votre imitation.* Ad tuum exemplum. Tuo exemplo. *à l'abl.*

IMITATRICE. Imitatrix, *gén.* imitatricis. *fém.*

IMITÉ. Expressus, expressa, expressum. *part. pass. d'*Exprimo. *Aj.* imitatione.

IMITER. Imitari, imitor, imitaris, imitatus sum. *dép. acc.*

IMMACULÉ. Purissimus, purissima, purissimum. *superl.*

IMMANQUABLE. Certus, certa, certum. *adj.*

IMMANQUABLEMENT. Certò. *adv.*

IMMATÉRIEL. Expers, *m. f. n. gén.* expertis. *Ajoutez* materiæ.

IMMATRICULER, *inscrire dans quelque registre.* Referre, refero, refers, retuli, relatum. *act. acc. Ajoutez* in album.

IMMÉDIAT, *qui suit sans interruption.* Proximus, proxima, proximum. *adj. datif.*

IMMÉDIATEMENT *après, en parlant d'une personne.* Proximè. *et l'acc. de la personne. Immédiatement après, en parlant du temps.* Statim post. *et l'acc.*

IMMEMORIAL. Antiquior, *m. f.* antiquius, *neut. génit.* antiquioris. *Ajoutez* omni memoriâ.

IMMENSE. Immensus, immensa, immensum. *adj.*

IMMENSITÉ. Immensitas, *gén.* immensitatis. *fém.*

IMMERSION. Immersio, *gén.* immersionis. *fém.*

IMMEUBLE. Prædium, *génit.* prædii. *neut.*

s'IMMISCER *dans.* Se immiscere, immisceo, es, immiscui, immixtum. *Dans une affaire.* Negotio. *dat.*

IMMOBILE. Immotus, immota, immotum. *adj.*

IMMOBILITÉ, *stabilité.* Stabilitas, *g.* stabilitatis. *fém.*

IMMODÉRÉ. Immoderatus, immoderata, immoderatum. *adj.*

IMMODÉRÉMENT. Immoderatè. *adv. Au comp.* immoderatiùs; *au sup.* immoderatissimè.

IMMODESTE. Immodestus, immodestum. *adj.*

IMMODESTEMENT. Immodestè. *adv. Au comp.* immodestiùs; *au sup.* immodestissimè.

IMMODESTIE. Immodestia, *g.* immodestiæ. *f.*

IMMOLATION, *sacrifice des victimes.* Immolatio, *g.* immolationis. *f.*

IMMOLÉ. Immolatus, a, um. *part. pass. d'*Immolo.

IMMOLER, *offrir en sacrifice.* Immolare, immolo, immolas, immolavi, immolatum. *act. acc.*

IMMOLER *ses ressentimens.* Condonare, condono, condonas, condonavi, condonatum, inimicitias, *et un dat.*

IMMONDE. Immundus, immunda, immundum. *adj.*

IMMONDICES. Sordes, *gén.* sordium. *fém. plur.*

IMMORTALISÉ. Donatus, a, um. *part. pass. de* Dono. *Aj.* æternitate.

IMMORTALISER. Donare, dona, donas, donavi, donatum. *act. acc. Ajoutez* æternitate.

s'IMMORTALISER, *se rendre immortel.* Sibi condere, condo, condis, condidi, conditum. *Ajoutez* æternam famam. *Par ses ouvrages,* operibus, à l'abl. c'est-à-dire, *se faire une réputation éternelle.*

IMMORTALITÉ. Immortalitas, *genit.* immortalitatis. *f.*

IMMORTEL. Immortalis, *m. f.* immortale, *n. gén.* immortalis.

IMMUABLE. Immutabilis, *masc. fém.* immutabile, *n. gén.* immutabilis.

IMMUABLEMENT. Immutabiliter. *adv.*

IMMUNITÉ. Immunitas, *gén.* immunitatis. *fém.*

IMMUTABILITÉ. Immutabilitas, *gén.* immutabilitatis. *fém.*

IMPAIR. Impar, *masc. f. neut. gén.* imparis.

IMPALPABLE, *qu'on ne peut toucher.* Intactilis, *m. f.* intactile, *neut. gén.* intactilis.

IMPARDONNABLE: Dignus, digna, dignum. *adject. Ajoutez devant*, nullâ veniâ.

IMPARFAIT. Imperfectus, imperfecta, imperfectum. *adj.*

IMPARFAITEMENT. Non perfectè. *adverbe.*

IMPASSIBILITÉ. Immunitas, *gén.* immunitatis. *f. Ajoutez* dolorum, *c'est-à-dire, exemption des souffrances.*

IMPASSIBLE. Obnoxius, obnoxia, obnoxium. *adj. Mettez devant,* nulli injuriæ, *c'est-à-dire, qui n'est sujet à aucune souffrance.*

IMPATIEMMENT. Ægrè. *adv. Au comp.* ægriùs; *au superl.* ægerrimè.

IMPATIENCE. Impatientia, *gén.* impatientiæ. *fém.*

IMPATIENCE, *colère.* Iracundia, *génit.* iracundiæ. *fém.*

IMPATIENCE, *désir.* Cupiditas, *g.* cupiditatis. *f. Etre dans l'impatience de.* Esse cupidum, *avec un gén.* ou bien *un gérond.* en di; sum, es, fui; cupidus, cupida, cupidum. *adj.*

IMPATIENT, *qui ne peut souffrir la douleur.* Impatiens, *m. f. neut. génit.* impatientis.

IMPATIENT, *qui s'ennuie d'attendre.* Impatiens, *m. f. n. g.* impatientis. *Ajout.* moræ.

IMPATIENT, *colère.* Iracundus, iracunda, iracundum. *adj.*

IMPATIENT, *qui désire avec impatience.* Cupidissimus, a, um. *adj. avec un gérond.* en di, ou *un gén.*

IMPATIENTER. Excutere, excutio, is, excussi, excussum. *act. Ajout.* patientiam, *et le dat. de la personne.*

s'IMPATIENTER ou *se fâcher.* Irasci, irascor, irasceris, iratus sum. *déponent. datif.*

s'IMPATIENTER, *ne vouloir plus attendre.* Non facere moram, *c'est-à-dire, ne pas faire ou donner du délai.* Facio, is, feci, factum.

IMPECCABILITÉ, *impuissance de pécher.* Immunitas, *gén.* immunitatis. *f. Ajoutez* peccandi.

IMPECCABLE, *qui ne peut pécher.* Impeccabilis, *m. f.* impeccabile, *neut. gén.* impeccabilis.

IMPENETRABLE. Impenetrabilis, *m. fém.* impenetrabile. *neut. gén.* impenetrabilis.

IMPENITENCE, *obstination dans le péché.* Obstinatior voluntas, *gén.* obstinatioris voluntatis. *fém. Ajoutez* in peccatis.

IMPENITENT, *obstiné dans le péché.* Obstinatus, obstinata, obstinatum. *Ajout.* ad peccatum.

IMPÉRATIF, *mode d'un verbe.* Imperativus, *gén.* imperativi. *masc.*

IMPERATRICE. Imperatrix, *gén.* imperatricis. *fém.*

IMPERCEPTIBLE. Non cadens, *masc. f. n. g.* non cadentis. *Ajoutez* sub oculos, *c'est-à-dire, ne tombant pas sous les yeux. Etre imperceptible.* Non cadere sub oculos, *c'est-à-dire, ne pas tomber sous les yeux.* Cado, cadis, cecidi. *neut.*

IMPERCEPTIBLEMENT. Nemine sentiente. à l'abl.

IMPERFECTION. Vitium, *génit.* vitii. *neut.*

IMPERIAL, ou *de l'Empereur.* Imperatorius, a, um, *adj.*

IMPERIALE *de carrosse.* Camera decussata, *gén.* cameræ decussatæ. *f.*

IMPÉRIALE, *fleur.* Lilium persicum, *g.* lilii persici. *neut.*

Les IMPERIAUX, *les troupes de l'armée de l'Empereur.* Cæsariani, *g.* cæsarianorum. *masc. plur.*

IMPÉRIEUSEMENT. Superbiùs. *comp. adverbe.*

IMPERIEUX. Imperiosus, imperiosa, imperiosum. *adj.*

IMPERSONNEL, *qui n'a pas de personnes, en parlant d'un verbe.* Carens, *gén.* carentis. *part. Ajoutez* personis.

IMPERTINEMENT. Ineptè. *adv. Au comp.* ineptiùs; *au sup.* ineptissimè.

IMPERTINENCE. Ineptiæ, *gén.* ineptiarum. *f. plur.*

IMPERTINENT. Insulsus, insulsa, insulsum *adj.*

IMPETRABLE. Impetrabilis, *masc. f.* impetrabile. *neut.*

IMPETRATION, *l'action d'obtenir.* Impetratio, *gén.* impetrationis. *fém.*

IMPÉTRER. Voyez Obtenir.
IMPETUEUSEMENT. Vehementi impetu. à l'abl.
IMPETUEUX. Violentus, violenta, violentum. adj.
IMPETUOSITE. Impetus, gén. impetûs. masc.
IMPIE. Impius, a, um. adj.
IMPIETÉ. Impietas, gén. impietatis. f. Avec impiété. Impiè. adv.
IMPITOYABLE. Inhumanus, inhumana, inhumanum. adj.
IMPITOYABLEMENT. Inhumanè. adv.
IMPLACABLE. Implacabilis, m. fém. implacabile, n g. implacabilis.
IMPLICITE. Implicitus, implicita, implicitum. adj.
IMPLICITEMENT. Tacitè. adv.
IMPLIQUER, engager. Implicare, implico, implicas, implicui, implicitum. act. acc. de la personne, et l'ablat. de la chose.
IMPLIQUER contradiction se contredire, Repugnare, repugno, repugnas, repugnavi, repugnatum. neut.
IMPLORER. Implorare, imploro, imploras, imploravi, imploratum. rég. dir. acc. rég. ind. abl. avec à ou ab.
IMPOLI, grossier. Impolitus, impolita, impolitum adj.
IMPOLIMENT, sans politesse Incondité. Ineleganter. adv.
IMPOLITESSE, grossièreté. Rusticitas, gén. rusticitatis. fém.
IMPORTANCE. Momentum, gén. momenti. neut.
IMPORTANT, ou de grande importance. Magni momenti. au gén. Plus important, ou de plus grande importance. Majoris momenti. Très, ou fort important, ou de très-grande importance. Maximi momenti. Peu important, ou de peu d'importance. Parvi momenti, toujours au g. Être important de, suivi d'un infin, et être important à, suivi d'un nom, s'exprime comme importer.
IMPORTATION. Illatio, gén. illationis. fém. Ajoutez mercium.
IMPORTER, faire arriver dans son pays les productions étrangères. Importare, importo, importas, importavi, importatum. act. acc.
IMPORTER, être important. Referre, refert, referebat, retulit. imperson. ou Interesse, interest, in ererat, interfuit. impers. Avec ces deux verbes refert et interest, on se sert des gén. magni, beaucoup; parvi, peu; pluris, plus; minoris; moins; tanti quanti, autant que; minimi, très-peu, etc.
IMPORTUN. Importunus, importuna, importunum. adj.
IMPORTUNEMENT. Importunè. adv.

IMPORTUNER. Molestum esse, sum, es, fui : molestus, a, um. adj. avec un dat. de la personne.
IMPORTUNITÉ. Importunitas, génit. importunitatis. fém.
IMPOSÉ. Impositus, a, um. part. pass. d'Impono.
IMPOSER. Imponere, impono, imponis, imposui, impositum. act. rég. dir. accus. rég. ind. dat.
IMPOSER silence. Imperare silentium. Alicui, à quelqu'un, c'est-à-dire, commander. Impero, imperas, imperavi, imperatum. acc.
IMPOSITION, l'action d'imposer. Impositio, g. impositionis. f.
IMPOSITION, taxe. Tributum, g. tributi. neut.
IMPOSSIBILITÉ. Repugnantia, g. repugnantiæ. f. Ajoutez rerum.
IMPOSSIBLE. Impossibilis, m. f. impossibile, neut. g. impossibilis, de tout genre. Cela est impossible ou ne peut être fait. Illud non potest fieri. Il est impossible de, ou que. Fieri non potest ut, avec le subjonct. Il m'est impossible de; ou tourne: je ne puis. Non possum, avec un infinit. ensuite. Possum, potes, potui, posse.
IMPOSTEUR. Deceptor, g. deceptoris. masc.
IMPOSTURE. Fraus, génit. fraudis. fém.
IMPOT. Tributum, gén. tributi. n.
IMPOTENT. Captus, capta, captum. part. pass. de Capio. Ajoutez membris. à l'ablat.
IMPRATICABLE, difficile. Difficilis; m. f. difficile, neut. g. difficilis. Impraticable en parlant d'un chemin. Impervius, a, um. adj.
IMPRECATION. Imprecatio, gén. imprecationis. fém. Faire des imprécations contre. Precari, precor, precaris, precatus sum. dép. dat. Ajoutez malè. adv.
IMPRENABLE. Inexpugnabilis, masc. fém. inexpugnabile, neut. gén. inexpugnabilis.
IMPRESSION, l'action d'exprimer. Impressio, g. impressionis. f.
IMPRESSION, marque d'imprimée. Impressum vestigium, gén. impressi vestigii. neut. L'un e ᵕtre se déclinent.
IMPRESSIO ⸱ impression, toucher. Movere, mo⸱⸱⸱es, movi, motum. act. acc.
IMPREVU. Imp⸱⸱⸱s, improvisa, improvisum. adj.
IMPRIMÉ. Impressus, impressa, impressum. part. pass. d'Imprimo.
IMPRIMER. Imprimere, imprimo, is, impressi, impressum. act. acc. Dans ou sur par in, et l'abl. Imprimer la crainte, la terreur. Voyez Faire craindre. Imprimer

le respect. Injicere, injicio, injicis, injeci, injectum. *act.* reverentiam. *dat. de la personne.*

IMPRIMERIE, *l'art d'imprimer.* Typographia, *gén.* typographiæ. *f.*

IMPRIMERIE, *le lieu où l'on imprime.* Officina typographica, *gén.* officinæ typographicæ. *f.*

IMPRIMEUR. Typographus, *gén.* typographi. *masc.*

IMPROMPTU. Subitus ingenii fetus, *g.* subiti ingenii fetûs. *masc. impromptu en vers.* Carmen extemporale, *gén.* carminis extemporalis. *neut.*

IMPROBABLE. Improbabilis, *masc. fém.* improbabile, *neut. génit.* improbabilis.

IMPROBATION. Improbatio, *gén.* improbationis. *f.*

IMPROPRE. Non proprius, non propria, non proprium. *adj.*

IMPROPREMENT. Non propriè. *adv.*

IMPROPRIÉTÉ. Non proprium, *g.* non proprii. *neut.*

IMPROVISER, *parler ou composer sans préparation.* Ex improviso componere ; compono, componis, composui, compositum. *act. acc.*

A L'IMPROVISTE. Ex improviso.

IMPROUVER, *désapprouver.* Improbare, improbo, improbas, improbavi, improbatum. *act. acc.*

IMPRUDEMMENT. Imprudenter. *adv. Au comp.* imprudentiùs ; *au superl.* imprudentissimè.

IMPRUDENCE. Imprudentia, *g.* imprudentiæ. *f. Par imprudence.* Per imprudentiam. Imprudenter. *adv.*

IMPRUDENT. Inconsideratus, inconsiderata, inconsideratum. *adj.*

IMPUDEMMENT. Impudenter. *adv. Au comp.* impudentiùs ; *au superl.* impudentissimè.

IMPUDENCE. Impudentia, *gén.* impudentiæ. *f.*

IMPUDENT. Impudens, *m. f. n. gén.* impudentis.

IMPUDICITÉ. Impudicitia, *g.* impudicitiæ. *fém.*

IMPUDIQUE. Impudicus, impudica, impudicum. *adj.*

IMPUDIQUEMENT. Obscenè. *adv.*

IMPUISSANCE. Impotentia, *gén.* impotentiæ. *f. Etre dans l'impuissance de ;* on tourne : *ne pouvoir pas.* Non posse, non possum, non potes, non potui, *avec un infinit.*

IMPUISSANT, *adj.* Impotens, *m. f. n. gén.* impotentis.

IMPULSION. Impulsio, *gén.* impulsionis. *fém.*

IMPUNÉMENT. Impunè. *adv.*

IMPUNI. Impunitus, a, um. *adj.*

IMPUNITÉ. Impunitas, *gén.* impunitatis. *fém.*

IMPUR. Impurus, impura, impurum. *adject.*

IMPUR, *où il y a du mélange.* Spurcus, spurca, spurcum. *adj.*

IMPURETÉ. Impudicitia, *gén.* impudicitiæ. *f.*

IMPUTATION. Criminatio, *gén.* criminationis. *f.*

IMPUTER. Tribuere, tribuo, tribuis, tribui, tributum. *act. rég. dir. acc. rég. ind. dat.*

INABORDABLE. Inaccessus, inaccessa, inaccessum. *adj.*

INACCESSIBLE. Inaccessus, a, um. *adject.*

INACCOUTUMÉ. Insolitus, insolita, insolitum. *adj.*

INACTION, *cessation d'action.* Desidia, *gén.* desidiæ. *f.*

INADVERTANCE. Imprudentia, *gén.* imprudentiæ. *fém. Par inadvertance.* Per imprudentiam. Imprudenter. *adv.*

INALIÉNABLE. Qui, quæ, *ou* quod alienari non potest, *c'est-à-dire, qui ne peut être aliéné. Le* qui *s'accorde avec le nom précédent.*

INALLIABLE, *qu'on ne peut allier.* Dissociabilis, *m. f.* dissociabile, *n. gén.* dissociabilis.

INANIMÉ. Inanimatus, a, um. *part. pass. d'*Inanimo.

INANITION. Inanitas, *gén.* inanitatis. *fém.*

INAPPLICATION. Defectus, *g.* defectûs. *m. Ajoutez* applicationis, *c'est à-dire, défaut d'application.*

INATTENDU. Inexpectatus, a, um. *adject.*

INATTENTION, *manque d'attention.* Non attentus animus, *génit.* non attenti animi. *masc.*

INAUGURATION. Sacra inunctio, *gén.* sacræ inunctionis. *f.*

INCAPABLE *de, ou qui n'est pas propre à.* Non aptus, non apta, non aptum. *Le* de *s'exprime par* ad, *avec un acc. ou un gérond.* en dum.

INCAPABLE *ou ignorant.* Imperitus, a, um. *adj.*

INCAPACITÉ. Imperitia, *gén.* imperitiæ. *f.*

INCARNAT. Color roseus, *gén.* coloris rosei. *masc.*

L'INCARNATION *du fils de Dieu.* Mysterium, *gén.* mysterii. *n. Ajoutez* divini Verbi induentis naturam humanam, *c'est-à-dire, Mystère du Verbe divin, qui se revêt de la nature humaine.*

INCARNÉ. Homo factus, *gén.* hominis facti. *masc.*

s'INCARNER. Assumere, assumo, is,

assumpsi, assumptum. *act.* Ajoutez humanitatem, *c'est à-dire, se revêtir de l'humanité.*

S'INCARNER, *terme de chirurgien, se remplir de chair en parlant d'une plaie.* Impleri, impleor, impleris, impletus sum. *pass.* Ajoutez carne.

INCARTADE, *insulte.* Contumelia, *g.* contumeliæ. *f.*

INCARTADE, *étourderie.* Petulantia, *g.* petulantiæ. *f.*

INCENDIAIRE. Incendiarius, *gén.* incendiarii. *masc.*

INCENDIE. Incendium, *gén.* incendii. *neut.*

INCERTAIN. Incertus, a, um. *adj. De quelque chose, de* aliquâ re.

INCERTAINEMENT. Incertè. *adv. Au comp.* incertiùs ; *au superl.* incertissimè.

INCERTITUDE. Incertum, *gén.* incerti. *neut. Etre dans l'incertitude.* Incertum esse ; sum, es, fui. Incertus, a, um. *adj. De quelque chose, de* aliquâ re. *Tenir quelqu'un dans l'incertitude de quelque chose.* Tenere aliquem suspensum de re aliquâ. Teneo, tenes, tenui, tentum. *act. accus.*

INCESSAMMENT. Mox. *adv.*

INCESTE. Incestus, *gén.* incestûs. *m.*

INCESTUEUSEMENT. Incestè. *adv.*

INCESTUEUX. Incestus, incesta, incestum. *adj.*

INCIDEMMENT. Per accessionem.

INCIDENT. Casus, *gén.* casûs. *m.*

INCIDENTER, *faire naître des incidens.* Intervenire, intervenio, intervenis, interveni, interventum. *neutre, avec un datif.*

INCINÉRATION, *action de réduire en cendres.* Cinefactio, *gén.* cinefactionis. *fém.*

INCIRCONCIS. Non recutitus, non recutita, non recutitum. *adj.*

INCISE, *petite phrase qui fait partie d'un membre de période.* Incisum, *génit.* incisi. *neut.*

INCISER, *couper, faire une incision.* Incidere, incido, incidis, incidi, incisum. *act. acc.*

INCISIF, *qui a la vertu de dissoudre.* Oxyporus, a, um. *adj.*

INCISION. Incisio, *gén.* incisionis. *f. Faire une incision à.* Incidere, incido, is, incidi, incisum. *act. acc.*

INCITATION, *instigation.* Impulsio, *gén.* impulsionis. *f.*

INCITÉ. Incitatus, incitata, incitatum. *part. pass.* d'Incito. A par ad, *avec l'acc. ou le gérond. en* dum.

INCITER. Incitare, incito, incitas, incitavi, incitatum. *act. rég. dir. acc. ind. accus. avec* ad, *ou le gérondif en* dum *avec* ad.

INCIVIL. Inurbanus, inurbana, inurbanum. *adj.*

INCIVILEMENT. Inurbanè. *adv. Au comp.* inurbaniùs ; *au superl.* inurbanissimè.

INCIVILITÉ. Inurbanitas, *gén.* inurbanitatis. *fém.*

INCLINATION, *pente naturelle à ou pour.* Propensio, *gén.* propensionis. *f. ou pour par* ad, *avec l'acc. ou le gérond en* dum.

INCLINATION, *mouvement du corps.* Inclinatio, *gén.* inclinationis. *f.*

INCLINER ou *baisser.* Inclinare, inclino, inclinas, inclinavi, inclinatum. *act. la tête,* caput. *acc.*

INCLINER à, *avoir de l'inclination pour ou être porté par inclination à.* Propendere, propendeo, propendes, propendi, propensum. *neut. à ou pour par* ad *avec l'acc. ou le gérond. en* dum.

INCLUS, *enfermé.* Inclusus, a, um. *part. pass.* d'Includo.

INCLUSIVEMENT. Inclusivè. *adj.*

INCOGNITO, *sans être connu.* Apparatu nullo. *à l'abl.*

INCOMBUSTIBLE. Respuens, *g.* respuentis. *part. prés.* de Respuo. Ajoutez ignem, *c'est-à-dire, qui ne craint pas le feu.*

INCOMMODE. Incommodus, incommoda, incommodum. *adj.*

INCOMMODÉ ou *malade.* Ægrotus, ægrota, ægrotum. *adj. Etre incommodé de quelque chose.* Laborare, laboro, as, laboravi, laboratum. *neut.* aliquâ re. *à la tête,* capite.

INCOMMODÉMENT. Incommodè. *adv.*

INCOMMODER. Incommodare, incommodo, incommodas, incommodavi, incommodatum. *neut. dat. de la personne. Sans vous incommoder ;* on tourne : *votre commodité.* Tuo commodo. *à l'abl. Il est venu sans s'incommoder.* Ven't su commodo.

INCOMMODITÉ. Incommodum, *génit.* incommodi. *neut.*

INCOMMUNICABLE, tournez : *qui ne peut être communiqué.* Quod communicari non potest. *Le* qui *s'accorde avec le nom précédent.*

INCOMPARABLE. Eximius, eximia, eximium. *adj.*

INCOMPARABLEMENT. Longè. *adv. On met ensuite un comp.*

INCOMPATIBILITÉ. Repugnantia, *gén.* repugnantiæ. *f.*

INCOMPATIBLE. Alienus, aliena, alienum. *adj. On exprime* avec par à *ou* ab, *et l'abl.*

INCOMPETENCE, *défaut d'une légitime juridiction.* Non legitima potestas, *gén.* non legitimæ potestatis. *f.*

INC   IND   241

INCOMPETENT. Non legitimus, non legitima, non legitimum. *adj.*
INCOMPLET. Incompletus, incompleta, incompletum. *adj.*
INCOMPREHENSIBLE. Incomprehensibilis, *m. f.* incomprehensibile, *n. gén.* incomprehensibilis.
INCONCEVABLE. Voyez *Incompréhensible.*
INCONGRUITÉ, *faute contre le langage.* Barbarismus, *génitif* barbarismi *masc.*
INCONGRUITÉ, *incivilité.* Inurbanitas, *gén.* inurbanitatis. *f.*
INCONNU. Ignotus, ignota ignotum. *avec le dat. Au comp.* ignotior, *m. f.* ignotius. *neut. au superl.* ignotissimus, ignotissima, ignotissimum.
INCONSIDERATION. Inconsiderantia, *gén.* inconsiderantiæ. *f.*
INCONSIDÉRÉ. Inconsideratus, a, um. *Au comp.* inconsideratior, *m. f.* inconsideratius. *n. au superl.* inconsideratissimus, a, um.
INCONSIDEREMENT. Inconsideratè. *adv. Au comp.* inconsideratiùs; *au superl.* inconsideratissimè.
INCONSOLABLE. Inconsolabilis, *m. fém.* inconsolabile, *neut. gén.* inconsolabilis.
INCONSOLABLEMENT. Insolabiliter. *adv.*
INCONSTAMMENT. Inconstanter. *adv. Au comp.* inconstantiùs; *au superl.* inconstantissimè.
INCONSTANCE. Inconstantia, *gén.* inconstantiæ. *f.*
INCONSTANT. Inconstans, *m. f. n. g.* inconstantis. *adj.*
INCONTESTABLE. Certus, a, um. *Au comp.* certior, *m. f.* certius, *n. au sup.* certissimus, a, um.
INCONTESTABLEMENT. Sine ullâ controversiâ.
INCONTINENCE. Incontinentia, *génit.* incontinentiæ. *f.*
INCONTINENT, *qui n'est pas chaste.* *adj.* Incontinens, *m. f. neut. gén.* incontinentis.
INCONTINENT, *aussitôt.* Statim *adv.*
INCONVENIENT. Incommodum, *gén.* incommodi *neut.*
INCORPORALITÉ. Natura incorporea, *gén.* naturæ incorporeæ *f*
INCORPORATION, *union de différentes choses.* Coagmentatio, *gén.* coagmentationis. *f.*
INCORPORÉ. Cooptatus, cooptata, cooptatum. *part. pass. de* Coopto. Dans *par in*, *et l'acc*
INCORPOREL. Incorporeus, incorporea, incorporeum. *adj.*
INCORPORER. Cooptare, coopto, as,
cooptavi, cooptatum. *act. acc.* dans *par in, et un acc.*
INCORPORER ou *unir une Province à la Couronne.* Adjungere provinciam regno. *au dat.*
INCORRECT. Incorrectus, incorrecta, incorrectum. *adj.*
INCORRIGIBLE. Inemendabilis, *m. fém.* inemendabile, *neut. gén.* inemendabilis.
INCORRUPTIBILITÉ. Perseverans integritas, *gén.* perseverantis integritatis. *f. Tous deux se déclinent.* Perseverans *est le part. prés. du verbe* Perseverare.
INCORRUPTIBLE. Incorruptus, incorrupta, incorruptum. *adj.*
INCREDULE. Incredulus, incredula, incredulum. *adj.*
INCREDULITÉ. Incredulitas, *g.* incredulitatis. *f.*
INCRÉÉ. Non creatus, non creata, non creatum. *part. pass. de* Creo. *avec la négation.*
INCROYABLE. Incredibilis, *masc. f.* incredibile, *neut. gén.* incredibilis.
INCRUSTATION. Incrustatio, *gén.* incrustationis. *f.*
INCRUSTER. Incrustare, incrusto, as, incrustavi, incrustatum. *act. une muraille.* parietem. *de marbre,* marmore. *à l'ablat.*
INCULQUER. Inculcare, inculco, as, inculcavi, inculcatum. *act. acc. de la chose, et le dat. de la personne.*
INCULTE. Incultus, inculta, incultum. *adject.*
INCURABLE. Insanabilis, *m. f.* insanabile, *n. g.* insanabilis.
INCURIE, *défaut de soin.* Incuria, *g.* incuriæ. *f.*
INCURSION. Incursio, *gén.* incursionis. *f. Faire des incursions dans.* Infestare. *acc. Voyez* Infester.
INDE, *grand pays.* India, *gén.* Indiæ. *f. De l'Inde.* Indicus, a, um. *adj.*
INDECEMMENT. Indecorè. *adv.*
INDECENCE. Indecorum, *gén.* indecori. *neut.*
INDECENT. Indecorus, indecora, indecorum. *adj.*
INDECHIFFRABLE. Inexplicabilis, *m. f.* inexplicabile, *neut. gén.* inexplicabilis.
INDECIS. Injudicatus, injudicata, injudicatum. *adj.*
INDECLINABLE. Indeclinabilis, *m. f.* indeclinabile, *neut. gén.* indeclinabilis.
INDEFINI. Non definitus, non definita, non definitum. *adj.*
INDEFINIMENT. Non definitè. *adv.*
INDELEBILE, *ineffaçable.* Indelebilis, *masc. fém.* indelebile, *neut. gén.* indelebilis.
INDEMNISER *quelqu'un.* Præstare

præsto, præstas, præstiti, præstitum. *act.* aliquem. *Ajoutez* indemnem. Indemnis, *masc. f.* indemne, *neut. s'accorde avec le cas du verbe.*
INDEMNITÉ. Indemnitas, *gén.* indemnitatis. *f.*
INDÉPENDAMMENT. Liberè. *adv.* Cum summâ libertate.
INDÉPENDANCE. Summa libertas, *gén.* summæ libertatis. *f.*
INDÉPENDANT. Subjectus, a, um. *adj. Mettez devant*, nemini *ou* nulli rei, *c'est-à-dire, qui n'est sujet à personne, à rien. Je suis tout-à-fait indépendant de vous.* Tibi subjectus non sum.
INDÉTERMINÉ. Incertus, incerta, incertum. *adj. Être indéterminé, en parlant des personnes.* Pendere, pendeo, es, pependi, pensum. *n. Ajoutez* animi.
INDÉVOT. Parùm pius, parùm pia, parùm pium. *adj.*
INDÉVOTION. Neglectio, *gén.* neglectionis. *f. Ajoutez* pietatis, *c'est-à-dire, indifférence pour la piété.*
INDEX, *table d'un livre.* Index, *gén.* indicis. *masc.*
INDICATIF. Indicativus, *gén.* indicativi. *masc.*
INDICATION, *signe qui indique.* Indicium, *gén.* indicii. *neut.*
INDICE. Indicium, *gén.* indicii. *n.*
INDICIBLE, *qui ne peut pas se dire.* Ineffabilis, *m. f.* ineffabile, *neut. génit.* ineffabilis.
INDICTION, *époque.* Indictio, *gén.* indictionis. *f.*
INDIEN, *en parlant des personnes.* Indus, inda, indum. *adj.*
INDIEN, *en parlant des choses.* Indicus, indica, indicum. *adj.*
INDIENNE, *toile peinte.* Tela catagrapha, *gén.* telæ catagraphæ. *f.*
INDIFFÉREMMENT. Indifferenter. *adv.*
INDIFFÉRENCE. Studium, *gén.* studii. *n. Ajoutez* in nullam partem. *Indifférence pour.* Remissius studium, *gén.* remissioris studii. *n.* Pour par in, *avec l'acc. Pour l'étude,* in litteras. *Avoir de l'indifférence pour, être dans une entière indifférence pour, ou être indifférent pour.* Non curare, non curo, non curas, non curavi, non curatum. *act. acc.*
INDIFFÉRENT, *en parlant des choses.* Indifferens, *m. f. n. g.* indifferentis. *Indifférent, en parlant des personnes,* comme : *Être indifférent pour*, tournez : *avoir de l'indifférence pour.*
INDIGÈNE, *qui est du pays.* Indigena, *gén.* indigenæ. *m. f. ou* Indigenus, a, um. *adj.*
INDIGENCE. Egestas, *gén.* egestatis. *f. Être dans l'indigence.* Egere. *Voyez* Avoir besoin.

INDIGENT. Inops, *masc. fém. neut. gén.* inopis.
INDIGESTE. Crudus, cruda, crudum. *adject.*
INDIGESTION. Cruditas, *gén.* cruditatis. *fém.*
INDIGNATION. Indignatio, *gén.* indignationis. *fém. Donner de l'indignation.* Voy. Fâcher. *Avoir de l'indignation.* Irasci, irascor, irasceris, iratus sum. *dép. dat.*
INDIGNE. Indignus, indigna, indignum. *avec un abl.*
INDIGNÉ. Indignabundus, a, um, *adject.*
INDIGNEMENT. Indignè. *adv. Au comp.* indigniùs; *au superl.* indignissimè.
INDIGNEMENT, *ou sans le mériter.* Immeritò. *adv.*
s'INDIGNER. Indignari, indignor, indignaris, indignatus sum. *dép. De, à l'abl. sans prép.*
INDIGNITÉ. Indignitas, *gén.* indignitatis. *fém.*
INDIGO, *sorte de plante.* Indicum, *g.* indici. *neut.*
INDIQUER. Indicare, indico, indicas, indicavi, indicatum. *act. rég. dir. accus. rég. ind. dat.*
INDIQUER *une assemblée.* Indicere, indico, indicis, indixi, indictum. *accus.* concionem.
INDIRECT. Obliquus, obliqua, obliquum. *adj.*
INDIRECTEMENT. Obliquè. *adv.*
INDISCIPLINABLE. Indocilis, *m. f.* indocile, *n. g.* indocilis.
INDISCRET. Inconsideratus, a, um. *Au comp.* inconsideratior, *m. f.* inconsideratius. *neut.*; *au superl.* inconsideratissimus, a, um. *adj.*
INDISCRÈTEMENT. Inconsideratè. *adv. Au comp.* inconsideratiùs; *au superl.* inconsideratissimè.
INDISCRÉTION. Inconsiderantia, *gén.* inconsiderantiæ. *f.*
INDISPENSABLE. Necessarius, necessaria, necessarium. *adj.*
INDISPENSABLEMENT. Necessariò. *adverbe.*
INDISPOSÉ. Malè affectus, malè affecta, malè affectum. *gén.* malè affecti. *part. pass. d'*Affecto. Malè. *adj.*
INDISPOSITION. Invaletudo, *gén.* invaletudinis. *fém. ou* Morbus, *gén.* morbi. *masc.*
INDISSOLUBILITÉ, comme : *indissolubilité de mariage.* Matrimonium indissolutum, *gén.* matrimonii indissoluti. *neut.*
INDISSOLUBLE. Indissolubilis. *masc. fém.* indissolubile, *neut. gén.* indissolubilis.

INF

INDISSOLUBLEMENT. Indissolubili modo. *abl. absolu.*

INDISTINCT, *qui n'est pas assez marqué.* Indistinctus, a, um. *adj.*

INDISTINCTEMENT. Indistincté. *adv.*

INDIVIDU. Individuum, *g.* individui. *neut.*

INDIVIDUEL, *qui concerne l'individu.* Individuus, a, um. *adj.*

INDIVIDUELLEMENT. Individué. *adv.*

INDIVIS. Indivisus, a, um. *Par indivis,* en commun. Indivisé. *adv.*

INDIVISIBLE. Individuus, individua, individuum. *adj.*

INDIVISIBLEMENT. Indivisé. *adv.*

INDOCILE. Indocilis, *m. f.* indocile, *neut. gén.* indocilis.

INDOCILITÉ. Ingenium indocile, *gén.* ingenii indocilis. *neut. Tous deux se déclinent.*

INDOLENCE. Indolentia, *gén.* indolentiæ. *fém.*

INDOLENT. Segnis, *m. f.* segne, *neut. gén.* segnis.

INDOMPTABLE. Indomabilis, *m. fém.* indomabile, *n. g.* indomabilis.

INDOMPTÉ. Indomitus, indomita, indomitum. *adj.*

INDRE, *rivière de France qui a donné son nom à plusieurs départemens.* Ingeris, *gén.* Ingeris. *masc.*

INDU, *qui est contre la règle, l'usage.* Intempestivus, a, um. *adject. A heure indue.* Intempestivé. *adv.*

INDUBITABLE. Indubitatus, indubitata, indubitatum. *adj.*

INDUBITABLEMENT. Sine dubio. Indubitanter. *adv.*

INDUCTION. Inductio, *gén.* inductionis. *fém.*

INDUIRE. Inducere, induco, inducis, induxi, inductum. *act. acc. En erreur,* in errorem.

INDULGENCE. Indulgentia, *gén.* indulgentiæ. *fém.* Envers ou pour s'exprime par in, avec l'acc.

INDULGENT. Indulgens, *génit.* indulgentis, *m. neut. Pour ou envers quelqu'un,* in aliquem.

INDULT, *concession du pape.* Pontificia gratia, *g.* pontificiæ gratiæ *f.*

INDUSTRIE. Industria, *g.* industriæ. *f.*

INDUSTRIEUSEMENT. Industrié. *adv.*

INDUSTRIEUX. Industrius, industria, industrium. *adj.*

INÉBRANLABLE. Firmus, firma, firmum. *adj.*

INEFFABLE. Ineffabilis, *m. f.* ineffabile, *neut. gén.* ineffabilis.

INEFFAÇABLE. Indelebilis, *m. f.* indelebile, *neut. gén.* indelebilis.

INEFFICACE. Inefficax, *m. f. n. génit.* inefficacis.

INÉGAL. Inæqualis, *m. f.* inæquale, *n. gén.* inæqualis. *avec un dat.*

INÉGALEMENT. Inæqualiter. *adv.*

INÉGALITÉ. Inæqualitas, *gén.* inæqualitatis. *fém.*

INEPTE. Ineptus, a, um. *adj.*

INEPTIE, *impertinence.* Ineptia, *gén.* ineptiæ. *fém.*

INÉPUISABLE. Inexhaustus, a, um. *part. pass.*

INESPÉRÉ. Insperatus, insperata, insperatum. *part. pass.*

INESTIMABLE. Inæstimabilis, *m. f.* inæstimabile, *n. g.* inæstimabilis.

INÉVITABLE. Inevitabilis, *m. f.* inevitabile, *neut. gén.* inevitabilis.

INEXCUSABLE. Inexcusabilis, *m. f.* inexcusabile, *n. gén.* inexcusabilis.

INEXÉCUTION. Nulla exsecutio, *gén.* nullius exsecutionis. *f. Tous deux se déclinent.*

INEXORABLE. Inexorabilis, *m. fém.* inexorabile, *n. gén.* inexorabilis.

INEXPÉRIENCE. Defectus, *g.* defectûs. *masc. Ajoutez* experientiæ, *c'est-à-dire, manque d'expérience.*

INEXPÉRIMENTÉ. Inexpertus, inexperta, inexpertum. *adj.*

INEXPIABLE. Inexpiabilis, *masc. fém.* inexpiabile, *neut. gén.* inexpiabilis.

INEXPLICABLE. Inexplicabilis, *masc. fém.* inexplicabile, *neut. gén.* inexplicabilis.

INEXPRIMABLE. Ineffabilis, *m. fém.* ineffabile, *neut. gén.* ineffabilis.

INEXPUGNABLE. Inexpugnabilis, *m. fém.* inexpugnabile, *neut. gén.* inexpugnabilis.

INEXTINGUIBLE. Inextinctus, inextincta, inextinctum *part. pass.*

INFAILLIBILITÉ. Inconcussa fides, *g.* inconcussæ fidei. *f. Tous deux se déclinent.*

INFAILLIBLE. Expers, *m. f. n. gén.* expertis. *Ajoutez* erroris, *c'est-à-dire, exempt d'erreur.*

INFAILLIBLE, *en parlant des choses.* Certus, certa, certum. *adj.*

INFAILLIBLEMENT. Certissimé. *adv.*

INFAMANT. Inferens, *gén.* inferentis. *Ajoutez* infamiam, *c'est-à-dire, causant de l'infamie.* Inferens est un *part. prés.*

INFAME. Infamis, *m. f.* infame, *n. g.* infamis. *Rendre quelqu'un infame,* le couvrir d'infamie. *Voy.* Déshonorer. *Se rendre infâme, se couvrir d'infamie.* Voy. Se Déshonorer.

INFAMIE. Infamia, *g.* infamiæ. *f.*

INFANT. Infans, *gén.* infantis, *masc. et fém.*

INFANTERIE. Peditatus, *gén.* peditatûs. *masc.*

INFATIGABLE. Indefessus, indefessa, indefessum. *adj.*

INFATIGABLEMENT. Indefesso labore. *à l'abl.*

INFATUER. Infatuare, infatuo, infatuas, infatuavi, infatuatum. *act. acc.*

s'INFATUER *de quelqu'un.* Insanire, insanio, insanis, insanivi, insanitum. *neut. Ajoutez* amore alicujus, *c'est-à-dire, devenir fou de l'amour de quelqu'un.*

INFECOND. Voy. *Infertile.*

INFECONDITÉ. Voy. *Infertilité.*

INFECT. Fœtidus, a, um. *adj.*

INFECTÉ. Pestilens, *masc. fém. neut. gén.* pestilentis.

INFECTER, *rendre infect.* Inficere, inficio, inficis, infeci, infectum. *act. acc. Ajoutez* tetro odore, *c'est-à-dire, remplir d'une mauvaise odeur.*

INFECTION. Fœtor, *gén.* fœtoris. *m.*

INFÉRÉ. Illatus, a, um. *part. pass. d'*Infero.

INFÉRER. Inferre, infero, infers, intuli, illatum. *act. acc.* de *s'exprime par* è *ou* ex, *avec l'ablat. de la chose de laquelle on infère.*

INFÉRIEUR. Inferior, *m. f.* inferius, *neut. gén.* inferioris. *Ce comp. veut l'abl. de la personne et de la chose en laquelle on est inférieur.*

INFÉRIORITÉ, *degré inférieur.* Gradus inferior, *gén.* gradús inferioris. *m.*

INFERNAL. Infernus, a, um. *adj.*

INFERTILE. Infecundus, infecunda, infecundum. *adj.*

INFERTILITÉ. Infecunditas, *gén.* infecunditatis, *fém.*

INFESTÉ. Infestatus, infestata, infestatum. *avec l'abl.*

INFESTER. Infestare, infesto, infestas, infestavi, infestatum. *act. rég. dir. acc. rég. ind. abl.*

INFIDÈLE. Infidelis, *m. f.* infidele, *n. gén.* infidelis.

INFIDÈLE ou *païen.* Alienus, aliena, alienum. *Ajoutez* à fide christianâ, *c'est-à-dire, éloigné de la foi chrétienne.*

INFIDÈLEMENT. Infideliter. *adverbe. Comp.* infideliùs ; *sup.* infidelssimè.

INFIDÉLITÉ. Infidelitas, *gén.* infidelitatis. *fém.*

INFINI. Infinitus, infinita, infinitum. **A** *l'infin.* In infinitum.

INFINIMENT, *beaucoup.* Multùm. *adv. Avec les verbes de prix et d'estime, on met* magni ; *avec les comp. on met* multò *ou* longè.

INFINITÉ. Infinita multitudo, *gén.* infinitæ multitudinis, *f.* Sexcenti, sexcentæ, sexcenta. *adj. plur.*

INFINITIF. Infinitivus, *gén.* infinitivi. *masc.*

INFIRME, Infirmus, infirma, infirmum *adj.*

INFIRMER *une sentence, la casser.* Infirmare, infirmo, infirmas, infirmavi, infirmatum. *act. acc.*

INFIRMERIE. Valetudinarium, *gén.* valetudinarii. *neut.*

INFIRMIER. Præpositus, *gén.* præpositi. *masc. Ajoutez* valetudinario.

INFIRMIÈRE. Præposita, *gén.* præpositæ. *f. Ajoutez* valetudinario.

INFIRMITÉ. Infirmitas, *g.* infirmitatis. *fém.*

INFLAMMATION. Inflammatio, *gén.* inflammationis. *f.*

INFLEXIBLE. Rigidus, rigida, rigidum. *adj.*

INFLEXIBLEMENT. Rigidè. *adv.*

INFLEXION. Inflexio, *gén.* inflexionis. *fém.*

INFLICTION. Irrogatio, *gén.* irrogationis. *f. Ajoutez* pœnæ.

INFLIGER *une peine.* Irrogare, irrogo, irrogas, irrogavi, irrogatum. *act. accus.* pœnam. *dat. de la personne.*

INFLUENCE. Vis, *gén.* vis. *dat.* vi, *acc.* vim. *abl.* vi.

INFLUER. Influere, influo, influis, influxi, influxum. *neut.* Dans, sur, par in, *et l'acc.*

INFORMATION. Inquisitio, *gén.* inquisitionis. *fém.*

INFORME. Informis, *masc. f.* informe, *neut. gén.* informis.

INFORMÉ, *averti.* Monitus ; monita, monitum. *part. pass. de* Moneo.

INFORMER, *avertir.* Monere, moneo, mones, monui, monitum. *act. acc. de la personne, et ablat. de la chose, avec* de.

INFORMER, *faire une information.* Inquirere, inquiro, inquiris, inquisivi, inquisitum. De par de, *avec l'abl.*

s'INFORMER, *s'enquérir.* Percontari, percontor, percontaris, percontatus sum ; *à quelqu'un,* aliquem. *acc. de quelque chose, de aliquâ re. abl.*

INFORTUNE. Infortunium, *gén.* infortunii. *neut.*

INFORTUNÉ. Infelix, *masc. fém. neut. gén.* infelicis.

INFRACTEUR. Violator, *gén.* violatoris. *masc.*

INFRACTION. Violatio, *gén.* violationis. *fém.*

INFRUCTUEUSEMENT. *adv.* Sine fructu.

INFRUCTUEUX. Infructuosus, infructuosa, infructuosum. *adj.*

INFUS. Infusus, infusa, infusum. Dans par in, *et l'acc.*

INFUSER. Infundere, infundo, infundis, infusi, infusum. *act. acc.* Dans par in, *et l'acc.*

INFUSION. Infusio, *g.* infusionis. *f.*

INGÉNIEUR. Machinator, *gén.* machinatoris. *masc.*

INGENIEUSEMENT. Ingeniosé. *adv.* *Comp.* ingeniosiùs. *superl.* ingeniosissimè.
INGENIEUX, *qui a de l'esprit.* Ingeniosus, a, um. Pour *par* ad, *et l'acc. ou le gérond. en* dum.
INGENU. Ingenuus, ingenua, ingenuum. *adj.*
INGÉNUITÉ. Ingenuitas, *gén.* ingenuitatis. *fém.*
INGÉNUMENT. Ingenuè. *adv.*
S'INGERER *dans.* Se immiscere; immisceo, immisces, immiscui, immixtum. *dat.*
INGRAT. Ingratus, a, um. *adj.*
INGRATITUDE. Ingratus animus, *gén.* ingrati animi. *masc.*
INGREDIENT. Medicamentum, *génit.* medicamenti. *neut.*
INHABILE. Inhabilis, *m. f.* inhabile, *n. gén.* inhabilis; à *ou* pour *par* ad, *et l'acc. ou le gérond. en* dum.
INHABILETÉ. Imperitia, *gén.* imperitiæ. *fém.*
INHABITABLE. Inhabitabilis, *m. fém.* inhabitabile, *n. gén.* inhabitabilis.
INHIBITION. Interdictum, *génit.* interdicti. *neut.*
INHOSPITALITÉ. Inhospitalitas, *gén.* inhospitalitatis. *fém.*
INHUMAIN. Inhumanus, inhumana, inhumanum. *adj.*
INHUMAINEMENT. Inhumanè. *adv.* *Comp.* inhumaniùs; *sup.* inhumanissimè.
INHUMANITÉ. Inhumanitas, *gén.* inhumanitatis. *f.*
INHUMATION, *action de donner la sépulture à un corps.* Humatio, *gen.* humationis. *fém.*
INHUMER. Humare, humo, humas, humavi, humatum. *act. acc.*
INJECTION. Injectio, *gén.* injectionis. *fém.*
INIMAGINABLE. Incomprehensibilis, *m. f.* incomprehensibile, *neut. gén.* incomprehensibilis.
INIMITABLE. Inimitabilis, *m. f.* inimitabile, *n. gén.* inimitabilis.
INIMITIÉ. Inimicitia, *gén.* inimicitiæ, *fém.*
ININTELLIGIBLE. Voy. Inimaginable.
INJONCTION, *commandement.* Jussum, *gén.* jussi. *neut.*
INIQUE. Iniquus, a, um. *adj.*
INIQUEMENT. Iniquè. *adv.*
INIQUITÉ. Iniquitas, *gén.* iniquitatis. *fém.*
INITIAL, *lettre initiale.* Littera grandior, *gén.* litteræ grandioris. *f.*
INITIATION. Initia, *gén.* initiorum. *neut plur.*
INITIÉ. Initiatus, initiata, initiatum. *part. pass.* d'Initio. A, dans, *au dat.*
INITIER. Initiare, initio., ipitias, initiavi, initiatum. *act. acc. de la personne.* A, dans, *au dat.*
INJURE. Convicium, *gén.* convicii. *n.* *Dire des injures à quelqu'un.* Conviciari, conicior, conviciaris, conviciatus sum. *dat.*
INJURE *ou tort.* Injuria, *génit.* injuriæ. *fém.*
INJURE *de l'air, du temps.* Intempestas, *gén.* intempestatis. *f.*
INJURIER. Voyez plus haut *Dire des injures à quelqu'un.*
INJURIEUSEMENT. Contumeliosè. *adv.* *Comp.* contumeliosiùs; *sup.* contumeliosissimè.
INJURIEUX. Contumeliosus, contumeliosa, contumeliosum. *adj.*
INJURIEUX à. Iniquus, iniqua, iniquum. *avec le dat.*
INJUSTE. Injustus, a, um. *adj.*
INJUSTEMENT. Injustè. *adv. Au comp.* injustiùs; *au sup.* injustissimè.
INJUSTICE. Injustitia, *gén.* injustitiæ. *fém. Faire injustice ou injure.* Facere injuriam. *act. dat.* Facio, facis, feci, factum. *act. acc.*
INNOCEMMENT *ou sans crime.* Citra scelus. Innocenter. *adv.*
INNOCEMMENT, *par mégarde.* Imprudenter. *adv.*
INNOCENCE. Innocentia, *gén.* innocentiæ. *fém.*
INNOCENT, *qui n'est pas coupable.* Insons, *m. f. neut. gén.* insontis. *La chose au gén.*
INNOCENT *ou niais.* Ineptus, inepta, ineptum. *adj.*
LES INNOCENS, *fête.* Dies sacer, *gén.* diei sacri. *masc.* Ajoutez innocentibus martyribus, *c'est-à-dire, jour consacré aux Innocens martyrs.*
INNOMBRABLE. Innumerabilis, *masc. fém.* innumerabile, *neut. gén.* innumerabilis.
INNOMBRABLEMENT, *sans nombre.* Innumerabiliter. *adv.*
INNOVATION. Immutatio, *gén.* immutationis. *fém.*
INNOVER. Novare, novo, novas, novavi, novatum. *act. acc.*
INOBSERVATION *des traités.* Neglectio, *gén.* neglectionis. *f.* fœderum, *au g. pluriel.*
INONDATION *d'eaux.* Inundatio, *gén.* inundationis. *fém.*
INONDATION *des troupes qui se répandent.* Effusio, *gén.* effusionis. *fém.* copiarum.
INONDÉ, *couvert d'eau.* Mersus, mersa, mersum. *part. pass.* de Mergo.
INONDER. Inundare, inundo, inundas, inundavi, inundatum. *act.* rég. dir, *acc.* rég. ind. *abl.*

INOPINÉ. Inopinatus, inopinata, inopinatum. *adj.*
INOPINEMENT. Inopinatò. *adv.*
INOUI. Inauditus, inaudita, inauditum. *part. pass.*
IN-PROMPTU. Extemporalis, *m. f.* extemporale, *n. gén.* extemporalis. *Un impromptu,* Carmen extemporale, *g.* carminis extemporalis. *neut.*
INQUIET. Anxius, a, um. *adj.*
INQUIÉTÉ. Sollicitatus, a, um. *part. pass.* de Sollicito.
INQUIÉTER. Sollicitare, sollicito, sollicitas, sollicitavi, sollicitatum. *act. acc.*
INQUIÉTUDE. Sollicitudo, *gén.* sollicitudinis. *fém.*
INQUISITEUR. Inquisitor, *gén.* inquisitoris. *masc.*
INQUISITION. Inquisitio, *gén.* inquisitionis, *fém.*
INSATIABILITÉ, *gourmandise.* Insaturabile abdomen, *gén.* insaturabilis abdominis. *neut. Tous deux se déclinent.*
INSATIABILITÉ, *grande avidité.* Inexhausta aviditas, *gén.* inhaustæ aviditatis. *fém. Tous deux se déclinent.*
INSATIABLE. Insatiabilis, *masc. f.* insatiabile, *neut. gén.* insatiabilis.
INSATIABLEMENT. Insatiabiliter. *adverbe.*
INSCRIPTION. Inscriptio, *gén.* inscrptionis. *fém.*
INSCRIRE. Inscribere, inscribo, is, inscripsi, inscriptum. *act. acc.*
S'INSCRIRE *en faux contre quelque chose.* Arguere, arguo, arguis, argui, argutum. *act.* aliquid falsi, *c'est-à-dire, accuser quelque chose de fausseté.*
INSCRIT. Inscriptus, inscripta, inscriptum. *part. pass.* d'Inscribo.
INSECTE, *petit animal.* Insectum, *g.* insecti. *neut.*
INSENSÉ. Insanus, a, um. *adj.*
INSENSIBILITÉ. Stupor, *gén.* stuporis. *masc.*
INSENSIBILITÉ, *dureté de cœur.* Inhumanitas, *gén.* inhumanitatis. *f.*
INSENSIBLE, *qui ne se laisse pas fléchir.* Immisericors, *masc. fém. neut. g.* immisericordis.
INSENSIBLE *à l'amitié.* Inexpugnabilis, *m. f.* inexpugnabile. *neut.* amori. *au dat.*
INSENSIBLE, *qui ne sent point.* Expers, *masc. f. n. gén.* expertis. *Ajoutez* sensûs. *au gén.*
INSENSIBLE, *imperceptible, qui ne tombe pas sous le sens.* Qui, quæ, quod nullo sensu percipi potest.
INSENSIBLEMENT. Sensìm. *adv.*
INSÉPARABLE. Individuus, individua, individuum. *Le de par à ou ab, à l'abl.*
INSÉPARABLE *de quelqu'un.* Affixus, affixa, affixum. *Ajoutez* lateri alicujus, *c'est-à-dire, attaché au côté de quelqu'un.*
INSÉPARABLEMENT. Indivisìm. *ac*
INSÉRÉ. Insertus, inserta, insertu *part. pass.* d'Insero. *Parmi, ou dans choses,* rebus. *au dat.*
INSÉRER. Insérere, insero, inseri inserui, insertum. *act. acc. Parmi, dans les choses.* Rebus. *au dat.*
INSERTION. Insitio, *gén.* insition *fém.*
INSIDIEUX. Insidiosus, a, um. *adj.*
INSIGNE. Insignis, *m. f.* insigne, *gén.* insignis.
INSINUANT, *qui insinue dans esprits.* Subiens, *gén.* subeuntis. *pa prés. de* Subeo. *Ajoutez* animos.
INSINUATION. Insinuatio, *gén.* in nuationis. *fém.*
INSINUER. Insinuare, insinuo, insinu insinuavi, insinuatum. *act. acc.* Da par in, *et l'acc.*
INSIPIDE. Fatuus, a, um. *adj.*
INSIPIDITÉ, *goût insipide.* Insulsita *gén.* insulsitatis. *fém.*
INSISTER *sur.* Insistere, insisto, i sistis, in stiti, institum. *neut. dat.*
INSOCIABLE. Insociabilis, *m. f.* ins ciabile, *neut. g.* insociabilis.
INSOLEMMENT, *avec insolence.* Pr tervè.
INSOLENCE. Protervitas, *gén.* prote vitatis. *f. Avoir l'insolence de ou oser.* A dere, audeo, audes, ausus sum. *ne avec l'infin.*
INSOLENT. Protervus, proterva, prote vum. *adj.*
Être **INSOLVABLE.** Non esse solvend non sum solvendo, non es solvendo, n fui solvendo. Solvendo *reste invariable.*
INSOMNIE. Insomnia, *g.* insomniæ.
INSOUTENABLE. Qui, quæ, quod d fendi non potest, *c'est-à-dire, qui ne pe être soutenu. Qui s'accorde avec le no précédent.*
INSPECTEUR. Inspector, *gén.* inspe toris. *masc.*
INSPECTION. Inspectio, *gén.* inspe tionis. *fém.*
INSPIRATION. Afflatus, *gén.* afflatû *m. Si elle vient de Dieu, ajoutez l'ad* divinus, divina, divinum.
INSPIRÉ. Afflatus, a, um. *Du Sain Esprit.* Divino Spiritu. *à l'abl.*
INSPIRER. Suggerere, suggero, is suggessi, suggestum. *act. rég. dir. ac rég. ind. dat. Être inspiré.* Affari, afflo afflaris, afflatus sum. *pass. Du Saint-E prit.* Sancto Spiritu. *à l'abl.*
INSTABILITÉ, *inconstance.* Instab litas, *gén.* instabilitatis. *f.*
INSTABLE. Instabilis, *m. f.* instabile *neut. gén.* instabilis.

INSTALLATION, *l'action de placer quelqu'un.* Constitutio, *gén.* constitutionis. *fém.*

INSTALLÉ. Constitutus, constituta, constitutum. *part. pass. de* Constituo.

INSTALLER. Constituere, constituo, constituis, constitui, constitutum. *act. accusat.*

INSTAMMENT. Vehementer. *adv. Au comp.* vehementiùs; *au superl.* vehementissimè.

INSTANCE. Contentio, *gén.* contentionis. *fém.*

INSTANCE, *en fait de procès.* Actio, *gén.* actionis. *fém.*

INSTANCE, *en justice.* Lis., *gén.* litis. *f. A l'instance de.* Efflagitatu. *abl. Qui veut après un gén. Excepté* meo, tuo, suo, nostro *et* vestro. *A mon instance.* Efflagitatu meo. *à l'abl. A ton instance.* Efflagitatu tuo, *ou te* efflagitante. *Avec instance.* Enixè. *adv.*

INSTANT. Momentum, *gén.* momenti. *neut. En un instant.* Momento. *à l'abl. Au même instant que.* Eodem puncto temporis quo, *avec le même mode et le même temps qu'en français.*

INSTANT, *adj.* Vehemens, *m. f. n. g.* vehementis.

A L'INSTAR, *à l'exemple.* Instar. *prép. et un gén. A l'instar des anciens.* Antiquorum instar.

INSTAURATION, *rétablissement de quelque chose.* Instauratio, *gén.* instaurationis. *fém.*

INSTIGATEUR. Stimulator, *gén.* stimulatoris. *masc.*

INSTIGATION. Instigatio, *gén.* instigationis. *fém.*

INSTIGATRICE. Concitatrix, *gén.* concitatricis. *fém.*

INSTINCT. Instinctus, *gén.* instinctûs. *masc.*

INSTITUÉ. Institutus, instituta, institutum. *part. pass. d'*Instituo.

INSTITUER. Instituere, instituo, is, institui, institutum. *act. acc.*

INSTITUT. Institutum, *gén.* instituti. *neut.*

INSTITUTES, *livre qui contient les principes de droit.* Institutiones, *g.* institutionum. *fém. plur.*

INSTITUTEUR. Auctor, *gén.* auctoris. *masc.*

INSTITUTION. Constitutio, *gén.* constitutionis. *fém.*

INSTRUCTIF. Plenus, plena, plenum. *adj. Ajoutez* præceptorum, *c'est-à-dire, plein d'instructions.*

INSTRUCTION. Institutio, *gén.* institutionis. *fém.*

INSTRUCTION, *précepte.* Præceptum, *g.* præcepti. *neut.*

INSTRUCTION *d'un procès.* Litis ordinatio, *gén.* ordinationis. *f.*

INSTRUIRE. Docere, doceo, doces, docui, doctum. *act. et deux acc.*

INSTRUIRE *un procès.* Ordinare, ordino, ordinas, ordinavi, ordinatum. *act. litem. à l'acc. Etre instruit de.* Doceri, doceor, doceris, doctus sum. *pass. avec l'acc. de la chose.*

s'INSTRUIRE *de, ou apprendre.* Discere, disco, is, didici, *sans sup. act. acc. de la chose. Par les autres, ex* aliis.

INSTRUIT. Doctus, docta, doctum. *part. pass. de* Doceo.

INSTRUIT, *en parlant d'un procès.* Ordinatus, a, um. *part. pass. d'*Ordino.

INSTRUMENT. Instrumentum, *génit.* instrumenti. *n. Un joueur d'instrument à cordes.* Fidicen, *gén.* fidicinis. *masc.*

INSU, *à l'insu.* Insciente, *pour l'abl. singul.* inscientibus *pour l'abl. plur. On met le nom de la personne qui suit à l'abl. A l'insu de mon père.* Insciente *ou* inscio meo patre. *à l'abl.*

INSUFFISAMMENT, *d'une manière qui n'est pas suffisante.* Non sufficienter. *adv.*

INSUFFISANCE. Inscitia, *gén.* inscitiæ. *fém.*

INSUFFISANT. Non sufficiens, *g.* non sufficientis.

INSUFFISANT, *ignorant.* Imperitus, imperita, imperitum. *adj.*

INSULAIRE. Incola, *gén.* incolæ, *m. et fém. Ajoutez* insulæ, *c'est-à-dire, habitant d'une île.*

INSULTE. Insultatio, *gén.* insultationis. *f. Faire insulte, ou*

INSULTER. Insultare, insulto, insultas, insultavi, insultatum. *neut. dat. de la personne. Insulter à la misère de quelqu'un.* Insultare ad miserias alicujus.

INSUPPORTABLE. Intolerabilis, *m. f.* intolerabile. *n. g.* intolerabilis.

INSUPPORTABLEMENT. Intolerabiliter. *adv.*

INSURMONTABLE. Insuperabilis, *m. fém.* insuperabile. *neut. gén.* insuperabilis.

INTARISSABLE. Inexhaustus, inexhausta, inexhaustum. *part. pass.*

INTÈGRE. Integer, integra, integrum. *adject.*

INTÉGRITÉ. Integritas, *gén.* integritatis. *fém.*

INTELLECT. Intellectus, *gén.* intellectûs. *masc.*

INTELLIGENCE, *entendement.* Intelligentia, *gén.* intelligentiæ. *fém.*

INTELLIGENCE, *union ou bonne intelligence.* Concordia, *gén.* concordiæ. *fém. Mauvaise intelligence.* Discordia, *génit.* discordiæ. *f.*

Les INTELLIGENCES, *Anges.* Mentes cœlestes, *gén.* mentium cœlestium. *f.*

INTELLIGENT. Intelligens, *m. f. n. gén.* intelligentis, *avec le gén.*

INTELLIGIBLE. Perspicuus, perspicua, perspicuum. *adj.*

INTELLIGIBLEMENT. Perspicuè *adj.*

INTEMPÉRANCE. Intemperantia, *gén.* intemperantiæ. *f.*

INTEMPÉRANT, Intemperans, *m. f. neut. gén.* intemperantis.

INTEMPÉRIE. Intemperies, *gén.* intemperiei. *fém.*

INTENDANCE. Præfectura, *gén.* præfecturæ. *fém.*

INTENDANT. Præfectus, *gén.* præfecti. *masc. avec un gén.*

INTENTER. Intendere, intendo, is, intendi, intentum. *act. rég. dir. acc. rég. ind. dat.*

INTENTION. Consilium, *gén.* consilii. *neut. A quelle intention.* Quonam consilio. *à l'abl. Dans l'intention de.* Eo consilio, ut, *et le subjonct. Avec bonne intention.* Bono consilio. *à l'abl.*

INTENTIONNÉ. Affectus, affecta, affectum. *Bien,* benè; *mal,* malè. *Pour par* in, *et l'acc.*

INTERCALAIRE, *qui est inséré dans un autre.* Intercalaris, *m. f.* intercalare, *neut. g.* intercalaris.

INTERCALATION *d'un jour dans l'année bissextile.* Intercalatio, *gén.* intercalationis. *f.*

INTERCALER. Inserere, insero, inseris, inserui, insertum. *act. acc.*

INTERCÉDER. Deprecari, deprecor, deprecaris, deprecatus sum. *dépon.* Pour *par* pro, *et l'abl.*

INTERCEPTER. Intercipere, intercipio, intercipis, intercepi, interceptum. *actif accusat.*

INTERCESSEUR. Deprecator, *g.* deprecatoris. *masc.*

INTERCESSION. Deprecatio, *gén.* deprecationis. *f.*

INTERDICTION, *défense.* Interdictio, *gén.* interdictionis. *f.*

INTERDIRE. Interdicere, interdico, interdicis, interdixi, interdictum. *rég dir. abl. rég. ind. dat. Interdire une personne, une ville, etc. par voie de censure.* Interdicere aliquem, civitatem, etc. Aj. sacris.

INTERDIT. Interdictio, *gén.* interdictionis. *fém. Mettre en interdit, jeter un interdit sur.* Voyez *Interdire une personne, etc.*

INTERDIT, *sur qui on a jeté l'interdit.* Interdictus, interdicta, interdictum. *Aj.* sacris.

INTERDIT ou *étonné.* Stupefactus, stupefacta, stupefactum. *adj.*

INTERDIT ou *privé de.* Privatus, privata, privatum. *avec l'abl.*

INTÉRESSÉ, *qui a part dans quelque affaire.* Consors, *m. f. n. gén.* consortis. *ensuite un gén.* alicujus negotii.

INTÉRESSÉ, *attache à ses intérêts.* Attentior, *m. et fém. gén.* attentioris. *comp. Ajoutez* ad rem. *Être intéressé.* Duci, ducor, duceris, ductus sum. *pass. Ajout.* utilitate privatâ, *c'est-à-dire, être conduit par son intérêt particulier. Je suis intéressé à cela, c'est-à-dire, cela m'importe.* Hoc meâ interest. *Pierre y est beaucoup intéressé.* Hoc magni interest Petri.

INTERESSER *quelqu'un dans.* Vocare aliquem. *Ajoutez* in societatem, *avec un gén. c'est-à-dire, appeler quelqu'un en société de.* Voco, vocas, vocavi, vocatum. *acc. S'intéresser pour.* Studere, studeo, studes, studui, *sans sup. neut. dat.*

INTÉRÊT ou *utilité.* Commodum, *gén.* commodi. *n. J'ai intérêt à cela; tournez: cela regarde moi.* Illud pertinet ad me. *Mon père a intérêt; tournez: il importe à mon père.* Refert mei patris; *et un infin.* Voy. *Importer.*

INTÉRÊT ou *usure.* Usura, *gén.* usuræ. *f. A intérêt.* Fœnore. *à l'abl.*

INTÉRIEUR, *adj.* Interior, *masc. f.* interius, *neut. gén.* interioris.

L'INTÉRIEUR *d'une personne.* Intimus sensus, *gén.* intimi sensûs. *masc.*

L'INTÉRIEUR, *le dedans.* Pars interior, *g.* partis interioris. *f. Tous deux se décl.*

INTÉRIEUREMENT. Intùs. *adv.*

INTERJECTION. Interjectio, *gén.* interjectionis. *f.*

INTERLIGNE, *écrit entre deux lignes.* Verba interjecta, *gén.* verborum interjectorum. *neut. plur.*

INTERLINÉAIRE. Interscripta interpretatio, *gén.* interscriptæ, interpretationis. *f. L'un et l'autre se déclinent.*

INTERLOCUTION. Interlocutio, *gén.* interlocutionis. *f.*

INTERLOCUTOIRE, *en parlant d'une sentence.* Interpositus, interposita, interpositum. *part. pass. d'Interpono.*

INTERMÈDE. Quod inter actus est interjectum, *c'est-à-dire, qui est mis entre les actes.*

INTERMÉDIAIRE. Intermedius, intermedia, intermedium. *adj.*

INTERMISSION. Intermissio, *g.* intermissionis. *fém.*

INTERMITTENT, *fièvre intermittente.* Febris intervallata, *gén.* febris intervallatæ. *f. Tout se décline. Pouls intermittent.* Venæ, *gén.* venarum. *fém. pluriel. Ajoutez* quæ intervallis moventur, *c'est-à-dire, qui battent par intervalle.*

INTERNE. Intestinus, intestina, intestinum. *adj.*

INTERPELLATION. Interpellatio, *gén.* Interpellationis. *fém.*

INTERPELLER. Interpellare, interpello, interpellas, interpellavi, interpellatum. *act. acc.*

INTERPOSER. Interponere, interpono, interponis, interposui, interpositum. *act. accus.*

INTERPOSITION. Interpositio, *g.* interpositionis. *f.*

INTERPRÉTATION. Interpretatio, *g.* interpretationis. *fém.*

INTERPRÈTE. Interpres, *gén.* interpretis. *masc.*

INTERPRETÉ. Explicatus, explicata, explicatum. *part. pass.* d'Explico.

INTERPRÉTER. Interpretari, interpretor, interpretaris, interpretatus sum. *dép. accusat.*

INTERRÈGNE. Interregnum, *gén.* interregni. *neut.*

INTERROGATION. Interrogatio, *gén.* interrogationis. *fém.*

INTERROGATOIRE, *ce sur quoi on interroge un criminel, et ses réponses.* Quæsita et responsa, *gén.* quæsitorum et responsorum. *neut. plur. Tous deux se déclinent.*

INTERROGÉ. Interrogatus, interrogata, interrogatum. *part. pass.* d'Interrogo. *sur ou touchant par de, et l'abl.*

INTERROGER. Interrogare, interrogo, interrogas, interrogavi, interrogatum. *act. acc. de la personne, et l'abl. de la chose, avec de.*

INTERROMPRE, *en parlant d'une personne.* Interpellare, interpello, interpellas, interpellavi, interpellatum. *actif, acc. Interrompre, en parlant d'un ouvrage.* Interrumpere, interrumpo, interrumpis, interrupi, interruptum. *act. acc.*

INTERROMPU, *en parlant d'une personne.* Interpellatus, interpellata, interpellatum. *part. pass.* d'Interpello.

INTERROMPU, *en parlant d'un ouvrage.* Interruptus, a, um. *part. pass.* d'Interrumpo.

INTERRUPTION. Intermissio, *g.* intermissionis. *fém.*

INTERSTICE, *intervalle de temps.* Interstitium, *gén.* interstitii. *neut.*

INTERVALLE. Intervallum, *gén.* intervalli. *neut. Par intervalle.* In'ervallis. *ablat.*

INTERVENIR. Intervenire, intervenio, intervenis, interveni, interventum. *neut. En un procès*, liti. *au dat.*

INTERVENTION, *l'action d'intervenir.* Interventus, *g.* interventûs. *masc.*

INTESTAT, *qui n'a pas fait de testament.* Intestatus, a, um. *adj.*

INTESTIN, *adj.* Intestinus, intestina, intestinum.

LES INTESTINS. Intestina, *gén.* intestinorum. *neut. plur.*

INTIMATION, *ajournement.* Denuntiatio, *gén.* denuntiationis. *f.*

INTIME. Intimus, intima, intimum. *de quelqu'un*, alicui.

INTIMEMENT. Intimè. *adv.*

INTIMER, *dénoncer, faire savoir.* Denuntiare, denuntio, denuntias, denuntiavi, denuntiatum. *act. rég. dir. acc. rég. ind. dat.*

INTIMIDER. Terrere, terreo, terres, terrui, territum. *act. acc.*

INTITULÉ, *subst.* Inscriptio, *g.* inscriptionis. *f.*

INTITULÉ. Inscriptus, inscripta, inscriptum. *part. pass.* d'Inscribo.

INTITULER. Inscribere, inscribo, is, inscripsi, inscriptum. *act. acc.*

INTOLÉRABLE. Intolerandus, intoleranda, intolerandum. *adj.* Magis *pour le comp.* maximè *pour le superl.*

INTONATION. Modulatus, *gén.* modulatûs. *masc.*

INTRAITABLE. Intractabilis, *m. fém.* intractabile, *neut. gén.* intractabilis.

INTRÉPIDE. Intrepidus, intrepida, intrepidum. *adj.*

INTRÉPIDITÉ. Animus intrepidus, *g.* animi intrepidi. *masc.*

INTRIGANT. Callidus, callida, callidum. *adj.*

INTRIGUE. Artes, *gén.* artium. *f. plur.* Calliditas, *g.* calliditatis. *f.*

INTRIGUER. Immiscere, immisceo, immisces, immiscui, immistum. *act. acc. de la personne, dat. de la chose. S'intriguer dans quelque affaire.* Se immiscere alicui rei. *S'intriguer pour.* Moliri, molior, moliris, molitus sum. *dép. Ajout.* multa, *c'est-à-dire, tenter beaucoup de choses, pour* par ad, *avec l'acc. ou le gérond.* en dum.

INTRINSÈQUE. Intrinsecus, intrinseca, intrinsecum. *adj.*

INTRODUCTEUR. Præfectus, *g.* præfecti. *mascul. Ajoutez* admissioni, *avec un gén. Des Ambassadeurs.* Legatorum.

INTRODUCTION. Introductio, *génit.* introductionis. *fém.*

INTRODUIRE. Introducere, introduco, introducis, introduxi, introductum. *act. acc.* Dans *par* in, *et l'acc.* auprès de *ou* chez, *par* ad, *et l'acc.*

INTRODUIT. Introductus, introducta, introductum. *part. pass.* d'Introduco. Dans *ou en par* in, *et l'acc.* auprès de *ou* chez, par ad, *et l'acc.*

INTROÏT. Introïtus, *g.* introïtûs. *m.*

INTRUS. Adeptus, a, um. *Ajoutez* malâ ratione. *Dans une charge,* munus, *à l'accus. c'est-à-dire, parvenu par de mauvaises voies à une charge.*

INVALIDE. Invalidus, a, um. *adject.* Hôtel des Invalides. Ædificium meritorium, *gén.* ædificii meritorii. *neut.*

INVALIDER, *annuler.* Abrogare, abrogo, abrogas, abrogavi, abrogatum. *act. acc.*

INVALIDITÉ. Invalentia, *gén.* invalentiæ. *fém.*

INVARIABLE. Immutabilis, *masc. f.* immutabile, *n. gén.* immutabil:s.

INVARIABLEMENT. Immutabiliter. *adverbe.*

INVASION. Occupatio, *gén.* occupationis. *fém.*

INVECTIVE. Objurgatio, *g.* objurgationis. *f.*

INVECTIVER contre. Insectari, insector, aris, insectatus sum. *dép. acc.*

INVENTAIRE. Index, *génit.* indicis. *masc.*

INVENTÉ. Inventus, inventa, inventum. *part. pass.* d'Invenio.

INVENTER. Invenire, invenio, invenis, inveni, inventum. *act. acc.*

INVENTER, *feindre.* Fingere, fingo, fingis, finxi, fictum, *act. acc.*

INVENTEUR. Inventor, *g.* inventoris. *masc.*

INVENTIF. Acutus, a, um. *adj. Ajout.* ad excogitandum, *c'est-à-dire, ingénieux à inventer.*

INVENTION. Inventio, *g.* inventionis. *fém.*

INVENTORIÉ. Recensitus, recensita, recensitum. *part. pass. de* Recenseo.

INVENTORIER. Recensere, recenseo, recenses, recensui, recensitum. *act. acc.*

INVENTRICE, *celle qui a inventé.* Inventrix, *gén.* inventricis. *f.*

INVERSE. Inversus, a, um. *adj.*

INVERSION, *changement dans l'ordre ordinaire des mots.* Inversio, *gén.* inversionis. *f. Ajoutez* verborum.

INVESTI. Cinctus, cincta, cinctum. *part. pass. de* Cingo.

INVESTIR. Cingere, cingo, cingis, cinxi, cinctum. *act. acc.*

INVESTITURE. Legitima traditio, *g.* legitimæ traditionis. *f. Ajoutez* possidendi; *d'un bénéfice, etc.* beneficii *et mieux* beneficii *avec lequel* possidendi *s'accorde, c'est-à-dire, mise en puissance de posséder un bénéfice, etc.*

INVETERÉ. Inveteratus, inveterata, inveteratum. *adj.*

INVETERER, *vieillir.* Inveterascere, inveterasco, inveterascis, inveteravi. *neut. sans supin.*

INVINCIBLE. Invictus, invicta, invictum. *adj.*

INVINCIBLEMENT, *nécessairement.* Necessariò. Evidemment. Evidentissimè. *adverbe.*

INVIOLABLE. Inviolatus, a, um. *adj.*

INVIOLABLEMENT. Inviolatè. *adv.*

INVISIBLE. Non aspectabilis, *masc. f.* non aspectabile, *neut. gén.* non aspectabilis.

INVISIBLEMENT. Citrà visum.

INVITATION. Invitatio, *gén.* invitationis. *fém.*

INVITÉ. Invitatus, invitata, invitatum. *part. pass.* A par *ad*, avec l'acc. ou le *gérond.* en dum.

INVITER. Invitare, invito, invitas, invitavi, invitatum. *act. rég. dir. acc: rég.* ind. *acc. avec* ad, *ou le gérond.* en dum *avec* ad.

INVOCATION. Invocatio, *gén.* invocationis. *fém.*

INVOLONTAIRE. Non voluntarius, non voluntaria, non voluntarium. *adj.*

INVOLONTAIREMENT. *adv.* Præter voluntatem.

INVOQUÉ. Invocatus, invocata, invocatum. *part. pass.* d'Invoco.

INVOQUER. Invocare, invoco, invocas, invocavi, invocatum. *act. acc.*

INVULNERABLE, *qui ne peut être blessé.* Invulnerabilis, *m. f.* invulnerabile. *n. gén.* invulnerabilis.

INUSITÉ. Inusitatus, inusitata, inusitatum. Au comp. inusitatior, *m. f.* inusitatius, *neut. au superl.* inusitatissimus, inusitatissima, inusitatissimum.

INUTILE. Inutilis, *m. f.* inutile, *n.*

INUTILEMENT. Inutiliter. *adv. Au comp.* inutiliùs; *au superl.* inutilissimè.

INUTILITÉ. Inutilitas, *gén.* inutilitatis. *fém.*

IONIE, *province.* Ionia, *gén.* Ioniæ. *fém.* D'Ionie. Ionicus, ionica, ionicum. *adject.*

IONIENS, *nés en Ionie.* Iones, *génit.* Ionum. *masc. plur.*

IRASCIBLE. Proclivis, *m. f.* proclive. *neut. gén.* proclivis. *Ajoutez* ad iracundiam.

IRE. Ira, *gén.* iræ. *fém:*

IRIS. Voyez Arc-en-ciel.

IRLANDE, *royaume.* Hibernia, *gén.* Hiberniæ. *fém.*

IRLANDAIS, *d'Irlande.* Hibernus, hiberna, hibernum. *adj.*

IRONIE. Ironia, *gén.* ironiæ. *f.*

IRONIQUE. Plenus, plena, plenum. *adj. Ajoutez* ironiâ, *c'est-à-dire, plein d'ironie.*

IRONIQUEMENT. Ironicè. *adv.*

IRRADIATION. Immissio, *gén.* immissionis. *f. Ajoutez* radiorum, *c'est-à-dire, l'action de jeter des rayons.*

IRRECONCILIABLE. Implacabilis, *m. f.* implacabile, *neut. gén.* implacabilis.

IRRECONCILIABLEMENT. Sine ullâ spe reconciliationis.

IRRÉFLÉCHI. Inconsideratus, inconsiderata, inconsideratum. *adj.*

IRRÉFLEXION. Inconsiderantia, *gén.* inconsiderantiæ. *fém.*

IRRÉFRAGABLE. Certissimus, ma, mum. *adj. superl. de* certus.

IRRÉGULARITÉ. Peccatum, *gén.* peccati, *neut. Ajoutez* adversùs leges, *c'est-à-dire, faute contre les lois.* Irrégularité dans les mœurs, dans la conduite. Pravi mores, *g.* pravorum morum. *masc. plur. L'un et l'autre se déclinent.*

IRRÉGULIER. Non consentaneus, non consentanea, non consentaneum. *adject. Ajoutez* regulæ.

IRRÉGULIÈREMENT. *adv.* Contrà regulam.

IRRELIGIEUX. Irreligiosus, irreligiosa, irreligiosum. *adj.*

IRRÉLIGION. Impietas, *g.* impietatis. *fém.*

IRRÉMÉDIABLE. Irremediabilis, *m. fém.* irremediabile, *neut. gén.* irremediabilis.

IRRÉMÉDIABLEMENT. Sine spe remedii.

IRRÉMISSIBLE. Inexpiabilis, *masc. f.* inexpiabile, *n. gén.* inexpiabilis.

IRRÉMISSIBLEMENT. Citra veniæ spem.

IRRÉPARABLE. Irreparabilis, *masc. f.* irreparabile, *n. gén.* irreparabilis.

IRRÉPARABLEMENT. Extrà spem damni reparandi.

IRREPRÉHENSIBLE. Irreprehensus, irreprehensa, irreprehensum. *adj.*

IRRÉPROCHABLE. Integerrimus, integerrima, integerrimum, *adj. sup. de* integer.

IRRÉSOLU. Dubius, dubia, dubium. *adj. Etre irrésolu.* Pendere, pendeo, es, pependi, pensum. *neut. Ajoutez* animi. *Le si qui suit s'exprime par* an *ou* utrùm, *avec le subjonctif.*

IRRÉSOLUTION. Dubitatio, *g.* dubitationis. *fém.*

IRRÉVÉRENCE. Irreverentia, *g.* irreverentiæ. *fém.*

IRRÉVÉRENT. Inverecundus, inverecunda, inverecundum. *adj.*

IRRÉVOCABLE. Ratus, rata, ratum. *part. pass. de* Reor.

IRRÉVOCABLEMENT. Immutabiliter. *adverbe.*

IRRISION. Irrisio, *gén.* irrisionis. *f.*

IRRITATION *des humeurs.* Irritatio, *g.* irritationis. *fém.*

IRRITÉ *contre.* Iratus, irata, iratum. *part. pass.* d'Irascor. *avec le dat.*

IRRITER. Irritare, irrito, irritas, irritavi, irritatum. *act. acc.*

IRRUPTION. Irruptio, *gén.* irruptionis. *fém. Faire irruption dans.* Irrumpere, irrumpo, irrumpis, irrupi, irruptum. *neut.* in *avec l'acc.*

ISABELLE, *couleur.* Melinus color, *g.* melini coloris. *masc.*

ISÈRE, *rivière et département de France.* Isara, *g.* Isaræ. *fém.*

ISLE. Voy. Ile.

ISOLÉ, *qui ne touche pas à un autre.* Nullo modo contiguus, contigua, contiguum. *dat.*

ISSU, *sorti de.* Ortus, orta, ortum. *Le* de, *s'exprime par* à *ou* ab, *et l'abl. de la personne. Mais le nom de la chose est à l'abl. sans préposition. Issu de bas lieu.* Ortus obscuro loco.

ISSUE, *sortie.* Exitus, *g.* exitûs. *m.*

ISTHME, *langue de terre entre deux mers.* Isthmus, *g.* isthmi. *masc.*

ITALIE, *région.* Italia, *gén.* Italiæ. *f.*

ITALIEN, *en parlant des personnes.* Italus, itala, italum. *adj. En parlant des choses.* Italicus, italica, italicum. *adject. Lettre italique.* Littera italica, *g.* litteræ italicæ. *fém.*

A L'ITALIENNE. More italico. *à l'abl.*

ITÉRATIF, *réitéré.* Iteratus, iterata, iteratum. *adj.*

ITINÉRAIRE. Itinerarium, *gén.* itinerarii. *neut.*

IVOIRE. Ebur, *gén.* eboris. *neut. Qui est d'ivoire.* Eburneus, a, um.

IVRAIE. Lolium, *g.* lolii. *neut.*

IVRE. Ebrius, a, um. *adj. Rendre ivre ou enivrer.* Inebriare, inebrio, as, inebriavi, inebriatum. *acc. Devenir ivre.* Inebriari *pass. Etre ivre.* Madere, madeo, es, madui. *sans sup. neut. Ajoutez* vino.

IVRESSE. Ebrietas, *gén.* ebrietatis. *f.*

IVROGNE. Ebriosus, a, um. *adj.*

IVROGNESSE. Mulier ebriosa, *g.* mulieris ebriosæ. *fém.*

IVROGNER. Pergræcari, pergræcor, aris, pergræcatus sum. *dép.*

IVROGNERIE. Ebriositas, *gén.* ebriositatis. *fém.*

JABOT. Ingluvies, *g.* ingluviei. *fém.*

JACHÈRE, *terre labourable qu'on laisse reposer.* Requietum arvum, *génit.* requieti arvi. *neut. Ces deux mots se déclinent. Mettre en jachère.* Novare, novo, novas, novavi, novatum. *act. Ajoutez* agrum.

JACULATOIRE, *oraison jaculatoire.* Brevis et ardens precatio, *gén.* brevis et ardentis precationis. *f. Tout se décline.*

JADIS. Olim. *adv.*

JAILLIR. Salire, salio, salis, salii, salitum. *neut.*

JAILLISSANT. Saliens, *m. f. n. gén.* salientis. *part. prés. de* Salio.

JAIS *ou* JAYET, *minéral.* Gagates, *g.* gagatæ. *masc.*

JALOUSIE. Zelotypia, *g.* zelotypiæ. *f. Envie.* Invidia, *g.* invidiæ. *f.*

JALOUSIE *de fenêtres*, *etc.* Transenna, *gén.* transennæ. *f.*

JALOUX. Zelotypus, *gén.* zelotypi. *m.* JALOUX *ou envieux.* Invidus, invida, invidum. *adj. avec un gén.*

JAMAIS, *lorsqu'il n'y a pas de négation.* Unquàm. *adv. Lorsqu'il y a une négation.* Nunquàm. *adv. qui emporte la négation. Jamais je n'irai.* Nunquàm ibo. *A jamais ou pour jamais.* In æternum.

JAMBAGE *de porte.* Postis, *g.* postis. *masc.*

JAMBE. Crus, *gén.* cruris. *neut.*

JAMBE *de force*, *rangs de pierres de taille.* Orthostates, *g.* orthostatæ. *m.*

JAMBON. Perna, *gén.* pernæ. *fém.*

JANISSAIRE. Janissarius, *gén.* janissarii. *masc.*

JANTE *de roue.* Apsis, *gén.* apsidis. *f. Jante, pièce de bois courbée pour faire le cercle d'une roue de carrosse.* Canthus, *gén.* canthi. *masc.*

JANVIER, *premier mois de l'année.* Januarius, *gén.* januarii. *masc.*

JAPON, *royaume.* Japonia, *g.* Japoniæ. *fém.*

JAPONAIS, *du Japon.* Japonius, a, um, *adj.*

JAPPEMENT, *cri des chiens.* Latratus, *gén.* latratûs. *masc.*

JAPPER. Latrare, latro, latras, latravi, latratum. *neut.*

JAQUETTE. Puerilis vestis, *g.* puerilis vestis. *f. Tout se décline.*

JARDIN. Hortus, *gén.* horti. *m. Qui est de jardin.* Hortensis, *m. f.* hortense, *n. gén.* hortensis.

JARDINAGE. Cultura, *gén.* culturæ. *f. Ajoutez* hortorum.

JARDINER, *travailler au jardin.* Colere, colo, colis, colui, cultum. *act. Aj.* hortum. *à l'acc.*

JARDINIER. Olitor, *gén.* olitoris. *m.*

JARDINIÈRE. Cultrix, *gén.* cultricis. *fém. Ajoutez* horti.

JARGON, *langage du peuple.* Proletarius sermo, *gén.* proletarii sermonis. *m.*

JARGON, *langage étranger.* Alienus sermo, *gén.* alieni sermonis. *masc.*

JARGON *de petits enfans.* Balba verba, *g.* balborum verborum. *n. plur.*

JARGONNER, *parler le patois.* Loqui, loquor, loqueris, locutus sum. *dép. Ajout.* proletario sermone. *En parlant des petits enfans.* Balbutire. *Voyez* Bégayer.

JARRET. Poples, *gén.* poplitis. *m.*

JARRETIÈRE. Periscelis, *gén.* periscelidis. *fém.*

JARS, *oie mâle.* Anser masculus, *gén.* anseris masculi. *masc.*

JASER. Garrire, garrio, garris, garrivi *ou* garrii, garritum. *neut.*

JASEUR. Loquax, *masc. fém. neut. g.* loquacis.

JASMIN. Jasminum, *g.* jasmini. *n.*

JASPE, *pierre précieuse.* Jaspis, *gén.* jaspidis. *f. Qui est de jaspe.* Jaspideus, jaspidea, jaspideum. *adj.*

JASPÉ. Variatus, variata, variatum. *part. pass. de* Vario. *Ajoutez* jaspideo colore.

JASPER. Variare, vario, varias, variavi, variatum. *act. acc. Ajoutez* jaspideo colore.

JATTE. Gabata, *g.* gabatæ. *fém.*

JAVART, *maladie de cheval.* Tumor intercus, *g.* tumoris intercutis. *masc.*

JAVELINE. Hasta, *gén.* hastæ. *f.*
JAVELLE. Merges, *g.* mergidis. *f.*
JAVELER. Componere, compono, is, composui, compositum. *act. Ajoutez* spicas in manipulos, *c'est-à-dire, mettre le blé en javelles.*
JAVELOT. Spiculum, *g.* spiculi. *neut.*
JAUGE, *verge à mesurer les tonneaux.* Virga, *gén.* virgæ. *f. Ajoutez* ad exploranda dolia.
JAUGER *un tonneau de vin.* Explorare, exploro, as, exploravi, exploratum. *act. Ajoutez* modum dolii, c. à d., *examiner la mesure du tonneau.*
JAUGEUR. Explorator, *g.* exploratoris. *m. Ajoutez* doliorum.
JAUNATRE. Subflavus, subflava, subflavum. *adj.*
JAUNE. Flavus, a, um. *adj.*
Un **JAUNE** *d'œuf, etc.* Vitellus, *g.* vitelli. *masc.* ovi.
JAUNI. Infectus, infecta, infectum. *participe pass.* d'Inficio. *Ajoutez* flavo colore.
JAUNIR ou *rendre jaune.* Inficere, inficio, inficis, infeci, infectum. *act. acc. Ajoutez* flavo colore.
JAUNIR ou *devenir jaune.* Flavescere, flavesco, flavescis. *sans passé et sans supin.*
JAUNISSE. Aquatus morbus, *g.* aquati morbi. *masc. Qui a la jaunisse.* Ictericus, icterica, ictericum. *adj.*
JE ou *moi.* Ego, *gén.* mei, *etc.*
JERUSALEM, *ville.* Hierosolyma, *g.* Hierosolymæ. *f. Qui est de Jérusalem.* Hierosolymitanus, a, um. *adj.*
JESUS, *le Sauveur du monde.* Jesus, *gén.* Jesu. *masc.*
JET. Jactus, *gén.* jactûs. *masc. Un jet d'eau.* Aqua saliens, *gén.* aquæ salientis. *fém. Jet d'arbre.* Germen, *gén.* germinis. *neut.*
JETÉ. Jactus, jacta, jactum. *part. pass.* de Jacio. *Jeté par terre.* Prostratus, prostrata, prostratum. *part. pass.* de Prostro.
JETÉE, *digue qu'on fait dans la mer.* Moles, *gén.* molis. *f.*
JETER. Jacere, jacio, jacis, jeci, jactum. *act. Sur* ou *dans* par in, *et* l'*acc.*
SE JETER *par terre.* Se abjicere, abjicio, abjicis, abjeci, abjectum, humi. *Aux pieds de quelqu'un.* Ad pedes alicujus.
SE JETER *sur quelqu'un.* Irruere, irruo, irruis, irrui, irrutum. *neut.* in aliquem *Au milieu des ennemis.* In mediam aciem.
JETON. Calculus, *g.* calculi. *masc.*
JEU. Ludus, *g.* ludi. *m. Qui concerne le jeu.* Lusorius, a, um. *adj. Jeu de hasard.* Alea, *g.* aleæ. *fém. Jeu de cartes.* Foliorum pictorum lusus, *g.* lusûs. *masc.* Foliorum pictorum *restent à tous les cas.*

JEU *de paume.* Sphæristerium, *g.* sphæristerii. *neut.*
JEU ou *raillerie.* Jocus, *g.* joci. *masc.*
JEUX, *spectacles publics.* Ludicra spectacula, *g.* ludicrorum spectaculorum. *neut. pluriel.*
JEUDI. Dies, *gén.* diei. *masc. Ajoutez* Jovis, *de Jupiter.*
Qui est à **JEUN.** Jejunus, jejuna, jejunum. *adj.*
LE JEUNE ou *abstinence.* Jejunium, *g.* jejunii. *neut.*
JEUNE, *adj. en parlant des personnes.* Juvenis, m. f. juvene, *neut. gén.* juvenis. *Au comp.* junior; *au superl.* maximé juvenis.
JEUNE, *en parlant des animaux.* Junior, m. f. junius, *neut. g.* junioris; *sup.* maximé juvenis, m. f. maximé juvene. *neut.*
Un **JEUNE** *homme.* Adolescens, *g.* adolescentis. *masc. Une jeune fille.* Puella, *g.* puellæ. *f. Plus jeune ou moins âgé, en parlant de deux.* Minor, m. f. minus, n. *gén.* minoris. *Mettez* natu *devant* minoris. *Le plus jeune de, en parlant de plusieurs.* Minimus, a, um. *Ajoutez* natu, *ensuite un* g. *En jeune homme.* juveniliter. *adv.*
JEUNER, ou *s'abstenir de manger.* Abstinere, abstineo, abstines, abstinui, abstentum. *neut. Ajoutez* cibo, *c'est-à-dire, s'abstenir de nourriture.* On dit aussi *faire jeûner quelqu'un.* Fraudare aliquem cibo. Fraudo, fraudas, fraudavi, fraudatum.
JEUNESSE. Adolescentia, *gén.* adolescentiæ. *fém. Dès ma jeunesse.* A teneris annis.
LA JEUNESSE ou *les jeunes gens.* Juventus, *g.* juventutis. *f. La déesse de la Jeunesse.* Juventa, *g.* Juventæ. *f.*
JEUNEUR, *grand jeûneur.* Homo, *g.* hominis. *m. Ajoutez* multi jejunii.
JOAILLIER, *qui fait des joyaux.* Artifex, *g.* artificis. *m. Ajoutez* gemmarum.
JOIE. Lætitia, *gén.* lætitiæ. *f. Avoir de la joie de.* Voy. *Se réjouir.*
JOIGNANT, *qui est proche.* Proximus, proxima, proximum. *adj. dat.*
JOIGNANT ou *auprès de.* Juxta, *et un accusat.*
JOINDRE. Jungere, jungo, jungis, junxi, junctum. *act. rég. dir. accus. rég. in* d. *dat.*
JOINDRE ou *atteindre.* Assequi, assequor, eris, assecutus sum. *dép. acc.*
SE JOINDRE, *s'assembler en un même lieu.* Convenire, convenio, convenis, conveni, conventum. In unum locum.
SE JOINDRE *à quelqu'un.* Se jungere ad aliquem.
SE JOINDRE, *en parlant des choses.* Inter se jungi. *pass.* de Jungere.

JOINT. Junctus, a, um. *part. pass. de* Jungo.
JOINTURE. Junctura, *gén.* juncturæ. *fém.*
JOLI. Lepidus, a, um. *adj.*
JOLIMENT. Lepidè. *adv. Au comp.* lepidiùs ; *au sup.* lepidissimè.
JONC. Juncus, *g.* junci. *m. Qui est de jonc.* Junceus, juncea, junceum. *adject. Lieu où naissent les joncs.* Juncetum, *g.* junceti. *neut.*
JONCHÉE *de fleurs, d'herbes, etc.* Stratura, *gén.* straturæ, *fém.* florum, herbarum, *etc.*
JONCHER. Conspergere, conspergo, is, conspersi, conspersum. *act.*
JONCTION. Junctio, *g.* junctionis. *f.*
JONQUILLE. Jonquilla, *gén.* jonquillæ. *fém.*
JOUE. Gena, *g.* genæ. *fém.*
JOUER *à quelque jeu.* Ludere, ludo, ludis, lusi, lusum. *n. On met à l'abl. le ieu auquel on joue*, comme : *à la paume*, pilâ, *une partie*, unâ lusione.
Jouer *d'un instrument, etc.* Canere, cano, canis, cecini, cantum. *neut. avec l'abl. d'un instrument.*
Jouer *quelque chose, mettre en jeu.* Deponere, depono, deponis, deposui, depositum. *act.* aliquid. *acc.*
Jouer *ou représenter.* Agere, ago, is, egi, actum. *act. accusat. Une comedie.* Comœdiam.
Jouer *un mauvais personnage.* Gerere, gero, geris, gessi, gestum. *act.* indignam personam. *Faire jouer publiquement.* Exhibere, exhibeo, es, exhibui, exibitum. *act. acc.*
Se Jouer *de.* Deludere, deludo, deludis, delusi, delusum. *act. acc. En se jouant.* Per jocum.
Se Jouer *à, suivi d'un infin. Voyez* Risque, *courir risque. Je joue à me faire tuer*, tournez : *je cours risque de la mort.* Adeo periculum mortis. Adire, adis, adivi, aditum.
Se Jouer *à, suivi d'un nom.* Aggredi, aggredior, aggrederis, aggressus sum. *dép. acc.*
JOUET. Ludibrium, *gén.* ludibrii. *n. Etre le jouet de, ou servir de jouet à.* Esse, sum, fui. *Ajoutez* ludibrio, *avec un autre dat.*
JOUEUR. Lusor, *g.* lusoris. *masc.*
Joueur *de flûte.* Tibicen, *gén.* tibicinis. *masc.*
Joueur *d'instrumens à cordes.* Fidicen, *g.* fidicinis. *masc.*
Joueur *de farce.* Mimus, *gén.* mimi. *masc.*
Joueur *de gobelets, ou de tours de passe-passe.* Præstigiator, *g.* præstigiatoris. *masc.*

JOUEUSE. Dedita, y. deditæ. *f. Ajout.* ludo, *c'est-à-dire, adonnée au jeu.* Deditus *est le part. pass. du verbe.* Dedere, livrer.
Joueuse *d'instrumens à cordes.* Fidicina, *g.* fidicinæ. *f.*
Joueuse *de flûte*, etc. Tibicina, *génit.* tibicinæ. *fém.*
JOUG. Jugum, *g.* jugi. *n. Faire passer sous le joug.* Mittere, mitto, is, misi, missum. *act. acc. Ajout.* sub jugum.
JOUIR, *posséder.* Frui, fruor, eris, fruitus sum. *dép. ablat.*
JOUISSANCE, *possession.* Possessio, *gén.* possessionis. *f.*
JOUR. Dies, *g.* diei, *m.* ou *f. au singul* ; *mais au pl. il est m. seulement. De jour*, *ou pendant le jour.* De die, ou diu. *En plein jour.* Multo die. *à l'abl. De jour, ou qui se fait de jour.* Diurnus, a, um. *adj. Jour et nuit.* Diu noctuque, *ou bien.* Die ac nocte. *à l'abl. L'espace d'un jour.* Spatium diurnum, *gén.* spatii diurni. *n. Deux jours, ou l'espace de deux jours.* Biduum, *g.* bidui. *n. Trois jours, ou l'espace de trois jours.* Triduum, *g.* tridui. *n. Quatre jours, ou l'espace de quatre jours.* Quatriduum, *g.* quatridui. *n. Au jour le jour.* In diem. *De jour en jour.* In dies. *Chaque jour.* Singulis diebus *à l'abl. Tous les jours.* Quotidiè. *adv. De deux en deux jours, c'est-à-dire, chaque second jour.* Altero quoque die. *à l'abl. De trois en trois jours, c'est-à-dire, chaque troisième jour.* Tertio quoque die. *à l'abl. et ainsi des autres expressions semblables. Au premier jour.* Propè diem. *En un jour.* Uno die. *à l'abl. Deux jours après*, on tourne : *après deux jours.* Post, duos dies. *Le jour de devant.* Pridiè, *avec un gén. Un jour ou autrefois.* Quondam. *Un jour, ou à l'avenir.* Olim. *adv. De nos jours.* Nos râ memoriâ. Nostrâ ætate. *à l'ablat. Les savans de nos jours.* Nostræ ætatis periti.
Jour *ou lumière.* Lux, *gén.* lucis. *f. A la pointe du jour.* Primâ luce. *Il fait jour, ou il est jour.* Lucet, lucebat, luxit, lucere. *impers. Il fait grand jour, ou il est grand jour.* Multùm lucet. *Etant déjà grand jour.* Multo-jam die. *à l'abl. Mettre au jour.* ... ere, edo, edis, edidi, editum. *acc. Mettre une chose en son jour.* ... re rem, *c'est-à-dire, éclaircir.* ... illustras, illustravi, illustratum. *a..* .nner jour à une pensée. Plus afferre sententiæ, c. à d., apporter ... coup de lumière à une pensée. A..ero, ..., attuli, allatum. *acc. Se faire j...* ..pé à la main. Ferro iter sibi aperi... *à dire, s'ouvrir un chemin avec l'é..* ..perio, aperis, aperui, apertum. *a..*

Les grands Jours, *assemblée extraordinaire de juges.* Conventus juridici, *gén.* conventuum juridicorum. *m. plur.* Tenir *les grands jours.* Agere, ago, agis, egi, actum. *act. Ajoutez* conventus juridicos.

JOURDAIN, *rivière.* Jordanis, *génit.* Jordanis. *masc.*

JOURNAL. Ephemeris, *gén.* ephemeridis. *fém.*

JOURNALIER, *ordinaire,* ou *qui se fait tous les jours.* Quotidianus, quotidiana, quotidianum. *adj.*

Journalier, *inconstant.* Temporarius, temporaria, temporarium. *adj.*

JOURNÉE, *durée d'un jour.* Dies, *g.* diei. *masc. ou fém.*

Journée, *travail d'un jour.* Opera, *gén.* operæ. *f.*

Journée, *ce qu'on donne par jour à un ouvrier.* Diurna merces, *g.* diurnæ mercedis. *f. Tous deux se déclinent.*

Journée, *jour de chemin.* Iter, *g.* itineris. *neut.* A *grandes journées.* Magnis itineribus, *à l'abl.*

Journée, *jour de combat.* Prælium, *gén.* prælii. *neut.*

JOURNELLEMENT. Quotidiè. *adv.*

JOUTE, *combat à la lance.* Pugna ludicra, *g.* pugnæ ludicræ. *f. Ajoutez* lanceâ. *à l'abl.*

Joute *sur l'eau.* Naumachia, *g.* naumachiæ. *fém.*

JOUTER, *combattre à la joute.* Pugnare, pugno, pugnas, pugnavi, pugnatum. *act. Ajoutez* ludicris hastis ; contre *ou avec* par cum, *et l'abl.*

Jouter *sur l'eau.* Committere, committo, is, commisi, commissum. *actif. Ajoutez* naumachiam. *acc.*

JOUTEUR. Pugnans, *g.* pugnantis. *m. Ajoutez* hastâ ludicrâ.

Jouteur *sur l'eau.* Naumachiarius, *g.* naumachiarii. *masc.*

JOVIAL, *gai, joyeux.* Festivus, festiva, festivum. *adj.*

JOYAUX. Gemmæ, *gén.* gemmarum. *fém. plur.*

JOYEUSEMENT. Lætè. *adv. Au comp.* lætiùs ; *au superl.* lætissimè.

JOYEUX. Lætus, a, um. *adj.*
Etre Joyeux. *Voyez* Se réjouir.

JUBE. Juba, *g.* jubæ. *fém.*

JUBILÉ. Jubileus, *gén.* jubilei. *m.*

Se JUCHER *sur.* Insidere, insideo, insides, insedi, insessum. *neut. dat.*

JUCHOIR, *lieu où se juchent les poules,* etc. Sedile, *g.* sedilis. *neut. Ajoutez* Gallinarum, etc.

JUDAÏQUE. Judaïcus, judaïca, judaïcum. *adj.*

JUDAÏSER. Sequi, sequor, sequeris, secutus sum. *dép. Ajoutez* judaïcos ritus, *c'est-à-dire, suivre les rits judaïques.*

JUDAÏSME. Religio, *g.* religionis. *f. Ajoutez* Judæorum, *c'est-à-dire, religion des Juifs.*

JUDÉE, *province.* Judæa, *gén.* Judææ. *fém.*

JUDICATURE, *ce qui concerne le juge.* Judiciarium munus, *g.* judiciarii muneris. *neut. L'un et l'autre se déclinent.*

JUDICIAIRE. Judiciarius, judiciaria, judiciarium. *adj.*

JUDICIAIREMENT, *selon les formes de justice.* Ex judiciorum formulis.

JUDICIEUSEMENT. Consideratè. *adv. Au comp.* consideratiùs ; *au sup.* consideratissimè.

JUDICIEUX. Consideratus, considerata, consideratum. *adj.*

JUGE. Judex, *gén.* judicis. *m. Avoir quelqu'un pour juge.* Habere aliquem judicem. Judex *s'accorde avec le régime du verbe.*

JUGÉ. Judicatus, a, um. *part. pass. de* Judico.

JUGEMENT. Judicium, *génit.* judicii. *neut.*

JUGER. Judicare, judico, judicas, judicavi, judicatum. *acc. Juger de quelque chose.* Judicare de aliquâ re. *Je juge à propos de.* Mihi videtur, *avec un infin. Voyez* Sembler. *Si tu le juges à propos.* Si tibi videtur.

JUGULAIRE, *en parlant des veines.* Jugularis, *m. f.* jugulare, *neut. gén.* jugularis.

JUIF. Judæus, judæa, judæum. *adj.*

JUILLET. Iulius, *g.* julii. *masc.*

JUIN. Junius, *g.* junii. *masc.*

JUJUBE, *fruit.* Ziziphum, *g.* ziziphi. *neut.*

JUJUBIER, *arbre.* Ziziphus, *g.* ziziphi. *fém.*

JUIVERIE, *la demeure des Juifs.* Judaïca platea, *gén.* judaïcæ plateæ. *f. Les deux mots se déclinent.*

JULEP, *sorte de potion.* Dulcicula potio, *gén.* dulciculæ potionis. *f. L'un et l'autre se déclinent.*

JUMEAU. Geminus, *g.* gemini. *m*

JUMELLE. Gemina, *gén.* geminæ. *f.*

JUMENT. Equa, *g.* equæ. *fém.*

JUNON, *déesse.* Juno, *gén.* Junonis. *fém.*

JUPE. Tunica, *gén.* tunicæ. *f.*

JUPITER, *dieu des Païens.* Jupiter, *gén.* Jovis, *dat.* Jovi, *acc.* Jovem, *abl.* Jove.

JUPON, *petite jupe.* Supparum interius, *gén.* suppari interioris. *n. L'un et l'autre se déclinent.*

JURA, *chaîne de montagnes qui donne son nom à un département.* Jurassus, *g.* Jurassi. *masc.*

JURÉ. Juratus, jurata, juratum. *part.*

pass. de Juro. *Ennemi juré.* Inimicus infensissimus, *g.* inimici infensissimi. *m. L'un et l'autre se déclinent.*

JURÉ, *membre d'un jury.* Juratus, *g.* jurati. *masc.*

JUREMENT. Juramentum, *g.* juramenti. *neut.*

JURER. Jurare, juro, juras, juravi, juratum. *neut. abl. de la chose dont on jure,* avec de. *Jurer faux.* Jurare falsum. *Jurer la perte, la mort de quelqu'un.* Jurare in aliquem.

JURER *Dieu, ou le nom de Dieu.* Dicere verba impia in Deum, *c'est-à-dire, dire des paroles impies contre Dieu.*

JURER, *se jurer amitié.* Sibi sanctè polliceri mutuam amicitiam, *c'est-à-dire, se promettre avec serment une mutuelle amitié.* Polliceor, polliceris, pollicitus sum. *dép, acc.*

JUREUR. Dejerans, *g.* dejerantis. *m.*

JURIDICTION. Jurisdictio, *gén.* jurisdictionis. *fém.*

JURIDIQUE. Congruens, *m. f. n. gén.* congruentis. *part. prés. de* Congruo. *Aj.* formulis juris. *c'est-à-dire, conforme aux règles du droit.*

JURIDIQUEMENT. Ex formulis juris. Juridicè. *adv.*

JURISCONSULTE. Jurisconsultus, *gén.* jurisconsulti. *masc.*

JURISPRUDENCE. Jurisprudentia, *gén.* jurisprudentiæ. *fém.*

JURISTE. Jurisperitus, *g.* jurisperiti. *m.*

JURY. Cœtus, *gén.* cœtûs. *m. Ajoutez* juratorum.

JUS. Succus, *g.* succi. *masc.*

JUSQUES à, *ou jusqu'à.* Usquè ad, avec l'acc. *Lorsqu'après* jusques *il y a un nom de ville, ou un de ces adv. de lieu,* hùc, istùc, illùc, *on exprime* jusques *par* usquè, *avec un acc. sans* ad, *comme :* Jusqu'à Rome. Usquè Romam. *Jusqu'ici.* Hùc usquè. *Jusqu'à présent.* Hactenùs. *adv. Jusques alors.* Ad illud tempus *Jusqu'à quand ?* Quousquè ? *adv. avec l'indicat. Jusqu'à ce que.* Donec. *adv. avec le subj.* Jusques où ? Quousquè, *adv. avec l'indicat. Jusqu'à ce point que, ou* Jusques-là que. Usquè eò, ut, *et le subjonct.*

JUSQUIAME, *plante.* Hyoscyamum, *g.* hyoscyami. *n.*

JUSTAUCORPS, *habit.* Sagum astrictius, *g.* sagi astrictioris. *neut.*

JUSTE. Justus, justa, justum. *adj. Il est juste que.* Est æquum, *et un que retranché.*

JUSTE ou *convenable.* Aptus, apta, aptum. *adj. Parler juste ou justement.* Loqui aptè. *Au juste.* Certò. *adv.*

JUSTEMENT ou *avec justice.* Justè. *adv. Au comp.* justiùs ; *au superl.* justissimè.

JUSTEMENT ou *à propos.* Aptè. *adv.*

JUSTESSE. Compositio apta, *g.* compositionis aptæ. *f. L'un et l'autre se déclinent. Avec justesse.* Aptè. *adv. Au comp.* aptiùs ; *au superl.* aptissimè.

JUSTICE ou *équité.* Justitia, *g.* justitiæ. *fém.*

JUSTICE, *le droit ou le barreau.* Jus, *gén.* juris. *neut.*

JUSTICE ou *exécution.* Supplicium, *gén.* supplicii. *neut. Faire justice de,* ou *faire mourir. Voy.* Exécuter. *Rendre,* ou *faire justice à tout le monde.* Tribuere, tribuo, tribuis, tribui, tribulum. *act. Ajoutez* suum cuique, *c'est-à-dire, rendre à un chacun le sien, ou ce qui lui appartient.*

LA JUSTICE, *ou les gens de justice.* Judices, *gén.* judicum. *masc. plur.*

JUSTICIABLE. Obnoxius, obnoxia, obnoxium. *Ajoutez* jurisdictioni, *c'est-à-dire, sujet à la juridiction, et un g. ensuite.*

JUSTICIER, *qui rend justice.* Observantissimus, a, um. *adj. Ajoutez* æqui *au gén.*

JUSTIFICATIF, *qui sert à justifier quelqu'un.* Idoneus, idonea, idoneum. *adj. Ajoutez* ad defendendum.

JUSTIFICATION. Purgatio, *g.* purgationis. *fém.*

JUSTIFIÉ, ou *disculpé. part. pass.* Purgatus, a, um. *l'abl. du crime ou de la faute dont on est justifié.*

JUSTIFIÉ ou *prouvé.* Probatus, probata probatum. *part. pass. de* Probo.

JUSTIFIER ou *disculper.* Purgare purgo, purgas, purgavi, purgatum. *rég. dir. acc. rég. ind. abl. avec* de.

JUSTIFIER ou *prouver.* Probare, probo probas, probavi, probatum. *rég. dir. acc. rég. ind. dat.*

SE JUSTIFIER, *se disculper.* Se purgare *Auprés de quelqu'un,* alicui.

Là, *adv. sans mouvement.* Ibi. *adv. S'il y a mouvement.* Eò. *adv. Çà et là, avec mouvement.* Hùc illuc. *adv. Çà et là, sans mouvement.* Hinc illiùc. *adv. De là.* Indè. *adv. De là vient que.* Indè fit ut, *avec le subjonct. Là dessus, ou touchant cette chose.* De eâ re. *Il insista fort là dessus.* Multus in eo *ou* in hâc re fuit, *ou* hæsit. *Là dessus, ou sur ces entrefaites.* Intereà. *adv.*

LA LA, *dont on use en exhortant. Là là, continuez.* Perge porrò. *Là là, vous vous en repentirez.* Etiamnùm te pœnitebit.

LABEUR. Labor, *g.* laboris. *masc.*

LABIALE, *une lettre qui se prononce du bout des lèvres.* Littera labialis, *gén.* litteræ labialis. *f. Tout se décline.*

LABORATOIRE. Officina, *gén.* ofücinæ. *fém.*

LABORIEUSEMENT, *avec beaucoup de travail.* Operosè. *adv.*

LABORIEUX. Laboriosus, laboriosa, laboriosum. *adj.*

Terre de LABOUR, *province du royaume de Naples.* Laborini Campi, *gén.* Laborinorum Camporum. *masc. plur.*

LABOUR. Aratio, *gén.* arationis. *fém.*

LABOURABLE. Arabilis, *m. f.* arabile, *neut. gén.* arabilis.

LABOURAGE. Agricultura, *gén.* agriculturæ. *fém.*

LABOURAGE, *l'action de labourer.* Aratio, *gén.* arationis. *f.*

LABOURÉ. Aratus, arata, aratum. *part. pass. d'*Aro.

LABOURER. Arare, aro, aras, aravi, aratum. *act. acc.*

LABOUREUR. Arator, *gén.* aratoris. *masc.*

LABYRINTHE. Labyrinthus, *gén.* labyrinthi. *masc.*

LAC. Lacus, *gén.* lacûs. *masc.*

LACÉDÉMONE, *ville.* Lacedæmon, *g.* Lacedæmonis. *f.*

LACÉDÉMONIEN, *de Lacédémone.* Lacedæmonius, a, um. *adj.*

LACER. Adstringere, adstringo, is,

adstrinxi, adstrictum. *act. acc. Ajoutez* funiculo, *c'est-à-dire, attacher avec un lacet.*

LACERATION, *déchirement.* Laceratio, *gén.* lacerationis. *f.*

LACERER, *déchirer.* Lacerare, lacero, laceras, laceravi, laceratum. *acc.*

LACET, *cordon à lacer.* Funiculus, *g.* funiculi. *masc.*

LACET *à prendre les oiseaux, etc.* Laqueus, *g.* laquei. *masc.*

LACHE, *qui n'as pas du courage.* Ignavus, ignava, ignavum. *adj.*

LACHE, *qui n'est pas tendu.* Laxus, laxa, laxum. *adj.*

LACHEMENT. Ignavè. *adv.*

LACHER, *détendre.* Laxare, laxo, laxas, laxavi, laxatum. *act. acc.*

LACHER *après, ou contre.* Immittere, immitto, immittis, immisi, immissum. *act. acc. après ou contre var in, et l'acc.*

LACHER *une parole.* Mittere vocem. Mitto, mittis, misi, missum. *acc.*

LACHER *le pied. Voyez* FUIR.

LACHER *les écluses.* Effundere aquas; *c'est-à-dire, répandre les eaux.* Effundo, effundis, effudi, effusum. *acc.*

LACHETÉ. Ignavia, *g.* ignaviæ. *f.*

LACHETÉ *ou action lâche.* Res indigna, *gén.* rei indignæ. *f. L'un et l'autre se déclinent.*

LACONIE, *pays du Péloponèse.* Laconia, *gén.* Laconiæ. *f.*

LACONIQUE. Laconicus, laconica, laconicum. *adj.*

LACONIQUEMENT, *en style laconique.* Compressè. *adv.*

LACONISME, *manière de s'exprimer concise et serrée.* Breviloquentia, *g.* breviloquentiæ. *f.*

LACRYMALE, *en parlant d'une fistule.* Ægilops, *g.* ægilopis. *masc.*

LACS. Laqueus, *g.* laquei. *masc.*

LACTÉE, *veines lactées.* Venæ lacteæ, *gén.* venarum lactearum. *f. plur. La voie lactée, amas d'étoiles.* Via lactea, *gén.* væ lacteæ. *fém.*

LACUNE, *omission.* Lacuna, *g.* lacunæ. *fém.*

17

LADRE, *lépreux*. Affectus, affecta, affectum. *Ajoutez* leprâ. *à l'abl*. Affec.us. *part. pass. du verbe* Afficere.

LADRERIE, *lèpre*. Lepra, *g*. Lepræ. *fém.*

LAI, *en parlant d'un frère de couvent*. Frater laïcus, *gén*. fratris laïci. *m*. Tous deux se déclinent. Sœur laie. Soror laica, *gén*. sororis laïcæ. *f.*

LAID. Deformis, *m. f.* deforme, *neut. gén*. deformis.

LAIDEMENT. Deformiter.

LAIDEUR. Deformitas, *g*. deformitatis. *fém.*

LAIE, *femelle du sanglier*. Sus fera, *gén*. suis feræ. *Tous deux se déclinent.* Sus. *fém.*

LAINAGE. Lanea merx, *g*. laneæ mercis, *f*. *c'est-à-dire*, *marchandise de laine.* L'un et l'autre se déclinent.

LAINE. Lana, *g.* lanæ. *f.* Qui est de laine. Laneus, a, um. *adj.*

LAIQUE. Laïcus, laïca, laïcum. *adj.*

LAISSE, *lien pour conduire les chiens de chasse*. Lorum, *g*. lori. *neut.*

LAISSER ou *abandonner*. Relinquere, relinquo, relinquis, reliqui, relictum. *act.* rég. dir. acc. rég. ind. *dat.*

LAISSER *perdre*. Amittere, amitto, is, amisi, amissum. *act.* acc.

LAISSER *échapper*, ou *laisser passer*. Prætermittere, prætermitto, prætermittis prætermisi, prætermissum. *act. acc. une occasion*, occasionem.

LAISSER ou *permettre*. Sinere, sino, sinis, sivi, situm. *act.* acc.

LAISSER *aller*. Dimittere, dimitto, dimittis, dimisi, dimissum. *act.* acc.

SE LAISSER *aller à*. Se permittere, permitto, is, permisi, permissum. *act.* acc. *à la débauche*, libidini. *dat.*

LAIT. Lac, *gén.* lactis. *neut. Qui est de lait.* Lacteus, a, um. *Qui a du lait.* Lactarius, a, um. *adj. Cochon de lait.* Porcus lactens, *gén*. porci lactentis, *masc. c'est-à-dire, qui tette. Petit lait*. Serum, *gén.* seri. *neut.*

LAITAGE. Lactaria, *gén.* lactariorum. *neut. plur.*

LAITE *de poisson*. Lactea pulpa, *gén*. lacteæ pulpæ. *f.*

LAITÉ. Habens, *gén*. habentis. *part. prés. d'*Habeo. *Aj.* lacteam pulpam.

LAITERIE, *lieu où l'on serre le lait*. Caseale, *g.* casealis. *neut.*

LAITEUX, *qui a du lait*, ou *du suc semblable au lait*. Lactarius, lactaria, lactarium. *adj.*

LAITIÈRE, *qui vend du lait*. Quæ vendit lac.

LAITON. Orichalcum, *g*. orichalci. *n.*

LAITUE *plante*. Lactuca, *g* lactucæ. *fém.*

LAMBEAU. Segmen, *gén*. segminis. *neut.*

LAMBINER. Lentè agere, *c'est-à-dire*, *agir lentement*. Ago, agis, egi, actum. *actif.*

LAMBRIS, *le dessus d'un plancher*. Laquear, *g*. laquearis. *neut.*

LAMBRISSÉ. Laqueatus, laqueata, laqueatum. *adj.*

LAMBRISSER. Lacunare, lacuno, as, lacunavi, lacunatum. *act. acc.*

LAME. Lamina, *g*. laminæ. *f. Petite lame*. Lamella, *g*. lamellæ. *f.*

LAMENTABLE. Lamentabilis, *m. f.* lamentabile, *n. g.* lamentabilis.

LAMENTABLEMENT. Voce lamentabili. *à l'abl.*

LAMENTATION. Lamentatio, *g*. lamentationis. *f.*

LAMENTER, *se lamenter de*. Lamentari, lamentor, lamentaris, lamentatus sum. *dép. acc.*

LAMIE, *monstre*. Lamia, *gén*. lamiæ. *fém.*

LAMPE. Lychnus, *g.* lychni. *neut.*

LAMPERON. Alveolus, *g*. alveoli. *m.* *Ajoutez* ellychnii.

LAMPROIE. Muræna, *gén*. murænæ. *fém.*

LANCE. Lancea, *gén*. lanceæ. *f.*

LANCÉ. Jactus, a, um. *part. pass. de* Jacio. *Sur ou dans, par in, et l'acc.*

LANCER. Jacere, jacio, jacis, jeci, jactum. Sur ou dans *par* in, *et l'acc.*

SE LANCER. Voy. *Se jeter sur.*

LANCETTE. Scalpellum, *gén*. scalpelli. *neut.*

LANCIER. Lancearius, *gén*. lancearii. *masc.*

LANDEAU, *ville de la basse Alsace*. Landaria, *gén*. Landariæ. *f.*

LANDE, *terre sablonneuse et stérile*. Sabuletum, *gén*. sabuleti. *neut.*

LANDES, *pays de Gascogne*. Syrticus ager, *g*. Syrtici agri. *masc.*

LANDGRAVE. Landgravius, *g*. Landgravii. *masc.*

LANDGRAVIAT. Landgraviatus, *gén*. landgraviatûs. *masc.*

LANGAGE. Lingua, *g*. linguæ. *f.*

LANGE. Pannus, *g*. panni. *masc.*

LANGOUREUSEMENT. Languidè. *adv.*

LANGOUREUX. Languens, *m. f. neut. gén*. languentis. *part. prés. de* Langueo.

LANGOUSTE, *poisson de mer*. Hyppocampus, *g*. hyppocampi. *masc.*

LANGRES, *ville*. Lingonæ, *g*. Lingonarum. *f. plur. Qui est de Langres*. Lingonensis, *m. f.* lingonense, *neut. g*. lingonensis.

LANGUE. Lingua, *g*. linguæ. *f. Langue vivante* Lingua publicè usitata, *c. à d.*, *langue usitée publiquement.*

LAR   LAT

LANGUEDOC, *province*. Occitania, *gén.* Occitaniæ. *fém.*

LANGUEDOCIEN. Occitanus, occitana, occitanum. *adj.*

LANGUETTE *de balance*. Examen, *g.* examinis. *neut.*

LANGUEUR. Languor, *gén.* languoris. *masc.*

LANGUIR. Languere, langueo, es, langui. *sans sup. neut.*

Faire LANGUIR. Torquere, torqueo, torques, torsi, tortum. *act. acc. Ajoutez* diù, *c'est-à-dire, tourmenter long-temps.*

LANGUISSAMMENT. Languidè. *adv.*

LANGUISSANT. Languens, *m. f. neut. gén.* languentis. *part. prés. de* Langueo.

LANIER, *oiseau de proie*. Lanerius, *gén.* lanerii. *masc.*

LANIÈRE. Lorum, *g.* lori. *neut.*

LANTERNE. Laterna, *génit.* laternæ. *fém.*

LAPER, *boire comme les chiens*. Lambere, lambo, lambis, lambi. *sans supin neut.*

LAPEREAU. Cuniculus tener, *g.* cuniculi teneri. *m. Tous deux se déclinent.*

LAPIDAIRE. Sculptor, *gén.* sculptoris. *masc. Ajoutez* gemmarum, *ouvrier de pierreries.*

LAPIDATION, *supplice de ceux qu'on lapide.* Lapidatio, *g.* lapidationis. *f.*

LAPIDÉ. Obrutus, obruta, obrutum. *part. pass.* d'Obruo. *Ajoutez* lapidibus, *c'est-à-dire, accablé de pierres.*

LAPIDER. Lapidare, lapido, lapidas, lapidavi, lapidatum. *act. acc.*

LAPIN. Cuniculus, *g.* cuniculi. *m.*

LAPINE. Cuniculus femina, *g.* cuniculi feminæ. *fém.*

LAPONIE, *région très-froide.* Laponia, *gén.* Laponiæ. *f.*

Les LAPONS, *peuples*. Lapones, *gén.* Laponum. *m. plur.*

LAPS, *espace de temps*. Decursus, *g.* decursûs. *m. Ajoutez* temporis.

LAQUAIS. Ped sequus, *gén.* pedisequi. *masc.*

LARCIN. Furtum, *g.* furti. *neut. Faire un larcin.* Voy. *Dérober.*

LARD. Lardum, *gén.* lardi. *neut.*

LARDÉ. Fixus, fixa, fixum. *part. pass.* de Figo. *De lard.* Lardo. *à l'abl.*

LARDER. Figere, figo, figis, fixi, fixum. *act. acc. De lard, ou avec du lard.* Lardo. *à l'abl.*

LARDOIRE. Acus. *gén.* acûs. *f.*

LARDON. Segmen, *gén.* segminis. *n. Ajoutez* lardi, *c'est-à-dire, morceau de lard.*

LARDON, *brocard*. Dicterium, *génit.* dicterii. *neut.*

LARES, *dieux des foyers*. Lares *gén.* Larium. *masc. plur.*

LARGE. Latus, lata, latum. *adj. Au large.* Latè. *adv. Au comp.* latiùs ; *au superl.* latissimè.

LARGEMENT. Largè. *adv. Au comp.* largiùs ; *au sup.* largissimè.

LARGESSE. Largitas, *gén.* largitatis. *f. Faire des largesses.* Largiri, largior, largiris, largitus sum. *dép. rég. dir. acc. rég. ind. dat.*

LARGEUR. Latitudo, *gén.* latitudinis. *fém. De largeur ou en largeur.* In latitudinem.

LARME. Lacryma, *gén.* lacrymæ. *f. Donner, jeter, répandre, verser des larmes.* Voy. *Pleurer.*

LARMIER, *corniche,* ou *bout d'un toit*. Projectura, *gén.* projecturæ. *f.*

LARMIER, *petite fenêtre.* Fenestra, *g.* fenestræ. *f. Ajoutez* obliquati lum nis.

LARRON. Fur, *g.* furis. *masc.*

LARVE, *premier état d'un insecte.* Larva, *g.* larvæ. *f.*

LARVES, *âmes des méchans*. Larvæ, *gén.* larvarum. *f. plur.*

LAS. Fessus, fessa, fessum; *du chemin,* itinere, *à l'abl. Etre las, être fatigué.* Esse fessum, sum fessus, es fessus, fui fessus, *etc. Si après* las *suit un de joint à un infin. français, on se sert du gérond en* do, *comme* : Las d'écrire. Fessus scribendo.

LASCIF. Lascivus, a, um. *adj.*

LASCIVEMENT, *d'une manière lascive*. Libidinosè. *adv.*

LASCIVETÉ. Lascivia, *gén.* lasciviæ. *fém.*

LASSANT. Operosus, a, um. *adj.*

LASSER. Fatigare, fatigo, fatigas, fatigavi, fatigatum. *act. acc. Se lasser.* Fatigari, fa'igor, fatigaris, fatigatus sum. *pass. Du travail.* Labore. *à l'abl. Si après* se lasser *il y a un autre verbe, on met ce second verbe au gérond en* do, *comme* : Se lasser d'écrire, *ou en écrivant.* Fatigari scribendo.

LASSITUDE. Defatigatio, *g.* defatigationis *fém.*

LATÉRAL, *qui concerne les côtés*. Lateralis, *m. f.* laterale, *neut. gén.* lateralis. *adject.*

LATIN. Latinus, a, um. *adj.*

Le LATIN. Lingua latina, *g.* linguæ latinæ. *f. En latin.* Latinè. *adv.*

LATINISER *un mot*. Efficere latinum verbum quodvis. Efficio, efficis, effeci, effectum. *acc. c'est-à-dire, rendre latin un mot quelconque.*

LATINISME, *locution propre au latin.* Latina locutio, *g.* latinæ locutionis, *f.*

LATINISTE, *qui entend et parle le latin.* Qui latinè scit et loquitur.

LATINITÉ. Latinitas, *gén.* latinitatis. *fém.*

LATITUDE. Latitudo, *gén.* latitudinis. *fém.*

LATIUM, *pays des ancien Latins.* Latium, *gén.* Latii. *neut.*

LATRIE, *culte qu'on ne rend qu'à Dieu.* Latria, *g.* latriæ. *f.*

LATRINE. Latrina, *gén.* latrinæ. *f.*

LATTE, *petite planche pour couvrir les toits.* Regula, *g.* regulæ. *f.*

LATTER. Instruere, instruo, instruis, instruxi, instructum. *act. acc.* Ajoutez regulis, *c'est-à-dire*, couvrir de lattes.

LAVANDE, *herbe.* Lavendula, *gén.* lavendulæ. *fém.*

LAVANDIÈRE. Lotrix, *gén.* lotricis. *fém.*

LAVANGE. Voy. *Avalanche.*

LAVÉ. Lautus, lauta, lautum. *part. pass.* de lavare.

LAVEMENT ou *l'action de laver.* Lavatio, *gén.* lavationis. *f.*

LAVEMENT. Clyster, *g.* clysteris. *masc.*

LAVER. Lavare, lavo, lavas, lavavi ou lavi, lavatum, lautum ou lotum. *act. acc.* Se laver les mains. Lavare manus. à *l'acc.*

SE LAVER *d'un crime.* Depurgare, depurgo, depurgas, depurgavi, depurgatum. *act. acc.* crimen.

LAVOIR. Emissarium, *gén.* emissarii. *neut.*

LAURIER. Laurus, *g.* lauri. *f.* Qui est de laurier. Laureus, laurea, laureum. *adj.* Couronné de laurier. Laureatus, laureata, laureatum. *adj.*

LAUSANE, *ville de la Suisse.* Lausanna, *gén.* Lausannæ. *f.* De *Lausane*. Lausannensis, *m. f.* lausannense. *n.*

LAXATIF. Resolvens, *m. f. n. g.* resolventis. *adj.*

LAYETTE, *petit coffret de bois.* Scrinium, *g.* scrinii. *neut.*

LAZARET, *hôpital pour les pestiférés.* Valetudinarium, *g.* valetudinarii. *n.*

LE *ne s'exprime pas quand il est placé devant un substantif, comme :* le père, le ciel, etc. *Il s'exprime en latin, lorsqu'il est pronom ; comme :* je le vois, *c'est-à-dire*, je vois lui. *Lorsque* le *signifie* cela, *il se traduit en latin par* illud *; comme :* je te le promets, *c'est-à-dire*, je te promets cela. Tibi polliceor illud. Si je le savais. Si scirem illud. *acc.*

LÈCHE, *tranche fort mince.* Offella. *gén.* offellæ. *f.*

LÉCHÉ. Linctus, lincta, linctum. *part. pass.* de Lingere.

LÈCHEFRITE, *vase pour recevoir*, etc. Excipulum, *g.* excipuli. *neut.*

LECHER. Lambere, lambo, lambis, lambi. *sans sup. act. acc.*

SE LÉCHER *les doigts.* Lingere, lingo, lingis, linxi, linctum. digitos.

LEÇON ou *ce qu'on apprend par cœur.* Ediscenda, *génit.* ediscendorum. *neut. pluriel.*

LEÇON ou *instruction.* Præceptum, *gén.* præcepti. *neut.*

LECTEUR. Lector, *g.* lectoris. *m.*

LECTURE. Lectio, *g.* lectionis. *f.* Faire la lecture de. Legere. *acc. c'est-à-dire*, lire.

LEGAL, *qui concerne les lois.* Legalis, *m. f.* legale, *n. g.* legalis. *adj.*

LEGALISATION. Testimonium firmatum auctoritate publicâ, *g.* testimonii firmati, etc. *neut. c'est-à-dire*, témoignage donné par l'autorité publique.

LEGALISER, *rendre un acte authentique par un témoignage public.* Firmare, firmo, firmas, firmavi, firmatum. *act. acc. Ajout.* auctoritate publicâ, *c'est à-dire*, assuré par l'autorité publique.

LÉGAT, *envoyé.* Legatus, *g.* legati. *masc.*

LÉGATAIRE. Legatarius, *g.* legatarii. *masc.*

LEGATION, *envoi d'un Légat.* Legatio, *gén.* legationis. *f.*

LEGER. Levis, *m. f.* leve, *neut. gén.* levis. A la légère. Voyez *Légèrement.* Soldats armés à la légère. Milites levis armaturæ. Ces deux derniers mot sont au *gén. g.* militum, de miles, *gén.* militis, *masc.* soldat.

LÉGÈREMENT. Leviter. *adv.*

LEGERETÉ. Levitas, *gén.* levitatis. *f.*

LEGION. Legio, *gén.* legionis. *f.*

LEGIONNAIRE, *soldat d'une légion.* Legionarii, *gén.* legionariorum. *m. plur.*

LEGISLATEUR. Legislator, *gén.* legislatoris. *masc.*

LEGISTE, *qui enseigne les lois.* Interpres, *g.* interpretis. *m.* Ajoutez legum, *c'est à-dire*, interprète des lois.

LÉGISTE, *qui étudie ou fait les lois.* Leguleius, *gén.* leguleii. *masc.*

LEGITIMATION. Adoptio, *gén.* adoptionis. *fém.*

LEGITIME. Legitimus, legitima, legitimum. *adj.*

UNE LÉGITIME. Legitima portio, *g.* legitimæ portionis. *f.* Ajoutez hæreditatis, *c'est-à-dire*, légitime portion d'héritage. Hæreditatis reste seul invariable.

LEGITIMEMENT. Legitimè. *adv.*

LEGITIMER. Facere legitimum. Facio, facis, feci, factum. *acc.* legitimum *doit s'accorder avec le régime du verbe* légitimer.

LEGS. Legatum, *gén.* legati. *neut.*

LEGUÉ. Legatus, legata, legatum. *part. pass.* de Legare.

LEGUER. Legare, lego, legas, legavi, legatum. *act. rég. dir. acc. rég. ind. dat.*

LEGUME. Legumen, *gén.* leguminis. *neut.*

LET   LEV

LEIDE, *ville de Hollande.* Lugdunum, *gén.* Lugduni. *neut. Ajoutez* Batavorum.

LEIPSIC, *ville de la haute Saxe.* Lipsia, *gén.* Lipsiæ. *f.*

LE LENDEMAIN. Dies posterus, *gén.* diei posteri. *m. Tout se décline.*

LENITIF, *qui adoucit.* Mitigatorius, mitigatoria, mitigatorium. *adj.*

LÉNITIF, *substant.* Lenimentum, *gén.* lenimenti. *neut.*

LENT. Lentus, lenta, lentum. *adj.*

LENTE, *œuf de vermine.* Lens, *génit.* lendis. *fém.*

LENTEMENT. Lentè. *adv.*

LENTEUR. Tarditas, *gén.* tardita'is. *fém.*

LENTILLE, *légume.* Lens, *g.* lentis. *masc.*

LEOPARD, *animal féroce.* Pardus, *gén.* pardi. *masc.*

LÈPRE. Lepra, *gén.* lepræ. *f.*

LEPREUX. Affectus, affecta, affectum. *adj. Ajoutez* leprâ, *c'est-à-dire, attaqué de la lèpre.*

LEQUEL *s'exprime par* qui, *ou* quis, *ou* uter, *ou* uterlibet. *C'est aux élèves à faire l'application de leurs règles.*

LERNÉ, *marais.* Lerne, *gén.* Lernes *fém.*

LESÉ, *à qui l'on a fait tort.* Læsus, læsa, læsum. *part. pass. de* Lædo.

LÈSE-MAJESTÉ. Læsa majestas, *gén.* læsæ majestatis. *f. Crime de lèse-majesté.* Perduellio, *gén.* perduellionis. *f. Commettre un crime de lèse-majesté.* Lædere majestatem; lædo, lædis, læsi, læsum. *act. accus.*

LÉSER, *porter dommage.* Lædere, lædo, lædis, læsi, læsum. *act. acc.*

LESINE, *épargne sordide*, Nimia parcitas, *gén.* nimiæ parcitatis. *f. Tous deux se déclinent,*

LESINER, *épargner trop.* Nimiò plus parcere, parco, parcis, peperci. *n. Ajout. toujours* nimiò plus.

LESION, *perte, dommage.* Læsio, *gén.* læsionis. *fém.*

LESSIVE. Lixivia, *gén.* lixiviæ. *f.*

LESSIVER. Lavare, lavo, lavas, lavi, lotum. *act. acc. Ajoutez* lixivio, *c'est-à-dire, laver avec des cendres lessivées.*

LEST, *gravier qu'on met au fond d'un vaisseau pour l'affermir contre les vagues.* Saburra, *g.* saburræ. *f.*

LESTE, *dégagé, dispos.* Agilis, *m. f.* agile, *neut. g.* agilis. *f.*

LESTEMENT, *promptement.* Promptè. Celeriter. Agiliter. *adv.*

LESTER. Saburrare, saburro, saburras, saburravi, saburratum. *act. un vaisseau,* navem.

LETHARGIE. Lethargus, *g.* lethargi, *masc.*

LETHARGIQUE, *atteint de léthargie.* Lethargicus, a, um. *adj.*

LETTRE de *l'alphabet.* Littera, *génit.* litteræ. *f. A la lettre.* Ad verbum. *Lettre qu'on écrit à un autre.* Litteræ, *g.* litterarum. *f. plur*, Epistola, *g.* epistolæ. *f. Lettre circulaire.* Epistola missa, *g.* epistolæ missæ. *f. Ajoutez* ad plures in eamdem sententiam, *c'est-à-dire, lettre envoyée à plusieurs sur le même sujet. Lettres de recommandation.* Litteræ commendatitiæ, *g.* litterarum commendatitiarum, *f. plur. Lettres patentes.* Diploma, *g.* diplomatis. *n. Les Belles-Lettres.* Humaniores litteræ, *g.* humaniorum litterarum. *f. plur. Tous deux se déclinent.* (Humaniores *est le comp. plur. de l'adj.* Humanus.)

Un homme de lettres. Litteratus, a, um. *adj. Un homme sans lettres.* Illitteratus, a, um. *adj.*

LETTRÉ. Litteratus, litterata, litteratum. *adj.*

LEVAIN. Fermentum, *gén.* fermen'i. *n.*

LE LEVANT. Oriens, *gén.* orientis. *m. Du levant au couchant.* Ab oriente ad occidentem.

LES LEVANTINS, *les peuples de l'Orient.* Populi orientales, *gén.* populorum orientalium. *m. plur.*

LEVÉ ou *dressé.* Erectus, erecta, erectum. *part. pass.* d'Erigo.

LEVÉ ou *ramassé.* Collectus, collecta, collectum. *part. pass.* de Colligo.

LEVÉ ou *ôté.* Sublatus, sublata, sublatum. *part. pass.* de Tollo.

LEVÉ, *en parlant des astres.* Ortus, a, um. *part. pass.* d'Orior.

LEVÉ, *pain levé.* Fermentatus panis, *gén.* fermentati panis. *m. Tous deux se déclinent.*

UNE LEVÉE, ou *une chaussée.* Agger, *gén.* aggeris. *masc.*

LEVÉE, ou *collection.* Exactio, *génit.* exactionis. *fém.*

LEVÉE *de soldats,* etc. Delectus, *gén.* delectûs. *masc.*

LEVÉE *d'un siége.* Obsidio soluta, *gén.* obsidionis solutæ. *fém Tous deux se déclinent.*

LEVER *de bouclier, grande entreprise sans succès.* Incœptum specie præclarum, sed vanum et irritum, *gén.* incœpti specie præclari, sed vani et irriti. *neut. Il n'y a que* specie, *sed, et, auxquels on ne change rien.*

LEVER *en haut.* Extollere, extollo, is, extuli, elatum. *act. acc.*

LEVER *le siége d'une ville.* Solvere, solvo, solvis, solvi, solutum. *act. obsidionem.*

LEVER *les obstacles.* Removere. Voyez *Eloigner.*

LEVER ou *établir*. Instruere, instruo, instruis, instruxi, instructum. *act. acc. une boutique*, officinam.

LEVER ou *ramasser*. Colligere, colligo, is, collegi, collectum. *act. acc.*

LEVER ou *ôter*. Tollere, tollo, tollis, sustuli, sublatum. *act. acc.*

SE LEVER. Surgere, surgo, surgis, surrexi, surrectum. *neut. du lit*, è lecto; *de son siège*, è sellâ.

Faire LEVER *du lit*. Educere, educo, educis, eduxi, eductum. *act. acc.* è lecto.

SE LEVER, *en parlant des astres*. Oriri, orior, oriris, ortus sum. *dép.*

Le LEVER, *l'action de se lever du lit*. Egressus, *g.* egressûs. *m.* Ajoutez è lecto. *A ton lever*; il faut tourner : *lorsque tu te lèveras*. Cùm surges.

Le LEVER *des astres*. Ortus, *g.* ortûs. *masc.*

LEVIER, *barre pour lever*. Vectis, *g.* vectis. *masc.*

LEVIS. (*Pont-levis*.) Pons suspensus, *gén.* pontis suspensi. *m. Tous deux se déclinent.*

LÉVITE, *sacrificateur des Hébreux*. Levita, *gén.* Levitæ. *masc.*

LÉVITIQUE. Leviticus, *gén.* levitici. *masc.*

LEVRAUT, *jeune lièvre*. Lepusculus, *gén.* lepusculi *masc.*

LÈVRE. Labrum, *gén.* labri. *neut. Du bout des lèvres*. Labris primoribus. *à l'abl. Sur le bout des lèvres*. In labris primoribus.

LEVRETTE, *chienne de chasse*. Vertagus femina, *gén.* vertagi feminæ. *f. Tous deux se déclinent.*

LEVRIER. Vertagus, *gén.* vertagi. *masc.*

LEVRON, *jeune levrier*. Junior vertagus, *g.* junioris vertagi, *m. L'un et l'autre se déclinent.*

LEUR *se traduit en latin par* à eux, à elles; *autrement il appartient au pronom* son, sa, leur ; ses, leurs. *Voyez la règle* son, sa, ses, *dans la Grammaire latine*.

LEURRE, *appât, amorce*. Illicium, *gén.* illicii. *neut.*

LEURRER, *attirer par quelque appât*. Illicere, illicio, illicis, illexi, illectum. *act. acc.*

LÉZARD. Lacerta, *gén.* lacertæ. *f.*

LÉZARDE, *fente dans un mur*. Muri rima, *gén.* rimæ. *fém. Muri ne change point.*

LIAISON, *union d'amitié*. Conjunctio, *gén.* conjunctionis. *f.* amicitiæ.

LIAISON, *ce qui sert à lier les choses matérielles*. Coagulum, *g.* coaguli. *n.*

LIARD, *sorte de monnaie*. Teruncius, *gén.* teruncii. *m. Deux liards*. Semissis, *gén.* semissis. *masc.*

LIASSE *de papier*. Fasciculus, *g.* fasciculi, *m.* chartarum, *au gén. plur.*

LIBATION, *sorte de sacrifice*. Libamen, *gén.* libaminis. *neut.*

LIBELLE. Libellus, *gén.* libelli. *m.*

LIBÉRAL. Liberalis, *m. f.* liberale, *n. gén.* liberalis. *adject. Les arts libéraux*. Artes liberales, *gén.* artium liberalium. *f. pluriel.*

LIBÉRALEMENT. Liberaliter. *adv.*

LIBÉRALITÉ. Liberalitas, *g.* liberalitatis. *fém.*

LIBÉRATEUR. Liberator, *gén.* liberatoris. *masc.*

LIBÉRATION. Liberatio, *gén.* liberationis. *fém.*

LIBÉRATRICE. Vindex, *gén.* vindicis. *f.* Ajoutez libertatis, *c'est-à-dire, protectrice de la liberté*.

LIBÉRER. Liberare, libero, liberas, liberavi, liberatum. *act. acc. Se libérer*. Liberare se, *de ses dettes*, ære alieno, *à l'abl. c'est-à-dire, se délivrer de, etc.*

LIBERTÉ. Libertas, *g.* libertatis. *fém. Mettre quelqu'un en liberté*. Vindicare, vindico, vindicas, vindicavi, vindicatum. *act.* aliquem in libertatem.

LIBERTIN. Libidinosus, libidinosa, libidinosum. *adj.*

LIBERTINAGE. Immoderata licentia, *g.* immoderatæ licentiæ. *f. Tous deux se déclinent.*

LIBRAIRE. Bibliopola, *gén.* bibliopolæ. *masc.*

LIBRAIRIE. Res libraria, *gén.* rei librariæ. *f. Ces deux mots se déclinent.*

LIBRATION, *mouvement de libration*. Libratio, *g.* librationis. *f.*

LIBRE. Liber, libera, liberum. *adject. Libre de faire*, ou *pour faire*. Liber ad faciendum.

LIBREMENT. Liberè.

LIBYE, *pays*. Libya, *gén.* Libyæ. *f. De Libye, en parlant des personnes*. Libyx, *g.* Libycis. *masc.* Libyssa, *gén.* Libyssæ. *f. De Libye, en parlant des choses*. Libycus, libyca, libycum. *adj.*

LICE. Curriculum, *g.* curriculi. *n. De haute lice*. Supremi licii. *au gén.*

LICENCE. Licentia, *g.* licentiæ. *f.*

LICENCIÉ, *congédié*. Dimissus, a, um. *part. pass. de* Dimitto.

Un LICENCIÉ. Doctor designatus, *génit.* Doctoris designati. *m. Licencié en Droit*. Doctor designatus utriusque juris, *génit.* doctoris designati utriusque juris. *mascul.* Utriusque juris *restent invariables*.

LICENCIEMENT *des gens de guerre*. Dimissio, *gén.* dimissionis. *f.* Ajoutez militum.

LICENCIER *les soldats, les congédier*. Dimittere, dimitto, dimittis, dimisi, dimissum. *act.* exercitum, *ou* milites.

LICENCIEUSEMENT. Licentiùs. *Comp.* *adverbe.*

LICENCIEUX. Licentior , *m. f.* licentius , *n. gén.* licentioris.

LICITATION. Licitatio , *g.* licitationis. *fém.*

LICITE. Licitus , a , um. *adj.*

LICITEMENT. Licitè. *adv.*

LICORNE , *animal.* Monoceros , *gén.* monocerotis, *masc.*

LICOU ou *licol.* Capistrum , *g.* capistri. *neut.*

LICTEUR. Lictor , *g.* lictoris. *m.*

LIE. Fex , *gén.* fecis. *f.*

LIÉ à. Ligatus , ligata , ligatum *part. pass. de* Ligo. *avec un dat. Lié par son serment.* Sacramentis obstrictus , a , um. *part. pass. du verbe* obstringere. *Lié d'amitié.* Conjunctus , a , um. *adj. Ajout.* vinculis amoris , *c'est-à-dire , uni par les liens d'amitié. part. pass. du verbe* conjungere.

LIEGE. Suber , *g.* suberis. *n. De liége, fait de liége.* Subereus, suberea , subereum. *adj.*

LIÉGE , *ville.* Leodinum , *gén.* Leodini. *neut.*

LIÉGEOIS , *de Liége.* Leodicensis , *m. f.* leodicense , *n. g.* le decensis.

LIEN. Vinculum , *g.* vinculi. *neut.*

LIENTERIE , *sorte de cours de ventre.* Levitas, *gén.* levitatis. *f. Ajoutez* intestinorum.

LIER. Ligare , ligo , ligas , ligavi , ligatum. *act. acc. Lier à.* Alligare , alligo , as, alligavi , alligatum. *acc. avec ad. comme : Lier quelqu'un à un poteau.* Alligare aliquem ad palum. *Se lier d'amitié avec quelqu'un.* Jungere , jungo , jungis , junxi , junctum. *act.* amicitiam cum aliquo.

LIERRE. Hedera , *g.* hederæ. *f. Qui est de lierre.* Hederaceus, hederacea , hederaceum. *adj.*

LIESSE. Letiæ , *gén.* letiarum *f. plur. Notre-Dame de Liesse.* Virgo letiensis , *gén.* Virginis letiensis. *f. L'un et l'autre se déclinent.*

LIEU. Locus , *g.* loci. *m. plur.* loca. *n.* ou loci , *g.* locorum. *m. Sur les lieux, sans mouvement.* In re præsenti. *S'il y a mouvement.* In rem præsentem. *En premier lieu.* Primo loco. *à l'abl. En second lieu.* Secundo loco. *à l'abl. En temps et lieu.* Tempore ac loco. *Il me tient lieu de père ;* tournez : *Il est à moi au lieu de père.* Est mihi loco patris. *Les prières n'ont plus eu lieu.* Locus jam precibus non est relictus , *c'est-à-dire , lieu n'a plus été laissé aux prières. Au lieu de. Au lieu que...* (*Voyez la Grammaire latine.*)

LIEU, *occasion.* Locus , *g.* loci. *masc.*

LIEUE. Leuca, *gén.* leucæ. *fém.*

LIEUR. Alligator , *g.* alligatoris. *m.*

LIEUTENANCE. Munus , *g.* muneris. *neut. Ajoutez* legati , *c'est-à-dire , charge de lieutenant.*

LIEUTENANT. Legatus , *gén.* legati. *masc.*

LIEUTENANT *criminel.* Quæsitor , *gén.* quæsitoris. *m. Ajoutez* criminum , *c'est-à-dire , juge des crimes.*

UN LIEUTENANT *civil.* Judex , *g.* judicis. *m. Ajoutez* ordinariæ cognitionis , *c'est-à-dire , juge des procès ordinaires.*

LIEUTENANT *de police.* Curator , *g.* curatoris. *m. Ajoutez* urbis et annonæ, *c'est-à-dire , celui qui a soin de la ville et des vivres. Lieutenant de roi dans une province.* Regius legatus , *gén.* regii legati. *masc.* Provinciæ.

LIÈVRE. Lepus , *g.* leporis. *masc. De lièvre.* Leporinus , a , um. *adj.*

LIGAMENT. Ligamen , *gén.* ligaminis. *neut.*

LIGATURE. Ligamen , *gén.* ligaminis. *neut.*

LIGNAGE, *parenté.* Genus , *g.* generis. *neut.*

LIGNAGER. *Retrait lignager.* Gentilitia redhibitio , *g.* gentilitiæ redhibitionis. *f. Ces deux mots se déclinent.*

LIGNE. Linea , *gén.* lineæ. *f.*

LIGNE *de circonvallation.* Obsidionales fossæ ductæ , *gén.* obsidionalium fossarum ductarum. *f. plur. Ajoutez* circum urbem, *c'est-à-dire , fossés qui conduisent aux environs d'une ville.*

LA LIGNE, *l'équateur.* Circulus æquinoctialis , *g.* circuli æquinoctialis. *m. On décline ces deux mots.*

LIGNÉE. Proles , *gén.* prolis. *f.*

LIGUE. Fœdus, *g.* fœderis. *neut. Faire ligue ,* ou *se liguer.* Inire , ineo , inis , inivi ou inii, initum. *Ajoutez* fœdus; *avec quelqu'un ,* cum aliquo.

LIGUEUR. Factiosus , factiosa , factiosum. *adj.*

LIGURIE , *pays d'Italie.* Liguria , *gén.* Liguriæ. *fém.*

LIGURIEN , *de Ligurie.* Ligur , *génit.* Liguris. *m. Pour les choses.* Ligusticus , a , um. *adj.*

LILAS. Liliacum , *g.* liliaci. *neut.*

LILLE , *ville de France.* Insulæ , *gén.* Insularum. *f. plur. Qui est de Lille.* Insulanus , a , um. *adj.*

LIMAÇON. Limax , *g.* limacis. *masc.*

LIMAILLE. Scobis , *g.* scobis. *f.*

LIMANDE , *poisson plat.* Solea , *gén.* soleæ. *fém.*

LIMBE. Limbus , *g.* limbi. *masc.*

LIME. Lima , *g.* limæ. *f.*

LIMÉ. Limatus , limata , limatum. *part. pass. de* Limare.

LIMER. Limare , limo , limas , limavi , limatum. *act. acc.*

LIMIER. Canis indagator, *gén.* canis indagatoris. *m. Tout se décline.*

LIMITE. Circumscriptus, a, um. *part. pass. du verbe* circumscribere.

LIMITES, *bornes.* Fines, *g.* finium. *masc. plur.*

LIMITER. Circumscribere, circumscribo, circumscribis, circumscripsi, circumscriptum. *act. acc.*

LIMITROPHE. Finitimus, finitima, finitimum, *avec un dat.*

LIMOGES, *ville.* Lemovicum, *g.* Lemovici. *neut. De Limoges.* Lemovicensis, *masc. fém.* lemovicense, *neut. gén.* lemovicensis.

LIMON *de charrette*, etc. Temo, *gén.* temonis. *masc.*

Limon ou *bourbe.* Limus, *gén.* limi. *m.*

Limon, *espèce de citron.* Malum citreum, *gén.* mali citrei. *n. On décline ces deux noms.*

LIMONADE. Potio confecta, *g.* potionis confectæ. *f. Ajoutez* è saccharo et limoniorum succo, *c'est-à-dire, potion faite avec du sucre et du suc de limons.*

LIMONEUX, *où il y a du limon.* Limosus, limosa, limosum. *adj.*

LIMONIER, *cheval limonier.* Equus sustinens, *g.* equi sustinentis. *m. Ajoutez* utrumque temonem, *c'est-à-dire, cheval qui porte les deux brancards.*

Limonier, *arbre.* Malus limonia, *gén.* mali limoniæ. *f.*

LIMOUSIN, *province.* Lemovicium, *g.* lemovicii. *neut.*

Limousin, *qui est de Limoges.* Lemovix, *gén.* Lemovicis. *masc.*

LIMURE. Ductus, *gén.* ductús. *masc. Ajoutez* limæ.

LIN, *plante.* Linum, *g.* lini. *neut. Qui est de lin.* Lineus, a, um. *adj.*

LINCEUL. Linteum, *g.* lintei. *masc.*

LINEAMENT. Lineamentum, *g.* lineamenti. *neut.*

LINGE. Linteum, *g.* lintei. *n. Qui est de linge.* Linteus, a, um. *adj.*

LINGÈRE, *qui fait du linge.* Opifex, *g.* opificis. *f. Ajoutez* linteorum.

LINGERIE, *commerce du linge.* Lintearia negotiatio, *g.* linteariæ negotiationis. *f. On décline ces deux mots.*

Lingerie, *lieu où l'on serre le linge.* Tabernæ lintcariæ, *g.* tabernarum linteariarum. *f. plur.*

LINGOT. Massula, *gén.* massulæ. *f. d'argent*, argentea; *d'or*, aurea.

LINIMENT, *remède pour adoucir.* Linimentum, *g.* linimenti. *neut.*

LINON, *toile de lin.* Linum byssinum, *gén.* lini byssini. *neut.*

LINOTTE, *oiseau.* Linaria, *g.* linariæ. *f.*

LINTEAU *de porte.* Superliminare, *g.* superliminaris. *neut.*

LION, *animal.* Leo, *gén.* leonis. *m. Qui est du lion.* Leoninus, a, um. *adj.*

LIONCEAU, *petit d'une lionne.* Catulus, *gén.* catuli. *n. Ajoutez* leænæ.

LIONNE. Leæna, *gén.* leænæ. *f.*

LIPÉE, *franche lipée.* Mensa gratuita; *gén.* mensæ gratuitæ. *fém. Chercheur de franches lipées.* Parasitus, *gén.* parasiti. *masc.*

LIQUEFACTION, *l'action de rendre liquide.* Fusura, *g.* fusuræ. *f.*

LIQUÉFIÉ. Liquefactus, a, um. *part. pass. du verbe* liquefacere.

LIQUÉFIER. Liquefacere, liquefacio, liquefacis, liquefeci, liquefactum. *actif. accusat.*

Se Liquéfier. Liquefieri, liquefio, liquefis, liquefactus sum. *pass.*

LIQUEUR. Liquor, *g.* liquoris. *m.*

LIQUIDE. Liquidus, a, um. *adj.*

LIQUIDER *ses dettes.* Expedire sua nomina, *c'est-à-dire, écarter les noms de ses créanciers.* Expedio, expedis, expedivi, expeditum. *acc.*

Liquider *son bien.* Liberare suam rem. *Ajoutez* ære alieno, *c'est-à-dire, délivrer son bien des dettes.*

LIQUIDITÉ. Liquiditas, *g.* liquiditatis. *fém.*

LIRE. Legere, lego, legis, legi, lectum. *act. acc.*

LIS, *fleur.* Lilium, *g.* lilii. *neut. Fleur de lis, marque infâme réservée aux criminels.* Stigma liliaceum, *gén.* stigmatis liliacei. *neut.*

LISBONNE, *ville capitale du Portugal.* Olyssipo, *g.* Olyssiponis. *f. Qui est de Lisbonne.* Olyssiponensis, m. f. olyssiponense, *n. gén.* olyssiponensis.

LISERON, *plante.* Convolvolus, *gén.* convolvoli. *masc.*

LISET, *ver qui ronge les bourgeons de la vigne.* Volucra, *g.* volucræ. *f.*

LISIBLE. Legibilis, *m. f.* legibile, *n. gén.* legibilis.

LISIBLEMENT. Modo legibili, *à l'abl. absolu.*

LISIÈRE, *extrémité de l'étoffe.* Limbus, *gén.* limbi. *masc.*

Lisière, *bornes d'un pays*, etc. Fines, *gén.* finium. *masc. plur.*

LISSE. Levis, *masc. f.* leve, *neut. gén.* levis.

LISSÉ. Levigatus, levigata, levigatum. *part. pass. de* levigare.

LISSER. Levigare, levigo, levigas, levigavi, levigatum. *act. acc.*

LISTE. Recensio, *g.* recensionis. *f.*

LIT, *où l'on couche.* Lectus, *g.* lecti. *m. Se mettre au lit.* Cubare, *c. à d.*, *se coucher.* Cubo, as, cubui, cubitum. *n. Mettre quelqu'un au lit.* Collocare aliquem in cubili. Colloco, as, collocavi, collocatum. *acc.*

Lit *de rivière, etc.* Alveus, *g.* alvei. *m.*
Lit *de justice.* Judiciarium tribunal, *g.* judiciarii tribunalis. *neut. Tous deux se déclinent.*
LITANIES, *invocation des Saints.* Litaniæ, *g.* litaniarum. *f. plur.*
LITARGE, *écume des métaux.* Spuma, *gén.* spumæ. *f.*
LITEAU, *lieu où se tient le loup.* Cubile, *g.* cubilis. *neut. Ajoutez* lupi.
LITHUANIE, *province de Hongrie.* Lithuania, *g.* Lithuaniæ. *f.*
LITIÈRE, *où l'on se fait porter.* Lectica, *g.* lecticæ. *f.*
LITIÈRE *pour les chevaux, etc.* Stramentum, *g.* stramenti. *neut.*
LITIGE. Litigium, *g.* litigii. *neut.*
LITIGIEUX, *qui est en litige.* Litigiosus, litigiosa, litigiosum. *adj.*
LITRE, *unité des mesures de capacité.* Litrum, *g.* litri. *neut.*
LITTÉRAIRE. Litterarius, litteraria, litterarium. *adj.*
LITTÉRAL. Proprius, a, um. *adj.*
LITTÉRALEMENT. *adj.* Ad litteram.
LITTÉRATEUR. Litterator, *g.* litteratoris. *masc.*
LITTÉRATURE. Litteratura, *g.* litteraturæ. *fém.*
LITURGIE, *cérémonie de l'église.* Liturgia, *g.* liturgiæ. *f.*
LIVIDE. Lividus, a, um. *adj.*
LIVONIE, *province de Russie.* Livonia, *g.* Livoniæ. *f. Peuples de la Livonie.* Levones, *g.* Levonum. *m. plur.*
LIVRAISON. Traditio, *gén.* traditionis. *fém.*
Un LIVRE. Liber, *g.* libri. *masc.*
Une LIVRE. Libra, *g.* libræ. *f. Demi-livre.* Semilibra, *g.* semilibræ. *f. Une livre et demie.* Sesquilibra, *g.* sesquilibræ. *fém.*
Une LIVRE, *vingt sous.* Libra francica, *gén.* libræ francicæ. *f. Tous les deux se déclinent.*
LIVRÉ. Traditus, tradita, traditum. *part. pass. de* Tradere.
LIVRÉE. Insignia, *g.* insignium. *neut. pluriel.*
LIVRER. Tradere, trado, tradis, tradidi, traditum. *act. rég. dir. acc. rég. ind. dat. Se livrer à.* Se tradere, *et le dat.*
LIVRER *bataille.* Confligere, confligo, confligis, conflixi, conflictum. *n. à l'ennemi,* cum hoste.
LIVRET. Libellus, *g.* libelli. *masc.*
LOBE, *en parlant du foie, du poumon.* Fibræ, *g.* fibrarum. *f. plur.*
LOCAL, *qui regarde le lieu.* Pertinens, *m. f. neut. gén.* pertinentis. *part. prés. Ajoutez* ad locum.
LOCATAIRE. Inquilinus, *gén.* inquilini. *masc.*

LOCATION, *action de prendre ou de donner à loyer.* Locatio, *g.* locationis. *f.*
LOCUTION, *manière de parler.* Locutio, *g.* locutionis. *f.*
LOGARITHME. Logarithmus, *gén.* logarithmi. *masc.*
LOGE. Casa, *g.* casæ. *f.*
LOGEABLE. Habitabilis, *m. f.* habitabile, *neut. g.* habitabilis.
LOGEMENT. Habitatio, *g.* habitationis. *f. Donner à quelqu'un le logement.* Voy. loger quelqu'un.
LOGER, *demeurer, être logé.* Habitare. Voyez Habiter.
LOGER *quelqu'un.* Accipere aliquem hospitio, *c'est-à-dire, recevoir quelqu'un dans sa maison.* Accipio, accipis, accepi, acceptum. *act. acc.*
LOGICIEN. Dialecticus, *gén.* dialectici. *masc.*
LOGIQUE. Dialectica, *gén.* dialecticæ. *fém.*
LOGIS. Domus, *gén.* domûs. *f.*
LOI. Lex, *g.* legis. *f. Faire des lois, les établir.* Ferre, fero, fers, tuli, latum. *act.* leges. *Qui est sans loi.* Exlex, *m. f. neut. gén.* exlegis.
LOIN. Longè. *adv. Bien loin.* Longissimè. *De loin.* Eminùs. *adv. Venir de loin.* Venire è longinquo. *Loin de, suivi d'un nom.* Longè à ou ab, *avec l'ablat. Loin de la maison.* Longè à domo.
Loin, *bien loin, tant s'en faut.* Tantùm abest. *Le* que *qui suit s'exprime par* ut *avec le subjonct.*
LOING, *rivière de Gâtinois.* Lupa, *g.* Lupæ. *fém.*
LOINTAIN. Longinquus, longinqua, longinquum. *adj.*
LOIR, *animal.* Glis, *g.* gliris. *m.*
Le LOIR, *rivière de France.* Lædus, *gén.* Lædi. *masc.*
LA LOIRE, *rivière de France qui a donné son nom à plusieurs départemens.* Ligeris, *g.* Ligeris. *masc.*
LOIRET, *rivière et département de France.* Lesura, *g.* Lesuræ. *f.*
LOISIBLE. Licitus, a, um. *adj.*
LOISIR. Otium, *g.* otii. *n. Qui est de loisir.* Otiosus, a, um *adject. Etre de loisir.* Esse otiosum, ou vacare, vaco, as, vacavi, vacatum. *n. A loisir.* Cum otio. *Avoir du loisir,* ou *le loisir de.* Habere otium.
LOMBARDIE, *pays.* Longobardia, *g.* Longobardiæ. *fém.*
Les LOMBARDS, *peuples de Lombardie.* Longobardi, *g.* Longobardorum. *masc. plur.*
LONDRES, *ville.* Londinum, *g.* Londini. *neut. Qui est de Londres.* Londinensis, *masc. f.* londinense, *neut. gén.* londinensis.

LONG. Longus, a, um. *adj.*

Long ou *lent.* Lentus, lenta, lentum. *adj. à faire quelque chose, au gérond.* en do, ou *l'on se sert d'in*, *avec le part.* en dus, da, dum, *que l'on fait accorder avec l'abl. du substantif*, comme : *Long à écrire des lettres.* In scribendis epistolis lentus. *Tu es long à faire.* Tu es lentus faciendo. *Le long de.* Secundùm, *avec l'acc.* Exemple : *Le long de la rivière.* Secundùm fluvium.

Le Long de, ou *durant.* Per, *avec un acc.* Exemple : *Le long du jour.* Per diem. *Au long.* Fusè. *adv. Au comp.* fusiùs ; *au superl.* fusissimè.

A la **LONGUE.** Diuturnitate temporis. *à l'abl.*

LONG-TEMPS. Diù. *Au comp.* diutiùs ; *au superl.* diutissimè. *Il y a long-temps que je ne l'ai vu.* Jàm pridem illum vidi. *Il n'y a pas long-temps que je l'ai vu.* Non ita pridem illum vidi.

LONGANIMITÉ, *constance.* Longanimitas, *g.* longanimitatis. *f.*

LONGE ou *attache.* Lorum, *gén.* lori. *neut.*

Longe *de veau.* Lumbus vitulinus, *g.* lumbi vitulini. *masc.*

LONGÉVITÉ, *longue durée de la vie.* Longævitas, *g.* longævitatis. *f.*

LONGITUDE. Longitudo, *gén.* longitudinis. *fém.*

LONGUEMENT. Diù. *adv.*

LONGUEUR, *en long.* Longitudo, *gén.* longitudinis. *f.*

Longueur, ou *retardement.* Mora, *g.* moræ. *f. Tirer en longueur.* Voyez *Prolonger.*

LOQUET *d'une porte.* Pessulus, *génit.* pessuli. *masc.*

LORGNER. Aspicere. *act. acc. Ajout.* oculis obliquis, *c'est-à-dire, regarder, les yeux étant tournés de côté.*

LORGNETTE. Conspicillum, *g.* conspicilli. *neut.*

LORIOT, *oiseau.* Galbulus, *gén.* galbuli. *masc.*

LORRAIN, *de Lorraine.* Lotharingus, lotharinga, lotharingum. *adj.*

LORRAINE, *pays.* Lotharingia, *gén.* Lotharingiæ. *f.*

LORSQUE. Cùm. *avec l'indic. et quelquefois le subjonct. Lorsque je me promenais.* Cùm ambularem. *Pour lors*, ou *alors.* Tunc. *adv. Dès lors que.* Ex eo tempore quo.

LOSANGE, *figure à quatre côtés égaux.* Rhombus, *g.* rhombi. *masc.*

LOT. Pars, *g.* partis. *f.*

Lot, *rivière et département de France.* Oldus, *gén.* Oldi. *masc.*

LOTE, *poisson de rivière.* Lota, *gén.* lotæ. *fém.*

LOTERIE. Sortitio ludicra, *g.* sortitionis ludicræ. *f. Ajoutez* schedularum.

LOUABLE. Laudandus, a, um. *adj. Plus louable*, magis laudandus. *Très-louable*, maximè laudandus.

LOUABLEMENT. Laudabiliter. *adv.*

LOUAGE, *quand on donne à louage.* Locatio, *g.* locationis. *f. Quand on prend à louage.* Conductio, *g.* conductionis. *f. De louage.* Conductitius, conductitia, conductitium, *adj. Donner à louage.* Voy. *Louer.*

LOUANGE. Laus, *gén.* laudis. *f. A la louange de Dieu.* Ad laudem Dei.

LOUCHE. Strabo, *g.* strabonis. *m.*

LOUCHER. Intueri, intueor, eris, intuitus sum. *dép. Ajoutez* limis oculis, *c'est-à-dire, regarder avec des yeux de travers.*

LOUE, *par louanges.* Laudatus, laudata, laudatum. *participe pass.* de Laudare.

Loué ou *pris à louage.* Conductus, conducta, conductum. *part. pass.* de Conducere. *Donné à louage.* Locatus, a, um. *part. pass.* de Locare.

LOUER, *donner des louanges.* Laudare, laudo, laudas, laudavi, laudatum. *act. acc.*

Se **Louer** *des services de quelqu'un.* Prædicare, prædico, as, prædicavi, prædicatum. *act. acc.* officia alicujus. *Tâcher de se faire louer.* Captare, capto, captas, captavi, captatum. *act. Ajoutez* laudes, *au gén.*, c. à d., *rechercher les louanges de. Cela vous fera louer*, c'est-à-dire, *cela apportera à vous la louange.* Illud afferet tibi laudem. Affero, ers, attuli, allatum. *act. de vos amis*, tuorum amicorum. *au gén.*

Louer ou *donner à louage.* Locare, loco, locas, locavi, locatum. *act. acc. à quelqu'un*, alicui.

Louer ou *prendre à louage.* Conducere, conduco, conducis, conduxi, conductum. *act. acc. de quelqu'un*, ab aliquo.

LOUEUR, *qui donne des louanges.* Laudator, *g.* laudatoris. *masc.*

Loueur, *qui donne à louage.* Locator, *gén.* locatoris. *masc.*

LOUIS, *nom d'homme.* Ludovicus, *gén.* ludovici. *masc.*

Louis d'or, *pièce de monnaie.* Nummus aureus, *g.* nummi aurei. *masc.*

LOUP. Lupus, *g.* lupi. *m. Qui est de loup.* Lupinus, a, um. *adj.*

LOUP-CERVIER. Lupus cervarius, *gén.* lupi cervarii. *masc.*

LOUP-GAROU. Versipellis, *gén.* versipellis. *masc.*

LOUPE. Ganglion, *g.* ganglii. *neut.*

LOURD. Prægravis, *m. f.* prægrave, *n. gén.* prægravis.

Lourd, *stupide.* Stupidus, stupida, stupidum. *adj.*

LOURDAUD. Stolidus, stolida, stolidum. adj.
LOURDEMENT. Stolidè. adv.
LOURDISE. Error gravis, gén. erroris gravis. masc.
LOUTRE, animal. Lutra, g. lutræ. f.
UN LOUTRE, chapeau. Petasus, génit. petasi. m. Ajoutez pilis lutræ, c'est-à-dire, chapeau de poils de loutre.
LOUVE. Lupa, gén. lupæ. f.
LOUVETEAU. Catulus, gén. catuli. m. Ajoutez lupæ, c'est-à-dire, petit d'une louve.
LOUVETIER, grand louvetier. Præfectus, g. præfecti. m. Ajoutez luporum venatoribus, c'est-à-dire, intendant des chasseurs des loups.
LOUVOYER. Deflectere, deflecto, is, deflexi, deflexum. act.
LE LOUVRE. Lupara, gén. Luparæ. f.
LOYAL. Fidus, fida, fidum. adj.
LOYALEMENT. Cum fide.
LOYAUTÉ. Fides, g. fidei. f.
LOYER. Pretium, génit. pretii. neut. Ajoutez locationis, c'est-à-dire, prix de louage.
LA LOZÈRE, mont des Cévennes qui a donné son nom à un département. Legericinus, gén. Legericini. masc.
LUBRICITÉ. Impudicitia, g. impudicitiæ. fém.
LUBRIQUE. Impudicus, impudica, impudicum. adj.
LUCARNE. Fenestra aperta, g. fenestræ apertæ. f. Ajoutez in tecto, c'est-à-dire, fenêtre ouverte sur un toit.
LUCIDE. Lucidus, a, um. adj.
LUCIFER, diable. Lucifer, gén. luciferi. masc.
LUCQUES, ville et république de Toscane. Luca, g. Lucæ. f. De Lucques. Lucensis, m. f. lucense. n. g. lucensis.
LUCRATIF. Quæstuosus, quæstuosa, quæstuosum. adj.
LUCRE. Lucrum, gén. lucri. neut.
LUETTE. Uva, gén. uvæ. f.
LUEUR. Fulgor, g. fulgoris. masc.
LUGUBRE. Lugubris, m. f lugubre, neut. gén. lugubris. adj.
LUGUBREMENT. Flebiliter, adv.
LUI. Ille, illa, illud, gén. illius. pronom.
LUIRE. Lucere, luceo, luces, luxi. sans supin. neut.
LUISANT. Lucens, m. f. n. g. lucentis. part. prés. de Lucere.
LUMIÈRE. Lumen, gén. luminis. neut. Lux, gén. lucis. f. Mettre en lumière. Edere, edo, edis, edidi, editum. act. accusat.
LUMIÈRE de canon, etc. Foramen, gén. foraminis. neut. in tormento, c'est-à-dire, trou dans un canon.

LUMIGNON. Ellychnium, g. ellychnii. neut.
LUMINAIRE. Luminare, gén. luminaris. neut.
LUMINEUX. Luminosus, luminosa, luminosum. adj.
LUNAIRE. Lunaris, m f. lunare, neut. gén. lunaris.
LUNAISON. Menstruus cursus, génit. menstrui cursûs. m. Ajoutez lunæ, c'est-à-dire, cours de chaque mois de la lune.
LUNATIQUE. Lunaticus, lunatica, lunaticum. adj.
LUNDI. Dies, g. diei. m. Ajoutez lunæ, c'est-à-dire, jour de la lune.
LUNE. Luna, gén. lunæ fém.
DEMI LUNE, fortification. Propugnaculum lunatum, gén. propugnaculi lunati. neut.
LUNETTE. Conspicillum, g. conspicilli. neut.
LUNETIER. Opifex, g. opificis. masc. Ajoutez conspicillorum, c'est-à-dire, faiseur de lunettes.
LUPERCALES, fêtes des Païens en l'honneur du dieu Pan. Lupercalia, gén. lupercalium. neut. plur.
LUPIN, sorte de légume. Lupinum, g. lupini. neut.
LUSTRALE, en parlant de l'eau dans les sacrifices. Aqua lustralis, g. aquæ lustralis. f. Tous deux se déclinent.
LUSTRE ou éclat. Fulgor, g. fulgoris. m. Donner du lustre à un discours. Voy. Embellir.
LUSTRE, chandelier de cristal. Multifidum candelabrum crystallinum. m. multifidi candelabri crystallini. n. On décline ces trois mots.
LUSTRE, espace de cinq ans. Lustrum, g. lustri. neut.
LUSTRER. Addere, addo, addis, addidi, additum. act. Ajoutez nitorem; une étoffe, panno, au datif, c'est-à-dire, ajouter, ou donner un lustre à une étoffe.
LUT, enduit. Lutum, g. luti. neut.
LUTER, enduire de boue. Lutare, luto, lutas, lutavi, lutatum. act. acc.
LUTH. Cithara, g. citharæ. f.
LUTHER, nom d'homme. Lutherus, g. Lutheri. masc.
LUTHERIEN. Sectator, g. sectatoris. m. Ajoutez Lutheri, c'est-à-dire, sectateur de Luther.
LUTHIER. Opifex, g. opificis. masc. Ajoutez testudinum, c'est-à-dire, faisant des luths.
LUTIN. Larva, g. larvæ. fém.
LUTRIN. Pluteus, g. plutei. masc.
LUTTE, combat. Luctatio, génitif. luctationis. fém. De haute lutte. Vi. à l'ablat.

268 MAC   MAD

LUTTER. Luctari, luctor, luctaris, luctatus sum. *dépon.*
LUTTEUR. Luctator, *gén.* luctatoris. *masc.*
LUXATION, *en parlant des os démis.* Luxatio, *g.* luxationis. *f.*
LUXE. Luxus, *g.* luxûs. *m. Vivre dans le luxe.* Vivere luxuriosè. *adv.* Vivo, vivis, vixi, victum. *neut.*
LUXEMBOURG. Luxemburgum, *gén.* Luxemburgi. *neut.*
LUXURE. Impudicitia, *g.* impudicitiæ. *fém.*
LUXURIEUX. Impudicus, impudica, impudicum. *adj.*

LUZERNE, *sorte de foin.* Medica, *g.* medicæ. *f.*
LYCÉE, *lieu où Aristote enseignait.* Lycæum, *g.* lycæi. *neut.*
LYNX. Lynx, *gén.* lyncis. *f. De lynx.* Lynceus, lyncea, lynceum. *adj.*
LYON, *ville.* Lugdunum, *génit.* Lugduni. *neut.*
LYONNAIS, ou *qui est de Lyon.* Lugdunensis, *m. f.* lugdunense, *neut. gén.* lugdunensis. *adj.*
Le LYONNAIS. Lugdunensis Ager, *gén.* Lugdunensis Agri. *m. Tout se décline.*
LYRE. Lyra, *g.* lyræ. *fém.*
LYRIQUE. Lyricus, lyrica, lyricum. *adj.*

MA, *pronom.* Voyez M. *n.*
MACARON. Panis dulciarius, *g.* panis dulciarii. *masc.*
MACÉDOINE, *province.* Macedonia, *g.* Macedoniæ. *f.*
MACÉDONIEN, *de Macédoine, en parlant des hommes.* Macedo, *g.* Macedonis. *masc. Une femme Macédonienne.* Mulier, *gén.* mulieris, *f. Ajoutez à* Macedoniâ. *De Macédoine, en parlant des choses.* Macedonicus, macedonica, macedonicum. *adj.*
MACÉRATION *du corps.* Afflictatio, *g.* afflictationis. *f.* corporis.
MACÉRER *son corps.* Macerare, macero, maceras, maceravi, maceratum. *actif* corpus. *à l'acc.*
MÂCHE. Mansus, mansa, mansum. *part. pass. de* Mandere.
MÂCHE-FER. Retrimentum, *g.* retrimenti. *neut.* ferri.
MÂCHELIÈRE. Molaris, *m. f.* molare, *neut. g.* molaris. *adj.*
MÂCHER. Mandere, mando, mandis, mandi, mansum. *act. acc.*
MACHINATEUR. Molitor, *g.* molitoris. *m. d'un crime*, sceleris.
MACHINE. Machina, *génit.* machinæ. *fém.*
MACHINER. Moliri, molior, moliris, molitus sum. *dép. acc.*
MACHINISTE, *qui invente et conduit des machines.* Machinator, *g.* machinatoris. *masc.*
MÂCHOIRE. Maxilla, *gén.* maxillæ. *f.*
MÂCON, *ville.* Matisco, *g.* Matisconis. *fém. De Mâcon.* Matisconensis, *m. f.* matisconense, *n. gén.* matisconensis.
MAÇON, *ouvrier.* Structor, *g.* structoris. *masc.*
MAÇONNER. Struere, struo, struis, struxi, structum. *act. acc.*
MAÇONNERIE. Structura, *gén.* structuræ. *fém.*
MACREUSE. Anaticula marina, *g.* anaticulæ marinæ. *fém. On décline ces deux mots.*
MACULATURE. Charta maculata, *gén.* chartæ maculatæ. *f. L'un et l'autre se déclinent.*
MACULE. Macula, *gén.* maculæ. *f.*
MACULÉ. Maculatus, maculata, maculatum. *part. pass. de* Maculare.
MACULER. Maculare, maculo, as, maculavi, maculatum. *act. acc.*
MADAME. Domina, *g.* dominæ. *f.*
MADEMOISELLE. Domina, *gén.* dominæ. *fém.*
MADRÉ, *bois qui a des taches brunes, etc.* Lignum tigrinum, *g.* ligni tigrini. *n. Ces deux mots se déclinent.*
MADRÉ, *marqueté, tacheté.* Maculosus, maculosa, maculosum. *adj.*
MADRÉ, *fin, rusé,* Astutus, astuta, astutum. *adj.*

MAI — MAI

MADRID, *ville*. Madritum, *g*. Madriti. *neut*. Qui est *de Madrid*. Madriticus, madritica, madriticum. *adj.*

MADRIER, *planche épaisse*. Tabula crassior, *gén.* tabulæ crassioris. *f.* On décline l'un et l'autre.

MAGASIN. Apotheca, *g*. apothecæ. *f. Magasin d'armes*. Armamentarium, *gén*. armamentarii. *neut*.

MAGE. Magus, *gén.* magi. *masc*.

MAGICIEN. Magus, *g*. magi. *masc*.

MAGICIENNE. Saga, *gén.* sagæ. *f.*

MAGIE. Magice, *gén.* magices. *f.*

MAGIQUE. Magicus, magica, magicum. *adj.*

MAGISTER, *maître d'école de village*. Magister, *g*. magistri. *masc.*

MAGISTRAL, *de maître*. Imperiosus, imperiosa, imperiosum. *adj.*

MAGISTRALEMENT. Magistri in morem.

MAGISTRAT. Magistratus, *gén.* magistratûs. *masc.*

MAGISTRATURE. Magistratus, *génit.* magistratûs. *m*. *Etre dans la magistrature.* Habere magistratum, *c'est-à-dire*, *l'avoir*. Habeo, habes, habui. *acc.*

MAGNANIME. Magnanimus, magnanima, magnanimum. *adj.*

MAGNANIMEMENT. Fortiter. *adv*.

MAGNANIMITÉ. Magnanimitas, *gén.* magnanimitatis. *f.*

MAGNETIQUE, *qui a la vertu de l'aimant*. Magneticus, magnetica, magneticum. *adj.*

MAGNIFICENCE. Magnificentia, *gén.* magnificentiæ. *fém.*

MAGNIFIQUE. Magnificus, magnifica, magnificum. *Au comp.* magnificentior, *m. f.* magnificentius, *n. au superl.* magnificentissimus, magnificentissima, magnificentissimum.

MAGNIFIQUEMENT. Magnificè. *adv. Au comp.* magnificentiùs ; *au superlat.* magnificentissimè.

MAGOT, *amas d'argent caché*. Thesaurus absconditus, *gén.* thesauri absconditi. *m*. Tous deux se déclinent.

MAGOT, *gros singe*. Cercopithecus, *gén.* cercopitheci. *masc.*

MAGOT, *mal fait, et fort laid*. Insignis, *m. f.* insigne. *neut. gén.* insignis. *Ajoutez* deformitate, *c'est-à-dire*, *remarquable par sa laideur*.

MAI, *mois*. Maius, *g*. Maii. *masc.*

MAI, *arbre*. Arbor posita, *gén.* arboris positæ. *f. Ajoutez* ad fores, *c'est-à-dire*, *arbre placé devant une porte*.

MAIGRE. Macilentus, a, um. *adject. Maigre chère*. Victus tenuis, *gén.* victûs tenuis. *masc. L'un et l'autre se déclinent. Faire maigre chère.* Parcè et sobriè vivere, *c'est-à-dire*, *vivre avec épargne et sobriété*. Vivo, vivis, vixi, victum. *neut.*

MAIGRE, *abstinence de chair*. Abstinentia, *gén.* abstinentiæ. *f.* carnium. *Un jour maigre*. Dies quo fas non est vesci carnibus, *c'est-à-dire, jour auquel il n'est pas permis de manger de la chair. Faire maigre*. Abstinere carne, *c'est-à-dire*, *s'abstenir de la viande*. Abstineo, es, abstinui, abstentum. *neut. Un discours maigre*, *sec et dur*. Oratio jejuna, *gén.* orationis jejunæ. *f.*

MAIGREMENT. Parcè. *adv. Au comp.* parciùs ; *au superl.* parcissimè.

MAIGREUR. Macies, *g*. maciei. *f.*

MAIGRIR, *devenir maigre, se faire maigre*. Macrescere, macresco, macrescis, macrui. *sans supin neut.*

MAIL, *avec quoi on joue*. Tudes lusorius, *g*. tuditis lusorii. *masc. Ces deux noms se déclinent. Le lieu où l'on joue*. Stadium malleare, *g*. stadii mallearis. *n. Ces deux mots se déclinent. Le jeu de mail*. Sphæromachia mallearis, *gén.* sphæromachiæ mallearis. *f*. On décline ces deux mots.

Une MAILLE, *monnaie*. Secuncia, *g*. secunciæ. *fém.*

MAILLE *de filet*. Macula, *gén.* maculæ. *fém.*

MAILLE, *tache dans l'œil*. Argema, *g*. argematis. *neut.*

MAILLE, *en parlant d'un perdreau*. Variatus, variata, variatum. *Ajoutez* maculis.

MAILLER. Variari, varior, variaris, variatus sum. *pass. Ajoutez* maculis, *c'est-à-dire*, *être varié par les taches*.

MAILLET. Malleus, *g*. mallei. *m.*

MAILLOT. Fasciæ, *génit.* fasciarum. *fém. plur.*

MAIN. Manus, *gén.* manûs. *f. A la main*. Manu. *à l'abl. Entre les mains, sans mouvement*. In manibus ; *s'il y a mouvement*, in manus. *Prendre quelque chose en main*. Capere aliquid in manum. *D'entre les mains*. E manibus. *De main en main*. Per manus. *Baiser les mains à*, *ou saluer*. Salutare, saluto, salutas, salutavi, salutatum. *act. accusat. A mains jointes*. Suppliciter. *adv. Sous main, ou secrètement*. Occultè. *adv. Faire main basse sur*. Cædere, cædo, cæcidi, cæsum. *act. acc. Prêter la main à*, *ou aider*. Adjuvare, adjuvo, adjuvas, adjuvi, adjutum. *act. acc.* à quelqu'un, aliquem. *En venir*, *ou en être aux mains*, *se battre*. Decertare, decerto, decertas, decertavi, decertatum. *neutre. Ajoutez* manu.

MAIN *de papier*. Scapus, *g*. scapi. *m.*

MAINTENANT. Nunc. *adv. Dès maintenant*. Jàm nunc.

MAINTENIR ou *défendre* Tueri, tueor, tueris, tuitus sum. *dép. acc.*

MAINTENIR, *assurer, affirmer.* Affirmare, affirmas, affirmavi, affirmatum. *act. rég. dir. acc. rég. ind dat.*

SE MAINTENIR. Stare, sto, stas, steti, statum. *neut.*

MAINTENU. Defensus, defensa, defensum. *part. pass. de* Defendere.

MAINTENU, *affirmé.* Affirmatus, affirmata, affirmatum. *part. pass. d'*Affirmo.

MAINTIEN, *contenance.* Habitus, *g.* habitûs. *masc.*

MAINTIEN, *affermissement.* Firmamentum, *g.* firmamenti. *neut.*

MAIRE. Præfectus, *gén.* præfecti. *m. Ajoutez* urbis.

MAIRIE. Præfectura, *g.* præfecturæ. *f. Ajoutez* urbis, *c'est-à dire, préfecture de la ville.*

MAÏS, *blé de Turquie.* Sesama, *gén.* sesamæ. *fém.*

MAIS. Sed. Verùm. *adv. Mais encore,* ou *mais aussi.* Sed etiam.

MAISON. Domus, *f. gén.* domûs, *et* domi *à la question* ubi *seulement. À la maison, sans mouvement.* Domi. *au g. S'il y a mouvement,* domum, *à l'accus.* Voy. *les questions de lieu.*

MAISON *des champs ou de campagne.* Villa, *g.* villæ. *f.*

MAISON ou *famille.* Genus, *g.* generis. *neut. De bonne maison.* Nobili genere. *à l'abl.*

MAISON *de ville.* Basilica, *g.* basilicæ. *f. Ajoutez* civilis consilii, *c'est-à-dire, maison du conseil des citoyens.*

Les petites MAISONS. Valetudinarium, *gén.* valetudinarii. *n. Ajout.* amentium, *c'est-à-dire, hôpital des fous.*

MAITRE ou *précepteur.* Magister, *g.* magistri. *m. En maître,* ou *savamment.* Perité. *adv.*

MAITRE, *seigneur.* Dominus, *g.* Domini. *masc. En maître ou en seigneur.* Cum imperio.

MAITRE, *qui a des domestiques.* Herus, *gén.* heri. *masc.*

MAITRE *des requêtes.* Magister, *génit.* magistri. *masc. Ajoutez* libellorum supplicum.

MAITRE-ès-arts. Magister, *g.* magistri. *m. Ajoutez* artium. *au gén.*

MAITRE *d'hôtel.* OEconomus, *g.* œconomi. *masc.*

LE MAITRE ou *le grand autel.* Ara præcipua, *gén.* aræ præcipuæ. *Tous deux se déclinent.*

MAITRE *de soi, qui est maître de son esprit.* Potens, *m. f. n. g.* potentis. *Ajout.* mentis. *Se rendre maître de.* Redigere in suam potestatem, *avec un acc. c'est-à-dire, réduire sous son pouvoir.* Redigo, redigis, redegi, redactum. *accus. Etre maître de ses passions.* Imperare suis cupiditatibus, *c'est-à-dire, commander à ses passions.* Impero, imperas, imperavi, imperatum. *n. dat.*

MAITRESSE, *qui enseigne.* Magistra, *gén.* magistræ. *f.*

MAITRESSE ou *dame.* Domina, *génit.* dominæ. *fém.*

MAITRESSE, *qui a des domestiques.* Hera, *gén.* heræ. *f.*

MAITRISE. Magisterium, *gén.* magisterii. *neut.*

MAITRISER. Dominari, dominor, dominaris, dominatus sum. *dép. sur quelqu'un,* ou *quelqu'un,* in aliquem.

MAJESTÉ. Majestas, *gén.* majestatis. *fém.*

Sa MAJESTÉ, *le roi.* Rex, *gén.* regis. *masc.*

MAJESTUEUSEMENT. Cum majestate.

MAJESTUEUX. Augustus, augusta, augustum. *adj.*

MAJEUR, *plus grand, plus considérable.* Major, *masc. f. neut. g.* majoris.

MAJEUR, *hors de tutelle.* Egressus, a, um. *Ajoutez* alienâ tutelâ, c. à d., *qui est sorti de la tutelle d'autrui.*

MAJOR, *officier de guerre.* Major, *gén.* majoris. *masc.*

MAJORITÉ, *charge de major.* Munus, *g.* muneris. *n.* majoris. *au gén.*

MAJORITÉ, *âge où l'on est majeur.* Justa ætas, *gén.* justæ ætatis. *f. Ajoutez* agendi et gerendi.

MAJUSCULE, *se dit des lettres.* Littera grandior, *g.* litteræ grandioris. *f.*

MAL, *substantif.* Malum, *g.* mali. *n.*

MAL ou *douleur.* Dolor, *gén.* doloris. *masc.*

MAL ou *maladie.* Morbus, *gén.* morbi. *masc.*

MAL, *malheur, disgrâce.* Infortunium, *gén.* infortunii. *neut.*

MAL, *inconvénient.* Incommodum, *g.* incommodi. *neut.*

MAL, *faute, crime.* Commissum, *gén.* commissi. *neut.*

MAL, *adv.* Malè. *adv. Au comp.* pejùs; *au superl.* pessimè.

MALADE. Æger, ægra, ægrum. *adj. Etre malade.* Ægrotare, ægroto, as, ægrotavi, ægrotatum. *n. Tomber malade.* Incidere, incido, is, incidi, incisum. *neut. Ajoutez* in morbum, *c'est-à dire, tomber dans une maladie.*

MALADIE. Morbus, *g.* morbi. *masc. Gagner, prendre une maladie.* Contrahere morbum, *c'est-à dire, contracter une maladie.* Contraho, contrahis, contraxi, contractum. *act. acc.*

MALADIF. Valetudinarius, valetudinaria, valetudinarium. *adj.*

MALADRERIE, *hôpital pour les lépreux.* Valetudinarium , *g.* valetudinarii. *n.* Ajoutez lepris laborantium.

MALADROIT. Incallidus , incallida , incallidum. *adj.*

MALAISÉ. Difficilis , *m. f.* difficile , *n. gén.* difficilis. Voy. *Difficile.*

MALAISÉMENT. Difficilè. *adv.*

MALAVISÉ. Inconsideratus , inconsiderata , inconsideratum. *adj.*

MALBATI , *qui n'est pas bien fait.* Malè constitutus , malè constituta , malè constitutum. *part. pass.* de Constituere. *g.* malè constituti.

MALCONTENT. Voy. *Mécontent.*

Un **MALE.** Mas , *gén.* maris. *masc.*

MALE ou *viril. adj.* Virilis , *m. f.* virile, *neut. gén.* virilis.

MALÉDICTION. Exsecratio , *g.* exsecration's. *f. Donner des malédictions à.* Exsecrari , exsecror , exsecraris , exsecratus sum. *dép. acc.*

MALEFICE , *sorcellerie.* Veneficium , *gén.* veneficii. *neut.*

MALEFICIÉ. Devinctus , devincta , devinctum. *part. pass. de* Devincire. *Ajout.* Veneficis.

MALENCONTRE , *cas fortuit et désavantageux.* Infortunium , *g.* infortunii. *n.*

MALENTENDU , *erreur , faute , méprise.* Error , *g.* erroris. *masc.*

MALFAISANT. Maleficus , malefica , maleficum. *adj.*

MALFAIT. Deformis , *m. f.* deforme. *neut. gén.* deformis.

MALFAITEUR. Maleficus , *gén.* malefici. *masc.*

MALGRÉ. *Voyez dans la Grammaire latine de quelle manière on traduit en latin* Malgré.

MALHABILE. Ineptus , inepta , ineptum. *adj.*

MALHEUR. Calamitas , *g.* calamitatis. *Porter malheur.* Afferre calamitatem , *c'est-à-dire, causer malheur.* Affero , affers , attuli , allatum. *act. rég. dir. acc. ég. ind. dat.*

MALHEUREUSEMENT ou *par malheur.* Infeliciter. *adv.*

MALHEUREUX , *en parlant des personnes.* Infelix , *m. f. n. g.* infelicis.

MALHEUREUX , *en parlant des choses.* Infaustus , infausta , infaustum. *adj.*

MALHEUREUX, *scélérat.* Scelestus, a , scelestum. *adj.*

MALHONNÊTE. Inhonestus, inhonesta, inhonestum. *adj.*

MALHONNÊTEMENT. Inhonestè. *adv.*

MALHONNÊTETÉ. Inurbanitas , *gén.* urbanitatis. *f.*

MALICE. Malitia, *génitif.* militiæ. *f.*

MALICIEUSEMENT , *par malice, avec malice.* Malitiosè. *adv.*

MALICIEUX. Malitiosus , malitiosa , malitiosum. *adj.*

MALIGNEMENT , *d'une manière maligne.* Malignè. *adv.*

MALIGNITÉ. Malignitas , *g.* malignitatis. *fém.*

MALIN. Malignus , a , um. *adj.*

MALINTENTIONNÉ , *qui a mauvais dessein.* Malevolus , malevola , malevolum. *avec la préposition* ergà, *et l'acc. de la personne.*

MALLE , *sorte de coffre.* Arca viatoria, *gén.* arcæ viatoriæ. *f. Tous deux se déclinent.*

MALLÉABLE, *qui souffre le marteau.* Patiens , *m. f. neut. gén.* patientis. *Ajout.* mallei.

MALPROPRE. Sordidus , sordida , sordidum. *adj.*

MALPROPREMENT. Sordidè. *adverbe.* Squalidè. *adv.*

MALPROPRETÉ. Spurcitia , *gén.* spurcitiæ. *fém.*

MALSAIN , *en parlant des personnes.* Valetudinarius , a , um. *adj. En parlant des choses.* Insalubris, *m. f.* insalubre, *neut. gén.* insalubris.

MALSÉANT. Dedecorus, dedecora , dedecorum. *adj.*

MALTE, *île et ville.* Melita , *g.* Melitæ. *f. De Malte.* Melitensis , *m. f.* melitense , *neut. gén.* melitensis.

MALTOTE. Tributum , *génit.* tributi. *neut.*

MALTOTIER. Exactor , *gén.* exactoris, *masc. Ajoutez* tributorum.

MALTRAITER , *outrager.* Malè accipere. *act. acc. en paroles,* verbis. Accipio, accipis , accepi, acceptum. *Maltraiter de corps.* Malè muctare, mucto, muctas, muctavi, muctatum ; *quelqu'un,* aliquem.

MALVERSATION. Admini-tratio mala, *gén.* administrationis malæ. *f.*

MALVERSER *dans.* Malè administrare, administro , administras , administravi , administratum. *act. dans une affaire , rem , c'est-à-dire , administrer mal une affaire.*

MAMELLE. Mamma , *g.* mammæ. *f.*

MAMELON , *le bout de la mamelle.* Papilla , *gén.* papillæ. *f.*

MANANT , *paysan.* Rusticanus , *gén.* rusticani. *masc.*

Un **MANCHE.** Manubrium , *gén.* manubrii. *neut.*

Une **MANCHE.** Manica , *gén.* manicæ. *fém.*

La **MANCHE** , ou *mer Britannique , partie de l'Océan qui a donné son nom à un département de France.* Oceanus Britannicus , *g.* Oceani Britannici. *m.*

MANCHETTE. Limbus linteus , *gén* limbi lintei. *masc.*

MANCHON. Manica pellita, *g.* manicæ pellitæ. *fém.*

MANCHOT. Mancus, a, um. *adj.*

MANDAT, *procuration.* Delegatio, *g.* delegationis. *f.*

MANDATAIRE. Delegatus, *gén.* delegati. *masc.*

MANDEMENT. Mandatum, *g.* mandati. *neut.*

MANDER ou *écrire.* Scribere, scribo, scribis, scripsi, scriptum. *act. rég. dir. acc. rég. ind. acc. avec ad.*

MANDER, *faire venir quelqu'un.* Accersere, accerso, accersis, accersivi, accersitum. *act.* aliquem.

MANDILLE. Penula, *g.* penulæ. *f.*

MANDRAGORE, *herbe.* Mandragora, *gén.* mandragoræ. *f.*

MANÉGE, *lieu où l'on exerce les chevaux.* Hippodromus, *gén.* hippodromi. *masc.*

MANÉGE, *l'art de dresser les chevaux.* Disciplina, *g.* disciplinæ. *f.* Ajoutez equitandi.

MANES. Manes, *gén.* manium. *masc. pluriel.*

MANGÉ. Exesus, a, um. *part. pass.* d'Exedo.

MANGEABLE. Esculentus, esculenta, esculentum. *adj.*

MANGEAILLE. Cibaria, *gén.* cibariorum. *neut. plur.*

MANGEOIRE. Præsepe, *g.* præsepis. *neut.*

MANGER, *verbe.* Edere, edo, edis, edi, esum ou estum. *act. acc.* Donner à manger à. Præbere, præbeo, præbes, præbui, præbitum. *act.* Ajoutez cibum, avec un dat. Préparer à manger. Parare, paro, paras, paravi, paratum. *act.* Ajout. cibum, *avec un dat.* Bon à manger. Esculentus, a, um. *adj.*

MANGER ou *dissiper.* Dissipare, dissipo, as, dissipavi, dissipatum. *act. acc.*

Le MANGER. Cibus, *g.* cibi. *masc.*

MANGERIE, *goinfrerie.* Comessatio, *gén.* comessationis. *f.*

MANGERIE, *exaction injuste.* Rapina, *gén.* rapinæ. *fém.*

MANGEUR. Edax, *masc. f. neut. gén.* edacis.

MANIABLE, *qu'on manie aisément.* Tractabilis, *masc. f.* tractabile, *n. gén.* tractabilis.

MANIAQUE, *furieux.* Furiosus, furiosa, furiosum. *adj.*

MANICLE, *fers qu'on met aux mains des criminels.* Manicæ, *gén.* manicarum. *fém. plur.*

MANIE. Furor, *gén.* furoris. *masc.*

MANIÉ. Tractatus, tractata, tractatum. *part. pass. de* Tracto.

MANIEMENT ou *conduite.* Administratio, *gen.* administrationis. *f.* Avec maniement de. Administrare. *acc.* c'est-à-dire, *administrer quelque chose.* Administro, administras, administravi, administratum. *act. acc.*

MANIER, *toucher.* Tractare, tractas, tractavi, tractatum. *act. acc.*

MANIER, *conduire une affaire.* Gerere rem. Voyez Gérer.

MANIÈRE. Ratio, *gén.* rationis. *f.* De quelle manière. Quâ ratione. à A la manière de. More, *avec un g.* Prendre les manières, se faire aux manières de quelqu'un. Induere mores cujus. Induo, induis, indui, indutum.

MANIFESTATION. Manifestatio, manifestationis. *f.*

MANIFESTE. Manifestus, manifesta, manifestum. *adj.*

MANIFESTE, *écrit pour justifier quelque chose.* Vulgata defensio, *g.* vulgatæ defensionis. *fém.*

MANIFESTEMENT. Manifestè. *ad.*

MANIFESTER. Patefacere, patefacis, patefeci, patefactum. *act.*

MANIPULE. Manipulus, *gén.* manipuli. *masc.*

MANIVELLE, *poignée à faire tourner une roue.* Manubrium versatile, *g.* manubrii versatilis. *neut.* On décline l'un et l'autre.

La MANNE. Manna. *n. indéclin.*

MANNEQUIN. Cista, *gén.* cistæ. *f.*

MANNEQUIN, *statue de bois ou de.* Simulacrum versatile, *gén.* simulacri satilis. *neut.* Ajoutez in omnem habitum, c'est-à-dire, statue qui peut prendre toutes sortes d'attitudes.

Un MANŒUVRE. Operarius, *g.* rarii. *masc.*

La MANŒUVRE, *les fonctions d'un matelot dans un vaisseau.* Apparatus nauticus, *gén.* apparatûs nautici. *masc.* Les deux se déclinent. Manœuvre militaire. Apparatus militaris, *gén.* apparatûs militaris. *m.* Tous deux se déclinent.

MANQUE ou *défaut.* Defectus, *g.* defectûs. *masc.*

MANQUE ou *faute de.* Inopiâ. *à l'abl. avec un gén. ensuite.* Exemple : Par manque d'argent. Inopiâ pecuniæ.

MANQUEMENT ou *disette.* Inopia, inopiæ. *f.*

MANQUEMENT ou *péché.* Peccatum, peccati. *neut.*

MANQUER de. Carere, careo, carui, caritum. *neut. abl.*

MANQUER à. Deesse, desum, defui, *avec un dat.* Les paroles me manquent ou manquent à moi. Verba me desunt. Manquer à son devoir. Deesse officio ; à sa parole ou à sa promesse. promissis. *au dat.*

MAR   MAR   273

Manquer ou *laisser échapper*. Amittere, amitto, is, amisi, amissum. *act. acc. une occasion*, occasionem.

Manquer *son coup*. Aberrare, aberro, as, aberravi, aberratum. *neut.*

Manquer ou *faire une faute*. Peccare, pecco, peccas, peccavi, peccatum. *neut.*

Mante, *couverture de grosse laine*. Gausape, *g.* gausapis. *neut.*

Mante, *grand voile de deuil que portent les dames*. Matronale velum, *g.* matronalis veli. *n.* Ajoutez in luctu.

Manteau. Pallium, *g.* pallii. *neut.*

Manteau *de cheminée*. Lorica adversa, *gén.* loricæ adversæ. *f.*

Mantelet. Pluteus, *g.* plutei. *m.*

Manuel, *qui concerne les mains*. Manualis, *m. f.* manuale, *neut. gén.* manualis.

Un **Manuel**. Manuale, *gén.* manualis. *neut.*

Manuellement, *de la main à la main*. De manu ad manum.

Manufacture, *lieu de la manufacture*. Officina, *gén.* officinæ. *f.*

Manufacture *d'étoffes*. Confectura, *g.* confecturæ. *f.* pannorum, *au g. plur.*

Manuscrit. Manuscriptus, manuscripta, manuscriptum. *part. pass.* c'est-à-dire, *écrit avec la main*.

Manutention. Incolumitas, *gén.* incolumitatis. *fém.*

Mappemonde, *carte générale du monde*. Tabula continens, *g.* tabulæ continentis. *f.* Ajoutez descriptionem orbis, c'est à-dire, *carte contenant la description du monde*.

Maquignon. Mango, *gén.* mangonis. *masc.*

Maquignonner. Mangonizare, mangonizo, mangonizas, mangonizavi, mangonizatum. *act.*

Marais. Palus, *gén.* paludis. *f. Qui est de marais*. Palustris, *m. f.* palustre, *neut. gén.* palustris. *adj.*

Marâtre. Noverca, *gén.* novercæ. *fém.*

Maraud. Nebulo, *génit.* nebulonis. *masc.*

Maraude, *pillage des soldats qui se dérobent du camp*. Prædatio, *g.* prædationis. *f. Aller en maraude*. Ire prædatum, c'est-à-dire, *aller piller*.

Maraudeur, *soldat qui va à la maraude*. Erro, *gén.* erronis. *masc.*

Marbre. Marmor, *g.* marmoris. *neut. Qui est de marbre*. Marmoreus, marmorea, marmoreum, *adj.*

Marbré. Variatus, variata, variatum. *part. pass.* de Vario. Ajoutez in modum marmoris, c'est-à-dire, *varié à façon de marbre*. *Papier marbré*. Charta multicolor, *g.* chartæ multicoloris. *f.* c'est-à-dire, *papier de plusieurs couleurs*. Ces deux mots se déclinent.

Marbrer. Variare, vario, varias, variavi, variatum. *act. acc.* Ajoutez in modum marmoris, c'est-à-dire, *varier à façon de marbre*.

Marbrier, *ouvrier en marbre*. Marmorarius, *gén.* marmorarii. *masc.*

Marbrure. Marmorarium, *g.* marmorarii. *neut.*

Marc, *ce qui reste après qu'on a tiré la substance d'une chose*. Fex, *g.* fecis. *f. Marc de raisin*, etc. Scapi, *g.* scaporum. *masc. plur.*

Marc, *le poids de huit onces*. Bes, *g.* bessis. *masc.*

Marcassin, *d'un an*. Aper anniculus, *gén.* apri anniculi. *Tous deux se déclinent.*

Marchand. Mercator, *g.* mercatoris. *masc.*

Marchand, *adj. Un vaisseau marchand*. Navis onerata, *g.* navis oneratæ. *f. Tout se décline. Une rivière marchande*. Flumen idoneum vectandis mercibus, c'est-à-dire, *rivière propre à voiturer des marchandises*. *gén.* fluminis. *n.* idonei. Vectandis mercibus *restent invariables*. *Une ville marchande*. Urbs florens commercio, *gén.* urbis f. florentis commercio, c'est-à-dire, *une ville florissante par le commerce*. Commercio *ne change pas*.

Marchande. Mercatrix, *gén.* mercatricis. *f.*

Marchander. Percontari, percontor, percontaris, percontatus sum *dép.* Ajout. pretium ; *quelque chose*, alicujus rei ; *auprès de quelqu'un*, ab aliquo, c'est-à-dire, *demander le prix de quelque chose à quelqu'un*.

Marchandise. Merx, *g.* mercis. *f.*

La **Marchandise** ou *le trafic*. Mercatura, *gén.* mercaturæ. *f.*

Marché ou *prix*. Pretium, *g.* pretii. *neut. A bon marché*. Vili pretio. *à l'ablat. A meilleur marché*. Minoris, *au gén. Le* que *par* quàm. *A très bon marché*. Minimi. *au gén. Qui est à bon marché*. Vilis, *m. f.* vile, *neut. gén.* vilis.

Marché ou *accord pour l'achat*. Pactio, *gén.* pactionis. *f.*

Marché ou *place*. Forum, *gén.* fori. *neut.*

Marche ou *degré*. Gradus, *gén.* gradus. *masc.*

Marche ou *route*, *chemin*. Iter, *gén.* itineris. *neut. Etre en marche*. Incedere, c'est-à-dire, *marcher*. Incedo, incedis, incessi, incessum. *neut.*

Marchepied. Scabellum, *g.* scabelli. *neut.*

Marcher, *verbe*. Ambulare, ambulo, ambulas, ambulavi, ambulatum. *neut.*

MARCHER sur, fouler aux pieds. Calcare, calco, calcas, calcavi, calcatum. act. acc.

MARCHER sur les pas ou sur les traces de quelqu'un, imiter. Ingredi, ingredior, ingredieris, ingressus sum. dép. vestigiis alicujus.

LE MARCHER. Incessus, gén. incessús. masc.

MARCHEUR. Qui ou quæ viget pedibus, c'est-à-dire, celui ou celle qui a de la vigueur dans les pieds.

MARCOTTE. Malleolus, gén. malleoli. masc.

MARCOTTER. Propagare, propago, propagas, propagavi, propagatum. act. accus.

MARDI. Dies, gén. diei. m. Ajoutez Martis. Mardi gras, ou le dernier jour du carnaval. Ultimus dies, gén. ultimi diei. m. Ajoutez bacchanalium.

MARE, où l'eau s'amasse. Lacus, gén. lacús. masc.

MARÉCAGE. Locus paludosus, génit. loci paludosi. masc.

MARÉCAGEUX. Paludosus, paludosa, paludosum. adj.

MARÉCHAL-FERRANT. Faber, ferrarius, gén. fabri ferrarii. m. Tous deux se déclinent.

MARÉCHAL de camp. Præfectus, génit. præfecti. m. Ajoutez castrorum.

MARÉCHAL de France. Marescallus, g. Marescalli. m. Ajoutez Franciæ.

MARÉCHAL des logis. Designator, gén. designatoris, m. Ajoutez hospitiorum.

MARÉCHAUSSÉE, juridiction du prévôt des maréchaux. Jurisdictio, gén. jurisdictionis. f. Ajoutez Marescallorum.

MARÉE, ou flux et reflux. Æstus, g. æstús. masc.

MARÉE, ou les poissons de mer. Pices marini, gén. piscium marinorum. masc. pluriel.

Un chasse-marée. Cetarius, g. cetarii. masc.

MARGE. Margo, g. marginis. m.

MARGELLE. Margo, gén. marginis. masc.

MARGINAL. Appositus, apposita, appositum. gén. appositi. part. pass. d'Apponere. Ajoutez margini, c'est-à-dire, mis à la marge.

MARGUERITE, fleur. Bellis, g. bellidis. fém.

MARGUILLIER. Ædituus, gén. æditui. masc.

MARI. Maritus, gén. mariti. masc.

MARIABLE. Aptus, apta, aptum. adj. Ajoutez matrimonio, c'est-à-dire, propre au mariage.

MARIAGE. Matrimonium, gén. matrimonii. neut. Rechercher, ou demander en mariage. Petere connubium, avec u gén. de la personne, c'est-à-dire, demander le mariage de. Peto, pe is, petii petitum. act. acc. promettre en mariage Despondere, despondeo, es, despondi, desponsum ; sa fille, filiam ; à quelqu'un alicui. Donner en mariage sa fille. Committere, committo, committis, commisi commissum. act. natam suam, avec l datif.

MARIÉ. Junctus, juncta, junctum part. pass. de Jungere. Ajoutez matrimonio, c'est-à-dire, uni par le mariage.

MARIER. Conjungere, conjungo, conjungis, conjunxi, conjunctum. act. Ajout matrimonio, à ou avec par cum, et l'abl c'est-à-dire, unir par le mariage quelqu'un à, ou avec.

SE MARIER, en parlant d'un garçon Ducere, duco, ducis, duxi, ductum. act. acc. En parlant d'une fille. Nubere, nubo, nubis, nupsi, nuptum. neut. dat.

MARIN, qui est de la mer. Marinus marina, marinum. adj.

MARINADE, sorte de ragoût. Embamma nauticum, gén. embammatis nautici. neut.

LA MARINE. Res maritima, gén. re maritimæ. fém.

MARINER. Imbuere, imbuo, imbuis, imbui, imbutum. act. Ajoutez marino af fectu ; de la chair, carnem.

MARINIER. Nauta, g. nautæ. m.

MARIONNETTES. Neurospata, génit. neurospatorum. neut. plur.

MARITIME. Maritimus, maritima, maritimum. adj.

MARJOLAINE, herbe odoriférante Amaracus, g. amaraci. masc.

MARMAILLE, troupe de petits enfans. Turba puerilis, g. turbæ puerilis. f. Ces deux mots se déclinent.

MARMELADE, sorte de confiture. Pulpa, gén. pulpæ. f. Ajoutez fructuum conditorum.

MARMITE. Cacabus, gén. cacabi. m.

MARMITON. Mediastinus, gén. mediastini. masc.

MARMOT. Cercopithecus, g. cercopitheci. masc.

MARMOTTE, petit animal. Mus montanus, g. muris montani. masc.

MARMOTTER. Mutire, mutio, mutis, mutivi ou mutii, mutitum. neut.

MARMOUSET. Effigies ridicula, gén. effigiei ridiculæ. f. On décline ces deux noms.

MARNE, terre grasse. Marga, génit. margæ. fém.

La MARNE rivière de France qui a donné son nom à plusieurs départemens Matrona, gén. Matronæ. f.

MARNER, une terre. Alcro, alo, alis,

alui, alitum. *act.* Ajoutez margâ, *à l'abl.* et agrum, *à l'acc. c'est-à-dire,* engraisser avec de la marne une terre.

MAROC, *ville et royaume.* Marocanum, *gén.* Marocani. *neut.*

MAROQUIN, *ou qui est de Maroc.* Marocanus, a, um. *adj.*

DU MAROQUIN, *peau.* Caprina aluta, *gén.* caprinæ alutæ. *f. L'un et l'autre se déclinent.*

MAROTTE, *figure ridicule.* Ridiculum sigillum, *g.* ridiculi sigilli. *neut.*

MARQUÉ. Signum, *g.* signi. *neut. Un homme de marque.* Vir illustris, *g.* viri illustris. *masc. L'un et l'autre se déclinent.*

MARQUÉ. Notatus, notata, notatum. *part. pass. de* Notare.

MARQUER, *faire une marque pour reconnaître.* Notare, noto, notas, notavi, notatum. *act. acc.*

MARQUER, *montrer, faire paraître.* Indicare. *Voyez* Indiquer.

MARQUER à *quelqu'un de l'affection.* Testificari alicui amorem suum, *c'est-à-dire,* témoigner. Testificor, testificaris, testificatus sum. *dep. acc.*

MARQUETER. Variare, vario, varias, variavi, variatum. *act. acc.*

MARQUETERIE, *ouvrage de marqueterie.* Vermiculatum opus, *gén.* vermiculati operis. *neut. L'un et l'autre se déclinent.*

MARQUEUR. Adnotator, *gén.* adnotatoris. *masc.*

MARQUIS. Marchio, *gén.* marchionis. *masc.*

MARQUISAT. Marchionatus, *g.* marchionatûs. *masc.*

MARQUISE. Marchionissa, *gén.* marchionissæ. *f.*

MARRAINE. Matrina, *gén.* matrinæ. *fém.*

MARRI. Dolens, *m. f. n. gén.* dolentis. *adj. Etre marri d'une chose.* Voy. *Etre fâché de. Etre marri que* Dolere, doleo, doles, dolui, dolitum. *neut.* quòd, *avec le subjonct.*

MARRON. Balanus, *g.* balani. *f.*

MARRONIER, *arbre qui porte des marrons.* Castanea, *gén.* castaneæ. *f.*

MARRUBE, *plante.* Marrubium, *gén.* marrubii. *neut.*

MARS, *dieu de la guerre.* Mars, *gén.* Martis. *masc.*

MARS, *mois.* Martius, *gén.* martii. *m.*

MARSEILLE, *ville.* Massilia, *g.* Massiliæ. *f. Qui est de Marseille.* Massiliensis, *masc. f.* massiliense, *neut. gén.* massiliensis. *adj.*

MARSOUIN. Tursio, *génit.* tursionis. *masc.*

MARTEAU. Malleus, *g.* mallei. *m.*

MARTELER. Tundere, tundo, tundis, tutudi, tunsum. *act. acc. Ajoutez* malleo, *c'est-à-dire,* batire avec le marteau.

MARTIAL ou *guerrier.* Bellicosus, bellicosa, bellicosum. *adj.*

MARTINET, *oiseau.* Cypselus, *génit.* cypseli. *masc.*

MARTRE, *animal.* Martes, *g.* martis. *fém.*

UN MARTYR. Martyr, *gén.* martyris. *masc.*

UNE MARTYRE. Martyr, *génit.* martyris. *fém.*

LE MARTYRE. Martyrium, *gén.* martyrii. *neut.*

MARTYRISÉ. Cruciatus, cruciata, cruciatum. *part. pass. de* Cruciare.

MARTYRISER. Cruciare, crucio, as, cruciavi, cruciatum. *act. acc.*

MARTYROLOGE. Album, *gén.* albi. *neut. Ajoutez* martyrum, *c'est-à-dire,* liste des martyrs.

MASCARADE. Caterva personata, *gén.* catervæ personatæ. *f. c'est-à-dire,* troupe masquée. *S'habiller en mascarade.* Voy. *Se masquer.*

MASCULIN. Masculinus, masculina, masculinum. *adj.*

MASQUE, *faux visage.* Persona, *gén.* personæ. *f. Lever le masque.* Deponere, depono, deponis, deposui, depositum. *act.* personam.

MASQUE, *une personne masquée.* Personatus, a, um. *adj.*

MASQUER, *mettre un masque sur le visage de quelqu'un.* Alicui personam inducere, induco inducis, induxi, inductum. *act.*

MASQUER, *cacher, dissimuler.* Tegere. *act. acc. et l'abl. de la chose dont on masque* Voy. Couvrir.

SE MASQUER. Induere, induo, induis, indui, indutum. *act. Ajoutez* personam, *c'est-à-dire,* prendre un masque.

MASSACRE. Cædes, *g.* cædis. *f. Faire un grand massacre.* Edere, edo, edis, edidi, editum. *act.* stragem.

MASSACRÉ. Trucidatus, trucidata, trucidatum. *part. pass. de* Trucidare.

MASSACRER. Trucidare, trucido, trucidas, trucidavi, trucidatum. *act. acc.*

MASSE. Massa, *gén.* massæ. *f.*

MASSE de bedeau. Clava, *gén.* clavæ. *fém.*

MASSE, *arme.* Militaris clava, *g.* militaris clavæ. *fém. L'un et l'autre se déclinent.*

MASSEPAIN. Cupedia, *g.* cupediorum. *neut. plur.*

MASSIER, *qui porte la masse.* Clavator, *g.* clavatoris. *masc.*

MASSIF, *solide.* Solidus, solida, solidum. *adj.*

MASSIF, stupide. Stupidus, stupida, stupidum. adj.
MASSUE. Clava, g. clavæ. f.
MASTIC. Mastice, g. mastiches. f.
MASTIQUER. Glutinare, glutino, as, glutinavi, glutinatum. act. Ajoutez masticho. ablat.
MASURE. Parietinæ, gén. parietinarum. f. plur.
MAT de navire. Malus, g. mali. m.
MAT, qui n'est pas bruni. Impolitus, impolita, impolitum. adj.
MAT, au jeu d'échecs. Donner échec et mat. Vincere, vinco, vincis, vici, victum. act. acc. Ajoutez latrunculis, c'est-à-dire, gayner aux échecs. Etre échec et mat. Vinci. pass. de Vincere. Ajoutez latrunculis.
MATELAS. Culcita, gén. culcitæ. f.
MATELOT. Nauta, g. nautæ. masc.
MATELOTAGE. Merces, g. mercedis. f. Ajoutez nautæ, c'est-à-dire, salaire de matelot.
MATELOTE, poisson préparé à la manière des matelots. Pisces conditi, génit. piscium conditorum. m. plur. Ajoutez nautico more. à l'abl.
MATER, dompter. Domare, domo, domas, domui, domitum. act. acc.
MATERIEL. Corporeus, corporea, corporeum. adj.
MATÉRIEL, grossier. Tardus, tarda, tardum. adj.
MATERIELLEMENT. Respectu materiæ. Les philosophes disent, materialiter. adv.
MATERNEL. Maternus, a, maternum. adj.
MATERNITÉ, qualité de mère. Materna dignitas, g. maternæ dignitatis. f.
MATHEMATICIEN. Mathematicus, g. mathematici. masc.
MATHEMATIQUE. Mathematica, gén. mathematicæ. f.
MATHEMATIQUEMENT. Evidenter. adv.
MATIÈRE. Materia, gén. materiæ. f.
LE MATIN. Mane. neut. indéclin. De grand matin. Multo mane, à l'abl. Bien matin. Benè manè. adv. Tous les matins. Quotidiè manè. Qui se fait le matin. Matutinus, matutina, matutinum. adj.
MATIN, chien. Canis villaticus, gén. canis villatici. masc.
MATINAL ou MATINEUX. Matutinus, matutina, matutinum. adj.
MATINÉE. Tempus matutinum, génit. temporis matutini. n. La grasse matinée. In multam lucem.
MATINES. Preces matutinæ, g. precum matutinarum. f. plur.
MATOIS, rusé, fin. Astutus, astuta, astutum. adj.
MATOU, chat. Veles, g. felis. f.

MATRICE, terme de fondeur, moule dans lequel on fond les lettres d'imprimerie. Archetypum, gén. archetypi. neut.
MATRICULE. Index, g. indicis. masc. Ajoutez causidicorum, c'est-à-dire, registre des avocats.
MATRIMONIAL, de mariage. Conjugalis. m. f. conjugale, neut. gén. conjugalis. adj.
MATRONE, dame romaine. Matrona, gén. matronæ. f.
MATRONE, sage-femme. Obstetrix, g. obstetricis. f.
MATURITÉ. Maturitas, gén. maturitatis. fém.
MAUDIRE. Precari, precor, precaris, precatus sum. dépon. Ajoutez mala. quelqu'un, alicui, c'est-à-dire, demander, souhaiter du mal à quelqu'un. Maudire quelque chose. Exsecrari, exsecror, exsecraris, exsecratus sum. dépon. aliquid.
MAUDIT. Exsecrandus, exsecranda, exsecrandum. adj.
MAURE, ou qui est de la Mauritanie. Maurus, maura, maurum. adj.
MAURESQUE, qui a rapport aux coutumes des Maures. Quod Maurorum moribus consentaneum est.
MAURESQUE, danse des Maures. Saltatio, gén. saltationis. fém. Ajoutez Maurorum.
MAURITANIE, pays. Mauritania, gén. Mauritaniæ. f. Peuples de Mauritanie. Maurisii, gén. Maurisiorum. m. plur.
MAUSOLÉE. Mausoleum, gén. mausolei. neut.
MAUSSADE, bourru. Morosus, morosa, morosum. adj.
MAUSSADEMENT, sans grâce. Invenustè. adv.
MAUVAIS. Malus, mala, malum. adj. Trouver mauvais. Improbare, improbo, improbas, improbavi, improbatum. act, accus.
MAUVE, plante. Malva, gén. malvæ. f.
MAXIME. Effatum, g. effati. neut.
MAYENCE, ville. Moguntia, gén. Moguntiæ, f. Qui est de Mayence. Moguntinus, a, um. adj.
MAYENNE, rivière et département de France. Meduana, g. Meduanæ. f.
MAZETTE, méchant petit cheval. Equus strigosus, g. equi strigosi. m.
ME vient du pronom moi; il est régime direct ou indirect du verbe qui suit.
MECANICIEN, qui s'applique à l'étude de la mécanique. Machinarum studiosus, g. machinarum studiosi. m.
LA MECANIQUE. Scientia machinalis, gén. scientiæ machinalis. f.
MECHAMMENT, avec méchanceté. Improbè. adv.

MÉCHANCETÉ. Improbitas, *gén.* improbitatis. *f.*

MÉCHANT. Improbus, improba, improbum. *adj. Méchant homme.* Malus homo, *gén.* mali hominis. *masc.*

MÉCHANT, *qui ne vaut rien, qui est de rebut.* Vilis, *m. f.* vile, *n. g.* vilis.

MÈCHE *d'une chandelle, etc.* Ellichnium, *g.* ellichnii. *neut. Mèche de mousquet, etc.* Fomes stupeus, *gén.* fomitis stupei. *masc.*

MÉCOMPTE, *méprise, erreur dans un compte.* Error, *gén.* erroris. *masc.*

MÉCONNAISSABLE. Qui, quæ, quod non potest agnosci, *c'est-à-dire, qui ne peut pas être reconnu. Le* qui *s'accorde avec le nom précédent.*

MÉCONNAISSANT. Voy. Ingrat.

MÉCONNAITRE. Non agnoscere, non agnosco, non agnoscis, non agnovi, non agnitum. *act. acc. Méconnaître les bienfaits.* Beneficiorum oblivisci.

Se MÉCONNAITRE, *s'oublier.* Oblivisci. *Ajoutez* suæ sortis, *c'est-à-dire, oublier sa condition.* Obliviscor, oblivisceris, oblitus sum. *dép. gén.*

MÉCONTENT. Malè contentus, malè contenta, malè contentum, *et un abl.*

MÉCONTENT, *offensé.* Offensus, offensa, offensum. *avec l'ablat.*

MÉCONTENTEMENT. Molestia, *gén.* molestiæ. *f.*

MÉCONTENTER. Non satisfacere, non satisfacio, non satisfacis, non satisfeci, non satisfactum. *neut. dat. de la personne.*

MÉDAILLE. Numisma, *gén.* numismatis. *neut.*

MÉDAILLISTE. Studiosus, *g.* studiosi. *m. Ajoutez* veterum numismatum, *c'est-à-dire, curieux d'anciennes médailles.*

MÉDAILLON, *grande médaille.* Numisma grandius, *g.* numismatis grandioris. *neut.*

MÈDES, *peuples de Médie.* Medi, *g.* Medorum. *masc. plur.*

MEDECIN. Medicus, *génitif.* medici. *masc.*

La MÉDECINE. Medicina, *gén.* medicinæ. *f.*

MÉDECINE *ou breuvage.* Medicamentum, *gén.* medicamenti. *n. Prendre médecine.* Sumere, sumo, is, sumpsi, sumptum. *act.* medicamentum. *Faire prendre, donner une médecine à quelqu'un.* Dare medicamentum alicui, *c'est-à-dire, donner un remède à quelqu'un.* Do, das, dedi, datum. *act. acc.*

MEDIANOCHE, *repas qui se fait au milieu de la nuit.* Antelucana cœna, *gén.* antelucanæ cœnæ. *f.*

MÉDIAT. Quod rem aliam aliâ interpositâ attingit.

MÉDIATEUR. Conciliator, *gén.* conciliatoris. *masc.*

MÉDIATION. Opera, *génitif.* operæ. *fém.*

MÉDIATRICE. Deprecatrix, *g.* deprecatricis. *f.*

MEDICAL. Medicinalis. *m. f.* medicinale, *n. gén.* medicinalis.

MÉDICAMENT. Medicamentum, *gén.* medicamenti. *neut.*

MÉDICINAL. Medicus, medica, medicum. *adj.*

MEDIE, *le pays des Mèdes.* Media, *g.* Mediæ. *f.*

MÉDIOCRE. Mediocris, *m. f.* mediocre, *neut. gén.* mediocris.

MEDIOCREMENT, *avec médiocrité.* Mediocriter. *adv.*

MÉDIOCRITÉ. Mediocritas, *gén.* mediocritatis. *f.*

MÉDIRE *de.* Maledicere, maledico, maledicis, maledixi, maledictum. *n. dat.*

MÉDISANCE. Maledictio, *gén.* maledictionis. *fém.*

MÉDISANT. Maledicus, maledica, maledicum. *adj.*

MÉDITATIF, *qui médite souvent.* Addictus, addicta, addictum. *adj. Ajoutez* meditationi, *c'est-à-dire, adonné à la méditation.*

MÉDITATION. Meditatio, *gén.* meditationis. *f.*

MÉDITER. Meditari, meditor, meditaris, meditatus sum. *dépon. acc. de la chose.*

MÉDITERRANÉE. Mediterraneus, mediterranea, mediterraneum. *adj.*

MÉFIANCE. Diffidentia, *gén.* diffidentiæ. *fém.*

MÉFIANT. Suspiciosus, a, um. *adj.*

Se MÉFIER *de.* Diffidere, diffido, diffidis, diffisus sum. *neut. dat.*

Par MÉGARDE. Per imprudentiam.

MÉGISSERIE, *commerce de peaux passées en alun.* Negotiatio, *g.* negotiationis. *f. Ajoutez* alutarum.

MÉGISSIER, *ouvrier qui passe les peaux en alun.* Alutarius, *g.* alutarii. *m.*

MEILLEUR, *comp. de l'adj.* Bon. Melior, *m. f.* melius, *n. g.* melioris.

MÉLANCOLIE. Mœstitia, *gén.* mœstitiæ. *fém.*

MÉLANCOLIQUE. Mœstus, mœsta, mœstum. *adj.*

MÉLANGE. Permistio, *génit.* permistionis. *fém.*

MÉLANGÉ *ou* MÊLÉ. Mistus, mista, mistum. A, avec, parmi, *s'expriment par le dat.*

Une MÊLÉE. Pugna, *g.* pugnæ. *f.*

MÊLER *ou* MÉLANGER. Miscere, misceo, misces, miscui, mixtum *ou* mistum; *une chose,* rem aliquam; *à une autre*, alii. *dat.* ; *avec une autre*, cum aliâ. *ablat.*

Se MÊLER *de*. Satagere, satago, satagis, sategi. *avec un gén.*

MÉLILOT, *herbe*. Meliloton, *g.* meliloti. *neut.*

MÉLISSE, *herbe qui sent le citron*. Melissophyllum, *génitif*, melissophylli. *neut.*

MÉLODIE. Voyez *Harmonie*.

MÉLODIEUSEMENT, MÉLODIEUX. Voyez *Harmonieusement* et *Harmonieux*.

MELON, *sorte de courge*. Melo, *gén.* melonis. *masc.*

MEMBRANE. Membrana, *gén.* membranæ. *fém.*

MEMBRE. Membrum, *gén.* membri. *neut.*

MEMBRU. Corpulentus, a, um. *adj*

MEMBRURE, *grosse pièce de bois*. Axis crassior, *gén.* axis crassioris. *f. Tous deux se déclinent.*

Le MÊME. Idem, eadem, idem, *gén.* ejusdem. *pronom.* Voyez la règle *Le même* dans la Grammaire latine.

MÊME, *joint à un autre pronom, s'exprime par* ipse, ipsa, ipsum. *Moi-même*, ego ipse ; *toi-même*, tu ipse ; *lui-même*, ipse ; *elle-même*, ipsa. *Cela même*. Illud ipsum.

MÊME, *conjonct.* Etiam. *adv. Je l'aime et même je l'estime*. Illum amo, et etiam æstimo. *Non pas même*. Ne quidem. *Non pas même de jour*. Ne quidem de die.

La MÉMOIRE. Memoria, *g.* memoriæ. *f. Avoir de la mémoire, l'avoir bonne*. Vigere, vigeo, viges, vigui. *sans supin. Ajoutez* memoriâ. *à l'abl. N'en avoir pas ou en manquer*. Deficì, deficior, deficeris, defectus sum. *Ajoutez* memoriâ. *à l'ablat.*

Un MÉMOIRE. Commentarium, commentarii. *neut.*

MÉMORABLE. Memorabilis, *m. f.* memorabile, *n. g.* memorabilis.

MÉMORIAL, *qui sert à rappeler*. Liber memorialis, *g.* libri memorialis. *m. L'un et l'autre se déclinent.*

MENAÇANT. Minax, *m. f. neut. gén.* minacis.

MENACER, *faire des menaces*. Minari, minor, minaris, minatus sum. *dépon. rég. dir. dat. rég. ind. acc.*

MENACER, *être près d'arriver, de fondre sur nous, en parlant des maux*. Impendere, impendeo, impendes, impendi, impensum. *dat. Nous sommes menacés de la guerre ; tournez ; la guerre nous menace*. Bellum impendet nobis.

MENACES. Minæ, *gén.* minarum. *f. pluriel.*

MÉNADES, *bacchantes*. Mænades, *g.* Mænadum. *f. plur.*

LE MÉNAGE. Res domestica, *gén.* rei domesticæ. *f. Tous deux se déclinent.*

UN MÉNAGE ou *une famille*. Familia, *gén.* familiæ. *f.*

MÉNAGEMENT, *égard*. Respectus, *g.* respectus. *masc.*

MÉNAGER, *conduire sagement une affaire, avec économie son bien*. Prudenter administrare rem, *c'est-à-dire*, administrer sagement. Administro, administras, administravi, administratum. *accusat.*

MÉNAGER, *épargner*. Parcere, parco, parcis, peperci, parcitum. *dat.*

MÉNAGER *avec soin*. Consulere, consulo, is, consului, consultum. *dat.*

MÉNAGER, *économe*. Parcus, a, um. *On se sert encore du mot* Frugi *indéclinable et de tout genre. C'est une femme ménagère*. Est mulier frugi.

MÉNAGERIE, *où l'on nourrit des animaux*. Palatium pecorosum, *g.* palatii pecorosi. *neut.*

MENDIANT. Mendicus, *gén.* mendici. *masc.*

MENDICITÉ. Mendicitas, *g.* mendicitatis. *fém.*

MENDIER. Mendicare, mendico, as, mendicavi, mendicatum. *acc.*

MENÉ. Ductus, a, um. *part. pass.*

MENÉE, *intrigue secrète*. Clandestinum consilium, *gén.* clandestini consilii. *neut.*

MENER. Ducere, duco, ducis, duxi, ductum. *act. rég. dir. acc. rég. ind. acc. avec ad. Se laisser mener à, ou par*. Duci. *passif du verbe.* Ducere.

MENER *une vie sainte*. Vivere probé, *c'est-à-dire, vivre saintement*. Vivo, is, vixi, victum. *neut.*

MÉNÉTRIER, *joueur d'instrumens*. Fidicen, *g.* fidicinis. *masc.*

MENEUR, *qui mène, qui conduit*. Ductor, *gén.* ductoris. *masc.*

MENOTTES. Manicæ, *gén.* manicarum, *fém. plur.*

MENSONGE. Mendacium, *gén.* mendacii. *neut.*

Oraison MENTALE. Oratio, *g.* orationis. *f. Ajoutez* mentis, *c'est-à-dire, prière de l'esprit. Faire une oraison mentale*. Orare mente, *c'est-à-dire, prier mentalement*. Oro, oras, oravi, oratum. *acc.*

MENTALEMENT, *par la pensée*. Mente. *à l'abl.*

MENTEUR. Mendax, *m. f. neut. gén.* mendacis.

MENTHE, *plante*. Menta, *gén.* mentæ. *fém.*

MENTION. Mentio, *gén.* mentionis. *f. Faire mention de quelque chose*. Facere mentionem de aliquâ re. *ablat.* Facio, is, feci, factum. *acc.*

MER   MES   279

MENTIONNE, *dont on fait mention*. Memoratus, a, um. *part. pass. de* Memorare.

MENTIONNER. Memorare, memoro, memoras, memoravi, memoratum. *acc.*

MENTIR. Mentiri, mentior, mentiris, mentitus sum. *dép. Sans mentir*. Verè. *adverbe*.

MENTON. Mentum, *gén.* menti. *n.*

MENU. Tenuis, *masc. f.* tenue, *neut. gén.* tenuis.

Menu Minutatim. *adv. Hacher menu*. Concidere minutatim.

MENUISERIE. Opus ligneum politius, *gén.* operis lignei politioris. *m. Ces trois mots se déclinent.*

MENUISIER. Artifex, *g.* artificis. *m. Ajoutez* operis politioris lignei, *c'est-à-dire, ouvrier de menuiserie*.

Se **MEPRENDRE**. Errare, erro, erras, erravi, erratum. *neut.*

MEPRIS. Contemptus, *gén.* contemptûs. *m. Etre dans le mépris*. Contemni, *c'est-à-dire, être méprisé*. Contemni *est le passif du verbe* Contemno, contemnis, contempsi, contemptum. *Avoir du mépris pour quelqu'un*. Contemnere aliquem, *c'est-à-dire, le mépriser*.

MEPRISABLE. Contemnendus, contemnenda, contemnendum; magis *pour le comp*. maximè *pour le superl*.

MEPRISANT. Fastidiosus, fastidiosa, fastidiosum. *adj.*

MEPRISE. Error, *g.* erroris. *masc.*

MEPRISÉ. Contemptus, contempta, contemptum. *part. pass. de* Contemnere.

MEPRISER. Contemnere, contemno, contemnis, contempsi, contemptum. *act. accus.*

Se **Mépriser**. Humiliter sentire de se, *c'est-à-dire, avoir de bas sentimens de soi*. Sentio, sentis, sensi, sensum. Se *faire mépriser*. Venire in contemptionem, *c'est-à-dire, venir, tomber dans le mépris*. Venio, venis, veni, ventum. *neut.*

La **MER**. Mare, *g.* maris. *neut.* Qui *est de la mer*. Marinus, a, um. *adj. Se mettre à la mer, en mer, sur mer*. Credere se mari, *c'est-à-dire, confier soi-même à la mer*. Credo, credis, credidi, creditum. *neut.*

MERCENAIRE. Mercenarius, mercenaria, mercenarium. *adj.*

MERCERIE. Minutæ merces, *gén.* minutarum mercium. *f. plur.*

MERCI. Gratiæ, *g.* gratiarum. *f. plur. Actions de grâces. Dieu merci*. Divinâ ope. *à l'ablat.*

A la **Merci** *de*. Arbitrio, *dat.* qui *veut ensuite un gén. Etre à la merci des vents, des vagues*. Ferri incerto mari, *c'est-à-dire, être porté sur la mer*. Ferri, *passif du verbe* Fero, fers, tuli, latum. *act.*

MERCIER, *qui vend de la mercerie*. Propola, *g.* propolæ. *m. Ajoutez* minutarum mercium, *c'est-à-dire, marchand de menues marchandises*.

MERCREDI. Dies, *gén.* diei. *m. Ajout.* Mercurii.

MERCURE, *dieu des anciens, ou Mercure, planète*. Mercurius, *génit.* Mercurii. *masc.*

MERCURE, *vif-argent*. Hydrargyrum, *gén.* hydrargyri. *neut.*

MERCURIALE, *réprimande*. Animadversio, *g.* animadversionis. *f. Faire une mercuriale*. Objurgare, objurgo, objurgas, objurgavi, objurgatum. *act. A quelqu'un, aliquem.*

MÈRE. Mater, *g.* matris. *f. De mère ou maternel*. Maternus, materna, maternum. *adj. Grand'mère*. Avia, *g.* aviæ. *f. Belle-mère du mari, ou de la femme*. Socrus, *g.* socrûs. *f. Belle-mère à l'égard des enfans*. Noverca, *g.* novercæ. *f.*

Le mal de **Mère**. Strangulatio, *génit.* strangulationis. *f. Ajoutez* vulvæ.

MÉRIDIEN, *cercle de la sphère*. Meridianus, *g.* meridiani. *masc.*

MERIDIONAL. Meridianus, meridiana, meridianum. *adj.*

MÉRITE. Virtus, *g.* virtutis. *f. Avoir du mérite*. Eminere, emineo, es, eminui. *sans sup. Ajoutez* virtute. *Un homme de mérite*. Homo, *g.* hominis. *m. Ajoutez* præstans virtute. Præstans, *m. f. n. gén.* præstantis. Præstans *est le part. pass. de* Præstare.

MERITER. Mereri, mereor, mereris, meritus sum. *dép. acc. Sans l'avoir mérité*. Immeritò. *adv.*

MERITOIRE. Dignus, digna, dignum. *Ajoutez* præmio, *c'est-à-dire, digne de récompense*.

MERLAN. Asellus minor, *g.* aselli minoris. *masc.*

MERLE. Merula, *g.* merulæ. *f.*

MERLUCHE. Asellus, *g.* aselli. *m.*

MERRAIN, *bois à faire des tonneaux*. Lignum fissile, *g.* ligni fissilis. *neut.*

MERVEILLE. Mirum, *g.* miri. *n. A merveille*. Mirum in modum.

MERVEILLEUSEMENT. Mirè. *adv.*

MERVEILLEUX. Mirus, mira, mirum. *adj.*

MÉSALLIANCE. Connubium impar, *g.* connubii imparis. *neut. Ces deux mots se déclinent.*

Se **MESALLIER**. Inire, ineo, inis, inivi *ou* inii, initum. *Ajoutez* inæquale connubium.

MESANGE, *petit oiseau*. Ægithalus, *gén.* ægithali. *masc.*

MESENTÈRE, *membrane qui enveloppe les boyaux*. Mesenterium, *g.* mesenterii. *neut.*

MESESTIMER. Facere, facio, facis, feci, factum. *act. acc. Ajoutez* parvi, c'est-à-dire, estimer peu.

MESINTELLIGENCE. Discordia, *gén.* discordiæ. *f.*

MESOFFRIR, *offrir moins que la chose ne vaut.* Æstimare, æstimo, æstimas, æstimavi, æstimatum. *act. accus. Ajoutez* minoris.

MESOPOTAMIE, *province.* Mesopotamia, *g.* Mesopotamiæ. *f.*

MESQUIN. Sordidus, a, um. *adj.*

MESQUINEMENT. Sordidè. *adv.*

MESQUINERIE. Sordes, *gén.* sordium. *f. plur.*

MESSAGE. Mandatum, *gén.* mandati. *neut.*

MESSAGER. Nuntius, *g.* nuntii. *m.*

MESSAGÈRE. Nuntia, *g.* nuntiæ. *f.*

MESSAGERIE. Cursores publici, *gén.* cursorum publicorum. *m. plur.*

MESSE. Sacrum, *g.* sacri. *neut. Messe basse.* Sacrum privatum, *g.* sacri privati. *n. Grand'Messe.* Sacrum solemne, *gén.* sacri solemnis. *neut. Dire la messe.* Facere, facio, facis, feci, factum. *act. Ajoutez* sacra. *Ouïr la messe, y assister.* Interesse, intersum, interes, interfui. *Ajoutez* sacro. *Servir la messe.* Ministrare sacerdoti sacrificanti. Ministro, ministras, ministravi, ministratum. *dat.*

MESSÉANCE. Indecorum, *g.* indecori. *neut.*

MESSÉANT. Indecorus, a, um. *adj.*

MESSIE, *le Christ promis.* Messias, *gén.* Messiæ. *masc.*

MESSIN, *pays.* Tractus, *g.* Tractûs. *m. Ajoutez* Mediomatricum. *Les peuples du pays Messin.* Mediomatrices, *génit.* Mediomatricum. *masc. plur.*

MESSIRE. Dominus, *g.* domini. *m.*

MESTRE *de camp.* Tribunus, *g.* tribuni. *m. Ajoutez* militum. *Mestre de cavalerie.* Magister, *gén.* magistri. *Ajoutez* equitum.

MESURABLE, *qu'on peut mesurer.* Qui, quæ, quod potest metiri.

MESURAGE. Mensio, *gén.* mensionis. *fém.*

MESURE. Mensura, *gén.* mensuræ. *f. Prendre la mesure.* Agere mensuram. Ago, agis, egi, actum. *acc. Prendre la mesure d'un habit.* Sumere modulos corporis. *Ajoutez* ad conficiendam vestem. Sumo, sumis, sumpsi, sumptum. *acc.*

Prendre ses MESURES. Prospicere, prospicio, prospicis, prospexi, prospectum. *accus.*

MESURE, *modération.* Modus, *génit.* modi. *masc.*

MESURE, *dans la musique.* Modus, *g.* modi. *m. Battre la mesure.* Moderari cantum. *Voyez* Modérer.

MESURE, *moyen.* Ratio, *gén.* rationis. *fém.*

A MESURE *que.* Prout, *avec l'indic. A mesure que j'étudie.* Prout studeo.

MESURE. Mensus, mensa, mensum. *part. pass. de* Metiri.

MESURER. Metiri, metior, metiris, mensus sum. *dép. acc. Mesurer à son aune.* Metiri suo modulo.

MESUREUR. Mensor, *gén.* mensoris. *masc.*

MÉSUSER. Abuti, abutor, abuteris, abusus sum. *dép. abl.*

MÉTAIRIE. Villa, *gén.* villæ. *f.*

MÉTAL. Metallum, *g.* metalli. *neut.*

MÉTALLIQUE. Metallicus, metallica, metallicum. *adj.*

MÉTAMORPHOSE. Metamorphosis, *g,* metamorphoseos. *f.*

MÉTAMORPHOSÉ. Transformatus, a, um. *part. pass. de* Transformare. *en par in, et l'acc.*

MÉTAMORPHOSER. Transformare, transformo, transformas, transformavi, transformatum. *act. acc. en par in, et l'accus.*

MÉTAPHORE. Metaphora, *gén.* metaphoræ. *fém.*

MÉTAPHORIQUE. Metaphoricus, a, um. *adj.*

MÉTAPHORIQUEMENT ou *par métaphore.* Metaphoricè. *adv.*

La MÉTAPHYSIQUE. Metaphysica, *g.* metaphysicæ. *f.*

MÉTAPHYSIQUE, *métaphysicien.* Metaphysicus, a, um. *adj.*

MÉTAPHYSIQUEMENT. Metaphysicè. *adv.*

MÉTAYER. Villicus, *g.* villici. *m.*

MÉTEIL. Miscellum genus, *g.* miscelli generis. *neut. Ajoutez* frumenti, *g.* c'est-à-dire, espèce de blé mêlé.

MÉTEMPSYCOSE. Metempsycosis, *gén.* metempsycosis. *f.*

MÉTÉORE, *ce qui se forme en l'air.* Meteorum, *gén.* meteori. *neut.*

MÉTHODE. Methodus, *g.* methodi. *f.*

MÉTHODIQUE. Procedens, *m. f. n. g.* procedentis. *Ajout.* ratione et viâ.

MÉTHODIQUEMENT. Ratione et viâ. *à l'abl.*

MÉTIER. Ars, *g.* artis. *f. Homme de métier.* Artifex, *g.* artificis. *m. Faire ou exercer un métier.* Exercere artem; exerceo, exerces, exercui, exercitum. *actif.*

MÉTIS. Bigener, bigenera, bigenerum. *adject.*

MÈTRE. Metrum, *g.* metri. *neut.*

MÉTRIQUE. Metricus, metrica, metricum. *adj.*

MÉTROPOLE ou *capitale.* Princeps, *g* principis. *f.*

METROPOLITAIN, *qui concerne une métropole.* Metropolitanus, metropolitana, metropolitanum. *adj.*

UN METS *pour manger.* Ferculum, *g.* ferculi. *neut.*

METZ, *ville.* Metæ, *gén.* Metarum. *f. pluriel.*

METTRE. Ponere, pono, ponis, posui, positum. *act. ac. Mettre à part.* Seponere, sepono, seponis, seposui, sepositum. *act. accusat.*

SE METTRE à. Aggredi, aggredior, aggrederis, aggresus sum. *dép. acc. de la chose, sans exprimer le verbe;* comme : *Se mettre à travailler,* c'est-à-dire, *commencer le travail.* Aggredi laborem.

SE METTRE *a rire, à chanter, à pleurer,* etc. Ridere, cantare, plorare, etc. *Il se mit à rire,* c'est-à-dire, *il rit.* Risit. *Il se mit,* ou *elle se mit à chanter,* c'est-à-dire, *il* ou *elle chanta.* Cantavit, ainsi des autres.

MEUBLE. Supellex, *gén.* supellectilis. *f. au plur.* Supellectilia, *gén.* supellectilium. *neut.*

Biens **MEUBLES.** Res mobiles, *g.* rerum mobilium. *f. plur.*

MEUBLÉ. Instructus, instructa, instructum. *Ajoutez* supellectile, *c'est-à-dire, garni de meubles.*

MEUBLER. Instruere, instruo, instruis, instruxi, instructum. *act. acc. Ajoutez* supellectile.

MEUGLEMENT et MEUGLER. Voyez *Mugir et Mugissement.*

MEULE. Mola, *gén.* molæ. *f.*

MEULE, *pile de foin.* Meta, *g.* metæ. *f. On ajoute toujours* feni.

MEUNIER. Pistrinarius, *g.* pistrinarii. *masc.*

MEURTHE, *rivière de France qui donne son nom à un département.* Morta, *gén.* Mortæ. *f.*

MEURTRE. Cædes, *gén.* cædis. *f.*

MEURTRI. Contusus, contusa, contusum. *part. pass. du verbe* Contundere.

MEURTRIER. Interfector, *gén.* interfectoris. *masc.*

Une **MEURTRIÈRE.** Interfectrix, *gén.* interfectricis. *f.*

MEURTRIR. Contundere, contundo, contundis, contudi, contusum. *act. acc. Ajoutez* plagis.

MEURTRISSURE. Contusio, *gén.* contusionis. *f.*

MEUSE, *rivière de France qui donne son nom à un département.* Mosa, *gén.* Mosæ. *fém.*

MEUTE. Grex, *g.* gregis. *m. Ajoutez* venaticorum canum, *c'est-à-dire, troupe de chiens de chasse.*

MEXICAIN, *de Mexique.* Mexicanus, mexicana, mexicanum. *adj.*

LE MEXIQUE, *région.* Regio Mexicana, *gén.* Regionis Mexicanæ. *f.*

MI. Medius, media, medium. *adj. g.* medii. *La mi-août.* Medius augustus, *g.* medii augusti. *m. A mi-chemin.* Medio itinere. *à l'abl.*

MIAULEMENT, *cri des chats.* Vox felina, *g.* vocis felinæ. *f.*

MIAULER. Edere, edo, edis, edidi, editum. *Ajoutez* Vocem felinam.

MICHE. Panis candidus, *g.* panis candidi. *masc.*

MICROSCOPE. Microscopium, *génit.* microscopii. *neut.*

MIDI. Meridies, *g.* meridiei. *f. A midi,* ou *sur le midi.* Meridie. *à l'ablat. Après midi.* Post meridiem.

LE MIDI, *le pays situé au midi.* Australis Regio, *g.* Australis Regionis. *f. Tout se décline.*

MIE *de pain.* Mollior pars, *gén.* mollioris partis. *f. Ajoutez* panis, *c'est-à-dire, partie du pain la plus tendre.*

MIE ou **ma mie.** Carissima, *gén.* carissimæ. *fém.*

MIEL. Mel, *g.* mellis. *neut. Qui est de miel.* Melleus, a, um. *adj.*

MIELLEUX. Mellitus, mellita, mellitum. *adj.*

MIEN. Meus, mea, meum. *pronom.*

MIETTE. Particula tenuis, *gén.* particulæ tenuis. *fém. L'un et l'autre se déclinent.*

MIEUX. Meliùs. *adv. comp. Le que qui suit par* quàm, *avec même cas après que devant, et l'on n'exprime pas la négation,* comme : *Mieux que je ne pensais.* Meliùs quàm putabam. *A qui mieux mieux.* Certatim. *adv. Le mieux qu'il est possible.* Quàm optimè. *adverbe. Le mieux que je pourrai.* Quàm optimè potero. *Aimer mieux.* Voy. *Aimer.*

MIGNARD. Delicatus, delicata, delicatum. *adj.*

MIGNARDEMENT. Delicatè ac molliter. *adv.*

MIGNARDER, *traiter avec délicatesse.* Tractare, tracto, tractas, tractavi, tractatum. *act. acc. Ajoutez* delicatè ac molliter.

MIGNARDISE. Blanditiæ, *g.* blanditiarum. *f. plur.*

MIGNATURE. Voyez *Miniature.*

MIGNON ou *gentil.* Venustulus, venustula, venustulum. *adj.*

MIGNON ou *bien-aimé.* Carissimus, carissima, carissimum. *adj. superl.*

MIGNONEMENT. Venustè. *adv.*

MIGRAINE, *mal de tête.* Hemicrania, *gén.* hemicraniæ. *f.*

MIL. *adjectif numéral,* comme *en parlant des années : l'an mil;* tournez: *l'an millième.* Annus millesimus, (millesimus, millesima, millesimum. *adj.*) *Ce Dictionnaire a été corrigé l'an mil huit cent trente-sept.* Hoc Dictionarium emendatum fuit anno millesimo octingentesimo trigesimo septimo.

MILAN, *oiseau.* Milvius, *gén.* milvii, *masc.*

MILAN, *ville.* Mediolanum, *g.* Mediolani. *neut. Qui est de Milan.* Mediolanensis, *masc. f.* mediolanense, *n. génit.* mediolanensis.

MILICE. Militia, *gén.* militiæ. *f.*

MILICES, *soldats.* Milites indigenæ, *g.* militum indigenarum. *masc. plur.*

LE MILIEU. Medium, *g.* medii. *n. Qui est du milieu.* Medius, media, medium. *adj. Au milieu du marché* In medio foro. *à l'abl. Il est venu au milieu de la ville.* Venit in mediam urbem. *Par le milieu.* Medius, media, medium. On le fait accorder avec le substantif en genre, en nombre et en cas. *Rompre par le milieu un bâton.* Frangere baculum medium. *accusat.*

MILITAIRE. Militaris, *m. f.* militare, *neut. gén.* militaris. *adj.*

MILLE. Mille, *indéclinable et de tout genre. Mille cavaliers.* Mille equitum. *Mille fantassins.* Mille peditum. *Lorsqu'il y a plusieurs mille, on se sert de* millia, *gén.* millium, *datif* millibus, *substantif plur. et l'on met ensuite un gén. Deux mille hommes.* Duo millia hominum. *Trois mille hommes.* Tria millia hominum. Millia *peut être aussi adj. et se mettre au cas du substantif qui lui est joint. Douze mille fantassins.* Duodecim millia pedites. *Mille fois.* Millies. *adv.*

Un MILLE, *en parlant des pas de chemin.* Milliarium, *gén.* milliarii. *neut. Deux mille.* Duo milliaria.

MILLE-FEUILLES, *plante.* Myriophillum, *gén.* myriophilli. *neut.*

MILLENAIRE, *qui contient mille.* Millenarius, a, um. *adj.*

MILLEPERTUIS, *plante.* Hypericon, *g.* hyperici. *neut.*

MILLET, *mil, grain.* Milium, *génit.* milii. *neut.*

MILLIARD. Millies mille millia.

MILLIÈME. Millesimus, millesima, millesimum. *adj.*

MILLIER. Voy. *Mille.*

MILLION. Decies centum millia, *gén.* decies centum millium. *neut. plur. avec un gén. ensuite.* On ne décline que millia.

MINCE. Tenuis, *m. f.* tenue, *n. gén.* tenuis. *adj.*

MINE, ou *l'extérieur.* Species, *gén.* speciei. *f. Bonne mine.* Species præclara, *g.* speciei præclaræ. *f. Mauvaise mine.* Mala facies, *gén.* malæ faciei. *f. A la mine.* Ex facie. *A ta mine.* Ex facie tuâ. *Faire bonne mine à.* Benigné accipere. *act. acc. c'est-à-dire, recevoir, traiter avec bonté.* Accipio, accipis, accepi, acceptum. *act. acc. Faire mauvaise mine à* Malé accipere. *act. acc. c'est-à-dire, recevoir mal.*

MINE *de métaux.* Fodina, *gén.* fodinæ, *fém.*

MINE ou *fosse sous terre.* Cuniculus, *g* cuniculi. *m. Faire jouer une mine.* Admovere, admoveo, admoves, admovi, admotum. *act. Ajoutez* ignem cuniculo, *au dat. c'est-à-dire, mettre le feu à la mine, l'éventer.* Aperire cuniculum, *c'est-à-dire, l'ouvrir.*

MINE, *sorte de mesure.* Medimnus, *g.* medimni. *masc.*

MINÉ ou *creusé.* Suffossus, suffossa, suffossum. *part. pass. de* Suffodere.

MINÉ ou *affaibli.* Attritus, attrita, attritum. *part. pass. d'*Atterere.

MINER ou *creuser.* Suffodere, suffodio, is, suffodi, suffossum. *act. acc.*

MINER ou *affaiblir.* Atterere, attero, atteris, attrivi, attritum. *act. acc.*

MINÉRAL ou *métallique.* Metallicus, metallica, metallicum. *adj.*

Les MINÉRAUX. Metalla, *g.* metallorum. *neut. plur.*

MINERVE, *la déesse des sciences et des beaux-arts.* Minerva, *gén.* Minervæ. *fém.*

MINEUR ou *pupille.* Pupillus, *g.* pupilli. *masc.*

MINEUR ou *qui fait des mines.* Fossor, *gén.* fossoris. *masc.*

Une MINEURE, *une pupille.* Pupilla, *gén.* pupillæ. *f.*

MINIATURE. Pictura laborata, *g.* picturæ laboratæ. *f. Ajoutez* minutulis punctis, *c'est-à-dire, peinture faite à petits points.*

MINIÈRE. Fodina, *g.* fodinæ. *f.*

MINIME, *religieux.* Minimus, *g.* minimi. *masc.*

MINIME, *couleur fort brune.* Bæticus color, *g.* bætici coloris. *masc.*

MINISTÈRE. Ministerium, *gén.* ministerii. *neut.*

MINISTRE. Minister, *gén.* ministri. *masc.*

MINOIS. Voyez *Visage.*

MINORITÉ. Ætas pupillaris, *g.* ætatis pupillaris. *fém. L'un et l'autre se déclinent.*

MINORQUE, *île de la Méditerranée.* Balearis minor, *gén.* Balearis minoris. *f L'un et l'autre se déclinent.*

MINOT, *sorte de mesure.* Quadrans, *gen.* quadrantis. *m. Ajoutez* sextarii, *c'est-à-dire, le quart d'un setier.*

MINUIT. Media nox, *g.* mediæ noctis. *f. Sur le minuit.* Sub mediam noctem.

MINUSCULE. Minusculus, minuscula, minusculum. *adj.*

MINUTE ou *moment*. Momentum, *g.* momenti. *neut.*

MINUTE d'un *contrat*, *etc.* Prescriptio prima, *g.* prescriptionis primæ. *f.*

MINUTER *un contrat*, ou *faire la minute de*, *etc.* Perscribere, perscribo, perscribis, perscripsi, perscriptum. *act. acc. Ajoutez* primùm. *adv.*

MINUTIES, *bagatelles.* Tricæ, *génit.* tricarum. *f. plur.*

MINUTIEUX. Arctus, a, um. *adj.*

MI-PARTI, *divisé en deux.* Divisus, divisa, divisum. *part. pass. de* Dividere. *Ajoutez* æqualiter.

MIRACLE. Miraculum, *gén.* miraculi. *neut.*

MIRACULEUSEMENT, *par miracle.* Divinitùs. *adv.*

MIRACULEUX. Prodigiosus, prodigiosa, prodigiosum. *adj.*

MIRER, *viser.* Voy. *Viser à*, *etc.*

Se MIRER. Consulere, consulo, consulis, consului, consultum. *act. Ajoutez* speculum, *c'est-à-dire*, *consulter un miroir.*

MIROIR. Speculum, *g.* speculi. *neut. Au miroir*, ou *devant un miroir.* Ad speculum.

MIROITIER. Concinnator et venditor, *gén.* concinnatoris et venditoris. *m. Ajout.* speculorum.

MIS. Positus, posita, positum. *part. pass. de* Ponere.

MISANTHROPE, *qui fuit la compagnie des hommes.* Osor, *g.* osoris. *m. Ajoutez* hominum.

MISANTHROPIE. Odium, *génit.* odii. *Ajoutez* in homines.

MISE, *dépense.* Expensum, *g.* expensi. *neut. Qui est de mise.* Receptus, a, um. *part. pass. de* Recipere.

MISE, *enchère.* Auctio, *gén.* auctionis. *fém.*

MISÉRABLE. Miser, misera, miserum, *adject.*

MISERABLEMENT. Miseré. *adv.*

MISÈRE. Miseria, *g.* miseriæ. *f. Etre à la misère.* Premi, premor, premeris, pressus sum. *pass. Ajoutez* miseriâ. à l'abl. *La misère des temps.* Acerbitas, *g.* acerbitatis. *f. Ajoutez* temporum.

MISERERE, *colique.* Acutus morbus, *gén.* acuti morbi. *m. Ajoutez* tenuioris intestini.

MISERICORDE. Misericordia, *g.* misericordiæ. *f. Demander miséricorde.* Misericordiam implorare, imploro, as, avi, imploratum. *act. acc.*

MISERICORDIEUSEMENT. Miseranter. *adv.*

MISERICORDIEUX. Misericors, *gén.* misericordis. *adj.*

MISSEL, *livre pour dire la messe.* Missale, *g.* missalis. *neut.*

MISSION, *envoi.* Missus, *g.* missûs. *masc.*

MISSIONNAIRE, *homme qui va prêcher en mission.* Præco, *gén.* præconis. *masc. Ajoutez* evangelii, *c'est-à-dire*, *prédicateur de l'évangile.*

MITAINE. Manica, *g.* manicæ. *f.*

MITTE, *petit ver.* Blatta, *gén.* blattæ *fém.*

MITHRIDATE, *roi.* Mithridates, *gén.* Mithridatis. *masc.*

Du MITHRIDATE, *contrepoison.* Mithridaticum, *g.* mithridatici. *neut.*

MITIGATION. Temperatio, *gén.* temperationis. *f.*

MITIGÉ. Mitigatus, mitigata, mitigatum. *part. pass. de* Mitigare.

MITIGER. Mitigare, mitigo, mitigas, mitigavi, mitigatum. *act. acc.*

MITONNER *la soupe.* Macerare, macero, maceras, maceravi, maceratum. *act. acc. Ajoutez* panis offas.

MITONNER, *avoir grand soin de quelqu'un.* Curare, curo, curas, curavi, curatum. *act. acc. Ajoutez* molliter.

MITOYEN. Intermedius, intermedia, intermedium.

MITRAILLE, *vieille ferraille.* Scruta, *gén.* scrutorum. *neut. plur.*

MITRE. Mitra, *gén.* mitræ. *f.*

MITRÉ. Mitrâ ornatus, ornata, ornatum. *part. pass.* d'Ornare.

MITRON, *garçon boulanger.* Puer pistorius, *g.* pueri pistorii. *masc.*

MIXTE. Mistus, mista, mistum. *part. pass. de* Miscere.

MIXTION. Mistura, *gén.* misturæ. *f.*

MIXTIONNÉ. Medicatus, medicata, medicatum. *part. pass. de* Medicare.

MIXTIONNER. Medicare, medico, medicas, medicavi, medicatum. *act. acc.*

MOBILE. Mobilis, m. *f.* mobile, *neut. gén.* mobilis.

MOBILIER, *biens mobiliers.* Res mobiles, *g.* rerum mobilium. *f. plur.*

MOBILITÉ. Mobilitas, *gén.* mobilitatis. *fém.*

La MODE. Mos, *g.* moris. *masc. A la mode.* More, à l'abl. *Etre à la mode.* Esse in usu, sum, es, fui. *Qui n'est plus à la mode.* Desuetus, a, um. *adj.*

MODE d'un *verbe.* Modus, *gén.* modi. *masc.*

MODÈLE. Exemplar, *gén.* exemplaris. *n. Servir de modèle à.* Esse, sum, es, fui. *Ajoutez* exemplo, *avec un dat.*

MODELER. Facere typum operis, *c'est-à-dire*, *faire le moule d'un ouvrage.* Facio, facis, feci, factum. *act.*

MODÈNE, *ville.* Mutina, *gén.* Mutinæ *fém.*

Le MODENAIS, *duché.* Mutinensis Ager, *gén.* Mutinensis Agri. *m. Tout se décline.*

MODERATEUR. Moderator, *gén.* moderatoris. *masc.*

MODERATION. Temperantia, *g.* temperantiæ. *f.*

MODÉRÉ. Moderatus, moderata, moderatum. *part. pass. de Moderari.*

MODÉRÉMENT. Moderatè. *adv.*

MODÉRER. Moderari, moderor, moderatus sum. *dép. acc.*

Se Modérer. Imperare sibi, *c'est-à-dire, se commander.* Impero, imperas, imperavi, imperatum. *neut.*

MODERNE. Recens, *m. f. neut. gén.* recentis.

MODESTE. Modestus, a, um. *adj.*

MODESTEMENT. Modestè. *adv.*

MODESTIE. Modestia, *gén.* modestiæ. *fém.*

MODICITÉ. Exiguitas, *gén.* exiguitatis. *fém.*

MODIFICATION, *restriction.* Temperamentum, *g.* temperamenti. *neut.*

MODIFIER, *restreindre.* Adjicere, adjicio, adjicis, adjeci, adjectum. *actif. Ajoutez* modum ; *avec un dat.*

MODIQUE. Modicus, a, um. *adj.*

MOELLE. Medulla, *g.* medullæ. *f.*

MOELLEUX. Refertus, referta, refertum. *part. pass. de Referre. Ajoutez* medullâ, *c'est-à-dire, rempli de moelle.*

MOELLON. Cæmentum, *gén.* cæmenti. *neut.*

MOEURS. Mores, *g.* morum. *m. plur.*

MOGOL, *empire dans les Indes.* Imperium, *gén.* Imperii. *neut. Ajoutez* Mogolum. *m. plur. Les peuples du Mogol.* Mogoles, *gén.* Mogolum. *masc. plur.*

MOI. Ego, *mel. dat.* mihi. *Moi-même.* Ego ipse, *gén.* mei ipsius, *etc. C'est moi.* Ego sum. *C'est moi qui dis, c'est-à-dire, je dis.* Ego dico. *Avec moi.* Mecum. *De moi-même.* Ex me.

MOINDRE, *s'il ne s'agit que de deux.* Minor, *m. f.* minus, *n. g.* minoris. *Moindre, s'il s'agit de plusieurs.* Minimus, a, um. *avec un gén. Le moindre de tous.* Minimus omnium.

MOINE. Monachus, *g.* monachi. *m.*

MOINEAU. Passer, *g.* passeris. *masc.*

MOINS. Minus. *adv. comp.* Voy. dans la Grammaire latine les différentes manières d'exprimer *Moins , le moins , du moins , au moins , d'autant moins,* etc.

MOIS. Mensis, *g.* mensis. *masc.*

MOISI. Mucidus, a, um. *adj.*

MOISIR, *se moisir.* Mucescere, mucesco, is. *sans prét. et sans supin. neut.*

MOISISSURE. Mucor, *gén.* mucoris. *masc.*

MOISSON. Messis, *gén.* messis. *f.*

MOISSONNER. Metere, meto, metis, messui, messum. *act. acc.*

MOISSONNEUR. Messor, *g.* messoris. *masc.*

MOITE. Humidus, a, um. *adj.*

MOITEUR. Mador, *g.* madoris. *m.*

MOITIE. Dimidium, *g.* dimidii. *n.*

MOL ou *mou.* Mollis, *m. f.* molle, *n. gén.* mollis. *Devenir mol ou mou.* Mollescere, mollesco, mollescis, *sans prét. et sans supin.*

MOLAIRE, *en parlant des dents.* Molaris, *m. f.* molare, *n. g.* molaris.

MOLE, *jetée de grosses pierres en forme de digue.* Moles, *g.* molis. *f.*

MOLESTER. Creare molestiam ; *quelqu'un*, alicui, *c'est-à-dire, causer du chagrin.* Creo, creas, creavi, creatum. *accusat.*

MOLETTE *d'éperon.* Stellatum calcar, *gén.* stellati calcaris. *neut.*

MOLLASSE. Mollior, *m. f.* mollius, *neut. gén.* mollioris. *comp.*

MOLLEMENT. Molliter. *adv.*

MOLLESSE. Mollities, *gén.* mollitiei. *fém.*

MOLLET. Molliculus, a, um. *adj.*

MOLLIR. Mollescere, mollesco, mollescis, *sans prét. et sans supin.*

Mollir, *céder lâchement.* Esse, sum, es, fui. *Ajoutez* animo remissiore.

MOMENT. Momentum, *g.* momenti. *neut. En ce moment.* Momento. *à l'abl.*

MOMENTANÉ. Perbrevis, *m. f.* perbreve, *neut. gén.* perbrevis.

MOMENTANÉMENT. Aliquantisper. *adv.*

MOMERIE, *représentation ridicule.* Ludicra simulatio, *gén.* ludicræ simulationis. *fém.*

MOMIE. Corpus differtum, *gén.* corporis differti, *neut. Ajoutez* odoribus, *c'est-à-dire, corps embaumé.*

MON, MA, MES. Meus, mea, meum, *pronom.*

MONACAL. Monachicus, monachica, monachicum. *adj.*

MONARCHIE. Imperium, *gén.* imperii. *n. Ajoutez* unius, *c'est-à-dire, gouvernement d'un seul.*

MONARCHIQUE. Pertinens, *m. f. n. gén.* pertinentis. *Ajoutez* ad unius dominatum, *c'est-à-dire, qui regarde la domination d'un seul.*

MONARQUE. Rex, *gén.* regis. *m.*

MONASTÈRE. Monasterium, *g.* monasterii. *neut.*

MONASTIQUE. Monasticus, monastica, monasticum. *adj.*

MONCEAU. Acervus, *gén.* acervi. *m. Par monceaux.* Acervatim. *adv.*

MONDAIN. Profanus, a, um. *adj.*

MONDE. Mundus, *gén.* mundi. *masc.*

MON MON 285

Venir au monde. Nasci, nascor, nasceris, natus sum. *dép. Mettre au monde.* Producere, produco, producis, produxi, productum. *act. acc. Tout le monde,* pour tous les hommes. Omnes, *gén.* omnium. *m. plur. Tout le monde l'aime.* Omnes illum amant. *Devant tout le monde.* Coràm omnibus. *Le plus méchant homme du monde ou de tous.* Longè improbissimus omnium. *Rien du monde.* Nihıl omninò. *Beaucoup de monde.* Multitudo infinita, *gén.* multitudinis infinitæ. *f. Les gens du monde, ceux qui suivent les maximes du monde.* Homines studiosi, *gén.* hominum studiosorum. *m. pl. Ajout.* rerum fluxarum, *c'est-à-dire, hommes attachés aux choses périssables. Le beau monde, ou le grand monde, c'est-à-dire, les gens de qualité.* Homines illustres, *g.* hominum illustrium. *m. plur.*

MONDÉ, *nettoyé.* Purgatus, purgata, purgatum. *part. pass. de* Purgare.

MONDER. Purgare, purgo, purgas, purgavi, purgatum. *acc.*

MONITEUR. Monitor, *gén.* monitoris. *masc.*

MONITION. Monitio, *gén.* monitionis. *fém.*

Un MONITOIRE. Monitorium, *génit.* monitorii. *neut.*

MONNAIE. Moneta, *gén.* monetæ. *f.*

MONNAYÉ. Signatus, signata, signatum. *part. pass. de* Signare.

MONNAYER, *battre, frapper, fabriquer de la monnaie.* Signare, signo, as, signavi, signatum. *act.* monetam.

MONNAYEUR. Monetarius, *gén.* monetarii. *m. Faux monnayeur.* Adulterator, *génit.* adulteratoris. *masc. Ajoutez* monetæ.

MONOPOLE. Monopolium, *g.* monopolii. *neut.*

MONOPOLEUR. Qui exercet monopolium, *c'est-à-dire, qui fait le monopole*

MONOSYLLABE, *qui n'est que d'une syllabe.* Monosyllabus, a, um. *adj.*

MONOTONE, *d'un même ton de voix.* Uno tenore. *abl. Ajoutez* vocis.

MONOTONIE. Unus tenor, *g.* unius tenoris. *m. Ajoutez* vocis.

MONSEIGNEUR, *titre d'honneur.* Illustrissimus, *g.* illustrissimi. *m. superl. de l'adj.* illustris.

MONSIEUR. Dominus, *g.* domini. *m.*

MONSTRE. Monstrum, *gén.* monstri. *neut.*

MONSTRUEUSEMENT. Monstrosè. *adverbe.*

MONSTRUEUX. Monstrosus, a, um. *adject.*

MONT ou *montagne.* Mons, *g.* montis *m.*

MONTAGNARD. Montanus, montana, montanum. *adj.*

MONTAGNE. Mons, *g.* montis. *m.*

MONTAGNEUX. Montosus, montosa, montosum. *adj.*

MONTÉ *à cheval.* Insidens, *m. f. neut. gén.* insidentis. *Ajoutez* equo, *Monté en croupe.* Insidens, *gén.* insidentis. *Ajoutez* post equitem, *c'est-à-dire, assis derrière le cavalier.*

MONTÉ *au faîte des honneurs.* Evectus, a, um. *Aj.* ad summum fastigium.

MONTÉ, *muni.* Instructus, instructa, instructum. *part. pass. d'*Instruere. *avec un ablat.*

MONTÉE, *lieu qui va en montant.* Clivus, *gén.* clivi. *masc.*

MONTÉE, *escalier.* Scalæ, *gén.* scalarum. *f. plur.*

MONTER. Ascendere, ascendo, is, ascendi, ascensum. *n. en quelque lieu,* in aliquem, locum. *aux honneurs,* ad honores. *sur un arbre,* in arborem. *Monter à cheval.* Ascendere in equum.

MONTER, *en parlant d'un nombre.* Conficere, conficio, is, confeci, confectum. *act. acc. L'argent monte à cent livres, ou fait cent livres.* Pecunia conficit centum libras.

MONTER *une horloge.* Horologium aptare, apto, aptas, aptavi, aptatum. *act. accusat.*

MONT-GIBEL, *montagne qui jette du feu.* Ætna, *gén.* Ætnæ. *f.*

MONTOIR. Suggestum, *gén.* suggesti. *neut.*

MONTPELLIER, *ville.* Mons Pessulanus, *g.* Montis Pessulani. *masc.*

MONTRE ou *apparence.* Species, *gén.* speciei. *fém.*

Une MONTRE *portative.* Manuale horologium, *g.* manualis horologii. *neut.*

MONTRER. Ostendere, ostendo, is, ostendi, ostensum. *Indiquer.* Indicare. *act. rég. dir. acc. rég. ind. dat.*

MONTRER, *enseigner.* Docere, doceo, es, docui, doctum. *act. avec deux acc.*

MONTRER, *faire connaître.* Significare, significo, significas, significavi, significatum. *act. rég. dir. acc. rég. ind. dat.*

MONTRER, *prouver.* Probare, probe, probas, probavi, probatum. *act. rég. dir. acc. rég. ind. dat.*

Se MONTRER, *se faire voir.* Se præbere, præbeo, es, præbui, præbitum. *acc. rég. ind. dat. Je me montrerai digne de mes ancêtres.* Me præbebo dignum meis majoribus; præbeo, es, præbui, præbitum, præbere. *act.*

MONTUEUX, *plein de montagnes.* Montosus, montosa, montosum. *adj.*

MONTURE, *bête qui sert à porter un homme.* Jumentum, *g.* jumenti. *n.*

MONUMENT. Monumentum, *gén.* monumenti. *neut.*

286 MOR MOR

Se MOQUER de Irridere, irrideo, es, irrisi, irrisum. *act. acc. Etre moqué.* Irrideri, irrideor, eris, irrisus sum. *pass. de* Irrideo. *Sans se moquer.* Remoto joco. *à l'abl. Se faire moquer de soi.* Præbere, præbeo, es, præbui, præbitum. *act. acc. Ajoutez* ludos, *c'est-à-dire, fournir un sujet de raillerie. Par les autres.* Aliis. *datif.*
MOQUERIE. Ludibrium, *g.* ludibrii. *neut. Par moquerie.* Per ludibrium.
MOQUEUR. Irrisor, *g.* irrisoris. *m.*
MOQUEUSE, *celle qui raille.* Nasuta mulier, *g.* nasutæ mulieris. *f.*
MORAL, *qui concerne les mœurs.* Moralis, *m. f.* morale, *n. g.* moralis.
La MORALE, *la doctrine des mœurs.* Disciplina, *g.* disciplinæ. *f. Aj.* morum.
MORALEMENT. Rectè. *adv.*
MORALISER. Disputare, disputo, as, disputavi, disputatum. *Aj.* de moribus, *c'est-à-dire, traiter des mœurs.*
MORALISTE. Objurgator, *gén.* objurgatoris. *masc.*
MORALITÉ. Documentum morale, *g.* documenti moralis. *neut.*
MORBIHAN, *lac et département de France.* Lacus, *gén.* lacûs. *Ajoutez* Venetorum.
MORCEAU. Frustum, *génitif.* frusti. *neut.*
Morceau *d'une chose rompue.* Fragmentum, *gén.* fragmenti. *n. Par morceaux.* Frustatim. *adv.*
MORCELER. Dividere, divido, is, divisi, divisum. *Ajoutez* in particulas, *c'est-à-dire, diviser par morceaux.*
MORDANT. Mordax, *m. f. neut. gén.* mordacis.
MORDRE. Mordere, mordeo, mordes, momordi, morsum. *act. acc.*
Mordre *sur quelqu'un.* Mordere aliquem. *Trouver à mordre sur.* Mordere. *avec l'acc.*
MORDU. Morsus, a, um. *part. pass. de* Mordere.
MORELLE, *plante.* Solanum, *génit.* solani. *neut.*
MORFONDRE. Lædere, lædo, lædis, læsi, læsum. *act. acc. Ajoutez* nimio frigore, *c'est-à-dire, incommoder par un trop grand froid.*
Se Morfondre. Intercipi, intercipior, eris, interceptus sum. *passif. Ajoutez* frigore.
MORGUE, *mine dédaigneuse.* Supercilium, *g.* supercilii. *neut.*
MORIBOND. Moribundus, moribunda, moribundum. *adj.*
MORIGÉNÉ. Moratus, a, um. *adj.*
MORILLE, *sorte de champignon spongieux.* Fistulosus fungus, *g.* fistulosi fungi. *masc.*

MORILLON, *raisin noir et fort doux.* Nigella uva, *gén.* nigellæ uvæ. *f.*
MORNE. *Voy.* Triste.
MORS. Frenum, *g.* freni. *neut. Prendre le mors aux dents.* Currere, curro, curris, cucurri, cursum. *neut. Ajoutez* citato gradu.
MORSURE. Morsus, *g.* morsûs. *m.*
MORT, *la mort.* Mors, *gén.* mortis. *f. A l'article de la mort.* In extremo spiritu. *Se donner la mort.* Afferre sibi violentas manus; affero, affers, attuli, allatum. *Etre à l'article de la mort.* Agere, ago, agis egi, actum. *act. Ajoutez* animam, *c'est-à-dire, rendre l'âme. Mettre à mort ou tuer.* Necare, neco, necas, necavi, necatum. *act. acc. Blesser à mort*, ou *dangereusement.* Vulnerare mortiferè. *adv.*
MORT ou *défunt.* Mortuus, mortua, mortuum. *adj.*
MORTADELLE, *gros saucisson.* Crassior lucanica, *gén.* crassioris lucanicæ. *f.*
MORTAISE. Cavus, *gén.* cavi. *m.*
MORTALITÉ, *condition de l'homme.* Mortalitas, *g.* mortalitatis. *f.*
MORTALITÉ, *maladie qui emporte bien du monde.* Magna strages, *gén.* magnæ stragis. *f.*
MORTEL ou *sujet à la mort.* Mortalis, *m. f.* mortale, *n. g.* mortalis.
MORTEL ou *qui cause la mort.* Mortiferus, mortifera, mortiferum. *adj.*
MORTEL, *en parlant d'une haine, d'un ennemi.* Capitalis, *m. f.* capitale, *n. gén.* capitalis.
MORTELLEMENT, ou *d'une haine mortelle.* Odio capitali. *à l'abl.*
MORTELLEMENT, *dangereusement.* Mortiferè. *adv. Pécher mortellement.* Peccare mortiferè.
MORTIER, *vase.* Mortarium, *g.* mortarii. *neut.*
MORTIER *de président.* Cudo honorarius, *gén.* cudonis honorarii. *masc. L'un et l'autre se déclinent. Président à mortier.* Præses insignis, *g.* præsidis insignis. *m. Ajoutez* cudone, *c'est-à dire, président orné du mortier.*
MORTIER *de chaux et de sable.* Arenatum, *gén* arenati. *neut.*
MORTIFIANT, *fâcheux.* Molestus, molesta, molestum. *adj*
MORTIFICATION. Afflictatio, *génit.* afflictationis. *f.*
MORTIFICATION ou *déplaisir.* Dolor, *g.* doloris *masc.*
MORTIFIÉ, *être mortifié, être fâché.* Indolere indoleo indoles, indolui, *sans sup. abl.*
MORTIFIER. Afflictare, afflicto, as, afflictavi, afflictatum. *act. acc.*
MORTUAIRE. Funebris, *m. f.* funebre,

neut. g. funebris. *Registre mortuaire,* Index, *g.* indicis. *m.* mortuorum, *c'est-à-dire, des morts.*

MORUE. Mórua, *gén.* moruæ. *fém.*

MORVE. Muccus, *gén.* mucci. *masc.*

MORVEUX. Muccosus, a, um. *adj.*

MOSAÏQUE, *ouvrage à la mosaïque.* Tessellatum opus, *gén.* tessellati operis. *n. L'un et l'autre se déclinent.*

MOSCOU, *ville.* Moscua, *g.* Moscuæ. *fém.*

MOSCOVIE, *empire.* Moscovia, *gén.* Moscoviæ. *fém.*

MOSCOVITE. Moscovita, *gén.* Moscovitæ. *masc. et f.*

MOSELLE, *rivière et département de France.* Mosella, *gén.* Mosellæ. *f.*

MOSQUÉE. Fanum mahometanum, *gén.* fani mahometani. *neut.*

MOT. Verbum, *gén.* verbi. *neut. Mot pour mot,* ou *mot à mot.* Ad verbum. *En un mot.* Uno verbo. *à l'ablat. En peu de mots.* Paucis. *à l'abl. A demi-mot.* Uno verbo. *à l'abl. Ne dire mot,* ou *se taire.* Tacere, tacco, es, tacui, tacitum. *neut. abl. avec ce. Sans dire mot.* Tacitè. *adv. Prendre au mot.* Accipere, accipio, is, accepi, acceptum. *act. Ajoutez* conditionem. *quelqu'un,* alicujus, *c'est-à-dire, accepter la condition de quelqu'un. Mot du guet.* Tessera, *gén.* tesseræ. *f.*

MOTET. Canticum, *g.* cantici. *neut.*

MOTEUR. Motor, *g.* motoris. *masc.*

MOTIF. Causa, *gén.* causæ. *f.*

MOTION. Motio, *gén.* motionis. *f.*

MOTRICE, *force motrice.* Virtus motrix, *gén.* virtutis motricis. *f.*

MOTTE *de terre.* Gleba, *gén.* glebæ. *fém.*

MOU. *Voyez* Mol.

MOUCHARD, *espion.* Conspicillo, *g.* conspicillonis. *masc.*

MOUCHE. Musca, *gén.* muscæ. *f.*

MOUCHE *à miel.* Apis, *gén.* apis. *f.*

MOUCHER. Emungere, emungo, is, emunxi, emunctum. *act. acc. Se moucher.* Emungere se.

MOUCHERON. Culex, *gén.* culicis. *masc.*

MOUCHETÉ. Maculosus, maculosa, maculosum. *adj.*

MOUCHETER. Distinguere, distinguo, distinguis, distinxi, distinctum. *act. acc. Ajoutez* maculis, *c'est-à-dire, marquer de petites taches.*

MOUCHETTES. Forfices, *gén.* forficum. *f. plur.*

MOUCHETURES. Maculæ, *g.* macularum. *f. plur.*

MOUCHEUR *de chandelles.* Qui fungos candelæ detrahit.

MOUCHOIR. Muccinium, *g.* muccinii. *neut.*

MOUCHOIR *de cou.* Strophium, *génit.* strophii. *neut.*

MOUDRE. Molere, molo, molis, molivi, molitum. *act. acc.*

MOUE. Projectio, *gén.* projectionis. *f. Ajoutez* lab orum, *c'est-à-dire, allongement des lèvres. Faire la moue à quelqu'un.* Irridere aliquem projectu labiorum, *c'est à dire, se moquer de quelqu'un par l'avancement des lèvres.* Irrideo, es, irrisi, irrisum. *acc.*

MOUETTE, *oiseau, poule d'eau.* Gavia, *gén.* gaviæ. *f.*

MOUILLAGE, *abordage.* Appulsus, *gén.* appulsus. *masc.*

MOUILLÉ. Maddus, a, um. *adj.*

MOUILLER. Madefacere, madefacio, madefacis, madefeci, madefactum. *actif. accusat.*

MOUILLER, *jeter l'ancre.* Jacere, jacio, jacis, jeci, jactum. *act. Ajoutez* anchoras, *c'est-à-dire, jeter l'ancre.*

MOUILLURE. Mador, *gén.* madoris. *masc.*

MOULE. Typus, *gén.* typi. *masc.*

MOULÉ. Effictus, efficta, effictum. *part. pass.* d'Effingere. *Ajoutez* typo, *c'est-à-dire, formé dans le moule.*

MOULER. Effingere, effingo, is, effinxi, effictum. *act. acc. Ajoutez* typo.

MOULES, *petits poissons à coquille.* Mutili, *gén.* mutilorum. *masc. plur.*

MOULEUR *de bois sur les ports.* Qui ligna componit in formâ, *c'est-à-dire, celui qui range le bois dans la forme.*

MOULIN. Pistrinum, *gén.* pistrini. *n.*

MOULINET, *croix qui tourne.* Crux versoria, *g.* crucis versoriæ. *f.*

MOULINS, *ville.* Molinum, *g.* Molini. *neut. De Moulins.* Molinensis, *m. f.* molinense, *n. g.* molinensis.

MOULU. Molitus, a, um. *part. pass.* de Molere.

MOULURE. Torus, *gén.* tori. *masc.*

MOURANT. Moriens, *m. f. neut. gén.* morientis. *part. prés. de* Mori.

MOURIR. Mori, morior, moreris, mortuus sum. *dép. Je suis mort,* ou *c'est fait de moi.* Perii, *prét. de* Pereo, *qui signifie périr. Mourir au monde. Voyez* Renoncer. *Faire mourir.* Interficere, interficio, interficis, interfeci, interfectum. *act. acc.*

MOURON, *herbe.* Anagallis, *g.* anagallidis. *fém.*

MOURRE, *jeu.* Ludus, *génit.* ludi. *Ajoutez* micantium.

MOUSQUET. Sclopetus, *g.* sclopeti. *m.*

MOUSQUETADE, *décharge de mousquet.* Emissio *gén.* emissionis. *f. Ajout.* sclopeti

MOUSQUETAIRE. Sclopetarius, *gén.* sclopetarii. *masc.*

MOUSQUETON. Sclopetus, *gén.* sclopeti. *masc.*
MOUSSE. Muscus, *gén.* musci. *m.*
- MOUSSELINE, *toile très-claire.* Nebula linea, *gén.* nebulæ lineæ. *f.*
MOUSSER, *jeter de la mousse.* Agere, ago, agis, egi, actum. *act.* Ajoutez spumas.
MOUSSERON, *petit champignon.* Parvus boletus, *gén.* parvi boleti. *masc.*
MOUSTACHE, *au-dessus des lèvres.* Pili, *gén.* pilorum. *m. plur.* Ajoutez labiorum superiorum.
MOUT, *vin qui n'a pas encore bouilli.* Mustum, *g.* musti. *neut.*
MOUTARDE. Sinapis, *g.* sinapis. *f.*
MOUTARDIER, *vase à mettre de la moutarde.* Vasculum, *gén.* vasculi. *neut.* Ajoutez intritæ sinapis.
MOUTARDIER, *qui fait ou qui vend de la moutarde.* Sinapiarius, *gén.* sinapiarii. *masc.*
MOUTON. Vervex, *gén.* vervecis. *m.* Qui est de mouton. Vervecinus, vervecina, vervecinum. *adj.*
MOUTON, *machine de bois qu'on élève et qu'on laisse retomber.* Fistuca, *génit.* fistucæ. *fém.*
MOUTURE. Merces, *gén.* mercedis. *f.* Ajoutez pistrinarii, *c'est-à-dire*, salaire du meûnier.
MOUVANT. Mobilis, *m. f.* mobile, *n. gén.* mobilis.
MOUVEMENT. Motus, *g.* motûs. *m.* Se donner bien du mouvement, ou se donner tous les mouvements possibles. Adhibere, adhibeo, es, adhibui, adhibitum. *act.* Ajoutez omnes machinas, pour par ad, avec l'acc. ou le gérond. en dum. De mon propre mouvement. Meâ sponte. à l'abl. De votre mouvement. Tuâ sponte. à l'abl. De son mouvement. Suâ sponte. à l'ablat.
MOUVOIR. Movere, moveo, moves, movi, motum. *act. acc.*
MOYEN. Ratio, *gén.* rationis. *f.* Par le moyen de. Ope. abl. *f.* avec un *g.* ensuite. Par le moyen de Pierre. Ope Petri. Par notre moyen. Nostrâ ope. à l'abl.
MOYENS ou *richesses*. Facultates, *gén.* facultatum. *f. plur.*
MOYEN, *faculté*. Avoir moyen de payer. Esse, sum, es, fui. Ajoutez solvendo, et l'acc. de la somme.
MOYEN, *ni trop grand, ni trop petit.* Mediocris, *m. fém.* mediocre, *neut. gén.* mediocris.
MOYENNANT ou *avec*. Cum, et l'abl.
MOYEU. Modiolus, *g.* modioli. *m.*
MUABLE. Mutabilis, *m. f.* mutabile, *neut. gén.* mutabilis.
MUE. Mutatio, *gén.* mutationis. *f.*
MUER, *changer de plume ou de poil.* Vernare, verno, vernas, vernavi, vernatum. *neut.*
MUET. Mutus, a, um. *adj.*
MUFLE. Rostrum, *g.* rostri. *neut.*
MUGE, *poisson de mer.* Mugil, *génit.* mugilis. *masc.*
MUGIR ou *meugler*. Mugire, mugio, mugis, mugii, mugitum. *neut.*
MUGISSEMENT ou *meuglement*. Mugitus, *gén.* mugitûs. *masc.*
MUGUET. Ephemerum, *gén.* ephemeri. *neut.*
MUID *de liquides.* Dolium, *gén.* dolii. *neut.* Muid de grains, etc. Modius, *gén.* modii. *masc.*
MULATRE, *né d'un blanc et d'une négresse, ou d'un nègre et d'une blanche.* Hybrida, *g.* hybridæ. *m. et fém.*
MULE, *animal*. Mula, *gén.* mulæ. *f.*
MULE ou *pantoufle*. Crepida, *gén.* crepidæ. *fém.*
MULE *aux talons*. Pernio, *g.* pernionis. *masc.*
MULET. Mulus, *gén.* muli. *masc.*
MULETIER. Mulio, *gén.* mulionis. *m.*
MULOT, *petit rat de campagne.* Mus rusticus, *gén.* muris rustici. *masc.*
MULTIPLICATION. Multiplicatio, *gén.* multiplicationis. *f.*
MULTIPLICITÉ. Multitudo, *gén.* multitudinis. *fém.*
MULTIPLIÉ. Multiplicatus, multiplicata, multiplicatum. *part. pass. de* Multiplicare.
MULTIPLIER, *augmenter le nombre*. Multiplicare, multiplico, as, multiplicavi, multiplicatum. *act. acc.*
MULTIPLIER ou *se multiplier*, *en parlant de peuples, d'oiseaux, de familles*, etc. Propagari, propagor, aris, propagatus sum. *pass.*
MULTITUDE. Multitudo, *gén.* multitudinis. *fém.*
MUNI. Munitus, a, um. *part. pass. de* Munire. *ablat.* de la chose dont on est muni.
MUNICIPAL, *qui jouit des droits de citoyen*. Municipalis, *m. f.* municipale, *neut. gén.* municipalis.
MUNIFICENCE. Munificentia, *génit.* munificentiæ. *f.*
MUNIR. Munire, munio, munis, munivi ou munii, munitum. *act. acc. et l'abl.* de la chose dont on munit. Se munir. Munire se. de constance, animi firmitate.
MUNITIONS *de guerre*. Bellicum instrumentum, *g.* bellici instrumenti. *n.* L'un et l'autre se déclinent. Munitions de bouche. Commeatus, *g.* commeatûs. *m.* Pain de munition. Panis castrensis, *gén.* panis castrensis. *masc.* L'un et l'autre se déclinent.
MUNSTER, *ville*. Monasterium, *gén.*

Monasterii. *neut. De Munster.* Monasteriensis, *masc.* f. monasteriense, *n. génit.* monasteriensis.

MUR. Murus, *g.* muri. *masc.*

Mûr. *adj.* Maturus, a, um. *adj.*

MURALE, *couronne murale.* Corona muralis, *gén.* coronæ muralis. *f.*

MURAILLE. Mœnia, *gén.* mœnium, *dat.* mœnibus. *neut. plur.*

MURÉ. Cinctus, a, um. *Ajoutez* muris, *c'est-à-dire, ceint de murailles.*

MURE, *fruit.* Morum, *gén.* mori. *n.*

MÛREMENT. Considerate. *adv.*

MURÈNE, *poisson.* Muræna, *génit.* muræræ. *fém.*

MURER. Cingere, cingo, cingis, cinxi, cinctum. *act. Ajoutez* mœnibus. *une ville,* urbem, *c'est-à-dire, ceindre de murailles.*

MURIER. Morus, *gén.* mori. *f.*

MÛRIR ou *devenir mûr.* Maturescere, maturesco, maturescis, maturui. *sans sup. neut.*

MÛRIR, *rendre mûr.* Maturare, maturo, as, maturavi, maturatum. *acc.*

MURMURE ou *plainte.* Querela, *gén.* querelæ. *fém.*

MURMURE *d'eau, etc.* Murmur, *gén.* murmuris. *neut.*

MURMURER *contre quelqu'un.* Queri, queror, quereris, questus sum. *dép. de* aliquo.

MURMURER, *en parlant des eaux et des vents, etc.* Susurrare, susurro, as, susurravi, susurratum. *neut.*

MUSARAIGNE, *sorte de petit rat.* Mus araneus, *gén.* muris aranei. *m.*

MUSC. Muschus, *g.* muschi. *m. Sentir le musc.* Redolere, redoleo, es, redolui, redolitum. *Ajoutez* muschum.

MUSCADE. Nux aromatica, *gén.* nucis aromaticæ. *fém.*

MUSCAT. Apianus, a, um. *adj.*

MUSCLE. Musculus, *g.* musculi. *m.*

MUSCULEUX. Musculosus, musculosa, musculosum. *adj.*

MUSE. Musa, *gén.* Musæ. *f.*

MUSEAU. Rostrum, *g.* rostri. *neut.*

MUSÉE. Museum, *gén.* musei. *n.*

MUSELIERE. Fiscella, *g.* fiscellæ. *f.*

MUSETTE. Utriculus, *g.* utriculi. *m.*

MUSICAL. Musicus, a, um. *adj.*

MUSICALEMENT. Modulate. *adv.*

MUSICIEN. Musicus, *g.* musici. *m.*

MUSICIENNE. Musica, *g.* musicæ. *f.*

MUSIQUE. Musice, *g.* musices. *f.*

MUSQUÉ. Inodoratus, inodorata, inodoratum. *part. pass.* d'Inodorare.

MUSQUER. Inodorare, inodoro, as, inodoravi, inodoratum. *act. acc. avec du musc,* muscho. *à l'abl.*

MUTABILITÉ, *inconstance.* Mutabilitas, *gén.* mutabilitatis. *f.*

MUTATION. Mutatio, *gén.* mutationis. *fém.*

MUTILATION. Detruncatio, *gén.* detruncationis. *f.*

MUTILÉ. Mutilatus, a, um. *adj.*

MUTILER. Mutilare, mutilo, as, mutilavi, mutilatum. *act. acc.*

MUTIN, *opiniâtre.* Pertinax, *m. f. n. gén.* pertinacis.

MUTINER. Vexare, vexo, vexas, vexavi, vexatum. *act. acc.*

Se MUTINER, *se soulever.* Facere seditionem, *c'est-à-dire, faire une sédition.* Facio, facis, feci, factum. *act. acc.*

Se MUTINER, *se fâcher.* Indignari, indignor, indignaris, indignatus sum. *dép. ablat.*

MUTINERIE. Pervicacia, *gén.* pervicaciæ. *fém.*

MUTUEL, *réciproque.* Mutuus, mutua, mutuum. *adj.*

MUTUELLEMENT, *réciproquement.* Mutuò. *adv.*

MYOPE, *qui a la vue fort courte.* Luscitiosus, a, um. *adj.*

MYRIADE, *nombre de dix mille.* Myrias, *gén.* myriadis. *f.*

MYRRHE, *liqueur et arbre.* Myrrha, *gén.* myrrhæ. *f.*

MYRTE, *arbrisseau.* Myrtus, *génit.* myrti. *f. Qui est de myrte.* Myrteus, a, um. *adj. Couronne de myrte.* Corona myrtea, *g.* coronæ myrteæ. *f.*

MYSTÈRE, *chose secrète.* Mysterium, *gén.* mysterii. *neut.*

MYSTÉRIEUSEMENT, *d'une façon mystérieuse.* Tecte. *adv.*

MYSTÉRIEUX. Tectus, tecta, tectum, *part. pass. de* legere.

MYSTIQUE. Mysticus, a, um. *adj.*

MYSTIQUEMENT, *dans un sens mystique.* Mystico modo.

MYTHOLOGIE, *l'histoire des dieux de la fable.* Mythologia, *gén.* mythologiæ. *f.*

NABOT, *espece de nain.* Pusillus, pusilla, pusillum. *adj.*

NACELLE. Navicula, *gén.* naviculæ. *f.*

NACRE, *coquille.* Concha, *g.* conchæ. *fém.*

NAGE, *l'action de nager.* Natatus, *gén.* natatûs. *m. A la nage.* Natatu. *à l'abl. Se jeter à la nage.* Insilire in undas, *c'est-à-dire, sauter dans l'eau.* Insilio, is, insilui et insilii, insultum. *n. Se sauver à la nage.* Enatare, enato, as, enatavi, enatatum. *Ajoutez* in terram. *Être tout en nage, être tout trempé de sueur.* Diffluere, diffluo, is, diffluxi, diffluxum. *n. Ajout.* sudore.

NAGEOIRE *de poisson.* Pinna, *génit.* pinnæ. *fém.*

NAGER. Natare, nato, natas, natavi, natatum. *neut.*

NAGER *dans le sang.* Inundari sanguine, *c'est-à-dire, être inondé de sang.* Inundari, *passif du verbe* Inundare.

NAGEUR. Natator, *g.* natatoris. *m.*

NAGUÈRE. Nuper. *adv.*

NAÏADE. Naïas, *gén.* Naïadis. *f.*

NAÏF. Ingenuus, a, um. *adj.*

NAIN. Pumilus, *gén.* pumili. *m.*

NAINE, *nabote.* Pygmea, *gén.* pygmeæ. *fém.*

NAISSANCE. Ortus, *g.* ortûs. *m.*

NAISSANCE ou *extraction.* Genus, *gén.* generis. *n. Qui est de grande naissance.* Natus, a, um. ex amplissimâ familiâ. *De basse naissance.* Natus, nata, natum, loco infimo, *à l'abl. Jour de naissance.* Dies natalis, *gén.* diei natalis. *Tous deux se déclinent.*

NAITRE. Nasci, nascor, nasceris, natus sum. *dép. Qui ne fait que de naître.* Natus, nata, natum. *Ajoutez* recens. *adverbe.*

NAÏVEMENT. Ingenuè. *adv.*

NAÏVETÉ. Ingenuitas, *gén.* ingenuitatis. *fém.*

NANTIR, *donner des assurances.* Pignus dare, do, das, dedi, datum. *actif avec l'acc.* pignus, *et le dat. de la personne.*

Se NANTIR, *se saisir.* Occupare, occupo, occupas, occupavi, occupatum. *act. avec l'accus.*

NANTISSEMENT, *gage.* Pignus, *gén.* pignoris. *neut.*

NAPLES, *ville.* Neapolis, *gén.* Neapolis. *fém.*

NAPOLITAIN ou *qui est de Naples.* Neapolitanus, a, um. *adj.*

NAPPE. Linteum, *gén.* lintei. *neut. Nappe de communion.* Linteum, *génit.* lintei. *n. Ajoutez* sacræ mensæ. *Nappe d'autel.* Linteum, *gén.* lintei. *n. Ajoutez* aræ. *Mettre la nappe.* Sternere, sterno, sternis, stravi, stratum. *Ajoutez* mensam linteo, *c'est-à-dire, couvrir la table de la nappe.*

NARCISSE, *fleur.* Narcissus, *g.* narcissi. *masc.*

NARCOTIQUE, *qui a la vertu d'endormir.* Soporifer, soporifera, soporiferum. *adj.*

NARD, *arbrisseau.* Nardus, *g.* nardi. *fém.*

NARGUE, *faire nargue à quelqu'un.* Apolactizare, apolactizo, apolactizas, apolactizavi, apolactizatum. *act. acc.*

NARINE. Naris, *gén.* naris. *f.*

NARRATEUR. Narrator, *gén.* narratoris. *masc.*

NARRATIF. Narrativus, narrativa, narrativum. *adj.*

NARRATION. Narratio, *gén.* narrationis. *fém.*

NARRER, *raconter.* Narrare, narro, as, narravi, narratum. *act. acc.*

NASARDE. Talitrum, *génitif.* talitri. *neut.*

NASEAUX, *les narines des animaux.* Nares, *gén.* narium. *f. plur.*

NASSE. Nassa, *gén.* nassæ. *f.*

NATAL. Natalis, *m. f.* natale, *n. gén.* natalis. *adj. Pays natal.* Patria, *génit.* patriæ. *fém.*

NATIF. Natus, nata, natum. *adject. Natif de Paris;* on tourne: *Parisien de naissance.* Parisinus, parisina, parisinum. *adj. Ajoutez* ortu.

NATION. Natio, *gén.* nationis. *f.*

NAV · NEF

NATIONAL, *qui concerne une nation*. Pertinens, *m. f. neut. gén.* pertinentis. *Ajoutez* ad nationem.

NATIVITÉ. Nativitas, *g.* nativitatis. *f.*

NATTE, *tissu de joncs et de paille*. Matta, *gén.* mattæ. *fém.*

NATTER, *couvrir de nattes*. Vestire, vestio, vestis, vestivi, vestitum. *act. acc. Ajoutez* mattis.

NATURALISER. Donare, dono, donas, donavi, donatum. *act. Ajoutez* civitate; *quelqu'un*, aliquem.

NATURALISTE. Investigator, *génit.* investigatoris. *m. Ajoutez* naturæ.

NATURALITÉ. Jus, *gén.* juris. *neut. Ajoutez* civitatis, *c'est-à-dire, droit de cité.*

NATURE. Natura, *gén.* naturæ. *f.*

NATURE, *sorte*. Genus, *gén.* generis. *neut.*

NATUREL, *adj.* Naturalis, *m. f.* naturale, *neut. gén.* naturalis. *adj.*

NATUREL, *propre*. Peculiaris, *m. fém.* peculiare, *n. g.* peculiaris. *adj.*

NATUREL, *franc*. Candidus, candida, candidum. *adj.*

Au NATUREL ou *parfaitement*, *en parlant d'un portrait*. Perfecté. *adv.*

NATUREL, *substantif, c'est-à-dire, le caractère*. Indoles, *gén.* indolis. *fém. Etre d'un bon naturel*. Esse bonâ indole. *ablat.*

NATURELLEMENT. Naturâ, *à l'abl.*

NAUFRAGE. Naufragium, *g.* naufragii. *n. Faire naufrage*. Facere naufragium. *Périr, se perdre dans un naufrage*. Perire naufragio. *Echapper ou se sauver d'un naufrage*. Enatare, enato, enatas, enatavi, enatatum, è naufragio.

NAULAGE, *ce qu'on paie pour passer la mer*. Naulum, *gén.* nauli. *neut.*

NAUMACHIE, *spectacle où l'on représente un combat naval*. Naumachia, *gén.* naumachiæ. *f.*

NAUSÉABOND. Nauseabundus, a, um. *adject.*

NAUSÉE, *envie de vomir*. Nausea, *g.* nauseæ. *f. Avoir des nausées*. Nauseare, nauseo, nauseas, nauseavi, nauseatum. *Ce qui cause ou donne des nausées*. Voy. *Nauséabond.*

NAUTONNIER. Nauta, *génit.* nautæ. *masc.*

NAVAL. Navalis, *m. f.* navale, *n. gén.* navalis. *adj. Armée navale*. Classis, *gén.* classis. *fém.*

NAVET. Napus, *gén.* napi. *masc.*

NAVETTE, *graine*. Nopum, *g.* nopi. *neut.*

NAVETTE *de tisserand*. Radius, *génit.* radii. *masc.*

NAVETTE, *où l'on met de l'encens*. Cymbium, *gén.* cymbii. *neut.*

NAVIGABLE. Navigabilis, *m. f.* navigabile, *n. gén.* navigabilis. *adj.*

NAVIGATEUR. Navigator, *gén.* navigatoris. *masc.*

NAVIGATION. Navigatio, *gén.* navigationis. *f. Faire une heureuse navigation*; *tournez*: *naviguer heureusement*. Prosperè navigare.

NAVIGUER. Navigare, navigo, navigas, navigavi, navigatum. *neut.*

NAVIRE. Navis, *gén.* navis. *f.*

NAVRER. Malè afficere, afficio, afficis, affeci, affectum. *act. acc. Mettez toujours* malè. *adv.*

NE *suivi de pas, ou de point, s'exprime par* Non. *Je ne l'aime point*. Illum non amo.

NE *devant un impératif français s'exprime par* ne, *avec le subjonctif*. *Ne faites pas cela*. Ne facias illud.

NE *dans l'interrogation, s'exprime par* nonne, *comme*: *Ne voyez-vous point? Nonne vides ? N'y a-t-il pas quelque faute ? Nonne est aliquis error ?*

NE *joint au mot personne, s'exprime par* Nemo; *s'il est joint au mot rien, il s'exprime par* nihil; *et joint à jamais, il s'exprime par* nunquàm. *Personne ne parle*. Nemo loquitur. *Tu n'auras rien*. Nihil habebis. *Je ne croirai jamais*. Nunquàm credam.

NÉ. Natus, nata, natum; *pour ou à, par ad, avec l'acc. Bien né*. Benè moratus, morata, moratum. *adject. Mal né*. Malè moratus, a, um. *adj.*

NEANMOINS. Tamen. *adv.*

NÉANT. Nihilum, *g.* nihili. *neut.*

NEBULEUX. Nebulosus, nebulosa, nebulosum. *adj.*

NECESSAIRE. Necessarius, necessaria, necessarium. *adj. Il est nécessaire de*. Necesse est ut, *avec le subj.*

NECESSAIREMENT. Necessariò. *adv.*

NECESSITÉ. Necessitas, *gén.* necessitatis. *fém.*

NÉCESSITÉ, *pauvreté*. Voyez **Pauvreté.**

NECESSITER, *rendre nécessaire*. Facere necessarium. Facio, facis, feci, factum. *acc. l'adj.* necessarium *s'accorde avec le régime du verbe nécessiter*.

NECESSITEUX. Inops, *m. f. n. gén.* inopis. *adj.*

NECROLOGE. Necrologium, *gén.* necrologii. *neut.*

NECROMANCIE, *l'art d'évoquer les morts*. Necromantia, *gén.* necromantiæ. *fém.*

NECROMANCIEN. Evocator, *g.* evocatoris. *m. Ajoutez* inferorum.

NECTAR. Nectar, *génitif* nectaris. *n. Qui est de nectar*. Nectareus, a, um. *adj.*

NEF *d'église*. Pars prior, *gén.* partis prioris. *f. Ajoutez* interioris templi.

NÈFLE, *fruit.* Mespilum., *gén.* mespili. *neut.*
NEFLIER, *arbre.* Mespilus, *g.* mespili. *fém.*
NÉGATIF. Negativus, a, um. *adj.*
NEGATION, *l'action de nier.* Negatio, *gén.* negationis. *f.*
NEGATIVE, *sentiment qui nie.* Inficiatio, *gén.* inficiationis. *f.*
NEGATIVEMENT. Negando.
NÉGLIGÉ. Neglectus, neglecta, neglectum. *part. pass. de* Negligere.
NEGLIGEMMENT. Negligenter. *adv.*
NEGLIGENCE. Negligentia, *gén.* negligentiæ. *fém.*
NEGLIGENT. Negligens, *m. f. n. gén.* négligentis. *adj.*
NEGLIGER. Negligere, negligo, is, neglexi, neglectum. *act. acc.*
Se NÉGLIGER *dans*, ou *en*. Claudicare, claudico, claudicas, claudicavi, claudicatum, *avec l'abl.*
NEGOCE. Mercatura, *gén.* mercaturæ. *fém.*
NEGOCIANT. Negociator, *gén.* negotiatoris. *fém.*
NEGOCIATEUR, *entremetteur.* Procurator, *gén.* procuratoris. *masc.*
NEGOCIATION. Gestio, *gén.* gestionis. *fém.*
NEGOCIER. Negotiari, negotior, negotiaris, negotiatus sum. *dépon. acc.*
NÉGOCIER *quelque affaire.* Agere de re aliquâ. *abl. c. à d., traiter de quelque affaire.* Ago, agis, egi, actum. *n.*
NEGRE, *habitant de la Nigritie.* Nigritia, *gén.* Nigritiæ. *masc.*
NEIGE. Nix, *g.* nivis. *f. Qui est de neige.* Niveus, nivea, niveum. *adj.*
NEIGER, *il neige.* Ningit, *impers.*
NEIGEUX, *abondant en neige.* Nivosus, nivosa, nivosum. *adj.*
NEOMENIE, *nouvelle lune.* Neomenia, *gén.* neomeniæ. *f.*
NEOPHYTE, *nouveau chrétien.* Novus christianus, *gén.* novi christiani. *masc.*
NEPHRETIQUE, *douleur.* Dolor, *gén.* doloris. *m. Ajoutez* renum, *c'est-à-dire, douleur de reins.*
NERF. Nervus, *gén.* nervi. *m.*
NERVEUX. Nervosus, nervosa, nervosum. *adj.*
NET. Nitidus, nitida, nitidum. *adj.*
NET, *clair.* Perspicuus, perspicua, perspicuum. *adj. Mettre au net.* Exscribere, exscribo, exscribis, exscripsi, exscriptum. *act. acc. Tout net* ou *franchement.* Præcisè. *adv. Il a le cœur net.* Est remotus à culpâ.
NETTEMENT. Nitidè. *adv.*
NETTETÉ. Munditia, *g.* munditiæ. *f.*
NETTETÉ ou *clarté.* Perspicuitas, *gén.* perspicuitatis. *f.*

NETTOYER. Mundare, mundo, as, mundavi, mundatum. *act. acc.*
NEUF ou *nouveau.* Novus, nova, novum. *adj.*
NEUF, *qui ne sait pas, apprenti.* Rudis, *m. f.* rude, *n. g.* rudis. *adj.*
NEUF, *nombre.* Novem. *plur. indéclinable, de tout genre. Neuf fois.* Novies. *adv. Neuf cents.* Nongenti, nongentæ, nongenta, *adj. plur.*
NEUTRALEMENT. In neutrali significatione.
NEUTRALITÉ. Studium, *gén.* studii. *neut. Ajoutez* neutrius partis. *Garder la neutralité, y demeurer.* Amplecti neutram partem, *c'est-à-dire, n'embrasser aucun parti.* Amplector, teris, amplexus sum. *dép. acc.*
NEUTRE. Neuter, neutra, neutrum. *gén.* neutrius. *Se tenir, demeurer neutre.* Voy. *Garder la neutralité. Genre neutre.* Genus neutrum, *gén.* generis neutrius. *n.*
Une NEUVAINE. Preces novendiales, *gén.* precum novendialium. *f. plur.*
NEUVIÈME. Nonus, a, um. *adj.*
NEUVIÈMEMENT. Nono loco. *à l'abl.*
NEVEU, *fils du frère ou de la sœur.* Filius, *gén.* filii. *masc. Ajoutez* fratris ou sororis.
NEZ, *organe de l'odorat.* Nasus, *gén.* nasi. *m. Avoir bon nez, être fin, prévoyant.* Nasutum esse, sum nasutus, etc. *Chien de haut nez.* Canis sagax, *genit.* canis sagacis. *Ces deux mots se déclinent.*
NI. Nec ou neque. *Cette conjonction veut avoir le même cas après que devant. Ni plus, ni moins.* Nihilo secius.
NIAIS. Ineptus, inepta, ineptum. *adj.*
NIAISEMENT. Ineptè. *adv.*
NIAISER. Ineptire, ineptio, ineptis, ineptii. *sans sup. neut.*
NIAISERIE. Ineptiæ, *gén.* ineptiarum. *fém. plur.*
NICHE. Loculamentum, *g.* loculamenti. *neut.*
NICHE, *petite malice.* Ludificatio, *gén.* ludificationis. *f. Faire niche à.* Ludificari, ludificor, ludificaris, ludificatus sum. *dép. acc.*
NICHÉE *d'oiseau.* Pullatio, *g.* pullationis. *fém.*
NICHER. Nidificare, nidifico, nidificas, nidificavi, nidificatum. *neut.*
NID. Nidus, *gén.* nidi. *m. Faire son nid de boue.* Nidificare luto. *à l'abl.* Nidifico, nidificas, nidificavi, nidificatum. *n.*
NIÈCE, *fille du frère ou de la sœur.* Filia, *gén.* filiæ, *fém. Ajoutez* fratris ou sororis.
NIELLE, *corruption des blés.* Rubigo, *g.* rubiginis. *f. Blés niellés.* Frumentum contactum, *g.* frumenti contacti. *n. Ajout.* rubigine.

NIER. Negare, nego, negas, negavi, negatum. *act. acc.*
NIEVRE, *rivière et département de France.* Nevera, *gén.* Neveræ. *f.*
NIGAUD. Ineptus, a, um. *adj.*
Le NIL, *fleuve.* Nilus, *g.* Nili. *m.*
NIPES. Vestes, *g.* vestium. *f. plur.*
NITRE, *sel fossile et minéral.* Nitrum, *gén.* nitri. *neut.*
NITREUX, *où il y a du nitre.* Nitrosus, nitrosa, nitrosum. *adv.*
NIVEAU. Libella, *g.* libellæ. *fém. Au niveau.* Ad libellam. *Etre au niveau de quelque chose.* Esse pari librâ cum aliquâ re, *c'est-à-dire, être de niveau avec, etc.*
NIVELER, *mesurer avec le niveau.* Perlibrare, perlibro, perlibras, perlibravi, perlibratum. *act. acc.*
NIVELEUR. Librator, *gén.* libratoris. *masc.*
NIVELLEMENT, *l'action de prendre le niveau.* Libratio, *gén.* librationis. *f.*
NIVERNAIS ou *de Nevers.* Nivernensis, *masc. fém.* nivernense, *neut. gén.* nivernensis. *adj.*
Le NIVERNAIS, *Pays de Nevers.* Ager Nivernensis, *gén.* Agri Nivernensis. *m. Tout se décline.*
NOBILIAIRE, *catalogue des maisons nobles d'un pays.* Index, *gén.* indicis. *m. Ajoutez* gentium nobilium.
NOBLE. Nobilis, *m. f.* nobile, *n. gén.* nobilis. *adj.*
NOBLEMENT. Eximiè. *adv.*
NOBLESSE. Nobilitas, *gén.* nobilitatis. *fém.*
NOCES. Nuptiæ, *gén.* nuptiarum. *f. plur. De noces.* Nuptialis, *m. f.* nuptiale, *neut. gén.* nuptialis. *adj.*
NOCTURNE. Nocturnus, nocturna, nocturnum. *adj.*
NOEL, *fête.* Natalis dies, *gén.* natalis diei. *f. Ajoutez* Christi.
NOEL, *cantique.* Canticum, *gén.* cantici. *neut. Ajoutez* de ortu Christi, *sur la naissance de Jésus-Christ.*
NOEUD. Nodus, *gén.* nodi. *m. Nœud coulant.* Nodus currax, *gén.* nodi curracis. *m. Ces deux mots se déclinent. Défaire un nœud. Voyez Délier.*
Les NOEUDS *du mariage.* Jugalia vincula, *gén.* jugalium vinculorum. *n. plur. Ces deux mots se déclinent.*
NOIR. Niger, nigra, nigrum. *adj.*
NOIRATRE, *qui tire sur le noir.* Subniger, subnigra, subnigrum. *adj.*
NOIRAUD. Atricolor, *m. f. neut. gén.* atricoloris. *adj.*
NOIRCEUR. Nigror, *génit.* nigroris. *neut.*
NOIRCI, *teint en noir.* Infectus, a, um, *part. pass. d'Inficio. Ajoutez* nigro colore.

NOIRCI, *diffamé.* Infamis, *m. f.* infame, *neut. gén.* infamis. *adj.*
NOIRCIR ou *rendre noir.* Denigrare, denigro, denigras, denigravi, denigratum. *act. acc.*
NOIRCIR ou *devenir noir.* Nigrescere, nigresco, nigrescis, *sans prét. et sans supin. neut.*
NOIRCIR *la réputation. Voy.* Diffamer.
NOIRCISSURE, *tache de noir.* Nigra macula, *gén.* nigræ maculæ. *f.*
NOISE. Rixa, *gén.* rixæ. *f.*
NOISETTE. Avellana, *gén.* avellanæ. *f.*
NOISETIER. Corylus, *g.* coryli. *f.*
NOIX. Nux, *gén.* nucis. *f.*
NOIX *de galle.* Galla, *gén.* gallæ. *f.*
NOM. Nomen, *gén.* nominis. *n. Appeler quelqu'un par son nom.* Nominare nomen alicujus. *Changer à quelqu'un son nom.* Transnominare aliquem. *Paraître sous le nom de quelqu'un.* Apparere in nomine alicujus. *Par son nom.* Nomine. *à l'abl. Avoir nom ou être appelé.* Vocari, vocor, aris, vocatus sum. *Mon frère a nom Pierre.* Meus frater vocatur Petrus. *Au nom de.* Nomine, *abl. avec un génit. Au nom de mon père.* Nomine patris mei. *En mon nom.* Nomine meo.
NOM, *réputation.* Fama, *gén.* famæ. *fém.*
NOMBRE. Numerus, *gén.* numeri. *m. Etre du nombre ou au nombre de.* Esse è numero ou in numero. *Mettre au nombre.* Referre in numerum, *c'est-à-dire, rapporter.* Refero, refers, retuli, relatum. *acc. Un nombre de dix-sept.* Decem septem numero, *c'est-à-dire, dix-sept en nombre. Sans nomb.* Innumerabiliter. *adv. Qui est sans nombre.* Innumerabilis, *m. f.* innumerabile, *neut. gén.* innumerabilis. *adj.*
NOMBRER. Numerare, numero, as, numeravi, numeratum. *act. acc.*
NOMBREUX. Numerosus, numerosa, numerosum. *adj.*
NOMBRIL. Umbilicus, *gén.* umbilici. *masc.*
NOMINATIF. Nominativus, *gén.* nominativi. *masc.*
NOMINATION. Nominatio, *gén.* nominationis. *f.*
NOMINATION, *droit de nommer à.* Jus, *gén.* juris. *neut.* nominandi aliquem ad, *avec l'acc.*
NOMMEMENT. Nominatim. *adv.*
NOMMER. Nominare, nomino, as, nominavi, nominatum. *act. acc.*
Se NOMMER ou *s'appeler.* Vocari, vocor, aris, vocatus sum. *pass. Je me nomme Louis.* Vocor Ludovicus.
NOMMER *quelqu'un à.* Nominare aliquem ad, *avec l'acc. Nommer quelqu'un à la place d'un autre.* Nominare aliquem in

locum alterius. *Nommer des Ambassadeurs.* Designare legatos, c'est-à-dire, *désigner.* Designo, as, designavi, designatum. *act. acc.*

NOMPAREIL. Incomparabilis. *m. f.* incomparabile, *neut. gén.* incomparabilis. *adj.*

NON, *particule négative.* Non. *Est-ce lui, ou non?* Isne est, an non? *Et non pas.* Non autem. *Non pas même.* Nequidem. *adv. Non que.* Non quòd, *avec le subj. Non que je veuille.* Non quòd velim. *Non-seulement, mais même, mais encore.* Non solùm, sed etiam. *Non pas encore.* Nondùm. *adv.*

NONAGENAIRE, *qui a quatre-vingt-dix ans.* Nonagenarius, nonagenaria, nonagenarium. *adj.*

NONANTE. Nonaginta. *indéclinable, de tout genre.*

NONCE, *ambassadeur du pape.* Pontificius legatus, *gén.* pontificii legati. *m.*

NONCHALAMMENT. Negligenter. *adv.*

NONCHALANCE. Negligentia, *g.* negligentiæ. *f.*

NONCHALANT. Negligens, *m. f. neut. gén.* negligentis.

NONES. Nonæ, *gén.* nonarum. *f. plur.*

NONOBSTANT cela. Nihilominùs. *adv.*

NON-VALEUR, *somme due par une personne insolvable.* Cassum et inane nomen, *gén.* cassi et inanis nominis. *n. Ces trois mots se déclinent.*

NORD, *pays.* Septentrio, *gén.* Septentrionis. *masc.*

Le **Nord**, *vent.* Aquilo, *gén.* aquilonis. *masc.*

NORMAND, *qui est de Normandie.* Normannus, a, um. *adj.*

NORMANDIE, *province.* Normannia, *gén.* Normanniæ. *f.*

NORWÈGE, *royaume.* Norvegia, *g.* Norvegiæ. *f.*

NOTABLE. Insignis, *m. f.* insigne, *n. g.* insignis. *Les notables du pays.* Optimates, *g.* optimatum. *masc. plur.*

NOTABLEMENT. Insigniter. *adv.*

NOTAIRE. Tabularius, *gén.* tabularii. *masc.*

NOTAMMENT, *particulièrement.* Præsertim. *adv.*

NOTE. Nota, *gén.* notæ. *f.*

NOTER. Notare, noto, as, notavi, notatum. *act. quelqu'un*, aliquem; *d'infamie*, ignominiâ. *à l'abl.*

NOTICE. Index, *gén.* indicis. *m.*

NOTIFICATION. Declaratio, *g.* declarationis. *f.*

NOTIFIER, *déclarer.* Declarare, declaro, declaras, declaravi, declaratum. *act. rég. dir. acc. rég. ind. dat.*

NOTION. Notio, *gén.* notionis. *f.*

NOTOIRE. Manifestus, a, um. *adj.*

NOTOIREMENT. Manifestè. *adv.*

NOTORIETÉ, *connaissance.* Evidentia, *gén.* evidentiæ. *f.*

NOTRE. Noster, nostra, nostrum, *pronom. Notre-Dame.* Sanctissima Virgo, *gén.* santissimæ Virginis. *f.*

NOUÉ. Nodatus, a, um. *part. pass. de* Nodare.

NOUER. Nodare, nodo, nodas, nodavi, nodatum. *act. acc. Nouer amitié.* Jungere amicitiam. Jungo, jungis, junxi, junctum. *act. acc.*

NOUEUX. Nodosus, a, um. *adj.*

NOURRICE. Nutrix, *gén.* nutricis. *f.*

NOURRICIER. Nutritius, *gén.* nutritii. *masc.*

NOURRIR. Nutrire, nutrio, nutris, nutrivi, nutritum. *act. rég. dir. acc. rég. ind. ablat.*

Se Nourrir *de.* Vesci, vescor, vesceris. *dép. abl.*

NOURRISSANT. Alibilis, *m. f.* alibile. *neut. gén.* alibilis.

NOURRISSON. Alumnus, *g.* alumni. *m. Si c'est une fille.* Alumna, *gén.* alumnæ. *fém.*

NOURRITURE ou *aliment.* Alimentum, *gén.* alimenti. *neut.*

NOURRITURE ou *viande.* Cibus, *g.* cibi. *masc.*

NOUS. Nos, *gén.* nostri *ou* nostrum. *pronom. Avec nous.* Nobiscum. *C'est nous qui lisons,* tournez : *nous lisons.* Legimus. *C'est de nous que tu parles,* tournez : *tu parles de nous.* Loqueris de nobis.

NOUVEAU. Novus, nova, novum. *adj. De nouveau.* Recens. *adv. Tout de nouveau.* Quàm recentissimè.

NOUVEAUTÉ. Novitas, *gén.* novitatis. *f. Introduire des nouveautés.* Inducere induco, inducis, induxi, inductum. *act.* novos mores, *c'est-à-dire, de nouvelles coutumes.*

NOUVELLE. Nuntius, *gén.* nuntii. *m. Porter la nouvelle de la mort de quelqu'un.* Nuntiare alicuem mortuum. Nuntio, nuntias, nuntiavi, nuntiatum. *acc. Donner, porter de bonnes nouvelles, des nouvelles agréables.* Nuntiare læta, *à l'acc. neut. plur. c'est-à-dire, annoncer des choses agréables.*

NOUVELLEMENT. Recens. *adv.*

NOUVELLISTE, Avidus, avida, avidum. *adj. Ajoutez* nuntiorum.

NOVATEUR. Novator, *gén.* novatoris. *masc.*

NOVEMBRE. November, *g.* novembris. *masc. abl.* novembri.

NOVICE. Tiro, *g.* tironis. *masc.*

NOVICIAT. Tirocinium, *g.* tirocinii. *n. Faire son noviciat.* Agere tirocinium. Ago, agis, egi, actum. *acc.*

NOYAU. Nucleus, *g.* nuclei. *m.*

NOYÉ. Submersus, submersa, submersum. *part. pass. de* Submergere. *Aj.* aquis.

NOYER. Submergere, submergo, submergis, submersi, submersum. *act. acc. dans l'eau*, aquâ. *à l'abl.*

Se NOYER *par accident*. Submergi, submergor, submergeris, submersus sum. *pass. Si c'est volontairement*. Mergere se in aquam ; mergo, mergis, mersi, mersum. *acc.*

NOYER, *arbre qui porte des noix*. Nux, *gén.* nucis. *f.*

NU. Nudus, nuda, nudum. *adject. Mettre à nu* ou *tout nu*. Nudare, nudo, nudas, nudavi, nudatum. *act. acc. Tête nue*. Nudato capite. *à l'abl. Nu-pieds*. Nudis pedibus. *à l'abl.*

NUAGE. Nubes, *gén.* nubis. *f.*

NUAGEUX, *couvert de nuages*. Nubilus, nubila, nubilum. *adj.*

NUANCE, *assemblage de couleurs dans une étoffe*. Commissura, *g.* commissuræ. *f. Ajoutez* colorum.

NUANCER. Nectere, necto, nectis, nexui, nexum. *Ajoutez* colores alios aliis, *c'est-à-dire, mêler des couleurs à d'autres couleurs*.

NUBILE. Nubilis, *m. f.* nubile, *neut. gén.* nubilis.

NUDITÉ. Nudatio, *g.* nudationis. *f.*

NUE ou NUÉE. Nubes, *gén.* nubis. *f.*

NUEMENT. Simpliciter. *adv.*

NUIRE *à*. Nocere, noceo, noces, nocui, nocitum. *neut. dat.*

NUISIBLE. Noxius, noxia, noxium. *adj. avec un dat.*

NUIT. Nox, *g.* noctis. *f. Qui se fait pendant la nuit*. Nocturnus, a, um. *adj. De nuit*, ou *la nuit*, ou *pendant la nuit*. Nocte. *à l'abl. Bien avant dans la nuit*. Multâ nocte. *à l'abl. De jour et de nuit*, ou *nuit et jour*. Nocte ac die. *à l'abl. Il se fait nuit*, ou *la nuit vient*. Nox appetit ; appeto, appetis, appetii, appetitum, appetere. *neut.*

NUITAMMENT. Nocte. *abl.*

NUITÉE, *l'espace d'une nuit*. Spatium nocturnum, *g.* spatii nocturni. *neut.*

NUL. Nullus, a, um. *gén.* nullius ; *se décline comme* unus, a, um. *En nul lieu*, ou *nulle part*. Nusquàm. *adv. Rendre nul*. Facere irritum. *Il faut faire accorder l'adj.* irritum *avec le régime du verbe* Rendre nul.

NULLEMENT. Nullo modo. *à l'abl.*

NULLITÉ. Vitium, *gén.* vitii. *neut.*

NUMERO. Nota arithmetica, *g.* notæ arithmeticæ. *f.*

NUMEROTER. Inscribere notâ arithmeticâ, *avec un acc. c'est-à-dire, inscrire, marquer d'un numéro*.

NUMIDIE, *pays de l'ancienne Afrique*. Numidia, *g.* Numidiæ. *f.*

Les NUMIDES. Numidæ, *g.* Numidarum. *m. plur.*

NUPTIAL. Nuptialis, *m. f.* nuptiale, *neut. gén.* nuptialis.

NUQUE *du cou*. Ima cervix, *gén.* imæ cervicis. *f.*

NUTRITIF, *qui a la vertu de nourrir*. Alibilis, *masc. f.* alibile, *neut. gén.* alibilis.

NUTRITION. Nutricatio, *gén.* nutricationis. *f.*

NYMPHE. Nympha, *g.* Nymphæ. *f.*

O ! *interjection*. O ! *qui veut le vocat.* ou *l'acc.* O mon cher Lentulus ! O mi Lentule ! O *l'homme admirable* ! O virum admirabilem ! O *que*. Quàm, *avec l'indic.* O *qu'il est savant* ! Quàm est doctus !

OBÉDIENCE, *congé donné à un religieux*. Commeatus, *génit.* commeatûs. *masc.*

OBÉIR. Obedire, obedio, obedis, obedivi ou obedii, obeditum. Parere, pareo, pares, parui, *sans supin. Se faire obéir*. Adigere, adigo, adigis, adegi, adactum. *act. Par quelqu'un. à l'acc. Ajoutez ad* obsequium, *c'est-à-dire, réduire à l'obéissance*.

OBÉISSANCE. Obedientia, *gén.* obedientiæ. *f. Etre sous l'obéissance de quelqu'un*. Esse sub imperio alicujus, *c'est-à-dire, être sous la puissance de, etc. Réduire sous son obéissance*. Redigere in potestatem suam, *un peuple*, gentem, *c'est-à dire , réduire sous son pouvoir.* Redigo , redigis , redegi , redactum. *acc.*

OBEISSANT. Obediens , *m. f. n. gén.* obedientis.

OBELISQUE. Obeliscus, *g.* obelisci. *m.*

OBÉRÉ. Obæratus, obærata , obæratum. *adj. Etre obéré.* Obrui ære alieno , *c'est-à-dire , être accablé de dettes.* Obrui est *le passif du verbe* obruere.

OBJECTÉ. Objectus, objecta , objectum. *part. pass. d'*Objicio.

OBJECTER. Objicere , objicio , objicis , objeci , objectum. *act. rég. dir. acc. rég. ind. dat.*

OBJECTION. Objecta, *gén.* objectorum. *neut. plur. Répondre aux objections , les réfuter.* Confutare , confuto, confutas, confutavi , confutatum. *act.* argumenta, *à l'acc.*

OBJET , *fin qu'on se propose.* Finis , *g. masc. et f.*

OBJET , *ce qui frappe les sens.* Res objecta , *gén.* rei objectæ. *f. Etre l'objet de la haine.* Voy. *Etre haï de. Devenir l'objet de la haine de quelqu'un.* Cadere in odium alicujus , *c'est-à dire , tomber dans la haine de, etc.* Cado , cadis, cecidi, casum. *neut.*

OBIT , *messe pour un défunt.* Res divina , *gén.* rei divinæ. *f. Ajoutez* pro mortuo.

OBLATION. Voy. *Offrande.*

OBLIGATION *pour quelque grâce.* Debitio , *g.* debitionis. *fém. Ajoutez* gratiæ. *Avoir de grandes obligations.* Multùm debere alicui , *c. à d. , devoir beaucoup à quelqu'un.* Debeo , debes, debui, debitum. *acc. Les obligations que je vous ai.* Tua in me merita , *gén.* tuorum in me meritorum , *neut. plur. c'est-à-dire, vos services envers moi.*

OBLIGATION , *engagement , devoir.* Officium , *gén.* officii. *neut.*

OBLIGEAMMENT. Officiosè. *adv.*

OBLIGEANT. Officiosus , officiosa , officiosum. *adj.*

OBLIGER ou *contraindre.* Cogere , cogo , cogis, coegi, coactum. *rég. dir. acc. rég. ind. acc. avec* ad *, ou gérondif en* dum *avec* ad.

Etre OBLIGÉ *de.* Teneri , teneor , eris , tentus sum. *pass. avec l'infin.*

OBLIGER ou *engager.* Obligare , obligo , as , obligavi , obligatum. *act. acc.*

OBLIGER ou *faire plaisir.* Benè mereri , benè mereor , benè mereris , benè meritus sum. *dép. quelqu'un ,* de aliquo. *Vous m'obligerez beaucoup si.* Pergratum mihi feceris , si.

Etre beaucoup OBLIGÉ *à quelqu'un.* Multùm debere alicui, *c'est-à-dire, devoir beaucoup à quelqu'un.* Debeo , es, debui, debitum. *acc.*

s'OBLIGER , *donner sa parole.* Obligare fidem ; obligo , obligas , obligavi , obligatum.

OBLIQUE , *qui est de biais.* Obliquus , obliqua , obliquum. *adj.*

OBLIQUEMENT. Obliquè. *adv.*

OBLIQUITÉ , *situation oblique.* Obliquitas , *gén.* obliquitatis. *f.*

OBLONG , *plus long que large.* Oblongus , oblonga , oblongum. *adj.*

OBOLE. Obolus , *g.* oboli. *masc.*

OBREPTICE. Obtentus , obtenta , obtentum. *Ajoutez* dolo , *c'est-à-dire , obtenu par surprise.*

OBREPTION , *surprise pour obtenir.* Obreptio , *gén.* obreptionis. *f.*

OBSCÈNE , *déshonnête , impudique.* Obscenus , obscena , obscenum. *adj.*

OBSCÉNITÉ. Obscenitas , *gén.* obscenitatis. *fém.*

OBSCUR. Obscurus, obscura, obscurum. *adj.*

OBSCURCIR , *rendre obscur.* Obscurare , obscuro , obscuras, obscuravi , obscuratum. *act. acc.*

s'OBSCURCIR , *devenir obscur.* Obscurari. *pass. de* obscurare.

OBSCURCISSEMENT. Obscuratio , *gén.* obscurationis. *f.*

OBSCURÉMENT. Obscurè. *adv.*

OBSCURITÉ. Obscuritas , *gén.* obscuritatis. *fém.*

OBSÉDÉ. Vexatus , a , um. *part. pass. de* Vexare.

OBSÉDER , *tourmenter.* Vexare , vexo, as , vexavi , vexatum. *act. acc.*

OBSÈQUES. Exsequiæ , *gén.* exsequiarum. *f. plur.*

OBSERVANCE. Obtemperatio , *génit.* obtemperationis. *fém.*

OBSERVATEUR. Observans , *masc. f. neut. gén.* observantis.

OBSERVATION. Observatio , *gén.* observationis. *f.*

OBSERVATOIRE , *lieu pour observer les astres.* Sideralis specula , *gén.* sideralis speculæ. *fém. L'un et l'autre se déclinent.*

OBSERVÉ. Observatus , observata , observatum. *part. pass. d'*Observare.

OBSERVER. Observare , observo , as , observavi , observatum. *act. acc.*

s'OBSERVER , Sibi cavere , *c'est-à-dire , prendre garde à soi.* Caveo , caves, cavi , cautum. *neut.*

OBSESSION , *l'action d'obseder.* Obsessio , *gén.* obsessionis. *f.*

OBSTACLE. Impedimentum , *gén.* impedimenti. *neut. Mettre obstacle.* Afferre impedimentum , *avec le dat. c'est-à-dire , apporter obstacle.* Affero , affers , attuli, allatum. *act. Lever les obstacles.* Removere quæ obstant , *c'est-à-dire , éloigner* ce qui s'oppose. Removeo, removes, removi, remotum. acc.

OBSTINATION. Pertinacia, gén. pertinaciæ. fém.

OBSTINÉ. Pertinax, masc. f. n. gén. pertinacis.

Obstiné à. Obstinatus, a, um. adj. avec l'acc. ou le gérond. en. dum.

OBSTINEMENT. Pertinaciter. adv.

s'OBSTINER. Obstinare, obstino, as, obstinavi, obstinatum. neut. Ajoutez animo, avec un infin.

s'Obstiner dans. Perstare, persto, perstas, perstiti, perstitum. In, avec l'ablat.

OBSTRUCTION, ce qui bouche les conduits dans les corps. Obstructio, gén. obstructionis. f.

OBTENIR. Obtinere, obtineo, obtines, obtinui, obtentum. act. rég. dir. acc. rég. ind. abl. avec à ou ab.

OBTENU. Impetratus, a, um. part. pass. d'Impetrare. De quelqu'un, ab aliquo.

OBTUS, en parlant d'un angle. Obtusus, obtusa, obtusum. adj.

OBVIER à. Occurrere, occurro, is, occurri, cccursum. neut. dat.

OCCASION. Occasio, gén. occasionis. f. Par occasion. Datâ occasione. Lorsque l'occasion se présentera, c'est-à-dire, lorsque l'occasion sera donnée. Cùm se dederit occasio.

Occasion ou cause, sujet. Causa, gén. causæ. fém.

OCCASIONNEL. Præbens, masc. f. neut. gén. præbentis. Ajout. occasionem, c'est-à-dire, qui donne l'occasion.

OCCIDENT. Occidens, gén. occidentis. masc. Depuis l'Orient jusqu'à l'Occident. Ab Oriente ad Occidentem.

OCCIDENTAL. Occidentalis, masc. f. occidentale, neut. gén. occidentalis.

OCCULTE. Occultus, a, um. adj.

OCCUPATION. Occupatio, gén. occupationis. fém.

OCCUPÉ, qui a de l'occupation. Occupatus, a, um. part. pass. d'Occupare.

OCCUPER. Occupare, occupo, occupas, occupavi, occupatum. act. acc. de la personne; à quelque chose, in aliquâ re, ou le gérond. en do.

s'Occuper de bonnes pensées. Volvere animo pia ac salutaria,, c'est-à-dire, rouler dans son esprit des choses saintes et salutaires. Volvo, volvis, volvi, volutum. acc.

OCCURRENCE. Casus, g. casûs. m.

OCEAN. Oceanus, gén. oceani. m.

OCRE, terre jaune. Ochra, g. ochræ. fém.

Une OCTAVE. Octava; génit. octavæ. fém.

OCTOBRE. October, gén. octobris, masc. à l'abl. octobri.

OCTOGENAIRE, qui a quatre-vingts ans. Octogenarius, gén. octogenarii. m.

OCTOGONE, qui a huit angles. Octogonus, a, um. adj.

OCTROI, concession de quelque privilége. Concessio, gén. concessionis. f.

OCTROYER. Concedere, concedo, is, concessi, concessum. act. rég. dir. acc. rég. ind. dat.

OCULAIRE. Oculatus, a, um. adj.

OCULISTE, qui traite les maladies des yeux. Medicus ocularius, gén. medici ocularii. masc.

ODE, pièce de poésie. Ode, g. odes. f.

ODEUR. Odor, gén. odoris. m. Avoir de l'odeur, avoir bonne ou mauvaise odeur. Voy. Sentir, rendre odeur.

ODIEUX. Odiosus, a, um. adj. A tout le monde, omnibus, au dat. Etre odieux. Voy. Etre haï. Rendre odieux. V. Haïr, faire haïr. Se rendre odieux. Incendere odia in se, à l'acc. c'est-à-dire, embraser contre soi la haine. Incendo, is, incendi, incensum. neut.

ODORANT, qui sent bon. Jucundè olens, m. f. n. g. jucundè olentis. Olens est le part. prés. d'Olere.

ODORAT. Odoratus, gén. odoratûs. m.

ODORIFERANT. Odorifer, odorifera, odoriferum. adj.

OEIL, au plur. YEUX. Oculus, gén. oculi. masc. De bon œil. Æquis oculis. à l'abl. De mauvais œil. Iniquis oculis. à l'abl. D'un coup d'œil. Uno conjectu oculorum.

OEil de bœuf, plante. Buphthalmus, g. buphthalmi. masc.

OEil de bœuf, lucarne. Fenestella orbiculata, g. fenestellæ orbiculatæ. f.

OEILLADE. Contuitus, gén. contuitûs. masc.

OEILLET. Ocellus, gén. ocelli. m.

OEUF. Ovum, gén. ovi. neut. OEuf frais. Ovum recens, g. ovi recentis. n.

OEUVÉ. Fartus, a, um. part. pass. de Farcire. Ajoutez ovis, c. à d., rempli d'œufs.

OEUVRE, action, ouvrage. Opus, g. operis. n. Mettre la main à l'œuvre. Aggredi, aggredior, eris, aggressus sum. dép. Ajoutez opus, c'est-à-dire, commencer l'ouvrage. Mettre tout en œuvre, faire tout son possible. Tentare omnia, c'est-à-dire, tenter toutes choses. Tento, as, tentavi, tentatum. act. Mettre en œuvre une chose. Tractare, tracto, as, tractavi, tractatum. act. acc.

OEUVRE, banc de marguillier. Subsellium, g. subsellii. n. Ajout. ædituorum.

OFFENSANT, injurieux. Contumeliosus, a, um. adj.

OFFENSE ou *injure.* Offensa, *génit.* offensæ. *f.*

OFFENSE ou *péché.* Peccatum, *gén.* peccati. *neut.*

OFFENSÉ. Offensus, offensa, offensum, *part. pass.* d'Offendere.

OFFENSER. Offendere, offendo, is, offendi, offensum. *act. acc.*

OFFENSER *Dieu.* Peccare in Deum, c'est-à-dire *pécher contre Dieu.* Pecco, peccas, peccavi, peccatum.

S'OFFENSER *de.* Offendi, offendor, eris, offensus sum. *pass abl.*

OFFENSIF, comme *armes offensives.* Arma, *g.* armorum. *n. plur. Ajoutez* ad nocendum. *Ligue offensive et défensive.* Societas, *gén.* societatis. *f. Ajoutez* armorum, *c'est-à-dire, union des armes. Faire ligue offensive et défensive.* Consociare, consocio, as, consociavi, consociatum. *act. Ajoutez* arma, *c'est-à-dire, unir ses armes.*

OFFERT. Oblatus, oblata, oblatum, *part. pass.* d'Offerre.

OFFERTOIRE. Offertorium, *gén.* effertorii. *neut.*

OFFICE ou *charge.* Munus, *g.* muneris. *neut.*

OFFICE, *devoir.* Officium, *gén.* officii. *neut.*

L'OFFICE *divin.* Res divina, *gén.* rei divinæ. *fém.*

OFFICE *des prêtres.* Heræ canonicæ, *g.* horarum canonicarum. *f. plur. le dire. Recitare,* recito, as, recitavi, recitatum. *accusat.*

OFFICE *où l'on serre les fruits,* etc. Cella, *gén.* cellæ. *f.*

OFFICIAL, *juge ecclésiastique.* Officialis, *gén.* officialis. *masc.*

OFFICIALITÉ, *lieu où l'official juge.* Episcopale forum, *gén.* episcopalis fori. *neut.*

OFFICIER. Administer, *g.* administri. *masc. Officier d'armée.* Dux, *g.* ducis. *masc.*

OFFICIER, ou *faire l'office divin.* Facere rem divinam. Facio, facis, feci, factum. *acc.*

OFFICIEUSEMENT. Officiosè. *adv.*

OFFICIEUX. Officiosus, a, um. *adj.*

OFFRANDE. Donum, *gén.* doni. *n.*

OFFRANT. Licitator, *gén.* licitatoris. *masc. Le plus offrant et le dernier enchérisseur.* Ultimus licitator, *gén.* ultimi licitatoris. *masc.*

OFFRE. Oblatum, *gén.* oblati. *neut. Faire offre.* Voyez *Offrir.*

OFFRIR. Offerre, offero, offers, obtuli, oblatum. *act. acc. rég. ind. dat.*

OFFUSQUER. Offuscare, offusco, as, offuscavi, offuscatum. *act. acc.*

OH ! *interjection,* Oh !

OIE. Anser, *gén.* anseris. *masc. Qui est d'oie.* Anserinus, a, um. *adj.*

OIGNON. Cepa, *gén.* cepæ. *f.*

OINDRE. Ungere, ungo, is, unxi, unctum. *act. rég. dir. acc. rég. ind. abl.*

OING, *graisse de porc.* Axungia, *gén.* axungiæ. *f. Vieux oing.* Vetus axungia, *gén.* veteris axungiæ. *f.*

OINT. Unctus, uncta, unctum. *part. pass.* d'Ungere. *d'huile,* oleo. *à l'abl.*

OISE, *rivière et département de France.* Æsia, *gén.* Æsiæ. *f.*

OISEAU. Avis, *gén.* avis. *f.*

OISELEUR. Auceps, *g.* aucipis. *m.*

OISELIER. Aviarius, *gén.* aviarii. *m.*

OISEUX. Inutilis, *m. f.* inutile, *neut. gén.* inutilis.

OISIF. Otiosus, otiosa, otiosum. *adj. Etre oisif.* Otiari, otior, otiaris, otiatus. sum. *dep.*

OISILLON. Avicula, *gén.* aviculæ. *f.*

OISIVETÉ. Otium, *gén.* otii. *neut.*

OISIVETÉ ou *fainéantise.* Desidia, *gén.* desidiæ. *fém.*

OISON, *petite oie.* Anserculus, *génit.* anserculi. *masc.*

OLÉAGINEUX, *huileux.* Oleosus, a, um. *adj.*

OLIGARCHIE, *gouvernement entre les mains de peu de personnes.* Oligarchia, *gén.* oligarchiæ. *f.*

OLIVAISON, *le temps de la récolte des olives.* Olivitas, *gén.* olivitatis. *f.*

OLIVATRE, *de couleur d'olive.* Oleaginus, oleagina, oleaginum. *adj.*

OLIVE. Oliva, *gén.* olivæ. *f.*

OLIVET, *champ planté d'oliviers.* Olivetum, *gén.* oliveti. *neut.*

OLIVIER. Olea, *gén.* oleæ. *fém.*

OLYMPE, *montagne.* Olympus, *gén.* Olympi. *masc.*

OLYMPIADE, *espace de quatre années révolues.* Olympias, *gén.* olympiadis. *f.*

OLYMPIEN, OLYMPIQUE. Olympicus, a, um. *adj. Jeux olympiques.* Olympia, *gén.* olympiorum. *neut. plur.*

OMBRAGE ou *ombre.* Umbra, *génit.* umbræ. *f. A l'ombrage.* In umbrâ.

OMBRAGE ou *soupçon.* Suspicio, *gén.* suspicionis. *f. Donner ombrage ou soupçon.* Afferre suspicionem, *et le dat. de la personne, c'est-à-dire, causer de l'ombrage.* Affero, affers, attuli, allatum. *Prendre ombrage d'une personne,* tournez : soupçonner *une personne.*

OMBRAGER. Inumbrare, inumbro, inumbras, inumbravi, inumbratum. *act. accusat.*

OMBRAGEUX, *en parlant des chevaux,* etc. Pavidus, a, um. *adj.*

OMBRAGEUX, *défiant, se dit des hommes.* Suspiciosus, a, um. *adj.*

OMBRE. Umbra, *génit.* umbræ. *fém.*

ONZ　　　　　　　OPP

A l'ombre. In umbrâ. *Ombre, prétexte.* Species, *gén.* speciei. *f. Ombre de liberté, de vérité,* etc. Imago, *gén.* imaginis libertatis. *fém.* etc.
OMBRÉ. Inumbratus, inumbrata, inumbratum. *part. pass.* d'Inumbrare.
OMBRER. Inumbrare, inumbro, as, inumbravi, inumbratum. *act. acc.*
OMBRIE, *c'est le duché de Spolette en Italie.* Umbria, *gén.* Umbriæ. *f.*
OMELETTE. Intrita, *gén.* intritæ. *f. Ajoutez* ovorum.
OMETTRE. Omittere, omitto, is, omisi, omissum. *act. acc.*
OMIS. Omissus, omissa, omissum. *part. pass.*
OMISSION. Prætermissio, *gén.* prætermissionis. *f.*
OMOPLATES, *les os larges des épaules.* Scutula operta, *g.* scutulorum opertorum. *neut. plur.*
ON, *l'on.* Voyez la Grammaire latine.
ONCE, *partie de la livre.* Uncia, *gén.* unciæ. *fém.*
ONCLE, *du côté du père.* Patruus, *g.* patrui. *masc. Oncle du côté de la mère.* Avunculus, *g.* avunculi. *masc.*
ONCTION, *l'action d'oindre.* Onctio, *gén.* unctionis. *f.*
L'EXTRÊME-ONCTION. Voyez après *Extrêmement.*
ONCTUEUX. Unguinosus, unguinosa, unguinosum. *adj.*
ONCTUEUX, *persuasif.* Persuasorius, persuasoria, persuasorium. *adj.*
ONCTUOSITÉ, *humeur grasse et onctueuse.* Unguen, *gén.* unguinis. *neut.*
ONDE. Unda, *gén.* undæ. *f.*
ONDÉ. Undatus, undata, undatum. *part.* d'Undo.
ONDÉE, *grosse pluie.* Imber subitaneus, *gén.* imbris subitanei. *masc.*
ONDOYANT. Undans, *m. f. neut. g.* undantis. *part. prés.* d'Undo.
ONDOYER. Tingere, tingo, tingis, tinxi, tinctum. *act. acc. Ajoutez* salutaribus aquis, *c'est-à-dire, frotter d'eaux salutaires.*
ONEREUX. Onerosus, a, um. *adj.*
ONGLE. Unguis, *gén.* unguis. *m.*
ONGLÉ. Instructus, a, um. *Ajoutez* unguibus, *c'est-à-dire, muni d'ongles.*
ONGLÉE, *grand froid au bout des doigts.* Rigor, *gén.* rigoris. *masc. Ajoutez* extremorum digitorum.
ONGUENT. Unguentum, *gén.* unguenti. *neut.*
ONYX, *pierre précieuse.* Onyx, *gén.* onychis. *f.*
ONZE. Undecim. *pl. indécl. et de tout genre. Onze fois.* Undecies. *adv.*
ONZIÈME. Undecimus, undecima, undecimum. *adj.*

ONZIÈMEMENT, *en onzième lieu.* Undecimo loco.
OPACITÉ. Opacitas, *g.* opacitatis. *f.*
OPALE, *pierre précieuse.* Opalus, *g.* opali. *masc.*
OPAQUE. Opacus, a, um. *adj.*
OPERA, *comédie en musique.* Fabula decantata, *g.* fabulæ decantatæ. *fém. Aj.* musicis modis.
OPÉRATEUR. Circulator, *gén.* circulatoris. *masc.*
OPÉRATION. Opus, *gén.* operis. *n. Par l'opération de.* Virtute. *abl. f.*
OPÉRER, *agir.* Agere, ago, agis, egi, actum. *act. acc.*
OPIAT. Opiatum, *gén.* opiati. *neut.*
OPILATION, *obstruction.* Obstructio, *gén.* obstructionis. *f.*
OPILER, *causer des obstructions.* Obstruere, obstruo, obstruis, obstruxi, obstructum. *act. acc.*
OPINANT. Dicens, *masc. f. neut. gén.* dicentis. *part. prés. Ajoutez* sententiam, *c'est-à-dire, disant son avis.*
OPINER. Dicere sententiam, sur *par de, avec l'abl.* c'est-à-dire, *dire son avis touchant.* Dico, dicis, dixi, dictum. *acc. Opiner du bonnet.* Ire pedibus in sententiam aliorum, *c'est-à-dire, aller au sentiment des autres.*
OPINIATRE. Pertinax, *m. f. n. gén.* pertinacis.
OPINIATREMENT. Pertinaciter, *adv.*
OPINIATRER. Defendere. *act. acc. Ajoutez* pugnacissimè, *c'est-à-dire, défendre avec opiniâtreté.* Defendo, is, defendi, defensum. *acc.*
s'OPINIATRER. Obstinare, obstino, as, obstinavi, obstinatum. *neut. Ajoutez* animo.
s'OPINIATRER *à quelque chose.* Perseverare in aliquâ re, *c'est-à-dire, persévérer.*
OPINIATRETÉ. Pertinacia, *g.* pertinaciæ. *fém.*
OPINION. Opinio, *gén.* opinionis. *fém.* Sententia, *gén.* sententiæ. *f. selon mon opinion.* Meâ sententiâ. *à l'abl. Être de l'opinion de.* Assentiri, assentior, iris, assensus sum. *dép. dat. de la personne. Avoir bonne opinion.* Benè existimare; *mauvaise,* malè existimare; *de quelqu'un,* de aliquo, *c'est-à-dire, penser bien ou mal de, etc.* Existimo, existimas, existimavi, existimatum. *act.*
OPIUM. Opium, *gén.* opii. *neut.*
OPPORTUN. Opportunus, opportuna, opportunum. *adj.*
OPPORTUNITÉ. Opportunitas, *génit.* opportunitatis. *f.*
OPPOSÉ à. Adversus, a, um. *part. pass.* d'Adversari. *avec le dat.*
OPPOSER. Opponere, oppono, opponis,

opposui, oppositum. *act. rég. dir. accus. rég. ind. dat.*

s'Opposer à. Obsistere, obsisto, is, obstiti, obstitum. *n. dat.*

A l'OPPOSITE. È regione, *avec un génit.*

OPPOSITION. Oppositio, *gén.* oppositionis. *fém.*

OPPRESSÉ, *qui a de la peine à respirer.* Laborans, *masc. f. n. gén.* laborantis. *Ajoutez* suspiriosè.

OPPRESSEUR. Oppressor, *gén.* oppressor-s. *masc.*

OPPRESSION. Oppressio, *g.* oppressionis. *fém.*

Oppression *de poitrine.* Suffocatio, *g.* suffocationis. *f.*

OPPRIMÉ. Oppressus, a, um. *part. pass.* d'Opprimere.

OPPRIMER. Opprimere, opprimo, is, oppressi, oppressum. *act. acc.*

OPPROBRE. Opprobrium, *génit.* opprobrii. *neut. Être l'opprobre de sa famille.* Dedecorare familiam, *c'est-à-dire*, déshonorer. Dedecoro, as, dedecoravi, dedecoratum. *acc.*

OPTATIF, *mode d'un verbe.* Optativus modus, *gén.* optativi modi. *masc.*

OPTER. Eligere, eligo, eligis, elegi, electum. *act. acc.*

OPTION, *choix.* Optio, *gén.* optionis. *fém.*

OPTIQUE. Optice, *gén.* optices. *f.*

OPULEMMENT, *richement.* Opulenter. *adv.*

OPULENCE. Opulentia, *gén.* opulentiæ. *fém.*

OPULENT. Opulentus, a, um. *adj.*

OPUSCULE, *petit ouvrage.* Opusculum, *gén.* opusculi. *neut.*

OR, *métal.* Aurum, *gén.* auri. *neut. D'or, ou qui est d'or.* Aureus, aurea, aureum. *adj.*

OR, *conjonction.* Porrò, ou bien autem, ou verò *qu'on met toujours après un mot.*

ORACLE. Oraculum, *gén.* oraculi. *n. Prononcer, rendre des oracles.* Dare oracula, *c'est-à-dire, donner des oracles.* Do, das, dedi, datum. *acc.*

ORAGE. Tempestas, *gén.* tempestatis. *fém.*

ORAGEUX. Procellosus, procellosa, procellosum. *adj.*

ORAISON *ou prière.* Preces, *g.* precum. *f. plur. Faire des oraisons.* Precari Deum; precor, precaris, precatus sum. *dép. acc.*

Oraison, *discours public.* Oratio, *gén.* orationis. *fém.*

ORANGE, *fruit.* Aureum malum, *gén.* aurei mali. *neut.*

ORANGÉ, *ou de couleur d'orange.* Aureus, aurea, aureum. *adj.*

Un ORANGER, *arbrisseau.* Malus aurea, *gén.* mali aureæ. *fém.*

ORANGERIE, *serre à mettre les orangers.* Cella, *gén.* cellæ. *f. Ajoutez* condendis malis aureis. *Ces trois derniers mots sont invariables.*

ORATEUR. Orator, *gén.* oratoris. *m.*

ORATOIRE *ou d'orateur.* Oratorius, a, um. *adj.*

Oratoire *ou chapelle.* Sacellum, *gén.* sacelli. *neut.*

L'Oratoire, *congrégation.* Oratorium, *gén.* oratorii. *neut.*

ORATOIREMENT, *en orateur.* Oratoriè. *adv.*

ORBE *d'une planète.* Orbis, *g.* orbis. *masc.*

ORBICULAIRE. Orbiculatus, orbiculata, orbiculatum. *adj.*

ORBITE. Orbita, *gén.* orbitæ. *f.*

ORCHESTRE. Orchestra, *gén.* orchestræ. *fém.*

ORDINAIRE *ou accoutumé.* Solitus, a, um. *part. de* Soleo. *Pour l'ordinaire.* Plerumquè. *adv. A mon ordinaire.* Meo more. *à l'abl. En la manière ordinaire.* More solito. *à l'abl.*

L'Ordinaire, *ce qu'on a à dîné et à soupé.* Quotidianus victus, *gén.* quotidiani victûs. *masc. Tous deux se déclinent.*

ORDINAIREMENT. Plerumquè. *adv.*

ORDINATION, *l'action de conférer les ordres sacrés.* Sacra ordinatio, *génit.* sacræ ordinationis. *f.*

ORDONNANCE, *loi.* Decretum, *gén.* decreti. *neut.*

Ordonnance, *arrangement.* Ordo, *gén.* ordinis. *masc.*

ORDONNATEUR. Ordinator, *gén.* ordinatoris. *masc.*

ORDONNÉ *ou commandé.* Præscriptus, a, um. *part. pass. de* Præscribere.

Ordonné, *arrangé.* Dispositus, disposita, dispositum. *part. pass. de* Dispono.

Ordonné, *fait prêtre.* Factus sacerdos, *gén.* facti sacerdotis. *masc.*

ORDONNER, *commander.* Præscribere, præscribo, præscribis, præscripsi, præscriptum. *act. rég. dir. acc. rég. ind. dat.*

Ordonner, *ranger.* Voy. Ranger.

Ordonner, *faire prêtre.* Facere sacerdotem. Facio, is, feci, factum. *acc.*

ORDRE *ou disposition.* Ordo, *génit.* ordinis. *masc. Qui est en ordre.* Dispositus, a, um. *part. pass. de* Disponere. *Qui est mal en ordre.* Confusus, a, um. *part. pass. de* Confundere.

Ordre *de religieux.* Ordo, *gén.* ordinis. *masc.*

Ordre *ou commandement.* Jussum, *gén.* jussi. *neut. Donner ordre ou commander.* Jubere, jubeo, es, jussi, jussum. *acc. On n'exprime pas la personne*

ORI — ORT 301

à qui l'on ordonne, mais le de ou le que suivi d'un verbe, s'exprime par ut, avec le subjonct. Ex. *Je te donne ordre de chanter.* Jubeo ut canas. *Avoir ou recevoir ordre de, suivi d'un infinitif.* Juberi. *pass. et un infinit. c'est-à-dire, être commandé.*

ORDRE ou *commission.* Mandatum, *g.* mandati. *neut. Donner ordre ou commission à quelqu'un de.* Mandare, mando, mandas, mandavi, mandatum. *act. dat.* de la personne, et l'acc. de la chose. *S'il suit un infinit.* on exprime de par ut, avec le subjonct.

Mettre ORDRE *à ses affaires.* Componere, compono, componis, composui, compositum. *act.* res suas. *Mettre en ordre.* Voyez *Ranger.*

ORDURE. Sordes, *g.* sordium. *f. pl.*

OREILLE. Auris, *gén.* auris. *fém. A l'oreille.* Ad aurem. *Prêter l'oreille a.* Auscultare, ausculto, auscultas, auscultavi, auscultatum. *act. acc.*

OREILLE *de soulier.* Ansa, *gén.* ansæ, *fém.* calcei.

OREILLER. Pulvinar *gén.* pulvinaris. *neut.*

ORFÉVRE. Aurifex, *gén.* aurificis. *m.*

ORFÉVRERIE, *l'art d'orfèvre.* Ars, *gén.* artis. *f. Ajoutez* aurificis.

ORFÉVRERIE, *ouvrage d'orfèvre.* Opus, *gén.* operis. *n. Ajoutez* aurificis.

ORGANE. Organum, *g.* organi. *n.*

ORGANIQUE. Organicus, organica, organicum. *adj.*

ORGANISÉ, *qui a les organes nécessaires.* Instructus, a, um. *part. pass.* d'Instruere. *Ajoutez* organis.

ORGANISER. Instruere, instruo, is, instruxi, instructum. *act. acc. Ajoutez* organis.

ORGANISTE. Cantor organicus, *gén.* cantoris organici. *masc.*

ORGE, *grain.* Hordeum, *gén.* hordei. *n. Qui est d'orge.* Hordeaceus, hordeacea, hordeaceum. *adj.*

ORGIES, *fêtes de Bacchus.* Orgia, *g.* orgiorum. *neut. plur.*

ORGUE. Organum pneumaticum, *gén.* organi pneumatici. *neut.*

ORGUEIL. Superbia, *gén.* superbiæ. *f. Avoir de l'orgueil.* Superbire, superbio, superbis, superbivi ou superbii, superbitum. *neut. Rabaisser, ou rabattre l'orgueil de quelqu'un.* Reprimere arrogantiam alicujus, *c'est-à dire, le réprimer.* Reprimo, reprimis, repressi, repressum. *accusat.*

ORGUEILLEUSEMENT. Superbè. *adv.*

ORGUEILLEUX. Superbus, superba, superbum. *adj. Être orgueilleux.* Voyez *Avoir de l'orgueil.*

ORIENT. Oriens, *gén.* orientis. *masc.*

ORIENTAL. Orientalis, *masc. f.* orientale, *neut. gén.* orientalis.

s'ORIENTER. Vertere se ad orientem, *c'est-à-dire, se tourner du côté de l'orient.* Verto, vertis, verti, versum. *acc.*

ORIFICE, *ouverture.* Orificium, *gén.* orificii. *neut.*

ORIFLAMME, *étendard.* Labarum flammeum, *gén.* labari flammei. *neut.*

ORIGINAIRE. Oriundus, oriunda, oriundum. *adj. Le de s'exprime par è ou ex, et l'abl.*

ORIGINAIREMENT. Origine. *à l'abl. Il vient originairement de, ou il est originaire de.* Est oriundus ex, *avec l'abl.*

ORIGINAL, *modèle.* Exemplar, *gén.* exemplaris. *neut.*

ORIGINAL, *primitif.* Primigenitus, primigenita, primigenitum. *adj.*

ORIGINE. Origo, *gén.* originis. *f. Tirer son origine.* Ducere, duco, ducis, duxi, ductum. De par è ou ex, *avec l'abl. Aj.* originem.

ORIGINEL. Ingenitus, ingenita, ingenitum. *part. pass.*

ORIGINELLEMENT, *dès l'origine.* ab origine.

ORMAIE, *lieu planté d'ormes.* Ulmarium, *gén.* ulmarii. *neut.*

ORME ou ORMEAU. Ulmus, *g.* ulmi. *fém.*

ORNE, *frêne sauvage.* Ornus, *g.* orni. *fém.*

ORNE, *rivière et département de France.* Olina, *gén.* Olinæ. *f.*

ORNÉ. Ornatus, ornata, ornatum. *part. pass.* d'Ornare. *et l'abl. de la chose dont on est orné.*

ORNEMENT. Ornamentum, *gén.* ornamenti. *neut.*

ORNER. Ornare, orno, ornas, ornavi, ornatum. *act. rég. dir. acc. rég. ind. abl.*

ORNIÈRE. Orbita, *g.* orbitæ. *f.*

ORPHELIN. Pupillus, *génit.* pupilli. *masc.*

ORPHELINE. Pupilla, *génit.* pupillæ. *fém.*

ORPIN, *minéral.* Auripigmentum, *g.* auripigmenti. *neut.*

ORTEIL, *doigt du pied.* Digitus, *gén.* digiti. *masc. Ajoutez* pedis.

ORTHODOXE. Qui ou quæ rectè sentit de religione christianâ, *c'est-à-dire, qui pense bien sur la religion chrétienne. Orthodoxe, en parlant des choses.* Consentaneus, consentanea, consentaneum. *adj. Ajoutez* fidei catholicæ, *c'est-à-dire, conformer à la foi catholique.*

ORTHOGRAPHE. Orthographia, *gén.* orthographiæ. *f.*

ORTHOGRAPHIER. Scribere, scribo, scribis, scripsi, scriptum. *act. acc. Ajout.* rectè.

ORTIE, herbe piquante. Urtica, gén. urticæ. fém.

ORTOLAN, oiseau. Avis miliaria, gén. avis miliariæ. f. Tout se décline.

ORVIETAN, sorte de contre-poison. Antidotum, gén. antidoti. neut.

OS. Os, gén. ossis, neut. au plur. ossa, gén. ossium, dat. ossibus. n. Oter les os, désosser. Exossare, exosso, exossas, exossavi, exossatum. act. acc. Qui est d'os, Osseus, ossea, osseum. adj.

OSÉ. Voyez Hardi.

OSEILLE. Rumex, gén. rumicis. f.

OSER. Audere, audeo, audes, ausus sum. neut. acc. ou un infin.

OSERAIE, champ planté d'osiers. Viminetum, gén. vimineti. neut.

OSIER. Vimen, gén. viminis. n. Qui est d'osier. Vimineus, viminea, vimineum. adj.

OSSELET. Talus, gén. tali. masc.

OSSEMENT. Os, gén. ossis. neut. au plur. ossa, gén. ossium. neut.

OSSEUX, qui tient de la nature des os. Osseus, ossea, osseum. adj.

OSTENTATION. Ostentatio, gén. ostentationis. fém.

OSTRACISME, exil pour dix ans. Ostracismus, gén. ostracismi. masc.

OTAGE, personne laissée pour assurance. Obses, gén. obsidis. m. et f.

OTÉ. Ablatus, a, um. part. pass. d'Auferre.

OTER. Auferre, aufero, aufers, abstuli, ablatum. act. acc. De ou d'entre par è ou ex, avec l'abl. en parlant des choses. D'entre les mains, è manibus. Oter à quelqu'un. Auferre ab aliquo.

OÙ, adv. de lieu, sans mouvement. Ubi ; s'il y a mouvement, quò.

OU, signifiant ou bien. Vel. Aut, conjonctions qui veulent le même cas après que devant ; comme : Fais ton devoir, ou va-t-en. Fungere officio, aut abi. C'est un honnête homme, ou un coquin. Vir probus est, aut nequam.

OUAILLE. Ovis, gén. ovis. f.

OUAIS. Hem !

OUATE, bourre de soie. Sericum tomentum, gén. serici tomenti. neut.

OUBLI. Oblivio, g. oblivionis. f. Mettre en oubli. Voyez Oublier.

OUBLIÉ, mis en oubli. Deletus, a, um. Ajoutez oblivione, c'est-à-dire, effacé par l'oubli. Deletus est le part. pass. du verbe Delere.

Une OUBLIE, petite pâtisserie. Crustulum, gén. crustuli. neut.

OUBLIER. Oblivisci, obliviscor, oblivisceris, oblitus sum. dép. gén. J'ai oublié d'écrire. Oblitus sum scribere. Faire oublier quelque chose à quelqu'un. Adducere, adduco, adducis, adduxi, adductum.

act. aliquem in oblivionem alicujus rei, c'est-à-dire, amener à l'oubli de quelque chose.

s'OUBLIER, être oublié. Elabi, elabor, elaberis, elapsus sum. dépon. Ajoutez è memoriâ, c'est-à-dire, échapper du souvenir.

s'OUBLIER à l'égard de quelqu'un. Non revereri aliquem, ut par est, c'est-à-dire, ne pas révérer quelqu'un comme il convient. Revereor, revereris, reveritus sum. dép. acc.

Un OUBLIEUR. Crustularius, g. crustularii. masc.

OUBLIEUX, qui oublie. Obliviosus, obliviosa, obliviosum. adj.

OUEST, l'occident. Occidens, gén. occidentis. masc.

OUI, entendu. Auditus, audita, auditum. part. pass.

OUI. Ita Etiam. adv. Oui-da. Plané. adv.

OUIE, faculté d'ouïr. Auditus, gén. auditûs. masc.

OUIES de poissons. Branchiæ, g. branchiarum. f. plur.

OUIR. Audire, audio, audis, audivi, auditum. act. ac. Ouïr dire. Audire. act. ac. à quelqu'un, ab aliquo, d'un autre, de alio. Je n'ai rien ouï dire de cette chose. Nihil audivi de hac re. à l'abl. Par ouïr dire. Auditione. à l'abl. Condamné sans avoir ouï. Damnare indictâ causâ. act. acc. c'est-à-dire, condamner quelqu'un, sa cause n'ayant pas été plaidée.

OURAGAN, tempête violente. Procellosa tempestas, g. procellosæ tempestatis. fém.

OURDIR. Ordiri, ordior, ordiris, orsus sum. dép. acc.

OURLER. Marginare, margino, as, marginavi, marginatum. act. acc.

OURLET. Margo, g. marginis. m. f.

OURS, animal sauvage. Ursus, gén. ursi. masc.

OURSE, femelle de l'ours. Ursa, gén. ursæ. fém.

OURSE, constellation. Ursa, g. ursæ. f. La grande Ourse. Ursa major, g. ursæ majoris. f. La petite Ourse. Ursa minor, gén. ursæ minoris. fém.

OURSON, petit d'une ourse. Catulus, gén catuli. masc Ajoutez ursæ.

OUTARDE, oiseau. Otis, gén. otidis. fém.

OUTIL. Instrumentum, génit. instrumen i. neut.

OUTRAGE. Contumelia, gén. contumeliæ. fém.

OUTRAGEANT. Contumeliosus, contumeliosa, contumeliosum. adj.

OUTRAGER, faire outrage. Imponere, impono, imponis, imposui, impositum.

act. *Ajoutez* contumeliam, *ensuite un datif.*

OUTRAGEUSEMENT, *avec outrage.* Contumeliosè. *adv.*

OUTRAGEUX. Contumeliosus, contumeliosa, contumeliosum. *adj.*

A **OUTRANCE**. Extrà modum.

OUTRE, *peau cousue.* Uter, *g.* utri. *masc.*

OUTRE, *ou plus avant*. Ultrà. *adv.*

OUTRE *où sans*. Præter, *et l'acc. Outre ces raisons.* Præter has rationes. *Outre que.* Præter quàm quòd *avec l'indicat. Percer tout outre, ou d'outre en outre.* Trajicere, trajicio, trajicis, trajeci, trajectum. *act. accus.*

OUTRÉ, *excessif.* Nimius, nimia, nimium. *adj.*

Outré *de.* Percitus, percita, percitum. *part. pass. de* Percieo. *avec l'abl.*

D'**OUTREMER**, *qui est, qui vient d'au-delà des mers.* Transmarinus, transmarina, transmarinum. *adj.*

OUTREMER, *couleur de bleu d'azur.* Cæruleus color, *génit.* cærulei coloris. *masc.*

OUTRE-MESURE, *avec excès.* Præter modum.

OUTRER. Non tenere modum. *quelque chose,* in aliquâ re, *c'est-à-dire, ne pas tenir de mesure en quelque chose. On peut mettre le gérond. en do.* Teneo, es, tenui, tentum. *act. acc.*

OUTRER *quelqu'un, tournez :* persécuter à outrance.

OUVERT, *qui n'est pas fermé.* Apertus, aperta, apertum. *participe. pass.* d'Aperio.

OUVERT, *gai.* Lætus, læta, lætum. *adject.*

OUVERT, *sincère.* Candidus, candida, candidum. *adj.*

OUVERTEMENT, *à cœur ouvert*, Apertè. *adv.*

OUVERTURE, *accès.* Aditus, *génit.* aditûs. *masc.*

OUVERTURE ou *l'action d'ouvrir.* Apertura, *gén.* aperturæ. *f. Faire l'ouverture de.* Aperire, aperio, aperis, aperui, apertum. *act. acc.*

OUVERTURE, ou *commencement des classes, etc.* Instauratio, *gén.* instaurationis. *fém.*

OUVRABLE, *comme jour ouvrable.* Profestus dies, *gén.* profesti diei. *m.*

OUVRAGE. Opus, *génitif.* operis. *neut.*

OUVRAGÉ. Variatus, variata, variatum. *part. pass. de* Variare.

OUVRÉ, *en parlant du linge.* Linteum distinctum, *g.* lintei distincti. *n. Ajoutez* opere vario.

OUVRIER. Opifex, *génit.* opificis. *masc.*

OUVRIÈRE. Operaria, *gén.* operariæ. *fém.*

OUVRIR. Aperire, aperio, is, aperui, apertum. *act. acc.*

OUVRIR *l'esprit.* Formare mentem, *c'est-à-dire, le former.* Formo, formas, formavi, formatum. *acc.*

OUVRIR *l'appétit.* Excitare aviditatem cibi, *c'est-à-dire, exciter l'envie de manger.* Excito, excitas, excitavi, excitatum. *acc.*

s'OUVRIR *à quelqu'un, lui déclarer ses sentiments.* Aperire animum alicui, *c'est-à-dire, ouvrir son cœur à quelqu'un.*

s'OUVRIR *un chemin.* Aperire iter; *à coups d'épée,* ferro, *c'est-à-dire, ouvrir le chemin avec l'épée.*

s'OUVRIR, *en parlant de la terre, des fruits.* Hiare, hio, hias, hiavi, hiatum. *neut.*

OUVROIR, *lieu où l'on travaille.* Officina, *gén.* officinæ. *f.*

OVALE. Ovatus, ovata, ovatum. *adj.*

OVATION. Ovatio, *génit.* ovationis. *fém.*

OXYCRAT, *mélange d'eau et de vinaigre.* Posca, *gén.* poscæ. *f.*

PACAGE, *pâturage.* Pascuum, *génit.* pascui. *neut.*
PACIFICATEUR. Pacificator, *gén.* pacificatoris. *masc.*
PACIFICATION, *l'action d'apaiser les troubles.* Pacificatio, *g.* pacificationis. *f.*
PACIFIER. Placare, placo, as, placavi, placatum. *act. acc.*
PACIFIQUE. Pacificus, a, um. *adj.*
PACIFIQUEMENT, *paisiblement.* Placidè. *adv.*
PACTE. Pactum, *gén.* pacti. *n. Faire un pacte avec quelqu'un.* Facere pactionem cum aliquo.
PACTISER, *convenir.* Pacisci, paciscor, pacisceris, pactus sum. *dép.*
PACTOLE, *rivière.* Pactolus, *génit.* Pactoli. *masc.*
PAGANISME, *religion des Païens.* Gentilitas, *gén.* gentilitatis. *f.*
Une PAGE. Pagina, *gén.* paginae. *f.*
Un PAGE. Puer, *gén.* pueri. *masc.*
PAÏEN. Cultor, *génit.* cultoris. *masc. Ajoutez* falsorum deorum.
PAÏENNE. Cultrix, *gén.* cultricis. *fém. Ajoutez* falsorum deorum.
PAILLASSE. Culcita straminea, *gén.* culcitae stramineae. *f.*
PAILLASSON, *couverture de paille.* Storea, *gén.* storeae. *f.*
PAILLE. Palea, *gén.* paleae. *f.*
PAILLER, *cour de ferme.* Chors, *gén.* chortis. *fém.*
PAILLET. Helvus, helva, helvum. *adj. Du vin paillet.* Helvum vinum, *g.* helvi vini. *neut.*
PAILLETTE, *parcelle.* Mica, *génit.* micae. *f. d'or.* auri.
PAIN. Panis, *gén.* panis. *masc. Faire le pain.* Fingere, fingo, fingis, finxi, fictum. *act.* panem.
PAIN *ou masse.* Massa, *gén.* massae. *f.*
PAIR *ou pareil.* Par, *m. f. neut. gén.* paris. *adj. Jouer à pair ou non pair.* Ludere par impar. *Pair à pair.* Par, *m. f. n. g.* paris. *adj. Aller de pair avec, c'est-à-dire, égaler.* Aequare, aequo, aequas, aequavi, aequatum. *act. acc.*

PAIR *de France.* Par, *gen.* paris. *m. Ajoutez* Franciae.
Une PAIRE, *un couple.* Par, *génit.* paris. *n. Une paire de poulets.* Par, *gén.* paris. *n. Ajoutez* pullorum. *Une paire de bœufs.* Jugum, *gén.* jugi. *neut. Ajoutez* boum. *Une paire de bas.* Tibialia, *génit.* tibialium. *neut. plur.*
PAIRIE, *dignité de pair de France.* Dignitas, *gén.* dignitatis. *f. Ajoutez* Paris Franciae.
PAISIBLE. Placidus, a, um. *adj.*
PAISIBLEMENT. Placidè. *adv.*
PAITRE *ou manger.* Pasci, pascor, pasceris, pastus sum. *dép. accus. Faire paitre, ou mener paitre.* Pascere, pasco, pascis, pavi, pastum. *act. acc.*
PAIX. Pax, *gén.* pacis. *f. En paix ou tranquillement.* Tranquillè. *adv. Avoir la paix, jouir de la paix.* Esse in pace. *Mettre, rétablir la paix.* Conciliare, concilio, concilias, conciliavi, conciliatum. *act.* pacem.
PAIX-LA, *ou taisez-vous.* Silete, *en parlant à plusieurs.* Sile, *en parlant à un seul.*
PAL, *terme de blason.* Palus, *g.* pali. *masc.*
PALAIS. Palatium, *gén.* palatii. *neut. Palais où s'exerce la justice.* Forum, *g.* fori. *neut. De palais.* Forensis, *masc. f.* forense. *neut. adj.*
PALAIS *de la bouche.* Palatum, *génit.* palati. *neut.*
PALATIN. Palatinus, a, um. *adj.*
PALATINAT, *province.* Palatinus, *g.* Palatinûs. *masc.*
Une PALATINE. Strophium pellitum, *gén.* strophii pelliti. *neut.*
PALE. Pallidus, pallida, pallidum. *adj. Pâles couleurs.* Voyez *Jaunisse. Devenir pâle.* Voyez *Pâlir.*
PALEFRENIER. Agaso, *gén.* agasonis. *masc.*
PALEFROI. Nobilis equus, *gén.* nobilis equi. *masc. L'un et l'autre se déclinent.*
PALET. Discus, *g.* disci. *m. Jouer au palet.* Ludere disco. *à l'abl.*

PALETTE à jouer. Palmula, gén. palmulæ. fém.
PALETTE, petit plat. Scutella, génit. scutellæ. fém.
PALETTE de peintre. Asserculus pigmentarius, gén. asserculi pigmentarii. masc. Ces deux mots se déclinent.
PALEUR. Pallor, gén. palloris. m.
PALIER, plate-forme sur un escalier. Diazoma, gén. diazomatis. neut.
PALINODIE. Palinodia, gén. palinodiæ. f. Chanter la palinodie, se dédire. Recantare, recanto, recantas, recantavi, recantatum. act. Ajoutez palinodiam.
PALIR. Pallescere, pallesco, pallescis, pallui. sans sup. neut.
PALISSADE. Valli, gén. vallorum. masc. plur.
PALISSADÉ, fortifié d'une palissade. Vallatus, vallata, vallatum. part. pass.
PALISSADER. Munire, munio, is, munivi, munitum. act. Ajoutez vallis, avec l'acc. de l'endroit, c'est-à-dire, fortifier de palissades.
PALLIATION, fausse couleur qu'on donne à une chose mauvaise. Fucatus color, gén. fucati coloris. masc.
PAILLIÉ, déguisé. Infucatus, infucata, infucatum. part. pass. d'Infucare.
PAILLIER, déguiser. Tegere, tego, tegis, texi, tectum. act. acc. Ajoutez simulatione, c'est-à-dire, couvrir du voile de la dissimulation.
PALME. Palma, gén. palmæ f.
PALME, mesure. Palmus, g. palmi. m.
PALMIER. Palma, g. palmæ. f.
PALOURDES, coquillage de mer. Pelorides, gén. peloridum. f. plur.
PALPABLE. Tractabilis. m. f. tractabile, neut. gén. tractabilis. adj.
PALPITATION. Palpitatio, g, palpitationis. fém.
PALPITER. Palpitare, palpito, as, palpitavi, palpitatum. neut.
PAMÉ. Defectus, defecta, defectum. adj. Ajoutez animâ.
PAMER, se pâmer. Defici, deficior, deficeris, defectus sum. pass. Ajoutez animâ.
PAMOISON. Defectio, gén. defectionis. fém. Ajoutez animi. Tomber en pâmoison. Voyez Pâmer.
PAMPRE, feuille de vigne. Pampinus, gén. pampini. masc. De pampre. Pampineus, a, um. adj.
PAN de muraille. Pars, gén. partis, f. muri. masc. Muri reste invariable.
PAN de robe. Vestis lacinia, gén. vestis laciniæ. f. vestis reste invariable.
PANACEE, herbe. Panacea, gén. panaceæ. fém.
PANACHE. Crista, gén. cristæ. fém. Ajoutez è pennis.

PANACHÉ. Distinctus, a, um. adject. Ajoutez variis coloribus.
PANADE, pain bouilli. Panis intritus, gén. panis intriti. m. Ajoutez in jure.
PANAIS, racine. Pastinaca, g. pastinacæ. fém.
PANARIS, mal douloureux. Paronychia, gén. paronychiæ. f.
PANCARTE, affiche. Tabulæ, génit. tabularum. f. plur.
PANDECTES, recueil de lois compilées sous Justinien. Pandectæ, gén. pandectarum. f. plur.
PANÉE, comme eau panée. Aqua temperata pane, gén. aquæ temperatæ pane. f. Pane reste invariable.
PANEGYRIQUE. Panegyricus, génit. panegyrici. masc. Faire le panégyrique de quelqu'un. Extollere, extollo, extollis, extuli, elatum. act. aliquem. Ajoutez laudibus.
PANEGYRISTE, qui fait un panégyrique. Laudator, gén. laudatoris. m.
PANERÉE, plein un panier. Plenus calathus, gén. pleni calathi. masc.
PANETERIE. Panarium, génit. panarii. neut.
PANETIER. Promus, gén. promi, m. Ajoutez panis.
PATELIÈRE, petit sac où les bergers portent leur pain. Panariolum, gén. panarioli. neut.
PANIER. Calathus, gén. calathi. m
PANIQUE, terreur panique. Terror inanis, gén. terroris inanis. masc.
PANNE ou drap velu. Pannus villosus, gén. panni villosi. masc.
PANNEAU. Laqueus, gén. laquei. m. Donner dans le panneau, se laisser tromper. Irretiri, irretior, irretiris, irretitus sum. pass. Faire donner dans le panneau. Irretire, irretio, irretis, irretitum. act. acc.
La PANSE. Abdomen, gén. abdominis. neut.
PANSEMENT. Curatio, gén. curationis. fém.
PANSER, en parlant des plaies, des chevaux, etc. Curare, curo, curas curavi, curatum. act. acc
PANTALON, baladin. Ludio, génit. ludionis. masc.
PANTALON, culotte longue. Femoralia longiora, génit. femoralium longiorum. neut. plur.
PANTALONADE, geste d'un pantalon. Mimica saltatio, gén. mimicæ saltationis. fém.
PANTÈRE, animal. Panthera, génit. pantheræ. fém.
PANTOMIME, bouffon. Pantomimus, gén. pantomimi. masc.
PANTOUFLE. Crepida, g. crepidæ, f.

20

PAON, *oiseau*. Pavo, *génit*. pavonis. *masc*.

PAPA. Pater, *gén*. patris. *masc*.

PAPAL. Pontificius, a, um. *adj*.

PAPAUTÉ. Dignitas pontificia, *génit*. dignitatis pontificiæ. *fém*.

PAPE. Summus Pontifex, *gén*. summi Pontificis. *masc*.

PAPERASSE. Veteres chartæ, *gén*. veterum chartarum, *fém. plur*.

PAPETERIE. Chartaria officina, *gén*. chartariæ officinæ. *f*.

PAPETIER, *faiseur de papier*. Opifex, *gén*. opificis. *m*. chartarum. *au gén*.

PAPETIER. *marchand de papier*. Mercator, *génit*. mercatoris. *masc. Ajoutez* chartarum.

PAPIER. Charta, *gén*. chartæ. *f. Qui est de papier*. Chartaceus, chartacea, chartaceum. *adj*.

PAPILLON. Papilio, *gén*. papilionis. *masc*.

PAPILLOTE. Glomus chartaceus, *gén*. glomi chartacei. *masc*.

PAQUE, *fête solennelle*. Pascha, *gén*. paschæ. *f*. et Pascha, *gén*. paschatis. *neut. Le temps de Pâques*. Tempus paschale, *gén*. temporis paschalis. *neut. Faire ses pâques*. Celebrare pascha. *acc. neut. plur*. Celebro, celebras, celebravi, celebratum. *accus*.

PAQUEBOT, *vaisseau*. Navis tabellaria, *gén*. navis tabellariæ. *f. Les deux mots se déclinent*.

PAQUET. Fascis, *gén*. fascis. *f*.

PAR, *marquant la manière, la cause et le temps, veut l'abl. sans préposition*, comme : *Par le travail*. Labore. *Par ma valeur*. Meâ fortitudine. *Par accident*. Casu. *Par finesse*. Dolo. *Par terre et par mer*. Terrâ marique. *Par un beau temps*. Cœlo sereno. Quelquefois au lieu de l'abl. on exprime par *par per*, avec l'accusat. comme : *Par douceur*. Per gratiam. *Par envie*. Per invidiam. *Je vous prie par notre amitié*. Te rogo per nostram amicitiam.

PAR, *signifiant de, s'exprime en latin par à ou ab, avec l'abl*. comme : *Par le côté, ou de côté*. A latere. *Il est loué par le maître*. Laudatur à præceptore. *Aimé par ses compagnons*. Amatus à suis condiscipulis.

Quelquefois par, *signifiant de, s'exprime par è ou ex, ou bien de, avec l'abl*. comme : *Par l'autorité du sénat*. Ex auctoritate senatûs. *J'ai connu par vos lettres*. Cognovi ex tuis litteris.

PAR, *joint au verbe commencer, s'exprime par à ou ab, et l'ablat*. comme : *Commencer par les choses les plus faciles*. Incipere à rebus facillimis.

Mais avec le verbe finir, par veut l'abl. sans préposition, comme : *Finir par ce discours*. Finire eo sermone.

Par-ci, par-là. Passim. *adv. Par bonheur*. Feliciter. *adv. Par dehors*. Extrinsecùs. *adv. Par dedans*. Intrinsecùs. *adv. Par tête*. In capita. *Par jour*. In singulos dies. *Par an*. In singulos annos. *De par le roi, c'est-à-dire, de la part du roi*. Regis nomine.

On trouvera les différentes manières d'exprimer par, en cherchant le mot auquel par est joint.

PARABOLE. Parabola, *g*. parabolæ. *f*.

PARACHEVER. Voy. *Achever*.

PARACLET. Paracletus, *g*. paracleti. *masc*.

PARADE, *étalage*. Apparatus, *génit*. apparatûs. *m. Lit de parade*. Lectus ornatus, *gén*. lecti ornati. *masc*.

PARADE, *ostentation*. Ostentatio, *gén*. ostentationis. *f*.

PARADIS. Cœlum, *gén*. cœli. *neut*.

Le PARADIS *terrestre*. Paradisus terrestris, *gén*. paradisi terrestris. *masc*.

PARADOXE, *proposition contraire à l'opinion commune*. Paradoxum, *génit*. paradoxi. *neut*.

PARAPHE. Cautio, *gén*. cautionis. *f. Ajoutez* chirographi.

PARAPHER. Adhibere cautionem chirographi. Adhibeo, adhibes, adhibui, adhibitum. *acc*.

PARAGE. Plaga, *gén*. plagæ. *f*.

PARAGRAPHE. Paragraphus, *génit*. paragraphi. *masc*.

PARALLAXE. Parallaxis, *gén*. parallaxis. *fém*.

PARALLÈLE, *comparaison*. Comparatio, *gén*. comparationis. *f. Mettre en parallèle*. Æquare ; *une chose avec une autre*, rem cum alterâ. Æquo, æquas, æquavi, æquatum. *act. acc. Entrer en parallèle avec quelqu'un. Se dare æqualem alteri, au dat. c'est-à-dire, se donner pour égal à un autre*.

PARALLÈLE. *adj*. Parallelus, parallela, parallelum. *adj*.

PARALOGISME, *faux raisonnement*. Falsa ratiocinatio, *gén*. falsæ ratiocinationis. *fém*.

PARALYSIE. Paralysis, *gén*. paralysis. *fém*.

PARALYTIQUE. Paralyticus, paralytica, paralyticum. *adj*.

PARAPET. Lorica, *gén*. loricæ. *f*.

PARAPHERNAL, *biens paraphernaux*. Parapherna, *gén*. paraphernorum. *neut. pluriel*.

PARAPHRASE. Paraphrasis, *gén*. paraphrasis. *fém*.

PARAPHRASER. Explicare. *act. acc. Aj*. paraphrasi, c. à d., *expliquer par une paraphrase*. Explico, as, avi, explicatum,

PAR   PAR   307

PARAPLUIE. Munimen. g. muniminis. n. *Ajoutez* ad imbres, *c'est-à-dire, préservatif contre la pluie.*

PARASITE. Parasitus, *génit.* parasiti. *masc.*

PARASOL, *pour se défendre du soleil.* Umbella, *gén.* umbellæ. *f.*

PARAVENT, *petit meuble qui garantit du vent dans une chambre.* Objectaculum, *génit.* objectaculi. *neut. Ajoutez* auræ arcendæ. *Ces deux mots ne changent point.*

PARC. Septum, *gén.* septi. *neut.*

PARCELLE. Particula, *gén.* particulæ. *f. Par parcelles.* Particulatim. *adv.*

PARCE QUE. Quia, *avec l'indicat.* Quòd, *avec l'indic. ou le subjonct.*

PARCHEMIN. Membrana, *gén.* membranæ. *f. Qui est de parchemin.* Membraneus, a, um. *adj.*

PARCHEMINIER, *qui fait le parchemin.* Concinnator, *génit.* concinnatoris. *masc. Ajoutez* membranarum.

PARCIMONIE. Parcimonia, *gén.* parcimoniæ. *fém.*

PARCOURIR. Percurrere, percurro, percurris, percurri, percursum. *act. acc. Parcourir un pays.* Regionem peragrare, peragro, peragras, peragravi, peragratum. *act. acc.*

PARCOURU. Percursus, percursa, percursum. *part. pass. de* Percurrere.

PAR-DERRIÈRE. A tergo.

PAR DESSOUS. Subter.

PAR-DESSUS. Suprà.

PAR-DEVANT. A fronte.

PARDON. Venia, *gén.* veniæ. *f.*

PARDONNABLE. Dignus, digna, dignum. *Ajoutez* veniâ, *c'est-à-dire digne de pardon.*

PARDONNER, *faire grâce.* Parcere, parco, parcis, peperci, parcitum. *neut. dat. Pardonner quelque chose à quelqu'un.* Condonare, condono, condonas, condonavi, condonatum. *act. acc. de la chose, et le dat. la personne à qui l'on pardonne. Vous me pardonnerez, ou pardonnez-moi, si je dis.* Pace tuâ dixerim. *Et si l'on parle à plusieurs,* pace vestrâ dixerim.

PARÉ ou *orné.* Ornatus, ornata, ornatum. *part. pass. d'*Ornare. *avec l'abl.*

PARÉ, *détourné.* Aversus, aversa, aversum. *part. pass. d'*Avertere.

PAREIL ou *égal.* Par, m. f. neut. *gén.* paris, *avec le dat.*

La PAREILLE. Par, *gén.* paris. *neut. Rendre la pareille.* Referre, refero, refers, retuli, relatum. *Ajoutez* par pari, *et le dat. de la personne.*

PAREILLEMENT. Pariter. *adv.*

PARÉLIE, *image du soleil dans une nuée.* Parelion, *gén.* parelii. *neut.*

PAREMENT. Ornamentum, *gén.* ornamenti. *neut.*

PARENT. Propinquus, a, um. *dat. Les* PARENS, *c'est-à-dire, le père et la mère.* Parentes, *gén.* parentum. *masc. pluriel.*

PARENTÉ. Consanguinitas, *gén.* consanguinitatis. *fém.*

PARENTHÈSE. Parenthesis, *gén.* parenthesis. *fém.*

PARER ou *orner.* Ornare, orno, as, ornavi, ornatum. *act. rég. dir. acc. rég. ind. abl.*

PARER ou *détourner.* Avertere, averto, avertis, averti, aversum. *act. acc. Le de par à ou ab, avec l'abl.*

PARESSE. Pigritia, *gén.* pigritiæ. *f.*

PARESSEUX. Piger, pigra, pigrum, *gén.* pigri. *A écrire,* ad scribendum.

PARFAIRE, *achever.* Perficere, perficio, perficis, perfeci, perfectum. *act. accus.*

PARFAIT. Perfectus, a, um. *adj.*

PARFAITEMENT. Perfectè. *adv.*

PARFOIS. Aliquandò. *adv.*

PARFUM. Odor, *gén.* odoris. *m.*

PARFUMÉ. Odoratus, odorata, odoratum. *part. pass. d'*Odorare.

PARFUMER. Odorare, odoro, odoras, odoravi, odoratum. *act. acc.*

PARFUMEUR. Myropola, *gén.* myropolæ. *masc.*

Une PARFUMEUSE. Unguentaria, *gén.* unguentariæ. *f.*

PARI, *gageure.* Sponsio, *gén.* sponsionis. *fém.*

PARIER, *faire gageure.* Pignore certare, certo, certas, certavi, certatum. *n. Parier vingt pistoles.* Facere sponsionem viginti duplionum. *Contre quelqu'un,* cum aliquo, *c'est-à-dire, faire le pari de vingt pistoles avec quelqu'un.*

PARIETAIRE, *plante.* Helxine, *gén.* helxines. *fém.*

PARIEUR, *celui qui gage.* Concertator, *gén.* concertatoris. *masc. Ajoutez* sponsione.

PARIS, *ville.* Lutetia, *g.* Lutetiæ. *f.*

PARISIEN, *de Paris.* Parisinus, parisina, parisinum. *adj.*

PARISIS, *le pays autour de Paris.* Parisinus ager, *gén.* Parisini agri. *m.*

PARITÉ. Paritas, *g.* paritatis. *f.*

PARJURE, *faux serment.* Perjurium, *gén.* perjurii. *neut.*

PARJURE, *celui qui viole son serment.* Perjurus, a, um. *adj.*

Se PARJURER. Perjurare, perjuro, as, perjuravi, perjuratum. *neut.*

PARLEMENT. Supremus Senatus, *gén.* supremi Senatûs. *masc.*

PARLEMENTER. Colloqui, colloquor, colloqueris, collocutus sum. *dép.*

PARLER. Loqui, loquor, loqueris, locutus sum. *dép. à quelqu'un*, cum aliquo; *de quelque chose*, de aliquâ re. *Ouïr*, *entendre parler quelqu'un de quelque chose*. Audire aliquem de aliquâ re. *J'ai ouï parler de ces choses*. Audivi de his rebus. *J'avais entendu mon père parler de toi*. Audiveram patrem meum de te. *Parler mal de*. Voy. *Médire*. *Parler en public*. Concionari, concionor, aris, concionatus sum. *dép. de quelque chose*, de aliquâ re. *Faire parler de soi*. Venire, venio, is, veni, ventum. *n. Ajoutez* in sermonem hominum. *Faire parler quelqu'un dans un dialogue*. Inducere, induco, inducis, induxi, inductum. *act.* aliquem loquentem, *c'est-à-dire, produire, faire paraître quelqu'un parlant*. *Faire parler quelqu'un, lui arracher quelques paroles*. Elicere, elicio, elicis, elicui, elicitum; alicui vocem.

Le PARLER. Sermo, *gén.* sermonis. *masc.*

PARLEUR. Loquax, *m. f. neut. gén.* loquacis.

PARLEUSE, *femme qui parle beaucoup*. Garrula, *gén.* garrulæ. *f.*

PARLOIR. Locus, *gén.* loci. *m. Ajout.* ad loquendum.

PARMI. Inter, *avec l'acc.*

PARNASSE, *montagne*. Parnassus, *g.* Parnassi. *masc.*

PARODIE, *imitation ridicule*. Parodia, *gén.* parodiæ. *f.*

PAROI. Paries, *gén.* parietis. *masc.*

PAROISSE. Parœcia, *g.* parœciæ. *f.*

PAROISSIAL. Parochialis, *m. f.* parochiale, *neut. gén.* parochialis.

PAROISSIEN. Parochianus, parochiana, parochianum. *adj.*

PARAITRE *ou se présenter*. Apparere, appareo, es, apparui, apparitum. *neut. Paraître en public*. Prodire, prodeo, is, prodii, proditum. *neut.*

PARAÎTRE, *sembler*. Videri, videor, videris, visus sum. *pass. dat. de la personne à qui l'on paraît.*

Faire PARAÎTRE *ou montrer*. Ostendere, ostendo, ostendis, ostendi, ostensum. *act. acc.*

PAROLE *ou mot*. Verbum, *gén.* verbi. *neut.*

PAROLE *ou faculté de parler*. Sermo, *gén.* sermonis. *masc.*

PAROLE *ou promesse*. Fides, *gén.* fidei. *f. Sur votre parole.* Fide tuâ. *à l'ablatif. Tenir sa parole*. Servare, servo, servas, servavi, servatum. *act. Ajoutez* fidem, *avec le dat. de la personne*. *Manquer de parole, ou à sa parole*. Violare, violo, violas, violavi, violatum. *act. Ajoutez* fidem. *Un homme de parole*. Vir spectatâ fide.

PAROS, *île*. Paros, *gén.* Pari. *f.*

PARQUE, *divinité fabuleuse*. Parca, *gén.* Parcæ, *fém.*

PARQUER, *se dit des brebis*. Conquiescere, conquiesco, conquiescis, conquievi, conquietum. *neut. Ajoutez* noctè intrà crates, *c'est-à-dire, se reposer la nuit entre des claies*.

PARQUET, *lieu où l'on tient l'audience*. Septum forense, *gén.* septi forensis. *neut. Tous deux se déclinent.*

PARQUET, *compartiment en bois qui forme un plancher*. Tessellatum pavimentum, *gén.* tessellati pavimenti. *neut. L'un et l'autre se déclinent.*

PARQUETAGE, *ouvrage de parquet*. Tessellatum opus, *gén.* tessellati operis. *neut. Tous deux se déclinent.*

PARQUETER *un cabinet*. Facere pavimentum sectile conclavi. *au dat., c'est-à-dire, faire un paquetage à un cabinet.*

PARRAIN. Patrinus, *g.* patrini. *m.*

PARRICIDE, *crime de celui qui tue son père*. Parricidium, *gén.* parricidii. *n.*

PARRICIDE, *ou qui tue son père*. Parricida, *gén.* parricidæ. *masc.*

PARSEMER. Spargere, spargo, spargis, sparsi, sparsum. *act. la terre*, humum; *de fleurs*, floribus. *à l'abl.*

PART. Pars, *gén.* partis. *f. Faire part à quelqu'un de quelque chose*. Facere aliquem participem alicujus rei, *c'est-à-dire, faire quelqu'un participant de, etc. Au lieu de* participem, *on met* participes, *si l'on fait part à plusieurs. J'ai fait part à mes amis de mes biens, c'est-à-dire, j'ai fait mes amis participans de mes biens.* Feci meos amicos participes meorum bonorum. *Prendre part à, c'est-à-dire, être participant de*. Esse participem, *et un g.* sum, es, fui. Particeps, *m. f. n. gén.* participis. *Je prends part à votre douleur, ou je suis participant de votre douleur*. Sum particeps tui doloris. *En bonne part.* In bonam partem. *En mauvaise part.* In malam partem. *De la part de, à ou* ab, *avec l'abl. de la personne*. *De la part de mon père*. A meo patre. *De ma part*. A me. *De ta part*. A te.

A PART *ou séparément*. Separatim. *adv. Raillerie à part.* Remoto joco, *à l'abl. Mettre à part de l'argent*. Seponere, sepono, seponis, seposui, sepositum. *act.* pecuniam.

PART, *lieu, endroit, côté*. Nulle part. Nusquàm. *adv. Nulle autre part.* Nusquàm alibi. *adv. S'il y a mouvement.* Nusquàm aliò. *adv. De toute part.* Undiquè. *adv. De part et d'autre.* Utrinquè. *adv. De part en part.* Trans. *acc.*

PARTAGE. Portitio. *g.* partitionis. *f.*

PARTAGÉ *ou divisé*. Partitus, partita, partitum. *part. pass.* de Partior.

PARTAGER ou *diviser en plusieurs parts.* Dispertire, dispertio, dispertis, dispertii, dispertitum. *act. acc.*

Se **PARTAGER**. Distrahi, distrahor, heris, distractus sum. *pass. Ajoutez* in varias partes.

PARTANCE, *le départ d'un navire.* Profectio, *gén.* profectionis. *f.*

PARTANT, *par conséquent.* Itaquê. *conjonct.*

Un **PARTERRE**. Solum, *g.* soli. *n.*

PARTERRE, *où il y a des fleurs.* Floralia, *gén.* floralium. *neut. plur.*

PARTI, *qui s'en est allé.* Profectus, profecta, profectum. *part.*

PARTI, *faction.* Partes, *gén.* partium. *f. plur. Etre* ou *se mettre du parti, suivre* ou *prendre le parti de quelqu'un.* Stare, sto, stas, steti, statum. *neut.* ab aliquo. *Prendre le parti de la douceur.* Agere, ago, agis, egi, actum. *actif* partes lenitatis.

PARTI, *condition.* Conditio, *gén.* conditionis. *fém.*

PARTI, *résolution, dessein.* Consilium, *gén.* consilii. *neut. Prendre son parti sur-le-champ.* Subitò sibi reperire consilium ; reperio, reperis, reperi, repertum. *accus.*

PARTI, *mariage. Un bon parti, en parlant d'une fille.* Filia ditissima ; *en parlant d'un garçon, adolescens ditissimus, c'est-à-dire, une fille très-riche, un garçon très-riche. Tous deux se déclinent.*

PARTIAL, *attaché à un parti.* Fautor, *g.* fautoris. *m.* Fautrix, *g.* fautricis. *f. Ajout.* partium *à ces deux mots.*

PARTIALITÉ. Studium, *gén.* studii. *neut. Ajoutez* partium.

PARTICIPANT. Particeps, *m. f. neut. gén.* participis, *avec le gén.*

PARTICIPATION. Communicatio, *gén.* communicationis. *f. Sans ma participation, à mon insu.* Me inscio. *ablat. absolu.*

PARTICIPE. Participium, *gén.* participii. *neut.*

PARTICIPER *à quelque chose.* Esse participem alicujus rei, *c'est-à-dire, être participant de quelque chose.* Particeps, *masc. f. neut. gén.* participis, *s'accorde avec le nominatif.*

PARTICULARISER. Persequi, persequor, persequeris, persecutus sum. *dép. acc. Ajoutez* distinctè. *adv.*

PARTICULARITÉ. Circumstantia, *gén.* circumstantiæ. *fém.*

PARTICULE. Particula, *gén.* particulæ. *fém.*

PARTICULIER, *singulier.* Singularis, *masc. f.* singulare, *neut. gén.* singularis. *Une amitié particulière pour quelqu'un,* ou *envers quelqu'un.* Amor singularis in aliquem.

PARTICULIER, ou *qui est propre à quelqu'un.* Proprius, propria, proprium. *adj. avec le gén.*

En **PARTICULIER**, ou *à part.* Seorsùm. *adv. En public et en particulier.* Publicè et privatim. *adv. En son particulier.* Privatìm. *adv.*

Un **PARTICULIER**. Privatus, privata, privatum. *adj.*

PARTICULIÈREMENT, *d'une façon particulière.* Singulariter. *adv.*

PARTICULIÈREMENT ou *principalement.* Præcipuè. *adv.*

PARTIE. Pars, *g.* partis. *f. En partie.* Partim. *adv. Diviser en parties,* ou *par parties.* Dividere in partes. *act. acc.* Divido, is, divisi, divisum. *acc. Une bonne partie,* ou *une grande partie de.* Magna pars, *g.* magnæ partis. *f. On met ensuite un gén. La plus grande partie.* Maxima pars, *g.* maximæ partis. *fém. avec un g. ensuite.*

PARTIE ou *adversaire.* Adversarius, adversaria, adversarium. *adj.*

PARTIE *de jeu.* Lusoria certatio, *génit.* lusoriæ certationis. *f. Gagner la partie à quelqu'un.* Vincere aliquem, *c'est-à-dire, vaincre quelqu'un.* Vinco, vincis, vici, victum. *acc. Perdre la partie.* Vinci, *à l'abl. avec* à ou ab *de la personne contre qui l'on perd, c'est-à-dire, être vaincu par.* Vinci est le pass. *de* vincere.

PARTIE, *projet. Partie de promenade.* Condictio, *gén.* condictionis. *f. Ajoutez* ad ambulandum.

PARTIES, *qualités, dons naturels.* Dona, *gén.* donorum. *neut. plur. Ajout.* naturæ.

PARTIR, *s'en aller.* Proficisci, proficiscor, eris, profectus sum. *dép.*

Un **PARTISAN**, *pour la levée des deniers publics.* Publicanus, *gén.* publicani. *masc.*

PARTISAN *de quelqu'un.* Fautor, *gén.* fautoris. *masc. Ajoutez* alicujus. *Etre partisan de quelqu'un.* Studere, studeo, es, studui, *sans sup. neut. Ajoutez* alicui.

PARTITIF. Indicans, *m. f. n. génit.* indicantis. *Ajoutez* partem rei.

PARTOUT, *en tout lieu, sans mouvement.* Ubiquè. *Avec mouvement.* Quocumquè.

PARVENIR *à.* Assequi, assequor, assequeris, assecutus sum. *dép. acc.*

PARVIS, *place devant une église.* Atrium, *gén.* atrii. *neut.*

PARURE. Ornatus, *gén.* ornatûs. *m.*

PAS *avec le* ne *qui précède, s'exprime par* non, *comme : Je ne l'ai pas vu.* Non vidi illum.

Mais lorsque ne pas *sert à interroger,*

PAS

il s'exprime par annon *ou* nonne, *comme*: N'avez-vous *pas dit*? Annon ou nonne dixisti? *Ne pas même.* Ne quidem. *adv.* *Ne pas encore.* Nondum. *adv.*

Un PAS. Passus, *gén.* passûs. *m. A grand pas.* Magno passu. *à l'abl. A petit pas.* Lento passu. *à l'abl. A chaque pas que l'on fait.* Singulis vestigiis. *à l'abl. Pas à pas.* Pedetentim. *adv. Revenir ou retourner sur ses pas.* Relegere, relego, relegis, relegi, relectum. *act. Ajoutez* iter *à l'acc. Suivre quelqu'un pas à pas, marcher sur ses pas.* Persequi, persequor, persequeris, persecutus sum. *dép.* vestigia alicujus, *c'est-à-dire, suivre les traces de quelqu'un. Faux pas.* Fallens vestigium, *gén.* fallentis vestigii. *n. Tous deux se déclinent. Faire un faux pas.* Falli, fallor, falleris, falsus sum. *pass. Ajoutez* vestigio. *à l'abl.*

Le PAS *d'une porte, etc.* Limen, *gén.* liminis. *neut.*

Le PAS, *la présence.* Locus prior, *gén.* loci prioris. *m. Disputer le pas à quelqu'un.* Contendere, contendo, contendis, contendi, contentum. *n. Ajoutez* de honore cum aliquo, *c'est-à-dire, disputer de l'honneur avec quelqu'un. Céder le pas à quelqu'un.* Decedere, decedo, decedis, decessi, decessum. *neut. Ajoutez* viâ alicui honoris causâ, *c'est-à-dire, donner sa place à quelqu'un par honneur.*

PAS, *passage étroit et difficile entre des montagnes.* Fauces, *gén.* faucium. *f. pluriel.*

PAS, *mauvais pas, lieu par où il est difficile et dangereux de passer.* Salebra, *gén.* salebræ. *fém.*

PASCAL. Paschalis, *masc. f.* paschale. *neut. gén.* paschalis.

PAS-D'ANE, *herbe.* Tussilago, *génit.* tussilaginis. *fém.*

PAS DE CALAIS, *détroit de l'Océan entre la France et l'Angleterre, qui a donné son nom à un département.* Fretum Britannicum, *gén.* Freti Britannici. *neut.*

PASQUINADE, *mot piquant, vers satirique.* Dicterium, *gén.* dicterii. *n.*

PASSABLE. *Voy.* Médiocre.

PASSABLEMENT. Tolerabiliter. *adv.*

PASSADE, *aumône donnée à un pauvre passant.* Viaticum, *g.* viatici. *neut.*

PASSAGE. Transitus, *gén.* transitûs. *m. Arrêter quelqu'un au passage d'une rivière.* Arcere, arceo, arces, arcui, arcitum. *peu usité. aliquem transitu amnis. Laisser le passage libre, donner passage.* Dare transitum. *à quelqu'un,* alicui. *Refuser le passage à, ou s'opposer au passage de.* Prohibere, prohibeo, prohibes, prohibui, prohibitum. *act.* transitum, *et le gén. de la personne. Se faire passage,* s'ouvrir *un passage.* Aperire iter. *l'épée à la main.* Ferro, *c'est-à-dire, ouvrir le chemin.* Aperio, aperis, aperui, apertum. *act. accus.*

PASSAGE *d'un livre.* Locus, *gén.* loci. *masc.*

PASSAGER. Fugitivus, a, fugitivum. *adj.*

Un PASSAGER. Vector, *gén.* vectoris. *masc.*

PASSANT *ou voyageur.* Viator, *gén.* viatoris. *m. En passant.* Obiter. *adv.*

PASSE, *terme de billard.* Portula, *gén.* portulæ. *f. Etre en passe de s'avancer.* Appropinquare, appropinquo, as, appropinquavi, appropinquatum. *neut. Ajoutez* primis ordinibus, *c'est-à-dire, s'approcher des premières places. Etre en passe de faire fortune.* Habere facilem aditum ad amplificandam fortunam, *c'est-à-dire, avoir une entrée ou un moyen facile pour augmenter sa fortune.* Habeo, es, habui, habitum. *acc.*

PASSÉ, *en parlant du temps.* Præteritus, præterita, præteritum. *part. pass.* de Præterire. *Ces jours passés, c'est-à-dire, dernièrement.* Nuper. *adv.*

Fleur PASSÉE, *flétrie.* Flos flaccidus, *gén.* floris flaccidi. *masc.*

PASSÉ, *franchi, en parlant d'une rivière.* Transmissus, a, um. *part. pass.* de Transmittere. *En parlant d'une montagne.* Superatus, a, um. *part. pass.* de Superare.

PASSÉ, *hors d'usage.* Obsoletus, a, um. *part. pass.* d'Obsoleo.

PASSE-DROIT, *grâce accordée contre le droit.* Prærogativa, *gén.* prærogativæ. *fém.*

PASSE-FLEUR, *fleur.* Anemone, *gén.* anemones. *fém.*

PASSEMENT, *sorte de ruban.* Tænia, *gén.* tæniæ. *fém.*

PASSEMENTÉ, *couvert de passemens.* Ornatus, ornata, ornatum. *adj. Ajoutez* tæniis.

PASSEMENTER *un habit, ou mettre du passement sur un habit.* Ornare vestem tæniis; orno, ornas, ornavi, ornatum. *act. acc.*

PASSEMENTIER. Textor, *g.* textoris. *masc. Ajoutez* tæniarum.

PASSE-PARTOUT. Clavis apta, *génit.* clavis aptæ. *f. Ajoutez* multis januis, *c'est-à-dire, clef propre à plusieurs portes.*

PASSE-PASSE, *tour de passe-passe.* Præstigiæ, *gén.* præstigiarum. *f. plur. Qui fait des tours de passe-passe.* Præstigiator, *gén.* præstigiatoris. *masc.*

PASSE-PORT. Commeatus, *gén.* commeatûs. *masc.*

PASSER *par.* Transire, transeo, is, transii *ou* transivi, itum. *n. Ou bien:*

PAS   PAT   311

Iter habere, habeo, habes, habui, habitum. acc. Iter ne change point.

PASSER, en parlant d'une rivière qui coule le long de...., Præterire, prætereo, præteris, præterii, præteritum. neut.

PASSER, s'écouler. Prætèrire, etc.

PASSER, cesser. Desinere, desino, desinis, desii, desitum. neut.

PASSER par, ou posséder. Perfungi, perfungor, eris, functus sum. dép. abl.

PASSER, mourir. Voy. Mourir.

PASSER, surpasser. Voyez Surpasser. Faire passer ou transporter. Traducere, traduco, traducis, traduxi, traductum. act. acc. Faire passer une rivière. Traducere fluvium. act. à des troupes, copias. à l'acc.

PASSER, en parlant du temps qu'on passe ou qu'on emploie. Consumere, consumo, is, consumpsi, consumptum. act. sa vie, ætatem, à l'acc. à étudier, studendo, ou l'abl. avec in.

PASSER sous silence, ou omettre. Præterire, prætereo, is, præterivi ou præterii, præteritum. act. acc.

PASSER pour. Haberi, habear, eris, habitus sum. pass. Cela me fait passer pour cruel, ou cela fait que je passe pour cruel. Illud facit ut ego habear crudelis.

Se PASSER, ou être fait. Agi, agor, eris, actus sum. pass. Je te dirai comment la chose s'est passée. Tibi dicam quemadmodum res acta sit.

Se PASSER de, ou s'abstenir. Abstinere, abstineo, abstines, abstinui, abstintum. neut. abl. de la chose.

Laisser PASSER, Voy. Laisser.

PASSER, traverser. Transire, transeo, is, transivi ou ii, transitum. acc. Passer la rivière, transire amnem.

PASSER, aller, passer son chemin. Ire viâ. à l'abl.

PASSE-RAGE, plante. Iberis, génit. iberidis. fém.

PASSEREAU, moineau. Passer, gén. passeris. masc.

PASSE-TEMPS. Oblectatio, gén. oblectationis. fém.

PASSE VELOURS, fleur. Amaranthus, gén. amaranthi. masc.

PASSE-VOLANT, faux soldat. Supposititius miles, gén. supposititii militis. On décline l'un et l'autre.

PASSEUR, batelier qui passe les gens. Portitor, gén. portitoris. masc.

PASSEUSE d'eau. Rectrix, g. rectricis. fém. Ajoutez naviculæ.

PASSIBLE, capable de souffrir. Patibilis, m. f. patibile, n. g. patibilis.

PASSIF. Passivus, a, um. adj.

PASSION, désir immodéré. Cupiditas, gén. cupiditatis. fém. Pour le jeu. Ludi,

au gén. ou bien un gérond. en di. Par passion, ou avec passion, de colère. Impotenti animo. à l'abl. Avec passion ou désir. Ardenti studio. à l'abl. Ardenter. adv. Avoir une grande passion pour. Flagrare, flagro, as, flagravi, flagratum. neut. Ajoutez studio, avec un gén. ou le gérond. en di, c'est-à-dire, être embrasé du désir de, etc. Résister à ses passions, les réprimer, les dompter, etc. Imperare cupiditatibus, c'est-à-dire, commander à, etc. Impero, as, imperavi, imperatum. n. Se laisser aller à ses passions, se laisser dominer, maîtriser par elles. Parere cupiditatibus, c. à d., obéir à, etc. Pareo, es, parui. neut.

La PASSION de J. C. Cruciatus, génit. cruciatûs. masc. Passio, gén. passionis. f. terme consacré de l'église.

PASSIONNÉ pour. Cupidus, cupida, cupidum. adj. avec un gén. ou un gérond. en di.

PASSIONNÉMENT. Ardenti studio. à l'abl. Ardenter. adv.

PASSIONNER, animer ce qu'on dit. Dicendo movere audientes, c'est-à-dire, remuer ses auditeurs en parlant. Moveo, es, movi, motum. act. acc.

Se PASSIONNER pour une chose. Cupere, cupio, cupis, cupivi, cupitum. Ajoutez flagrantissimè aliquid, c'est-à-dire, désirer ardemment une chose.

PASSIVEMENT. Passivè. adv.

PASSOIRE. Colem, gén. coli. neut.

PASTEL, herbe pour la teinture. Glastum, gén. glasti. neut.

PASTEL, dont se servent les peintres. Color tritus, g. coloris triti. masc.

PASTENADE, sorte de racine. Pastinaca, gén. pastinacæ. f.

PASTEUR. Pastor, gén. pastoris. m.

PASTILLE, pâte odoriférante. Pastillus, g n. pastilli. masc.

PASTORAL. Pastoralis, m. f. pastorale, n. gén. pastoralis. adj.

PASTORALE, poésie. Poema bucolicum, gén. poematis bucolici. neut.

PATE. Farina subacta, gén. farinæ subactæ. fém.

PATÉ. Artocreas, g. artocreatis. n.

PATELIN, fourbe qui trompe en flattant. Palpator, g. palpatoris. masc.

PATELINAGE. Palpatio, gén. palpationis. fém.

PATELINER. Callidè blandiri, blandior, iris, blanditus sum. dép. dat.

PATÉNE, ce qui couvre le calice. Patena, gén. patenæ. f.

PATENTE, brevet qu'on doit acheter pour faire un commerce. Mercatorium tributum, gén. mercatorii tributi. n.

Lettres PATENTES du roi. Regium diploma, gén. regii diplomatis. neut. Lettres *patentes pour être bien reçu.* Commenda-titiæ litteræ, *g.* commendatitiarum littera-rum. *fém. plur.*

PATERNEL. Paternus, paterna, paternum. *adj.*

PATERNELLEMENT. Paterno animo. *à l'ablat.*

PATERNITÉ. Paternitas, *gen.* paternitatis. *fém.*

PATEUX. Glutinosus, a, um. *adj.*

PATHETIQUE, *qui touche.* Commovens, *g.* commoventis. *part. prés. de* Commoveo.

PATHETIQUEMENT. Apposite ad commovendos animos.

PATIBULAIRE. Cruciarius, cruciaria, cruciarium. *adj.*

PATIEMMENT. Patienter. *adv. Au comp.* patientiùs; *au superl.* patientissimè.

PATIENCE. Patientia, *gén.* patientiæ. *f. Prendre en patience* ou *souffrir patiemment.* Ferre patienter. *act. acc.* fero, fers, tuli, latum. *Perdre patience* ou *souffrir avec impatience.* Ferre ægrè. *act. acc. de la chose dans laquelle on perd patience.*

PATIENCE, *herbe.* Lapathum, *génit.* lapathi. *neut.*

PATIENT. Patiens, *masc. f. neut. g.* patientis.

Un PATIENT *qu'on va exécuter.* Cruciarius, *gén.* cruciarii. *masc.*

PATIENTER. *Voy.* Patience.

PATIN. Calceus altior, *gén.* calcei altioris. *masc.*

PATINER *sur la glace.* Decurrere stadium glaciatum ope calopodiorum; decurro, is, decurri, decursum.

PATINER, *toucher souvent avec la main.* Attrectare, attrecto; attrectas, attrectavi, attrectatum. *act. acc.*

PATIR. Pati, patior, pateris, passus sum. *dép. acc.*

PATISSERIE, *ouvrage de pâtissier.* Pistorium opus, *g.* pistorii operis. *neut.*

PATISSIER. Dulciarius pistor, *génit.* dulciarii pistoris. *masc.*

PATOIS. Sermo plebeius, *gén.* sermonis plebeii. *masc.*

PATRIARCHAL. Patriarchalis, *masc. fém.* patriarchale, *neut. gén.* patriarchalis, *adject.*

PATRIARCAT, *dignité de patriarche.* Patriarchatus, *g.* patriarchatús. *masc.*

PATRIARCHE. Patriarcha, *gén.* patriarchæ. *masc.*

PATRICE, *titre de dignité dans l'empire romain.* Patricius, *gén.* patricii. *m.*

PATRICIEN. Patricius, patricia; patricium. *adj.*

PATRIE. Patria, *gén.* patriæ. *f. Qui est de la patrie.* Patrius, patria, patrium. *adject.*

PATRIMOINE. Patrimonium, *gén.* patrimonii. *neut.*

PATRIMONIAL. Paternus, paterna, paternum. *adj.*

PATRON, *modèle.* Exemplar, *génit.* exemplaris. *neut.*

PATRON ou *protecteur.* Patronus, *gén.* patroni. *masc.*

PATRONAGE. Patronatus, *gén.* patronatûs. *masc.*

PATRONAL. Patronalis, *m. f.* patronale, *neut. gén.* patronalis.

PATRONNE. Patrona, *gén.* patronæ. *fém.*

PATROUILLE. Excubiæ, *gén.* excubiarum. *f. plur.*

PATTE. Pes, *gén.* pedis. *masc.*

PATTU, *en parlant de quelques pigeons.* Plumipes, *gén.* plumipedis. *m. f.*

PATURAGE. Pascua, *gén.* pascuorum. *neut. plur.*

PATURE, *la nourriture des bêtes.* Pastus, *gén.* pastûs. *masc.*

PATURER. *Voy.* Paître.

PAU, *ville.* Palum, *gén.* Pali. *neut. De Pau.* Palensis, *m. f.* palense. *neut. gén.* palensis.

PAVÉ. Pavimentum, *gén.* pavimenti. *neut. Qui est pavé de.* Pavimentatus, pavimentata, pavimentatum. *de cailloux*, silicibus. *à l'abl.*

PAVER. Sternere, sterno, is, stravi, stratum. *act. acc. de la chose qu'on pave, et l'abl. de celle dont on pave. Les rues*, vias; *de cailloux*, silicibus. *à l'abl.*

PAVEUR. Structor, *gén.* structoris. *m.* Ajoutez pavimentorum.

PAVIE, *sorte de pêche.* Persicum duracinum, *g.* persici duracini. *neut.*

PAVIE, *ville.* Ticinum, *gén.* Ticini. *n. De Pavie.* Ticinensis, *m. f.* ticinense, *neut. gén.* ticinensis.

PAVILLON. Tabernaculum, *gén.* tabernaculi. *neut.*

PAVILLON, *bannière de vaisseau.* Vexillum, *gén.* vexilli. *neut. Arborer le pavillon.* Erigere, erigo, erigis, erexi, erectum. *acc.* vexillum. *Le baisser.* Submittere, submitto, submittis, submisi, submissum. *acc.*

PAVOIS, *toile tendue autour d'un vaisseau.* Lorica, *gén.* loricæ. *f.*

PAVOISER. Munire, munio, munis, munivi, munitum. *act. acc. Ajoutez* loricâ *à l'abl.*

PAVOT. Papaver, *gén.* papaveris. *neut. Qui est de pavot.* Papavereus, papaverea, papavereum. *adj.*

PAUME *de la main.* Vola, *gén.* volæ. *fém.*

La PAUME, *jeu.* Ludus, *gén.* ludi. *m. Aj.* pilæ. *Un jeu de paume où l'on joue.* Sphæristerium, *gén.* sphæristerii. *neut.*

PAUMIER, *maître d'un jeu de paume.* Custos, *g.* custodis. *m. Aj.* sphæristerii.

PAUPIÈRE *des yeux*. Palpebra, *gén*. palpebræ. *fém*.

PAUSE, *en musique*. Intermissio, *gén*. intermissionis. *f. Ajoutez* cantûs. *Faire des pauses en chantant*. Intermittere, intermitto, intermittis, intermisi, intermissum. *actif. Ajoutez* subindé cantum. *Pause où l'on s'arrête*. Pausa, *gén*. pausæ. *fém*.

PAUVRE. Pauper, *masc. f. n. génit*. pauperis. *adj*.

PAUVREMENT. Miseré. *adv. Au comp*. miseriùs; *au superl*. miserrimè.

PAUVRETÉ. Paupertas, *gén*. paupertatis. *fém*.

PAYABLE. Solvendus, solvenda, solvendum. *part. futur. de* Solvere.

PAYE. Stipendium, *g*. stipendii. *n*.

PAYEMENT. Solutio, *gén*. solutionis. *f. Faire un payement. Voy. Payer*.

PAYEN. *Voy. Païen*.

PAYER. Solvere, solvo, solvis, solvi, solutum. *act. rég. dir. acc. rég. ind. dat. Avoir de quoi payer*. Esse solvendo, sum solvendo, es solvendo, fui solvendo, *avec un acc. Je n'ai pas été payé de mon frère*, c'est-à-dire, *je n'ai pas reçu d'argent de mon frère*. Non accepi pecuniam à meo fratre. Accipio, accipis, accepi, acceptum. *act*.

Se **PAYER**, *prendre ce qui est dû*. Sibi sumere suum; mihi sumo meum; tibi sumis tuum: nobis sumimus nostrum; vobis sumitis vestrum; sibi sumunt suum; sumpsi, sumptum. *Se payer d'excuses, s'en contenter*. Accipere excusationes, c'est-à-dire, *recevoir des excuses*. *Se faire payer*. Exigere nomina, c'est-à-dire, *exiger les dettes*.

PAYEUR, c'est-à-dire, *qui paye*. Qui solvit.

PAYEUSE. Quæ solvit.

PAYS *ou région*. Regio, *g*. regionis. *f*.

PAYS *ou patrie*. Patria, *gén*. patriæ. *f. Qui est du même pays que, en parlant des personnes*. Popularis, *gén*. popularis. *pour le m. et f. On met un gén. ensuite. Je suis du même pays que Fabius, ou je suis du pays de Fabius*. Sum popularis Fabii. *Il est de mon pays*. Est meus popularis. *Vous êtes de son pays*. Es popularis ejus, c'est-à-dire, *vous êtes du pays de lui*. *De quel pays?* Cujas? *g*. cujatis. *pour le masc. et le f. Qui est du pays*. Patrius, a, um. *Qui n'est pas du pays*. Externus, a, um. *adj. Courir le pays*. Peragrare regiones, peragro, as, peragravi, peragratum. *acc. Voy. Parcourir*.

Les **PAYS-BAS**, *la Flandre, etc*. Inferior Germania, *gén*. Inferioris Germaniæ. *fém*.

PAYSAGE, *pays agréable*. Amœnitas, *gén*. amœnitatis. *f. Ajoutez* loci, *Paysage peint*. Picta forma, *gén*. pictæ formæ. *f. Ajoutez* loci amœni.

PAYSAN. Rusticus, *gén*. rustici. *masc. Qui est de paysan*. Rusticanus, rusticana, rusticanum. *adj*.

PAYSANNE. Rustica, *gén*. rusticæ. *f*.

PEAGE. Portorium, *g*. portorii. *n*.

PEAGER, *qui exige le péage*. Portitor, *gén*. portitoris. *masc*.

PEAU. Pellis, *gén*. pellis. *f*.

PEAUSSIER, *qui prépare les peaux*. Alutarius, *gén*. alutarii. *masc*.

PECCADILLE, *faute légère*. Levis noxa, *gén*. levis noxæ. *f. Ces deux mots se declinent*.

PÊCHE, *fruit*. Persicum, *gén*. persici. *neut*.

La **PÊCHE** *des poissons*. Piscatus, *gén*. piscatûs. *masc*.

PÉCHÉ. Peccatum, *gén*. peccati. *neut. Péché mortel*. Peccatum mortiferum, *gén*. peccati mortiferi. *n. Péché véniel*, peccatum leve, *gén*. peccati levis. *neut. Péché originel*. Peccatum ingeneratum, *génit*. peccati ingenerati. *neut*.

PÊCHER, *arbre*. Persicus, *gén*. persici. *fém*.

PÊCHER *du poisson*. Piscari, piscor, aris, piscatus sum. *dép. acc. du poisson. La manière ou l'instrument se met à l'abl*. *comme : à la ligne*, hamo.

PÉCHER, *transgresser la loi divine*. Peccare in Deum; pecco, peccas, peccavi, peccatum. *neut*.

PÉCHER, *manquer en, ou contre quelque chose*. Peccare in aliquid.

PÉCHERESSE. Obnoxia, *gén*. obnoxiæ. *f. Ajoutez* peccatis.

PÊCHERIE, *lieu où l'on pêche*. Piscaria, *gén*. piscariæ. *f*.

PÊCHEUR *de poisson*. Piscator, *gén*. piscatoris. *m. De pécheur*. Piscatorius, a, um. *adj*.

PÉCHEUR. Obnoxius, *gén*. obnoxii. *m. Ajoutez* peccatis.

PECTORAL. Utilis, *m. f*. utile, *neut*. *gén*. utilis. *adj. Ajoutez* pectori, c'est-à-dire, *utile pour la poitrine*.

PÉCULAT. Peculatus, *gén*. peculatûs. *masc*.

PECULE. Peculium, *g*. peculii. *neut*.

PECUNIAIRE. Pecuniarius, pecuniaria, pecuniarium. *adj*.

PECUNIEUX. Pecuniosus, pecuniosa, pecuniosum. *adj*.

PEDAGOGUE. Pedagogus, *gén*. pedagogi. *masc*.

PEDANT. Pedagogus, *gén*. pedagogi. *masc*.

PEDANTERIE. Puerilis et inepta eruditio, *gén*. puerilis et ineptæ eruditionis. *f. Tout se décline*.

PEDANTESQUE. Conveniens, *masc. f*.

neut. gén. convenientis. *Ajoutez* ineptis ludi magistris, *c'est-à-dire, qui convient aux sots pédans.*

PEDANTESQUEMENT, *en pédant.* Inepti litteratoris more.

PEDANTISME. Voy. *Pédanterie.*

PEDESTRE, *une statue posée sur ses pieds.* Pedestris statua, *génit.* pedestris statuæ. *fém.*

PEDESTREMENT. Pedibus, *abl. plur.*

PEDICULAIRE, *maladie.* Pedicularis morbus, *gén.* pedicularis morbi. *masc. L'un et l'autre se déclinent.*

PEGASE, *cheval fabuleux.* Pegasus, *gén.* pegasi. *masc.*

PEIGNE. Pecten, *gén.* pectinis. *n.*

PEIGNÉ. Pexus, pexa, pexum. *part. pass. de* Pectere.

PEIGNER. Pectere, pecto, pectis, pexui, pexum *ou* pectitum. *act. acc.*

Se PEIGNER. Pectere capillos. *Se faire peigner.* Præbere, præbeo, es, præbui, præbitum. *act. Ajoutez* capillos pectendos. *par quelqu'un*, alicui.

PEIGNIER, *qui fait des peignes.* Opifex, *gén.* opificis. *m. Ajoutez* pectinum.

PEIGNOIR. Linteum humerale, *gén.* lintei humeralis. *neut.*

PEINDRE. Pingere, pingo, pingis, pinxi, pictum. *act. acc.*

Se faire PEINDRE. Jubere se pingi, *c'est-à-dire*, *commander qu'on soit peint.*

PEINE *ou* punition. Pœna, *gén.* pœnæ. *f. Sous peine de.* Pœnā. *abl. f. qui veut un gén. ensuite. S'il y a un verbe, on ne l'exprime point, comme : Sous peine d'être fouetté, c'est-à-dire, sous peine du fouet.* Pœnā flagri.

PEINE *ou travail.* Labor, *gén.* laboris. *m. Mettre, prendre, se donner bien de la peine à.* Consumere multùm laboris ; à par in, *avec l'abl. ou le gérond.* en do, *c'est-à-dire, employer beaucoup de peine. Avec beaucoup de peine.* Summo labore. *à l'abl.*

PEINE *ou difficulté.* Difficultas, *gén.* difficultatis. *f.*

PEINE *d'esprit ou inquiétude.* Sollicitudo, *gén.* sollicitudinis. *fém. Mettre en peine, ou faire de la peine à.* Sollicitare, sollicito, as, sollicitavi, sollicitatum. *act. acc. Etre en peine.* Esse sollicitum ; sum, es, fui. Sollicitus, sollicita, sollicitum. *Le de s'exprime par de, et l'abl.*

A PEINE. Vix. *conj. A peine avais-je lu.* Vix Legeram.

PEINÉ, *travaillé avec peine.* Elaboratus, a, um *part. pass.* d'Elaborare.

PEINER, *causer de la fatigue, du chagrin.* Sollicitare. Voy. *Mettre en peine.*

PEINER, *avoir de la peine à faire quelque chose.* Desudare, desudo, as, desudavi, desudatum, in aliquā re. *abl.*

Se PEINER. Sudare, *comme* desudo. Pour *par pro, avec l'ablat. ou le gérond.* en do.

PEINT. Pictus, a, um. *part. pass.*

PEINTRE. Pictor, *gén.* pictoris. *m.*

PEINTURE. Pictura, *g.* picturæ. *f.*

PEKIN, *ville.* Pekinum, *gén.* Pekini. *neut.*

Bois PELARD. Lignum decorticatum, *gén.* ligni decorticati. *neut.*

PÊLE-MÊLE. Promiscuè. *adv.*

PELÉ, *sans poil.* Glaber, glabra, glabrum. *adj.*

PELÉ, *dont on a ôté la peau.* Exutus, à, um. *Ajoutez* cute, *c'est-à-dire, dépouille de la peau.*

PELER, *ôter la peau.* Exuere, exuo, is, exui, exutum. *act. acc. Ajout.* cute, *c'est-à-dire, dépouiller de la peau.*

PELER, *ôter le poil.* Reddere glabrum, *c'est-à-dire, rendre pelé.* Glaber *s'accorde avec le cas du verbe.*

Se PELER, *devenir pelé.* Fieri glabrum. Glaber *s'accorde avec le nominatif du verbe.*

PELERIN. Peregrinator, *gén.* peregrinatoris. *masc.*

PELERINE. Peregrinabunda, *g.* peregrinabundæ. *fém.*

PELERINAGE. Peregrinatio, *gén.* peregrinationis. *fém.*

PELICAN. Pelicanus, *g.* pelicani. *m.*

PELISSE, *robe.* Vestis pellita, *génit.* vestis pellitæ. *fém. Ces deux mots se déclinent.*

PELLE, *instrument.* Pala, *g.* palæ. *f.*

PELLETERIE. Pelles, *gén.* pellium. *f. plur.*

PELLETIER. Pellio, *génit.* pellionis. *masc.*

PELLICULE, *petite peau fort déliée.* Pellicula, *gén.* pelliculæ. *f.*

PELOPONÈSE, *pays.* Peloponnesus, *gén.* Peloponnesi. *f.*

PELOTE. Globus, *gén.* globi. *masc.*

PELOTER *des balles.* Ludere, ludo, is, lusi, lusum. *neut. Ajoutez* datatim pilā. Datatim *est adverbe.*

PELOTON. Glomus, *g.* glomeris. *n.*

PELOUSE. Gramineus cespes, *g.* graminei cespitis. *masc.*

PELUCHE. Villosa vestis, *gén.* villosæ vestis. *f. Tout se décline.*

PELURE. Cutis detracta, *gén.* cutis detractæ. *f. L'un et l'autre se déclinent. d'une pomme,* pomo, *au dat. c'est-à-dire, peau ôtée à une pomme.*

PENAL, *qui assujettit à une peine.* Qui interponit pœnam.

PENATES, *les dieux pénates.* Penates, *gén.* penatum. *masc. plur.*

PENCHANT *ou qui penche.* Devexus, devexa, devexum. *adj.*

Le PENCHANT *d'une colline*, etc. Devexitas, *gén.* devexitatis. *fém.*
PENCHANT ou *inclination naturelle.* Propensio, *gén.* propensionis. *fém. pour quelque chose*, ad aliquam rem. *Avoir ou se sentir du penchant.* Propendere, propendeo, propendes, propendi, propensum. *pour quelque chose*, ad, *avec l'acc.*
PENCHE. Devexus, devexa, devexum. *Sur ou vers par in, avec l'acc.*
PENCHEMENT. Inclinatio, *gén.* inclinationis. *fém.*
PENCHER, ou *aller en penchant.* Esse devexum; sum, es, fui. Devexus, devexa, devexum.
PENCHER ou *courber.* Inclinare, inclino, inclinas, inclinavi, inclinatum. *act. la tête*, caput. *à l'acc.*
PENCHER *par inclination.* Propendere, propendeo, propendes, propendi, propensum. *neut. pour quelque chose*, ad aliquam rem.
PENDABLE. Dignus, digna, dignum. *Ajoutez* suspendio, *c'est-à-dire, digne du supplice.*
PENDANT ou *qui pend.* Pendulus, a, um. *adj.*
Un PENDANT *d'oreille.* Inauris, *génit.* inauris. *fém.*
PENDANT ou *durant.* Per *avec l'accus. Pendant l'été.* Per æstatem. *Pendant que* Dùm. *Pendant que j'étudiais.* Dùm studebam.
PENDARD, *méchant.* Furcifer, *génit.* furciferi. *masc.*
PENDELOQUE, *parures de pierreries ajoutées à des boucles d'oreilles.* Gemmæ pendulæ, *gén.* gemmarum pendularum. *f. plur.*
PENDRE, ou *suspendre*, ou *attacher à une potence.* Suspendere, suspendo, is, suspendi, suspensum. *act. acc.*
PENDRE, *être suspendu.* Pendere, pendeo, pendes, pependi, pensum. *neut. à un arbre*, ou *d'un arbre*, ab arbore.
PENDRE *sur.* Impendere, impendeo, es, impendi, impensum. *n. dat.*
Se PENDRE *à un figuier.* Suspendere se de ficu.
PENDU. Suspensus, a, um. *part. pass. de* Suspendere. *Pendu à la potence.* Patibulatus, a, um. *adj. Etre pendu à un arbre.* Pendere. Voy. *Pendre, être suspendu.*
PENDULE. Horologium, *g.* horologii. *neut.*
PÊNE. Pessulus, *gén.* pessuli. *masc.*
PENETRABLE. Penetrabilis, *masc. f.* penetrabile, *n. g.* penetrabilis.
PENETRANT. Acutus, acuta, acutum. *adject.*
PENETRATION, *action par laquelle un corps en pénètre un autre.* Immissio, *gén.* immissionis, *f. Ajoutez* unius corporis in aliud.
PÉNÉTRATION *d'esprit.* Perspicacia, *gén.* perspicaciæ. *f.*
PÉNÉTRÉ *de joie.* Perfusus, perfusa, perfusum. *adj.* lætitiâ. *à l'abl. Pénétré de douleur.* Percitus, percita, percitum. *adj.* dolore.
PÉNÉTRER. Penetrare, penetro, as, penetravi, penetratum. *neut.* Dans par in, *et l'acc. ensuite.*
PENIBLE. Operosus, a, um. *adj.*
PENIBLEMENT. Laboriosè. *adv.*
PÉNINSULE. Peninsula, *gén.* peninsulæ. *fém.*
PÉNITENCE. Pœnitentia, *gén.* pœnitentiæ. *f. Pénitence ordonnée par un confesseur.* Pœna, *gén.* pœnæ. *f. S'approcher du sacrement de pénitence, ou le recevoir.* Delere confessione noxas vitæ, *c'est-à-dire, effacer par la confession les fautes de sa vie.* Deleo, deles, delevi, deletum. *acc.*
PÉNITENCE, *austérité.* Afflictatio, *gén.* afflictationis. *f. Ajoutez* corporis. *Faire des pénitences.* Sævire in corpus suum, *c'est-à-dire, sévir contre son corps.* Sævio, is, sævii, sævitum. *neut.*
PÉNITENCIER. Pœnitentiarius, *génit.* pœnitentiarii. *masc.*
PÉNITENT. Pœnitens, *m. f. n. génit.* pœnitentis. *Les psaumes pénitentiaux.* Psalmi, *gén.* psalmorum. *masc. Ajoutez* pœnitentiæ.
PENSÉE. Cogitatio, *gén.* cogitationis. *fém. Ce que j'ai dans ma pensée.* Quod habeo in mente.
PENSER *à.* Cogitare, cogito, as, cogitavi, cogitatum. *n. à s'exprime par* de, *avec un abl. ou bien l'on met l'infinitif. Penser à quelqu'un.* Cogitare de aliquo. *Sans y penser*, ou *par mégarde.* Imprudenter. *adv.*
PENSER, ou *juger, croire.* Existimare, existimo, existimas, existimavi, existimatum. *act. acc.*
PENSIF. Defixus, a, um. *part. de* Defigo. *Ajoutez* in cogitatione.
PENSION *qu'on donne pour être nourri.* Pacta merces, *gén.* pactæ mercedis. *f. Aj.* ob convictum, *c'est-à-dire, prix convenu pour son entretien.*
PENSION, *gratification.* Largitio, *gén.* largitionis. *f. Ajoutez* in singulos annos.
PENSION, *où l'on met les petits enfans pour les instruire.* Pædagogium, *génit.* pædagogii. *n. Etre en pension.* Esse convictorem, *c'est-à-dire, être pensionnaire. Mettre en pension, ou donner en pension.* Tradere, trado, is, tradidi, traditum. *un enfant*, puerum alendum instituendumque. *Ajoutez* pactâ mercede; *chez ou à quelqu'un*, alicui, *c'est-à-dire, donner à quelqu'un, pour un prix dont on est*

convenu, un enfant à être nourri et élevé. Alendus, a, um. et instituendus, a, um, sont des part. futurs pass., et s'accordent avec le régime du verbe.

PENSIONNAIRE. Convictor, gén. convictoris. masc.

PENSIONNAT, lieu où logent les pensionnaires d'un collége. Pædagogium, g. pædagogii. neut.

PENSUM, devoir qu'on donne à faire. Pensum, gén. pensi. neut.

PENTAGONE. Pentagonus, pentagona, pentagonum. adj.

PENTAMETRE. Versus pentameter, g. versûs pentametri. masc.

PENTATEUQUE, les cinq livres de Moïse. Pentateuchus, génit. Pentateuchi. masc.

PENTE. Declivitas, génit. declivitatis. fém.

PENTE ou inclination naturelle. Propensio, gén. propensionis. f.

PENTECOTE. Pentecoste, gén. pentecostes. fém.

PENULTIÈME. Penultimus, penultima, penultimum. adj.

PENURIE. Penuria, gén. penuriæ. f.

PEPIE. Pituita, gén. pituitæ. f.

PEPIN. Granum, gén. grani. neut.

PEPINIÈRE. Seminarium, gén. seminarii. neut.

PERÇANT. Acer, masc. acris, f. acre, neut. gén. acris.

PERCÉ avec une pointe. Foratus, a, um. part. pass. de Forare. Percé de part en part. Perfossus, a, um. adj. Percé de coups. Confossus, a, um. Ajoutez vulneribus. Tonneau en perce. Dolium pertusum, gén. dolii pertusi. n. Tous deux se déclinent.

PERCEMENT. Perforatio, gén. perforationis. fém.

PERCE-OREILLE, insecte. Auricularia, gén. auriculariæ. f.

PERCE-PIERRE, plante. Saxifraga, gén. saxifragæ. f.

PERCEPTEUR. Coactor, gén. coactoris. masc.

PERCEPTION. Perceptio, gén. perceptionis. fém.

PERCER. Perforare, perforo, as, avi, perforatum. act. acc. Percer quelqu'un de part en part, ou percer quelqu'un d'un coup de lance. Transfigere, transfigo, is, transfixi, transfixum. act. aliquem hastâ.

PERCEVOIR. Percipere, percipio, is, percepi, perceptum. act. acc.

PERCHE, mesure. Pertica, gén. perticæ. fém.

PERCHE, poisson. Perca, gén. percæ. fém.

Le PERCHE, province. Perchium, gén. Perchii. neut.

Se PERCHER sur. Insidere, insideo, insides, insedi, incessum. n. dat.

PERCHOIR, bâton de cage, etc. Sedile, gén. sedilis. n. Ajoutez avium, c'est-à-dire, siége des oiseaux.

PERCLUS. Captus, capta, captum. de ses membres, membris. à l'abl.

PERÇOIR, outil à percer. Terebra, gén. terebræ. f.

PERCUSSION. l'action d'un corps qui en choque un autre. Percussio, gén. percussionis. fém.

PERDANT, qui perd au jeu. Victus, victa, victum. part. pass. du verbe passif Vinci être vaincu.

PERDITION. Exitium, g. exitii. n.

PERDITION, damnation. Sempiterna infelicitas, gén. sempiternæ infelicitatis. f.

PERDRE. Perdere, perdo, perdis, perdidi, perditum. act. acc. Il perd son temps à jouer, ou en jouant. Perdit suum tempus ludendo.

Se PERDRE ou périr. Perire, pareo, is, perii, peritum. neut. Je suis perdu. Perii. Ma peine est perdue. Meus labor periit. C'est peine perdue, c'est-à-dire, cela se fait inutilement. Illud fit frustrà.

Se PERDRE ou s'égarer. Deerrare, deerro, as, deerravi, deerratum. neut. Dans le chemin. Viâ. abl.

PERDREAU. Pullus, g. pulli. m. Ajout. perdicis, c'est-à-dire, le petit d'une perdrix.

PERDRIX. Perdix, g. perdicis. f.

PERDU. Perditus, perdita, perditum. part. pass. de Perdere. Je suis perdu. Pereo, peris, perii, peritum. neut.

PÈRE. Pater, gén. patris. m. De père ou paternel. Paternus, a, um. adjectif. Grand-père. Avus, gén. avi. m. Beau-père, père de la femme ou du mari. Socer, gén. soceri. masc.

PEREMPTION d'instance. Eremodicium, gén. eremodicii. neut.

PEREMPTOIRE, clair et décisif. Peremptorius, a, um. adj.

PERFECTION. Virtus, g. virtutis. f. Etre dans la perfection. Esse perfectum, c'est-à-dire, être parfait. Perfectus, a, um, s'accorde avec le nominatif. En perfection. Perfecté. adv.

PERFECTION, accomplissement. Perfectio, gén. perfectionis. f.

PERFECTIONNÉ. Perfectus, a, um. part. pass. de Perficere. Au comp. perfectius, neut. au superl. perfectissimus, a, um. adj.

PERFECTIONNER. Perficere, perficio, is, perfeci, perfectum. act. acc.

Se PERFECTIONNER. Fieri meliorem ou melius, selon le genre du nominat. avec lequel il s'accorde, c'est-à-dire, devenir meilleur.

PER   PER

PERFIDE. Perfidus, a, um. *adj.*
PERFIDEMENT. Perfidiosè. *adv.*
PERFIDIE. Perfidia, *g,* perfidiæ. *f.*
PERICLITER, *être en danger.* Periclitari, periclitor, periclitaris, periclitatus sum. *dép.*
PERIGÉE, *point où un astre est le plus près de la terre.* Perigæum, *génit.* perigæi. *neut.*
PÉRIGORD, *province.* Petrocoriensis Ager, *gén.* Petrocoriensis Agri. *m.* Ces deux noms se déclinent.
PERIL. Periculum, *g.* periculi. *n.* Au péril de ma vie. Periculo meæ vitæ.
PERILLEUSEMENT. Periculosè. *adv.*
PERILLEUX. Periculosus, periculosa, periculosum. *adj.*
PERIODE. Periodus, *g.* periodi. *f.*
PERIODIQUE. Numerosus, numerosa, numerosum. *adj.*
PERIPATETICIEN, *philosophe.* Peripateticus, *g.* peripatetici. *masc.*
PERIPHRASE. Periphrasis, *gén.* periphrasis. *fém.*
PERIPHRASER. Uti circuitione, *c'est-à-dire, se servir de circonlocution.* Utor, uteris, usus sum. *dép. abl.*
PERIR. Perire, pereo, peris, perivi, *ou* perii, peritum. *neut.*
PERISSABLE. Fluxus, fluxa, fluxum. *adject.*
PERISTYLE, *lieu environné de piliers.* Peristylium, *g.* peristylii. *n.*
PERITOINE, *membre qui enveloppe le bas-ventre.* Abdomen, *gén.* abdominis. *neut.*
PERLE. Margarita, *g.* margaritæ. *f.*
PERMANENT. Constans, *m. f. neut. gén.* constantis.
PERMEABLE. Permeabilis, *m. f.* permeabile, *n. gén.* permeabilis.
PERMETTRE. Permittere, permitto, is, permisi, permissum. *act.* rég. dir. acc. rég. ind. *dat.* Le *que,* ou de, accompagn. d'un *infinit.* français, s'exprime par ut, avec le subjonct. comme: Le maître nous avait permis de jouer, ou avait permis que nous jouassions. Magister nobis permiserat ut luderemus, *ou* magister permiserat ut luderemus, *sans mettre* nobis.
PERMIS ou *accordé.* Permissus, permissa, permissum. *part. pass. de* Permittere.
PERMIS ou *licite.* Licitus, a, um. *adj.* Qui n'est pas permis. Illicitus, a, um. *adj.* Il est permis de. Licet, licebat, licuit, licere. *impers.* avec un *infinitif* ensuite. Il m'est permis de dire. Mihi licet dicere. On met au dat. la personne à qui il est permis.
PERMISSION. Potestas, *g.* potestatis. *f.* Avec votre permission, ou par votre permission. Potestate tuâ. *à l'abl.*

PERMUTATION. Permutatio, *génit.* permutationis. *fém.*
PERMUTER, *changer.* Permutare, permuto, as, avi, atum. *act. acc.* de la chose qu'on permute, *et l'abl.* de la chose contre laquelle on permute.
PERNICIEUSEMENT. Perniciosè. *adv.*
PERNICIEUX. Perniciosus, perniciosa, perniciosum. *adj.*
PERONNE, *ville.* Perona, *g.* Peronæ. *fém.*
PERORAISON. Peroratio, *gén.* perorationis. *fém.*
PEROU, *pays.* Peruvia, *gén.* peruviæ. *f.* Du Pérou. Peruanus, a, um. *adj.*
PERPENDICULAIRE, *qui tombe en droite ligne.* Exactus, a, um. *adj.* Ajout. ad perpendiculum.
PERPENDICULAIREMENT. Ad perpendiculum.
PERPETUEL. Perpetuus, perpetua, perpetuum. *adj.*
PERPETUELLEMENT. Perpetuò. *adv.*
PERPETUER, *rendre perpétuel.* Perpetuare, perpetuo, as, perpetuavi, perpetuatum. *act. acc.*
PERPETUITÉ. Perpetuitas, *g.* perpetuitatis. *f.* A perpétuité, pour toujours. In perpetuum.
PERPLEXITÉ, *irrésolution.* Hæsitatio, *gén.* hæsitationis. *f.*
PERQUISITION. Inquisitio, *gén.* inquisitionis. *fém.*
PERRON. Podium, *g.* podii. *neut.*
PERROQUET. Psittacus, *g.* psittaci. *m.*
PERRUQUE. Galericulus, *gén.* galericuli. *masc.*
PERRUQUIER. Concinnator, *gén.* concinnatoris. *m.* Ajout. comarum.
PERS, *d'une couleur entre le vert et le bleu.* Glaucus, a, um. *adj.*
PERSAN, *natif de Perse.* Persa, *gén.* Persæ. *masc.*
Une **PERSANNE.** Mulier, *g.* mulieris. *f.* Ajout. è Perside.
La **PERSE**, *royaume.* Persis, *g.* Persidis. *f.* De Perse ou Persan. Persicus, a, um. *adj.*
PERSECUTÉ. Vexatus, vexata, vexatum. *part. pass. de* Vexare.
PERSECUTER. Vexare, vexo, vexas, vexavi, vexatum. *act. acc.*
PERSECUTEUR. Vexator, *gén.* vexatoris. *masc.*
PERSECUTION. Vexatio, *gén.* vexationis. *fém.*
PERSEVERANCE. Perseverantia, *gén.* perseverantiæ. *fém.*
PERSEVERER. Perseverare, persevero, as, perseveravi, perseveratum. *n.* On met ensuite un gérond. en do, ou bien in, avec l'abl. de la chose dans laquelle on persévère.

PERSIENNE. Transénna persica, gén. transennæ persicæ. f.

PERSIL, herbe. Apium, gén. apii. n.

PERSISTER. Persistere, persisto, is, perstiti, perstitum. neut. avec un infinit. ensuite, ou bien in, avec l'ablat. de la chose.

PERSONNAGE, homme. Vir, génit. viri. masc.

PERSONNAGE dans une tragédie. Persona, gén. personæ. f. Faire le personnage de juge. Sustinere personam judicis, c'est-à-dire, soutenir, etc. Sustineo, sustines, sustinui, sustentum. acc. Donner un personnage à faire à quelqu'un, ou le lui faire faire. Imponere alicui personam, ensuite un gén. c'est-à-dire, imposer à quelqu'un le, etc. Impono, imponis, imposui, impositum. act. acc.

Une PERSONNE, en parlant d'un homme. Homo, gén. hominis. m. en parlant d'une femme. Mulier, g. mulieris. f. Toute sorte de personnes. Omne genus, g. omnis generis. n. Ajout. hominum.

PERSONNE, pour quelqu'un, sans négation. Aliquis, m. aliqua, f. gén. alicujus, pour tous les genres. dat. alicui. Y a-t-il personne qui? Estne aliquis qui? Si personne ou si quelqu'un. Si quis. Ma personne ou moi. Ego, g. mei, etc. Ta personne ou toi. Tu, g. tui, etc. Sa personne ou lui. Ipse, ipsa, ipsum, gén. ipsius, etc. Qui est en personne, ou qui est présent. Præsens, m. f. n. g. præsentis. Personne, joint à une négation. Nemo, g. neminis. m. f. Personne n'est venu. Nemo venit. On n'exprime pas la négation.

PERSONNE, terme de Grammaire. Persona, gén. personæ. f.

PERSONNEL. Proprius, propria, proprium. adj.

PERSONNELLEMENT. Per se.

PERSONNIFIER une chose inanimée. Inducere, induco, inducis, induxi, inductum. act. rem inanimatam quasi animatam, c'est-à-dire, produire, faire paraître une chose inanimée comme animée.

PERSPECTIVE. Abscedentia, g. abscedentium. neut. plur. Etre en perspective. Aspicere, aspicio, aspicis, aspexi, aspectum; de, à l'acc.

PERSPICACITÉ. Perspicacitas, génit. perspicacitatis. fém.

PERSPICUITÉ, clarté d'un discours. Perspicuitas, gén. perspicuitatis. f. Avec perspicuité. Perspicuè adv.

PERSUADÉ. Persuasus, persuasa, persuasum. part. pass. de Persuadere. Ratus, rata, ratum. part. pass. du verbe reri, reor.

PERSUADER. Persuadere, persuadeo, persuades, persuasi, persuasum. act. rég. dir. acc. rég. ind. dat. Etre persuadé. Persuasum habere, persuasum habeo, es, habui, habitum. Exemple: Mon frère est persuadé. Meus frater persuasum habet, ou mieux: Il est persuadé à mon frère. Persuasum, neut. indécl. est meo fratri. De cette chose, de hâc re.

Se PERSUADER. Inducere, induco, is, induxi, inductum. Ajoutez in animum. quelque chose, aliquid.

PERSUASIF, puissant pour persuader. Persuasorius, a, um. adj.

PERSUASION. Persuasio, gén. persuasionis. fém.

PERTE ou dommage. Jactura, g. jacturæ. fém.

PERTE, ruine. Pernicies, gén. perniciei. f. Etre cause de la perte de quelqu'un. Facere alicui perniciem. Qui est à perte de vue. Immensus, a, um, ou extra visum.

PERTINEMMENT. Aptè. adv.

PERTINENT, convenable. Congruens, m. f. n. g. congruentis.

PERTUISANE. Hasta, g. hastæ. f.

PERTURBATEUR. Turbator, gén. turbatoris. masc.

PERTURBATRICE. Perturbatrix, gén. perturbatricis. fém.

PERVENCHE, herbe. Pervinca, gén. pervincæ. fém.

PERVERS. Pravus, a, um. adj.

PERVERSITÉ. Pravitas, gén. pravitatis. fém.

PERVERTI. Depravatus, depravata, depravatum. part. pass. de Depravare.

PERVERTIR. Depravare, depravo, as, depravavi, depravatum. act. acc.

Se PERVERTIR. Abduci, abducor, eris, abductus sum. pass. Ajout. ad nequitiam, c'est-à-dire, être entraîné à la méchanceté.

PESAMMENT. Graviter. adv.

PESANT. Gravis, m. f. grave, neut. gén. gravis.

PESANT, en parlant de l'esprit. Tardus, tarda, tardum. adj.

PESANTEUR. Gravitas, gén. gravitatis. fém.

PESÉ. Ponderatus, ponderata, ponderatum. part. pass. de Ponderare.

PESER, juger avec des poids combien une chose est lourde. Ponderare, pondero, as, avi, atum. act.

PESER, examiner, etc. Expendere, expendo, expendis, expendi, expensum.

PESER ou être pesant. Esse ponderosum; sum, es, fui. Ponderosus, ponderosa, ponderosum. adj.

PESER, ou être d'un certain poids. Pendere, pendo, pendis, pependi, pensum. neut. acc. du nom qui signifie le poids. Cela pèse deux livres. Illud pendit duas libras.

PESEUR. Pensator, *genit.* pensatoris. *masc.*

PESON, ou *romaine pour peser.* Statera, *gén.* stateræ. *f.*

Peson *de fuseau.* Verticillus, *gén.* verticilli. *masc.*

PESTE. Pestis, *g.* pestis. *f. Etre frappé de peste.* Percelli, percellor, percelleris, perculsus sum. *pass.* peste.

PESTER *contre.* Malè precari, malè precor, malè precaris, malè precatus sum. *dép. dat.*

PESTIFÉRÉ. Contactus, contacta, contactum. *Ajoutez* peste, *c'est-à-dire, infecté de la peste.*

PESTILENT, PESTILENTIEL, et **PESTILENTIEUX.** Pestilens, *m. f. neut. gén.* pestilentis.

PET. Crepitus, *g.* crepitûs. *masc.*

PÉTARD. Pyloclastrum, *gén.* pyloclastri. *neut.*

PÉTARDER *une porte.* Effringere, effringo, is, effregi, effractum. *act. acc.* portam. *Ajout.* pyloclastro.

PÉTER. Pedere, pedo, pedis, pepedi. *sans sup. neut.*

PÉTILLANT, *vif.* Acer, acris, acre. *Vin pétillant.* Vinum scintillans, *gén.* vini scintillantis. *neut.*

PÉTILLER *dans le feu.* Crepitare, crepito, as, crepitavi, crepitatum. *neut.* in igne.

Pétiller, *en parlant des yeux.* Scintillare, *c'est-à-dire, étinceler;* scintillo, scintillas, scintillavi, scintillatum. *n.*

Pétiller, *en parlant du vin, etc.* Salire, *c'est-à-dire, sauter;* salio, salis, salii, saltum.

PETIT. Parvus, a, um. *adj. Au comp.* minor, *m. f.* minus, *n. moindre* ou *plus petit; superl.* minimus, minima, minimum. *adj. très-petit. Quelque petit qu'il soit,* ou *si petit qu'il soit.* Quantuluscunque, quantulacunque, quantulumcunque, *avec le subjonct.* On ne décline que quantulus.

Petit a petit. Sensim. *adv.*

Le **PETIT** *d'un animal.* Catulus, *gén.* catuli. *masc. Si c'est d'un oiseau,* pullus, *gén.* pulli. *masc.*

PETITEMENT. Exiguè. *adv.*

PETITESSE. Parvitas, *gén.* parvitatis. *fém.*

Petitesse *de cœur.* Abjectio, *g.* abjectionis. *f. Ajoutez* animi. *Petitesse d'esprit.* Pusillum ingenium, *gén.* pusilli ingenii. *neut.*

PÉTITION, *demande.* Petitio, *génit.* petitionis. *fém.*

PÉTITIONNAIRE, *qui présente une pétition.* Petitor, *g.* petitoris. *m.*

PÉTRI. Pistus, a, um. *part. pass. de* Pinsere.

PÉTRIFICATION. Conversio, *gén.* conversionis. *f. Ajout.* in lapidem.

PÉTRIFIÉ. Conversus, a, um. *part. pass. Ajoutez* in lapidem.

PÉTRIFIER. Convertere, converto, convertis, converti, conversum. *act. acc. Ajoutez* in lapidem, *c'est-à-dire convertir en pierre.*

Se **Pétrifier.** Lapidescere, lapidesco, lapidescis. *neut. sans prét. et sans sup.*

PÉTRIN. Mactra, *gén.* mactræ. *f.*

PÉTRIR. Pinsere, pinso, pinsis, pinsui, pinsitum ou pistum. *acc.*

PÉTULANCE, *insolence.* Petulantia, *gén.* petulantiæ. *f. Avec pétulance.* Petulanter. *adv.*

PÉTULANT. Petulans, *m. fém. neut. gén.* petulantis.

PEU. Parùm. *adv.* Parvi, paulò, pauci, etc. *selon les mots auxquels est joint le mot* Peu. *Voyez la règle de* Peu *dans la Grammaire latine.*

Le **PEU** *de, subst.* Exiguitas, *gén.* exiguitatis. *f. Le peu d'orateurs.* Exiguitas oratorum. *Le peu de naturel* ou *d'amitié.* Parvus amor, *g.* parvi amoris. *masc.*

Peu a peu. Paulatim. *adv.*

PEUPLADE, *colonie.* Colonia, *g.* coloniæ. *fém.*

PEUPLE. Populus, *gén.* populi. *m. Le petit peuple.* Plebs, *g.* plebis. *f.*

PEUPLÉ. Frequens, *m. f. n. g.* frequentis. De, *par l'abl. sans prép.*

PEUPLER. Frequentare, frequento, as, frequentavi, frequentatum. *act. acc. avec l'abl.* civibus, *de citoyens.*

PEUPLIER, *arbre.* Populus, *g.* populi. *f. De peuplier.* Populeus, populea, populeum. *adj.*

PEUR. Metus, *gén.* metûs. *m. Avoir peur ou craindre.* Timere, timeo, times, timui, *sans sup. n. acc. de ce que l'on craint; pour quelqu'un,* alicui, *au dat.*

Le de, *ou le* que, *suivi d'un verbe, s'exprime après avoir peur, comme il s'exprime après craindre; ainsi voyez* Craindre. *Faire peur, donner de la peur à.* Terrere, *c'est-à-dire, épouvanter.* Terreo, terres, terrui, territum. *acc. Revenir ou se remettre de sa peur.* Recipere animos, *c'est-à-dire, reprendre ses esprits. Ajoutez* ex pavore. Recipio, is, recepi, receptum. *acc. De peur de ou que.* Ne *avec le subj. lorsqu'il n'y a qu'une négation. J'étudie de peur d'être blâmé,* ou *de peur que je ne sois blâmé.* Studeo ne vituperer. *Lorsqu'il suit deux négations, on exprime de peur de ou que, par* ne non, *ou bien par* ut, *avec le subjonct. comme : Ils étudient de peur de ne pas devenir savans.* Student ut, *ou bien* ne non fiant docti. *De peur.* Metu. *à l'abl. Trembler de peur.* Contremiscere metu; contremisco, cou tremiscis, *neutre sans parfait et sans supin.*

PEUREUX. Timidus, a, um. *adject.*
PEUT-ÊTRE. Fortassè. *adv.*
PHALANGE, *corps d'infanterie.* Phalanx, *gén.* phalangis. *f.*
PHARE, *tour au haut de laquelle on allume des feux.* Pharus, *g.* phari. *f.*
Les PHARISIENS. Pharisæi, *g.* pharisæorum. *masc. plur.*
PHARMACIE. Medicamentaria, *g.* medicamentariæ. *fém.*
PHARMACIEN. Medicamentarius, *gén.* medicamentarii. *masc.*
PHASE. Phasis, *gén.* phasis. *f.*
PHEBUS, *le soleil et Apollon.* Phœbus, *g.* Phœbi. *masc.*
PHÉBUS, *galimatias dans un discours.* Speciosa verba re inania, *gén.* speciosorum verborum re inanium. *n. plur.* On ne change plus rien à re.
PHÉNICIE, *pays.* Phœnice, *génitif.* Phœnicis. *fém.*
Les PHÉNICIENS. Phœnices, *génit.* Phœnicum. *masc. plur.*
Une PHÉNICIENNE. Mulier Phœnissa, *gén.* mulieris Phœnissæ. *f.*
PHÉNIX. Phœnix, *gén.* phœnicis. *m.*
PHÉNOMÈNE. Phœnomenon, *g.* phœnomeni. *neut.*
PHILIPPINES, *îles.* Philippinæ Insulæ, Philippinarum Insularum. *f. plur.*
PHILISTINS, *peuples.* Philistini, *gén.* Philistinorum. *masc. plur.*
PHILOLOGIE, *littérature universelle.* Multiplex variaque doctrina, *g.* multiplicis variæque doctrinæ. *f.*
Pierre PHILOSOPHALE. Conversio, *g.* conversionis. *fém.* Ajoutez metallorum in aurum, *c'est-à-dire, transmutation des métaux en or.*
PHILOSOPHE. Philosophus, *g.* philosophi. *masc.*
PHILOSOPHER. Philosophari, philosophor, philosopharis, philosophatus sum. *dépon.*
PHILOSOPHIE. Philosophia, *gén.* philosophiæ. *fém.*
PHILOSOPHIQUE. Philosophicus, a, um. *adj.*
PHILOSOPHIQUEMENT. Philosophico more.
PHILTRE, *breuvage.* Philtrum, *génit.* philtri, *neut.*
PHLEGMATIQUE. Voyez *Flegmatique.*
PHLEGME. Voyez *Flegme.*
PHLEGMON. Voyez *Flegmon.*
PHOSPHORE, *matière lumineuse.* Phosphorus, *gén.* phosphori. *masc.*
PHRASE. Locutio, *génit.* locutionis. *fém.*
PHRÉNÉSIE. Voy. *Frénésie.*

PHRÉNÉTIQUE. Voy. *Frénétique.*
PHRYGIE, *pays.* Phrygia, *g.* Phrygi *fém.*
PHRYGIEN. Phrygius, phrygia, phr gium. *adj.*
PHTHISIE, *maladie qui dessèche to le corps.* Phthisis, *g.* phthisis. *f.*
PHTHISIQUE. Phthisicus, phthisica phthisicum. *adj.*
PHYSICIEN. Physicus, *génit.* physic *masc.*
La PHYSIONOMIE. Facies, *g.* facie *f. Belle physionomie.* Liberalis facies, liberalis faciei. *Tout se décline. A la ph sionomie.* Ex vultu.
PHYSIONOMISTE. Physiognomon, physiognomonis. *masc.*
PHYSIQUE. Physicus, physica, phys cum. *adj.*
La PHYSIQUE, *partie de la philos phie.* Physica, *gén.* physicæ. *f.*
PHYSIQUEMENT. Naturà à l'abla Physicè. *adv.*
PIAILLER, *mot bas.* Clamitare, cl mito, clamitas, clamitavi, clamitatun *neut.*
PIAILLERIE. Clamitatio, *gén.* clamit tionis. *fém.*
PIAILLEUR, *qui crie toujours sar sujet.* Clamator, *g.* clamatoris. *masc.*
PIC, *instrument pour fouir la terr* Ligo augustior, *génit.* ligonis augustiori *masc.*
PIC, *montagne très-haute.* Mons ed tior, *gén.* montis editioris. *masc.*
A PIC. Abruptè. *adv.*
PICARD, *de Picardie.* Picardus, p carda, picardum. *adj.*
PICARDIE, *province.* Picardia, *géni* Picardiæ. *fém.*
PICORÉE, *espèce de maraude.* Pra datio, *g.* prædationis. *f. Aller à la picoré* Quærere prædam, *c'est-à-dire, cherche du butin.*
PICOREUR, *maraudeur.* Prædator, prædatoris. *masc.*
PICOTÉ. Punctus, puncta, punctum *part. pass. de Pungere.*
PICOTEMENT. Punctio, *gén.* punc tionis. *fém.*
PICOTER. Pungere, pungo, pungis pupugi, punctum. *act. acc.*
PICOTIN *d'avoine.* Modiolus, *génit* modioli. *masc.* Ajoutez avenæ.
Une PIE. Pica, *gén.* picæ. *f. Cheva pie.* Equus concolor, *gén.* equi concoloris *masc.* Ajoutez picæ, *c'est-à-dire, de l couleur d'une pie.*
PIE ou *pieux.* Pius, pia, pium. *adj.*
PIÈCE ou *partie.* Pars, *gén.* partis. *f Par pièces.* Particulatim. *adv. En pièces.* In partes. *Mettre en pièces.* Conscindere conscindo, is, conscidi, concissum,

PIE   PIL   321

cet. acc. Tailler en pièces. Concidere, concido, concidis, concidi, concisum. *act. accus.*

PIÈCE ou *ouvrage.* Opus, *génit.* operis. *neut.*

PIÈCE *de monnaie.* Nummus, *g.* nummi. *masc.*

PIÈCE *d'artillerie.* Tormentum bellicum, *gén.* tormenti bellici. *neut.*

PIÈCE *de drap.* Pannus, *g.* panni. *m.*

PIÈCE, *ruse, finesse. Faire* ou *jouer une pièce à.* Ludificari, ludificor, ludificaris, ludificatus sum. *dép. accus. de la personne.*

PIED. Pes, *g.* pedis. *m. A pied* Pedibus. *a l'abl. Pied à pied.* Gradatim. *adv. Depuis le bout des pieds jusqu'à la tête.* A capite ad calcem. *De pied ferme.* Intrepidè. *adv. Mettre pied à terre.* Descendere, descendo, is, descendi, descensum. *neut. de cheval,* ex equo. *Gagner du pied.* Voy. *Fuir. Se jeter aux pieds de.* Ad pedes se prosternere, prosterno, is, prostravi, prostratum; de, au *gén. On met partout* ad pedes. *Au pied de la lettre.* Ad verbum. *Prendre quelque chose au pied de la lettre.* Aliquid rigidiùs interpretari. *dép. acc. c'est-à-dire, interpréter quelque chose trop rigidement.* Interpretor, interpretaris, interpretatus sum. *dép. acc. Donner à quelqu'un des coups de pieds.* Petere, peto, petis, petivi, petitum; aliquem calce. *Recevoir un coup de pied.* Accipere calcem. *Mettre à quelqu'un les fers aux pieds.* Compedire, compedio, compedis, compedivi, compeditum. *act.* pedes alicujus ferro, *c'est-à-dire, lier les pieds de quelqu'un avec le fer. Mettre sur pied.* Parare, paro, paras, paravi, paratum. *act. acc. Une armée,* exercitum, *à l'acc. Les gens de pied.* Pedites, *génit.* peditum. *m. pl. Sur ce pied-là,* ou *ainsi* Ità. *adv. Pied d'arbre.* Truncus, *g.* trunci. *masc.* arboris.

PIED *de roi, mesure.* Pes, *génit.* pedis. *masc.*

PIED-DROIT, *pièce de bois toute droite pour soutenir.* Asser arrectarius, *génit.* asseris arrectarii. *masc.*

PIEDESTAL, *sur lequel on pose des statues ou des colonnes.* Stylobates, *gén.* stylobatæ. *masc.*

PIÉGE. Laqueus, *gén.* laquei. *m. Donner* ou *tomber dans le piège.* Incidere, incido, is, incidi, inc sum. *neut. Ajout.* in laqueum. *Dresser* ou *tendre des piéges.* Parare insidias, à quelqu'un, alicui, *c'est-à-dire, les préparer.* Paro, paras, paravi, paratum. *act. acc. Se prendre au piége.* Voy. *Donner* ou *tomber dans le piége.*

PIÉMONT, *principauté.* Pedemontium, *gén.* Pedemontii. *neut.*

PIÉMONTAIS *de Piémont.* Pedemontanus, pedemontana, pedemontanum. *adject.*

Une PIERRE. Lapis, *gén.* lapidis. *m. Qui est de pierre.* Lapideus, lapidea, lapideum. *adj. D'une pierre deux coups.* Unà eâdemque operâ duo. *Pierre précieuse.* Gemma, *gén.* gemmæ. *f. Pierre à feu ou à fusil.* Pyrites, *gén.* pyritæ. *f. Pierre à aiguiser.* Cos, *gén.* cotis. *f. Pierre ponce.* Pumex, *gén.* pumicis. *m. f. Pierre de touche.* Lapis lydius, *g.* lapidis lydii. *m. Pierre dans les reins.* Calculus, *génit.* calculi. *m. Lancer* ou *jeter des pierres à quelqu'un.* Appetere, appeto, appetis, appetivi, appetitum. *act.* aliquem lapidibus. *Assommer à coups de pierres.* Obruere, obruo, obruis, obrui, obrutum. *act. acc. Ajoutez* lapidibus.

PIERRERIES. Gemmæ, *gén.* gemmarum. *f. plur.*

PIERREUX. Lapidosus, lapidosa, lapidosum. *adj.*

PIERRIÈRE, *carrière.* Lapicida, *gén.* lapicidæ. *fém.*

PIÉTÉ. Pietas, *gén.* pietatis. *f.*

PIÉTON. Pedes, *gén.* peditis. *masc.*

Un PIEU. Palus, *gén.* pali. *masc.*

PIEUSEMENT. Piè. Sanctè. *adv.*

PIEUX ou *dévot.* Pius, pia, pium. *adj. Ajoutez* magis, *pour le comp.* maximè, *pour le superl.*

PIGEON. Columbus, *gén.* columbi. *m. Qui est de pigeon.* Columbinus, columbina, columbinum. *adj. Pigeon pattu.* Voy. *Pattu. Pigeon ramier.* Palumbus, *gén.* palumbi. *masc.*

PIGEONNEAU. Columbinus pullus, *gén.* columbini pulli. *masc.*

PIGEONNIER. Columbarium, *génit.* columbarii. *neut.*

PIGNON, *amande de la pomme de pin.* Nucleus pineus, *gén.* nuclei pinei. *m.*

PIGNON. Voyez *Faîte.*

PILASTRE. Parastata, *gén.* parastatæ. *fém.*

PILE ou *tas.* Strues, *gén.* struis. *f.*

PILE, *revers d'une pièce de monnaie.* Adversa facies, *gén.* adversæ faciei. *fém. Ajoutez* nummi.

PILÉ. Pinsus, pinsa, pinsum. *part. pass. de* Pinsere.

PILER. Pinsere, pinso, pinsis, pinsui, pinsum, pinsitum ou pistum. *act. acc.*

PILIER. Pila, *gén.* p læ. *f.*

PILLAGE. Direptio, *gén.* direptionis. *f. Livrer, mettre, abandonner une ville au pillage.* Tradere urbem diripiendam, *c'est-à-dire, livrer une ville pour être pillée.* Diripiendus, a, um. *part. pass. de* Diripere. *s'accorde avec le régime.* Trado, tradis, tradidi, traditum. *acc.*

PILLARD. Prædator, *gén.* prædatoris. *masc.*

PILLÉ. Direptus, direpta, direptum. *part. pass.*

PILLER. Diripere, diripio, diripis, diripui, direptum. *act. acc.*

PILLERIE. Rapina, *gén.* rapinæ. *f.*

PILLEUR. *Voy.* Pillard.

PILON, *pour piler.* Pilum, *gén.* pili. *neut.*

PILORI, *tourniquet pour les criminels.* Cippus, *gén.* cippi. *masc.*

PILORIER ou *mettre au pilori.* Alligare, alligo, alligas, alligavi, alligatum. *act. acc. Ajoutez* ad cippum, *c'est-à-dire, attacher au pilori.*

PILOTAGE, *l'art de la navigation.* Navicularia, *gén.* navicularíæ. *f.*

PILOTAGE, *ouvrage de pilotis.* Palatio, *gén.* palationis. *fém.*

PILOTE. Navarchus, *génit.* navarchi. *masc.*

PILOTER, *enfoncer des pieux en terre pour bâtir dessus.* Defigere, defigo, is, defixi, defixum. *act. Ajout.* palos in terram.

PILOTIS. Pali, *g.* palorum. *m. plur.*

PILULE, Pilula, *gén.* pilulæ. *f.*

PIMPANT, *superbe et magnifique en habits.* Superbus, superba, superbum. *adj. Ajoutez* cultu *à l'abl. Faire le pimpant,* ou *être pimpant.* Esse superbum cultu.

PIMPRENELLE, *herbe.* Pimpinella, *gén.* pimpinellæ. *fém.*

PIN. Pinus, *gén.* pini. *f. Ce nom fait aux vocatifs singuliers et pluriels et au nominat. plur.* pinus; *à l'abl. singul.* pino *et* pinu; *à l'acc. plur.* pinos *et* pinus. *Qui est de pin.* Pineus, pinea, pineum. *adj.*

PINACLE. Fastigium, *g.* fastigii. *n.*

PINASSE, *petit navire.* Pinus nautica, *gén.* pini nauticæ. *f. L'un et l'autre se déclinent.*

PINCE, *levier de fer.* Vectis, *gén.* vectis. *masc.*

PINCE, *espèce de tenailles.* Forficula, *gén.* forficulæ. *fém.*

PINCEAU. Penicillus, *g.* penicilli. *m.*

PINCÉE, *ce qu'on peut prendre avec deux ou trois doigts.* Captus, *gén.* captûs. *masc.*

PINCER. Vellicare, vellico, vellicas, vellicavi, vellicatum. *act. acc.*

PINCETTES. Forcipes, *gén.* forcipum. *f. plur.*

PINÇON, *meurtrissure sur la peau pincée.* Suggillatio, *gén.* suggillationis. *f.*

PINSON, *oiseau.* Frigilla, *gén.* frigillæ. *fém.*

PINTE. Pinta, *gén.* pintæ. *f.*

PIOCHE. Ligo, *gén.* ligonis. *masc.*

PIOCHER, *travailler avec la pioche.* Fodere, fodio, fodis, fodi, fossum. *act. acc. Ajoutez* ligone. *à l'abl.*

PION *aux échecs.* Pedes, *gén.* peditis. *masc.*

PIONNIER. Fossor, *g.* fossoris. *m.*

PIPE, *futaille d'un muid et demi.* Dolium majus, *gén.* dolii majoris. *neut.*

PIPE *à tabac.* Tubulus fictilis, *génit.* tubuli fictilis. *masc. L'un et l'autre se déclinent.*

PIPEAU. Calamus, *gén.* calami. *m.*

PIPÉE, *chasse.* Aucupatorium illicium, *gén.* aucupatorii illicii. *n. Ces deux mots se déclinent. Prendre les oiseaux à la pipée.* Captare, capto, captas, captavi, captatum. *act. aves. Ajoutez illico* calamo.

PIPER, *contrefaire le cri des oiseaux pour les prendre aux gluaux.* Pipilando aves illicere, illicio, illicis, illexi, illectum.

PIPER, *tromper au jeu. V. Tromper.*

PIPERIE, *tromperie.* Fraus, *gén.* fraudis. *f. Ajoutez* aleæ.

PIPEUR, *trompeur.* Fallax, *m. f. n. gén.* fallacis. *adj.*

PIQUANT ou *qui pique.* Pungens, *gén.* pungentis. *part. prés. de* Pungere.

PIQUANT ou *pointu.* Aculeatus, aculeata, aculeatum. *adj.*

PIQUANT ou *offensant.* Acerbus, acerba, acerbum. *adj.*

PIQUANT, *subst.* pointe. Aculeus, *gén.* aculei. *masc.*

PIQUE. Hasta, *gén.* hastæ. *f.*

PIQUE, *querelle.* Rixa, *gén.* rixæ. *f.*

PIQUÉ, *percé légèrement.* Punctus, a, um. *part. pass. de* Pungere.

PIQUÉ, *offensé.* Offensus, offensa, offensum. *part. d'*Offendo. *contre quelqu'un,* alicui.

PIQUÉ *d'honneur.* Inflammatus, a, um. *adj. Ajoutez* ad gloriam.

PIQUÉ, *viande piquée. Voy.* Lardé.

PIQUER, *percer légèrement.* Pungere, pungo, pungis, pupugi, punctum. *actif accusat.*

PIQUER, *offenser, blesser.* Lædere, lædo, lædis, læsi, læsum. *act. acc.*

Se PIQUER, *s'offenser de. Voyez.* S'offenser.

Se PIQUER ou *se glorifier, se vanter.* Gloriari, glorior, gloriaris, gloriatus sum. *dépon. abl. de la chose dont on se pique,* avec de.

PIQUET. Paxillus, *g.* paxilli. *masc.*

PIQUETTE, *méchant vin.* Posca, *gén.* poscæ. *fém.*

PIQUEUR, *qui anime les chiens à la chasse.* Agitator, *gén.* agitatoris. *masc. Ajoutez* canum.

PIQUIER. Hastatus, *gén.* hastati. *m.*

PIQURE. Vulnusculum, *gén.* vulnusculi. *neut.*

PIRATE. Pirata, *gén.* piratæ. *m. Le métier de pirate.* Piratica, *g.* piraticæ. *f.*

PIT

PIRATER. Facere, facio, facis, feci, factum. act. Ajoutez piraticam.

PIRATERIE, métier de pirate. Prædatio, gén. prædationis. f.

PIRE, à l'égard de deux seulement. Pejor, m. f. pejus, neut. gén. pejoris. Ce comparatif suivi de que, veut un abl., ou bien on exprime le que par quàm, avec le même cas après que devant ; comme : Il est pire que l'autre. Est pejor altero, ou est pejor quàm alter. Le pire de, à l'égard de plusieurs. Pessimus, a, um. adj. avec un gén.

PIROUETTE. Verticillus, gén. verticilli. masc.

PIROUETTER ou faire des pirouettes. Versari, versor, versaris, versatus sum. pass. Ajoutez in gyrum.

PIS ou pire. Pejus, g. pejoris, neut. le que par quàm. Faire pis ou quelque chose de pis. Facere aliquid pejus. Ce qui est pis. Quod pejus est. Au pis aller. Ut omnia cadant pessimè. De mal en pis. In pejus. Aller pis, ou être en pire état. Esse pejore loco. Sum, es, fui.

PISCINE. Piscina, gén. piscinæ. f.

PISSAT. Urina, gén. urinæ. f.

PISSER. Meiere, meio, meis, minxi, mictum. neut.

PISTACHE, fruit. Pistachium, génit. pistachii. neut.

PISTACHIER, arbre. Arbor ferens, génit. arboris ferentis. fém. Ajoutez pistachia.

PISTE Vestigium, gén. vestigii. n. A la piste. Vestigiis, à l'abl.

PISTOLE. Duplio, gén. duplionis. m.

PISTOLET. Sclopetus, gén. sclopeti. masc.

PISTON. Embolus, gén. emboli. m.

PITANCE. Diarium, gén. diarii. neut.

PITE, moitié de maille. Quadrans, gén. quadrantis. m. Ajoutez denarii.

PITEUX. Voy. Pitoyable.

PITIE Misericordia, g. misericordiæ. f. Avoir pitié de. Miserere, ou misereri, misereor, misereris, misertus sum. dép avec un gén. J'ai pitié. Me miseret. Voy. Compassion. Donner de la pitié, exciter la pitié, toucher de pitié, faire pitié, etc. Movere misericordiam, avec le gén. de la personne, c'est-à-dire, émouvoir la pitié de, etc. Moveo, moves, movi, motum. acc. Qui fait pitié. Miserandus, miseranda, miserandum. adj.

PITON, clou. Clavus annulatus, génit. clavi annulati. masc.

PITOYABLE. Miserandus, miseranda, miserandum. adj. Magis, pour le comp. maximè, pour le superl.

PITOYABLEMENT. Miserabiliter. adv.

PITUITE. Pituita, génitif. pituitæ. féminin.

PLA

PITUITEUX. Pituitosus, pituitosa, pituitosum. adj.

PIVERT, oiseau. Picus, gén. pici. m.

PIVOINE, herbe. Pæonia, gén. pæoniæ. fém.

PIVOINE, oiseau. Rubicilla, gén. rubicillæ. fém.

PIVOT. Cardo, gén. cardinis. masc.

PLACAGE. Opus coagmentatum, gén. operis coagmentati. neut. Ajoutez ex nobilioris ligni particulis, c'est-à-dire, ouvrage fait de pièces minces d'un bois plus précieux.

PLACARD. Libellus, g. libelli. m.

PLACE. Locus, g. loci, m. au pluriel. loci, gén. locorum, m. plur. ou mieux loca, g. locorum. n. plur. En la place de. Loco, ablat. avec un gén. Mettre quelqu'un à la place d'un autre, ou faire remplir la place de quelqu'un par un autre. Substituere aliquem in locum alterius, c'est-à-dire, substituer quelqu'un en la place d'un autre. Substituo, substituis, substitui, substitutum. acc. De sa place. De loco. Place publique, le marché. Forum, gén. fori. neut.

PLACE ou ville. Oppidum, gén. oppidi. neut.

PLACÉ. Collocatus, a, um. part. pass. de Collocare. En, par in, et l'abl.

PLACER. Collocare, colloco, collocas, collocavi, collocatum. act. acc. en, par in, et l'abl. Placer une fille. Nuptui collocare filiam.

PLACET ou requête. Libellus suplex, g. libelli supplicis. masc. Présenter un placet à quelqu'un. Adire aliquem scripto, c'est-à-dire, s'adresser à quelqu'un par un écrit. Adeo, adis, adii, aditum. acc.

PLACET ou siège. Sedecula, gén. sedeculæ. fém.

PLAFOND. Laquear, g. laquearis. n.

PLAFONNER. Lacunare, lacuno, as, lacunavi, lacunatum. act. acc.

PLAGE. Vadosa ora, génit. vadosæ oræ. fém.

PLAGIAIRE, qui pille les ouvrages des autres. Plagiarius, gén. plagiarii. m.

PLAGIAT, action de plagiaire. Scriptorium furtum, génit. scriptorii furti. n.

PLAIDER ou être en procès. Litigare, litigo, as, litigavi, litigatum. n. Plaider une cause. Agere, ago, agis, egi, actum. act. causam. à l'acc.

PLAIDEUR. Litigator, gén. litigatoris. masc.

PLAIDOIRIE, l'action de plaider. Actio, g. actionis. f. Ajoutez causæ.

PLAIDOYER. Oratio, génit. orationis. fém.

PLAIE. Vulnus, g. vulneris. n. Faire une plaie à quelqu'un. Vulnerare aliquem, c'est-à-dire, le blesser. Vulnero, vulneras, vulneravi, vulneratum. *accus. Recevoir une plaie.* Vulnerari, *c'est-à-dire, être blessé.*

PLAIN ou *plat.* Planus, a, um. *adject. De plain pied.* Plano pede. *à l'ablat.*

PLAINDRE *quelqu'un, plaindre son sort.* Dolere, doleo, es, dolui, dolitum. *n. Ajoutez* vicem alicujus.

Se PLAINDRE *de.* Queri, queror, eris, questus sum. *dép. Avec le verbe.* queri, *on met la personne à qui l'on se plaint, à l'acc.* avec apud, *et le nom de la chose ou de la personne dont on se plaint, se met à l'ablat. avec la préposition de; exemples: Je me plaindrai à mon père de mes maux.* Querar apud meum patrem de meis malis. *Le de, ou de ce que, suivi d'un verbe, s'exprime par* quòd, *avec le subjonct.* comme: *Il se plaint à moi de ce que vous méprisez Lentulus.* Queritur apud me, quòd contemnas Lentulum. *Tu te plains d'être blâmé, ou de ce que tu es blâmé.* Quereris quòd vitupereris. *Qui est à plaindre.* Deplorandus, deploranda, deplorandum. *adj.*

PLAINDRE *sa peine.* Parcere, parco, parcis, peperci, parcitum. *neut. Ajoutez* operæ.

PLAINE. Planities, *g.* planitiei. *f.*

PLAINT, *que l'on a plaint.* Deploratus, a, um. *part. pass. de* Deplorare.

PLAINTE. Querela, *gén.* querelæ. *f. Faire des plaintes de. V. Se plaindre.*

PLAINTIF. Querulus, a, um. *adj.*

PLAIRE *à.* Placere, placeo, es, placui, placitum. *n. dat. Qui plaît, ou agréable.* Gratus, a, um. *adj.*

Se PLAIRE *à.* Delectari, delector, aris, delectatus sum. *pass. abl. de la chose, ou le gérond. en* do. *Je me plais à la lecture des bons livres.* Delector lectione bonorum librorum. *Tu te plaisais à lire les auteurs.* Delectabaris legendo auctores, *ou* delectabaris legendis auctoribus. *S'il plaît à Dieu.* Deo volente. *à l'abl. A Dieu ne plaise que ce malheur arrive! c'est-à-dire, que Dieu détourne ce malheur.* Deus avertat hanc calamitatem.

PLAISAMMENT. Festivè. *adv.*

De PLAISANCE, *en parlant d'une maison, etc.* Amœnus, a, um. *adj.*

PLAISANT. Lepidus, a, um. *adject. Plaisant, en parlant d'un lieu.* Amœnus, a, um. *adj. Un conte plaisant.* Acroama, *gén.* acroamatis. *neut.*

Un PLAISANT, *un bouffon.* Scurra, *gén.* scurræ. *masc.*

PLAISANTER. Scurrari, scurror, aris, scurratus sum. *dép. Plaisanter quelqu'un.* Cavillari, cavillor, aris, cavillatus sum. *dép. Ajoutez* aliquem.

En PLAISANTANT *en raillant.* Per jocum.

PLAISANTERIE. Facetiæ, *gén.* facetiarum. *f. plur.*

PLAISIR ou *divertissement.* Voluptas, *gén.* voluptatis. *f. Par plaisir ou pour le plaisir.* Delectationis causâ. *à l'abl. Donner, faire, causer du plaisir à.* Delectare, delecto. *as, avi,* delectatum. *act. acc. Prendre plaisir à.* Delectari. *Voyez Se plaire. Fait à plaisir, ou feint.* Fictus, a, um. *part. pass. de* Fingere. *Si c'est ton bon plaisir.* Si tibi libuerit; libet, libuit, libere. *impers.*

PLAISIR ou *service, bienfait.* Officium, *gén.* officii. *n. Faire plaisir, rendre service à.* Benè mereri, benè mereor, benè mereris, benè meritus sum. *dép. abl. de la personne à qui l'on fait plaisir, avec de, comme: à un ami, de* amico. *Vous me ferez un grand plaisir, si.* Pergratum mihi feceris, si, *avec le futur du subj, c'est-à-dire, vous me ferez une chose agréable.*

PLAN. Ichnographia, *gén.* ichnographiæ. *f. Plan, dessein de discours.* Præclarè facta informatio, *gén.* præclarè factæ informationis. *f. Plan de vie.* Genus, *gén.* generis. *n. Aj.* vivendi. *gérond. en* di. *Se faire, se proposer un plan de vie.* Constituere sibi genus ætatis degendæ, *c'est-à-dire, établir pour soi une manière de passer sa vie.* Constituo, is, constitui, constitutum. *acc.*

PLANCHE. Tabula, *g.* tabulæ. *f.*

PLANCHE *de jardin.* Area, *g.* areæ. *f.*

PLANCHEIE. Contabulatus, a, um. *part. pass. de* Contabulare.

PLANCHEIER. Contabulare, contabulo, as, avi, atum. *act. acc.*

Un PLANCHER. Tabulatum, *g.* tabulati. *neut.*

PLANCHETTE, *petite planche.* Axiculus, *gén.* axiculi. *masc.*

PLANÇON, *branche d'une perche que l'on met en terre.* Talea, *g.* taleæ. *f.*

PLANE, *outil à polir les douves des tonneaux.* Dolabra, *gén.* dolabræ. *f.*

PLANER. Dolare, dolo, dolas, dolavi, dolatum. *act. acc.*

PLANER, *en parlant des oiseaux qui semblent ne pas remuer les ailes en volant.* Alis passis, non plausis, se librare, me libro, libras, libravi, lbratum. *act. et on laisse les autres mots sans y rien changer.*

PLANETTE. Planeta, *g.* planetæ. *m.*

PLANT. Plantarium, *g.* plantarii. *n.*

PLANTAGE. Plantatio, *g.* plantationis. *fém.*

PLANTAIN, *herbe.* Plantago, *génit.* plantaginis. *fém.*

PLANTATION. Plantatio, *gén.* plantationis. *fém.*

PLANTE. Planta, *g.* plantæ. *f.*

PLANTÉ. Satus, a, um. *part. pass.*

PLA   PLI   325

PLANTÉ ou *fiché*. Fixus, fixa, fixum. *part. pass.* de Figere.

PLANTER, *pour faire prendre racine*. Serere, sero, seris, sevi, satum. *actif accusat.*

PLANTER, *ficher*. Figere, figo, figis, fixi, fixum. *act. acc. En terre*, humi ou humo; *à*, ou *contre la muraille*, in parietem; *à la porte*, in poste

PLANTOIR. Satorius paxillus, *génit.* satorii paxilli. *masc.*

PLANURES, *ce qu'on ôte du bois avec la plane*. Assulæ, *gén.* assularum. *fém. plur.*

PLAQUE. Lamina, *gén.* laminæ. *f.*

PLAQUER, *appliquer quelque chose sur du bois*. Incrustare, incrusto, as, incrustavi, incrustatum. *act. acc.*

PLASTRON. Pectorale, *gén.* pectoralis. *neut.*

PLAT, *uni*. Planus, plana, planum. *adj. De plat* ou *à plat*. In planum. *A plate terre*. Humi, *au gén.*

PLAT, *qui n'est pas élégant*. Humilis, *masc. f.* humile, *n. gén.* humilis. *comp.* humilior, *m. f.* humilius, *n. sup.* humilimus, a, um. *adj.*

Le PLAT *de la main*. Plana manus, *g.* planæ manûs. *f. Donner des coups de plat d'épée à*. Percutere, percutio, percutis, percussi, percussum. *act. acc.* Ajoutez ense quâ planus est, *c'est-à-dire, frapper avec une épée du côté qu'elle est plate.*

Un PLAT. Lanx, *gén.* lancis. *f.*

PLATANE, *arbre*. Platanus, *génit.* platani. *fém.*

PLATEAU, *petit plat*. Catillus, *gén.* catilli. *masc.*

PLATE-BANDE. Tænia, *gén.* tæniæ. *fém.*

PLATE-BANDE, *dans les jardins*. Pulvinus, *gén.* pulvini. *masc.*

PLATE-FORME. Solarium, *gén.* solarii. *neut.*

PLATINE, *rond de cuivre*. Orbis æneus, *gén.* orbis ænei. *masc. Tous deux se déclinent.*

PLATRAGE. Gypseum opus, *génit.* gypsei operis. *neut.*

PLATRAS. Rudus, *gén.* ruderis. *n.*

PLATRE. Gypsum, *g.* gypsi. *n.*

PLATRÉ. Gypsatus, gypsata, gypsatum. *part. pass.*

PLATRER. Inducere, induco, is, induxi, inductum. *Ajoutez* gypso. *abl.*

PLATRIER. Artifex, *gén.* artificis. *m. Ajoutez* gypsi.

PLATRIÈRE. Officina, *gén.* officinæ. *f. Ajoutez* gypsi.

PLAUSIBLE. Plausibilis, *m. f.* plausibile, *neut. gén.* plausibilis.

PLAUSIBLEMENT. Plausibili modo, *ablat.*

PLEIADES, *constellations*. Pleïades, *gén.* pleïadum. *f. plur.*

PLEIN. Plenus, a, um. *adj. Cet adj. veut le gén.* ou *l'abl. En plein jour*, Luce palàm. *En plein midi*. Meridie ipso. *à l'abl. En pleine rue*. Mediâ viâ. *En plein minuit*. Mediâ nocte. *En plein sénat*. Medio senatu.

PLEINE-LUNE. Plenilunium, *g.* plenilunii. *neut.*

PLEINEMENT. Plenè. *adv.*

PLÉNIÈRE, *indulgence plénière*. Venia, *gén.* veniæ. *f. Ajoutez* omnium delictorum. *La gagner*. Consequi, consequor, eris, consecutus sum. *dép. Ajoutez* indulgentiam omnium delictorum, *c'est-à-dire*, *gagner l'indulgence pour tous ses péchés*.

PLÉNIPOTENTIAIRE. Habens, *m. f. n. gén.* habentis. *Ajoutez* summam regis auctoritatem, *c'est-à-dire, qui a la souveraine autorité du roi*.

PLÉNITUDE. Plenitudo, *gén.* plenitudinis. *fém.*

PLÉONASME. Adjectio supervacanea, *g.* adjectionis supervacaneæ. *f.*

PLEURE, *regretté*. Defletus, defleta, defletum. *part.* de Defleo.

PLEURER, *sans régime*. Lacrymari, lacrymor, lacrymaris, lacrymatus sum. *dép. De joie*, gaudio. *à l'abl. Pleurer quelque chose*. Lugere, lugeo, es, luxi, luctum. *act. acc.* aliquid. *Faire pleurer*. Movere, moveo, moves, movi, motum. *Ajoutez* lacrymas, *et le dat. de la personne. Se mettre à pleurer*. Dedere se lacrymis, *c'est-à-dire, s'abandonner aux larmes.* Dedo, dedis, dedidi, deditum. *acc.*

PLEURÉSIE. Pleuritis, *gén.* pleuritidis. *f. Qui a une pleurésie*. Pleuriticus, pleuritica, pleuriticum. *adj.*

PLEUREUR. Plorator, *gén.* ploratoris. *masc.*

PLEUREUSE *gagée*. Præfica, *gén.* præficæ. *fém.*

PLEURS. Lacrymæ, *gén.* lacrymarum. *fém. plur.*

PLEUVOIR. Pluere. *Il pleut*, pluit. *Il a plu*, pluit. *Ce verbe est impers.*

PLI, *un ou plusieurs doubles que l'on fait à une étoffe, à du linge*. Sinus, *gén.* sinûs. *masc.*

PLIABLE. Flexibilis, *m. f.* flexibile, *neut. gén.* flexibilis.

PLIAGE, *la manière de faire des plis*. Plicatura, *gén.* plicaturæ. *f.*

PLIANT. Flexibilis, *m. f.* flexibile, *n. gén.* flexibilis.

PLIÉ. Complicatus, complicata, complicatum. *part. pass.* de Complicare.

PLIER, *mettre par plis le linge, etc.* Complicare, complico, complicas, complicavi ou complicui, complicatum ou complicitum. *act. acc.*

PLU

Plier, *courber*, *fléchir.* Incurvare, incurvo, as, incurvavi, incurvatum. *act. acc. Plier les genoux.* Voy. *Fléchir.*

Plier ou *céder.* Cedere, cedo, is, cessi, cessum. *neut. dat. L'armée plie.* Acies cedit.

Plier *bagage*, *décamper.* Vasa colligere, colligo, colligis, collegi, collectum. *act. acc. Ajoutez* vasa.

Plinthe, *terme d'architecture.* Plinthis, *gén.* plinthidis. *f.*

Ploir, *terme de relieur.* Palma complicatoria, *gén.* palmæ complicatoriæ. *f.*

Plissé. Corrugatus, corrugata, corrugatum. *part. pass.* de Corrugare.

Plisser. Contrahere, contraho, is, contraxi, contractum. *act. acc. Ajoutez* in rugas.

Plissure. Rugæ, *g.* rugarum. *f. plur.*

Plomb. Plumbum, *g.* plumbi. *neut.* Qui *est de plomb.* Plumbeus, a, um. *adj. A plomb.* Directò. *adv.*

Plomb, *terme de maçon.* Perpendiculum. *gén.* perpendiculi. *neut.*

Plombé. Plumbatus, a, um. *part. pass.* de Plumbare. *Teint plombé.* Vultus lividus, *gén.* vultûs lividi. *m. Vous avez le teint plombé.* Livido es vultu.

Plomber. Plumbare, plumbo, as, plumbavi, plumbatum. *act. acc.*

Plombier, *ouvrier en plomb.* Plumbarius, *gén.* plumbarii. *masc.*

Plongeon, *oiseau.* Mergus, *génit.* mergi. *masc.*

Plongeon ou *plongeur.* Urinator, *gén.* urinatoris. *masc.*

Plonger. Immergere, immergo, is, immersi, immersum. *act. acc. Dans l'eau*, in aquam. *Plonger*, *faire le plongeon.* Urinari, urinor, urinaris, urinatus sum. *dépon.*

Plonger *quelqu'un dans un abîme de malheurs.* Mergere, mergo, mergis, mersi, mersum. *act.* aliquem malis. *à l'abl. Plonger à quelqu'un le poignard dans le sein.* Conficere, conficio, conficis, confeci, confectum. *act.* aliquem sicâ, *c'est-à-dire*, *tuer quelqu'un avec un poignard.*

Se **Plonger.** Se immergere ; *dans l'eau*, in aquam.

Se **Plonger** *son épée dans le corps.* Transigere, transigo, is, transegi, transactum, se ipsum gladio, *c'est à-dire*, *se percer de part en part avec son épée.*

Se **Plonger** *dans la débauche*, etc. Tradere se totum libidinibus, *c'est-à-dire*, *s'abandonner à la débauche.* Trado, is, tradidi, traditum. *acc.*

Plongeur. Urinator, *g.* urinatoris. *m.*

Ployer. Voy. *Plier*, *pliable*, etc.

Pluie. Pluvia, *g.* pluviæ. *f. Qui est de pluie.* Pluvius, a, um. *adj.*

PLU

Plumage. Plumæ, *g.* plumarum. *f. pl.*

Plumassier. Plumatilis opifex, *gén.* plumatilis opificis. *masc. L'un et l'autre se déclinent.*

Plume. Pluma, *gén.* plumæ. *f. Qui est de plume.* Plumeus, a, um. *adject. Plume à écrire.* Calamus, *g.* calami. *m. Passer la plume par le bec.* Ludere, ludo, is, lusi, lusum. *act. acc.*

Plumé. Nudatus, nudata, nudatum. *part. pass.* de Nudare. *Ajoutez* plumis, *c'est-à-dire*, *dépouillé de ses plumes.*

Plumer. Nudare, nudo, nudas, nudavi, nudatum. *act. acc. Ajout.* plumis, *c. à d.*, *dépouiller de ses plumes.*

Plumet, *plumes qu'on met au chapeau.* Ornatoria galeri pluma, *gén.* ornatoriæ galeri plumæ. *f. Galeri pour tous les cas.*

La Plupart. Plerique, pleræque, pleraque, *gén.* plerorumque, plerarumque, plerorumque. *La plupart des jeunes gens.* Plerique adolescentes. *La plupart du temps* ou *le plus souvent.* Plerumquè. *adv.*

Pluralité. Major numerus, *génit.* majoris numeri. *masc.*

Nombre **Pluriel.** Pluralis, *gén.* pluralis. *masc.*

Plus. Plus. *adv.* pluris, plures, etc. *selon les mots auxquels est joint le mot* plus. Voy. *la règle de Plus dans la Grammaire latine.* Si *Plus est répété*, *ou s'il est précédé de D'autant*, *consultez la règle D'autant*, *suivi de* plus ou *de moins.*

Plus, *signifiant cessation d'action*, *s'exprime par* Jam, *adv.* ou *ampliùs.* Exemple : *Je ne pécherai plus.* Non jam peccabo. *Je n'ai plus d'argent.* Jam careo pecuniâ. *Je n'en puis plus*, *ou je n'ai plus de forces.* Vires me deficiunt, *c'est-à-dire*, *les forces me manquent. Je ne m'étonne plus.* Jam mirari desino, ou non miror ampliùs, *c'est-à-dire*, *je cesse de m'étonner*, *ou je ne m'étonne pas davantage. Je ne dirai plus rien.* Nihil ampliùs dicam, *c'est-à dire*, *je ne dirai rien davantage.*

Plus ou **Moins.** Plus aut minus.

De **Plus en plus.** Magis ac magis.

De **Plus** *pour outre cela.* Præterea.

Rien de **Plus.** Nihil præterea.

Non **Plus** *que si.* Non secùs ac si, *avec le subjonct.*

Et qui **Plus** *est.* Adde quòd, *avec le subjonct.*

Tout au **Plus** ou *pour le plus.* Ad summum.

Le **Plus.** Voyez *la Grammaire latine*, *où toutes manières d'exprimer le plus*, *le moins*, *suivis*, *ou non*, *d'un que*, *sont prévues et suffisamment expliquées.*

Plusieurs. Multi, multæ, multa, *g.* multorum.

PLUT A DIEU que. Utinam, *et le subjonctif.*

PLUTON, *dieu des enfers.* Pluto, *gén.* Plutonis. *masc.*

PLUTOT ou *plus vîte.* Priùs. *adverbe.* Plutôt, *de meilleure heure.* Maturiùs. *comp. adv. Le* que *par* quàm, *qui emporte la négation, et qui veut le même cas après que devant, comme :* Il est venu plutôt que je ne pensais. Venit priùs quàm existimabam. *Au plutôt.* Quamprimùm. *adv. Le plutôt que je pourrai.* Quàm celerrimè potero.

PLUTÔT, *par préférence.* Potiùs. *adv. Le* que *par* quàm *aussi. Exemple :* J'admire plutôt ta vertu que ta science. Admiror potiùs tuam virtutem, quàm scientiam tuam.

PLUVIAL, *ornement d'Eglise.* Pluvialis vestis, *gén.* pluvialis vestis. *f. Tout se décline.*

PLUVIER, *sorte d'oiseau.* Pluvialis, *gén.* pluvialis. *fém.*

PLUVIEUX. Pluviosus, pluviosa, pluviosum. *adj.*

PNEUMATIQUE, *qui se meut par le moyen de l'air.* Pneumaticus, pneumatica, pneumaticum. *adj.*

Le **PO**, *rivière.* Padus, *gén.* Padi. *m.*

POCHE. Perula, *g.* perulæ. *f.*

POCHE, *petit violon.* Fidicula, *génit.* fidiculæ. *fém.*

POCHE, *jabot d'un oiseau.* Ingluvies, *gén.* ingluviei. *fém.*

POCHÉ, *œufs pochés.* Ova fricta, *gén.* ovorum frictorum. *neut. plur. Ajoutez* separatìm. *Yeux pochés.* Oculi suggillati, *gén.* oculorum suggillatorum. *masc. plur.*

POCHER *les yeux à quelqu'un.* Elidere, elido, elidis, élisi, elisum. *act.* oculos alicujus.

POCHER *les lettres.* Inquinare scripturam nimio atramento, *c'est-à-dire, salir son écriture avec trop d'encre.* Inquino, as, avi, atum. *acc.*

POCHETTE. Perula, *gén.* perulæ. *f.*

Une **POÊLE.** Sartago, *gén.* sartaginis. *fém.*

Un **POÊLE** *pour échauffer.* Hypocaustum, *gén.* hypocausti. *neut.*

Un POÊLE *ou dais.* Umbella, *g.* umbellæ. *fém.*

POÊLON. Pultarius, *gén.* pultarii. *m.*

POÊME. Poema, *gén.* poematis. *n.*

POESIE. Poesis, *gén.* poesis. *f.*

POÊTE. Poeta, *gén.* poetæ. *masc.*

POÉTIQUE ou *de poête.* Poeticus, poetica, poeticum. *adj.*

POÉTIQUEMENT. Poeticè. *adv.*

POIDS. Pondus, *g.* ponderis. *neut. Par poids et par mesure.* Ad rationem et normam. *Etre du poids de, ou peser.* Pendere, pendo, pendis, pependi, pensum. *act. acc. du nom du poids. D'une livre,* libram. *Une couronne d'or du poids d'une livre.* Corona aurea pondere libræ. *au génit.*

POIGNARD. Pugio, *gén.* pugionis. *m.*

POIGNARDÉ. Percussus, a, um. *part. pass. de* Percutere. *Ajoutez* pugione, *c'est-à-dire, frappé d'un poignard.*

POIGNARDER. Percutere, percutio, percutis, percussi, percussum. *act. acc. Ajoutez* pugione, *c'est à-dire, frapper avec un poignard.*

POIGNÉE, *ce qu'on peut tenir avec la main.* Manipulus, *g.* manipuli. *m.*

POIGNÉE *d'épée, de pistolet, etc.* Capulus, *g.* capuli. *masc.*

POIGNET. Carpus, *g.* carpi. *masc.*

POIL *des hommes.* Pilus, *g.* pili. *neut. Couvert de poil.* Pilosus, pilosa, pilosum. *adj. Faire le poil.* Voy. Raser, *tondre la barbe. Se faire faire le poil.* Voy. Raser, *se faire raser. Poil de bêtes.* Villus, *gén.* villi. *masc.*

POINÇON, *pour percer.* Veruculum, *g.* veruculi. *neut.*

POINÇON *de graveur.* Scalprum, *génit.* scalpri. *neut.*

POINÇON *de vin.* Dolium, *génit.* dolii. *neut.*

POINDRE, *en parlant du jour.* Oriri, orior, oriris, ortus sum. *dép. En parlant des herbes.* Enasci, enascer, enasceris, enatus sum. *dép.*

Le **POING.** Pugnus, *gén.* pugni. *masc. Donner des coups de poing.* Contundere, contundo, is, contusi, contusum, pugnis, *à l'abl. A quelqu'un,* aliquem. *Recevoir des coups de poing.* Ferre pugnos, *c'est-à-dire, porter les coups. A coups de poing.* Pugnis. *à l'abl.*

Un **POINT.** Punctum, *gén.* puncti. *n.*

Le POINT D'HONNEUR, *ce en quoi on fait consister l'honneur.* Honor, *génit.* honoris. *m. Le plus haut point de la gloire.* Summus apex, *gén.* summi apicis. *masc. Ajoutez* gloriæ.

POINT, *article, partie d'un discours.* Caput, *gén.* capitis. *neut.*

POINT, *question. Un point d'histoire.* Locus, *g.* loci. *m. Ajoutez* historiæ.

POINT *du jour, le temps où le jour commence à paraître.* Diluculum, *gén.* diluculi. *neut. Au point du jour.* Primo diluculo. *à l'abl.*

POINT, *instant, moment. Etre sur le point de, pour un temps futur.* Jam jam, *avec le futur en* rus, ra, rum, *et le verbe* sum, *qu'on fait accorder avec le subst. en genre, en nombre, en cas et en personne. Lorsqu'il était sur le point de partir.* Cùm ille jam jam profecturus esset. *Au dernier point.* Summoperè *ou* maximè. *A un tel point que, jusqu'à ce point que.* Usquè eò ut, *avec le subj. A point nommé,* ou *tout à point.* Opportunè. *adv.*

POINT, *négation.* Non. *Point du tout.* Minimè. *adv. Pour ne point.* Ne, *avec le subj. Pour ne pas mentir.* Ne mentiar. *Ne voyez-vous point ?* Nonné vides ?

POINTE, *bout aigu, la pointe d'un pieu, du nez, etc.* Acumen, *gén.* acuminis. *neut.*

POINTE, *la cime d'une montagne, etc.* Cacumen, *gén.* cacuminis. *neut.*

POINTE *d'esprit.* Acumen, *g.* acuminis. *neut. Ajoutez* ingenii.

A la POINTE *de l'épée.* Armis *à l'abl.*

A la POINTE *du jour.* Primâ luce. *à l'ablat.*

Finir, aboutir en POINTE. Desinere in acumen. Desino, desinis, desii, desitum. *neut. Se lever, se dresser sur la pointe des pieds.* Erigi, erigor, eris, erectus sum. *pass. Ajoutez* in digitos. *Marcher sur la pointe du pied.* Ire suspenso gradu.

POINTER, *piquer son ennemi.* Petere, peto, petis, petivi, petitum. *act. Ajout.* punctim hostem.

POINTER, *diriger contre.* Dirigere, dirigo, dirigis, direxi, directum. *act. acc.* contre par in, *avec l'acc.*

POINTILLE, *vaine subtilité.* Argutiola, *gén.* argutiolæ. *fém.*

POINTILLER, *s'amuser à faire des pointes.* Argutari, argutor, argutaris, argutatus sum. *dép.*

POINTILLEUX, *qui conteste sur la moindre chose* Vitiligator, *gén.* vitiligatoris. *masc.*

POINTU. Acutus, acuta, acutum. *part. pass. d'*Acuo.

POIRE. Pirum, *gén.* piri. *neut.*

POIRÉ, *boisson faite de poires.* Succus expressus, *g.* succi expressi. *m. Aj.* è piris.

POIREAU *aux mains, etc.* Verruca, *gén.* verrucæ. *fém.*

POIRÉE, *herbe.* Beta, *gén.* betæ. *f.*

POIRIER. Pirus, *gén.* piri. *fém.*

POIS, *légume.* Pisum, *gén.* pisi. *neut. Pois chiche.* Cicer, *g.* ciceris. *neut.*

POISON. Venenum, *gén.* veneni. *neut. De poison, ou par le poison.* Veneno. *à l'ablat.*

POISSÉ. Picatus, picata, picatum. *part. pass. de* Picare.

POISSER. Picare, pico, picas, picavi, picatum. *act. acc.*

POISSON. Piscis, *gén.* piscis. *masc.*

POISSONNERIE. Forum piscarium, *g.* fori piscarii. *neut.*

POISSONNEUX. Piscosus, piscosa, piscosum. *adject.*

POISSONNIER. Piscarius, piscaria, piscarium. *adj.*

POITEVIN, *qui est du Poitou.* Picto, *gén.* Pictonis. *masc.*

POITIERS, *ville.* Pictavium, *génit.* Pictavii. *neut. Qui est de Poitiers.* Pictaviensis. *masc. f.* pictaviense, *neut. gén.* pictaviensis.

POITOU, *province.* Pictonicus Ager, *gén.* Pictonici Agri. *masc.*

POITRAIL. Pectus, *g.* pectoris. *n.*

POITRINE. Pectus, *gén.* pectoris. *neut. Se frapper la poitrine.* Percutere pectus manu. Percutio, percutis, percussi, percussum. *accus.*

POIVRADE. Piperatum, *gén.* piperati. *neut.*

POIVRE. Piper, *gén.* piperis. *neut.*

POIVRÉ ou *à la poivrade.* Piperatus, piperata, piperatum. *adj.*

POIVRER. Aspergere, aspergo, aspergis aspersi, aspersum. *act. acc. Ajoutez* pipere.

POIVRETTE, *plante.* Piperitis, *génit.* piperitidis. *fém.*

POIVRIÈRE, *petit vase à tenir du poivre.* Vasculum, *gén.* vascul. *n. Ajoutez* triti piperis.

POIX. Pix, *gén.* picis. *f. Qui est de poix.* Piceus, a, um. *adj.*

POIX-RÉSINE. Resina, *gén.* resinæ. *f.*

POLAIRE, *près du pôle.* Proximus, proxima, proximum. *Ajoutez* polo.

POLE. Polus, *gén.* poli. *masc.*

POLEMIQUE, *en parlant du style des critiques.* Bellatorius, a, um. *adj.*

POLI, *luisant.* Politus, polita, politum. *part. pass. de* Polio.

POLI, *en parlant d'un discours, ou du langage.* Elegans, *masc. f. neut. génit.* elegantis.

POLI, *civilisé, honnête.* Urbanus, urbana, urbanum. *adj.*

POLICE. Disciplina politica, *gén.* disciplinæ politicæ. *fém.*

POLICÉ. Moratus, a, um. *adj.*

POLICER. Temperare, tempero, as, temperavi, temperatum. *act. acc. Ajout.* optimis institutis et legibus.

POLIMENT. Urbanè. *adv.*

POLIR, *rendre luisant.* Polire, polio, polis, polivi, politum. *act. acc.*

POLIR *un discours, l'embellir.* Expolire orationem.

POLIR *quelqu'un, le civiliser.* Expolire aliquem.

Se POLIR, *devenir luisant.* Nitescere, nitesco, cis, nitui, *sans sup.*

Se POLIR. Proficere, proficio, proficis, profeci, profectum. *neut. Ajoutez* ad urbanitatem.

POLISSEUR, *qui polit.* Politor, *gén.* politoris. *masc.*

POLISSOIR, *instrument pour polir.* Levigatorium instrumentum, *gén.* levigatorii instrumenti. *neut.*

POLISSON. Nebulo, *g.* nebulonis. *m.*

POLISSONNER. Nugari, nugor, nugaris, nugatus sum. dép.
POLISSURE. Politura, gén. politurae. fém.
POLITESSE. Urbanitas, gén. urbanitatis. f. Avec politesse. Eleganter. Urbané. adverbe.
La POLITIQUE. Politica scientia, gén. politicae scientiae. fém.
Un POLITIQUE. Praestans, gén. praestantis. Ajoutez civili prudentiâ.
POLITIQUE. Politicus, a, um. adj.
POLITIQUEMENT. Juxta politicae scientiae leges.
POLLUÉ. Pollutus, polluta, pollutum. part. pass. de Polluere.
POLLUER. Polluere, polluo, polluis, pollui, pollutum. act. acc.
POLLUTION. Pollutio, gén. pollutionis. fém.
POLOGNE, royaume. Polonia, g. Poloniae. fém.
POLONAIS. Polonus, a, um. adj.
POLTRON. Ignavus, ignava, ignavum. adj. En poltron. Ignavé. adv.
POLTRONNERIE. Ignavia, gén. ignaviae. fém.
POLYGAME. Vir plurium uxorum, g. viri. masc. Les deux autres mots ne changent point.
POLYGAMIE, état d'un homme marié à plusieurs femmes vivantes. Multitudo, gén. multitudinis. f. Ajout. uxorum.
POLYGONE. Polygonus, polygona, polygonum. adj.
POLYPE. Polypus, gén. polypi. m.
POLYPODE, herbe. Polypodion, gén. polypodii. neut.
POMERANIE, pays d'Allemagne. Pomerania, gén. Pomeraniae. f.
POMMADE. Medicamentum melinum, gén. medicamenti melini. neut.
POMME. Malum, gén. mali. neutre. Pomme de pin. Nux pinea, gén. nucis pineae. fém.
POMMÉ. Capitatus, capitata, capitatum. adj.
POMMEAU. Pila, gén. pilae. fém.
POMMELÉ. Scutulatus, a, um. adj.
POMMER, se dit des laitues et des choux. Globari, globor, aris, atus sum. pass. Ajoutez in rotunditatem.
POMMETTE, ornement fait en forme de petite pomme ou boule. Globulus, gén. globuli. masc.
POMMIER. Malus. gén. mali. f.
POMPE ou magnificence. Pompa, gén. pompae. fém.
POMPE, machine. Antlia, gén. antliae. fém.
POMPER. Tollere, tollo, tollis, sustuli, sublatum. act. Aj. aquas antliâ, c'est-à-dire, élever l'eau avec la pompe.

POMPEUSEMENT. Mirificè. adverbe. Comp. mirificentiùs, superl. mirificentissimè.
POMPEUX. Magnificus, a, um. adj. Comp. et superl. irréguliers.
Pierre-PONCE. Pumex, gén. pumicis. masc.
PONCEAU. Puniceus, a, um. adj.
PONCTION. Punctio, génit. punctionis. fém.
PONCTUALITÉ. Voy. Exactitude.
PONCTUATION. Interpunctio, génit. interpunctionis. fém.
PONCTUÉ. Interpunctus, interpuncta, interpunctum. part. pass. d'Interpungere.
PONCTUEL. Voy. Exact.
PONCTUELLEMENT. Voyez Exactement.
PONCTUER. Distinguere, distinguo; distinguis, distinxi, distinctum. act. acc. Ajoutez interpunctis.
PONDRE. Edere, edo, edis, edidi, editum. act. Des œufs. ova. à l'acc.
PONT. Pons, gén. pontis. masc. Construire, bâtir, jeter un pont sur une rivière. Imponere, impono, imponis, imposui, impositum. act. pontem flumini. au dat.
PONT, royaume. Pontus, g. Ponti. m.
PONT-A-MOUSSON, ville. Mussipontum, g. Mussiponti. n. De Pont-à-Mousson. Mussipontanus, a, um, adj.
PONT-EUXIN. Pontus Euxinus, génit. Ponti Euxini. masc.
PONTE des oiseaux. Ovatio, gén. ovationis. fém.
PONTIFE. Pontifex, gén. pontificis. m.
PONTIFICAL. Pontificius, pontificia, pontificium. adj.
PONTIFICALEMENT. Pontificali habitu.
PONTIFICAT. Pontificatus, gén. pontificatûs. masc.
PONT LEVIS. Pons arrectarius, génit. pontis arrectarii. masc.
PONTON, bac pour passer les chevaux. Ponto, gén. pontonis. masc.
POPULACE. Plebecula, gén. plebeculae. fém.
POPULAIRE. Popularis, masc. f. populare, neut gén. popularis.
POPULAIREMENT. Populariter. adv.
PORC. Porcus, gén. porci. m. Qui est de porc. Porcinus, a, um. adj.
Du PORC, de la clair de pourceau. Porcina, gén. porcinae. fém.
PORCELAINE. Porcellana, gén. porcellanae. fém.
PORC-EPIC. Hystrix, génit. hystricis. fém.
PORCHE. Propyleum, gén. propylei. neut.
PORCHER. Subulcus, g. subulci. m.

PORES. Occulta foramina, *gén.* occultorum foraminum. *neut. plur.*

POREUX. Pervius occultis foraminibus. *adject.*

POROSITÉS. Occulta foramina, *génit.* occultorum foraminum *neut. plur.*

PORPHYRE, *marbre.* Porphyrites, *g.* porphyritæ. *masc.*

PORRACÉE, *de couleur de porreau.* Porraceus, a, um. *adj.*

PORREAU, *herbe.* Porrus, *gén.* porri. *masc.*

Un PORT *pour les vaisseaux.* Portus, *gén.* portûs. *m. Prendre port, entrer au port ou dans le port, arriver à bon port.* Intrare portum, *c'est-à-dire, entrer au port.* Intro, as, intravi, intratum. *neut. Sortir du port.* Solvere, solvo, is, solvi, solutum, è portu.

PORT ou *voiture.* Vectura, *g.* vecturæ. *f. Payer le port de quelque chose.* Solvere pro vecturâ alicujus rei; *un écu,* nummum. Solvo, solvis, solvi, solutum. *Port de lettre.* Merces, *gén.* mercedis. *f. Ajout.* epistolæ allatæ.

PORT *du corps, la mine, l'air d'une personne.* Habitus, *gén.* habitûs. *masc. Ajoutez* corporis.

PORTAIL. Porta, *gén.* portæ. *f.*

PORTANT, *qui porte.* Ferens, *m. f. n. gén.* ferentis. *part. prés. de* Ferre.

Se PORTANT *bien.* Valens, *g.* valentis. *part. prés. de* Valeo.

Se PORTANT *pour citoyen.* Gerens, *g.* gerentis. *Ajoutez* se pro cive.

L'un PORTANT *l'autre.* Adæquatis rationibus.

PORTATIF. Facilis, *m. f.* facile. *neut. Ajoutez* portatu, *c'est-à-dire, facile à porter.*

PORTE. Porta, *g.* portæ. *f. Porte d'une maison, etc.* Janua, *g.* januæ. *f. De porte en porte.* Ostiatim. *adv.*

PORTÉ à, *ou enclin à, etc.* Propensus, a, um. *part. de* Propendo. A *s'exprime par* ad, *avec l'accus. ou le gérond. en* dum, *comme : Je suis porté à l'étude.* Sum propensus ad studium.

PORTE-CHAPE, *chapier.* Trabeatus, *gén.* trabeati. *masc.*

PORTÉE ou *capacité.* Captus, *génit.* captûs. *masc.*

PORTÉE, *distance où peut porter un trait, la main, la vue.* Jactus, *g.* jactûs. *m. Etre à la portée de.* Esse intra jactum, *avec un gén. Etre hors de la portée de.* Esse extra jactum, *avec un gén.*

PORTÉE, *ventrée.* Fetura, *gén.* feturæ. *fém.*

PORTE-ENSEIGNE, *qui porte une enseigne.* Signifer, *gén.* signiferi. *masc.*

PORTE-ÉPÉE, *ceinturon.* Balteum, *gén.* baltei. *neut.*

PORTE-FAIX, *crocheteur.* Bajulus, *g.* bajuli. *masc.*

PORTE-FEUILLE. Gerifolium, *génit.* gerifolii. *neut.*

PORTER. Ferre, fero, fers, tuli, latum. *act. rég. dir. acc. rég. ind. dat. ou acc. avec* ad.

PORTER, *produire.* Ferre. *acc.*

PORTER *les armes.* Sequi militiam. Sequor, eris, secutus sum. *dép. acc.*

PORTER *un coup.* Ferre plagam.

PORTER *ou pousser, ou exciter à.* Impellere, impello, is, impuli, impulsum. *act. acc. de la personne; à s'exprime par* ad, *avec l'acc. ou le gérond. en* dum. *Etre porté naturellement ou d'affection à.* Propendere, propendeo, propendes, propendi, propensum. *n. à s'exprime par* ad, *avec l'acc. ou le gérond. en* dum.

PORTER *amitié à, ou aimer.* Amare, amo, as, avi, atum. *act. acc. L'amitié que tu me portes, il faut tourner : ton amitié envers moi.* Tuus in me amor, *gén.* tui in me amoris. *masc.*

PORTER *envie, ou envier.* Invidere, invideo, es, invidi, invisum. *n. dat.*

Se PORTER *bien ou mal.* Valere, valeo, es, valui, valitum. *neut. bien,* bene; *mieux,* melius; *fort ou très-bien,* optime. *adv. mal,* male; *plus mal,* pejus; *fort mal ou très-mal,* pessime. *adv. Tâchez ou ayez soin de vous bien porter.* Cura ut valeas.

Se PORTER *en quelque endroit.* Se conferre, confero, ers, contuli, collatum, aliquò. *adv. de la question* quò.

Se *faire* PORTER *en litière.* Ferri, *pass.* lecticâ, *c'est-à-dire, être porté sur la litière.*

Se PORTER *au bien.* Tendere ad' recta, *c'est-à-dire, tendre aux choses bonnes.* Tendo, is, tetendi, tentum.

Se PORTER *pour citoyen.* Gerere se pro cive, *c'est-à-dire, remplir les devoirs de citoyen.* Gero, geris, gessi, gestum. *acc.*

PORTEUR *de quoi que ce soit.* Lator, *gén.* latoris. *m. Porteur de lettres.* Tabellarius, *gén.* tabellarii. *masc. Porteur de chaises.* Lecticarius, *génit.* lecticarii. *m. Porteur d'eau.* Aquarius, *g.* aquarii. *masc.*

PORTIER. Ostiarius, *g.* ostiarii. *m.*

PORTIÈRE. Janitrix, *g.* janitricis. *f.*

PORTIÈRE *de carrosse.* Foris, *g.* foris. *fém.*

PORTION. Portio, *g.* portionis. *fém. Portion congrue.* Attributio annua, *gén.* attributionis annuæ. *fém. Ajoutez* justæ mercedis. *D'un curé,* parocho, *au* datif.

PORTIQUE. Porticus, *gén.* porticûs. *f.*

PORTRAIT. Imago, *gén.* imaginis. *f. Faire le portrait de, ou tirer le portrait,*

POS

c'est-à-dire, peindre. Pingere, pingo, is, pinxi, pictum. *act. acc. de la personne ou de la chose qu'on peint.*

PORTRAIT, *caractère de quelqu'un.* Ethologia, *gén.* ethologiæ. *fém. Faire le portrait, le caractère de quelqu'un.* Depingere aliquem. Depingo, is, depinxi, depictum. *acc.*

PORTUGAIS, *qui est de Portugal.* Lusitanus, lusitana, lusitanum. *adj.*

PORTUGAL, *royaume.* Lusitania, *g.* Lusitaniæ. *fém.*

POSE ou *modéré.* Moderatus, moderata, moderatum. *part. pass. de* Moderare.

POSÉ ou *placé.* Positus, posita, positum. *part. pass. de* Ponere.

POSÉMENT. Moderatè. *adv. Au comp.* moderatiùs; *au superlatif* moderatissimè.

POSER. Ponere, pono, ponis, posui, positum. *act. acc.*

Se POSER. Sedere, *c'est-à-dire, s'asseoir.* Sedeo, es, sedi, sessum. *neut.*

POSITIF, *vrai, réel.* Certus, certa, certum. *adj.*

Le POSITIF, *nom.* Positivum, *g.* positivi. *neut.*

POSITION, *situation.* Positio, *génit.* positionis. *fém.*

POSITIVEMENT. Reipsà. *adv.*

POSSÉDÉ. Possessus, a, um. *part. pass. Du démon,* à dæmone.

POSSEDER. Possidere, possideo, es, possedi, possessum. *act. acc.*

Se POSSÉDER. Imperare sibi, *c'est-à-dire, se commander.*

POSSESSEUR. Possessor, *gén.* possessoris. *masc.*

POSSESSIF, *se dit des pronoms.* Possessivus, a, um. *adj.*

POSSESSION. Possessio, *gén.* possessionis. *f. Etre en possession, avoir en possession,* ou *la possession de.* Esse in possessione. *De ses biens,* bonorum. *Entrer en possession, prendre possession.* Ire in possessionem, *avec un gén. Mettre quelqu'un en possession.* Tribuere alicui possessionem; tribuo, tribuis, tribui, tributum. *acc.*

POSSESSOIRE. Possessorius, possessoria, possessorium. *adj.*

POSSIBILITÉ. Possibilitas, *gén.* possibilitatis. *fém.*

POSSIBLE ou *qui peut être.* Qui ou quæ ou quod potest esse. *Ces choses sont possibles,* ou *peuvent être.* Hæ res possunt esse; possum, potes, potui, posse. *De tout son possible.* Pro viribus, ou omni ope atque operâ. *à l'abl. Autant qu'il est possible.* Quod fieri potest. *Il m'est possible.* il faut tourner: *je puis.* Possum, potes, potui, posse, *avec un infin. ensuite. Il n'est pas possible que,* ou *de,* on tourne: *il ne peut pas être fait que.* Non potest fieri ut, *avec le subj. Est-il possible qu'il ait dit cela?* Fierine potest, ut illud dixerit? *Faire tout son possible pour.* Eniti. *Ajoutez* omni ope atque operâ. *pour* par ut, *avec le subjonct. c'est-à-dire, s'efforcer.*

POSTE ou *course à cheval.* Incitata equitatio, *gén.* incitatæ equitationis. *f.*

POSTE ou *cheval de poste.* Veredus, *g.* veredi. *m. Courir la poste,* ou *en poste.* Currere, curro, is, cucurri, cursum. *n. Ajoutez* incitato equo. *Prendre la poste,* ou *des chevaux de poste.* Uti veredis, *c'est-à-dire, se servir de chevaux de poste.*

POSTE, *bureau où l'on envoie les lettres pour la poste.* Mensa publica, *g.* mensæ publicæ. *fém. Ajoutez* cursualium litterarum.

La POSTE, *lieu où l'on tient les chevaux.* Stabulum, *gén.* stabuli. *neut.*

La POSTE ou *le courrier.* Veredarius, *gén.* veredarii. *masc.*

Un POSTE ou *un lieu où campent des troupes.* Locus, *gén.* loci. *masc.*

POSTE, *lieu assigné par un commandant.* Statio, *gén.* stationis. *f. Se saisir d'un poste, l'occuper, le prendre.* Capere locum, *c'est-à-dire, le prendre.* Capio, capis, cepi, captum. *acc. Garder son poste, s'y maintenir.* Tueri stationem; tueor, eris, tuitus sum. *dép. Quitter son poste.* Decedere, decedo, decedis, decessi, decessum. *neutre. Ajoutez* de loco.

POSTÉ. Collocatus, collocata, collocatum. *part. pass. de* Collocare.

POSTER. Collocare, colloco, as, collocavi, collocatum. *act. acc.* dans ou en s'exprime par in, *avec l'abl.*

Se POSTER. Occupare. *act. en quelque endroit,* aliquem locum, *c'est-à-dire, l'occuper, l'avoir.* Occupo, as, occupavi, occupatum. *acc.*

POSTÉRIEUR. Posterior, *m. f.* posterius, *neut. gén.* posterioris.

POSTÉRIEUREMENT. Posterius. *adv.*

POSTÉRIORITÉ *de date.* Postlatus dies, *génit.* postlati diei. *masc. Ajoutez* syngraphi.

POSTÉRITÉ. Posteritas, *gén.* posteritatis. *fém.*

POSTÉRITÉ, *race, descendans.* Posteri, *gén.* posterorum. *masc. plur.*

POSTHUME. Posthumus, posthuma, posthumum. *adj.*

POSTICHE. Adventitius, adventitia, adventitium. *adj.*

POSTILLON. Veredarius, *gén.* veredarii. *masc.*

POSTULANT. Candidatus, *gén.* candidati. *masc.*

POSTULER. Postulare, postulo, as, postulavi, postulatum. *acc.*

POSTURE. Habitus, *g.* habitûs. *m.*

POT. Vas, *g.* vasis. *n.* au plur. vasa, *gén.* vasorum. *n. Pot à l'eau.* Vas aquarium, *gén.* vasis aquarii. *n. Pot à cuire la viande,* etc. Olla, *gén.* ollæ. *f. Pot de chambre.* Matula, *g.* matulæ. *f.*

POT-DE-VIN, *ce qu'on donne outre le marché dont on était convenu.* Accessio, *gén.* accessionis. *fém.*

POTABLE. Sorbilis, *m. f.* sorbile, *n. gén.* sorbilis.

POTAGE. Puls, *gén.* pultis. *fém.*

POTAGER, ou *jardin potager.* Hortus olitorius, *gén.* horti olitorii. *masc.*

POTEAU. Palus, *gén.* pali. *masc.*

POTÉE, *plein un pot.* Vas plenum, vasis pleni. *neut.*

POTELÉ. Obesus, a, um. *adj.*

POTENCE ou *gibet.* Patibulum, *génit.* patibuli. *neut.*

POTENCE *pour marcher.* Scipio subalaris, *gén.* scipionis subalaris. *m. Tous deux se déclinent.*

POTENTAT. Rex, *gén.* regis. *masc.*

POTERIE, *vase de terre.* Vasa fictilia, *gén.* vasorum fictilium. *n. plur.*

POTERNE, *fausse porte.* Pseudotyrum, *gén.* pseudotyri. *neut.*

POTIER. Figulus, *g.* figuli. *m. Potier d'étain.* Artifex, *gén.* artificis. *m. Ajout.* vasorum è plumbo candido.

POTION, *breuvage.* Potio, *gén.* potionis. *f. Potion cordiale.* Potio utilis, *g.* potionis utilis. *f. Ajout.* cordi, *c'est-à-dire, potion utile au cœur.*

POTIRON, *petite citrouille ronde.* Cucurbita parva, *gén.* cucurbitæ parvæ. *f.*

POTIRON, *sorte de champignon.* Fungus, *gén.* fungi. *masc.*

POU, *vermine.* Pediculus, *gén.* pediculi. *m.* Plein de poux. Pediculosus, pediculosa, pediculosum, *adj.*

POUACRE. Fœdus, a, um. *adj.*

POUCE. Pollex, *gén.* pollicis. *m.*

POUCE, *mesure.* Uncia, *gén.* unciæ. *f.*

POUDRE, *poussière.* Pulvis, *g.* pulveris. *m. Poudre à canon.* Pulvis sulphuratus, *gén.* pulveris sulphurati. *masc.*

POUDRÉ. Aspersus, a, um. *part. pass.* d'Aspergere. *Ajoutez* pulvere odorato.

POUDRER. Aspergere, aspergo, is, aspersi, aspersum. *act. Ajoutez* pulvere odorato, *avec un acc.*

POUDREUX. Pulverulentus, pulverulenta, pulverulentum. *adj.*

POUDRIER, *boîte.* Pyxis, *g.* pyxidis. *f. Ajoutez* pulveris.

POUDRIER, *qui fait la poudre à tirer.* Opifex, *gén.* opificis. *masc. Ajoutez* sulphurati pulveris.

POUILLE, *province.* Apulia, *génit.* Apuliæ. *fém.*

POUILLEUX. Pediculosus, pediculosa, pediculosum. *adj.*

POULAILLE. Gallinæ, *génit.* gallinarum. *f. plur.*

POULAILLER, *où se retirent les poules.* Gallinarium, *gén.* gallinarii. *n.*

POULAILLER, *qui vend de la volaille.* Venditor, *gén.* venditoris. *masc. Ajoutez* avium cohortalium.

POULAILLER, *qui élève de la volaille.* Gallinarius, *gén.* gallinarii. *masc.*

POULAIN. Equulus, *gén.* equuli. *m.*

POULARDE, *jeune poule engraissée.* Pullastra, *gén.* pullastræ. *f.*

POULE. Gallina, *gén.* gallinæ. *fém.*

POULET. Pullus gallinaceus, *g.* pulli gallinacei. *masc.*

POULETTE. Pullastra, *gén.* pullastræ. *fém.*

POULICHE, *cavale nouvellement née.* Equula, *gén.* equulæ. *f.*

POULIE. Trochlea, *gén.* trochleæ. *f.*

POULINER. Edere, edo, edis, edidi, editum. *act. Ajoutez* fetum.

POULIOT, *herbe odoriférante.* Pulegium, *g.* pulegii. *neut.*

Le **POULS.** Pulsus, *gén.* pulsûs. *masc. Ajoutez* venæ, *au gén.*

POUMON. Pulmo, *gén.* pulmonis. *m.*

POUPARD, *petit enfant au maillot.* Pupus, *gén.* pupi. *masc.*

POUPE *de vaisseau.* Puppis, *g.* puppis. *f. Avoir le vent en poupe.* Habere secundos ventos, *c'est-à-dire, avoir le vent favorable.*

POUPÉE, *jouet d'enfant.* Pupa, *gén.* pupæ. *fém.*

POUPON, *jeune garçon à visage plein et potelé.* Pupus, *gén.* pupi. *m.*

POUR. Pro. *Préposition qui veut l'abl.* Pour, *joint à un infin. français, s'exprime ordinairement par* ad, *avec un gérond. en* dum, *ou par* ut, *avec un subj. comme :* Pour étudier. Ad studendum. *J'étudie pour devenir savant,* ou *afin que je devienne savant.* Studeo ut fiam doctus. *Voy. dans la Grammaire latine les différentes manières de traduire en latin Pour.*

Pour *ce qui est de.* Quod attinet ad, *avec l'acc. ou avec un gérond. en* dum. Attinet, attinuit, attinero *pour les trois personnes singulières.*

Pour *l'amour de.* Causâ. *ablat. f. qui veut un gén. Pour l'amour de mon père.* Causâ patris. *Pour l'amour de soi.* Propter se.

Pour *ne pas dire.* Ne dicam. *Pour abréger.* Ne multa.

Quelquefois **Pour** *se rapporte à un temps futur; alors il s'exprime par* in *avec l'ac. comme : Pour dix ans.* In decem annos. *Pour l'année prochaine.* In annum proximum. *Pour un moment.* In unum temporis punctum.

POURCEAU. Porcus , *g.* porci. *masc.* *De pourceau.* Porcinus , a , um. *adj.*

POURCHASSER , *poursuivre.* Acriùs persequi , persequor , persequeris , persecutus sum. *dép. avec l'acc.*

POUR LORS. Tùm. *adv.*

Un **POURPARLER.** Colloquium , *gén.* colloquii. *neut.*

POUR PEU QUE , *conjonct.* Voy. *Pour peu que* dans la Grammaire latine.

POURPIER. Portulaca , *gén.* portulacæ. *fém.*

POURPOINT. Thorax , *gén.* thoracis. *masc.*

La **POURPRE ,** *teinture.* Purpura , *g.* purpuræ. *fém. Qui est de pourpre,* ou *de couleur de pourpre.* Purpureus , purpurea, purpureum. *adj.*

Le **POURPRE ,** *maladie.* Maculæ purpureæ , *gén.* macularum purpurearum. *f. pluriel.*

POUR *que* Ut , *avec le subj. et* ne , *s'il est suivi d'une négation.*

POURQUOI. Quarè. Cur. *adv. Lorsque* quarè ou cur *sont entre deux verbes , on met le second au subj. Pourquoi cela ?* Quid ita ? *Pourquoi non ?* Cur non ? *Pour quoi est-ce que ?* Quarè ? *avec l'indicat. C'est pourquoi.* Quapropter. *adv. Pour quoi que ce soit.* Nullâ de causâ.

POURRI. Putridus , a , um. *adj.*

POURRIR ou *faire pourrir.* Putrefacere, putrefacio , putrefacis , putrefeci , putrefactum. *act. acc.*

Se **POURRIR** ou *pourrir.* Putrescere , putresco , is , putrui. *sans sup. neut.*

POURRITURE. Putredò , *gén.* putredinis. *fém.*

POURSUITE. Persecutio , *g.* persecutionis. *f. Faire des poursuites ,* ou

POUSUIVRE. Persequi , persequor , eris , persecutus sum. *dép. acc.*

POURSUIVRE ou *continuer.* Pergere , pergo , pergis , perrexi , perrectum. *act. acc. ou neut.*

POURTANT. Tamen. *adv.*

POURTOUR. Circuitus , *gén.* circuitûs. *masc.*

POURVU ou *muni de.* Instructus , a , um. *part. pass. abl. de la chose.*

POURVU *que.* Dummodò , *avec le subjonctif.*

POURVOIR *à.* Providere , provideo , es , providi , provisum. *neut. dat.*

POURVOIR ou *munir de.* Instruere , instruo , is , instruxi , instructum. *act. rég. dir. acc. rég. ind. abl.*

Se **POURVOIR** *de.* Sibi parare , paro , as , paravi , paratum. *acc. c'est-à-dire , préparer à soi.*

POURVOYEUR. Obsonator , *g.* obsonatoris. *masc.*

POUSSE , *maladie des chevaux.* Anhelatio, *gén.* anhelationis. *f. Avoir la pousse.* Voy. *Être poussif.*

POUSSE *des plantes.* Germinatio , *gén.* germinationis. *fém.*

POUSSÉ. Impulsus , a , um. *part. pass.* d'Impellere. *à s'exprime par* ad , *avec l'acc. ou un gérond. en* dum.

POUSSER *à.* Impellere , impello , is , impuli , impulsum. *act. rég. dir. acc. rég. ind. acc. avec* ad *ou un gérond. en* dum. *Je l'ai poussé à étudier.* Illum impuli ad studendum.

POUSSER ou *avancer, élever.* Promovere, promoveo , promoves , promovi , promotum. *act. accusat. de la personne. A une dignité,* ad dignitatem.

POUSSER *à bout.* Persequi , persequor , eris , persecutus sum. *dép. acc.*

POUSSER *les ennemis ,* tournez : *faire fuir.* Voy. *Fuir.*

POUSSER *des cris , la voix , etc.* Tollere clamores , vocem , etc. tollo , tollis , sustuli , sublatum. *act. acc.*

POUSSER *les retranchemens , etc.* Proferre , profero , ers , protuli , prolatum. *act.* munitiones. *à l'acc.*

POUSSER *des fleurs.* Florescere , floresco , florescis , florui. *sans sup. neut.*

POUSSER *des bourgeons.* Germinare , germino , germinas , germinavi , germinatum. *n.* Germinare *signifie pousser en général , en parlant des plantes.*

POUSSER *des feuilles.* Frondescere , frondesco , frondescis , frondui. *sans supin. neut.*

Se **POUSSER** , *s'élever à.* Promovere se ad , *avec l'acc.* Voy. *Elever.*

POUSSIÈRE. Pulvis , *génit.* pulveris. *masc. Aller en poussière , se résoudre en poussière.* Resolvi , resolvor , eris , resolutus sum. *pass. Ajoutez* in pulverem. *Tirer quelqu'un de la poussière.* Vocare , voco , as , vocavi , vocatum. *act. acc. Aj.* è tenebris in lucem.

POUSSIF. Anhelus , a , um. *adj. Être poussif.* Anhelare , anhelo , anhelas , anhelavi , anhelatum. *neut.*

POUSSIN. Pullus , *gén.* pulli. *masc.*

POUTRE. Trabs , *gén.* trabis. *f.*

POUVOIR , *verbe.* Posse , possum , potes , potui. *avec un infin. ensuite. N'en pouvoir plus.* Deficere , deficio , deficis , defeci , defectum. *neut. Ajoutez* viribus , *c'est-à-dire , manquer de forces.*

POUVOIR ou *puissance.* Potestas , *g.* potestatis. *f. Selon mon pouvoir , ou de tout mon pouvoir.* Pro viribus. *Être en pouvoir de , c'est-à-dire , pouvoir.* Posse , possum, potes, potui. *Avoir plein pouvoir.* Esse cum summo imperio , *c'est-à-dire*

être avec un pouvoir absolu. Avoir pouvoir sur. Habere potestatem in, avec l'accusat.

Pouvoir ou crédit. Auctoritas, génit. auctoritatis. f. Avoir du pouvoir sur. Valere, valeo, vales, valui, valitum. n. sur l'esprit de, ou sur, ou auprès de, apud, avec l'acc. de la personne.

PRAGUE, ville capitale de la Bohême. Praga, gén. Pragæ. f. De Prague. Pragensis, m. f. pragense, neut. gén. pragensis.

PRAGMATIQUE SANCTION. Pragmatica sanctio, gén. pragmaticæ sanctionis. fém.

PRAIRIE. Pratum, gén. prati. neut.

PRALINE, dragée. Amigdala saccharea, gén. amigdalorum sacchareorum. n. pluriel.

PRATICABLE, qu'on peut mettre en pratique. Aptus, apta, aptum. adj. Aj. ad usum.

Praticable, bon, commode. Commodus, commoda, commodum. adj.

PRATICIEN. Pragmaticus, gén. pragmatici. masc.

PRATIQUE. Usus, génit. usûs. masc. Réduire ou mettre en pratique, ou exécuter. Exequi, exequor, eris, executus sum. dép. acc. Avoir de la pratique, ou être occupé. Esse occupatum; sum, es, fui. Occupatus, a, um.

Pratique, connaissance, usage de la procédure. Opera forensis, gén. operæ forensis. f. Tous deux se déclinent.

Pratique, intrigue, conseil. Consilium, gén. consilii. neut.

PRATIQUER ou exercer. Exercere, exerceo, exerces, exercui, exercitum. act. accusat.

Se Pratiquer ou être pratiqué. Fieri, fio, fis, factus sum. pass.

Pratiquer ou mettre en pratique. Exequi, exequor, exequeris, executus sum. dép. acc.

Pratiquer ou cultiver. Colere, colo, is, colui, cultum. act. la vertu, virtutem. à l'accusat.

PRE. Pratum, gén. prati. neut.

Au PREALABLE, PREALABLEMENT. Ante omnia.

PREAMBULE. Præfatio, gén. præfationis. fém.

PREBENDE. Præbenda, gén. præbendæ. fém.

PREBENDIER. Habens, m. f. n. gén. habentis. Ajoutez jus annonæ, c'est-à-dire, qui a droit à la rétribution.

PRECAIRE, ce qu'on possède comme par emprunt, ou par tolérance. Precarius, precaria, precarium. adj.

PRECAIREMENT. Quasi precario.

PRECAUTION. Cautio, gén. cautionis.

f. User de précautions, ou prendre des précautions, ou

Se PRECAUTIONNER. Præcavere, præcaveo, præcaves, præcavi, præcautum. neut. Contre s'exprime par à ou ab, avec l'ablat.

PRECEDEMMENT. Anteà. adv.

PRECEDENT. Superior, m. f. superius neut. gén. superioris.

PRECEDER. Antecedere, antecedo antecedis, antecessi, antecessum. neut. ou act. acc.

PRECEPTE. Præceptum, gén. præcepti. neut.

PRECEPTEUR. Præceptor, gén. præceptoris. masc.

PRECHE, temple. Templum, génit. templi. neut.

Prêche, discours d'un ministre. Concio, gén. concinnis.

PRÊCHER la parole de Dieu. Concionari, concionor, aris, concionatus sum. dép Au peuple, ad populum.

PRECIEUSE, femme affectée dans ses manières et dans son langage. Putida consectatrix, gén. putidæ consectatricis. fém. Ajoutez elegantiarum.

PRECIEUSEMENT. Pretiosè. adv.

PRECIEUX. Pretiosus, a, um. adj.

PRECIPICE. Præcipitium, gén. præcipitii. n. Etre sur le bord d'un précipice. Versari, versor, versaris, versatus sum. dép. Ajoutez in præcipitio.

PRECIPITAMMENT. Præproperè. adverbe.

PRECIPITATION. Festinatio præpropera, gén. festinationis præproperæ. f.

PRECIPITÉ ou qui agit avec précipitation. Præproperus, a, um. adj.

Précipité ou fait avec précipitation. Properatus, properata, properatum. part. de Propero.

Précipité du haut en bas. Præceps actus, præceps acta, præceps actum. Actus, a, um, est le part. pass. du verbe Agere, ago, is, egi, actum. L'un et l'autre se déclinent, et l'on dit præceps, m. f. neut. gén. præcipitis.

PRECIPITER du haut en bas. Præcipitare, præcipito, as, avi, atum. act. acc. dans par in, avec l'acc.

Précipiter quelqu'un dans un malheur. Afferre alicui calamitatem, c'est-à-dire, causer du malheur à quelqu'un. Affero, affers, attuli, allatum. acc.

Précipiter une affaire, etc. Agere, ago, agis, egi, actum. act. acc. Ajoutez præproperè, c'est à dire, faire précipitamment.

Se Précipiter, ou agir précipitamment. Agere præproperè.

Se Précipiter dans la rivière. Se præcipitare in flumen.

PRE

PRÉCIPUT. Praecipuum jus, *gén.* praecipui juris. *neut.*
PRÉCIS. Certus, a, um. *adj.*
Le Précis. Summarium, *gén.* summarii. *neut.*
PRÉCISÉMENT ou *au même moment.* Eo ipso tempore. *à l'ablat. Précisément comme il partait* Eo ipso tempore quo proficiscebatur.
Précisément ou *certainement* Certò. *adv. Au comp.* certiùs ; *au superlatif* certissimè.
PRÉCISION. Praecisio, *gén.* praecisionis. *fém.*
PRÉCOCE, *mûr avant le temps.* Praecox, *m. f. n. gen.* praecocis.
PRÉCOCITÉ. Praematuritas, *gén.* praematuritatis. *fém.*
PRÉCONISATION. Renuntiatio, *génit.* renuntiationis, *fém. à par ad, avec l'accusatif.*
PRÉCONISER, *louer hautement.* Extollere, extollo, is, extuli, elatum. *act. Ajoutez* laudibus, *et l'acc.*
Préconiser *quelqu'un pour une prélature.* Renuntiare, renuntio, renuntias, renuntiavi, renuntiatum. *act.* aliquem designatum praesulem. Praesul, *gén.* praesulis, *et* designatus, designata, designatum, *s'accordent avec le cas du verbe.*
PRÉCURSEUR. Praecursor, *gén.* praecursoris. *masc.*
PRÉDÉCÉDER, *mourir avant un autre.* Praemori, praemorior, praemoreris, praemortuus sum. *dat.*
PRÉDÉCÈS. Anterior obitus, *g.* anterioris obitûs. *masc. L'un et l'autre se déclinent.*
PRÉDÉCESSEUR. Antecessor, *génit.* antecessoris. *masc.*
PRÉDESTINATION. Praedestinatio, *g.* praedestinationis. *fém.*
PRÉDESTINÉ. Praedestinatus, a, um. *part. pass. de* Praedestinare.
PRÉDESTINER. Praedestinare, praedestino, praedestinas, praedestinavi, praedestinatum. *act. acc.*
PRÉDICAMENT. Praedicamentum, *gén.* praedicamenti. *neut.*
PRÉDICATEUR. Concionator, *g.* concionatoris. *masc.*
PRÉDICATION. Concio, *g.* concionis. *fém.*
PRÉDICTION. Praedictio, *gen.* praedictionis. *fém.*
PRÉDILECTION. Amor praecipuus, *g.* amoris praecipui. *masc. Avoir de la prédilection pour quelqu'un.* Diligere, diligo, diligis, dilexi, dilectum. *act.* aliquem. *Ajoutez* eximiè.
PRÉDIRE. Praedicere, praedico, praedicis, praedixi, praedictum. *act. rég. dir. acc. rég. ind. dat.*

PRE 335

PRÉDIT. Praedictus, praedicta, praedictum. *part. pass. de* Praedicere.
PRÉDOMINANT. Praevalens, *m. f. n. gén.* praevalentis.
PRÉDOMINER. Praevalere, praevaleo, praevales, praevalui, praevalitum, *neut. datif.*
PRÉÉMINENCE. Praestantia, *gén.* praestantiae. *f. Avoir la prééminence* Eminere, emineo, emines, eminui, *sans supin. datif.*
PRÉFACE. Praefatio, *gén.* praefationis. *fém.*
PRÉFECTURE. Praefectura, *gén.* praefecturae. *fém.*
PRÉFÉRABLE. Praeferendus, praeferenda, praeferendum. *adj. dat.*
PRÉFÉRABLEMENT *à tout autre.* Posthabitis omnibus aliis. *à l'abl.*
PRÉFÉRÉ à. Antepositus, a, um. *part. pass. d'*Anteponere. *dat.*
PRÉFÉRENCE. Primae partes, *g.* primarum partium. *f. plur. Donner à quelqu'un la préférence sur les autres pour l'esprit.* Deferre alicui primas partes ingenii, *c'est-à-dire, déférer, etc.* Defero, defers, detuli, delatum. *acc.*
PRÉFÉRER. Anteponere, antepono, anteponis, anteposui, antepositum. *act. rég. dir. acc. rég. ind. dat.*
PRÉFET. Praefectus, *g.* praefecti. *m.*
PRÉFIX. Constitutus, constituta, constitutum. *part. pass. de* Constituo.
PRÉJUDICE. Damnum, *g.* damni. *n. Porter, faire, causer du préjudice à, etc.* Voy. *Préjudicier à, etc. Recevoir ou souffrir du préjudice.* Accipere detrimentum. *A mon préjudice.* Meo damno, *ou* meo detrimento. *à l'abl. A son préjudice.* Illorum *ou* illarum damno, *ou* detrimento.
PRÉJUDICIABLE. Damnosus, damnosa, damnosum. *adj.*
PRÉJUDICIER à. Afferre, affero, ers, attuli, allatum. *act. dat. Ajoutez* damnum, *c'est-à-dire, causer du préjudice. Sans préjudicier à.* Salvo, *m.* salvâ, *fém.* salvo, *neut. pour le plur.* salvis, *ablat. qu'on fait accorder en genre et en nombre avec le subst. suivant, qui se met à l'ablat.*
PRÉJUGE. Praejudicium; *gén.* praejudicii. *neut.*
PRÉJUGER, *rendre un jugement qui tire à conséquence pour le jugement définitif.* De re praejudicare, praejudico, praejudicas, praejudicavi, praejudicatum.
Préjuger, *prévoir, conjecturer.* Praevidere, praevideo, praevides, praevidi, praevisum. *acc.*
PRÉLAT. Praesul, *gén.* praesulis. *m.*
PRÉLATURE. Dignitas, *gén.* dignitatis. *f. Ajoutez* praesulis, *c'est-à-dire, dignité du prélat.*

PRELE, *plante.* Equisetum, *gén.* equiseti. *neut.*

PRELEVER. Deducere, deduco, deducis, deduxi, deductum. *act. rég. dir. acc. rég. ind. abl. avec de.*

PRELIMINAIRE. Præfatio, *gén.* præfationis. *fém.*

PRELUDE. Præludium, *gén.* præludii. *neut.*

PRELUDER, *jouer un prélude.* Prætentare, prætento, as, avi, atum. *act. Ajoutez* chordas.

PREMATURE, *qui arrive avant le temps.* Præmaturatus, præmaturata, præmaturatum. *adj.*

PREMATUREMENT, *avant le temps.* Præmaturè. *adv.*

PREMEDITATION. Præmeditatio, *g.* præmeditationis. *fém.*

PREMEDITÉ. Præmeditatus, præmeditata, præmeditatum. *part. pass. de* Præmeditare. *De dessein prémédité.* Certà mente.

PREMEDITER. Præmeditari, præmeditor, aris, atus sum. *dép. acc.*

PREMICES. Primitiæ, *gén.* primitiarum. *f. plur.*

PREMIER. Primus, a, um. *adj. Premier né.* Primogenitus, a, um. *adj. La première place ou le premier rang.* Principatus, *gén.* principatûs. *m. Le premier en quelque chose.* Eminentissimus, a, um; *en naissance,* genere. *En premier lieu.* Primò. *adv. Pour la première fois.* Primùm. *adv. La première fois que.* Cùm Primùm. *avec l'ind. La tête la première.* A capite.

LES PREMIERS *d'un pays.* Proceres, *gén.* procerum. *m. plur. Au singulier,* Princeps, *gén.* principis. *masc. et f.*

PREMIER ou *ancien, qu'on a eu autrefois.* Pristinus, a, um. *adj.*

PREMIÈREMENT. Primò. *adv.*

PREMISSES *d'un syllogisme.* Præmissæ, *gén.* præmissarum. *f. pl. On sous-entend* propositiones.

PRÉMONTRÉ, *religieux.* Præmonstratus, *gén.* præmonstrati. *masc.*

PREMUNIR, *se prémunir. Voy.* munir *et se* munir.

PRENABLE, *qu'on peut prendre.* Expugnabilis, *m. f.* expugnabile, *neut. gén.* expugnabilis.

PRENDRE, *empoigner.* Capere, capio, capis, cepi, captum. *act. acc. A la main, avec la main* manu. *Prendre racine.* Capere radicem. *Prendre quelqu'un par la main.* Prehendere, prehendo, prehendis, prehendi, prehensum. *act.* aliquem manu.

PRENDRE, *dérober. Voy.* Dérober.

PRENDRE *un état, une profession.* Amplecti, *c'est-à-dire, embrasser.*

PRENDRE *ses habits. Voy.* S'habiller.

PRENDRE, *manger.* Accipere, accipio, is, accepi, acceptum, cibum. *c'est-à-dire prendre de la nourriture.*

PRENDRE ou *s'attacher à, en parlant du feu, etc.* Invadere, invado, invadis, invasi, invasum. *acc.*

PRENDRE *pour, c'est-à-dire, croire.* Credere, credo, credis, credidi, creditum. *act. acc. Tu me prends pour un sot.* Me stolidum credis, *c'est-à-dire, tu crois que je suis un sot,* ou *tu me crois sot.*

Se PRENDRE à, *comme font ceux qui se noient.* Arripere, arripio, arripis, arripui, arreptum. *A quelque chose,* aliquid.

Se PRENDRE, *en parlant du lait. Voy.* Se cailler.

S'y PRENDRE *bien.* Aggredi, aggredior, aggrederis, aggressus sum. *dépon. Ajoute* solerter rem. *Si l'on s'y prend mal, au lieu de* solerter, *on met* malè.

S'en PRENDRE *à quelqu'un.* Provocare aliquem, *c'est-à-dire, attaquer quelqu'un.*

Se PRENDRE *à quelqu'un, lui imputer quelque chose.* Attribuere aliquid alicui, *c'est-à-dire, attribuer.*

PRENEUR, *qui prend à louage.* Conductor, *gén.* conductoris. *masc.*

PRENEUR, *qui prend, qui reçoit.* Acceptor, *gén.* acceptoris. *masc.*

PRENOM. Prænomen, *g.* prænominis. *n.*

PRENOTION, *connaissance anticipée.* Prænotio, *gén.* prænotionis. *f.*

PREOCCUPATION. Opinio præjudicata, *gén.* opinionis præjudicatæ. *f.*

PREOCCUPÉ de. Præoccupatus, a, um. *part. pass. de* Præoccupare.

PREOCCUPER. Præoccupare, præoccupo, præoccupas, præoccupavi, præoccupatum. *act. acc.*

PREOPINANT, *qui opine le premier.* Qui primus sententiam promit. *Qui est de l'avis du préopinant.* Pedarius, *g.* pedarii. *masc.*

PREPARATIF. Apparatus, *gén.* apparatûs. *masc. Faire des préparatifs de, ou pour. Voy. Se* préparer à.

PREPARATION, *l'action de préparer.* Præparatio, *gén.* præparationis. *f. Préparation à quelque discours.* Meditatio, *g.* meditationis. *f.*

PREPARATOIRE. Præparatorius, præparatoria, præparatorium. *adj.*

PREPARÉ. Paratus, a, um. *part. pass.* de Parare. *à* ou *pour s'exprime par* ad *avec l'acc. de la chose* ou *avec un gérond en* dum.

PREPARER. Parare, paro, as, paravi, paratum. *act. acc. de ce qu'on prépare* à, *pour, s'expriment par* ad, *avec l'acc. de la chose,* ou *avec un gérond. en* dum. *Se préparer à la guerre.* Parare bellum. *Se préparer à la mort.* Comparare se ad vitæ exitum. *A un combat,* ad pugnam.

PREPONDERANT. Præponderans, *m. f. n. gén.* præponderantis.
PREPOSER. Præponere, præpono, is, præposui, præpositum. *act. rég. dir. acc. rég. ind. dat.*
PREPOSITION. Præpositio, *gén.* præpositionis. *fém.*
PREPUCE. Præputium, *gén.* præputii. *neut.*
PREROGATIVE. Prærogativa, *génit.* prærogativæ. *fém.*
PRÈS de ou *proche*, propè, *avec l'acc.* Cette préposition forme un comp. propiùs, plus près, *et un sup.* proximè, *fort près*, auxquels on donne aussi un acc.
De **PRÈS.** È proximo.
PRÈS de ou *presque*. Ferè. *adv. Ils sont près de deux cents.* Sunt ferè ducenti.
A **PEU PRÈS.** Ferè. *adv.*
PRESAGE. Præsagium, *gén.* præsagii. *neut.*
PRESAGER, *annoncer.* Portendere, portendo, portendis, portendi, portentum. *act. acc.*
PRÉSAGER, *prévoir.* Voy. *Prévoir.*
PRESBYTE, *qui ne voit que de loin.* Qui, quæ nisi remota non cernit.
PRESBYTERAL, *qui regarde les prêtres ou les curés.* Sacerdotalis, *m. f.* sacerdotale. *n. g.* sacerdotalis.
PRESBYTÈRE, *maison de curé.* Ædes, *gén.* ædium. *f. plur. Ajoutez* parochi.
PRESCIENCE. Præscientia, *gén.* præscientiæ. *fém.*
PRESCRIPTION. Præscriptio, *g.* præscriptionis. *fém.*
PRESCRIRE. Præscribere, præscribo, is, præscripsi, præscriptum. *act. rég. dir. acc. rég. ind. dat.*
PRESCRIT. Præscriptus, præscripta, præscriptum. *part. pass. de* Præscribere.
PRESEANCE. Primæ partes, *g.* primarum partium. *f. plur. Avoir la préséance.* Primas partes habere. *La donner*, primas partes concedere. *dat. c'est-à-dire, l'accorder.* Concedo, is, concessi, concessum. *accus.*
PRESENCE. Præsentia, *gén.* præsentiæ. *f. En présence de.* Corám, *avec l'ablat. Etre en présence de.* Esse in conspectu.
PRESENT, *adj.* Præsens, *m. f. n. gén:* præsentis. *Etre présent à.* Adesse, adsum, ades, adfui. *dat.*
Le **PRÉSENT**, *le temps présent.* Tempus præsens, *gén.* temporis præsentis. *n.*
A **PRÉSENT** ou *maintenant.* Nunc. *adv. Dès à présent.* Jam nunc. *adv.*
Un **PRESENT.** Donum, *gén.* doni. *n. Faire un présent à quelqu'un.* Dare munus alicui, *c'est-à-dire, donner, etc.* munus, *à l'acc. gén.* muneris. *neut.*
PRESENTATION. Oblatio, *gén.* oblationis. *f. La Présentation de Notre Dame.*

Festum, *gén.* festi. *neut. Ajoutez* sanctæ Virginis sese offerentis Deo in templo; *c. à d., fête de la sainte Vierge qui s'offre à Dieu dans le temple.*
PRESENTÉ. Oblatus, a, um. *part. pass.* d'Offerre.
PRESENTEMENT. Nunc. *adv.*
PRESENTER. Offerre, offero, offers, obtuli, oblatum, *act. rég. dir. accus. rég. ind. dat.*
Se **PRÉSENTER** *à quelqu'un, paraître devant lui.* Venire in conspectum alicujus, *c'est-à-dire, venir en la présence de quelqu'un.*
PRESERVATIF. Antidotum, *gén.* antidoti. *neut.*
PRESERVÉ. Defensus, defensa, defensum. *part. pass. de* Defendere. *Le* de *s'exprime par* à *ou* ab, *et l'abl.*
PRESERVER. Defendere, defendo, is, defendi, defensum. *rég. dir. acc. rég. ind. abl. avec* à *ou* ab.
PRESIDENT. Præses, *gén.* præsidis. *m.*
PRESIDER *à.* Præesse, præsum, præes, præfui. *neut. dat.*
PRESIDIAL. Præsidialis curia, *génit.* præsidialis curiæ. *f. Tous deux se déclinent.*
PRESOMPTIF, *héritier présomptif.* Hæres proximus, *gén.* hæredis proximi. *masc.*
PRESOMPTION, *conjecture fondée sur des apparences.* Conjectura, *gén.* conjecturæ. *fém.*
PRÉSOMPTION, *opinion trop avantageuse de soi-même.* Confidentia, *gén.* confidentiæ. *fém.*
PRESOMPTUEUSEMENT. Confidenter. *adv.*
PRESOMPTUEUX. Confidens, *m. f. n. gén.* confidentis.
PRESQUE. Fere. *adv.*
PRESQU'ILE. Peninsula, *gén.* peninsulæ. *fém.*
PRESSANT. Urgens, *m. f. neut. gén.* urgentis.
PRESSE ou *foule.* Turba, *gén.* turbæ. *fém.*
PRESSE *d'imprimerie.* Prelum, *g.* preli. *neut. Mettre un livre sous la presse.* Subjicere, subjicio, is, subjeci, subjectum. *act.* librum suum.
PRESSÉ ou *serré.* Pressus, pressa, pressum. *part. pass. de* Premere.
PRESSÉ, *hâté.* Properus, a, um. *adj.*
PRESSEMENT *de l'air.* Compressio, *g.* compressionis. *f. Ajoutez* aëris.
PRESSENTIMENT. Præsentio, *g.* præsentionis. *fém.*
PRESSENTIR. Præsentire, præsentio, præsentis, præsensi, præsensum. *actif. accusat.*
PRESSER, *hâter.* Urgere, urgeo, es;

22

ursi, ursum. *act. acc. de faire ou pour faire*, ad faciendum. *Le temps me presse.* Tempus me urget.

Se Presser, *se hâter*. Properare, propero, properas, properavi, properatum. *neut.*

Presser, *serrer.* Coarctare, coarcto, coarctas, coarctavi, coarctatum. *actif. accusat.*

Presser, *mettre en presse.* Premere, premo, premis, pressi, pressum. *act. acc.*

PRESSION, *l'action de presser.* Compressio, *gén.* compressionis. *f.*

PRESSOIR. Torcular, *gén.* torcularis. *neut.*

PRESSURAGE, *vin de pressurage.* Vinum tortivum, *gén.* vini tortivi. *n.*

PRESSURER. Premere, premo, is, pressi, pressum. *actif. accusat. Ajoutez* prelo.

PRESSUREURS, *ceux qui gouvernent le pressoir.* Torcularii, *gén.* torculariorum. *masc. plur.*

PRESTANCE. Habitus, *gén.* habitûs. *masc.*

PRESTATION *de serment.* Dictio, *gén.* dictionis. *f. Ajoutez* sacramenti.

PRESTIGES, *tromperie.* Præstigiæ, *g.* præstigiarum. *f. plur.*

PRÉSUMER *quelque chose.* Voyez Conjecturer.

Présumer *de soi-même.* Sibi nimis confidere, c'est-à-dire, *se confier trop en soi-même.* Confido, is, confidi, *et* confisus sum. *neut.*

PRESUPPOSER. Ponere, pono, ponis, posui, positum. *act. acc.*

PRESUPPOSITION, *supposition préalable.* Positum fundamentum, *gén.* positi fundamenti. *neut.*

PRESURE, *pour faire cailler le lait.* Coagulum, *g.* coaguli. *neut.*

PRÊT, *adj.* Paratus, a, um. *part. de* Paro. A *s'exprime par* ad, *avec l'acc.* ou *le gérond.* en dum, *comme: Je suis prêt à étudier.* Sum paratus ad studendum.

Un PRÊT. Mutuum, *gén.* mutui. *n.*

PRÊTÉ. Commodatus, commodata, commodatum, *part. pass. de* Commodare.

PRÉTENDANT. Candidatus, *gén.* candidati. *masc. Au consulat.* consulatûs, *au génitif.*

PRÉTENDRE à, *aspirer à.* Spectare, specto, spectas, spectavi, spectatum. *acc.*

Prétendre ou *avoir dessein.* Intendere, intendo, is, intendi, intentum. *act. acc. Ajoutez* animo.

PRÉTENDU. Falsò habitus, habita, habitum. *adj.*

PRÉTENTION sur. Jus præceptum, *gén.* juris præcepti. *neut. Ajoutez* animo, de spe. *Sur quelque chose,* in aliquam rem.

PRÉTENTION, *volonté, dessein.* Consilium, *gén.* consilii. *neut.*

PRÊTER. Commodare, commodo, as, commodavi, commodatum. *act. rég. dir. acc. rég. ind. dat.*

PRETERIT. Præteritum, *gén.* præteriti. *neut.*

PRÉTEUR. Prætor, *gén.* prætoris. *m.*

PRÊTEUR, *celui qui prête.* Commodator. *gén.* commodatoris. *masc.*

PRÊTEUSE, *celle qui prête.* Creditrix, *gén.* creditricis. *fém.*

PRÉTEXTE ou *raison.* Causa, *gén.* causæ, *f. Sous prétexte de.* Sub specie. *Prendre prétexte, couvrir d'un prétexte.* Voy. Prétexter.

PRÉTEXTER. Prætexere, pretexo, is, prætexui, prætextum. *act. acc.*

PRETOIRE. Prætorium, *gén.* prætorii. *neut.*

PRETORIEN, *qui concerne le préteur.* Prætorius, a, um. *adj.*

PRÊTRE. Sacerdos, *gén.* sacerdotis. *masc.*

PRÊTRESSE. Sacerdos, *gén.* sacerdotis. *fém.*

PRÊTRISE. Sacerdotium, *gén.* sacerdotii. *neut.*

PRETURE. Prætura, *g.* præturæ. *f.*

PREVALOIR, *l'emporter sur un autre.* Vincere, vinco, is, vici, victum. *actif avec l'acc.*

Se Prévaloir *de.* Percipere utilitatem ex aliquâ re, c'est-à-dire, *tirer avantage.* Percipio, percipis, percepi, perceptum. *actif.*

PREVARICATEUR. Prævaricator, *gén.* prævaricatoris. *masc.*

PREVARICATION. Prævaricatio, *gén.* prævaricationis. *fém.*

PREVARIQUER. Prævaricari, prævaricor, aris, prævaricatus sum. *dép.*

PREVENANCE. Obsequium, *gén.* obsequii. *neut.*

PREVENIR. Prævertere, præverto, is, præverti, præversum. *act. acc.*

PREVENTION. Opinio antecapta, *gén.* opinionis antecaptæ. *fém.*

PRÉVENU *de.* Occupatus, a, um. *part. pass. d'*Occupare. *avec l'abl.*

PREVISION. Previsio, *gén.* provisionis. *fém.*

PREVOIR. Providere, provideo, es, providi, provisum. *act. acc. Sans qu'on l'ait prévu.* Ex improviso.

PRÉVÔT, *qui veille à la sûreté des grands chemins, etc.* Capitalis tribunus, *gén.* capitalis tribuni. *m. L'un et l'autre se déclinent.*

Prévôt *des marchands.* Præfectus, *g.* præfecti. *masc. Ajoutez* urbis.

Prévôt *d'un chapitre.* Præpositus, *gén.* præpositi. *m. Aj.* collegio canonicorum.

PREVOTAL. Pertinens, *m. f. n. gén.* pertinentis. *Aj.* ad capitalem tribunum, *c. à d.*, qui regarde le prévôt.

PREVOTALEMENT. A capitali tribuno.

PRÉVOTÉ. Munus, *gén.* muneris. *neut.* Ajoutez capitalis tribuni, *c. à d.*, charge de prévôt. Prévôté de chapitre. Dignitas, *gén.* dignitatis. *f.* Ajout. præpositi.

PRÉVOYANCE. Providentia, *gén.* providentiæ. *fém.*

PRÉVOYANT. Providus, provida, providum. *adj.*

PREVU. Provisus, provisa, provisum. *part. pass.* de Provideo.

PREUVE. Argumentum, *génit.* argumenti. *neut.*

PRIE-DIEU, où l'on se met à genoux pour prier Dieu. Fulmentum, *g.* fulmenti. *n.* Ajoutez Deum precantis, *c. à d.*, appui de celui qui prie Dieu.

PRIER. Rogare, rogo, as, rogavi, rogatum. *act.* avec deux acc.

PRIÈRE. Preces, *gén.* precum. *f. plur.* Par votre prière, ou à votre prière. Precibus tuis. *à l'abl.* J'ai une prière à vous faire, ou je vous prie d'une chose que. Te unum rogo, ut, avec le subjonct.

PRIEUR. Prior, *gén.* prioris. *masc.*

PRIEURE. Priorissa, *gén.* priorissæ. *f.* Dignité de couvent de filles.

PRIEURÉ. Prioratus, *génit.* prioratûs. *masc.*

PRIMAT, prélat au-dessus des archevêques. Primas, *gén.* primatis. *masc.*

PRIMATIE. Primatia, *gén.* primatiæ. *fém.*

PRIMAUTÉ. Principatus, *gén.* principatûs. *masc.*

PRIME, partie de l'office divin. Prima, *gén.* primæ. *f.* ou Prima hora, *gén.* primæ horæ. *fém.*

PRIME, premier. De prime abord. Primo aditu. *à l'abl.*

PRIMER, être le premier, tenir la première place, le premier rang. Primum locum tenere, teneo, es, tenui, tentum. *acc.*

PRIMEVÈRE, fleur. Flos prænuntius, *gén.* floris prænuntii. Ajoutez veris, *c. à d.*, fleur qui annonce le printemps.

PRIMITIF. Primigenius, a, um. *adj.*

PRIMITIVEMENT. Primitùs. *adv.*

PRIMOGENITURE, droit d'aînesse. Prærogativa, *génit.* prærogativæ, *fém.* Ajoutez ætatis, c'est-à-dire, prérogative d'âge.

PRIMORDIAL. Authenticus, a, um. *adject.*

PRINCE. Princeps, *gén.* principis. *m.*

PRINCESSE. Princeps femina, *génit.* principis feminæ. *fém.*

PRINCIPAL, le premier, le plus considérable. Præcipuus, a, um. *adj.* Les principaux d'une ville, etc. Principes, *gén.* principum. *masc. pl.*

Un PRINCIPAL d'un collége. Gymnasiarchus, *gén.* gymnasiarchi. *masc.*

Le PRINCIPAL ou la somme principale. Sors, *gén.* sortis. *fém.*

PRINCIPALEMENT. Præsertim. *adv.*

PRINCIPAUTÉ. Principatus, *gén.* principatûs. *masc.*

PRINCIPE. Principium, *gén.* principii. *neut.* Principe d'une science, d'un art, etc. Elementa, *gén.* elementorum. *n. plur.* Ajoutez artis.

PRINTANIER ou du printemps. Vernus, a, um. *adj.*

PRINTEMPS. Ver, *gén.* veris. *n.* Au printemps. Vere. *à l'abl.*

PRIORITÉ. Antecessio, *gen.* antecessionis. *fém.*

Qui est PRIS. Captus, capta, captum. *part. pass.* de Capere.

PRISE. Captura, *gén.* capturæ. *fém.* Lâcher prise. Amittere, amitto, is, amisi, amissum. *act.* Ajoutez capturam, c'est-à-dire, laisser tomber de ses mains sa capture. Faire lâcher prise à quelqu'un. Eripere alicui capturam, c'est-à-dire, arracher à quelqu'un sa capture.

PRISE, de corps. Comprehensio, *génit.* comprehensionis. *f.* Prise d'une ville, etc. Expugnatio, *gén.* expugnationis. *f.*

PRISE, querelle. Rixa, *gén.* rixæ. *fém.* Action de se battre. En venir aux prises. Venire ad pugnam, c'est-à-dire, venir au combat. Etre aux prises, se battre. Voy. Se battre.

PRISE ou dose, terme de médecine. Potio medica, *gén.* potionis medicæ. *f.*

PRISÉ. Æstimatus, æstimata, æstimatum. *part. pass.* d'Æstimare.

PRISÉE, estimation. Æstimatio, *gén.* æstimationis. *fém.*

PRISER. Æstimare, æstimo, æstimas, æstimavi, æstimatum. *act.* avec un acc. Voy. Estimer.

PRISEUR. Æstimator, *gén.* æstimatoris. *masc.*

PRISON. Carcer, *gén.* carceris. *masc.* Envoyer ou faire mettre en prison. Mittere in carcerem. *act. acc.* Mitto, is, misi, missum, ou in carcerem conjicere, conjicio, is, conjeci, conjectum. *act. acc.*

PRISONNIER. Detentus, a, um. *Aj.* in carcere. Prisonnier de guerre. Captivus, *gén.* captivi. *masc.*

PRISONNIÈRE. Captiva, *gén.* captivæ. *fém.*

PRIVATIF. Privativus, privativa, privativum. *adj.*

PRIVATION. Privatio, *gen.* privationis. *fém.*

PRIVATIVEMENT à tout autre. Exclusis omnibus.

PRIVAUTÉ ou *familiarité*. Familiaritas, *gén.* familiaritatis. *fém*.

PRIVÉ ou *particulier*. Privatus, privata, privatum. *adj*.

Privé de. Privatus, privata, privatum. *part. pass.* de Privare. *avec l'abl.*

Privé ou *apprivoisé*. Cicuratus, cicurata, cicuratum. *participe passé de* Cicuro.

Un **PRIVÉ** ou *retrait*. Foricæ, *génit.* foricarum. *f. plur.*

PRIVEMENT, *familièrement*. Familiariter. *adv.*

PRIVER. Privare, privo, privas, privavi, privatum. *act. rég. dir. act. rég. ind. abl.*

Priver. Voy. *Apprivoiser*.

Se **Priver** de. Voy. *S'abstenir de*.

PRIVILEGE, *grâce accordée*. Privilegium, *gén.* privilegii. *neut.*

PRIVILEGIÉ. Donatus, donata, donatum. Ajoutez privilegio. *abl*.

PRIVILEGIER. Donare, dono, donas, donavi, donatum. *act. acc. de la personne. Ajoutez* privilegio, *c'est-à-dire, gratifier quelqu'un d'un privilége*.

PRIX, *valeur*. Pretium, *gén.* pretii. *n. A vil prix.* Parvo pretio, ou vili, sans pretio. *A prix d'argent*. Pretio. *A plus bas prix.* Minoris. *Au plus bas prix.* Minimi ou minimo pretio. *A plus haut prix.* Pluris. *Au plus haut prix.* Plurimi, ou maximo pretio. *A quel prix ?* Quanti ? *A un prix honnête, raisonnable, médiocre*. Pretio non vili. *A prix fait.* Pacto pretio. *A quelque prix que ce soit, s'il s'agit d'acheter, de vendre, etc.* Quoquo pretio, ou tanti quanti, *avec le subjonctif s'il suit un verbe. A quelque prix que ce soit, pour quelque peine qu'il faille prendre*. Quantacunque opera insumenda sit. *Au prix de, ou en comparaison de.* Præ, *avec l'abl.*

Un **Prix** ou *récompense*. Præmium, *gén.* præmii. *neut.*

PROBABILITÉ. Verisimilitudo, *génit.* verisimilitudinis. *fém.*

PROBABLE. Probabilis, *masc. f.* probabile, *neut. gén.* probabilis.

PROBABLEMENT. Probabiliter. *adv.*

PROBITÉ. Probitas, *gén.* probitatis. *f. Un homme de probité, homme honnête*. Vir probus, *gén.* viri probi. *m.*

PROBLEMATIQUE. Anceps, *m. f. n. gén.* ancipitis.

PROBLEME. Problema, *g.* problematis. *neut.*

PROCÉDÉ. Ratio, *gén.* rationis. *fém. Ajoutez* agendi.

PROCEDER *de, provenir*. Oriri, orior, oriris, ortus sum. *dép. le de par à ou ex, avec l'abl.*

Procéder, *agir*. Voy. *Agir*.

PROCEDURES, *pièces d'un procès*. Actio, *gén.* actionis. *f.*

PROCES. Lis, *gén.* litis. *fém. Etre en procès, avoir procès.* Habere litem. *Gagner son procès*. Obtinere, obtineo, es obtinui, obtentum. *Ajoutez* causam. *Perdre son procès*. Cadere, cado, cadis, cecidi, casum. *Ajout. causâ. Faire le procès à*. Damnare, damno, damnas, damnavi damnatum. *act. acc.*

PROCESSION. Supplicatio, *gén.* supplicationis. *f. Faire une procession*. Habere supplicationem. *Aller en procession*. Procedere, procedo, is, processi, processum. *n. Ajoutez* instructo supplicantium ordine.

PROCESSIONNELLEMENT. Instructo supplicantium ordine.

PROCHAIN. Proximus, a, um. *adj. Qui est proche*. Propinquus, a, um. *adj. Au comp.* propinquior, *m. f.* propinquius, *n. au sup.* proximus, a, um. *adj.* On me ordinairement après ces noms un dat.

PROCHE de ou *auprès*. Propè. *préposition qui veut un acc. Au comp.* on dit propius, *plus proche* ; *et au sup.* proximè *très-proche, et ensuite un acc.*

PROCLAMATION. Promulgatio, *gén.* promulgationis. *fém.*

PROCLAMÉ. Promulgatus, promulgata, promulgatum. *part. pass.*

PROCLAMER. Promulgare, promulgo, promulgas, promulgavi, promulgatum. *act. acc.*

PROCONSUL. Proconsul, *gén.* proconsulis. *masc.*

PROCONSULAT, *la dignité de proconsul*. Proconsulatus, *gén.* proconsulatús. *masc.*

PROCRÉATION *des animaux*. Procreatio, *gén.* procreationis. *fém.*

PROCRÉER. Procreare, procreo, as procreavi, procreatum. *act. acc.*

PROCURATION. Delegatio, *gén.* delegationis. *fém.*

PROCURER. Accersere, accerso, accersis, accersivi, accersitum. *rég. dir. acc. rég. ind. dat.*

PROCUREUR. Procurator, *gén.* procuratoris. *masc.*

PRODIGALEMENT. Profusè. *adv.*

PRODIGALITÉ. Effusio, *gén.* effusionis. *fém.*

PRODIGE. Prodigium, *gén.* prodigii. *neut.*

PRODIGIEUSEMENT. Prodigiosè. *adv.*

PRODIGIEUX. Prodigiosus, prodigiosa, prodigiosum. *adj.*

PRODIGUE. Prodigus, prodiga, prodigum. *adj.*

PRODIGUER. Prodigere, prodigo prodigis, prodegi. *sans supin. actif accusatif.*

PRODUCTION, *action de produire.* Procreatio, *gén.* procreationis. *f.*
PRODUCTION, *ouvrage.* Fetus, *g.* fetûs. *masc.*
PRODUIRE. Producere, produco, is, produxi, productum. *act. acc.*
Se PRODUIRE *en public.* Prodire, prodeo, prodis, prodii, proditum. *neut.* in publicum.
PRODUIT. Productus, producta, productum. *part. pass.* de Producere.
PROFANATEUR. Violator, *gén.* violatoris. *masc.*
PROFANATION. Violatio, *gén.* violationis. *fém.*
PROFANE, *qui n'est pas sacré.* Profanus, a, um. *adj.*
PROFANÉ. Violatus, violata, violatum. *part. pass.* de Violare.
PROFANER. Violare, violo, violas, violavi, violatum. *act. acc.*
PROFÉRÉ. Editus, a, um. *adj.*
PROFÉRER. Edere, edo, edis, edidi, editum. *act. acc.*
PROFÈS, *qui a fait profession.* Adstrictus, a, um. *adj. Ajoutez* solemnibus votis, *c'est-à-dire, lié par des vœux solennels.*
PROFESSER. Profiteri, profiteor, eris, professus sum. *dép.*
PROFESSEUR. Professor, *gén.* professoris. *masc.*
PROFESSION, *genre de vie.* Genus, *g.* generis. *n. Ajoutez* vitæ.
PROFESSION, *métier.* Ars, *gén.* artis. *f. Etre d'une profession, faire, exercer une profession, ou faire profession de,* etc. Profiteri, *avec l'acc. c. à d., professer. La profession que je fais, ou dont je suis.* Ars quam profiteor.
PROFESSION *d'un religieux.* Solemnis nuncupatio, *gén.* solemnis nuncupationis. *f. Ajoutez* votorum, *c'est-à-dire, prononciation solennelle des vœux. Faire profession chez les religieux.* Nuncupare, nuncupo, nuncupas, nuncupavi, nuncupatum. *act. Ajoutez* solemnia religionis vota, *c'est-à-dire, prononcer les vœux solennels de religion.*
PROFIL, *figure qui n'est vue que d'un côté.* Catagraphum, *génit.* catagraphi. *neut.*
PROFIT *ou gain.* Lucrum, *gén.* lucri. *neut.*
PROFIT *ou progrès.* Progressus, *génit.* progressûs. *masc.*
PROFITABLE. Utilis, *masc. f.* utile, *neut. gén.* utilis.
PROFITER, *tirer du profit de quelque chose.* Percipere, percipio, percipis, percepi, perceptum. *act. Ajoutez* utilitatem ex aliquâ re.
PROFITER *à, ou être utile, en parlant* des choses. Prodesse, prosum, prodes, profui. *dat. de la personne.*
PROFITER *ou faire des progrès.* Proficere, proficio, proficis, profeci, profectum. *n. Dans les sciences,* in scientiis. *Faire profiter quelqu'un.* Promovere, promoveo, promoves, promovi, promotum. *actif. accusat. de la personne. Dans par* in, *avec l'abl.*
PROFOND. Altus, a, um. *adj.*
PROFONDÉMENT. Altè. *adv.*
PROFONDEUR. Altitudo, *gén.* altitudinis. *f. De profondeur ou en profondeur.* In altitudinem.
PROFUSÉMENT *ou avec profusion.* Profusè. *adv.*
PROFUSION, *prodigalité, dépense excessive.* Nimia largitas, *gén.* nimiæ largitatis. *fém.*
PROGRAMME. Programma, *gén.* programmatis. *neut.*
PROGRÈS. Progressus, *gén.* progressûs. *masc.*
PROGRESSIF. Progrediens, *m. f. n. gén.* progredientis.
PROGRESSION. Progressio, *gén.* progressionis. *masc.*
PROGRESSIVEMENT. *adv.* Progrediendo.
PROHIBER, *défendre.* Prohibere, prohibeo, prohibes, prohibui, prohibitum. *act. acc.*
PROHIBITIF, *qui défend.* Prohibitorius, prohibitoria, prohibitorium. *adject.*
PROHIBITION, *défense.* Interdictio, *gén.* interdictionis. *fém.*
PROIE. Præda, *génit.* prædæ. *fém. Oiseau de proie.* Avis rapax, *gén.* avis rapacis. *fém.*
PROJET. Consilium, *g.* consilii. *n.*
PROJETER. Meditari, meditor, aris, meditatus sum. *dép. acc.*
PROLIXE. Voyez *Long.*
PROLIXEMENT. Verbosè. *adv.*
PROLIXITÉ. Voy. *Longueur.*
PROLOGUE. Prologus, *génit.* prologi. *masc.*
PROLONGATION. Productio, *gén.* productionis. *fém.*
PROLONGÉ. Productus, a, um. *part. pass.* de Producere.
PROLONGER. Producere, produco, is, produxi, productum. *act. acc.*
PROMENADE. Ambulatio, *gén.* ambulationis. *fém.*
PROMENER *un enfant, un cheval,* etc. Circumducere, circumduco, circumducis, circumduxi, circumductum. *actif. accusat.* puerum, etc. *Ajoutez* manu, *si on le tient par la main,* etc.
Se PROMENER, *faire une promenade.* Ambulare, ambulo, ambulas, ambulavi, ambulatum. *neut.*

PRO   PRO   343

selon le sujet. Aptè. *adv. A quel propos ?* Quorsùm ? *adv. Il est à propos de*, ou *il convient.* Decet, decuit, decere. *impers. avec l'infinit. Comme tu le jugeras à propos*, il faut tourner : *comme il semblera à toi.* Ut videbitur tibi ; videtur, videbatur, visum est, videri. *impers. qui veut un dat. de la personne à qui il semble.*

De Propos *délibéré.* De industriâ. Consultô. *adv.*

A tout Propos. Quâlibet occasione datâ. *à l'abl.*

PROPOSÉ. Propositus, proposita, propositum. *part. pass. de* Propono.

PROPOSER. Proponere, propono, proponis, proposui, propositum. *act. rég. dir. acc. rég. ind. dat.*

Se Proposer *de.* Proponere. *Aj.* animo. *abl. avec l'acc. ou l'infin.*

PROPOSITION. Propositio, *gén.* propositionis. *f. Faire une proposition.* Voyez *Proposer.*

PROPRE ou *qui appartient.* Proprius, a, um. *adj. A l'homme*, hominis. *au gén. C'est le propre de.* Voyez la Grammaire latine. *Amour-propre.* Amor, *g.* amoris. *masc. Son amour-propre.* Sui ipsius amor. *Notre amour-propre.* Nostri ipsorum amor, etc.

Propre *pour*, ou *à.* Aptus, apta, aptum. *adj.* pour *ou à par* ad, *avec l'acc. ou avec le gérond. en* dum.

Propre ou *bien ajusté.* Elegans, *masc. f. neut. gén.* elegantis.

PROPREMENT ou *avec propreté.* Eleganter. *adv.*

Proprement, *en termes propres.* Propriè. *adv.*

PROPRETÉ. Elegantia, *g.* elegantiæ. *fém.*

Propreté, *netteté.* Munditia, *génit.* munditiæ. *fém.*

PROPRIETAIRE. Dominus, *g.* domini. *masc. avec un gén.*

PROPRIÉTÉ ou *qualité propre.* Proprietas, *gén.* proprietatis. *f.*

Propriété ou *domaine.* Dominium, *g.* dominii. *neut.*

PROROGATION. V. *Prolongation.*

PROROGER, *différer.* Differre, differo, differs, distuli, dilatum. *act. acc.*

PROSAÏQUE, *qui tient de la prose.* Prosaïcus, prosaïca, prosaïcum. *adj.*

PROSCRIPTION. Proscriptio, *génit.* proscriptionis. *fém.*

PROSCRIRE. Proscribere, proscribo, proscribis, proscripsi, proscriptum. *act. accusat.*

PROSCRIT. Proscriptus, proscripta, proscriptum. *part. pass. de* Proscribere.

PROSE. Prosa, *génit.* prosæ. *féminin. Composer en prose.* Oratione solutâ componere.

PROSELYTE, *nouveau converti au christianisme.* Initiatus, initiata, initiatum. *Ajoutez* verâ religione.

PROSERPINE, *déesse.* Proserpina, *gén.* Proserpinæ. *fém.*

PROSODIE, *la mesure des syllabes.* Quantitas, *gén.* quantitatis. *fém.*

PROSOPOPÉE. Prosopopœia, *gén.* prosopopœiæ. *fém.*

PROSPERE, *favorable, propice.* Propitius, propitia, propitium. *adj.*

PROSPERER, *avoir un heureux succès.* Uti, utor, eris, usus sum. *dép. Ajoutez* prosperâ fortunâ. *Faire prospérer.* Dare successus prosperos. *Quelqu'un*, alicui, *c'est-à-dire, donner des succès heureux à quelqu'un.*

PROSPERITÉ. Prosperitas, *gén.* prosperitatis. *f. Etre en prospérité, ou dans la prospérité*, tournez, *prospérer.*

PROSTERNÉ. Prostratus, prostrata, prostratum. *part. pass. de* Prosternere.

Se PROSTERNER. Se prosternere, prosterno, prosternis, prostravi, prostratum. *Aux pieds*, ad pedes.

PROSTITUÉ. Prostitutus, prostituta, prostitutum. *part. pass. de* Prostituo.

PROSTITUER. Prostituere, prostituo, is, prostitui, prostitutum. *act. acc.*

PROSTITUTION. Prostitutio, *génit.* prostitutionis. *fém.*

PROTECTEUR, *qui protége.* Defensor, *gén.* defensoris. *masc.*

PROTECTION. Tutela, *génit.* tutelæ. *f. Prendre quelqu'un sous sa protection.* Recipere aliquem in fidem suam, *c'est-à-dire, recevoir*, etc. *Se mettre sous la protection de quelqu'un.* Commendare se in clientelam alicujus, *c'est-à-dire, se recommander*, etc. Commendo, commendas, commendavi, commendatum. *acc. Etre sous la protection de quelqu'un.* Esse in fide alicujus.

PROTECTRICE. Patrona, *g.* patronæ. *fém.*

PROTEGÉ. Defensus, defensa, defensum. *part pass. de* Defendere.

PROTEGER. Defendere, defendo, is; defendi, defensum. *act. acc.* contre *s'exprime par* à *ou* ab, *avec l'abl.*

PROTESTATION *d'amitié.* Officiosa pollicitatio, *gén.* officiosæ pollicitationis. *f. Faire mille protestations d'amitié et de service à quelqu'un.* Onerare aliquem officiosis promissis. Onero, oneras, oneravi, oneratum. *acc.*

Protestation, *déclaration par quelque acte.* Contestata denuntiatio, *gén.* contestatæ denuntiationis. *fém.*

PROTESTER ou *assurer.* Affirmare, affirmo, affirmas, affirmavi, affirmatum. *act. régime direct* accusat. *régime ind.* dativ.

PROTOCOLE, *formulaire.* Formularum liber, *gén.* formularum libri. *m.*

PROTOTYPE, *original.* Archetypum, *gén.* archetypi. *neut.*

PROUE. Prora, *gén.* proræ. *fém.*

PROVENÇAL, *qui est de Provence.* Provincialis, *m. f.* provinciale, *neut. g.* provincialis.

PROVENCE, *province.* Provincia, *gén.* Provinciæ. *fém.*

PROVENIR. Oriri, orior, oriris, ortus sum. *dépon. le de par è ou ex, avec l'abl.*

PROVENU, *qui vient de.* Profectus, profecta, profectum. *part.*

PROVERBE. Proverbium, *gén.* proverbii. *neut.*

PROVERBIAL, *qui tient du proverbe.* Similis, *m f.* simile, *neut. gén.* similis. *Ajoutez* proverbio.

PROVERBIALEMENT. Vulgò. *adv.*

PROUESSE, *action remarquable.* Heroïcum facinus, *génit.* heroïci facinoris. *neut.*

PROVIDENCE. Divina providentia, *g.* divinæ providentiæ. *fém.*

PROVIGNEMENT. Propagatio, *génit.* propagationis. *f. De la vigne,* vitis. *au génitif.*

PROVIGNER. Propagare, propago, as, propagavi, propagatum. *act. acc.*

Un PROVIN. Propago, *gén.* propaginis. *fém.*

PROVINCE. Provincia, *gén.* provinciæ. *fém.*

Les PROVINCES-UNIES, *provinces des Pays-Bas.* Provinciæ fœderatæ, *g.* Provinciarum fœderatarum. *f. plur.*

PROVINCIAL, *qui est de province.* Provincialis, *m. f.* provinciale, *neut. gén.* provincialis.

PROVINS, *ville de Brie.* Provinum, *g.* Provini. *neut.*

PROVISEUR *de lycée.* Provisor, *génit.* provisoris. *masc.*

PROVISION. Comparatio, *g.* comparationis. *f. Provisions de bouche.* Cibaria annona, *gén.* cibariæ annonæ. *f. Faire provision de.* Comparare, comparo, comparas, comparavi, comparatum. *act. acc.*

PROVISION, *collation d'office.* Collatio, *génit.* collationis. *fém. Ajoutez* numeris publici.

PROVISIONS, *lettres du saint Siége.* Diploma, *gén.* diplomatis. *neut.*

PROVISION, *jouissance en attendant le jugement définitif.* Fiduciaria possessio, *gén.* fiduciariæ possesionis. *f. Par provision.* Jure fiduciario. *à l'abl.*

PROVISIONNEL. Constitutus, a, constitutum. *Ajout.* pro tempore.

PROVOCATION. Provocatio, *gén.* provocationis. *fém.*

PROVOQUÉ. Provocatus, a, um. *part.* *pass. de* Provocare. *à s'exprime par* ad, *avec l'acc. ou le gérond. en* dum.

PROVOQUER. Provocare, provoco, as, provocavi, provocatum. *act. acc. à s'exprime par* ad *avec l'acc.,* ou *avec le gérond. en* dum.

PROUVÉ. Probatus, probata, probatum. *part. pass. de* Probare.

PROUVER. Probare, probo, probas, probavi, probatum. *act. rég. dir. acc. rég. ind. dat.*

PROXIMITÉ. Propinquitas, *gén.* propinquitatis. *fém.*

PRUDE. Modestus, modesta, modestum. *adj.*

PRUDEMMENT. Prudenter. *adv.*

PRUDENCE. Prudentia, *gén.* prudentiæ. *fém.*

PRUDENT. Prudens, *masc. f. n. gén.* prudentis.

PRUDERIE, *fausse sagesse d'une prude.* Assimulata virtus, *génit.* assimulatæ virtutis. *fém.*

PRUD'HOMMIE. Probitas, *g.* probitatis. *fém.*

PRUD'HOMME. Vir probus, *gén.* viri probi. *masc.*

PRUNE, *fruit.* Prunum, *gén.* pruni. *neut.*

PRUNEAU, *prune sèche.* Prunum, *gén.* pruni. *neut. Ajoutez* passum, *g.* passi.

PRUNELLE, *prune sauvage.* Prunum silvestre, *gén.* pruni silvestris. *neut.*

PRUNELLE *de l'œil.* Pupilla, *gén.* pupillæ. *fém.*

PRUNIER. Prunus, *gén.* pruni. *f.*

PRUSSE, *royaume.* Prussia, *génit.* Prussiæ. *fém.*

PSALMISTE. Scriptor, *gén.* scriptoris. *m. Ajoutez* psalmorum.

PSALMODIE. Cantus, *gén.* cantûs. *m. Ajoutez* psalmorum, *c'est-à-dire, chant des psaumes.*

PSALMODIER. Canere, cano, canis, cecini, cantum. *Ajoutez* psalmos, *c'est-à-dire, chanter des psaumes.*

PSALTERION, *instrument de musique.* Psalterium, *gén.* psalterii. *neut.*

PSAUME. Psalmus, *gén.* psalmi. *m.*

PSAUTIER, *livre.* Liber, *gén.* libri. *masc. Ajoutez* psalmorum, *c'est-à-dire, livre des psaumes.*

PUAMMENT. Fetidé. *adv. Au comp.* fetidiùs ; *au superl.* fetidissimé.

PUANT. Fetidus, a, um. *adj.*

PUANTEUR. Fetor, *gén.* fetoris. *m.*

PUBERTÉ. Pubertas, *gén.* pubertatis. *fém.*

PUBLIC, *commun, qui appartient à tout un peuple.* Publicus, a, um. *adj. En public.* Palàm. Publicè. *adv.*

PUBLIC ou *connu de tout le monde.* Pervulgatus, a, um. *participe pass. de*

Pervulgare. *Donner au public*, ou *mettre en public*. Edere, edo, edis, edidi, editum. *act. Un livre*, librum.

PUBLICAIN. Publicanus, *gén.* publicani. *masc.*

PUBLICATION. Promulgatio, *gén.* promulgationis. *fém.*

PUBLIÉ. Divulgatus, divulgata, divulgatum. *part. pass. de* Divulgare.

PUBLIER. Divulgare, divulgo, as, divulgavi, divulgatum. *act. acc.*

PUBLIQUEMENT, *en public.* Palàm. Publicè. *adv.*

PUCE. Pulex, *gén.* pulicis. *m. Avoir la puce à l'oreille.* Anxio et sollicito esse animo; sum, es, fui.

PUCELLE. Virgo, *gén.* virginis. *f.*

PUDEUR. Pudor, *gén.* pudoris. *m. Qui a de la pudeur.* Verecundus, verecunda, verecundum. *adj. Tu as de la pudeur.* Tu es verecundus.

PUDIBOND. Pudibundus, pudibunda, pudibundum. *adj.*

PUDICITÉ, *chasteté.* Pudicitia, *génit.* pudicitiæ. *fém.*

PUDIQUE, *chaste.* Pudicus, pudica, pudicum. *adj.*

PUDIQUEMENT. Pudicè. *adv.*

PUER, *sentir mauvais.* Malè olere, malè oleo, malè oles, malè olui, malè olitum. *neut.*

PUÉRIL. Puerilis, *m. f.* puerile, *neut. gén.* puerilis.

PUÉRILEMENT. Pueriliter. *adv.*

PUÉRILITÉ. Puerilitas, *gén.* puerilitatis. *fém.*

PUÎNÉ, *né après.* Minor, *m. f. gén.* minoris. *Ajoutez* natu, *invariable.*

PUIS ou *ensuite.* Tùm. Deindè. *adverbe.*

PUISÉ. Haustus, a, um. *part. pass.* d'Haurire.

PUISER. Haurire, haurio, is, hausi, haustum. *act. acc. de la chose qu'on puise, et l'abl. avec* è *ou* ex, *de la chose* ou *du lieu d'où l'on puise.*

PUISQUE. Quandoquidem, *avec l'indicatif.*

PUISSAMMENT. Vehementer. *adv.*

PUISSANCE. Potestas, *gén.* potestatis. *f. Etre sous la puissance de quelqu'un.* Esse in potestate alicujus. *Mettre* ou *réduire sous la puissance.* Redigere. *act. acc.* Aj. in ditionem. Voy. *Réduire.*

PUISSANT ou *qui a de la puissance.* Potens, *m. f. n. g.* potentis.

PUISSANT ou *fort robuste.* Valens, *m. f. n. g.* valentis. *Au comp.* valentior, *m. f.* valentius. *neut. au superl.* valentissimus, a, um. *adj.*

PUITS. Puteus, *gén.* putei. *masc.*

PULLULER. Pullulare, pullulo, as, pullulavi, pullulatum. *neut.*

PULMONAIRE, *herbe.* Pulmonaria, *g.* pulmonariæ. *fém.*

PULMONIE, *maladie des poumons.* Morbus, *gén.* morbi. *masc. Ajoutez* pulmonis.

PULMONIQUE. Pulmonarius, pulmonaria, pulmonarium. *adj.*

PULPE, *substance charnue des fruits.* Pulpa, *gén.* pulpæ. *fém.*

PULVÉRISÉ. Redactus, redacta, redactum. *part. pass. de* Redigere. *Ajoutez* in pulverem, *c'est-à-dire, réduit en poussière.*

PULVERISER. Redigere, redigo, is, redegi, redactum. *act. acc. Ajoutez* in pulverem, *c'est-à-dire, réduire en poussière.*

PUNAIS, *qui pue du nez.* Fetidæ naris. *au gén.*

PUNAISE, *insecte.* Cimex, *gén.* cimicis. *masc.*

PUNI, *qu'on a châtié.* Multatus, a, um. *part. pass.* Aj. pœnâ. *à l'abl. Puni de mort.* Multatus morte. *à l'abl.*

PUNIQUE. Punicus, a, um. *adj.*

PUNIR. Punire, punio, punis, punivi, ou punii, punitum. *act. acc. Etre puni.* Solvere, solvo, solvis, solvi, solutum. *act. Ajoutez* pœnas. *par* ou *de quelqu'un,* alicui. *au dat. Du fouet,* flagro. *à l'abl. La peine* ou *le châtiment se met à l'abl.; la faute dont* ou *pour laquelle on est puni, se met au gén. Etre puni d'un* ou *pour un mensonge.* Solvere pœnas mendacii.

PUNISSABLE. Puniendus, punienda, puniendum. *adj.*

PUNITION. Pœna, *gén.* pœnæ. *f.*

Un PUPILLE. Pupillus, *gén.* pupilli. *m. Une pupille.* Pupilla, *g.* pupillæ. *f.*

PUPITRE. Pluteus, *gén.* plutei. *m.*

PUR. Purus, pura, purum. *adj.*

PURÉE. Jus, *gén.* juris. *neut. De pois,* pisorum. *au gén.*

PUREMENT. Purè. *adv.*

PURETÉ ou *netteté.* Munditia, *génit.* munditiæ. *f. Pureté de langage.* Incorrupta integritas, *gén.* incorruptæ integritatis. *f. Ajoutez* sermonis.

PURETÉ ou *chasteté.* Castitas, *gén.* castitatis. *fém.*

PURGATIF. Catharticus, cathartica, catharticum. *adj.*

PURGATION. Purgatio, *gén.* purgationis. *fém.*

Le PURGATOIRE. Purgatorium, *gén.* purgatorii. *neut.*

PURGÉ. Purgatus, purgata, purgatum. *part. pass. de* Purgare.

PURGER. Purgare, purgo, as, purgavi, purgatum. *act. rég. dir. acc. rég. ind. ablat.*

Se PURGER, *en prenant quelque remède.* Purgare se.

346 QUA QUA

Se PURGER, se justifier de quelque chose. Purgare aliquid. acc.

PURIFICATION, action de purifier. Purificatio, gén. purificationis. f.

PURIFICATOIRE, linge d'église. Purificatorium, gén. purificatorii. n.

PURIFIÉ. Purgatus, purgata, purgatum. part. pass. de Purgare.

PURIFIER. Purgare, purgo, as, purgavi, purgatum. act. acc.

PURISTE, qui affecte la pureté du langage. Affectator, gén. affectatoris. masc. Ajoutez emendati sermonis.

PURULENT, mêlé de pus. Purulentus, purulenta, purulentum. adj.

PUS. Pus, gén. puris. neut. Jeter du pus. Emittere, emitto, emittis, emisi, emissum. act. pus. à l'acc.

PUSILLANIME, timide. Timidus, timida, timidum. adj.

PUSILLANIMITÉ, timidité. Timiditas, gén. timiditatis. fém.

PUSTULE. Pustula, gén. pustulæ. f.

PUTATIF. Habitus, habita, habitum, part. pass. d'Haberi.

PUTREFACTION. Corruptio, gén. corruptionis. fém.

PUTREFIER. Voy. Pourrir.

PUTRIDE. Putridus, a, um. adject. Fièvre putride. Febris, gén. febris. fém. Ajoutez à corruptis humoribus.

PUY, ville capitale du Velay. Anicium, gén. Anicii. neut. Qui est du Puy. Anicensis, masc. f. anicense, neut. gén. anicensis.

PUY-DE-DOME, montagne et département de France. Doma, g. Domæ. fém.

PYGMÉE. Pygmæus, g. pygmæi. m.

PYRAMIDAL. Fastigiatus, a, um. Aj. in pyramidis formam, c'est-à-dire, élevé en forme de pyramide.

PYRAMIDE. Pyramis, gén. pyramidis. fém.

PYRÉNÉES, montagnes. Pyrenæi, g. pyrenæorum. masc. plur.

PYRRHIQUE, danse armée. Pyrrhicha, gén. pyrrhichæ. fém.

PYTHON. Python, gén. Pythonis. m.

PYTHONISSE, sorcière. Saga, gén. sagæ. fém.

QUADRAGÉNAIRE, qui a quarante ans. Quadragenarius, quadragenaria, quadragenarium. adj.

QUADRAGESIMAL, qui concerne le carême. Quadragesimus, a, um. adj.

La QUADRAGESIME, premier dimanche de carême. Quadragesimale tempus, génitif. quadragesimalis temporis. neut.

QUADRANGULAIRE. Quadrangulus, a, um. adj.

QUADRATURE. Quadratio, gén. quadrationis. fém.

QUADRER. Quadrare, quadro, quadras, quadravi, quadratum. neut. à ou avec par ad, et l'acc.

QUADRIENNAL, qui dure quatre ans. Quadriennis, masc. f. quadrienne. neut. gén. quadriennis.

QUADRILLE, troupe de cavaliers pour un carrousel. Instructa turma, gén. instructæ turmæ. f. Aj. equitum ad ludicrum certamen.

QUADRUPEDE. Quadrupes, gén. quadrupedis, de tout genre.

QUADRUPLE. Quadruplum, gén. quadrupli. neut.

QUADRUPLE, adj. Quadruplus, quadrupla, quadruplum. adj.

QUADRUPLER, augmenter au quadruple. Quadruplicare, quadruplico, quadruplicas, quadruplicavi, quadruplicatum. act. acc.

QUAI. Crepido, gén. crepidinis. f.

QUALIFIÉ. Clarus, a, um. adj.

QUALIFIER. Tribuere, tribuo, is, tribui, tributum. Ajoutez nomen. Quelqu'un, alicui. d'empereur, imperatoris, c'est-à-dire, donner à quelqu'un le nom d'empereur.

QUALITÉ d'honneur. Qualitas, génit. qualitatis. fém. En qualité de, ou comme. Ut.

QUALITÉ ou talent. Dos, gén. dotis. f. Doué de belles qualités. Præditus, a, um. adj. pulchris dotibus. à l'abl.

QUALITÉ ou noblesse. Nobilitas, génit.

QUA   QUA   347

nobilitatis. *f. Qui est de qualité.* Clarus, a, um. *adj. Ajoutez* genere, *c'est-à-dire, illustre par sa naissance.*

QUALITÉS ou *titres d'honneur.* Tituli, *gén.* titulorum. *masc. plur.*

QUAND. Quandò, *Jusqu'à quand ?* Quousquè ? *adv. Quand, quand bien, quand même.* Quamvis, *avec le subjonct.*

QUANT *à.* Quod attinet ad, *et l'acc. Quant à* Metellus. Quod attinet ad Metellum. *Quant à moi.* Ego verò, *au nomin. s'il se rapporte au nomin. du verbe; mais s'il en est le cas, il faut le mettre au cas du verbe, comme : Quant à moi, j'aurais honte d'être paresseux.* Me verò puderet esse pigrum ; *ainsi des autres.*

Le QUANTIÈME. Quotùs, quota, quotum. *adj.*

QUANTITÉ ou *nombre.* Numerus, *gén.* numeri. *masc. En grande quantité.* Magno numero. *à l'abl.*

QUANTITÉ, *multitude. Quantité de gens.* Multi homines. *masc. plur.*

QUANTITÉ, *abondance. Quantité d'or.* Magna vis auri.

La QUANTITÉ *de syllabes, etc.* Quantitas, *gén.* quantitatis. *fém.*

Une QUARANTAINE *de,* ou QUARANTE. Quadraginta, *pluriel indéclin. de tout genre. Quarante fois.* Quadragies. *adv.*

QUARANTIÈME. Quadragesimus, quadragesima, quadragesimum. *adj.*

QUARRÉ. Voy. *Carré.*

QUART. Quadrans, *génit.* quadrantis. *masc.*

QUARTE *en musique.* Diatessarum. *Ce nom est indéclin.*

QUARTE. *Fièvre quarte.* Quartana, *g.* quartanæ. *f. On sous-entend* febris.

QUARTAUT *de vin, le quart d'un muid.* Quarta pars, *gén.* quartæ partis. *f. Ajoutez* dolii.

Un QUARTERON *de,* ou *vingt-cinq.* Viginti quinque. *plur. indéclin. et de tout genre.*

QUARTERON, *la quatrième partie d'une livre.* Quarta pars, *gén.* quartæ partis. *f. Ajoutez* libræ.

QUARTIER ou *quatrième partie.* Quarta pars, *gén.* quartæ partis. *fém.*

QUARTIER ou *service de trois mois.* Munus trimestre, *génit.* muneris trimestris. *neut.*

QUARTIER *de pension.* Pretium, *génit.* pretii. *neut. Ajoutez* trimestris convictûs, *c'est à dire, prix de la pension de trois mois.*

QUARTIER *d'hiver.* Voy. *Hiver.*

QUARTIER *d'une ville, etc.* Regio, *gén.* regionis. *fém.*

QUARTIER, *traitement favorable. Demander quartier.* Poscere vitam, *c'est-à-dire, demander la vie.* Posco, poscis, poposci, poscitum. *acc. Donner, ou faire quartier.* Parcere. *n. dat., c'est-à-dire, pardonner. Ne faire aucun quartier.* Nemini parcere, *c'est-à-dire, ne pardonner à personne.*

A QUARTIER, *à part.* Seorsùm. *adv. Se retirer à quartier.* Secedere, secedo, is, secessi, secessum. *neut.*

QUASI. Ferè. *adv.*

QUATERNAIRE, *qui vaut quatre.* Quaternarius, quaternaria, quaternarium. *adject.*

QUATORZE. Quatuordecim. *pluriel indéclin. de tout genre. Quatorze fois.* Quatuordecies. *adv.*

QUATORZIÈME. Decimus quartus, decima quarta, decimum quartum. *adj.*

QUATRAIN, *pièce de quatre vers.* Tetrastichum, *gén.* tetrastichi. *neut.*

QUATRE. Quatuor. *plur. indéclin. et de tout genre. Quatre fois.* Quater. *adv. Quatre-vingts.* Octoginta. *plur. indéclin. et de tout genre. L'an quatre-vingts.* Annus octogesimus, *gén.* anni octogesimi. *m. Quatre cents.* Quadringenti, æ, a, *adj. Quatre mille.* Quatuor millia, *avec un g. ensuite. On ne décline que* millia, *génit.* millium. *n. plur.*

Les QUATRE-TEMPS *de l'année.* Jejunium solemne, *gén.* jejunii solemnis. *neut. Aj.* quatuor anni tempestatum, *c'est-à-dire, jeûne solennel des quatre saisons de l'année.*

QUATRE-VINGTIÈME. Octogesimus, a, um. *adj.*

QUATRE-VINGT-DIXIÈME. Nonagesimus, a, um. *adj.*

QUATRIÈME. Quartus, quarta, quartum. *adj. Pour la quatrième fois.* Quartùm. *adv.*

QUATRIÈMEMENT. Quartò. *adv.*

QUEL. Qualis, *ou* quis, *ou* quantus, *ou* quotus, *selon la circonstance. Voyez la Grammaire latine.*

QUELCONQUE. Quicunque, quæcunque, quodcunque, *gén.* cujuscunque.

QUELQUE. Aliquis, aliqua, aliquid, *g.* alicujus. *dat.* alicui. *En quelque façon.* Quodammodò. *adv.*

QUELQUE *chose.* Aliquid. *neut. génit.* alicujus. *dat.* alicui.

QUELQUE *peu de.* Aliquantùm. *adv. avec un gén. comme : Quelque peu d'argent.* Aliquantùm *ou* aliquantulum pecuniæ. *Devant les comparatifs, devant* antè *et* post, *on met* aliquantò, *comme : Quelque peu plus grand.* Aliquantò major. *Pour quelque peu de temps.* Aliquantisper. *adv. Quelque temps, ou pendant quelque temps.* Aliquandiù. *adv.*

QUELQUE *jour, marquant l'avenir.* Aliquandò. *adv.*

QUELQUEFOIS. Aliquandò. *adv.*
QUELQU'UN. Aliquis, aliqua, aliquod ou aliquid, *gén.* alicujus. *dat.* alicui, etc. *Après si on met* quis, quæ, quod, ou quid ; *comme* : Si quelqu'un. Si quis.
QUENOUILLE. Colus, *gén.* colûs. *f.*
Quenouille *de lit.* Columella, *gén.* columellæ. *fém.*
QUERELLE. Rixa, *gén.* rixæ. *f. Etre en querelle.* Rixari, rixor, ris, rixatus sum. *déponent. avec* s'*exprime par* cum, *et l'ablat.*
QUERELLER. Objurgare, objurgo, as, objurgavi, objurgatum. *act. acc.*
Se Quereller. Rixari. *Voyez être en querelle.*
QUERELLEUR. Rixosus rixosa, rixosum. *adj.*
QUÉRIR, *aller quérir, envoyer quérir quelqu'un.* Accersere, accerso, accersis, accersivi, accersitum. *act.* aliquem.
QUESTION, *ou* interrogation. Interrogatio, *gén.* interrogationis. *f. Faire une question à quelqu'un.* Interrogare aliquem de aliqua re, *c'est-à-dire, interroger quelqu'un sur ou touchant, etc.*
Question *ou* dispute. Quæstio, *génit.* questionis. *fém. Il est question de, ou il s'agit de.* Agitur ; agebatur, actum est, *imp. pass.* Le de *s'exprime par* de, *avec l'abl. Mais s'il suit un verbe, on se sert du gérond. en* dum, *avec les troisièmes personnes du singul. de* sum. *Il est question de savoir.* Sciendum est.
Question *ou* torture. Tormenta, *gén.* tormentorum. *neut. plur. Donner,* ou *faire souffrir la question à quelqu'un. L'y mettre, l'y appliquer.* Quærere, quæro, quæris, quæsivi, quæsitum. *act.* ab aliquo rem tormentis, *c'est-à-dire, s'informer d'une chose à quelqu'un par le moyen de la question. Souffrir, endurer la question.* Perferre, perfero, perfers, pertuli, perlatum. *Ajoutez* vim tormentorum, *c'est-à-dire, supporter la violence des tourmens. Avouer tout à la question* Enuntiare, enuntio, enuntias, enuntiavi, enuntiatum. *act. acc.* omnia. *Ajoutez* propter vim doloris, *c'est-à-dire, à cause de la violence de la douleur.*
QUESTIONNAIRE, *celui qui donne la question aux criminels.* Tortor, *gén.* tortoris. *masc.*
QUESTIONNER. Interrogare, interrogo, as, interrogavi, interrogatum. *act. acc. de la personne qu'on questionne, et l'abl. avec* de, *de la chose sur quoi l'on questionne.*
QUESTURE, *charge publique.* Quæstura, *gén.* quæsturæ. *fém.*
QUÊTE, *l'action de quêter.* Mendicatio, *gén.* mendicationis. *fém.*
Quête, *ce que l'on amasse en quêtant.*
Collecta, *gén.* collectcrum. *neut. plur. Ajoutez* mendicando. *De* quête Mendicatus, mendicata, mendicatum. *part. pass. de* Mendicare. *Argent de quête.* Mendicata pecunia. *Faire la quête*, ou
QUETER. Mendicare, mendico, as, avi, mendicatum, *n.* ou *act. acc.*
QUETEUR. Rogator, *gén.* rogatoris. *masc.*
QUÊTEUSE. Collectrix, *gén.* collectricis. *f. Ajoutez* nummorum.
QUEUE *d'un animal.* Cauda, *génit.* caudæ. *fém.*
Queue *d'armée.* Postrema acies, *gén.* postremæ aciei. *fém.*
Queue *d'une robe.* Syrma, *gén.* syrmatis. *neut.*
Queue *d'un fruit.* Pediculus, *gén.* pediculi. *masc.*
QUI, *lequel.* Qui, quæ, quod, *gén.* cujus. *Avec qui, au singulier.* Quocum, *pour le masc. et le neut.* ; quâcum, *pour le fém. Si c'est au pluriel, on dit* quibuscum, *pour tous les genres.*
Qui ? *en interrogation.* Quis, quæ, quod *ou* quid, *pourvu que l'on parle de plusieurs. Lorsque l'on ne parle que de deux, on exprime* qui *par* uter, utra, utrum, *gén.* utrius, *dat.* utri, etc. Exemples: Qui de vous deux? Uter vestrûm? Vestrum *est au gén.* Qui que ce soit. Quilibet, quælibet, quodlibet *ou* quidlibet, *génit.* cujuslibet, *dat.* cuilibet, etc. *Il n'y a qui que ce soit, ou personne.* Nemo est.
QUICONQUE. Quicunque, quæcunque, quodcunque, *génit.* cujuscunque, *dat.* cuicunque.
QUIÉTUDE. Tranquillitas, *gén.* tranquillitatis. *f. Ajoutez* animi.
QUIGNON. Amplum frustum, *génit.* ampli frusti. *n. de pain,* panis *au gén.*
QUILLE *à jouer.* Metula, *gén.* metulæ. *f. Jouer aux quilles.* Metulis ludere : metulis *est à l'abl.*
Quille *de navire.* Carina, *gén.* carinæ. *fém.*
QUILLIER, *espèce de quarré où l'on dresse des quilles.* Spatium, *gén.* spatii. *n. Ajoutez* disponendis metulis.
QUINCAILLIER, QUINCAILLERIES. *Voy.* Clincaillier, clincailleries.
QUINCONCE. Quincunx, *gén.* quincuncis. *masc.*
QUINQUAGÉNAIRE. Natus, *ou* nata quinquaginta annos.
QUINQUINA, *écorce d'arbre.* Cortex Peruviana, *gén.* corticis Peruvianæ. *f.*
Le QUINT, *la cinquième partie.* Quinta pars, *gén.* quintæ partis. *fém.*
QUINTAL, *poids de cent livres.* Centumpondo. *indéclinable. D'un quintal.* Centenarius, centenaria, centenarium. *adject.*

QUINTE, *caprice*, *fantaisie subite.* Repentinus impetus, *gén.* repentini impetùs. *masc. L'un et l'autre se déclinent. Ajoutez* animi.

QUINTE, *redoublement de toux.* Tussis anhela, *gén.* tussis anhelæ. *fém.*

QUINTESSENCE. Subtilissimus succus, subtilissimi succi. *masc.*

QUINTEUX, *capricieux.* Morosus, morosa, morosum. *adj.*

QUINZAINE de, ou

QUINZE. Quindecim. *indéclin. plur. et de tout genre. Quinze fois.* Quindecies. *adv. Dans la quinzaine ou dans quinze jours.* Intra quindecim dies.

QUINZIÈME. Decimus quintus, decima quinta, decimum quintum. *gén.* decimi quinti. *adj.*

QUIPROQUO. Error, *gén.* erroris. *m.*

QUITTANCE. Apocha, *génit.* apochæ. *fém.*

Passer, faire, ou donner quittance. Ferre, fero, fers, tuli, latum. *act. dat. de la personne. De quelque argent,* pecuniam acceptam. Acceptus, accepta, acceptum, *s'accordent avec la chose dont on passe quittance.*

QUITTE. Liberatus, liberata, liberatum. *avec l'abl.*

QUITTER, *ou laisser.* Relinquere, relinquo, relinquis, reliqui, relictum. *act.* *acc. Quitter son entreprise.* Abjicere, abjicio, abjicis, abjeci, abjectum. *act.* consilium. *Ses études*, studia litterarum. *Quitter les armes.* Discedere, do, discedis, discessi, discessum. *neut.* ab armis, *c'est-à-dire, s'éloigner. Faire quitter.* Abducere, abduco, abducis, abduxi, abductum. *à quelqu'un,* aliquem. *une mauvaise coutume*, à pravà consuetudine.

QUITTER, ou *céder.* Cedere, cedo, is, cessi, cessum.

QUOI? *interrogatif.* Quid? *neut. g.* cujus? *dat.* cui? etc.

QUOI, *relatif.* Qui, quæ, quod, *gén.* cujus. *dat.* cui, etc. *Je ne sais quoi.* Nescio quid. *Avoir de quoi, ou être riche.* Esse divitem; sum, es, fui. Dives, *gén.* divitis. *m. et f. Avoir de quoi payer.* Esse solvendo, sum solvendo, es solvendo, fui solvendo. *A quoi bon?* Quorsùm? *adv.*

QUOIQUE. Quamvis, *avec le subjonct.* Quanquàm, *avec l'indic. le plus souvent. Quoi qu'il en soit.* Ut ut sit. *Quoi qu'il arrive, ou quoi qu'il puisse arriver.* Quidquid sit futurum.

QUOLIBET, *méchante raillerie.* Vernile dictum, *gén.* vernilis dicti. *n.*

QUOTE PART, *portion contingente.* Rata portio, *gén.* ratæ portionis. *f.*

QUOTIDIEN. Quotidianus, quotidiana, quotidianum. *adj.*

RABAIS. Decessio, *gén.* decessionis. *f. Des monnaies*, de pretio nummorum.

RABAISSÉ, *abaissé.* Depressus, depressa, depressum. *part. pass. de* Deprimo.

RABAISSÉ ou *diminué.* Minutus, minuta, minutum. *part. pass. de* Minuo.

RABAISSEMENT ou *abaissement.* Imminutio, *gén.* imminutionis. *f. Ajoutez* dignitatis.

RABAISSER. Voy. *Abaisser.*

RABAT ou *collet.* Cæsitium, *génit.* cæsitii. *neut.*

RABAT-JOIE. Perturbator, *gén.* perturbatoris. *m. Ajoutez* lætitiarum.

RABATTRE ou *réprimer.* Reprimere, reprimo, is, repressi, repressum. *act. acc.*

RABATTRE ou *diminuer.* Remittere, remitto, remittis, remisi, remissum. *act. acc. de la chose qu'on rabat, et l'ablat. avec de, de la somme dont on rabat; comme: Je rabattrai dix sous sur cent, ou de cent.* Remittam decem asses de centum.

RABBIN, *docteur juif.* Rabbinus, *g.* rabbini. *masc.*

RABLE. Lumbus, *gén.* lumbi. *m.*

RABOT. Runcina, *gén.* runcinæ. *f.*

RABOTÉ. Politus, polita, politum. *Ajoutez* runcinà.

RABOTER. Polire, polio, polis, polivi, politum. *act. acc. Ajoutez* runcinà, *c'est-à-dire, polir avec le rabot.*

RABOTEUX. Asper, aspera, asperum. *adject.*

RACAILLE, *vie du peuple*. Plebeia fex, gén. plebeiæ fecis. *fém.*
RACAILLE, *chose de peu de valeur*. Quisquiliæ, *gén.* quisquiliarum. *f. plur.*
RACCOMMODÉ. Reconcinnatus, reconcinnata, reconcinnatum. *part. pass. de* Reconcinnare.
RACCOMMODEMENT. Reconcinnatio, *gén.* reconcinnationis. *fém.*
RACCOMMODEMENT, *réconciliation*. Voy. *Réconciliation*.
RACCOMMODER. Reconcinnare, reconcinno, reconcinnas, reconcinnavi, reconcinnatum. *act. acc.*
RACCOMMODER, *réconcilié*. Voy. *Réconcilier*.
RACCOMMODEUR. Concinnator, *gén.* concinnatoris. *masc.*
RACCORDER. Voyez *Réconcilier*.
RACCOURCI, *abrégé*. Contractus, contracta, contractum. *part. pass. de* Contrahere.
RACCOURCI, *rendu plus court, en coupant, etc.* Decurtatus, decurtata, decurtatum. *part. pass. de* Decutare.
RACCOURCIR, *abréger*. Contrahere, contraho, contrahis, contraxi, contractum. *act. acc.*
RACCOURCIR *en coupant*. Resecare, reseco, resecas, resecui, resectum. *act. acc.*
RACCOURCISSEMENT, *abrégé*. Contractio, *gén.* contractionis. *fém.*
RACCOURCISSEMENT, *en coupant*. Resectio, *gén.* resectionis. *fém.*
RACCOUTRER, *raccommoder*. Concinnare, concinno, concinnas, concinnavi, concinnatum. *act. acc.*
Se RACCOUTUMER *à*. Assuescere, assuesco, assuescis, assuevi, assuetum. *neut. dat.* Ajoutez denuò. *adv.*
RACCROCHER. Suspendere, suspendo, suspendis, suspendi, suspensum. *act. acc.* Ajoutez iterùm unco, c'est-à-dire, pendre de nouveau au croc.
RACE. Genus, *gén.* generis. *n. Etre d'une race noble.* Esse natum genere nobili; sum, es, fui. Natus, a, um. *Etre de race de.* Ducere, duco, ducis, duxi, ductum. *act.* Ajoutez genus. Le *de* s'exprime par *à* ou *ab*, avec l'abl.
RACHALANDER *une boutique*. Revocare, revoco, revocas, revocavi, revocatum. *act.* Ajoutez emptorum frequentiam, et l'acc. avec ad, de la personne; comme: *un marchand,* ad venditorem.
RACHAT. Redemptio, *gén.* redemptionis. *fém.*
RACHETABLE, *qu'on peut racheter*. Redimendus, redimenda, redimendum. *part. futur de* Redimere.
RACHETÉ. Redemptus, redempta, redemptum, *part. pass. de* Redimere.
RACHETER. Redimere, redimo, is,
redemi, redemptum. *act. rég. dir. acc. rég. ind. ablat.* avec à ou ab.
RACINE. Radix, *gén.* radicis. *fém.*
RACLÉ. Rasus, a, um. *part. pass. de* Radere.
RACLEMENT. Rasura, *génit.* rasuræ. *fém.*
RACLER. Radere, rado, radis, rasi, rasum. *act. acc.*
RACLOIR. Radula, *gén.* radulæ. *f.*
RACLURE. Ramentum, *gén.* ramenti. *neut.*
RACONTÉ. Narratus, narrata, narratum. *part pass. de* Narrare.
RACONTER. Narrare, narro, narras, narravi, narratum. *act. rég. dir. acc. rég. ind. dat.*
RACONTEUR. Narrator, *gén.* narratoris. *masc.*
RADE. Ora vadosa, *gén.* oræ vadosæ. *f.*
RADEAU. Ratis, *gén.* ratis. *f.*
RADIATION, *rayonnement*. Radiatio, *gén.* radiationis. *fém.*
RADIATION, *rature*. Litura, *gén.* lituræ. *fém.*
RADICAL, *primitif*. Primigenius, primigenia, primigenium. *adj.*
RADICALEMENT. Penitùs. *adv.*
RADOTER. Delirare, deliro, deliras, deliravi, deliratum. *neut.*
RADOTEUR. Delirus, delira, delirum. *adject.*
RADOUB. Refectio, *génit.* refectionis. *fém.*
RADOUBÉ. Refectus, refecta, refectum. *part. pass. de* Reficere.
RADOUBER. Reficere, reficio, reficis, refeci, refectum. *act. acc.*
RADOUBEUR. Refector, *gén.* refectoris. *masc.*
RADOUCIR, *rendre plus doux*. Lenire, lenio, lenis, lenii, lenitum. *act. acc. Radoucir, en parlant des choses.* Committigare, committigo, committigas, committigavi, committigatum. *act. acc.*
Se RADOUCIR. Mansuefieri, mansuefio, mansuefactus sum. *pass.*
RADOUCISSEMENT. Placatio, *gén.* placationis. *fém.*
RAFFERMI. Firmatus, firmata, firmatum. *part. pass. de* Firmare.
RAFFERMIR. Firmare, firmo, firmas, firmavi, firmatum. *act. acc.*
RAFFERMISSEMENT. Firmamentum, *gén.* firmamenti. *neut.*
RAFFINAGE. Coctura, *génit.* cocturæ. *fém.*
RAFFINÉ, *fin; rusé*. Callidus, callida, callidum. *adj.*
RAFFINÉ, *affiné*. Purgatus, purgata, purgatum. *part. pass. de* Purgare.
RAFFINEMENT, *ou subtilité*. Nimia subtilitas, *g.* nimiæ subtilitatis. *f.*

RAFFINER. Voyez *Affiner* et *Perfectionner*.

RAFLE *d'une grappe de raisin*. Scapus, *gen.* scapi. *masc.*

RAFLE *au jeu de dés*. Jactus, *g.* jactûs. *m. Ajoutez* tesserarum similium.

RAFLER. Corradere, corrado, corradis, corrasi, corrasum. *act. acc.*

RAFRAICHI, ou *refroidi*. Refrigeratus, a, um. *part. pass. de* Refrigerare.

RAFRAICHI ou *délassé*. Refectus, refecta, refectum. *part. pass. de* Reficere.

RAFRAICHIR ou *rendre moins chaud*. Refrigerare, refrigero, refrigeravi, refrigeratum. *act. acc.*

RAFRAICHIR ou *délasser*. Reficere, reficio, is, refeci, refectum. *act. acc.*

RAFRAICHIR, ou *renouveler*. Renovare, renovo, renovas, renovavi, renovatum. *act. acc.*

RAFRAICHISSANT. Refrigeratorius, a, um. *adj.*

RAFRAICHISSEMENT. Refrigeratio, *gén.* refrigerationis. *fém.*

RAGE. Rabies, *gén.* rabiei. *fém.* Avec rage. Rabidè. *adv.*

RAGOUT. Condimentum, *gén.* condimenti. *neut.*

RAGOUTANT. Acuens, *m. f. n. gén.* acuentis. *Ajoutez* palatum.

RAGOUTER, *remettre en appétit*. Excitare, excito, excitas, excitavi, excitatum. *act. Ajout.* marcescentem stomachum. *gén. de la personne.*

RAIE, *ligne*. Linea, *gén.* lineæ. *f.*

RAIE, *sillon*. Sulcus, *g.* sulci. *masc.*

RAIE, *poisson*. Raïa, *gén.* raïæ. *f.*

RAIFORT, *racine*. Raphanus, *génit.* raphani. *masc.*

RAILLER. Jocari, jocor, jocaris, jocatus sum. *dép. Voy. Rire.*

RAILLER, ou *se railler de quelqu'un*. Irridere, irrideo, irrides, irrisi, irrisum. *act.* aliquem.

RAILLERIE. Jocus, *gén.* joci. *m. En raillerie*, ou *par raillerie*. Per jocum. *Raillerie à part*, ou *sans raillerie*. Joco remoto. *à l'abl. Entendre raillerie*. Jocos admittere; admitto, admittis, admisi, admissum.

RAILLEUR. Joculator, *g.* joculatoris. *m.*

RAIPONCE, *herbe*. Rapunculus, *gén.* rapunculi. *masc.*

RAIS. Radii, *gén.* radiorum. *m. plur.*

RAISIN. Uva, *gén.* uvæ. *fém.*

RAISINÉ, *confiture de raisin*. Defrutum, *gén.* defruti. *neut. Faire un résiné*. Defrutare, defruto, defrutas, defrutavi, defrutatum. *neut.*

RAISON, *équité*, ou *bon sens*. Ratio, *gén.* rationis. *fém.*

RAISON, ou *cause*. Causa, *gén.* causæ. *f. Avec raison*. Meritò. *adv. Sans raison.*
Immeritò. *adv. Pour cette raison*. Ob eam causam. *C'est pour cette raison que*, ou *c'est pourquoi*. Quamobrem. *adv. Pour quelle raison?* Cur? *Avoir raison de*; comme: *J'ai raison de dire*; tournez: *avec raison je dis*. Meritò dico. *A plus forte raison*. Multò magis. *A combien plus forte raison*. Quantò magis.

RAISON, *satisfaire sur ce qu'on demande*. Satisfactio, *gén.* satisfactionis. *f. Faire raison à*, ou *satisfaire*. Satisfacere, satisfacio, is, satisfeci, satisfactum. *n. dat. de la personne.*

Faire **RAISON**, *boire à la santé de celui qui a bu à la nôtre*. Respondere, respondeo, respondes, respondi, responsum. *Aj.* alicui propinanti.

RAISON, *équité*. Ratio, *gén.* rationis. *f. Se mettre à la raison*. Facere, facio, facis, feci, factum. *act. Ajoutez* æquum et bonum, *c'est-à-dire*, *faire ce qui est juste et bien*.

RAISONNABLE, ou *doué de raison*. Præditus, a, um. *Ajoutez* ratione.

RAISONNABLE, ou *juste*. Æquus, æqua, æquum. *adj.*

RAISONNABLEMENT. Justè. *adv. A comp.* justiùs; *au superl* justissimè.

RAISONNÉ, *prouvé par raisons*. Firmatus, firmata, firmatum. *part. pass. de* Firmare. *Ajoutez* rationibus.

RAISONNEMENT, *action de raisonner*. Ratiocinatio, *génit.* ratiocinationis. *fém.*

RAISONNER. Ratiocinari, ratiocinor, ratiocinaris, ratiocinatus sum. *dépon. De quelque chose*, de aliquâ re.

RAISONNEUR. Oblocutor, *gén.* oblocutoris. *masc.*

RAJEUNIR, ou *devenir jeune*. Juvenescere, juvenesco, juvenescis; *sans prét. et sans supin. neut.*

RAJEUNIR, ou *faire rajeunir*. Restituere, restituo, restituis, restitui, restitutum. *act. Ajoutez* juventuti, *et l'acc. de la personne.*

RAJEUNISSEMENT. Restitutio, *génit* restitutionis. *f. Ajoutez* juventutis.

RAJUSTEMENT, *raccommodement de personnes brouillées*. Reconciliatio, *gén.* reconciliationis. *fém.*

RAJUSTER. *Voy. Raccommoder.*

RALE, *oiseau*. Ortygometra, *gén.* ortygometræ. *fém.*

RALE, *son enroué d'une personne qui est à l'agonie*. Singultus, *gén.* singultûs. *m. Ajoutez* morientis. *gén.*

RALENTIR. Retardare, retardo, as, retardavi, retardatum. *acc.*

Se **RALENTIR.** Remittere, remitto, is, remisi, remissum. *neut.*

RALENTISSEMENT. Remissio, *génit.* remissionis. *fém.*

RALER. Animæ interclusione confici, conficior, conficeris, confectus sum. *pass.*

RALLIEMENT. Revocatio, *gén.* revocationis, *f. Ajoutez* dissipati exercitûs ad signa.

RALLIER. Colligere, colligo, colligis, collegi, collectum. *act. acc. Aj.* dispersos disjectosque milites.

Se RALLIER. Coire, coeo, cois, coivi ou coii, coitum. *neut. Ajoutez* inter se.

RALLUMER. Suscitare, suscito, as, suscitavi, suscitatum. *act. acc.*

Se RALLUMER. Exardescere, exardesco, exardescis, exarsi, exarsum. *n. Ajoutez* rursùm.

RALONGER. Extendere, extendo, is, extendi, extensum. *act. acc.*

RAMAGE. Cantus, *gén.* cantûs. *masc.*

RAMAGE, *feuilles.* Rami, *gén.* ramorum. *masc. plur.*

RAMAIGRI, *redevenu maigre.* Emaciatus, a, um. *part. pass.* d'Emaciare.

RAMAIGRIR. Emacrescere, emacresco, si, emacrui. *sans sup. neut.*

RAMAS. Congeries, *gén.* congeriei. *f.*

RAMASSÉ. Collectus, collecta, collectum. *part. pass.* de Colligere.

RAMASSER. Colligere, colligo, colligis, collegi, collectum. *act. acc.*

RAMASSEUR, *qui ramasse diverses choses.* Coactor, *gén.* coactoris. *masc.*

RAMASSEUR, *qui conduit sur les montagnes, dans les neiges.* Rector, *génit.* rectoris. *masc. Ajoutez* sellæ tractoriæ.

RAMASSEUSE. Coactrix, *gén.* coactricis. *fém.*

RAME ou *aviron.* Remus, *gén.* remi. *A rames.* Remis. *à l'abl. Aller à rames.* Navigare remis, *c'est-à-dire, naviguer.*

RAME *de papier.* Viginti scapi, *génit.* viginti scaporum. *masc. plur. Viginti est indéclinable.*

RAME ou **RAMEAU,** *branche d'arbre.* Ramus, *gén.* rami. *masc. Le Dimanche des Rameaux.* Dominica, *gén.* dominicæ. *fém. Ajoutez* palmarum.

RAMÉE, *branches d'arbres avec les feuilles vertes.* Frondentes rami, *g.* frondentium ramorum. *masc. plur.*

RAMENÉ. Reductus, reducta, reductum. *part. pass.* de Reducere.

RAMENER. Reducere, reduco, reducis, reduxi, reductum. *act. acc.*

RAMER. Remigare, remigo, remigas, remigavi, remigatum. *neut.*

RAMER *des pois.* Sustinere, sustineo, sustines, sustinui, sustentum. *act. Ajout.* pisa *à l'acc.* et ramis *à l'abl.*

RAMEUR. Remex, *g.* remigis. *m.*

RAMIER, *pigeon.* Palumbus, *génit.* palumbi. *masc.*

RAMOLLIR. Mollire, mollio, is, mollivi ou mollii, mollitum. *act. acc.*

Se RAMOLLIR. Molliri, mollior, molliris, mollitus sum. *pass.*

RAMONER. Purgare, purgo, purgas, purgavi, purgatum. *act. acc.*

RAMONEUR *de cheminées.* Qui purgat spiracula caminorum, *c'est-à-dire, celui qui ramone des cheminées.*

RAMPANT. Repens, *m. f. neut. gén.* repentis. *part. prés.* de Repere.

RAMPE, *balustrade d'escalier.* Clathri, *gén.* clathrorum. *masc. plur.*

RAMPER. Repere, repo, repis, repsi, reptum. *neut. à terre,* ou *sur terre,* humi *au gén.*

RAMURE *de cerf.* Cornua, *gén.* cornuum. *neut. plur. Ajoutez* cervi.

RANCE. Rancidus, a, um. *adj.*

RANCISSURE. Rancor, *gén.* rancoris. *masc.*

RANÇON. Pretium, *gén.* pretii. *neut. Ajoutez* redemptionis, *c'est-à-dire, prix d'un rachat.*

RANÇONNER, *faire trop payer.* Exigere ultra debitum, *c'est-à-dire, exiger au-delà de ce qui est dû.* Exigo, exigis, exegi, exactum. *acc.*

RANCUNE. Odium, *gén.* odii. *neut. Avoir de la rancune.* Malè velle, malè vis, etc. *contre quelqu'un,* alicui. *au dat.* Volo, vis, volui. *neut.*

RANG ou *ordre.* Ordo, *gén.* ordinis. *masc. Un rang de soldats.* Ordo militum. *En rang,* ou *de rang,* ou *à son rang.* Ex ordine.

RANG ou *nombre.* Numerus, *g.* numeri. *Mettre quelqu'un au rang de.* Referre aliquem in numerum, *avec un gén., c'est-à-dire, rapporter au nombre de, etc.* Refero, refers, retuli, relatum. *acc.*

RANG ou *place.* Locus, *gén.* loci. *m.*

RANG ou *dignité.* Dignitas, *gén.* dignitatis. *f. Tenir son rang.* Dignitatem tueri, tueor, tuitus sum.

RANGÉ. Ordinatus, a, um. *part. pass.* d'Ordinare.

Une **RANGÉE.** Ordo, *gén.* ordinis. *m.*

RANGER. Ordinare, ordino, ordinas, ordinavi, ordinatum. *act. acc. Ranger au devoir.* Revocare, revoco, revocas, revocavi, revocatum. *act. acc. Ajoutez* ad officium.

Se RANGER *à son devoir.* Munus suum obire, obeo, obis, obivi ou obii, obitum.

Se RANGER *du côté, du parti de quelqu'un.* Suscipere, suscipio, suscipis, suscepi, susceptum. *act. Ajoutez* partes alicujus.

RANGER *la côte.* Legere, lego, legis, legi, lectum. *act. acc. Ajoutez* littus.

RANIMER, *faire revivre.* Revocare ad vitam. *quelqu'un,* aliquem, *c'est-à-dire, rappeler à la vie.* Revoco, revocas, revocavi, revocatum. *acc.*

RANIMER, *encourager.* Relevare, relevo, relevas, relevavi, relevatum. *act. Ajoutez* animum. *Quelqu'un*, alicui.

RAPACITÉ, *inclination à prendre.* Rapacitas, *gén.* rapacitatis. *fém.*

RAPE. Scobina, *gén.* scobinæ. *fém.*

RAPER. Radere, rado, radis, rasi, rasum. *act. acc.*

RAPETASSER. Voyez *Rapiécer.*

RAPETISSER, *rendre plus petit.* Minuere, minuo, minuis, minui, minutum. *act. acc.*

RAPHAEL, *nom d'ange.* Raphael, *g.* Raphaelis: *masc.*

RAPIDE. Rapidus, a, um. *adj.*

RAPIDEMENT. Rapidè. *adv.*

RAPIDITÉ. Rapiditas, *gén.* rapiditatis. *fém.*

RAPIÉCER. Resarcire, resarcio, is, resarcivi, resartum. *act. acc.*

RAPINE. Rapina, *gén.* rapinæ. *f.*

RAPINER. Rapere, rapio, rapis, rapui, raptum. *act. acc.*

RAPPEL. Revocatio, *gén.* revocationis. *fém.*

RAPPELÉ. Revocatus, revocata, revocatum. *part. pass. de* Revocare.

RAPPELER. Revocare, revoco, revocas, revocavi, revocatum. *act. acc.* en par in, et l'acc.

RAPPORT ou *récit.* Narratio, *g.* narrationis. *f. Faire le rapport de.* Renuntiare, renuntio, renuntias, renuntiavi, renuntiatum. *act. acc.*

RAPPORT ou *convenance.* Convenientia, *gén.* convenientiæ. *f. Avoir du rapport.* Convenire, convenio, convenis, conveni, conventum. *neut.* à ou avec *par* cum, *et* l'ablat.

RAPPORT ou *revenu.* Fructus, *g.* fructûs. *m. D'un grand rapport.* Ferax. *m. f. n. gén.* feracis, *c'est-à-dire, fertile.*

RAPPORT *d'un procès.* Expositio, *génit.* expositionis. *fém.*

RAPPORTÉ. Relatus, relata, relatum. *part. pass. de* Referre.

RAPPORTER. Referre, refero, refers, retuli, relatum. *act. régime dir. accus. rég. ind. acc. avec ad.*

Se RAPPORTER à, ou *convenir.* Convenire, convenio, is, conveni, conventum. *neut.* A *par* cum, *et* l'abl.

S'en RAPPORTER à. Credere, credo, is, credidi, creditum. *neut. datif de la personne.*

RAPPORTEUR. Delator, *gén.* delatoris. *masc.*

RAPPORTEUR *d'un procès, etc.* Explicator, *génit.* explicatoris. *masc. Ajoutez* causæ.

RAPPRENDRE. Discere, disco, discis, didisci, discitum. *act. ac. Ajoutez* rursùm, *adv.*

RAPPROCHER. Admovere, admoveo, admoves, admovi, admotum. *act. accus. Ajoutez* iterùm. *adv.* rég. dir. acc. rég. ind. dat.

Se RAPPROCHER *de quelqu'un.* Iterùm adire aliquem ; adeo, adis, adivi ou adii, aditum. *acc.*

RAPSODIE, *mauvais ramas de vers ou de prose.* Farrago, *gén.* farraginis. *f.*

RAPT. Raptus, *gén.* raptûs. *masc.*

RAQUETTE. Reticulum, *gén.* reticuli. *neut.*

RARE. Rarus, rara, rarum. *adj.*

RAREFACTION. Rarefactio, *gén.* rarefactionis. *fém.*

RAREFIER. Rarefacere, rarefacio, is, rarefeci, rarefactum. *act. acc.*

RAREMENT. Rarè. *adv.*

RARETÉ. Raritas, *gén.* raritatis. *f.*

Des RARETÉS. Rara, *génit.* rarorum. *neut. plur.*

RAS. Rasus, rasa, rasum. *adj.*

RASADE, *boire une rasade.* Haurire, haurio, is, hausi, haustum. *act. Ajoutez* cyatum plenum vino, *c'est-à-dire, boire un verre rempli de vin.*

RASE campagne. Nudum solum, *gén.* nudi soli. *neut. En rase campagne.* Patentibus campis. *abl. absolu.*

RASÉ, *tondu.* Rasus, rasa, rasum. *part. pass. de* Radere.

RASÉ, *démoli.* Excisus, excisa, excisum. *part. pass.* d'Excidere.

RASEMENT *de maisons.* Demolitio, *g.* demolitionis. *fém.*

RASER. Radere, rado, radis, rasi, rasum. *act. acc.*

RASER, *faire la barbe.* Tondere, tondeo, tondes, totondi, tonsum. *act. Ajout.* barbam. *Quelqu'un*, alicui. *Se faire raser la barbe.* Præbere, præbeo, es, præbui, præbitum. *act. dat. de la personne par qui on se fait raser. Ajoutez* barbam tondendam, *c'est-à-dire, donner à quelqu'un sa barbe à faire.*

RASER ou *démolir.* Excidere, excido, excidis, excidi, excisum. *act. acc.*

RASER *un endroit.* Voy. *Côtoyer.*

RASOIR. Novacula, *g.* novaculæ. *f.*

RASSASIÉ. Satiatus, satiata, satiatum. *part. pass. avec l'abl.*

RASSASIEMENT, *l'action de rassasier.* Saturitas, *gén.* saturitatis. *fém.*

RASSASIER. Satiare, satio, satias, satiavi, satiatum. *act.* rég. dir. acc. rég. ind. abl.

Se RASSASIER. Explere, expleo, exples, explevi, expletum. *act. Ajoutez* famem. *Sans se rassasier.* Citrà satietatem. *Sans pouvoir se rassasier.* Insatiabiliter. *adv.*

RASSEMBLER. Colligere, colligo, colligis, collegi, collectum. *actif accusatif.*

Se RASSEOIR. Sedere, sedeo, sedes, sedi, sessum. *neut. Aj.* iterùm. *adv.*

RASSERÉNER, *rendre serein.* Serenare, sereno, serenas, serenavi, serenatum. *act. acc. Rasséréner son front.* Frontem exporrigere, exporrigo, is, exporrexi, exporrectum. *act. acc.*

RASSIS. Sedatus, a, um. *part. pass.* de Sedare. *De sens rassis.* Sedatâ mente. *à l'ablat.*

RASSURER. Confirmare, confirmo, as, avi, atum. *act. acc.*

RAT, *animal.* Mus, *gén.* muris. *m.*

RATE, *viscère.* Lien, *gén.* lienis. *m.*

RATEAU. Rastrum, *g.* rastri. *neut.*

RATELEE, *ce qu'on amasse en un seul coup de râteau.* Quantum rastro colligitur.

RATELER, *ôter avec le râteau.* Eradere, erado, eradis, erasi, erasum. *act. acc. Ajoutez* rastro.

RATELEUX, *sujet aux maux de rate.* Lienosus, a, um. *adj.*

RATELIER. Faliscæ, *gén.* faliscarum. *fém. plur.*

RATIÈRE *pour prendre les rats.* Muscipula, *gén.* muscipulæ. *fém.*

RATIFICATION. Approbatio, *g.* approbationis. *fém.*

RATIFIÉ. Approbatus, approbata, approbatum. *part. pass.* d'Approbare.

RATIFIER. Approbare, approbo, as, approbavi, approbatum. *act. acc.*

RATINE, *étoffe.* Pannus laneus crispus, *gén.* panni lanei crispi. *masc.*

RATION. Diarium, *gén.* diarii. *neut.*

RATISSÉ. Rasus, a, um. *part. pass.*

RATISSER. Radere, rado, radis, rasi, rasum. *act. acc.*

RATISSOIRE, *instrument à ratisser.* Radula, *gén.* radulæ. *fém.*

RATISSURE. Ramentum, *g.* ramenti. *neut.*

RATTACHER. *Voyez Attacher, et ajoutez* denuò. *adv.*

RATTEINDRE, ou

RATTRAPER. Assequi, assequor, eris, assecutus sum. *dép. acc.*

RATURE. Litura, *gén.* lituræ. *fém.*

RATURÉ. Deletus, a, um. *adj.*

RATURER. Delere, deleo, deles, delevi, deletum. *act. acc.*

RAVAGE. Depopulatio, *gén.* depopulationis. *f. Faire ravage. Voy. Ravager.*

RAVAGÉ. Vastatus, a, um. *part. pass.* de Vastare.

RAVAGER. Vastare, vasto, vastas, vastavi, vastatum. *act. acc.*

RAVALEMENT, *abaissement.* Imminutio, *gén.* imminutionis. *f. Ajoutez* dignitatis.

RAVALER, *rabaisser.* Abjicere, abjicio, is, abjeci, abjectum. *act. acc.*

RAVALER, *avaler une seconde fois ce qu'on avait rejeté.* Resorbere, resorbeo, es, resorbui. *sans sup. acc.*

RAVALER *un mur, le crépir.* Trullissare, trullisso, as, trullissavi, trullissatum. *Ajoutez* parietem *ou* murum.

RAVAUDAGE, *raccommodage de méchantes hardes à l'aiguille.* Interpolatio, *gén.* interpolationis. *fem.*

RAVAUDER, *raccommoder.* Interpolare, interpolo, as, interpolavi, interpolatum. *act. acc.*

RAVAUDEUR. Interpolator, *gén.* interpolatoris. *masc.*

RAVAUDEUSE. Interpolatrix, *g.* interpolatricis. *fém.*

RAVE. Rapa, *gén.* rapæ. *fém.*

RAVELIN, *espèce de demi-lune.* Propugnaculum præstructum, *gén.* propugnaculi præstructi. *neut.*

RAVI. Raptus, a, um. *part. pass.*

RAVILI, *devenu méprisable.* Adductus, a, um. *Ajoutez* in contemptionem, *c. à d., tombé dans le mépris.*

RAVILIR. Adducere, adduco, is, adduxi, adductum. *act. acc. Ajoutez* in contemptionem, *c. à d., dans le mépris.*

RAVIN, *lieu que la ravine a cavé.* Lacuna, *gén.* lacunæ. *fém.*

RAVINE, *débordement d'eau de pluie.* Diluvies, *gén.* diluviei. *fém.*

RAVIR *ou enlever.* Rapere, rapio, is, rapui, raptum. *act. acc.*

RAVIR *d'admiration.* Movere, moveo, moves, movi, motum. *act. dat. de la personne. Ajout.* admirationem.

Etre RAVI. Gaudere, gaudeo, es, gavisus sum. *neut. Le nom de la chose dont on est ravi se met à l'abl. S'il y a un que, il s'exprime par* quòd, *avec le subjonct. Etre ravi de joie. Voyez Pressaillir de joie.*

Se RAVISER. Mutare, muto, as, mutavi, mutatum. *Ajoutez* sententiam, *c'est-à-dire, changer de sentiment.*

RAVISSANT *ou admirable.* Mirificus, mirifica, mirificum. *adj.*

RAVISSANT *ou qui emporte tout.* Rapax, *m. f. n. gén.* rapacis.

RAVISSEMENT *ou enlèvement.* Raptus, *gén.* raptûs. *masc.*

RAVISSEUR. Raptor, *gén.* raptoris. *masc.*

RAVITAILLEMENT. Invectus, *génit.* invectûs. *masc. Ajoutez* commeatûs in urbem.

RAVITAILLER. Invehere, inveho, is, invexi, invectum. *act. Ajoutez* commeatum. *Une ville,* in oppidum, *c'est-à-dire, porter des vivres dans une ville.*

RAVOIR. Recuperare, recupero, recuperas, recuperavi, recuperatum. *actif accusat.*

REB

RAUQUE, enroué. Raucus, rauca, raucum. adj.

RAYÉ ou marqué de raies. Distinctus, a, um, part. pass. de Distinguere. Adj lineis.

RAYÉ ou effacé. Deletus, deleta, deletum. part. pass. de Delere.

RAYER ou marquer de raies. Distinguere, distinguo, is, distinxi, distinctum. act. acc. Ajoutez lineis.

RAYER ou effacer. Delere, deleo, delesi, delevi, deletum. act. acc.

RAYON de lumière. Radius, g. radii. masc.

RAYON de miel. Favus, gén. favi. m.

RAYONNANT. Radians, m. f. n. gén. radiantis. part. prés. de Radiare.

RAYONNEMENT. Radiatio, g. radiationis. fém.

RAYONNER. Radiare, radio, radias, radiavi, radiatum. neut.

REALE, la principale galère. Navis prætoria, gén. navis prætoriæ. fém. Ces deux noms se déclinent.

RÉALISER. Exequi, exequor, exequeris, executus sum. dép. acc. Ajoutez actu. à l'abl.

RÉALITÉ. Veritas, gén. veritatis. f.

REBANDER. Iterùm tendere, tendo, tendis, tetendi, tentum. act. acc.

REBAPTISER. Sacro fonte baptismatis iterùm abluere, abluo, is, ablui, ablutum. act. acc. On met toujours sacro fonte baptismatis iterùm.

REBATIR. Reficere, reficio, reficis, refeci, refectum. act. acc.

REBATTRE ou redire. Voyez Inculquer.

REBELLE. Rebellis, m. f. rebelle, n. gen. rebellis. Etre rebelle à son prince. Negligere imperium regis, c'est-à-dire, négliger, mépriser l'autorité de son prince. Negligo, negligis, neglexi, neglectum. accusat.

Se REBELLER. Rebellare, rebello, as, rebellavi, rebellatum. neut. contre par in, avec l'acc.

REBELLION. Rebellio, gén. rebellionis. fém.

REBLANCHIR. Dealbare, dealbo, as, dealbavi, dealbatum. act. acc. Ajoutez iterùm.

REBOIRE. Propinare, propino, propinas, propinavi, propinatum. act. dat. Ajoutez rursus.

REBONDIR. Resilire, resilio, resilis, resilui ou resilii, resultum. neut.

REBONDISSEMENT. Repercussus, g. repercussûs. masc.

REBORD. Ora eminens, gén. oræ eminentis. f. On décline l'un et l'autre.

REBORDER. Voy. Border, et ajoutez denuò. adv. de nouveau.

REC

REBOUCHER. Obturare, obturo, as, obturavi, obturatum. act. acc. Ajoutez iterùm. de nouveau.

A REBOURS ou fort à rebours. Præposteré. adv. Il est fait tout à rebours des autres. Facit contrà quàm alii.

REBROUSSER chemin. Relegere, relego, relegis, relegi, relectum. act. Chemin, iter. à l'acc.

REBROYER. Voy. Broyer, et ajoutez iterùm. adv.

REBUFFADE. Rejectio fastidiosa, gén. rejectionis fastidiosæ. fém.

REBUT. Contemptus, gén. contemptûs. masc. Etre le rebut de. Esse sum, es, fui. Ajoutez contemptui, et le dat. de la personne.

Le REBUT ou ce qu'on rebute. Rejectanea, gén. rejectaneorum. n. plur.

REBUTANT, choquant. Injucundus, injucunda, injucundum. adj.

REBUTÉ. Rejectus, rejecta, rejectum. part. pass. de Rejicere.

REBUTER. Rejicere, rejicio, rejicis, rejeci, rejectum. act. acc.

Se REBUTER, perdre courage. Absterreri, absterreor, eris, absterritus sum. pass. Ajoutez à proposito. Etre rebuté par les difficultés. Absterreri difficultatibus. à l'ablat.

RECACHETER. Voyez Cacheter, et ajoutez iterùm. adv. de nouveau.

RÉCAPITULATION. Enumeratio, gén. enumerationis. fém.

RÉCAPITULER. Repetere, repeto, is, repetii, repetitum. act. acc.

RECELÉ. Receptus, recepta, receptum. part. pass. de Recipere.

RECELER. Recipere et occultare, recipio et occulto, recipis et occultas, recepi et occultavi, receptum et occultatum. act. acc. c'est-à-dire, recevoir et cacher.

RECELEUR. Receptor, gén. receptoris. masc. Ajoutez furtorum.

RECELEUSE. Receptrix, gén. receptricis. f. Ajoutez furtorum.

RÉCEMMENT. Recens. adv. Au comp. recentiùs ; au sup. recentissimè.

RECENSEMENT. Recensio, gén. recensionis. fém.

RÉCENT. Recens, masc. f. neut. gén. recentis.

RÉCEPTACLE. Receptaculum, gén. receptaculi. neut.

RÉCEPTION. Acceptio, gén. acceptionis. fém.

RECETTE de deniers. Coactio, génit. coactionis. f. Ajoutez pecuniarum. Livre de recette. Codex, gén. codicis. m. Ajout. accepti.

RECEVABLE. Admittendus, admittenda, admittendum. part. fut. pass. d'Admittere.

RECEVEUR. Quæstor, *g.* quæstoris. *m.*
RECEVOIR. Accipere, accipio, accipis, accepi, acceptum. *act. rég. dir. acc. rég. ind. abl. avec* à *ou* ab. *Recevoir quelqu'un dans sa maison.* Accipere aliquem tecto. *Dans une ville*, in urbem.
RECHANGER. Voyez *Changer*, *et ajoutez* iterùm. *adv.*
RECHANTER. Recinere, recino, is, recinui. *sans sup. acc.*
RECHAPPER. Evadere, evado, is, evasi, evasum. *neut. le de s'exprime par* è *ou* ex, *avec l'abl.*
RECHARGER. Voy *Charger*, *et ajoutez* iterùm. *adv.*
RECHASSER. Voy. *Chasser*, *et ajoutez* iterùm. *adv.*
RECHAUD. Foculus, *gén.* foculi. *m.*
RECHAUFFÉ. Recalfatus, a, um. *part. pass.* de Recalfacere.
RÉCHAUFFER. Recalfacere, recalfacio, recalfacis, recalfeci, recalfactum. *actif accusat.*
Se RÉCHAUFFER. Recalescere, recalesco, is, recalui. *sans sup. neut.*
RECHERCHE. Inquisitio, *gén.* inquisitionis. *fém.*
RECHERCHÉ. Exquisitus, exquisita, exquisitum. *part. pass.* d'Exquirere.
RECHERCHER. Exquirere, exquiro, exquiris, exquisivi *ou* exquisii, exquisitum. *act. acc.*
RECHIGNER. Ringi, ringor, ringeris, *sans prét. dép. En rechignant.* Gravatè. *adv.*
RECHOIR. Recidere, recido, recidis, recidi, recasum. *neut. dans ou en par* in, *avec l'acc.*
RECHUTE. Lapsus novus, *gén.* lapsùs novi. *m. L'un et l'autre se déclin. Dans une maladie.* In morbum.
RECIDIVE. Voy. *Rechute*.
RECIPIENT, *vase propre à recevoir les liqueurs qui distillent.* Excipulum, *g.* excipuli. *neut.*
RECIPROCITÉ. Mutuatio, *gén.* mutuationis. *fém.*
RECIPROQUE. Mutuus, mutua, mutuum. *adj.*
RECIPROQUEMENT. Mutuò. *adv.*
RECIT. Narratio, *gén.* narrationis. *f. Faire le récit de.* Narrare, narro, as, narravi, narratum. *act. rég. dir. acc. rég. ind. dat.*
RECITATEUR. Declamator, *g.* declamatoris. *masc.*
RECITATION. Declamatio, *g.* declamationis. *fém.*
RECITÉ. Recitatus, a, um. *part. pass. Par cœur*, memoriter. *adv.*
RECITER. Recitare, recito, recitas, recitavi, recitatum. *act. acc. Par cœur*, memoriter. *adv.*

RECLAMATION. Reclamatio, *g.* reclamationis. *fém.*
RECLAMER *ou s'opposer.* Reclamare, reclamo, as, reclamavi, reclamatum. *n. dat. de la chose.*
RÉCLAMER *quelqu'un.* V. *Implorer*.
RECLUS. Solitarius, a, um. *adj.*
RECLUSION, *détention.* Detentio, *g.* detentionis. *fém.*
RECOGNER. Adigere, adigo, adigis, adegi, adactum. *act. acc. Ajoutez* rursùs. *adv.*
RECOIFFER. Voyez *Coiffer*, *et ajoutez* iterùm, *de nouveau.*
RECOIN. Angulus, *gén.* anguli. *m.*
RECOLEMENT *de témoins.* Recitatio, *gén.* recitationis. *fém. Ajoutez* dicti testimonii.
RECOLER *des témoins.* Testes revocare, revoco, revocas, revocavi, revocatum. *accusat.*
RECOLLECTION. Voyez *Recueillement*.
RECOLLER, *coller de nouveau.* Voy. *Coller*, *et ajoutez l'adverbe* iterùm, *de nouveau.*
RECOLLET, *religieux.* Recollectus, *gén.* recollecti. *masc.*
RECOLTE. Messis, *gén.* messis. *fém. Récolte pour les fruits.* Fruges, *gén.* frugum. *fém. plur.*
RECOMMANDABLE. Commendabilis, *m. f.* commendabile, *n. gén.* commendabilis. *Rendre recommandable.* Commendare, commendo, as, avi, atum. *act. acc. Se rendre recommandable.* Adipisci, adipiscor, eris, adeptus sum. *dép. Ajout.* famam, *c'est-à-dire, acquérir de la réputation.*
RECOMMANDATION. Commendatio, *gén.* commendationis. *f. De recommandation.* Commendatitius, a, um. *adj.*
RECOMMANDÉ. Commendatus, a, um. *part. pass.* de Commendare.
RECOMMANDER. Commendare, commendo, as, avi, atum. *act. rég. dir. acc. rég. ind. dat.*
RECOMMENCER. Redintegrare, redintegro, as, avi, atum. *act. acc.*
RECOMPENSE. Merces, *gén.* mercedis. *fém.*
RECOMPENSÉ. Donatus, a, um. *adj. Ajoutez* aliquâ re, *c'est-à-dire, gratifié de quelque chose.*
RECOMPENSER. Remunerare, remunero, as, avi, atum. *act. acc. de la personne. Récompenser quelqu'un de son travail.* Tribuere, tribuo, is, tribui, tributum. *act.* alicui mercedem laboris, *c'est-à-dire, donner à quelqu'un la récompense de son travail.*
RECOMPOSER. Voyez *Composer*, *et ajoutez* iterùm. *adv.*

RECOMPTER. Voy. *Compter*, et ajoutez *iterùm. adv.*

RECONCILIATEUR. Reconciliator, *g.* reconciliatoris. *masc.*

RECONCILIATION. Reconciliatio, *gén.* reconciliationis. *fém.*

RECONCILIÉ. Reconciliatus, reconciliata, reconciliatum. *part. pass.* de Reconciliare.

RECONCILIER. Reconciliare, reconcilio, as, avi, atum. *act. acc.* avec s'exprime par *cum*, et l'abl.

Se RÉCONCILIER. Redire in gratiam. Avec quelqu'un, cum aliquo, c'est-à-dire, rentrer en grâce. Redeo, redis, redii, reditum. *neut.*

RECONDUIRE. Reducere, reduco, is, reduxi, reductum. *act. acc.*

RECONDUIT. Reductus, reducta, reductum. *part. pass.* de Reducere.

RECONFORT, consolation. Solatium, *gén.* solatii. *neut.*

RECONFORTER, consoler. Solari, solor, aris, solatus sum. *dép. acc.*

RECONNAISSABLE, *aisé à reconnaître*. Cognoscendus, a, um. *part. futur du verbe* Cognosco. Un visage qui n'est pas reconnaissable. Os non cognoscendum, *gén.* oris non cognoscendi. *n.*

RECONNAISSANCE, *action de reconnaître*. Agnitio, *gén.* agnitionis. *f.*

Reconnaissance, *obligation par écrit*. Chirographus, *g.* chirographi. *m.*

Reconnaissance, *gratitude*. Gratus animus, *gén.* grati animi. *m.* Ces deux noms se déclinent. Avoir de la reconnaissance pour. V. Être reconnaissant.

RECONNAISSANT. Memor, *m. f. n. gén.* memoris. Ajoutez beneficii. Être reconnaissant. Memorem esse, sum memor, es memor, est memor, etc. Des bienfaits, beneficiorum. Qui n'est pas reconnaissant. Immemor, *m. f. n. g.* immemoris. *Aj.* beneficiorum.

RECONNAITRE. Agnoscere, agnosco, agnoscis, agnovi, agnitum. *act. acc.* La chose à laquelle on reconnaît, est mise à l'abl. avec *e* ou *ex*, comme : A la voix. Ex voce. Je vous ai toujours reconnu pour savant. Semper te agnovi doctum. On n'exprime pas le mot pour.

Reconnaître les bienfaits. Voyez Être reconnaissant.

Reconnaître une place. Explorare, exploro, as, avi, atum. *act.* Ajoutez situm loci ou urbis, c'est-à-dire, examiner la situation d'une place.

RECONNU. Agnitus, agnita, agnitum. *part. pass.* d'Agnoscere.

RECONQUERIR. Recuperare, recupero, as, avi, atum. *act. acc.*

RECONQUIS. Recuperatus, a, um. *part. pass.* de Recuperare.

RECONSTRUCTION. Renovata ædificatio, *gén.* renovatæ ædificationis. *f.*

RECONSTRUIRE. Reædificare, reædifico, as, avi, atum. *act. acc.*

RECOPIER. Voyez *Copier*, et ajoutez denuò. *adv. de nouveau.*

RECOQUILLÉ. Sinuatus, a, um. *part. pass.* de Sinuari.

Se **RECOQUILLER.** Sinuari, sinuor, aris, sinuatus sum. *pass.*

RECORRIGER. Voy. *Corriger*, et ajoutez l'adv. rursùm, de nouveau.

RECORS. Socius, *gén.* socii. *m.* Ajout. accensi.

RECOUDRE. Voy. *Coudre*, et ajoutez l'adv. iterùm.

RECOUPE. Recisamenta, *gén.* recisamentorum. *neut. plur.*

RECOUPER. Resecare denuò, reseco as, avi, atum. *act. acc.*

RECOURBÉ. Recurvatus, recurvata, recurvatum. *part. pass.* de Recurvo.

RECOURBER. Recurvare, recurvo, as, avi, atum. *act. acc.*

Se RECOURBER. Incurvari, incutvor, aris, incurvatus sum. *pass.*

RECOURIR à. Confugere, confugio, is, confugi, confugitum. *neut.* à par ad, et l'accusat.

RECOURS. Refugium, *gén.* refugii. *n.* Avoir recours. Voy. *Recourir.*

RECOUSU. Voyez *Cousu*, et ajoutez l'adv. iterùm, de nouveau.

RECOUVERT ou *couvert*. Tectus, a, um. *part. pass.* de Tegere. Ajoutez iterùm. *adverbe.*

RECOUVRÉ. Recuperatus, recuperata, recuperatum. *part. pass.* de Recuperare.

RECOUVREMENT. Recuperatio, *gén.* recuperationis. *fém.*

RECOUVRER. Recuperare, recupero, recuperas, recuperavi, recuperatum. *act. accusat.*

RECOUVRIR. Voy. *Couvrir*, et ajoutez l'adv. iterùm.

RECREANCE. Vindicia, *gén.* vindiciæ. *fém.*

RECREATIF. Jucundus, a, um. *adj.*

RECREATION. Oblectatio, *gén.* oblectationis. *f.* Prendre quelque récréation. Voy. *Se récréer.*

RECREÉ. Oblectatus, oblectata, oblectatum. *adj. abl.* de la chose.

RECREER. Oblectare, oblecto, as, oblectavi, oblectatum. *act. acc.*

Se RÉCRÉER, *se divertir*. Animum recreare, recreo, as, avi, atum. *act.*

RECREPIR. Voy. *Crépir*, et ajoutez l'adv. iterùm.

RECREUSER. Voy. *Creuser*, et ajoutez l'adv. iterùm.

RECRIBLER. Voy. *Cribler*, et ajoutez l'adv. iterùm.

RECRIER, *se recrier contre.* Clamare, clamo, as, avi, atum. *act. Contre l'injustice,* adversùs injustitiam.

RECRIMINATION. Translatio, *génit.* translationis. *f. Ajoutez* criminis in accusatorem, *c'est-à-dire, l'action de rejeter un crime sur l'accusateur.*

RECRIMINER, *user de récrimination.* Transferre, transfero, ers, transtuli, translatum. *act. Ajoutez* crimen in ipsum accusatorem, *c'est-à-dire, rejeter le crime sur l'accusateur même.*

RECRIRE. Rescribere, rescribo, is, rescripsi, rescriptum. *act. rég. dir. acc. rég. ind. dat. ou acc. avec* ad.

RECROITRE. Recrescere, recresco, is, recrevi, recretum. *neut.*

RECRUE. Supplementum; *gén.* supplementi. *n. Ajoutez* militum, *de soldats. Faire des recrues. Voy.* Recruter.

RECRUTEMENT. Conquisitio, *g.* conquisitionis. *fém. Ajoutez* novorum militum.

RECRUTER, *faire des recrues.* Conscribere, conscribo, is, conscripsi, conscriptum. *Ajoutez* novos milites.

RECTANGLE, *qui a plusieurs angles droits.* Habens, *m. f. n. gén.* habentis. *Ajoutez* rectos angulos.

RECTANGULAIRE, *qui a les angles droits.* Orthogonius, a, um. *adj.*

RECTEUR. Rector, *gén.* rectoris. *m.*

RECTIFICATION. Emendatio, *génit.* emendationis. *fém.*

RECTIFIER. Exigere, exigo, is, exegi, exactum. *act. acc. Ajoutez* ad regulas.

RECTITUDE. Rectum, *gén.* recti. *n.*

RECTORAT. Munus, *gén.* muneris. *n. Ajoutez* rectoris.

REÇU. Acceptus, a, um. *part. pass. d'*Accipere.

Un REÇU *ou une quittance.* Apocha, *g.* apochæ. *fém.*

RECUEIL. Excerpta, *gén.* excerptorum. *neut. plur.*

RECUEILLEMENT, *méditation.* Applicatio, *gén.* applicationis. *fém. Ajoutez* animi.

RECUEILLI. Collectus, a, um. *part. pas. de* Colligere. *le de par* è *ou* ex, *et l'abl.*

RECUEILLI, *attentif.* Attentus, attenta, attentum. *adj.*

RECUEILLIR. Colligere, colligo, is, collegi, collectum. *act. acc. Le de s'exprime par* è *ou* ex, *avec l'abl. de la chose dont on recueille.*

Se RECUEILLIR, *rentrer en soi-même.* Se colligere, colligo, colligis, collegi, collectum. *act.*

RECUIRE. Recoquere, recoquo, is, recoxi, recoctum. *act. acc.*

RECUIT. Recoctus, recocta, recoctum. *part. pass. de* Recoquere.

RECULÉ ou *éloigné.* Remotus, remota, remotum. *part. pass. de* Removere. *Au comp.* remotior, *m. f.* remotius, *neut. au superl.* remotissimus, a, um.

RECULÉ ou *retardé.* Retardatus, retardata, retardatum. *part. pass. de* Retardare.

RECULEMENT. Regressus, *gén.* regressûs. *masc.*

RECULER, *se retirer en arrière.* Retrogradi, retrogradior, deris, retrogressus sum. *dépon.*

RECULER *quelque chose.* Amovere, amoveo, amoves, amovi, amotum. *act. aliquid. Ajoutez* retrò. *Faire reculer.* Agere, ago, agis, egi, actum. *act. acc. Ajoutez* retrò. *adv.*

RECULER ou *retarder.* Retardare, retardo, as, retardavi, retardatum. *act. acc. A un autre temps,* in aliud tempus. *A deux ans,* in duos annos.

A RECULONS. Retrò. *adv.*

RECUPERER. Recuperare, recupero, as, avi, atum. *act. acc.*

RECUSABLE. Rejiciendus, a, um. *part. futur pass. de* Rejicere.

RECUSATION *de juges.* Rejectio, *gén.* rejectionis. *fém.* judicum. *De témoins,* testium.

RECUSER. Recusare, recuso, as, recusavi, recusatum. *act. acc.*

REDACTEUR, *qui rédige.* Qui scribenda digerit.

REDACTION, *action de rédiger.* Cura, *gén.* curæ. *fém. Ajoutez* digerendi scribenda.

REDDITION. Deditio, *génit.* deditionis. *fém.*

REDEJEUNER. *Voyez* Déjeûner, *et ajoutez* iterùm. *adv.*

REDEMANDÉ. Repetitus, repetita, repetitum. *part. pass. de* Repetere.

REDEMANDER. Repetere, repeto, is, repetii, repetitum. *act. rég. dir. acc. rég. ind. abl. avec à ou* ab.

REDEMPTEUR. Redemptor, *gén.* redemptoris. *masc.*

REDEMPTION. Redemptio, *g.* redemptionis. *fém.*

REDEVABLE. Obligatus, obligata, obligatum. *adj. avec un dat. Etre redevable à, c'est-à-dire, devoir.* Debere, debeo, es, debui, debitum. *act. rég. dir. acc. rég. ind. dat.*

REDEVANCE. Vectigal annuum, *gén.* vectigalis annui. *neut.*

REDEVENIR. *Voy.* Devenir, *et ajoutez* iterùm. *adv.*

REDIGER, *mettre en ordre et par écrit.* Tradere, trado, tradis, tradidi, traditum. *act. acc. Ajoutez* rem scripto.

REDINGOTE, *sorte de casaque.* Lacerna, *gén.* lacernæ. *fém.*

REDIRE ou *répéter.* Repetere, repeto, repetis, repetii, repetitum. *act. rég. dir. acc. rég. ind. dat.*

REDIRE, *blâmer, trouver à redire à.* Reprehendere, reprehendo, is, reprehendi, reprehensum. *act. acc. c'est-à-dire, reprendre quelque chose. Il n'y a rien à redire, c'est-à-dire, rien à reprendre.* Nihil est reprehendendum.

REDIT. Repetitus, repetita, repetitum. *part. pass. de* Repetere.

REDITE. Repetitio, *gén.* onis. *f.*

REDONDANCE, *superfluité de paroles.* Redundantia, *g.* redundantiæ. *f.*

REDONDANT, *superflu.* Supervacaneus, a, um. *adj.*

REDONDER. Redundare, redundo, as, redundavi, redundatum. *neut.*

REDONNER. Voy. *Donner, et ajoutez* iterùm. *adv.*

REDORER. Voyez *Dorer, et ajoutez* iterùm, *de nouveau.*

REDOUBLÉ. Geminatus, geminata, geminatum. *part. pass. de* Geminare.

REDOUBLEMENT. Geminatio, *génit.* geminationis. *f. Redoublement de fièvre.* Febris incrementum, *g.* incrementi. *n.*

REDOUBLER. Geminare, gemino, as, avi, atum. *act. acc.*

REDOUBLER un habit. Voy. *Doubler, et ajoutez* rursùm. *adv.*

REDOUBLER, *en parlant du mal.* Ingravescere, ingravesco, is, *sans prét. et sans supin. neut.*

REDOUTABLE. Formidandus, formidanda, formidandum. *adj. dat. Se rendre redoutable.* Se præstare, præsto, as, præstiti, præstitum. à. *au dat. Ajoutez* formidandum, *qui s'accorde avec me*, *is*, *se*, *au sing.* formidandos, *s'il y a* nos, vos, *ou* se, *au plur.*

REDOUTE, *terme de fortification.* Minus munimentum, *gén.* minoris munimenti. *neut.*

REDOUTÉ. Formidolosus, formidolosa, formidolosum. *adj. dat.*

REDOUTER. Formidare, formido, as, formidavi, formidatum. *act. acc.*

REDRESSÉ. Correctus, correcta, correctum. *part. pass. de* Corrigere.

REDRESSER. Corrigere, corrigo, is, correxi, correctum. *act. acc.*

REDUCTION. Restitutio, *gén.* restitutionis. *fém.*

REDUIRE. Redigere, redigo, redigis, redegi, redactum. *act. acc.* à ou dans par ad, *avec l'acc.* sous par in, *avec l'acc. Réduire à une telle misère, que.* Redigere ad eam miseriam, ut, *avec le subj.*

Qui est **RÉDUIT.** Redactus, a, um. *part. pass. de* Redigere. à par ad, *avec l'ac.*

Un **RÉDUIT.** Secretus locus, *g.* secreti loci. *masc.*

RÉÉDIFICATION, *action de rebâtir.* Instauratio, *gén.* instaurationis. *f.*

RÉÉDIFIER. Restaurare, restauro, restauras, restauravi, restauratum. *act. acc.*

REEL. Verus, a, um. *adj.*

REELLEMENT. Re ipsâ. *à l'abl.*

REFAIRE, *faire une seconde fois.* Voy. *Faire, et ajoutez l'adv.* iterùm.

REFAIRE, *rétablir.* Reficere, reficio, is, refeci, refectum. *act. acc.*

REFAIT. Refectus, a, um. *adj.*

REFAUCHER les prés. Prata resecare, reseco, resecas, resecui, resectum. *act. accus.*

REFECTION. Refectio, *gén.* refectionis. *fém. Prendre sa réfection.* Capere cibum, *c'est-à-dire, prendre de la nourriture.*

REFECTOIRE. Cœnaculum, *g.* cœnaculi. *neut.*

REFEND, *mur de refend.* Intergerinus paries, *gén.* intergerini parietis. *m.*

REFENDRE. Voy. *Fendre, et ajoutez* iterùm. *adv.*

REFERER, *rapporter une chose à une autre.* Referre, refero, refers, retuli, relatum. *act. rég. dir. acc. rég. ind. acc.* avec ad.

RÉFÉRER, *faire rapport de.* Referre ad aliquem, *à quelqu'un*; *de re aliquâ*, *de quelque chose.*

REFERMER. Voy. *Fermer, et ajoutez* iterùm. *adv.*

REFLECHI ou *renvoyé.* Reflexus, reflexa, reflexum. *part. pass. de* Reflectere.

RÉFLÉCHI, *fait avec réflexion.* Meditatus, a, um. *part. de* Meditor.

RÉFLÉCHI, *attentif.* Attentus, attenta, attentum. *adj.*

REFLECHIR ou *renvoyer.* Reflectere, reflecto, is, reflexi, reflexum. *act. acc.*

RÉFLÉCHIR sur. Considerare, considero, as, avi, atum. *act. acc.*

REFLECHISSEMENT des rayons. Repercussus, *gén.* repercussûs. *masc.*

REFLET. Repercussus, *gén.* repercussûs. *masc.*

REFLEURIR. Reflorescere, refloresco, reflorescis, reflorui. *sans supin.*

REFLEXION. Consideratio, *gén.* considerationis. *f. Faire une réflexion sur.* Voy. *Réfléchir sur.*

REFLUER. Refluere, refluo, is, refluxi, refluxum. *neut.*

REFLUX. Refluum mare, *gén.* reflui maris. *neut.*

REFONDRE. Voy. *Fondre, et ajoutez l'adv.* iterùm.

REFORGER. Recudere, recudo, is, recudi, recusum. *act. acc.*

REFORMATEUR. Emendator, *génit.* emendatoris. *masc.*

REFORMATION. Emendatio, *génit.* emendationis. *fém.*

RÉFORME. Restitutio, *gén.* restitutionis. *f. D'un ordre*, pristinæ disciplinæ, *c'est-à-dire, rétablissement de l'ancienne discipline.*

RÉFORMÉ. Emendatus, emendata, emendatum. *part. pass. d'*Emendare.

RÉFORMÉ, *en parlant d'un ordre de religieux.* Restitutus, a, um. *Ajoutez* in pristinam disciplinam, *c'est-à-dire, rétabli en son ancienne discipline.*

RÉFORMÉ, *en parlant d'un officier, ou d'un soldat.* Exauctoratus, a, um. *part. pass. d'*Exauctorare.

Les prétendus RÉFORMÉS, *en parlant des Calvinistes.* Calvinistæ, *gén.* calvinistarum. *masc. plur.*

RÉFORMER. Emendare, emendo, as, emendavi, emendatum. *act. acc. Réformer un ordre.* Restituere, restituo, is, restitui, restitutum. *act. acc. Ajoutez* in pristinam disciplinam.

RÉFORMER *un soldat, un officier, etc.* Exauctorare, exauctoro, as, exauctoravi, exauctoratum. *act. acc.*

RÉFRACTAIRE, *désobéissant.* Refractarius, a, um. *adj.*

RÉFRACTION. Refractio, *gén.* refractionis. *fém.*

REFRAIN, *répétition d'un ou de plusieurs vers.* Versus intercalaris, *gén.* versûs intercalaris. *masc. Ces deux mots se déclinent.*

REFRAPPER. Repercutere, repercutio, is, repercussi, repercussum. *act. acc.*

REFRÉNER. Refrenare, refreno, as, refrenavi, refrenatum. *act. acc.*

RÉFRIGÉRATIF. Refrigeratorius, a, um. *adj.*

REFRIRE. Voy. *Frire, et ajoutez l'adv.* iterùm.

REFRISER. Voy. *Friser, et ajoutez l'adv.* iterùm.

REFROGNÉ. Contractus, a, um. *part. pass. de* Contrahere.

REFROGNEMENT. Contractio, *génit.* contractionis. *fém.*

REFROGNER. Contrahere, contraho, is, contraxi, contractum. *act. acc.*

REFROIDI. Refrigeratus, a, um. *part. pass. de* Refrigerare.

REFROIDIR. Refrigerare, refrigero, as, avi, atum. *act. acc.*

Se REFROIDIR. Refrigescere, refrigesco, is, refrixi. *sans sup. neut.*

REFROIDISSEMENT. Refrigeratio, *g.* refrigerationis. *fém.*

REFROIDISSEMENT *d'amitié.* Minus studium, *gén.* minoris studii. *neut.*

REFROTTER. Refricare, refrico, as, refricui, refrictum. *act. acc.*

REFUGE. Refugium, *génitif.* refugii. *neut.*

Se REFUGIER. Confugere, confugio, is, confugi, confugitum. *neut. Auprès de quelqu'un,* ad aliquem.

REFUS *de recevoir une chose.* Recusatio, *gén.* recusationis. *f. Refus de donner une chose.* Denegatio, *gén.* denegationis. *fém. Faire un refus.* Voy. *Refuser.*

REFUS *qu'on éprouve.* Repulsa, *génit.* repulsæ. *fém. Souffrir, essayer un refus.* Pati repulsam; patior, eris, passus sum. *dép. De la part de quelqu'un,* ab aliquo.

REFUSER. Recusare, recuso, recusas, avi, atum. *act. rég. dir. acc. rég. ind. dat. Refuser d'obéir à quelqu'un.* Recusare imperium alicujus. *Refuser, ne vouloir pas donner.* Denegare, denego, as, denegavi, denegatum. *act. acc.*

Être REFUSÉ *de.* Pati repulsam; patior, eris, passus sum. *dép. abl. avec à ou ab, de la personne par qui on est refusé.*

RÉFUTATION. Refutatio, *gén.* refutationis. *fém.*

RÉFUTER. Refutare, refuto, as, avi, refutatum. *act. acc.*

REGAGNER. Recuperare, recupero, as, avi, atum. *act. acc.*

REGAIN, *seconde herbe d'un pré.* Fenum cordum, *gén.* feni cordi. *neut.*

RÉGAL. Epulæ, *gén.* epularum. *f. pl.*

RÉGALER. Accipere, accipio, accipis, accepi, acceptum. *act. acc. Magnifiquement,* magnificè. *adv.*

REGARD. Aspectus, *gén.* aspectûs. *m.*

REGARDER. Aspicere, aspicio, is, aspexi, aspectum. *act. acc.*

REGARDER, *en parlant d'un bâtiment.* Spectare, specto, as, spectavi, spectatum. *act. acc.*

REGARDER ou *considérer.* Considerare, considero, as, consideravi, consideratum. *act. acc. de la chose.*

REGARDER, *concerner.* Pertinere, comme: *Cela ne me regarde point.* Illud non ad me pertinet: pertinet, *au pl.* pertinuerunt; pertinere, *à l'infin.* On met le nom de la personne à l'acc. avec ad.

REGELER, *comme, il regèle.* Gelascit denuò.

RÉGENCE ou *gouvernement.* Administratio, *gén.* administrationis. *fém.*

RÉGENCE *d'un professeur.* Munus, *gén.* muneris. *n. Ajoutez* professoris.

REGENERATION. Regeneratio, *gén.* regenerationis. *fém.*

RÉGÉNÉRER. Regenerare, regenero, as, avi, atum. *act. acc.*

RÉGENT ou *professeur.* Professor, *g.* professoris. *masc.*

RÉGENT *et* RÉGENTE *d'un royaume.* Procurator, *gén.* procuratoris. *m.* Procuratrix, *gén* Procuratricis. *f. Ajout.* regni.

RÉGENTER. Regere, rego, is, rexi, rectum. *acc.*

REGIE, *administration des biens*. Administratio, *g.* administrationis. *fém.*

REGIMBER. Calcitrare, calcitro, as, calcitravi, calcitratum. *neut.*

REGIME, *manière de vivre*. Ratio, *g.* rationis. *f. Ajoutez* victûs.

RÉGIME. Voy. *Cas.*

REGIMENT. Legio, *g.* legionis. *f.*

REGION. Regio, *gén.* regionis. *f.*

REGIR. Regere, rego, is, rexi, rectum. *act. acc.*

REGISSEUR. Curator, *gén.* curatoris. *masc.*

REGISTRE ou REGITRE. Acta, *gén.* actorum. *neut. pl. Sur le registre.* Inter acta. *Mettre sur les registres.* Referre in acta. *Quelque chose*, aliquid, *acc. c'est-à-dire, rapporter.*

REGLE. Regula, *gén.* regulæ. *f. A la règle.* Ad regulam.

RÉGLÉ ou *constant*. Certus, certa, certum. *adj.*

RÉGLÉ *dans sa conduite*. Probus, proba, probum. *adj. Réglé, en parlant d'une ville, etc.* Constitutus, constituta, constitutum. *Bien*, benè. *adv.*

RÉGLÉ, *en parlant du papier.* Charta descripta, *génit.* chartæ descriptæ. *f. Ajoutez* lineis ad regulam. Descriptus, a, um. *part. pass.* de Describere.

Un REGLEMENT. Præscriptum, *gén.* præscripti. *neut.*

REGLEMENT. *adv.* Certo ordine. *à l'ablat.*

REGLER. Dirigere, dirigo, is, direxi, directum. *act. acc. Ajoutez* ad rationis normam, *c'est-à-dire, diriger suivant la règle de la raison.*

Se RÉGLER *sur* ou *imiter.* Imitari, imitor, aris, imitatus sum. *dép. acc.*

RÉGLER *du papier, etc.* Exarare, exaro, as, avi, atum. *act.* chartam, *acc. Ajoutez* directis ad regulam lineis.

REGLISSE, *plante.* Glycyrrhizon, *gén.* glycyrrhizi. *neut.*

RÉGNANT, *qui règne.* Regnans, *m. f. n. gén.* regnantis. *part. prés.* de Regnare.

REGNE. Regnum, *gén.* regni. *neut. Sous le règne de.* Sub, *avec l'abl. de la personne, comme : Sous le règne de Louis le grand.* Sub Ludovico magno.

RÉGNER, *être roi.* Regnare, regno, regnas, regnavi, regnatum. *neut. Sur nous*, in nos.

RÉGNER ou *dominer.* Dominari, dominor, aris, dominatus sum. *dép.* sur, dans, par in, *avec l'abl. pour le lieu, et l'acc. pour la personne.*

REGNICOLE. Regnicola, *gén.* regnicolæ. *masc.*

REGORGEMENT *d'eau.* Exundatio, *g.* exundationis. *f. Regorgement d'estomac.* Redundatio, *gén.* redundationis. *f. Ajout.* stomachi.

REGORGER. Affluere, affluo, affluis, affluxi, affluxum. *neut. abl.*

REGOUTER. Voy. *Goûter*, *et ajoutez l'adv.* iterùm.

REGRATTER. Voy. *Gratter, et ajoutez l'adv.* iterùm.

REGRATTIER, *revendeur*. Propola, *gén.* propolæ. *masc.*

REGRET. Dolor, *gén.* doloris. *m. Le de*, *joint à un infin. français, s'exprime par* de ce que, *et en latin par* quòd, *avec le subjonct. comme : J'ai un grand regret de l'avoir vu*, ou de ce que je l'ai vu. Habeo magnum dolorem quòd illum viderim. *Avoir regret de, s'exprime souvent comme* se repentir et regretter. A regret ou à son grand regret. Invitè. *adv. De regret ou de douleur.* Dolore. *à l'abl.*

REGRETTER *une chose.* Dolere, doleo, es, dolui, dolitum. *neut. acc. de la chose. Regretter une personne* Desiderare, desidero, as, avi, atum. *act. acc. Etre regretté, en parlant des personnes mortes ou absentes.* Esse, sum, es, fui. *Ajoutez* desiderio, *avec un dat. comme : de tout le monde*, omnibus.

REGUINDER. Voy. *Guinder*, *et ajoutez* iterùm. *adv.*

REGULARITÉ. Ordo, *génit.* ordinis. *masc.*

REGULATEUR. Ordinator, *gén.* ordinatoris. *masc.*

REGULIER ou *selon les règles.* Ex legibus. *Fort régulier, en parlant des personnes.* Probatissimus, a, um. *adj.*

REGULIÈREMENT ou *selon les règles.* Ex legibus.

RÉGULIÈREMENT ou *sagement.* Integrè. *adv.*

RÉGULIÈREMENT ou *d'ordinaire.* Plerumquè. *adv.*

REHABILITATION. Restitutio, *génit.* restitutionis, *f. Ajoutez* in integrum.

REHABILITER. Voy. *Rétablir.*

REHAUSSÉ ou *augmenté.* Auctus, aucta, auctum. *part. pass.* d'Augere.

REHAUSSEMENT. Extructio, *g.* extructionis. *fém.*

REHAUSSER. Extollere, extollo, is, extuli, elatum. *act. acc.*

REHAUSSER ou *augmenter.* Augere, augeo, es, auxi, auctum. *act. acc.*

REIMPRESSION. Altera editio, *génit.* alterius editionis. *fém.*

REIMPRIMER. Voy. *Imprimer*, *et ajoutez* iterùm. *adv.*

REIMS, *ville.* Remi, *gén.* Remorum. *masc. plur. Qui est de Reims.* Remensis, *masc. fém.* remense, *neut. génit.* remensis.

REINE. Regina, *gén.* reginæ. *fém.*

REINS, *les reins.* Renes, *gén.* renum. *masc. plur.*

REINTEGRER. Restituere, restituo, is, restitui, restitutum. *act. acc. Ajoutez* in integrum

REITERATION. Iteratio, *gén.* iterationis. *fém.*

REITERÉ. Iteratus, iterata, iteratum. *part. pass.* d'Iterare.

REITERER. Iterare, itero, as, avi, iteratum. *act. acc.*

REJAILLIR. Resilire, resilio, resilis, resilui, resultum. *neut.* sur s'exprime par in, *avec l'acc.*

REJAILLISSEMENT. Repercussus, g. repercussûs. *masc.*

REJET. Rejectio, *gén.* rejectionis. *f.*

REJETÉ. Rejectus, rejecta, rejectum. *part. pass.* de Rejicere.

REJETER. Rejicere, rejicio, is, rejeci, rejectum. *act. acc.* sur s'exprime par in, *avec l'acc.*

REJETER, vomir. Voy. *Vomir.*

REJETON. Surculus, *gén.* surculi. *m.*

REJOINDRE. Voy. *Joindre*, *et ajoutez* iterùm. *adv.*

REJOUIR. Exhilarare, exhilaro, as, exhilaravi, exhilaratum. *act. acc.*

Se RÉJOUIR. Gaudere, gaudeo, gaudes, gavisus sum. *neut. abl.*

REJOUISSANCE. Gaudium, g. gaudii. *neut.*

RELACHE. Intermissio, *gén.* intermissionis. *fém.*

RELACHÉ. Remissus, remissa, remissum. *part. pass.* de Remittere.

RELACHEMENT. Relaxatio, *gén.* relaxationis. *fém.*

RELACHER. Relaxare, relaxo, as, avi, relaxatum. *act. acc.*

RELACHER de son droit. Cedere, cedo, is, cessi, cessum. *act. acc.* de jure suo. *De mon droit,* de jure meo, etc. *Relâcher de sa sévérité.* Remittere, remitto, is, remisi, remissum. *act. Ajoutez* aliquid de severitate.

RELACHER un prisonnier. Dimittere captivum, *c'est-à-dire,* renvoyer. Dimitto, is, dimisi, dimissum. *act. acc.*

Se RELACHER ou *agir plus lâchement.* Agere, ago, is, egi, actum. *act. Ajoutez* remiss ùs. *En quelque chose*, aliquid, à *l'accus.*

RELAIS. Statio, *gén.* stationis. *f. Aj.* veredorum.

Cheval de RELAIS. Veredus recens, *g.* veredis recentis. *masc.*

RELANCER *une bête.* Excitare, excito, as, excitavi, excitatum. *act. Ajoutez* rursùs feram.

RELATER, *mentionner*, *rapporter.* Referre, refero, ers, retuli, relatum. *act. acc.*

RELATIF. Relativus, a, um. *adj.*

RELATION ou *récit.* Narratio, *g.* narrationis. *fém.*

RELATION ou *rapport.* Convenientia, *g.* convenientiæ. *f. Ajoutez* rerum.

RELATIVEMENT. *adv.* Habitâ ratione, à *l'abl. avec le gén.*

RELAVER. Voyez *Laver*, *et ajoutez* l'adv. iterùm, *de nouveau.*

RELAXATION. Emissio, *gén.* emissionis. *fém.*

RELAYER. Mutare, muto, as, mutavi, mutatum. *act. acc. Relayer des chevaux de poste.* Veredos ad celeritatem mutare.

RELEGATION, *sorte d'exil.* Relegatio, *gén.* relegationis. *fém.*

RELEGUÉ. Relegatus, relegata, relegatum. *part. pass.* de Relegare.

RELEGUER. Relegare, relego, relegas, relegavi, relegatum. *act. acc.*

RELENT, *mauvais goût que contracte une viande dans un endroit humide.* Situs, *gén.* sitûs. *masc.*

RELEVÉ. Sublimis, *m. f.* sublime. *n. gén.* sublimis.

RELEVÉE ou *après midi.* Pomeridianum tempus, *gén.* pomeridiani temporis. *neut.*

RELEVER. Erigere, erigo, is, erexi, erectum. *act. acc.*

RELEVER de. Recreari, recreor, aris, recreatus sum. *pass.* le de s'exprime par è ou ex, *avec l'abl.* comme : *Il est relevé d'une maladie dangereuse.* Recreatus est ex morbo periculoso.

RELIÉ, *en parlant d'un livre.* Intectus, a, um. *part. pass.* d'Integere. *En veau*, corio vitulino, *à l'abl.*

RELIEF. Eminentia, *gén.* eminentiæ. *fém.*

RELIER, *lier une seconde fois.* Voyez *Lier*, *et ajoutez* iterùm. *adv.*

RELIER *un livre*, etc. Integere, intego, is, intexi, intectum. *act. acc. En veau*, corio vitulino, *à l'abl.*

RELIEUR. Concinnator, *gén.* concinnatoris. *masc. Ajoutez* librorum.

RELIGIEUSE. Virgo sacra, *g.* virginis sacræ. *fém.*

RELIGIEUSEMENT. Religiosè. *adv. Au comp.* religiosiùs; *au superl.* religiosissimè.

RELIGIEUX. Religiosus, a, um. *adj. Se faire religieux* ou *religieuse.* Amplecti religiosam disciplinam, *c'est-à-dire,* embrasser la discipline ou *la vie religieuse.* Amplector, eris, amplexus sum. *dépon. accusat.*

RELIGION. Religio, *gén.* religionis. *f.*

RELIGIONNAIRES, *Calvinistes.* Sectatores, *génit.* sectatorum. *masc. plur. Ajoutez* Calvini, *c'est-à-dire, sectateurs de Calvin.*

RELIMER. Voyez *Limer*, et ajoutez iterùm. adv.

RELIQUAIRE. Theca, *gén.* thecæ. *f.* Ajoutez sacrarum reliquiarum, c'est-à-dire, boîte de reliques.

RELIQUAT, reste de compte. Reliqua, *gén.* reliquorum. *neut. plur.*

RELIQUATAIRE, qui est débiteur d'un reliquat. Reliquator, *génit.* reliquatoris. *masc.*

RELIQUES. Reliquiæ, *gén.* reliquiarum. *f. pl.* Ajoutez sacræ, *gén.* sacrarum, s'il s'agit de saintes reliques.

RELIRE. Relegere, relego, is, relegi, relectum. *act. acc.*

RELIURE. Compactio, *g.* compactionis. *f.* Ajoutez libri.

RELOUER, redonner à louage. Relocare, reloco, relocas, relocavi, relocatum. *act. acc.*

RELOUER, reprendre à louage. Reconducere, reconduco, is, reconduxi, reconductum. *act. acc.*

RELU. Relectus, a, um. *part. pass.* de Relegere.

RELUIRE. Splendere, splendeo, es, splendui, *sans supin. neut.* Faire reluire, rendre luisant. Afferre splendorem. Quelque chose, alicui rei, c'est-à-dire, causer de l'éclat à, etc. Affero, affers, attuli, allatum. *act.*

RELUISANT. Splendidus, splendida, splendidum. *adj.*

REMACHER. Remandere, remando, remandis, remandi, remansum. *act. acc.*

REMANGER. Instaurare, instauro, as, instauravi, instauratum. *actif.* Ajoutez epulas, c'est-à-dire, recommencer le repas.

REMANIER. Voy. *Manier*, et ajoutez iterùm. adv.

Se REMARIER. Inire, ineo, inis, inivi ou inii, initum. *act.* Ajoutez alteras nuptias, c'est-à-dire, entrer dans de secondes noces.

REMARQUABLE. Notabilis, *m. f.* notabile, *neut. gén.* notabilis. *adj.* Remarquable par sa figure. Insignis, *m. fém.* insigne *neut.* formâ, à l'abl. *g.* insignis. *adj.*

REMARQUE. Notatio, *gén.* notationis. *fém.*

REMARQUÉ. Observatus, observata, observatum. *part. pass.* d'Observare.

REMARQUER. Rursùs notare, noto, as, notavi, notatum. *act. acc.*

REMBARQUEMENT. Voy. *Embarquement*, et ajoutez rursùm. adv.

REMBARQUER. V. *Embarquer*, et ajoutez iterùm. adv.

REMBARRER, repousser. Propellere, propello, propellis, propuli, propulsum, *act. acc.*

REMBOITEMENT d'un os. Reductio, *gén.* reductionis. *f.* Ajoutez ossis in suam sedem.

REMBOITER les os. Compellere, o, , is, compuli, compulsum. *act.* Ajoutez ossa in suam sedem, c'est-à-dire, mettre les os à leur place.

REMBOURRER. Voyez *Bourrer*, et ajoutez iterùm. adv.

REMBOURSEMENT. Solutio, *g.* solutionis. *fém.*

REMBOURSER. Rependere, rependo, is, rependi, repensum. *act. rég. dir. acc. rég. ind. dat.*

REMBROCHER. Voy. *Embrocher*, et ajoutez iterùm. adv.

REMÈDE. Remedium, *g.* remedii. *n.*

REMÉDIER à. Mederi, medeor, eris. *sans prét. dép. dat.* ou Afferre remedium, c'est-à-dire, apporter du remède, avec un dat.

REMÊLER. Voyez *Mélanger*, ou *Mêler*, et ajoutez iterùm. adv.

REMENÉ. Reductus, reducta, reductum. *part. pass.* de Reducere.

REMENER. Reducere, reduco, reducis, reduxi, reductum. *act. acc.*

REMERCIER. Agere, ago, agis, egi, actum. *act.* Ajoutez gratias. Quelqu'un, alicui; de quelque chose, de aliquâ re; c. à d., rendre grâces à quelqu'un de, etc. Le de suivi d'un verbe, ou de ce que, s'exprime par quòd, avec le subjonctif; comme : Je te remercie d'être venu, ou de ce que tu es venu. Tibi grat'as ago quòd veneris.

REMERCIMENT. Actio, *gén.* actionis. *f.* Ajoutez gratiarum ; c'est-à-dire, action de grâces. Faire des remercîmens. Voy. *Remercier.*

REMESURER. Remetiri, remetior, remetiris, remensus sum. *dép. acc.*

REMETTRE ou *replacer.* Reponere, repono, reponis, reposui, repositum. *act. accusat.*

REMETTRE, *rétablir.* Restituere, restituo, restituis, restitui, restitutum. *act. acc.* Je te remettrai dans les bonnes grâces de Lentulus. Te restituam in gratiam cum Lentulo.

REMETTRE, ou *différer.* Differre, differo, differs, distuli, dilatum. *act. acc. Au mois de janvier*, in mensem januarium.

REMETTRE, ou *pardonner.* Condonare, condono, as, avi, atum. *act. rég. dir. acc. rég. ind. dat.*

REMETTRE quelque chose entre les mains de quelqu'un. Tradere aliquid alicui, c'est-à-dire, livrer quelque chose à quelqu'un. Trado, tradis, tradidi, traditum. *act.*

Se REMETTRE à. Repetere, repeto, is, repetivi ou repetii, repetitum. *act. accus.*

S'il s.it un verbe, on le tourne par un substant. comme : *Je me suis mis à travailler*, c'est-à-dire, *au travail.* Repetii laborem.

Se REMETTRE *de.* Recreari, recreor, recrearis, recreatus sum. *pass. D'une maladie*, ex morbo.

REMEUBLER. Instruere, instruo, is, instruxi, instructum. *act. acc. Ajoutez* novâ supellectili, c'est-à-dire, orner de nouveaux meubles.

REMINISCENCE, *souvenir.* Recordatio, *gén.* recordationis. *fém.*

REMIS, ou *replacé.* Repositus, a, um. *part. pass. de* Reponere. *A sa place*, suo loco.

REMIS *d'une maladie.* Recreatus, recreata, recreatum, ex morbo.

REMIS, ou *rétabli.* Restitutus, restituta, restitutum. *part. pass* de Restituere.

REMIS, *pardonné.* Condonatus, a, um. *part. pass. de* Condonare.

REMIS, ou *différé.* Dilatus, dilata, dilatum. *part. pass. de* Differre. *à*, ou *pour un autre temps.* In aliud tempus.

REMIS *entre les mains de.* Traditus, tradita, traditum. *part. pass. de* Tradere.

REMISE, ou *délai.* Dilatio, *gén.* dilationis. *fém.*

REMISE *de carrosse.* Receptaculum, *g.* receptaculi. *neut.*

REMISSIBLE, *digne de pardon.* Ignoscibilis, *masc. f.* ignoscibile, *neut. g.* ignoscibilis. *adj.*

REMISSION. Venia, *gén.* veniæ. *f.*

REMMAILLOTTER. V. *Emmaillotter, et ajoutez* iterùm. *adv.*

REMMENER. Revehere, reveho, is, revexi, revectum. *act. acc.*

REMONTE *de cavaliers.* Supplementum, *gén.* supplementi. *neut. Ajoutez* equorum.

REMONTER. Voy. *Monter, et ajoutez* iterùm, *de nouveau.*

REMONTER *une rivière.* Vehi, vehor, veheris, vectus sum. *pass. Ajoutez* adverso flumine.

REMONTRANCE. Monitio, *gén.* monitionis. *fém.*

REMONTRER *à.* Monere, moneo, es, monui, monitum. *act. rég. dir. acc. rég.* ind. *abl. avec de.*

REMONTRER, *exposer.* Exponere, expono, exponis, exposui, expositum. *act. rég. dir. acc. rég. ind. dat.*

REMORDRE. Remordere, remordeo, remordes, remordi, remorsum. *act. acc.*

REMORDS *de conscience.* Stimulus, *g.* stimuli. *masc. Ajoutez* conscientiæ. *Avoir des remords de conscience*, *en être bourrelé*, *agité*, *tourmenté.* Cruciari, crucior, cruciaris, cruciatus sum. *pass. Ajoutez* conscientiâ scelerum.

REMORQUER *un navire.* Trahere vem. *Ajoutez* remulco, c'est-à-dire, *tirer un vaisseau avec un autre auquel* *il l'attache.* Traho, trahis, traxi, tractum accusat.

REMOUDRE. Voy. *Moudre, et ajou* iterùm. *adv.*

REMOUILLER. Voyez *Mouiller*, *ajoutez* iterùm. *adv.*

REMPAQUETER. Voyez *Empaqueter et ajoutez* iterùm. *adv.*

Se REMPARER, *se faire une défense.* Munire, munio, is, ivi ou ii, itum. se contra rem.

Se REMPARER. *Occupare*, occupo, occupavi, occupatum. *acc. Ajoutez* iterùm. *adv.*

REMPART. Munimentum, *gén.* munimenti. *neut.*

REMPLACER. Voyez *Remettre.*

REMPLI. Repletus, repleta, repletum. *part. pass. de* Replere. *abl. de la chose.*

REMPLIR. Replere, repleo, replevi, repletum. *act. rég. dir. acc.* ind. *ablat.*

Se REMPLUMER. Indui, induor, indutus sum. *pass. Ajoutez* recentibus plumis, c'est-à-dire, *se vêtir de nouvelles plumes.*

REMPOISSONNER *un étang.* Voy. *Empoissonner, et ajoutez* iterùm.

REMPORTER, *rapporter ce qu'on avait apporté.* Referre, refero, refers, retuli, relatum. *act. acc.*

REMPORTER, *gagner. Remporter le prix.* Palmam referre.

REMPRISONNER. V. *Emprisonner, ajoutez* iterùm. *adv.*

REMPRUNTER. Voy. *Emprunter, et ajoutez* iterùm. *adv.*

REMUAGE *de grains.* Versatio, *gén.* versationis. *f.* frumenti.

REMUANT. Turbulentus, turbulenta, turbulentum. *adj.*

REMUEMENT. Motus, *gén.* motûs.

REMUER. Movere, moveo, es, movi, motum. *act. acc. D'une place*, loco. *abl. l'ablat.*

REMUER, ou *se remuer.* Movere se. *a.*

REMUER, *causer du trouble.* Moliri, molior, moliris, molitus sum. *dép. Ajoutez* res novas.

REMUNERATEUR. Largitor, *g.* largitoris. *masc. Ajoutez* præmiorum.

REMUNERER. Voy. *Récompenser.*

RENAISSANCE. Novus ortus, *g.* novi ortûs. *masc.*

RENAITRE. Renasci, renascor, reniteris, renatus sum. *dép.*

RENARD. Vulpes, *gén.* vulpis. *f.*

RENARDEAU, *petit renard.* Vulpecula, *gén.* vulpeculæ. *fém.*

RENARDIERE. Latibulum, *g.* latibuli.

RENARD, Ajoutez vulpis, c'est-à-dire, tanière du renard.

RENCHERI, augmenté. Auctus, aucta, auctum. part. pass. d'Augere.

RENCHERIR, augmenter. Augere, augeo, es, auxi, auctum. act. acc.

RENCHERIR, devenir plus cher. Fieri honoratiorem ou carius ; carior, m. f. carius, auseut, s'accorde avec le nominatif du verbe.

RENCHERIR sur la vérité. Addere veritati, c'est-à-dire, ajouter à la vérité. Obaddo, is, addidi, additum. acc.

RENCONTRE de personnes. Occursus, occursùs. m. Faire rencontre de. Occurrere, occurro, occurris, occurri, occursum. n. avec le datif. A la rencontre de, au-devant de. Obviàm. adv. qui veut dat. de la personne. A la première rencontre ou occasion. Primâ occasione, à l'ablat.

RENCONTRE ou hasard. Casus, g. casùs. Par rencontre. Casu, à l'abl.

RENCONTRER. Offendere, offendo, offendis, offendi, offensum. act. acc. ou Occurro, occurris, occurri, occursum. n. Il exige le renversement de la phrase. Voyez la Grammaire latine.

Être RENCONTRÉ par ou de. Obviàm fieri, obviàm fio, obviàm fis, obviàm factus sum, avec le dat. Ils se sont rencontrés. Sibi obviàm facti sunt.

RENAGER, se remettre à la nage. Renare, reno, renas, renavi, renatum.

Se RENDETTER. Voyez S'endetter, et ajoutez iterùm. adv.

Un RENDEZ-VOUS. Locus præstitutus, loci præstituti. masc.

RENDORMIR. Voyez Endormir, et ajoutez iterùm. adv.

Se RENDORMIR. Redormire, redormio, redormivi ou redormii, redormitum.

RENDRE. Reddere, reddo, is, reddidi, redditum. act. rég. dir. acc. rég. ind. dat. Rendre quelque chose clair, évident. Afferre perspicuitatem alicui rei, c'est-à-dire, apporter de la clarté à, etc. Affero, ers, illulli, allatum. act.

Se RENDRE en quelque endroit. Convenire, convenio, convenis, conveni, conventum. neut. Ce verbe marque mouvement.

Se RENDRE hardi, le devenir. Fieri audaciorem : audacior. m. f. audacius. neut. s'accorde avec le nominat. du verbe.

Se RENDRE à l'ennemi. Se dedere hosti. Dedo, is, dedidi, deditum. act.

RENDU à. Redditus, reddita, redditum. part. pass. de Reddere.

RENDUIRE un mur. Voy. Enduire, et ajoutez iterùm. adv.

Se RENDURCIR. Redurescere, redurescо, redurescis, sans prét. et sans sup.

RENEGAT. Desertor, gén. desertoris. masc. de la religion chrétienne. Religionis christianæ, au gén.

RENES d'une bride. Habenæ, g. habenarum. fém. plur.

RENFERMÉ. Inclusus, inclusa, inclusum. part. pass. d'Includere.

RENFERMER. Includere, includo, is, inclusi, inclusum. act. acc. dans ou en par in, avec l'abl.

Se RENFERMER dans la maison. Includere se domi.

RENFLAMMER. Voy. Enflammer, et ajoutez iterùm. adv.

RENFLER. Voyez Enfler, et ajoutez l'adv. iterùm.

RENFLER ou se renfler. Intumescere, intumesco, intumesci, intumui. sans supin. neut.

RENFONCEMENT, effet de perspective. Recessus, gén. recessùs. masc.

RENFONCER. Voyez Enfoncer, et ajoutez altiùs. comp. adv.

RENFORCER. Firmare, firmo, firmas, firmavi, firmatum. act. acc.

RENFORCER, devenir plus fort. Se corroborare, corroboro, corroboras, corroboravi, corroboratum. act. acc.

RENFORT. Auxilium, g. auxilii. n.

RENGAGER. V. Engager, et ajoutez iterùm. adv.

RENGAINER. Recondere, recondo, is, recondidi, reconditum. act. acc. son épée dans le fourreau, gladium in vaginam.

RENGRAISSER. Voyez Engraisser, et ajoutez iterùm. adv.

RENIABLE. Inficiandus, inficianda, inficiandum. part. pass. d'Inficiari.

RENIEMENT. Ejuratio, gén. ejurationis. fém.

RENIER. Ejurare, ejuro, ejuras, ejuravi, ejuratum. act. acc.

RENIER pour. Abdicare, abdico, as, abdicavi, abdicatum. act. accus. Renier quelqu'un pour son fils. Abdicare aliquem filium.

RENIFLER. Retrahere, retraho, is, retraxi, retractum. act. Ajoutez nasi pituitam.

RENNES, ville. Rhedones, gén. Rhedonum. masc. plur. Qui est de Rennes. Rhedonensis. m. f. rhedonense. neut. g. rhedonensis. adj.

RENOIRCIR. Voy. Noircir, et ajoutez iterùm. adv.

RENOM. Nomen, gén. nominis. n.

RENOMMÉ. Celeber, m. celebris, f. celebre, neut. gén. celebris.

La RENOMMÉE. Fama, génit. famæ: fém. Avoir bonne renommée. Bonâ famâ frui, c'est-à-dire, jouir d'une bonne *réputation.* Fruor, frueris, fruitus sum. *dépon. ablat.*

RENONCEMENT. Renuntiatio, *génit.* renuntiationis. *fém.*

RENONCER à. Remittere, remitto, is, remisi, remissum. *act. Ajoutez* nuncium, *avec le datif. Renoncer à la foi.* Voyez *Renier.*

RENONCIATION. Renuntiatio, *génit.* renuntiationis. *fém.*

RENONCULE, *fleur.* Renunculus, *gén.* renunculi. *masc.*

RENOVATION. Renovatio, *gén.* renovationis. *fém.*

RENOUÉE, *plante.* Centinodia, *gén.* centinodiæ. *fém.*

RENOUEMENT *d'amitié.* Reconciliatio, *gén.* reconciliationis. *fém. Aj.* gratiæ.

RENOUER ou *renouveler.* Renovare, renovo, as, avi, atum. *act. acc.*

RENOUVELÉ. Renovatus, renovata, renovatum. *part. pass.* de Renovare.

RENOUVELER. Renovare, renovo, as, avi, atum. *act. acc.*

RENOUVELLEMENT. Renovatio, *gén.* renovationis. *fém.*

RENSEIGNEMENT. Indicium, *génit.* indicii. *neut.*

RENTE. Redditus, *gén.* redditûs. *m. De ses rentes* ou *avec ses rentes.* Redditibus suis, *à l'abl.*

RENTER. Voy. *Assigner une rente.*

RENTERRER. V. *Enterrer, et ajoutez* iterùm. *adv.*

RENTIER, *qui a des rentes.* Cui ærarium vectigale est.

RENTRAIRE *deux morceaux de drap.* Consuere, consuo, consuis, consui, consutum. *act. accusatif. Ajoutez* duas panni oras.

RENTRÉE, *en parlant des classes, des tribunaux, etc.* Instauratio, *gén.* instaurationis. *fém.*

RENTRER ou *revenir.* Redire, redeo, redis, redivi ou redii, reditum. *n. Il est rentré dans les bonnes grâces de mon père.* Rediit in gratiam patris mei, *ou bien* cum meo patre.

RENVENIMER. Voy. *Aigrir.* Exacerbare, *et ajoutez* iterùm. *adv.*

Qui est à la RENVERSE. Resupinus, resupina, resupinum. *adj.*

RENVERSÉ, *abattu.* Eversus, eversa, eversum. *part. pass.* d'Evertere.

RENVERSÉ, *couché à la renverse.* Resupinus, resupina, resupinum. *adj.*

RENVERSEMENT. Eversio, *gén.* eversionis. *fém.*

RENVERSER ou *abattre.* Evertere, everto, evertis, everti, eversum. *actif acc. Renverser quelqu'un par terre.* Sternere, sterno, sternis, stravi, stratum. *act.* aliquem humi.

RENVERSER, *tourner à l'envers.* Invertere, inverto, invertis, inversi, inversum. *act. acc.*

RENVOI. Missio, *gén.* missionis. *f.*

RENVOYÉ. Dimissus, dimissa, dimissum. *part. pass.* de Dimittere.

RENVOYER. Dimittere, dimitto, dimittis, dimisi, dimissum. *act. rég. dir. acc. rég. ind. acc. avec ad.*

REPAIRE. Latibulum, *gén.* latibuli. *n.*

REPAITRE. Voy. *Paître.*

REPANDRE ou *verser.* Effundere, effundo, is, effudi, effusum. *act. acc.*

Se RÉPANDRE. Effundi, effundor, eris, effusus sum. *pass.*

RÉPANDRE *un bruit, etc.* Spargere, spargo, spargis, sparsi, sparsum. *actif accusat.*

Se RÉPANDRE, *en parlant d'un bruit, etc.* Disseminari, disseminor, aris, disseminatus sum. *pass. par toute la ville,* per totam urbem.

RÉPANDU ou *versé.* Fusus, fusa, fusum. *part. pass.* de Fundere.

RÉPANDU, *en parlant d'un bruit, etc.* Sparsus, a, um. *part. pass.* de Spargere.

REPARABLE. Reparabilis, *m. f.* reparabile, *n. g.* reparabilis. *adj.*

RÉPARATEUR. Reparator, *g.* reparatoris. *masc.*

RÉPARATION. Refectio, *gén.* refectionis. *f. Faire les réparations de.* Sarcire, sarcio, sarcis, sarsi, sartum. *actif accusat.*

RÉPARATION *d'honneur.* Satisfactio, *g.* satisfactionis. *f. Faire à quelqu'un réparation d'honneur.* Satisfacere alicui de violatâ famâ, *c'est-à-dire, satisfaire quelqu'un touchant sa réputation lésée.* Satisfacio, satisfacis, satisfeci, satisfactum. *datif.*

RÉPARÉ. Reparatus, reparata, reparatum. *part. pass.* de Reparare.

RÉPARER. Reparare, reparo, reparas, reparavi, reparatum. *act. acc.*

RÉPARER *une perte.* Resarcire, resarcio, resarcis, resarci, resartum. *act.* damnum, *à l'accus.*

REPARLER. Voy. *Parler, et ajoutez* iterùm. *adv.*

REPARAITRE. Voyez *Paraître, et ajoutez* iterùm. *adv.*

REPARTIE, *réponse.* Responsum, *g.* responsi. *neut. Faire une repartie.* Voy. *Répondre.*

REPARTIR. Voy. *Répondre.*

REPARTIR, *se remettre en chemin.* V. *Partir, et ajoutez* rursùs. *adv.*

RÉPARTIR, *distribuer.* Dispertire, dispertio, is, dispertivi, dispertitum. *accusatif.*

RÉPARTITION, *distribution.* Distributio, *gén.* distributionis. *fém.*

REPAS. Cibus, gén. cibi. masc. Faire des repas, faire de bons repas. Laute epulari, epulor, epularis, epulatus sum. dép. Donner des repas, régaler. Excipere, excipio, excipis, excepi, exceptum. act. acc. Ajoutez epulis.

REPASSER ou revenir. Redire, redeo, is, redivi ou redii, reditum. neut.

REPASSER une rivière. Amnem trajicere, trajicio, trajicis, trajeci, trajectum. act. acc. Ajoutez iterùm. adv.

REPASSER dans son esprit. Reputare, reputo, as, avi, atum. act. acc.

REPAVER. Reficere, reficio, is, refeci, refectum. Ajoutez pavimentum, avec un gén. c. à d., refaire le pavé de.

REPEINDRE. Voy. Peindre, et ajoutez iterùm. adv.

REPENSER à. Reputare, reputo, as, reputavi, reputatum. act. acc.

REPENTANCE. Pœnitentia, gén. pœnitentiæ. fém.

REPENTANT de. Pœnitens, m. f. n. g. pœnitentis, avec un génit. de la chose. Être repentant. V. Se repentir.

REPENTIR ou repentance. Pœnitentia, gén. pœnitentiæ. fém.

Se REPENTIR. Pœnitere, pœnitet, pœnituit. impers.

REPERCER. Voy. Percer, et ajoutez iterùm. adv.

REPERCUSSION, réverbération. Repercussus, gén. repercussûs. masc.

REPERCUTER, réfléchir, réverbérer. Repercutere, repercutio, is, repercussi, repercussum. act. acc.

REPERDRE. Voy. Perdre, et ajoutez iterùm. adv.

REPERTOIRE. Repertorium, gén. repertorii. neut.

REPESER. Voyez Peser, et ajoutez iterùm. adv.

REPETÉ. Repetitus, repetita, repetitum. part. pass. de Repetere.

REPETER. Repetere, repeto, repetis, repetivi ou repetii, repetitum. act. rég. dir. acc. rég. ind. abl. avec à ou ab.

REPETITEUR. Præceptor, g. præceptoris. masc.

REPETITION. Repetitio, gén. repetitionis. fém.

REPETRIR. Voyez Pétrir, et ajoutez rursùs. adv.

REPEUPLER. Frequentare, frequento, frequentas, frequentavi, frequentatum. act. Un pays, regionem, et ajoutez incolis. à l'abl.

REPIT, délai, surséance. Dilatio, g. dilationis. fém.

REPLACER. Voy. Placer, et ajoutez iterùm. adv.

REPLANTER. Voy. Planter, et ajoutez iterùm. adv.

REPLATRER. V. Plâtrer, et ajoutez iterùm. adv.

REPLET. Obesus, a, um. adj.

REPLETION d'humeurs. Copia, gén. copiæ. fém. humorum.

RÉPLÉTION. Saturitas, gén. saturitatis. fém.

REPLEUVOIR. Denuò pluere, pluo, is. sans prét. et sans sup.

REPLI. Plicatura, gén. plicaturæ. f.

REPLIER. Replicare, replico, replicas, replicavi, replicatum. act. acc.

REPLIQUE. Voy. Réponse.

REPLIQUER. Voy. Répondre.

REPLISSER. Voy. Plisser, et ajoutez iterùm. adv.

REPLONGER. V. Plonger, et ajoutez iterùm. adv.

Se REPLONGER. Voyez Se plonger, et ajoutez iterùm. adv.

REPOLIR. Voyez Polir, et ajoutez iterùm. adv.

REPONDANT. Præs, g. prædis. m.

REPONDRE. Respondere, respondeo, respondes, respondi, responsum. rég. dir. acc. rég. ind. dat. Répondre à quelque chose. Respondere ad aliquam rem. acc. Répondre de quelque chose. Respondere de aliquâ re. abl.

REPONSE. Responsum, gén. responsi, n. Faire réponse ou rendre réponse. Dare responsum. dat. de la personne; de ou sur par de, et l'abl. c'est-à-dire, donner, etc. Faire réponse par écrit. Rescribere, rescribo, rescribis, rescripsi, rescriptum. La personne à qui l'on fait réponse se met au dat. ou à l'acc. avec ad.

REPORTER. Referre, refero, refers, retuli, relatum. act. rég. dir. acc. rég. ind. dat. ou acc. avec ad.

REPOS. Quies, gén. quietis. f. Être en repos. Esse quietum; sum, es, fui. Quietus, a, um. adj. En repos ou tranquillement. Quietè. adv. En repos ou tranquille. Quietus, a, um. adj. Qui n'a pas de repos. Inquietus, a, um. adj. Mettre en repos. Tranquillare, tranquillo, as, avi, atum. act. acc.

REPOSÉ. Quietus, quieta, quietum. part. pass. de Quiescere.

REPOSER ou se reposer. Requiescere, requiesco, is, requievi, requietum. neut. sur s'exprime par in, avec l'abl.

REPOSER ou mettre dans une situation tranquille. Reponere, repono, reponis, reposui, repositum. act. acc. de la chose qu'on repose, et le dat. de celle sur laquelle on repose.

Se REPOSER sur quelqu'un. Voyez Se fier.

Se REPOSER sur quelqu'un de quelque chose. Deponere, depono, is, deposui, depositum. act. aliquid in fide alicujus.

REPOSOIR. Statio, *gén.* stationis. *f.*
REPOUSSÉ. Repulsus, repulsa, repulsum. *part. pass. de* Repellere.
REPOUSSER. Repellere, repello, is, repuli, repulsum. *act. acc.*
REPOUSSER, *en parlant des plantes, pousser de nouveaux rejetons.* Regerminare, regermino, as, avi, atum.
REPRÉHENSIBLE. Reprehendendus, a, um. Magis, *pour le comp.* maximé, *pour le superl.*
REPRÉHENSION. V. *Réprimande.*
REPRENDRE ou *prendre.* Recipere, recipio, recipis, recepi, receptum. *actif accusat.*
REPRENDRE ou *faire réprimande.* Objurgare, objurgo, as, avi, atum. *accus. rég. dir. acc. rég. ind. dat.*
REPRENDRE, *critiquer. Les choses que je reprends en toi.* Res quas redarguo in te. Redarguo, redarguis, redargui, redargutum. *acc. Le de,* ou *de ce que, suivi d'un verbe, s'exprime par* quòd, *avec le subjonctif.*
REPRÉSAILLES. Clarigatio, *g.* clarigationis. *fem.*
REPRÉSENTATION, *action de représenter.* Repræsentatio, *gén.* repræsentationis. *f. Représentation d'une comédie, etc.* Actio, *gén.* actionis. *fém. Ajoutez* comœdiæ.
REPRÉSENTER. Repræsentare, repræsento, as, avi, atum. *act. acc.*
REPRÉSENTER *une comédie.* Agere, ago, is, egi, actum. *act.* comœdiam.
Se REPRÉSENTER ou *se figurer.* Sibi effingere, effingo, is, effinxi, effictum. *act. acc. de ce que l'on se représente.*
REPRESSIF. Qui, quæ, quod reprimendi vim habet.
REPRESSION. Repressio, *gén.* repressionis. *fem.*
REPRÊTER. Voyez *Prêter, et ajoutez* iterùm. *adv.*
REPRIER. Rogare, rogo, as, rogavi, rogatum. *act. Ajoutez* iterùm. *adv.*
RÉPRIMANDE. Reprehensio, *g.* reprehensionis. *fem. Faire une réprimande,* ou
RÉPRIMANDER. V. *Reprendre.*
REPRIMER. Reprimere, reprimo, is, repressi, repressum. *act. acc.*
REPRIS ou *pris.* Receptus, recepta, receptum. *prét. pass. de* Recipere.
REPRIS ou *réprimandé.* Reprehensus, a, um. *part. pass. de* Reprehendere.
REPRISE. Recuperatio, *gén.* recuperationis. *fém. A plusieurs reprises.* Sæpiùs iterando.
REPROBATION, *action de réprouver quelqu'un.* Reprobatio, *gén.* reprobationis. *fém.*
REPROCHABLE. Exprobrandus, a, um. *part. fut. pass. d'*Exprobrare.

REPROCHE. Exprobratio, *gén.* exprobrationis. *f. Qui est sans reproche.* Integer, a, um. *adj. Un homme sans reproche.* Vir integer, *gén.* viri integri. *masc. Faire des reproches,* ou
REPROCHER. Exprobrare, exprobro, as, exprobravi, exprobratum. *act. rég. dir. acc. rég. ind. dat. Le de* ou *de ce que, suivi d'un verbe, s'exprime par* quòd, *avec le subjonct.*
REPRODUCTION. Nova productio, *g.* novæ productionis. *fém.*
REPRODUIRE. Regenerare, regenero, as, avi, atum. *act. acc.*
REPRODUIT. Renatus, renata, renatum. *part. de* Renascor.
RÉPROUVÉ. Reprobatus, reprobata, reprobatum. *part. pass. de* Reprobare.
RÉPROUVER. Reprobare, reprobo, as, avi, atum. *act. acc.*
REPTILE. Repens, *m. f. n. g.* repentis. Quand reptile *est mis seul, on y joint* animal repens, *gén.* animalis repentis. *neut.*
REPU. Refectus, refecta, refectum. *adj. avec l'abl. de la chose.*
REPUBLICAIN. Studiosus, a, um. *adj. Ajoutez* reipublicæ.
REPUBLIQUE. Respublica, *gén.* respublicæ. *f. On décl.* res *et* publica.
RÉPUDIATION. Repudium, *génit.* repudii. *neut.*
RÉPUDIÉ. Repudiatus, repudiata, repudiatum. *part. pass. de* Repudiare.
RÉPUDIER. Repudiare, repudio, as, avi, atum. *act. acc.*
RÉPUGNANCE ou *aversion.* Animus aversus, *gén.* animi aversi. *m. Pour quelque chose,* ab aliquâ re. *abl. Avoir de la répugnance pour.* Abhorrere, abhorreo, es, abhorrui. *sans sup. n. abl. avec* à ou ab, *comme* : ils ont de la répugnance pour l'étude. Abhorrent à studio. *Avec répugnance.* Invitè. *adv.*
RÉPUGNANCE ou *contrariété.* Repugnantia, *gén.* repugnantiæ. *fém.*
REPUGNANT. Repugnans, *m. f. n. g.* repugnantis. *avec le dat.*
RÉPUGNER *à.* Repugnare, repugno, repugnas, repugnavi, repugnatum. *neut. datif.*
REPULLULER, *renaître en grande quantité.* Repullulare, repullulo, as, repullulavi, repullulatum. *neut.*
REPURGER. Voy. *Purger, et ajoutez l'adv.* iterùm.
RÉPUTATION. Fama, *gén.* famæ. *fém. Avoir la réputation d'un honnête homme.* Haberi honestum virum, *c'est-à-dire passer pour un honnête homme. Le nom qui est après* pour, *s'accorde avec le nomin. du verbe. Avoir bonne réputation, être en bonne réputation.* Bonâ famâ frui;

fruor, frueris, fruitus sum. *dép. ablat.*
Avoir mauvaise réputation. Malà famâ frui.

RÉPUTER. Existimare, existimo, as, avi, atum. *act. acc. Etre réputé pour.* Existimari, existimor, existimaris, existimatus sum. *pass.*

REQUÉRANT. Postulans, *génit.* postulantis. *part. prés.* de Postulare.

REQUÉRIR. Postulare, postulo, postulas, postulavi, postulatum. *act. rég. dir. acc. rég. ind. abl. avec* à *ou* ab.

REQUÊTE ou *demande.* Postulatio, *g.* postulationis. *fém.*

REQUÊTE *par écrit.* Libellus, *g.* libelli. *masc.*

REQUIPER. Voy. *Equiper, et ajoutez* iterùm. *adv.*

REQUIS. Postulatus, postulata, postulatum. *part. pass.* de Postulare.

REQUISITION. Petitio, *gén.* petitionis. *fém.*

RESAIGNER. V. *Saigner, et ajoutez* iterùm. *adv.*

RESALUER. Resalutare, resaluto, as, avi, atum. *act. acc.*

RESCRIPTION. Rescriptum, *gén.* rescripti. *neut.*

RESCRIT, *réponse de quelque souverain.* Rescriptum, *gén.* rescripti. *n.*

RESEAU. Reticulum, *g.* reticuli. *n.*

RESELLER *un cheval.* Voy. *Seller, et ajoutez* iterùm. *adv.*

RESERVE. Sepositio, *gén.* sepositionis. *f. A la réserve de.* Præter, *avec l'accus. Mettre en réserve.* Recondere, recondo, is, recondidi, reconditum. *act. accus. Qui est de réserve.* Conditus, condita, conditum. *adj.*

RÉSERVE, *retenue, modestie.* Modestia, *gén.* modestiæ. *fém. Avec réserve.* Moderaté. *adv.*

RÉSERVÉ ou *gardé.* Reservatus, reservata, reservatum. *part. pass.* de Reservare.

RÉSERVÉ ou *circonspect.* Circumspectus, a, um. *part. pass.* de Circumspicere.

RÉSERVER. Reservare, reservo, reservas, reservavi, reservatum. *act. acc. Pour s'exprime par* ad, *avec l'acc. ou le gérond. en* dum.

RESERVOIR. Piscina, *g.* piscinæ. *f.*

RESIDENCE. Assidua commoratio, *gén.* assiduæ commorationis. *f. Faire résidence.* Voy. *Résider.*

RÉSIDENT, *envoyé pour résider auprès d'un gouvernement étranger.* Legatus, *g.* legati. *masc.*

RÉSIDER. Commorari, commoror, aris, commoratus sum. *dép.*

RÉSIDU. Residuum, *génit.* residui. *n.*

RÉSIGNATION, *action de résigner un office.* Muneris per alterius abdicationem transcripta possessio, *génit.* possessionis. *féminin.*

RÉSIGNATION à. Concensio, *gén.* concensionis. *f. A la volonté de Dieu*, cum voluntate Dei.

RÉSIGNÉ, *en parlant d'un office, etc.* Transcriptus, a, um. *part. pass.* de Transcribere.

RÉSIGNÉ, *en parlant d'une personne.* Accommodatus, a, um. *On exprime à par* ad, *avec l'acc.*

RÉSIGNER *un office, etc.* Transcribere, transcribo, transcribis, transcripsi, transcriptum. *act. rég. dir. acc. reg. ind. datif.*

Se RÉSIGNER. Se accommodare, accommodo, as, avi, atum. *A la volonté de Dieu*, ad voluntatem Dei.

RÉSINE, *sorte de poix.* Resina, *gén.* resinæ. *f. Qui abonde en résine.* Resinosus, resinosa, resinosum. *adj.*

RÉSIPISCENCE, *conversion.* Reditus, *gén.* reditûs. *m. Ajoutez* ad meliorem frugem. *A résipiscence.* Ad meliorem frugem. *Venir à résipiscence.* Resipiscere, resipisco, resipiscis, resipui. *neutre sans supin.*

RESISTANCE. Adversus conatus, *gén.* adversi conatûs. *m. Faire résistance.* V. *Résister. Sans qu'on fasse résistance, ou sans résistance, c'est-à-dire, personne ne résistant.* Nemine resistente. *à l'abl.*

RESISTER à. Resistere, resisto, is, restiti, restitum. *neut. dat.*

RÉSISTER, *supporter, durer long-temps.* Sustinere. *Aux fatigues*, labores, *à l'acc. c'est-à-dire, soutenir.* Sustineo, sustines, sustinui, sustentum. *acc.*

RÉSOLU ou *arrêté en parlant des choses.* Decretus, a, um. *part. pass.* de Decernere. *Etre résolu de.* Voyez *Résoudre.*

RÉSOLU ou *hardi.* Confidens, *m. f. n. gén.* confidentis.

RÉSOLUMENT. Confidenter. *adv.*

RESOLUTIF. Discussorius, a, discussorium. *adj.*

RESOLUTION ou *dessein.* Consilium, *gén.* consilii. *neut. Etre ferme dans sa résolution.* Perstare, persto, as, perstiti, perstitum. *neut.* in proposito. *Faire changer quelqu'un de résolution.* Deducere, deduco, deducis, deduxi, deductum. *act.* aliquem à consilio, *c'est-à-dire, le détourner de sa résolution.*

RÉSOLUTION ou *hardiesse.* Audacia, *g.* audaciæ. *fém.*

RÉSOLUTION, *décision.* Explicatio, *gén.* explicationis. *fém. Donner la résolution d'une difficulté.* V. *Résoudre, expliquer.*

RESONNANT. Resonans, *génit.* resonantis. *part. prés.* de Resonare.

RÉSONNEMENT, *retentissement.* Resonantia, *gén.* resonantiæ. *fém.*

24

RESONNER. Resonare, resono, resonas, resonavi, resonatum. *neut.*
RESOUDRE, *déterminer.* Decernere, decerno, decernis, decrevi, decretum. *actif.*
Se RÉSOUDRE à. Decernere, decerno, decernis, decrevi, decretum. *act. accus. Faire résoudre une personne.* Impellere, impello, is, impuli, impulsum. *act. acc. de la personne ; et la chose à quoi l'on fait résoudre se met à l'acc. avec* ad *, ou bien on met* ad *avec le gérond. en* dum. *c'est-à-dire, porter quelqu'un à quelque chose.*
RÉSOUDRE ou *expliquer.* Solvere, solvo, solvis, solvi, solutum. *act. accus. de la chose.*
RÉSOUDRE ou *discuter.* Discutere, discutio, discutis, discussi, discussum. *act. accus.*
Se RÉSOUDRE en. Resolvi, resolvor, eris, resolutus sum. *pass.* en par in *, et l'accus.* En pluie, in pluviam. Voy. *Semblable.*
RESPECT. Reverentia, *gén.* reverentiæ. *f. Avoir du respect pour, ou porter, ou rendre du respect à.* Colere, colo, colis, colui, cultum. *act. acc. Sauf le respect de.* Pace. *abl. fém. qui veut un gén. ensuite.*
RESPECT *humain.* Humana ratio, *gén.* humanæ rationis. *fém. Avoir du respect humain, agir par respect humain.* Duci humanis rationibus, *c'est-à-dire, Être conduit par, etc.* Duci *est le pass. du verbe.* Ducere, duco, ducis, duxi, ductum. *act.*
RESPECTABLE, *digne de respect.* Venerandus, a, um. Magis, *pour le comp.* maximè, *pour le superl.*
RESPECTÉ. Cultus, a, um. *part. pass. de* Colere. *De tout le monde*, ab omnibus.
RESPECTER. Colere, colo, colis, colui, cultum. *act. acc.*
RESPECTIF, *mutuel, réciproque.* Mutuus, mutua, mutuum. *adj.*
RESPECTIVEMENT, *mutuellement.* Vicissim. *adv.*
RESPECTUEUSEMENT. Reverenter. *adv. Comp.* reverentius ; *superl.* reverentissimè.
RESPECTUEUX. Reverens, *m. f. n. g.* reverentis.
RESPIRATION. Respiratio, *gén.* respirationis. *fém.*
RESPIRER. Respirare, respiro, respiras, respiravi, respiratum. *neut. acc.*
RESPIRER *le sang, le carnage, le crime.* Inhiare sanguini, cædi, crimini. Inhio, as, inhiavi, inhiatum. *neut.*
RESPIRER, *prendre du relâche.* Respirare, *comme* spirare.
RESPIRER ou *aspirer.* Voy. *Aspirer.*
RESPLENDISSANT. Splendidus, splendida, splendidum. *adj Etre resplendissant.*

Splendere, splendeo, splendes, splendui. *sans supin.*
Etre RESPONSABLE *de.* Esse obsidem ; sum, es, fui. Obses, *gén.* obsidis, *s'accorde avec le nomin. du verbe.*
RESSAISIR. Reprehendere, reprehendo, reprehendis, reprehendi, reprehensum. *act. acc.*
RESSASSER *de la farine.* Succernere, succerno, succernis, succrevi, succretum. *act. acc.* farinam. Ajoutez iterùm. *adv.*
RESSEMBLANCE. Similitudo, *g.* similitudinis. *fém. Avoir de la ressemblance.* Voyez *Ressembler.*
RESSEMBLANT. Consimilis, *m. fém.* consimile, *n. g.* consimilis, *avec le dat.*
RESSEMBLER à, ou *être semblable.* Esse similem ; sum, es, fui. Similis, *m. f.* simile, *n. gén.* similis. *On met ensuite un gén. ou un dat. comme : Il ressemble à mon frère.* Est similis meo fratri *ou* mei fratris. Voy. *Semblable.*
Se RESSEMBLER. Esse similes inter se, *c'est-à-dire, être semblable entre soi.*
RESSEMELER *des souliers.* Novis soleis munire, munio, munis, munivi, munitum. *act. acc.* Novis soleis *restent invariables.*
RESSEMER. Reserere, resero, reseris, resevi, resatum. *act. acc.*
RESSENTIMENT. Dolor, *gén.* doloris. *m. Avoir du ressentiment.* Ægrè ferre, *avec l'acc.* Fero, fers, tuli, latum. *acc.*
RESSENTIR. Percipere, percipio, is, percepi, perceptum. *rég. dir. acc. rég. ind. abl. avec* è *ou* ex.
Se RESSENTIR *de.* Commoveri, commoveor, commoveris, commotus sum. *pass. abl. de la chose.*
RESSERRÉ. Contractus, contracta, contractum. *part. pass. de* Contrahere. *Plus resserré.* Contractior, *masc. fém.* contractius. *neut.*
RESSERREMENT. Contractio, *g.* contractionis. *fém.*
RESSERRER. Contrahere, contraho, is, contraxi, contractum. *act. acc.*
RESSORT. Organum, *gén.* organi. *n. Par ressorts.* Organis. à l'abl.
RESSORT, *juridiction.* Jurisdictio, *gén.* jurisdictionis. *fém.*
RESSORTIR, *sortir une seconde fois.* Voy. *Sortir, et ajout.* iterùm. *adv.*
RESSORTIR, *être du ressort de quelque lieu.* In aliquod forum convenire, convenio, convenis, conveni, conventum. *neut.*
RESSOUDER. Voy. *Souder, et ajoutez* iterùm. *adv.*
RESSOURCE. Perfugium, *g.* perfugii. *n. Sans ressource.* Funditùs. *adv.*
Se RESSOUVENIR *de.* Recordari, recordor, aris, recordatus sum. *dép. ac. ou g*

RET   RET

Faire ressouvenir quelqu'un de, il faut tourner: *Faire en sorte que quelqu'un se ressouvienne de.* Facere ut aliquis recordetur, *avec l'acc ou le gén.* Facere, facio, facis, feci, factum, *faire en sorte*; ou alicujus memoriam refricare, *avec le gén. de la chose*; ou in alicujus memoriam revocare, *avec l'acc. de la chose.*

RESSUSCITER ou *faire revivre.* Revocare, revoco, as, revocavi, revocatum. *act. acc.* Ajoutez ad vitam.

RESSUSCITER ou *revivre.* Reviviscere, revivisco, reviviscis, revixi. *neut.*

RESTANT. Residuus, a, um *adj.*

RESTAURATEUR. Restitutor, *g.* restitutoris. *masc.*

RESTAURATION. Instauratio, *génit.* instaurationis. *fém.*

RESTAURER. Instaurare, instauro, as, instauravi, instauratum. *act. acc.*

RESTE. Reliquium, *gén.* reliquii. *neut.* Qui est de reste. Reliquus, a, um *adj.*

Au RESTE. Cæterùm. *adv.*

RESTER ou *être de reste.* Superesse, supersum, superes, superfui. *Il ne reste aucune espérance à mon frère:* Nulla spes superest meo fratri.

RESTER ou *demeurer.* Morari, moror, moraris, moratus sum. *dép.*

RESTITUÉ à. Restitutus, restituta, restitutum. *part. pass. de* Restituere.

RESTITUER. Restituere, restituo, is, restitui, restitutum. *act. acc.*

RESTITUTION. Restitutio, *génit.* restitutionis. *fém.* Faire restitution. Voyez *Restituer.*

RESTREINDRE. Restringere, restringo, is, restrinxi, restrictum. *act. acc.*

RESTRICTION. Circumscriptio, *génit.* circumscriptionis. *fém.*

RESTRICTION, *réticence.* Reticentia, *g.* reticentiæ. *fém.*

RESTRINGENT, *qui constipe.* Adstringens, m. f. n. *g.* adstringentis.

RESULTAT. Summa, *gén.* summæ. *f.*

RESULTER. Oriri, orior, iris, ortus sum. *déponent.* Le *de par* è ou ex, *avec l'ablat.*

Un RESUMÉ. Summa, *gén.* summæ. *f.* Ajout. conclusionis *au gén.*

RESUMER. Resumere, resumo, resumis, resumpsi, resumptum. *act. acc.*

RESOMPTION, *récapitulation.* Enumeratio, *gén.* enumerationis. *f.* Ajoutez orationis.

RESURRECTION. Reditus, *g.* reditus. *m.* Ajoutez ad vitam. *La fête de la résurrection de Notre-Seigneur Jésus-Christ.* Dies sacer, *gén.* diei sacri, *masc.* Ajout. Christo reviviscenti.

RETABLI. Restitutus, a, um. *part. pass. de* Restituere. en ou dans *par* in, *avec l'acc.*

RETABLIR. Restituere, restituo, is, restitui, restitutum. *act. acc.* en ou dans *par* in, *avec l'acc.*

RETABLISSEMENT. Restitutio, *gén.* restitutionis. *fém.*

RETAILLER. Resecare, reseco, as, resecui, resectum. *act. acc.*

RETAILLES, *morceaux coupés de quelque étoffe.* Recisamenta, *gén.* recisamentum. *neut. plur.*

RETARD. Voy. *Retardement.*

RETARDÉ. Retardatus, retardata, retardatum. *part. pass. de* Retardare.

RETARDEMENT. Mora, *g.* moræ.

RETARDER, *et faire retarder, ou différer.* Retardare, retardo, as, retardavi, retardatum. *act. acc.*

RETARDER ou *s'arrêter.* Morari, moror, moratus sum. *dép.*

RETATER. Voyez *Tâter*, et ajoutez iterùm. *adv.*

RETEINDRE. V. *Teindre*, et ajoutez iterùm. *adv.*

RETENDRE. Voy. *Tendre*, et ajoutez iterùm. *adv.*

RETENIR. Retinere, retineo, retines, retinui, retentum. *act. acc.*

Se RETENIR, *s'empêcher de tomber.* Sustinere se à lapsu, c'est-à-dire, *se soutenir contre la chute.*

Se RETENIR, *se modérer.* Sibi moderari. Moderor, aris, atus sum. *dép.*

RETENTION. Retentio, *gén.* retentionis. *fém.*

RETENTION d'urine. Stranguria, *génit.* stranguriæ. *fém.*

RETENTIR. Resonare, resono, resonas, resonui, resonitum. *neut.*

RETENTISSANT. Resonans, m. f. n. *gén.* resonantis.

RETENTISSEMENT. Repercussus, *gén.* repercussûs. *masc.*

RETENU ou *modéré.* Moderatus, moderata, moderatum. *adj.*

RETENU ou *arrêté.* Retentus, retenta, retentum. *part. pass. de* Retinere.

RETENUE. Moderatio, *génit.* moderationis. *fém.*

RETICENCE. Reticentia, *gén.* reticentiæ. *fém.*

RETIF. Restitans, m. fém. neut. *gén.* restitantis.

RETINE, *une des tuniques de l'œil.* Reticulata tunica, *gén.* reticulatæ tunicæ. *fém.* Ajoutez oculi.

RETIRÉ à l'écart. Secretus, secreta, secretum. *part. pass. de* Segregare.

RETIRÉ ou *rétréci.* Contractus, contracta, contractum. *part. pass. de* Contrahere.

RETIREMENT. Contractio, *gén.* contractionis. *fém.*

RETIRER ou *tirer.* Retrahere, retraho, is, retraxi, retractum. *act. acc.* Le *de* s'exprime par è ou ex, avec l'abl. comme: du danger, è periculo.

RETIRER, détourner. Avocare, avoco, as, avocavi, avocatum. act. acc. De l'étude, à studio; du libertinage, à licentiori vitâ.

RETIRER ou recevoir. Recipere, recipio, is, recepi, receptum. act. acc.

RETIRER un grand profit. Percipere, percipio, percipis, percepi, perceptum. act. utilitatem magnam. De quelque chose, ex aliquâ re.

Se RETIRER ou s'en aller. Recedere, recedo, is, recessi, recessum. neut.

Se RETIRER ou se rétrécir. Contrahi, contrahor, contraheris contractus sum. pass.

RETOISER. Remetiri, remetior, remetiris, remensus sum. dép. acc.

RETOMBER. Recidere, recido, recidis, recidi, recasum. neut. sur ou dans, ou en, s'exprime par in, avec l'acc. Retomber malade, c'est-à-dire, retomber dans une maladie. Recidere in morbum.

RETONDRE. Voy. Tondre, et ajoutez iterùm. adv.

RETORDRE. Intorquere, intorqueo, es, intorsi, intortum. act. acc.

RETORQUER un argument contre quelqu'un. Argumentum in aliquem retorquere, retorqueo, retorques, retorsi, retortum. act. acc.

RETORS, en parlant de fil ou de soie. Tortilis, masc. fém. tortile, neut. génit. tortilis.

RETOUCHÉ. Retractatus, retractata, retractum. part. pass. de Retractare.

RETOUCHER. Retractare, retracto, as, retractavi, retractatum. act. acc.

RETOUR. Reditus, gén. reditûs. m. A la ville, in urbem; au logis, domum. Etre de retour ou revenir. Redire, redeo, redis, redivi ou redii, reditum. n. Voy. Retourner. A mon retour, après mon retour. Post meum reditum.

RETOUR, ce qu'on donne de plus dans un échange. Accessio, gén. accessionis. f.

RETOURNER ou revenir. Redire, redeo, is, redivi ou redii, reditum. n.

RETOURNER ou tourner quelque chose. Convertere, converto, convertis, converti, conversum. act. acc. D'un autre côté, in aliam partem.

RETRACER. Voy. Tracer, et ajoutez iterùm. adv.

RETRACTATION. Retractatio, génit. retractationis. fém.

RETRACTER ou se rétracter. Revocare, revoco, revocas, avi, revocatum. act. avec l'acc. de la chose.

RETRAIT ou privé. Foricæ, g. foricarum. fém. plur.

RETRAIT lignager, par lequel on a droit de retirer dans l'an et un jour un bien vendu par ses parens. Redhibitio gentilitia, gén. redhibitionis gentilitiæ. f.

RETRAITE. Receptus, gén. receptûs. m. Faire retraite. Secedere, secedo, is, secessi, secessum. neut. Sonner la retraite. Canere, cano, is, cecini, cantum. neut. receptui.

RETRAITE ou lieu retiré. Secessus, gén. secessûs. masc.

RETRANCHÉ ou diminué. Imminutus, a, um. part. pass. d'Imminuere.

RETRANCHEMENT ou diminution. Imminutio, gén. imminutionis. f.

RETRANCHEMENT ou fortification. Munitio, gén. munitionis. f. Faire des retranchemens autour d'une ville. Voyez Retrancher, fortifier.

RETRANCHER ou diminuer. Imminuere, imminuo, imminuis, imminui, imminutum. act. acc.

RETRANCHER, ou fortifier. Munire vallo et fossâ. Une ville, urbem, c'est-à-dire, fortifier une ville d'un retranchement et d'un fossé. Munio, munis, munivi ou munii, munitum. acc.

RETRANCHER à quelqu'un de sa nourriture. Deducere, deduco, is, deduxi, deductum. act. alicui cibum.

RETRECI. Contractus, contracta, contractum. part. pass. de Contrahere.

RETRECIR. Contrahere, contraho, his, contraxi, contractum. act. acc.

RETRECISSEMENT. Contractio, gén. contractionis. fém.

RETREMPER. Voy. Tremper, et ajout. iterùm. adv.

RETRIBUER. Retribuere, retribuo, is, retribui, retributum. act. rég. dir. acc. rég. ind. dat.

RETRIBUTION. Merces, g. mercedis. fém.

RETROGRADATION. Regressio, gén. regressionis. fém.

RETROGRADE, qui retourne en arrière. Retrogradus, a, um.

RETROGRADER. Retrogradi, retrogradior, retrograderis, retrogressus sum. dépon.

RETROUSSÉ. Collectus, collecta, collectum. part. pass. de Colligere.

RETROUSSER. Colligere, colligo, is, collegi, collectum. act. acc.

Se RETROUSSER. Colligere vestem.

RETROUVÉ. Repertus, reperta, repertum. part. pass. de Reperire.

RETROUVER. Reperire, reperio, is, reperii, repertum. act. acc.

Aller RETROUVER. Reverti, revertor, reverteris, reversus sum. dép. Quelqu'un, ad aliquem. J'irai retrouver mon frère. Revertar ad fratrem meum.

RETS, filets. Retia, g. retium. n. pl.

RETUDIER. Repetere, repeto, repetis, repetivi *ou* repetii, repetitum. *acc. Ajout.* studia.

RETUVER *une plaie.* Refovere, refoveo, refoves, refovi, refotum. *act. Ajoutez* vulnus. *à l'acc.*

REUNI, *ou réconcilié.* Reconciliatus, a, um. *part. pass. de* Reconciliare.

RÉUNI, *rejoint.* Voy. *Joint*, *et ajoutez* iterùm. *adv.*

REUNION, *ou réconciliation.* Reconciliatio, *gén.* reconciliationis. *fém.*

RÉUNION *de choses séparées.* Iterata conjunctio, *gén.* iteratæ conjunctionis. *f.*

REUNIR, *rejoindre.* Voy. *Joindre*, *et ajoutez* iterùm. *adv.*

RÉUNIR *ou réconcilier.* Reconciliare, reconcilio, as, reconciliavi, reconciliatum. *act. acc.*

REUSSIR, *en parlant des choses.* Succedere, succedo, succedis, successi, successum. *neut. Bien*, benè. *Mal*, malè. *adv. La chose a réussi.* Res successit.

RÉUSSIR *dans*, *en parlant des personnes.* Gerere, gero, geris, gessi, gestum. *act. acc. Bien*, benè. *Mal*, malè. *adv. Il réussit heureusement en toutes choses.* Gerit feliciter omnia.

RÉUSSIR (sans régime), *en parlant des personnes.* Habere prosperos exitus, *c'est-à-dire*, *avoir des succès heureux. Faire réussir.* Dare exitus, *avec un dat. Bien*, bonos. *Mal*, malos, *c'est-à-dire*, *donner des succès bons*, *mauvais.*

REUSSITE. Successus, *gén.* successùs, *ou* exitus, *gén.* exitûs, *masc.*

REVALOIR, *rendre la pareille.* Rependere, rependo, rependis, rependi, repensum. *act. Ajoutez* par. *à l'acc.*

REVANCHE. Par, *gén.* paris. *neut. Il m'a offensé*, *mais j'aurai ma revanche.* Me læsit, sed vindicabo hanc injuriam, *c'est-à-dire*, *je vengerai cette injure. Je lui rendrai sa revanche.* Par pari referam.

REVANCHE *au jeu.* Iteratio, *gén.* iterationis. *f. Ajoutez* lusionis, *c'est-à-dire*, *l'action de recommencer le jeu. Donner la revanche à quelqu'un.* Facere alicui copiam lusionis iterandæ, facio, facis, feci, factum ; *c'est-à-dire*, *donner à quelqu'un le pouvoir de recommencer le jeu. Prendre sa revanche.* Iterare, itero, as, avi, atum, lusionem, *c'est-à-dire*, *recommencer le jeu. Je veux ma revanche.* Lusionem iteremus volo. *Jouons sans revanche.* Absque iteratione ludamus.

REVANCHER, *ou défendre.* Defendere, defendo, defendis, defendi, defensum. *act. acc.*

Se REVANCHER *de.* Voy. *Venger.*

REVASSER. Somniare, somnio, as, somniavi, somniatum. *n. Ajoutez* anxiè. *adv.*

RÊVE, *chose qu'on a rêvée en dormant.* Somnium, *gén.* somnii. *neut.*

REVÊCHE. Contumax, *m. f. n. gén.* contumacis.

A mon RÉVEIL, *ou après mon sommeil.* Post somnum meum.

REVEILLE-MATIN. Suscitabulum, *g.* suscitabuli. *neut.*

REVEILLÉ. Expergefactus, expergefacta ; expergefactum. *part. pass. d'*Expergefacere.

REVEILLER. Expergefacere, expergefacio, is, expergefeci, expergefactum. *act. acc.*

Se RÉVEILLER. Expergisci, expergiscor, eris, experrectus sum. *dép.*

RÉVEILLER *une querelle.* Renovare rixam, *c'est-à-dire*, *la renouveler.* Renovo, as, avi, atum. *act. acc.*

REVEILLON, *repas fait au milieu de la nuit.* Antelucana cœna, *g.* antelucanæ cœnæ. *fém.*

REVELATION. Patefactio, *gén.* patefactionis. *fém.*

REVELÉ. Patefactus, patefacta, patefactum. *part. pass. de* Patefacere.

REVÉLER. Patefacere, patefacio, is, patefeci, patefactum. *act. acc.*

REVENANT-BON, *éventuel.* Reliqua quæstuosa, *gén.* reliquorum quæstuosorum. *neut. plur.*

REVENDEUR. Propola, *g.* propolæ. *m.*

REVENDEUSE. Quæ mercatur minoris quod carius vendat.

REVENDICATION. Repetitio, *génit.* repetitionis. *fém.*

REVENDIQUER. Repetere, repeto, is, repetivi *ou* repetii, repetitum. *act. acc.*

REVENDRE. Divendere, divendo, is, divendidi, divenditum. *act. acc.*

REVENIR *ou retourner.* Redire, redeo, redis, redivi *ou* redii, reditum. *n. Faire revenir.* Revocare, revoco, as, revocavi, revocatum. *act. acc.*

REVENIR *d'une maladie*, etc. Recreari ; recreor, recrearis, recreatus sum. *pass.* ex morbo.

REVENIR, *repousser*, *renaître.* Renasci, renascor, eris, renatus sum. *dép.*

REVENIR *à quelqu'un.* Voy. *Plaire.*

REVENIR *de ses égaremens.* Redire in viam, *c'est-à-dire*, *retourner dans le bon chemin.*

REVENTE, *vente réitérée.* Iterata venditio, *gén.* iteratæ venditionis. *f.*

REVENU, *qui est de retour.* Redux, *gén.* reducis. *adj.*

REVENU *en santé.* Recreatus, recreata, recreatum. *Ajout.* è morbo.

REVENU, *ou rente.* Redditus, *g.* redditûs. *masc.*

REVER *en dormant.* Somniare, somnio, as, avi, atum. *neut.*

RÊVER ou, *penser a.* Meditari, meditor, aris, meditatus sum. *dép. acc.*

RÉVERBÉRATION. Repercussus, *gén.* repercussûs. *masc.*

RÉVERBÉRER. Reflectere, reflecto, is, reflexi, reflexum. *act. acc.*

REVERDIR. Revirescere, reviresco, is, revirui. *sans sup. neut.*

REVERDISSEMENT. Viriditas renascens, *gén.* viriditatis. *f.* renascentis.

RÉVÉREMMENT. Reverenter. *adv.*

RÉVÉRENCE ou *salutation.* Salutatio, *gén.* salutationis. *f. Faire la révérence à.* Salutare, saluto, as, salutavi, salutatum. *act. acc.*

RÉVÉRENCE, *respect.* Voy. *Respect.*

RÉVÉREND. Reverendus, reverenda, reverendum. *adj.*

RÉVÉRER. Revereri, revereor, eris, reveritus sum. *dép. acc.*

RÊVERIE, ou *extravagance.* Deliratio, *gén.* delirationis. *fém.*

RÊVERIE, ou *méditation.* Meditatio, *g.* meditationis. *fém.*

REVERS de. Aversus, aversa, aversum. *adj. Revers de la main.* Aversa manus, *gén.* aversæ manûs. *fém.*

REVERS *de fortune.* Casus adversus, *g.* casûs adversi. *masc.*

REVERSER. Voy. *Verser,* et *ajoutez iterùm. adv.*

REVÊTIR. Vestire, vestio, vestis, vestivi ou vestii, vestitum. *act. rég. dir. acc. rég. ind. ablat.*

REVÊTU de. Vestitus, vestita, vestitum. *part. pass. de* Vestire. *ablat. de la chose.*

RÊVEUR. Cogitabundus, a, um.

RÊVEUSE. Delira, *génit.* deliræ. *fém. Vieille rêveuse.* Anus delira, *gén.* anûs deliræ. *fém.*

REVIRER *de bord.* Circumagere, circumago, circumagis, circumegi, circumactum. *act. acc. Ajoutez* navem.

REVISION. Recognitio, *gén.* recognitionis. *fém.*

REVISITER. Revisere, reviso, revisis, revisi, revisum. *act. acc.*

REVIVRE. Reviviscere, revivisco, is, revixi, revictum. *neut. Faire revivre.* V. *Ressusciter.*

RÉVOCABLE, *qu'on peut révoquer.* Revocabilis, *m. f.* revocabile, *neut. gén.* revocabilis.

RÉVOCATION. Abrogatio, *gén.* abrogationis. *fém.*

REVOIR. Revisere, reviso, is, revisi, revisum. *act. acc.*

REVOIR *un ouvrage, le retoucher.* Recognoscere, recognosco, is, recognovi, recognitum. *act. acc.* opus.

RÉVOLER. Revolare, revolo, as, revolavi, revolatum. *neut.*

RÉVOLTE Rebellio, *gén.* rebellionis. *fém.*

RÉVOLTÉ. Rebellis, *m. f.* rebelle, *n. gén.* rebellis.

RÉVOLTER *quelqu'un, le porter à la révolte.* Incitare aliquem ad rebellandum, *c'est-à-dire, inciter, porter à se révolter.*

Se **RÉVOLTER**, *faire une révolte.* Rebellare, rebello, as, rebellavi, rebellatum. *neut. Se révolter contre son prince.* Deficere, deficio, deficis, defeci, defectum. *neut.* à principe.

RÉVOLU, *fini.* Exactus, exacta, exactum. *adj.*

RÉVOLUTION. Conversio, *gén.* conversionis. *fém.*

REVOMIR. Revomere, revomo, is, revomui, revomitum. *act. acc.*

RÉVOQUER. Revocare, revoco, as, revocavi, revocatum. *act. acc. En doute,* in dubium.

RÉVOQUER, *annuller.* Voy. *Annuller.*

REVU. Recognitus, recognita, recognitum. *part. pass. de* Recognoscere.

REVUE, *recherche exacte.* Recognitio, *gén.* recognitionis. *fém.*

REVUE *d'armée.* Recensio, *gén.* recensionis, *fém.* exercitûs. *Faire la revue d'une armée.* Recensere, recenseo, recensui, recensitum. *act.* exercitum.

REZ, *tout contre. Raser, démolir une ville rez pied, rez terre.* Æquare solo urbem, *c'est-à-dire, égaler une ville à la terre.* Æquo, æquas, æquavi, æquatum. *accusat.*

REZ DE CHAUSSÉE. Solum, *gén.* soli. *neut.*

Se **RHABILLER.** Voyez *Habiller,* et *ajoutez iterùm. adv.*

RHABILLER *une affaire.* Corrigere, corrigo, corrigis, correxi, correctum. *act. accusat.*

RHÉTEUR, ou

RHÉTORICIEN. Rhetor, *gén.* rhetoris. *m. En rhétoricien.* Rhetoricè. *adv.*

RHÉTORIQUE. Rhetorica, *gén.* rhetoricæ. *fém.*

RHIN, *fleuve.* Rhenus, *génit.* Rheni. *masc.*

RHINOCÉROS, *animal.* Rhinoceros, *gén.* rhinocerotis. *masc.*

RHONE, *fleuve.* Rhodanus, *g.* Rhodani. *masc.*

RHUBARBE. Rhabarbarum, *g.* rhabarbari. *neut.*

RHUMATISME. Rhumatismus, *génit.* rhumatismi. *masc.*

RHUME. Epiphora, *g.* epiphoræ. *f.*

RIANT. Hilaris, *m. f.* hilare, *n. gén.* hilaris. *Cela est tout riant.* Hoc arridet omninò.

RICANNER. Cachinnari, cachinnor, aris, cachinnatus sum. *dép.*
RICANNEUR. Cachinno, *gén.* cachinnonis. *masc.*
RIC-A-RIC. Summo jure. *à l'abl.*
RICHARD, *homme très-riche.* Ditissimus, a, um. *superl. de* Dives.
RICHE. Dives, m. f. n. g. divitis. *Au comp.* ditior, m. f. ditius. n. *au superl.* ditissimus, a, um. *Devenir riche.* Voyez *s'Enrichir. Etre riche,* ou *fort riche.* Abundare divitiis, c'est-à-dire, abonder en richesses. Abundo, as, avi, atum. n. *Faire, rendre quelqu'un riche.* Voyez *Enrichir.*
RICHE ou *magnifique.* Splendidus, a, um. *adj.*
RICHEMENT. Splendidè. *adv.*
RICHESSE, ou *richesses.* Divitiæ, g. divitiarum. *f. plur.*
RICOCHET. Lapilli subsultim crispantis aquas jactus, *gén.* jactûs. *m. Faire des ricochets.* Perstringere, perstringo, is, perstrinxi, perstrictum. *act.* summum flumen lapillo subsultim e ; c'est-à-dire, toucher la superficie de l'eau avec une petite pierre qui sautille.
RIDE. Ruga, *gén.* rugæ. *fém.*
RIDÉ. Rugosus, a, um. *adj.*
RIDEAU. Velum ductile, *gén.* veli ductilis. *neut.*
RIDELLES, *côtés d'une charrette faits en forme de râtelier.* Clathrata carri latera, *gén.* clathratorum carri laterum. *n. plur.* On ne décline pas carri.
RIDER. Corrugare, corrugo, as, corrugavi, corrugatum. *act. acc.*
Se **RIDER.** Contrahere, contraho, is, contraxi, contractum. *act. Ajoutez* frontem.
RIDICULE. Ridiculus, a, um. *adj.*
RIDICULEMENT. Ridiculè. *adv.*
RIDICULITÉ. Ineptia, *génit.* ineptiæ. *fém.*
RIEN. Nihil. *neut. qui emporte la négation, et qui n'est usité qu'au nomin. et à l'acc.* comme : *Il n'y a rien.* Nihil est. *Je ne vois rien.* Nihil video. *Rien autre.* Nihil aliud. *Lorsqu'on a besoin de quelque cas, on exprime rien par* nihilum, *gén.* nihili. *neut.* comme : *De rien,* Ex nihilo. *C'est pourquoi avec les verbes de prix et d'estime, on exprime rien par le gén.* nihili, *qui emporte la négation ;* comme : *Je n'estime cela rien.* Æstimo illud nihili. *Rien du tout,* ou *rien du monde.* Nihil omninò. *En rien,* ou *en nulle chose.* In nullâ re, *qui emporte la négation. Pour rien,* ou *pour un rien, sans sujet.* Levissimâ de causâ. *Un homme de rien.* Homo fœneus, *gén.* hominis fœnei. *masc. En moins de rien.* Sine ullâ morâ, ou temporis puncto.

RIEUR. Risor, *gén.* risoris. *masc.*
RIEUSE. Jocosa mulier, *génit.* jocosæ mulieris. *fém.*
RIGIDE. Severus, a, um. *adj.*
RIGIDEMENT. Austerè. *adv.*
RIGIDITÉ. Asperitas, *gén.* asperitatis. *fém.*
RIGOLE. Incile, *gén.* incilis. *neut.*
RIGOUREUSEMENT. Asperè. *adv. Au comp.* asperiùs, *au superl.* asperrimè.
RIGOUREUX. Asper, a, um. *adj.*
RIGUEUR. Asperitas, *gén.* asperitatis. *f. A la rigueur.* Summo jure. *à l'abl.*
RIMAILLER, *faire de méchans vers.* Scriptitare, scriptito, as, avi, atum. *act. Ajoutez* versus malos.
RIMAILLEUR. Poeta ineptus, *génit.* poetæ inepti. *masc.*
RIME. Similes vocum exitus, *gén.* similium vocum exituum. *masc. plur.*
RIMER. Desinere, desino, is, desii, desitum. *neut. Ajoutez* similiter, c'est-à-dire, finir de la même manière.
RIMEUR. Versificator gallicus, *génit.* versificatoris gallici. *masc.*
RINCER. Colluere, colluo, is, collui, collutum. *act.*
Se **RINCER** *la bouche.* Eluere os. *à l'acc.* Eluo, eluis, elui, elutum.
RIPAILLE, *mot bas. Faire ripaille.* Comessari, comessor, aris, comessatus sum. *dépon.*
RIPOSTE. Prompta responsio, *génit.* promptæ responsionis. *fém.*
RIPOSTER. Respondere, respondeo, respondes, respondi, responsum. *act. Ajoutez* citò.
RIRE, *verbe.* Ridere, rideo, rides, risi, risum. *neut. Du bout des dents,* labiis primoribus. *à l'ablat. Faire rire.* Movere, moveo, es, movi, motum. *act. Ajoutez* risum, *avec un dat. De rire,* ou *à force de rire.* Risu. *à l'abl.*
RIRE ou *dire le mot pour rire, railler.* Jocari, jocor, aris, jocatus sum. *dép. Pour rire* ou *en riant.* Per jocum. *Sans rire.* Extra jocum. *Mot pour rire.* Dictum jocosum, *gén.* dicti jocosi. *neut. Avoir le mot pour rire.* Esse jocosum ; sum, es, fui. Jocosus, a, um. *adj.*
Se **RIRE** *de.* Irridere, irrideo, irrides, irrisi, irrisum. *act. acc.*
Le **RIS** ou *le rire.* Risus, *gén.* risûs. *m.*
RIS *de veau.* Glandula vitulina, *génit.* glandulæ vitulinæ. *fém.*
RISÉE. Irrisio, *gén.* irrisionis. *f. Etre la risée de,* ou *servir de risée à.* Esse, es, fui, *avec un dat. Ajoutez* ludibrio. *Faire des risées de.* Irridere, irrideo, es, irrisi, irrisum. *act. acc. S'exposer à la risée des autres.* Dare aliis occasionem irridendi sui, c. à d., donner aux autres sujet de rire de soi.

RISIBLE. Ridiculus, a, um. *adj.*
RISQUE. Discrimen, *gén.* discriminis. *n. Courir risque.* Adire discrimen. Adeo, is, adivi ou adii, aditum. *act. Etre en risque.* In discrimen versari, versor, aris, versatus sum. *dépon.* Voy. *Ranger.*
RISQUER. Voyez *Courir risque,* et *hasarder.*
RISSOLER. Carnes rufare, rufo, as, rufavi, rufatum. *act. acc.*
RIT. Ritus, *gén.* ritûs. *masc.*
RITUEL. Ritualis, *g.* ritualis. *m.*
RIVAGE. Littus, *gén.* littoris. *neut.*
RIVAL. Rivalis, *gén.* rivalis. *masc.*
RIVALE. Æmula, *gén.* æmulæ. *fém.*
RIVALISER, *être rival de talens.* Æmulari cum aliquo ; æmulor, aris, æmulatus sum. *dép.*
RIVALITÉ. Rivalitas, *gén.* rivalitatis. *fém.*
RIVE. Ripa, *gén.* ripæ. *fém.*
RIVÉ. Retusus, a, um. *part. pass.*
RIVER. Retundere, retundo, is, retudi, retusum. *act. acc.*
RIVERAINS, *ceux qui habitent sur les bords des rivières.* Accolæ, *gén.* accolarum. *masc. plur.* Ajoutez amnis.
RIVIÈRE. Fluvius, *gén.* fluvii. *m. Qui est de rivière.* Fluvialis, *m. f.* fluviale, *neut. gén.* fluvialis.
RIZ, *sorte de grain.* Oryza, *g.* oryzæ. *fém.*
ROBE. Toga, *gén.* togæ. *f. Homme de robe ou de palais.* Homo forensis, *gén.* hominis forensis. *masc. Robe de chambre.* Toga cubicularia, *gén.* togæ cubiculariæ. *fém.*
ROBINET *de fontaine.* Epistomium, *gén.* epistomii. *neut.*
ROBORATIF. Corroborans, *masc. f. neut. gén.* corroborantis. *part. pass. de* Corroborare.
ROBUSTE. Robustus, a, um. *adj.*
ROBUSTEMENT. Validè. *adv.*
ROC. Rupes, *gén.* rupis. *fém.*
ROCAILLE, *petits cailloux.* Saxula, *gén.* saxulorum. *neut. plur.*
ROCAMBOLLE, *espèce d'ail.* Allium mitius, *gén.* allii mitioris. *neut.*
ROCHE. Rupes, *gén.* rupis. *fém.*
La ROCHELLE, *ville.* Rupella, *gén.* Rupellæ. *fém. Qui est de la Rochelle.* Rupellanus, a, um. *adj.*
ROCHER. Rupes, *gén.* rupis. *f.*
ROCHET. Supparum, *génit.* suppari. *neut*
RODER. Circumcursare, circumcurso, circumcursas, circumcursavi, circumcursatum. *neut. acc.*
RODEUR. Concursator, *gén.* concursatoris. *masc.*
RODOMONT. Thraso, *gén.* thrasonis. *masc.*

RODOMONTADE. Superbiloquentia, *g.* superbiloquentiæ. *f. Faire des rodomontades.* Insolenter se jactare, *c'est-à-dire, se vanter insolemment.* Jacto, as, jactavi, jactatum. *acc.*
ROGATIONS. Supplicationes, *gén.* supplicationum. *f. plur.*
La ROGNE, *gale invétérée.* Scabies, *gén.* scabiei. *fém.*
ROGNÉ. Resectus, resecta, resectum. *part. pass. de* Resecare.
ROGNER. Resecare, reseco, resecas, resecavi, resecatum. *act. acc.*
ROGNEUX, *galeux.* Scabiosus, scabiosa, scabiosum. *adj.*
ROGNON. Ren, *gén.* renis. *masc.*
ROGNURE. Segmen, *g.* segminis. *n.*
ROGUE. Voyez *Arrogant.*
ROI. Rex, *gén.* regis. *masc. Le roi de France.* Gallorum rex, *c'est-à-dire, le roi des Français.*
Les *Rois ou la fête des Rois.* Epiphania, *gén.* Epiphaniæ. *fém.*
ROIDE, *inflexible.* Rigidus, rigida, rigidum. *adj.*
ROIDE, *escarpé.* Arduus, a, um. *adj.*
ROIDE, *rapide.* Rapidus, a, um. *adj.*
ROIDEUR, *impétuosité de mouvement.* Impetus, *gén.* impetûs. *masc.*
ROIDEUR, *rigidité.* Rigor, *g.* rigoris. *masc.*
ROIDIR. Intendere, intendo, intendis, intendi, intensum. *act. acc.*
Se ROIDIR. Obrigescere, obrigesco, is, obrigui. *sans sup. neut.*
Se ROIDIR *contre quelque chose, tenir ferme.* Obfirmare, obfirmo, as, obfirmavi, obfirmatum. *act.* Ajoutez animum contra aliquid.
ROITELET, *petit roi.* Regulus, *gén.* reguli. *masc.*
ROITELET, *oiseau.* Trochilus, *gén.* trochili. *masc.*
ROLE ou *liste.* Index, *g.* indicis. *m.*
RÔLE ou *personnage.* Partes, *g.* partium. *f. plur. Jouer son rôle, faire son rôle.* Personam agere, ago, agis, egi, actum. *act.*
ROMAIN. Romanus, a, um. *adj.*
ROMAINE, *peson.* Statera, *gén.* stateræ. *fém.*
ROMAN. Fabulosa narratio, *gén.* fabulosæ narrationis. *fém.*
ROMANCIER. Fabulator, *gén.* fabulatoris. *masc.*
ROMANESQUE. Fabulosus, fabulosa, fabulosum. *adj.*
ROMANIE, *province.* Romania, *gén.* Romaniæ. *fém.*
ROMARIN. Rosmarinus, *gén.* rosmarini. *masc.*
ROME, *ville.* Roma, *génit.* Romæ. *féminin.*

ROMPEMENT de tête. Sollicitudo, g. sollicitudinis. fém.

ROMPRE, briser. Rumpere, rumpo, is, rupi, ruptum. act. acc.

ROMPRE avec quelqu'un. Removere se ab amicitiâ alicujus, c'est-à-dire, s'éloigner de l'amitié de quelqu'un. Removeo, es, removi, remotum. acc.

ROMPRE la paix. Dirimere, dirimo, is, diremi, diremptum. act. pacem.

ROMPRE la tête ou les oreilles à. Obtundere, obtundo, is, obtudi, obtusum. act. acc. de la personne.

ROMPRE ou se rompre. Rumpi, rumpor, rumperis, ruptus sum. pass.

Se **ROMPRE** un bras, etc. Frangere sibi brachium; frango, frangis, fregi, fractum.

A tout **ROMPRE**. Ad summum.

ROMPU. Ruptus, rupta, ruptum. part. pass. de Rumpere.

ROMPU ou exercé. Exercitatissimus, a, um. dans les affaires, in rebus.

A bâtons **ROMPUS**, à diverses reprises. Interruptè. adv.

RONCE. Rubus, gén. rubi. masc.

Qui est **ROND** comme une boule. Rotundus, rotunda, rotundum. adj. Rond et long comme un bâton, etc. Teres, m. f. n. g. teretis.

Un **ROND**. Circulus, gén. circuli. m. Tracer un rond. Describere circulum, c'est-à-dire, décrire. Describo, describis, descripsi, descriptum. acc. Un demi-rond. Semicirculus, gén. semicirculi. masc. En rond. In orbem.

RONDACHE. Clypeus, génit. clypei. masc.

RONDE. Circuitio, gén. circuitionis. f. Faire la ronde autour de. Circumire, circumeo, circumis, circumivi ou circuivi, circuitum. neut. acc.

A la **RONDE**. In orbem.

RONDEAU, pièce de poésie. Rhythmus orbicularis, gén. rhythmi orbicularis. m.

RONDEMENT. V. Franchement.

RONDEUR. Rotunditas, gén. rotunditatis. fém.

RONDIN, morceau de bois rond. Caudex teres, gén. caudicis teretis. m.

RONFLEMENT. Ronchus, gén. ronchi. masc.

RONFLER. Stertere, sterto, is, stertui. sans sup. neut.

RONFLEUR. Assuetus stertendo, c'est-à-dire, accoutumé à ronfler.

RONGÉ. Corrosus, corrosa, corrosum. part. pass. de Corrodere.

RONGER. Corrodere, corrodo, corrodis, corrosi, corrosum. act. acc.

ROQUETTE, herbe. Eruca, g. erucæ. f.

ROQUILLE, mesure. Semisextarius, g. semisextarii. masc.

ROSAIRE, grand chapelet. Rosarium, gén. rosarii. neut.

ROSAT. Rosaceus, rosacea, rosaceum. adj.

ROSE. Rosa, gén. rosæ. f. Qui est de rose. Rosaceus, rosacea, rosaceum. adj. De couleur de rose. Roseus, rosea, roseum. adj. Eau rose. Aqua rosacea, gén. aquæ rosaceæ. fém.

ROSEAU. Arundo, gén. arundinis. f.

ROSÉE. Ros, gén. roris. m. Couvert, mouillé, trempé de rosée. Roscidus, a, um. La rosée tombe. Rotat.

ROSETTE, ruban noué en forme de rose. Nodus, gén. nodi. masc. Ajoutez instar rosæ.

ROSIER. Rosa, gén. rosæ. fém.

ROSSE, méchant cheval. Strigosus equus, gén. strigosi equi. masc.

ROSSER, battre. Verberare, verbero, as, avi, atum. act. acc.

ROSSIGNOL, oiseau. Luscinia, gén. lusciniæ. fém.

Un **ROT**. Ructus, gén. ructûs. m.

Du **RÔT**. Voy. Rôti.

ROTATION, mouvement circulaire. Rotatio, gén. rotationis. fém.

ROTER. Ructare, ructo, ructas, ructavi, ructatum. neut.

ROTERDAM, ville. Roterodamum, g. Roterodami. neut.

ROTI. Caro assa, gén. carnis assæ. f.

ROTIE de pain. Offula, génit. offulæ. Ajoutez panis tosti.

ROTIR. Torrere, torreo, es, torrui, tostum. act. acc.

ROTISSERIE. Forum coquinum, gén. fori coquini. neut.

ROTISSEUR. Propola, génit. propolæ. masc. Ajoutez assæ carnis, c'est-à-dire, vendeur de rôti.

ROTULE, l'os du genou. Patella, g. patellæ. fém.

ROTURE. Conditio plebeia, gén. conditionis plebeiæ. fém.

ROTURIER. Plebeius, a, um. adj.

ROUE. Rota, gén. rotæ. fém.

ROUÉ. Disruptus, disrupta, disruptum. part. pass. de Disrumpere. avec une barre de fer, vecte ferreo. à l'abl.

ROUEN, ville. Rothomagus, g. Rothomagi. masc. Qui est de Rouen. Rothomagensis, m. f. rothomagense, neut. génit. rothomagensis.

ROUER. Disrumpere, disrumpo, is, disrupi, disruptum. act. acc. Avec une barre de fer, vecte ferreo, à l'abl.

ROUER quelqu'un de coups. Deruncinare, deruncino, as, deruncinavi, deruncinatum. act. aliquem.

ROUERGUE, province. Ruthenensis Provincia, génit. Ruthenensis Provinciæ. fém.

ROUET à *filer*. Rhombus, *gén*. rhombi, *masc*.

ROUGE. Ruber, rubra, rubrum. *adj*. *Devenir rouge*. Voy. *Rougir*.

Le ROUGE. Minium, *gén*. minii. *n*.

ROUGEATRE. Subruber, subrubra, subrubrum. *adj*.

ROUGE-BORD, *verre tout plein de vin*. Calix coronatus, *génit*. calicis coronati. *masc*.

ROUGE-GORGE, *oiseau*. Erithacus, *g*. erithaci. *masc*.

ROUGEOLE. Boa, *gén*. boæ. *f*. *Avoir la rougeole*. Boá infici, inficior, inficeris, infectus sum. *pass*.

ROUGET, *poisson*. Rubellio, *gén*. rubellionis. *masc*.

ROUGEUR. Rubor, *g*. ruboris. *m*.

ROUGEURS, *boutons qui viennent sur la peau*. Rubentes pustulæ, *g*. rubentium pustularum. *f*. *plur*.

ROUGI, *teint en rouge*. Infectus, a, um. *part. pass*. d'Inficere. *Ajoutez* rubro colore.

ROUGIR ou *devenir rouge*. Rubescere, rubesco, rubescis, rubui. *sans sup*. *neut*. *Rougir de honte*. Erubescere, erubesco, is, erubui. *sans supin*. *neut*. *Faire rougir de honte*. Incutere, incutio, is, incussi, incussum. *act. dat*. *de la personne*. *Ajout*. pudorem.

ROUGIR ou *teindre en rouge*. Inficere, inficio, inficis, infeci, infectum. *act. acc. Ajoutez* rubro colore.

La ROUILLE. Rubigo, *gén*. rubiginis. *fém*.

ROUILLÉ, *qui est rouillé*. Rubiginosus, rubiginosa, rubiginosum. *adj*.

Se ROUILLER. Contrahere, contraho, contrahis, contraxi, contractum. *act. Aj*. rubiginem.

ROUIR *le chanvre*. Macerare, macero, maceras, maceravi, maceratum. *act*. cannabim. *Ajoutez* aquâ.

ROULADE. Voy. *Roulement*.

ROULE. Volutus, a, um. *part. pass*. de Volvere.

ROULEAU, *pour faire rouler*. Palanga, *gén*. palangæ. *fém*.

ROULEAU *d'une chose pliée*. Volumen, *gén*. voluminis. *neut*.

ROULEMENT *de voix, etc*. Vox volutatim inflexa, *gén*. vocis volutatim inflexæ. *fém*.

ROULER ou *faire rouler*. Volvere, volvo, is, volvi, volutum. *act. acc*. *Rouler quelque chose dans son esprit*. Volvere aliquid in animo.

ROULER, *aller en roulant*. Volvi, volvor, volveris, volutus sum. *pass*.

ROULETTE. Rotula, *g*. rotulæ. *f*.

ROULIER. Qui vellaturam facit.

ROULIS. Volutatio, *g*. volutationis. *f*.

POUPIE. Stiria, *g*. stiriæ. *fém*.

ROUSSATRE. Subrufus, subrufa, subrufum. *adv*.

ROUSSEAU. Rufus, a, um. *adj*.

ROUSSEUR. Color rufus, *gén*. coloris rufi. *masc*.

ROUSSILLON, *pays*. Ruscinonensis ager, *gén*. Ruscinonensis agri. *masc*. *Tous deux se déclinent*.

ROUSSIR ou *devenir roux*. Rufescere, rufesco, is, *sans prét. et sans sup*.

ROUSSIR ou *rendre roux*. Rufare, rufo, as, rufavi, rufatum. *act. acc*.

ROUTE. Via, *gén*. viæ. *f*. *Prendre sa route vers quelqu'endroit*. Intendere, intendo, is, intendi, intentum. *act*. iter aliquô. *Suivre, tenir une route*. Insistere, insisto, insistis, institi, institum. *Ajout*. viam.

ROUTIER, *qui a de l'expérience*. Doctus, docta, doctum. *Ajoutez* multo usu. *Vieux routier*. Magnus veterator, *génit*. magni veteratoris. *masc*.

ROUTINE. Magnus usus, *gén*. magni usûs. *masc*. *Tout se décline*.

ROUTINER, *dresser quelqu'un*. Usu formare, formo, as, avi, atum. *act. acc*. auquel il faut joindre usu.

ROUVERT. Apertus, aperta, apertum. *Ajoutez* iterùm. *adv*.

ROUVRIR. Aperire, aperio, is, aperui, apertum. *acc. Aj*. rursûs. *adv*.

ROUVRIR *une plaie*. Rescindere, rescindo, rescindis, rescidi, rescissum. *act*. vulnus.

ROUX. Rufus, rufa, rufum. *adj*.

Le ROUX. Rufum, *gén*. rufi. *neut*.

ROYAL. Regius, a, um. *adj*.

ROYALEMENT. Regiè. *adv*.

ROYAUME. Regnum, *gén*. regni. *n*.

ROYAUTÉ. Regia dignitas, *gén*. regiæ dignitatis. *fém*.

RUADE. Calcitratus, *gén*. calcitratûs. *masc*.

RUBAN. Vitta, *gén*. vittæ. *fém*.

RUBANIER, *faiseur de rubans*. Textor, *gén*. textoris. *m. Aj*. vittarum.

RUBICOND. Rubicundus, rubicunda, rubicundum. *adj*.

RUBIS. Carbunculus, *gén*. carbunculi. *masc*.

RUBRIQUE. Rubrica, *gén*. rubricæ. *f*.

RUCHE. Alveus, *gén*. alvei. *masc*.

RUDE. Asper, a, um. *adj*.

RUDEMENT. Asperè. *adv*. *Comp*. asperiùs; *superl*. asperrimè.

RUDESSE. Asperitas, *g*. asperitatis. *f*.

RUDIMENT. Rudimentum, *gén*. rudimenti. *neut*.

RUDOYER, *parler à quelqu'un avec des paroles peu obligeantes*. Excipere, excipio, is, excepi, exceptum. *act. acc. Ajout*. gravioribus verbis.

RUE. Via, *gén.* viæ. *f. De rue en rue.* Vicatim. *adverbe. En pleine rue.* Publicè. *adverbe.*

RUE, *herbe.* Ruta, *gén.* rutæ. *fém.*

RUELLE. Angiportus, *gén.* angiportûs. *masc.*

RUELLE *de lit.* Spatium, *gén.* spatii. *n. Ajoutez* lectum inter et parietem, *c'est-à-dire, espace entre le lit et la muraille.*

RUER. Calcitrare, calcitro, as, calcitravi, calcitratum. *neut.*

Se RUER *sur.* Voy. *se jeter sur.*

RUGIR. Rugire, rugio, rugis, rugii, rugitum. *neut.*

RUGISSEMENT. Rugitus, *gén.* rugitûs. *masc. Pousser des rugissemens.* Edere, edo, edis, edidi, editum. *Ajoutez* rugitus. *à l'acc. plur.*

RUINE ou *chute*. Ruina, *g.* ruinæ. *f. Qui menace ruine.* Ruinosus, a, um. *adj. Etre accablé sous les ruines d'un bâtiment.* Opprimi, opprimor, opprimeris, oppressus sum. *pass.* ruinâ ædificii. *Tomber en ruine.* Collabi, collabor, eris, collapsus sum. *dép.* ruinâ.

RUINES *d'un bâtiment renversé.* Parietinæ, *gén.* parietinarum. *f. plur.*

RUINE ou *perte*. Exitium, *gén.* exitii. *n.*

RUINÉ. Eversus, a, um. *part. pass. d'*Evertere.

RUINÉ, *ravagé.* Vastatus, vastata, vastatum. *part. pass. de* Vastare.

RUINER. Evertere, everto, is, everti, eversum. *act. accus. Ruiner de fond en comble.* Evertere funditûs. *act. acc.* funditûs. *adv.*

RUINER *quelqu'un.* Evertere aliquem. *Ajoutez* fortunis.

RUINER ou *ravager*. Vastare, vasto, as, vastavi, vastatum. *act. acc. Il est ruiné.* Interiit; intereo, interis, interii, interitum. *neut.*

Se RUINER, *perdre son bien.* Everti, evertor, everteris, eversus sum. *pass. Ajoutez* fortunis.

RUINEUX, *qui menace ruine.* Ruinosus, ruinosa, ruinosum. *adj.*

RUINEUX, *nuisible.* Damnosus, damnosa, damnosum. *adj.*

RUISSEAU. Rivus, *g.* rivi. *m. Petit ruisseau.* Rivulus, *gén.* rivuli. *m.*

RUISSELER. Fluere, fluo, is, fluxi, fluxum. *neut.*

RUMEUR. Rumor, *génitif.* rumoris. *masc.*

RUMEUR, *trouble.* Turba, *gén.* turbæ. *fém.*

RUMINATION. Ruminatio, *gén.* ruminationis. *fém.*

RUMINER. Ruminare, rumino, as, ruminavi, ruminatum. *act. acc.*

RUPTURE. Abruptio, *gén.* abruptionis. *fém.*

RUPTURE, *désunion.* Alienatio, *génit.* alienationis. *fém.*

RUPTURE *d'un traité.* Violatio, *génit.* violationis. *fém.* fœderis.

RURAL. Rusticus, a, um. *adj.*

RUSE. Astutia, *gén.* astutiæ. *f. Ruse de guerre.* Voyez Stratagème. *Avec ruse.* Callidè. *adv.*

RUSÉ. Astutus, a, um. *adj.*

RUSSIE, *pays.* Russia, *génit.* Russiæ. *fém.*

RUSTAUD. Inurbanus, a, um. *adj.*

RUSTICITÉ. Rusticitas, *gén.* rusticitatis. *fém.*

RUSTIQUE. Rusticus, a, um. *adj.*

RUSTIQUEMENT. Rusticè. *adv.*

RUSTRE, *grossier, impoli.* Inurbanus, a, um. *adj.*

RUT, *en parlant des cerfs.* Catulitio, *gén.* catulitionis. *f. Les cerfs sont en rut.* Catuliunt cervi.

SA, *féminin de son.* Suus, sua, suum. *pronom.*

SABBAT. Sabbatum, *gén.* sabbati. *n.*

SABLE. Arena, *gén.* arenæ. *fém.*

SABLÉ. Substratus, substrata, substratum. *adj. Ajoutez* arenâ.

SABLER *une allée, etc.* Substernere, substerno, substernis, substravi, substratum. *act. acc. Ajoutez* arenâ.

SABLIER. Horologium arenarium, *g.* horologii arenarii. *neut.*

SABLON. Sabulum, *g.* sabuli. *neut.*

SABLONNER, *écurer avec du sablon.*

Tenuissimâ arenâ eluere, eluo, eluis, elui, elutum. *act. acc.*

SABLONNEUX. Arenosus, arenosa, arenosum. *adj.*

SABLONNIÈRE. Arenariæ, *gén.* arenariarum. *fém. plur.*

SABOT, *chaussure de bois.* Calceus ligneus, *gén.* calcei lignei. *masc.*

SABOT *à jouer.* Turbo, *gén.* turbinis. *masc.*

SABOT, *corne du pied du cheval.* Ungula, *gén.* ungulæ. *fém.*

SABOTER, *jouer au sabot.* Turbinem versare, verso, versas, versavi, versatum. *actif.*

SABOTIER, *ouvrier qui fait des sabots.* Opifex, *gén.* opificis. *masc. Ajoutez* calceorum ligneorum.

SABRE. Acinaces, *gén.* acinacis. *m.*

SABRER. Percutere acinace. *acc.* c'est-à-dire, *frapper avec le sabre.* Percutio, is, percussi, percussum. *acc.*

SAC. Saccus, *gén.* sacci. *m. Homme de sac et de corde.* Homo facinorosus, *gén.* hominis facinorosi. *masc.*

CUL-DE-SAC. Fundula, *génit.* fundulæ. *fém.*

SACCAGEMENT, *sac, ruine.* Direptio, *gén.* direptionis. *fém.*

SACCAGER. Diripere, diripio, diripis, diripui, direptum. *act. acc.*

SACERDOCE. Sacerdotium, *gén.* sacerdotii. *neut.*

SACERDOTAL. Sacerdotalis, *masc. f.* sacerdotale, *neut. g.* sacerdotalis.

SACHÉE, *ce que peut contenir un sac.* Plenus saccus, *gén.* pleni sacci. *masc. Une sachée de blé.* Saccus plenus frumento.

SACHET, *petit sac.* Sacculus, *génit.* sacculi. *masc.*

SACOCHE, *sorte de besace.* Bulga, *gén.* bulgæ. *fém.*

SACRAMENTEL ou SACRAMENTAL. Proprius, propria, proprium. *Ajoutez* sacramentorum. *Paroles sacramentelles.* Concepta verba, *gén.* conceptorum verborum. *neut. plur. Ajoutez* conficiendis sacramentis.

SACRE. Sacra inunctio, *g.* sacræ inunctionis. *fém.*

SACRÉ, *en parlant des choses.* Sacer, sacra, sacrum. *adj.*

SACRÉ, *en parlant des personnes.* Unctus, uncta, unctum. *part. pass.*

SACREMENT. Sacramentum, *génit.* sacramenti. *neut.*

SACRER. Consecrare, consecro, as, consecravi, consecratum. *act. acc.*

SACRIFICATEUR. Sacrificator, *génit.* sacrificatoris. *masc.*

SACRIFICE. Sacrificium, *gén* sacrificii. *neut.*

SACRIFIER. Sacrificare, sacrifico, as, sacrificavi, sacrificatum. *act. acc. A Dieu,* Deo. *au dat.*

Se SACRIFIER *pour sa patrie.* Devovere se pro patriâ, *c'est-à-dire, se dévouer.* Devoveo, devoves, devovi, devotum. *act.*

SACRILEGE, *crime.* Sacrilegium, *g.* sacrilegii. *neut.*

SACRILÈGE, *en parlant des personnes.* Sacrilegus, a, um. *adj.*

SACRISTAIN. Ædituus, *gén.* ædituï. *masc.*

SACRISTIE. Sacrarium, *gén.* sacrarii. *neut.*

SAFRAN. Crocum, *gén.* croci. *n. Qui est de safran.* Crocinus, crocina, crocinum. *adj. De couleur de safran.* Croceus, crocea, croceum. *adj.*

SAGACITÉ, *pénétration d'esprit.* Sagacitas, *gén.* sagacitatis. *fém.*

SAGE. Sapiens, *m. f. n. gén.* sapientis. *Vous n'êtes pas sage de mentir,* c'est-à-dire, *vous n'êtes pas sage, vous qui mentez.* Tu non es sapiens qui mentiris. *Les écoliers ne sont pas sages de s'absenter, ou qui s'absentent de classe.* Discipuli non sunt sapientes, qui absunt à scholâ.

SAGE-FEMME. Obstetrix, *gén.* obstetricis. *fém.*

SAGEMENT. Sapienter. *adv.*

SAGESSE. Sapientia, *gén.* sapientiæ. *f.*

SAGITTAIRE. Sagittarius, *gén.* sagittarii. *masc.*

SAIGNÉE. Detractio, *gén.* detractionis. *fém. Ajoutez* sanguinis.

SAIGNÉE, *rigole pour l'écoulement des eaux.* Incile, *gén.* incilis. *neut.*

SAIGNEMENT *de nez.* Fluxus, *génit.* fluxûs. *m. Ajoutez* sanguinis è naribus.

SAIGNER, *tirer du sang.* Detrahere, detraho, detrahis, detraxi, detractum. *act. Quelqu'un,* alicui. *Ajoutez* sanguinem.

SAIGNER ou *jeter du sang.* Fundere, fundo, fundis, fudi, fusum. *act. Ajout.* sanguinem. *Du ou par le nez,* è naribus.

SAILLANT, *qui s'avance en dehors.* Prominens, *gén.* prominentis. *part. pass. de* Prominere.

SAILLIE ou *boutade.* Motus, *g.* motûs. *masc.*

SAILLIE, *avance en dehors.* Projectura, *gén.* projecturæ. *fém.*

SAILLIR, *s'avancer en dehors.* Prominere, promineo, promines, prominui. *sans sup. neut.*

SAIN ou *en bonne santé.* Sanus, a, um. *adj. Sain et sauf.* Salvus, a, um. *et* incolumis, *m. et f.* incolume. *n.*

SAIN ou *salutaire.* Salubris, *masc. f.* salubre, *neut. gén.* salubris. *Au compar.* salubrior, *m. f.* salubrius, *neut. au sup.* saluberrimus, a, um.

SAIN-DOUX. Arvina, *gén.* arvinæ. *f.*
SAINEMENT. Sincerè. *adv.*
SAINFOIN. Medica, *gén.* medicæ. *f.*
SAINT. Sanctus, a, um. *adj.*
SAINTEMENT. Sanctè. *adv.*
SAINTETÉ. Sanctitas, *gén.* sanctitatis. *fém.*
SAINTONGE, *province.* Santonia, *gén.* Santoniæ. *f. Qui est de Saintonge.* Santonicus, a, um. *adj.*
SAISI. Correptus, a, um. *part. pass. de* Corripere.
SAISIE. Traditio, *gén.* traditionis. *fém. Ajoutez* sub custodiam.
SAISIR. Corripere, corripio, is, corripui, correptum. *act. acc. Etre saisi de.* Corripi, corripior, eris, correptus sum. *pass. abl. De crainte*, timore.
Se SAISIR *de.* Occupare, occupo, as, occupavi, occupatum. *act. acc.*
SAISISSEMENT. Pavidus metus, *gén.* pavidi metûs. *masc.*
SAISON. Tempus, *gén.* temporis. *n. L'arrière-saison.* Extrema tempestas, *gén.* extremæ tempestatis. *f. Qui est de saison.* Tempestivus, a, um. *adj. Qui n'est pas de saison.* Intempestivus, a, um. *adj.*
SALADE. Acetaria, *gén.* acetariorum. *neut. plur.*
SALADIER. Lanx olitoria, *gén.* lancis olitoriæ. *fém.*
SALAGE. Salsura, *gén.* salsuræ. *fém.*
SALAIRE. Merces, *gén.* mercedis. *f.*
SALAMANDRE, *animal.* Salamandra, *gén.* salamandræ. *fém.*
SALE. Sordidus, a, um. *adj.*
SALÉ. Salsus, salsa, salsum. *adj.*
SALEMENT. Sordidè. *adv.*
SALER. Aspergere, aspergo, is, aspersi, aspersum. *act. acc. Ajoutez* sale.
SALETÉ. Sordes, *génit.* sordium. *fém. pluriel.*
SALETÉ ou *déshonnêteté.* Obscenitas, *g.* obscenitatis. *fém.*
SALI, Inquinatus, a, um. *part. pass.* d'Inquinare.
SALIÈRE, *vase à mettre du sel.* Salinum, *gén.* salini. *neut.*
SALINES, *où l'on fait le sel.* Salinæ, *gén.* salinarum. *f. plur.*
SALIQUE, *loi salique.* Lex salica, *g.* legis salicæ. *fém.*
SALIR. Inquinare, inquino, inquinas, avi, atum. *act. acc. D'encre ou avec de l'encre,* atramento. *à l'abl.*
SALISSURE. Macula, *gén.* maculæ. *f.*
SALIVAIRE. Salivarius, salivaria, salivarium. *adj.*
SALIVATION. Salivatio, *gén.* salivationis. *fém.*
SALIVER. Salivare, salivo, salivas, salivavi, salivatum. *neut.*
SALIVE. Saliva, *génitif.* salivæ. *f.*

SALLE. OEcus, *gén.* œci. *masc. Salle d'audience.* Aula, *gén.* aulæ. *fém.*
SALMIGONDIS. Farrago, *gén.* farraginis. *fém.*
SALOIR, *vaisseau pour saler des viandes.* Cadus salsamentarius, *gén.* cadi salsamentarii. *masc.*
SALON. Voy. *Salle.*
SALPÊTRE. Sal nitrum, *g.* salis nitri. *neut.*
SALPÊTRIER. Salnitri coctor, *génit.* coctoris. *masc.*
SALPÊTRIÈRE, *lieu où l'on prépare le salpêtre.* Officina, *gén.* officinæ. *f. Aj.* salis nitri.
SALSIFIS, *sorte de racine.* Barbula, *gén.* barbulæ. *f. Ajoutez* hirci.
SALUBRE, *qui contribue à la santé.* Salubris, *masc. fém.* salubre, *neut. gén.* salubris.
SALUBRITÉ. Salubritas, *gén.* salubritatis. *fém.*
SALUER. Salutare, saluto, as, salutavi, salutatum. *act. acc.*
SALURE. Salsitudo, *gén.* salsitudinis. *fém.*
SALUT. Salus, *gén.* salutis. *fém.*
SALUTAIRE. Salutaris, *m. f.* salutare, *neut. gén.* salutaris.
SALUTAIREMENT. Salubriter. *adv.*
SALUTATION. Salutatio, *gén.* salutationis. *fém.*
SALVE, *un salut.* Salutatorius plausus, *gén.* salutatorii. *m. Ajoutez* tormentorum ou sclopetorum. *Faire à quelqu'un une salve de canons.* Salutare aliquem festo tormentorum plausu.
SAMARIE, *province et ville.* Samaria, *gén.* Samariæ. *fém.*
SAMARITAIN. Samaritanus, samaritana, samaritanum. *adj.*
SAMEDI. Dies, *gén.* diei. *masc. et f. Ajoutez* sabbati.
SANCTIFICATION *d'une âme.* Infusa sanctitas, *gén.* infusæ sanctitatis. *f. Ajout.* animæ. *au dat.*
SANCTIFICATION ou *culte.* Veneratio, *g.* venerationis. *fém. Du dimanche*, diei dominicæ, *au gén.*
SANCTIFIER ou *donner la sainteté.* Donare, dono, donas, donavi, donatum. *act. Ajoutez* sanctitate.
SANCTIFIER *les fêtes, etc.* Venerari, veneror, veneraris, veneratus sum. *dépon. accusat.*
SANCTION. Sanctio, *génit.* sanctionis. *fém.*
SANCTIONNER. Sancire, sancio, is, sancivi ou sanxi, sancitum ou sanctum. *act. acc.*
SANCTUAIRE. Sanctuarium, *g.* sanctuarii. *neut.*
SANDALE. Sandalium, *g.* sandalii. *n.*

SANDARAQUE, sorte de suc minéral. Sandaracha, gén. sandarachæ. f.
SANG. Sanguis, gén. sanguinis. masc. Qui est de sang ou sanguin. Sanguineus, a, um. adj. Mettre à feu et à sang. Delere, deleo, es, delevi, deletum. act. acc. Ajoutez flammâ et ferro. Tirer du sang. Voyez Saigner quelqu'un. Tremper ses mains dans le sang de quelqu'un. Se cruentare, cruento, as, avi, atum. Ajoutez cæde alicujus, c'est-à-dire, s'ensanglanter par le meurtre de, etc.
De SANG froid. Sedato animo. à l'abl.
SANG ou race. Sanguis, gén. sanguinis. masc. Etre du sang royal. Esse natum sanguine regio ; sum, es, fui. Natus, nata, natum, s'accorde avec le nominat.
SANGLANT. Cruentus, a, um. adj.
SANGLE, bande de cuir. Lorum, gén. lori. neut.
SANGLER un cheval. Constringere, constringo, constringis, constrinxi, constrictum. act. avec l'accus. equum, et y ajouter cingulâ.
SANGLIER. Aper, gén. apri. masc.
SANGLOT. Singultus, gén. singultûs. masc.
SANGLOTER. Singultire, singultio, is, singultivi, singultitum. neut.
SANGSUE. Hirudo, g. hirudinis. f.
SANGUIN, qui est d'une humeur sanguine. In quo ou in quâ sanguis abundat, c'est-à-dire, en qui le sang abonde : en qui s'accorde avec le nom précédent. De couleur sanguine. Color sanguineus, gén. coloris sanguinei. masc.
SANGUINAIRE. Sanguinarius, sanguinaria, sanguinarium. adj.
SANGUINE, herbe. Sanguinaria, gén. sanguinariæ. fém.
SANGUINE, crayon. Lapis schistus, gén. lapidis schisti. masc.
SANGUINE, pierre précieuse. Hæmatites, gén. hæmatitæ. masc.
SANICLE, plante vulnéraire. Auricula, gén. auriculæ. f. Ajoutez ursi.
SANS devant un nom s'exprime par sine, avec l'abl. Exemple : Homme sans bien. Homo sine re.
Lorsque la préposition sans se trouve devant un verbe, il faut avoir recours à la grammaire latine.
Voici quelques façons de parler, qu'on traduit en latin ainsi qu'il suit : Sans boire et sans manger. Sine potu et sine cibo. Sans vous incommoder. Sine tua incommodo. Sans différer. Sine cunctatione. Sans se fatiguer. Citra defatigationem. Sans rire. Extra jocum. Sans garder mesure. Ultra modum. Sans cesser. Indesinenter. Sans faire semblant de rien. Dissimulanter. Sans y penser. Imprudenter. Sans rien dire. Tacitè, etc.

SANSONNET, sorte d'oiseau. Sturnus, gén. sturni. masc.
SANTÉ. Valetudo, gén. valetudinis. f. Etre en bonne santé. Benè valere, valeo, vales, valui, valitum. neutre. Etre en mauvaise santé. Malè valere. neut. Comment va ta santé, ou comment te portes-tu ? Quomodò vales ? Boire à la santé de, ou porter une santé à. Propinare, propino, as, avi, atum. dat. de la personne.
SAONE, rivière. Arar, gén. Araris. masc.
SAPE, action de saper. Suffossio, gén. suffossionis. fém.
SAPER. Suffodere, suffodio, suffodis, suffodi, suffossum. act. acc.
SAPEUR. Suffossor, gén. suffossoris. masc.
SAPHIQUE, vers saphique. Carmen saphicum, gén. carminis saphici. neut.
SAPHIR, sorte de pierre précieuse. Saphirus, gén. saphiri. fém.
SAPIENCE. Voy. Sagesse, etc.
Livres SAPIENTIAUX. Libri, génit. librorum. m. plur. Ajoutez sapientiæ.
SAPIN, arbre. Abies, gén. abietis. f. Qui est de sapin. Abiegnus, abiegna, abiegnum. adj.
SAPINIÈRE, lieu planté de sapins. Sapinetum, gén. sapineti. neut.
SARABANDE, sorte de danse. Staticulus, gén. staticuli. masc.
SARBACANE. Tubulus jaculatorius, g. tubuli jaculatorii. masc.
SARCASME, raillerie amère. Amarulentus jocus, génit. amarulenti joci. m.
SARCELLE, oiseau d'eau. Querquedula, gén. querquedulæ. fém.
SARCLER. Sarculare, sarculo, as, sarculavi, sarculatum. act. acc.
SARCLEUR. Sarritor, gén. sarritoris. masc.
SARCLEUSE. Quæ sarculat, c'est-à-dire, celle qui sarcle.
SARCLOIR. Sarculum, génit. sarculi. neut.
SARCLURE. Sarculatio, gén. sarculationis. fém.
SARDAIGNE, royaume. Sardinia, g. Sardiniæ. fém.
SARDINE, petit poisson de mer. Sardina, gén. sardinæ. fém.
SARDOINE, pierre précieuse. Sardonyx, gén. sardonychis. masc.
SARMATES, anciens peuples. Sarmatæ, gén. Sarmatarum. masc. plur.
SARMENT, bois de la vigne. Sarmentum, gén. sarmenti. neut.
SARRASIN, blé sarrasin. Frumentum sarracenicum, gén. frumenti sarracenici. neut.
SARRASINE, herbe. Aristolochia, gén. aristolochiæ. fém.

SARRASINS, *peuples.* Sarraceni, *gén.* Sarracenorum. *masc. plur.*

SARRIETTE, *sorte de plante.* Satureia, *gén.* satureiæ. *fém.*

SARTHE, *rivière et département de France.* Sartha, *gén.* Sarthæ. *fém.*

SAS *pour passer de la farine.* Incerniculum, *gén.* incerniculi. *neut.*

SASSER. Incernere, incerno, incernis, increvi, incretum. *act. acc.*

SATAN. Satanas, *gén.* satanæ. *masc.*

SATELLITE. Satelles, *gén.* satellitis. *masc.*

SATIÉTÉ, *réplétion.* Satietas, *génit.* satietatis. *fém.*

SATIÉTÉ, *dégoût.* Fastidium, *gén.* fastidii. *neut.*

SATIN. Pannus sericus densior, *génit.* panni serici densioris. *masc. Ces trois mots se déclinent.*

Une SATIRE. Satyra, *g.* satyræ. *f.*

SATIRIQUE. Satyricus, satyrica, satyricum. *adj.*

SATIRIQUEMENT. Maledicè. *adv.*

SATISFACTOIRE. Satisfactio, *génit.* satisfactionis. *fém. Faire satisfaction* ou *donner de la satisfaction à*, *c'est-à-dire, satisfaire.* Voy. *Satisfaire.*

SATISFACTION ou *contentement.* Gaudium, *gén.* gaudii. *neut.*

SATISFACTION. Idoneus, idonea, idoneum. *adject. Ajoutez* ad expiationem noxarum, *c'est-à-dire, propre à réparer les fautes.*

SATISFAIRE. Satisfacere, satisfacio, satisfacis, satisfeci, satisfactum. *n. dat.*

Se SATISFAIRE. Explere, expleo, es, explevi, expletum. *act. Ajoutez* animum suum.

SATISFAIT ou *content de.* Contentus, contenta, contentum. *abl.*

SATRAPE, *un Grand chez les Perses.* Satrapes, *gén.* Satrapis. *masc.*

SATRAPIE, *l'étendue du pays que gouvernait un Satrape.* Satrapia, *gén.* Satrapiæ. *fém.*

SATURNALES, *les fêtes de Saturne.* Saturnalia, *g.* saturnalium. *n. plur.*

SATURNE, *un des dieux.* Saturnus, *g.* Saturni. *masc.*

Un SATYRE. Satyrus, *génit.* satyri. *masc.*

SAUCE. Condimentum, *génit.* condimenti. *neut.*

SAUCER. Intingere, intingo, intingis, intinxi, intinctum. *act. Ajoutez* condimento. *abl.*

SAUCIÈRE. Catillus, *génit.* catilli. *m.*

SAUCISSE. Botellus, *gén.* botelli. *m.*

SAUCISSON. Botulus major, *g.* botuli majoris. *masc.*

SAUF. *adj.* Salvus, salva, salvum. *Sain et sauf.* Salvus et incolumis.

Sauf le respect de. Pace. *abl. fém. qui veut un gén.*

Sauf votre respect. Pace tuâ, *à l'abl.*

SAUF-CONDUIT. Commeatus, *génit.* commeatûs. *masc.*

SAUGE, *herbe.* Salvia, *gén.* salviæ. *f.*

SAULE, *arbrisseau.* Salix, *g.* salicis. *fém.*

SAUMON, *poisson.* Salmo, *gén.* salmonis. *masc.*

SAUMURE. Muria, *g.* muriæ. *fém.*

SAUNERIE, *lieu où l'on fait le sel.* Salaria officina, *gén.* salariæ officinæ. *f.*

SAUNIER, *qui vend du sel.* Salarius, *gén.* salarii. *m. Faux-saunier.* Prohibiti salis venditor, *gén.* venditoris. *m.*

SAUPIQUET, *sorte de sauce.* Mordax condimentum, *gén.* mordacis condimenti. *neut.*

SAUPOUDRER. Voyez *Saler.*

SAUSSAIE. Salictum, *g.* salicti. *n.*

SAUT. Saltus, *gén.* saltûs. *m. Faire un saut*, ou

SAUTER. Salire, salio, salis, salii, ou salui, saltum. *neut. Sauter de joie.* Exultare, exulto, as, exultavi, exultatum. *neut. Ajoutez* lætitiâ.

SAUTER *quelque chose, l'omettre.* Voy. *Omettre.*

SAUTER *au cou de quelqu'un pour l'embrasser.* Injicere collo brachia. Injicio, is, injeci, injectum. *act.*

SAUTERELLE. Locusta, *gén.* locustæ. *fém.*

SAUTEUR. Saltator, *génit.* saltatoris. *masc.*

SAUTEUSE. Saltatrix, *gén.* saltatricis. *fém.*

SAUTILLER, *faire de petits sauts.* Subsilire, subsilio, subsilis, subsilii et subsilui, subsilitum. *neut.*

SAUTOIR, *terme de blason.* Decussis, *gén.* decussis. *masc.*

SAUVAGE ou *farouche.* Ferus, a, um. *adj. Rendre sauvage.* Efferare, effero, as, avi, atum. *act. acc.*

SAUVAGE ou *non cultivé.* Silvestris, *m. f.* silvestre, *n. gén.* silvestris.

SAUVAGEON. Arbuscula silvatica, *gén.* arbusculæ silvaticæ. *fém.*

SAUVE, *fém. de* SAUF.

SAUVÉ. Servatus, servata, servatum. *part. pass. de* Servare.

SAUVEGARDE. Tutela, *gén.* tutelæ. *Se mettre sous la sauvegarde.* Voyez *se mettre sous la protection. Prendre en sa sauvegarde.* Voyez *Prendre sous* ou *en sa protection, au mot Protection.*

SAUVER. Servare, servo, as, servavi, servatum. *act. acc. Sauver quelqu'un de*, etc. V. *Délivrer. Sauver la vie à quelqu'un.* Liberare aliquem periculo vitæ, *c'est-à-dire, le délivrer du danger de la vie*

Se SAUVER *de.* Evadere, evado, evadis, evasi, evasum. *neut. Le de s'exprime par* è *ou* ex, *avec l'abl.*
Se SAUVER, *s'enfuir.* Evadere.
SAUVEUR. Salvator, *g.* salvatoris. *m.*
SAVAMMENT. Doctè. *adv. Au comp.* doctiùs; *au superl.* doctissimè.
SAVANT. Doctus, docta, doctum. *On met au gén. la science en laquelle on est savant, comme :* Savant en latin *ou en* langue latine. Doctus linguæ latinæ. *Se rendre savant.* Consequi, consequor, consequeris, consecutus sum. *dép.* scientiam, *c'est-à-dire, acquérir de la science.*
SAVATE, *mauvais soulier.* Detritus calceus, *gén.* detriti calcei. *masc.*
SAVATERIE, *lieu où l'on vend de vieux souliers.* Locus in quo detriti calcei veneunt.
SAVETIER. Veteramentarius sutor, *g.* veteramentarii sutoris. *masc.*
SAVEUR. Sapor, *gén.* saporis. *m.*
SAVOIE, *pays.* Sabaudia, *génit.* Sabaudiæ. *f.*
SAVOIR. Scire, scio, scis, scivi, scitum. *act. acc. Ne savoir point.* Nescire, nescio, nescis, nescivi *ou* nescii, nescitum. *act. acc. Sans que je le sache, ou sans que je l'aie su, ou sans que j'en sache rien.* Me inscio. *à l'abl.* Inscius, inscia, inscium. *Je ne sais quoi.* Nescio quid. *Faire savoir quelque chose à quelqu'un.* Facere aliquem certiorem alicujus rei, *ou* de aliqua re, *c'est-à-dire, faire quelqu'un certain de quelque chose.* Certior, *m. f.* certius, *neut. gén.* certioris, *s'accorde avec le cas du verbe* Facio, is, feci, factum. *acc. Vous me ferez savoir votre dessein.* Certiorem me facies de tuo consilio. *J'ai fait savoir à mes frères votre arrivée.* Certiores feci meos fratres de tuo adventu. *On m'a fait savoir cela : on tourne par le passif, j'ai été fait certain de cela.* Ego certior factus sum de hoc.
SAVOIR, *ou à* SAVOIR. Scilicet. *adv. qui veut le même cas après que devant.*
Le SAVOIR, *ou la science.* Doctrina, *g.* doctrinæ. *fém.*
Le SAVOIR-FAIRE, *habileté, adresse.* Industria, *gén.* industriæ. *fém.*
SAVON. Sapo, *génit.* saponis. *m.*
SAVONNAGE. Purgatio, *gén.* purgationis. *fém. Ajoutez* linteorum.
SAVONNÉ. Perlutus, perluta, perlutum. *part. pass. de* Perluere. *Ajoutez* sapone et quâ.
SAVONNER. Mundare, mundo, as, avi, atum. *act. acc. Ajoutez* sapone et aquâ.
SAVONNERIE, *lieu où l'on fait le savon.* Officina. *g.* officinæ. *f. Aj.* saponis.
SAVONNETTE. Smecticus globulus, *g.* smectici globuli. *masc.*

SAVOURER. Degustare, degusto, as, avi, atum. *act. acc.*
SAVOUREUX. Sapidus, a, um. *adj.*
SAVOYARD. Sabaudus, a, um, *adj.*
SAXE, *pays.* Saxonia, *gén.* Saxoniæ. *fém.*
SAXON. Saxo, *gén.* Saxonis. *masc.*
SCABIEUSE, *plante.* Scabiosa, *gén.* scabiosæ. *fém.*
SCABREUX. Asper, aspera, asperum. *adject.*
SCAMMONÉE, *racine.* Scammonea, *gén.* scammoneæ *fém.*
SCANDALE. Malum exemplum, *gén.* mali exempli. *neut. Faire du scandale, donner un scandale, être un scandale à.* Esse, sum, es, fui, malo exemplo, *avec* un *dat.*
SCANDALEUSEMENT. Malo exemplo. *à l'ablat.*
SCANDALEUX. Mali exempli. *au gén. Plus scandaleux.* Pejoris exempli. *au gén. comp. Fort scandaleux.* Pessimi exempli, *au gén. superlat.*
SCANDALISER. Offendere, offendo, is, offendi, offensum. *act. acc. Ajoutez* malo exemplo.
Se SCANDALISER *de.* Offendi, offendor, offenderis, offensus sum. *pass. abl.*
SCANDER. Metiri, metior, metiris, mensus sum. *dép. acc.*
SCAPULAIRE. Scapulare, *gén.* scapularis. *neut.*
SCARIFICATION, *incision.* Scarificatio, *gén.* scarificationis. *fém.*
SCARIFIER. Scarificare, scarifico, as, avi, atum. *act. acc.*
SCAZON, *espèce de vers latin.* Scazon, *gén.* scazonis. *masc.*
SCEAU, SCEL *ou cachet.* Sigillum, *gén.* sigilli. *neut. Garde des sceaux.* Custos, *gén.* custodis. *masc. Ajoutez* sigillorum regiorum. *Mettre, apposer, appliquer le sceau.* Obsignare, obsigno, as, obsignavi, obsignatum. *act. à ou sur quel' que chose.* aliquid.
SCÉLÉRAT. Sceleratus, a, um. *adj.*
SCÉLÉRATESSE, *méchanceté noire.* Insignis improbitas, *gén.* insignis improbitatis. *fém.*
SCELLÉ. Obsignatus, a, um. *part. pass. d'*Obsignare.
SCELLER *les lettres.* Obsignare, obsigno, obsignas, obsignavi, obsignatum. *act. Ajoutez* litteras sigillo.
SCÈNE. Scena, *gén.* scenæ. *fém.*
SCÉNOGRAPHIE. Scenographia, *gén.* scenographiæ. *fém.*
SCEPTIQUES, *anciens philosophes.* Sceptici. *gén.* scepticorum. *m. plur.*
SCEPTRE. Sceptrum, *génit.* sceptri. *neut.*
SCHALL, *grand voile à l'usage des*

SCU   SEC

femmes. Strophium maximum , *g.* strophii maximi. *neut.*

SCHISMATIQUE. Schismaticus, schismatica , schismaticum. *adj.*

SCHISME. Schisma , *gén.* schismatis. *neut.*

SCIAGE, *l'action de scier.* Sectio, *gén.* sectionis. *fém.*

SCIATIQUE ou *goutte sciatique.* Ischias, *gén.* ischiadis. *fém.*

SCIE. Serra , *gén.* serræ. *fém.*

SCIÉ. Desectus , desecta , desectum. *part. pass. de* Desecare. *Ajout.* serrâ.

SCIENCE. Scientia , *gén.* scientiæ. *f.*

SCIENTIFIQUE, *en parlant des personnes.* Eruditissimus, a , um. *En parlant des choses* , comme : *connaissance scientifique.* Perfecta notitia , *génit.* perfectæ notitiæ. *fém.*

SCIENTIFIQUEMENT. Eruditè. *adv.*

SCIER. Desecare , deseco , as , desecui, desectum. *act. acc. Ajoutez* serrâ.

SCIEUR *de bois.* Desector , *gén.* desectoris. *masc.* lignorum.

SCINTILLATION, *étincellement.* Scintillatio , *gén.* scintillationis. *fém.*

SCINTILLER, *étinceler.* Scintillare, scintillo , scintillas , scintillavi , scintillatum. *neut.*

SCION, *rejeton d'arbre.* Surculus, *gén.* surculi. *masc.*

SCISSION, *division.* Dissidium , *génit.* dissidii. *neut.*

SCIURE. Scobis , *gén.* scobis. *fém.*

SCOLASTIQUE. Scholasticus , scholastica , scholasticum. *adj.*

SCOLOPENDRE, *insecte vénimeux.* Scolopendra , *gén.* scolopendræ. *f.*

SCOLOPENDRE , *plante.* Asplenum , *gén.* aspleni. *neut.*

SCORBUT. Scorbutum , *gén.* scorbuti. *neut.*

SCORPION. Scorpius , *gén.* scorpii. *m.*

SCRIBE. Scriba , *gén.* scribæ. *masc.*

SCRUPULE. Scrupulus , *gén.* scrupuli. *masc. Se faire scrupule* ou *avoir scrupule de.* Habere , habeo , habes , habui , habitum. *act. Ajoutez* religioni , *avec l'acc.* ou *un infin. Donner à quelqu'un des scrupules , lui en faire venir.* Injicere, injicio, injicis , injeci , injectum. *act.* alicui scrupulum.

SCRUPULEUSEMENT. Scrupulosè. *adverbe.*

SCRUPULEUX. Religiosus , religiosa , religiosum. *adj.*

SCRUTATEUR. Scrutator , *gén.* scrutatoris. *masc.*

SCRUTIN, *manière de recueillir les voix.* Latio , *gén.* lationis. *fém.* suffragiorum.

SCULPTER. Sculpere, sculpo , sculpis , sculpsi ; sculptum. *acc.*

SCULPTEUR. Sculptor , *gén.* sculptoris. *masc.*

SCULPTURE. Sculptura , *gén.* sculpturæ. *fém. De sculpture* ou *de sculpteur.* Sculptilis , *m. f.* sculptile , *neut. génit.* sculptilis.

SCYLLA. Scylla , *gén.* Scyllæ. *fém.*

SE, *pronom.* Sui , sibi , se , *pour le sing. et le plur. Exemples :* Il se loue. Se laudat. Ils se louent. Se laudant.

Quelquefois le pronom se *ne s'exprime pas en latin , comme dans cet exemple :* Ce livre se vend chez Bernard. Hic liber venditur apud Bernardum , *c'est-à-dire ,* est vendu. Pierre se repent. Petrum pœnitet ; *c'est comme s'il y avait* pœnitentia tenet Petrum.

SÉANCE. Consessus , *génit.* consessûs. *masc.*

SÉANT, ou *bienséant.* Decorus, decora, decorum. *adj. Etre séant.* Decere ; decet. *au plur.* decent; decuit, *au pl.* decuerunt. *impers. acc. de la personne , suivi d'un infin.* comme : *Il n'est pas séant qu'un jeune homme mente* , ou *il n'est pas séant à un jeune homme de mentir.* Non decet adolescentem mentiri. *Ces paroles ne sont pas séantes.* Hæc verba non decent.

MAL-SÉANT. Indecorus, a , um. *adject. Etre mal-séant.* Dedecere ; dedecet , *au plur.* dedecent ; dedecuit , *au plur.* dedecuerunt , *impers. qui veut le même cas que* séant , *ci-dessus.*

Etre en son SÉANT , ou *se mettre en séant.* Sedere , sedeo , es , sedi. *neut.*

SEAU *pour puiser de l'eau.* Situla , *g.* situlæ. *fém.*

SEC. Siccus , sicca , siccum. *adj.*

SEC , *maigre , décharné.* Exsiccus , exsicca , exsiccum. *adj.*

SÉCHÉ. Siccatus , a , um. *part. pass. de* Siccare. *Séché au soleil.* Insolatus a , um. *adj.*

SÉCHEMENT. Siccè. *adv. Au comp.* siccius ; *au superl.* siccissimè.

SÉCHER, *faire sécher.* Siccare , sicco , as , avi , atum. *act. acc.*

SÉCHER ou *se sécher , devenir sec.* Arescere , aresco , is , arui. *sans sup. neut.*

SÉCHERESSE. Siccitas , *gén.* siccitatis. *fém.*

SECOND ou *deuxième.* Secundus , a , um. *adj.* Alter , altera , alterum , *génit.* alterius. *dat.* alteri , etc. *Pour la seconde fois.* Iterùm. *adv. En second lieu.* Secundò. *adv.*

SECOND ou *qui aide.* Adjutor , *gén.* adjutoris. *masc.*

SECONDAIRE, *accessoire.* Secundarius, secundaria , secundarium. *adj.*

SECONDÉ. Adjutus , adjuta , adjutum. *part. pass. d'*Adjuvare.

SECONDEMENT. Secundè. *adv.*

25

SECONDER ou *aider*. Adjuvare, adjuvo, as, adjuvi, adjutum. *act. acc.*
SECONDER ou *favoriser*. Favere, faveo, faves, favi, fautum. *neut. dat.*
SECOUÉ. Concussus, concussa, concussum. *part. pass. de* Concutere.
SECOUEMENT. Concussus, *gén.* concussûs. *masc.*
SECOUER, *agiter*. Concutere, concutio, concutis, concussi, concussum. *act. acc. Secouer un habit.* Excutere, excutio, is, excussi, excussum. *act.* vestem. *Le joug*, jugum.
SECOURABLE. Promptus, a, um. *Ajout.* ad ferendam opem, *c'est-à-dire*, *prompt à porter du secours.*
SECOURIR. Succurrere, succurro, is, succurri, succursum. *neut. dat. de la personne.*
SECOURS. Auxilium, *gén.* auxilii, *n. Donner du secours.* V. *Secourir. Aller*, *venir au secours.* Venire subsidio ; *de quelqu'un*, alicui.
SECOUSSE. Concussio, *g.* concussionis. *fém.*
SECRET ou *caché*. Arcanus, a, um. *adj. En secret.* Arcanè *adv.*
Un SECRET ou *chose secrète.* Arcanum, *gén.* arcani. *neut.*
SECRET ou *remède.* Remedium, *génit.* remedii. *neut.*
SECRETAIRE. Scriba, *gén.* scribæ. *m. Secrétaire d'Etat.* Regi à sanctioribus consiliis.
SECRETARIAT, *office du secrétaire.* Officium, *gén.* officii. *neutre. Ajoutez* scribæ.
SECRÈTEMENT. Arcanè. *adv.*
SECTAIRE, *qui est d'une secte condamnée par l'église.* Alienus, a, um. *Aj. à* catholicâ fide.
SECTATEUR. Sectator, *gén.* sectatoris. *masc.*
SECTE. Secta, *gén.* sectæ. *fém.*
SECTION. Pars, *gén.* partis. *fém.*
SECULAIRE. Secularis, *m. f.* seculare, *neut. gén.* secularis.
SECULARISER. Solvere, solvo, is, solvi, solutum. *act. acc. Ajoutez* religiosis institutis.
SECULIER, *qui n'est ni ecclésiastique, ni religieux.* Laïcus, a, um. *adj.*
SECULIÈREMENT. Laïcorum more. *à l'ablat.*
SECURITÉ. Securitas. *gén.* securitatis. *fém.*
SEDENTAIRE. Sedentarius, sedentaria, sedentarium. *adj.*
SEDIMENT, *ce qu'il y a de plus grossier dans les liqueurs.* Crassamentum, *g.* crassamenti. *neut.*
SEDITIEUSEMENT. Seditiosè. *adv. Au comp.* seditiosiùs, *au superl.* seditiosissimè.

SEDITIEUX. Seditiosus, seditiosa, seditiosum. *adj.*
SEDITION. Seditio. *gén.* seditionis. *f. Emouvoir, exciter, causer, allumer, faire la sédition.* Movere seditionem. Moveo, es, movi, motum. *acc.*
SEDUCTEUR. Corruptor, *gén.* corruptoris. *masc.*
SEDUCTION. Corruptela, *gén.* corruptelæ. *fém.*
SEDUIRE. Seducere, seduco, is, seduxi, seductum. *act. acc.*
SEDUIT. Seductus, seducta, seductum. *part. pass. de* Seducere.
SEGMENT. Segmentum, *g.* segmenti. *neut.*
SEIGLE, *sorte de blé.* Secale, *génit.* secalis. *neut.*
SEIGNEUR. Dominus, *gén.* Domini. *m. Les principaux seigneurs.* Proceres, *gén.* procerum. *masc. plur. Le grand-Seigneur* ou *empereur des Turcs.* Imperator, *gén.* Imperatoris. *masc. plur. Ajoutez* Turcarum.
SEIGNEURIAL ou *de seigneur.* Dominicus, a, um. *adj. Terre seigneuriale.* Nobile prædium, *gén.* nobilis prædii. *n. Ajoutez* ditione. *Droit seigneurial.* Jus, *gén.* juris *n. Ajoutez* domini.
SEIGNEURIE. Prædium illustre, *génit.* prædii illustris. *n. Ajoutez* ditione.
SEIN ou *poitrine.* Sinus, *génit.* sinûs. *masc.*
SEINE, *grande rivière de France qui a donné son nom à plusieurs départemens.* Sequana, *g.* Sequanæ. *masc.*
SEINE, *filet à pêcher.* Sagena, *génit.* sagenæ. *fém.*
SEING ou *signature.* Chirographum, *g.* chirographi. *neut.*
SEJOUR. Commoratio, *gén.* commorationis. *fém.*
Le SEJOUR ou *la demeure.* Sedes, *gén.* sedis. *fém.*
SEJOURNER ou *faire séjour.* Commorari, commoror, aris, commoratus sum. *dépon.*
SEIZE. Sexdecim. *pl. indécl. et de tout genre. Seize fois.* Sexdecies. *adv.*
SEIZIÈME. Decimus sextus, decima sexta, decimum sextum. *adj.*
SEIZIÈMEMENT. Decimò sexto. *adv.*
SEL. Sal, *gén.* salis, *masc.* ou *neut.*
SELLE *pour s'asseoir.* Sella, *g.* sellæ. *fém.*
Aller à la SELLE. Exonerare, exonero, as, avi, atum. *act.* alvum, *c'est-à-dire, décharger son ventre.*
SELLE *de cheval.* Ephippium, *génit.* ephippii. *neut.*
SELLER. Insternere, insterno, is, instravi, instratum. *act. accus. Ajoutez* ephippio.

SELLETTE, *petite selle.* Sedecula, *gén.* sedeculæ. *fém.*
SELLIER. Opifex, *gén.* opificis. *masc.* Ajoutez ephippiorum.
SELON ou *suivant.* Secundùm. *adv.* Face. E ou ex, *avec l'abl. Selon les lois.* Ex legibus *ou* secundùm leges.
SELON ou *vu*, *eu égard.* Pro, *avec l'abl. Selon le temps.* Pro tempore. *Selon la coutume.* Pro more. *Selon que.* Ut, prout, *avec l'indicat. Selon qu'il mérite.* Ut ou prout meretur.
SEMAILLE. Sementis, *gén.* sementis. *fém.*
SEMAINE, Hebdomas, *gén.* hebdomadis. *f. Semaine sainte.* Hebdomas sacra, *gén.* hebdomadis sacræ. *fém.*
SEMBLABLE. Similis, *m. f.* simile, *neut. gén.* similis. *Il veut après lui le g ou le dat. De semblable ou de cette manière.* Ejusmodi. *au gén. Rien de semblable.* Nihil ejusmodi.
SEMBLABLEMENT. Pariter. *adv.*
SEMBLANT, *feinte*, *apparence.* Simulatio, *gén.* simulationis. *fém. Faire semblant de.* Simulare, simulo, as, avi, atum. *act. acc. de la chose. Tu fais semblant d'être malade, ou que tu es malade.* Simulas te ægrotare. *Ne pas faire semblant, c'est-à-dire*, *dissimuler.* Dissimulare, dissimulo, as, avi, atum. *act. accus. de la chose.*
SEMBLER. Videri, videor, eris, visus um. *pass.*
Le nom ou l'adj. qui est après sembler, s'accorde toujours avec le nominatif de ce verbe; et le nom de la personne à qui il semble, se met au dat. comme : Mon frère me semble paresseux. Meus frater mihi videtur piger. *Je crois que ce livre ne semble pas inutile.* Credo hunc librum non videri inutilem. *Comme il me semble*, ou *ce me semble, ou à ce qui me semble.* Ut mihi videtur.
SEMÉ. Satus, a, um. *part. pass. de* serere.
SEMELLE. Solea, *gén.* soleæ. *f.*
SEMENCE. Semen, *gén.* seminis. *neut. Semence de discorde, de guerre, etc.* Causa; *gén.* causæ. *fém.*
SEMER. Serere, sero, is, sevi, satum. *et acc. Semer un champ.* Conserere, consero, is, consevi, consitum agrum. *Qu'on sème.* Sativus, a, um. *adj.*
SEMESTRE. Semestre tempus, *génit.* semestris temporis. *neut.*
SEMEUR. Sator, *gén.* satoris. *masc.*
SEMINAIRE, *lieu pour élever les clercs.* Seminarium, *gén.* seminarii. *n. Faire son séminaire.* Facere tirocinium sacerdotii, *c'est-à-dire*, *faire le noviciat du sacerdoce.*
SEMINARISTE. Alumnus, *g.* alumni. *m.* Ajoutez seminarii, *c'est-à-dire*, *élève d'un séminaire.*
SEMI-PREUVE. Argumentum non satis firmum, *gén.* argumenti non satis firmi. *neut.*
SEMOIR, *sac où l'on met le grain qu'on doit semer.* Satoria trimodia, *gén.* satoriæ trimodiæ. *fém.*
SEMONCE, *reproche.* Objurgatio, *g.* objurgationis. *fém.*
SENAT. Senatus, *gén.* senatûs. *m.*
SENATEUR. Senator, *gén.* senatoris. *masc. De sénateur*, *sénatorial.* Senatorius, senatoria, senatorium. *adj.*
SENATORIEN. Patricius, patricia, patricium. *adj.*
SENÉ, *drogue médicinale.* Senna, *gén.* sennæ. *fém.*
SENECHAL. Senescallus, *gén.* senescalli. *masc.*
SENECHAUSSÉE. Jurisdictio, *génit.* jurisdictionis. *f. Ajoutez* senescalli.
SENEÇON, *herbe.* Senecio, *gén.* senecionis. *fém.*
SENEGRÉ, *plante.* Fenum græcum, *gén.* feni græci. *neut.*
SENEVÉ. Sinapi. *neut indéclin.*
Le **SENS.** Sensus, *gén.* sensûs. *m.*
SENS ou *entendement*, *jugement.* Judicium, *génit.* judicii. *neut. Le bon sens.* Sana mens, *gén.* sanæ mentis. *f. Etre en bon sens* Esse sanæ mentis. *Perdre le sens; le bon sens*, ou *l'avoir perdu.* Insanire. *Voy. Etre fou.* Insanio, is, insanivi, insanitum. *neut.*
SENS ou *sentiment*, *opinion.* Sententia, *gén.* sententiæ. *f. A mon sens.* Meâ sententiâ. *ablat.*
SENS ou *signification.* Significatio, *gén.* significationis. *f. Donner en bon ou un mauvais sens.* Rectè ou perperàm interpretari, *c'est-à-dire*, *interpréter bien ou mal.* Interpretor, aris, interpretatus sum. *dép. acc.*
SENS ou *situation.* Situs, *gén.* sitûs. *m. En tout sens ou de tout sens.* Undiquè. *adv. Sens dessus dessous.* Præposterè. *adv.*
SENSATION. Sensatio, *gén.* sensationis. *fém.*
SENSÉ. Sapiens, *gén.* sapientis. *adj.*
SENSEMENT. Sapienter. *adv.*
SENSIBILITÉ. Mollitia, *gén.* mollitiæ. *fém.* Teneritas, *gén.* teneritatis. *f.*
SENSIBLE ou *qui tombe sous les sens.* Sensibilis, *m. fém.* sensibile, *neut. gén.* sensibilis.
SENSIBLE, *qui fait impression sur les sens.* Magnus, a, um. *Comp. et superl. irréguliers. Une douleur sensible.* Dolor magnus. *Une joie très-sensible.* Lætitia maxima.
SENSIBLE à, *en parlant des personnes.* Mollis, *m. f.* molle, *neut. génit.* mollis.

On exprime a par in, avec l'abl. Sensible à la douleur. Mollis in dolore. Etre sensible aux maux des autres, changez : Etre touché. Commoveri. pass. de commoveo, es, commovi, commotum. act. malis aliorum.

SENSIBLEMENT ou avec une grande douleur. Cum magno dolore.

SENSIBLEMENT, d'une manière sensible. Accomodaté ad sensum. Sensiblement, beaucoup. Admodùm.

SENSITIVE, plante. Æschynomene, g. æschynomenes. fém.

SENSUALITÉ. Proclivitas, gén. proclivitatis. f. Ajoutez ad oblectamenta corporis, c'est-à-dire, penchant aux plaisirs du corps.

SENSUEL. Voluptarius, a, um. adj.

SENSUELLEMENT. Molliter. adv.

SENTENCE. Sententia, gén. sententiæ. fém.

SENTENCIEUSEMENT. Sententiosè. adverbe.

SENTENCIEUX. Sententiosus, sententiosa, sententiosum. adj.

SENTEUR. Odor, gén. odoris. m. De senteur ou qui sent bon. Odoratus, odorata, odoratum. adj.

SENTIER. Semita, gén. semitæ. f.

SENTIMENT. Sensus, g. sensûs. m.

SENTIMENT ou opinion. Sententia, gén. sententiæ. f. ou Opinio, gén. opinionis. f. N'avoir point de sentiment. Carere, careo, es, carui, caritum. neut. Ajoutez sensu. Je suis de votre sentiment. Idem ac tu sentio, c'est-à-dire, je pense la même chose que vous. Sentio, tis, sensi, sensum, sentire. acc. Je ne suis pas de leur sentiment. Dissensio ab illis. Je ne suis pas du même sentiment que vos frères. Dissentio à tuis fratribus. Dissentio, tis, dissensi, dissensum, dissentire. n.

SENTINE. Sentina, gén. sentinæ. f.

SENTINELLE, qui fait le guet à un poste. Excubitor, gén. excubitoris. masc. Sentinelles de jour. Excubiæ, g. excubiarum. f. plur. Faire ou être en sentinelle. Excubare, excubo, as, excubui, excubitum. neut.

SENTIR ou ressentir. Sentire, sentio, tis, sensi, sensum. act. acc.

SENTIR ou flairer. Odorari, odoror, aris, odoratus sum. dép. acc.

SENTIR ou rendre odeur. Olere, oleo, es, olui, olitum. neut. Bon, benè ; mauvais, malè. adverbe. Le nom qui signifie l'odeur, se met à l'acc. comme : Cela sent la rose. Illud olet rosam.

SEOIR. Sedere, sedeo, es, sedi, sessum. neut.

SÉPARABLE. Separabilis, mascul. fémin separabile, neutre, génit. separabilis.

SÉPARATION. Disjunctio, génit. disjunctionis. fém.

SÉPARATION ou départ. Discessus, gén. discessûs. masc.

SÉPARÉ. Separatus, separata, separatum. part. pass. de Separare.

SÉPAREMENT. Separatim. adv.

SÉPARER. Separare, separo, separas, separavi, separatum. act. Le de ou d'avec s'exprime par à ou ab, avec l'abl. Se SÉPARER de ou quitter. Discedere, discedo, is, discessi, discessum. neut. Le de ou d'avec s'exprime par à ou ab, et l'ablat.

Se SÉPARER, en parlant d'un mari et d'une femme, etc. Facere divortium, c'est-à-dire, faire divorce.

SEPT. Septem. plur. indécl. et de tout genre. Sept fois. Septies. adv. Sept cents. Septingenti, septingentæ, septingenta. adj. L'an sept cents. Annus septingentesimus, gén. anni septingentesimi. masc. À sept heures, c'est-à-dire, à la septième heure. Septimâ horâ, à l'abl.

SEPTANTE. Septuaginta, pl. indéclin. et de tout genre. Les septante, interprètes de l'écriture sainte. Septuaginta interpretes, gén. septuaginta interpretum. masc. plur.

SEPTEMBRE. September, gén. septembris. masc.

SEPTENAIRE. Septenarius, septenaria, septenarium. adj.

SEPTENNAL. Septennis, m. f. septenne. n. gén. septennis.

SEPTENTRION, nord. Septentrio, g. septentrionis. masc.

SEPTENTRIONAL, du septentrion. Septentrionalis, m. f. septentrionale, neut. gén. septentrionalis.

SEPTIÈME. Septimus, septima, septimum. adj. Pour la septième fois. Septimùm. adv.

SEPTIÈMEMENT. Septimò. adv.

SEPTUAGÉNAIRE. Septuagenarius, g. septuagenarii. masc.

SEPTUAGÉSIME. Septuagesima, gén. septuagesimæ. fém.

SEPTUPLE, sept fois autant. Septuplus, septupla, septuplum. adj.

SÉPULCRAL. Sepulcralis, m. f. sepulcrale, neut. gén. sepulcralis.

SÉPULCRE. Sepulcrum, gén. sepulcri. neut.

SÉPULTURE. Sepultura, g. sepulturæ. fém. Donner la sépulture. Voy. Ensevelir. Sepelire.

SÉQUELLE, suite. Sequela, gén. sequelæ. fém.

SÉQUESTRATION, action de mettre en séquestre. Sequestratio, g. sequestrationis. fém.

SÉQUESTRE, Sequester, tra, trum. adj.

SÉQUESTRE, *celui à qui on remet quelque chose.* Sequester, *gén.* sequestri *ou* sequestris. *masc.*

SÉQUESTRER *ou mettre quelque chose en séquestre.* Dare aliquid sequestro, *c'est-à-dire, donner quelque chose en séquestre.*

Se **SÉQUESTRER** *de.* Voy. *Fuir.*

SEQUIN; *pièce d'or.* Aureus sequintus, *gén.* aurei sequinti. *masc.*

SERAIL, *palais du grand seigneur.* Palatium, *gén.* palatii. *n.* Ajoutez imperatoris turcici.

SERAN *pour passer le chanvre.* Pecten erreus, *gén.* pectinis ferrei. *masc.*

SERANCER, *passer le lin par le seran.* Pectere, pecto, is, pexui *ou* pexi, pexum. *act. acc.* Ajoutez linum pectine ferreo.

SERAPHIN. Seraphinus, *g.* seraphini. *masc.*

SEREIN *ou clair.* Serenus, serena, serenum. *adj.*

Le **SEREIN**. Aura vespertina, *g.* auræ vespertinæ. *fém. Prendre le serein.* Capere, capto, as, captavi, captatum. *act.* [joutez vespertinam auram.

SERENADE. Concentus vespertinus, *g.* concentûs vespertini. *masc.*

SERENISSIME. Serenissimus, serenissima, serenissimum. *adj.*

SERENITÉ. Serenitas, *gén.* serenitatis. *fém.*

SEREUX. Plenus, a, um. *Ajout.* sero, *c'est-à-dire, plein de sérosités.*

SERF. Voy. *Esclave.*

SERGE, *étoffe de laine.* Pannus, *gén.* anni. *masc.* Ajoutez e laneis filis decusatim transversis.

SERGENT *de justice.* Accensus, *génit.* accensi. *masc. ou* Apparitor, *gén.* apparitoris. *masc. Sergent de soldat.* Instructor, *gén.* instructoris. *masc.*

SERGENTER *quelqu'un, lui envoyer un sergent.* Appellare, appello, appellas, appellavi, appellatum. *act.* Ajoutez aliquem per accensum.

SERIE, *suite, succession de choses.* Series, *gén.* seriei. *f.* Ajoutez rerum.

SERIEUSEMENT. Seriò. *adv.*

SERIEUX, *en parlant des personnes.* Gravis, *m. f.* grave, *n. g.* gravis.

SÉRIEUX, *en parlant des choses.* Serius, seria, serium. *adj.*

SERIN, *oiseau des Canaries.* Acanthis, *gén.* acanthidis. *fém.*

SERINGUE. Clyster, *gén.* clysteris. *m.*

SERMENT. Jusjurandum, *gén.* jurisjurandi. *n. On décline* jus et jurandum. *Faire serment.* Jurare, juro, juras, juravi, juratum. *n. On met le verbe suivant au futur de l'infin.* comme : *Il fait serment de venir, c'est-à-dire, qu'il viendra.* Jurat se venturum. *Prêter serment de fidélité à quelqu'un, ou prêter, faire serment à quelqu'un.* Jurare in verba alicujus. *Se faire prêter serment de fidélité par quelqu'un.* Exigere sacramentum ab aliquo, *c'est-à-dire, exiger le serment de quelqu'un.* Exigo, is, exegi, exactum. *accusat.*

SERMON. Sacra concio, *gén.* sacræ concionis. *f. Faire un sermon, le débiter.* Habere sacram concionem.

SERMONAIRE, *livre où sont plusieurs sermons.* Liber, *gén.* libri. *m.* Ajoutez concionum.

SEROSITÉ. Serum, *gén.* seri, *neut.*

SERPE. Falx, *gén.* falcis. *fém.*

SERPENT. Anguis, *gén.* anguis. *m.*

SERPENTEAU, *fusée.* Voy. *Fusée.*

SERPENTER *ou aller en serpentant.* Ferri, feror, ferris, latus sum. *pass.* Aj. flexuoso cursu.

SERPENTINE, *plante.* Dracunculus; *gén.* dracunculi. *masc.*

SERPETTE. Falcula, *g.* falculæ. *f.*

SERPILLIÈRE, *grosse toile.* Segestre, *gén.* segestris. *neut.*

SERPOLET. Serpyllum, *gén.* serpylli. *neut.*

SERRE. Unguis, *gén.* unguis. *m.*

SERRE *pour mettre les orangers à couvert.* Cella, *g.* cellæ. *f.* Ajoutez defendendis à frigore malis aureis.

SERRÉ *ou lié étroitement.* Strictus, stricta, strictum. *part. pass. de* Stringere.

SERRÉ *ou pressé.* Densus, densa, densum. *adj.*

SERRÉ *pour garder.* Reconditus, a, um. *part. pass. de* Recondere.

SERRER *ou lier étroitement.* Stringere, stringo, stringis, strinxi, strictum. *act. accus.*

SERRER *ou presser.* Densare, denso, as, densavi, densatum. *act. acc.*

SERRER *pour garder.* Recondere, recondo, recondis, recondidi, reconditum. *act. acc.*

SERRURE. Sera, *gén.* seræ. *fém.*

SERRURIER. Serarius faber, *g.* serarii fabri. *masc.*

SERTIR, *enchâsser un diamant.* Insertare, inserto, as, insertavi, insertatum. *act.* Ajoutez scitè gemmam.

SERVANT, *comme gentilhomme servant.* Minister, *gén.* ministri. *masc.*

SERVANTE. Ancilla, *g.* ancillæ. *f.*

SERVIABLE. Officiosus, officiosa, officiosum. *adj.*

SERVICE *ou condition de serviteur.* Famulatus, *gén.* famulatûs. *masc.*

SERVICE *que rend un valet, etc.* Opera, *gén.* operæ. *fém.*

SERVICE *ou bienfait.* Officium, *génit.* officii. *neut. Rendre service à un ami.* Benè mereri, benè mereor, benè meritus sum. *dép. de amico. Rendre un mauvais*

service. Malè mereri. *Etre au service de.* Esse, sum, es, fui, avec un gén. de la personne. *Ce que j'ai est au service de Justin.* Quod habeo, est Justini ; *ce que j'ai est,* ou *appartient à Justin.*
Au lieu du gén. on emploie meus, mea, meum, *à mon service.* Tuus, tua, tuum, *à ton service.* Noster, nostra, nostrum, *à notre service.* Vester, vestra, vestrum, *à votre service.* Suus, sua, suum, *à son service ou à leur service*, quand il se rapporte au nomin. du verbe, comme : *Je suis à ton service.* Tuus sum. *Etre au service de quelqu'un*, *le servir.* Esse in famulatu alicujus. *Rendre de grands services à son maître.* Dare egregiam operam domino. *Le service de Dieu.* Res divina, *gén.* rei divinæ. *f. Service pour un mort.* Justa, *gén.* justorum. *neut. plur.*

SERVICE ou *mets.* Ferculum, *gén.* ferculi. *neut.*

SERVIETTE. Mantile, *gén.* mantilis. *neut.*

SERVILE. Servilis, *m. f.* servile, *neut. gén.* servilis.

SERVILEMENT. Serviliter. *adv.*

SERVIR. Servire, servio, is, servii, servitum. *neut. dat. Servir Dieu.* Deo servire.

SERVIR ou *donner.* Ministrare, ministro, as, ministravi, ministratum. *act. rég. dir. acc.* rég. ind. dat. *Je vous servirai du vin.* Tibi ministrabo vinum. *A table*, ad mensam.

SERVIR ou *être utile.* Prodesse, prosum, prodes, profui. *n. dat. Cela ne vous sert point.* Illud tibi non prodest.

SERVIR ou *rendre service.* Benè mereri, benè mereor, benè mereris, benè meritus sum. *dép.* le nom de la personne se met à l'ablat. avec de, comme : *un ami de* amico.

SERVIR *de*, ou *en place de.* Esse, sum, es, fui. Ajoutez loco, avec le gén. ensuite. *Je vous servirai de père.* Tibi ero loco patris. *Servir d'exemple à.* Esse, sum, es, fui. Ajoutez exemplo, avec le dat. *Justin sert d'exemple à ses compagnons.* Justinus est exemplo suis condiscipulis.

Se SERVIR. Uti, utor, uteris, usus sum. *dép. ablat. Se servir de quelqu'un.* Uti operâ alicujus. *Se servir d'un mot.* Usurpare, usurpo, usurpas, usurpavi, usurpatum. *act.* vocem. *Faire servir* où *se servir de.* Uti, utor, uteris, usus sum. *dépon.* ablat.

SERVITEUR ou *valet.* Famulus, *gén.* famuli. *masc.*

SERVITUDE. Servitus ; *gén.* servitutis. *fém.*

SES. Voy. Son.

SESAME, *plante.* Sesamum, *gén.* sesami. *neut.*

SESSION, *séance.* Sessio, *gén.* sessionis. *fém.*

SESTERCE, *monnaie des anciens Romains.* Sestertius, *gén.* sestertii. *m.*

SETIER, *mesure.* Sextarius, *gén.* sextarii. *masc.*

SEUIL. Limen, *gén.* liminis. *neut.*

SEUL. Solus, sola, solum, *g.* solius, *d.* soli, *etc. Un seul.* Unus, una, unum *g.* unius, *dat.* uni, *etc. Pas un seul.* Ne unus quidem, ne una quidem, ne unum quidem. *Je n'ai que cette consolation.* Habeo hoc solum solatium.

SEULEMENT. Solùm. *adv. Non-seulement, etc. mais aussi.* Non solùm, etc. sed etiam. *Ne pas seulement* ou *ne pas même.* Nequidem.

SEVE. Humor, *gén.* humoris. *m.*

SEVERE. Severus, a, um. *adj.*

SEVEREMENT. Severè. *adv.*

SEVERITÉ. Severitas, *gén.* severitatis *f. User de sévérité.* Adhibere, adhibeo, es, adhibui, adhibitum. *act.* severitatem. *Envers,* in, avec l'*acc.*

SEVIR, *agir avec rigueur.* Sævire sævio, sævis, sævii, sævitum. *n. Contre quelqu'un.* In aliquem.

SEVRE, *nom de deux rivières.* Separa *gén.* Separæ. *fém.*

SEVRÉ. Depulsus, depulsa, depulsum *participe pass.* de Depellere. *Ajoutez* ab ubere.

SEVRER. Depellere, depello, depellis depuli, depulsum. *act. acc. Ajoutez* ab ubere.

Se SEVRER. Voy. s'*Abstenir.*

SEXAGENAIRE, *âgé de soixante ans* Sexagenarius, a, um. *adj.*

SEXAGESIME. Sexagesima, *gén.* sexagesimæ. *fém.*

SEXE. Sexus, *gén.* sexûs. *masc.*

SEXUEL. Sexualis, *m. f.* sexuale, *n gén.* sexualis.

SEXTE, *partie de l'office divin.* Sexte *gén.* sextæ. *fém.*

SI *est conjonction ou adverbe.* Si *conjonction*, s'exprime par si. Si *adv.* s'exprime par ita ou tam, ou adeò, *et* que qui suit, par ut avec le *subjonctif* Voyez la règle de *Si* dans la Grammaire latine.

Si, *suivi d'une négation* s'exprime par nisi ou si non ; *mais seulement par* nisi *quand il signifie à moins que ; exemple* Si *vous n'étudiez, vous serez châtié* Nisi studeas ou nisi studueris, pœnas dabis

Si ce n'est que, s'exprime par nisi *o* nisi si, *avec le subjonctif ; exemple* S *ce n'est que vous vouliez sortir.* Nisi, *o* nisi si, ou nisi forte velis exire.

Mais si, *si au contraire* s'exprime par sin autem ou sin aliter, ou sin minùs. *Ex Mais si vous voulez partir.* Sin autem proficisci. *Que si*, ou *si au contraire vous ne le vouliez point*. Sin autem non velles, ou sin minus velles.

Que si. Quòd si ou sin, ou *sin verò*, ou *sin autem. Que si la chose vous est absolument impossible.* Sin planè non potes.

Si bien que, *tellement que*. Adeò ut, *avec le subjonctif.*

Comme si. Quasi ou perindè ac si, *avec le subjonctif.*

Si non. Voy. *Sinon.*

SIAM, *royaume*. Siamum, *gén.* Siami. *neut.*

SIAMOIS, *qui est de Siam*. Siamensis, *gén.* Siamensis. *m. et f.*

SIBÉRIE, *province*. Siberia, *g.* Siberiæ. *fém.*

SIBYLLE, *prophétesse*. Sibylla, *génit.* Sibyllæ. *fém.*

SICAIRE, *assassin.* Sicarius, *gén.* sicarii. *masc.*

SICCITÉ. Siccitas, *gén.* siccitatis. *f.*

SICILE, *royaume*. Sicilia, *gén.* Siciliæ. *fém.*

SICILIEN, *qui est de la Sicile*. Siculus, sicula, siculum. *adj.*

SICLE, *monnaie des Juifs*. Siclus, *g.* sicli. *masc.*

SIDERAL. Sideralis, *m. f.* siderale, *n. gén.* sideralis.

SIÈCLE. Sæculum, *gén.* sæculi. *n.*

Il SIED *bien à.* Decet, *plur.* decent; decebat, *plur.* decebant; decuit, *plur.* decuerunt; *à l'infin.* decere. *n. impers. qui veut l'acc. comme : Cela sied bien à ton frère.* Illud decet fratrem tuum. *Il sied mal à.* Dedecet, *au plur.* dedecebant; dedecuit, *au plur.* dedecuerunt; *à l'infin.* dedecere. *neut. impers. qui veut l'acc.*

SIEGE *pour s'asseoir, etc.* Sedes, *gén.* sedis. *f. Petit siège.* Sedecula, *gén.* sedeculæ. *fém.*

Le saint SIÈGE. Sacra sedes, *gén.* sacræ sedis. *fém.*

SIÉGE *de justice.* Tribunal, *g.* tribunalis. *neut.*

SIÉGE *de ville.* Obsidio, *gén.* obsidionis. *fém. Mettre* ou *former le siège devant, c'est-à-dire, assiéger.* Obsidere, obsideo, es, obsedi, obsessum. *act. acc. Lever le siège d'une ville.* Solvere, solvo, solvis, solvi, solutum. *act. Ajoutez* obsidionem urbis. *Le siége a été levé devant Pignerol.* Obsidio soluta est Pinarolii. *Par les Savoyards*, à Sabaudis. *Faire lever le siège d'une ville.* Liberare urbem. Libero, as, liberavi, liberatum. *act. Ajoutez* obsidione.

SIEN. Suus, sua, suum. *pronom.*

Les SIENS. Sui, *g.* suorum. *m. pl.*

SIEUR. Dominus, *gén.* domini. *m.*

SIFFLEMENT. Sibilus, *gén.* sibili. *m. au plur. on dit* sibila, *g.* sibilorum. *n.*

SIFFLER. Sibilare, sibilo, as, sibilavi, sibilatum. *neut. ou act. acc.*

SIFFLET. Fistula, *gén.* fistulæ. *fém. Donner un coup de sifflet.* Dare signum sibilo, *c'est-à-dire, donner le signal avec un coup de sifflet.*

SIFFLET, *le conduit de la respiration.* Vitale respiramen, *gén.* vitalis respiraminis. *neut.*

SIFFLEUR. Sibilator, *gén.* sibilatoris. *masc.*

Terre SIGILLÉE. Creta lemnia, *gén.* cretæ lemniæ. *fém.*

SIGNAL. Signum, *gén.* signi. *neut. Donner le signal* ou *faire signal.* Dare, do, das, dedi, datum. *act. Ajoutez* signum.

SIGNALÉ. Clarus, a, um. *adj.*

SIGNALEMENT. Effigies, *g.* effigiei. *fém.*

SIGNALER, *rendre illustre*. Illustrare, illustro, illustras, illustravi, illustratum. *act. acc.*

SIGNALER, *montrer*. Profiteri, profiteor, eris, professus sum. *dép. acc.*

Se SIGNALER. Se commendare, commendo, as, commendavi, commendatum. *l'ar ou dans. à l'abl.*

SIGNATURE. Chirographum, *génit.* chirographi. *neut.*

SIGNE. Signum, *gén.* signi. *n. Faire signe à quelqu'un.* Dare signum alicui, *c'est-à-dire, donner le signal à. Faire signe de la tête à.* Innuere, innuo, is, innui. *sans sup. neut. avec un datif de la personne.*

SIGNER. Apponere, appono, apponis, apposui, appositum. *act. Ajoutez* chirographum, *avec le datif, c'est-à-dire, mettre son seing.*

SIGNET, *petit ruban qu'on met au haut d'un livre.* Tæniola, *g.* tæniolæ. *f.*

SIGNIFICATIF. Significans, *m. f. n. gén.* significantis. *part. prés. de* Significare.

SIGNIFICATION. Significatio, *génit.* significationis. *f.*

SIGNIFIÉ ou *dénoncé.* Denuntiatus, a, um. *part. pass. de* Denuntiare.

SIGNIFIER, *avoir un certain sens.* Significare, significo, as, significavi, significatum. *act. acc.*

SIGNIFIER ou *dénoncer*. Denuntiare, denuntio, as, avi, atum. *act. rég. dir. acc. rég. ind. dat.*

SILENCE. Silentium, *gén.* silentii. *n. En silence.* Silentio. *à l'abl. Passer sous silence.* Prætermittere, prætermitto, is, prætermisi, prætermissum. *act. acc. Faire faire silence, c'est-à-dire, imposer silence.* Imperare silentium. Impero, as, imperavi, imperatum. *rég. dir. acc. rég. ind. datif.*

SILENCIEUX. Taciturnus, taciturna, taciturnum. *adj.*

SILÉSIE, *province de Bohême*. Silesia, *gén.* Silesiæ. *f.*

SILLON, *terre élevée quand on a labouré*. Lira, *gén.* liræ. *fém. La raie du sillon.* Sulcus, *gén.* sulci. *masc.*

SILLONNER. Voy. *Labourer.*

SILVES, *recueil de poésies latines détachées.* Silvæ, *g.* silvarum. *f. plur.*

SIMAGRÉE. Inepta conformatio, *gén.* ineptæ conformationis. *f. Ajoutez* vultûs. *Faire des simagrées.* Assumere, assumo, is, assumpsi, assumptum. *act. Ajoutez* vultum ineptum ac tetricum.

SIMILAIRE. Ejusdem generis. *au gén.*

SIMILITUDE. Similitudo, *gén.* similitudinis. *fém.*

SIMONIAQUE. Simoniacus, simoniaca, simoniacum. *adj.*

SIMONIE. Simonia, *gén.* simoniæ. *f.*

SIMPLE. Simplex, *m. f. n. gén.* simplicis. *Comp.* simplicior, *m. f.* simplicius. *n. superl.* simplicissimus, a, um.

Les SIMPLES, *herbes médicinales.* Herbæ medicæ, *gén.* herbarum medicarum. *f. pluriel.*

SIMPLEMENT. Simpliciter. *adv. Au comp.* simpliciùs; *au sup.* simplicissimè.

SIMPLICITÉ. Ingenuitas, *gén.* ingenuitatis. *fém. Avec simplicité.* Ingenuè. *adv.*

SIMULACRE. Simulacrum, *gén.* simulacri. *neut.*

SIMULATION. Simulatio, *gén.* simulationis. *fém.*

SIMULÉ. Simulatus, simulata, simulatum. *part. pass. de* Simulare.

SIMULER. Simulare, simulo, as, simulavi, simulatum. *act. acc.*

SINCÈRE. Sincerus, a, um. *adj.*

SINCÈREMENT. Sincerè. *adverbe. Au comp.* sinceriùs; *au superl.* sincerissimè.

SINCÉRITÉ. Sinceritas, *g.* sinceritatis. *f. Avec sincérité.* Sincerè. *adv.*

SINGE. Simius, *gén.* simii. *masc.*

SINGERIE. Gesticulatio ridicula, *génit.* gesticulationis ridiculæ. *f. Faire des singeries.* Mimum agere, *c'est-à-dire, faire le bouffon.* Ago, agis, egi, actum. *accusatif.*

Se SINGULARISER *en quelque chose, par quelqu'endroit.* Singulariter facere unum aliquid, *c'est-à-dire, faire une chose d'une manière singulière.*

Se SINGULARISER, *sans régime.* Eximere se numero, *c'est-à-dire, se tirer du nombre.* Eximo, exemis, exemi, exemptum. *actif.*

SINGULARITÉ. Ratio singularis, *gén.* rationis singularis. *fém.*

SINGULIER. Singularis, *m. f.* singulare, *neut. gén.* singularis.

SINGULIÈREMENT. Singulariter. *adv.*

SINISTRE. Infaustus, a, um. *adj.*

SINISTREMENT Infaustè. *adv.*

SINON ou *si ce n'est.* Nisi, *avec même cas après que devant. Je n'aime personne, sinon mon père.* Neminem amo, nisi meum patrem. *Sinon que.* Nisi quòd, *avec le subj. Sinon que tu m'aimes.* Nisi quòd me ames. *Il ne fait autre chose, sinon que jouer, c'est-à-dire, il ne fait autre chose, sinon qu'il joue.* Nihil aliud agit, nisi, quòd ludat. Voy. *autre dans la Grammaire latine.*

SINON pour *mais si. Sin minùs. S'il vient, à la bonne heure, sinon.* Si venerit, benè est, sin minùs.

SINON pour *autrement.* Alioqui. *adv. Etudie, sinon tu t'en repentiras.* Stude, alioqui te pœnitebit.

SINOPLE, *c'est le vert en terme de blason.* Prasinus color, *gén.* prasini coloris. *masc.*

SINUEUX. Sinuosus, a, um. *adj.*

SINUOSITÉ. Flexus sinuosus, *g.* flexûs sinuosi. *masc.*

SINUS, *amas de pus.* Abscessus, *gén.* abscessûs. *masc.*

SION, *montagne de Jérusalem.* Sion, *gén.* Sionis. *masc.*

SIPHON, *sorte de tuyau.* Siphon, *g.* siphonis. *masc.*

SIRE, *en parlant au roi.* Rex au *vocatif.*

SIRÈNE. Siren, *gén.* sirenis. *fém.*

SIROP. Syrupus, *gén.* syrupi. *m.*

SIRTES, *bancs de sable.* Syrtes, *gén.* syrtium. *f. plur.*

SISTRE, *instrument de musique.* Sistrum, *gén.* sistri. *neut.*

SITUATION, *assiette, position.* Situs, *gén.* situs. *masc.*

SITUATION, *état.* Status, *gén.* status. *masc.*

SITUÉ. Situs, a, um. *part. pass. de* Sinere.

SITUER, *placer.* Locare, loco, locas, locavi, locatum. *act. acc.*

SIX. Sex. *indéclin. et de tout genre. Six cents.* Sexcenti, sexcentæ, sexcenta. *L'an six cent.* Annus sexcentesimus, *gén.* anni sexcentesimi. *masc. L'an six cent les Romains envoyèrent des colonies.* Anno sexcentesimo colonias miserunt Romani. *Six fois.* Sexies, *adv. Six cents fois.* Sexcenties. *adv. A six heures, c'est-à-dire, à la sixième heure.* Sextâ horâ. *à l'abl.*

SIXAIN, *pièce de poésie composée de six vers.* Carmen, *gén.* carminis. *neut. Ajoutez* sex versuum.

SIXIÈME. Sextus, a, um. *adj. Pour la sixième fois.* Sextùm. *adv.*

Ordre des classes.

La SIXIÈME. Sexta, *gén.* sextæ. *fém.*

SOI　　SOL　　393

classis *est sous-entendu, ainsi des autres.*
Qui va en sixième. Sextanus, *g.* sextani.
m. De sixième en cinquième. E sextâ in quintam.

La CINQUIÈME. Quinta, *gén.* quintæ. *f.*
Qui va en cinquième. Quintanus, *gén.* quintani. *masc. De cinquième en quatrième.* E quintâ in quartam.

La QUATRIÈME. Quarta, *gén.* quartæ.
f. Qui va en quatrième. Quartanus, *gén.* quartani. *m. De quatrième en troisième.* E quartâ in tertiam.

La TROISIÈME. Tertia, *gén.* tertiæ. *f.*
Qui va en troisième. Tertianus, *g.* tertiani.
m. De troisième en seconde. E tertiâ in secundam.

La SECONDE. Secunda, *gén.* secundæ. *f.*
Qui va en seconde. Secundanus, *gén.* secundani. *m. De seconde en rhétorique.* E secundâ in rhetoricam.

SIXIÈMEMENT. Sextò. *adv.*

SOBRE *dans le boire et le manger.*
Temperans, *m. f. neut. gén.* temperantis.
Ajoutez in victu.

SOBREMENT. Moderatè. *adverbe. Au comp.* moderatiùs, *au superlat.* moderatissimè.

SOBRIÉTÉ. Temperantia, *g.* temperantiæ. *f. Ajoutez* in victu.

SOBRIQUET. Cognomen ridiculum, *gén.* cognominis ridiculi. *neut. Donner un sobriquet.* Imponere ridiculum cognomen. *act. dat. c'est-à-dire, imposer, etc.*

SOC. Vomer, *gén.* vomeris. *masc.*

SOCIABLE. Sociabilis, *m. f.* sociabile, *neut. g.* sociabilis.

SOCIAL. Socialis, *m. f.* sociale, *neut. gén.* socialis.

SOCIÉTÉ. Societas, *gén.* societatis. *f. Entrer en société,* ou *faire société avec quelqu'un.* Facere societatem cum aliquo. *Pour une affaire,* alicujus rei. *Rompre la société.* Dirimere, dirimo, is, diremi, diremptum. *act.* societatem.

SOCLE, *piedestal à poser un buste.* Stylobata, *gén.* stylobatæ. *masc.*

SOCQUE, *chaussure de bois.* Soccus, *gén.* socci. *masc.*

SOCRATE, *nom d'homme.* Socrates, *g.* Socratis. *masc.*

SOEUR. Soror, *gén.* sororis. *f. Belle-sœur.* Glos, *gén.* gloris. *f.*

SOFA, *estrade couverte de coussins pour s'asseoir.* Suggestum instructum, *g.* suggesti instructi. *n. Ajout.* pulvinis.

SOI. *g.* sui, *dat.* sibi, *acc. et abl.* se.
Avec soi. Secum. *De soi-même.* sponte suâ.
à l'abl.

SOIE. Bombyx, *gén.* bombycis. *f. Qui est de soie.* Bombycinus, a, um. *adj.*

SOIE *de pourceau, etc.* Seta, *g.* setæ. *f.*

SOIERIE. Merces bombycinæ, *g.* mercium bombycinarum. *f. plur.*

SOIF. Sitis, *g.* sitis. *f. Avoir soif.* Sitire, sitio, sitis, sitivi, sititum. *neut. Causer la soif, la faire venir, l'augmenter.* Accendere, accendo, is, accendi, accensum. *act.* sitim. *à l'acc. De soif,* ou *par la soif.* Siti. *à l'abl.*

SOIGNER. Curare, curo, as, curavi, curatum. *act. acc.*

SOIGNEUSEMENT. Accuratè. *adv. Au comp.* accuratiùs, *au sup.* accuratissimè.

SOIGNEUX. Studiosus, a, um. *adj. Cet adject. veut après lui le gén.* ou *le gérond. en di. Soigneux d'apprendre.* Studiosus discendi.

SOIN. Cura, *g.* curæ. *f. Avoir soin de,* ou *prendre le soin de.* Curare, curo, as, curavi, curatum. *act. acc. Après* curo, *lè de* ou *le que, suivi d'un verbe, s'exprime par* ut, *avec le subjonct. comme : J'aurai soin que tout soit prêt.* Curabo ut omnia sint parata.

SOIR. Vesper, *g.* vesperi. *m. Du soir.* Vespertinus, a, um. *adj. Au soir* ou *sur le soir.* Vespere. *à l'abl. Bon soir, en parlant à un seul,* vale ; *en parlant à plusieurs,* valete. *Donner* ou *souhaiter le bon soir à.* Precari faustam noctem, *avec un dat.* Precor, precaris, precatus sum. *dépon.*

SOIRÉE. Vespertinum tempus, *g.* vespertini temporis. *neut.*

SOIT. Seu, sive, *avec même cas après que devant. Soit que.* Sive, *avec le subj. Soit que j'écrive, soit que je lise.* Sive scribam, sive legam. *Soit, c'est-à-dire, que cela soit.* Esto.

SOIXANTE. Sexaginta. *pl. indécl. et de tout genre. Soixante fois.* Sexagies. *adv. Soixante et dix,* Septuaginta. *pl. indécl. et de tout genre. Soixante et dix fois.* Septuagies. *adv.*

SOIXANTIÈME. Sexagesimus, a, um. *adj. Soixante et dixième.* Septuagesimus, a, um. *adj.*

SOL, *terrain sur lequel on bâtit.* Area, *gén.* areæ. *fém.*

SOL, *terroir.* Solum, *gén.* soli. *n.*

SOLAIRE. Solaris, *m. f.* solare, *neut. gén.* solaris.

SOLDAT. Miles, *gén.* militis. *masc.*

SOLDATESQUE. Milites, *gén.* militum. *masc. plur.*

SOLDE. Stipendium, *gén.* stipendii. *n. Etre à la solde.* Merere, mereo, meres, merui, meritum. *De quelqu'un,* sub aliquo.

SOLE, *poisson.* Solea, *gén.* soleæ. *f.*

SOLÉCISME. Solœcismus, *gén.* solœcismi. *masc. Faire des solécismes.* Solecismos facere, facio, facis, feci, factum. *act. acc.*

SOLEIL. Sol, *gén.* solis. *masc. Il fait soleil* ou *le soleil luit.* Sol lucet ; luceo,

luces, luxi. sans supin. neut. *Au soleil.*
In sole. *Le soleil levant.* Sol oriens, *gén.*
solis orientis. *m. Le soleil couchant.* Sol
occidens, *gén.* solis occidentis. *masc. Se
tenir au soleil.* Apricari, apricor, aris,
apricatus sum. *dép.*
SOLEIL, *fleur jaune.* Heliotropium, *gén.*
heliotropii. *neut.*
SOLEIL, *dans lequel on met la sainte
Eucharistie.* Orbiculatum receptaculum, *gén.* orbiculati receptaculi. *Ajoutez* sacræ hostiæ.
SOLENNEL, *qui se fait noblement, pompeusement.* Solemnis, *m. f.* solemne, *neut. gén.* solemnis.
SOLENNELLEMENT. Solemniter. *adv.*
SOLENNISÉ. Celebratus, a, um. *part. pass. de* Celebrare. *Ajoutez* solemni ritu.
SOLENNISER. Celebrare, celebro, as, celebravi, celebratum. *act. acc. Ajoutez* solemni ritu.
La SOLENNITÉ. Solemnis ritus, *gén.* solemnis ritus. *masc.*
SOLENNITÉ, *jour qu'on célèbre.* Solemnia, *génit.* solemnium. *neut. plur. Des noces*, nuptiarum.
SOLIDAIREMENT. In solidum. *adv.*
SOLIDE. Solidus, a, um. *adj.*
SOLIDEMENT. Solidè. *adv.*
SOLIDITÉ. Soliditas, *gén.* soliditatis. *fém.*
SOLINS, *espaces qui sont entre les solives.* Interlignia, *gén.* interligniorum. *neut. plur.*
SOLITAIRE. Solitarius, solitaria, solitarium. *adj.*
SOLITAIREMENT. Procul ab hominum congressu.
SOLITUDE. Solitudo, *gén.* solitudinis. *fém.*
SOLIVE. Tignum, *gén.* tigni. *neut.*
SOLIVEAU. Tigillum, *gén.* tigilli. *n.*
SOLLICITATION. Sollicitatio, *génit.* sollicitationis. *f. A la sollicitation,* ou *par la sollicitation de.* Impulsu. *à l'abl.*
SOLLICITÉ. Sollicitatus, a, um. *part. pass. de* Sollicitare. *A s'exprime par* ad, *avec l'acc. ou le gérond. en* dum.
SOLLICITER. Sollicitare, sollicito, as, sollicitavi, sollicitatum. *act. acc. A s'exprime par* ad, *avec l'acc. ou le gérond.* en dum.
SOLLICITEUR. Instigator, *gén.* instigatoris. *masc.*
SOLLICITEUR *de procès.* Adjutor, *génit.* adjutoris, *masc. Ajoutez* persequentium jus suum.
SOLLICITUDE. *Voy. Inquiétude.*
SOLSTICE. Solstitium, *gén.* solstitii. *n.*
Etre SOLVABLE. Esse solvendo, sum solvendo, es solvendo, fui solvendo.
SOLUTION. Explicatio, *gén.* explicationis. *f. Donner la solution d'une chose.*
Explicare rem, c'est-à-dire, *l'expliquer.* Explico, explicas, explicavi, explicatum. *act. acc.*
SOMBRE. Obscurus, a, um. *adj.*
SOMMAIRE. Summarium, *gén.* summarii. *neut.*
SOMMAIRE. *adj.* Brevis, *m. f.* breve, *neut. gén.* brevis.
SOMMAIREMENT. Summatim. *adv.*
SOMMATION. Admonitio, *gén.* admonitionis. *fém.*
SOMME *d'argent.* Summa, *g.* summæ. *fém.*
SOMME, *charge, fardeau.* Onus, *gén.* oneris. *n.* Sarcina, *gén.* sarcinæ. *fém. De somme* ou *de charge.* Sarcinarius, sarcinaria, sarcinarium. *adj.*
SOMME, *rivière et département de France.* Somona, *gén.* Somonæ. *f.*
SOMMEIL ou *somme.* Somnus, *génit.* somni. *masc. Dormir d'un profond sommeil.* Arctiùs dormire. *Se laisser aller au sommeil.* Indulgere, indulgeo, indulges, indulsi, indultum. *n.* somno. *au dat.*
SOMMEILLER. Dormitare, dormito, as, dormitavi, dormitatum. *neut.*
SOMMELIER, *qui a soin du vin.* Promus, *g.* promi. *m. Ajoutez* vini.
SOMMELLERIE, *le lieu où le sommelier distribue le vin.* Promptuarium, *gén.* promptuarii. *n. Ajoutez* vini.
SOMMER. Exigere, exigo, is, exegi, exactum. *act.* On met le nom de la personne à l'abl. avec à ou ab, et le nom de la chose à l'acc. comme : *Sommer quelqu'un de sa promesse.* Exigere ab aliquo promissum. *Sommer une ville, etc.* Vocare, voco, as, vocavi, vocatum. *act. Une ville* ou *les citoyens,* cives, *à l'acc. De se rendre,* ou *à la reddition,* ad deditionem.
SOMMET. Cacumen, *gén.* cacuminis. *neut.*
SOMMIER, *cheval de somme.* Equus sarcinarius, *gén.* equi sarcinarii. *m.*
SOMMIER, *matelas de crins.* Culcita jubis referta, *gén.* culcitæ jubis refertæ. *f.* Jubis *est invariable.*
SOMMIER, *pièce de bois.* Tignum, *gén.* tigni. *neut.*
SOMMITÉ. Summitas, *gén.* summitatis. *fém.*
SOMNAMBULE, *celui ou celle qui se lève tout endormi, et qui marche sans s'éveiller.* Qui ou quæ dormiendo ambulat.
SOMPTUAIRE. Sumptuarius, sumptuaria, sumptuarium. *adj.*
SOMPTUEUSEMENT. Sumptuosè. *adv.*
SOMPTUEUX. Sumptuosus, sumptuosa, sumptuosum. *adj.*
SOMPTUOSITÉ. Luxus, *g.* luxûs. *m.*
SON, SA, SES. *Voy.* cette règle dans la Grammaire latine.

SON ou *bruit.* Sonus, *g.* soni. *masc.*

Son *de la farine.* Furfur, *gén.* furfuris. *masc. Pain de son.* Panis furfureus, *g.* panis furfurei. *masc.*

SONDE. Specillum, *g.* specilli. *neut.*

Sonde *pour mesurer la profondeur de la mer.* Nauticum perpendiculum, *génit.* nautici perpendiculi. *neut. Jeter la sonde.* Contari, contor, contaris, contatus sum. *dép. Ajoutez* aquam.

SONDER. Tentare, tento, as, avi, atum. *act. Un gué,* vadum. *à l'acc.*

Sonder *quelqu'un.* Pertentare aliquem.

Sonder *une plaie.* Explorare, exploro, exploras, exploravi, exploratum. *act. vulnus. Ajoutez* specillo.

SONGE. Somnium, *gén.* somnii. *neut. En songes.* In somniis.

SONGER, *faire un songe.* Somniare, somnio, somnias, somniavi, somniatum. *neut.*

Songer *à.* Cogitare, cogito, as, avi, atum. *act. abl. avec de. Songer à dire ou à faire quelque chose,* etc. Cogitare de aliquâ re faciendâ ou dicendâ, etc. *c'est-à-dire, que le verbe qui est après* songer *doit se mettre au participe en* dus, da, dum. *à l'abl. que l'on fait accorder avec le substantif en nombre et en cas, en mettant de auparavant, comme ci-dessus.*

SONGEUR. Cogitabundus, cogitabunda, cogitabundum. *part. pass. de* Cogitare.

SONNER ou *résonner.* Sonare, sono, sonas, sonui, sonitum. *neut.*

Sonner *une cloche, etc.* Pulsare, pulso, pulsas, pulsavi, pulsatum. *act. acc. Sonner la Messe,* on tourne: *appeler à la Messe avec une cloche.* Vocare, voco, as, vocavi, vocatum. *act. acc.* ad sacrum aere campano. *Sonner la retraite.* Canere, cano, is, cecini, cantum. *neut. receptui. au dat.*

SONNERIE *d'un clocher.* Æs campanum, *gén.* æris campani. *neut.*

SONNET. Sonetum, *gén.* soneti. *n.*

SONNETTE. Cymbalum, *gén.* cymbali. *neut.*

SONNEUR. Pulsator, *g.* pulsatoris. *m. Ajoutez* æris campani.

SONORE. Sonorus, a, um. *adj.*

SOPHISME. Sophisma, *gén.* sophismatis. *neut.*

SOPHISTE. Sophista, *gén.* sophistæ. *m.*

SOPHISTIQUE. Captiosus, captiosa, captiosum. *adj.*

SOPHISTIQUÉ. Adulteratus, adulterata, adulteratum. *part. pass. d'*Adulterare.

SOPHISTIQUER. Adulterare, adultero, as, avi, atum. *act. acc.*

SOPHISTIQUERIE. Adulteria, *g.* adulteriorum. *n. plur. Ajoutez* mercis.

SOPORATIF, ou
SOPORIFÈRE, ou

SOPORIFIQUE, *qui a la vertu d'endormir.* Soporifer, soporifera, soporiferum. *adj.*

SORBE, *fruit.* Sorbum, *g.* sorbi. *n.*

SORBET, *liqueur.* Sorbetum, *g.* sorbeti. *neut.*

SORBIER, *arbre.* Sorbus, *g.* sorbi. *f.*

SORBONNE, *à Paris.* Sorbona, *gén.* Sorbonæ. *fém.*

SORCELLERIE. Veneficium, *gén.* veneficii. *neut.*

SORCIER. Veneficus, *gén.* venefici. *m.*

SORCIÈRE. Venefica, *génit.* veneficæ. *fém.*

SORDIDE. Sordidus, a, um. *adj.*

SORDIDEMENT. Sordidè. *adv.*

SORNETTES. Nugæ, *gén.* nugarum. *f. plur.*

SORT ou *hasard.* Sors, *gén.* sortis. *f. Par sort.* Sortitò. *adv. Tirer au sort.* Sortiri, sortior, sortiris, sortitus sum. *dép. acc. de la chose.*

SORTABLE. Conveniens, *m. f. neut. gén.* convenientis, *avec un dat.*

SORTE ou *espèce.* Genus, *g.* generis. *neut.*

Sorte ou *manière.* Modus, *gén.* modi. *m. De cette sorte, de la sorte, c. à d.,* ainsi. Ita ou hoc modo. *En quelque, ou de quelque sorte que.* Quomodocunquè, *avec le subjonct. De sorte que.* Ita ut, *avec le subjonct. Faire en sorte que.* Facere ut, *avec le subj.*

SORTI *de quelque lieu.* Egressus, egressa, egressum. *part. pass. d'*Egredi.

Sorti, *issu, né.* Oriundus, oriunda, oriundum. *part. pass. d'*Oriri. *et l'abl.*

SORTIE. Egressus, *gén.* egressûs. *m.*

Sortie, *transport.* Exportatio, *génit.* exportationis. *f. Des marchandises.* mercium.

Sortie *des assiégés sur les ennemis.* Eruptio, *gén.* eruptionis. *fém. Faire une sortie sur les ennemis.* Erumpere, erumpo, erumpis, erupi, eruptum. *neut.* in hostes.

Sortie, *issue désolée.* Occultus aditus, *gén.* occulti aditûs. *masc.*

SORTILEGE. Veneficium, *gén.* veneficii. *neut.*

SORTIR. Exigere, exeo, exis, exivi ou exii, exitum. *neut.*

Sortir *de charge.* Abire, abeo, is, abivi, abitum. *n.* magistratu. *à l'abl.*

Sortir *d'une affaire.* Se expedire, expedior, expedis, expedivi, expeditum. *act.* à negotio.

Sortir *de son sujet.* Aberrare, aberro, as, avi, atum. *neut.* à proposito.

Sortir *en public.* Prodire, prodeo, is, prodii, proditum. *neut.* in publicum.

Sortir *de ce monde.* Migrare, migro, migras, migravi, migratum. *neut.* ex hâc vitâ.

Faire SORTIR ou *mener dehors.* Educere , educo , educis , eduxi , eductum. *act. acc.*

Faire SORTIR ou *débarrasser.* Expedire, expedio , expedis , expedivi *ou* expedii , expeditum. *act. acc. de la personne. De quelque affaire ,* ex aliquo negotio.

Au SORTIR *de table.* Statim à mensâ.

SOT. Stultus , stulta , stultum. *adject.*
Sotte demande. Insulsa flagitatio , *génit.* insulsæ flagitationis. *f.*

SOTTEMENT. Ineptè. *adv.*

SOTTISE. Ineptiæ , *gén.* ineptiarum. *f. pluriel.*

Un SOU. As , *gén.* assis. *masc.*

SOUBASSEMENT *de colonne.* Basis, *g.* basis. *fém.*

SOUBRESAUT. Subsultus , *gén.* subsultûs. *masc.*

SOUBRETTE. Pedisequa , *gén.* pedisequæ. *fém.*

SOUCHE. Truncus , *gén.* trunci. *m.*

SOUCHE , *terme de généalogie.* Stirps , *gén.* stirpis. *f.*

SOUCHET , *sorte de jonc odoriférant.* Cyperum , *gén.* cyperi. *neut.*

SOUCI ou *soin.* Cura , *gén.* curæ. *fém.*
Avoir du souci. Esse anxium. Anxius , a, um. *s'accorde avec le nominat.* Ou bien agitari curis , *c'est-à-dire, être agité de soucis. N'avoir pas de soucis.* Vacare, vaco, as , avi , atum. *neut.* curis, *à l'abl. Sans souci.* Vacuus , a, um curis , *c'est-à-dire, vide de soucis.*

SOUCI , *fleur.* Caltha , *gén.* calthæ. *f.*

Se SOUCIER *de.* Curare , curo , curas , curavi , curatum. *act. acc.*
S'il suit un si , on l'exprime par an , avec le subj. Je ne me soucie pas si tu es riche ou non. Non curo an sis dives , necne.

SOUCIEUX. Sollicitus , a , um. *adj.*

SOUCOUPE. Orbiculatum fulmentum , *gén.* orbiculati fulmenti. *neut.*

SOUDAIN. Subitus , a , um. *adj.*

SOUDAINEMENT. Subitò. *adv.*

SOUDAN , *empereur turc.* Imperator , *gén.* imperatoris. *m. Ajoutez* turcarum.

SOUDÉ. Ferruminatus , ferruminata , ferruminatum. *part. pass. de* Ferruminare.

SOUDER. Ferruminare , ferrumino , as, avi , atum. *act. acc.*

SOUDOYER *des soldats.* Donare, dono, donas , donavi , donatum. *actif. Ajoutez* milites stipendio.

SOUDRE. Voyez *Résoudre.*

SOUDURE. Ferrumen , *gén.* ferruminis. *neut.*

SOUFFLE. Flatus , *g.* flatûs. *masc.*

SOUFFLER , *en parlant des vents.* Flare , flo , flas , flavi , flatum.

SOUFFLER , *allumer.* Sufflare. *act.*

SOUFFLER *quelque chose ou sur quelque chose de chaud.* Refrigerare aliquid spiritu, *c'est-à-dire, rafraîchir par le souffle.* Refrigero , refrigeras , refrigeravi , refrigeratum. *act.*

SOUFFLER *la poussière.* Difflare pulverem.

SOUFFLER *dans.* Inflare , *act. acc. c'est-à-dire , enfler.*

SOUFFLER ou *éteindre.* Extinguere , extinguo , extinguis , extinxi, extinctum. *act. accusat.*

SOUFFLER *à l'oreille.* Insusurrare , insusurro , as , avi , atum. *actif. Quelque chose ,* aliquid. ; *à quelqu'un ,* alicui.

SOUFFLER , *travailler en chimie.* Dare operam chymiæ , *c'est-à-dire, consacrer ses peines à la chimie.*

SOUFFLER , *dire un mot.* Mutire, mutio, mutis , mutivi , mutitum. *neut.*

SOUFFLER , *respirer.* Voy. *Respirer.*

SOUFFLET *pour souffler.* Follis , *gén.* follis. *masc.*

SOUFFLET *sur la joue.* Alapa , *g.* alapæ. *f. Donner un soufflet.* Infligere , infligo , is , inflixi , inflictum. *act. dat. de la personne. Ajoutez* alapam.

SOUFFLETER , *donner des soufflets.* Depalmare, depalmo , as , depalmavi, depalmatum. *act. acc.*

SOUFFLEUR. Flator , *gén.* flatoris. *m.*

SOUFFLEUR , *alchimiste.* Alchymicus , *g* alchymici. *masc.*

SOUFFLEUR *de comédie.* Monitor , *gén.* monitoris. *masc.*

SOUFFRANCE. Perpetio , *gén.* perpetionis. *fém.*

SOUFFRIR. Ferre , fero , fers , tuli , latum. *act. acc.* Pati , patior , pateris , passus sum. *dép. acc. Faire souffrir.* Excruciare , excrucio , as , avi , atum. *act. acc. de la personne. De cruels supplices,* acerbissimis suppliciis , *à l'abl. c'est-à-dire, tourmenter par de cruels supplices.*

SOUFFRIR , *permettre.* Pati , patior , pateris , passus sum. *dép. le que après ce verbe s'exprime par ut , avec le subj.*

SOUFRE. Sulfur , *g.* sulfuris. *neut.* Qui *est de soufre.* Sulfureus , a, um. *adj.*

SOUFRÉ , *où il y a du soufre.* Sulfuratus , a , um. *part. pass.*

SOUFRER, *enduire de soufre.* Intingere, intingo , is , intinxi , intinctum. *act. acc. Ajoutez* sulfure , *c'est-à-dire , tremper dans le soufre.*

SOUHAIT. Votum , *gén.* voti. *A souhait ou selon son souhait.* Ex sententiâ. *Faire des souhaits.* Facere vota. *Arriver au comble de ses souhaits.* Fieri compotem votorum , *c'est-à-dire , devenir jouissant de ses souhaits.* Compos , *gén.* compotis , *masc. et fém. s'accorde avec le nominatif.*

SOUHAITABLE. Optandus , optanda ,

optandum. *participe futur passé* d'Optare.

SOUHAITÉ. Optatus, optata, optatum. *part. pass.* d'Optare.

SOUHAITER. Optare, opto, optas, optavi, optatum. *act. acc.*
Le de ou le que, *suivi d'un verbe s'exprime par* ut *avec le subjonct. comme :* Je souhaite que cela arrive. Opto ut illud accidat. *Je souhaiterais vous voir.* Optarem te videre.

SOUILLÉ. Inquinatus, a, um. *part. pass. De péchés*, peccatis. *à l'abl.*

SOUILLER. Inquinare, inquino, as, inquinavi, inquinatum. *act. acc. De péchés*, peccatis. *à l'abl.*

SOUILLON *de cuisine.* Vilissimus minister, *gén.* vilissimi ministri. *m. Ajoutez* culinæ.

SOUILLURE. Sordes, *gén.* sordium. *f. pluriel.*

SOUL, *rassasié.* Satur, satura, saturum. *adj.*

SOUL, *ivre.* Ebrius, a, um. *adj.*

SOUL, *ennuyé de.* Pertæsus, a, um. *part. pass. de* Pertædere. *avec le gén. ou l'infinit.*

SOULAGÉ. Levatus, levata, levatum. *part. pass. de* Levare.

SOULAGEMENT. Levamen, *g.* levaminis. *neut.*

SOULAGER. Levare, levo, as, levavi, levatum. *act. acc. de la personne, et l'abl. de la chose.*

SOULER. Satiare, satio, as, satiavi, atum. *act. rég. dir. acc. rég. ind. abl.*

Se SOULER *ou s'enivrer.* Se inebriare, inebrio, as. inebriavi, inebriatum. *act. acc.*

SOULEVÉ *ou révolté.* Rebellis, *m. f.* rebelle, *neut. gén.* rebellis.

SOULÈVEMENT. Rebellio, *gén.* rebellionis. *fém.*

SOULÈVEMENT *de cœur.* Nausea, *génit.* nauseæ. *fém.*

SOULEVER *ou lever de terre.* Attollere, attollo, attollis, sustuli, sublatum. *act. accusat.*

SOULEVER *ou faire révolter.* Commovere, commoveo, commoves, commovi, commotum. *act. acc.*

Se SOULEVER *ou se révolter.* Rebellare, rebello, as, avi, atum. *neut.*

SOULIER. Calceus, *gén.* calcei. *m.*

SOUMETTRE. Subjicere, subjicio, is, subjeci, subjectum. *act. acc. Soumettre les peuples à son obéissance.* Subjicere populos potestati suæ. *dat. Se soumettre à quelqu'un.* Subjicere se alicui. *Se soumettre au châtiment.* Subire pœnam, *c'est-à-dire, le subir.* Subeo, subis, subii, subitum. *acc.*

SOUMIS *à.* Submissus, submissa, submissum. *adj. avec un dat.*

SOUMISSION. Obsequium, *g.* obsequii. *neut.*

SOUPAPE. Valvula, *g.* valvulæ. *f.*

SOUPÇON. Suspicio, *gén.* suspicionis. *f. Donner ou faire venir à quelqu'un des soupçons, le faire entrer en soupçon de quelque chose.* Injicere, injicio, injicis, injeci, injectum. *act.* alicui suspicionem alicujus rei. *Avoir soupçon de, ou entrer en soupçon de, c'est-à-dire*

SOUPÇONNER *de.* Suspicari, suspicor, suspicaris, suspicatus sum. *dép. Le nom de la chose dont on soupçonne, se met à l'acc. et la personne que l'on soupçonne se met à l'ablat. avec de, comme : Je te soupçonne de ce crime.* De te suspicor hoc crimen.

Etre SOUPÇONNÉ *de.* Esse suspectum; sum, es, fui. Suspectus, suspecta, suspectum. *adj. Le nom de la chose est mis au gén. et la personne par qui l'on est soupçonné, est mise au datif. Exemple : Tu es soupçonné de négligence par notre maitre.* Tu es suspectus negligentiæ nostro magistro.

SOUPÇONNEUX. Suspiciosus, suspiciosa, suspiciosum. *adj.*

SOUPE *de pain.* Offa, *gén.* offæ. *fém.* panis.

SOUPE, *potage.* Voy. Potage.

SOUPENTE. Projectum, *g.* projecti. *n.*

SOUPENTE *de carrosse.* Lora, *gén.* lorerum. *neut. plur. Ajoutez* rhedæ.

SOUPER, *verbe.* Cœnare, cœno, as, cœnavi, cœnatum. *neut. donner à souper à.* Excipere, excipio, excipis, excepi, exceptum. *act. acc. de la personne. Ajoutez* cœnâ.

Le SOUPER. Cœna, *gén.* cœnæ. *f.*

SOUPESER. Expendere, expendo, is, expendi, expensum. *act. acc.*

SOUPIR. Suspirium, *gén.* suspirii. *n. Jeter des soupirs.* Ducere, duco, ducis, duxi, ductum. *act. acc. Ajoutez* suspiria. *Le dernier soupir quand on meurt.* Extremus spiritus, *g.* extremi spiritûs. *m.*

SOUPIRAIL. Spiraculum, *g.* spiraculi. *neut.*

SOUPIRANT, *amant.* Amasius, *gén.* amasii. *masc.*

SOUPIRER. Suspirare, suspiro, suspiras, suspiravi, suspiratum. *neut.*

SOUPIRER *après.* Appetere, appeto, is, appetii *ou* appetivi, appetitum. *act. acc. Il soupire après les honneurs, ou il désire les honneurs.* Appetit honores.

SOUPLE. Flexibilis, *m. f.* flexibile. *n. gén.* flexibilis.

SOUPLE, *docile.* Docilis, *m. f.* docile, *neut. gén.* docilis.

SOUPLEMENT. Docili animo.

SOUPLESSE *de corps.* Agilitas, *génit.* agilitatis. *fém.*

SOUPLESSE, *ruse.* Solertia, *gén.* solertiæ. *fém.*

SOURCE. Origo, *g.* originis. *f.* Ortus, *gén.* ortûs. *m. Prendre ou tirer sa source.* Oriri, orior, oriris, ortus sum. *dépon. ou ducere originem.*

Le de s'exprime par è ou ex, avec l'abl. comme : D'une montagne. Ex monte.

SOURCIL. Supercilium, *gén.* supercilii. *neut.*

SOURCILLER. Movere, moveo, es, movi, motum. *act. acc. Ajoutez* supercilia, *c'est-à-dire, remuer les sourcils.*

SOURD. Surdus, a, um. *adj. dat.*

SOURD, *en parlant d'un bruit.* Occultus, occulta, occultum. *adj.*

SOURDAUD, *qui est un peu sourd.* Surdaster, surdastra, surdastrum. *adj.*

SOURDEMENT. Occulte. *adv.*

A la SOURDINE. Clanculùm. *adv.*

SOURDRE, *en parlant d'une fontaine.* Scatere, scateo, scates, scatui. *sans sup. neut.*

SOURICEAU, *petite souris.* Musculus, *gén.* musculi. *masc.*

SOURICIÈRE. Muscipula, *gén.* muscipulæ. *fém.*

SOURIRE à. Subridere, subrideo, es, subrisi, subrisum. *neut. dat.*

Un **SOURIS** *ou sourire.* Risus, *g.* risûs. *masc.*

Une **SOURIS.** Sorex, *gén.* soricis. *m. De couleur de souris.* Soricinus, soricina, soricinum. *adj.*

SOURNOIS. Tectus et tacitus, a, um, *gén.* tecti et taciti.

SOUS. Sub, *avec l'abl. en signification de repos.* Sub, *avec l'acc. en signification de mouvement.* Sous peine de la vie. Sub mortis pœnâ. *Sous certaines conditions.* Certis conditionibus. *à l'abl.* Etudier sous. Audire, audio, audis, audivi ou audii, auditum. *act. acc. de la personne. Sous le règne de Louis le grand*, on tourne : Louis le grand régnant. Ludovico magno regnante. *à l'abl.*

SOUS-BIBLIOTHÉCAIRE. Subcustos, *génit.* subcustodis. *masc. Ajoutez* bibliothecæ.

SOUS-CHANTRE. Vicarius, *g.* vicarii. *masc. Ajoutez* cantoris.

SOUS-COMMIS. Adjutor, *gén.* adjutoris. *masc.*

SOUSCRIPTION. Subscriptio, *g.* subscriptionis. *fém.*

SOUSCRIRE. Subscribere, subscribo, subscribis, subscripsi, subscriptum. *act. acc. Son nom au bas d'une lettre.* Nomen epistolæ. *au dat.*

SOUSCRIRE, *consentir.* Assentiri, assentior, iris, assensus sum. *dép. dat.*

SOUS-DEPENSIER. Suppromus, *gén.* suppromi. *masc.*

SOUS-DIACONAT. Subdiaconatus, *gén.* subdiaconatûs. *masc.*

SOUS-DIACRE. Subdiaconus, *g.* subdiaconi. *masc.*

SOUS-DOYEN. Secundus, *gén.* secundi. *masc. Ajoutez à* decano.

SOUS-ENTENDRE. Subaudire, subaudio, subaudis, subaudivi ou subaudii, subauditum. *act. acc.*

SOUS-FERMER *à quelqu'un, donner à ferme une partie.* Locare alicui partem, *avec un gén.* Loco, as, avi, atum. *acc. Mais si l'on prend pour soi cette partie, au lieu de* locare, *on se servira de* conducere, conduco, conducis, conduxi, conductum. *acc.*

SOUS-GOUVERNANTE. Secundaria educatrix, *génitif.* secundariæ educatricis. *fém.*

SOUS-GOUVERNEUR. Adjutor, *gén.* adjutoris. *masc. Ajoutez* in educatione. *D'un prince*, principis.

SOUS-INTRODUCTEUR. Secundus, *g.* secundi. *masc. Ajoutez* ab admissionum præfecto.

SOUS-LIEUTENANCE. Officium, *gén.* officii. *neut. Ajoutez* alterius ab subcenturione.

SOUS-LIEUTENANT. Adjutor subcenturionis, *gén.* adjutoris subcenturionis. *m.*

SOUS-MAITRE. Hypodidascalus, *gén.* hypodidascali. *masc.*

SOUS-PRECEPTEUR. Præceptor secundarius, *gén.* præceptoris secundarii. *m.*

SOUS-PRIEUR. Vicarius, *gén.* vicarii. *masc. Ajoutez* prioris.

SOUS-SACRISTAIN. Adjutor, *g.* adjutoris. *masc. Ajoutez* ædituli.

SOUS-SECRETAIRE. Vicarius, *génit.* vicarii. *m. Ajoutez* scribæ.

SOUSSIGNÉ. Infrà scriptus, infrà scripta, infrà scriptum. *part. pass. de* Scribere.

SOUSSIGNER. Infrà scribere, infrà scribo, infrà scribis, infrà scripsi, infrà scriptum. *act. acc.*

SOUSTRACTION. Deductio, *g.* deductionis. *fém.*

SOUSTRAIRE. Subducere, subduco, is, subduxi, subductum. *act. acc. et de à l'abl. avec è ou ex.*

Se **SOUSTRAIRE** *à l'obéissance de son prince.* Deficere, deficio, deficis, defeci, defectum. *neut. à* principe.

SOUS-VICAIRE. Adjutor, *gén.* adjutoris. *m. Ajoutez* vicarii.

SOUS-VICARIAT. Munus, *génit.* muneris. *neut. Ajoutez* servientis vicario.

SOUTANE, *robe qui descend jusque sur les talons.* Tunica talaris, *g.* tunicæ talaris. *fém.*

SOUTANELLE, *petite soutane.* Tunicula, *gén.* tuniculæ. *fém.*

SOUTENABLE. Qui, quæ, quod potest defendi.

SOUTENANT. Propugnator, gén. propugnatoris. masc.

SOUTENIR. Sustinere, sustineo, es, sustinui, sustentum. act. acc.

Soutenir ou *défendre*. Defendere, defendo, defendis, defensi, defensum. act. accus.

Soutenir *en disputant*. Contendere, contendo, contendis, contendi, contentum. act. acc.

Se Soutenir. Stare, sto, stas, steti, statum. neut.

SOUTENU ou *appuyé*. Fultus, fulta, fultum. part. pass. de Fulcire, avec l'abl.

Soutenu ou *protégé*. Defensus, defensa, defensum. part. pass. de Defendere.

SOUTERRAIN. Subterraneus, subterranea, subterraneum. adj.

SOUTEN. Adminiculum, gén. adminiculi. neut.

SOUVENANCE, ou

Le SOUVENIR. Memoria, g. memoriæ. f. Avoir souvenance, ou

Se SOUVENIR *de*. Meminisse ou recordari, recordor, aris, recordatus sum. dép. avec l'acc. ou le gén. *Je me souviens ou je me suis souvenu*. Memini. *Je me souvenais ou je m'étais souvenu*. Memineram. *Je me souviendrai*, etc. Meminero. On met ensuite un gén. de la chose ou de la personne dont on se souvient, ou bien l'on met un infinit. comme : *Je me souviens de vos bienfaits*. Memini tuorum beneficiorum. *Je me souviendrai d'être venu à Paris, ou que je suis venu à Paris*. Meminero me venisse Lutetiam.

Faire Souvenir *de*. Refricare, refrico, refricas, refricui, refrictum. act. Ajoutez memoriam, avec un gén. de la chose, et le datif de la personne, c'est-à-dire, renouveler à quelqu'un le souvenir de quelque chose.

SOUVENT. Sæpè. adv. Au comp. sæpiùs; au superl. sæpissimè. *Le plus souvent*. Plerumquè. adv.

SOUVERAIN. Summus, a, um. adj. *Un prince souverain*. Princeps supremus, gén. principis supremi. masc.

SOUVERAINEMENT. Cum summâ potestate.

Souverainement, *parfaitement*. Prorsùs. adv.

SOUVERAINETÉ. Summa potestas, g. summæ potestatis. fém.

SOYEUX, *doux comme la soie*. Lenis, masc. fém. lene, neut. gén. lenis. Ajout. tactu.

Soyeux, *où il y a beaucoup de soie*. Sericosus, sericosa, sericosum. adj.

SPACIEUSEMENT. Spatiosè. adv.

SPACIEUX. Amplus, a, um. adj.

SPASME, *rétrécissement des nerfs*. Spasmus. gén. spasmi. masc.

SPATULE, *outil de chirurgien*. Spathula, gén. spathulæ. fém.

SPÉCIAL. Peculiaris, m. f. peculiare, neut. gén. peculiaris.

SPÉCIALEMENT. Peculiariter. adv.

SPÉCIEUSEMENT. Speciosè. adv.

SPÉCIEUX, *qui a belle apparence*. Speciosus, speciosa, speciosum. adj.

SPÉCIFIER. Designare, designo, as, designavi, designatum. act. acc.

SPÉCIFIQUE, *propre*. Præcipuus, præcipua, præcipuum. adj.

SPECTACLE. Spectaculum, g. spectaculi. neut. *Servir de spectacle aux autres*. Esse spectaculo aliis. dat.

SPECTATEUR. Spectator, gén. spectatoris. masc.

SPECTATRICE. Spectatrix, gén. spectatricis. fém.

SPECTRE. Spectrum, gén. spectri. n.

SPECULATEUR. Contemplator, génit. contemplatoris. masc.

SPÉCULATIF. Positus, posita, positum. Ajoutez in contemplatione.

SPECULATION. Contemplatio, génit. contemplationis. f.

SPECULER, *contempler*. Speculari, speculor, specularis, speculatus sum. dép. accus.

SPHÈRE. Sphæra, gén. sphæræ. f.

SPHERIQUE. Globosus, globosa, globosum. adj.

SPHINX, *monstre*. Sphinx, g. sphingis. masc.

SPIRAL. Ductus, ducta, ductum. adj. Ajoutez in spiram.

SPIRITUALITÉ *de l'âme*. Natura incorporalis, g. naturæ incorporalis. f.

SPIRITUEL ou *qui a de l'esprit*. Acutus, acuta, acutum. adj.

Spirituel ou *sans corps*. Expers, m. f. n. g. expertis. Ajoutez corporis.

Spirituel ou *pieux*. Pius, pia, pium. adj.

SPIRITUELLEMENT ou *avec esprit*. Ingeniosè. adv. Au comp. ingeniosiùs, au superl. ingeniosissimè.

Spirituellement ou *dévotement*. Piè. adv.

SPIRITUEUX. Abundans, m. f. n. g. abundantis. part. Ajoutez spiritibus.

SPLENDEUR. Splendor, g. splendoris. masc.

SPLENDIDE. Splendidus, splendida, splendidum. adj.

SPLENDIDEMENT. Splendidè. adv. Au comp. splendidiùs ; au superl. splendidissimè.

SPOLIATEUR. Spoliator, g. spoliatoris. masc.

SPOLIATION. Spoliatio, g. spoliationis. f.

SPOLIER. Spoliare, spolio, spolias, spoliavi, spoliatum. *act.* rég. dir. *accus.* rég. ind. *abl.*

SPONDAIQUE, *vers spondaïque.* Versus spondaicus, *gén.* versûs spondaici. *m.*

SRONDÉE, *pied de vers de deux longues.* Spondeus, *gén.* spondei. *masc.*

SPONGIEUX. Spongiosus, spongiosa, spongiosum. *adj.*

SPONTANÉ. Spontaneus, spontanea, spontaneum. *adj.*

SQUELETTE. Larva cohærens, *génit.* larvæ cohærentis. *f.* Ajoutez nudis ossibus.

STABILITÉ. Stabilitas, *génit.* stabilitatis. *fém.*

STABLE. Stabilis, *masc. f.* stabile, *n. gén.* stabilis.

STADE. Stadium, *gén.* stadii. *neut.*

STAGNANT. Stagnans, *masc. f. n. g.* stagnantis.

STANCE, *strophe.* Strophe, *gén.* strophes. *fém.*

STATION, *lieu où l'on s'arrête.* Statio, *gén.* stationis. *fém.*

STATUAIRE. Statuarius, *gén.* statuarii. *masc.*

STATUE. Statua, *génit.* statuæ. *fém. Dresser, élever une statue en l'honneur de quelqu'un.* Ponere alicui statuam, *c'est-à-dire, mettre, poser.* Pono, is, posui, positum. *acc.*

STATUER, *ordonner.* Statuere, statuo, is, statui, statutum. *act. acc.*

STATURE. Statura, *gén.* staturæ. *f.*

STATUT. Statutum, *gén.* statuti. *n.*

STELLIONAT, *crime de celui qui vend la même chose à deux personnes différentes.* Stellionatus, *gén.* stellionatûs. *m.*

STERILE. Sterilis, *masc. f.* sterile, *n. gén.* sterilis.

STERILITÉ. Sterilitas, *gén.* sterilitatis. *fém.*

STERTUATOIRE, *qui fait éternuer.* Ciens, *gén.* cientis. *part. prés.* Ajoutez sternutamenta.

STIGMATES. Stigmata, *gén.* stigmatum. *neut. plur.*

STIMULER, *aiguillonner.* Stimulare, stimulo, as, stimulavi, stimulatum. *act. accusat.*

STIPULATEUR. Stipulator, *gén.* stipulatoris. *masc.*

STIPULATION. Stipulatio, *g.* stipulationis. *fém.*

STIPULER. Stipulari, stipulor, aris, stipulatus sum. *dép.*

STOCKHOLM, *ville.* Stocholma, *gén.* Stocholmæ. *fém.*

STOÏCIEN. Stoïcus, a, um. *adj.*

STOÏQUE, *sévère.* Austerus, austera, austerum. *adj.*

STOÏQUEMENT. Stoïcè. *adv.*

STOMACAL. Idoneus, idonea, idoneum. Ajoutez stomacho, *c'est-à-dire, bon à l'estomac.*

STORAX, *sorte de gomme.* Storax, *g.* storacis. *masc. L'arbre.* Styrax, *gén.* styracis. *fém.*

STRAPONTIN. Stratum nauticum, *gén.* strati nautici. *neut.*

STRASBOURG, *ville.* Argentoratum, *gén.* Argentorati. *neut.*

STRATAGÈME. Stratagema, *g.* stratagematis. *neut.*

STRICT. Strictus, a, um. *adj.*

STRICTEMENT. Strictè. *adv.*

STROPHE. Strophæ, *g.* strophes. *f.*

STRUCTURE. Structura, *gén.* structuræ. *fém.*

STUC, *sorte de mortier.* Marmoratum, *gén.* marmorati. *neut.*

STUCATEUR, *qui travaille en stuc.* Albarius, *gén.* albarii. *masc.*

STUDIEUSEMENT. Studiosè. *adv.*

STUDIEUX. Studiosus, a, um. *adj.*

STUPEFAIT. Stupefactus, stupefacta, stupefactum. *adj.*

STUPEFIER. Stupefacere, stupefacio, stupefacis, stupefeci, stupefactum. *acc.*

STUPIDE. Stupidus, a, um. *adj.*

STUPIDEMENT. Stolidè. *adv.*

STUPIDITÉ. Stupiditas, *gén.* stupiditatis. *fém.*

STYLE. Stylus, *gén.* styli. *masc.*

STYLÉ à. Informatus, informata, informatum. *part. pass.* d'Informare. à par ad, et l'*acc.* ou le gérond. en dum.

STYLER. Informare, informo, informas, informavi, informatum. *act. acc. de la personne.* A s'exprime par ad, avec l'*acc.* ou le gérond. en dum.

STYLET. Pugiunculus, *gén.* pugiunculi. *masc.*

STYPTIQUE, *qui a la vertu d'arrêter le sang.* Stypticus, styptica, stypticum. *adject.*

Le **STYX**, *fleuve des enfers.* Styx, *gén.* Stygis. *fém.*

SU. Cognitus, a, um. *part. pass.* de Cognoscere.

SUAIRE. Linteum, *gén.* lintei. *neut.* Ajoutez cadaveris. *Le saint Suaire.* Sacra Sindon, *gén.* sacræ Sindonis. *f.*

SUAVE, *doux.* Suavis, *m. f.* suave, *neut. gén.* suavis.

SUAVITÉ. Suavitas, *g.* suavitatis. *f.*

SUBALTERNE. Inferior, *masc. fém.* inferius, *neut. gén.* inferioris.

SUBDELEGATION. Vicaria delegatio, *gén.* vicariæ delegationis. *fém.*

SUBDELEGUÉ. Vicarius, *gén.* vicarii *masc.* Ajoutez delegati.

SUBDELEGUER. Delegare. *act. accus.* Ajoutez in locum alterius, *c'est-à-dire deléguer à la place d'un autre.*

SUBDIVISER. Dividere, divido, is

divisi, divisum. *act. acc. Ajoutez* iterùm. *adverbe.*

SUBDIVISION. Iterata partitio, *génit.* iteratæ partitionis. *fém.*

SUBJONCTIF. Subjunctivus, *gén.* subjunctivi. *masc.*

SUBIR. Subire, rubeo, subis, subii, subitum. *act. acc.*

SUBIT. Subitus, a, um. *adj.*

SUBITEMENT. Subitò. *adv.*

SUBJUGUÉ. Subactus, subacta, subactum. *part. pass.* de Subigere.

SUBJUGUER. Subigere, subigo, is, subegi, subactum. *act. acc.*

SUBLIME. Sublimis, *m. f.* sublime, *neut. gén.* sublimis.

Le SUBLIME. Divinitas, *gén.* divinitatis. *f. Ajoutez* loquendi, *gérond. en* di.

SUBLIMEMENT. Excelsè. *adv.*

SUBLIMITÉ. Altitudo, *gén.* altitudinis. *fém.*

SUBLUNAIRE. Sublunaris, *m. f.* sublunare. *neut. gén.* sublunaris.

SUBMERGÉ. Inundatus, inundata, inundatum. *part. pass.* d'Inundare.

SUBMERGER. Submergere, submergo, submergis, submersi, submersum. *act. acc. Dans les eaux*, aquis. *à l'abl.*

SUBMERSION, *l'action d'enfoncer dans l'eau.* Depressio, *gén.* depressionis. *f. Ajoutez* in aquam.

SUBORDINATION. Obedientia, *génit.* obedientiæ. *fém.*

SUBORDONNÉ. Subjectus, subjecta, subjectum. *adj. avec le dat.*

SUBORDONNEMENT. Obnoxiè. *adv.*

SUBORDONNER. Subjicere, subjicio, subjicis, subjeci, subjectum. *act. rég. dir. acc. rég. ind. dat.*

SUBORNATION. Corruptela, *gén.* corruptelæ. *fém.*

SUBORNÉ. Subornatus, subornata, subornatum. *part. pass. de* Subornare.

SUBORNER. Subornare, suborno, as, subornavi, subornatum. *act. acc.*

SUBORNEUR. Corruptor, *gén.* corruptoris. *masc.*

SUBORNEUSE. Corruptrix, *gén.* corruptricis. *fém.*

SUBREPTICE, *obtenu par surprise en exposant faux.* Subreptus, subrepta, subreptum. *part. pass. de* Subripere.

SUBROGATION. Substitutio, *gén.* substitutionis. *fém.*

SUBROGER. Subrogare, subrogo, as, subrogavi, subrogatum. *act. rég. dir. acc. rég. ind. dat.*

SUBSEQUEMMENT. Consequenter. *adverbe.*

SUBSÉQUENT. Consequens, *m. f. n. gén.* consequentis.

SUBSIDE. Subsidium, *génit.* subsidii. *neut.*

SUBSIDIAIRE. Subsidiarius, subsidiaria, subsidiarium. *adj.*

SUBSISTANCE. Victus, *gén.* victûs. *m.*

SUBSISTER. Constare, consto, constas, constiti, constitum. *neut.*

SUBSISTER ou *vivre.* Vivere, vivo, is, vixi, victum. *n. abl. de la chose dont on vit. Faire subsister.* Sustentare, sustento, as, avi, atum. *act. acc.*

SUBSTANCE. Substantia, *gén.* substantiæ. *fém.*

SUBSTANCE, *le fond.* Summa, *g.* summæ. *fém.*

En SUBSTANCE. Summatìm. *adv.*

SUBSTANTIEL, *qui regarde la nature des choses.* Spectans, *m. f. n. g.* spectantis. *Ajoutez* ad essentiam.

SUBSTANTIEL, *qui a beaucoup de suc.* Plenus, plena, plenum. *Ajoutez* succi.

SUBSTANTIF. Substantivum, *g.* substantivi. *neut.*

SUBSTANTIVEMENT. Substantivè. *adverbe.*

SUBSTITUER. Substituere, substituo, is, substitui, substitutum. *act. acc. A un autre*, pro altero. *ablat.*

SUBSTITUT, *officier de justice.* Procognitor regius, *gén.* procognitoris regii. *masc.*

SUBSTITUTION. Substitutio, *g.* substitutionis. *fém.*

SUBTERFUGE. Diverticulum, *génit.* diverticuli. *neut.*

SUBTIL. Subtilis, *m. f.* subtile, *neut. gén.* subtilis.

SUBTILEMENT. Subtiliter. *adv. Au comp.* subtiliùs; *au superlat.* subtilissimè.

SUBTILISER ou *rendre subtil.* Acuere, acuo, is, acui, acutum. *act. acc.*

SUBTILISER *sur une chose.* Disserere, dissero, disseris, disserui, dissertum. *n. Ajoutez* subtiliùs de aliquâ re. *abl.*

SUBTILITÉ. Subtilitas, *gén.* subtilitatis. *fém.*

SUBVENIR à. Subvenire, subvenio, is, subveni, subventum. *neut. dat.*

SUBVENTION, *impôt, secours d'argent.* Subsidium, *g.* subsidii. *neut. Ajout.* pecuniarum.

SUBVERSION, *renversement.* Eversio, *gén.* eversionis. *fém.*

SUBVERTIR. Subvertere, subverto, is, subverti, subversum. *acc.*

SUC. Succus, *gén.* succi. *masc.*

SUCCEDER à. Succedere, succedo, is, successi, successum. *neut. dat.*

SUCCÈS. Successus, *gén.* successûs. *m. Avoir des succès.* Voy. Réussir.

SUCCESSEUR. Successor, *gén.* successoris. *masc.*

SUCCESSIF. Continuus, continua, continuum. *adj.*

SUCCESSION. Series continuata, *gén.*

seriei continuatæ. *fém. Par succession de temps.* Progrediente tempore. *à l'abl.*

SUCCESSION ou *hérédité*. Hæreditas, *gén.* hæreditatis. *fém.*

SUCCESSIVEMENT. Vicissìm. *adv.*

SUCCINCT, *court.* Brevis, *masc. f.* breve, *neut. gén.* brevis.

SUCCINCTEMENT, *brièvement.* Paucis, *abl. absolu,* ou Breviter. *adv.*

SUCCOMBER *sous.* Succumbere, succumbo, succumbis, succubui, succubitum. *neut. dat.*

SUCCULENT. Jurulentus, jurulenta, jurulentum. *adj.*

SUCER. Sugere, sugo, sugis, suxi, suctum. *act. acc.*

SUÇOTER. Trahere leni crebroque suctu. Traho, trahis, traxi, tractum. *act. acc.*

SUCRE. Saccharum, *g.* sacchari. *n. Pain de sucre.* Meta, *gén.* metæ. *fém. Ajoutez* sacchari. *Sucre candi.* Saccharum candum, *gén.* sacchari candi. *n.*

SUCRE. Aspersus saccharo. *On ne décline que aspersus,* a, um. *part. pass.*

SUCRER. Aspergere, aspergo, aspergis, aspersi, aspersum. *act. acc. Ajoutez* saccharo.

SUCRERIES. Bellaria, *g.* bellariorum. *neut. plur.*

SUCRERIE *lieu où l'on fait le sucre.* Officina, *gén.* officinæ. *f. Ajoutez* in quâ saccharum excoquitur.

SUCRIER. Vasculum, *gén.* vasculi. *n. Ajoutez* in quo saccharum asservatur.

SUD, *vent du midi.* Auster, *g.* austri. *masc.*

SUD-EST, *vent entre l'orient et le midi.* Euronotus, *gén.* euronoti. *m.*

SUD-OUEST, *vent entre le midi et l'occident.* Africus, *gén.* africi. *masc.*

SUDORIFIQUE, *qui fait suer.* Sudatorius, sudatoria, sudatorium. *adj.*

SUÈDE, *royaume.* Stecia, *gén.* Succiæ. *fém.*

SUÉDOIS. Suecus, sueca, suecum. *adj.*

SUER. Sudare, sudo, sudas, sudavi, sudatum. *n. Du sang,* sanguine. *Faire suer.* Elicere, elicio, elicis, elicui, elicitum. *act. Ajoutez* sudorem, *avec un dat. c'est-à-dire, tirer la sueur.*

SUEUR. Sudor, *gén.* sudoris. *m. Etre en sueur, c'est-à-dire, suer.* V. Suer.

SUFFIRE *à.* Sufficere, sufficio, is, suffeci, suffectum. *n. dat.*

SUFFISAMMENT. Satis. *adv. Plus que suffisamment.* Satis superquè.

SUFFISANCE ou *présomption.* Arrogantia, *g.* arrogantiæ. *f. Avoir de la suffisance.* Voy. *faire le suffisant.*

SUFFISANT. Qui, quæ ou quod sufficit, *c'est-à-dire, qui suffit; le qui et le verbe s'accordent avec le nom précédent. Être suffisant, c. à d., suffire.* V. Suffire.

SUFFISANT ou *présomptueux.* Arrogans, *m. f. n. gén.* arrogantis. *Faire le suffisant, c'est-à-dire, être suffisant.* Esse arrogantem; sum, es, fui. Arrogans, *m. f. n. g.* arrogantis. Superbire, superbio, superbis, superbivi ou superbii, superbitum.

SUFFOCATION. Suffocatio, *gén.* suffocationis. *fém.*

SUFFOQUÉ. Suffocatus, suffocata, suffocatum. *part. pass. de* Suffocare.

SUFFOQUER. Suffocare, suffoco, as, suffocavi, suffocatum. *act. acc.*

SUFFRAGANT. Suffraganeus, *g.* suffraganei. *masc.*

SUFFRAGE. Suffragium, *g.* suffragii. *n. Donner son suffrage.* Suffragari, suffragor, suffragaris, suffragatus sum. *A quelqu'un,* alicui. *dat.*

SUGGÉRER. Suggerere, suggero, is, suggessi, suggestum. *act. rég. dir. acc, rég. ind. dat.*

SUGGESTION. Suasio, *g.* suasionis. *f.*

SUIE. Fuligo, *gén.* fuliginis. *f.*

SUIF. Sebum, *gén.* sebi. *neut. Qui est de suif.* Sebatus, a, um. *adj.*

SUINT *de brebis.* OEsypum, *g.* œsypi. *neut.*

SUINTEMENT. Sudatio, *gén.* sudationis. *fém.*

SUINTER. Sudare, sudo, as, sudavi, sudatum. *neut.*

La SUISSE, *pays.* Helvetia, *gén.* Helvetiæ. *f. Les cantons Suisses.* Pagi, *gén.* Pagorum. *masc. plur. Ajoutez* helvetiorum.

Un SUISSE. Helvetius, helvetia, helvetium. *adj.*

SUITE ou *ordre.* Series, *g.* seriei. *f. Qui est de suite.* Continuus, a, um. *adj. Pendant huit jours de suite.* Decem diebus continuis. *à l'abl.*

SUITE, *cortége.* Comitatus, *gén.* comitatûs. *masc.*

SUITE ou *issue, effet.* Eventus, *génit.* eventûs. *masc.*

SUITE, *liaison.* Connexus, *génit.* connexûs. *masc. Ce discours n'a pas de suite.* Hæc oratio non cohæret; cohærere, cohæreo, cohæres, cohæsi, cohæsum, *n.*

De SUITE ou *tout de suite.* Continenter. *adverbe.*

En SUITE *et dans la suite.* Posteà. *adv.*

SUIVANT ou *qui suit.* Sequens, *m. f. n. g.* sequentis.

SUIVANT ou *selon.* Secundùm, *avec l'acc.* Voy. Selon.

SUIVANTE, *servante qui suit sa maîtresse.* Famula, *gén.* famulæ. *f.*

SUIVI, *escorté, accompagné.* Comitatus, comitata, comitatum. *D'un laquais,* servo. *à l'abl.*

SUIVI, *qui a de la suite. Un discours*

SUP   SUP

suivi. Oratio quæ cohæret, *génit.* orationis. *fém.*

SUIVRE. Sequi, sequor, sequeris, secutus sum. *dép. acc.*

SUJET ou *assujetti à.* Subjectus, subjecta, subjectum. *part. pass. de* Subjicere. *A quelqu'un,* alicui. *dat.*

SUJET, *exposé ou adonné à.* Obnoxius, a, um. *adj. avec un dat.*

SUJET *ou matière.* Argumentum, *gén.* argumenti. *neut.*

SUJET *ou occasion.* Occasio, *gén.* occasionis. *fém.*

SUJET *ou cause.* Causa, *gén.* causæ. *f. Sans sujet.* Immeritò. *adv.*

SUJETION, *servitude.* Servitus, *gén.* servitutis. *fém.*

SULPHUREUX. Sulphureus, sulphurea, sulphureum. *adj.*

SULTAN. Imperator, *gén.* imperatoris. *masc. Ajoutez* Turcarum.

SULTANE. Regina, *gén.* reginæ. *fém. Ajoutez* Turcarum.

SUPERBE, *orgueilleux.* Superbus, superba, superbum. *adj.*

SUPERBE, *orgueil.* Superbia, *gén.* superbiæ. *fém.*

SUPERBEMENT, *avec orgueil.* Superbè. *adv.*

SUPERBEMENT ou *magnifiquement.* Splendidè. *adv.*

SUPERCHERIE. Fraus, *g.* fraudis. *f.*

SUPERFICIE. Superficies, *gén.* superficiei. *fém.*

SUPERFICIEL. Levis, *masc. f.* leve, *neut. gén.* levis.

SUPERFICIELLEMENT. Leviter. *adv.*

SUPERFIN, *très-fin.* Tenuissimus, a, um. *superl. de* Tenuis.

SUPERFLU. Supervacaneus, supervacanea, supervacaneum. *adj. Etre superflu.* Redundare, redundo, redundas, redundavi, redundatum. *neut.*

SUPERFLUITÉ. Redundantia, *génit.* redundantiæ. *fém.*

SUPERIEUR, *qui est au-dessus.* Superior, *m. f.* superius, *neut. gén.* superioris, *avec l'abl.*

Un SUPÉRIEUR. Præfectus, *g.* præfecti. *m.*

Une SUPERIEURE. Antistita, *génit.* antistitæ. *fém.*

SUPERIEUREMENT. Eximiè. *adv.*

SUPERIORITÉ. Auctoritas, *g.* auctoritatis. *fém.*

SUPERLATIF. Superlativus, *gén.* superlativi. *masc.*

SUPERSTITIEUSEMENT. Superstitiosè. *adv. Au comp.* Superstitiosiùs; *au superl.* superstitiosissimè.

SUPERSTITIEUX. Superstitiosus, superstitiosa, superstitiosum. *adj.*

SUPERSTITION. Superstitio *gén.* superstitionis. *fém.*

SUPIN. Supinum, *gén.* supini. *n.*

SUPPLANTÉ. Depulsus, a, um. *part. pass. de* Depellere. *Ajoutez* per fraudem.

SUPPLANTER. Depellere, depello, is, depuli, depulsum. *actif. Ajoutez* per fraudem.

SUPPLEER. Supplere, suppleo, es, supplevi, suppletum. *act. acc. de la chose qu'on supplée.*

SUPPLÉER *quelqu'un.* Explere, expleo, es, explevi, expletum. *act. Ajoutez* munus alicujus, *c'est-à-dire, remplir la fonction de, etc.*

SUPPLEMENT. Supplementum, *génit.* supplementi. *neut.*

SUPPLIANT. Supplex, *m. f. neut. g.* supplicis. *de tout genre.*

SUPPLICATION. Deprecatio, *gén.* deprecationis. *fém.*

SUPPLICE. Supplicium, *g.* supplicii. *n.*

SUPPLICIÉ, *puni du dernier supplice.* Cruciarius, *gén.* cruciarii. *masc.*

SUPPLICIER. Voy. Exécuter.

SUPPLIER. Supplicare, supplico, as, avi, atum. *n. dat. de la personne.*

SUPPLIQUE. Supplicatio, *gén.* supplicationis. *fém.*

SUPPORT. Fulcimentum, *gén.* fulcimenti. *neut.*

SUPPORTABLE. Ferendus, ferenda, ferendum. *part. fut. de* Ferre.

SUPPORTE ou *soutenu sur.* Fultus, fulta, fultum, *avec un abl.*

SUPPORTER ou *soutenir.* Fulcire, fulcio, fulcis, fulsi, fultum. *act. acc.*

SUPPORTER ou *souffrir.* Ferre, fero, fers, tuli, latum. *act. acc.*

SUPPOSÉ. Suppositus, supposita, suppositum. *part. pass. de* Supponere.

SUPPOSER. Supponere, suppono, is, supposui, suppositum. *act. acc. Supposez que.* Pone; *on retranche le que; le nom ou pronom suivant est mis à l'acc. et le verbe à l'infin. Cela supposé.* Hoc posito, *à l'abl.*

SUPPOSITION. Suppositio, *g.* suppositionis. *f. Faire une supposition.* Voyez Supposer.

SUPPOSITOIRE, *terme d'apothicaire.* Medica balanus, *gén.* medicæ balani. *f.*

SUPPOT. Minister, *gén.* ministri. *m.*

SUPPRESSION. Abrogatio, *gén.* abrogationis. *fém.*

SUPPRESSION *d'urine.* Stranguria, *gén.* stranguriæ. *fém.*

SUPPRIMÉ. Abrogatus, abrogata, abrogatum. *part. pass. d'*Abrogare.

SUPPRIMER. Supprimere, supprimo, supprimis, suppressi, suppressum. *actif. accusat.*

SUPPRIMER, *abolir.* Abrogare, abrogo, as, avi, atum. *act. acc. Le de par é ou* ex, *avec l'abl.*

SUPPURATIF. Suppuratorius, suppuratoria, suppuratorium. *adj.*
SUPPURATION. Suppuratio, *gén.* suppurationis. *fém.*
SUPPURER. Suppurare, suppuro, as, suppuravi, suppuratum. *neut.*
SUPPUTATION. Computatio, *génit.* computationis. *f.*
SUPPUTER. Computare, computo, as, avi, atum. *act. acc.*
SUPRÊME. Supremus, suprema, supremum. *adj.*
SUR pour *dessus.* Super, et *l'acc. Sur la tête.* Super caput.
SUR pour *touchant.* De, et *l'abl. Je l'ai interrogé sur cela* ou *touchant cela.* Illum interrogavi de hoc.
SUR pour *dans.* In, et *l'abl. s'il n'y a pas de mouvement,* ou *l'acc. s'il y en a. Sur le chemin.* In viâ.
SUR pour *environ, vers.* Sub, et *l'acc. Sur le soir.* Sub vesperum. *Sur la fin de l'année.* Sub finem anni. *Sur-le-champ* ou *sur l'heure.* Extemplò. *adv. Sur ces entrefaites.* Intereà. *adv. Sur ma parole.* Fide meâ, *à l'abl.* fide est *l'abl. de* fides.
SUR ou *hors de danger.* Tutus, tuta, tutum. *adj.*
SÛR, *fidèle, certain.* Certus, certa, certum. *adj. Etre sûr de* ou *savoir certainement.* Certò scire, scio, scis, scivi, scitum. *act. acc.*
SURABONDAMMENT. Immodicè. *adv.*
SURABONDANCE. Redundantia, *gén.* redundantiæ. *fém.*
SURABONDANT. Superabundans, *gén.* superabundantis. *adj. de tout genre.*
SURABONDER. Superabundare, superabundo, as, avi, atum. *neut.*
SURACHETER. Emere, emo, is, emi, emptum. *act. acc. Ajoutez* cariùs, *c'est-à-dire, acheter trop cher.*
SURANNÉ. Exoletus, a, um. *adj.*
SURCHARGE, *surcroît de charge.* Accessio, *génit.* accessionis. *fém. Ajoutez* oneris.
SURCHARGER. Imponere gravius onus. *Quelqu'un,* alicui, *c. à d., imposer un fardeau trop pesant, etc.* Impono, is, imposui, impositum. *act.*
SURCROIT. Accessio, *gén.* accessionis. *Pour surcroît de malheur.* In calamitatum cumulum.
SURCROITRE. Succrescere, succresco, succrescis, succrevi, succretum. *neut.*
SURDITÉ. Surditas, *gén.* surditatis. *f.*
SUREAU, *arbrisseau.* Sambucus, *gén.* sambuci. *masc. Qui est de sureau.* Sambuceus, cea, ceum. *adj.*
SUREMENT, *certainement.* Certò. *adv.*
SÛREMENT, *en assurance, en sûreté.* Tutò. *adv.*
SURENCHÈRE, *au-dessus d'un autre.* Ulterior licitatio, *génit.* ulterioris licitationis. *fém.*
SURENCHÉRIR, *offrir davantage.* Adjicere, adjicio, adjicis, adjeci, adjectum. *act. acc. de la chose* ou *de la somme.* Aj. suprà.
SURÉROGATION. Gratuita opera, *gén.* gratuitæ operæ. *fém.*
SURÉROGATOIRE. Gratuitus, gratuita, gratuitum. *adj.*
SURET, *un peu aigre.* Subacidus, subacida, subacidum. *adj.*
SÛRETÉ. Securitas, *gén.* securitatis. *f. Prendre ses sûretés.* Cavere sibi. *Voyez Prendre garde à soi. Lieu de sûreté* ou *lieu sûr.* Locus tutus, *gén.* loci tuti. *m. Qui se trouve en sûreté.* Securus, a, um. *En sûreté.* Tutò. *adv.*
SÛRETÉ, *caution.* Cautio, *gén.* cautionis. *fém.*
SURFACE. Superficies, *gén.* superficiei. *fém.*
SURFAIRE. Indicare, indico, indicas, indicavi, indicatum. *act. acc. Ajoutez* justo pluris.
SURGEON, *rejeton.* Surculus, *génit.* surculi. *masc.*
SURGIR *au port.* In portum invehi, invehor, inveheris, invectus sum. *pass.*
SURINTENDANCE. Summa præfectura, *gén.* summæ præfecturæ. *f.*
SURINTENDANT. Summus præfectus, *gén.* summi præfecti. *masc.*
SURLENDEMAIN. Tertius dies, *génit.* tertii diei. *masc.*
SURMONTÉ. Superatus, superata, superatum. *part. pass. de* Superare.
SURMONTER. Superare, supero, as, superavi, superatum. *act. acc. En science,* scientiâ.
SURNAGER *sur* ou *au-dessus.* Supernatare, supernato, as, supernatavi, supernatatum. *n. Sur l'eau.* Aquis innatare, innato, innatas, innatavi, innatatum. *neut.*
SURNATUREL. Supra naturam, *c'est-à-dire, au-dessus de la nature.*
SURNATURELLEMENT. Suprà naturæ vires.
SURNOM. Cognomen, *gén.* cognominis. *neut. Le surnom devant lequel se rencontre la préposition de, se met à l'abl. et le de s'exprime par à ou ab, exemples : Louis de saint Martin.* Ludovicus à sancto Martino. *Jean de la Fontaine.* Joannes à Fonte. *Pierre de la Forêt.* Petrus à Silvâ.
SURNOMMÉ. Cognomine. *à l'abl. Louis surnommé le grand.* Ludovicus cognomine magnus.
SURNOMMER ou *donner un surnom à.* Dare cognomen. *act. dat. de la personne.* Do, das, dedi, datum.

SURNUMERAIRE. Ultra numerum.

SURPASSÉ. Superatus, a, um. *part. pass.* de Superare. *La chose en quoi on est surpassé se met à l'ablat.* comme : *En science.* Scientiâ.

SURPASSER. Superare, supero, as, avi, atum. *act. acc. Le nom de la personne qu'on surpasse, se met à l'acc., et la chose en quoi l'on surpasse est mise à l'abl.* comme : *Je surpasserai en diligence mes compagnons.* Superabo diligentiâ meos condiscipulos.

SURPAYER. Emere, emo, emis, emi, emptum. *act. acc. Ajoutez* pluris justo pretio, *c'est-à-dire, acheter plus chèrement qu'au juste prix.*

SURPEAU, *la première peau.* Cuticula, *gén.* cuticulæ. *fém.*

SURPLIS. Linteum amiculum, *génit.* lintei amiculi. *neut.*

De **SURPLUS.** Reliquus, reliqua, reliquum. *adj.*

Le **Surplus.** Reliquum, *génit.* reliqui. *neut.*

SURPRENANT. Mirus, a, um. *adj.*

SURPRENDRE *sur* ou *dans.* Deprehendere, deprehendo, deprehendis, deprehendi, deprehensum. *act. acc. Dans un crime,* in maleficio.

Surprendre ou *prendre à l'improviste.* Opprimere, opprimo, is, oppressi, oppressum. *act. acc. Ajoutez* improvisò. *adv. Surprendre une ville.* Occupare de improviso urbem, *c'est-à-dire, s'emparer, etc.* Occupo, occupas, occupavi, occupatum. *accusat.*

Surprendre ou *arrêter des lettres, etc.* Intercipere, intercipio, intercipis, intercepi, interceptum. *act. acc.*

Surprendre ou *étonner.* Percellere, percello, percellis, perculi, perculsum. *act. acc.*

Surprendre, *tromper.* Voyez Tromper.

SURPRIS ou *pris sur*, ou *dans.* Deprehensus, a, um. *part. pass.* de Deprehendere. *Dans un crime,* in maleficio.

Surpris ou *qui est pris à l'improviste.* Oppressus, a, um. *part. pass.* d'Opprimere.

Surpris ou *arrêté, intercepté.* Interceptus, a, um. *part. pass.* d'Intercipere.

Surpris ou *étonné de.* Perculsus, perculsa, perculsum. *part. pass.* de Percellere, *avec l'abl.*

Surpris ou *trompé.* Voy. Trompé.

SURPRISE. Res inopinata, *génit.* rei inopinatæ. *f. Par surprise* ou *à l'improviste.* De improviso.

Surprise ou *tromperie.* Dolus, *g.* doli. *masc.* Voy. Tromperie. *Par surprise* ou *par tromperie.* Per dolum.

SURSAUT, *s'éveiller en sursaut.* Somno excuti, or, teris, excussus sum. *pass.*

SURSEANCE. Intermissio, *gén.* intermissionis. *fém.*

SURSEMER. Superseminare, supersemino, as, avi, atum. *acc.*

SURSEOIR. Supersedere, supersedeo, supersedes, supersedi, supersessum. *neut. dat. de la chose. Surseoir quelque affaire.* Supersedere alicui negotio. *au dat.*

SURSIS, *retardé.* Dilatus, dilata, dilatum. *part. pass.* de Differre.

Sursis, *délai.* Dilatio, *génit.* dilationis. *fém.*

SURTAXER. Tributum alicui superimponere, superimpono, superimponis, superimposui, superimpositum. *act.*

SURTOUT, *grosse casaque.* Lacerna, *gén.* lacernæ. *fém.*

SUR-TOUT, *principalement.* Imprimis. *adv.*

SURVEILLANCE. Inspectio, *gén.* inspectionis. *fém.*

SURVEILLANT, *qui garde.* Custos, *gén.* custodis. *masc. et f.*

SURVEILLE, *l'avant veille.* Vigiliæ dies pridianus, *g.* diei pridiani. *m.*

SURVEILLER, *garder.* Advigilare, advigilo, as, avi, atum. *n. dat.*

SURVENANT, *qui survient.* Interventor, *gén.* interventoris. *masc.*

SURVENDRE, *vendre trop cher.* Justo cariùs vendere, vendo, vendis, vendidi, venditum. *act. acc.*

SURVENIR *à.* Supervenire, supervenio, supervenis, superveni, superventum. *n. datif.*

SURVENTE, *vente à trop haut prix.* Venditio carior, *gén.* venditionis carioris. *fém. Ajoutez* justo.

SURVIE. Vita longior, *gén.* vitæ longioris. *fém.*

SURVIVANCE. Designatio, *g.* designationis. *f.* successoris post obitum. *Qui a la survivance de la charge de son père.* Designatus successor, *gén.* designati successoris. *masc.* muneris paterni.

SURVIVANT, *qui survit.* Superstes, *gén.* superstitis. *adj. de tout genre.*

SURVIVRE *à.* Superesse, supersum, superes, superfui, *avec un dat.*

SUS, *courage.* Eia, age, *et au plur.* agite.

Sus ou *sur.* In, *avec l'acc. Courir sus l'ennemi.* Irruere in hostem.

SUSCEPTIBLE *de.* Aptus, apta, aptum. *avec le dat.* ou *l'acc.* Capax, *m. f. neut. gén.* capacis, *avec un gén.* ou *le gérond.* en di.

SUSCITATION. Instigatio, *gén.* instigationis. *fém.*

SUSCITER. Suscitare, suscito, as, suscitavi, suscitatum. *act. acc. Susciter un procès, etc., à quelqu'un.* Concire, concio, is, concivi, concitum; litem alicui.

SUSCRIPTION, *adresse d'une lettre.* Inscriptio, *génit.* inscriptionis. *fém.* epistolæ.

SUSPECT à. Suspectus, suspecta, suspectum. *adj. avec un dat.*

SUSPENDRE. Suspendere, suspendo, suspendis, suspensi, suspensum. *act. à par ad, avec l'acc.*

SUSPENDRE *quelqu'un de sa charge.* Interdicere alicui administratione muneris ad tempus, *c'est-à-dire, l'interdire pour un temps de.* Interdico, interdicis, interdixi, interdictum. *dat.*

SUSPENDRE *son jugement.* Retinere suum judicium, *c'est-à-dire, le garder, etc.* Retineo, retines, retinui, retentum. *accusat.*

SUSPENDRE, *arrêter.* Cohibere, cohibeo, cohibes, cohibui, cohibitum. *actif accusat.*

SUSPENDU. Suspensus, suspensa, suspensum. *part. pass. de* Suspendere.

SUSPENS, *être en suspens.* Esse animo suspenso. Sum, es, fui.

SUSPENSION. Circumscriptio, *gén.* circumscriptionis. *fém.*

SUSPENSION *d'armes.* Induciæ, *gén.* induciarum. *f. plur.*

SUSPICION. Suspicio, *gén.* suspicionis. *fém.*

SUSTENTER. Sustentare, sustento, as, avi, atum. *act. acc.*

SUTURE, *terme de chirurgien, espèce de couture.* Sutura, *gén.* suturæ. *f.*

SVELTE. Tenuis, *m. f.* tenue, *neut. gén.* tenuis.

SYCOMORE, *arbre.* Sycomorus, *gén.* sycomori. *fém.*

SYLLABE. Syllaba, *gén.* syllabæ. *f. Par syllabes.* Syllabatim. *adv.*

SYLLOGISME. Syllogismus, *gén.* syllogismi. *masc.*

SYMBOLE. Symbolum, *gén.* symboli. *neut.*

SYMBOLISER, *ressembler.* Voy. Sympathiser.

SYMETRIE. Symmetria, *gén.* symmetriæ. *f. Par symétrie.* Secundum symmetriam, *ou* ex symmetriæ legibus.

SYMPATHIE. Sympathia, *gén.* sympathiæ. *fém.*

SYMPATHIQUE. Consentiens, *m. f. n. g.* consentientis.

SYMPATHISER, *convenir d'humeur.* Inter se convenire, convenio, is, conveni, conventum. *neut.*

SYMPHONIE. Symphonia, *gén.* symphoniæ. *fém.*

SYMPHONISTE. Symphoniacus, *gén.* symphoniaci. *neut.*

SYMPTOME. Symptoma, *gén.* symptomatis. *neut.*

SYNAGOGUE. Synagoga, *gén.* synagogæ. *fém.*

SYNCOPE, *retranchement d'une lettre ou d'une syllabe.* Syncope, *gén.* syncopes. *fém.*

SYNCOPE, *pamoison.* Defectio, *génit.* defectionis. *f. Ajoutez* animi.

SYNDERESE, *remords de conscience.* Conscientiæ stimulus, *gén.* stimuli. *m.*

SYNDIC. Procurator, *gén.* procuratoris. *masc.*

SYNECDOCHE, *figure de rhétorique.* Synecdoche, *g.* synecdoches. *f.*

SYNODAL. Ad synodum pertinens, *m. f. n. gén.* pertinentis.

SYNODE. Synodus, *génitif.* synodi. *féminin.*

SYNONYME. Synonymus, synonyma, synonymum. *adj.*

SYNONYMIE. Synonymia, *gén.* synonymiæ. *fém.*

SYNOPTIQUE, *qui s'offre du même coup-d'œil.* Quod uno intuitu conspici potest.

SYNTAXE. Syntaxis, *g.* syntaxis. *f.*

SYRACUSE, *ville.* Syracusæ, *g.* Syracusarum. *f. plur. De Syracuse.* Syracusanus, a, um.

SYSTEME. Systema, *gén.* systematis. *neut.*

TA, pronom. Tuus, tua, tuum. *gén.* tui.

TABAC. Tabacum, *g.* tabaci. *neut.*

TABATIÈRE. Pixidula, *gén.* pixidulæ. *f. Ajoutez* tabaci.

TABELLION. Tabellio, *gén.* tabellionis. *masc.*

TABERNACLE. Tabernaculum, *gén.* tabernaculi. *neut.*

TABLATURE. Plurimùm negotii, c'est-à-dire, *beaucoup de peine.*

TABLE *sur laquelle on mange, etc.* Mensa, *gén.* mensæ. *f. Se mettre à table.* Accumbere, accumbo, is, accubui, accubitum. *n.* mensæ. *dat. Se lever de table.* Surgere à mensâ. Surgo, surgis, surrexi, surrectum. *neut. Couvrir la table.* Apponere, appono, is, apposui, appositum. *act. Ajoutez* mensæ cibos, *c'est-à-dire, mettre les mets sur la table. Recevoir, ou traiter à sa table.* Voyez Traiter, faire festin.

TABLE *d'un livre, etc.* Index, *g.* indicis. *masc.*

TABLE, *comptoir.* Abacus, *gén.* abaci. *masc.*

TABLE, *terme de peinture.* Tabula, *g.* tabulæ. *fém.*

TABLE, *terme de jardinier.* Area, *g.* areæ. *fém.*

TABLEAU. Tabella, *gén.* tabellæ. *f.*

TABLETTES *où l'on écrit.* Pugillares, *gén.* pugillarium. *m. plur.*

TABLETTES *où l'on arrange des livres, etc.* Loculamenta, *gén.* loculamentorum. *neut. plur. Ajoutez* librorum.

TABLETTES *de presse d'imprimerie.* Pluteus, *gén.* plutei. *masc.*

TABLETTE *purgative.* Purgatoria mensula, *gén.* purgatoriæ mensulæ. *f.*

TABLETIER, *qui fait des ouvrages de pièces de rapport.* Musivarius artifex, *g.* musivarii artificis. *masc.*

TABLETTERIE, *l'art de faire des ouvrages de pièces de rapport.* Musivum opus, *gén.* musivi operis. *neut.*

TABLIER, *pièce de toile, de cuir, etc., que l'on met devant soi.* Velum demissum anterius, *gen.* veli demissi anterioris. *n. Ajoutez* à pectore. *Tablier à bourse.* Ventrale, *gén.* ventralis. *neut.*

TABLIER, *table pour jouer aux dames.* Lusorius alveolus, *génit.* lusorii alveoli. *masc.*

TABOURET. Sedecula, *g.* sedeculæ. *f. Garder le* **TACET.** Silentium agere, ago, agis, egi, actum. *act. avec l'acc.* silentium.

TACHE *ou souillure.* Macula, *génit.* maculæ. *fém.*

TACHE, *ouvrage que l'on donne à faire.* Pensum, *gén.* pensi. *neut. A tâche.* In pensum.

TACHÉ *ou sali.* Maculatus, maculata, maculatum. *part. pass. de* Maculare.

TACHER *ou salir.* Maculare, maculo, as, avi, atum. *act. acc.*

TÂCHER *ou s'efforcer.* Conari, conor, aris, conatus sum. *dép. infinit.*

TACHETÉ. Varius, varia, varium. *part. pass. de* Variare. *Tacheté de blanc.* Albosparsus, sparsa, sparsum.

TACHETER. Distinguere, distinguo, is, distinxi, distinctum. *act. acc. Ajoutez* maculis; *de noir*, nigris; *de blanc*, albis.

TACITE. Tacitus, a, um. *adj.*

TACITEMENT. Tacitè. *adv.*

TACITURNE. Taciturnus, taciturna, taciturnum. *adj.*

TACITURNITÉ. Taciturnitas, *g.* taciturnitatis. *fém.*

TACT, *le toucher.* Tactus, *g.* tactûs. *masc.*

TAFFETAS. Pannus sericus tenuissimus, *g.* panni serici tenuissimi. *m.*

TAIE *d'oreiller.* Tegumen linteum, *gén.* teguminis lintei. *neut. Ajoutez* pulvinaris.

TAIE, *pellicule sur l'œil.* Glaucoma, *g.* glaucomatis. *neut.*

TAILLABLE, *sujet à la taille.* Tributarius, tributaria, tributarium. *adj.*

TAILLADE. Incisura, *gén.* incisuræ. *f.*

TAILLADÉ. Concisus, concisa, concisum. *part. pass. de* Concidere.

TAILLADER. Concidere, concido, is, concidi, concisum. *act. acc.*

TAILLANDIER, *ouvrier en fer*. Ferrarius fuber, *g.* ferrarii fabri. *masc.*

TAILLANT. Acies, *gén.* aciei. *f.*

TAILLE, ou *grandeur de corps*. Statura, *gén.* staturæ. *fém.*

TAILLE ou *tribut*. Tributum, *g.* tributi. *neut.*

TAILLE, *coupe. Taille des pierres*. Lapidum cæsura, *gén.* cæsuræ. *f.*

Pierre de TAILLE. Lapis sectilis, *génit.* lapidis sectilis. *masc. L'un et l'autre se déclinent.*

TAILLE-DOUCE, ou *image en taille-douce*. Imago expressa, *gén.* imaginis expressæ. *f. Ajoutez* leniùs scalpro.

TAILLE, *incision*. Sectio, *gén.* sectionis. *f. Pour tirer une pierre hors de la vessie*. Ad evellendum calculum.

TAILLÉ ou *coupé*. Sectus, secta, sectum. *part. pass. de* Secare.

TAILLÉ *en pièces*. Cæsus, a, um. *part. pass. de* Cædere.

TAILLER ou *couper*. Secare, seco, as, secui, sectum. *act. acc. Tailler en pièces*. Cædere, cædo, cædis, cecidi, cæsum. *act. acc. Tailler une plume, etc.* Calamum scriptorium aptare, apto, aptas, aptavi, aptatum. *act. acc. Tailler la vigne, les arbres*. Putare, puto, putas, putavi, putatum. *act.* vitem, arbores. *Tailler quelqu'un qui a la pierre*. Eximere, eximo, eximis, exemi, exemptum. *act.* alicui. *Ajoutez* calculum per incisionem, *c'est-à-dire, arracher à quelqu'un la pierre par la taille.*

TAILLEUR *d'habits*. Vestiarius, *gén.* vestiarii. *m. Tailleur de pierres*. Lapicida, *gén.* lapicidæ. *masc.*

TAILLIS ou *bois taillis*. Silva cædua, *gén.* silvæ cæduæ. *f.*

TAIRE ou *ne pas dire*. Tacere, taceo, taces, tacui, tacitum. *act. acc.*

Se TAIRE. Tacere. *neut. Taisez-vous.* Tace. *à l'impérat.*

Faire TAIRE. Imperare, impero, as, avi, atum. *act. dat. de la personne. Aj.* silentium, *c'est-à-dire, commander à quelqu'un le silence.*

TALC, *minéral*. Talcus, *g.* talci. *m.*

TALENT, *pièce d'or ou d'argent*. Talentum, *gén.* talenti. *neut.*

TALENT ou *qualité*. Dos, *g.* dotis. *f.*

TALION, *peine pareille à l'offense*. Talio, *gén.* talionis. *masc.*

TALISMAN. Talisma, *gén.* talismatis. *neut.*

TALOCHE. Alapa, *gén.* alapæ. *fém. Je te donnerai une taloche*. Alapâ mulctaberis.

TALON. Talus, *gén.* tali. *masc.*

TALONNER, *poursuivre*. Insequi, insequor, insequeris, insecutus sum. *dép. avec l'acc.*

TALONNIÈRES. Talaria, *gén.* talarium. *neut. plur.*

TALUS. Declivitas, *gén.* declivitatis. *fém.*

TALUTER. Proclinare, proclino, as, proclinavi, proclinatum. *neut.*

TAMARIN, *fruit*. Tamarindus, *gén.* tamarindi. *masc.*

TAMARIN, *arbre*. Tamarindus, *génit.* tamarindi. *fém.*

TAMBOUR. Tympanum, *g.* tympani. *neut. Tambour de basque*. Cantabricum tympanum, *gén.* cantabrici tympani. *n.*

TAMBOUR, *celui qui le bat*. Tympanotriba, *gén.* tympanotribæ. *masc.*

TAMBOURINER, *battre le tambour*. Pulsare, pulso, pulsas, pulsavi, pulsatum. *act. Ajoutez* tympanum.

TAMIS. Incerniculum, *gén.* incerniculi. *neut.*

TAMISÉ. Excretus, excreta, excretum. *part. pass. d'*Excerno.

TAMISER. Succernere, succerno, is, succrevi, succretum. *act. acc.*

TAMPON, *bouchon*. Obturamentum, *gén.* obturamenti. *neut.*

TAMPONNER. Obturare, obturo, as, obturavi, obturatum. *act. acc.*

TAN, *écorce de chêne réduite en poudre*. Pulvis, *gén.* pulveris. *m. Ajoutez* quernei corticis.

TANCER. Objurgare, objurgo, as, objurgavi, objurgatum. *acc.*

TANCHE, *poisson*. Tinca, *gén.* tincæ. *fém.*

TANDIS que. Intereà dùm, *avec l'indicatif.*

TANIÈRE *de bêtes*. Latibulum, *gén.* latibuli. *neut.*

TANNÉ, *accommodé avec le tan*. Infectus, infecta, infectum. *Ajoutez* trito cortice querneo.

TANNÉ, *couleur de tan*. Ferrugineus, ferruginea, ferrugineum. *adj.*

TANNER *des cuirs*. Macerare, macero, as, avi, atum. *act. acc. Ajoutez* coria quernei corticis pulvere.

TANNERIE. Coriaria officina, *génit.* coriariæ officinæ. *fém.*

TANNEUR. Coriarius, *génit.* coriarii. *masc.*

TANT, *s'exprime par* tantùm, *ou* tam, *ou* tanti, *ou* tot, *etc. selon les mots auxquels il est joint. Voyez la règle de* Tant *dans la grammaire latine.*

TANTE ou *sœur du père*. Amita, *gén.* amitæ. *f. Tante ou sœur de la mère*. Matertera, *gén.* materteræ. *f. Grand'tante*. Proamita, *gén.* proamitæ. *fém.*

TANTOT. Modò. *adv.*

TAON. Asilus, *gén.* asili. *masc.*

TAPAGE. Tumultus, *génit.* tumultûs. *masc.*

TAPAGEUR. Turbulentus, turbulenta, turbulentum. *adj.*

TAPE. Palmæ ictus, *gén.* ictûs. *masc.*

TAPER. Percutere, percutio, percutis, percussi, percussum. *act. acc.*

En **TAPINOIS.** Occulté. *adv.*

Se **TAPIR.** Latere, lateo, lates, latui, latitum. *neut. Se tapir derrière une haie.* Latere post sepem, c'est-à-dire, être caché.

TAPIS. Tapes, *gén.* tapetis. *m. De Turquie*, opere turcico, à l'*abl.*

TAPISSE. Ornatus, ornata, ornatum. *part. pass.* d'Ornare. *Ajoutez* aulæis.

TAPISSER. Ornare, orno, as, avi, atum. *act. acc. Ajoutez* aulæis.

TAPISSERIE. Aulæum, *gén.* aulæi. *n. Tapisserie de verdure.* Aulæum, *g.* aulæi. *Ajoutez* topiarii operis. *Tapisserie à personnages*, ou *ayant des hommes peints.* Aulæum variatum hominum figuris. *Ces deux derniers mots sont invariables.*

TAPISSIER. Opifex, *gén.* opificis. *m, Ajoutez* aulæorum.

TAQUIN. Sordidus, a, um. *adj.*

TAQUINEMENT. Sordidè. *adv.*

TAQUINERIE. Sordes, *gén.* sordium. *fém. plur.*

TARABUSTER. Molestare, molesto, as, molestavi, molestatum. *acc.*

TARAU, *pièce d'acier à vis, qui sert à faire des écrous.* Terebra, *gén.* terebræ. *fém.*

TARD. Tardé. *adv. Au comp.* tardiùs; *au superl.* tardissimé, *fort tard. Pour le plus tard.* Quàm tardissimé. *Il est tard ou il se fait tard (dans le jour).* Diei jam multùm est; erat, fuit, esse. *Il se fait tard (sur le soir).* Invesperascit. *neut.*

TARDER. Morari, moror, moraris, moratus sum. *dépon. Sans tarder.* Sine morâ. *Ne tarder pas*, *suivi d'un infin. se change par bientôt*, brevi; *et l'infinit. se met au même temps et à la même personne qu'était* ne tarder pas; *comme : Il ne tardera pas à le trouver; il le trouvera bientôt.* Eum brevi reperiet.

TARDIF. Tardus, a, um. *Tardif, en parlant des fruits.* Serotinus, serotina, serotinum. *adj.*

TARE, *déchet des métaux.* Intertrimentum, *gén.* intertrimenti. *neut.*

TARE, *défectuosité.* Vitium, *g.* vitii. *neut.*

TARÉ. Vitiosus, vitiosa, vitiosum. *adjectif.*

TARENTULE. Phalangium, *gén.* phalangii. *neut.*

TARGE, *sorte d'anciens boucliers.* Pelta, *gén.* peltæ. *fém.*

TARGETTE. Minor pessulus, *gén.* minoris pessuli. *masc.*

TARI, *qui est à sec.* Exhaustus, a, um. *part. pass.* d'Exhaurire.

TARIÈRE. Terebra, *gén.* terebræ. *f.*

TARIF. Index, *gén.* indicis. *m.*

TARIR ou *faire tarir.* Exsiccare, exsicco, exsiccas, exsiccavi, exsiccatum. *act. acc.*

TARIR ou *se tarir.* Exarescere, exaresco, is, exarui. *sans sup. neut.*

Le **TARN**, *rivière et département de France.* Tarnis, *gén.* Tarnis. *m.*

TARTANE, *barque de pêcheur.* Navis piscatoria, *g.* navis piscatoriæ. *f.*

TARTARE. Tartarus, *gén.* tartari. *m. au plur.* tartara, *g.* tartarorum. *neut.*

TARTARIE, *pays.* Tartaria, *gén.* Tartariæ. *fém.*

TARTE, *sorte de pâtisserie.* Scriblita, *gén.* scriblitæ. *fém.*

TARTRE *de vin.* Arida fex, *g.* aridæ fecis. *f. Ajoutez* vini.

TARTUFE, *faux dévot.* Simulator, *g.* simulatoris. *masc. Ajoutez* pietatis.

TAS. Acervus, *g.* acervi. *m. Mettre en tas.* Coacervare, coacervo, as, coacervavi, coacervatum. *act. acc.*

TASSE. Patera, *gén.* pateræ. *f.*

TATER ou *toucher.* Tentare, tento, as, tentavi, tentatum. *act. acc. Avec la main*, manu. *Tâter le pouls.* Tangere venas. *dat. de la personne*, c'est-à-dire, *toucher la veine à*, *etc.*

TATER ou *goûter.* Gustare, gusto, as, gustavi, gustatum. *act. acc.*

TATONNEMENT. Prætentatus, *gén.* prætentatûs. *masc.*

TATONNER. Prætentare, prætento, prætentas, prætentavi, prætentatum. *act. accusat.*

A **TATONS.** Porrectis in incertum manibus. *Aller à tâtons.* Prætentare iter.

TAUDIS, *mauvaise chambre.* Pauper tugurium, *g.* pauperis tugurii. *neut.*

TAUPE. Talpa, *gén.* talpæ. *f.*

TAUPIER. Venator, *gén.* venatoris. *m. Ajoutez* talparum, c'est-à-dire, *preneur de taupes.*

TAUPIÈRE, *piège à prendre des taupes.* Decipulum, *gén.* decipuli. *n. Ajout.* talparum.

TAUPINIÈRE. Cumulus suffossus, *gén.* cumuli suffossi. *m. Ajout.* à talpâ.

TAURE, *jeune vache.* Juvenca, *gén.* juvencæ. *fém.*

TAUREAU. Taurus, *gén.* tauri. *m.*

TAUX. Æstimatio, *gén.* æstimationis. *fém.*

TAVELÉ, *marqueté.* Maculosus, maculosa, maculosum. *adj.*

TAVELURE, *tache.* Guttæ, *g.* guttarum. *f. plur.*

TAVERNE. Caupona, *génit.* cauponæ. *fém.*

TAVERNIER. Caupo, gén. cauponis. masc.

TAXE. Taxatio, gén. taxationis. f.

TAXE, apprécié. Taxatus, taxata, taxatum, part. pass.

TAXER, accuser. Arguere, arguo, is, argui, argutum. rég. dir. acc. rég. ind. abl. avec de.

TAXER, mettre une taxe. Imperare vectigal, c'est-à-dire, commander un impôt. Impero, imperas, imperavi, imperatum. act. acc.

TAXER les dépens d'un procès. Æstimare litem, c'est-à-dire, estimer, etc. Æstimo, as, avi, atum. acc.

TE, pronom, Il vient de Toi. Tû, gén. tui.

TE DEUM, hymne. Hymnus, génit. hymni. masc. Ajoutez publicæ gratulationis. Le chanter, facere Deo gratulationem publicam. Facio, facis, feci, factum. accusat.

TEIGNE. Porrigo, g. porriginis. f.

TEIGNEUX. Affectus, affecta, affectum. Ajoutez porrigine. ablat.

TEINDRE. Tingere, tingo, is, tinxi, tinctum, act. acc. On met à l'abl. le nom de la couleur en laquelle on teint; comme: En écarlate. Purpurâ.

Qui est TEINT. Tinctus, tincta, tinctum. part. pass. de Tingere. abl. de la couleur en quoi l'on teint.

Le TEINT. Color, gén. coloris. m.

TEINTURE. Tinctura, gén. tincturæ. fém.

TEINTURE ou couleur. Color, g. coloris. masc.

TEINTURE, légère connaissance d'une science ou d'un art. Prima elementa, g. primorum elementorum. neut. plur.

TEINTURIER. Infector, gén. infectoris. masc.

TEL, Talis, m. f. tale, neut. g. talis. Ou is, ea, id, ejus. Voyez la règle de Tel dans la Grammaire latine.

TELEGRAPHE. Telegraphum, génit. telegraphi. neut.

TELEGRAPHIQUE. Dépêche télégraphique. Nuntius transmissus, gén. nuntii transmissi. m. Ajoutez telegraphio.

TELESCOPE. Telescopium, gén. telescopii. neut.

TELLEMENT. Adeò. adv. Le que qui suit, s'exprime par ut avec le subj.

TEMERAIRE. Temerarius, temeraria, temerarium. adj.

TEMERAIREMENT. Temeré. adv.

TEMERITÉ. Temeritas, gén. temeritatis. fém.

TEMOIGNAGE. Testimonium, génit. testimonii. neut. Porter témoignage. Dicere testimonium. Pour quelqu'un. Pro aliquo. Contre quelqu'un. In aliquem. De ou sur quelque chose. De aliquâ re. Donner des témoignages de ; tournez : témoigner.

TEMOIGNER. Testificari, testificor, aris, testificatus sum. dép. rég. dir. acc. rég. ind. dat.

TEMOIN. Testis, gén. testis. m. Prendre à témoin. Attestari, attestor, aris, attestatus sum. dép. acc. Prendre Dieu à témoin. Deum adhibere testem. Adhibeo, adhibes, adhibui adhibitum. Sans témoins. Remotis arbitris. abl. absolu.

La TEMPE de la tête. Tempus, génit. temporis. neut.

TEMPERAMENT, complexion. Temperatio, gén. temperationis. f.

TEMPÉRAMENT, accommodement. Temperamentum, g. temperamenti. neut.

TEMPERANCE. Temperantia, génit. temperantiæ. fém.

TEMPERANT. Temperans, m. f. n. g. temperantis. Au comp. temperantior, m. f. temperantius. neut.; au superl. temperantissimus, a, um.

TEMPERATURE. Temperies, génit. temperiei. fém.

TEMPÉRÉ. Temperatus, temperata, temperatum. Au comp. temperatior, m. f. temperatius. neut.; au superl. temperatissimus, a, um.

TEMPERER. Temperare, tempero, as, avi, atum. act. acc.

TEMPÊTE. Tempestas, gén. tempestatis. fém.

TEMPÊTE, trouble, désordre. Tumultus, gén. tumultûs. masc.

TEMPÊTER. Debacchari, debacchor, aris, debacchatus sum.

TEMPETUEUX. Procellosus, procellosa, procellosum. adj.

TEMPLE. Templum, g. templi. n.

TEMPOREL. Temporalis, m. f. temporale, neut. gén. temporalis.

TEMPORELLEMENT. Ad tempus.

TEMPORISEMENT. Cunctatio, génit. cunctationis. fém.

TEMPORISER. Cunctari, cunctor, cunctaris, cunctatus sum. dép.

TEMPORISEUR. Cunctator, g. cunctatoris. masc.

TEMPS. Tempus, gén. temporis. neut. A temps. Tempestivé. adv. En temps et lieu. Tempore et loco. à l'abl. Tout d'un temps. Simul. adv. De temps en temps. Identidem. adv. Pour quelque temps. Ad tempus. Quelque temps ou pendant quelque temps. Aliquandiù. adv. La plupart du temps. Plerumquè. adv. Long-temps. Diù. adv. Au comp. diutiùs; au superl. diutissimè. Dans peu de temps. Brevì. adv. Vous ne me verrez de long-temps, ou si ce n'est après un long temps. Non me videbis nisi post longum tempus. Depuis le

TEN   TEN   441

temps que. Ex quo tempore, avec l'indic. *Du temps de.* Tempore, abl. *Du temps de César.* Tempore Cæsaris. *De notre temps.* Nostro tempore.

Temps, *disposition de l'air, du ciel.* Cœlum. *gén.* cœli. *neut. Beau temps.* Cœlum serenum, *gén.* cœli sereni. *n. Mauvais temps.* Cœlum procellosum, *g.* cœli procellosi. *neut.*

Temps ou *loisir.* Otium, *gén.* otii. *n. Se donner du bon temps.* Indulgere, indulgeo, es, indulsi, indultum. Ajoutez genio. *Avoir du bon temps.* Vacare, vaco, vacas, vacavi, vacatum. *neut.*

TENABLE, *toujours joint à une négation. Place qui n'est pas tenable.* Indefensum oppidum, *gén.* indefensi oppidi. *neut.*

TENACE, *gluant.* Tenax, *masc. f. neut. gén.* tenacis.

TENACITÉ. Tenacitas, *g.* tenacitatis. *f.*

TENAILLE. Forceps, *gén.* forcipis. *f.*

TENAILLER *un criminel.* Laniare, lanio, as, laniavi, laniatum. *act.* Ajout. candenti forcipe, *c'est-à-dire, déchirer avec des tenailles échauffées.*

TENANS et aboutissans. Fundi fines, *g.* finium. *m. plur.*

TENDON. Tendo, *gén.* tendonis. *m.*

TENDRE ou *étendre.* Tendere, tendo, tendis, tetendi, tensum ou tentum. *acc.*

TENDRE à ou *prétendre.* Spectare, specto, spectas, spectavi, spectatum. *neut.* à *s'exprime par* ad, *avec l'acc. ou avec le gérond. en* dum.

TENDRE, *bander.* Voyez Bander, Tendre.

TENDRE *le cou au bourreau.* Subjicere, subjicio, subjicis, subjeci, subjectum. *act.* Ajoutez cervices securi, *c'est-à-dire, mettre sa tête sous la hache.*

TENDRE ou *mou.* Tener, tenera, tenerum. *adj.*

TENDREMENT. Amore singulari. à *l'ablat.*

TENDRESSE ou *cœur tendre.* Tener animus, *g.* teneri animi. *masc.*

TENDRETE, *qualité de ce qui est tendre.* Teneritudo, *gén.* teneritudinis. *f.*

TENDRON. Coliculus, *g.* coliculi. *m.*

Tendron *de l'oreille.* Infima auricula, *gén.* infimæ auriculæ. *fém.*

TENDU. Tensus, tensa, tensum. *part. pass. de* Tendere.

TENÈBRES. Tenebræ, *g.* tenebrarum. *fém. plur.*

TENEBREUX. Tenebrosus, tenebrosa, tenebrosum. *adj.*

TENESME, *fréquente envie d'aller à la selle sans y rien faire.* Tenesmus, *génit.* tenesmi. *masc.*

TENETTE, *pincette à tirer la pierre de la vessie.* Volsella, *gén.* volsellæ. *f.*

TENEUR. Verba, *gén.* verborum. *n. plur.*

TENIR. Tenere, teneo, tenes, tenui, tentum. *act. acc. Tenez* ou *voyez.* Vide.

Tenir, *contenir.* Capere, capio, capis, cepi, captum. *acc. Cette place tient mille personnes.* Hæc area mille homines capit.

Tenir *quelqu'un pour sage.* Habere, habeo, habes, habui, habitum, aliquem in numero sapientum.

Tenir *conseil.* Habere consilium. *Les Etats,* comitia.

Tenir *quelque chose à honneur.* Ducere, duco, ducis, duxi, ductum. *act.* aliquid honori. *Tenir quelque chose pour assuré.* Voyez Etre assuré.

Tenir *quelque chose de quelqu'un, l'avoir reçu de lui.* Debere aliquid alicui, *c'est-à-dire, devoir, etc.*

Tenir *bon* ou *ferme.* Permanere, permaneo, permanes, permansi, permansum. *neut.*

Tenir à ou *être attaché.* Hærere, hæreo, hæres, hæsi, hæsum. *neut. dat.*

Se Tenir *debout.* Stare, sto, stas, steti, statum. *neut. Sur un pied,* in uno pede. *Aux conditions.* Stare conditionibus.

Se Tenir *dans quelque endroit, tournez :* Habiter, *et mettez le nom selon la question* ubi. *On dit seulement* tenere se domi, *se tenir à la maison.*

Se Tenir *caché.* Se continere in occulto. Contineo, contines, continui, contentum.

Etre Tenu *pour,* ou *passer pour.* Haberi, habeor, haberis, habitus sum. *pass. on met même cas après que devant. On me tient pour sage,* ou *je suis tenu pour sage.* Ego habeor sapiens.

Tenir *de quelqu'un, lui ressembler.* Referre, refero, refers, retuli, relatum. *accusat.*

Tenir *sa parole* ou *sa promesse.* Stare verbis ; sto, stas, steti, statum. *n.*

TENON. Cardo, *g.* cardinis. *masc.*

TENSION. Tensio, *g.* tensionis. *f.*

TENTANT, *qui porte à faire quelque chose.* Invitans, *m. f. n. gén.* invitantis. *part. prés. d'*Invitare.

TENTATEUR. Tentator, *gén.* tentatoris. *masc.*

TENTATION. Impetus, *gén.* impetûs. *m. Ajoutez* animi in malum. Sollicitatio, *gén.* sollicitationis. *f.*

TENTATIVE. Periclitatio, *g.* periclitationis. *f. Faire une tentative.* Tentare, *c'est-à-dire, tenter, essayer.*

TENTE, *pavillon de guerre.* Tabernaculum, *gén.* tabernaculi. *neut.*

Tente *pour une plaie.* Linamentum, *gén.* linamenti. *neut.*

TENTÉ ou *sollicité.* Sollicitatus, sollicitata, sollicitatum. *part. pass.* Sollicitare.

TENTER ou *solliciter.* Sollicitare, sollicito, as, sollicitavi, sollicitatum. *act. acc. de la personne*; à *par* ad, *avec l'acc. ou le gérond. en* dum.

TENTER ou *essayer.* Experiri, experior, iris, expertus sum. *dép. acc.*

TENTURE. Series, *gén.* seriei. *f. Ajout.* aulæorum, *au gén., c'est-à-dire, suite de tapisseries.*

Etre TENU *de.* Teneri, teneor, teneris, tentus sum. *pass. De faire,* de re aliquâ faciendâ.

TENUE *des états, d'un concile, etc.* Celebratio, *gén.* celebrationis. *fém.*

TENUE, *maintien.* Habitus, *g.* habitûs. *masc.*

TÉNUITÉ. Tenuitas, *gén.* tenuitatis. *f.*

TÉRÉBENTHINE, *espèce de résine.* Terebenthina resina, *gén.* terebenthinæ resinæ. *fém.*

TÉRÉBINTHE, *arbre résineux.* Terebinthus, *gén.* terebinthi. *fém.*

TERGIVERSATION. Tergiversatio, *g.* tergiversationis. *fém.*

TERGIVERSER. Tergiversari, tergiversor, tergiversaris, tergiversatus sum. *dép.*

TERME, *borne.* Terminus, *gén.* termini. *masc.*

TERME, *parole.* Verbum, *gén.* verbi. *neut. En bons termes.* Benè. *adv. En mauvais termes.* Malè. *adv.*

TERME, *jour* ou *temps déterminé.* Præstitutum tempus, *gén.* præstituti temporis. *neut.*

TERMES, *état des affaires.* Locus, *g.* loci. *masc.* Status, *g.* statûs. *m.*

TERMES ou *statues.* Telamones, *génit.* telamonum. *masc. plur.*

TERMINAISON. Terminatio, *g.* terminationis. *fém.*

TERMINÉ ou *borné.* Terminatus, terminata, terminatum. *part. pass. de* Terminare.

TERMINÉ ou *achevé.* Absolutus, absoluta, absolutum. *part. pass. d'Absolvere.*

TERMINÉ, *fini, apaisé.* Diremptus, dirempta, diremptum. *part. pass. de* Dirimere.

TERMINER ou *borner.* Terminare, termino, as, avi, atum. *act. acc.*

TERMINER ou *achever.* Absolvere, absolvo, absolvis, absolvi, absolutum. *act. accusat.*

TERMINER *un différend, une querelle, etc.* Dirimere, dirimo, dirimis, diremi, diremptum. *act. acc.*

Se TERMINER ou *finir.* Desinere, desino, desinis, desii, desitum. *neut. en par* in, *avec l'acc.*

TERNAIRE, *nombre de trois.* Ternarius, ternaria, ternarium. *adj.*

TERNI. Obscuratus, obscurata, obscuratum. *part. pass. d'*Obscurare.

TERNIR. Obscurare, obscuro, obscuras, obscuravi, obscuratum. *act. acc. Ternir la réputation.* Violare, violo, as, violavi, violatum. *act. acc.* famam.

Se TERNIR. Obscurari, obscuror, obscuraris, obscuratus sum. *pass.*

TERNISSURE. Hebetatio, *gén.* hebetationis. *f. Ajoutez* nitoris.

TERRAIN ou TERREIN. Terrenum, *gén.* terreni. *neut.*

TERRASSE. Terrenus agger, *g.* terreni aggeris. *masc.*

TERRASSÉ. Prostratus, prostrata, prostratum. *part. pass. de* Prosternere.

TERRASSER. Prosternere, prosterno, prosternis, prostravi, prostratum. *actif accusat.*

La TERRE. Terra, *gén.* terræ. *f. De terre.* Terrenus, terrena, terrenum. *adj. Ouvrage de terre.* Opus fictile, *génit.* operis fictilis. *neut. Faire un voyage par terre.* Facere iter terrâ. *Mettre par terre, abattre. Voy. Renverser. Mettre en terre, semer. Voy. Semer. Mettre en terre quelqu'un.* V. *Enterrer. Mettre pied à terre.* Voy. *Descendre de cheval. Prendre terre, aborder.* Voy. *Aborder. Mettre à terre.* Exponere. *act. acc.* in terram, *c'est-à-dire, exposer sur la terre.* Expono, exponis, exposui, expositum. *act. acc.*

Une TERRE ou *champ.* Ager, *g.* agri. *masc.*

Une TERRE ou *héritage.* Prædium, *gén.* prædii. *neut.*

TERREIN. Voyez *Terrain.*

TERRESTRE. Terrenus, terrena, terrenum. *adj.*

TERREUR, *grande frayeur.* Terror, *gén.* terroris. *masc. Donner de la terreur,* ou *inspirer de la terreur.* Injicere, injicio, injicis, injeci, injectum. *act.* terrorem, *avec le dat.*

TERREUX. Terrosus, terrosa, terrosum. *adj.*

TERRIBLE. Horrendus, horrenda, horrendum. Magis, *pour le comp.* maximè, *pour le superl.*

TERRIBLEMENT. Horrendum in modum.

TERRIEN, *qui possède beaucoup de terres.* Ditissimus, *gén.* ditissimi. *superl. Ajoutez* agris.

TERRIER ou *trou de lapins.* Cuniculus, *gén.* cuniculi. *masc.*

TERRIER, *papier terrier.* Codex censualis, *gén.* codicis censualis. *masc.*

TERRINE, *vase de terre.* Capedo fictilis, *gén.* capedinis fictilis. *f.*

TERRITOIRE. Territorium, *gén.* territorii. *neut.*

TERROIR. Solum, *gén.* soli. *neut.*

TERTRE. Tumulus, *génit.* tumuli. *masc.*

TES, *pronom.* Tui, tuæ, tua, *génit.* tuorum, tuarum, tuorum. *plur.*
TESTAMENT. Testamentum, *g.* testamenti. *neut.*
TESTAMENTAIRE. Testamentarius, a, um. *adj.*
TESTATEUR. Testator, *g.* testatoris. *m.*
TESTER ou *faire testament.* Facere, facio, facis, feci, factum. *Ajoutez* testamentum. *Sans tester.* Intestato. *adv.*
TESTIMONIAL. Testimonialis, *masc. f.* testimoniale. *neut. gén.* testimonialis.
TÊT, *le crâne.* Calva, *gén.* calvæ. *f.*
TÊT *d'un pot.* Fragmentum, *g.* fragmenti. *neut. Ajoutez* testæ.
TÊTE. Caput, *gén.* capitis. *n. Le devant de la tête.* Frons, *g.* frontis. *f. Le derrière de la tête.* Occiput, *g.* occipitis. *neut. De la tête ou avec la tête.* Capite. *à l'abl. La tête la première, ou sur la tête.* In caput. *Rompre la tête à.* Obtundere, obtundo, obtundis, obtudi, obtusum. *act. acc. de la personne. Par tête.* In capita. *Tête à tête.* Commissis capitibus. *à l'abl.*
TÊTE pour *esprit.* Animus, *g.* animi. *m. Un homme de tête.* Vir, *g.* viri. *m. Ajout.* magni judicii.
Remarquez que l'on se sert de Vir, *et non pas de* Homo, *quand il s'agit de belles qualités.*
Avoir en tête ou dans l'esprit. Habere in animo. *act. acc.* Faire, ou *tenir tête, pour résister à.* Obsistere, obsisto, obsistis, obstiti, obstitum. *neut. dat. La tête de l'armée.* Prima acies, *gén.* primæ aciei. *fém. A la tête de l'armée.* In primâ acie.
TÊTE *d'arbre.* Cacumen, *g.* cacuminis. *neut.* arboris.
TÊTE *d'un livre.* Frons, *génit.* frontis. *f. Ajoutez* libri.
TÊTE, pour *la vie.* Vita, *g.* vitæ. *f.*
TÊTE, pour *la chevelure.* Cæsaries, *g.* cæsariei. *f.*
TETER. Sugere, sugo, sugis, suxi, suctum. *act. Ajoutez* lac. *acc. neut. Qui tête encore.* Lactens, *m. f. n. g.* lactentis. *Donner à teter à.* Præbere mammam. Præbeo, præbes, præbui, præbitum, *avec le dat. de la personne.*
TETIÈRE *de chevaux.* Frontalia, *gén.* frontalium. *neut. plur.*
TETIN. Papilla, *gén.* papillæ. *f.*
TETINE, *pis de la vache.* Uber, *gén.* uberis. *neut.*
TÉTON, *mamelle.* Mamma, *g.* mammæ. *fém.*
TETRAGONE, *qui a quatre angles.* Quadrangulus, a, um. *adj.*
TETRARCHIE, *principauté de la quatrième partie du royaume.* Tetrarchia, *g.* tetrarchiæ. *fém.*

TETRARQUE. Tetrarcha, *gén.* tetrarchæ. *masc.*
TETTE, *bout de la mamelle de la femelle des animaux.* Mamma, *gén.* mammæ. *fém.*
TÊTU. Voyez *Opiniâtre.*
TEUTONIQUE, *ordre.* Teutonicus ordo, *gén.* teutonici ordinis. *masc.*
TEXTE. Scriptoris ipsa verba, *génit.* scriptoris ipsorum verborum. *n. plur.*
THÉ. Theia, *g.* theiæ. *f.*
THEATRAL. Theatralis, *m. fém.* theatrale, *neut. gén.* theatralis.
THEATRE. Theatrum, *g.* theatri. *n.*
THEME. Thema, *gén.* thematis. *neut.* Scriptio, *gén.* scriptionis. *f.*
THEMIS, *déesse de la justice.* Themis, *gén.* Themidis. *f.*
THEOGONIE. Theogonia, *gén.* theogoniæ. *fém.*
Un THEOLOGAL. Theologus professor, *gén.* theologi professoris. *masc.*
THEOLOGIE. Theologia, *g.* theologiæ. *fém.*
THEOLOGIEN. Theologus, *gén.* theologi. *masc.*
THEOLOGIQUE. Theologicus, theologica, theologicum. *adj.*
THEOLOGIQUEMENT. Theologicè. *adverbe.*
THEORIE. Contemplatio, *gén.* contemplationis. *fém.*
THERIAQUE. Theriaca, *g.* theriacæ. *f.*
THERMES, *bains d'eau chaude.* Thermæ, *gén.* thermarum. *f. plur.*
THERMOMETRE. Thermometrum, *g.* thermometri. *neut.*
THERMOPYLES. Thermopylæ, *gén.* thermopylarum. *f. plur.*
THESAURISER. Congerere, congero, congeris, congessi, congestum. *Ajoutez* divitias, *c'est-à-dire, accumuler des richesses.*
THESE. Thesis, *g.* thesis. *f.*
THETIS, *déesse de la mer.* Thetis. *g.* Thetidis. *fém.*
THON, *poisson de mer.* Thunnus, *g.* thunni. *masc.*
THORAX. Thorax, *g.* thoracis. *m.*
THRACE. Thracia, *gén.* Thraciæ. *f. Qui est de Thrace.* Thrax, *gén.* Thracis. *masc.*
THYM, *herbe odoriférante.* Thymum, *gén.* thymi. *neut.*
THYRSE. Thyrsus, *g.* thyrsi. *m.*
TIARE, *mitre à l'usage des papes.* Tiara, *gén.* tiaræ. *fém.*
TIEDE. Tepidus, tepida, tepidum. *adj.*
TIEDEMENT. Negligenter. *adv.*
TIEDEUR. Tepor, *gén.* teporis. *m.*
TIEDI. Voyez *Tiède.*
TIEDIR, *devenir tiède.* Tepescere, tepesco, tepescis, tepui. *neut. sans sup.*

TIÉDIR, *rendre tiède, faire tiédir.* Te pefacere, tepefacio, tepefacis, tepefeci, tepefactum. *act. acc.*
TIEN. Tuus, tua, tuum. *pronom.*
En main TIERCE. Apud sequestrem. *Fièvre tierce.* Fabris tertiana, *g.* febris tertianæ. *fém. Déclinez tout.*
TIERCE, *une des heures canoniales.* Tertia, *gén.* tertiæ. *f.*
TIERCELET, *oiseau.* Accipiter mas, *gén.* accipitris maris. *masc.*
TIERCER, *donner la troisième façon à la vigne.* Tertiare, tertio, tertias, tertiavi, tertiatum. *act. acc.*
Le TIERS. Tertia pars, *g.* tertiæ partis. *fém.*
Un TIERS, *une troisième personne.* Aliquis tertius, *gén.* alicujus tertii.
TIGE. Caudex, *gén.* caudicis. *masc.*
TIGE *de famille.* Stirps, *g.* stirpis. *f.*
TIGNON *de femme.* Pars postica, *gén.* partis posticæ. *f. Ajoutez* comæ muliebris.
TIGRE, *animal.* Tigris, *gén.* tigris *ou* tigridis. *fém.*
TIGRE, *rivière.* Tigris, *g.* Tigris. *m.*
TIGRESSE. Tigris, *g.* tigris. *f.*
TILLAC, *le plus haut point du vaisseau.* Fori, *gén.* fororum. *m. plur.*
TILLER *du chanvre.* Cannabin decorticare, decortico, as, decorticavi, decorticatum. *act. acc.*
TILLEUL, *arbre.* Tilia, *g.* tiliæ. *f.*
TIMBALE. Tympanum æreum, *génit.* ærei. *neut.*
TIMBALIER. Tympanotriba, *g.* tympanotribæ. *masc.*
TIMBRE *d'horloge.* Tintinnabulum, *g.* tintinnabuli. *neut.*
TIMBRÉ *ou marqué.* Signatus, a, um. *Voyez* Marquer. *Papier timbré.* Charta impressa, *gén.* chartæ impressæ. *f. Ajout.* signo regis. *Il a le cerveau timbré.* Est in felix cerebri.
TIMIDE. Timidus, a, um. *adj.*
TIMIDEMENT. Timidè. *adv.*
TIMIDITÉ. Timiditas, *gén.* timiditatis. *fém.*
TIMON *de charrette.* Temo, *g.* temonis. *masc.*
TIMON, *gouvernail.* Gubernaculum, *g.* gubernaculi. *neut.*
TIMONIER, *cheval qui est au timon.* Equus adjunctus, *gén.* æqui adjuncti. *m. Ajoutez* temoni.
TIMORÉ. Religiosus, a, um. *adj.*
TINTAMARRE. Tumultus, *g.* tumultûs. *masc. Faire tintamarre.* Tumultum edere, edo, edis, edidi, editum. *actif accusat.*
TINTEMENT. Tinnitus, *gén.* tinnitûs. *masc.*
TINTER. Tinnire, tinnio, tinnis, tinnii, tinnitum. *neut.*

TINTER *une cloche.* Pulsare æs campanum, à *l'acc. Ajoutez* ab uno latere, *c'est-à-dire, la sonner d'un côté.*
TINTOUIN, *tintement d'oreilles.* Tinnitus, *gén.* tinnitûs. *masc.*
TIQUE, *insecte.* Ricinus, *gén.* ricini. *masc.*
TIRAGE. Continuatio, *gén.* continuationis. *fém. Ajoutez* sermonis *ou* versuum.
TIRAGE *de bateaux.* Tractus, *génit.* tractûs. *masc. Ajoutez* navigiorum.
TIRAILLER. Trahere hinc et illinc. Traho, trahis, traxi, tractum. *acc.*
TIRAILLER, *tirer continuellement une arme à feu.* Displodere crebrò ferream fistulam. Displodo, displodis, displosi, displosum.
TIRÉ. Tractus, tracta, tractum. *part. pass. de* Trahere.
TIRÉ *ou peint.* Pictus, picta, pictum, *part. pass. de* Pingere.
TIRE-BOUCHON. Terebella, *gén.* terebellæ. *fém.*
TIRE-BOURRE, *sorte de vis.* Strombus us, *gén.* strombusci. *masc.*
TIRE-FOND *de tonnelier.* Doliarii terebella, *g.* terebellæ. *f.*
TIRE-PIED *de cordonnier.* Pedarium lorum, *gén.* pedarii lori. *neut.*
TIRER. Trahere, traho, trahis, traxi, tractum. *act. acc. de ce que l'on tire;* de, d'entre par è ou ex, *avec l'abl.*
TIRER, *mettre dehors, délivrer.* Educere, educo, educis, eduxi, eductum. *act. acc.* gladium. *L'épée du fourreau,* è vaginâ.
TIRER *ou tirer, recueillir.* Percipere, percipio, percipis, percepi, perceptum, *act. acc. un grand profit,* magnum fructum. *De l'étude,* è studio.
TIRER *un fusil.* Ferream fistulam displodere, displodo, displodis, displosi, displosum. *act. acc.* Tormenta bellica, *un canon. Tirer de l'arc.* Sagittare, sagitto, sagittas, sagittavi, sagittatum. *act. acc. Tirer au blanc.* Collineare, collineo, as, collineavi, collineatum. *neut.*
TIRER *ou arracher.* Vellere, vello, is, vulsi, vulsum. *act. acc.*
TIRER *sur, c'est-à-dire, approcher de.* Accedere, accedo, accedis, accessi, accessum. *neut. Sur s'exprime par* ad, *avec l'acc. Mon habit tire sur le blanc ou approche du blanc.* Mea vestis accedit ad album.
TIRER *le portrait ou peindre.* Pingere, pingo, pingis, pinxi, pictum. *act. acc.*
TIRER *à sa fin ou à l'extrémité.* Agere, ago, agis, egi, actum. *act. Ajoutez* animam, *c'est-à-dire, rendre l'âme.*
Se TIRER, *sortir d'un endroit. Voyez se* Retirer.
Se TIRER *d'affaires.* Extrahere se ex

negotio aliquo ; extraho, *comme* traho, tirer.

TIRET. Ducta lineola, *gén.* ductæ lineolæ. *fém.*

TIREUR *de l'arc.* Sagittarius, *génit.* sagittarii. *masc.*

TIREUR *d'or.* Qui tenuat aurum in stamina, *c'est-à-dire, celui qui tire l'or en fils déliés.*

TIREUR *de pierres des carrières.* Lapicida, *gén.* lapicidæ. *masc.*

TIROIR. Arcula, *gén.* arculæ. *f.*

TISANE. Ptisana, *g.* ptisanæ. *f.*

TISON. Titio, *gén.* titionis. *m.*

TISONNER. Torres vertere et invertere perpetuò. Verto, vertis, verti, versum. Inverto, invertis, inverti, inversum. *act. accusat.*

TISSER. Contexere, contexo, contexis, contexui, contextum. *acc.*

TISSERAND. Textor, *génit.* textoris. *masc.*

TISSU. Textus, texta, textum. *part. pass. de* Texere.

TISSU *d'un discours.* Contextus, *gén.* contextûs. *m. Ajoutez* orationis.

TISSURE. Textura, *gén.* texturæ. *f.*

TITHYMALE, *plante.* Tithymalus, *g.* tithymali. *masc.*

Un TITRE. Titulus, *gén.* tituli. *m.*

TITRE, *droit.* Jus, *g.* juris. *n. A bon titre,* ou *à juste titre.* Jure. *abl. n.*

TITRES, *papiers.* Tabulæ, *gén.* tabularum. *f. plur.*

TITRÉ. Insignitus, insignita, insignitum. *part. pass. Ajoutez* titulo.

TITULAIRE. Insignitus, insignita, insignitum. *Ajout.* titulo.

TOCSIN. Æris campani tumultuarium signum, *gén.* tumultuarii signi. *n. Sonner le tocsin.* Dare signum tumultuarium ære campano, *c'est-à-dire, donner avec la cloche le signal du trouble.*

TOGE. Toga, *gén.* togæ. *f.*

TOI. Tu, *gén.* tui, *dat.* tibi. *pronom. Toi-même.* Tu ipse, *gén.* tui ipsius, *dat.* tibi ipsi. *Avec toi.* Tecum.

TOILE. Tela, *g.* telæ. *f.*

TOILES, *filets.* Plagæ, *gén.* plagarum. *fém. plur.*

TOILETTE. Mundus muliebris, *génit.* mundi muliebris. *masc.*

TOISE. Orgyia, *gén.* orgyiæ. *f.*

TOISER ou *mesurer avec la toise.* Orgyiâ metiri, metior, metiris, mensus sum. *dép. acc.*

TOISEUR. Mensor, *gén.* mensoris. *m. Comme c'est avec la toise, on peut ajouter* orgyiâ, *à l'abl.*

TOISON. Vellus, *g.* velleris. *n.*
La TOISON *d'or.* Vellus aureum, *génit.* velleris aurei. *neut.*

TOIT. Tectum, *gén.* tecti. *neut.*

TÔLE, *fer en feuilles.* Bracteatum ferrum, *gén.* bracteati ferri. *neut.*

TOLÉRABLE. Tolerandus, toleranda, tolerandum. Magis, *pour le comp.* maximè, *pour le superl.*

TOLÉRABLEMENT. Tolerabiliter. *adv.*

TOLÉRANCE. Tolerantia, *génit.* tolerantiæ. *fém.*

TOLÉRER. Tolerare, tolero, as, toleravi, toleratum. *act. acc.*

TOMBE. Tumulus, *gén.* tumuli. *m.*

TOMBEAU. Sepulcrum, *gén.* sepulcri. *neut.*

TOMBER. Cadere, cado ; cadis, cecidi, casum. *n.* ou incidere, incido, incidis, incisi ; incasum. *n.* En, dans, sur, par in, *avec l'accusat. Tomber malade ;* on tourne : *Tomber dans la maladie.* Incidere in morbum.

Faire TOMBER *par terre.* Dejicere, dejicio, dejicis, dejeci, dejectum. *avec l'acc. par terre,* in terram.

TOMBEREAU. Plaustrum, *gén.* plaustri. *neut.*

TOME, *volume.* Tomus, *g.* tomi. *m.*

TON, *ta, ton.* Tuus, tua, tuum, *g.* tui, tuæ, tui, etc. pronom.

Le TON *ou* son. Sonus, *gén.* soni. *m.*
TON *de musique.* Tonus, *g.* toni. *m.*

TONDAILLE. Ovium vellus, *gén.* velleris. *neut.*

TONDEUR. Tonsor, *gén.* tonsoris. *m.*

TONDRE. Tondere, tondeo, tondes, totondi, tonsum. *act. acc.*

TONDU. Tonsus, a, um. *part. pass. de* Tondere.

TONNANT, qui tonne. Tonans, *gén.* tonantis. *part. prés. de* Tonare.

TONNE ou TONNEAU. Dolium, *gén.* dolii. *neut.*

TONNELIER. Doliarius, *gén.* doliarii. *masc.*

TONNER. Tonare, tono, tonas, tonui, tonitum. *neut. Il tonne.* Tonat.

TONNERRE. Tonitru. *n. indécl. Au plur.* tonitrua, tonitruum, tonitribus. *n.* ou tonitruum, *gén.* tonitrui. *n.* ou tonitrus, *gén.* tonitrûs. *masc.*

TONSURE. Tonsura, *gén.* tonsuræ. *f. Donner la tonsure ;* tournez : *Tonsurer. Recevoir la tonsure.* Initiari tonsurâ, *c'est-à-dire, être tonsuré.*

TONSURER. Initiare, initio, initias, initiavi, initiatum. *act. acc. Ajoutez* tonsurâ.

TONTE *des brebis.* Tonsura, *gén.* tonsuræ. *f.* ovium.

TONTURE *des prés.* Fenisecia, *génit.* feniseciæ, *fém.*

TOPAZE, *pierre précieuse.* Topazius, *gén.* topazii. *fém.*

TOPINAMBOUR, *sorte de truffe blanche.* Tuber album, *g.* tuberis albi. *n.*

TOPIQUE, *en parlant d'un remède*. Remedium externum, *gén.* remedii externi. *neut. gén.*

TOPOGRAPHIE, *description particulière d'un lieu*. Topographia, *gén.* topographiæ. *fém.*

TOPOGRAPHIQUE. Topographicus, topographica, topographicum. *adj.*

TOQUE, *sorte de chapeau*. Pileus rugatus, *gén.* pilei rugati. *masc.*

TORCHE. Fax, *gén.* facis. *f.*

TORCHÉ. Tersus, tersa, tersum. *part. pass. de* Tergere.

TORCHER. Tergere, tergo, is, tersi, tersum. *act. acc.*

TORCHIS, *terre mêlée avec de la paille*. Lutum paleatum, *gén.* luti paleati. *n.*

TORCHON. Peniculus, *gén.* peniculi. *masc.*

TORDRE. Torquere, torqueo, torques, torsi, tortum. *act. acc.*
Se **Tordre** *la bouche*, *le visage*. Distorquere os. *à l'acc.*

TORMENTILLE, *herbe*. Septifolium, *gén.* septifolii. *neut.*

TORRENT, *courant d'eau rapide*. Torrens, *gén.* torrentis. *masc.*

TORRIDE, *brûlant*. *Zone torride*. Zona torrida, *gén.* zonæ torridæ. *f.*

TORS ou *tordu*. Tortus, torta, tortum. *part. pass. de* Torquere.

TORT, *injure*. Injuria, *gén.* injuriæ. *f. Avoir tort*, c'est-à-dire, *être en faute*. Esse in culpâ. Sum, es, fui. Le *de, suivi d'un infinitif français ou de ce que, s'exprime par* quòd, *avec le subjonct*.

Tort ou *préjudice*. Damnum, *g.* damni. *n. Faire tort*. Inferre, infero, infers, intuli, illatum. *Ajoutez* damnum, *avec le dat. Faire tort à quelqu'un d'un écu*. Defraudare, defraudo, as, defraudavi, defraudatum. *act.* aliquem nummo. *à l'abl. Se faire tort dans le monde*. Sibi derogare, derogo, as, derogavi, derogatum. *neut.*

A **Tort**, *injustement*. Injuriâ. Iniquè. *adverbe.*

TORTICOLIS, *qui penche la tête d'un côté*. Qui est obstipo capite.

TORTILLÉ. Tortilis, *m. f.* tortile, *n. gén.* tortilis.

TORTILLER. *Voy.* Tordre.

TORTU. Contortus, contorta, contortum. *part. pass. de* Contorquere.

Une **TORTUE**. Testudo, *gén.* testudinis. *fém.*

TORTUEUX. Tortuosus, tortuosa, tortuosum. *adj.*

TORTURE. Tormentum, *gén.* tormenti. *n. Mettre, appliquer quelqu'un à la torture, ou la lui donner*. Admovere alicui tormenta, c'est-à-dire, *approcher*, etc. Admoveo, es, admovi, admotum. *acc.*

TOSCAN, *qui est de la Toscane*. Etruscus, a, um. *adj.*

TOSCANE, *pays d'Italie*. Etruria, Etruriæ. *fém.*

TOT. Citò. *adv. Trop tôt*. Citiùs. *adv. Tôt* ou *tard*. Seriùs, ociùsve. *adverb. Bientôt*. Brevi. *adv. Sitôt que*. Voy. *Aussitôt*.

TOTAL. Totus, tota, totum, *g.* totiu dat. toti.

TOTALEMENT. Omninò. *adv.*

TOTALITÉ. Universitas, *gén.* universtatis. *f.* ou totus, tota, totum, *qui s'accorde avec le nom suivant*. *Totalité d'un somme*. Tota summa.

TOTON, *dé à quatre faces*. Taxillus, *gén.* taxilli. *masc.*

TOUCHANT ou *sur*. De, *avec l'abla. Touchant cette affaire*. De hoc negotio.

TOUCHANT ou *qui touche*. Movens, *m. f. n. g.* moventis. *part. prés. de* Movere.

Une **TOUCHE**. Stylus, *g.* styli. *m.*

Touche *d'instrument*. Pinnæ, *g.* pinnarum. *f. plur.*

Touche, *pierre de touche*. Coticula, *gén.* coticulæ. *f.*

TOUCHÉ. Tactus, tacta, tactum. *part. pass. de* Tangere.

Touché ou *ému*. Motus, mota, motum. *part. pass. de* Movere.

TOUCHER, *verbe*. Tangere, tango, is, tetigi, tactum. *act. acc. Avec la main* manu. *à l'abl.*

Toucher ou *recevoir*. Accipere, accipio, accipis, accepi, acceptum. *act. acc.*

Toucher ou *émouvoir*. Movere, moveo, moves, movi, motum. *act. acc.*

Toucher ou *regarder*. Attinere; attinet, au pl. attinent; attinuit, au plur. attinuerunt. *n. On met la personne à l'acc. avec* ad. *Cela ne me touche point*. Hoc a me non attinet.

Toucher *un instrument*. Pulsare, pulso, as, avi, atum. *act. acc.*

Toucher, *parler légèrement de quelque chose*. Attingere, attingo, attingis, attigi, attactum. *act. acc.*

Toucher, *être tout proche*. Tangere, tango, tangis, tetigi, tactum. *act. acc.*
Se **Toucher** *dans la main*. Dextras interjungere, interjungo, interjungis, interjunxi, interjunctum. *acc. Des maisons qui se touchent*, c'est-à-dire, *contiguës*. Domus contiguæ.

Le **TOUCHER**. Tactus, *g.* tactûs. *m.*

TOUFFE *d'arbres*. Arboribus locus densus, *g.* loci densi. *m. Touffe de cheveux*. Cirri, *g.* cirrorum. *m. plur.*

TOUFFU. Densus, a, um. *adj. Arbre touffu*. Arbor opaca, *g.* arboris opacæ. *f.*

TOUJOURS. Semper. *adv. Pour toujours*. In perpetuum.

TOULON, *ville.* Telo, *g.* Telonis. *m.*
TOULOUSAIN ou *qui est de Toulouse.* Tolosanus, a, um. *adj.*
TOULOUSE, *ville.* Tolosa, *génit.* Tolosæ. *fém.*
TOUPET, *petite touffe, toupet de cheveux.* Cirrus, *gén.* cirri. *masc.*
TOUPIE. Turbo, *gén.* turbinis. *m.*
Un TOUR ou *circuit.* Circuitus, *génit.* circuitûs. *m. Faire le tour de.* Circumire, circumeo, circumis, circuivi, circuitum. *act. ac. Faire un tour en quelqu'endroit.* Excurrere, excurro, is, excurri, excursum. *n.* in aliquem locum. *De tour ou de circuit.* Circuitu. *à l'abl. Elle a dix lieues de tour.* Complectitur decem leucas circuitu.
TOUR *de lit.* Conopeum, *gén.* conopei. *neut.*
TOUR, *rang successif, alternatif. A tour de rôle.* Ut cujusque nomen exit.
TOUR A TOUR ou *chacun à son tour.* Vicissim. *adv.* Per vices.
TOUR, *manière dont on s'exprime.* Genus, *g.* generis. *Ajoutez* dicendi.
TOUR *d'un tourneur.* Tornus, *g.* torni. *masc. Fait au tour.* Tornatus, tornata, tornatum. *adj.*
TOUR, *chez les religieuses.* Tympanum versatile, *gén.* tympani versatilis. *neut.*
TOUR, *finesse.* Dolus, *gén.* doli. *masc. Jouer ou faire un tour à.* Deludere, de ludo, deludis, delusi, delusum. *act. acc. de la personne.*
Une TOUR. Turris, *gén.* turris. *f.*
TOURAINE, *province.* Turonia, *gén.* Turoniæ. *fém.*
Les TOURANGEAUX, *les peuples de Tours.* Turones, *gén.* Turonum. *masc. pluriel.*
TOURBE, *motte de terre propre à brûler.* Palustres glebæ aptæ, *gén.* palustrium glebarum aptarum. *f. pl. Aj.* cremationi.
TOURBILLON. Turbo, *gén.* turbinis. *masc.*
TOURBILLON *d'eau.* Vortex, *gén.* vorticis. *masc.*
TOURELLE. Turricula, *gén.* turriculæ. *fém.*
TOURET *de tourneur.* Cestrum, *génit.* cestri. *neut.*
TOURMENT. Cruciatus, *gén.* cruciatûs. *masc.*
TOURMENTE. Tempestas, *gén.* tempestatis. *fém.*
TOURMENTÉ. Vexatus, vexata, vexatum. *part. pass. de* Vexare.
TOURMENTER, *faire souffrir.* Cruciare, crucio, crucias, cruciavi, cruciatum. *act. acc.*
TOURMENTER, *inquiéter.* Vexare, vexo, as, vexavi, vexatum. *act. acc.*

Se TOURMENTER, *s'affliger.* Cruciare se.
TOURNANT, *tourbillon.* Vortex, *gén.* vorticis. *masc.*
TOURNÉ, *qui regarde vers.* Versus, versa, versum. *part. pass. de* Vertere.
TOURNÉ *au tour.* Tornatus, tornata, tornatum. *part. pass. de* Tornare.
TOURNE-BROCHE. Veru automatum, *gén.* automati. *neut.*
TOURNÉE *dans un département.* Lustralio, *g.* lustrationis. *fém. Ajoutez* provinciæ.
TOURNELLE, *chambre du parlement où l'on jugeait les affaires criminelles.* Quæstorum tribunal, *gén.* tribunalis. *n.*
TOURNER. Vertere, verto, is, verti, versum. *act. acc. D'un autre côté.* In aliam partem. En, contre par in, *avec l'acc. Tourner de grec en latin.* Vertere è græco in latinum. *act. acc. Tourner ses armes contre quelqu'un.* Vertere arma in aliquem. *Tourner au désavantage.* Vertere in perniciem. *Tourner à l'envers.* Invertere. *act. acc.* c'est à-dire, renverser.
TOURNER *un vers.* Componere versum, *c'est à-dire, composer.*
Etre TOURNÉ *vers ou regarder.* Spectare, specto, spectas, spectavi, spectatum. *act. acc. avec* ad.
TOURNER, *s'altérer, se corrompre. Le vin se tourne.* Vinum vertitur in vappam. *Vin tourné.* Vappa, *g.* vappæ. *f.*
TOURNER, *se mouvoir. La tête me tourne.* Caput tentatur vertigine.
TOURNER ou *aller.* Iter vertere, verto, vertis, verti, versum. *neut.*
TOURNER *au tour.* Tornare, torno, as, tornavi, tornatum. *act. acc.*
TOURNESOL. Heliotropium, *gén.* heliotropii. *neut.*
TOURNEUR. Tornator, *gén.* tornatoris. *masc.*
TOURNIQUET, *bois pour arrêter les châssis.* Verticulum, *g.* verticuli. *n.*
TOURNOI. Pugna ludicra equestris, *g.* pugnæ ludicræ equestris. *Ces trois mots se déclinent.*
TOURNOIEMENT, *circuit.* Circuitio, *gén.* circuitionis. *f. Tournoiement de tête.* Vertigo, *gén.* vertiginis. *f.*
TOURNOIS, *petite monnaie qu'on fabriquait à Tours.* Turonensis nummulus, *gén.* turonensis nummuli. *masc. L'un et l'autre se déclinent.*
TOURNOYER. Circumagi, circumagor, circumageris, circumactus sum. *pass. Çà et là*, hac illac.
TOURNURE, *tour, disposition.* Modus, *gén.* modi. *masc.*
TOURNURE *d'un vers.* Conformatio, *g.* conformationis. *f. Ajoutez* versûs.
TOURS, *ville.* Turones, *génit.* Turonum. *m. plur. Qui est de Tours.* Turo-

nensis, *masc. fém.* turonense, *neut. gén.* turonensis.
TOURTE. Scriblita; *gén.* scriblitæ. *f.*
TOURTEREAU. Turturis pullus, *gén.* pulli. *masc.*
TOURTERELLE. Turtur, *gén.* turturis. *masc.*
TOURTIÈRE, *vaisseau où l'on fait cuire les tourtes.* Artopta, *gén.* artoptæ. *fém.*
La TOUSSAINT ou *la fête de tous les saints.* Sanctorum omnium festum, *gén.* festi. *neut.*
TOUSSER. Tussire, tussio, tussis, tussivi, tussitum. *neut.*
TOUT, *tout entier.* Totus, tota, totum, *gén.* totius, *dat.* toti, etc. Integer, integra, integrum. *adj. Tout le corps.* Totum corpus, *gén.* totius corporis. *neut. J'ai lu tout ce livre.* Legi totum ou integrum hunc librum. *De toutes ses forces.* Totis viribus. *ablat. Pendant toute la journée* ou *tout le jour.* Totâ die. *à l'abl.*
TOUT, *eu égard au nombre.* Omnis, *m. f.* omne, *n. g.* omnis. *Tous les hommes.* Omnes homines, *g.* omnium hominum. *m. plur. Toute la famille.* Omnis familia, *gén.* omnis familiæ. *f. Tous les livres.* Omnes libri, *gén.* omnium librorum. *m. plur. Tout ce que.* Quidquid. *n. Toutes les choses.* Omnes res, *g.* omnium rerum. *f. plur.* ou *mieux par le plur. neut.* Omnia, *g.* omnium, etc. *Tous deux.* Ambo, ambæ, ambo. *pl. g.* amborum, *etc.*
TOUT, *quel que soit.* Quivis, quævis, quodvis, *g.* cujusvis, *etc.* comme : *Tout vice est punissable.* Quodvis vitium puniendum est, *c'est-à-dire, un vice, quel qu'il soit, est punissable.*
TOUT, *chaque.* Singuli, singulæ, singula, *gén.* singulorum, singularum, singulorum, *dat.* singulis, etc. comme : *Il emploie tous les jours* ou *chaque jour à étudier.* Consumit singulos dies studendo.
Le nom de temps se met à l'abl. comme : *Il étudie tous les jours.* Studet singulis diebus. *Je vais à Paris tous les mois.* Eo Luteliam singulis mensibus. *Tous les quinze jours,* on tourne : *chaque quinzième jour.* Decimo quinto quoque die. *à l'abl. Tous les trois jours* ou *de trois jours en trois jours,* on tourne : *chaque troisième jour.* Tertio quoque die. *à l'abl. Tous les huit jours,* on tourne : *chaque huitième jour.* Octavo quoque die. *à l'abl. Tous les deux ans,* ou *de deux ans en deux ans,* on tourne : *chaque deuxième année.* Secundo quoque anno. *à l'abl.*
TOUT, *tout-à-fait, ne s'exprime pas ordinairement en latin*; on *n'exprime que l'adj.* ou *l'adv. auquel tout se trouve joint*; exemples : *Tout joyeux, c'est-à-dire, tout-à-fait joyeux.* Lætus, læta, lætum. *Tout seul, c'est-à-dire, tout-à-fait seul.* Solus, sola, solum, *g.* solius, *dat.* soli, etc. *Tout de bon.* Seriò. *adv. Tout à propos,* ou *tout-à-fait à propos.* Opportunè. *adv. Tout proche du collége,* ou *tout-à-fait proche du collége.* Propè gymnasium. *Tout aussitôt.* Statim. *adv. C'est tout un.* Nihil refert.

Quelquefois on exprime tout, *signifiant* tout-à-fait, *par l'adv.* omninò, comme : *Tout différent* ou *tout-à-fait différent.* Omninò diversus. *Tout plein,* ou *tout-à-fait plein.* Omninò plenus. *Tout le premier.* Omninò primus; ou bien on tourne : *le premier de tous.* Primus omnium. *Tout autre chose que.* Omninò aliud quàm. *Tout au plus.* Ad summum. *Tout-à-fait.* Prorsùs. *adv. Tout à coup.* Subitò. *adv. Tout à propos.* In tempore. *Tout à la fois.* Simul. *Tout le long.* Secundùm, *avec l'accus. Tout à l'heure.* Modò. *Tout bas.* Submissè. *adv. Tout beau, c'est-à-dire, ne vous fâchez point.* Ne irascaris.
Un TOUT, *subst.* Totum, *gén.* totius. *neut.*
TOUT, *adv. signifiant* quoique. Voyez la Grammaire latine.
TOUTE-BONNE, *herbe.* Horminum, *g.* hormini. *neut.*
TOUTEFOIS. Nihilominus. *conj.*
TOUTE-PUISSANCE. Infinita potestas, *gén.* infinitæ potestatis. *f.*
TOUT-PUISSANT. Omnipotens, *m. f. n. gén.* omnipotentis. *Etre tout-puissant auprès, sur.* Plurimùm posse apud, *avec l'acc. c'est-à-dire, pouvoir beaucoup.*
TOUX. Tussis, *g.* tussis. *fém. Avoir la toux.* Laborare, laboro, laboras, laboravi, laboratum. *n. Ajoutez* tussi.
TRACAS. Molestæ occupationes, *gén.* molestarum occupationum. *f. plur.*
TRACASSER. Tricari, tricor, tricaris, tricatus sum. *pass.*
TRACASSER *quelqu'un.* Esse gravem et molestum alicui. Gravis, *m. f.* grave, *n. g.* gravis, et molestus, a, um; *s'accordent avec le nominatif.*
TRACASSERIE. Jurgium, *gén.* jurgii. *neut.*
TRACASSIER. Qui totus est in tricis.
TRACASSIER, *querelleur.* Rixosus, a, um, *adj.*
TRACE. Vestigium, *gén.* vestigii. *n. Suivre les traces, marcher sur les traces de.* Insistere, insisto, insistis, institi, institum. *n.* vestigiis, *avec un gén.*
TRACÉ. Delineatus, delineata, delineatum. *part. pass. de* Delineare.
TRACEMENT. Designatio, *gén.* designationis. *fém.*
TRACER, *dessiner.* Delineare, delineo, as, avi, delineatum. *act. acc.*

TRACER le chemin à quelqu'un. Aperire viam alicui. Aperio, aperis, aperui, apertum. act. c'est-à-dire, ouvrir; aux honneurs, ad honores.

TRACHÉE ARTÈRE, l'organe de la respiration. Aspera arteria, gén. asperæ arteriæ. fém.

TRADITION. Traditio, gén. traditionis. fém.

TRADUCTEUR. Interpres, gén. interpretis. masc.

TRADUCTION Interpretatio, g. interpretationis. f. De grec en latin. E græco in latinum.

TRADUIRE. Convertere, converto, is, converti, conversum. act. acc. De latin en français. E latino in gallicum.

TRADUIRE mot à mot. Reddere verbum pro verbo. Reddo, reddis, reddidi, redditum.

TRADUIRE, mener. Ducere, duco, is, duxi, ductum. acc. Devant le juge, in judicium.

TRADUIT. Versus, versa, versum. part. pass. de Vertere. De latin et français. E latino in gallicum.

TRAFIC. Commercium, génit. commercii. neut.

Faire TRAFIC *ou*

TRAFIQUER. Negotiari, negotior, ar:s, atus sum. dép. acc.

TRAFIQUER en toiles. Facere commercium telarum, c'est-à-dire, faire le commerce, etc.

TRAGÉDIE. Tragœdia, gén. tragœdiæ. fém.

TRAGI-COMÉDIE. Tragicomœdia, g. tragicomœdiæ. fém.

TRAGIQUE. Tragicus, a, um, adj.

TRAGIQUEMENT. Tragicè. adv.

TRAHI. Proditus, prodita, proditum. part. pass. de Prodere.

TRAHIR. Prodere, prodo, prodis, prodidi, proditum. act. avec l'acc.

TRAHISON. Proditio, gén. proditionis. f. Par trahison. Proditione. à l'abl.

TRAJET. Trajectus, gén. trajectús. m.

TRAIN, suite de valets, de chevaux, etc. Comitatus, gén. comitatús. m.

TRAIN de bois. Ratis, gén. ratis. f.

TRAIN, manière d'agir. Agendi ratio, gén. agendi rationis. f. Tout d'un train. Eadem operâ. à l'abl.

TRAIN d'artillerie. Tormentorum bellicorum apparatus, g. apparatús. m.

TRAIN, mouvement, disposition. Je suis en train d'écrire, c'est-à-dire, j'écris, scribo. Se mettre en train de faire quelque chose. Suscipere, c'est-à-dire, entreprendre quelque chose. Suscipio, is, suscepi, susceptum. accus.

TRAINANT, comme: robe trainante. Syrma, gén. syrmatis. n. Mener une vie trainante. Languere, langueo, langues, sans prét. et sans supin.

TRAINÉ. Tractus, tracta, tractum. part. pass. de Trahere.

TRAINEAU. Traha, g. trahæ. f.

Une TRAINÉE. Ductus, gén. ductús. masc.

TRAINER ou tirer. Trahere, traho, is, traxi, tractum. act. acc. On exprime en par in, avec l'acc. à par ad, avec l'acc.

TRAINER, faire durer une affaire, etc. Rem protrahere, comme trahere.

TRAINER, ne point s'avancer. L'affaire traine. Negotium hæret.

TRAINER à terre ou par terre, en parlant d'un habit, etc. Verrere, verro, is, verri, versum. act. Ajoutez humum, c'est-à-dire, balayer la terre.

TRAINER ou languir. Languere, langueo, langues, sans prét. et sans sup.

Se TRAINER, ramper. Repere, repo, repis, repsi, reptum. n. Se trainer en quelqu'endroit. Irrepere aliquò, à la question quò.

TRAINEUR, qui vient après les autres. Tardior, masc. f. tardius, neut. gén. tardioris. comp.

TRAIRE. Mulgere, mulgeo, mulges, mulsi et mulxi, mulsum et mulctum. act. accusat.

TRAIT ou dard. Telum, g. teli. neut. Sagitta, gén. sagittæ. fém.

TRAIT de plume. Linea ducta, g. lineæ ductæ, f. calamo. De pinceau, penicillo, à l'ablat.

TRAIT, ce qu'on avale d'une liqueur sans reprendre haleine. Trait de vin, d'eau. Vini ou aquæ haustus, gén. haustús. masc. Tout d'un trait. Uno tenore. à l'ablat.

TRAIT, action. Facinus, gén. facinoris. neut.

TRAIT d'histoire. Locus petitus, génit. loci petiti. masc. ex historiâ, c'est-à-dire, endroit tiré de, etc.

Les TRAITS du visage, etc. Lineamenta, gén. lineamentorum. n. plur.

TRAIT d'esprit, mot ingénieux. Acute dictum, gén. dicti. neut.

TRAIT, marque. Signum, gén. signi. n. Il m'a fait un trait d'ami. Amicitiæ signum mihi præbuit.

TRAITS, rênes. Lora, gén. lororum. n. pluriel.

TRAITABLE, docile. Commodus, commoda, commodum. adj.

TRAITANT. Pactor, g. pactoris. m.

TRAITE, distance. Spatium, g. spatii. neut. Tout d'une traite. Continenter. adverbe.

TRAITE de blés, de vins, etc. Exportatio, gén. exportationis. f.

TRAITÉ, accord. Pactio, g. pactionis. f.

TRAITÉ *d'alliance.* Fœdus, *g.* fœderis. *neut.*

Un TRAITÉ *ou discours.* Tractatus, *g.* tractatûs. *masc.*

TRAITÉ. Tractatus, tractata, tractatum. *part. pass. de* Tractare.

TRAITÉ *ou pansé.* Curatus, curata, curatum. *part. pass. de* Curare.

TRAITEMENT. Tractatio, *gén.* tractationis. *fém.*

TRAITEMENT, *pansement.* Curatio, *g.* curationis. *fém.*

TRAITER, *recevoir.* Accipere, accipio, accipis, accepi, acceptum. *act. acc. de la personne.* Bien, benè, *mal,* malè. *adverbe.*

TRAITER *ou faire festin à.* Accipere. *act. acc.* Ajoutez epulis. *à l'abl.*

Se TRAITER. Epulari, epulor, epularis, epulatus sum. *dép. bien,* benè; *mal,* malè. *adv.*

TRAITER *ou soigner, panser.* Curare, curo, as, avi, atum. *act. acc.*

TRAITER *de ou discourir.* Tractare, tracto, tractas, tractavi, tractatum. *act. accusat.*

TRAITER *ou appeler.* Appellare, appello, appellas, appellavi, appellatum. *act. acc. de la personne et du nom, comme : Il me traite d'extravagant.* Me appellat ineptum.

TRAITEUR, *qui apprête les festins.* Obsonator, *gén.* obsonatoris. *masc.*

TRAITRE. Proditor, *gén.* proditoris. *masc. En traitre.* Perfidiosè. *adv.*

TRAITRESSE. Perfida mulier, *génit.* perfidæ mulieris. *fém.*

TRAITREUSEMENT. Perfidiosè. *adv.*

TRAME *de toile ou d'étoffe.* Trama, *g.* tramæ. *fém.*

TRAME, *complot.* Conjuratio, *g.* conjurationis. *fém.*

TRAMER *une étoffe.* Nere subtemen. Neo, nes, nevi, netum. *acc.*

TRAMER. Moliri, molior, moliris, molitus sum. *dép. acc. La perte de quelqu'un,* exitium alicui.

TRAMONTANE, *vent de bise.* Aquilo, *gén.* aquilonis. *m. Perdre la tramontane.* Non esse apud se, c'*est-à-dire, n'être pas à soi. La faire perdre.* Perturbare, perturbo, perturbas, perturbavi, perturbatum. *act. acc.*

TRANCHANT, *qui coupe.* Secans, *g.* secantis. *part. prés. de* Secare.

Le TRANCHANT *d'un couteau.* Acies, *gén.* aciei. *fém.*

TRANCHE *de jambon.* Offula, *génit.* offulæ, *f.* pernæ, *au gén.*

La TRANCHE *d'un livre.* Foliorum libri exterior sectura, *g.* exterioris secturæ. *fém.*

TRANCHÉ, *coupé.* Sectus, secta, sectum. *part. pass. de* Secare.

TRANCHÉE, *fortification.* Fossa vallo munita, *g.* fossæ vallo munitæ. *f.*

TRANCHÉE, *fossé pour faire écouler les eaux.* Incile, *gén.* incilis. *neut.*

TRANCHÉES, *douleurs aiguës d'entrailles.* Tormina, *g.* torminum. *n. plur.*

TRANCHER, *couper.* Secare, seco, secas, secui, sectum. *act. acc. La tête* collum ; *à quelqu'un,* alicui.

TRANCHER *court.* Paucis absolvere, absolvo, absolvis, absolvi, absolutum. *act. acc.*

TRANCHET *de cordonnier.* Sutorium scalprum, *gén.* sutorii scalpri. *n.*

TRANQUILLE. Tranquillus, tranquilla, tranquillum. *adj.*

TRANQUILLEMENT. Tranquillè. *adv.*

TRANQUILLISER. Sedare, sedo, as, sedavi, sedatum. *act. Ajoutez* animum. *Quelqu'un,* alicujus, *c'est-à-dire, calmer l'esprit de, etc.*

TRANQUILLITÉ. Tranquillitas, *génit.* tranquillitatis. *fém.*

TRANSACTION. Pactum, *g.* pacti. *n.*

TRANSCENDANT. Eximius, eximia, eximium. *adj.*

TRANSCRIPTION. Descriptio, *génit.* descriptionis. *fém.*

TRANSCRIRE. Transcribere, transcribo, transcribis, transcripsi, transcriptum. *act. acc.*

TRANSCRIT. Exscriptus, exscripta, exscriptum. *part. pass. d'*Exscribere.

TRANSE. *Voy. Appréhension.*

TRANSFÉRÉ. Translatus, translata, translatum. *part. pass. de* Transferre.

TRANSFÉRER. Transferre, transfero, transfers, transtuli, translatum. *act. acc. Ce verbe marque du mouvement.*

TRANSFIGURATION. Transfiguratio. *gén.* transfigurationis. *fém.*

TRANSFIGURER. Transfigurare, transfiguro, as, avi, atum. *act. acc.*

Se TRANSFIGURER. Transfigurari. *pass.*

TRANSFORMATION. Transfiguratio, *gén.* transfigurationis. *fém.*

TRANSFORMER. Transformare, transformo, as, avi, atum. *act. acc. On exprime en par* in, *avec l'acc.*

Se TRANSFORMER. Transformari. *pass.*

TRANSFUGE. Transfuga, *g.* transfugæ. *masc.*

TRANSFUSION. Transfusio, *g.* transfusionis. *fém.*

TRANSGRESSER. Violare, violo, as, violavi, violatum. *act. acc.*

TRANSGRESSEUR. Violator, *g.* violatoris. *masc.*

TRANSGRESSION. Violatio, *gén.* violationis. *fém.*

TRANSI *de.* Rigens, *m. f. n. g.* rigentis. *On met ensuite l'abl. comme : De froid,* frigore.

TRA   TRA   421

TRANSIGER. Transigere, transigo, is, transegi, transactum. *neut.*

TRANSIR. Exanimare, exanimo, as, exanimavi, exanimatum. *act. acc.* Ajout. vi frigoris, *s'il s'agit du froid*; metu, *s'il s'agit de frayeur.*

TRANSIR *de.* Exanimari, exanimor, exanimaris, exanimatus sum. *pass. abl.*

TRANSITION. Transitio, *gén.* transitionis. *fém.*

TRANSITOIRE, *qui n'est pas stable.* Transitorius, a, um. *adj.*

TRANSLATION. Translatio, *g.* translationis. *f. Faire la translation*, tournez : *transporter.*

TRANSMETTRE. Transmittere, transmitto, transmittis, transmisi, transmissum. *act. acc. A la postérité*, posteritati, *au dat.*

TRANSMIGRATION. Transmigratio, *gén.* transmigrationis. *fém.*

TRANSMIS. Transmissus, transmissa, transmissum. *part. pass.* de Transmittere.

TRANSMUTATION. Conversio, *génit.* conversionis. *fém.*

TRANSPARENCE. Perluciditas, *gén.* perluciditatis. *fém.*

TRANSPARENT. Perlucidus, perlucida, perlucidum. *adj.*

TRANSPERCÉ. Transfixus, transfixa, transfixum. *part. pass.* de Transfigere.

TRANSPERCER. Transfigere, transfigo, transfigis, transfixi, transfixum. *act. acc. D'un coup d'épée*, gladio, *à l'abl.*

TRANSPIRATION. Expiratio, *génit.* expirationis. *fém.*

TRANSPIRER. Exsudare, exsudo, as, exsudavi, exsudatum. *neut.*

TRANSPLANTATION. Translatio, *g.* translationis. *f.*

TRANSPLANTÉ Translatus, translata, translatum. *part. pass.* de Transferre.

TRANSPLANTER. Transferre, transfero, transfers, transtuli, translatum. *act. avec un acc.*

TRANSPORT *d'un lieu à un autre.* Exportatio, *gén.* exportationis. *fém.*

TRANSPORT ou *mouvement.* Impetus, *gén.* impetûs. *masc. De colère.* iracundiæ. *Transport de joie.* Impotentis animi lætitia, *gén.* lætitiæ. *f.*

TRANSPORT ou *cession.* Cessio, *génit.* cessionis. *fém.*

TRANSPORTÉ *d'un lieu à un autre.* Exportatus, a, um. *part. pass.* d'Exportare.

TRANSPORTÉ ou *agité.* Elatus, elata, elatum. *part. pass.* d'Efferre. *avec l'ablat.* comme : *De colère*, irâ.

TRANSPORTÉ ou *cédé à.* Concessus, a, um. *part. pass.* de Concedere. *avec le dat.*

TRANSPORTER *d'un lieu à un autre.* Exportare, exporto, exportas, exportavi, exportatum. *act. acc. Ce verbe marque du mouvement.*

Se TRANSPORTER ou *se rendre.* Se conferre, confero, confers, contuli, collatum. *Dans un lieu*, in locum.

TRANSPORTER ou *agiter.* Efferre, effero, effers, extuli, elatum. *act. acc. Etre transporté de*, ou *se laisser transporter à.* Efferri, efferor, efferris, elatus sum. *pass. De colère*, irâ. *abl.*

TRANSPORTER ou *céder.* Cedere, cedo, cedis, cessi, cessum. *act. rég. dir. acc. rég. ind. dat.*

TRANSPOSER. Transponere, transpono, transponis, transposui, transpositum. *act. accusat.*

TRANSPOSITION. Trajectio, *g.* trajectionis. *fém.*

TRANSSUBSTANTIATION. Transsubstantiatio, *gén.* transsubstantiationis. *f.*

TRANSVASER, *verser d'un vaisseau dans un autre.* Transfundere, transfundo, transfundis, transfudi, transfusum. *act. acc.* Ajoutez ex uno vase in aliud.

TRANSVERSAL. Obliquus, obliqua, obliquum. *adj.*

TRANSVERSALEMENT. Obliqué. *adv.*

TRAPPE. Decipula, *g.* decipulæ. *f.*

La TRAPPE, *abbaye dans le Perche.* Trappa, *gén.* trappæ. *f.*

TRAPU. Breviter in artus suos concretus, concreta, contretum. *adj.*

TRAQUENARD, *sorte d'entrepas d'un cheval.* Asturco, *g.* asturconis. *m.*

TRAQUET *de moulin.* Pistrini crepitaculum, *gén.* crepitaculi. *neut.*

TRAVAIL. Labor, *gén.* laboris. *masc. A force de travail.* Labore assiduo, *c'est-à-dire*, *par un travail continu.*

TRAVAILLÉ. Elaboratus, elaborata, elaboratum. *part. pass.* d'Elaborare.

TRAVAILLÉ, *tourmenté.* Voyez *Tourmenté.*

TRAVAILLER. Laborare, laboro, as, laboravi, laboratum. *neut.* ou elaborare, *comme* laborare, *avec* in, *et l'abl. S'il y a un infin.* tournez *par afin que*, ut, *avec le subjonct. Sans travailler* ou *sans travail.* Sine labore. *A force de travailler*, ou *par un travail assidu.* Labore assiduo. *à l'ablat.*

TRAVAILLER, *tourmenter.* Voy. *Tourmenter.*

TRAVAILLEUR, *pionnier.* Munitor, *gén.* munitoris. *masc.*

TRAVÉE, *espace qui est entre deux poutres.* Intertignium, *g.* intertignii. *n.*

TRAVERS. Latitudo, *g.* latitudinis. *f. Un travers de doigt.* Transversus digitus, *gén.* transversi digiti. *masc.*

De TRAVERS, *qui est de travers.* Transversus, a, um. *adj.*

A TRAVERS, *au* TRAVERS, *prép.* Per.

avec l'acc. Passer à quelqu'un son épée à travers le corps. Transfigere aliquem gladio, c'est-à-dire, le percer de part en part. Se jeter à travers les ennemis. Irruere. Voyez Se jeter sur. A tort ou à travers. Temere.

TRAVERSE, chemin de traverse. Transversum, g. transversi itineris. neut.

TRAVERSE, obstacle. Impedimentum, gén. impedimenti. neut.

A la TRAVERSE. E transverso. à l'ablat.

TRAVERSÉE, trajet par mer. Trajectio, gén. trajectionis. f.

TRAVERSER un champ. Agrum permeare, permeo, as, permeavi, permeatum. act. acc. Traverser un fleuve. Trajicere flumen, à l'acc., c'est-à-dire, le passer. Trajicio, trajicis, trajeci, trajectum. acc.

TRAVERSER, en parlant d'une rivière qui traverse. Interfluere, interfluo, is, interfluxi, interfluxum. act.

TRAVERSER, s'opposer. Obsistere, obsisto, is, obstiti, obstitum. n. dat.

TRAVERSIN, chevet. Transversum lecti cervical, gén. transversi lecti cervicalis. neut.

TRAVESTI, déguisé. Aliena veste indutus, induta, indutum.

Se TRAVESTIR, se déguiser. Alienam vestem induere, induo, induis, indui, indutum. act.

TRAVESTISSEMENT. Vestis mutatio, gén. mutationis. fem.

TREBUCHEMENT. Lapsus, g. lapsus. masc.

TREBUCHER, chanceler en marchant. Offensare, offenso, as, offensavi, offensatum. neut.

TRÉBUCHER, être plus pesant. Præponderare, præpondero, as, præponderavi, præponderatum. neut.

TREBUCHET, balance. Trutina, gén. trutinæ. fem.

TREBUCHET à prendre les oiseaux. Avicularum excipulum, g. excipuli. n.

TREFLE, herbe. Trifolium, gén. trifolii. neut.

TREILLE. Pergula, gén. pergulæ. f.

TREILLIS, barreaux. Cancelli, gén. cancellorum. masc. plur.

TREILLIS, toile gommée. Gummi tela illita, gén. telæ illitæ. fem.

TREILLISSER, mettre en treillis. Cancellare, cancello, as, cancellavi, cancellatum. act. acc.

TREIZE. Tredecim. indéclinable et de tout genre. Treize fois. Tredecies. adv.

TREIZIÈME. Decimus tertius, decima tertia, decimum tertium. adj.

TREIZIÈMEMENT. Decimò tertiò. adv.

TREMBLANT. Tremebundus, tremebunda, tremebundum. adj.

TREMBLE, arbre. Populus tremula, gén. populi tremulæ. f. Ces deux mots se déclinent.

TREMBLEMENT. Tremor, gén. tremoris. masc.

TREMBLEMENT de terre. Terræ motus, gén. motus. masc.

TREMBLER. Tremere, tremo, tremis, tremui. sans sup. neut. De peur, timore, à l'ablat.

TREMBLER la fièvre. Habere febrim, c'est-à-dire, l'avoir.

Faire TREMBLER. Timore percellere, percello, percellis, perculi, perculsum. act. acc. de la personne.

TREMBLEUR. Pavidus, pavida, pavidum. adj.

TREMBLOTANT. Tremebundus, tremebunda, tremebundum. adj.

TREMBLOTER. Tremulo frigore quati, quatior, quateris, quassus sum. passif.

TREMIE. Infundibulum, gén. infundibili. neut.

TREMOUSSEMENT. Trepidatio, gén. trepidationis. fem.

TREMOUSSER, se trémousser. Trepidanter agere, c'est-à-dire, agir en tremblant.

TREMPE qu'on donne au fer. Temperatio, gén. temperationis. f. Donner la trempe au fer. Ferrum temperare, tempero, as, avi, atum.

TREMPÉ. Intinctus, intincta, intinctum. part. pass. d'Intingere. Dans s'exprime par in, avec l'acc.

TREMPÉ ou mouillé. Madidus, madida, madidum. adj.

TREMPER ou mouiller dans. Intingere, intingo, intingis, intinxi, intinctum. act. acc. Dans s'exprime par in, avec l'acc.

TREMPER ou être trempé. Madere, madeo, mades, madui. sans supin.

TREMPER, faire tremper pour amollir, dessaler, etc. Macerare, macero, as, maceravi, maceratum. act. acc. dans du lait, lacte, à l'abl.

TREMPER dans ou être complice de. Esse participem, avec un génit. de la chose. Sum, es, fui : particeps, m. f. n. gén. participis, s'accorde avec le nom.

TRENTAINE de ou

TRENTE. Triginta. plur. indécl. et de tout genre. Trente fois. Tricies. adv.

TRENTIÈME. Trigesimus, trigesima, trigesimum. adj.

TRÉPAN, outil de chirurgien. Terebra, gén. terebræ. fem.

Le TRÉPAN ou l'opération du trépan. Terebratio, gén. terebrationis. fem.

TREPANER. Calvam terebrâ perforare, perforo, as, avi, atum. act.

TRÉPAS. Obitus, gén. obitûs. m.

TRÉPASSÉ ou mort. Mortuus, mortua,

mortuum, *part. pass. de* Morior. *Les Trépassés.* Mortui, *gén.* mortuorum. *m. pl.*

TREPASSER. Obire, obeo, obis, obivi, *ou* obii, obitum. *neut.*

TREPIED. Tripus ferreus, *gén.* tripodis ferrei. *masc.*

TREPIGNEMENT. Tripudium, *génit.* tripudii. *neut.*

TREPIGNER. Tripudiare, tripudio, tripudias, tripud'avi, tripudiatum. *neut.*

TRÈS, *joint à un adj. ou à un adv. s'exprime par le superl.* comme : *Très-savant.* Doctissimus, a, um. *Très-prudemment.* Prudentissimè. *adv. Très-bon.* Optimus, optima, optimum. *adj. Qui est un très-grand nombre.* Plurimus, plurima, plurimum. *Mais lorsque l'adj. ou l'adv. n'a pas de superl, on exprime très par* valdé *ou* admodùm, *adv.* comme : *Très jeune.* Valdé *ou* admodùm juvenis.

TRESOR. Thesaurus, *gén.* thesauri. *m. Le trésor public.* Ærarium publ.cum , *g.* ærarii publici. *neut.*

TRESORERIE. Ærarium, *gén.* ærarii. *neut.*

TRESORIER. Quæstor , *gén.* quæstoris. *masc.*

TRESSAILLEMENT. Quassus, *génit.* quassûs. *masc. Tressaillement de joie.* Exsultatio , *gén.* exsultationis. *f.*

TRESSAILLIR. Subsilire, subsilio, is, subsilui *ou* subsilii, subsultum. *neut. De peur*, timore, *à l'abl. Tressaillir de joie.* Exsultare, exsulto, as, avi, atum. *neut.* Lætitiâ, *à l'abl.*

TRESSE *de cheveux.* Intincti cap lli , *gén.* intinctorum capillorum. *m. plur.*

TRESSER. Implicare, implico, as, implicavi *ou* implicui, implicatum *ou* implicitum. *act. acc.*

TRETEAU. Fulmentum, *gén.* fulmenti. *neut.*

TRÈVE. Induciæ , *gén.* induciarum. *f. plur.*

TREVOUX, *ville.* Trevoltium, *génit.* Trevoltii. *neut.*

TRIAGE , *choix.* Delectus , *gén.* delectûs. *masc.*

TRIANGLE. Triangulum , *gén.* trianguli. *neut.*

TRIANGULAIRE , *qui a trois angles.* Triangulus, triangula, triangulum. *adj.*

TRIBU. Tribus, *gén.* tribûs. *fém. Qui est de la tribu.* Tribulis , *m. f. g.* tribulis. *Par tribus.* Tributim. *adv.*

TRIBULATION. Res adversæ, *g.* rerum adversarum. *f. pl. Etre dans la tribulation.* Afflictari, afflictor, aris, afflictatus sum. *Ajout.* rebus adversis.

TRIBUN. Tribunus , *génitif.* tribuni. *masc.*

TRIBUNAL. Tribunal, *gén.* tribunalis. *neut.*

TRIBUNAT. Tribunatus , *gén.* tribunatûs. *masc.*

TRIBUNE. Suggestum, *gén.* suggesti. *neut. Tribune aux harangues.* Rostra, *gén.* rostrorum. *neut. plur.*

TRIBUT. Tributum , *gén.* tributi. *n.*

TRIBUTAIRE , *qui paye tribut.* Tributarius , tributaria , tributarium. *adj.*

TRICHER. Fide nullâ ludere, ludo, is, lusi, lusum. *act. acc.*

TRICHERIE, *tromperie au jeu.* Dolus, *gén.* doli. *masc.*

TRICHEUR, *trompeur au jeu.* Fallaciosus lusor, *gén.* fallaciosi lusoris. *m.*

TRICOT , *bâton gros et court.* Fustis , *gén.* fustis. *masc.*

TRICOT , *tissu.* Textura reticulata , *gén.* texturæ reticulatæ. *fém.*

TRICOTER. Texere opus reticulatum. Texo , texis , texui , textum. *On laisse invariable* opus reticulatum.

TRICTRAC , *jeu.* Ludus , *gén.* ludi. *m. Ajoutez* scruporum ac tesserarum.

TRICTRAC , *damier dans lequel on joue.* Alveus lusorius , *gén.* alvei lusorii. *m.*

TRIDENT. Tr.dens , *gén.* tridentis. *m.*

TRIENNAL, *qui dure trois ans.* Triennis , *m. f.* trienne , *n. g.* triennis.

TRIENNALITE , *office triennal.* Per triennium administratio , *gén.* administrationis. *fém.*

TRIER. Seligere, seligo, seligis, selegi, selectum. *act. acc.*

TRIMESTRE , *espace de trois mois.* Trimestre spatium , *gén.* trimestris spatii. *neut.*

TRINGLE *de bois.* Regula , *g.* regulæ. *f. Tringle de fer.* Radius , *g.* radii ferrei. *masc.*

TRINITÉ. Trinitas , *gén.* Trinitatis. *f.*

TRINQUER , *boire en choquant des verres.* Perpotare, perpoto , perpotas , perpotavi , perpotatum.

TRINQUET , *le mât d'avant.* Ad proram malus , *gén.* mali.

TRINQUETTE , *terme de marine.* Triangulare velum , *gén.* triangularis veli. *neut.*

TRIO , *musique à trois voix.* Trium vocum concen us , *g.* concentûs. *masc.*

TRIOMPHAL. Triumphalis , *masc. f.* triumphale , *neut. gén.* triumphalis.

TRIOMPHANT. Triumphans , *m. f. n. gén.* triumphantis. *part. prés. de* Triumphare.

TRIOMPHATEUR. V. ci-dessus *Triomphant.*

TRIOMPHE. Triumphus , *gén.* triumphi. *masc. Mener en triomphe.* Ducere. *act. acc.* in triumpho *ou* per triumphum. *Marcher en triomphe.* Ducere triumphum. Duco , ducis , duxi , ductum. *act.*

TRIOMPHER. Triumphare , triumpho ,

triumphas, triumphavi, triumphatum. *n. Le de s'exprime par* é *ou* ex, *avec l'abl. de la personne, comme:* Le roi triomphe de ses ennemis. Rex triumphat ex suis hostibus. Je triomphe de joie. Triumpho lætitiâ. *neut.* Lætitiâ *est à l'abl.*

TRIPAILLES *d'animaux.* Exta, *génit.* extorum. *neut. plur.*

TRIPES. Ilia, *gén.* ilium, *dat.* ilibus, *etc. neut. plur.*

TRIPIER, TRIPIÈRE. Qui *ou* quæ habet exta venalia, *c'est-à-dire, celui ou celle qui a des tripailles à vendre.*

TRIPLE. Triplex, *m. f. n. g.* triplicis. *Au triple.* In triplum.

TRIPLÉ. Triplicatus, triplicata, triplicatum. *part. pass. de* Triplicare.

TRIPLEMENT. Triplici ratione, *à l'abl.*

TRIPLER. In triplum augere, augeo, auges, auxi, auctum. *act. acc.*

TRIPOLI, *pierre.* Lapis samius, *gén.* lapidis samii. *masc.*

TRIPOT. Sphæristerium, *gén.* sphæristerii. *neut.*

TRISAÏEUL. Abavus, *gén.* abavi. *m.*

TRISAÏEULE. Abavia, *génit.* abaviæ. *fém.*

TRISTE. Tri-tis, *m. f.* triste, *neut. g.* tristis. *Il est triste de la mort de sa mère.* Est mœstus à funere matris suæ.

TRISTE, *ennuyeux.* Molestus, molesta, molestum. *adj.*

TRISTE, *obscur.* Obscurus, obscura, obscurum. *adj.*

TRISTEMENT. Mœstè. *adv. Au comp.* mœstiùs; *au superl.* mœstissimè.

TRISTESSE. Tristitia, *gén.* tristitiæ. *f.* Mœror, *gén.* mœroris. *masc. Se laisser aller à la tristesse.* Se tristitiæ tradere, trado, tradis, tradidi, traditum. *act. De tristesse ou par tristesse.* Mœrore, *à l'ablat.*

TRITON. Triton, *gén.* tritonis. *m.*

TRITURATION, *terme de médecine.* Tritura, *gén.* triturae. *f.*

TRITURER, *réduire en poudre.* In pulverem contundere, contundo, contundis, contudi, contusum. *act. acc.*

TRIVIAL. Trivialis, *m. f.* triviale, *n. gén.* trivialis.

TRIUMVIR. Triumvir, *gén.* triumviri. *masc.*

TRIUMVIRAT. Triumviratus, *g.* triumviratûs. *masc.*

TROC. Permutatio, *gén.* permutationis. *fém.*

TROCHÉE, *pied de vers d'une longue et d'une brève.* Trochæus, *gén.* trochæi. *masc.*

TROÈNE, *arbrisseau.* Ligustrum, *g.* ligustri. *neut.*

TROGNE, *visage plein.* Vultus corpulentus, *gén.* vultûs corpulenti. *masc.*

TROGNON *de choux.* Brassicæ thyrsus, *gén.* thyrsi. *masc.*

TROIE, *ville ancienne.* Troja, *génit.* Trojæ. *fém.*

TROIS. Tres, *m. f.* tria, *neut. gén.* trium, *dat.* tribus, *etc. plur. Trois à trois.* Terni, ternæ, terna. *Trois fois.* Ter. *adv. A trois heures.* Tertiâ horâ, *à l'abl. De trois jours en trois jours, ou chaque troisième jour.* Tertio quoque die, *à l'ablat.*

TROISIÈME. Tertius, a, um. *adject. Pour la troisième fois.* Tertiùm. *adv.*

TROISIÈMEMENT. Tertiò. *adv.*

TROMPE *d'éléphant.* Proboscis, *gén.* proboscidis. *fém.*

TROMPE *ou* trompette. Tuba, *g.* tubæ. *f. A son de trompe.* Tubâ, *à l'abl.*

TROMPÉ. Deceptus, decepta, deceptum. *part. pass. de* Decipere.

TROMPER. Fallere, fallo, fallis, fefelli, falsum. *act. acc.*

Se TROMPER. Errare, erro, erras, erravi, erratum. *neut.*

TROMPERIE *ou fourberie.* Fallacia, *g.* fallaciæ. *fém.*

La TROMPETTE. Tuba, *gén.* tubæ. *f. Sonner de la trompette.* Canere, cano, canis, cecini, cantum. *neut.* tubâ, *à l'abl.*

Un TROMPETTE, *celui qui sonne de la trompette.* Buccinator, *gén.* buccinatoris. *masc.*

TROMPETER. Tubâ promulgare, promulgo, promulgas, promulgavi, promulgatum. *act. acc.*

TROMPEUR. Fallax, *masc. f. n. gén.* fallacis.

TROMPEUSE. Mulier fallax, *g.* mulieris fallacis. *fém.*

TRONC *d'arbre, etc.* Truncus, *génit.* trunci. *masc.*

TRONC *d'église.* Stipis receptrix arcula, *gén.* receptricis arcuæ. *fém.*

TRONÇON. Fragmentum, *gén.* fragmenti. *neut.*

TRONÇONNER. In frusta secare, seco, secas, secui, sectum. *act. acc.*

TRONE. Solium, *gén.* solii. *neut.*

TRONQUÉ. Mutilus, mutila, mutilum. *adject.*

TRONQUER. Mutilare, mutilo, as, mutilavi, mutilatum. *act. acc.*

TROP. Nimis, *ou* nimio plus, *ou* nimio pluris, *ou* nimis multi, multæ, multa, *etc., etc. Voyez la règle de* Trop *dans la Grammaire latine, et celle de* Trop *suivi de pour.*

TROPE, *figure de rhétorique.* Tropus, *gén.* tropi. *masc.*

TROPHÉE. Tropæum, *génit.* tropæi. *neutre. Faire trophée de.* Re *ou* de re gloriari, glorior, gloriaris, gloriatus sum, *depon.*

TROPIQUES, *terme de géographie.* Tropici, *gén.* tropicorum. *masc. plur.*
TROQUÉ. Permutatus, permutata, permutatum. *part. pass. de* Permutare. *Avec ou contre, par l'abl. sans préposition.*
TROQUER. Permutare, permuto, as, avi, atum. *act. accus. de la chose qu'on change, et l'abl. de celle avec laquelle ou contre laquelle on troque.*
TROT. Equi succussoris gradus, *génit.* gradûs. *masc.*
TROTTER. Gradu citatiore ire, eo, is, ivi *ou* ii, itum. *neut.*
TROTTER, *courir çà et là.* Concursare, concurso, as, avi, atum. *neut.*
TROTTEUR, *en parlant d'un cheval.* Equus succussator, *gén.* equi succussatoris. *masc.*
TROU *que l'on fait en perçant.* Foramen, *gén.* foraminis. *neut.*
TROU *ou creux.* Cavus, *gén.* cavi. *m.*
TROUBLE, *désordre.* Perturbatio, g. perturbationis. *f.*
TROUBLE, *tumulte.* Tumultus, *génit.* tumultûs. *masc.*
TROUBLE, *épouvante.* Trepidatio, *gén.* trepidationis. *fém.*
TROUBLE *ou* trouble, *qui n'est pas clair.* Turbidus, a, um. *adj.*
TROUBLÉ, *qui est dans le trouble.* Perturbatus, a, um. *part. pass. de* Perturbare.
TROUBLER. Perturbare, perturbo, as, perturbavi, perturbatum. *act. acc.*
Se TROUBLER *de.* Perturbari, pertubor, perturbaris, perturbatus sum. *pass. avec l'ablat.*
TROUBLER, *en parlant de l'eau, etc. rendre trouble.* Aquam turbare, turbo, turbas, turbavi, turbatum. *act.*
TROUER. Perforare, perforo, as, perforavi, perforatum. *act. acc.*
TROUPE. Caterva, *gén.* catervæ *fém. En troupe ou par troupe.* Catervatim. *adverbe.*
TROUPES *ou* armée. Copiæ, *gén.* copiarum. *f. plur.* Troupe *de cavalerie.* Equitum turma, *gén.* turmæ. *f.* Troupe *d'infanterie.* Peditum caterva, *gén.* catervæ. *f. Lever des troupes.* Parare copias, *c'est-à-dire, en préparer.* Paro, paras, paravi, paratum. *acc.*
TROUPEAU. Grex, *gén.* gregis. *masc. Par troupeau.* Gregatim. *adv.*
TROUSSE *ou carquois.* Pharetra, *gén.* pharetræ. *fém.*
TROUSSE, *terme de barbier, l'étui où ils mettent leurs rasoirs, leurs peignes, etc.* Tonsoris loculata theca, *g.* loculatæ thecæ. *fém.*
Aux TROUSSES, *à la poursuite. Etre aux trousses de.* Instare, insto, instas, institi, institum. *neut. dat. Avoir les ennemis aux trousses.* Premi. *pass.* ab hostibus instantibus, *c'est à dire, être pressé par.* Premi *est le passif de* premo, premis, pressi, pressum.
TROUSSÉ *ou* levé. Collectus, collecta, collectum. *part. pass. de* Colligere.
TROUSSÉ *ou qui a levé sa robe.* Succinctus, succincta, succinctum. *adj.*
TROUSSEAU. Facis, *gén.* facis. *m.*
TROUSSEAU *d'une fille qui se marie.* Parapherna, *gén.* paraphernorum. *neut. plur.* bona est sous-entendu.
TROUSSER *sa robe ou se trousser.* Vestem colligere, colligo, colligis, collegi, collectum. *act.*
TROUVAILLE. Felix repertum, *génit.* felicis reperti. *neut.*
TROUVÉ. Inventus, inventa, inventum. *part. pass. d'Invenire.*
TROUVER *ou inventer.* Invenire, invenio, is, inveni, inventum. *act. acc.*
Se TROUVER *ou être trouvé.* Inveniri, invenior, inveniris, inventus sum. *pass. Les difficultés qui se trouvent dans les sciences.* Difficultates quæ inveniuntur in scientiis.
TROUVER *ou juger.* Existimare, existimo, as, existimavi, existimatum. *act. acc. Je trouve cela facile.* Existimo illud facile; *ou bien cela me semble facile.* Illud mihi videtur facile.
Aller TROUVER *ou venir trouver.* Adire, adeo, adis, adivi *ou* adii, aditum. *act. acc.*
Se TROUVER *à ou assister à.* Interesse, intersum, interes, interfui. *dat.*
TROUVER *bon ou approuver.* Probare, probo, probas, probavi, probatum. *act. acc. Si tu le trouves bon ou à propos.* Si tibi videtur, visum est, videri. *passif. impers.*
TROUVER *mauvais.* Improbare, improbo, as, avi, atum. *act. acc.*
TROUVER *à dire ou de manque.* Desiderare, desidero, desideras, desideravi, desideratum. *act. acc.*
TROUVER *à redire à, ou reprendre.* Reprehendere, reprehendo, reprehendis, reprehendi, reprehensum. *act. acc.*
Se TROUVER *bien ou mal.* Valere, valeo, vales, valui, valitum. *neut. Bien,* benè; *mal,* malè. *adv.*
TROYEN. Trojanus, a, um. *adj.*
TROYES, *ville de Champagne.* Trecæ, *gén.* Trecarum. *f. plur. Qui est de Troyes.* Trecensis, *masc. f.* trecense, *neut. gén.* trecensis.
TRUCHEMENT. Interpres, *g.* interpretis. *m. Servir de truchement.* Interpretari dicta. *A quelqu'un,* alicujus, *c'est-à-dire, interpréter les paroles de quelqu'un. Parler par truchement.* Agere interprete, *c. à d., agir par, etc.*

TRUCHER. Voy. *Mendier*.
TRUCHEUR. Voy. *Mendiant*.
TRUELLE de maçon. Trulla, *g*. trullæ. *fém*.
TRUFFE. Tuber, *g*. tuberis. *neut*.
TRUIE. Porca, *gén*. porcæ. *fém*.
TRUITE, poisson. Trutta, *g*. trutæ. *f*.
TRUMEAU, espace d'un mur entre deux fenêtres. Inter duas fenestras spatium interjectum, *gén*. spatii interjecti. *neut*.
TU, pronom de la seconde personne, qui s'exprime en latin par tu, *g*. tui, *dat*. tibi, *acc*. te.
TUANT, *fatigant*. Perincommodus, a, um. *adj*.
TUBE. Tubus, *gén*. tubi. *masc*.
TUBÉREUSE. Tuberosa, *génit*. tuberosæ. *fém*.
TUBÉROSITÉ, *tumeur*. Tuberculum, *gén*. tuberculi. *neut*.
TUDESQUE, langage des anciens Allemands. Lingua teutonica, *gén*. linguæ teutonicæ. *fém*.
TUÉ. Occisus, a, um. *part. pass*.
TUER. Occidere, occido, occidis, occidi, occisum. *act. acc*. ou interficere, interficio, interficis, interfeci, interfectum. *act. acc*.
Se TUER, s'ôter la vie. Consciscere sibi mortem; conscisco, consciscis, conscivi, conscitum. *act*.
Se TUER à travailler, tournez : *Se tuer par le travail*. Se frangere laboribus. à l'abl. Frango, frangis, fregi, fractum.
TUERIE, *carnage*. Cædes, *g*. cædis. *f*.
TUERIE où l'on tue des bœufs, etc. La niena, *gén*. lanienæ. *f*.
TUF. Tofus, *gén*. tofi. *masc*.
TUILE. Tegula, *gén*. tegulæ. *f*.
TUILE creuse. Imbrex, *gén*. imbricis. *masc*.
TUILEAU, morceau de tuile cassée. Tegulæ fragmentum, *g*. fragmenti. *neut*.
Une TUILERIE. Latearia, *g*. latearaiæ. *fém*.
Les TUILERIES, jardin royal à Paris. Latearaiæ, *g*. latearariarum. *f*.
TUILIER, qui fait la tuile. Latearius, *gén*. latearii. *masc*.
TULIPE, *fleur*. Tulipa, *g*. tulipæ. *f*.
TUMEFIER. Tumefacere, tumefacio, is, tumefeci; tumefactum. *act*.
Se TUMÉFIER. Tumere, tumeo, tumes, tumui. *sans sup*. *neut*.
TUMEUR. Tumor, *g*. tumoris. *m*.
TUMULTE. Tumultus, *gén*. tumultûs. *m*. *Faire du tumulte*. Tumultum excitare, excito, as, avi, atum. *act. acc*.
TUMULTUAIRE. Tumultuarius, tumultuaria, tumultuarium. *adj*.
TUMULTUAIREMENT. Inordinatè. *adverbe*.
TUMULTUEUSEMENT. Tumultuosè. *adverbe*.
TUMULTUEUX. Tumultuosus, tumultuosa, tumultuosum, *adj*.
TUNIQUE. Tunica, *gén*. tunicæ. *f*.
TUORBE, *instrument de musique*. Tuorba, *gén*. tuorbæ. *fém*.
TURBAN. Pileus turcicus, *génit*. pilei turcici. *masc*.
TURBOT, poisson. Rhombus, *génit*. thombi. *masc*.
TURBULEMMENT. Turbulentè. *adv*.
TURBULENT. Turbulentus, turbulenta, turbulentum. *adj*.
TURC. Turca, *g*. Turcæ. *m*. *Les Turcs*. Turcæ, *g*. Turcarum. *m. plur*. *De Turc*. Turcicus, turcica, turcicum. *De Turc à Maure*. Inclementer. *adv*.
TURIN, *ville*. Taurinum, *g*. Taurini. *n*. Qui est de Turin. Taurinensis, *masc. f*. taurinense, *neut. g*. taurinensis.
TURLUPIN, *bouffon*. Insulsus cavillator, *g*. insulsi cavillatoris. *masc*.
TURLUPINADE, plaisanterie basse et fade. Illiberalis jocus, *gén*. illiberalis joci. *masc*. *Tous deux se déclinent*.
TURLUPINER, plaisanter sottement. Insulsè cavillari, cavillor, cavillaris, cavillatus sum. *dép*.
TURPITUDE. Probrum, *g*. probri. *m*.
TURQUE ou *femme turque*. Turca mulier, *gén*. Turcæ mulieris. *f*. *A la Turque ou à la façon des Turcs*. More turcico, à l'ablat.
TURQUIE ou *Empire des Turcs*. Turcarum imperium, *g*. imperii. *neut*.
TURQUOISE, pierre précieuse. Callais, *gén*. callaïdis. *fém*.
TUSSILAGE, herbe. Tussilago, *génit*. tussilaginis. *fém*.
TUTELAIRE. Custos, *g*. custodis. *m*.
TUTELLE. Tutela, *g*. tutelæ. *f*.
TUTEUR. Tutor, *gén*. tutoris. *m*.
TUTOIEMENT. Compellatio familiaris, *gén*. compellationis familiaris. *fém*. *Tous deux se déclinent*.
TUTOYER. Familiariter compellare, compello, as, avi, atum. *acc*.
TUTRICE. Tutrix, *g*. tutricis. *f*.
TUYAU d'orgue, de fontaine, etc. Tubus, *gén*. tubi. *m*. *Tuyau de blé*, etc. Calamus, *gén*. calami. *m*. *Tuyau de plume*. Pennæ caulis, *g*. caulis. *masc*.
TYMPAN. Tympanum, *gén*. tympani. *neut*.
TYMPANISER, décrier publiquement. Palàm conviciari, convicior, conviciaris, conviciatus sum. *dép. acc*.
TYPE. Typus, *gén*. typi. *masc*.
TYPOGRAPHE. Typographus, *génit*. typographi. *masc*.
TYPOGRAPHIE, l'art de l'imprimerie. Typographia, *g*. typographiæ. *f*.

TYPOGRAPHIQUE. Typographicus, typographica, typographicum. *adj.*
TYR, *ville.* Tyrus, *gén.* Tyri. *f.*
TYRAN. Tyrannus, *gén.* tyranni. *m.*
TYRANNEAU, *petit tyran.* Vexator, *gén.* vexatoris. *masc.*
TYRANNIE. Tyrannis, *g.* tyrannidis. *f.*
TYRANNIQUE. Tyrannicus, tyrannica, tyrannicum. *adj.*
TYRANNIQUEMENT. Tyrannicè. *adv.*
TYRANNISÉ. Vexatus, vexata, vexatum. *adj. Ajoutez* tyrannicè.
TYRANNISER. Tyrannicè vexare, vexo, vexas, vexavi, vexatum. *act. acc.*

ULCÉRATION. Ulceratio, *gén.* ulcerationis. *fém.*
Un ULCÈRE. Ulcus, *gén.* ulceris. *n.*
ULCÉRÉ. Ulceratus, ulcerata, ulceratum. *part. pass. d'*Ulcerare.
ULCÉRER. Ulcerare, ulcero, ulceras, ulceravi, ulceratum. *act.*
ULTÉRIEUR. Ulterior, *m. f.* ulterius, *neut. gén.* ulterioris.
ULTÉRIEUREMENT. Ulteriùs. *adv.*
ULTRAMONTAIN. Transmontanus, a, um. *adj.*
UN, *en parlant d'un nombre.* Unus, una, unum, *gén.* unius. *Un seul.* Unus, una, unum. *N'avoir qu'un, c'est-à-dire, avoir un seul.* Habere unum, ou unam, ou unum, *suivant le genre. Sans excepter un.* Ad unum, ou ad unam, ou ad unum, *suivant le genre du subst. Un à un.* Singulatim. *adv.*
Après Unus, una, unum, *le de ou d'entre, s'exprime par un gén. ou bien par è ou ex, avec l'ablat. ou par in'er, avec l'accus. comme: Un de mes amis.* Unus meorum amicorum. Unus ex meis amicis. Unus inter meos amicos.
Remarquez que unus, una, unum, *s'accorde en genre avec le subst. auquel il se rapporte.*
De dix un, on tourne: *chaque dixième.* Decimus quisque, decima quaeque, decimum quodque. *L'un et l'autre se déclinent.*
Le nom de temps se met à l'ablatif. comme: *De deux jours l'un, ou chaque second jour.* Altero quoque die. *à l'abl.*
Un même. Idem, eadem, idem, *gén.* ejusdem, *dat.* eidem, etc.
UN, *signifiant certain, s'exprime par* quidam, quaedam, quoddam *g.* cujusdam, etc. comme: *Un écrivain a dit, c'est-à-dire, certain écrivain a dit.* Quidam scriptor dixit. *Une reine a pensé de la sorte, c'est-à-dire, certaine reine.* Quaedam regina sic censuit. *L'un des deux ou l'un ou l'autre.* Alteruter, alterutra, alterutrum, *gén.* alterutrius, *dat.* alterutri. *L'un et l'autre.* Uterque, utraque, utrumque, *gén.* utriusque, *dat.* utrique, etc. *Ni l'un ni l'autre.* Neuter, neutra, neutrum, *gén.* neutrius, *dat.* neutri, etc. *Pas un seul.* Nullus, nulla, nullum, *gén.* nullius, *dat.* nulli, etc. *qui emporte la négation. L'un l'autre, ou les uns les autres, pour mutuellement.* Invicem. *adv. Ils s'aiment l'un l'autre.* Se amant invicem. *Nous nous aidons les uns les autres.* Nos juvamus invicem. *L'un après l'autre.* Deinceps. *adv.*
Sur l'un, etc. l'autre, etc. Voyez la règle de l'un, l'autre, dans la Grammaire latine.
Lorsqu'on ne parle pas d'un nombre, il ne faut pas exprimer *un* en latin, exemple: *Un écolier diligent doit toujours étudier.* Discipulus diligens debet semper studere.
UNANIME. Unanimus, a, um.
UNANIMEMENT. Uno consensu. *à l'abl.*
UNANIMITÉ. Unanimitas, *gén.* unanimitatis. *fém.*
UNI ou *égal.* Æquus, aequa, aequum. *adject.*
UNI ou *joint.* Conjunctus, a, um. *adj. Au comp.* conjunctior, *m. f.* conjunctius. *neut. au superl.* Conjunctissimus, a, um. *adject.*
UNIÈME. Primus, prima, primum.
Vingt et UNIÈME. Vicesimus primus, vicesima prima, vicesimum primum. *L'un et l'autre se déclinent.*

UNIFORME. Æqualis, m. f. æquale, neut. gén. æqualis.
UNIFORMÉMENT. Similiter. adv. Au comp. similiùs ; au sup. simillimè.
UNIFORMITÉ, conformité. Æqualitas, gén. æqualitatis. f. Uniformité de senti-mens. Consensio, gén. consensionis. f.
UNIMENT. Æqualiter. adv.
UNION ou concorde. Consensio, génit. consensionis. fém.
UNION ou jonction. Conjunctio, génit. conjunctionis. fém.
UNIQUE. Unicus, a, um. adj.
UNIQUEMENT. Unicè. adv.
UNIR ou joindre. Conjungere, conjungo, conjungis, conjunxi, conjunctum. act. acc. à par cum, et l'abl.
s'UNIR à ou avec quelqu'un. Conjungere se alicui. dat.
UNIR ou aplanir. Æquare, æquo, as, æquavi, æquatum. act. acc.
UNIR, polir. Levigare, levigo, levigas, levigavi, levigatum. acc.
UNISSON. Unisonus, gén. unisoni. m.
UNITÉ. Unitas, gén. unitatis. f.
L'UNIVERS. Mundus universus, génit. mundi universi. masc.
UNIVERSALITÉ. Universitas, génit. universitatis. fém.
UNIVERSEL. Universus, a, um. adj.
UNIVERSELLEMENT. Universè. adv.
UNIVERSITÉ. Universitas, gén. universitatis. f. Ce mot est consacré.
URBANITÉ. Urbanitas, gén. urbanitatis. fém.
URETRE. Uretron, gén. uretri. n.
URGENT. Urgens, masc. fém. neut. g. urgentis.
URINAL. Matella, gén. matellæ. f.
URINE. Urina, gén. urinæ. f.
URINER. Meire, meio, meis, minxi, mictum. neut.
URNE. Urna, gén. urnæ. f.
USAGE. Usus, g. usús. m. Faire un bon usage de, ou se servir bien de. Benè uti, utor, uteris, usus sum. dép. Avoir l'usage de. Uti, avec l'abl. c. à d., user de. Faire un mauvais usage de, ou abuser. Abuti, abutor, abuteris, abusus sum. dép. abl. Qui est en usage. Usitatus, a, um. adj. Qui est hors d'usage. Obsoletus, a, um. adj.
USÉ. Attritus, a, um. part. pass. d'Altero.
USER ou gâter. Deterere, detero, deteris, detrivi, detritum, act. acc.

s'USER. Deteri, deteror, detereris, detritus sum. pass.
USER de ou se servir. Uti, utor, uteris, u.us sum. dép. abl.
En USER, agir. Agere, ago, agis, egi, actum. neut. Bien, humaniter ; mal, malè. adv.
USITÉ. Usitatus, usitata, usitatum. Au comp. usitatior, m. f. usitatius. neut. au superl. Usitatissimus, a, um. Qui n'est pas usité. Insolitus, a, um. adj. ou inusitatus, a, um. adj.
USTENSILES. Utensilia, gén. utensilium. neut. plur.
USUEL, dont on se sert. Usualis, m. f. usuale, n. g. usualis.
USUFRUIT. Ususfructus, g. usûs fructûs. m. On décline usus et fructus.
USUFRUITIER. Usufructuarius, gén. usufructuarii. masc.
USURAIRE. Feneratorius, feneratoria, feneratorium. adj.
USURAIREMENT. Feneratò. adv. ou cum fenore.
USURE. Fenus, gén. fenor's. neut. A usure. Fenori, au dat. Prêter à usure. Dare pecuniam fenori, c'est-à-dire, donner de l'argent à, etc.
USURE, en parlant d'une chose usée. Tritus, gén. tritûs. masc.
USURIER. Fenerator, gén. feneratoris masc.
USURIÈRE. Feneratrix, gén. feneratricis. fém.
USURPATEUR. Usurpator, gén. usurpatoris. masc.
USURPATION. Usurpatio, gén. usurpationis. fém.
USURPATRICE. Quæ injustè occupat bona, c'est-à-dire, celle qui s'empare injustement d'un bien.
USURPER. Usurpare, usurpo, usurpas, usurpavi, usurpatum. act. acc.
UTERIN, frère utérin. Frater uterinus, gén. fratris uterini. masc.
UTILE. Utilis, m. f. utile, neut. gén. utilis. Au comp. utilior, m. f. utilius. n. au superl. utilissimus, a, um. A ou pour quelqu'un, alicui. à ou pour quelque chose, ad aliquid. A ou pour, devant un infinit. s'exprime par ad, avec le gér. en dum. Etre utile. Prodesse, prosum, prodes, profui, avec le dat.
UTILEMENT. Utiliter. adv. Au comp. utiliùs ; au superl. utilissimè.
UTILITÉ. Utilitas, gén. utilitatis. f.

VAG   VAL

VA. i ou ito, *imperat. du verbe ire, aller. Va-t-en*, abi, *impérat. du verbe abire, s'en aller.*

VACANCE. *Durant la vacance du Saint Siége.* Vacante apostolicâ sede.

VACANCES. Scholarum feriæ, *gén.* feriarum. *fém. plur. Avoir vacances. A studiis feriari*, ferior, feriaris, feriatus sum. *dépon.*

VACANT. Vacuus, a, um. *adj.*

VACARME. Tumultus, *gén.* tumultûs. *Faire du vacarme.* Tumultuari, tumultuor, tumultuaris, tumultuatus sum. *dép.*

VACATION, *métier*. Ars, *g.* artis. *f.*

VACATIONS ou *vacances du palais.* Justitium, *gén.* justitii. *neut. Pendant les vacations.* Prolatis rebus.

VACCIN. Vaccinum virus, *gén.* vaccini virus. *neut.* virus *est indéclin.*

VACCINATION. Inoculatio, *gén.* inoculationis. *f. Ajoutez* variolarum vaccinarum.

VACCINE. Vaccinæ pusulæ, *gén.* vaccinarum pusularum. *fém. plur.*

VACCINER, *inoculer le vaccin.* Inoculare, inoculo, inoculas, inoculavi, inoculatum. *Ajoutez* vaccinum virus. *Un enfant*, puero, *au dat.*

VACHE. Vacca, *gén.* vaccæ. *f. Qui est de vache.* Vaccinus, vaccina, vaccinum. *adject.*

VACHER, *qui garde les vaches.* Bubulcus, *gén.* bubulci. *masc.*

VACHÈRE, *celle qui garde les vaches.* Boum custos, *gén.* custodis. *f.*

VACHERIE, *étable à vaches.* Bubile, *gén.* bub'lis. *neut.*

VACIET, *plante.* Vaccinium, *gén.* vaccinii. *neut.*

VACILLANT, *chancelant.* Titubans, *gén.* titubantis. *part. prés. de* Titubare.

VACILLATION. Hæsitatio, *gén.* hæsitationis. *fém.*

VACILLER. Vacillare, vacillo, as, vacillavi, vacillatum. *neut.*

VAGABOND. Errabundus, a, um. *Etre vagabond.* Vagari, vagor, vagaris, vagatus sum. *dépon.*

VAGABONDAGE. Vagatio, *gén.* vagationis. *fém.*

VAGISSEMENT. Vagitus, *gén.* vagitûs. *masc.*

Une **VAGUE.** Fluctus, *gén.* fluctûs. *m.*

VAGUE. Vagus, a, um. *adj.*

VAGUER, *errer çà et là.* Vagari, vagor, vagaris, vagatus sum. *dép.*

VAILLAMMENT. Fortiter. *adv. Au comp.* fortiùs ; *au sup.* fortissimè.

VAILLANCE. Fortitudo, *gén.* fortitudinis. *fém.*

VAILLANT ou *courageux.* Fortis, *m. f.* forte, *neut. gén.* fortis.

Le **VAILLANT** ou *les biens.* Peculium, *gén.* peculii. *n. Avoir vaillant* ou *posséder.* Possidere, possideo, possides, possedi, possessum. *act. acc. comme :* vingt écus d'or. Viginti nummos aureos.

VAIN ou *inutile.* Vanus, vana, vanum. *adj. En vain.* Frustrà. *adv.*

VAIN ou *orgueilleux.* Gloriosus, gloriosa, gloriosum. *adj.*

VAINCRE. Vincere, vinco, is, vici, victum. *act. acc.*

Se **VAINCRE** ou *vaincre ses passions.* Cupiditates frangere, frango, frangis, fregi, fractum. *acc.*

Se laisser **VAINCRE** ou *être vaincu par.* Vinci, vincor, vinceris, victus sum. *pass. Par ses passions*, à cupiditatibus.

VAINCU. Victus, a, um. *part. pass. de* Vincere.

VAINEMENT, *en vain.* Frustrà. *adv.*

VAINEMENT ou *par vanité.* Gloriosè. *adverbe.*

VAINQUEUR. Victor. *g.* victoris. *m.*

VAISSEAU ou *navire.* Navis, *g.* navis. *fém.*

VAISSEAU ou *vase.* Vas, *gén.* vasis. *n. au plur.* vasa, *gén.* vasorum. *n.*

VAISSEAU, *veine.* Vena, *gén.* venæ. *f.*

VAISSELLE. Vasa, *g.* vasorum. *n. pl.*

VAL ou *vallée.* Vallis, *gén.* vallis. *f.*

VALABLE, *recevable.* Probabilis, *m. f.* probabile, *n. g.* probabilis.

VALABLE, *valide.* Legitimus, legitima, legitimum. *adj.*

VALABLEMENT. Legitimè. *adv.*

VALANT. Valens, *m. f. n. g.* valentis *part. prés. de* Valeo.

VALET. Famulus, *g.* famuli. *m. Valet de pied.* Famulus à pedibus. *Valet de chambre.* Cubicularius, *gén.* cubicularii. *masc. Valet d'écurie.* Stabularius, *génit.* stabularii. *masc.*

VALET, *terme de menuisier.* Uncus ferreus, *gén.* unci ferrei. *masc.*

VALETER, *faire le valet.* Obsequio grassari, grassor, grassaris, grassatus sum. *dép.*

VALÉTUDINAIRE. Valetudinarius, a, um. *adj.*

VALEUR ou *prix.* Pretium, *g.* pretii. *neut.*

VALEUR ou *vaillance.* Fortitudo, *gén.* fortitudinis. *fém.*

VALEUREUSEMENT. Fortiter. *adv. Comp.* fortiùs, *sup.* fortissimè.

VALEUREUX. Fortis, *m. f.* forte, *neut. gén.* fortis.

VALIDATION. Ratihabitio, *g.* ratihabitionis. *fém.*

VALIDE, *valable.* Ratus, rata, ratum. *adject.*

VALIDEMENT. Legitimè *adv.*

VALIDER, *rendre valide.* Ratum facere, facio, facis, feci, factum. *act.* Ratus, rata, ratum, *s'accorde avec le cas du verbe.*

VALIDITÉ. Rata auctoritas, *gén.* ratæ auctoritatis. *fém.*

VALISE. Hippopera, *gén.* hippoperæ. *fém.*

VALLÉE. Vallis, *gén.* vallis. *f.*

VALLON. Vallis, *gén.* vallis. *f.*

VALOIR. Valere, valeo, vales, valui, valitum. *neut.*

Avec ce verbe de prix, on se sert des gén. suivans; tanti, quanti, *autant que;* multi, *beaucoup;* pluris, *plus ou davantage;* plurimi, *le plus;* parvi, *peu;* minoris, *moins;* minimi, *très-peu ou le moins;* nihili, *rien du tout. Le nom de prix ou de valeur se met à l'ablat. ou à l'acc. Cela vaut plus d'un louis,* ou un louis *et plus.* Illud valet nummum aureum, *à l'accus.* ou nummo aureo, *à l'ablat.* et pluris. *Ne valoir rien, c'est-à-dire, être méchant.* Improbum esse, sum, es, fui, improbus, improba, improbum. *adj.*

On exprime en latin, il vaut mieux, etc. suivi d'un infin. français, par satiùs est, *suivi d'un infinit. et le que suivant s'exprime par* quàm, *qui veut aussi un infinit. comme: Il vaut mieux mourir que de pécher.* Satiùs est mori quàm peccare. Satiùs est, satiùs erat, satiùs fuit, satiùs esse, *valoir mieux.*

Faire VALOIR ou *avoir soin de.* Curare, curo, curas, curavi, curatum. *actif. accusatif.*

Faire VALOIR ou *vanter.* Venditare, vendito, as, avi, atum. *act. acc.*

Se faire VALOIR. Se venditare, vendito as, avi, atum. *acc.*

VAN, *pour vanner.* Vannus, *g.* vanni. *masc.*

VANDALES. Vandali, *gén.* vandalorum. *masc. plur.*

VANITÉ, *inutilité, peu de solidité.* Inanitas, *gén.* inanitatis. *f.* Vanitas, *gén.* vanitatis. *fém. Tirer vanité de.* Gloriari, glorior, gloriaris, gloriatus sum. *dépon. abl. de la chose.*

VANITÉ, *amour-propre.* Gloria, *gén.* gloriæ. *f.* Vanitas, *gén.* vanitatis. *f.*

VANNE. Cataracta, *g.* cataractæ. *f.*

VANNEAU, *oiseau.* Vanellus, *génit.* vanelli. *masc.*

VANNER. Ventilare, ventilo, ventilas, ventilavi, ventilatum. *act. acc.*

VANNEUR. Ventilator, *g.* ventilatoris. *masc.*

VANNIER, *qui travaille en osier.* Vilium textor, *gén.* textoris. *masc.*

VANTARD, *qui se vante.* Jactator, *g.* jactatoris. *masc.*

VANTER, *louer.* Dilaudare, dilaudo, as, avi, atum. *act. acc.*

Se VANTER, *se louer.* Jactare se, jacto, as, avi, atum. *Se vanter de son esprit, etc.* Ingenium venditare, vendito, as, avi, atum. *act.*

VANTERIE. Jactatio, *gén.* jactationis. *fém.*

VAPEUR. Vapor, *gén.* vaporis. *m.*

VAPOREUX, *sujet aux vapeurs.* Lienosus, lienosa, lienosum. ou Lienicus, lienica, lienicum. *adj.*

VAPOREUX, *qui cause des vapeurs.* Vaporifer, vaporifera, vaporiferum.

VAQUER, *être vacant.* Vacuum esse, sum, es, fui. Vacuus, a, um. ou Vacare, vaco, as, avi, atum. *neut.*

VAQUER à. Operam dare, do, das, dedi, datum. *A l'étude.* Studio, *dat.*

VAR, *rivière et département de France.* Varus, *g.* Vari. *masc.*

VARANGUE. Statumen, *gén.* statuminis. *neut.*

VARIABLE. Mutabilis, *m. f.* mutabile, *neut. gén.* mutabilis.

VARIATION. Variatio, *gén.* variationis. *fém.*

VARIÉ. Variatus, a, um. *part. pass. de* Variare.

VARIER. Variare, vario, varias, variavi, variatum. *act. acc.*

VARIÉTÉ. Varietas, *génit.* varietatis. *fém.*

VARIOLE, *petite vérole.* Variolæ, *g.* variolarum. *f. plur.*

VARLOPE, *grand rabot.* Runcina, *g.* runcinæ. *f.*

VEI — VEN 431

VASE. Vas, *gén.* vasis. *neut. au plur.* vasa, *gén.* vasorum. *neut.*

VASE, bourbe. Limus, *gén.* limi. *m.*

VASSAL. Cliens, *gén.* clientis. *m.*

VASSELAGE. Clientela, *g.* clientelæ. *fém.*

VASTE. Vastus, a, um. *adj.*

Le VATICAN, une des collines de Rome. Mons vaticanus, *gén.* montis vaticani. *masc.*

VAUCLUSE, fontaine du Comtat Venaissin, qui a donné son nom à un département. Vallis clausa, *gén.* Vallis clausæ. *f.* L'un et l'autre se déclinent.

A VAU DE ROUTE, en désordre. Effusis habenis. *abl.* Mettre les ennemis à vau de route. Hostes fundere, fundo, is, fudi, fusum. *act.* Mis à vau de route. Fusus, fusa, fusum. *part. pass.*

VAUDEVILLE, chanson. Triviale carmen, *gén.* trivialis carminis. *neut.*

VAURIEN, libertin. Nebulo, *génit.* nebulonis. *masc.*

VAUTOUR. Vultur, *g.* vulturis. *masc.* Qui est de vautour. Vulturinus, a, um.

Se VAUTRER, s'enfoncer, se rouler dans la boue. In luto volutari, volutor, volutaris, volutatus sum. *pass.*

VEAU. Vitulus, *gén.* vituli. *m.* Qui est de veau. Vitulinus, a, um. *adj.* Couvert en veau ou de peau de veau. Pelle vitulinâ tectus, tecta, tectum.

Du VEAU. Vitulina, *g.* vitulinæ. *fém.* caro est sous entendu.

VEDETTE, sentinelle. V. Sentinelle.

VEDETTE, lieu où se retirent les sentinelles. Specula, *gén.* speculæ. *f.*

VEGETATIF. Qui ou quæ ou quod vivit.

VÉGÉTATION. Vegetatio, *gén.* vegetationis. *fém.*

VEGETAUX. Vegeta semina, *g.* vegetorum seminum. *neut. plur.*

VEGETER, croître. Ali virtute insitâ. Ali est le passif du verbe alere, alo, alis, alui, alitum.

VÉHÉMENCE. Impetus, *gén.* impetûs. *masc.*

VEHEMENT. Vehemens, m. f. n. *gén.* vehementis.

VEHICULE, ce qui sert à faire passer plus aisément. Vehiculum, *gén.* vehiculi. *neut.*

VEILLE ou action de veiller. Vigilia, *gén.* vigiliæ. *fém.*

VEILLE ou jour précédent. Dies præcedens, *g.* d ei præcedentis. *m.* ou pridiè. *adv.* avec le gén. ou l'acc. après. La veille de l'épiphanie. Dies præcedens epiphaniam. Il est venu la veille de l'épiphanie. Venit pridiè epiphaniæ ou epiphaniam. Qui est de la veille. Pridianus, a, um. *adj.* Nous sommes à la veille d'avoir une grande guerre, ou à la veille d'une grande guerre. Magnum nobis imminet bellum.

VEILLE, ce que l'on fait en veillant. Lucubratio, *gén.* lucubrationis. *f.*

VEILLÉES. Vigiliæ, *gén.* vigiliarum. *fém. plur.*

VEILLER. Vigilare, vigilo, vigilas, vigilavi, vigilatum. *neut.*

VEILLER à ou sur ses affaires. Rebus suis invigilare, invigilo, invigilas, invigilavi, invigilatum. *neut.*

VEILLER sur la conduite de quelqu'un. Aliquem observare, observo, as, observavi, observatum. *act. acc.*

VEILLER un malade. Ægroto advigilare, advigilo, as, avi, atum. *neut.*

VEINE. Vena, *gén.* venæ. *f.*

VEINÉ ou

VEINEUX. Venosus, a, um. *adj.*

VELER, en parlant d'une vache qui met bas. Vitulum eniti, enitor, eniteris, enixa sum. *dép.*

VELIN, parchemin apprêté. Levior membrana, *g.* levioris membranæ. *f.*

VELOCITÉ, vitesse. Pernicitas, *gén.* pernicitatis. *fém.*

VELOURS. Pannus sericus, *gén.* panni serici. *masc.*

VELOUTÉ. Villosus, a, um. *adj.*

VELU. Villosus, a, um. *adj.*

VENAISON. Ferina, *gén.* ferinæ. *f.* caro est sous-entendu.

VENAL. Venalis, m. f. venale, neut. *gén.* venalis.

VENALEMENT. Venaliter. *adv.*

VENALITÉ. Nundinatio, *gén.* nundinationis. *fém.*

VENANT, à tout venant. Obvio cuique.

VENDABLE. Vendibilis, m. f. vendibile, neut. *gén.* vendibilis.

VENDANGE. Vindemia, *g.* vindemiæ. *f.* Vendanges faites. Lectæ uvæ, *g.* lectarum uvarum, c'est-à-dire, les raisins cueillis.

VENDANGER. Vindemiare, vindemio, as, avi, atum. *n.* ou *act. acc.*

VENDANGEUR. Vindemiator, *génit.* vindemiatoris. *masc.*

VENDANGEUSE. Mulier vindemians, *g.* mulieris vindemiantis. *fém.*

VENDÉE, rivière de France. Vindea, *gén.* Vindeæ. *fém.*

VENDEUR. Venditor, *gén.* venditoris. *masc.*

VENDRE. Vendere, vendo, vendis, vendidi, venditum. *act. rég. dir. accus. rég. ind. dat.*

Se VENDRE ou être vendu. Vendi, vendor, eris, venditus sum. *pass.* ou *mieux,* Venire, veneo, venis, venii. *n.*

Avec le verbe vendere ou venire, on se

432 VEN VEN

sert des génit. de prix suivans, tanti quanti, *autant que*; multi, *beaucoup*; pluris, *plus* ou *davantage*; plurimi, *le plus*; parvi, *peu*; minoris, *moins*; minimi, *très peu* ou *le moins*.

Et le nom de prix se met à l'ablat. comme : *Combien vendez-vous ce livre ?* Quanti vendis hunc librum ? *Je le vends trois francs*. Vendo illum sexaginta assibus ; ou bien, tribus francis argenteis. *Je le vends autant*. Illum tanti vendo. *Je le vendrais encore plus, si je pouvais*. Pluris adhuc illum venderem, si possem. *Vendre bien cher* ou *à haut prix*. Magno pretio vendere. *act. acc. de la chose*. *Vendre à bon marché* ou *à bas prix*. Vendere parvo pretio. *Le nom de la chose à l'acc*. *Qui est à vendre*. Venalis, *m. f.* venale, *n. gén.* venalis.

VENDREDI. Dies, *gén.* diei. *m.* Ajout. veneris. *Vendredi saint.* Dies sacer, *gén.* diei sacri. *m.* Ajoutez Christo patienti, c'est-à-dire, jour consacré à Jésus-Christ souffrant.

VENDU. Venditus, a, um. *part. pass.* de Vendere. *Le nom de prix se met à l'ablat.*

VENENEUX. Venenatus, venenata, venenatum. *adj.*

VENERABLE. Venerandus, veneranda, venerandum. Magis, *pour le comp.* et maximè, *pour le superl.*

VENERATION. Veneratio, *gén.* venerationis. *fém.*

VENERER. Venerari, veneror, veneraris, veneratus sum. *dép. acc.*

VENERIE. Ars venatoria, *génit.* artis venatoriæ. *fém.*

VENEUR. Venator, *g.* venatoris. *m.*

VENGEANCE. Ultio, *gén.* ultionis. *f. Tirer vengeance de,* ou

VENGER, *et se venger de*. Ulcisci, ulciscor, ulcisceris, ultus sum. *dép. acc.*

VENGERESSE. Ultrix, *g.* ultricis. *f.*

VENGEUR. Ultor, *gén.* ultoris. *m.*

VENIEL. Ignoscendus, a, um. *adj.*

VENIMEUX. Venenatus, venenata, venenatum. *adj.*

VENIN. Venenum, *gén.* veneni. *n.*

VENIR. Venire, venio, venis, veni, ventum. *neut.*

VENIR *trouver* ou *venir voir*. Adire, adeo, adis, adivi ou adii, aditum. *act. accusat.*

Faire VENIR. Accersere, accerso, accersis, accersivi ou accersii, accersitum. *act. acc.*

VENIR *à, venir de, comme dans ces façons de parler :* s'il vient à savoir cela, il venait de sortir, *etc.* Voy. la Grammaire latine, art. des *Idiotismes*. *Après* venir, *le que s'exprime par* cùm, *avec le même temps qu'il y a en français*, comme : *Le temps viendra que j'étudierai*. Veniet tempus cùm studebo.

VENIR, *provenir*. D'où vient que. Cur, avec le même temps qu'en français.

VENIR ou *venir au monde*, c'est-à-dire, *naître*. Nasci, nascor, nasceris, natus sum. *dép.*

VENIR *à bout de*. Assequi, assequor, assequeris, assecutus sum. *dép. acc.*

VENIR, *être convenable*. Convenire, convenit. *impers.*

VENISE, *ville d'Italie*. Venetiæ, *gén.* Venetiarum. *f. plur.*

VENITIEN. Venetus, a, um. *adj.*

VENT. Ventus, *g.* venti. *m. Vent en poupe* ou *favorable*. Ventus secundus, *g.* venti secundi. *m.* *Vent contraire*. Ventus adversi, *g.* venti adversi. *masc.* *Aller contre vent et marée*. Obluctari difficultatibus, obluctor, obluctaris, obluctatus sum. *dép. dat.* *Il fait du vent*, on tourne : *le vent souffle*. Ventus flat; flo, flas, flavi, flatum, flare. *neut.*

VENT, *souffle*. Flatus, *g.* flatûs. *m.*

VENT, *odeur*. Odor, *g.* odoris. *m.*

Avoir VENT *de quelque chose, apprendre quelque chose*. Rem inaudire, inaudio, is, inaudivi, inauditum. *act.*

VENTE, Venditio, *gén.* venditionis. *f. Mettre en vente*. Proponere, propono, proponis, proposui, propositum. *act.* *Quelque chose*, aliquid venale ; venalis, *m. f.* venale, *neut. gén.* venalis, s'accorde avec le régime du verbe. *Qui est en vente*. Venalis, *masc. fém.* venale, *neut. gén.* venalis.

VENTEUX, *exposé aux vents*. Ventosus, a, um. *adj.*

VENTRUX, *qui donne des vents*. Inflans, *gén.* inflantis. *part. prés* d'Inflare.

VENTOSITÉ. Voy. *Vent*.

VENTOUSE, *terme de chirurgie*. Cucurbitula, *gén.* cucurbitulæ. *f.*

VENTOUSE d'une muraille. Spiramentum, *gén.* spiramenti. *neut.*

VENTOUSER, *appliquer les ventouses à quelqu'un*. Cucurbitulas alicui imponere, impono, imponis, imposui, impositum. *actif.*

VENTRE. Venter, *gén.* ventris. *m.*

VENTRÉE. Fetura, *gén.* feturæ. *f.*

VENTRICULE. Ventriculus, *gén.* ventriculi. *masc.*

VENTRU. Ventrosus, a, um. *adj.*

Bien VENU. Gratiosus, a, um. *adj.* *Je suis bien venu du peuple*. In vulgus gratiosus. *Je suis bien venu auprès du roi*. Sum gratiosus apud regem. *Vous êtes le bien venu*, on tourne : *vous arrivez heureusement*. Optatus advenis. Advenio, is, adveni, adventum, advenire. *n. Arriver* *S'il y avait, vous êtes les bien venus, on traduirait*, optati advenitis.

VENUE ou *arrivée.* Adventus, *g.* adventûs. *masc.*
VENUS, *fausse divinité.* Venus, *gén.* Veneris. *fém.*
VÊPRES. Vespertinæ preces, *gén.* vespertinarum precum. *f. plur.*
VER, *insecte.* Vermis, *gén.* vermis. *m. Ver qui ronge les habits.* Tinea, *génit.* tineæ. *f. Ver qui s'engendre dans le bois.* Cossus, *gén.* cossi. *m. Ver à soie.* Bombyx, *gén.* bombycis. *masc.*
VERBAL. Verbo prolatus, prolata, prolatum. *part. pass. de* Proferre.
-**Procès-Verbal.** Rei gestæ acta scripta, *gén.* actorum scriptorum. *n. pl.*
VERBALEMENT. Verbo. *à l'abl.*
VERBALISER, *dresser un procès-verbal.* Conficere instrumentum rei gestæ. Conficio, conficis, confeci, confectum. *accusat.*
VERBE. Verbum, *gén.* verbi. *n.*
VERBEUX. Verbosus, a, um. *adj.*
VERBIAGE ou **VERBOSITÉ.** Verborum cassa copia, *gén.* cassæ copiæ. *f.*
VERDATRE. Subviridis, *m. f.* subviride, *neut. gén.* subviridis.
VERDAUD, *qui n'est pas bien mûr.* Subacerbus, a, um. *adj.*
VERDELET, *un peu vert.* Subausterus, a, um. *adj.*
VERDEUR, *acidité du vin.* Vini asperitas, *gén.* asperitatis. *f.*
VERDEUR, *jeunesse et vigueur de l'âge.* Ætatis viriditas, *génit.* viriditatis. *fém.*
VERDIER, *garde de bois.* Viridarius, *gén.* viridarii. *masc.*
Verdier, *petit oiseau.* Luteola, *génit.* luteolæ. *fém.*
VERDIR, *devenir vert.* Virescere, viresco, virescis sans prét. ni sup. *n.*
VERDON, *oiseau.* Curruca, *gén.* curucæ. *fém.*
VERDOYANT. Virens, *masc. f. neut. gén.* virentis.
VERDOYER. Voy. *Verdir.*
VERDURE. Viriditas, *gén.* viriditatis. *f. Ouvrage de verdure.* Topia, *g.* topiorum. *neut. plur.*
VEREUX. Verminosus, a, um. *adj.*
VERGE. Virga, *gén.* virgæ. *f.*
VERGER. Pomarium, *g.* pomarii. *n.*
VERGETER. Excutere, excutio, is, excussi, excussum. *act. Ajoutez* scopulâ pulverem, *et l'abl. avec* è *ou* ex, *de la chose. Un habit,* è veste.
VERGETTE. Scopula vestiaria, *génit.* scopulæ vestiariæ. *f.*
VERGLAS. Gelicidium, *gén.* gelicidii. *neut. Il fait, il tombe du verglas.* Conglaciatus imber decidit.
VERGUE, *antenne de navire.* Antenna, *gén.* antennæ. *f.*

VERIDIQUE, *qui aime à dire la vérité.* Veridicus, a, um. *adj.*
VERIFICATION. Probatio, *gén.* probationis. *fém.*
VERIFIE. Probatus, probata, probatum. *part. pass. de* Probare.
VERIFIER. Probare, probo, as, probavi, probatum. *act. acc.*
Vérifier *un édit.* Comprobare auctoritatem edicti.
VERITABLE. Verus, a, um. *adj.*
VERITABLEMENT. Verè. *adv. Au comp.* veriùs; *au sup.* verissimè.
VERITÉ. Veritas, *gén.* veritatis. *f. ou* Verum, *gén.* veri. *neut. Dire la vérité.* Dicere verum. *En vérité.* Profectò. *A la vérité.* Reverâ. *adv.*
VERJUS. Uva acerba, *gén.* uvæ acerbæ. *fém.*
VERMEIL. Roseus, a, um. *adj.*
Vermeil, *argent doré.* Argentum inauratum, *gén.* argenti inaurati. *neut.*
VERMILLON. Minium, *gén.* minii. *n.*
Vermillon, *fard.* Rubriceta, *génit.* rubricetæ. *f. Qui a du vermillon.* Purpurissatus, a, um. *adj.*
Vermillon, *couleur vermeille du visage.* Roseus color, *gén.* rosei coloris. *masc. Ajoutez* oris.
VERMINE. Pediculi, *gén.* pediculorum. *masc. plur.*
VERMISSEAU. Vermiculus, *g.* vermiculi. *masc.*
Se **VERMOULER**, *devenir vermoulu.* Vermiculari, vermiculor, vermicularis, vermiculatus sum. *dép.*
VERMOULU. Cariosus, a, um. *adj.*
VERMOULURE. Caries, *gén.* cariei. *fém.*
VERNIR *ou* **VERNISSER.** Juniperi gummi linire, linio, linis, linivi *ou* linii, linitum. *act. acc.*
VERNIS. Juniperi gummis, *gén.* gummis. *fém.*
VERNISSURE. Juniperi gummi illitus; *gén.* illitûs. *masc.*
VEROLE, *petite vérole.* Variolæ, *gén.* variolarum. *f. plur.*
VERONIQUE, *plante.* Veronica, *gén.* veronicæ. *fém.*
VERRAT, *porc mâle.* Verres, *génit.* verris. *masc.*
VERRE. Vitrum, *gén.* vitri. *n. Qui est de verre.* Vitreus, a, um. *adj.*
Verre, *vase à boire.* Scyphus, *génit.* scyphi. *masc.*
VERRERIE, *lieu où l'on fait le verre.* Vitrorum officina, *gén.* officinæ. *f.*
Verrerie, *l'art de faire le verre.* Vitri conficiendi ars, *gén.* artis. *f.*
VERRIER. Vitrarius, *génit.* vitrarii *masc.*
VERROU. Pessulus, *g.* pessuli. *m.*

VERRUE, *durillon qui vient sur la peau.* Verruca, *gén.* verrucæ. *fém.*

VERS ou *du côté de.* Ad, *avec l'accus. Vers l'orient.* Ad orientem.

VERS ou *environ.* Sub, *avec l'acc. Vers la fin de l'année.* Sub finem anni.

VERS, *que les poètes font.* Versus, *g.* versûs. *m.* ou Carmen, *g.* carminis. *neut. Faire des vers.* Carmina condere, condo, condis, condidi, conditum. *act.*

VERSAILLES. Versaliæ, *gén.* Versaliarum. *f. plur.*

A VERSE. *Il pleut à verse.* Largus imber cœlo dimittitur.

VERSÉ ou *expérimenté.* Exercitatus, a, um. *dans* ou *en par* in, *avec l'abl.*

VERSÉ ou *répandu.* Fusus, a, um. *part. pass. de* Fundere. *dans par* in, *et l'acc.*

Le VERSEAU, *signe du Zodiaque.* Aquarius, *gén.* aquarii. *masc.*

VERSER ou *répandre.* Fundere, fundo, is, fudi, fusum. *act. acc. dans s'exprimer par* in, *avec l'acc. Verser à boire.* Poculum ministrare, ministro, as, avi, atum. *act. dat. de la personne.*

VERSER ou *renverser.* Sternere, sterno, sternis, stravi, stratum. *act. acc.*

VERSER ou *se renverser, en parlant d'un carrosse, etc.* Everti, evertor, everteris, eversus sum. *pass.*

VERSET. Versiculus, *g.* versiculi. *m.*

VERSIFICATEUR. Versificator, *gén.* versificatoris. *masc.*

VERSIFICATION. Versificatio, *génit.* versificationis. *f.*

VERSIFIER. *Voy. Faire des vers.*

VERSION. Interpretatio, *gén.* interpretationis. *fém.*

VERT, *de couleur verte.* Viridis, *m. f.* viride, *n. g.* viridis.

VERT, *qui n'est pas sec.* Viridis, *m. f.* viride, *n. g.* viridis.

VERT, *qui n'est pas mûr.* Crudus, cruda, crudum. *adj.*

VERT, *vigoureux.* Validus, a, um. *adj.*

VERTEBRE, *os de l'épine du dos.* Vertebra, *gén.* vertebræ. *fém.*

VERTEMENT. Acriter. *adv.*

VERTICAL, *point vertical.* Cœli vertex, *gén.* verticis. *masc.*

VERTIGE, *tournoiement de tête.* Vertigo, *gén.* vertiginis. *f.*

La VERTU. Virtus, *gén.* virtutis. *f.*

VERTU ou *force.* Vis, *gén.* vis. *f. au plur. il a vires, gén.* virium, *dat.* viribus, *etc. En vertu de.* Ex, *avec l'abl.*

VERTUEUSEMENT. Cum virtute.

VERTUEUX ou *doué de vertu.* Virtute præditus, a, um. *adj. Plus vertueux, ou doué d'une vertu plus grande.* Præditus virtute majori. *Fort vertueux, ou doué d'une vertu très-grande.* Præditus virtute maximâ.

VERVE. Animi impetus, *gén.* impetûs. *masc.*

VERVEINE, *herbe, plante.* Verbena, *gén.* verbenæ. *f.*

VERVEUX, *filet à pêcher.* Verriculum, *gén.* verriculi. *neut.*

VESCE, *sorte de grain.* Vicia, *génit.* viciæ. *fém.*

VESICAIRE, *plante.* Vesicaria, *gén.* vesicariæ. *fém.*

VESICATOIRE, *terme de chirurgie.* Emplastrum causticum quo vesiculæ gignuntur, *gén.* emplastri caustici. *neut.*

VESICULE, *petite vessie.* Vesicula, *g.* vesiculæ. *fém.*

VESSE, *vent de derrière.* Ventris surdus flatus, *gén.* surdi flatûs. *masc.*

VESSER. Suppedere, suppedo, suppedis, *sans prét. et sans supin. neut.*

VESSIE. Vesica, *gén.* vesicæ. *f.*

VESTALE. Vestalis virgo, *g.* vestalis virginis. *f. Tout se décline.*

VESTE. Interior thorax, *gén.* interioris thoracis. *masc.*

VESTIAIRE. Vestiarium, *gén.* vestiarii. *neut.*

VESTIBULE. Vestibulum, *gén.* vestibuli. *neut.*

VESTIGE. Vestigium, *gén.* vestigii. *n.*

VÊTEMENT. Vestitus, *g.* itûs. *m.*

VETERAN. Veteranus, *gén.* veterani. *masc.*

VETERINAIRE. Veterinarius, veterinariâ, veterinarium. *adj.*

VETILLE. Nugæ, *g.* nugarum. *f. pl.*

VETILLER. Nugari, nugor, nugaris, nugatus sum. *dép.*

VÊTIR. Vestire, vestio, vestis, vestivi ou vestii, vestitum. *act. accus. On met à l'abl. la chose dont on vêtit.*

VÊTU *de.* Vestitus, vestita, vestitum, *part. pass. de* Vestire. *abl. de la chose.*

VÊTURE, *prise d'habit d'une religieuse.* Religiosæ vestis sumptio, *génit.* sumptionis. *fém.*

VETUSTÉ, *ancienneté.* Vetustas, *gén.* vetustatis. *fém.*

VEUF. Viduus, *g.* vidui. *masc.*

VEUVAGE. Viduitas, *gén.* atis. *f.*

VEUVE. Vidua, *gén.* viduæ. *f.*

VEXATION. Vexatio, *g.* vexationis. *f.*

VEXER. Vexare, vexo, as, vexavi, vexatum. *acc.*

VIABLE. Vitalis, *masc. f.* vitale, *neut. gén.* vitalis.

VIAGER. Attributus, a, um. *part. pass. d'*Attribuere. *Ajoutez* ad vitam.

VIANDE ou *chair.* Caro, *g.* carnis. *f.*

VIANDE ou *nourriture en général.* Cibus, *g.* cibi. *m.* Esca, *g.* escæ. *f.*

VIATIQUE, *provisions ou argent dont on se pourvoit pour faire un voyage.* Viaticum, *gén.* viatici. *neut.*

VIATIQUE, *le sacrement de l'Eucharistie. Donner le viatique à un malade.* Munire ægrotum sacro Christi Corpore, ceu viatico, *c'est-à-dire, munir un malade du sacré corps de J.-C. comme d'un viatique.*

VIBRATION, *mouvement d'une pendule.* Radii penduli itus et reditus, *génit.* itûs et reditûs. *masc.*

VICAIRE. Vicarius, *gén.* vicarii. *m.*

VICARIAT, *office du vicaire.* Vicarii munus, *gén.* muneris. *neut.*

VICE. Vitium, *gén.* vitii. *neut.*

VICE-ROI. Prorex, *gén.* proregis. *m.*

VICIÉ. Vitiatus, a, um. *part. pass.* de Vitiare.

VICIEUSEMENT. Vitiosé. *adv. Comp.* vitiosiùs ; *sup.* vitiosissimè.

VICIEUX. Vitiosus, a, um. *adj.*

VICISSITUDE. Vicissitudo, *gén.* vicissitudinis. *fém.*

VICOMTE. Vicecomes, *génit.* vicecomitis. *masc.*

VICOMTÉ. Vicecomitatus, *gén.* vicecomitatûs. *masc.*

VICOMTESSE. Vicecomitissa, *génit.* vicecomitissæ. *fém.*

VICTIME. Victima, *gén.* victimæ. *f.*

VICTOIRE. Victoria, *gén.* victoriæ. *f. Remporter la victoire.* Victoriam reportare, reporto, as, reportavi, reportatum. *act. Sur l'ennemi,* ab hoste. *La remporter sur soi.* Domare animum, *c'est-à-dire, dompter son esprit.*

VICTORIEUX. Victor, *gén.* oris. *m.*

VICTORIEUSE. Victrix, *gén.* victricis. *f. On se sert de* victricia *au neut. plur., comme : Des armes victorieuses.* Arma victricia. *neut. plur.*

VIDANGES. Purgamenta, *gén.* purgamentorum. *neut. plur.*

VIDANGEUR. Latrinarum purgator, *g.* purgatoris. *masc.*

VIDE. Vacuus, vacua, vacuum. *adj.*

Le **Vide**. Inane, *gén.* inanis. *neut.*

VIDER. Vacuare, vacuo, as, vacuavi, vacuatum. *acc.*

Vider *un procès, un différend.* Litum jurgium dirimere, dirimo, dirimis, diremi, diremptum. *act. acc.*

Se **Vider**. Effundi, effundor, effunderis, effusus sum. *pass.*

VIDUITÉ. Viduitas, *g.* viduitatis. *f.*

VIE. Vita, *gén.* vitæ. *f. Avoir vie ou être en vie.* Vivere, vivo, vivis, vixi, victum. *neut. Sous peine de la vie.* Capitis pœnâ, *à l'abl.*

Vie, ou *le vivre.* Victus, *g.* victûs. *m.*

Eau-de-vie. Vinum vaporatum, *génit.* vini vaporati. *neut. Ajoutez* igne.

VIEIL. Vetus, *m. f. n. g.* veteris. *Un vieil homme ou un vieillard.* Senex, *g.* senis. *m. Une vieille femme.* Anus, *g.* anûs. *f.*

VIEILLARD. Senex, *gén.* senis. *m.*

VIEILLESSE. Senectus, *gén.* senectutis. *fém.*

VIEILLIR, *devenir vieux.* Senescere, senesco, senescis, senui. *sans sup. n.*

Vieillir, *pour les choses inanimées.* Inveterascere, inveterasco, inveterascis, inveteravi. *sans sup. neut.*

VIELLE, *instrument.* Sambuca rotata, *gén.* sambucæ rotatæ. *f.*

VIELLEUR, *joueur de vielle.* Sambucen, *gén.* sambucinis. *masc.*

VIENNE, *ville capitale de l'Autriche.* Vindobona, *gén.* Vindobonæ. *f.*

Vienne, *ville du Dauphiné.* Vienna, *gén.* Viennæ. *f.*

Vienne, *rivière de France, qui a donné son nom à plusieurs départemens.* Vigenna, *gén.* Vigennæ. *f.*

VIERGE. Virgo, *gén.* virginis. *f. De vierge,* ou *virginal.* Virgineus, virginea, virgineum. *adj.*

VIEUX ou *âgé.* Senex, *gén.* senis. *m.*

Vieux, *en parlant des choses.* Vetustus, vetusta, vetustum. *adj. Devenir, se faire vieux. Voy.* Vieillir.

VIF, *qui est en vie.* Vivus, viva, vivum. *adject. Au vif ou jusqu'au vif.* Ad vivum.

Vif, *subtil.* Acer, *m.* acris. *f.* acre, *n. g.* acris. *Un esprit vif.* Ingenium acre. *Une douleur vive.* Acerbissimus dolor, *gén.* acerbissimi doloris. *masc. De viva force.* Per vim.

VIF-ARGENT. Hydrargyrum, *génit.* hydrargyri. *neut.*

VIGILANCE. Vigilantia, *gén.* vigilantiæ. *fém.*

VIGILANT. Vigilans, *masc. f. neut. gén.* vigilantis.

VIGILE. Vigilia, *gén.* vigiliæ. *f.*

VIGNE. Vitis, *g.* vitis. *f. Lieu où il y a des vignes.* Vinea, *g.* vineæ. *f.*

VIGNERON. Vinitor, *génit.* vinitoris. *masc.*

VIGNETTE, *terme d'imprimerie.* Emblema graphicum, *gén.* emblematis graphici. *neut.*

VIGNOBLE. Vinetum, *gén.* vineti. *n.*

VIGOGNE, *mouton du Pérou.* Peruanus vervex, *gén.* peruani vervecis. *Chapeau de vigogne.* Petasus, *gén.* petasi. *m. Ajout.* è vellere peruani vervecis.

VIGOUREUSEMENT. Validè. *adv.*

VIGOUREUX. Validus, a, um. *adj.*

VIGUEUR. Vigor, *g.* vigoris. *Vigueur de l'âge.* Viridis ætas, *gén.* viridis ætatis. *f. Tout se décline.*

VIL. Vilis, *masc. f.* vile, *neut. gén.* vilis. *A vil prix.* Vili pretio, *à l'abl.*

VILAIN ou *sale.* Sordidus, sordida, sordidum. *adj.*

Vilain ou *déshonnête.* Turpis, *masc. f.* turpe, *neut. gén.* turpis.

VILAINE, *rivière*. Vicenonia. *g*. vicenoniæ. *fém*.

VILAINEMENT ou *salement*. Sordidè. *adv.*

VILAINEMENT ou *honteusement*. Turpiter. *adv.*

VILLEBREQUIN. Terebellum, *génit*. terebelli. *neut*.

VILEMENT. Abjecté. *adv.*

VILENIE, *saleté*, *avarice*. Sordes, *g*. sordium. *f. plur*.

VILENIES, *paroles déshonnêtes*. Verborum obscenitas, *g*. obscenitatis. *f.*

VILETÉ *as prix*. Vilitas, *g*. vilitatis. *fém*.

VILIPENDER, *mépriser*. Pro nihilo ducere, duco, ducis, duxi, ductum. *act. accus.*

VILLAGE. Pagus, *génit*. pagi. *m. De village en village*. Pagatim. *adv.*

VILLAGEOIS. Rusticus, *génit*. rustici. *masc*.

VILLAGEOISE. Rustica, *gén*. rusticæ. *f. A la villageoise*. Rusticè. *adv.*

VILLE. Urbs, *g*. urbis. *f. De ville ou civil*. Urbanus, a, um. *adj. De ville en ville*. Oppidatim. *adv*. Qui est de la même ville que. Civis, *gén*. civis. *masc.*

On met ensuite un *g*., excepté meus, tuus, suus, noster et vester, qu'on fait accorder avec civis, comme : Il est de la même ville que Lentulus. Est civis Lentuli. Tu es de la même ville que moi, ou tu es mon concitoyen. Tu es civis meus.

La **VILLE** ou *les habitans*. Civitas, *g*. civitatis. *fém*.

VIN. Vinum, *gén*. vini. *f.*

VINAIGRE. Acetum, *gén*. aceti. *n.*

VINAIGRETTE. Acetaria, *gén*. acetariorum. *neut. plur.*

VINAIGRIER, *vase*. Acetabulum, *g*. acetabuli. *neut.*

VINAIGRIER, *qui fait du vinaigre*. Aceti concinnator, *gén*. concinnatoris. *m*.

VINDAS, *machine à lever des fardeaux*. Ergata, *gén*. ergatæ. *f.*

VINDICATIF. Ultionis cupidus, cupida, cupidum. *adj.*

VINÉE. Vinearum proventus, *gén*. proventûs. *masc*.

VINEUX. Vinosus, a, um. *adj.*

VINGT. Viginti. *plur. indéclinable, de tout genre*. Vingt fois. Vicies. *adv. Vingt-deux fois* ou *vingt fois et deux*. Vicies et bis. *adv.*

VINGTAINE de ou *vingt*. Viginti. *pl. indéclin. et de tout genre*. Une vingtaine d'hommes ou vingt hommes. Viginti homines.

VINGTIÈME. *adj*. Vigesimus, vigesima, vigesimum. *adj*.

VINGTIÈME, *vingtième partie*. Vicesima, *gén*. vicesimæ. *fém*. Vingt-unième.

Vigesimus primus, vigesima prima, vigesimum primum, *gén*. vigesimi primi.

VIOL. Per vim oblatum stuprum, *gén*. per vim oblati stupri. *neut.*

VIOLAT, *sirop violat*. Syrupus, *gén*. syrupi. *masc*. Ajoutez è violarum succo, c'est-à-dire, sirop fait du suc de violettes.

VIOLATEUR. Violator, *gén*. violatoris. *masc.*

VIOLATION. Violatio, *gén*. violationis. *fém.*

VIOLE, *instrument de musique*. Fides, *gén*. fidium. *f. plur.*

VIOLÉ. Violatus, a, um. *part. pass.* de Violare.

VIOLEMENT. Violatio, *gén*. violationis. *fém.*

VIOLEMMENT. Violenter. *adv.*

VIOLENCE. Vis, *gén*. vis. *f*. ou violentia, *gén*. violentiæ. *f. En venir à la violence*. Agere vi, c'est-à-dire, agir avec violence. Faire violence. Voy. Violenter.

VIOLENT. Violentus, a, um. *adj.*

VIOLENTER ou *faire violence*. Vim inferre, infero, infers, intuli, illatum. *act. avec le dat.*

VIOLER, *transgresser*. Violare, violo, as, violavi, violatum. *act. acc.*

VIOLET. Violaceus, a, um. *adj.*

VIOLETTE, *fleur*. Viola, *gén*. violæ. *fém.*

VIOLON. Minoris modi fides, *gén*. fidium. *f. plur.*

VIOLON, *joueur de violon*. Fidicen, *g*. fidicinis. *masc.*

VIPÈRE, *serpent venimeux et vivipare*. Vipera, *gén*. viperæ. *f.*

VIRER, *aller en tournant*. Circumire, circumeo, is, ivi, itum. *neut.*

VIREVOLTE. Corporis volutatio, *gén*. volutationis. *fém.*

VIRGINAL. Virgineus, a, um. *adj.*

VIRGINITÉ. Virginitas, *gén*. virginitatis. *fém.*

VIRGULE. Virgula, *gén*. virgulæ. *f.*

VIRIL. Virilis, *masc. f*. virile, *neut*. *gén*. virilis.

VIRILEMENT. Viriliter. *adv.*

VIRILITÉ, *l'âge viril*. Virilitas, *gén*. virilitatis. *fém.*

VIROLÉ. Carchebus, *gén*. carchebi, *m.*

VIS. Cochlea, *gén*. cochleæ. *f.*

VIS-A-VIS. È regione, *avec un génit*. ensuite. Citrà. *adv.*

VISAGE. Vultus, *gén*. vultûs. *masc. Faire éclater la joie sur son visage*. Testari gaudia vultu, c'est-à-dire, témoigner sa joie par son visage. Faire, montrer bon visage à quelqu'un. Aspicere aliquem bono vultu. Lui faire mauvais visage. Aspicere ægris oculis, c'est-à-dire, regarder de mauvais œil ou avec des yeux fâchés.

VISCÈRES, *les entrailles.* Viscera, *g.* viscerum. *neut. plur.*

VISCOSITÉ, *qualité gluante.* Lentor, *gén.* lentoris. *masc.*

VISÉE, *direction de la vue vers un but.* Oculi collineantis ad signum intentio, *gén.* intentionis. *fém.*

Visée. Voy. *Dessein.*

VISER à. Collineare, collineo, as, collineavi, collineatum. *neut. A s'exprime par ad , avec l'acc.*

Viser, *prétendre.* Voy. *Prétendre.*

VISIBLE, *qui peut être vu.* Visibilis, *masc. f.* visibile. *n. g.* visibilis.

Visible ou *manifeste.* Manifestus, manifesta, manifestum. *adj.*

VISIBLEMENT. Manifestè. *adv.*

VISIÈRE *de casque.* Buccula, *g.* bucculæ. *fém.*

VISION, *action de voir.* Aspectus, *g.* aspectûs. *masc.*

Vision. Visum, *gén.* visi. *neut.*

VISIONNAIRE. Fanaticus, fanatica, fanaticum. *adj.*

La VISITATION. Visitationis festum, *gén.* festi. *neut.*

VISITE ou *salutation.* Salutatio, *gén.* salutationis. *f. Faire ou rendre visite à.* Invisere. Voy. *Visiter. Je vous ai rendu visite.* Invisi te.

Visite ou *examen.* Inspectio, *gén.* inspectionis. *f. Faire la visite de.* Inspicere. Voy. *Examiner, Visiter.*

VISITÉ ou *examiné.* Inspectus, inspecta, inspectum. *part. pass.* d'Inspicere.

VISITER ou *aller voir.* Invisere, inviso, invisi, invisi, invisum. *act. acc.*

Visiter ou *examiner.* Inspicere, inspicio, inspicis, inspexi, inspectum. *act. accusat.*

VISITEUR. Inspector, *g.* oris. *m.*

VISQUEUX. Viscosus, a, um. *adj.*

VISUEL. *Rayon visuel.* Oculi radius, *gén.* radii. *masc.*

VITAL. Vitalis, *masc. f.* vitale, *neut. gén.* vitalis.

VITE. *adj. qui va vite.* Celer, *masc.* celeris. *f.* celere. *neut. gén.* celeris.

Vite. *adv. promptement.* Celeriter. *adverbe. Au comp.* celeriùs ; *au superl.* celerrimè.

VITEMENT. Citò. *adv.*

VITESSE. Celeritas, *g.* celeritatis. *f.*

VITRAGE. Vitrea, *gén.* vitreorum. *n. pluriel.*

VITRE. Vitrea lamina, *gén.* vitreæ laminæ. *fém.*

VITRÉ ou *muni de vitres.* Vitreis laminis munitus, a, um. *part. pass.*

VITRER. Vitreis laminis munire, munio, is, munivi ou munii, munitum. *act. acc.*

VITRIER. Specularium opifex, *génit.* opificis. *masc.*

VITRIOL. Chalchantum, *génit.* chalchanti. *neut.*

VIVACE. Vivax, *m. f. n. g.* vivacis.

VIVACITÉ. Alacritas, *gén.* alacritatis. *f. Qui a de la vivacité.* Acer, *g.* acris. *f.* acre, *neut. gén.* acris.

VIVANDIER. Castrensis suffarraneus, *gén.* castrensis suffarranei. *masc.*

VIVANDIÈRE. Castrensis suffarranea, *gén.* castrensis suffarraneæ. *f.*

VIVANT. Vivus, viva, vivum. *adject. De son vivant* ; *il faut tourner* : *pendant qu'il vivait* ; dùm vivebat, *suivant le sens de la phrase.*

VIVE ou *en vie.* Voy. *Vif.*

VIVE, *acclamation.* Vivat. Io vivat. *Vive le roi !* Vivat rex ! *Qui vive ?* Quarum es partium ?

VIVEMENT. Acriter. *Au comp.* acriùs ; *au superl.* acerrimè.

VIVIER. Piscina, *gén.* piscinæ. *f.*

VIVIFIANT. Vitalis, *masc. f.* vitale, *neut. gén.* vitalis.

VIVIFIER ou *donner la vie.* Vitam infundere, infundo, infundis, infudi, infusum. *act. dat.*

VIVIPARE. Viviparus, a, um. *adj.*

VIVOTER, *vivre petitement.* Tenuissimo cultu vivere.

VIVRE, *verbe.* Vivere, vivo, is, vixi, victum. *neut. Le nom du temps pendant lequel on vit, se met à l'acc. avec per; comme : Deux jours ou pendant deux jours.* Per duos dies.

Vivre, *se nourrir.* Vesci, vescor, vesceris. *sans prét. dép. Le nom de la chose dont on se nourrit se met à l'abl. sans préposition* ; *comme : Je vis de pain.* Vescor pane. *Vivre de régime ou sobrement.* Vesci moderatè.

Le VIVRE ou *la nourriture.* Victus, *gén.* victûs. *masc. Les vivres.* Cibaria, *g.* cibariorum. *neut. plur.*

VIZIR, *ministre du grand seigneur*; Aulæ turcicæ minister, *gén.* ministri. *m.*

VOCABULAIRE, *dictionnaire.* Dictionarium, *gén.* dictionarii. *neut.*

VOCAL. Vocalis, *m. f.* vocale, *neut. gén.* vocalis.

VOCALEMENT. Voce, *à l'abl.*

VOCATIF. Vocativus, *g.* vocativi. *m.*

VOCATION, *inspiration divine.* Afflatus divinus, *gén.* afflatûs divini. *m. A ou pour* par ad, *et l'acc.*

VOCIFERATIONS. Vociferationes, *g.* vociferationum. *f. plur.*

VOCIFERER. Vociferare, vocifero, as, avi, atum. *neut. ou* Vociferari, vociferor, aris, atus sum. *dép.*

VOEU. Votum, *g.* voti. *neut. Faire un vœu.* Vovere, voveo, voves, vovi, votum. *act. acc. à* au *dat.*

VOGUE, *mouvement d'une galère ou*

438 VOI VOL

autre bâtiment, causé par la force des rames. Remigatio, *g.* remigationis. *f.*

VOGUE, *réputation.* Nomen, *gén.* nominis. *n. Etre en vogue ou avoir la vogue.* Vigere, vigeo, viges; vigui. *sans supin.* *n. Mettre en vogue.* Celebrare, celebro, as, avi, atum. *act. acc.*

VOGUER. Navigare, navigo, navigas, navigavi, navigatum. *n. heureusement,* vento secundo. *à pleines voiles,* plenissimis velis.

VOGUEUR, *rameur.* Remex, *gén.* remigis. *masc.*

VOICI. Ecce ou en, *avec l'acc. ou le nominat. Voici mon maître.* Ecce meum magistrum, *ou* ecce meus magister. *Me voici.* Adsum, ades, adfui, adesse. *Voici que.* Ecce, *avec le même temps qu'il y a en français.*

VOIE, *chemin.* Via, *gén.* viæ. *f.*
VOIE, *moyen.* Modus, *g.* modi. *m.*
VOIE *de bois.* Lignorum vehes, *génit.* vehis. *fém.*

VOILA *que.* Ecce, *avec l'accus. ou le nomin. Voilà ce que j'avais à dire.* Hæc habui dicenda, *ou* quæ dicerem, *c'est-à-dire, j'avais cela à dire. Voilà qui est bon, ou voilà qui va bien.* Bené sané. *adverbe.*

VOILE. Velum, *g.* veli. *neut. A pleines voiles.* Plenis velis, *à l'ablat. Faire voile, mettre à la voile.* Facere vela, *à l'accusat.*

VOILES, *vaisseaux.* Naves, *g.* navium. *f. Flotte de vingt voiles.* Classis viginti navium.

VOILE *à couvrir la tête.* Velum, *gén.* veli. *neut. Voile de religieuse.* Nimbus sacer, *gén.* nimbi sacri. *masc.*

VOILE, *prétexte.* Causa, *gén.* causæ. *f.*

VOILÉ. Velatus, a, um. *part. pass. de* Velare.

VOILER. Velare, velo, as, velavi, velatum. *act. acc.*

Se VOILER *le visage.* Ori velum obducere, obduco, obducis, obduxi, obductum. *act.*

VOILIER, *en parlant d'un vaisseau qui va bien à la voile.* Pernix navis. *Mauvais voilier.* Tarda navis. *f.*

VOILIER, *qui a soin des voiles.* Velis præpositus, *gén.* præpositi. *masc.*

VOIR. Videre, video, es, vidi, visum. *act. acc. Ne voir guère clair, c. à d., voir peu.* Parùm videre. *Ne voir goutte.* Cæcutire, cæcutio, is, ivi, itum. *n. Qui mérite d'être vu.* Visendus, a, um. *Beau à voir.* Ad aspectum præclarus, a, um.

Faire VOIR *ou montrer.* Ostendere, ostendo, is, ostendi, ostensum. *act. rég. dir. acc. rég. ind. dat.*

Aller VOIR *ou venir voir.* Visere viso, visis, visi, visum. *act. acc.*

Se VOIR, *se rendre des visites.* Inter se colere, colo, colis, colui, cultum. *act.*

VOIRIE. Purgamentorum receptaculum, *gén.* receptaculi. *neut.*

VOISIN. Vicinus, vicina, vicinum. *avec le dat. Voisin de Pierre.* Vicinus Petro. *Mon voisin.* Meus vicinus.

VOISINAGE. Vicinitas, *g.* vicinitatis. *f.*

VOISINER. Vicinos invisere, intervisо, is, intervisi, intervisum. *act.*

VOITURE, *ce qui sert au transport des marchandises, des personnes.* Plaustrum, *génit.* plaustri. *neut. Cheval de voiture.* Vectarius equus, *génit.* vectarii equi. *masc.*

VOITURE, *transport des marchandises.* Vectura, *gén.* vecturæ. *f.*

VOITURER. Vectare, vecto, vectas, vectavi, vectatum. *act. acc.*

VOITURIER. Qui vecturam facit.

La VOIX. Vox, *gén.* vocis. *f. A haute voix.* Contentâ voce, *à l'abl.*

Voix *ou suffrage.* Suffragium, *g.* suffragii. *n. Donner sa voix.* Ferre suffragium. *Aller aux voix.* Ferre suffragia, *c. à d., porter son suffrage.* Fero, fers, *etc. acc. Donner sa voix à quelqu'un.* Suffragari, suffragor, aris, suffragatus sum, alicui. *ad, et l'acc.*

VOL *des oiseaux.* Volatus, *g.* ûs. *m.*
VOL *ou larcin.* Latrocinium, *g.* ii. *n.*
VOL, *volé.* Raptum, *g.* rapti. *n.*
VOLAGE. Levis, *m. f.* leve, *n, g.* levis.
VOLAILLE. Pecus volatile, *g.* pecoris volatilis. *neut.*

VOLANT. Volans, *m. f. n. g.* volantis. *Serpent volant.* Pennatus serpens, *g.* serpentis. *m.*

Un VOLANT. Tubulus pennatus, *gén.* tubuli pennati. *masc.*

VOLATIL. Volatilis, *m. f.* volatile, *n. g.* volatilis.

VOLATILES. Bestiæ volatiles, *g.* bestiarum volatilium. *f. plur.*

VOLCAN. Mons ignifluus, *gén.* montis ignifluii. *masc.*

VOLÉ, *en parlant des choses.* Ereptus, erepta, ereptum. *part. pass. d'Eripere.*

VOLÉ *ou à qui l'on a volé.* Spoliatus, spoliata, spoliatum. *part. pass.*

VOLÉE *ou vol en l'air.* Volatus, *g.* ûs. *m. Tout d'une volée.* Uno volatu. *à l'abl. Tuer un oiseau à la volée.* Avem prætervolantem interficere, interficio, *etc. act.*

VOLÉE *ou troupe.* Grex, *g.* gregis. *m. Volée de coups de bâtons.* Fustuarium, *g.* fustuarii. *n. A la volée.* Temerè. *adv.*

VOLER *en l'air.* Volare, volo, volas, volavi, volatum. *neut.*

VOLER, *prendre ce qui est à autrui. Voler furtivement.* Furari, furor, aris, atus sum. *dép. rég. dir. accus. rég. ind. dat. Voler à force ouverte.* Latrocinari,

VOU   VUE

latrocinor, aris, atus sum. *dép. Voler* une personne. Spoliare, spolio, as, avi, atum. *act. acc. de la personne, et l'abl. de la chose. Etre volé, en parlant des personnes.* Spoliari. *pass. Des choses.* Subripi, *passif de* Subripere.

VOLERIE. Latrocinium, *g.* latrocinii. *n.*

VOLET *de fenêtre.* Fenestræ foricula, *gén.* foriculæ. *f.*

VOLEUR. Latro, *g.* latronis. *m.*

VOLEUSE. Spoliatrix, *g.* spoliatricis. *f.*

VOLIÈRE. Aviarium, *g.* aviarii. *n.*

VOLONTAIRE. Voluntarius, a, um. *adj.*

VOLONTAIREMENT. Ultrò. *adv.*

VOLONTÉ. Voluntas, *g.* voluntatis. *f. De sa propre volonté.* Ultrò. *adv.*

Bonne VOLONTÉ *ou affection.* Benevolentia, *g.* æ. *f. pour, envers, à l'égard de*, par in, *avec l'acc.*

VOLONTIERS. Libenter. *adverbe. Au comp.* libentiùs ; *au superl.* libentissimè.

VOLTE-FACE, *faire volte face.* Hosti frontem obvertere, obverto, is, etc. *act.*

VOLTIGER. Volitare, volito, as, volitavi, volitatum. *neut.*

VOLTIGER, *en parlant d'un cheval.* Ire in gyros, *c. à d., aller en volte.*

VOLTIGER *sur la corde.* Ire per extentum funem, *c. à d., sur une corde tendue.*

VOLTIGEUR, *danseur sur la corde.* Schænobates, *g.* schænobatæ. *m.*

VOLUBILITÉ. Volubilitas, *g.* tatis. *f.*

VOLUME, *livre.* Volumen, *g.* voluminis. *neut.*

VOLUME, *grandeur.* Moles, *g.* molis. *f.*

VOLUPTÉ. Voluptas, *g.* voluptatis. *f.*

VOLUPTUEUSEMENT. Libidinosè. *ad.*

VOLUPTUEUX. Voluptarius, a, um, *ou* libidinosus, a, um, *adj.*

VOLUTE. Helix, *g.* helicis. *f.*

VOMIR. Vomere, vomo, is, vomui, itum. *act. acc. Envie de vomir.* Nausea, *g.* nauseæ. *f. Avoir envie de vomir.* Nauseare, nauseo, etc. *neut.*

VOMIR *des injures contre quelqu'un.* Emovere contumelias in aliquem.

VOMISSEMENT. Vomitio, *g.* onis. *f.*

Un VOMITIF. Vomitorium medicamentum, *g.* vomitorii medicamenti. *n.*

VORACE. Carnivorus, a, um. *adj.*

VORACITÉ. Ingluvies, *g.* viei. *f.*

VOS. Tuus, tua, tuum, *au sing.* Vester, vestra, vestrum, *au plur.*

VOSGES, *chaîne de montagnes.* Vosagus saltus, *g.* Vosagi saltûs. *m. Tout se décl.*

VOTANT. Suffragator, *g.* toris. *m.*

VOTE, *suffrage.* Suffragium, *g.* ii. *n.*

VOTER. Suffragium ferre, fero, fers, etc.

VOTIF. Votivus, a, um. *adj.*

VOTRE *pour ton, au sing.* Tuus, tua, tuum. *Au plur.* Vester, vestra, vestrum.

VOUÉ à. Votus, a, um. *part. pass. de* Vovere. *avec le dat.*

VOUER. Vovere, voveo, es, vovi, votum. *act. A la Vierge.* Virgini, *au dat.*

VOULOIR, *verbe.* Velle, volo, vis, vult, volui. *neut. acc. Ne vouloir point.* Nolle, nolo, non vis, non vult, nolui. *n. acc. Le* que *après* volo *et* nolo, *par* ut, *avec le subj. ; mais fort souvent il se retranche. Je voudrais bien être plus savant que je ne suis.* Vellem esse multò doctior quàm sum. *Que veut dire cela ?* Quid hoc sibi vult ? *Vouloir du bien à.* Benè velle, *avec le dat.* Benè est *adv. Vouloir du mal à. V.* Haïr. *En vouloir à, chercher.* Quærere, quæro, quæris, etc. *act. comme : A qui en veux-tu ?* Quem quæris ? *C'est à toi que j'en veux.* Te quæro. *Dieu le veuille*, Utinam, *avec le subj.*

VOULOIR *ou volonté.* Voluntas, *g.* atis. *f.*

VOUS, tu, *gén.* tui, *lorsqu'il est mis pour toi ou tu, parlant à un seul. Avec vous ou avec toi.* Tecum. *Si l'on parle à plusieurs, vos, g.* vestrûm *ou* vestri. *Avec vous, en parlant à plusieurs.* Vobiscum. *De vous à moi.* Inter nos.

VOUTE. Camera, *g.* cameræ. *f.*

VOÛTÉ. Cameratus, a, um. *part.*

VOÛTÉ *en parlant des personnes.* Incurvus, incurva, incurvum. *adj.*

VOUTER. Concamerare, concamero, as, avi, concameratum. *act. acc.*

Se VOÛTER *de vieillesse.* Annis incurvari, incurvor, aris, atus sum.

VOYAGE. Iter, *g.* itineris. *n.*

VOYAGER. Iter facere, facio, facis, etc. *act. Voyager dans ou par un pays.* Regionem peragrare, peragro, as, etc. *act. Par ou sur mer.* Navigare.

VOYAGEUR. Viator, *g.* viatoris. *m.*

VOYANT, *comme, couleur voyante.* Color acutus, *g.* coloris acuti. *m.*

VOYANT, *qui voit.* Videns, *g.* videntis.

VOYELLE. Vocalis, *g.* vocalis. *f.*

VOYER, *officier qui a soin des rues et des chemins.* Viarius curator, *g.* curatoris. *m.*

VRAI. Verus, a, vera, verum. *adj.*

Le VRAI *ou la vérité.* Verum, *g.* veri. *n. S'il est vrai.* Si verum sit. *Dire vrai.* Dicere verum. *Au vrai.* Certò. *adv. Est-il vrai ?* Itane ?

VRAIMENT. Certè. *adv.*

VRAISEMBLABLE. Verisimilis, *m*, verisimile, *n. g.* verisimilis. *Le sup. est irr.*

VRAISEMBLABLEMENT. Fortè. *adv.*

VRAISEMBLANCE. Verisimilitudo, *g.* verisimilitudinis. *f.*

VRILLE. Terebella, *g.* terebellæ. *f.*

VU *ou qui a été vu.* Visus, visa, visum. *p. p.*

Vu ou eu égard à. Pro, *et l'abl. Vu mon âge.* Pro meâ ætate. *Vu le temps.* Pro tempore. *Vu que.* Quandoquidem, *et l'indic.*

Vu. Au vu et au su de tout le monde. Propalàm.

La VUE *ou la faculté de voir.* Visus,

g. visûs. m. Avoir bonne vue. Oculos acres atque acutos habere, habeo, etc. act. acc. Jeter la vue sur. Conjicere oculos in, et l'acc. Conjicio, conjicis, etc. act. Exposer à la vue. Exponere aliquid ante oculos. Expono, exponis, etc. act. Perdre la vue. Amittere, amitto, amittis, etc. act. acc. Aj. è conspectu. Garder à vue. Oculis custodire, custodio, custodis, etc. act. A vue d'œil. Oculorum judicio.

La VUE ou les yeux. Oculi, g. oculorum. m. plur. A la vue ou en vue. Ante oculos. A la vue ou à voir. Ad aspectum. De vu ou de face. De facie.

VUE ou aspect d'un lieu. Prospectus, g. prospectûs. m. Avoir vue sur. Spectare, specto, as, etc. act. acc. A perte de vue ou fort loin. Longissimus, a, um. adj. sup. A perte de vue ou fort loin. Longissimè. adv.

VUES d'une maison. Lumina, g. luminum. neut. plur.

VUE, dessein, projet. Voy. Dessein.

VULCAIN, dieu du feu. Vulcanus, g. Vulcani. masc.

VULGAIRE ou commun. Vulgaris, m. f. vulgare. neut. g. vulgaris.

Le VULGAIRE. Vulgus, g. vulgi. m. et n.

VULGAIREMENT. Vulgò. adv.

VULGATE, version latine de la bible. Sacrorum librorum vulgata interpretatio, g. vulgatæ interpretationis. f.

VULNERABLE. Vulneri obnoxius, a, um. adj.

VULNERAIRE. Vulnerarius, a, um. adj.

Y signifiant là, en cet endroit. Ibi, quand il n'y a pas de mouvement. Eò, quand il y a du mouvement. Hàc, quand on passe par un lieu, comme : J'y ai demeuré. Ibi mansi. J'y irai. Eò ou illùc ibo. Venez-y. Veni eò. J'y passerai. Hàc ou illàc transibo.

Y pour à lui, à elle. Is, ea, id, ou ille, illa, illud, comme : J'ai reçu votre lettre, et j'y répondrai. Accepi tuam epistolam, et respondebo ad illam. Il y pense. Cogitat de hâc re.

Y, joint au verbe Avoir, ne s'exprime pas en latin. Il y a vingt hommes, ou vingt hommes sont. Viginti homines sunt. Y a-t-il quelqu'un ? Est-ne aliquis ? Qu'y a-t-il ? Quid est ? Il n'y a que mon père qui veuille cela. Meus pater solus id vult.

En après y, ne s'exprime pas en latin ; cette particule est explétive dans ce cas, comme : Il y en a dix. Decem sunt. Il y en a qui. Sunt qui. V. Avoir.

YEUSE, arbre. Ilex, g. ilicis. f.

YEUX. Oculi, gén. oculorum. m. plur. Jeter les yeux sur. Conjicere, conjicio, is, etc. act. oculos in, avec l'acc.

YONNE, rivière et département de France. Icauna, g. Icaunæ. f.

YPRES, ville. Ypræ, g. Yprarum. f. pl.

ZÉLATEUR. Studiosus defensor, génit. defensoris. m. Pour quelqu'un ou pour quelque chose, alicujus ou alicujus rei.

ZELE. Studium, g. studii. n. Le zèle que j'ai pour vous. Meum studium ergà te. Avoir du zèle, ou être zélé. Ardere, ardeo, ardes, arsi, arsum. n. studio. Pour la gloire, gloriæ, au g. ou au gérond en di.

ZÉLÉ. Rei studio incensus, a, um.

ZEPHYR. Zephyrus, g. zephyri. m.

ZERO, chiffre. Orbiculata nota, génit. notæ. f. Aj. arithmeticæ. Cela ne vaut pas un zéro. Res nihil est.

ZESTE, petit morceau d'écorce d'orange. Mali aurei corticula, g. corticulæ. f.

ZIZANIE, discorde. Dissensio, g. onis. fém.

ZODIAQUE. Zodiacus, g. zodiaci. m.

ZONE. Zona, gén. zonæ. f.

ZURICH, ville de la Suisse. Tigurum. Tiguris. neut.

FIN.

LIMOGES ET ISLE,
Imprimerie de Martial Ardant Frères.

www.ingramcontent.com/pod-product-compliance
Lightning Source LLC
Chambersburg PA
CBHW060928230426
43665CB00015B/1872